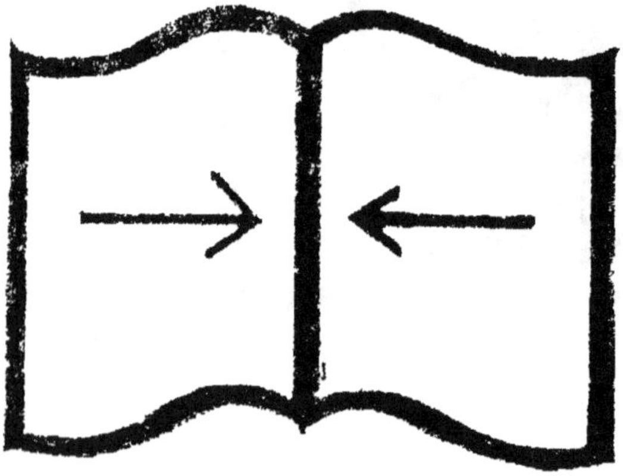

RELIURE SERREE
Absence de marges
intérieures

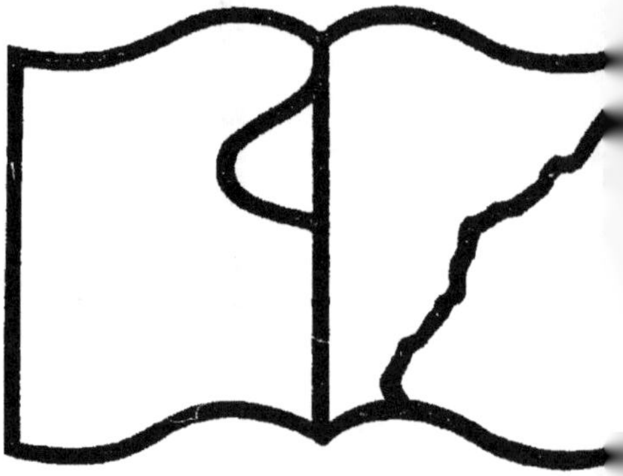

Texte détérioré — reliure défectueuse
NF Z 43-120-11

VALABLE POUR TOUT OU PARTIE DU
DOCUMENT REPRODUIT

imprimé pour la p.re foy a abbeville 1486. fol. par J. Du Pré et P. Gerard. La Boutillier mal qui commença a écrire en 1460. puisq. son testament qui est ici p. 873 est datté de 1402 cette premiere ame faute d'imprim. pour 1360.

Ouvrage estimable non seulement par l'érudition qui y est répandue mais encore par les antiquités françoises que l'auteur y a inserées tant pour les coutumes de divers pays specialement de la Gaule Belgique que pour les anciens droits et prérogatives de la couronne. cette somme devroit estre appellée civile plustot que rurale. elle pourroit tenir lieu de Digeste puisqu'elle renferme en abregé tout ce qui est compris dans ces livres immenses et qu'on y trouve la theorie jointe à la pratique l'usage et la coutume. &c.

20. feuillets p. 904 et table
arbre genealogique entre p. 474 et 475.

LE GRAND COVSTVMIER ET PRACTIQVE DV DROICT CIVIL ET CANON

obferué en France.

Compofé par M. IEHAN BOVTEILLER, Confeiller du Roy au Parlement de Paris, & cy-deuant imprimé foubs le nom de la Somme Rural.

Edition nouuelle, illuftree de Commentaires, Annotations, Notables Decifions, & rares Obferuations de droict, tirees des Ordonnances Royaux, & Arrefts des Cours fouueraines.

Par L. CHARONDAS LE CARON, I.C. Parifien.

A PARIS,
En la boutique de Niuelle.
Chez SEBASTIEN CRAMOISY, ruë fainct Iacques, aux Cicognes.

M. DC. XXI.

AVEC PRIVILEGE DV ROY.

A MONSEIGNEVR MESSIRE PIERRE IEANNIN

CHEVALIER, CONSEILLER DV ROY en ses Conseils d'Estat & Priué, Intendant de ses Finances, Seigneur de Monjeu-Chagny.

MONSEIGNEVR,

Ceux qui ont mieux merité de l'Estat, doiuent estre plus honnorez & recommandez, afin que le temps perpetuë la memoire de leurs vertus & merites à la posterité, pour inciter les hommes bien-nez, qui seront appellez aux affaires publiques, à les imiter. Nous lisons que les hommes plus illustres, desquels l'immortelle renommee a eternisé les noms en la memoire, auroient dressé le project & modelle de leurs hautes entreprises, sur les exemples de ceux qui les auoient precedez en gloire : comme Themistocle, Alexandre le grand, les Scipions, & autres. Mais entre les moyens honnorables pour paruenir à telle gloire, les plus remarquez sont ceux de la prudence & des armes : & encores qu'on ayt quelquesfois disputé si les armes profitent plus à la Republique, que la prudence : si est-ce qu'en fin on s'est resolu en ceste maxime d'Estat, fondee sur vne longue experience, que par la prudence la Republique est mieux conseruee & maintenuë, que par les armes, lesquelles destituees d'vne prudente conduicte precipitent souuent l'Estat en extréme danger. Quant aux moyens de la prudence, ils sont de diuerses manieres : mais le principal est, quand le sage Conseiller employé aux plus grandes affaires, si prudemment s'en acquicte, qu'il les execute autant heureusement que fidellement. Ce n'est à tous que Dieu departit tel heur, & ceux qui le peuuent attaindre, meritent loüange immortelle : du nombre desquels vous estes, tenant entre les Conseillers du Roy, l'vn des premiers rangs, pour auoir excellemment vsé de ceste prudence : comme tesmoignent les legations enuers diuers Monarques & Seigneurs, esquelles estant employé vous estes rendu admirable à ceux auec lesquels auiez à traicter: & les auez heureusement executees, au contentement de sa Majesté, au bien de l'Estat & à l'vtilité publique du Royaume. D'icelles la splendeur vous a acquis telle reputation, auec la dignité qu'auez meritee, qu'elle seruira d'image d'ancienne Noblesse à vostre posterité à l'exemple des Nobles Romains, qui ainsi en vsoient : aussi elle vous est naturelle, & fait humainement embrasser ceux, qui par vn respect de vostre honorable grauité desirent vostre amitié. Comme i'ay cogneu quand passant par ceste ville de Clermont pour aller de par le Roy en Legation vers l'Archiduc de Brabant, m'auez honoré d'vn familier deuis, & auec telle bien-vueillance, que desſlors ie me ſerois voué à voſtre ſeruice, & proposé de vous aimer, en aimant ſeruir & en ſeruant honorer. Dont à preſent ie vous rends teſmoignage par ce liure de la Somme Rural, lequel ie vous offre & dedie, l'ayant reueu & illuſtré d'Annotations, pour l'auctorité qu'il auroit iuſtement acquiſe, tant pour la doctrine meſlee qui s'en peut recueillir, que pour les marques de l'antiquité Françoiſe, qu'on y peut obſeruer en diuerſes manieres, non ſeulement pour les couſtumes des pays, & principalement de la Gaule Belgique, ains auſſi pour les anciens droicts & prerogatiues de la Coronne de France. Ie vous ſupplie donc le receuoir, encores qu'il ne ſoit digne de voſtre grandeur, ains de voſtre benignité, qui m'a inuité à vous le preſenter. Priant Dieu vous maintenir en heureuſe ſanté pour le ſeruice du Roy, le bien du Royaume, & voſtre proſperité, ie demeureray perpetuellement.

MONSEIGNEVR,

Voſtre plus humble & plus obeïſſant ſeruiteur,
Charondas le Caron.

AVX HONNESTES LECTEVRS Loys fils de L. Charondas le Caron Aduocat au Parlement de Paris.

MESSIEVRS,

Ayant obtenu du Sieur Charondas mon pere d'employer quelques heures ſubceſsiues à reuoir le Liure de la Somme Rural, & les Annotations qu'autresfois il y auoit faictes, il y a quelque temps trauaillé, & conferé ſur l'exemplaire eſcript à la main. Maintenant ie le vous preſente reueu & enrichy des Commentaires & Annotatiōs: mais pour ne frauder de la memoire celuy qui cy-deuant y auoit faict quelques Additions, i'ay aduiſé de les laiſſer, auec la Preface Latine qu'il y auoit faicte. A la verité Iean Bouteiller Autheur de ce liure eſtoit vn homme pour ſon ſiecle aſſez entendu & verſé en la Iuriſprudence & Practique & pour ne donner plus de loüange aux Commentaires & Annotations de mon pere qu'il merite, vous en pourrez mieux iuger en les liſant, encores qu'il les ayt voulu faire briefues, regardant plus à l'vtilité de la doctrine, qu'à l'oſtentation des diſcours. Iouyſſez donc de ces labeurs & ayez memoire de la bonne affection qu'il porte au public, laquelle ſeule le faict tant trauailler pour vous ſans eſpoir de recompenſe, ſur lequel à preſent les vertus & les ſciences ſont mal aſſeurees: puis que les finances les en ont bannies: & semblent estre tellement bandees contre elles, qu'elles veulent les faire du tout despendre de leur puissance & authorité.

PRÆFATIO DIONYSII GODEFREDI PARISIENSIS ADVOCATI, AD MICHAELEM du Boille in Summam Ruralem.

CVM nonnulli naturali quadam cognitionis & sciẽtiæ cupiditate sibi insita rebus nouis magis quã antiquis, alij magis præsentibus, alij antiquitate plus gaudeant, & sic interdum, vel sæpissimè, vt etiam & ad vetustissima volumina & antiquo situ penè obliterata, se transferant, idque sæpius non sine magno malo contingat, nempe illis temporibus lima castigatiore deficiente, chalcographorum plerunque ignauia, vel in illis diligentia præstanda, nunquam præstita, quàm fructuosum, & operæpretium fuit huic malo occurrere, quod hanc Summam Ruralem, ciuilem melius dixerim, poterat coinquinare, suam sententiam ferat, qui diligentius animum intenderit, qui veterem illam, in qua nihil enodatum, nihil elucidum, nihil (vt perstringam) correctum facile potest reperiri, ad hanc nouam Summam comparet: quæ tàm splendidè, tam bene ea quæ in vsu quotidiano sunt, vt cætera omnia suggerat, vt nil magis, vt nil tibi opus sit magno cum labore, grauiori interdum fastidio immensa illa Digestorum & Codicis volumina reuoluere. Adeo illa omnia tibi tuis hic oculis subijciuntur. Quid enim theoria, quid praxis, quid vsus seu consuetudo, quod hæc non complectatur, contineat, absoluat? Nonnulla insuper Aresta, nonnulla (prout materia exigit) addita quæ quàm plurimum lectorem iuuent, instituant, atque omni labore subleuent. In quo quàm tibi Michaëli du Boille vigilantissimo (vt in omnibus) posteritas debeat, quantumque obnoxia futura sit, certe vix dici potest, qui hæc omnia iam inueterata, & suam veterem vappam plus satis olentia, multis vigilijs, maiori studio & labore in integrum restitueris. Quamobrem non immerito quidem hæc Summa appellata est, vt pote quæ de omnibus summatim & optimè tractet: à nonnullis sic desiderata suæ formæ pristinæ restitui, vt restitutam tuo studio, cuiuis operi facilè ante ponant. Quam si quis suam rusticitatem sapere (non enim, vt in prouerbio est, omnia sæpiunt omnibus) arguat, quid quæso refert, modo benè sapiat, modo legentem doceat, eique plenißimè satisfaciat? Videat tamen & legat quisquis fuerit, priusquam iudicet; nec quemadmodùm plures medici inexperti, quosdam ægros morti adiudicant, priusquam de interioribus cognouerint, sic suam sententiam inconsultò & indeliberatè super hoc opere nisi perlecto ferat: quod si ita agat, spero hoc opus nulli maleuolo quantumuis displicentiæ futurum, sed vt amicum manibus semper haberi.

Eiusdem Godefredi distichon.

Quæ tibi dat Codex, quæ dant Digesta, quod vsus,
Ruralis paucis hæc tibi Summa dabit.

TABLE CONTENANT SOMMAIREMENT L'ORDRE ET SVITTE DES TILTRES OV RVBRIQVES DE LA SOMME RVRAL.

LIVRE PREMIER.

TIT. 1. Qu'est practique & en quantes manieres elle se diuise. page 1
2. Qu'est Cour laye. 5
3. Des Iurisdictions. 8
4. Ensuit comme on peut contremander ou exoiner à son iour. 21
5. Des defauts & contumaces. 25
6. Des presentations. 33
7. Apres ensuit de iour d'aduis, de iour d'appensement, de iour de conseil, ou iour pour absence de conseil. 38
8. Comme on peut & doit faire adiourner les hoirs du trespassé à voir reprendre, ou delaisser les erremens d'vn procés commencé contre aucun qui trespassé seroit. 40
9. Apres ensuit quelles personnes peuuent faire demande en Cour laye. 42
10. Des Procureurs. 44
11. Des porteurs de lettre. 54
12. Des instituteurs & exerciteurs. 56
13. Des tuteurs & curateurs aux pupiles. 58
14. Apres ensuit des Baillifs, Receueurs & autres Officiers, qui en Cour sont pour leurs offices à receuoir. 64
15. Apres ensuit des Receueurs. 67
16. Apres ensuit la teneur de pouuoir de sergent par maniere de formulaire. 69
17. Apres ensuit des Marguilliers. 70
bis 17. Apres ensuit des exceptions que peuuent auoir les adiournez en Cour contre leurs parties aduerses. 73
18. D'exception dilatoire. 78
19. D'exception peremptoire. 82
20. De laps de temps, & quantes manieres ils sont. 85
21. Apres ensuit de former sa demande en cas. 101
22. Apres ensuit des demandes en especial. 110
23. Apres ensuit de former sa litiscontestation. 123
24. Apres ensuit de defenses en causes 125

25. Apres ensuit des obligations, & quãtes manieres sont. 134
26. Des obligations en particulier. 142
27. Apres ensuit des actions, & quantes manieres en sont. 152
28. D'action criminelle. 170
29. Des peines des delicts dessus touchez. 180
30. De respondre & affermer articles. 186
31. De complainte de nouuelleté. 188
32. De complainte en cas de proprieté. 200
33. De garandie sur chose vendue. 212
34. Par quelle maniere & comme crimes doiuent estre punis, & comme on se peut former parties en cas de crime. 221
35. De larrecin. 224
36. Comment actions se naissent, soit par maniere naturelle, ou par maniere ciuile. 249
37. Du dommage que beste peut commettre, & qui en est tenu. 263
38. D'homme faire dommage à autre. 266
39. De ceux qui se desesperent. 272
40. Des actions ciuiles, & premier de paction. 294
41. Des Transactions. 305
42. De stipulation en general. 311
43. De reuendication. 318
44. De compensation. 322
45. De donations. 325
46. De contribution. 332
47. De prescription. 333
48. De vsucapion. 340
49. De solution & liberation de dettes. 345
50. Pour retraire heritage par faute de rente non payee. 349
51. Cy ensuyuent plusieurs cas, desquels le Iuge Royal doit auoir la cognoissance, sans en faire aucun renuoy. Et premier en matiere de complainte. 350
52. De erreur de compte. 353
53. Des besoignes d'autruy faictes sans le commandement de celuy à qui ce est à faire. 354
54. Des choses faictes par force, ou par pœur. 357
55. Des deniers qui ne sont nombrez en vente d'heritage. 361
56. Des vsufructuaires. 362
57. Des bournes & cerquemanemens. 366
58. De compagnie de marchandise. 370
59. De depost qu'on appelle mettre en garde. 372
60. De accommodation, que l'on dit prester par courtoisie. 375
61. Condiction de chose non deuë. 376
62. De location, tant de maison comme autrement. 379
63. De action que les Clercs nomment Emphyteosis, de mettre sa tenure en gain. 383
64. De engager aucune chose. 384
65. S'ensuit d'action exercitoire & institoire. 387
66. De litige, que l'on dit des choses qui ne doiuent estre venduës plaid pendant. 389
67. Des ventes & achats qui se font par moyen d'argent. 391
68. De pertillages que marchans tiennent en marchandise. 404
69. De vendre l'heritage d'aucun par execution, ou autrement. 409
70. De cas de proximité. 414
71. Des choses venduës qui vont à ruyne auant que liurees soient. 418

72. Des seigneurs qui veulent auoir les droicts Seigneuriaux des heritages vendus non vuerpis 425.

73. Des riuieres courans parmy la terre d'aucun Seigneur. 428

74. S'ensuit la difference de meubles, cateux, & heritages. 429

75. De lassenne ou aduis qu'on fait à ses enfans. 437

76. Des heritages escheans à plusieurs enfans, & partage sur ce. 445

77. De l'exception de prendre par aucun autre hoirie. 450

78. Comment le plus prochain en degré doit succeder en hoirie, soit en montant ou en descendant. 453

79. Declaration de l'arbre de consanguinité. 464

80. Ensuit la maniere de sçauoir comment vn fief se peut esclicher à estrangers. 471

81. Declaration de l'arbre d'affinité. 475

82. De tenir en fief & hommage d'aucun Seigneur, & la maniere de faire hommage. 477

83. Comment l'homme est frãc à son Seigneur, puisqu'il est receu à hommage. 483

84. De tenir en parage. 488

85. Des droicts des chemins & voiries. 497

86. De la cheualerie que les Seigneurs demandent quand ils marient leur aisné fils, ou qui deuient cheualier. 499

87. Du prix de bled, auoine, chappons, gelines & autres choses. 504

88. Des bãs & deffẽces d'Aoust. 505

89. D'attraire à soy la Iustice de son Seigneur sous vmbre. &c. 509

90. Des suraagez & lãgoureux. 510

91. Des rapports que le Seigneur peut demander quand premier est venu à terre. 514

92. Des pupilles. 517

93. Duché de Normandie. 525

94. Des fils adoptifs. 535

95. Des illegitimes. 537

96. Des postmis, aliâs postumes. 547

97. Du droit de doüaire que la femme peut auoir apres le trespas de son mary. 549

98. Du droict de viuelotte. 559

99. Des donations que l'homme & la femme font l'vn à l'autre qu'ils font ensemble par mariage. 566

100. Des emancipez. 570

101. De stipulation de promettre & soy obliger deuers aucun. 573

102. Des gages baillez en nampt pour dette deuë. 585

103. Des testamens. 597

104. Des Codicilles. 610

105. Des lais, & de la maniere de leguer en testament. 611

106. De l'approbation de lettres, & que par ce se peut faire. 620

107. Des lettres, chartres, instrumens, & autres munimens en preuue. 635

LIVRE SECOND.

Til. I. Des droicts Royaux, & de la cognoissance que le Roy a sur plusieurs cas, & aussi des preuentions qui à cause de sa Royale Maiesté luy sont appartenans. 646

2. Qu'elles personnes appartiennent a estre Iuges, & quels non. 663.
3. Des arbitres. 693
4. Des Tabellions & Notaires. 701
5. Des sermens calomnieux que chacun est tenu de faire en sa cause. 704
6. Du serment que doiuent faire les Iuges, Aduocats, Procureurs, Sergens, Geolliers & autres: & premier des Iuges. 709
7. Des Clercs, & de leur estat. 715
8. Des mariages. 724
9. Des Eglises & des choses appartenans à icelles. 735
10. Des dismes. 745
11. Des Vsures. 752
12. Des excommuniez. 756
13. La forme des proces, sentences & executions de Iustice. 763
14. Des appeaux de sentence. 773
15. De fisc selon droict escrit. 779
16. Des marchans, & des marchandises. 786
17. Des œuures qui sont faictes en la chose publique. 788
18. Des œuures qui sont faictes en la chose priuee. 791
19. De la franchise des Bourgeois & Bourgeoisies des villes. 793
20. Comment on faict cession de ses biens, & comment on ne peut renoncer aux meubles, cateux & debtes. 799
21. Comment Dame ou Damoiselle peut renoncer aux meubles, & debtes de son mary. 803
22. De lettres de respit. 806
23. Quelle chose doit faire le mary touchant les choses qui sont à sa femme. 807
24. De demander à aucun deux fois vne debte. 808
25 Comment nul ne se doit mettre en succession d'autre sans benefice d'inuentaire faict par loy. 811
26. Des iniures qui se font & dient l'vn à l'autre. 813
27. Comment les Seigneurs doiuent traicter leurs subiects par faute de rente non payee. 817
28. De ceux qui naurent ou iniurient apres ce que paix auroit esté faicte. 819
29. De femme obligee. 821
30. Comment on se peut traire aux debtes de son debteur. 825
31. Comment les hoirs sont tenus, ou ne sont tenus des meffaits de leur predécesseur. 826
32. Denonciation de nouuelle œuure & de l'interdict ou trouble qui sur ce se peut faire. 827
33. La maniere de faire vne chasse à veuë d'œil, qui donne cause de poursuiuir le prisonnier. 830
34. Quel chose s'ensuit à faire à demander renuoy en Cour. 834
35. De restitution interiner. 836
36. De commandement. 837
37. De stipulation. 839
38. Cy apres s'ensuyuent les regles de droict, premierement en Latin & puis en françois. 842
39. C'est la nature & condition de nos Seigneurs de Parlement, & comment ils se doiuent ordonner. 853
40. Des amendes telles que selon l'vsage de Cour royale sont accoustumees de receuoir, prendre & leuer pour le Roy. 855
Coppie du testament du compilateur de la Somme Rural. 873

Fin de la Table des Tiltres ou Rubriques de la Som me Rural.

AVTRE
TABLE PLVS AMPLE
DES TILTRES OV CHAPITRES DE LA SOMME RVRAL, ET DES matieres contenuës en iceux.

LIVRE I. TILTRE I.

QV'EST practique, & en quantes manieres elle se diuise. pag. 1
Qu'est droict, & qui sont les commandemens de droict. 2
Quantes manieres sont de droicts. 3
Droict naturel. ibidem.
Droict escrit. ibid.
Droict non escrit. ibid.
Droict haineux. ibid.
Droict commun. ibid.
Droict à la chose. ibid.
Droict en la chose. 4

TILTRE II.

Qu'est Cour laye. 5
De coustume locale. ibid.
De vs, stille, rit, & cõmune obseruãce. 6
Premierement, de vs. ibid.
Secondement, de stille. 7
Tiercement, de rit. ibid.
De commune obseruance. ibid.

TILT. III.

De Iurisdiction. 8
Comment Iurisdiction est diuisee. ibid.
De Iurisdiction ordinaire. ibid.
De Iurisdiction naturelle. 9
De Iurisdiction commise. ibid.
D'assise. ibid.
D'adiourner son aduersaire en Cour, soit franc homme, ou autre. 10
En Parlement, en cas de delict. ibid.
En cas de pecune, nouuelleté, simple saisine, ou reelle. ibid.
Quand le Parlement commence. ibid.
Des iours hors de son Bailliage. 11
Que nul ne peut adiourner autre sans mandement. ibid.
En cas de delict. ibid.
En complainte de nouuelleté. ibid.
En cas de simple saisine. ibid.
D'adiourner hors du Royaume. ibid.
D'adiourner en chasteau, ou en ville. 12
Des habitãs de païs en ville estrange. ib.
Des Pairs de France. ibid.
Des Prelats. ibid.
Des Chapitres. ibid.
Des Monasteres. 13
De la loy d'vne ville. ibid.
D'vne Communauté. ibid.
Des cas d'appel. ibid.

De Iuge iugeant à semonce de seigneur. ibid.
De Seigneur qui iuge de luy sans coniure. ibid.
De Iuge Royal. 14
D'estre appellé en Parlement. ibid.
De quelle espace il conuient faire son adiournement. ibid.
De l'expedition de la cause. ibid.
D'appeller en temps competant. ibid.
En cas d'asseurement. 15
Des mineurs. ibid.
Des furieux. ibid.
En terre d'aucun iusticier. ibid.
De non prester Sergent par le Seigneur. ibid.
Le Seigneur propre. ibid.
La Iurisdiction du Seigneur. 16
En cas d'appel. ibid.
Des Cours sujectes & coustumes locales. ibid.
En Cour tenuë à pur sans moyen. ibid.
En Cour de Seigneur suiect. ibid.
En cas reel. ibid.
D'vn couchant & leuant d'autre Seigneur. 17
D'vn qui se rendroit fugitif. ibid.
En Cour laye & locale. ibid.
En terre de Seigneur tenuë par moyen. ibid.

TILTRE IIII.

S'ensuit comment l'on peut contremander, ou exoiner à son iour. 21
En Parlement par maladie. ibid.
En Cour suiecte. ibid.
En Cour locale. ibid.
Quels exoines sont à receuoir. ibid.
Des exoines non receuables. 22
Comment on doit faire ses exoines bons. ibid.
Du serment de l'exoine. ibid.
Que doit faire l'adiourné qui a defaut contre luy sauf l'exoine. ibid.
De relief de l'exoine. 2
S'ensuit le non exoiner, ne contremander à son iour. ibid.

TILTRE V.

Des defaux & contumaces. 25
En commune querelle. ibid.
Apres demande faicte. ibid.
En cas d'appel. 26
Defaut obtenu contre autre. ibid.
De l'adiourné mort. ibid.
Par quantes manieres l'homme peut estre contumax. ibid.
Apres iour de veuë. 27
A voir interiner complainte de nouuelleté. 28
Apres opposition. ibid.
Par maniere de memoire. ibid.
Par interdit. ibid.
Par escrit. ibid.
En cas d'opposition, & iour assigné. ibi.
A oüir droict. ibid.
En Cours suiectes & locaux. 29
En Parlement, & en Cour Souueraine. ibid.
De faillir apres le delay prins & demande faicte. 30
Sur asseurances, tréues, ou paix. ibid.
A voir iurer & produire tesmoins. ibid.
Que defaut ne se donne contre le Procureur du Roy. ibid.

TILTRE VI.

Des presentations. 33
En cas d'appel. ibid.
D'estre present & non comparoir au iour. 34
De non presenter l'appellant contre sa partie. ibid.
Que le defendeur n'est tenu de proceder deuant le demandeur. ibid.
De soy presenter contre tous par nom. ibid.
De Cour où l'on iuge par coniure. 35

Deuant Cour ouuerte. ibid.
De procureur au nō de son maistre. ib.
S'ensuit des iours garder. ibid.
En cas réel. 37.
De faillir de demander. ibid.
En cas criminel. ibid.

TILT. VII.

Apres s'ensuit de iour d'aduis, de iour d'appensement, iour de conseil, ou iour pour absence de conseil. 38
Iour d'aduis. ibid.
Iour de conseil. 39.
Iour d'appensement. ibid.

TILT. VIII.

Commēt l'on peut & doit faire adiourner les hoirs du trespassé à voir reprendre ou delaisser les erremēs d'vn procés commencé contre aucun qui trespassé seroit. 40.
Du demandeur mort. ibid.
Iour pour absence de conseil. 41.

TILT. IX.

Apres s'ensuit quelles persōnes peuuēt faire demander en Cour laye. 42
L'homme de serue condition. ibid.
Banny par crime. ibid.
Excommunié. ibid.
Femme liee de mary. ibid.
De furieux & pupilles. ibid.
De Clerc. ibid.
D'incredule & Iuif. ibid.
De periure. 43.
De procureur. ibid.
De ceux qui sont à receuoir. ibid.

TILT. X.

Des Procureurs. 44.
Quātes manieres de Procureurs sōt. ib.
De Procureur à litige. ibid.
Que nul en demandant n'est receu par procureur, sans lettres de grace. ibid.
D'empirer la cause de son maistre. 45.
De procuratiō qui ne seroit sur séel autentique. ibid.
De femme qui seroit procureur. ibid.
De ceux qui ne sont à receuoir. ibid.
Cōment procuratiō est bien fondée ib.
Que Cheualiers ne sont à receuoir. ib.
Que Moynes ne sont à receuoir. ibid.
Quelles choses sont requises en procuration. 46.
Procuratiō par maniere de formulaire. ibid.
Qu'on ne doit prendre en procuration, fors les points qui cōuient en icelle. 48.
De procureur aux pupilles. ibid.
De Procureur estably à qui on donne don. 49
De procureur estre traité par la partie contre qui il plaide. ibid.
Du procureur qui est sire de la cause apres litiscontestation. ibid.
Cōment apres litiscontestation le procureur peut maintenir la cause. ibid.
Du procureur qui feroit dōmage à son maistre par sa coulpe. ibid.
Du procureur sans procuration. ibid.
Comment l'hoir peut defendre la cause dont il est successeur sans procuratiō. 50.
Du procureur d'office: tant Royal comme d'autres. ibid.
Comment le procureur d'office se peut mouuoir en oyant plaider les parties. ibid.
Commēt le procureur d'office peut dechoir en default comme autres. 51
Qu'en sauue-garde ne se donne default. ibid.

TILTRE. XI.

Des porteurs de lettres. 54.
De porteur de lettres, dont le principal

seroit mort. 55.

TILTRE XII.

Des instituteurs & exerciteurs. 56.
Des varlets menans marchãdises. ibid.
Des concierges 57.

TILTRE XIII.

Des tuteurs & curateurs aux pupilles. 58.
De pupille qui n'auroit point de tuteur. ibid.
Comment le mary ne peut estre tuteur de sa femme. ibid.
Quels peuuent estre tuteurs. 59.
De prest que fait le tuteur. ibid.
D'appel fait par le tuteur. ibid.
De quittance baillée par le tuteur. ibid.
De compte rendre par le tuteur. 60.
De lais ou don faict au pupille. ibid.
Cõment on doit entrer en tutelle. ibid.
Que tuteur ne se peut excuser. ibid.
Où tuteurs n'õt accoustumé d'estre. ib.
Difference entre pupilles & orphanes. 61. ibid.
Du tuteur sans bailler caution. ibid.
Lettres de tutelle par maniere de formulaire.

TILTRE XIIII.

Des Baillifs, Receueurs, & autres Officiers qui en cours sont pour leurs Offices à receuoir. 64.
De renuoy de Cour. ibid.
Quelles choses sõt requises à renuoy. 65
De renuoy de Cour demandé. ibid.
Lettres de constitution de Baillifs par maniere de formulaire. ibid.

TILTRE XV.

Apres s'ensuit des Receueurs. 67.
Du pouuoir du Recepueur. 68.

TILTRE XVI.

Du pouuoir de Sergent par maniere de formulaire. 69.

TILTRE XVII.

Des Marguiliers. 70.
Des lettres du pouuoir des Marguiliers. 71.
Des executeurs des testamens & subroguez. ibid.

TILTRE XVII. bis

Des exceptions que peuuent auoir les adiournez en Cour cõtre leurs parties aduerses. 73.
Exception declinatoire. 74.
Deuãt Iuge où l'on seroit couchant. ib.
Par priuilege de tonsure. ibid.
Des Sergens d'armes. ibid.
Des ouuriers des monnoyes du Roy. ib.
Des bourgeois de bourgeoisie priuilegiez. ibid.
Des Officiers du Roy. ibid.
Des Escoliers de Paris. ibid.
Lettres séellées du séel en Chastellet. 75
Des foires de Chãpagne, & de Brie. ib.
Des cheuauchées d'osts au Royaume. ib.
Hors des metes de sa iurisdiction. ibid.
De Iuge qui n'auroit Iurisdiction de cognoistre du cas. ibid.
D'vn Iuge pareil à l'adiourné. ibid.
De Iuge ayant pareille cause à l'adiourné. ibid.
De Iuge haineux. ibid.
D'exception dilatoire. 78.

TILTRE XVIII.

Que l'adiournement soit fait deuëment. ibid.

Quand

Quand demande est specifiée. ibid.
Quand l'adiournement faut relatiõ. 79
D'adiourner pardeuant deux commissaires. ibid.
De deux seigneurs tenãs par indiuis. ibi.
De l'adiournemẽt non fait sur le lieu. ib.
D'adiournemẽt signifié au Seigneur. ibi.
Quand la cõmission peche en riens. ibi.
De sergent habile & idoine. ibid.
De demander main leuée. 80
Ou par enqueste non faicte dedans trois mois. ibid.
Quand le procés est en droict, & le Iuge differe. ibi.
Exception peremptoire. 82

TILTRE XIX.

De laps de temps, & quantes manieres ils sont. 85

TILTRE XX.

De mandement impetré. ibid.
De lettres obligatoires à vne fois payer. 86
Des pupilles en minorité. ibid.
Par tenure de long temps. ibid.
D'vsucapion. 87
De complainte en cas de nouuelleté. ib.
Denonciation de nouuel œuure. ibi.
De pecune non nombrée. ibid.
Paour de mort. 88
Action de dol. ibid.
Action rhedibitoire. ibid.
Action de quanti minoris. ibid.
Paroles iniurieuses. ibid.
Action en fait de compte. 89
De l'œuure publique. ibi.
De causes mises en enqueste. ibi.
Quand procés est interrupt. ibid.
Des querelles pendans en iugement. ib.
Du temps de bail. 90
De hoirie sans dettes payer. ibi.
Des testamens. ibid.
De mise de fait. ibid.
De succession apprehender. 91
D'appeller. ibi.
D'appeller releuer. ibid.
De renoncer à l'appel. 92.
Exemple sur appel. 93
D'erreur sur arrest de Parlement. ibid.
De l'actiõ aux enfans moindres d'ãs. ibi.

TILTRE XXI.

Apres s'ensuit de former la demande en cour. 101.
Exemple. 102
Demande sur trouble de iustice en lieu où l'on n'vse point de commission. 103
Demande sur infractiõ de iustice en lieu où on n'vse point de commission. ibi.
Demande sur trouble de seruage. 104
Demande sur trouble de saisine simple au lieu où on n'vse point de cõmissio. ib.
Demande sur nouuelleté où on n'vse point de commission. 105
Demande sur trouble de proprieté. ibid

TILTRE XXII.

Apres s'ensuit des demandes en especial 110
De simple saisine, & saisine vuide. ibid.
Commission de simple saisine. 111
S'ensuit de former & articuler demande par escrit. 112
Par maniere de memoire. ibi.
Par intendit. ibi.
Par faits contraires. ibid.
Apres s'ensuit d'articuler sa demande responsiue aux fins & conclusions cõtraires. 114
Apres s'ensuit la forme d'articuler sa demande par faits contraires. 119
Apres s'ensuit par maniere de memoire articuler sa demande. 120
Apres s'ensuit articuler par maniere d'intendit. ibid.

TILTRE XXIII.

Apres s'ensuit de former sa litiscontestation. 123
Que doit contenir litiscontestation. 124
Litiscontestation par escrit. ibid.

TILTRE XXIIII.

Apres s'ensuit des deffenses en cause. 125
Deffence sur demande faicte. ibid.
Deffences de meubles prins sur aucun mort. 126
Deffence en action reelle. ibid.
Deffence d'action mixte ou personnelle. ibid.
Deffẽce sur simple saisine que les Clercs appellent seruitude de possession. 127
Deffence sur possession simple. ibid.
Deffence en cas de possession de prestation. ibid.
Deffence faite par escrit articuléement. 128
Des obligations & quantes manieres en sont. 134

TILTRE XXV.

Des obligations par contract. ibid.
Ainsi comme par contract. ibid.
D'obligation par malefice. 135
Ainsi comme par malefice. ibid.
Des obligations en especial. 136
Obligation sur biens meubles. ibid.
Des obligations sur heritages. ibid.
Que l'heritage obligé ne peut estre vendu, fors les fruicts d'iceluy. ibid.
D'estre obligé és Foires de Champaigne. 137
Du Seigneur prins des ennemys de la foy. ibid.
De chose publique. ibid.
Obligation par hypotheque. ibid.
Obligation de mortgage. 138
Obligation de mortgage à l'Eglise. 139
Des obligations en particulier. 142

TILTRE XXVI.

De plusieurs obligez dont l'vn paye. 143
D'obligation pitoyable. ibid.
Obligation par consentement de partie non presente. ibid.
Obligation par maniere especiale. ibid.
Obligation à terme ou de present. 144
De promettre à plusieurs. ibid.
De deux ou plusieurs estre debiteurs. ibid.
De partie non presente. ibid.
Par prest, nampt, ou garde. 145
La forme de mettre l'obligation par escrit par maniere de formulaire. ibid.
De nouation de dette. 146
De vendre sa dette. 147
De muer sa dette. ibid.
De renouueller sa dette. ibid.
Par quantes manieres innouatiõ se fait. 148
Des actions & quãtes manieres en sont. 152.

TILTRE XXVII.

D'action d'iniure. 153
D'action de commandement. ibid.
D'action de promesse. ibid.
D'action stipulaire. ibid.
D'action noxale. ibid.
D'action redhibitoire. ibid.
D'action seruiane. ibid.
Par contraire action. ibid.
Action de commandement. ibid.
D'action institoire. ibid.
D'action exercitoire. ibid.
D'action *quanti plurimi*. ibid.
D'action *quanti minoris*. ibid.
Vice de litige. 154
Action de dol. ibid.
Action de compensation. ibid.
Action de donation. ibid.
Action de reiuendication. ibid.
Action de contribution. ibid.
Action d'vsucapion. ibid.
Action de prescription. 155
D'action d'emption ou euiction. ibid.

D'actiõ de retraicte dicte proximité. ib.
D'action de transaction. ibid.
Action de restitution en terme. ibid.
Action dotale. ibid.
Action de dos. ibid.
Action de fideiussion. ibid.
Action en la chose. ibid.
Action à la chose. ibid.
Action de vendition. ibid.
Action de restitution. 156
D'action vectigale. ibid.
Action de location. ibid.
D'action de depost. ibid.
D'action suffragant. ibid.
D'action *finium regundorum*. ibid.
Action de besoigne faicte. 157.
D'action mutuelle. ibid.
D'action de societé. ibid.
De chose venduë ou achetée. ibid.
D'action nice. ibid.
D'action de tutelle. ibd.
D'action de curation. ibid.
D'action de bail. ibid.
Action populaire. 158.
Action de furtiue. ibid.
Actiõ de postremes ou postrimes. ibid.
Action de mise de fait. ibid.
Action de condition incertaine. ibid.
Action de nouation. 159.
Action de solution & liberation. ibid.
Action d'adoption ibid.
Action d'emancipation. ibid.
Action d'ingratitude. ibid.
D'action copulaire. ibid.
Action de condiction indeuë. ibid.
Action de *sine causa*. ibid.
D'action mixte. 160.
Des actions réelles. ibid.
Action proprietaire. ibid.
Action de nouuelleté. ibid.
Action de *Quorum bonorum*. ibid.
Action de *Quorum legatorum* ibid.
Action de *Vnde vi*. 161.
Actiõ de nouuelleté par trouble sur l'expatrié. ibid.
Action de nouuelleté. ibid.
Action de simple saisine. ibid.
D'action criminelle. 170

TILTRE XXVIII.

De lese Maiesté. ibid.
D'action de trahison. ibid.
D'action de meurdre. 171.
D'action de rapt. ibid.
D'action de encis. ibid.
D'action d'escherpelerie ou violẽce. ib.
D'action de patricide. ibid.
D'action de sacrilege. ibid.
D'action de sortilege. 172.
D'action d'heresie. ibid.
D'action de sedition. ibid.
D'action de monopole. ibid.
D'action de conspiration. ibid.
D'action de talion. ibid.
D'action de furt. 173.
D'action de vespertilion. ibid.
D'action de corruption. ibid.
D'action de sodomite. ibid.
De crime non capital. ibid.
Des peines des delicts dessus touchez. 180.

TILTRE XXIX.

Pour cause de personne. 181.
Pour cause de lieu. ibid.
Pour cause de temps. ibid.
Pour cause qualité. ibid.
Pour cause de quantité. ibid.
Pour cause d'intention. ibid.
Pour cause d'accoustumance. 182.
Pour cas d'auenture. ibid.
Quand plusieurs sont à vn delict, que les vns font, & les autres nient, lesquels sont coulpables du delict. ibid.
De respondre & affermer articles. 186.

TILTRE XXX.

De l'intendit ou article accorder. ibid.
De l'affirmatiõ & respõse des articles. ib.
Des cinq conditions des articles. ibid.

Des raisons de droict. 187.
La forme d'articuler raisõ de droict. ibid.
De complainte de nouuelleté. 188.

TILTRE XXXI.

De rẽuoy sur cõplainte de nouuelleté. 190.
Exemple & arrest de Parlement. ibid.
Arrest de cas pareil. 191.
Exemple du Procureur du Roy, & arrest sur ce. ibid.
Commẽt en complainte chacun est entendu demandeur & iugé. ibid.
De complainte sur nouueau trouble de iustice, & arrest de ce. ibid.
Complainte en cas spirituel & arrest de ce. 192.
Exemple en pareil cas & arrest. ibid.
De complainte sur don legataire ibid.
De complainte sur mandement Royal & arrest sur ce. 193.
D'auoir recreance sur cas d'arrest. ibid.
De non declarer le tiltre en cõplainte ib.
D'acquerre possession clandestine par force ou par priere. 194.
De possessiõ acquerre contre le Roy. ib.
De possession acquise contre pupilles & expatriez. ibid.
De perdre possessiõ par non posseser. ib.
De faillir l'adiourné à son iour. ibid.
Quants tesmoins doiuent estre sur recreance de nouuelleté. 195.
De garant en nouuelleté & arrest. ibid.
La teneur d'vne cõplainte de nouuelleté par escrit. 196.
D'ouurage fait au preiudice d'autre si le preiudicié s'en complaint. 197.
D'auoir perdu le possessoire, & recouurer sur le petitoire. 198.
Defence en cõplainte de nouuelleté. ib.

TILTRE XXXII.

De complainte en cas de proprieté. 200
La teneur d'vne commission en cas de petitoire & de proprieté. 201
L'instruction comment il doit estre sur ce procedé. 202.
La teneur d'vne commission en cas de proprieté generale. 203.
La maniere de former libelle en cas de proprieté par generale forme. 204.
La deffence à demande en cas de proprieté. 206.
De veuë & ostentation de lieu. 207.
A faire vne maison. ibid.
Veuë deuant Baillif Royal ordinaire. ib.
Exemple sur ce. ibid.
Veuë selon la Cour de Parlement. 208

TILTRE XXXIII.

De garantise sur chose venduë. 212
De sommer son garãt luy venu en iugement. ibid.
De contumacer garant ibid.
De garant ou non garant, 213.
De garant non comparant. ibid.
De garandise auoir promise à faire. ibid.
De pleige de garant. ibid.
Comment on doit sommer le garãt. ib.
De denoncer à son garant auant qu'on paye les deniers. 214
Que garãt n'a lieu en chose confisquee qui se vend. ibid.
De garant en cas personnel. ibid.
Quants garants on peut auoir. 215
De nommer son garant par nom. ib.
La teneur d'vne commission à faire adiourner son garant. 216
La deffence en cas de garantise. 217.
De soy traire au pleige du garant. ibid.
De denoncer son garant ibid.
De garant en chose prescripte. ibid.
De garant non promis à faire. 218.

TILTRE XXXIIII.

Par quelle maniere crimes doiuent estre punis, & comment on se peut former partie en cas de crime. 221
Quelle chose a à faire le Iuge cõtre l'accusement d'vn criminel. 224

Couſtume d'Artois. ibid.
En quel lieu crime doit eſtre puny. ibid.
De crime faict ſous haut iuſticier, & s'ẽfuyr en la terre d'vn autre iuſticier. 225
D'vn ſeigneur r'auoir ſon ſubiect en cas de crime. ibid.
De r'auoir ſon couchant & leuant. ibid.
Des officiers Royaux. ibid.
Du lieu où aucuns ſouſpeçonnez de crime ſe peuuent mettre à ſauueté. ibid.
D'vn couchant ſous le Roy à pur. 226
Vn exemple de ce cas. ibid.
Comment le iuge doit tenir priſonnier celuy qui ſe purge. ibid.
De quels cas on ne doit point eſtre reçeu à purge. 227
La teneur de la lettre d'vn reçeu à purge. ibid.
Pour quels cas on peut mettre vn homme à geſne. 228
La teneur de la lettre du ſeigneur qui inſinué ſera de la redditiõ du priſonnier qui purger ſe voudra. 229
La demande de partie contre celuy qui s'eſt rendu à purge. 230
Defence au priſõnier pour cas de crime. ibid.
De mettre tréues ou aſſeurances entre parties qui ſont en cour. 232
La teneur d'vne cõmiſſiõ en cas de paix ou d'aſſeurance. 234
La conſtitutiõ du Roy ſainct Loys, que on appelle la quarantaine du Roy. 235

TILT. XXXV.

De larcin. 244
De larcin particulier. 245
Des conſentans du larcin. ibid.
De femme qui deſtourne ſes choſes. 246
De larcin par pauureté. ibid.
D'occire le larron emblant. ibid.

TILT. XXXVI.

Comment actions s'engendrent ſoit par maniere criminelle, ou par maniere ciuile. 249
Des choſes communes à tous. ibid.
Que choſes d'Egliſe ne doiuent eſtre vẽduës. 250
De dedier Egliſe ou place. ibid.
Des choſes naturelles. ibid.
De chaſſer proye ſur autruy terre. 251
Des eeps qui font le miel. ibid.
Des paons & coulons. ibid.
Des gellines, coqs & chappons. 252
Des oyes & canars ſauuages. ibid.
Des pierres precieuſes. ibid.
De choſe arriuee à autre terre. ibid.
Des fleuues. ibid.
De autruy matiere faire œuure aucune. 253
De faire partie de ſa matiere, & partie d'autre. ibid.
De faire robe de ſa laine. ibid.
De maiſonner d'autruy matiere. ibid.
De ioindre ſon cheuron à autre. 254
De planter autruy arbre ſur ſa terre. ibi.
D'eſcrire ſur autruy parchemin, ou paindre ſur autruy table. ibid.
D'acheter champ à autre qui n'en ſeroit ſeigneur. ibid.
De mourir deuant meuriſon. ibid.
Des faons. ibid.
De treſor trouuer. 255
D'arbre cheant ſur terre d'autruy. ibid.

TILT. XXXVII.

Du dommage que beſte peut commettre, & qui en eſt tenu. 263
De ſoy ioüer à la beſte. ibid.
De beſte qui a rompu ſon lien. ibid.
De brebis, moutõs, & autres beſtes. ibi.
De ſommer le ſeigneur de la beſte. 264
De beſte aggreſſer autre beſte. ibid.
De ſoy ioüer à beſte qui fiert. ibid.

TILT. XXXVIII.

De homme faire dommage à autre. 266
De dire iniure à autre. ibid
De la beste tuer l'homme, 267
De beste occire serfs. ibid.
De la coustume de Picardie cõment les seigneurs peuuent enquerir verité des delicts partie non apparente. ibid
Des exoines que peuuent auoir les adiournez en la verité. 268
Des veritez tenuës pour cas especial. ib
Quelle peine l'homme feodal cõmet en mettant la main à son seigneur, ou encontre le seigneur à son vassal. 269
D'aller contre son seigneur en guerre ib
De non recourre son seigneur. ibid
De auoir fausses mesures. ibid
De homme feodal frapper sõ seign. 270
De seigneur frapper son homme. ibid

TILT. XXXIX.

De ceux qui se desesperent. 272
D'estre souspçonné de tel cas. 273
Desespoir faict en cour laye. ibid
La maniere de desespoir. 274
Des homicides. ibid
Sur champ de bataille. 275
De homicide par aduenture. ibid
De homicide sur larrons. ibid
De homicide sur fornication. ibid
De homicide par commandemẽt de iustice. ibid
Des efforceurs de femmes. 276
De cõsentir rauissement par les parẽs. ib
De ieune fille en garde de tuteurs. ibid
De garde de ieune fille. ibid
De seigneur rauir la fille ou la femme de son homme. ibid
De rauir la fẽme, & puis auoir sõ gré. 277
Des meurdres. ibid
De rapt & punition d'iceluy. 278
De respõdre en cour en cas criminel. ib
Des traistres. ibid
De consentans, soustenans, & conseillãs au traistre. 279
Des enfans au traistre. ibid
En cores des enfans au traistre. ibid
Des faux monnoyers & porteurs de billon. 280
D'estre souspçonné de tel cas. ibid
De maison de veufue ou de pupille. ibid
De cõtrefaire monnoye d'autre seig. ib
Que en tel cas n'a nul r'enuoy. 281
Exemple de ce. ibid
De cendre de monnoye. 282
Des enchanteurs & inuoqueurs des diables. ibid
Des songes. 283
De la loy Cornelie des faussaires. ibid
Des faux libelles & lettres diffamatoires sur autruy. 284
Des accusations de crime. 285

TILT. XL.

Des actions ciuiles, & premier de pactiõ 294
Exemple de deux freres. 295
Autre exemple d'vn homme. ibid
Autre exemple de deux cheualiers. 296
Vne autre exemple de trois freres. ibid
Encores vne exemple. ibid
Vne notable question à ce propos. 297
Encores vne question sur ce. ibid
De paction sur escheance aduenir. ibid
Vne exemple en paction. 298
Exemple & arrest sur ce. ibid
Que pactiõ faite sur heritage sans benefice de loy ne tient. 299
Exemple sur ce. ibid
Autre exemple de ce mesmes. ibid
De plusieurs faire paction. ibid
Des pactions qui ne font à tenir. 300
Des actions de dol. 301

TILT. XLI.

Des transactions. 305
Deux exemples sur ce. ibid
Dedans quel tẽps exception peut estre

intentee en temps de transaction. 306
De muer hoirie par condition. ibid.
De transaction faicte hors heure. 307
De transaction par faintise. ibid.
De transactiõ sur attente d'hoirie. ibid.
Transactiõ par aquilaine stipulatiõ. 308
De transaction sans stipulation. ibid.

TILT. XLII.

De stipulation en general. 311
De stipulation à autre non present. 312
De stipulation par paour. ibid.
De stipulation à bonne foy. ibid.
De stipulations qui ne sont à tenir. 313
De stipulation en traictant mariage. ib.
De stipuler à personne non presente. ib.
De stipulation à qui seroit à escheoir. ib.
De stipuler plus qu'on ne doit. 314
De plusieurs obligez ensemble, & chacun pour le tout. ibid.

TILT. XLIII.

De reiuendication. 318
Exemple d'edifier sur autruy fons. ibid.
De reiuendication faite sur la terre qui seroit venduë par tel qui rien n'y a. ib.
De semer ou plãter en autruy chãp. 319
De tenir autruy tenure dont on fust debouté par iugement. ibid.
Exemple de chose d'autruy emprunter sus argent. ibid.
Vne exemple de chose emblee. 320

TILT. XLIV.

De compensation 322

TILT. XLV.

Des donations. 325
Pour cause de mort. ibid.
Donation d'entre vifs. ibid.
Don deuant nòpces. ibid.
Don de mariages selon plusieurs coustumes. 326
De donation selon droict escrit. 327
De donner à femme en fiançailles par autre que par son pleuuy. ibid.
De don deuant fiancer & espouser. ibid.
De donner à femme deuant fiancer & aller à mort le donneur en espoir d'espouser. &c. ibid.
De donner auant espouser, dont le mariage seroit diuorsé. ibid.
De donner à la femme deuant espouser, dont l'vn ou l'autre mourust. 328
Que l'homme & la femme ne peuuent rien donner l'vn à l'autre, ibid.
Coustumes de Paris contre ce que dessus. ibid.
Des donations mutuelles. ibid.
De contribution. 332

TILT. XLVI.

De prescription. 333

TILT. XLVII.

Quels gẽs peuuẽt acquerre possession & saisine par le droict de prescription. ib.
De retenir saisine par courage. 334
De teneure achetee sans estre mis en possession deuë. ibid.
De deux manieres de possessions. ibid.
De ioüyr par souffrance. 335
D'achat faict par engin. ibid.
En quoy cõuient prescription de vingt ans. ibid.
De don d'Empereur ou de Prince. 336
De saisine entre freres & sœurs. ibid.
Saisine contre expatriez. ibid.
De teneure à cause de cense. ibid.
De tenir parindiuis. ibid.
De deniers prestez ou chose en garde. 337
Du Roy, du Prince, l'Eglise, & la communauté. ibid.
De vsucapion. 340

TILT. XLVIII.

De vendre chose d'autruy sous vmbre

de vsucapion. ibid.
De vendre chose engagee. ibid.
De chose donnee. ibid.
D'vne exception nommee plus demander. 341
Par cause. ibid.
Par chose. ibid.
Par lieu. ibid. Par temps. ibid.
Par tricherie. ibid.
Des nouations de dettes. 342
De muer sa dette sans partie. ibid.
Que par simples paroles on ne muë point la lettre. ibid.
La maniere de muer obligation. 343

TILT. XLIX.

De solution & liberation de dettes. 345
De payer ce qu'autre doit. ibid.
De consigner sa dette. 346
D escrire la paye au dos de la lettre. ibi.
De rauoir l'obligation ou la lettre. ibid.
De payer pour autre. ibid.
De possessiõ baillee en aucune paye. ibi.
De acceptilation. 347
De payer dette & non toute par oubliance ibid.
De quitance à non escient. ibid.
De quitance à bonne foy. ibid.

TILT. L.

Pour retraire heritage par faute de rente non payee. 349

TILT. LI.

Plusieurs cas desquels le Iuge Royal doit auoir la cognoissance sans en faire aucun renuoy, & premierement en matiere de complainte. 350

TILT. LII.

D'erreur de compte. 353
Que laps de temps n'a lieu en erreur. ib.
De procés sus erreur. ibid.

TILT. LIII.

Des besognes d'autruy faictes sans le commandement de celuy à qui ce est à faire. 354
Du dommage qui aduiendroit aux faiseurs d'autruy besognes. 355
Des besognes aux pupilles & exemples. ibid.
Contre tuteurs. 356
Que est à poursuiuir par loy. ibid.
Que laps de temps n'a lieu en besognes faictes. ibid.
De mere qui demanderoit la nourriture de ses enfans. ibid.

TILT. LIIII.

De chose faicte par force ou par paour. 357
De heritage vendre par force. 358
De vendre pour cause de crime. ibid.
Exemple de vendre sa tenure 359
Quelle paour ne vaut. ibid.
De mauuais engin. ibid.

TILT. LV.

De deniers qui ne sont nombrez en la vente d'heritage. 361
De venir contre ce qui seroit escrit de sa main. ibid.
Du terme d'exception de pecune non nombree. 362

TILT. LVI.

Des vsufructuaires ou vsufruicts. ibid.
De prescription en l'vsufructuaire. 363
De donner l'vsufruict à aucun. ibid.
De loüer son vsufruict à autre. ibid.
De l'vsufruict estre aboly. 364
D'vsufruict d'eauës. ibid.

Des tour-

TILTRE LVII.

De bournes & cerquemanemens. 366.
De parties estre d'accord de mettre bourne. ibid.
De donner terre à autre. 367
De mouuoir cõtend sur bournage. ibid.
Que tenure de bourne ne vaut. ibid.
La maniere de mesurer terres. ibid.

TILTRE LVIII.

De compagnie de marchandise. 370
De ordonner à loy sur participation de marchandise. ibid.
De paction faicte sur la participation de marchandise. ibid.
Le temps que participation dure en marchandise. ibid.
De plusieurs marchans acheter denrees ensemble. ibid.
De demander conte contre vn qui ne seroit habile. 371
De l'vn deuenir sourd ou forsené. ibid.
De restitution ou participation. ibid.

TILTRE LIX.

De depost qu'on appelle mettre en garde. 372
De s'ayder d'argent prins en garde. ibid.
De compensation de chose mise en garde. 273
De l'interest que doit rauoir celuy qui sa chose a perdue. ibid.
Des choses que l'hoste baille à l'hostellerie, quand aucun se loge. ibid.
De l'hoste logé auoir prins les clefs, & puis rendu à l'hoste. 374
De la maignie faire larcin. ibid.
De la chambre troüee par larrons. ibid.

TILTRE LX.

De accommodation que l'on dit prester par courtoisie. 375
Exemple de ce. 376
De prester chose pour engager. ibid.
De compensation de chose prestee. ibid.

TILTRE LXI.

Condiction de chose non deuë. ibid.
De promettre à autre en son nom ce que on ne doit. 377
De payer par mal engin. ibid.
De payer par cuider deuoir. ibid.
De condition par laide cause. ibid.
De promettre aucune somme à celuy à qui on auroit tollu le sien. 378

TILTRE LXII.

De location tant de maison comme autrement. 379
De maison loüer. ibid.
Des biens estans en la maison loüee. ibid.
De loüer aucune terre à autre. 380
De demourer deux censes en vn lieu. ib.
De reloüer à autre sa cense durant. ibid.
De vendre maison qui est loüee. ibid.
De loüer à vn & puis à vn autre. ibid.
De prester maison ou heritage. ibid.
De loüer aucune chose de celuy qui la tient à sa vie tant seulement. 381

TILTRE LXIII.

De action que les clercs nomment *Emphytheosis*. 383
De mettre sa tenure en gain. ibid.
Des fortunes sur telles choses. ibid.
De faillir sur tels conuens. ibid.
Cõment le vendeur ne peut vendre son amendement. ibid.

TILTRE LXIIII.

De engager aucune chose. 384

e perdre les gaiges. 385
cas d'aduenture sur gage. ibid.
ue on ne doit empirer gages. ibid.
creancier faire retenuë sur les choses à luy baillees en gage. ibid.
Que en gage n'a prescription. ibid.
De plusieurs biens baillez à plusieurs creanciers. ibid.

TILTRE LXV.

S'ensuit de action exercitoire & institoire. 387
De argent presté au gourmet. ibid.
De varlet de change. 388
Du varlet commis par la femme. ibid.
De ce que mieux vaut & est à tenir à loy quand il est consenty. ibid.
De tesmoin contre lettres. ibid.
De faire double entendre contre vne lettre. ibid.

TILTRE LXVI.

De litige que l'on dit des choses qui ne doiuent estre vendues plaid pendant. 389
De dõner en testament chose litigieuse. 390

TILTRE LXVII.

Des ventes & achapts qui se font par moyen d'argent. 391
Comment vente se fait. ibid.
De vente pure ou sous condition. 392
De vente d'homme fourseńné. ibid.
De vente & de donation ensemble. ibid.
De vente sans estre payé. ibid.
De vente faite par pris. ibid.
De vente sans lettres faire ne garantise. ibid.
De vente mise en volonté d'autre. 393
De procureur vẽdre aucune chose pour dette fiscal. ibid.
Comment l'acheteur a toutes les actiõs à son achapt. ibid.
De vendre la dette. ibid.
Quelles choses ne peuuent estre vendues. 394
De vendre aux ennemis du Prince. ibid.
De vendre son enfant. ibid.
Comment on deffait la vente qui est faicte. 395
De soy ayder du benefice de la loy. ibid.
De vente faicte sur barrat. ibid.
Des officiers vẽdre leurs choses absconseement. ibid.
Des Officiers acheter robes ou ioyaux. 396
Du peril ou proffit de la chose vendue. ibid.
De vente faicte d'aucune chose. ibid.
Exemple de vente. ibid.
De vente sans escrit. ibid.
De choses vendues perdues. 397
Des actions qui sourdent des ventes & des achapts. ibid.
De vendre la tenure, & retenir la saisine. ibid.
De non deliurer la marchandise faicte. ibid.
De vente de blanches bestes. ibid.
Des achapts faits en nom d'autre. ibid.
D'acheter tenure & en estre mis en saisine. 398
De mettre le nom de la femme és lettres de l'achapt. ibid.
D'acheter par soy ou par sa femme. ibid.
D'acheter d'autruy deniers en son nom. ibid.
S'ensuit de ce que on ne doit vendre ne donner. 339
De l'vn vendre sur la part de l'autre. ib.
De vendre partie de la chose entre plusieurs par les participãs, ou par le procureur. ibid.
Que l'homme en son lit mortel ne peut faire vente qui tienne. ibid.
Exemple de ce, & arrest. 400
Comment on peut vẽdre son patrimoine. 401

TILTRE LXVIII.

De petillages que marchãs tiennent en marchandise. 404.
Comment treux, peages & assis furent mis sus. 405.
Quelles choses payent peage, & quelles gens. ibid.
De treu du sel. ibid.
Que nul ne doit ordonner nouueau peage que le prince. 406
De porter billon. ib.
Que les riches n'achetent riens. ibid.

TILTRE LXIX.

De vendre l'heritage d'aucun par execution au autrement. 409
De heritage de mineur. ibid.
La maniere de mettre l'heritage à vẽte. ibid.
La forme de la cedulle de la vente. 410.
De venir le detteur au decret bailler. 411
Des oppositions qui se font. ibid.
Exemple de pareil cas. ibid.

TILTRE LXX.

De cas de proximité. 414.
Que le plus prochain à la proximité. ib.
Cõmẽt on doit demãder proximité. ib.
Selon la coustume de Paris. 416
Selon la coustume de Chartres & autres lieux. ibid.

TILT. LXXI.

Des choses vendues qui vont à ruyne auant que liurées soient. 418.
De chose mobile. 419.
De chose venduë par execution. ibid.
A qui doiuent appartenir les fruicts de la chose venduë. ib.
Exemple sur ce. 420.
De grain vendu à iour. ib.
De bestes vendues. ibid.
Des lettres parlans sur le nom d'autre que de l'acheteur. ib.
De maison qui durant la vente va à ruyne. 421.
De vendre par iustice pour plus d'argẽt que ne monte la somme contenuë en l'obligation. ib.

TILTRE LXXII.

Des seigneurs qui veulẽt auoir les droits seigneuriaux des heritages vendus non vuerpis. 425.
Exemple sur ce. ibid.
Exemple de droicture composee au seigneur & puis non faire le vuerpe. 426.

TILTRE LXXIII.

Des riuieres courãs parmy la terre d'aucun seigneur. 428.

TILTRE LXXIIII.

De la difference de meuble, cateulx & heritages. 429
Des arbres portans fruict. ibid.
De bois estant à taille. 430.
Des poissons. ibid.
En quel tẽps poisson est tenu pour meuble ou pour heritage. ibid.
Coustume de Haynault. ibid.
De blez, auoines & autres tremois. ibid.
Des amassemens en forteresse. ibid.
Des amassemens en platte maison. 431.
De moulins à vent. ibid.
Des moulins à eauë. ibid.
Des couloms & coulombier. ibid.
Du iour d'vne maison. ibid.
Des bestails & volailles. ibid.
De artillerie. 432.
Des fruicts. ibid.
De argent ou or monnoyé. ibid.
Des acquestes. ibid.
Coustume du bailliage de Lisle. ibid.

Des rentes à vie. 433
De la difference qui est entre meubles & non meubles, ibid.
Des connins de bois. 434.
Des vtensiles de maison. ibid.

TILTRE LXXV.

De l'assenne ou aduis que on faict à ses enfans. 437.
De donner plus à l'vn de ses enfans que aux autres. 438.
De soy faire mort pour son fils. ibid.
Des rapports & parchons. 439.
Des dons donnez à plusieurs enfans. ib.
De la femme qui se tient contente parmy son mariage. 440.
Des emancipez deuant que faire partage. ibid.
De gain des emancipez. ibid.
Declaration des choses dessusdictes. 441
De fils non emancipé. 442.

TILTRE LXXVI.

Des heritages escheans à plusieurs enfans, & partage sur ce. 445
De fẽme veufue ayant enfans qui se remarie au second mary. ibid.
De hõme marié acquester heritage soit en fief ou autrement. ibid.
De frere germain & demy frere. 446.
De fiefs estans à plusieurs enfans. ibid.
De esclichement de fief. ibid.
En quel temps peut & doit fief estre quinté. ibid.
Comment fief ne peut remonter. 447
De fille mariée ayant eu don, demander quint de fief. ibid.
De frere dõner à sa sœur aucun don sans quiter son quint. ibid.
De contend sourdant sur aucun quint demandé. ibid.
Coustume de Lisle. 448.
Coustume de Tournay. ibid.

TILTRE LXXVII.

De l'exception de prendre par aucũ autre hoirie. 450.
Cõmẽt on peut hoirie d'autre apprehẽder sans peril de payer les dettes. 451.
Dedans quel temps on peut apprehender hoirie d'autre par benefice d'inuẽtaire. ibid.

TILTRE LXXVIII.

Commẽt le plus prochain en degré doit succeder en hoirie soit en montant ou en descendant. 453.
De succession de quint. 454.
De succession d'homme occis ou meurdry. ibid.
De proprieté de l'vsufructuaire. ibid.
Coustume de Mortaigne. 455.
Enqueste faicte à Lisle. ibid.
De trois manieres escheans en successiõ. ibid.
Du lignage direct ou collateral. ibid.
Des escheances de ligne. ibid.
Coustume de Normandie. ibid.
Comment le fils represente son pere en bonne succession. ibid.
Comment escheance qui vient par aduenture, se diuise en trois parties. 456.
De succession par establissement. ibid.
De succession de condition. ibid.
Vsage de Normandie. ibid.
De succession hors droicte ligne. ibid.
Vsage d'Artois, Amiens, Vermandois, & de Tournesis. 457.
Vne exemple sur ce. ibid.
Des enfans d'vn gentilhomme. 458.
Des enfans de homme de poeste. ibid.
Comment les fiefs ne se partissent. ibid.
De mortgaige. ibid.
De mortgaige laisser à l'Eglise. ibid.
Coustume de Haynault. ibid.
De venir à hoir de hoirs. 459.
Que femme n'a que son douaire en fief ou en terre d'alleux. ibid.
De hõme qui auroit fief & enfans. ibid.

De fiefs acqueſtez par conioincts en mariage. ibid.
Des alleux acquis par l'hōme & la femme. ibid.
De la femme mourir auant l'homme ayant alleux. ibid.
Comment l'homme ne peut mettre ſes alleux en autruy main. 460
Couſtume ſelon la preuoſté de Paris. ibid.
D'acheter aucune choſe enſemble en heritage. ibid.
D'enfans de poeſte auoir. ibid.
Des enfans mariez. ibid.
D'vn fol entre autres enfans. ibid.
De auoir plus grād don ou part l'vn que l'autre. ibid.
Senſuit l'arbre de conſanguinité. 464

TILT. LXXIX.

Declaration de l'arbre de conſanguinité. ibid.
Autre graduation ſelon l'Empereur Iuſtinian & droict ciuil. 467
Couſtume ſelon la chaſtellenie de Liſle. 468
Des quints de fiefs qui ſont eſclichez aux freres & ſœurs. 469
De tenir fiefs de pluſieurs ſeigneurs. ibid.
Comment on doit ſon quint demander en temps & en lieu. ibid.
Couſtume de Vermandois. ibid.
Couſtume de Haynaut. ibid.
Couſtumes de Flandres. ibid.
De pluſieurs enfans maiſnez ſelō le tiercement deſſuſdit. 470

TILTRE LXXX.

Senſuit la maniere de ſçauoir comment vn fief ſe peut eſclicher à eſtrangers. 471
De pluſieurs fiefs tenus tout d'vn ſeigneur. 472
De ſon quint auoir releué auātſa mort. ibid.
De quint auoir releué du Seigneur de qui ledit fief eſt tenu. ibid.
Comment on ne peut auoir quint que à compte de hoirs. 473

TILT. LXXXI.

Apres enſuit l'arbre d'affinité. 474
Declaration de l'arbre d'affinité. ibid.
Des affinitez entre les amys du mary & de la femme. ibid.

TILT. LXXXII.

De tenir en fief & hommage d'aucun ſeigneur & la maniere de faire hommage. 477
Autre maniere de faire hommage. 478
Quant hommages ſont. ibid.
Des differences des fiefs. 479
De mettre à rente à aucun vne partie de ſon fief. ibid.

TILTRE LXXXIII.

Comment l'homme eſt franc à ſon ſeigneur puis qu'il eſt receu à hommage. 483
De fief tenir par moyen. 484
Vne exemple ſur ce. ibid.
De tenir en arriere fief. 485
De ſeruice en fait de guerre. ibid.

TILT. LXXXIIII.

De tenir en parage. 488
Vſage d'Orleans. 489
De tenir en bourgaige. ibid.
Vſage de Normandie. ibid.
De tenir en cotterie. ibid.
De tenir en cens. ibid.
De tenir en franc alleu. 498
De tenir par aumoſne. ibid.
Des amortiſſemens. 491
De tenir par volonté. ibid.
De tenir par dignité. ibid.
Des reliefs que les fiefs doiuent aux ſei-

gneurs. 492
De fief de sergenterie. 493
Coustume de Mortaigne. ibid.
De fief de mendre dans. ibid.

TILTRE LXXXV.

Des droicts des chemins & voiries. 497

TILTRE LXXXVI.

De la cheualerie que les seigneurs demãdent quand ils marient leur aisné fils, ou deuient cheualier. 499
De fiefs qui doiuent auoir herbages sur les lieux. 501
De l'heritage que le seigneur peut retraire par faute de seruice ou de rente non payee. ibid.

TILTRE LXXXVII.

Du pris de blez, auoines, chappons, gelines, & autres choses. 504

TILTRE LXXXVIII.

Des bans & deffences d'Aoust. 505

TILTRE LXXXIX.

De attraire à soy la iustice de sõ seigneur sous vmbre. &c. 509

TILTRE XC.

Des suraagez & langoureux. 510
Cõment les expatriez sont en trois manieres restablis au leur. ibid.
Vne exemple sur ce. 511
Autre exemple en cas pareil. ibid.
Quels sont tenus pour expatriez. 512
Destre prins par les ennemis. ibid.
D'estre outre la mer. ibid.
Destre banny de la terre. ibid.
D'estre en Hierusalem. ibid.
D'vn expatrié estre banny luy estant hors. ibid.

TILTRE XCI.

Des rapports que le seigneur peut demander quand premier est venu à terre. 514
La forme de faire rapport. 515
Cõment celuy qui achete fief, doit faire rapport. ibid.

TILTRE XCII.

Des pupilles. 517
Du preu du pupille à restitution. 518
Demãde de pere contre son fils mineur. ibid.
Du pupille par semblant auoir son aage, & point ne l'auroit. ibid.
Dedans quel temps le pupille doit demander restitution. ibid.
De la restitution & punition du meffait du pupille. ibid.
De restitution sur chose iugée. 519
De heritage de mineur vendre par luy, & sur ce bailler pleige. ibid.
De pupille estre au gouuernemẽt de pere ou de mere. 520
Du tuteur ou curateur souffrir faire deception au mineur. ibid.
De chose venduë par le pupille. ibid.
Du serment aux pupilles. ibid.
Exemple sur don de pupille. 521
Exemple sur pareil cas. ibid.
Que prescription ne vsucapion ne s'acquiert contre mineur. ibid.
Dargent presté au pupille. ibid.
Exemple de pupille. 522
De temps de restitution. ibid.
D'exception de pecune non nõbrée. ibi.
De pupille mis en aucun office. 523
Du pupille qui pourchasseroit au prince son aage. ibid.
Du pupille faisant entendre à auoir son

aage, & non auoit. ibid.
Exemple d'vn pupille. ibid.
De dire au pupille diffame. ibid.

TILT. XCIII.

Duché de Normandie. 525
D'homme qui ne tiendroit en fief. ibid.
Des bails qui en garde ont les pupilles. ibid.
De bail comparoir. 526
Coustume d'Artois & de Vermandois. ibid.
Que le bail peut faire. 527
De demander aucune chose au bail ou au pupille. ibid.
Comment le bail doit prester le relief que le fief doit. ibid.
Du bail qui doit prester les dons que fit le mort au lit mortel. ibid.
De la mort au pupille. ibid.
Comment le bail emporte les emolumens du fief en son temps. 528
Comment en terre de main ferme ne chet point de bail. ibid.
Comment le bail doit rendre au pupille sa terre en sa main luy venu en aage. 529
Que le mendre d'ans peut faire adiourner son bail luy venu en aage si le bail mettoit difficulté de le non vouloir receuoir au fien. 530

TILT. XCIIII.

Des fils adoptifs. 535
D'adoption faicte à son prochain. ibid.
De l'aage que doit auoir celuy qui autre prend en adoption. 536
Que femme ne peut prendre fils adoptif. ibid.

TILT. XCV.

Des illegitimes. 537
Vne exemple sur ce. ibid.
Vne autre exemple. 538
Autre exemple en cas pareil. 539
D'enfans nez en adultere. 540
Exemple d'enfant illegitime. ibid.
Autre exemple en cas pareil. 541
D'enfant de solut & de soluë. 542
De la condition aux illegitimes. 543
Du testament des illegitimes. ibid.
Que le seigneur ne paye nulles debtes aux illegitimes. ibid.
Coustumes de Flandres, Cassel & Ternois. ibid.

TILT. XCVI.

Des postmis, *aliâs* postumes. 547
Des enfans auortez. 548
Des abcisez qui sont taillez hors du ventre de leur mere. ibid.

TILT. XCVII.

Du droit de doüaire que la femme peut auoir apres le decés de son mary. 549
Coustume de Vermandois. ibid.
Coustume d'Amiens, de la chastellenie de l'Isle & de Tournesis. 550
Coustume de Vermandois. ibid.
Comment la dame peut renoncer aux hommages au profit de l'hoir. ibid.
Comment la dame peut renoncer aux cateux de son mary. 551
De l'exception que la dame pourroit auoir sur ce, selon aucuns. ibid.
Que la dame ne pert son doüaire. ibid.
De dame quitter son doüaire apres la mort de son mary. ibid.
Comment la dame peut partir le doüaire contre l'hoir. 552
Comment la dame doit faire caution de payer les debtes qui prent la moitié des meubles. ibid.
Coustume de l'Isle & de Tournesis. ib.
Comment la dame n'est tenuë de nulle retenuë faire. ibid.
De la dame qui auroit doüaire, soy mesuser aucunement. 553
Comment le seigneur par faute de rente ne peut toucher à doüaire. ibid.
Comment la dame a doüaire en tous

les fiefs de son mary. ibid.
D'asseoir par la dame son doüaire sur l'vn des fiefs. ibid.
Comment le doüaire ne cesse pour le mary estre deux fois marié. 554
Par quelle maniere dame ou damoiselle n'a doüaire ne droict de le demander. ibid.
Coustume de Vermandois. ibid.
Coustume d'Amiens, d'Artois, de l'Isle & de Tournesis. ibid.
Coustume locale. ibid.
Du fief donné au mary. ibid.
Du fief acquesté. 555
D'auoir assenne par la dame. ibid.
Exemple sur ce. ibid.

TILT. XCVIII.

Du droict de viuelotte. 559
Du viure que les filles à marier peuuent demander à leur frere. ibid.
Exemple sur ce. 560
Du droict de vefue. ibid.
Cõment dame ou damoiselle peut faire qu'elle n'a nul droict de doüaire. 561
De doüaire & de sa prouision. 563
Exemple sur ce. ibid.
Des assennes & auancemens de mariage qui se font sur terres non nobles. ibid.
Coustume de Vermandois. ibid.
Coustume de sainct Amand. ibid.
Coustume de l'Isle & de Tournesis. ibi.
Coustume de Mortaigne. 564

TILT. XCIX.

Des donations que l'homme & la femme font l'vn à l'autre tant qu'ils sont ensemble par mariage. 566
De femme destourner & prendre les biens de son mary. 567
La forme de mettre dame ou damoiselle en son doüaire. ibid.
Commission de mise de saict. ibid.

TILT. C.

Des emancipez. 170
Exemple sur ce. ibid.
Comment on s'emancipe de soy. 572

TILT. CI.

De stipulation de promettre & soy obliger deuers aucun. 573
De promettre à vn enfant. ibid.
De prester à aucun argent. ibid.
De la vertu de stipulation. ibid.
Comment stipulation n'a lieu. ibid.
De plusieurs gens qui ensemble font stipulation. 574
Des pleiges. 575
Quel hoir est tenu de pleigerie. ibid.
Quel hoir n'est tenu de la pleigerie. ibid.
De prendre gage pour le pleige. 576
De muer sa debte à autre. ibid.
D'appeller par le pleige son garand. ibi.
De pleiger par signe ou autrement. 577
D'vn crediteur assaillir l'vn pleige, & laisser les autres. ibid.
Que femme ne peut pleiger. ibid.
De bailler suffisans pleiges. ibid.
Comment le creancier se peut traire auquel qu'il veut des pleiges. ibid.
D'autre maniere de pleigerie. ibid.
De pleigerie en cas de delict. 578
De pleigerie à payer le iugé. ibid.
Du pleigé nõ venir, & le pleige vint. 579
Du dommage du pleige. ibid.
D'estre en droict sur peine. ibid.
De mander à autre qu'il face pleigerie pour luy. 580
Du pleigerie auoir exoine. ibid.
De pleige yssir de la pleigerie. ibid.
De l'action que le pleige a contre le pleigé. 581
De mander par le pleige à faire proces à son pleigé. ibid.

TILT. CII.

Des gages baillez en nampt pour debte deuë. 585

D'obliger

D'obliger gages en especial & en general. 586
De vendre le gage sans loy. ibid.
De vsucapion sur gage. ibid.
De prescription en gage. ibid.
De gage mis en autre main. 587
De gage perdu par le gardeur. ibid.
Des choses obligees tout à vne fois sans estre obligees en especial. ibid.
Pour les dettes du Seigneur. ibid.
De femme veufue non pourchasser tuteurs à ses enfans. ibid.
Que biens sont gage pour loüage. 588
Comment la chose d'autre ne peut estre engagee. ibid.
D'engager autruy chose par barat. ibid.
Que tuteurs peuuent engager. ibid.
Des choses qui ne se peuuent ne doiuēt engager. 589
Des cheuaux & harnas de charuë. ibid.
D'obliger biens aduenir. ibid.
De celuy qui a plus grand droict au gage. 590
Exemple. ibid.
De vēdre les biens par le premier creācier au second. ibid.
De vendre gages pour dettes. ibid.
De vendre gages en nom de dettes. 591
D'acheter le gage par le creancier. ibid.
D'engager le gage à autre par faute de payement. ibid.
De vendre le gage pour reste. ibid.
De consigner & sommer de la paye. 592
De femme obliger gage pour autre. ibi.
De vendre les gages à la requeste de l'vn des creanciers. ibid.

TILTRE CIII.

Des testamens. 597
Quels peuuent faire testament. ibid.
Du testament deuant desespoir. 598
Du testament aux furieux. ibid.
Du testament aux muets. ibid.
Du testament aux illegitimes. 599
Des Prelats & religieux. ibid.
Comment testament vaut & tient. ibid.
Du publier testament à loy. ibid.
Du testament reprocher ou approuuer. 600
Du testament en estrange langage. ibid.
De donner au clerc ou tesmoins. ibid.
De testament fait de long temps. ibid.
Du legateur vendre son don. ibid.
De faire par testament aumosnier & parchonnier. ibid.
Que testament ne vaut sans payer dettes. 601
De donner le gage en gage. ibid.
Du mary donner à sa femme. ibid.
De legater d'hoir en hoir. ibid.
De legater à vn seul aucune chose, & à vne autre partie d'icelle. ibid.
De celer testament. ibid.
De testater que sa femme ne se remarie. 612
De vouloir contredire au testament. ib.
De testamēt non accomply dedans l'an. ibid.
De soy traire à la Chambre des Comptes à Paris pour don de testament. 603
De legater dette qui ne soit deuë. ibid.
De vsufruict d'heritage legaté. 604
De desheriter son enfant par testament. ibid.
De ordōner à ses enfans en testamēt. ib.
De testament contre pitié. ibid.
De donner à ses enfans à l'vn plus que à l'autre. 605
De legater à aucun chose qui à autre seroit. ibid.

TILTRE CIIII.

Des codicilles. 610
Comment le demandeur du don doit declarer par quelle maniere il demande soit vn ou, &c. 611

TILTRE CV.

Des lais, & de la maniere de legater en testament. ibid.
D'acheter chose legatee. 612
D'vne chose legatee par deux testamẽteurs. ibid.
Du detteur laisser à son creancier ce que deu luy est. ibid.
De legater à l'enfant qui est encore au ventre de sa mere. 613
De legater à sa fille, & puis luy donner le lais à son mariage. ibid.
Combien il faut de tesmoins sur la probation d'vn testament. ibid.
De l'approbation des tesmoins, & quels gẽs peuuẽt porter tesmoignage. ibid.
Des tesmoins particuliers, & lesquels ne peuuent & ne doiuent porter tesmoignage. 615
Des tesmoins en testament qui valent, combien que d'iceluy ils rapportent gain & proffit. 617
Sur cas accidentel. 618
Des hoirs aux testamenteurs. ibid.
Des tesmoins adiournez. ibid.

TILTRE CVI.

De la probation de lettres, & que par ce se peut faire. 620
Des faulses lettres soy vanter. ibid.
De lettres perdues. 621
D'estre condamné par follement vser d'aucunes lettres. ibid.
De lettres contraires les vnes aux autres. ibid.
De l'vn soy ayder de lettres par preuue, & l'autre par tesmoins. ibid.
De lettres approuuees ou non. ibid.
De lettres passees dont aucun voudroit auoir veuë. 622
Que tesmoins par viue voix destruisent lettres. 623
En quoy lettres valent plus que tesmoins. ibid.
De alibi. ibid.
De femme contre son mary. 624
De auoir copie de lettres mises en preuue. ibid.
De raisons de droict. ibid.
De faire iurer les tesmoins, & de les interroguer. 625
De la diuersité des tesmoins. 626
La maniere de examiner tesmoins. 627
De faux tesmoins. ibid.
Exemple sur ce. ibid.
De remettre la preuue au serment du defendeur. 628
Des reproches. ibid.
De production sur reproches. 629
De faits sur saluations. ibid.
De pareille cause. ibid.
De tesmoins sur testament. ibid.
Des hoirs aux testamenteurs. ibid.
Des lettres mises en faict de preuue. ibid
De ouyr son frere à tesmoin. ibid.
De ouyr son pleige à tesmoin. 630

TILTRE CVII.

Des lettres, chartres, instrumens, & autres munimens en preuue. 633
Des priuileges de ville. 636
Des escrits donnez par le Prince ou par committimus ou autrement. 637
Des lettres & obligations qui se font sur seel de baillie. 638
En quel temps lettre se expire. 639
De contredicts & reproches que sur lesdites lettres on a. 640
Des porteurs de lettres. ibid.
Quels peuuent estre porteurs. 641
Quels porteurs peuuent poursuiuir par Procureur les choses par eux premier encommencees. ibid.
De chose faite au commandement d'vn autre, que les clercs appellent *de mandato*. ibid.

LIVRE SECOND.

TILTRE I.

Des droicts Royaux, & de la cognoissãce que le Roy a sur plusieurs cas, & aussi des preuẽtions qui à cause de sa Royale maiesté luy sont appartenans. 646.
De cas de preuention. ibid.
Des testamens. 647.
Des doüaires. ibid.
Des ports d'armes. ibid.
Des assennes de mariages. 6-8
Des droicts aux pupilles. ibid.
Des vefues. ibid.
De paix, tréues & asseurances. ibid.
De bailler asseurances. ibid.
Des bannis du Royaume. ibid.
Des appellez aux droicts du Roy. 649.
Des gardes Royaux. 65-.
Des officiers & seruiteurs Royaux. ibid.
De faux monnoiers. ibid.
De contrefaire le Royal seel. ibid.
De fausser lettre ou seing Royal. ibid.
Des heritages du Roy. ibid.
Des pescheries 651.
Des bois & forests Royaux. ibid.
De crime de lese maiesté. ibid.
Lettres sur seel Royal. 652
Exemple sur ce. ibid.
Des lettres sur seel priué. ibid.
De fortune d'or. ibid.
De cas escheans pardeuant Iuges Royaux. ibid.
Exemple sur ce. 653
Des Iuges & officiers du Roy. ibid.
De cas d'appel. ibid.
Des vsures & cas d'vsure. 654.
Des acquestes de non nobles. ibid.
Des heritages amortir. ibid.
Des Regales ibid.
Lettres de regales en Latin. 655.
Des dettes du Roy. 656
Des nobles & de leurs delicts. ibid.
Des appeaux ibid.
De annoblir vn homme. 657.
De legitimer vn bastard. ibid.
Des seruiteurs du Roy. ibid.
Des finances sur nouueaux acquests. ib.

TILTRE II.

Quelles personnes appartiẽt à estre Iuges, & quelles non. 663.
Des Iuges deleguez. 664
Du delegateur mort. ibid.
Du temps de la delegation. ibid.
De plusieurs deleguez l'vn mort. 665.
Du delegateur r'appeller le delegué ib.
Du delegué prononcer sa sentence. ib.
Par cause de suspection. ibid.
Des Baillifs, Preuosts & autres Officiers en iustice de ce qu'ils doiuent faire selon la constitution du Roy sainct Loys. ibid.
Des assesseurs qui sont au conseil de Iuge 667.
Des sergens. ibid.
Coustume de la chastellenie de l'Isle. 670
La teneur du pouuoir de sergẽt par formulaire. ibid.
De l'estat aux aduocats. 671
Que aduocat ne peut estre Iuge. ibid.
De faire fausseté par l'aduocat. 672.
De dire à l'aduocat iniure. ibid.
Du gaing que faict l'aduocat. ibid.
Cõmment l'aduocat ne doit faire que sõ office. ibid.
Comment le Iuge doit receuoir l'aduocat à serment. ibid.
De l'aduocat receu à pension. ibid.
De l'aduocat d'office. 673.
D'aduocat faillir à escrire. ibid.
D'aduocat laisser à dire par ou blasme aucune chose. ibid.
De ceux qui peuuent estre aduocats en cour, & quels non. ibid.

Mineur. ibid.
Sourd. 674.
Aueugle. ibid.
Femmes. ibid. Furieux. ibid.
Sergens. ibid. Infames. ibid.
Clercs. ibid. Religieux. ibid.
Clercs de cour & notaires. 675.
Iuges & asseßeurs. ibid.
De aduocat plaider pour vn vn aure sans en estre requis. ibid.
Des commissaires. ibid.
S'ensuit la maniere commẽt les cõmissaires doiuent proceder & aller auant en leur enqueste. 676
De partie non cõtente que tesmoins fissent serment en son absence. 678
De ouyr plus de dix tesmoins sur vn article par les commissaires. ibid.
S'ensuit vne exception, à sçauoir si l'vne des parties ou toutes deux ne pouuoiẽt auoir fait leur enqueste durant le pouuoir des commissaires. 679.
Des raisons que peuuẽt alleguer parties deuant les commissaires. ibid.
Du procureur du Roy soy faire partie contre autre. ibid.
Que defaut ne se donne contre le procureur du Roy. 680.
D'estre l'vne partie diligente, & l'autre non. 681.
Que on ne peut appeller des commissaires de Parlement. ibid.
Comment commissaires doiuent garder le stile de la Cour. 682.
De affermer outre article. 683.
De partie demander respit pour respondre à vn article. 684
Des iour assignez aux parties par les cõmissaires. ibid.
De la closture du sac. 685.
La teneur du pouuoir des commissaires. 686.
La teneur de la commission desdits cõmissaires. 687.
La teneur de la rescription du sergẽt. ib.
Maniere de faire son procés verbal. 688
Comment on doit euãgelizer le procés. ibid.

TILTRE III.

Des arbitres. 693
Quelles gens peuuẽt estre arbitres. 696
Comment on se deporte d'arbitrage. ib.
De pouuoir aux arbitres. 698
La teneur de la lettre du cõpromis. 699

TILTRE IIII.

Des tabellions & notaires. 701.

TILTRE V.

Des sermens calomnieux que chacun est tenu de faire en sa cause. 704.

TILTRE VI.

Du serment que doiuent faire les Iuges, aduocats, procureurs, sergens, geoliers, & autres, & premier des Iuges. 709.
Du serment aux aduocats. ibid.
Du serment aux procureurs. ibid.
Du serment aux clercs, & notaires, & secretaires de la cour. 710
Du serment aux sergens. ibid.
De ce que officiers doiuent iurer. ibid.
Des gardes des prisons. ibid.
De femme emprisonner. 711.
Commẽt la garde de la prison doit faire caution. ibid.
Que les gardes doiuent faire. 712.
De prisonnier mourir en prison. ibid.
De briser prison pour cas ciuil. ibid.

TILTRE VII.

Des clercs, & de leur estat. 715.
Des clercs mariez. 717.

Des clercs qui sont Cheualiers. 718
De clerc qui seroit prins, & changer ou muer habit en prison. 719
Des bigames. ibid.
Des clercs vefues, & femmes vefues. 720
Des priuileges aux clercs. ibid.

TILTRE VIII.

Des mariages. 724
De marier malgré la femme. 725
De contracter mariage par force. 726.
De femme soy remarier. ibid.
Des espousailles de futur. ibid.
D'espousaille clandestine. ibid.
D'homme auoir espousé deux femmes. 727
D'interdire mariage. ibid.
Des donations de mariage. ibid.
De condition de mariage. ibid.
Des mariages aux meseaux. ibid.
De mariage de serf. ibid.
De mariage d'ētre gens de lignage. ibid.
Des diuorces & separations de mariage. 728
De comperage. ibid.
D'estre refroidy de nature. ibid.
De cour membre ou debilité. ibid.
Des incredules. ibid.
D'estre en adultere. 729
De pere & de mere estre cōpere à l'hōme ou à la femme. ibid.
Des enfans leuer ensemble. ibid.
De naurer l'homme sa femme. 730
De l'homme dissiper ses biens. ibid.
Des deflorations de vierges. ibid.
Fornication. ibid.
Adultere. 731
Des enfans d'vn mariage separé. ibid.

TILTRE IX.

Des Eglises, & des choses appartenans à icelle. 735
De soy rendre à l'Eglise. 736
De donner paroisse en monastere. 737
De ceux qui sont pendus. ibid.
De desrober les sepultures des morts. ib.
Que les lais ne doiuent seoir au cœur de l'Eglise tandis qu'on fait l'office. ibid.
Comment l'Eglise est refuge aux delinquans. ibid.
De ceux qui ne doiuent ioüir du refuge de l'Eglise. 738
De faire occire vn homme pour argent. 739
De mettre ses biens à l'Eglise. ibid.
D'estre mis en l'Eglise pour cas dont on ne pense à estre adiourné. 740
Combien que le refuge de l'Eglise doit valoir à l'homme. ibid.
De faire delit à trente pieds pres de l'Eglise sans entrer dedans. ibid.
De faire chose contraire à l'Eglise, ne à chose qui y soit à refuge. ibid.
De soy mettre à l'Eglise pour dette ou doutte de pleigerie. 741
De soy faire enterrer en l'Eglise. ibid.
Des autres droits aux Eglises appartenans. ibid.
Des lieux prophanes. 743

TILTRE X.

Des dismes. 745
Des nouales. 749

TILTRE XI.

Des vsures. 752

TILTRE XII.

Des excommuniez. 756
Du bras seculier. 758
Des Iuifs & des Sarrasins. 760
Des Apostats. ibid.
Des hereses. 761
D'accompagner hereses. ibid.
Des biens aux hereses. ibid.

Que hereſe ne doit eſtre Aduocat. ibid.

TILTRE XIII.

La forme de procés, ſentences & executions de iuſtice. 763
Des parties ordonnées à eſcrire en faits contraires. 764
Des ſentences. 766
Par quantes manieres eſt la ſentence nulle. ibid.
Cõment on ne peut muer ſentence dõnée. 767
De bailler raiſon de droit. ibid.
De choſe paſſee en force de choſe iugée. ibid.
De pluſieurs condamnez par vne ſentence. ibid.
De l'execution des ſentences. ibid.
De conuent fait apres ſentence. 768
Sur quels biens l'execution ſe doit faire. ibid.
Qui fait à executer par ſentence. ibid.
Des ſentences cõtenans auec rendre deſpens ibid.
De non iuger deſpens aduenir. ibid.
Exemple en tel cas. 769
De ſentence contenant deſpens compenſez. ibid.
De l'execution de deſpens. ibid.
La maniere de pourſuiuir deſpens. 770

TILTRE XIIII.

Des appeaux de ſentence. 773
Quand on doit appeller. 774
De renoncer à ſon appel. 776
D'appeller auant ſentence rendüe. 777

TILTRE XV.

De fiſc ſelon droit eſcrit. 779
Du droit de confiſcation. 780
Comment en la Comté de Hainault n'a point de confiſcation. 783
Comment en la Comté de Flandres n'a point de confiſcation. ibid.
De la confiſcation que le bailli d'aucun peut apprehender. ibid.

TILTRE XVI.

Des marchans & des marchandiſes. 786

TILTRE XVII.

Des œuures qui ſont faicts en la choſe publique. 788
D'auoir acquis franchiſe. ibid.
D'auoir edifié au preiudice de la ville. ibid.
De rendre compte de l'œuure commune 789
De mettre ſon nõ en l'œuure publique. ibid.
D'vne ville ou cité tournée à ruine. ibid.
D'empeſcher la forterreſſe de la ville. ib.
De mettre ſon ſeing en l'Egliſe. ibid.

TILTRE XVIII.

Des œuures qui ſont faictes en la choſe priuée. 791
De faire de ſa maiſon place vuide. ibid.
De faire maiſon des murs de la ville ib.
Comment le Iuge doit cõtraindre à refaire maiſons cheutes. ibid.
Que nul ne doit edifier à quinze pieds pres de l'Egliſe. ibid.
De faire iardin prés l'vn de l'autre. 792
De faire ſolier ou mõtée prés des iardins du Prince. ibid.

TILTRE XIX.

De la franchiſe des bourgeois, & bourgeoiſies de villes. 793
D'yſſir d'aucune bourgeoiſie. 794
Du temps que le Seigneur a à cognoiſtre ſon bourgeois de luy party. ibid.
Des terres du bourgeois en pluſieurs lieux. ibid.
De bourgeoiſies priuilegiées. ibid.
Que pour cas criminel on ne doit faire enqueſte ne verité tenir ſur bourgeois. 795
Des manans és villes & citez. ibid.
Comment ſe fait la plus ſaine & grande partie d'vne cõmunauté d'vne ville ou

cité : ou comment ils se peuuent assembler. ibid.
Pour faire ou auoir tourbe. 796

TILT. XX.

Comment on faict cession de ses biens, & comme on peut renoncer aux meubles cateux & debtes. 799
Du debteur auoir mantel affublé. ibid.
Quelles gens peuuent estre receus à cession. 800
D'abandonner pour escheuer aucune office en la ville. ibid.
De Cheualier ou Clerc faire cession. ib.
Comment en delict ne chet point de cession. 801

TILT. XXI.

Comment dame ou damoiselle peut renoncer aux meubles & aux debtes de son mary. 803
La maniere de renoncer. 804

TILT. XXII.

De lettres de respit. 806
Quelle solemnité appartient à grace faicte pour vn an. 807

TILT. XXIII.

Quelle chose il faut à faire au mary touchant les choses qui sont à sa féme ib.
Vne exemple. 808

TILT. XXIIII.

De demander à aucun deux fois vne debte. ibid.
Exemple. 809
De nier argent à luy payé. 810
D'argent mis en main d'autre. ibid.
De nier debte escrite de sa main. ibid.
D'executer pour debte payee. ibid.
D'autre contraindre à vendre sa tenure par force ou par paour. ibid.
De nier aucun meffait. 811
D'enclorre autres bestes. ibid.

TILT. XXV.

Comment nul ne se doit mettre en succession d'autre sans benefice d'inuentaire facte par loy. ibid.
Vne exemple sur tel cas. 812

TILT. XXVI.

Des iniures qui se font & dient l'vn à l'autre. 813
De dire iniure au Iuge. 814
D'iniure par chaude colle. ibid.
Qu'action d'iniure est arbitraire. ibid.
Exemple. ibid.
D'atroce iniure. 815
Vne exemple d'iniure. ibid.

TILT. XXVII.

Comment les seigneurs doiuent traitter leurs suiets par faute de rente non payee. 817
Vne exemple de ce. ibid.
Coustume de la Chastellenie de l'Isle. 818

TILT. XXVIII.

De ceux qui naurent ou iniurient apres ce que paix auroit esté faicte. 819

TILT. XXIX.

De femme obligee. 821
Du mary engager les choses de sa femme. ibid.
D'engager la tenure de sa femme. 822
De pleigerie que femme fait pour autre par simplesse. ibid.
Que femme ne se peut obliger pour autre qui vaille. ibid.
De femme payer pour autre sans pleiure. ibid.
De soy obliger à la priere d'aucune femme. ibid.

TILTRE XXX.

Comment femmes ne peuuent estre emplaidees pour leurs maris. 823
Que le mary ne peut forfaire chose qui de par sa femme vienne. ibid.
Que les biens du mary ne sont comprins pour meffait de sa femme. ibid.
Que le pere ne doit estre pour les faits de son fils emplaidé. ibid.
Du pere meffaire ayant dignité. ibid.
De fils meffaire ayant dignité. ibid.
Comment on se peut traire aux dettes de son detteur. 825
D'estre obligé ou condamné. ibid.
Pour dettes du fisc, c'est du Seigneur. 826

TILT. XXXI.

Comment les hoirs sont tenus ou ne sont tenus des meffaits de leur predecesseur. ibid.
De crime de leze Maiesté. ibid.

TILT. XXXII.

De denonciation de nouuuelle œuure, & de l'interdit ou trouble que sur ce se peut faire. 827
Vne exemple de ce. 828

TILT. XXXIII.

La maniere de faire vne chasse à veuë d'œil, qui donne cause de poursuiuir le prisonnier. 830
Vne exemple sur ce. 831
Vne autre exemple pareille. 832
Autre exemple en tel cas. ibid.
De ceux qui prestent confort & aide en cas de delict à vn malfaicteur. 833

TILT. XXXIIII.

Quelle chose s'ensuit à faire à demander renuoy en Cour. 834
Vne exemple de ce. ibid.
Exemple sur ce. 835
Que rẽuoy n'appartient en trois cas. ib.
De soy lier par response en Court laye. 836

TILT. XXXV.

De restitution enteriner. ibid.

TILT. XXXVI.

De commandement. 837
De procureur d'autre faire aucuns frais. ibid.
D'estre pleige pour autre sans requeste. ibid.
De prester ou payer pour autre par lettres à luy enuoyees. 838
D'emprunt fait pour pupilles. ibid.
D'vn procureur laisser la cause de son maistre dommager. ibid.
De issir de commandement de pleigerie. ibid.
De commandement en faict de marchandise. 839
Du peril qui est au command d'autre besongnes faire. ibid.

TILT. XXXVII.

De stipulation. 839
D'obligation sans stipulation. 840

TILT. XXXVIII.

Cy apres ensuiuent les reigles de droict, premierement en Latin, & puis en François. 842

TILT. XXXIX.

C'est la nature & condition de nos Seigneurs de Parlement, & comment ils se doiuent ordonner. 853

C'est

C'est le nombre des Seigneurs de Parlement, & des Enquestes. 854

TILTRE LX.

Des amendes telles que selon l'vsage de Cour Royale sont accoustumees de receuoir, prendre & leuer pour le Roy. 855
De main mise. ibid.
D'opposition sur execution. ibid.
De proposer faits contraires. ibid.
De complainte de nouuelleté. 856
De mise de fait. ibid.
De paix ou tresues enfraintes. ibid.
Des appeaux du Roy. ibid.
De calenger autruy heritage. ibid.
De dechoir d'vn appel. 857
De venir contre la sentence. ibid.
De plaider sans adueu. ibid.
De bailler lettre sans date. ibid.
De nier dette à luy baillée & payée. ib.
De nier escrit de sa main. ibid.
De demander deux fois vne dette. ib.
De reuendre autruy chose. ibid.
De retenir chose espaue. ibid.
De soy partir sans licence de la Cour. 858
De trouuer bestes en son dõmage. ib.
De charrier deuant ou apres Soleil. ib.
De porter gerbes. ibid.
De prendre fruit. ibid.
De pescher en autruy fossé. ibid.
De mauuais hostel, & ieu de dez. ibid.
De bestes en nouuelles esteulles. ibid.
De tendre aux oyseaux. 859
De porter armures deffenduës. ibid.
De frapper autre par mal. ibid.
De l'iniure faicte à port d'armes. ibid.
Des amendes sur pescheries. ibid.
Des Cours d'eauës. 860
De faire chemins. ibid.
D'ahaner sur chemin. ibid.
De coupper & porter bois. ibid.
De iurer le villain serment. 861
D'enuoyer lettres à sa mere. ibid.
De mettre sus à autre reproche. ibid.
De tuer la beste d'autruy. ibid.
De la beste d'vn voisin tuer la beste d'vn sien voisin. ibid.
D'acheter chose litigieuse. 862
De prendre autre chose par maniere de fait. ibid.
De vendre à plusieurs vne chose. ibid.
De prendre son detteur de fait. ibid.
De clamer en iugement heritage d'autre. 863
D'enclore beste d'autruy. ibid.
De faire dommage à autruy en essient. ibid.
D'vn Baillif en sa Iurisdiction acheter terre pour crime. ibid.
D'vn Iuge corrompu. ibid.
D'Aduocat corrompu sans adueu ib.
De faire conuenir autre deuant autre Seigneur que son Seigneur. 864
De l'Aduocat ou Procureur marchander auec la partie. ibid.
De l'officier vendre ses biens. ibid.
De nier lettre escrite de sa main. ibid.
D'herbeler en blé, en temps deffendu. ibid.
De fiens verser au chemin. ibid.
D'vn noble homme messaire. ibid.
Des vinages & pontenages. 865
Du treu sur le sel. ibid.
De porter billon. ibid.
De vendre sa terre. ibid.
Autres amendes criminelles, & non capitaux. ibid.
De iurer deshonnestement Dieu ou la Vierge Marie. 866
De parler du Roy ou de son Seigneur deshonnestement. ibid.
D'estre sorcier ou deuin. ibid.
D'estre suspect de larrecin. ibid.
Autres amendes qui sont criminelles & peines capitaux. 867
D'occire autre par chaude colle. ibid.
De prendre l'autruy en chemin. ibid.

De faire meurdre. ibid.
D'occire autre de froid sang. ibid.
De frapper vne femme enceincte. ibid.
De rauir fille à marier. ibid.
Du prochain consentir le rauissement. 868
D'assaillir vn autre sur son lieu. ibid.
De la garde laisser aller le prisonnier. ibid.
De pourchasser trahison à son Seigneur. ibid.
D'empescher le malade à la mort. ibid.
Des desesperez. 869
D'accuser autruy de crime à iustice. ib.
D'occire son pere ou sa mere. ibid.
D'homme ou femme occire son enfant. ibid.
De coupper à autre membre. ibid.
Du meffait du pupille. 870
Exemple de ce. ibid.
D'estre sodomite. ibid.
D'oster borne assise. ibid.
D'occire autre par cas d'aduenture. ib.
D'occire larron en emblant. 871
De cas qui desire estre enseigné. ibid.
De femme qui meffait. ibid.
Coppie du testament du Compilateur de ce present liure.

FIN.

SOMME RVRAL, OV LE GRAND COVSTVMIER GENERAL DE PRATIQVE CIVIL ET CANON.

Composé par Maiſtre Iean Boutilier Conſeiller du Roy en ſa Cour de Parlement.

QV'EST PRATIQVE, ET EN QVANTES MANIERES ELLE SE DIVISE.

TILTRE PREMIER.

COMME il ſoit dit par le Philoſophe, que a pratique ſoit la ſeconde ſcience de Philoſophie, & celle qui le plus du monde gouuerne & inſtruit à ſagement viure, ie veux monſtrer la fondatiõ de practique, qui eſt forme & voye moyennant laquelle tout homme qui a poſtulation de Cour laye & d'Aduocacerie ſe veut mettre, ſe doit reigler. Si eſt à ſçauoir que practique eſt la ſeconde ſcience de Philoſophie, qui enſeigne & demõſtre quelle choſe on doit dire, & quelle nõ. Et ſe diuiſe la premiere forme de practique en quatre. C'eſt à ſçauoir par ſon premier nom eſt appellée Ethique, par ſon ſecõd nom Economie, par ſon tiers nom Rhetorique, par ſon quart nõ Politique. Par ſon premier nom par lequel eſt appellée Ethique, elle apprend & enſeigne l'hõme à viure honneſtemẽt, & faire les vertueuſes œuures, & ſoy garder des vices, car ce enſeigne à faire la practique d'Ethique : *Juxta no. in l. 1. de iuſti. & iu. ff.* Et appartient à tout hõme d'honneur, qui ſelon la reigle de iuſtice ſe veut maintenir. Le ſecõd nom d'Economie apprẽd par ſa practique l'hõme à garder le ſien, &

Practique eſt diuiſée en quatre.

Ethique.

Economie.

Vide Aristo in suu œconomicis.

Rhetorique. Vt tractatur per Ciceronem in suis libris Rhetorices, & orationibus, & per Quintilia. de inst. orat.

Politique.

accroistre par raison & par mesure, à viure l'homme selon sa faculté & industrie, gouuerner & instruire ses enfans & ses gens en mesure, & en labeur de practique lucratiue, dont cheuance leur en puisse venir. Le tiers nom de Rhetorique [b] apprend l'homme à parler & ordonner ses raisons par langage congru & moderé, & sçauoir mettre son cas en termes par maieur, par mineur, par conclusion consonnante ou cas:

Sçauoir soustenir & defendre son propos & son dict par argument de logique: qui enseigne à prouuer ses dits & propos, soit par dialectique ou par sophisme. Aussi nous apprend elle & monstre par la science de grammaire à lire & à escrire à point, sans vice de barbarisme, qui sont choses tres-notables à la science de practique. Le quart nom, qui est dict Politique [c] est la plus noble: car par ceste science & practique apprend l'homme à gouuerner le peuple en iustice, sçauoir maintenir le peuple d'vne ville ou region en paix & en vnion. Et si enseigne & apprend comme les habitans d'vne ville doiuent estre maintenus & gardez chacun en ses termes, c'est à sçauoir à mettre regard sur les ouurages mechaniques, que fraude n'y soit faicte: sur les marchandises qu'elles soyent merchées & enseignées de la ville & cité: riches ou oyseux qu'ils ayent en eux le regime dessusdit. Ce que practique enseigne aux Sages, afin qu'ils sçachent & puissent conseiller la ville, & le peuple en loy tenir & garder, & iustice faire. Car le sage dict, qu'en vain seroit loy en ville ou cité, s'il n'estoit aucun en icelle qui la sceust tenir & garder, & la faire mettre à execution. *L. 2. §. post originem. de origi. iur. ff. In vanum esset lex in ciuitate, nisi in ea esset, qui legẽ tueretur.* A laquelle chose faire faut sçauoir les droicts, les vsages & coustumes des villes & lieux, & erremens de iustice: pour lesquels sçauoir, & monstrer comme l'ordre de Court laye le requiert, & que nos maistres dient en leurs principes: *Qui nescit partes, in vanum tendit ad artes.* En vain tend à practique n'a science, qui ne sçait ou veut sçauoir ou apprendre les erremens precedens, par lesquels la science & l'art que l'on desire, sont demonstrez. Et pour commencer aux premiers erremẽs de practique & postulation de Court laye, ie veux dire & monstrer les erremens qui y sont requis l'vn apres l'autre. Et premier que c'est iustice: la diffinition de laquelle dois sçauoir, [d] que iustice selon la loy escrite est vne constante & perpetuelle volonté qui rend à vn chacun son droit, *vt instit. & ff. l. iustitia.*

Qu'est droict, & qui sont les commandemens de droict.

LEs [e] commandemens de droit sont honnestement viure, soy garder d'autruy dommager à tort, & rendre à autruy son droit. *ff. eo. titu. l. prædicta. & §. iuris præcepta. instit. eod. titu.*

De l'office du iuge sera traicté cy apres.

Si ensuit que droict est faire iustice aussi bien au petit qu'au grand, & à l'estrange qu'au cogneu: & auoir le iuge en tous iugemens Dieu deuant ses yeux, afin que plus craigne Dieu qu'homme. *Deum in-*

dex præ oculis habere debet & æquitatem. ff. de eo quod certo loco. l. quod si Ephesi §. in summa.

Quantes manieres sont de droicts.

Apres [f] ensuit monstrer quantes manieres sont de droits en propre nom. Si dois sçauoir qu'ils sont sept manieres de droits. C'est à sçauoir droit naturel, droit escrit, droict non escrit, droict haineux, droict cōmun, droict à la chose, & droict en la chose. *vt not. in. l. penul. tunc. l. fi. ff. de iusti. & iure.*

Sept manieres de droict.

Droict naturel.

Dont il ensuit monstrer premier qu'est droict naturel. Droict [g] naturel est le droict de franchise & de liberté, par le moyen duquel tout homme & femme & tous animaux tant par air, comme par terre & par mer sont de nature, qu'vn chacun de soy peut vser franchement de sa condition, si ne fust le seruage que l'homme mesmement y a trouué en soy obligeant: ou par contraincte de prison, tāt sur homme comme sur animaux, dont la franchise à eux donnée par nature, leur est ostée. *Insti. lib. 1. de iure natura. gent. & ciuil. in princip.*

Droict escrit.

Droict escrit est la noble constitution des loix, qui sont faictes & passées par les Empereurs, & par les saincts Concilles, consaux des Senats, & les sainctes decretales faictes par nostre sainct Pere le Pape, qu'on appelle droit canon: & les loix données par les Empereurs sont appellées droit ciuil. *insti. eo. ti. §. scriptum autem.*

Il deuoit adiouster les loix & ordonnāces faictes par les Roys, qui sont autant souuerains que les Empereurs.

Droict non escrit.

Droict non escrit est la coustume en païs coustumier tenuë & gardée notoirement, & equipolle à loy par l'approbation des anciens du païs en maniere qu'on n'ait point veu entre les presens le contraire. *§. ex non scripto. institu. ti. eo. & no. in. c. consuetudo. dist. 1.*

Droict haineux.

Droict haineux est le droict, qui par le moyen de la coustume du païs est contraire au droict escrit, cōme sont cas de [h] retrait lignagier, qu'aucuns coustumiers appellent cas en droict de promesse, ou autres plusieurs cas qu'à droit sont contraires, & toutesfois coustume les souffre & appreuue.

En latin odiosum, que les vieux practiciens rendent par haineux, & on dit à present odieux.

En aucuns lieux on lit premesse.

Droict commun.

Droict commun [i] est comme les sages dient, vn droict qui s'accorde au droict escrit, & à coustume du pays, & que les deux sont consonans ensemble, si que droit escrit soit conferme auec la coustume local, à tout le moins ne luy deroge, ou contrarie: car lors est ce droict commun & coustume tollerable.

Droict à la chose.

Droict à la chose [k] est auoir l'vsufruict sur aucune proprieté, ou sur aucun gage certaine somme de deniers de prest, ou de nampt, & à autre appartient la proprieté, ou le propre gage: car deux choses sont, l'vne vsufructuaire: & l'autre proprieté. *Vt not. in prin. & §. vsusfructus à proprietate, de vsufru. insti.*

Droict en la chose.

Ius in re. & ius ad rem.

Droict[1] en la chose est auoir droict en la proprieté en cas reel, ou en la propre chose. Comme est le droict d'ypotheque ou de gage. Lesquels deux droits, sçauoir est le droict à la chose est appellé *ius ad rem*, le droit en la chose, *ius in re*.

ANNOTATIONS DV TILTRE PREMIER.

a A *CESTE generale definition de practique on peut r'apporter ce que Platon* in Politico, siue de regno, & alijs libris, *& Aristote* in Ethicis & Politicis, *traictent de l'art ou science Politique, qu'ils estendent à tout ce qui appartient à la societé ciuile, & que comprend la Philosophie morale: laquelle consiste en action & practique.*

b *Rhetorique, de laquelle comme escrit Platon* in Gorgia, *faut seulement vser pour la Iustice, fait partie de la science ciuile, & à icelle est referée par Aristote* in Rhetoricis.

c *Politique, de laquelle on peut voir ce que Platon, Aristote, Plutarque & autres ont amplement escrit.*

d *La definition de la Iustice prise des Iurisconsultes signifie autant, que ce qu'on dict en Philosophie,* habitus, habitude: *& i'ay vn vieil practicien escrit à la main, qui definit practique, l'vsage & exercice de Iustice, enseignant les preceptes pour la bien faire & administrer.*

e *Comme la Iustice appellee aussi la vertu politique prise generalement embrasse toutes les vertus, aussi le droict, qui est l'effect d'icelle, ou l'art,* vt constat ex l. 1. D. de iustit. & iure. *traicte tous les preceptes necessaires à la vie ciuile, que le Iurisconsulte dict,* honestè viuere, alterum non lædere, suum cuique tribuere, *honnestement viure, qui s'estend plus amplement qu'à la vie priuée, n'offenser autruy & rendre à chacun le sien: dont i'ay traicté ailleurs.*

f *Ne faut prendre ceste distinction du droict pour vraye diuision ou partition, d'autant qu'il y a confusion de ce qui concerne seulement les qualitez, & encores diuersement, auec les parties du droict, telles que les Iurisconsultes proposent.*

g *Ce n'est icy la definition du droict naturel,* vt traditur à Philosophis, Theologis & Iurisconsultis in l. 1. & q. I. de iust. & iure: *Il deuoit diuiser le droict en naturel & ciuil: & par autre partition en escrit & non escrit: &*

entores en public & en priué: plus en droict estroict: & equité: plus en droict cōmun ou general, ou vniuersel & particulier & local. Le droict naturel, que la droicte raison a constitué entre tous les hommes, est de deux especes, à sçauoir de la premiere raison naturelle, ou de l'vniuersel & commun vsage de presque toutes les gens. Isido. l. 5. origi.

h *Le retraict lignager est reçeu en France, Italie, & en tant de pays, qu'il n'est plus reputé odieux; dont traicte amplement Tiraqu.* in præfat. de retractu.

i *Il pouuoit aussi diuiser le droit en commun ou general ou vniuersel, & singulier, qu'on appelle priuilege duquel est traicté* in l. ius singulare 16. D. de legibus.

k *Ceste distinction de* ius in re, & ius ad rem *a esté introduite par les interpretes du droict Romain, comme plusieurs autres pour plus facile interpretation.*

l *Aucuns distinguent* ius in re *de la proprieté*, creditor ius habet in pignore, nec tamen eius est dominus, l. pignus. C. de pigno.

QV'EST COVR LAYE.

TILTRE. II.

POVRCE que ie suis sur plaisance de practique de Cour laye,[a] ie veux monstrer qu'est Cour laye. Si est à sçauoir que cour laye est le siege qu'a accoustumé tenir le Iuge lay en son territoire & en sa Iurisdiction, aux iours accoustumez, pour cognoistre des cas dōt il peut & doit cognoistre, faire droict entre les parties, soient les hommes ou vassaux du seigneur temporel dudit territoire, Echeuins, Assesseurs, Conseillers ou autres iuges ordinaires appellez, ou par eux ou aucuns d'eux selon la coustume, ou cōmune obseruance des lieux, coniure d'hōmes ou d'Escheuins ou de iuges hostes, ou cottiers, ou par iuges ordinaires. Et à la verité celle Cour est appellée laye, qui est tenue par Seigneur tēporel. Et celle est appellée Cour d'Eglise, qui est aux Euesques, tenuë par leurs Officiaux, & pour choses spirituelles: car à vne chacune des Cours dessusdites appartient à cognoistre des cas qui leur doiuent demeurer; cōme de leurs suiets, ou causes suie[tt]es selon ce que l'Escriture le dit: *Redde Deo, quæ sunt Dei, & quæ sunt [C]æsaris, Cæsari.*

Quid autem sit territorium, vide tex. in l. pupillus § territorium de verb signific. ff.

De coustume local.[b]

Coustume local selon les an[ci]ens est vn establissement tenu & gardé au pays, par les anciens sages à ce d'accord & confermez estre & demeurer ainsi selon la situation [d]u lieu, ou ce est faict tel: & par si long temps que a coustume presc[ri]te & confermée peut & doit suffire: *Vt no. in §. ex non scripto. insti. de iu. [n]atur. gent. & ciuil.* Et y a difference entre coustumes: Car il y accoustu[m]e priuée & coustume notoire. Et est perilleuse chose à arguer la premiere pour doute de la preuue, sinon qu'elle fust redigée par escrit, de l'authorité du Prince, & les trois Estats du lieu ou Baillage pour ce faire appellez & assemblez, arrestée pour coustume. Et la notoire est plus legere, car [d] elle se preuue d'elle mesme. Si appartiẽt qu'auant que coustume soit prescrite qu'elle soit telle, que par dix (lequel nombre de dix fait turbe) ou douze hommes des plus sages & anciens du lieu elle ait esté approuuée, tellement que iugement en soit ensuiuy, & de ce iugemẽt ait esté appellé en Cour souueraine, de laquelle il ait esté dit bien iugé & mal appellé: *Vt not. in l. cum de consuetud. de legi. ff.* Car lors est telle coustume prescrite & approuuée, autrement non. Encores y a vne autre coustume appellée notoire coustume, laquelle est si notoire & si manifeste qu'il ne la faut auoir en doute aucune, comme plusieurs choses sont si notoiremẽt vsées & gardées en aucuns païs, que elles sont cogneuës & notoires à tous, & de celle se peut on bien rapporter à la discretion de la Cour, au cas que partie aduerse ne le mettroit en fait contraire. Toutesfois en tout euenement *ad maiorem cautelã* l'on a accoustumé prouuer ladicte coustume par l'extraict du liure Coustumier du greffe du lieu. Et pour ce est mise la difference entre les deux coustumes, c'est la priuée, & la notoire, comme dit est. Si se doit garder l'Aduocat tant quil peut de proposer la priuée, car elle est difficile & forte à prouuer. Si sçaches que [e] selon le droit escrit coustume maintenuë par le terme de dix ans vaut, si elle est consonante au droit escrit. Et en confermant ce que dict est, selon Hostiense: *Consuetudo est vsus rationabilis competenti tempore praescriptus: vt insti. de iure naturali. d §. ex non scripto. iuncta glo. & in l. diuturna. vbi glo. de legi. ff.* Et qui plus est, veut la loy escripte que coustume soit dicte approuuée, quand elle est obtenuë par le second iugement. l. *cum de consuetudine. ff. de legi.* Encores dict la decretale, que coustume ne doit pas estre changée, selon le dict du commun peuple non sçachant que ce vaut: mais selon que les sages coustumiers dient estre approuué par iugement par plusieurs fois. *Decretali, ad audientiam ext. de consuet. & facit quod no. in c. omnis, de elect.*

De Vs, Stille, Rit, & commune Obseruance.

VEu qu'est coustume, ensuit voir qu'est Vs, Stille, Rit, ou cõmune Obseruãce. Si doit sçauoir qu'il y a difference entre Vs, Stille, Rit, & commune Obseruance, combien que ce soit aux Aduocats vne maniere de les nommer comme si l'vn ne fust differend à l'autre.

De Vs.

Et toutesfois [f] à proprement dire, vs, stille & rit, est vne accoustumance d'aucune chose en forme de reigle & ordonnance frequentée & tenuë en Cour, comme si en vne Cour seroit vsé de non donner deffaut ou congé de Cour deuant midy, & en aucune autre Cour deuant nonne, & ainsi d'autres vsages accoustumez en vn lieu, & autres en vn autre.

Car les vſages des Cours ne ſont pas conſonans les vns aux autres, iaçoit que la couſtume notoire ou priuée le ſoit. Et s'appreuue Vs en Cour par trois manieres. La premiere, quand il eſt preſcript. L'autre quand il eſt iugé & confermé par reſſort. La tierce, quand il eſt ſi notoire, que le Iuge le tient pour conferme, & en vſe notoirement.

Vs s'appreuue par trois manieres.

De Stille.

Stille g eſt vne choſe en Cour tellement reiglée & ſtilée & de ſi long temps que nul des frequantans d'icelle Cour ne le rameine en doute : comme il eſt reiglé & ſtillé en la Cour de ceans que quiconques veut auoir deffaut ou congé contre ſa partie, il conuient qu'il face apparoir par acte ſur quoy, ou autrement ne l'auroit : & ainſi d'autres ſemblables exemples.

Vide no. per glo. & doc. in l. 1 de emancip. lib. C.

De Rit.

Rit h eſt vne choſe accouſtumée en vne ville, ou en vne contrée entre la communauté d'illec. Comme on diroit par la maniere du païs il eſt accouſtumé de porter armeures plus en vn païs qu'en vn autre, comme en Flandres plus qu'en France, ou en Henault plus de tuer hommes, qu'en Artois, & toutesfois combien qu'ainſi ſoit fait communément, ce n'eſt pas couſtume ny vſage, ny ſtille, à proprement parler.

Pro quibus vide no. in l. vt prophanos ritus de pag. sacrif. & templ. lo. C.

De commune Obſeruance.

Commune Obſeruãce eſt vn eſtabliſſement, que le Seigneur a eſtably en la Cour, outre les vs, ſtille ou rit qui y eſt : pour ce qu'aucunefois eſt de neceſſité que les iuges facent aucuns eſtabliſſemens, pour obuier ou refrener la malice des ſubtils, qui touſiours contendent à venir ou faire contre les vs ou ſtilles de temps paſſé. Comme ſi vn Iuge ordonnoit en ſa Cour, qu'vn iour on plaideroit des cauſes d'office, & l'autre on plaideroit des cauſes des parties ſingulieres : ou vn iour des cauſes criminelles, & l'autre iour des cauſes ciuilles, & ce tiendroit & feroit garder par commune obſeruance : & d'autres exemples pareils, comme la loy eſcrite le veut. *Plus peccat & forefacit, qui contra ordinationem iudicis conſtitutam, quam qui contra legem ſcriptam peccat, iuxta illud iuris Brocardicum, Mitius agitur cum lege, quam cum miniſtro legis.*

Vt not. in proœ. Sex. & Clem.

ANNOTATIONS DV TILTRE DEVXIESME.

C'EST E diſtinction des iuriſdictions laye & Eccleſiaſtique procede de la diuerſité des qualitez des perſonnes & des choſes qui ſont en procez & controuerſie, dont pluſieurs ont eſcrit, allegans vulgairement ce carme.

Diuiſum imperium cum Ioue Cæſar habet.

b *Ce qui eſt icy traicté de la couſtume, vient de la tradition des Docteurs & interpretes du droict Romain : car par iceluy appert la couſtume eſtre vn droict non eſcrit que le long, frequent & inueteré vſage du peuple a intro-*

duict par vn commun consentement, l. de quibus. & seq. D. de leg. l. 2. c. quæ sit longa cons.

c *De la coustume priuée dont est icy parlé, on peut tirer l'exemple* ex l. vlt. c. quæ sit longa cons. *&* *de ce qui se dit de plusieurs coustumes locales és liures de coustumes, qui ont esté redigées par escrit des prouinces de ce Royaume.*

d *Anciennement les coustumes n'estoient escrites, & lors la preuue s'en faisoit par turbes: mais depuis que par l'authorité du Roy, & du consentement des trois estats du pays elles ont esté redigées par escrit, telle preuue n'a plus eu de lieu, suiuant les ordonnances de Charles 7. art. 144. & Louys 12. art. 50. & de la preuue faut voir Faber* ad §. ex non scripto. Inst. de iure natur. gent. & ciuil. Masuerius tit. de probat. §. item consuetudines. *& autres.*

e *Ceste opinion que la coustume s'introduit par dix ans, est de la glosse* in d. l. de quibus *laquelle Cuiacius refute* lib. 20. obser. cap. 1. *qu'il faut voir*, & in parat. ad tit. c. quæ sit longa consuet. & Corrasius ad d. l. de quibus, & Menochius lib. 2. de arbit. iud. cent. 1. casu 83.

f *Vs se prend icy pour l'vsage de cour: car autrement il se peut entendre pour le long vsage qui introduit la coustume*, vt traditur in d. l. 2. c. quæ sit lõga cõsu.

g *Pour la conduicte de la procedure faut suiure le stile de la iustice & iurisdiction où le proces est intenté.* Bart. & Faber ad l. 1. c. de sum. Trinit. Innoc. ad c. fin. de foro comp. Guid. Pap. quæst 262. & alij.

h *Rit s'entend proprement pour vne ceremonie ou solemnité accoustumée és choses principalement sacrées*, vnde dicuntur ritus Ecclesiæ: *on dit aussi* ritus nuptiarum, tit. D. de ritu nuptiar.

DES IVRISDICTIONS.

TILTRE III.

IVRISDICTION [a] est vne dignité, par laquelle les seigneurs ont pouuoir de faire iustice des meffaits & plaintes qui sont faictes en leur terre, selon Io. Andrée. *Officium iudicis est rationabilis & æquus motus, quo iudex condemnandos condẽnat, & absoluẽdos absoluit, pœnas infligit vel remittit, deneganda denegat, concedenda concedit; faciẽda facit, secundum quod decet.*

Comme iurisdiction est diuisée.

Si dois sçauoir que iurisdictiõ est diuisée en trois manieres: Car l'vne est ordinaire, l'autre naturelle, & l'autre est commise.

Iurisdiction ordinaire.

La iurisdictiõ [b] ordinaire est celle que le Prince tient, & a en son pays, car il n'a nul souuerain fors Dieu, & pour ce peut iuger ou faire iuger par ses commis en lieu de luy ordinairement à conscience, si comme le Roy

Roy nostre Sire par luy ou par sō noble siege de Parlemēt, ou ses Baillifs a ce commis ou reformateurs : *Vt no. in c. per venerabilem. qui fil. sunt legit. iunc. c. nouit. de iudic. & per glo. prag. sanc. in princi. proe.* *Vt l. eno. in l. cum prætor. de iudic. ff.*

Iurisdiction naturelle.

La naturelle iurisdictiō est celle que les seigneurs ont par la dignité de la seigneurie de leurs fiefs & nobles tenemens : laquelle iurisdiction naturelle est patrimonialle selon la coustume generale de France : comme les Barons qui tiennent en baronnie. Les hauts Iusticiers qui ont haute iustice. Les Vicontiers qui ont moyenne iustice. Les Fonciers qui tiennent basse iustice & fonciere : car chacun selon son tenement a iurisdiction, & peut & doit faire loy des cas aduenus en sa terre si auant que sa iurisdiction le comprend : mais ils ne l'ont pas ordinaire, car il cōuient qu'ils facent iuger par autres que par eux, c'est à sçauoir par leurs hommes feodeaux à leur semōce & coniure, ou de leur Baillif ou Lieutenāt, & ont ressort à leur souuerain, ce au Prince qui a iurisdiction ordinaire & non à autre quant au souuerain ressort, car moyen ressort y peut-il biē auoir : mais toutesfois n'est-il pas souuerain ne ordinaire, que aussi bien faut-il seigneur moyen de faire iuger par hommes & par coniure, & par ce ne peut-il estre le souuerain ressort.

La commise.

Iurisdiction commise autrement dicte deleguée est celle qui est baillée soit par le Prince, soit par autre qui ait pouuoir de ce faire : si comme le Prince ou autre seigneur qui commet & establist aucun son baillif ou son senechal en vn lieu pour faire garder & exercer sa iustice en lieu de luy. Et conuient que ce soit par lettres sur seel souuerain du commetteur quant à iustice garder & tenir : *Vt no. in c. cum in iure peritus iunc. glo. & c. cum olim. in verbo delegantis sigilla. de of. deleg.* Ou autrement si comme le Prince donne priuileges à aucune bonne ville d'auoir loy & iurisdiction, mais que ce soit par lettres. Et ne peuuent les habitans d'icelle exceder les termes de la chartre à eux concedée & commise, *iux. no. in l. extra territorium. de iuris. omnium iudic. ff.*

De Assise.

ASSISE est vne assemblée de sages iuges & officiers du pays, que fait tenir ou tient le souuerain Baillif de la prouince. Et y doiuent estre tous le Iuges, baillifs, Lieutenās, Sergens, & autres officiers de Iustice & Preuosté Royal, sur peine de l'amende s'ils n'ont loyal exoine. Et doit estre l'assise publiée par toutes les villes ressortissans à ladite assise par sergent & commission du souuerain Baillif, le lieu, & le iour des presentations. Et doit ledit Baillif souuerain selon les ordōnances Royaux tenir ses assises de trois mois en trois mois : Ce que toutesfois est mal practiqué. Et en la fin de chacune assise doit faire publier quād il tiēdra la prochaine assise à venir, afin que chacun puisse sçauoir quand & cōme il y peut & doit proceder, car en assise est plaidoyé estroictement par tour de roille fait par presentation. Et qui n'est comparant à tour de

Arg. c. vbi maius, de elec. in 6.

roole, il est en deffaut sans remede. Et pource il conuient que duëment soit sceuë à tous. En assise doiuent estre tous proces decidez si faire se peut bonnement, tout crime cogneu & puny, tout bannissement accomply. Si doit estre respondu peremptoirement. Si doit chacun estre ouy en sa complainte, soit sur nobles, non nobles, sur Officiers, Sergens ou autres : car nuls officiers sans loyal exoine ne doiuent faillir à l'assise : comme dit est. Et est entenduë assise aussi comme purge de tous faits aduenus au pays. En assise, appellez les sages & les seigneurs du pays, peuuent estre mises sus, nouuelles constitutions & ordonnances sur le pays, & destruites autres qui seroient greuables, & en autres temps, non. Et doiuent estre publiées, à fin que nul ne les peust ignorer, & lors ne les peut ne doit iamais nul redarguer. Aussi ne doit estre Assise tenuë en terre nulle, fors en la terre, où le souuerain de par qui l'assise est tenuë, a iustice sans moyen, car en autre terre ne le peut ne doit tenir le souuerain baillif, & aux lieux d'ancienneté accoustumez : car en terre d'autre seigneur ne les peut ne doit tenir, ne aussi ne peut, ne doit estre tenuë en lieu estrange, mais en place commune. Car si notable cour de iustice doit estre tenuë notoirement à exemple de tous.

Vide no. per doc. in l. 1. vt omnes iud. tam ciuil. quàm cri. C.

Arg. l. sed & si pupil. § proscribere ff. de inst. act. Arg. no. in clem. 1. in princip. de fo. competen.

De adiourner son aduersaire en cour, soit franc homme, ou autre.

Puis que dit est de la maniere des sages & des Cours layes, monstrer veux comme partie demanderesse peut faire conuenir & adiourner sa partie aduerse en cour. Et premierement pour ce que la noble Cour de Parlement est la souueraine, veux monstrer comme on doit adiourner ou faire adiourner audit Parlement sa partie aduerse.

En Parlement en cas de delict.

Si dois sçauoir [e] que quiquonques veut és cas permis adiourner autre en Parlement en cause personnelle ou criminelle, il conuient auoir mãdement du Roy nostre sire, autrement dit lettres Royaux contenant le cas, addressant au premier Sergent, Baillif, ou Lieutenant si la matiere est si grande qu'il face l'adiournement par information precedente, si c'est en cas de delict.

En cas de pecune, nouuelleté, simple saisine ou reelle.

Et si c'est pour cas de pecune deuë par contract, il se peut faire sans information : aussi feroit-il si c'estoit en action de nouuelleté ou de simple saisine ou reelle : c'est à sçauoir qu'il ait du iour de l'adiournement iusques au iour assigné, à soy presenter, si c'est à cinquante lieuës pres de Paris xj. iours francs du moins, & ainsi à quantité & espace de pays.

Quand le Parlement commence.

Aiourd'huy par nouuelle ordonnance de la Cour faicte par messieurs sont autremẽt arbitrez les delais selon la distance

Et est à sçauoir que le parlement commance chacun an lendemain du iour sainct Martin d'hyuer pour la premiere presentation, & le second iour apres la seconde presentation : & pource conuient que quiconques veut adiourner autre audit Parlement, que ce soit fait au moins onze iours deuant le iour de la presentation dessusdicte, tellement que le douziesme iour soit le iour de la presentation : ou autrement le iour n'est pas competent, & ainsi des iours de Vermandois est à sçauoir & entendre, & des autres presentations de tous les bailliages ressortissans audict Parlement.

des bailliages & faut voir ce propos le stile de parlement.

Des iours hors de son bailliage.

Et s'il aduenoit que aucun hors des iours de son bailliage voulsist autre adiourner, faire le pourroit aux iours extraordinaires, mais lors cõuiendroit que l'adiournement sur ce impetré contenit que le iour fut assigné en nostre present Parlement, nonobstant qu'il soit en siege & pour cause. & pour ce le deuroit contenir le mandement, & toutesfois que le iour soit competent, comme dict est, ainsi que dit le stille de Parlement, *Quod volumus fieri nonobstante quod nostrum sedeat parlamentum, de gratia speciali & ex causa.*

Que nul ne peut adiourner autre sans mandement.

Se ne peut nul Officier quelconque adiourner en Parlement quelque personne de son auctorité pour quelque cas que ce soit, s'il n'a mandement especial : & s'il le fait sans mandement, si ne tiendroit il: & si mãdement y a, il conuient que l'adiournement soit faict.

En cas de delict.

Si c'est en cas de delict, qui desire à comparoir personnellement, & le mandement le contienne, autrement non, à la personne qui adiourné doit estre (si trouuer on le peut) sinon, au domicile s'il en a: sinon où il a accoustumé de plus repairer. Et si c'est pour simple delict, il suffit au domicile ou au lieu.

En complaincte de nouuelleté.

Et si c'est pour complaincte de nouuelleté, il y faut deux adiournemens, c'est à sçauoir le premier l'adiourner partie, qui est à adiourner sur le lieu contentieux, pour voir interiner la complainte, & y doit auoir iour conuenable selon la distance de la place: mais si c'est en ville, il suffist de trois iours au plus: aussi feroit-il si adiourné demeuroit à cinq lieuës ou enuiron, ou à huict, ou à dix, de huict iours.

En cas de simple saisine.

Et si c'estoit en cas de simple saisine, il doit estre faict au lieu contentieux, & à domicile, au cas que on ne pourroit trouuer celuy qui est à adiourner, car en tous adiournemẽs personnels puis qu'on pourroit trouuer l'adiourné, il suffiroit à personne sans domicile.

Reigle generale en cas de simple saisine, qui est declarée par la coustume de Paris, art. 98. & autres coustumes.

Hors du Royaume.

Et s'il aduenoit que celuy qui est adiourné demeurast hors du Royaume ou seigneurie: & l'adiournement fust pour cas criminel, ou pour personnellement adiourner, & le delict eust esté faict au Royaume & au seigneuraige d'aucun seigneur: sçachez qu'il suffiroit de adiourner sur le lieu où le delict aura esté faict, & à la bretesche, ou autrement sur les costes & confines du Royaume, le plus pres où celuy demeure qui adiourné est, sans autre signification au cas que peril y auroit d'aller hors iusques à luy faire la signification : mais si peril n'y auoit, on seroit tenu de faire ladicte signification. *arg. vulg. l. de vnoquoque.*

Clem. 1. de fo. competen. & no. in cle. 1. de iudi. Innocẽt. in cap. si aduersarius de eo qui mit. in possess. Imbert. l. 1 instit. forẽs.

de re iu. & quia vox praeconia paucis innotescit. auth. qui semel. C. quomodo & quando. iu.

En Chasteau ou Ville.

Et si c'estoit à adiourner aucun qui fust en vn Chasteau ou Ville qui fut tel ou telle que l'executeur ne peust ou n'osast pour doute de son corps y faire son exploict, il suffiroit de adiourner à la barriere, & là attacher son exploict auec la rescription à ladicte barriere, & amener auec luy deux ou trois personnes du moins pour voir faire l'exploict. *Vt not. in dic. cle. 1. de iudic.*

Des habitans de pays en ville estrange.

Et si c'estoit pour faire adiourner habitans de pays en villes estranges il suffiroit de adiourner iceux à la plus prochaine ville du pays ou ville, que l'en voudroit adiourner, & le faire en public à la bretesche iour de marché, & puis attacher l'exploict auec la rescription à la porte au lez du pays ou de la ville, dont l'en adiourne le seigneur ou les habitans, tellement que ceux qui iront audit pays, le puissent sçauoir & dire au lieu, & auoir veuë & copie de l'exploict si prendre le veulent, & le doit-on laisser attaché à la porte tant que durer pourra. En tel ces l'ay ainsi veu faire tant de fois que sans nombre, tant par aucuns seigneurs qui demouroyent en Henaut, comme en Flandres dont les adiournemens se faisoyent à Tournay, pource que c'estoit la ville plus prochaine sur les confins du Royaume, & estoient les adiournemens attachez à la porte du costé par où l'en alloit en Haynaut quand c'estoit là à faire: & quād c'estoit en Flandres, à la porte par où l'en va en Flandres, & ainsi à plusieurs chasteaux & forteresses en attachant l'exploict à la barriere.

Des Pers de France.

Des Pers de France, c'est à sçauoir qu'ils ne sont à nully à iusticier, fors à la personne du Roy ou à son Parlement. Et pource il conuient que par le Roy ils soient adiournez, & fait le Roy faire certain mandement especial, pour l'adiournement auquel ils sont adiournez, en disant. *Adiornamus vos, &c.* Lequel mandement de adiournement faict, encores s'en faict vn autre qui s'addresse au plus prochain Officier royal par lequel luy est mandé & commis qu'il prenne & porte ledict adiournemēt au Per, & intime que au iour contenu audit adiournement il soit en Parlement comme le Roy le veut & enseigne par les lettres. Et de ce doit escrire l'Officier à qui l'intimation est commise à faire.

Vide. not. in arg. l. Quotiens de dignit. C. lib. 12.

Des Prelats.

Des Prelats suffit adiourner comme autres, soit en cause personelle ou reele.

Des Chapitres.

Des Chapitres faut adiourner Doyen & Chapitre, & faire faire Chapitre par eux ensemble, où ils soient tant de nombre qu'il puisse suffire au college, & ainsi rescrire.

Vide not. per gloss. & doct. in l. aliud §. refert. de reg. iur. ff. & Masuer tit. 1. de adiornam. num. 20.

Des Monasteres.

Des Monasteres, soit de Moines ou de Nonnains, faut [k] adiourner l'Abbé & Conuent, & faire faire Chapitre à son de timbre, tant qu'il puisse suffire à auoir nombre de Conuent, & ainsi des Nonnains adiourner Abbesse & Conuent, & de ce rescrire,

Faciunt no. in c. fin. de conces. præben. in 6.

De la loy d'vne Ville.

De la loy d'vne Ville [l] faut adiourner Baillif, hommes, Maieur & Escheuins selon ce que les villes sont ordonnées de loy, & faire assembler en halle ou en chambre, c'est à dire au lieu où ils ont accoustumé à tenir leur siege, tant de nombre qu'il puisse suffire, & de ce rescrire.

De communauté.

Et si c'estoit à adiourner communauté (que peu aduient) il appartiendroit que ce fust faict à bretesche.

Des cas d'appel.

Et en cas d'appel faut adiourner le Seigneur, duquel est appellé, & son Baillif ou Lieutenant, & suffist en cas d'office de iustice, si les Baillif ou Lieutenant y viennent, *Arg. c. Non putamus. de consuetu. in sexto.*

Des Iuges iugeans à semonce de Seigneur.

Item [m] & s'il estoit appellé des Iuges qui iugẽt à semõce de Seigneur, comme d'hommes de fief, ou d'Escheuins, ou d'hommes censiers, ou d'hommes cottiers qui iugent à coniure [n] du Seigneur, ou de son Baillif ou Lieutenant, ou de Maieur, ou de iustice : sçachez que lors ne suffist adiourner le Seigneur, Baillif, ou Lieutenant, Maieur, ou iustice, mais par especial faut adiourner les hommes qui ont fait le iugement, soient hommes de fief, ou hommes de cens, ou Escheuins, ou cottiers: & la raison pourquoy est, pour-ce que les Iuges ainsi iugeans soustiennent le iugement à leurs depens & perils, ne leur Seigneur n'y est tenu, pour ce ne luy conuient enuoyer s'il ne luy plaist. Mais si le Seigneur ou Baillif ne compare sur ce qu'adiourné sera en cas d'appel de ses Iuges, sçachez qu'il ne pert autre perte, qu'il ne peut demander ne rauoir sa cause, supposé que par ses Iuges fut bien iugé. Et pour-ce luy est de necessité de comparoir, & soy presenter : car s'il ne le faict, il ne pourroit auoir ou recouurer le renuoy de ce où il n'aura autre pour luy qui demander le puisse, car les hommes & le Iuge ne le peuuent demender, veu qu'ils n'ont qu'à soustenir leur Iuge contre l'appellant : & si mal estoit iugé, il ne seroit fors au peril des Iuges, & non du Seigneur duquel ils sont iuges : & si les iuges ne se presentoient ne comparoient, il ne seroit fors au peril du Seigneur, quant à amende ne à despẽs, mais la cause d'appel seroit deserte au peril des Iuges, & sans preiudice du Seigneur puis qu'il compareroit,

De Seigneur qui iuge de luy sans coniure.

Mais autrement est de Seigneur qui iuge de luy sans coniure de Iuges, car lors conuient adiourner le Seigneur propre, supposé que son Baillif ou son Lieutenant ait donné la sentence : & pour-ce que le Seigneur est Iuge de luy mesme, & de luy est appelle, & non d'autre, pource le conuient adiourner : & supposé que le Baillif ou Lieutenãt du Seigneur ait donné la sentence dont il est appellé, neantmoins faut-il adiourner le Seigneur auec son Baillif ou Lieutenant : & pource que la sétence est donnée au nom du Seigneur qui ainsi iuge. Exemple, le Gouuerneur de l'Isle a donné ou son Lieutenant vne sentence, dont il est appellé, sçachez qu'il faut en cas d'appel que le Comte de Flandres soit par le Roy adiourné par ses propres lettres, & par autres lettres du Roy adressans à aucun Iuge royal, soit sondit Gouuerneur ou Lieutenant adiourné : ou autrement ce ne vaut.

De Iuge Royal.

Mais de Iuge Royal ne faut autre adiourner que luy qui a dõné la sentence, puis qu'il iuge ordinairement, & intimer partie appellée, si c'est en païs coustumier: & si c'est en païs de droict escrit, il cõuiendroit adiourner la partie appellée, & ° intimer le Iuge.

D'estre appellé en Parlement.

Si quelque partie est adiournée en Parlement, & il se soit fait presenter par Procureur, & il aduient qu'en iceluy Parlement il conuienne pour quelque cas dependant de la cause pourquoy le premier adiournement se fait, le maistre soit readiourné, sçachez ᵖ qu'il suffit d'adiourner le procureur qui s'est presenté en la principale cause, ou au commencemẽt des iours du Baillage, dont les parties seront durant iceluy Parlement: mais si le Parlement estoit failly pous celle année, il conuiendroit adiourner le maistre pour seruir au prochain Parlement.

De quelle espace il conuient faire son adiournement.

Par les ordonnances royaux le temps de releuer les appellations en Parlement est de trois mois, dãs lequel faut intimer la partie, & adiourner le Iuge en cas d'appel.

Item est à sçauoir qu'en cas d'appel il conuient auoir fait son adiournemẽt dedãs l'espace de trois mois apres l'appel fait, & plus on n'y peut attẽdre, mais l'on peut bien faire plus brief afin qu'il y ait iour competent, comme dict est. Car anciennement l'en pouuoit faire dedans vn an, ou sept mois; mais par l'ordonnance de Parlement est restraint.

De l'expedition de la cause.

Reigle generalle en expeditiõ de cause.

Itẽ est à sçauoir que si aucune cause pendãt en Parlemẽt n'est expediée durãt celuy Parlement, elle se cõtinuë par la reigle generale dudit Parlemẽt iusques à l'autre Parlemẽt, & n'y conuient point de readiournemẽt.

D'appeller en temps competent.

Item s'il aduenoit ᑫ qu'vn appellant depuis son appel eut assés temps cõpetent, comme d'onze ou de do[illegible]ze iours, voire selon aucuns de neuf ou de dix iusques au Parlement pr[illegible]hain ensuiuant commençant, & il attendist à impetrer son adiourneme[illegible], auant que le Parlement fust entré, & le Iuge sur ce adiourné, & parti[illegible]ntimée. supposé encores que depuis l'appel fait iusques au iour de l'ad[illegible]urnement n'eust pas encores vn an, & par-ce ne sembleroit qu'il y eust [illegible]terruption, si sçachez que l'adiournement seroit reputé nul, & par c[illegible]sequent l'appellation deserte. *Ita fuit dictum per arrestum, anno 24. pro S[illegible]hano de Podis contra Bertrandum de Marestanis. Faciunt autem no. in c. Si eo te[illegible]pore de rescrip. in vj. & in l. Quod sponsæ. de donat. propter nup. C.*

Arrest de Parlement.

Au liure que i'ay escrit à la maine de l'Au-

En cas d'asseurement.

Mais est à sauoir qu'en cas d'asseurement assez vient-on à temps à impetrer adiournement, supposé que le cas pourquoy l'asseurement est reüny, fust aduenu en l'an parauant, car en ce cas y est tout homme contraint à tout temps, nonobstant quelque exception qu'il y puisse auoir. *Ita fuit dictum per arrestum anno vigesimo sexto, per Episcopum Callecoti. Faciunt in argu. not. per tex. in l. fina. in quib. caus. in integ. rest. non est neceß. & in l. 1. Quando lic. vnicuique si. iud. se vindic. C.* *ibeur y a anno domini 1324. & ainsi faut lire.* *Arrest de Parlement.* *Anno M.CCC XXVI.*

Des mineurs.

Qui veut adiourner mineurs d'ans, il conuient que les mineurs soiét garnis de tuteurs & curateurs : & s'ils ne les ont, il conuient qu'on leur en face faire par le Iuge à qui il appartient. Et est bon que le commandement de l'adiournement contienne que l'executeur de l'adiournemét le face faire. Et ce fait, il conuient adiourner le moindre d'ans proprement & aussi ses tuteurs & curateurs, & de ce rescrire, ou autrement l'adiournement seroit nul: car ils ne sont capables d'estre en iugement.

Des furieux.

Des furieux, des expatriez, & des sousagez, conuient qu'ils soient garnis de curateurs qui adiourner les veut, & que semblablement soiét adiournez & leurs curateurs, & de ce rescrire, ou autremét seroit l'adiournement reputé pour nul.

En terre d'aucun iusticier.

Et est à sauoir que si le Sergent qui fait l'adiournement, iaçoit ce qu'il ait commandement de ce faire, & commis y soit par le Roy nostre Sire, il conuient si c'est à faire en terre d'aucun iusticier, qu'il appelle le Seigneur dessous qui ce voudra faire, & adiourner son sujet, ou le Baillif ou son Lieutenant, si trouuer on les peut : si non, les Sergens du lieu : si ce non, & que trouuer on ne les peut apres toute diligence sur ce faicte, & qu'autrement le conuiendroit partir sans adiournemét, il peut appeller des voisins prochains le plus qu'il peut, & en leur presence remóstrer cóme il ne peut trouuer ame de par le Seigneur, & pour-ce en leur deffaut fait son adiournement ou exploict, & de ce rescrire. [La raison semble estre, par-ce que les iurisdictions sont patrimonialles au Royaume de France.] *De l'assistance que doit demãder vn Sergent.* *Ceste clause n'est au liure escrit à la main.*

De non prester Sergent par le Seigneur.

Et s'il aduenoit que le Seigneur ou le Baillif ne luy vousist prester Sergent pour voir faire son exploict, pour-ce ne demeuroit que le Sergent ne feist son exploict, le Seigneur nommé, ou son Baillif ou Lieutenant. *Sufficit petita licentia licet nõ obtenta.*

Le Seigneur propre.

Toutesfois est à sauoir que si c'estoit à adiourner le Seigneur propre, il n'y conuiendroit point de Sergent emprunter pour voir faire l'exploit: car le Sergent emprunté n'est pour autre chose qu'en la terre d'aucun Seigneur ne fust faicte chose aucune qu'il n'appartienne, & que le Sergent ne face chose aucune contre le Seigneur, ou contre ses sujects, afin qu'opposer se puisse si luy touche, & que ce soit contre sa iurisdiction.

La iurisdiction du Seigneur.

De Seigneur qui a iustice, si pour le faict de sa iurisdiction l'on veut adiourner le Seigneur pour chose qu'il ou son Baillif ou Lieutenant ayent faict, dont ils soient à adiourner, ou le Baillif, Lieutenant, ou son Sergent ayent fait en cas d'office chose dont ils soyent à adiourner par leur souuerain : sçachez qu'il conuient adiourner le Seigneur propre & le Baillif, Lieutenant, ou Sergent, par lequel le cas soit aduenu, & de ce rescrire, ou autrement l'adiournement seroit reputé pour nul.

En cas d'appel.

Et si c'estoit en cas d'appel, & l'on eust appellé le Baillif : il conuiendroit adiourner le Seigneur & le Baillif, & est raison pourquoy il conuient adiourner, & celuy qui est par le Seigneur de la chose & qui proprement y veut perdre ou gaigner : ou autrement ce ne vaut, si ainsi n'estoit que ce fust en cas de corruption ou d'autre maluaitié proposée cōtre ledit Baillif, Lieutenant ou Sergent, car lors chacun porteroit son fardelet.

Des Cours suiettes & coustumes localles.

Or ensuit voir ce que mesmes selon les Cours sujettes & coustumes locaux est expediét. Selon les Cours royaux en dessous Parlement, faut, comme dessus est dict, adiourner par commission contenant le cas. Si c'est à faire en terre tenue par moyen ou autrement, le Seigneur dessous qui ce seroit à faire, n'y seroit tenu d'obeir, & le cas contenu en la commission, le Seigneur n'y doit refuser obeïssance.

En Cour tenue à pur sans moyen.

Mais si c'estoit en terre tenuë à pur & sans moyen du Roy, lors ne cōuiendroit point que la commission cōtenist le cas : moins suffiroit que ce fust à respondre à ce qu'on luy voudroit demāder : & doit auoir iour competent, c'est à sçauoir que du iour de l'adiournement iusques au iour de la presentation ait sept iours francs : ou autrement le iour ne seroit pas competent selon aucuns lieux : & selon aucuns lieux il suffist en cas personel de cinq iours, & en cas reel de quinze, & hors octaue. En cas de crime c'est de trois iours en trois iours, & quinze en quinze, & apres sommation ensuit pour proceder en bannissement : & au surplus s'entend comme il dit du Parlement.

Soient veuës les dernieres ordonnāces sur ce faictes par la cour. Adiournement à trois briefs iours, duquel est traicté en l'ordonnāce de l'an 1539. ar. 22 & en escrit Imbert lib. 3. instit. for. cap. 3. & autres.

En Cour de Seigneur suiect.

Item en Cour de Seigneur subject, c'est à sçauoir que d'āciennété le Seigneur pouuoit adiourner son couchant & leuant en cas personnel du matin au soir, & du soir au matin : mais pour le present, & pource que le monde est enclin à appeller de son Seigneur, il conuient que l'adiourné ait iour competent, c'est à sçauoir sept iours : comme dict est.

En cas reel.

Ceste distinctiō n'a lieu de present, ains fut en ce & ensem-

Et si c'est en cas réel, il conuient qu'il ait iours quinze dedans octaue francs, & soit adiourné sur lieu contentieux & intimé à personne ou domicile : & en cas que ce seroit en cas réel il conuient que ce soit par Seigneur, c'est à sçauoir par Baillif ou Lieutenant, si c'est en cas feodal &

par

par hommes. Et si c'est en terre cottiere, il faut que ce soit par Preuost, maieur ou lieutenant, & par Echeuins, hommes cottiers, hostes ou iuges.

blables matieres auoir recours aux dernieres Ordonnances royaux & de la Cour de Parlemẽt, & mesmes aux coustumes & stilles des lieux.

D'vn couchant & leuant d'autre Seigneur.

Item si vostre couchant ou leuant est homme feodal d'autre Seigneur que de vous, vous le pouuez adiourner [x] comme vostre couchant & leuant sans garder la reigle qui appartient aux feodaux, comme vilain. Item & s'il estoit encores vostre couchant & leuant, & vn autre seigneur le fist adiourner pour raison de heritage qu'il tiendroit de luy, sçachez que puis qu'il auroit faict adiourner sur l'heritage, il le pourroit intimer sur vostre terre, & luy deuriez bailler obeissance.

D'vn qui se rendroit fugitif.

Item & supposé qu'aucun se rende fugitif, & se mette en lieu diuin ou d'Eglise, pource ne demeure pas que pour son delict on ne le puisse biẽ adiourner en l'Eglise, car l'adiournement vault & tient. Item [y] si aucun estoit si fugitif qu'on ne le sceust où trouuer, il suffiroit de l'adiourner à breteche & à eglise, au surplus l'on se doit rapporter aux coustumes locaux : car il y a difference entre les aucuns, mais c'est leger à scauoir.

En cour laye & local.

Pour la coustume de cour laye & local, si vous voulez adiourner hõme en cas de crime, & vostre loy soit par coniure [z] d'hommes, il en faut faire plainte à loy, & puis l'adiourner par seigneur & par hommes en plaine Eglise par dimenche ou par iour solẽnel, & de ce faire rapport en iour de plaid, & ainsi par tels trois iours & quart l'abondant, ou autrement ce ne vaut.

En terre de Seigneur tenuë par moyen.

Item est à sçauoir que quiconque veut adiourner autre en terre de seigneur qui tient par moyen du seigneur qui adiourner fait, sçachez qu'il faut que le sergent qui l'adiournement doit faire, vienne premieremẽt au seigneur, dessous qui il veut faire l'adiournement, à son baillif ou lieutenant, si on les peut trouuer : & si non, au sergent du Seigneur subject : & encores si trouuer ne le peut, il doit appeller des voisins, & remonstrer comme il ne peut trouuer seigneur, baillif, lieutenant, ne sergent à qui il puisse dire ne monstrer l'exploict qu'il a à faire en la terre du seigneur, & à son subject, & pour ce en leur deffaut appellez les voisins il doit faire son exploict, & de tout ce rescrire : & ainsi vaut son exploict : & si autrement il le faict, ne vault, n'est à receuoir. Et ainsi est il ordõné par les constitutions royaux qui furent faictes des le temps du Roy Philippes : & aussi le veut la loy escrite : *vt not. in leg. meminerint cuncti. vnde vi. C.*

Pour ce qui est contenu en cest article, faut auoir recours aux ordonnances & à ce que i'ay annoté cy dessus.

ANNOTATIONS DV TILTRE TROISIESME.

a LA iurisdiction est icy trop estroitement definie : les Docteurs en font une generale, & l'autre speciale, selon qu'elle est prise aux liures du droict Romain à la difference d'imperium merum & mixtum. Prise generalement se peut definir Une puissance publique de rendre droict, & administrer iustice. Et ceste definition n'est guere differente de celle de la glosse ad l. 1. D. de iurisdictio.

b Iurisdiction se pourroit plus elegamment diuiser, premierement en celle du Roy, qui est de deux sortes, souueraine & inferieure, & celle des Seigneurs : en apres en ordinaire, & extraordinaire ou deleguée : plus en haute, basse & moyenne.

c De ceste coustume fait mention Faber ad tit. Instit. de Attiliano tuto. & ad tit. de legit. part. tut. & ad auth. ingressi. c. de sacros. Eccles. & auth. statuimus c. de Episcop. & cler. Boërius decis. 114. & alij.

d Parlant de l'Assise il entend celle qui est ainsi proprement appellée, qu'autrement on nomme en quelques coustumes grande assise : de laquelle les ordonnances & coustumes font mention, & se tient par les Baillifs & Senechaux royaux, qui estoient ex plus grande auctorité, qu'à present. Il y a des Seigneurs hauts Iusticiers qui ont droict d'assise, mais non tous, ains seulement ceux qui ont ressort : & ausquels tel droict appartient par concession du Roy & priuilege exprés, ou à cause de la noblesse de leur seigneurie, comme dict le vieil practicien que i'ay, escrit à la main.

e Ce qui est icy traicté d'adiourner en premiere instance au Parlement, est aboli par les ordonnances royaux, qui veulent les causes ciuiles & criminelles estre intentées en premiere instance pardeuant les premiers iuges ordinaires, & par appel és Cours de Parlement : sinon en certains cas, & pour certaines personnes, comme és causes des Pairs, & pour regales, & autres, dont ailleurs i'ay escrit plus amplement.

f Le Sergent doit suiure la teneur du mandement & commission, sans l'outrepasser, Speculat. tit. de citat § sequitur. Aufrer. in stilo Parlam. cap. 2. de adiorn. Masuer. tit. 1. de adiorn. & alij pragmatici. vide cap. cum dilecta. de rescript. & l. diligenter. D. mandati.

g La forme ancienne d'adiourner sur le lieu pour fournir la complainte, est à present hors d'vsage, comme sera traicté en autre lieu : on l'appelle autrement ramener à effect la complainte sur le lieu.

h On peut veoir à ce propos quod traditur ab interpretibus ad tit. C. quomodo & quando. Bretesche terme ancien qui se trouue en quelques vieilles Croniques & coustumes, & [illegible]smes de Flandres, signifie le lieu public où se font les cris, publications & proclamations de iustice, on dict aussi bretesque ou breteque.

i Les Pairs de France entre autres priuileges & prerogatiues, ne peuuent pour les causes de leurs personnes & pairries estre poursuiuis ailleurs qu'en la Cour de Parlement où ils ont leurs causes commises en premiere instance, comme anciens Conseillers d'icelle, & appellée aussi la Cour des Pairs. Et la forme de les y adiourner est traictée en l'ancien stile du Parlement de Paris, chapitre 2. §. 11. & chap. 2. & descrite au vieil protocolle de Chancellerie, Vide Chopin. lib. 3. doman. tit. 7. & alios qui de Patibus Franciæ scripserunt.

k Ceste forme ne se garde plus si exactement, ains suffist de faire l'adiournement à l'Abbé ou Abbesse, au Prieur ou Prieuse. Masuerius d. num. 20.

l Voyez Masuerius d. tit. 1. n. 21. & 22. Rob. Maranta. par. 6. tit. de citat. num. 94. mais s'il est mandé d'adiourner les habitans, ne suffiroit de simplement adiourner les Majeurs, Consuls & Escheuins, ou tels gouuerneurs de la ville, ains faudroit en parlant à eux adiourner les habitans, ou en parlant à leur procureur sindic ou de commune, & au plus d'habitans qu'on pourroit trouuer, & mesmes par cry public. A ce propos on peut voir le stil de Parlement, & autres pratiques.

m Ceste ancienne forme de comparoir par les Iuges adiournez seulement en cas d'appel, & non inthimez est hors d'vsage: par ce qu'ils ne sont tenus de comparoir pour soustenir leurs iugemens, ains c'est au seigneur s'il est inthimé, de les soustenir, lequel ne peut pour s'en exempter desaduouer son iuge, comme a esté iugé par arrest du 15. Iuin. 1560. contre M. le Duc de Neuers. Et y a arrest sur l'appel des Iuges Presidiaux de Sens, donné en l'audience, du 28 iour d'Auril, 1567. qu'vn iuge subalterne qui n'est inthimé en son nom, n'est tenu soustenir sa sentence, encores que la partie inthimée ne la veule soustenir.

n Coniure, est vn terme ancien, qui se trouue és vieilles coustumes, Chroniques, & Romans, & signifie que ceux qui sont appellez pour iuger, sont semonds par serment de faire ensemble bon iugement: & ainsi le declare mon vieil practitien escrit à la main. Et se prend aussi pour la coniure en autres actes, comme en la Chronique de Flandres, & autres.

o Telle intimation au pays de droict escrit n'a non plus d'effect, que l'adiournement en cas d'appel au coustumier.

p Sur ce y a nouuelles ordonnances de la Cour, & soyent veues à ceste fin: suyuant lesquelles le parlement se continue, & se peuuent donner toutes assignations & faire significations aux procureurs q[...] se sont presentez pour les parties, pour choses concernans la cause d'appel, sans a[...]ller de nouueau les parties.

q Pour remedier à la desertion, qua[...] l'appellant est sur la fin de releuer il faict au relief d'appel adiouster clause, d[...]nettre à execution les lettres de relief dans certain temps, apres celuy de releuer [...]piré: dont on peut voir Ioan. Gall. quæst. 158. & le stile ou protocolle de Cha[...]ellerie.

r Mon viel practicien escrit à [...] main tesmoigne qu'on pouuoit anciennement demander asseurement au Parlem[...]t, mais à present on s'addresse en premiere instance au iuge ordinaire. De ceste [...]tiere Masuer escrit tit. 12.

ſ Il ne s'obserue plus de deman[...] assistance au Seigneur, par le sergent royal ex-

ploictant dans le ressort du baillage ou seneschausée, où il est estably, suiuant les ordonnances, mesmes des Estats d'Orleans, 1560. art. 90. du mois de Mars, 1566. du mois de May, 1568. & autres. Et par l'edict du mois de Ianuier 1586. est attribué pouuoir aux sergens royaux d'exploicter par tout le royaume, sans demander assistance, placet, visa, ne pareatis, en prenant lettres de sa Maiesté de ladicte ampliation.

t *Selon les Ordonnances royaux le Iuge ne peut estre prins à partie, sinon en cas d'erreur notoire en faict & droict, dol, fraude ou concussion: entre autres ordonnances faut voir de François I. de l'an 1540. art. 2. & celle de Blois de l'an 1579. art. 1547. & y en a plusieurs arrests.*

u *Ce qui est icy traicté, ne s'obserue plus pour le regard des sergens royaux: mais des sergens des seigneurs, pour exploicter par vn sergent dans la terre d'vn autre seigneur l'assistance est requise: sinon qu'il soit sergent du seigneur qui a ressort sur l'autre.*

x *Ceste ancienne practique n'a plus de lieu: & du vilain couchant & leuant en la terre du Seigneur sera parlé cy apres, en traictant de la difference des personnes.*

y *No. contre les vacabonds: qui peuuent estre adiournez à cry public,* Innocentius in cap. si aduersarius. de eo qui mitt. in possess. Imbert. lib. 1. instit. forens. cap. 6. *& de ceste matiere d'adiournemens on peut voir Masuerius* tit. 1. Aufrer. ad stilum cur. Parlam. Speculat. *& autres.*

z *Hommes de loy, dont est souuent faict mention és coustumes du pays bas & aux anciennes de Picardie, sont ainsi appellez ceux qui ont iustice: & la loy se prend pour la iustice, comme tesmoigne la Chronique de Monstrelet, I. volume, chap.* 88. *& celle de Flandres, chap. 39. outre les coustumes du pays: dont i'ay traicté en mon dictionaire François.*

ENSVIT COMME ON PEVT CONTREMANDER OV EXOINIER A SON IOVR.

TILTRE IIII.

CONTREMANDEMENT [a] ou exoine n'est autre chose que contendre à differer le iour qui sert par exoine de maladie, ou de prison, ou par adiournement du souuerain, ou par voyage enioint du souuerain commencé auant l'adiournement, car conuenablement autres exoines ne sont à exonier l'adiourné qui vaillent.

En parlement par maladie.

Si sçachez que qui veut ietter exoine de maladie, il conuient, si c'est en parlement, que ce soit par lettres du curé qui l'ait visité en maladie, ou par autre qui l'ait veu au lict malade [b]. Tellement qu'il n'eust sçeu venir à pied n'à cheual, & qu'il le tesmoigne de bouche par serment, & qu'ainsi luy fut chargé à dire, autrement ce ne vault.

Vide. no in l. quæsitum. de re. iud & l. morbus sonticus de ver. signi. ff.

En cour suiette.

Et si c'est en Cour suiette, il conuient que ce soit par homme qui afferme loyallement qu'ainsi luy fut enchargé à dire, & que speciallement il y est enuoyé pour ce faire. & si on ne le veut croire, adonc soit il prest de les mener au lieu où il le laissa gisant au lict malade, & dira, si on ne me veut croire, ie suis prest d'y mener Seigneur & hommes par telle voye que ie sçay, aux despens de celuy qui croire ne me voudra : & conuient que ie le die, car il me fut bien chargé. Si sçachez que l'on le doit dire, & conuient que ie le die : & cætera. Et pour-ce que celuy qui apporte l'exoine estoit si simple qu'il fist faute à dire l'exoine en Cour, il en seroit releué par droict pour dire, & conuient que ie le die.

En cour local.

Sçachez qu'en Cour local a trois exoines & la quarte d'abondant. Comme si vous adiournez vostre ad[uer]saire pardeuant Iuge, il pourra enuoyer vne exoine au premier iour, & au second aussi, & le tiers par exoine de corps. & si l'exoine de co[rp]s estoit faicte deuant le tiers iour, on n'en pourroit plus faire apres, [car] apres exoine de corps ne fait nulle autre à receuoir, pour-ce que selo[n l]es coustumiers c'est la plus especial.

Ceste practique n'est plus en vsage.

Quels exoine[s s]ont à receuoir.

Et veux monstrer quels exoin[es] sont à receuoir. Premierement [c] exoine de maladie. Exoine de priso[n s]ins cautele, c'est à dire qu'on ne se soit fait emprisonner d'aduis appens[é]. Exoine de guerre mortelle. Exoine de voyage meu auant l'adiournem[en]t. Exoine d'adiournement en la Cour du Roy, ou de son Prince. Exo[in]e de mort de pere, de mere, ou de frere en iceluy iour, ou au second apres. Exoine d'enfant qui seroit mort par mort accidentalle, comme si l'enfant estoit estainct, ars ou noyé. Exoine de femme espousée qui s'accoucheroit celuy iour d'enfant, ou qui seroit morte. Exoine de femme enceinte, pourueu que ce soit au trauail de son enfantement. Exoine en cause de chatel qui en autre Cour a iour pour heritage. Exoine en cause d'heritage hors de la Cour de sō Seigneur qui auroit iour aussi pour heritage: car il vault mieux rendre obeïssance à son Seigneur qu'à autre. Et sçachez qu'encores a lieu l'exoine d'homme bāny de la terre où seroit la Cour, où il auroit iour.

Vide not. in l. 2. iunc. duabus ll. seq. de in ius vo ff.

Des Exoines non receuables.

Veu des exoïnes receuables, monstrer vous veux des non receuables. Et est assauoir que qui apres l'heure du iugemēt ou siege leué viendroit en Cour faire exoine ou contremand, à tard y viendroit. Item aussi qui deuant plaid ouuert de Seigneur & hommes le feroit, trop tost le feroit. Item qui le feroit auant que le Seigneur fust presenté en ses plaids, trop tost le feroit. Item qui n'auroit iour à requeste de Seigneur ou de partie, celuy iour sans raisō qui le feroit, ne luy vaudroit l'exoine faicte au iour qui n'auroit iour pour l'autre iour de plaids qui apres ensuiuroit. Itē en plusieurs Cours l'exoine n'est à receuoir, si celuy qui apporte l'exoine ne veut affermer par serment que loyallement il tient l'exoine estre vraye. Item exoine faicte sous couleur que celuy que l'on entend exonier, est dehors le Royaume, selon aucunes Cours n'est à receuoir, mais les clercs diroient le contraire s'il estoit vray: toutesfois seroit ainsi iugé en plusieurs Cours, & ainsi l'ont accoustumé. Et en tout euenement seroit le plus seur obtenir lettres [d] de l'Estat ou surceance, selon qu'il est permis par les ordonnances royaux.

Vide not. in l. absentia de reg. iur. ff.

Comme on doit faire les exoines bons.

Et supposé que l'exoine soit receuable: si doit partie diligemment requerir defaut sauf l'exoine, car en fin d'exoine conuient que les exoiniez facent leurs exoines bonnes si partie ne s'en veut deporter, ou autrement ce seroit au peril de querelle. Ainsi est-il ordinairement practiqué en la cour de Parlement.

Du serment de l'exoine.

Du serment que doit faire l'exoinié selon droict, vous veux monstrer, assauoir qu'il doit affermer par serment trois choses. C'est assauoir qu'il croit l'exoine qu'il fait, estre loyalle & vraie. Secondement qu'il a esté specialement chargé & requis de ce faire. Le tiers que celuy propre le chargea pour lequel il l'a faict.

Que doit faire l'adiourné qui a defaut contre luy sauf l'exoine.

Item s'il aduient [e] qu'aucuns facent faire exoine en Cour par exoine de maladie & defaut soit baillé contre luy sauf l'exoine: si l'exoinié qui malade se dict estre, si tost qu'il est reuenu en santé, & que l'on le peut voir par voye, ne fait mesmes adiourner sa partie contre qu'il s'est exoinié en la Cour si tost qu'il peut apres que sur voye se voit pour purger son exoine & monstrer icelle estre vraye, ou que creuë en soit sa partie, il se met en necessité & peril de perdre la cause: car si la partie aduerse le fait readiourner, puis que par voie il sera veu pour voir iuger le profit du defaut qui auant auroit esté donné, sauf l'exoine, sçachez qu'en ce cas le deffault sera iugé au proffit d'iceluy, qui ainsi l'aura fait readiourner auec despens preiudicieux. L'exoine de maladie doit estre faicte par lettre du Curé comme dessus est dict. (Par le stille ou vs de ladite Cour suffit l'exoniateur affermer selon le contenu en l'article du serment de l'exoinié cy dessus métioné.) L'exoine de prison par lettres du Seigneur dont le prisonnier est detenu, & le cas pourquoy. L'exoine de guerre mortelle d'entre nobles doit estre faicte par lettres sur son seel qui contienne le cas, & contre qui il a guerre, & où il se tient & garde pour ladicte guerre, en offrãt l'exoine ou exoines à prouuer & verifier la guerre finie ou tréues baillées dedans le temps deu, & en tesmoin de ce i'ay à ces presentes lettres mis mon séel. *Ceste clause n'est en mon liure escrit à la main.*

Du relief de l'exoine.

Et conuient ce releuer par commission sur ce leuée du Iuge pour ce verifier dedans les prochains plaids apres la paix, ou lesdictes tréues ou asseurances données si le iour competent il peut auoir, sinon en faire diligence au Iuge, & prendre grace de le faire aux prochains plaids apres, comme il faut faire de maladie.

S'ensuit le non exoinier ne contremander à son iour.

Selon le droict escrit, combien qu'aucun soit adiourné en Cour par partie aduerse à certain iour, auquel iour il n'enuoye exoine ne contremand pour certaine occasion qu'il a en celuy iour, pour ce ne doit il estre debouté de querelle pour celle iournée, ne iaçoit ce que default soit pris contre luy, il en peut & doit estre releué pour les causes qui cy apres ensuyuent: selon le droict qui dit: *Vltra posse nihil*. C'est assauoir si l'adiourné estoit meu pour aller à son iour, & en icelle iournée aduinssent les causes & raisons qui s'ensuyuent. Si les chemins estoiét si couuerts de neges que l'on ne peust ou sçeust où trouuer la voie sans peril de son corps, orages & foudres du Ciel comme esclairs, tonnerres, pierres cheans desmesurées, ponts ou passages rõpus ou depechiez, tellement que par ailleurs bõnement on ne peust passer, fleuues d'eauës ou estangs yssus de canel, dont l'on ne peust passer sans peril de corps, auenture de soudaine maladie ou inf[illegible]tune accidentalle, dont sans peril de corps on ne pourroit auant aller, [illegible]etension de prison sur le chemin, ou prinses par ses ennemis, ou les [illegible]nemis de son seigneur. Pour les causes & raisons dictes cy dessus, [illegible]eut & doit l'homme adiourné estre excusé en Cour, mais qu'il face a[illegible]aroir qu'aĩsi soit au iour où il retourne. Et s'il est adiourné à voir iug[illegible] le profit du default contre luy prins, encores veut la loy escrite que p[illegible]ille, furieux, expatrié, sous-aagé, & en sens debilité soient excusez, si ai[illegible]i n'est qu'õ ait fait adiourner auec eux tuteurs & curateurs, car autrem[illegible]t nul exploict ne se donne contre eux. *Vide l. 2. D. si quis cautionib. in iud. sisten.*

Ceste clause n'est en mon liure escrit a la main,& au lieu d'icelle y a. De hoc Ba t. in l 1. §. sufficit ff. de administ. tutor.

[Vt not. in l.acta. §. contra. de re iudic. ff. & in rub. & quasi per tot. tit. Qu. legit. perso. sta. in iudic. hab. C.

ANNOTATIONS DV TILTRE QVATRIESME.

a MON vieil practicien escrit à la main fait difference entre Contremand & exoine, disant, te vilain ne puet contremander la semonce que tu li fais, mais s'il a essoine, il te le doit nonchier, & tu dois la semonce atempter selonc son essoine. Mais on n'vse plus de contremand; ains on demande delay: & l'exoine s'estend en cause criminelle: toutesfois elle n'a lieu en tous les cas icy recitez, dont on peut voir Stil. Parlam. cap. 6. & Imbert. lib. 3. cap 4. qui remarque que l'exoine se peut demander en cause ciuile, quand la partie doit comparoir en personne. Du mot exonia fait mētion Hincmarus ad Carol. Reg.

b L'ordonnance de François I. de l'an 1535. chap. 13. art. 39. veut que les exoines soient proposez en iugement à iour d'audience, affermez & attestez par personnes enuoyées expres. L'exoine de maladie vient de la loy des XII. tab. cuius meminit l. 2. D. si quis cautionib. in iud. sisten.

c L'exoine de maladie est bien receu, quand on afferme que l'adiourné à comparoir en personne ne peut venir à pied n'à cheual, sans danger de sa personne: mais les autres causes d'exoine ne se practiquent: toutesfois pour la prison non affectée y auroit de l'apparence; cōme aussi en aucunes icy recitées pour faire proroger le default.

d Ainsi elles sont appellées en l'Edict du Roy Louys XII. de l'an 1510. art. 59. Et des lettres d'Estat est amplement traicté aux ordonnances, & par Rebuffe trac. de liter. dilat.

e Le temps de l'exoine expiré, l'adiourné doit comparoir, autrement le defaul sera deliuré contre luy, sinon qu'il le face continuer par nouuel exoine, la maladie continuant en luy.

f L'exoine de guerre n'est receuable, si ce n'est que la guerre soit pour le Roy, cōtre ses ennemis: auquel cas l'on a accoustumé d'obtenir lettres d'estat, encores qu'en causes criminelles elles n'ayent gueres lieu, par les ordonnances de Charles VII. de l'an 1453. Louys XII. de l'an 1507. & François I. de l'an 1535. si est ce qu'on y a quelque esgard, quand l'adiourné à comparoir en persone fait seruice au Roy en son armée: pour luy donner quelque surceance.

DES

DES DEFAVTS ET CONTVMACES, TILTRE V.

DEFAVT est non comparoir par luy ne par procureur suffisamment fondé au iour assigné en Cour. Si vous veux monstrer par quāts defauts on peut attaindre sa querelle. Si sçachez [a] que selon le stille de Parlement en action ciuile si le defendeur faut au premier iour qui luy est assigné, la partie demanderesse obtient defaut, & commission de nouueau à l'autre Parlement apres ensuiuant pour voir iuger le profit d'iceluy defaut, & proceder sa querelle comme de raison sera. Et si à celuy second iour, qui sera au second Parlement, encores le defendeur defaut, le demandeur aura tant attaint sur luy qu'il sera descheu de toutes deffences. Et de rechef, dedans iceluy second iour sera le defaillant readiourné à voir iuger le profit des deux defauts. Et au tiers adiournement attaindra sa demande sur la verification qui faicte en sera par la Cour. Et supposé qu'il n'y vint, la Cour ne laisseroit pour ce à faire droict sur les defauts dessusdicts. *Ita fuit ordinatum in parlamento, & per modum edicti obseruatum. Anno Domini Millesimo trecentesimo. vigesimo secundo.*

En commune querelle.

Des defauts en commune querelle est à sçauoir, que si le seigneur souuerain fait adiourner aucun qui soit suiect d'autre seigneur suiect d'iceluy souuerain : & l'adiorné se laisse mettre en defaut en la Conr de son souuerain, scachesque [b] pour le premier defaut luy & le seigneur de qui il est suiect, qui requerir le pourroit en cas de renuoy, chaient en tel preiudice, que luy & le seigneur par sa coulpe perdent le droict du renuoy. Et auec ce pert le defaillant toute declinatoire pour le premier deffaut.

Item & pour le second defaut toute dilatoire, & exception que auoir peut si ce ne fussent les contumaces.

Item & pour le tiers defaut pert le defaillant toute la peremptoire : & selon aucunes Cours est la demande [adiugée] au demandeur comme par defaut : Et selon aucunes Cours il f[au]t le demandeur approuuer sa demāde, mais le defaillant est exclus & [deb]outé de toutes deffences, [c] contredits & reproches.

Vide no. per doc. in l. consentaneum, iūc. l. tres denunciationes. quomodo & quandoū. & l. properādum. §. sin autem reus. de iudic. C.

Apre[s d]emande faicte.

S'il aduenoit que apres dema[n]de faicte au defendeur en sa presence, ou de son procureur en action pe[rso]nnelle, il fust defaillant au iour qui luy seroit assigné à retourner sur l[a d]emande : Sçachez [d] que la demande seroit tenuë pour approuuée au [de]mandeur. *Ita fuit ordinatum in Parlamento anno prædicto pro Domino Ioanne [de] sacro monte.*

En cas d'appel.

En quelques causes vn seul defaut suffit selon qu'il est porté par es Ordonnances.

Item si c'est en cause d'appel,[e] sçachez qu'il n'y a qu'vn seul defaut par lequel si c'est le Iuge, il dechet de la sentẽce & amẽde, & si c'est par partie intimée, il dechet du profit de la sentence: & si c'est l'appellant, il dechet de l'appel & amende. Par defaut en personne pour le premier deffaut on est debouté de toute defence, & au second de peremptoire, & est l'information tenuë pour enqueste, pourueu que la demande soit incorporée en la commission du defaut, & le cas contenu en la commission, & adiournement faict à personne ou à domicile. Et ainsi fut-il ordonné en Parlement l'an 1347.

Defaut obtenu contre autre.

Si dois sçauoir encores que quiconques obtient defaut contre autre : auãt qu'il procede en cause plus auãt sur le principal, il doit faire iuger le profit des defaux obtenus, ou autrement il perd : & les defauts sont reputez couuerts. *ita fuit ordinatum in parlamento anno xxij. pro episcopo Nouiomen. contra Abbatem sancti Eligij in causa nouitatis.* Et la raison est, *cum stilus repugnet* [& en passant outre audit principal semble soy estre departy & auoir renoncé au profit desdits defauts.]

Ceste clause n'est en mon liure escrit à la main.

De l'adiourné mort.

Item[f] s'il aduenoit que l'adiourné fust allé de vie à trespas, & pour ce ne comparust à son iour, sçachez que pour ce ne laisseroit point la partie demanderesse d'auoir defaut & commission à voir iuger le profit d'iceluy : mais la commission seroit iustifiée d'opposition, & si nul ne cõparoit à celuy iour qui ainsi seroit assigné, si auroit le demandeur comparuit, & autre commissiõ à faire adiourner les hoirs du defunct à voir iuger le profit du comparuit: & si autrement ne vouloient cõparoir ne approcher ils seroient adiournez à reprendre ou delaisser les erremens du proces. *Ita fuit dictum anno M.CCC.LXIIII. pro reddituarijs villæ Tornacensis contra hæredes Joannis Gallant.*

Par quantes manieres l'homme peut estre contumax.

Item[g] tant selon ladicte Cour de Parlemẽt comme des autres Cours suiectes, pouuez sçauoir que par sept manieres generaux, *secundum Innocentium quintum* peut estre l'homme contumace en sa cause : C'est à sçauoir *in non veniendo : prout dictum est. In non respondendo. In obscurè respondendo. In non exhibendo. In non iurando. In non restituendo, & in recedendo.* Premierement *In non veniendo*, c'est à sçauoir pour non comparoir au iour assigné, comme dessus est dit [en] ceste rubriche. *In non respondendo*, c'est à sçauoir si aucun a iour de resp[on]dre en causes, & il ne veut respondre, il vaut comme contumax, [l.] *de ætate. §. quæ tacuit. de interrog. act. ff. In obscurè respondendo*, c'est à sçau[oir] qui est tenu à respondre, & il respond obscurement & sans declarati[on] suffisante, il vaut comme contumax. *dic. l. de ætate. §. nihil interest. de* [int]*erro. ac. In non exhibendo*, c'est à sçauoir à bailler à certain iour son libe[lle] ou ses escritures, & il ne le fait il se rend cõtumax, & pert le benefice de [la] iournée, & doit estre debouté de ses escritures, & les escritures de pa[rt]ie aduerse demeurer seules. *ff.*

Huc pertinet l. 3. §. condemnatio D. de tab. exhib.

de appel. l. creditor. §. *iussus. In non iurando.* C'est à sçauoir qui a à iurer en la cause, ou affermer ou respõdre aux articles, & il defaut à celle iournée il doit dechoir de querelles, si c'est de iurer en la cause : & si c'est à affermer ou respondre aux articles de partie aduerse, iceux demeureront affermez & non respondus. C'est à sçauoir [h] que quicõques defaut à voir ouurir ou affermer articles & escritures deuãt cõmissaires, ou respõdre ausdits articles au iour sur ce ordonné : les articles de la partie diligente sont & doiuent estre tenus pour deniez : *vt no. in arg. in dic.* §. *qui tacuit.* Et ainsi en doit estre appointé par le Iuge, & conuient prouuer le diligẽt ses faicts, comme deniez, comme dict est, ce que prouuer pourra par legeres preuues. Mais le negligent par son defaut aura tãt perdu, qu'il sera rebouté de toutes reproches, ny ne sera appellé à voir iurer les tesmoins, s'il ne plaist à la partie aduerse ; & doit estre condamné aux despens du diligent, de la iournée, du defaut, des Commissaires, Clercs & Aduocat ou Procureur de commission & rescription, de adiournemẽt sur ce fait, & aux despens de la iournée qui seroit à ce voir iuger, & remetre la cause en cõmissaires. &c. Et ceste rubriche est tenuë & obseruée en Parlemẽt : & raison le veut, car ia ils ont litisconteſté, & par consequent respondu en cause en faicts contraires. Et pour ce faut prouuer qui son cas veut attaindre, pour iugement iuste auoir, car celuy serment de respondre & affermer n'est tenu fors comme serment *de calumnia* : qui n'est entendu fors serment que l'on tient à auoir bonne cause, ne n'est point serment ne iour sur ce : mais que quelqu'vne des parties se soit rapportée au serment de sa partie aduerse, qui fait decision de cause auant que litiscõtestation soit faicte, & que faits contraires soient ordonnez sur ce, comme dit est, & veut la loy escrite sur ce que le demandeur defaut au serment dessusdit, la partie diligente prouuera de ses faits cõme dit est, par cõpetentes preuues. Et pourtant obtiendra la partie diligẽte, & ainsi du defẽdeur, *C de iuramento propter calumniam dando l. cum & iudices. Pro prædictis, vi de glo. in c. quoniam frequenter.* § *porro. vt lit. non contest.* Et tit ext de iuram. calumn.

In non restituendo, c'est à sçauoir s'il est ordonné par le iuge que partie rende ou restituë aucune chose contentieuse, & il ne le face au iour assigné il chet en tel defaut que à ses despens le iuge le doit faire executer, & chet en amende venir contre, & non accomplir l'ordonnance de la Cour : *vt de rei ven. ff. qui restituere. In recedendo.* C'est à sçauoir si aucun a iour en Cour, supposé qu'il soit en[illegible]ores present, & il se part de Cour, & ne soit au tour de roolle ou de papi[illegible] quãd il sera appellé, encore se rẽd il contumax, tellement qu'il dech[illegible] du benefice de la iournée, *C. lib. 7. l. consentaneum vbi Bart. & Bald.* [illegible] *addit. ad Speculat. tit. de contum.* §. *contumax est ille qui cum contra eum* [illegible]*gitur, recedit à iudicio [aut circa columnas seu stationes occultat. vulg. l.* [illegible] *ulcinius.* §. *denique. quib. ex caus. in poss. ca. ff.]* [Ceste clause n'est en mon liure escrit à la main,

A[illegible]es iour de veuë.

Item qui defaut apres iour d[illegible] veuë, pert saisine, & en aucuns lieux toute la cause.

A voir interiner complainćte de nouuelleté.

Item [i] qui defaut à iour assigné sur le lieu à voir interiner vne complainte de nouuelleté, le Sergent [k] doit par vertu du defaut prins interiner sa complainte si auant que faire le peut: & pour se voir iuger & confermer, doit assigner iour en la Cour dont ce depend, & ce signifier à partie, comme par son defaut il a interiné la complainte, & de ce rescrire. Et le iuge doit par sentence ce confermer. *Ita fuit dictum & consultum per dominum Ioannem Canar aduocatum Regis in Parlamento, & etiam iudicatum per arrestũ pro ciuitate Tornacensi contra dominum Abbatem sancti Amandi in pabula.* Et ainsi est auiourd'huy practiqué en ladicte Cour, & autres Cours inferieures.

Arrest de Parlement.

Apres opposition.

Item [l] qui defaut apres opposition en complainćte de nouuelleté, il perd sa querelle au premier defaut.

Par maniere de memoire.

Item qui defaut à bailler par maniere de memoire par escrit, ne chet en nul peril de querelle, car puis que c'est à rapporter par memoire, il ne rapporte point qui ne veut, mais s'en peut rapporter à la memoire de la Cour, & sur ce prendre droict.

Par intendit.

[m] Qui defaut à rapporter par intendit à iour assigné, il perd querelle.

Par escrit.

Qui deffaut à rapporter par escrit à fin plaidoyée ou en fait, pert le benefice de la iournée: comme dessus est dit en la rubrice: *In non exhibendo. Ita fuit ordinatum in Parlamento per arrestum Anno Millesimo CCC. LXXIV. pro Iacobo de la Ruelle ex vna parte, contra Ioannem Daulez ex altera.*

Arrest de Parlement.

En cas d'Opposition & iour assigné.

Item qui fait vn seul defaut en cas d'opposition aux iours qui sont assignez par expres, cõme dict est, il pert cause ou estat & benefice du iour seruant. *Constitutum & ordinatum fuit in Parlamento per arrestum curiæ Anno M. CCC. LXX. in causa cuiusdam oppositionis factæ*: & au moyen de laquelle y auoit en la Cour eu appel *à præposito de Montdidier inter partes ibidem præcedentes.* [n] La rubrice veut dire que qui defaut sur cas d'oppositiõ, si c'est sur lettres qui soient executoires en elles, comme sont lettres obligatoires sur seel royal, ou telles que il y faille garnissement en cas d'opposition: sçachez que lors po[...] vn seul default on pert toutes deffences. Mais si c'est sur lettres qui ne[...]ient que aduocatoires: pour vn seul defaut l'on ne perd que declinato[...], & pour le second defaut dilatoire, & pour le tiers deffaut toute deffe[...]ce & querelle, & selon aucuns lieux executions s'y font de la demande [...]ns autres enseignemens faire. Et si c'est apres demande ouuerte, l'on p[...] declinatoire & dilatoire, & conuient proceder sur peremptoire.

Arrest de Parlement.

Il n'est plus besoin d'vn tiers, comme a esté noté cy dessus.

A ouyr droi[...]

Item [o] qui defaut sur iour d'ouyr droict soit pour luy ou contre luy, pour ce la prononciation du droict au profit de qu'il appartient, ne doit estre differée, mais que les parties ayent esté sommées d'estre au iour comparans pour ouyr droict. Si dois sçauoir que pour deuëment attaindre la partie diligente son propos & sa demande, lors doit bailler le demandeur sa demande par intendit, & la partie defaillant sera ordonnée à bailler par litiscontestation tant seulement que l'on appelle aux requestes du palais vn ny : & sur celuy intendit sera enquis de la verité : & sur ce sera faict droict. Et le plus consonnant à raison est le stille de Parlement.

En Cours subiectes & locaux.

Item en plusi eurs Cours suiectes & locaux où le Iuge a coniurement du Baillif, il conuient auoir trois defauts, & le quart d'abondant: mais le quart ne sert fors que à voir iuger le profit des trois defauts obtenus par partie demanderesse, & lors au quart defaut est adiugée au demandeur la demande ainsi que par defauts & contumaces: Et si c'est en cas reel, le demandeur en est mis en possession: & si c'est en meubles, il en est mis en saisine & manance, & ne faut le demandeur autrement prouuer sa demande, ne plus adiourner le defaillant à ouyr droict, ne autrement. *C. de iudicijs. l. properandum.* Et si [d] c'est en cas de crime, celuy qui ainsi defaut, est par contumace conuaincu du cas, & banny de la terre, & ses biens appliquez au seigneur.

Cet article n'est plus obserué, cóme a esté noté cy dessus.

Vide no. in l. 1. & quasi per to. de reg. iur. C.

En Parlement & en Cour souueraine.

Item qui est adiourné en Cour souueraine, comme de Parlement, ou de Cour Royale ressortissant en Parlement, ou de Cour aussi souueraine de la prouince, de la Cité ou autre semblable, sçachez que s'il defaut, doit estre iugé & donné le defaut contre luy, nonobstant qu'il soit priuilegé de priuilege aucun par lequel le iuge qui donne ledit defaut, ne doit & ne peut cognoistre ou pourroit de luy par le priuilege, voire s'il le fust venu alleguer au iour: car il n'est nul quelque priuilege qu'il ait s'il est adiourné deuãt sõ souuerain iuge de sa prouince, qu'il ne doiue venir au iour alleguer son priuilege, car priuilege est chose acquise, ne nul n'est né à tout priuilege. Et pour ce le doit vn chacun qui iouyr en veut, venir dire & alleguer. Item est à sçauoir si le demãdeur fault, le deffendeur a congé de Cour, & despens si c'est auãt demãde, ouuerte, mais que le deffendeur face apparoir que iour il eut à iceluy iour, & pareillement l'auroit: & s'il n'en faisoit appar[oir], il n'auroit que comparuit, & sur iceluy comparuit auroit commissi[on] à faire adiourner sa partie pour voir iuger le proffit du defaut obten[u c]ontre luy: qui tel seroit, que congé & despens seroient adiugez au d[e]ffendeur. & si c'estoit apres demande ouuerte, le defaut seroit tel qu['] il decherroit de adiournement de iour de cause ramenée au faict, & [de] tout ce que faict en auroit iusques à ce iour, auec despens de la iourn[ée]: & auroit l'adiourné congé de Cour: ¶ & c'est le profit du defaut en tel[s ca]s: & puis que litiscontestee ne seroit à la demande, & pourroit le dema[n]deur reintenter autresfois sa demãde par nouuel adiournement, mais [ap]res litiscontestation non: car il seroit

Ad idem tex. in l. ex quacunque causa si quis in ius vo non. ser. iunc. vul. l. si quis ex aliena de iud. ff.

descheu de sa demande, & n'y pourroit plus retourner.

De faillir apres delay prins, & demande faicte.

En mon liure escrit à la main y a defendeur. Mais la practique de cet article est hors d'vsage.

Scachez que si le demandeur apres demande contre luy faicte prend delay & iour à retourner sur ce par aduis, & par conseil demander sur ce, & il defaut à celuy iour, il pert tout declinatoires & dilatoires, & sera readiourné à peremptoire, où il conuient qu'il responde, & si encores il failloit à celuy iour, il seroit condamné en la demande & aux despens: & si apres contre luy estoit ouuerte, cõme dit est, il prenne à respondre, & iceluy iour il failloit, il seroit condamné en la demãde: car iour à respondre est si precis qu'il n'y faut qu'vn seul defaut: car s'il venoit, il luy conuiendroit à respondre par peremptoire, ou autrement il cherroit en la demande, & ainsi est-il vsé en parlement.

Sur asseurances, treues ou paix.

Si adiournement est donné à requeste de partie pour auoir aucunes asseurances, tréues ou paix, selon l'vs & coustume du lieu, sçachez que si le Sergent sur ce commis relate ou rescrit qu'il a parlé aux adiournez, & sur ce se laissoit mettre en defaut, pour ce premier defaut l'asseurance doit estre prononcée par iugement, & par lettres intimees & signifiees à partie par Sergent. &c. Et si les adiournez ne sont trouuez, defaut doit estre donné, & commission à voir iuger le profit dudit defaut: pendant lequel temps leurs estats doiuent estre mis & imposez entre les parties en peine de confiscation & de la hart, Et si encores defaut y a, gasteurs & mãgeurs de biens doiuent estre mis sur les biens des defaillans & cõtumaces par deux defaut, tant seulemẽt. Et en outre doiuent estre appellez aux droits du Roy nostre sire de tiers iour en tiers iour, &c. Et bannis du royaume si defaillans sont, selon l'opinion d'aucuns. Et selon l'opinion d'autres il n'y chet que le premier defaut si à personne est faict: sinon au second defaut, & lors doit estre iugé de l'asseurance, & faicte sçauoir & denoncee à peines à ce introduites qui sont capitales & confiscables, & en est ainsi vsé le plus selon les coustumes de present.

A voir iurer & produire tesmoins.

Qui a iour deuant iuge ou commissaires à voir iurer & produire tesmoins contre luy, sçachez que [illegible]'il a pert du iour assigné sur ce par relation du Sergent ou autrement, [illegible] defaut, les tesmoins seront ouys en l'absence de luy, & [illegible] iamais ne les [illegible]ut reprocher apres, si ainsi n'estoit que au commencement de l'auditi[illegible] les parties fussent d'accord d'ouyr tesmoins adiournez ou non, en abs[illegible]ce aussi bien qu'en presence. *C. li. iiij. rubri. de testibus. authentica sed & si [illegible]is ab aliquo &c.*

Que defaut ne se donne con[illegible] le Procureur du Roy.

Et est à sçauoir que par le stile de [illegible]rlement defaut en cas de sauuegarde enfraincte ne se donne contre l[illegible]Procureur du Roy, iaçoit ce qu'il n'y eust partie adiointe auec ledit Pro[illegible]reur. La raison est que comme en cas où l'on traicteroit du domaine du Roy, defaut ne se donne point contre le Procureur, pource qu'il ne peut amoindrir le domaire, mais le peut bien garder & defendre, non plus ne peut-il choir en defaut en cas de sauuegarde enfrainćte, qui est cas du pur domaine & de Majesté Royalle. Et supposé que l'iniurié en garde enfrainćte ne se voulsist faire sur ce partie, si ne demeureroit pource que amende & reintegration de la garde ne luy fust sur ce adiugée, & ne la voulsist ores prendre. Ainsi fut-il dit par arrest contre le Côte de Dammartin pour vn pauure homme qu'il auoit fait iniurier qui en garde du Roy estoit: l'an mil trois cens septante trois. & que en tel cas defaut ne se donne. Ainsi fut il dit par arrest contre Iacques à le Plece Bourgeois de Tournay pour Iacques de Ere qui estoit en garde du Roy, l'an dessusdit.

Videl. 1. de off. procu. cesa. ff.

Arrest de Parlement

ANNOTATIONS DV TILTRE CINQVIESME.

a *PAR les ordonnances Royaux, mesmement celles de l'an 1539. est amplement disposé des defauts, & profit d'iceux: mais i'ay noté cy dessus qu'on n'obserue plus d'introduire les causes en premiere instance au Perlement, sinon en certains cas, & pour certaines personnes.*

b *Par les Ordonnances de l'an 1539. & practique à present obseruée, deux defauts sont suffisans, & quelquefois on adiuge vn troisiesme, s'il y a doute aux autres, ou que la matiere le requiere. Mais pour donner vn defaut legitimement, il faut que l'adiournement ait esté libellé, autrement il sera nul. De ceste matiere Masuerius, Imbert, Maranta, Papon & autres practiciens ont escrit.*

c *Cecy ne s'obserue, ains le defaillant doit estre readiourné pour voir iurer tesmoings, bailler reproches, prendre appoinctement d'ouyr droict en definitions, produire & bailler contredicts.*

d. *Il y est autrement pourueu par les Ordonnances & stil qui s'obserue à present par ce qu'il conuient prouuer le contenu en sa demande;* vide l. properandum. c. de iudic.

e *Pour l'esclaircissement de cet ar[ticle] le faut distinguer le defaut en cause d'appel, qui se donne au profit de l'appe[llant], du congé qu'obtient l'inthime, & s'il y a congé defaut, & defaut congé, d[ont] i'ay traicte aux annotations du Code Henry: mais en cause d'appel sont re[quis] deux defauts pour le regard de l'appellant: & quant à l'inthimé on fait d[ist]inction entre les Cours de Parlement, & les inferieures, dont faut voir l'Ordo[nn]ance de la Cour de Parlement du mois de Decembre, 1534. & Imbert. lib. 2. ca[p.] 8.*

f *Si le defaut est obtenu con[tre] l'homme mort, il est nul, par ce qu'il n'auroit peu par nature comparoir [,] & puis que la cause n'est contestee, faut faire donner nouuelle assignation à ses heritiers.* vide l. de qua re. §. 2. D. de iudic.

g *Contumax est celuy qui contemne l'ordonnance du iuge*: nam contumacia à contemnendo dicitur, vt tradunt grammatici. vide l. contumacia. D. de iudic. *les practiciens & interpretes des Ordonnances ont amplement escit de ceste matiere: ils font difference* inter verum contumacem & fictum, *dont traicte Masuerius* tit. 3. Alexander & alij interpretes ad properandum. §. sin autem reus. c. de iudic.

h Vide l. 21. §. prætor. D. de noxal. actio. *sur laquelle est fondee la disposition de l'Edict de l'an 1563. vulgairement appellé de Rousillon, & la practique de present, qu'ès causes personnelles par faute d'affermer par l'vne des parties sur le faict proposé par l'autre, tel faict sera tenu pour confessé & aueré, au preiudice de la partie qui n'aura voulu iurer & affermer. Et à ce propos on peut voir* cap. præsentium. de restit. cap. finem litibus de dol. & contum. cap. 1. eo. tit. in 6. & cap. si post præstitum. de confess. in 6. Masuer. tit. de iureiur. Speculat. tit. de positionib. & Marant. in 6. part. & alij.

i *De la veue sera traicté cy apres, mais la practique de present est de faire proceder les parties au principal apres veue, où à faute de defendre est donné defaut, auec vn saulf, selon la distance des lieux & qualité de la matiere.*

k *Ce stil n'a plus de lieu, comme est noté cy dessus. Imbert en faict mention lib. 1. cap. 16. & autres practiciens: & on auoit acoustumé d'obtenir a ceste fin lettres Royaux, dont la forme est descrite au protocolle de Chancelerie.*

l *Le stil de perdre sa cause au premier defaut, est hors d'vsage: ains faut suiure la forme prescrite par les ordonnances. Et querelle signifie cause, proces, & ce qui est en different & controuerse entre les parties, comme en quelques coustumes.* Symmachus lib. 10. epist. 46. turbatæ possessionis querela.

m *A present on obserue depuis qu'il y a contestation, & que les parties sont appoinctées à escrire, soit par intendit, memoire ou aduertissement, on ne procede par defaut, ains par forclusion, & ainsi a esté iugé par arrest du dernier iour de Septembre 1550. recité par Papon liure 7. tilt. 6. M. Bourdin sur l'Ordonn. de l'an 1539. art. 30. declare la difference entre defaut & forclusion, qu'il faut voir, & Imb. lib. 1. cap. 14. & partant la peine de perte de querelle n'y a plus de lieu.*

n *D'vn seul defaut en execution en vertu de lettres obligatoires, & si on y procede par action, est traicté ès Ordonnances de l'an 1539. art 65. 68. & 69. toutesfois y a vn saulf, selon la distance des lieux.*

o *Ceste practique ne s'obserue* [illegible] *resent, ains les parties ayans comparu par Procureurs, le deffendeur ayant baill*[illegible] *effenses contre les conclusions du demandeur se fait la contestation entre les parti*[illegible] *sur laquelle elles sont reiglées & appoinctées à escrire selon la qualité & merite* [illegible] *la cause: dont plusieurs practiciens ont traicté, & nous sur la coustume de Paris,* [illegible] .104. vide l. vn. c. de l iis contest.

p *La forme de proceder en causes crim*[illegible]*lles est prescripte par les Ordonnances de l'an 1539. & autres, soit que l'accus*[illegible] *mpare, ou qu'on procede contre luy par defauts: auquel cas faudra luy faire* [illegible] *on proces par recollemens qui vaudront confrontations, dont escrit ampleme*[illegible] *Imbert lib. 3. & son tresdocte interprete Guenois.*

q *Il note la difference qu'il y a entre absous de l'instance, qui s'ordonne en vertu d'un congé, & absous de l'action ou demande qui s'ordonne apres litiscontestation, dont faut voir* l. & post edictum. D. de iud. & Imb. l. 1. ca. 13.

r *I'ay noté cy dessus qu'en vertu d'un seul default on donne asseurement : comme escrit Imbert.* lib. 1. cap. 8. *mais on n'y procede par telles comminations & peines que celles icy recitées : sinon qu'il y ait des informations, & sur icelles on ait fait le procés au defaillant : lequel conuaincu sera condamné selon le merite du cas dont il sera atteinct, on n'obserue plus d'adiourner pour faire tréues ou paix sinon en Normandie, où on practique d'adiourner pour fiancer tréues.*

ſ *La practique de present permet de bailler reproches, encores qu'on n'ait comparu à voir iuger tesmoings, ne protesté de bailler reproches : comme i'ay noté sur le Grand Coustumier: mais il les fault bailler deuant publication d'enqueste.*

t *Sauue garde est principalement entendue celle, qui met en la protection & sauue-garde du Roy :* quæ securitas & tuitionis auxilium dicitur, cuius Iustinianus plerisq; in locis, Cassiodorus, Symmachus & alij meminerunt. *Elle se doit donc bailler par le Iuge royal, auquel aussi appartient la cognoissance de l'infraction d'icelle, faut voir Faber,* ad l. denunciamus, c. de his qui ad eccles. Guid. Pap. quæst. 418. *& autres qui en ont escrit.*

DES PRESENTATIONS.

TILTRE VI.

PRESENTATION a est soy comparoir en persõne, ou par procureur en la Cour, ou aucun qui est adiourné, au iour assigné à heure deuë, le Iuge seant en tribunal, & Cour auestie d'hommes & de Iuges, si c'est en Cour iugeant par cõiure du Seigneur. & si c'est en Cour de souuerain il suffit soy presenter au Greffier qui commis y est. Si comme si c'est en parlement qui est cour souueraine du Royaume il se conuient presenter aux iours de son baillage ou Seneschaucée au Greffier par cedule. C'est assauoir au Greffier du ciuil en cas ciuil, & aussi au Greffier criminel en cas criminel, & à chacun bailler cedule de sa presentatiõ. Et qui dedans les iours de presentations des Bailliages selon l'ordre du tablier mis & pendu à l'huis du Parlement, ne se presente, sçachez qu'à temps n'y vient. Item si l'adiournement estoit donné & assigné en iour extraordinaire, c'est à dire que ce fust hors des iours ordinaires des Baillages comme dict est, lors se conuiendroit presenter au iour assigné sans attendre autre ordre des iours, & bailler sa cedule des presentations, comme dict est.

En cas d'appel.

Item & si c'estoit en cas d'appel, si conuiendroit il que le Iuge dont il seroit appellé, & la partie inthimee se presentasset au iour assigné: ou autrement partie auroit default. & [b] si le Iuge de qui est appellé, ne se presente, & la partie intimee se presente, le default sera baillé contre le Iuge à tel proffit que l'appel sera mis à neant. Si c'estoit en Parlement, pour ce que Iuge Royal ne soustient nul appel: mais si c'estoit Iuge sujet, il amenderoit l'appel: & ainsi en seroit en Cour royalle de Iugé sujet, & la partie intimée demeureroit à soustenir sa cause en la Cour. car en tel cas nul renuoy ne s'en feroit. Et si c'estoit que la partie intimee ne se presentast, lors descherroit par le default la partie de sa querelle qui auroit esté intimee, & le Iuge s'il luy plaisoit, soutiendroit son iugé. *Ita fuit ordinatum in Parlamento anno domini M.CCCXXXVII. contra Guerardum Mesla, pro hæredibus Mariæ la Baude.*

D'estre presente, & non comparoir au iour.

Si dois [c] sçauoir que supposé qu'aucune partie se soit deüement presentee audit parlemenr, & puis le iour qu'on deuroit plaider sa cause, n'eust presente quand on l'appelle au roolle en la Chābre de Parlement; si seroit default donné contre luy: mais si par Procureur estoit presente, & au iour qu'appellé seroit au roolle comme dict est, ne comparoit le Procureur, si lendemain matin quand on plaideroit, le Procureur monstroit son exoine suffisante pourquoy il n'auoit peu estre au iour appellé comme dict est, la Cour a bien accoustumé de releuer telle negligence, car dure chose seroit que par la coulpe d'vn procureur, partie qui coulpe n'y auroit, perdist querelle, ou cheust en default. *Et ita fuit ordinatum pro vno homine Ambian. anno Domini 1325.*

De non presenter l'appellant contre sa partie.

Item si partie appellant au iour assigné en cas d'appel ne se presente aussi bien comme la partie qui a eu sentence pour luy, que contre le iuge de qui il a appellé: sçachez qu'il est reputé non appellant, & sera sentence mandee estre mise à execution. *C'est ce qu'on appelle congé.*

Que le defendeur n'est tenu de proceder deuant le demandeur.

Item n'est tenuë partie defenderesse de proceder, s'il ne luy plaist, auant qu'il luy soit fait apparoir comme partie demanderesse s'est presentee contre luy, car par moins suffisante presentation peut estre la iournee acquise au defendeur, & congé de Cour donné, & despens, & pour ce le faut presenter tres-especialement contre tous ceux à qui l'on peut auoir à faire, par nom & par surnom. Et si c'est en cause d'appel, si le doit contenir la presentation.

De soy presenter contre tous par nom.

Et s'il aduenoit [d] qu'vn homme ou vn Procureur eust a faire contre plusieurs personnes, ses parties presen[ter] tout à vn iour, il ne suffist pas se presenter contre tel & tous autres, co[n]tre lesquels il auroit iour à iceluy iour en la Cour, mais conuient qu'i[l d]eclare tous ceux contre qui il a a faire, comme dict est, & chacune cho[se] à par luy, & par presentation à par luy, ou autremēt la presentation se[ro]it moins suffisante: ainsi a esté dict en autres Cours, tant à Amiens, à L[a]on, à sainct Quentin, comme ailleurs. *Facit c. cum in multis. de rescrip. in vj.*

De Cour où l'on iuge par coniure.

Si tu as à presenter à Cour où on iuge par coniure, si c'est Clerc ou Bourgeois de bonne Ville, il conuient presenter par aduoüé, si feroit-il si c'estoit vne veufue, Dame, Damoiselle, ou autrement la presentation seroit moins que suffisante, pour ce-que Clers, Bourgeois, ou Veufues vsent de priuileges, les clercs de tonsure, & les bourgeois de franchise des priuileges de bonne ville, & la veufue de droict de veufue, qui est tel, que le Seigneur souuerain temporel si les a en garde, aussi a l'Euesque par especial au cas que les Iuges lays les voudroient aucunement molester, ou qu'elles faudroient de droict au Iuge lay. Et pour-ce fut il ordonné que clercs, bourgeois, & veufues se presenteroient par aduoüé, qui ne doit estre bourgeois ne clerc, afin qu'il n'ait en luy nul des priuileges ou droicts dessusdicts, mais doit estre couchant ou leuant du Seigneur dessous qui c'est, afin si faute y auoit en celuy pour qui il seroit aduoüé, que le Seigneur s'en peust traire à luy, & seroit tenu l'aduoüé de l'amender pour l'autre. & bien se doiuent prendre garde ceux qui prennent charge d'aduoüé, pour autruy, & pour-ce se presentent les dessusdits par aduoüé, & doit l'on registrer à la presentation le nom de l'aduoüé, le nom du presantant. Aussi se conuient presenter en tels Cours par le gré du Seigneur, & requerir apres aux Seigneurs qui tiennent le siege, s'ils tiennent le presentant pour presenté par luy & son aduoüé, lequel se doit presenter contre tous & toutes, contre tels, ou contre quelles personnes il peut iceluy iour auoir à faire en la Cour où il se presente, & contre lesquels la Cour entend qu'il ait iour & par especial contre tel ou telle: & le doit nommer, & le Iuge en cõiure de loy le doit tenir pour presenté.

Deuant Cour ouuerte.

Item qui presenteroit auant que le Iuge ait ouuert sa Cour, & se soit presenté pour office ce ne vaudroit, n'aussi depuis qu'heure seroit iugée, ou que le Iuge soit leué du siege tribunal.

De Procureur au nom de son Maistre.

La practique est toute vulgaire que les parties se presentent par Procureurs.

Item si Procureur se presente, il doit se presenter au nom de son Maistre: ou ce ne vault: car si en son nom il le faisoit: son Maistre seroit tenu & reputé pour non presenté.

Ensuit des iours garder.

Ce present chapitre n'est obserué: & faut auoir recours au Stil de Parlement, aux ordonnances & Stiles de chacune Cour.

SOn iour garder en Cour est comparoir au iour assigné, & apres la presentation faicte attendre qu'on soit appellé au roolle ou au tour de papier en cour où en place par escrit, ou par presentation qui est registree, & lors qu'on est appellé, seruir à la iournee selon que l'Estat de la cause le desire, mais qu'on ait partie aduerse presente: si non, le iour chet garder proprement. C'est assauoir que puis que partie aduerse ne seroit presentee, n'aucun pour luy suffisamment fondé, lors chet le iour garder & appartient que la partie qui se presente, requiere & die si c'est Cour de coniure, Sire Iuge, ie garde mon iour en la Cour de ceans auiourd'huy contre tel que i'auoy fait adiourner pour telle cause, comme il peut apparoir par la relation de vostre sergent, & d'hommes qui à ce furent presens. s'il fust icy, ie fisse contre luy ma demande: & pour-ce que ie ne le voy, n'aucun pour luy, ie garde mon iour iusques que bien est heure que i'aye default contre luy, & par vertu d'iceluy default attains ma demande, qu'en son absence ie fais telle, &c. Si doit declarer sa demande, & faire sa conclusion, & puis dire. Par laquelle conclusion ie dis auoir attainct contre luy, & tant estre auancé, que la Cour dita, si en fais plaincte à loy, & en requiert droict. Sur ce le Baillif doit coniurer la Cour qu'ils en dient loy, & les Iuges doiuent dire que le defaillant soit appellé par Iuge & par Sergent à l'huis de la Cour: & s'il ne vient n'aucun pour luy suffisamment fondé de procuration, si c'est en cas qui puisse seruir par procureur, & relation faicte en Cour, le demandeur doit dire: Sire Iuge, & vous Messeigneurs les Iuges vous auez ouy la relation de vostre Sergent, & de vos Pers comme tel, &c. suffisamment appellé ne vient, ny ne compare, n'aucun pour luy, si auez veu comme deüment ay mõ iour gardé cõtre luy à heure deuë & encores suis prest iusques apres heure si mestier est, si vous requiert de l'heure, & qu'elle me soit dicte par loy. Lors doit semondre & coniurer le Iuge de la loy. Et les hommes ou escheuins doiuent dire, & par loy, puis que le demandeur ne fait sa demande que de meuble & cattel, & que l'action est personnelle, il est bien heure de donner default, & luy iugeons de l'heure. Ce faict le demandeur doit dire, puis que l'heure m'est adiugee, ie requiers tant estre auancé par vertu de mon default, que mes conclusions me soient adiugees par vous, & ma partie defaillant en ce condamnee & contraincte auec cõdemnation de despens, ou tant que par droit vous direz & iugerez qu'aduancé dois estre. Sur ce les hommes doiuent dire à coniure du iuge, si c'est sur le premier iour, qu'ils ne sçauent quelle exoine le defaillant a. Et pour-ce selon le stile de la Cour luy remettre iour à la quinzaine, & dedans heure de plaids comme sur son second iour. & ce iour doit le Iuge luy reassigner en presence de là loy mesmes en la Cour. Car autre adiournement n'en fault plus faire. Et ainsi y est procedé, & doit estre iusques à la quarte iournee qui sert pour ouïr droict & le profit auoir adiugé des defaulx & iours gardez dessusdits. A laquelle quarte quinzaine n'est besoin de soy presenter en Cour dedãs heure, car lors n'y faut point iour garder cõtre partie, fors pour ouïr droict, car contumace est droict estre fait & adiugé au demandeur sur sa conclusion, & pour-ce appartient il a tout demandeur que dés le premier iour qu'il a default qu'il ait fait sa demande & conclusion, afin que sur ce il garde & puisse tous les iours garder & auoir ses defaulx comme apres demande faicte en iugement, car autrement les defaulx ne seroient pas de telle excellence ne de telle vertu. & est vn des notables poincts d'aduocacerie. Si sçachez que par la maniere dicte se doit le iour garder en Cour, si c'est en demande de pecune ou de delict ciuil: & ne se doit iuger l'heure deuant midy, si c'est en Cour où on ne plaide apres disner. Et si c'est en Cour où on plaide apres disner, l'heure ne se doit iuger deuant l'heure de Vespres chantées en tout temps. Car en temps d'Esté lors il est heure de soupper, & en temps d'hyuer lors il est heure de repairer.

En cas reel.

Et si la demande estoit reelle, lors se deuroit l'heure garder iusques à l'heure des Estoilles, ja fust ce que l'on plaidast en la Cour deuant disner, ou apres disner: car iusques à dont faut-il garder son iour, ne deuant ce, defaut ne se doit acquerir: & dit-on iusques aux Estoiles c'est à sçauoir qu'on les apperçoiue au Ciel: si non, & que le temps soit si couuert que perceuoir on ne les peut bonnement, pour ce ne demeure point qu'on ne puisse bien iuger l'heure, si ainsi est que le iuge & les assistans qui presens sont, tesmoignent qu'en verité il est bien heure d'Estoilles ou plus & lors se peut bien seurement iuger l'heure, & defaut donner.

Aussi ce present article n'est plus en vsage, ne les autres ensuiuās de garder iour & heure & les ordonnances ont estably vn autre stil.

Defaillir de demander.

Item & si le demandeur defailloit, le deffendeur garderoit tant seulement sur son premier iour iusques à l'heure, & puis par la maniere dessusdite de son iour garder, luy seroit congé de Cour adiugé & despens, puis qu'il auroit fait apparoir comme il auoit iour.

En cas criminel.

Et si la demande estoit en cas criminel, on doit garder son iour iusques au Soleil couchant, soit en appeaux de tiers iour en tiers iour, soit en premier adiournement.

ANNOTATIONS DV TILTRE SIXIESME.

a *LA forme de se presenter en la Cour de parlement, est contenuë au styl dudict Parlement: & quant aux iustices inferieures royales, y est pourueu par les Edicts d'erection des greffes des presentations, qui sont au Code Henry, où faut auoir recours.*

b *J'ay noté cy dessus que cet article est à present corrigé pour le regard du Iuge qui n'est intimé en son nom: & quant à la partie intimée faut deux defauts contre icelle à faute de comparoir. Et i'adiousteray quant au Iuge, que par Arrest du Vendredy 15. Feuurier, de releuée, 1566. il fut ordonné qu'il en demeureroit en cause, encor qu'il voulust estre partie, par ce qu'il n'estoit intimé.*

c *Par les ordonnances & stil de Parlement les causes qui sont au rolle s'appellent à leur retour, & contre la partie qui ne compare par Procureur est donné defaut, ou congé defaut, ou defaut congé, selon la qualité de la cause, qui se deliure sur le champ, & emporte gain de cause: mais il le faut faire signifier & iuger, & quelquefois il est rabattu par la Cour, sur la remonstrance & requeste de la partie, ou du Procureur, lequel s'il y auoit de soy faute, seroit tenu enuers sa partie, des despens, dommages & interests.*

d *I'ay leu aux memoires de Monsieur Chartelier Conseiller au Parlement de Paris, un ancien arrest de Chandeleur de l'an 1508. par lequel la Cour declara les defaux nuls, qui auoient esté leuez par presentation contre aucuns denommez, & consors, pour le regard des consors qui n'auoient esté nommez en la presentation.*

e *Le styl de cet article est du tout hors d'vsage: car en causes Ciuiles chacun peut & doit plaider par Procureur: & la memoire des aduouez est abolie. Mon vieil practicien que i'ay escrit à la main, les appelle amparliers, qui ont adueu de partie pour plaidoyer pour li: sont les termes dont il vse. Des aduouez* qui latinè aduocati defensores siue protectores dicuntur, *Monsieur Pithou & autres ont amplement escrit, & mesmes le tresdocte Ragueau en son indice.*

f *Le semblable se lit en mon vieil practicien que i'ay escrit à la main, & on y peut r'apporter la loy des XII. Tables.* Rem vbi pagunt, oranto, ni pagunt ante meridiem endo comitio, aut endo foro causam coniciunto. post meridiem præsente ambobus litem adicito: sol occasus suprema tempestas esto.

APRES EN SVIT DE IOVR D'ADVIS, DE IOVR D'APPENSEMENT, DE IOVR DE CONSEIL, OV iour pour absence de conseil.

TILTRE VII.

IOVR [a] d'aduis, iour d'appensement, iour de conseil, & iour d'absence de conseil, n'est autre chose que parties comparátes en Cour, si le demandeur a ouuert sa demãde, le deffendeur de droit peut demander & auoir ce delay que demande autre iour sur ce, & auant qu'il doit respondre, si ce n'est en cas priuilegé. si en veux monstrer la maniere, puis que i'ay monstré les choses dessusdites, qui toutes par ordre de Cour lay- sont preallables l'vne apres l'autre.

L. 1. in prin. de eden. ff.

Iour d'aduis.

Tu dois [b] sçauoir que iour d'auis est vn delay que le deffendeur peut & doit auoir en Cour. Car tu dois sçauoir que iour d'aduis ne muë pas l'estat de la cause, car pour iour d'aduis auoir le demandeur n'a nul profit: & selon la noble Cour de Parlement iour d'aduis n'est sur autre tiltre demandé que de voir commissions, escriptions & autres erremens sur quoy le defendeur est adiourné & dont on le veut poursuyuir. Et jaçoit ce que aucuns arguẽt que le defendeur doit defendre, & que c'est de son faict, & pour ce ne doit auoir nul delay, ceste raison ne vaut que

Arg. l. pure. §.

le iour d'aduis ne doiue auoir pour proceder apres comme de raison sera & appartiendra: car comme dit est, iour d'aduis ne change ne muë l'estat de la cause, & pour ce ne doit estre baillé qu'vne fois en la cause. de do mal. & met exceptio. & l. qui in alterius. §. hac ita de reg. iur ff.

Iour de conseil, autrement dict absence de conseil.

Mais iour de conseil est d'autre condition: car il est de plus notable nature, plus estroite & precise. Et sçachez que quiconques demãde iour de conseil en la cause selon le stille tant de Parlement comme d'autres Cours (lequel stille est de raison & notoirement gardé) auoir le doit au prochain iour de plaids apres ensuiuant: auquel iour il doit respondre par peremptoire sur la demande dont il aura demandé iour de conseil, car autre chose n'est sur ce iour de conseil, que pour respondre peremptoirement en la demande faicte en cognoissant, ou en niant: car depuis autres declinatoires ne doit auoir ne dilatoire: car de toutes s'est exclus & demis puis que iour de conseil il a demandé, ne à autrement respondre n'est à receuoir [c]. Et pour ce se doit moult appenser l'Aduocat quand il demande iour de conseil.

Iour d'appensement.

Iour [d] d'appensement est & sert tant seulemẽt en cas où l'on seroit adiourné à reprendre ou delaisser la cause & erremens d'vn procez dont le demandeur ou defendeur seroit allé de vie à trespas, & la partie demeurée voudroit le procez chasser auant: car plus auant ne pourroit chasser sans faire adiourner les hoirs du trepassé en cour, où la cause & procez pendroit, en quelque estat que la cause fust au iour du trespas du trespassé, & au iour que seruiroit, lors pourroit le demandeur si c'est celuy qui auroit faict adiourner les hoirs, dire qu'ils prinssent le procez en l'estat que leur predecesseur l'a laissé, & procedassent en outre, & sur ce comme de raison appartiendroit, & lors le peuuent reprendre les hoirs du trespassé si bon leur semble. Si ce non, & que reprendre ne le veulẽt, si ne demeurera point pourtant que le demandeur ne face toute diligẽce de poursuyuir son procez comme il appartiendra, & comme apres sommation des hoirs de reprẽdre ou delaisser, ne pour ce ne demeurera que le Iuge ne puisse aller auant en la cause, à requeste de partie. Et que ce qui depuis en sera faict & iugé, les hoirs du trespassé ne soient tenus de l'accomplir par execution de iustice. Car l'heritier est reputé en vne mesme personne auec le deffunct. *Vulg. Iur.*

ANNOTATIONS DV TILTRE SEPTIESME.

a. *LES vieux practiciens font mention des delais ici mentiõnez, mais ils sont presque tous abolis par les ordonnances de l'an 1539. art. 18. & partant ne s'y faut arrester.*

b. *Au lieu du iour d'aduis le defendeur peut demander communication des pieces mentionnées és conclusions du demandeur dont il se vante & veut ayder en la cause, suiuãt l'Edict de l'ã 1563. l. 5. 6. & vlt. c. de edendo. l. 1. & al. D. eo. tit.*

c Vide l. si quando. c. de dilationib. glos. ad auth. offeratur. c. de litis contest. cap. 1. & 2. vbi Abbas, de dilat. Masuer. tit. 2.

d *Ce delay se practique, parce qu'il est raisonnable que les heritiers cognoissent le merite du procez, auant que le reprendre ou delaisser : mais encores qu'ils ne le veulent reprendre, si est-ce qu'il sera iugé contre eux par forclusion comme s'ils l'auoient repris, d'autant qu'ils sont tenus des faicts de celuy, auquel il ont succedé, & par consequent de reprendre & soustenir le procez commencé auec luy.*

COMME ON PEVT ET DOIT FAIRE ADIOVRNER LES HOIRS DV TRESPASSÉ A VOIR reprendre ou delaisser les erremens d'vn procez comme commencé contre aucun qui trespassé seroit.

TILTRE VIII.

SI L aduiēt qu'en procez pendāt aucunes des parties vont de vie à mort, supposé que le defendeur allast de vie à mort, a il conuiendroit que le demandeur, si la cause estoit en Parlement, fist adiourner les hoirs du defendeur, dedans l'an en Parlement, à voir reprendre ou delaisser le procez & erremens de la cause, en l'estat qu'il seroit au iour que le trespassé allast de vie à mort, ou autremēt on n'y viendroit à temps, & demeureroit le procez frustré & interrupt, & si c'estoit en cour royale autre que le Parlement : il conuiendroit que l'adiournement fut faict à la premiere assise, si c'estoit procez d'assise. & si c'est hors d'assise, il conuiendroit que ce fut faict dedans le mois, ou dedans xl. iours selon le stile de la Cour : ou interruption y pourroit choir. & toutesfois pour plus seurement proceder, le iour seruant en la cause doit estre gardé par le viuant & prins comparuit contre le trespassé, & sur ce faire adiourner les hoirs à respondre : & ainsi n'y peut-il auoir interruptiō, & selon aucuns lieux comparuit, par especial le demandeur doit prendre defaut à la iournée seruant, & ignorer que partie aduerse soit morte, & leuer commission à la faire adiourner à voir iuger le profit dudict defaut : & le sergent rescrira comme il n'a peu faire son adiournement, pource que [illegible] est. Et sur ce comparuit doit estre prins.

Ces solemnitez de proceder apres l'vne des parties morte ne sont plus en vsage.

Du demandeur mort.

Et si c'est le demandeur qui est allé de vie à trespas, sçachez que le defendeur n'a que deuenir, si c'est en Parlement dedans l'an, & par especial dedans le plus brief qu'il peut, & encores durant les iours de son Bailliage ou Seneschaucée. & si c'est en autre Cour Roiale, dedās l'assise, si c'est procez d'assise comme dict est, ou dedans les iours qui seruent en la Cour la Cour, & si c'est hors assise: soit en Cour Royale ou autre: au prochain iour apres la mort du trepassé, que sera iour de plaids, & le reprendre & soustenir auec les erremens d'iceluy en l'estat où il estoit cōtre les hoirs ou ayans cause du trepassé demandeur: & de ce prendre lettres contenantes l'estat pour entretenement dudict procez, afin que interruption n'y chée, & sur ce faire & parfaire procez: comme de raison appartiendra, Et selon aucuns si le demandeur ne compare celuy iour, les hoirs doiuent prendre comparuit contenant comme ils reprendront: & doit estre signifié aux hoirs du trepassé qui estoit demandeur, comme tel poursuit entierement le procez encommencé par leur predecesseur, qui estoit demandeur, que tel en defendant procede & veut proceder en la cause, & est la plus saine voye pour oster tout debat, & que partie ne puisse auoir aucune cause d'ignorance, car raison ne souffre point que nul soit condamné en cause sans luy appeller.

Iour pour absence de conseil.

Iour pour absence de conseil si est encores d'autre condition: & n'est point si precise ne si estroicte comme iour de conseil: car iour d'absence si est tel qu'auoir le doit: soit demandeur ou defendeur chacun vne fois au procez durant, & non plus, en quelque estat que la cause soit apres litiscōtestation ou deuant, ne refuser on ne le peut ne doit: supposé que la partie qui demande le iour d'absence, eust là present son conseil & Aduocats, vn ou plusieurs: car de droict deu est. *Ita dictum fuit per arrestum il parlamento anno Domini mil. ccc.lxx. inter duas partes, quae erant de Viromandia: in causa appellationis.*

Ce delay est abrogé par lesdictes ordonnances de l'an 15[illegible].

ANNONTATIONS DV TILTRE HVICTIESME.

a *PAPON liure 8. tiltre 16. recite vn arrest de l'an 1390. pour ceste opinion: mais i'ay veu faire adiourner en Parlement apres l'an, les heritiers en reprise de procez, qui ont repris & procedé: & ne semble que telle fin de non receuoir puisse auoir lieu en toutes causes.*

APRES ENSVYT QVELLES PERSONNES PEVVENT FAIRE DEMANDE EN Cour laye.

TILTRE IX.

PVis que mõstré ay la maniere de faire adiourner & conuenir en Cour sa partie aduerse, de luy presenter & son iour garder: mõstrer veux quelles personnes sont qui sont à receuoir en Cour laye à faire demãde contre autruy, & quelles non.

L'homme de serue condition.

Si est [a] à sçauoir qu'en demandant en Cour laye n'est à receuoir homme de serue condition contre homme de franche condition, s'il n'estoit par aduanture auctorisé du Prince.

Banny du Prince.

Item n'est à receuoir homme qui pour cas de crime & tel que si fut tenu, il eust perdu la vie, ou par contumace soit [b] sur ce banny du lieu, si ainsi n'estoit que par sõ Prince souuerain ne luy eust esté remis & pardonné le faict, & qu'il l'eust remis en sa bonne fame & renommee, parties ouyes & appellees, & que sur ce luy fust sa grace interinee par le iuge qui faire le peust.

Excommunié.

Item [c] n'est à receuoir homme excommunié, s'il est ainsi qu'il en appare promptement par lettres de son excommuniement, autremẽt non.

Femme estant en lien de mariage.

Item [d] n'est à receuoir femme estant en lien de mariage, si ainsi n'estoit qu'elle fust auctorisee de son mary ou de son Prince, nonobstant son mary, & de ce eust lettres & enterinement de Iuge competent parties appellees sur ce.

Des furieux & pupilles.

Item n'est à receuoir homme furieux sans Curateur durant sa maladie: car chose qu'il feroit celuy temps, ne tient: autre chose seroit si hors en estoit: supposé que aucunes fois y retournast. Item n'est à receuoir pupille s'il n'est fondé de tuteur par [illegible]itelle donnee de Iuge competent.

De[illegible]rc.

Item n'est à receuoir clerc s'il ne d[illegible]une caution de refondre les despens, & le Iuge par homme iusticial [illegible]ouchant & leuant, ou au moins tenant du Iuge, où ce est ventilé & tr[illegible]cté.

Cet article n'est plus en vsage, par ce que le clerc peut librement plaider, sans bailler caution.

De incredulité [illegible] Iuif.

Item n'est [e] à receuoir homme qui po[illegible]r incredulité soit croisé en nom de signe publique, iusques à ce que par [illegible]õ prelat soit recõpensé en fame & renõmee. Item n'est à receuoir Iuif ne mescreant contre la saincte loy de Iesus-Christ, si ainsi n'est qu'il soit de ce faire auctorisé de son Prince.

De periure.

Item[f] n'est à receuoir homme qui ait pardeuant Iuge sa foy periuree, tellement qu'il en ait esté reprins & condamné pour infame publique, si ainsi n'estoit que de son prelat il fust sur ce dispensé, & de son Prince relaxé & remis en fame & renommee, & de ce eust lettres verifiees parties ouyes & appellees sur ce, deuant Iuge à ce commis & competent.

De Procureur.

Item[g] peux & dois sçauoir que pareillement que les dessusdits ne sont à receuoir: aussi ne seroient Procureurs pour eux, ne procureurs de telle condition.

De ceux qui sont à receuoir.

Et au contraire peus & dois sçauoir que tous autres qui sont de franche condition: peuuent & doiuent estre receuz en demandant en Court laye & en defendant, soit par eux ou par Procureur, s'ils sont âgez, ou s'ils sont moindres d'ans par tuteur: ou s'ils sont expatriez. Et pour proceder en ordre, veux monstrer des Procureurs, & apres des tuteurs & curateurs.

ANNOTATIONS DV TILTRE NEVFISME.

a PAR le droict Romain cum seruis nulla est actio, vt ostendit Terentius in Phormione, l. 3. D. ne quis eum qui in ius vocat l. 102. D. 7. de diuers. regul. iuris. *Mais en France telle seruitute n'a plus de lieu: car encores qu'il y ait en quelques pays des personnes de serue cõdition, si est ce qu'on ne les tient pour incapables de plaider, soit en demandant ou en defendant, comme i'ay monstré au second liure des Pandectes.*

b *Cet article s'entend du banni à perpetuité, duquel les biens sont confisquez, qui est comparé à celuy* qui dicitur deportatus. *Car le banni à temps*, qui dicitur relegatus, nec ciuitatem, nec libertatem, neque bona & actiones amittit, l. 7. D. de bonis damnat. not. in l. 5. B. de capit. diminu.

c *Cet article encores qu'il soit fondé au droict canonic*, cap. intelleximus, de iud. & al. *si est-ce qu'en Cour laye & seculiere il n'est en vsage.*

d *Il suffit qu'elle soit auctorisee par iust[illegible]e comme à present il s'obserue. Au vieil protocolle de Chancellerie y a vne form[illegible] d'auctorisation des femmes à plaider.*

e *Ces deux articles n'ont à present li[illegible] en France, par ce qu'il est permis à chacun de poursuiure & defendre son droict [illegible] iustice: mais le Juif comme estranger doit bailler caution de payer le Juge, ain[illegible] qu'vn estranger,* Faber in §. sed hodie. inst. de satis. & in auth. genera[illegible]er. c. de Episcop. & cler. *& comme a esté Jugé par plusieurs arrests de la Cou[illegible] de Parlement, mesmes du 28. Auril 1567. 26. Nouembre, 1576. & autres.*

f *La peine du periure est arbitraire en France, & s'en trouuent diuers iuge-*

mens : mais non tels, que le present article y puisse estre fondé.

❡ *Les Procureurs sont à present en tiltre d'offices, ausquels ils ne sont receuz qu'apres information de leur bonne vie & mœurs. Et à ce propos on peut tirer* quod de postulando edixit Prætor. Et tradit Paulus lib. 1. sent. tit. 2. Omnes infames, inquit, qui postulare prohibentur, cognitores fieri non possunt, etiam volentibus aduersariis. *Toutesfois Iustinian ne veut qu'on s'arreste aux exceptions d'infamie du Procureur ou de celuy qui l'a constitué.* §. vlt. Instit. de exception.

DES PROCVREVRS.

TILTRE X.

Procurator est qui aliena negotia mandato sibi à Domino facto gerenda gratuitò suscipit plura vel vnum l. 1. D. de procur. l. 1 & l. al. D. mand.

PROCVREVR selon droict escrit est celuy à qui les negoces du commandeur ou constitueur sont commandees à faire par pouuoir sur ce donné. *Et Nota, officium procuratoris est quod procurator mandatum sibi iniunctum exacta diligentia seruare tenetur ad negocium sibi iniunctũ fideliter exequendum. nec enim sufficit talẽ diligentiam exhibere qualem suis rebus adhibet: ideo maior ab eo exigitur. C. mandati. l. in re mãdata. Ideo dicitur quod negligentia quæ in propriis rebus culpanda est: in alienis est vituperãda.* Ou autrement Procureur n'est à receuoir, car ce que par faux[a] Procureur ou moins que suffisamment fódé seroit faict & procuré, n'est à tenir, ne sentence sur ce dõnee n'est à executer. *C. de procu. l. 1.* Ne aussi Procureur par corruption ou mauuaiseté ne peut faire à son maistre preiudice à escient ou dõmage que sur luy ne fust recouuré si vaillant l'auoit. Et pource on doit bien prẽdre garde qui on faict son Procureur. *C. de transactionibus. l. transactionis placitum, & c. & ff. de procurat. l. mandato.*

Quantes manieres de Procureurs sont.

Et dois sçauoir qu'ils sont trois manieres de Procureurs. La premiere si est[b] le Procureur aux causes, que les lais appellent le Procureur d'office. La seconde si est le Procureur aux negoces: c'est celuy qui par procuration fait les besoignes d'autruy: & en ce conuient que la procuration contienne le cas par especial.

De procureur à litige.

La tierce maniere[c] si est de Procureur à litige, c'est à demander & defendre en toutes causes & querelles communes, & à cela generale procuration suffit. Et en cas de crime n'a procuration lieu.

Que nul en demandant, n'est receu par Procureur, sans lettres de grace.

Ceste ancienne practique, dõt y a des formes au protocolle de Chancellerie, n'a plus de lieu en France.

Item ce consideré encores est à sçauoir, que selon le stille du Royaume de France, nul en demandant est receu par Procureur sans grace du Roy nostre Sire, dont il face apparoir par lettres patentes: lesquelles ne durent qu'vn an: si ainsi n'estoit que la cause durant celuy an fust encommécée, car lors elle dureroit durãt la cause, *Et hoc de stilo curiæ Frãciæ*,[d] *&c.*

D'empirer la cause de son maistre.

Item Procureur ne peut la cause de son maistre empirer par termes non licites & induës en fait de procuration raisonnable, & qu'en la procuration mesmement n'est contenu sans le sceu de son maistre, *l. ignorantis. & vide ibi & glos. limitationes. ff. de procurato.*

De procuration qui ne seroit sous seel autentique.

Item sçachez[e] que procuration qui ne seroit faicte soubs seel autentique, n'est à soustenir, si ainsi n'estoit que ce fust d'homme noble qui eust seel cognu en Cour: comme sont Seigneurs ou Dames qui ont iustice, puis que ce seroit à faire en la Cour de son souuerain: ou d'homme feodal, puis que ce seroit à faire en la Cour de son seigneur.

De femme qui seroit procureur.

Item sçachez que féme de quelque estat qu'elle soit, mariée ou à marier, n'est à receuoir comme procuratrice, pour quelque personne que ce soit. *l. fœmina. ff. de regul. iur. l. neque fœmina. ff. de procu. & l. alienam. C. eod.* Car à elle est defendu tout fait d'armes & de procuration pour la raison de Calfurnie que iaçoit ce qu'elle fust femme sage plus que nul autre: si ne sceust elle auoir mesure, & courut au Iuge sus sans maniere, pour ce qu'il appoincta contre son opinion, pourquoy. *& de hoc habetur l. I. §. sexum. ff. de postul.*

Aucuns corrigent c. Afrania ex Valerio Maximo lib. 8. c. 7.

De ceux qui ne sont à receuoir.

Item generalement ne sont à receuoir à procureurs tous ceux qui au chapitre precedẽt sont declarez non receuables en demandant en Cour laye, reserué d'vn clerc: car vn clerc est bien à receuoir en procuration, puis que sa procuration est deuë, & bien fondée.

Comme procuration est bien fondée.

Si te veux monstrer comme vne procuration peut estre bien & deuëment fondée. Premier sçaches que procuratiõ passée en Cour spirituelle ne vaut en cour laye entre personnes & causes layes:[f] mais autre chose seroit si c'estoit en causes d'Eglise & pour persõnes d'Eglise. *Ita fuit ordinatum in parlamento per arrestum curiæ, anno Domini M. CCC. LXVI.*

Que cheualiers ne sont à receuoir.

Item sçachez[g] que Cheualier ne doit estre procureur, & s'il s'en veut entremettre, si en est-il à refuser de partie, non pas par reproche, mais pour sa noble dignité de cheuallerie, qui est telle qu'à luy n'affiert d'entremettre de faict de procuration, qui est tenuë entre les clers *quasi vile opus*, ne le iuge selõ aucuns ne le doit receuoir, car assez tost s'il leur plaisoit, ils se voudroiẽt ayder de benefice & priuillege de cheuallerie, & ainsi le veut le droict escrit, *c. de procu. l. militẽ. & ff. eo. l. filius familias §. veterani.*

Que Moines ne sont à receuoir.

Item pouuez & deuez sçauoir que Moine ne peut estre procureur en Cour laye s'il n'a especial permissiõ de sõ Prelat de ce especialemẽt faire & cõduire. Et supposé encores qu'il ait ceste permission, si est-ce en cas d'Eglise, en autres seroit cõtre raisõ & cõtre la decretale qui dit. *Monachi*

Ne faut reputer vil l'office de Procureur, comme Imbert à bien obserué, lib. 1. cap. 2.

non debent se intromittere de negociis secularibus, sed sufficiat eis tenere claustrum ext. de cleric. vel monach. cap. 1. & 2.

Quelles choses sont requises en procuration.

Sçachez [h] que en procuration doiuent estre contenuës sept choses, C'est à sçauoir celuy qui establist, & deuant qui se faict l'establissement, & qu'il soit personne commise à ce faire, ou puissant par dignité, & que son seel y soit mis, & que la procuration contienne en demandant ou en defendant, & ce dont le procureur par vertu d'icelle se voudra ayder: car plus n'a procureur de pouuoir que sa procuration luy donne, c'est à sçauoir en cas qui desirent especial commandement, si comme aux procurations qui sont pour negoces faire par Procureur. car là se desirent speciaux commandemens, comme en mariage faire, qui par procureur le veut faire, comme en adheritement ou cōtradiction d'heritage, comme en gouuerner d'autruy terre, faire Baillifs & Officiers, estre receueur, autruy mettre en possession d'office és cas que dessus, conuient que procuration contienne le cas especial.[i] Mais procurations qui sont à litige pour proceder en Cour partie contre autre, y faut la generalité de commune procuration, qui contienne enuers tous & contre tous. Car si elle estoit contre vn seul, elle ne pourroit seruir contre autre. Et ce que par l'vn des procureurs sera fait, soit & puisse estre parfait par l'autre, & par especial qu'elle contienne[k] à payer le iuge si mestier est. Et que à ce s'oblige le constituant par la procuration corps & biens. Et pource faut que la procuration soit passee pardeuant hommes pardeuant qui on se puisse obliger, & que son obligation vaulsist sous iceluy son seel: car lors vaudroit l'obligation ou procuration d'autruy sous son seel: comme dit est. Et ce sont les points especiaux d'vne procuration, combien que moult d'autres cas generaux y sont requis: comme ie t'en monstreray exemple par procuration formée en general, par laquelle toutes autres se pourront faire en especial.

Procuration par forme de formulaire.

A TOVS [l] ceux qui ces presentes lettres verront ou orront tel salut. Sçachent tous que pardeuant moy est venu & comparu en propre personne tel. Lequel de sa liberale volonté a faict, constitué & estably par la teneur de ces presentes lettres, fait, constitue & establit tels & tels ses Procureurs generaux & especiaux, & chacun par luy & pour le tout, voulant que la condition de l'vn ne soit pire ou moindre de l'autre, mais que ce que par l'vn sera encommencé, et prins, ou entamé, l'autre ou autres puisse faire, parfaire, poursuiuir & mener à fin, en toutes ses causes, negoces & querelles qu'il a [m] ou aura muës, soit pour luy ou contre luy, en demandant ou en defendant, contre toutes personnes de quelque estat qu'ils soient, en quelque Cour que ce soit ou puisse estre, Ecclesiastique ou laye, & pardeuant tous Iuges, soiét d'Eglise ou lais, ordinaires ou non ordinaires, deleguez ou non deleguez, ou leurs Lieutenans, tous Commissaires commis ou à commettre: tous Arbitres, Arbitrateurs & amiables compositeurs, deputez ou à deputer, & pardeuant tous ayans pouuoir & auctorité de cognoissance, ou administration de cause, soient referendaires ou non: ausquels & chacun pour luy & pour le tout si mestier est, [n] le dit constituant a donné, & par la teneur de ces presentes donne plain pouuoir & mandement especial de estre & cōparoir pour luy & en son nom aux iours assignez ou à assigner, soit en bailliage ou en seneschaucée, soit en assise ou hors assise, en plaids de 15. ou de 8. ou autres plaids aux iours assignez ou à assigner, soit en iugemēt ou hors iugemēt, de luy presenter, exoiner ou contremāder vne fois ou plusieurs, de verifier & faire bon exoine ou exoines, cōtremand ou contremands, si mestier est, & de reprocher ou contredire à l'exoine ou contremand faits contre luy si mestier est. Plaid ou plaids, en demandant ou en defendant contre tous ou toutes, cōtre qui mestier seroit, entamer, commencer, moyenner, & mener à fin, cōuenir & reconuenir, proposer, dire & prononcer de bouche, ou par escrit toutes formes & manieres de demādes, soit par libelle ou cōtre libelle, en cas de proprieté ou autremēt, soit par articles, replicatiōs, duplications, raisons de droict, soit par faits cōtraires, intēdit, soit par maniere de memoires, ou de liticontestation, proposer, respondre aux propositions, affermer articles, respōdre aux articles: soit de bouche ou par escrit, accepter cōmissaires vn ou plusieurs, attraire ou administrer tesmoins tāt que pour suffire, iceux faire iurer, & autres contre luy attraits voir iurer, de faire reproches, saluatiōs, protestatiōs, & raisōs de droict: accorder, & auoir nōs & surnōs des tesmoins, soit en fin d'auditiō ou autremēt, de bailler lettres, instrumēs & to⁹ munimens en forme de preuue, de iurer en l'ame de luy, de faire faire toutes manieres de sermens, que ordre de droict & coustume requiert & veut, de aduoüer & desaduoüer, de demander & requerir garand, ou sommation de garand, ou participation de compagnie, de cause ou querelle, de demander ou faire veuë de lieu, d'intenter cōplainte ou complaintes en cas de saisine & de nouuelleté, ou autrement de comparoir sur le lieu ou lieux contentieux, & d'y opposer si mestier est, & de faire alleguer toutes manieres d'exceptions, declinatoires, dilatoires, ou peremptoires, de reprēdre & resumer proces & erremēs de proces, ou y renoncer si mestier est, de cōclure en droict, & droict demander, & ouyr droict par sentēce, arrest, appoinctement interlocutoire ou decisoire, d'appeller d'iceux ou iceluy, releuer, poursuyuir & demener & d'y renoncer si mestier est, de demander & requerir despens, les faire taxer & diminuer, & d'en requerir execution, icelle poursuyuir iusques en fin, de pacifier, commettre, transiger, quitter, pardonner, remettre, relaxer, ceder, & obliger par foy, par peine, & par iour, par lettres, & sans lettres, de ce accepter pour luy & en son nom heritage, ou son propre heritage faire passer en vest ou en deuest, & decrets, lettres ou escrits, & les deniers receuoir, faire & bailler sur ce quittance ou quittāces, ce promettre, cōduire, & garātir, & sur ce obliger luy & tous ses biens, de chasser, poursuyuir & demander debtes deuës ou reuenus, & autres debtes audit cōstituant, de les receuoir, & de faire, & en bailler quittāce: de iuger auec ses pers en toutes manieres, de desseruir son fief ou fiefs, de tenir plaid ou plaids en Cour ou Cours de iurisdictions, de coniurer ses hommes, & faire à leur iugement, ou faire faire toute exercitation de loy & de iustice, de faire & constituer Baillif & Sergens, de requerir leur retour & renuoy de ses suiets, ou des causes de ses suiets, d'entrer en possession, foy & hommage & autres tenemens soit à heritage ou à vie, de acquerir saisine, possession & prescription de temps, de bailler à ferme ou cense, de arrenter soit à tousiours ou à vie ses heritages, & d'en bailler lettres & decret sur ce promettre, & à conduire & garentir, & sur ce hypothequer ses heritages & biens, de faire toutes obligations & renonciations generaux & especiaux, de receuoir hômages & feautez, de les quitter & autres remettre si le cas se offroit. Adueus, desadueus, priuileges & franchise de seigneur & bourgeoisie, de substituer procureur ou substitut vn ou plusieurs, qui ayent tel & semblable pouuoir que dit est. Et d'iceux substituts appeller soit d'vn ou de plusieurs. Et generalement & especialement de faire, & faire faire en toutes les choses dessusdites, & autres audit constituant apartenant, circonstant, & dependant, tout autant comme faire pourroit si present y estoit en personne, ia fust que le cas requist mandement plus especial, en toutes les choses dessus-dites, ou en aucunes d'icelles. Si promet ledit constituant par foy & sur obligation de tous ses biens meubles & immeubles, que pour ce il a obligé & hypothequé, à auoir & tenir & valloir à tousiours ferme & stable tout ce que par sesdits procureurs substitus ou l'vn deux sera faict, procuré & ordonné en toutes les causes & choses à luy appartenantes, & à payer le iugé ou iugez, soit pour luy ou contre luy, si auant que raison sera. En tesmoin de ce, &c.

Qu'on ne doit prendre en procuration fors que les points qu'il conuient en icelle.

Si dois sçauoir que la forme de procuration dessus cõtenuë qui contient en soy tous membres de procuration, où l'on peut prendre ce que pour le cas dont on auroit à faire suffiroit, car il n'est point expedient de tout mettre en toutes procurations. Et est à sçauoir que puis qu'õ cõstituë procureur pour autre, que la procuration si elle est deuë, doit contenir que le constitué puisse substituer vn ou plusieurs procureurs ou substituts: lesquels substituts par vertu d'icelle procuration & substitution auroient tel & semblable pouuoir que le substituant. mais auant que le substituant se puisse ayder en Cour de sa substitution ; il faut qu'à la principale procuration soit annexée la substitution & sur seel autentique: ou autremẽt la substitutiõ ne vaut. *C. de procu. nulla dubit. & ll. sequẽt.*

De procureurs aux pupilles.

Par la loy escrite peux & dois sçauoir que tuteurs aux pupilles, iaçoit ce qu'ils soiẽt donnez par auctorité de iuge: ils ne peuuent faire ne cõstituer procureur pour eux és causes de pupille, auãt qu'ils ayẽt le plaid encommẽcé comme tuteurs & curateurs, & litisconteste en cause, mais conuiendroit que le mesme pupille par l'authorité de ses tuteurs constituast procureur: ou autrement le procureur seroit moins que suffisamment fondé. *C. li. ij. ru. de procu. l. neque tutores, neque curatores.*

De

De procureur estably à qui on donne don.

S'il aduient que chacun dône à autre aucune chose, & pour auoir plus d'actiõ en la chose, le dõnãt vueille faire son procureur celuy à qui il aura ainsi donné, pour celuy dou auoir faire le peut: q côbien qu'à la verité la chose soit au procureur au secret du cas. *C. ru. de procu. lib. in rem, &c.*

De Procureur estre traicté par la partie contre qui il plaide.

Il est [r] en la loy escrite que si Procureur fait demande en la Cour pour son maistre contre aucun, & celuy à qui ledit procureur fait celle demande, ait cause d'aucune chose demander à iceluy Procureur: demander le peut deuant ce mesme Iuge, deuant qui ledit Procureur a fait demande pour son maistre, ne decliner ne peut: ja fust-ce qu'il fust d'autruy Seigneur subject: mais conuiendroit le Procureur respondre pour sa cause ciuile, ou autrement le Iuge luy pourroit interdire le fait de sa procuration, par raison en celle Cour: & appellent les Clercs celle petition *mutuam petitionem. ff. de procurat. l. seruum quoque. §. ait Praet. & seq. ext. de mutu. peti. cap. 1. c. de procur. l. actionem.*

Du Procureur qui est sire de la cause apres litiscontestation.

Par loy escrite [f] si tost que le Procureur par vertu de sa procuration a la cause liconteste, il est Seigneur de la cause, ny ne pourroit depuis poursuiuir celuy qui l'a fait Procureur, s'il ne plaisoit au Procureur: si ainsi n'estoit qu'ils deuinssent ennemis mortels l'vn contre l'autre: ou par exoine de maladie du Procureur, ou autre grand' occasion receuable. Lors pourroit le constituant commettre autre Procureur, & non autrement. *C. li. 2. ru. de procu.*

Comme apres litiscontestation le Procureur peut maintenir la cause.

Item dois sçauoir que Procureur qui a cause encommencée, & par especial litiscôtestée, peut icelle maintenir iusques en decision, ja fust-ce que le constituãt pendant ce allast de vie à trespas, ne pour-ce n'amoindrit point la vigueur de sa procuration, & ne pourroit en celle cause autre constituer. Et ainsi le veut la loy escrite. *li. 2. rubrica de procu. l. nulla dubitatio, &c.* Les Coustumiers sont d'opinion contraire, car ils dient que le constituant de la procuration mort, le pouuoir du Procureur est expiré selon la loy qui dict: *Mortuo mandatore, expirat mandatum.* *Nostre practique suit l'opiniõ des Coustumiers*

Du Procureur qui feroit dommage à son maistre par sa coulpe.

Item le Procureur qui par [t] sa coulpe & ignorance fait à son maistre aucun dômage en la cause qu'il maintient pour luy, est tenu de l'amender à son maistre par action de cômandement, si ainsi n'est que la coulpe ou ignorance soit telle qu'elle ne chet point au sçauoir du Procureur, ne qu'aduiser ne le pouuoit par les memoires & enseignemẽs de sõ maistre. *C. li. 4. rubrica siue titulo mandati. l. procuratorẽ, &c. & l. etiam si contrariam.*

Du Procureur sans procuration.

Que [u] Procureur sans procuration n'est à receuoir, ne ce que faict seroit par luy, ne vault. Supposé que iusques à sentence y fust procedé, & sentence donnée si seroit inutile, car il n'y auroit point de partie, ce qu'ẽ iugement fault, c'est à sçauoir partie demanderesse, & partie defenderesse, ou autrement iugement ne s'y peut asseoir. *ff. de procura. l. negocium. & C. eo. l. licet in principio.*

Comme l'hoir peut defendre la cause dont est successeur, sans procuration.

Toutesfois dit la loy escrite que l'hoir legitime de celuy qui seroit adiourné en Cour, pourroit bien defendre la cause pour celuy dõt il seroit successeur, sans procuration : en baillant par luy suffisante caution de payer le Iuge. *C. li. 2. Rubrica de procuratoribus. l. exigendi à filio tuo.* Mais en pais Coustumier n'est point vsé selon ceste loy, car nul n'y est receu en demandant n'en defendant par Procureur sans procuration.

Du Procureur d'office tant du Roy nostre Sire, comme d'autre.

De l'office de Procureur du Roy est traicté amplement aux ordonnances royaux, qu'il faut voir au Code Henry.

Procureur d'office est celuy qui en Cour d'aucun Seigneur est promoteur de luy faire partie contre tous delinquans qui au territoire dudit Seigneur ont delinqué, soit partie adioincte, ou sans partie adioincte: mais qu'il y ait information precedente du cas, autrement ne le doit faire, & de traicter de l'heritage, Seigneurie & demeine du Seigneur: car sans Procureur d'office ne se doit faire ne traicter: & d'attaindre confiscation pour le Seigneur: si comme par le Procureur du Roy nostre Sire, on peut voir en Parlement. Si sçachez que du noble office de Procureur d'office il ne faut pas telle solemnité de Procuration que dessus est dict. car il suffit que sommairemẽt il soit institué & commis de son Seigneur en tout son droict garder, causes & querelles sous son séel tant seulemẽt, car puis que le Seigneur est tel, qu'il a telle Cour que de celle Seigneurie & iustice, son séel doit suffire en ce. Si dois sçauoir que tous Procureurs d'office par information precedente, supposé qu'il n'y eust autres parties que de luy, si peut-il faire conuenir & traire en iugement contre luy toutes parties que par information il fera apparoir qu'à adiourner sont, car sans information precedente, & sans celle information auoir monstré au Iuge, tellement que commission luy en soit baillée, & sans l'Aduocat d'office il ne peut ou doit quelque partie faire conuenir, n'adiourner. *C. de Aduocat fisci. l. rationales priua. rei. &c.*

Comme le Procureur d'office se peut mouuoir en oyant plaider les parties.

Par les ordonnances est enioinct aux Aduocats & Procureurs de commun quer aux Aduocats & Procureurs du Roy des causes où sa maiesté a interest.

Item s'il aduenoit que parties plaidassent en iugement, l'vne contre l'autre, sans ce que le Procureur d'office y fust adioinct d'vn costé ne d'autre, & il oüist qu'en la cause eust cas ou cause qui competast à son office, si peut-il dire: Sire iuge i'ay ouy plaider & ventiler par telles parties telle chose dont i'ay cause de moy mouuoir, & faits conclusion que si telle partie obtient à l'encontre de telle, d'attaindre & auoir pour l'office telle amende. Item, & semblablement le peut dire contre la partie aduerse en faisant conclusion d'vn costé & d'autre, iaçoit ce qu'information n'y ait, & que de premier ne soit adioinct à aucunes des parties, puis qu'il oyt ventiler chose dequoy il se puisse mouuoir, car souuentesfois aduient que le Procureur d'office est *pro & contra* toutes les deux parties, & se rend & peut rendre adioinct auec chacune partie. *Ita fuit ordinatum in Parlamento pro Iohanne Flamingi ciue Tornacen. actore contra dominum Abbatem sancti Amandi in pabula hintentes eiusdem, anno domini M.*

Arrest de Parlement.

CCC.LXVIII. Item doit sçauoir quenonobstant le noble office dudict Procureur d'office, & qu'ainsi puisse par adionction mouuoir ainsi que dit est,& faire toutes conclusions ciuiles & criminelles, car en Cour où il y a Procureur d'office,[x] à peine se doit nul auancer de faire conclusion criminelle, fors le Procureur d'office, qui peut par la nature de son office contendre à toutes fins,& partie qui aucunesfois y contendroit, encourreroit griefue peine selon l'ancienne loy, sçauoir est peine de taliõ[y], qui porte pareille peine qui dechet qu'on veut faire porter la partie sur qui on fait poursuitte. Et pour ce a esté pourueu du Procureur d'office qui peut à toutes fins cõtendre sans peril de partie adioincte,à fin que de tous mesfaicts la verité puisse estre sçeuë,car il n'y a au defaillir de partie adioincte qu'amende ciuile & despens; Toutesfois [z] en tel cas ne de si haulte matiere,ne s'y peut il, ne doit adioindre sans information precedente ne sans auctorité de Iuge.

Que le Procureur d'office peut decheoir en defaut comme autres.

Item [aa] peux & dois sçauoir qu'encores nonobstant son office,s'il aduient que ledit Procureur face contre autre partie, & il ait en la cause aucun appoinctemẽt à tenir ou à verifier,soit pardeuant Commissaires ou autrement, & le Procureur d'office defaille de seruir à ses iournées qui seront données & ordonnées, iaçoit ce qu'il y ait partie adioincte auec luy,si peut-il aussi bien choir en defaut cõtre luy : & peut-on aussi bien contre luy prendre exploict tel que contre autre partie : si ainsi n'estoit que de son noble office s'en peut releuer, car par la vertu d'iceluy son office puis qu'il mõstreroit exoine qu'il eust eu à cause de son office en aucune maniere, il en est à releuer. Mais si la partie qui est ioincte auec luy, defailloit sans la coulpe du Procureur d'office,pour-ce ne seroit-elle pas releuée, en tant que luy compete : mais prendroit & pourroit atteindre contre luy la partie aduerse tout exploict seruãt à la iournée.Si dois sçauoir que ceste reigle faut en cas que le Procureur auroit à faire pour cause de l'heritage ou demeine de sõ Seigneur: car lors ne peut,ne doit estre prins exploict à l'encõtre de luy ne du demeine de son Seigneur:ne de sõ heritage, ne peut-il faire chose dont il le puisse amoindrir, mais croistre le pourroit-il, car en tel cas le Prince en sa iurisdiction seroit cõme mineur.Et pour-ce nul exploict ne se peut sur ce atteindre ne donner.

Qu'en sauuegarde defaut ne se donne.

Encores veulent dire les Sages qu'en cas de sauuegarde enfrainte nuls defaults ne se doiuent donner contre le Procureur d'office, pour-ce que puis que sauue-garde sera trouuée enfraincte,il conuiẽt qu'elle soit redintegrée,supposé encores [bb] que partie iniuriée ne se voulsist ja mouuoir ne faire fait à iustice, n'autrement,pour ce ne demeureroit-il point que le Procureur d'office ne feist son deuoir, à fin d'amende pour le Roy nostre Sire, & pour la reintegration de la garde. Et si seroit amende iugée à la partie en son absence pour cause de la reintegration,bien le prẽsist si elle vouloit ou non. *Ita fuit ordinatum per arrestum curiæ Parlamenti inter dominum comitem Dammartin ex vna parte : & vnum*

Vt not. in l. 1 de off. procu. Cæs. ff.

Au liure escrit à la main y a le pensist.

Arrest de Parlement.

pauperem famulum qui erat in saluagardia, & qui fuerat vulneratus per famulos dicti comitis. Et quod defectus non dabatur contra procuratarem officij in causa saluagardiæ. Ita fuit dictum per arrestum dictæ curiæ Parlamenti, inter Iacobum de Erre seruientem armorum ex vna parte, & inter Iacobũ à le Plece de tornaco ex altera, anno domini M. CCC. LXXIII.

ANNOTATIONS DV TILTRE DIXIESME.

a FAVLX Procureur est celuy qui n'estant Procureur d'aucun, toutesfois se dit tel, & s'entremet à ses affaires*, vt constat ex l. licet. D. de iudic. & l. licet. c. de procurat. *ou qui excede son mandement & procuration*, l. si procurator. c. eo. tit.

b *Il semble entendre le Procureur Fiscal, qu'en plusieurs Iurisdictions on dict Procureur d'office.*

c Et tit. de procur. D. & c. *appert qu'il y a difference entre le Procureur*, ad lites, *qu'on appelle encores Procureur, & celuy qui est* ad negotia, siue ad administrandum, vt scribitur in l. 43. D. de procur. *qu'on nomme receueur.*

d *En mon liure escrit à la main est adiousté. Ce qui a lieu aussi par l'vsage de Hainault : mais la reigle fault en France, pour les Eglises* Cathedrales *& Collegiales, corps de Villes qui ont communauté, & Prelats, qui pour leur dignité peuuent estre receus en demandant par Procureur.*

e *Les procurations se doiuent passer par deuant Notaires, Tabellions & personnes publicques : & on n'y a esgard si elles sont faictes par escritures priuées.*

f *Toutesfois en Cour d'Eglise sont receuës les procurations passées par deuant Notaires ou Tabellions de Cour laye & seculiere.*

g *Il rend en François Cheualier, ce que* l. militem. *& autres dient* miles, *cōme fait aussi le grand Coustumier, ainsi que i'ay remarqué en quelque annotation. Toutesfois on pourroit mieux rendre le guerrier, ou homme de guerre, qui par le droict Romain pouuoit estre Procureur en sa cause.* l. qui stipendia c. de procurat.

h *Des Procureurs on peut voir ce que Speculator, Masuerius, & autres practiciens ont escrit. J'ay cy dessus noté que les* Procureurs *sont aucuns aux causes & procés, les autres aux negoces : & des vns & des autres, aucuns ont mandemēt general, & les autres ne l'ont qu'à certaines & especiales causes, ou affaires* l. 1. & al. D. de procurat. *& y a des causes & affaires esquelles suffist general mandement, & les autres qui le requierent special au cas.* Vide Specul. d. tit. de procurato. Hosti. in summa. eo. tit. & alios.

i *Les procurations pour plaider doiuent estre generales, & si telles sont, elles comprennent toutes causes presentes & futures : & ainsi on le practique, sans s'arrester à la dispute des* Docteurs*. Et pour le regard de la clause enuers tous*

& contre tous, faut voir cap. ad agendum in 6. Clem. non potest eo. *Ce qui suit des deux Procureurs, s'entend quand ils sont solidairement constituez.*

k *Encores que la promesse de payer le iugé, ne soit mise en la procuration, elle ne laissera d'estre valable, & le constituant tenu de payer le iugé. Imbert* lib. 1. cap. 17. nec enim sibi, sed domino vincit aut vincitur, l. si procurator meus, & l. Plautius. D. de procurat. l. 4. D. de re iudic. l. hoc iure. D. de solut. & sententia fertur in personam domini, non autem procuratoris, vide quæ notantur ad l. 1. c de sen. & interloc. l. vlt. c. de iniur. glos. fin. in cap. licet. de probat. Mas. tit. de procurât. num. 24.

l *A present les Notaires sçauent bien dresser les procurations, ou les Procureurs mesmes en font la minute, sans estre besoin de ce formulaire, qui est tres-general & comprend les deux especes de Procureurs, aux causes & aux negoces: mais les procurations si generales peuuent quelquefois preiudicier à ceux qui les font: & partant ils les doiuent bien considerer, auant que les passer.*

m De vi horum verborum. in causis motis & mouendis, Masuerius tit. de procurat. num. 17. Imbert. lib. 1. cap. 17. *remarque qu'il fault mettre en la procuration, que celuy qui constitue Procureur, promette auoir agreable ce qui sera bien & deuement geré par luy: & non simplement, ce qui sera par luy faict.*

n *En ceste generale procuration y a des clauses, que sans plus special mandement le Procureur ne pourroit executer, comme d'affermer en iugement pour la partie, ou sur faicts & articles. Aussi par les ordonnances la partie doit affermer en personne & non par Procureur.*

o *Cecy ne s'obserue, ains suffist seulemēt que si la substitution est debatue, on face apparoir de la procuration portāt pouuoir de substituer. De ceste matiere on peut voir Iason*, ad l. quod quis. l. nihil. l. nulla. c. de procur. & Rota. decis. 105. 122. & 146. & al.

p *Ceste practique ne s'obserue plus, ains le tuteur peut constituer Procureur en la cause de ses pupilles, comme en la sienne, auant contestation.*

q Est enim procurator in rem suam: nisi fortè litem redemerit, quod est prohibitum, l. litem. c. de procurato. l. 20. 22. & vlt. c. mandati.

r *Cet article n'est aucunement obserué, & les loix icy alleguées ne parlent de la cause qui soit contre le Procureur en son nom, pour defendre: ains contre celuy qui l'a constitué, & pour lequel il est Procureur en demandant. Mais par le droict François reconuention n'a lieu en Cour laye, sinon au cas porté par la Coustume de Paris, art. 106. où i'en ay traicté plus amplement.*

s *Cecy est fondé sur la* L. procuratoribus & seq. c. de procur. l. post litem. & seq. D. eo. l. si procurator. §. vlt. D. de dol. & met. excep. l. ab exsecutore. §. vlt. D. de appell. *Toutefois la practique de France est au contraire, par-ce qu'on peut reuoquer vn Procureur apres contestation, en tout estat de cause.*

t *Pour ceste raison par arrest de la Cour, prononcée en robbes rouges, le 22. Decembre 1589. a esté enioinct aux Procureurs és causes de retraict lignager de faire les offices en toutes assignations, suiuant la coustume du lieu, sur peine de tous despens, dommages & interests enuers leurs parties.*

u *Cecy ne s'obserue si estroitement, encores qu'il soit requis par les ordonnances, car les procureurs ordinaires peuuent comparoir sans procuration, sauf à se faire aduouer: & ne sera nulle la procedure faicte auec eux : comme escrit Jmbert.lib. 1.cap.17.*

x *En matiere criminelle la principale partie est le procureur du Roy, ou Fiscal, pour l'interest public de la priuation des crimes.*

y *Ceste peine de talion*, cuius fit mentio in lege XII. tab. & libris iuris Romani & aliorum auctorum, *ne se practique en France, où les peines sont arbitraires*, iuxta l. hodie. D. de pœnis: *dont i'ay ailleurs amplement discouru.*

z *Ainsi est ordonné par les ordonnances de Philippes VI. de l'an 1344. Charles VI.1408. Charles VIII.1490. art.2. & 1493. art 87. Loys XII.1498. art. 61. & 1507. art.106. Frãçois I.1535. ch.2. art.14. & 15. dont fault voir le Stil de parlement latin*, parte 3. tit.16. §.4. *& les ordonnances au Code Henry*. l.3. c. de Aduocat. fisci. l. si fiscus. D. de iure fisci. Rebuff. de adiunct.

aa *Encores que contre le procureur du Roy, ou d'vn seigneur en sa iustice, on ne procede par si estroictes contumaces, que contre vn particulier, si est ce que l'egallité de iustice requiert qu'apres delais competens on le puisse forclore pour l'instruction & conduicte du proces: afin que sa demeure & negligence ne soit cause d'empescher le iugement. Aussi en plusieurs cas le faict du procureur Fiscal preiudicie au Seigneur, comme traite Jmbert*, lib 1. ca. 20. *& son tres docte interprete Guenois.*

bb *Tel default seroit plus-tost congé & le fait de la sauue-garde enfrainte requiert cognoissance de cause, comme a esté noté cy dessus: tellement qu'il ne peut estre iugé par vn seul default ou congé.*

DE PORTEVR DE LETTRES.

TILTRE XI.

PORTEVR de lettres [a] que les Clercs appellent *portator litterarum*, est celuy qui se faict partie d'aucune action ou conuent de lettres comme porteur de lettres. Et par ce qu'elles font commandement, qui dict, ou à celuy qui ces lettres portera: Si dois sçauoir puis que monstré ay quelles personnes sont à receuoir sans Procureur, & quelles par Procureur: Monstrer veux comme sans procuration on peut intenter demande, & iaçoit ce qu'on ne soit obligé à celuy qui fait la poursuitte, si peut on faire poursuitte contre autre en Cour par porteur de lettres: iaçoit ce que l'obligation ne soit pas au nõ d'iceluy qui fait la poursuitte. Et sçachez que puis qu'aucun se rẽd à porter des lettres, & qu'il a les lettres par deuers luy, il est Seigneur de la chose: & en peut faire ordonner, quicter, ceder, & transiger à sa volonté, ne celuy au nom duquel les lettres sont faites, & principalement obligé, n'y a que voir ne que dire: si ainsi n'estoit qu'il voulsist arguer de faulx contre celuy qui les lettres auroit, & qu'autrement que de raison luy eust les lettres ostées. Et supposé que ce porteur fust porteur de bonne foy, puis que comme porteur des lettres il auroit intenté demande contre l'obligé par vertu desdictes lettres, & faict conuenir en Cour, & les lettres obligatoires exhibees en Cour, iamais le principal à qui on est obligé, ne peut venir contre ce que son porteur de lettres aura faict, ne rappeller ne le peut, ne venir à l'encontre, ne n'y est à receuoir, mais conuient que ce qui est commencé par le porteur, soit mené à fin à son proffit ou dommage, ou par son Procureur: car puis qu'il auroit la cause encommencee, bien y peut constituer Procureur, mais autre comme porteur n'y seroit à receuoir. Car puis que par vn porteur est la querelle encommencee, il conuient que par ce mesme porteur soit decidee: & pour ce doiuent en commencement du procés les porteurs des lettres mettre outre en Cour leurs lettres obligatoires, par vertu desquelles ils se rendent porteurs de lettres: & puis ne les doiuent r'auoir iusques à ce qu'il soit dict & determiné de la cause: à fin que nul autre par celle lettre ne se peust porter porteur des lettres, car trop inuoluee chose seroit, si plusieurs porteurs se pouuoient d'vne mesme lettre rendre Procureurs.

De porteur de lettres dont le principal est mort.

Item est à sçauoir que si vne mesme obligation qui feist commandement, ou au porteur de ces lettres, estoit apportee par aucun porteur en Cour dont le principal à qui on seroit obligé, fust mort, & pour ce on voulsist dire que par ce le porteur ne seroit à receuoir, cõme porteur des lettres: sçachez que si seroit, & conuiendroit que l'obligé y respondist, nonobstant la mort du principal, comme dict est: mais si les hoirs du principal obligé vouloiẽt dire en Cour que ce porteur n'est pas porteur de bonne foy, & qu'il a les lettres euës sans le mandement du mort, ou sans leur sçeu qui sont vrais hoirs & successeurs du principal, & qu'il n'a tiltre de les auoir parquoy il puisse dire ne maintenir que baillées luy soient, ne puisse estre porteur de bonne foy, ce qu'il conuient en tel cas: car il ne peut dire par raison qu'il soit testamenteur du principal, ne pour testamenteur institué, n'aussi qu'il ait la lettre achептée d'hõme, qui de bonne foy la puisse vẽdre, ne qu'il l'ait par transaction n'eschange d'autre debte n'action qu'il eust onques au principal, n'en autre maniere. Et pour-ce il appert clairement que les lettres il a sans tiltre, pourquoy r'auoir les doiuent lesdits hoirs. Sçachez qu'à ce proposer sont bien à receuoir: mais ce ne feroit autre que l'hoir, ou ayãt cause du principal mort, ne la partie par especial obligé à ce dire ne seroit à receuoir. *Ita fuit ordinatum & consultum in Parlamento, per maiores consultores & Aduocatos in vna causa quæ erat inter Petrum de la Foye ex vna parte, & viduam sire Simon ab alia parte: & fuerunt consultores magister Io. Antharum, Magister Andreas de Moulins, M. de Petra & alij.*

ANNOTATIONS DV TILTRE VNZIESME.

a ENCORES *qu'il semble que le porteur de lettres obligatoires en ait la cession & transport, & puisse agir en son nom*, iuxta ea quæ traduntur à Bartol. ad l. facta. §. si heres. D. ad S. C. Treb. & Baldo. ad l. 3. c. de nouat. *si est-ce que nous obseruons qu'il n'a nulle action, sans expresse cession & transport*, licet ei rectè soluatur, vt adiecto solutionis causa, l. si quis stipulatus fuerit, 57. D. de solution. *pour ceste question on peut voir Bald.* ad l. dissolutæ. c. de solut. l. aliud. D. eo. tit. & Rebuff. tract. de literis obligat. *Et encores qu'il eust action pour se faire payer*, vt tradunt Io. Gallus quæst. 4. & Boërius decis. 154. *si est ce qu'il faudroit qu'il rendist les lettres obligatoires & baillast caution d'indemnité, comme a esté iugé par arrest du 18. iour de Decembre. 1526.*

DES INSTITEVRS ET EXERCITEVRS.

TILTE XII.

INSTITEVRS a & exerciteurs sont les familiers que les marchans ont fait de leur marchandise tant par mer, comme par terre, & qui le faict de leurs marchandises meinent & gouuernent, sans ce que les marchands y soient presens. Si dois sçauoir qu'aussi ceux sont à receuoir en Cour sans leurs maistres au fait de leurs marchandises, ne sans autre procuration ne lettres auoir, iaçoit ce que le fait ne leur touche, fors comme à varlets & gouuerneurs de la marchandise : comme si ton varlet est par toy commis à mener la marchandise par mer, & en celuy faille aucune chose par achat ou par emprunt, ou par autre extraction que luy faille en sa marchandise : sçachez qu'à ce faire est à receuoir, ne tu ne me pourrois refuser ne cõtredire qu'il ne te conuinst satisfaire ce que par luy seroit fait, promis, accordé, ou desaccordé, obligé, ou alloüé, fust en iugement, ou dehors, si ainsi n'estoit que ton varlet fust trouué en fraude ou collusion contre toy, car lors le pourrois desaduoüer, & non autrement.

Au liure escrit à la main y a varlets: mais pour le bien escrire faut mettre valets, qui valez son maistre, cõme i'ay monstré en mon diction naire François.

Des seruiteurs menans marchandise.

Item peux & dois sçauoir, & ainsi entendre des varlets qui meinent marchandise par terre. *C. li. iiij. rubr. de insti. & exercitoria actio. l. seruus tuus. & c. & l. ex contractibus seruorum, & c. & l. institoria, & c. & l. si à muliere.* Si peux sçauoir quelle difference il y a entre action institoire & exercitoire.

toire. Sçachez que la institoire proprement est la chose, qui est par le marchant commise à varlet, & exercitoire est celle qui seroit commise par la femme qui seroit marchande. *c. instito. & exercit. act. l. si à muliere.*

Des concierges & gardes des hostels.

Concierges sont ceux qui sont commis par les seigneurs à garder leurs hostels durant qu'ils sont hors du pays, & qui ont la maison en garde & en cure. Si peux & dois sçauoir qu'encores sont les concierges d'aucun hostel à receuoir en Cour, pour les causes ou les necessitez à l'hostel appartenantes, sans qu'ils ayent autres lettres ne procuration de leurs maistres, fors la conciergerie. Le[c] concierge peut conuenir, & on le peut faire conuenir aussi. Et conuiendroit que le seigneur de l'hostel eust pour aggreable ce que par luy seroit faict au faict de la conciergerie, si ainsi n'estoit, comme dit est en la rubriche precedente, que le seigneur y puisse monstrer faute ou collusion contre luy: voire par plus forte raison pourroit-on adiourner le seigneur de l'hostel à la personne du concierge, & à sa conciergerie, pour autres causes qui seroient de la iurisdiction du lieu. & bien sçauoir le fist le concierge à son seigneur, si tant aimoit son maistre ou son seigneur. & ainsi est-il vsé assez en pays coustumier, puis que les seigneurs sont hors, & à la cause touche la terre dont ladicte conciergerie & hostel depend. Et ainsi le veut le droict escrit, car dure chose seroit si pour l'absence des seigneurs, qui sont souuent hors, les debteurs contre qui ils ont à faire, on tardoit iusques à la reuenuë des seigneurs, qui souuentesfois est tres-longue.

ANNOTATIONS DV TITRE DOVZIESME.

a ON *peut voir à ce propos* tit. D. exercit. act. & de instito. act. & c. de instito. & exercit. act. de differentia inter institorem & exercitorem, & vtramque actionem vide Cuiacium in parat. ad tit. c. de instito. & exerc. act. *& l'article ensuiuant.*

b *Il s'abuse pour l'exercitoire, par ce que l'exerciteur s'entẽd aussi bien de l'hõme que de la femme qui fait marchandise*: Et est exercitor dominus nauis qui eam per magistrum naui præpositum exercet & omnes reditus & obuentiones illius percipit. l. 1. §. exercitorem. D. de exercit. act. quid sit institor traditur in l. 3. & 18. D. instit. act.

c Huiusmodi actio quasi institoria dicitur, *pour le regard du faict de la conciergerie seulement*, arg. l. 1. §. non autem. D. exercit. act. & l. 5. §. non tamen. D. de instito. act.

DES TVTEVRS ET CVRATEVRS AVX PVPILLES.

TILTRE XIII.

Tvtevrs & curateurs ſont ceux qui par le iuge ſont ordonnez à gouuerner les pupilles par l'electiõ des amis aux pupilles & moindres d'ans. Si a dois ſçauoir qu'il y a difference entre tuteur & curateur, car proprement à parler le tuteur eſt ordonné à la cure des pupilles, & le curateur à la cure de ceux qui ſont furieux, & qui gouuerner ne ſe ſçauroient, ou de ceux qui ſont expatriez,[b] ou de ceux qui ſont ſous aagez, ou langoureux. Si ſõt encores ces tuteurs & curateurs pour cauſe de ceux qu'ils[d] ont en garde, à receuoir, ſoit en demandant ou en defendant, iaçoit ce qu'ils n'ayent point d'autre procuratiõ ne pouuoir que de leur tutelle, car c'eſt pouuoir aſſez, ne ſans que la cauſe leur touche en leurs perſonnes. Et dure leur pouuoir de tutelle tant que les pupilles ſoient venus en aage de quatorze à quinze ans en maſle, & de douze à treize ans en femelle. Et le curateur tant que le furieux reuient en eſtat deu, & l'expatrié tant que retourné eſt au pays, ou qu'on ſoit acertené de ſa mort, ou de ſous aagé tant qu'il viue deſſous aage. Et ne peut eſtre tuteur & curateur perſonne s'il n'eſt habile à eſtre receu en Cour, comme vous auez ouy en la rubriche de ce faiſant mention: &[e] conuient qu'ils ayent fondatiõ de iuge qui ce peut faire, ou autrement tout ce qu'ils auroient faict en autre eſtat, ne vaut. *C.l.1.de confirmand.tut.*

De pupille qui n'a tuteur.

Et s'il aduenoit que aucuns pupilles n'euſſent point de tuteurs, & on les voulſiſt traire en cauſe, ſi conuiendroit-il que le Iuge leur pourueuſt de tuteurs ou autrement on ne pourroit faire ne intenter action contre eux, & ſe peut faire à la requeſte propre de ceux qui les veulent traire en cauſe, & le doit le Iuge deſſous qui c'eſt a faire, ordonner & contraindre les proiſmes[f] aux mineurs de par pere & de par mere à ce eſtre, & curer: ne refuſer[g] ne le peuuẽt s'ils n'ont treſloyalle exoine, & qui ſoit à receuoir, & n'y doit auoir autres que les proiſmes tant que recouurer on en puiſſe: & ſi proiſme n'y auoit, le iuge doit d'office commettre autres qui à ce ſoient idoines. *C.l.1.qui petant tut.vel curat.*

Que le mary ne peut eſtre tuteur de ſa femme.

Tu dois ſçauoir que la loy eſcrite defend que combien que le mary doit eſtre par raiſon curateur & auoir en cure les biens de ſa femme, toutesfois s'il aduenoit que la femme cheut en eſtat qu'il luy conuint auoir curateur, ſi[h] ne le pourroit eſtre le mary, & la raiſon eſt pour ce qu'il pourroit sembler que les biens qui viendroient de par sa femme, il en aymeroit plus cher faire son profit que celuy des hoirs de sa femme, qui nuls enfans n'auroit de luy. *C. qui dare tut. vel curat. l maritus.*

Quels peuuent estre tuteurs.

Encores peux & dois sçauoir que sourd, muet, aueugle, ne Cheualiers qui sçauent le faict des armes, ne personnes qui ne sont du lieu dont le cas s'offre, & qui n'auroit dequoy faire seureté, ou ne seroit suffisant clairement à voir pour sa faculté, ne serf, ne personnes qui doiuent au pupille, ne le pupille à eux, ne personne qui ait perdu respõd en cour comme dit est, ne le iuge en sa prouince : Toutes les personnes dessusdictes ne peuuent ne doiuent estre tuteurs ne curateurs, & selon aucuns ne doiuent aussi parrastres ne marrastres. *Per authen. minoris debitor, & per totum. tit. C. eod. li. qui dare tut. vel. curat.*

De prest que faict le tuteur.

S'il aduenoit que tuteur prestast aucune chose du sien pour les besongnes au pupille, puis que ce seroit venu en son profit, il doit rauoir sur les biens de pupille: & si autrement le faisoit ou prestoit, l'auoir du pupille: ou en commencement du proces, ou de querelle qui ne vensist au profit du pupille, s'il n'auoit esté faict par l'aduis & accord des proximes du tuteur & curateur. *C. de administratione tutorum. l. sumptus, & l. non est ignotum.*

D'appel faire par le tuteur.

Encores peux & dois sçauoir que si le tuteur a plaid pour le pupille dont il a sentence contre luy, appeller en peut tuteur & curateur, mais faire le doit par le conseil des proismes & amis du pupille de par le pere & de par la mere, ou autrement est au peril du tuteur & curateur: car s'il n'appelle, & le pupille trouuast en temps aduenir qu'il eust cause d'appeller, le pupille pourroit recouurer son dommage sur tuteur & curateur, ou les hoirs d'eux, car ceste action chet sur les biens des hoirs des curateurs. Et encores si le tuteur & curateur appelloit, & qu'il ne fit sa diligence de poursuiuir l'appel, ce seroit aussi à ses perils, car ainsi le veut raison & la loy escrite *C. de administratione tutorum. l. bonam.*

De quittance baillee par le tuteur.

Item si le tuteur demande debte qui soit deuë à son pupille, & celuy à qui ceste debte est demandée requiert pleige auoir du tuteur, afin que en temps aduenir le pupille ou son hoir s'il mouroit ne peussent pour ceste debte ou cause approcher le debteur ou ses hoirs, bien prendre peut le debteur quittance de ce qu'il payera au tuteur ou curateur de luy, ou sa tutelle soit incorporée, car autre pleige ne garant n'est tenu de faire tuteur ne curateur, & vaut ceste quittance seurement, ne iamais le pupille ne autre pour luy ne peuuent venir contre ceste quittance. *C. eod. tit. l. tutores.*

De compte rendre par le tuteur.

Item [l] s'il aduient que aucun des proismes dudit pupille voulsist auoir compte des biens du pupille, que le tuteur & curateur a eu en garde auát que le pupille eust son aage, sçachez que auoir le doit auant que le pupille soit aagé, & que luy mesmes peut demander son compte. Mais s'il aduenoit que le tuteur ou curateur dissipast le sien mesme, ou inconuenablement les biens du pupille, dont les biens du pupille fussent apparans d'estre gastez, lors s'en doit estre traict au iuge par les amis, & y doit estre pourueu de remede pour le pupille. *C. de administrat. tut. l. pro. officio.*

De lays ou don faict au pupille.

Item si le curateur ou tuteur sçauoit & pouuoit sçauoir que aucune chose soit laissee par les amis par aucũ don ou maniere au pupille, & que par paresse ou simplesse le tuteur & curateur se laissent passer tellement que le pupille y ait dommage, sçachez [m] que ce seroit au peril du tuteur & curateur, ou de ses hoirs si mort estoit, veu que c'est action qui descéd en l'hoir, comme dict est cy dessus.

Comme on doit entrer en tutelle.

Item [n] veut la loy escrite, si faict raison de maint entendement, que si tost qu'vn est faict tuteur & curateur d'aucun pupille ou autre sur qui tutelle ou curation appartient, que les biens meubles appartenants au pupille il face mettre par iustice en inuentoire, appellez à ce les proximes & amis du pupille de par pere & de par mere, & que l'inuentoire il ait vne partie, & les proismes l'autre partie cyrographee, afin que saufuement tout s'y puisse deliurer. Et s'il y a aucuns biés qui soient taillez d'empirer par garde, on les doit vendre par enchere, & l'argent mettre en rente au profit du pupille. Ou encores souffre assez la loy escrite, si font plusieurs sages, que de l'argent des pupilles on en peut leuer & prendre courtoisie comme du cent dix, [o] & en dessus, afin que le pupille puisse estre substenté du sien sans l'amoindrir, fors du moins que l'on peut, *C. de administ. tut. l. tutores.*

Que tuteur ne se peut excuser.

Item si les tuteurs [p] & curateurs, n'estoient au pays quãd ils sont esleus tuteurs & curateurs, & eux reuenus fissent aucune excusation, iamais apres ne s'en pourroient excuser d'excusation qui eust lieu, car depuis que l'homme est nommé des proismes, & ordonné par le Iuge, soit d'office ou autrement, prendre le doit sans excusation, si elle n'estoit si raisonnable que au iuge apparust que veritable & raisonnable fust.

Où tuteurs n'ont accoustumé d'estre.

Facit ad hoc tex. in l. tutor C. de administ. tut. ff. eodem l. Sal. l. quidam §. fin.

Si peux & dois sçauoir qu'en plusieurs pays coustumiers n'a autres tuteurs ne curateurs que Escheuins du lieu & les iuges qui au pays sont, selon qu'ils sont appellez, homme, iuge, cottier, hoste, tenant ou Escheuins, & prennent en garde les pupilles & leurs biens sans ce qu'ils ayent accoustumé d'y pouruoir d'autre tuteur & curateur. mais sçachez que c'est grand peril à eux : car toute telle charge que dessus est dict des tuteurs & curateurs qu'ils doiuent faire des biens aux pupilles appartenans, encore plus grande & plus perilleuse aux Iuges qui ce font : car de raison ils doiuēt rendre compte de ce deuant le souuerain Iuge le pupille venu en aage, ou autrement le cōpte ne vaut, & ne seroit pas deuëment faict, & la raison si est double. Car nul ne reçoit la chose d'aucun qu'il n'en doiue rendre compte deuant celuy à qui il appartient, & qui amender y peut, si le cas si offre. & dont les Escheuins qui ont ce compte à rendre, ne le rendroient pas deuant eux mesmes, ne se seroient Iuges de leurs causes. raison ne le pourroit souffrir, pourquoy. &c. Car la plus saine & conuenable voye si est de leur pouruoir de tuteurs & curateurs de leurs proximes amis, comme dict est, & si nuls n'en auoient, d'autres qui mis y fussent d'office de Iuge.

Et l. hoc autem sed hę leges parum faciunt ad hunc locum.

Difference d'entre pupilles & orphanes.

Si te veux monstrer quelle difference il y a selon les sages & la loy escrite, entre pupilles & orphanes. Sçachez que pupilles sont ceux qui sont sans mere : & orphanes qui sont sans pere, & toutesfois conuient que puis que enfans moindres d'ans sont sans pere & sans mere, on les appelle pupilles, ou moindres d'ans.

De tuteur sans bailler caution.

Et toutesfois s'il aduenoit que tuteurs fussent baillez aux pupilles pour faire leur proffit: & n'eussent faict caution deuë, & sur ce fissent ou exploictassent aucunes choses pour ses pupilles : Sçachez que s'il estoit apres qu'ils voulsissent redarguer à ce que fait auroiēt ou que faire voudroient, par especial le pupille faire le pourroit. Car tutelle sans auoir caution faicte est moins suffisamment fondée, & tout ce que faict est par administration moins suffisant, ne vaut. *Per to. tit. de tut. vel cura. quæ non satisde.* C.

Lettres de tutelle par maniere de formulaire.

A Tous ceux qui ces presentes lettres verront ou orront, tels. N. salut. Sçachent tous comme à toute office de bonne iustice appartienne pouruoir aux orphanes, pupilles, & moindres d'ans, par telle forme & maniere que eux, leurs biens & choses puissent estre maintenuës & gouuernées au proffit & vtilité desdits moindres d'ans. Et il soit ainsi que n'agueres soient allez de vie à trespas tel & telle, pere & mere, & tels enfans, ou tel pere, ou telle mere, desquels ou duquel, ou de laquelle sont demeurez enfans pupilles & moindres d'ans tel ou tels, pour ce est il que nous à qui, à cause de nostre office & iurisdiction, appartient la garde, administration, & gouuernemēt des orphelins, pupilles & moindres d'ās, & autres estans en nostre iurisdiction qui ne se peuuent ne sçauent gouuerner sans nostre prouision : auons à la requeste de tel qui se dict auoir cause d'intenter & faire demande contre lesdicts moindres d'ans, faict conuenir pardeuant nous à certain & competent iour tels & tels proximes & amis desdicts moindres d'ans tāt de par pere comme de par mere, pour entre eux eslire des plus idoines pour estre tuteurs, lesquels ont esleu entre eux ensemble tel de par pere, & tel de par mere comme tuteurs desdicts enfans, disans qu'ils estoient les plus idoines pour estre tuteurs, & ce ouy nous auons commis, ordonné, & estably, & par ces presentes lettres de l'auctorité de nostre office, confians des sens, loyauté & bonne diligence d'iceux, commettons, ordonnós, & establissons tuteurs & curateurs desdicts moindres d'ans & de leurs biens, en leur donnant, concedant, & attribuant tout pouuoir sur ce & auctorité, qu'à office de bon & leal tuteur & curateur doit & peut appartenir pour gouuerner & administrer en toutes les causes, querelles, besongnes, & negoces, ausdits moindres d'ans appartenans & que appartenir y pourroient, durant tout le temps de leur minorité tant en demandant comme en defendant. Et delaquelle les dessusdicts tels & tels ont faict le sermét accoustumé à faire en tel cas en nostre main en la presence desdicts proximes & amis qui pour ce les tindrent souffisans & idoines : comme dict est. Et auec ce ont iuré & promis de rendre bon & loyal compte & reliqua à nous ou ausdicts moindres d'ans ou leurs ayãs cause en temps & en lieu à ce appartenant. En tesmoing.

ANNOTATIONS DV TILTRE TREIZIESME.

a *IL y a difference entre tuteurs & curateurs : mais à present pour le regard des mineurs, les deux charges de tuteurs & curateurs sont confonduës : & durent iusques à vingt cinq ans.*

b *Expatriez s'entendent en deux manieres, ou pour les absens du pays, ou pour les exilez & bannis.*

d *Mais ils sont tenus de faire apparoir de leur qualité s'ils en sont requis.*

e *En France les dations de tutelle sont electiues qu'autrement on appelle datiues : & les tuteurs esleus font le serment pardeuant le Iuge : & n'y faict à propos d. l. 1. qui parle de la tutelle testamentaire, qui a esté confirmée par decret de Iuge encores qu'elle ne feust valable, pour auoir esté les tuteurs donnez par le testament de la mere,* iuxta l. mater c. de testamen. tutel.

f *Proismes signifient proches, autrement proesmes : & se trouue ledict mot en plusieurs coustumes & vieux liures.*

g *Ceux qui ont esleus les tuteurs, que lors de la nomination ils estimoient soluables, ne sont tenus de leur decheance de biens, ne de respondre de l'administration de la tutelle, comme a esté iugé par arrest solemnel, du*

14. *Aoust, mil cinq cens quatre vingt sept.* Arg. l. 1. §. si magistratus. D. de magist. conueniend.

h *A present que les tutelles & curatelles sont datiues, si le mary est esleu par les parens curateur de sa femme il en prendra la charge.*

i *Cet article ne s'obserue du tout, car les Cheualliers & gens de guerre peuuent estre tuteurs. De ceste matiere on peut voir* tit. D. de tutel. & sequent. & de excus. Masuer. de tut. & curat. *& autres qui en ont escrit.*

k *Et conuient* l. Quotiens. §. nec vtique. D. de administ. & peric. tuto.

l *Cecy ne s'obserue par ce que le tuteur n'est tenu de rendre compte, si non la tutelle finie, ou s'il n'est dechargé pour suspition* l. rationes. c. de administ. tut. l. eum quem c. de susp. tuto. l. si tutor. §. si testamento. l. nisi finita. D. de tut. & rat. distrah.

m L. Qui negotiationem. §. vlt. D. administ. & pericul. tuto. & l. pupillorum, 21. c. de administ. tuto.

n *Voyez Masuer.* tit. de tuto. & curat. Speculat. *& autres. A faire l'inuentaire n'est besoin d'appeller les parens du pupille, ains il se doit faire par personne publique, soit Iuge, Greffier ou Notaire selon l'vsage du lieu,* & iuxta Nouel. 72. *Mais il conuient y appeller le Procureur du Roy, ou fiscal, comme legitime contradicteur, & personne capable pour defendre les droicts du pupille. Pour la confection des Inuentaires y a des ordonnances & arrests de la Cour de Parlement, qui en contiennent des reglemens.*

o *Cet interest pupillaire est reduict par les ordonnances & arrests, à la raison legitime des rentes constituées.*

p *Le tuteur esleu ne doit appeller, ains s'escuser pardeuant le Iuge auant que faire le serment.* §. Qui autem. instit. de excus. tuto. l. 1. §. si quis. D. quãd. appel. sit. l. 2. c de appell. *Et pour la confirmation de cet article faict* l. tutor. 19. c. de administr. tuto.

q *Ceste difference ne vient du droict Romain, où pupilles sont entendus ceux qui sont soubs puissance de tuteurs, & en aage de pupillarité,* nempè impuberes. vt ait Cornutus in 2. Satyr. Persij: Pupillus, inquit Iurisconsultus, est qui, cum impubes est, desijt in patris potestate esse, l. 239. D. de verb. signific. *les orphelins ou orphanes qui sont destituez de pere & mere & de biens. Et ainsi on les entend par commun vsage.*

r *Au pays coustumier par le droict François les tuteurs ne sont tenus de bailler caution, principalement s'ils ont des heritages & immeubles; sinon qu'ils affectassent la tutelle & qu'elle leur fust debattüe, comme i'ay veu iuger par arrest pour la tutelle des enfans de feu* Lormier. *Mais le tuteur donné par le pere par son testament, au pays de droict escrit, n'est tenu de bailler caution,* Instit. de satisd. tutor. Masuerius tit. de tuto. & curat. *Iugé par arrest donné en l'audience pour vn tuteur, encores qu'il n'eust des immeubles, du 7. Mars 1596. sur vn appel de Lyon*, iuxta, l. testamento datos. D. de testament. tutel.

¶ *Il y a assez d'autres formes, mais pour bien faire il faut demander les pupilles & leur sexe & aage, & pareillement les noms de ceux qui ont nommé & esleu les tuteurs, & s'ils sont parens desdicts pupilles : de quel costé & en quel degré : & ainsi l'obseruent les bons practiciens.*

APRES ENSVIT DES BAILLIFS, RECEVEVRS ET AVTRES OFFICIERS QVI EN COVR SONT pour leurs offices à receuoir.

TILTRE XIIII.

TOVS Baillifs à cause de leurs baillages peuuent faire conuenir en Cour & aussi peuuent estre cõuenus & adiournez pour leurs offices. Et ne conuient qu'ils ayent autre pouuoir ne procuration que les lettres de sõ bailliage. Et pour ce en leurs bailliages à cause d'office : si c'est en païs local : & où il n'y a point en leur Cour de Procureur d'office, ils peuuent faire cõuenir & attraire en cause toute personne, & y sont à receuoir soit Criminellemẽt, soit Ciuilement, selon ce que la coustume du lieu desire : car elles sont differentes. Car en lieu & en Cour où il y a Procureur d'office, le Baillif ne doit auoir que le coniure tant seulement. [Si [a] peux & dois sçauoir que le Baillif en toutes causes touchant son office de Bailliage peut & doit conuenir & estre conuenu, & conuient qu'on responde durant sa vie : mais luy mort, l'action est expirée : car les hoirs ne seroient tenus de respondre. Item par toutes telles formes peux & dois sçauoir entendre des lieux tenans aux Baillifs. Encores trouuerez des Baillifs & Lieutenans Royaux en quoy & comment ils doiuent vser de leurs offices, en la rubrice cottee.]

De renuoy de Cour.

Itẽ peux [b] & dois sçauoir que le Baillif sans estre adiourné peut en autre Cour aller requerir & demander le renuoy de son sujet, pourueu qu'il voise fondé de son pouuoir de baillie qui doit contenir que de ce demande il ait especial pouuoir, autrement ne l'auroit pas : & que aussi le Baillif ait en sa Cour loy telle que du cas il puisse cognoistre si c'est en Cour dont il est sujet. Et si c'est en Cour voisine, il doit mener auec luy son Seigneur qui est la souueraineté, & qu'il puisse de tel cas cognoistre & ensemble requerir ledit renuoy : lequel leur doit estre faict : mais que le detenu ne soit lié par response, ou ait esté prins en present meffaict : esquels cas renuoy ne escher.

Quelles

Quelles choses sont requises en renuoy.

Car en renuoy selon l'opinion d'aucuns trois choses y appartiennent, Iuge qui puisse renuoyer, & Seigneur qui requiere le renuoy, & suiect qui requiere à son Seigneur estre renuoyé, ou autrement renuoy ne se doit faire.

De renuoy de Cour demandé.

Combien que selon [c] la loy & les Conseillers du Parlement, iaçoit ce que le suiet ne requiere renuoy, & il y ayt cause de requerir renuoy du suiet au Seigneur ou souuerain Seigneur. C'est à entendre au Seigneur de qui le sujet tient, est, & doit estre le Seigneur à qui le renuoy est requis, tenu de renuoyer: ne pour negligence ou simplesse du suiet, le Seigneur moyen qui faict diligence, ne doit perdre son droict. *Ita fuit consultum per consultores & aduocatos Parisius in Parlamento, pro Domino Episcopo Tornacensi ad causam suæ iurisdictionis de Vuez inter Ioannem de Vuadriponte Burgensem Tornacen. ex vna parte, & Ioannem Crisembien etiam Burgensem Tornacensem ex altera parte, ex eo quod quæstio erat pro hereditagiis pendentibus. &c.*

Au liure escrit à la main est adiousté, quia causa debet agi vbi est hæreditas, de qua contenditur C. vbi de hæred. ag. l. vn.

Lettres de constitution de Baillifs par maniere de formulaire.

A Tovs ceux qui ces presentes lettres verront, Tels, salut. Sçauoir faisons que nous adcertenez & confians à plain de sens, loyauté & bonne diligence de nostre bien amé tel. Iceluy auons faict, commis & estably, & par la teneur de ces presentes commettons & establissons nostre Baillif, & garde de iustice, Seigneuries appendantes & appartenantes, que nous en auons en nostre ville, terre, chastellenie & seigneurie de tel lieu, aux droicts, gaiges, & profits, & emolumens accoustumez, & qui y appartiennent, tant qu'il nous plaira, & de par nous luy auons donné, & par ces presentes donnons & concedons plain pouuoir & mandement especial de faire garder, exercer & maintenir pour nous & en lieu de nous ledict office de baillie, & tout ce qu'à bon Baillif peut & doit competer & appartenir de faire, de tenir & garder nos plaids pour nous, & en lieu de nous, de semondre & coniurer de loy nos iuges & hommes iugeans en nostre Cour, & de leurs iugemens exercer & accomplir, & de requerir retour & renuoy de Cour de toutes les causes, querelles & besongnes à cause dudict office appartenāts, & à noz suiets dudict lieu toutes & quantefois que le cas si offrira, & generallemēt de autāt faire pour nous & au lieu de nous au cas dessusdict, que si presens y estions, & que faire, dire, requerre & poursuyuir pourrions. Si donnons en mandement à tous nos hommes, officiers & suiets de ladicte terre & lieu, que à nostre Baillif ses Lieutenans commis & deputez obeissent & entendent diligemment audict office faisant, gardant, & exerçant sans difficulté ou faute aucune. Prions instamment & requerons en aide de droict si mestier est, à tous autres iusticiers & officiers ou à leurs Lieutenans, commis, deputez, & suiets ensemble, & à chacun d'eux endroict soy si besoin est, qu'à nostre dict Baillif, ses commis & deputez audict office vueillent & leur plaise prester conseil, confort, ayde, & prison si mestier est, & requis en sont.

Mandons en outre à nostre receueur audict lieu qui est à present, le temps aduenir, que à nostre dict Baillif paye & deliure sans refus ou contredict les gaiges à ce ordinaires, aux termes & iours assignez & accoustumez : & tout ce que audict Baillif sera pour ce payé & deliuré, par rapportant quittances dudict Baillif auec ces presentes, ou vidimus d'icelles sur seel autentique, nous voulons estre alloué, & valloir en ses comptes sans contredict aucun : En tesmoin. &c.

ANNOTATIONS DV TILTRE QVATORSISME.

a *CESTE clause n'est au liure escrit à la main, mais elle a esté bien adioustee : & selon la pratique de present, nulle iustice ne s'exerce sans Procureur fiscal ou d'office, que le Seigneur y doict mettre, & le Baillif ne peut estre poursuiuy, ne poursuiure en son nom, ne le Procureur pour office sinon qu'il soit question de son propre faict : car pour la cause du seigneur le Procureur en faict poursuitte en sa iustice, & hors sa iustice le seigneur doict plaider en son nom.*

b *Pour le renuoy on distingue, s'il est demandé du Iuge Royal, ou non Royal, car si c'est du non Royal le suiect seul peut demander le renuoy, sans l'adionction de son seigneur, mais du Iuge royal, le suiect ne seroit receuable à demander le renuoy, s'il n'estoit vindiqué par son seigneur : lequel seul sans son suiect peut demander le renuoy, encores que la cause ayt esté contestee : par ce que les iustices des seigneurs leur sont patrimoniales : & i'en ay veu donner arrest en l'audience du Mardi dousiesme iour de Iuin, de releuee, mil cinq cens soixante cinq. Voyez Imber lib.1. cap.22. & Guenois : ce qui s'entend s'il n'y a coustume contraire.*

c *Le moyen iusticier ou inferieur peut demander renuoy de son sub-*

iect au haut iusticier, ou superieur, és causes qui luy appartiennent à cause de sa iustice, si par la coustume n'y a preuention : & faut que le Iuge, auquel est demandé le renuoy, soit Royal ou autre, y face premierement droict: d'autant qu'il concerne la competence du Iuge, comme i'ay traicté ailleurs.

d *En quelques institutions les Seigneurs font mettre clause requisitoire, de receuoir le serment par les Seigneurs Superieurs, ou leurs Baillifs : ou autres Iuges Superieurs, au ressort desquels sont leurs iustices.*

APRES ENSVIT DES RECEVEVRS.

TILTRE XV.

TV peux * & dois sçauoir que receueurs sont ceux qui sont commis & deputez à receuoir, gouuerner & maintenir la recepte d'aucun seigneur, ou d'aucune ville, ou d'Eglise, & qui de ce ont pouuoir par lettres ordonnees & puissance de leurs seigneurs. Si sçachez que tels sont à receuoir en Cour à cause de leurs offices sans autre procuration ne pouuoir especial, & peuuent à cause de leurs offices faire adiourner & conuenir en Cour toutes personnes qu'à loy sont receuables, soit pour traicte de marchandise, ou contract, soit pour rente non payee, ou autre redeuance ou arrerages, jaçoit ce que ce ne soit pas du temps de leurs offices, mais de parauant puis que à l'office de leur recepte peut competer, & si faut respondre en cause ou querelle comme au Seigneur: car à ce s'estend le pouuoir d'office de recepte, reserué le cas qui toucheroit l'heritage ou demeine du seigneur. Car lors conuiendroit que le Seigneur ou Procureur pour ce faire fondé apparust auec le receueur ou sans luy. Si peut estre le receueur conuenu en Cour à cause de son office, & conuient qu'il y responde, & ne le pourroit son Seigneur en ce desaduoüer : si peut donner commission pour luy faire payer de sa recepte souz son seel, & c'est en lieu qui ait telle auctorité. Et faire des sergens de son Seigneur collecteur vn tel qu'il luy plaira, si peut faire & donner quittances de *Du pouuoir du Receueur.* tout ce qu'il receura, qui vaillent à tousiours: ne son Seigneur ne peut contredire à icelles : mais que son pouuoir soit incorporé dedans. Si peut bailler à ferme, louer ou arrenter à neuf ans, ou au dessous: & sur ce bailler ses lettres qui tiennent & vaillent. Si peut vendre les grains, bois & autres émolumens au faict de recepte appartenants, qui tient & vaille. Si peut constituer receueurs vn ou plusieurs, & donner ses lettres sur ce, & pouuoir qui vaillent & tiennent pardeuant tous Iuges: car à luy compete le faict dudict office de recepte, & non point à luy tant seulement, mais à son hoir, car c'est action qui descend sur l'hoir, au cas que faute auroit au compte dudict receueur. Et par ce luy est concedé de ce faire, & constituer officiers, à son bon plaisir, car c'est à ses perils, & tel est office de recepte. Et pour ce dient les aucuns que c'est perilleux office de recepte, pour [b] ce qu'il descend sur l'hoir, & les hoirs des hoirs, tāt que la cause dure & peut estre aduenuë, ou pour le temps aduenir retrouuee. Si sont tenus de rendre compte de tous leurs ouurages, recepte, mises, distributions, escrits ou comprobations de commandement de leur Seigneur, de tous nouueaux ouurages ou faicts de marchandises sur ce par haulce ou renchere selon ce que le cas le desire, de lettres sur ce pardeuant qui ou comment de tout ce qu'il feroit, ou autrement ne luy doit estre passé ne valoir descharge. Car en faict de recepte rien ne doit estre passé sans verification & sans lettres puis qu'il passe xx. sols ou au dessus: & telle est la regle de comptes rendre, & receuoir.

Contables sont tenus rendre cōpte, & monstrer quittance.

Lettres du pouuoir des receueurs.

A Tovs ceux. &c. salut. Sçachent tous, que nous confians à plain de sens, loyauté & bonne diligence de tel, iceluy auōs faict, ordōné & estably, & par la teneur de ces presentes faisons, ordonnons, commettons & establissons nostre receueur general & especial de toute nostre terre, iustice, & seigneurie, reuenus, exploicts, émolumens, & proffits quelconques que nous auons, & auoir pourrons en N. Pour par luy receuoir, ordonner, leuer, vendre, censir, ou bailler à ferme, à vn ou à plusieurs, faire sur ce que par luy sera faict, lettres obligatoires, ou de quittance, faire & constituer en son lieu receueurs vn ou plusieurs; dont il ait toutesfois le faict & la charge, collecteurs vn ou plusieurs, faire demandes & poursuites de toutes les choses à nostre recepte appartenantes, & de icelles mener à fin & decision, si mestier est, comme nous pourrions faire si presens y estions. Parmy rendant à nous ou à nos commis & deputez, bon compte & loyal. De laquelle chose il a faict serment en nostre main, comme en tel cas est accoustumé. Si donnons en mandement à tous nos officiers & subiects que à luy en ce faisant obeissent & entendent diligemment, & luy prestent conseil, confort, & ayde si mestier en a, & par luy en sont requis. En tesmoin de ce. & c.

Au liure escrit à la main y a censer, qui signifie bailler à cens: ce que toutesfois les seigneurs n'ont gueres accoustume de conter à leurs receueurs.

ANNOTATIONS DV TILTRE .QVINZIESME.

a Receuers sont appellez procuratores ad negocia siue ad administrandum, *dont a esté parle cy-dessus. Il traicte en cet article des receueurs generaux qui ont pouuoir general*, & quibus libera administratio rerum commissa est, vt traditur in l. procurator. 58. & seq. D. de procurat. *Il y a d'autres receueurs, qui n'ont qu'vn mandement special & limité, lesquels outre ce qui leur est concedé par iceluy intenter ne soustenir action.*

b *Par ce que la cause est ciuile, qui depend de contract: & par consequent hereditaire.* l. 1. C. si cert. pet. l. vlt. c. de here. act. & al.

APRES ENSVIT LA TENEVR DV POVVOIR DE SERGENT PAR MANIERE DE FORMVLAIRE.

TILTRE XVI.

A TOVS. &c. Sçachent tous que nous confians & acertenez des biens, sens, loyauté & bonne diligence de tel. Iceluy auons faict, mis & estably, & par la teneur de ces presentes faisons, commettons & establissons nostre Sergent en nostre iustice, terre & seigneurie de N. & des appartenances, aux droicts, profits & emolumens à ce accoustumez: lequel office est à present vacant par la mort de tel, & duquel office de Sergentise ledict tel a faict le serment accoustumé d'iceluy loyaument faire garder & exercer, tant qu'il nous plaira. Si donnons en mandement à nostre Baillif du lieu, ou à son Lieutenant, & à tous nos autres Iusticiers & Officiers, prions & requerons à tous autres, que à nostre dict Seigneur faisant son office de sergentise, vueille faire & prester toute maniere de confort, conseil, ayde, & prison si mestier est, & requis en sont. Auquel nous defendons par ces presentes toute cognoissance de cause. Donné. &c. Si [a] sçachez que le Sergent mort, l'action de son exploict en faict de sergentise ne descend point sur l'hoir: sinon en ce que l'autre l'auroit receu en l'executant.

ANNOTATIONS DV TILTRE SEIZIESME.

CET article doit estre mieux consideré, tant pour le regard de l'exploict, que pour le faict & maluersation du Sergent, si de son viuant il en a esté poursuiuy, ou que ses heritiers en ayent profité, vt traditur in l. vn. c. ex delictis defuncto. l. in heredem. D. de calumn. & aliis: *& ailleurs i'en ay plus amplement traicté*

APRES ENSVIT DES MARGVILLIERS. TILTRE XVII.

MARGVILLIERS [a] sont ceux qui ont en garde & en cure les biens appartenans aux Eglises, & qui reçoiuent les aumosnes & reuenus à elles appartenantes, & font les mises à ce pertinentes. Prouiseurs sont ceux qui aussi sont commis à garder & receuoir les biens aux pauures publiques appartenans, & qui leur administrent les biens & aumosnes qui leur sont données ou delaissees. Si peux & dois sçauoir qu'en tous ces deux offices les commis à ce peuuent à cause desdicts offices estre conuenus, & faire conuenir en Cour laye, & faut respondre à eux, & aussi qu'ils y respondent sans ce qu'ils ayent autre procuration ne pouuoir que de leurs pouuoirs de leurs offices: & conuient qu'ils soient tousiours fondez de leurs pouuoirs puis que cause veulent intenter, lequel pouuoir doit estre faict & passé par l'accord & consentement de la plus grande & saine partie des parroissiens à qui ce touche, & qu'iceux pouuoirs sont confermez du seigneur dessous qui c'est à faire: & par lettres patentes peuuent & doiuent lesdits Officiers par leur pouuoir vendre, aloüer, censir, arrenter tous emolumens à ce appartenans, sauf le principal, & en bailler lettres, où leur pouuoir soit incorporé, qui tienent & valent fermement. Et sçachez que l'action de cest office descend sur l'hoir, pource qu'il y a regard de recepte & de maniance, pource n'y doiuent estre mis ne instituez personnes qui ne soient idoines & suffisans, si ainsi n'estoit que de leur temps ils eussent faict & rendu compte, appellez ceux qui sont à appeller, & que la quittance fust passée pardeuant le seigneur auquel & dessoubs qui c'est à faire, & lettres sur ce leuées que celuy en temps s'approche en estoit, ou son hoir apres sa mort puissent monstrer.

Apres ensuit la teneur des Marguilliers.

A Tovs.[b] &c. salut Sçachent tous que oy le rapport & consentement de nos bien-amez suiets les manans & habitans de nostre ville. N. pource conuoquez, assemblez, ou la plus saine partie, disans qu'il est expedient & accoustumé en ladicte ville pour le bien public & vtilité d'icelle, & desdits habitans, de faire, constituer & ordonner par nous à leur rapport & election certaines personnes, qui soient marguilliers, gouuerneurs & administrateurs des biens à l'Eglise d'icelle ville appartenans, soit en aumosnes, ou autres profits & emolumens venus & à venir, afin que plus profitablement & discrettement puissent estre & soient gouuernez & maintenus. Et par leurs aduis & assentemẽs nous soient rapportez & affermez, N. & N. pour les plus habiles, idoines & suffisans pour le present à ce faire, gouuerner, & maintenir, en nous suppliant que à ce les vueillons consentir estre, confermer, donner pouuoir & auctorité dudict office faire & maintenir, & de ce bailler nos lettres. Pource est-il que nous ouye la relation, accord & consentement desdits habitans, iceux dessus nommez de nostre pouuoir, auctorité & seigneurie apres le serment prins d'eux dudict office loyaument faire & exercer, à leurs sens, pouuoirs & diligence, laquelle chose ils ont promis & iuré faire, iceux dessusnommez auons commis & establis par la teneur de ces presentes, commettons & establissons Marguilliers, Gouuerneurs & ordonneurs des biens, rentes, reuenus, profits & emolumens à ladicte Eglise venãs & appartenãs, à aduenir & appartenir pour en faire, disposer & ordõner, soit par vn an, ou par plusieurs années tout au plus grãd profit que faire se pourra au iour que ce sera fait apparent. Voulons, cõcedons & ordonnons que tout ce que par eux ainsi sera faict, soit vallable, & tienne ferme lieu & stable, & en puissent donner & accorder lettres vallables & suffisantes en lieu de fermeté & seureté, qui portent & puissent valoir obligatiõ & hypotheque sur tous les biẽs à ladicte Eglise à ce appartenans: puissent conuenir & faire conuenir en Cour & iugement, tant d'Eglise comme seculiere, les debteurs audit office redeuables: & faire & demener cause, soit en demandant ou en defendant iusques en fin: faire ou constituer procureurs vn ou plusieurs, & faire tout ce & faire faire que ordre de droict & proces requiert, & d'obligation à payer le iugé si mestier est, soit pour eux ou contre eux au cas dessusdict, parmy toutesfois qu'ils seront tenus de rendre bon compte & loyal de tout ce que par eux en sera fait, ces presentes lettres de pouuoir durant iusques à nostre reuocation ou desdits habitans, & non plus. En tesmoin de ce. &c. Et conuient en demandant qu'ils ayent leur pouuoir auec eux, & lettres de grace du Roy nostre sire.

Des executeurs de testamens, ou subrogez à iceux.

ENcores[c] est à sçauoir que tous executeurs de testamens, ou subrogez en leur lieu pour iceluy testament accõplir, ou paracheuer d'accõplir sont receuables à faire poursuite en ladicte qualité d'executeurs:

& ne leur faut autre pouuoir que leur testament pour demander ou defendre: & pource i'en ay icy mis en brief comme c'est qui peut estre commis & comme il peut commettre : car ailleurs i'en parleray plus auant.

ANNOTATIONS DV TILTRE DIXSEPTIESME.

MARGVILLIERS, *appellez en Latin* matricularij à matricula, *sont ceux qui ont charge du reuenu de l'Eglise*, vt constat ex Aimonio lib. 4. de gestis Franc. cap. 33. Marculpho in formul. & aliis. *Prouiseurs des pauures ont diuers noms au droict Romain, selon la condition des pauures*, vt constat ex tit. C. de episcop. & cler. & orphanotrop. &c. *Et les vns & les autres* possunt comparari actoribus, de quibus in l. 6. §. actor. D. quod cuiusque vniuersit. *leur charge & office leur donne pouuoir d'agir & de defendre pour ce qui depend de leur administration, & dont ils sont tenus rendre compte.*

b *Ceste forme d'instituer des marguilliers, ne s'obserue plus, ains si tost qu'ils sont esleus & nommez par le peuple, ils prennent la charge, sans en prendre confirmation du Roy ou du seigneur du lieu: & suffit pour leur qualité qu'ils soyent registrez & immatriculez au registre de l'Eglise, qu'on appelle en quelques lieux* matricula. *Le semblable se faict pour les gouuerneurs & administrateurs des biens des Hospitaux, Hostels Dieu, Maladeries & autres semblables lieux, qui sont esleus par les habitans, suiuant les Ordonnances Royaux, qu'on peut voir au Code Henry. Il s'en trouue des formulaires au vieil protocolle de Chancelerie, & en quelques autres anciens liures.*

c *L'vsage de faire des executeurs de testamens ne vient de l'ancien droict Romain, encores qu'on en tire l'exemple* ex l. quidã, 96. §. si scriptus. D. de legat. 1. & nulli. C. de episcop. & cler. *mais il vient du nouueau droict*, vt constat ex nouel. 68. Leonis : *& principalement Canonic.* cap. tua nobis. & cap. Ioannes de testam. & cap. fin. de testam. in 6. *dont est faicte mention aux coustumes, & en traicte amplement Petr. Ferrariens.* in practica. form. lib. ad redd. ratio. *& nostre autheur cy apres, où deliberons en escrire. Ce pendant faut noter que le subrogé de l'executeur doit agir sous le nom d'iceluy : par ce que la personne de l'executeur a esté esleuë par le testateur, & le subrogé n'est que comme son procureur ou soliciteur d'affaires.*

APRES

APRES ENSVIT DES EXCEPTIONS QVE PEVVENT AVOIR LES ADIOVRNEZ EN Cour contre leurs parties aduerses.

TILTRE XVII.

PVIS [a] que monstré ay comme on fait & peut faire conuenir en Cour, & quelles personnes y peuuent conuenir, & quelles non, soit en leur nom particulier, ou au nō d'autruy par procuratiō, ou par tiltre d'office commis & deputé a ce faire, comme dict est dessus. Et quātes actiōs sont qui engendrent causes. Si te veux mōstrer comme en Cour tu pourras defendre & varier contre partie aduerse par exceptions, auāt que respondre doyez par peremptoire, qui est perilleuse, car c'est response en cognoissant ou en niant, qui est le dernier terme de cause. Car celle responce il n'y fault quant au cognoissant qu'execution, & quant au niant que probation: & pour-ce te veux monstrer quantes & quelles exceptions sont deuës auant peremptoire. Premierement [b] ils sont trois exceptions. C'est à sçauoir exception declinatoire, exceptiō dilatoire, & exception peremptoire. Lesquelles sont & peuuent estre proposées en Cour en vne cause si le cas s'y offre, ou autrement peuuent estre separées les premieres sans les dernieres, ou les dernieres sans les premieres. Et doit sçauoir tout proposeur d'icelles exceptions quiconques s'ē veut aider, que premier doit proposer [c] la declinatoire, si elle a lieu pour le cas proposer, & puis dilatoire si elle a lieu, & puis peremptoire aussi si elle a lieu, ou celle qui au cas seruiroit plus necessairement, mais que ce soit selon l'ordre dict. Car qui des dernieres s'aideroit deuant que des premieres, les premieres n'auroient lieu, ne n'y seroient à receuoir. Et pour-ce par chacune ordre d'elles s'en faut aider comme dict est: & doit dire le proposeur, si ceste ne vaut à ma querelle, ie proteste que ceste me vaille: & si ceste encores ne me vault, ie proteste sans partie des premieres, ne des secondes: si proposées sont autrement que sur protestation d'aller auant mon droict oy, & par ordre deuant toute œuure, & pour-ce les conuient il ainsi que dict est proposer: la raison si est, qu'vn qui ne varie qu'vne fois tendant à vne fin pour vne chacune des exceptions, si comme qui respondroit d'aucun cas par peremptoire en demandant le faict, comme pourra-il apres decliner ou soy aider de dilatoire? Ce ne pourroit estre. Et par-ce peux tu entendre qu'ainsi que dict est, le fault proposer, & peut on prēdre grand proffit en icelles ausquelles partie ne respondroit: car par coustume notoire elles demeurent pour approuées. *Quia qui tacet, consentire videtur.*

Partir, au liure escrit à la main.

Exception declinatoire.

Et pour delayer les choses dictes, ie te veux mõstrer quelle chose est exceptiõ declinatoire selõ droict, & coustume de toutes Cours, c'est decliner soy & oster du Iuge deuant qui on est adiourné, si on sent qu'õ doiue estre greué en aucune maniere, par ainsi qu'on puisse sortir autre Iuge.

Deuant Iuge où l'on seroit couchant.

Or te veux monstrer comme on se peut aider en Cour de ceste exception declinatoire. Si tu és adiourné deuant aucun Iuge, & tu ne sois ne [d] son couchant ne son leuant, & on t'y faict demande, respondre n'y dois pour quelque chose que ce soit, si tu ne veux, excepté en deux cas. C'est si tu estois prins en presẽt meffaict, ou si lié estois par lettres, par lesquelles te fusses obligé enuers tous Seigneurs. Mais si sans present meffaict & sans telle obligation estois prins dessous autre Seigneur, il te faut adouüer auant que responce te lie, & faire requerir par ton Seigneur, & ainsi decliner iceluy Iuge: si ce n'estoit en cas priuilegié, ou en cas de preuention, qui seront ailleurs declarez, car en ce cas n'a nul renuoy.

Par Priuilege de tonsure.

Item peut-on decliner par priuilege de tonsure, & par monition sur ce faicte. Mais si l'adiournement est en personne, lors y doit venir en personne le declinant alleguer son priuilege, ou autremẽt default seroit donné contre luy, & ainsi est d'vn autre priuilegié, si de son priuilege se vouloit aider, fust par priuilege du Roy, de bourgeoisie, ou autre. *Quia vnusquisque habet priuilegium suum allegare, alias iudex haberet negligere.*

Cap. cùm personæ. de priuileg. lib. 6. Cynus l. si solemnibus. c. de fide instrum.

Des Sergens d'armes.

Itẽ [e] peuuent decliner les Sergẽs d'armes du Roy, tous Iuges en Frãce, fors le Connestable qui est leur droict Iuge, si ce n'est en cas réel: car en cas réel conuient respondre deuant le Iuge sous qui la réellité est située.

Des ouuriers des monnoyes du Roy.

Item peuuent decliner les ouuriers des monnoyes du Roy, tout Iuge en France, fors les Preuosts des monnoyes du Roy en France, si ce n'est en cas réel, ou en cas que marchans seroient d'aucune marchandise especialle: car de ce leur conuient respondre deuant le iuge local, quant au fait d'icelle marchandise bonne ou mauuaise: ou au creu, si pour-ce on le deuoit, & non autrement.

Bourgeois de Bourgeoisie priuilegiez.

Item peut decliner Bourgeois [f] de Bourgeoisie priuilegié, au cas que lié ne soit par responce litisconteſtant pour action de pecune, ou qu'en cas de delict ne seroit prins en present meffaict, comme dict est dessus, reserué aussi en action réelle.

Les Officiers du Roy.

Item peuuent decliner les Officiers du Roy de tous cas par eux aduenus en officiant, car de ce ne sont tenus de sortir que deuant leur Iuge royal: mais en autre cas seroient-ils tenus de sortir deuant le Iuge local sous qui ils seroient couchans & leuans.

Les Escolliers de Paris.

Item [g] peut decliner tout Escollier de Paris tout Iuge local, fors le Preuost de Paris qui est leur conseruateur, car deuant celuy doiuent respondre, & non deuant autre, s'il ne leur plaist reserué en cas réel, comme deuant est dict.

Lettres scellées du séel en Chastelet.

Item [h] peut-on decliner tout Iuge au Royaume, par lettres scellées sous séel de Chastelet de Paris, fors le Preuost de Paris : car nul autre Iuge ne doit auoir la cognoissance.

Des foires de Champaigne & de Brye.

Itē peut on decliner de toutes obligatiōs faictes és foires de Champagne & de Brye : car nuls autres iuges au Royaume n'ē ont la cognoissance, fors les maistres & les Iuges desdictes foires.

Des cheuauchées d'osts au Royaume.

Item peut on decliner tous Iuges au royaume, autres que le Preuost des Mareschaux de France, qui de tous cas dicts, & cheuauchée royalle & de proyes en ce faictes ont la cognoissance.

De la iurisdictiō & pouuoir du Preuost des Mareschaux est amplemēt traicté aux ordonnances au Code Henry: & par Imbert lib. 4. cap. 5. & autres Autheurs. Vide l. vlt. D. de Iurisdict. Quia Iurisdictio sine correctione nulla est. Quia par in parem non habet imperium.

Hors des mettes de sa Iurisdiction.

Item peut on decliner tous Iuges qui hors des mettes de sa Iurisdictiō s'efforceroient de vouloir cognoistre d'aucun cas.

De Iuge qui n'auroit Iurisdiction de cognoistre du cas.

Item peut on decliner tout Iuge qui telle Iurisdiction n'auroit que cognoistre peut du cas dont question seroit.

De Iuge pareil à l'adiourné.

Item peut estre [i] decliné Iuge pareil à l'adiourné, selon raison escrite.

De Iuge ayant pareille cause à l'adiourné.

Item [k] peut estre decliné selon aucun Iuge ayant pareille cause à celle dōt il fait conuenir pardeuāt luy en la Prouince deuant autre Iuge, où la coustume seroit pareille. *Quia iudex habens similem causam causæ sibi commissæ, à iudicio ille repellitur.* Et ce pour-ce que legerement il pourroit estre enclin à rendre sentence qui luy fust, & à sa cause exemple profitable.

De Iuge haineux.

Item peut estre decliné Iuge haineux par especial par haine mortelle. Et par les declinatoires dessusdictes auec toutes celles que subtil Aduocat y peut adiouster, il se peut aider de la declinatoire qui est la premiere exception qui chet à faire & proposer en iugement.

Quia odia debent restringi, & fauores ampliari.

ANNOTATIONS DV TILTRE DIXSEPTIESME.

a IL m'a semblé plus conuenable pour la commodité du Lecteur, de diuiser en trois tiltres la matiere des exceptions. L'exception est, comme parle vn vieil practicien que i'ay escrit à la main, l'allegation du defendeur contre l'action du demandeur : le Iurisconsulte l. 2. D. de exception. la definit exclusio actionis, quæ scilicet opponitur actioni ad excludendum id quod in intentionem condemnationemve deductum est : *elle est aussi appellée* præscriptio non tantùm à Iurisconsultis, sed etiam à Tertulliano lib. de præscript. aduers. hæret. & alijs auctoribus. *Quand le preteur donnoit l'action, s'il y auoit exception, il y adioustoit la formule d'icelles, qui se commençoit par* ni, vel nisi, *à la charge de laquelle il donnoit l'action*, vt Duarenus alijque ex Cicerone ac nostris Iurisconsultis & alijs auctoribus obseruarunt. *C'est pourquoy* definitur à Paulo, conditio, quæ modo eximit reum damnatione, modo minuit damnationem, l. 22. D. eo. tit. *Dont appert que l'exception rend quelquefois du tout l'action sans effect, & quelquefois retranche & diminuë de ce qui est poursuiuy par icelle*, l. si mulier, 13. D. de iure dot. Instit. tit. de except.

b *Par le droict Romain n'y a que deux especes d'exceptions, à sçauoir perpetuelles & peremptoires, & temporelles & dilatoires*, l. 3. D. illo. tit. §. appellantur. Instit. eo. tit. *sous ces dilatoires on prend les declinatoires : encores que la forme de decliner le Iuge ne se puisse bien rapporter à l'ancienne forme des iugemens Romains, esquels le Preteur bailloit Iuges aux parties, pour cognoistre de leurs causes & differends, & en iuger. Mais depuis que ceste ancienne forme a esté changée, & diuerses iustices ont esté establies par diuers territoires : L'vsage a esté introduict de decliner & les iustices & les Iuges, dont les exceptions declinatoires ont eu plus de lieu : comme i'ay monstré au quatriesme liure des Pandectes : où i'ay interpreté*, quid sit præscriptio fori in l. 7. D. qui satisdar. cogant. l. vlt. c. de exception.

c *Comme les exceptions declinatoires, dilatoires & peremptoires sont differentes, les declinatoires concernans la competance ou incompetance du Juge, & du lieu où la cause se doit traicter, les dilatoires pour differer. L'entrée de la cause & la contestation, & les peremptoires pour renuerser & perimer l'action : aussi doiuent elles estre diuersement & separément proposées, sans estre meslées & confondües, à sçauoir les declinatoires, les premieres, & si celles n'ont lieu, faut proposer les dilatoires & apres les peremptoires, toute exception dilatoire, comprenant aussi la declinatoire, doit estre proposée auant contestation en cause*, vt ostendit Symmachus in epistol. & probatur l. 4. c. de iurisd. omn. iud. l. pen. & vlt. c. de except. l. exceptionem. c. de probatio. sed obseruandum in ea lege abesse à libris mss. vocem, dilatoriam. cap. pastoralis de except. cap. inter, 20. de sent. & re iudic. Faber ad d. §. appellantur. *Par les ordonnances royaux les fins de non proceder, ou de non receuoir doiuent estre les premieres vuidées & sur le champ, comme aussi a esté iugé par plusieurs arrests de la Cour. Voyez les ordonnances de Charles* VII. 1453. *art.* 134. *Loys* XII. 1507. *art.* 64. *François I.* 1535. *chap.* 12. *art.* 11. *Henry* III. 1579. *art.* 154. *au Code Henry, Rebuffe recite à ce propos vn arrest du* 1. *Decembre*, 1544. *i'en ay veu vn du Mardy* 14. *Januier*, 1561. *& Guenois sur le* 31. *cap. du premier liure d'Imbert, en allegue du* 20. *Nouembre*, 1582. *ce qu'il faut limiter, si non que la declinatoire concernast le principal, & emportast la decision d'iceluy : comme en l'espece que i'ay veu iuger estant Lieutenant General au Bailliage de Clermont en Beauuoisis : entre deux Seigneurs pretendans chacun le lieu duquel estoit question, estre en sa iustice, & par* consequent de sa teneure : & par arrest sur le debat du renuoy, les parties furent appoinctées à escrire à toutes fins & informer, du 12. May, 1571. Le proces auoit esté iugé par escrit. Mais és autres cas on tient que celuy qui precede au principal, alleguant defenses peremptoires, encores que soit sans preiudice à ses fins de non proceder, ou de non receuoir a taisiblement couuert icelles : par ce que la protestation est contraire aux actes qu'il fait.

d C'est qu'en dict hoste & iusticiable, qui est suiect d'vn Seigneur, demeurant en sa iustice : mais pour l'exception, qu'il meict si lié n'estoit par lettres, par lesquelles il fust obligé enuers tous Seigneurs : qu'on appelle submission, elle ne s'obserue si generalement, par-ce qu'vn suiect ne la peut faire, ne proroger Iurisdiction au preiudice de son Seigneur, vt tradit Faber in l. si qui ex consensu. c. de episcop. aud. Boërius decis. 114. ains le Seigneur sera tousiours bien receuable à en demander le renuoy : ce qu'on limite toutesfois n'auoir lieu pour les obligations passees sous séel royal, au cas desquelles le Seigneur ne peut demander le renuoy de son suiect au Iuge royal.

e Ce qu'il traite icy des priuileges des Sergens d'armes, & des ouuriers des monnoyes ne s'obserue plus : car ils sont iusticiables des Iuges royaux en causes ciuiles & criminelles, selon la qualité des matieres & cas dont sera question. Toutesfois anciennement l'Estat de Sergent d'armes estoit honnorable, qui portoit masses deuant le Roy pour la garde du corps, & suyuoit sa Maiesté aux guerres, estant exempt de tailles & subsides. D'iceux est faict mention en l'Edict du Roy Iean de l'an 1355. & en traicte Ragueau en son Indice.

f La Bourgeoisie est vn droict seigneurial, duquel est faict mention en plusieurs coustumes, mesmement de Victry, Troyes, Chaumont en Bassigny, Sens, Auxerre, & autres desquelles on peut apprendre qui est ledict droict. Lequel appartient au Roy, ou au Seigneur qui en a le priuilege & droict du Roy : & a tel effect que le Bourgeois du Roy encores qu'il soit demeurant en la terre de quelque Seigneur n'est toutefois iusticiable d'autre que du Roy, & son Seigneur ne le peut vindicquer, comme a esté iugé par arrest du 16. iour de Iuin, en l'audience, 1562. sur vn appel de Chasteauthierry, contre le Seigneur du Breul. Ledict Bourgeois doit paier droict de iuree, qui est de six deniers pour la liure de meubles, & deux deniers d'heritages par chacun an : & a esté iugé réel & patrimonial en Champaigne, par arrest de l'an 1.296. dont faut voir Monsieur Pithou sur la Coustume de Troies, & Ragueau en son indice.

g Il faut que l'Escolier pour iouir dudit priuilege ait estudié & residé six mois en Vniuersité fameuse, & obtenu testimoniale du Recteur, & vne protection auec commission du Preuost de Paris, conseruateur des priuileges royaux : dont y a des ordonnances du Roy Lois XII. de l'an 1498. 1499. & d'autres Rois, qu'on peut voir au Code Henri, & ce qu'en a escrit Imbert, lib. 1. cap. 27. & M. Guenois en son commentaire.

h Rebuffe tract. de liter. oblig. & Imbert. lib. 1. cap. 4. font mention des priuileges du séel du Chastellet de Paris, des foires de Brie & Champagne, & du petit séel de Montpellier, dont aussi i'ai traicté au Code Henri.

i Ceci ne s'obserue, principalement és causes ciuiles, esquelles n'est question de la personne, ains d'vne debte ou chose cõtrouersée : & ne sont les Magistrats temporels, *comme à Rome: & quant aux criminelles on regarde à la qualité des personnes comme de Messieurs de la Cour de Parlement, ausquels la Cour seule peut faire le proces, & aux Baillifs, Seneschaux & leurs Lieutenans, & pour le regard des autres Iuges, c'est aux Superieurs de faire les procés aux inferieurs.*

k *Les deux derniers articles de ce tiltre concernent les recusations des Juges, qui tiennent de la nature des exceptions declinatoires, par-ce que par le droict Romain elles ne doiuent proposer deuant la cause contestée, comme appert de ce qu'Asconius & autres ont escrit*, de reiectione iudicum, & ex l. apertissimi. C. de iudic. & l. vlt. c. de senten. & interloc. iud. *mais par le droict canonic on peut recuser le Iuge*, post litem contestatam, si noua causa superuenerit, cap. inter monasterium de senten. & re iudic. *entre les causes de recusation legitimes & admissibles est celle si le Iuge a pareille cause, d'autāt qu'il n'est presumé deuoir iuger de la cause d'autruy, qu'il voudroit estre iugé de la sienne*, cap. causam quæ de iudic. *Quant à la haine & inimitié, c'est vne cause trop euidente, & de laquelle on vsoit ordinairement à Rome*, in reiectione iudicum: vide cap. licet. de foro compet. cap accedens, 2. vt lite non contest. cap. secundo requiris. de appell. l. licet. l. non distinguemus, §. cum quidam. D. de recept. qui arbit. l. si pariter. D. de liberal. caus. & al. periculosum est enim apud suspectum iudicem litigare. *De ces causes de recusation & autres i'ay amplement traicté au quatriesme liure des Pandectes.*

D'EXCEPTION DILATOIRE.

TILTE XVIII.

EXCEPTION dilatoire[a] est trouuer voye & maniere de delayer & faire delayer le procés le plus qu'on peut, & pour le faire cesser par plusieurs manieres. Et premierement conuient regarder l'adiournement, car quand le iour qui est assigné, n'est competent, si comme dessus est dict au chapitre des adiournemens, on peut la cause delayer, & mettre à neant pour lors. Et conuiendroit au demādeur faire nouueau adiournement.

Que l'adiournement soit faict duement.

Item que l'adiournement soit faict deüement au lieu & domicile par le Seigneur qui ait pouuoir de ce faire, & qu'il soit faict d'heure & de iour, si comme au chapitre des adiournemens est contenu, ou autrement ne vault.

Quand demande est specifiée.

Diuersifiée, au liure escrit à la main.

Item quand la demande n'est diuersifiée, car il ne suffist pas de dire, ie t'adiourne à tout ce qu'on te sçaura demander: si la demande n'y est specifiée, ou expresse : si ce n'estoit en cas de cartels, vend.nt, tous tels adiournemens sont à delayer.

Quand l'adiournement faut de relation.

Item quand adiournement fault de relation de Sergent ou de bouche, ou par escrit. Item il ne suffist pas adiourner en grosses causes le Procureur d'vn Baron ou d'vn Prelat: mais convient aller au lieu, & signifier au Seigneur[c] ou à son domicille l'adiournement, ou à ceux qui pour luy se portent.

Par les ordonnances royaux les adiournemés se doiuent faire par escrit, pour comparoir par le defendeur.

D'adiourner par deuant deux Commissaires.

Item[b] quand l'adiournement est pardeuant deux Iuges, Commissaires, ou autres: & l'vn default, & l'autre est changé d'office par souuerain ou autrement.

De deux Seigneurs tenans par indiuis.

Item aussi quand deux Seigneurs tiennent par indiuis vne iurisdiction, & l'vn defaut, lors en peut on delayer.

D'adiournement non fait sur le lieu.

Item & quand l'adiournement en cas d'heritage n'est fait sur le lieu, mesmes quand le reus ne se consent.

I'ay net écy dessus que ceste practique n'est plus en vsage.

D'adiournement signifié au Seigneur.

Item si adiournement faict, le Seigneur dessous qui se fait, n'est par le Sergent qui l'adiournement fait, appellé ou son Baillif ou Lieutenãt du Baillif. Car en ce cas seroit l'adiournemẽt deffectif. *C. vnde vi. l. meminerint.*

Quand la Commision peche en riens.

Si la commission peche en riens, qu'elle soit trop dure selon le cas, ou qu'elle soit à adiourner en personne, & elle doit estre simple, ou qu'elle soit par commandement ou executoire, & elle ne doiue estre qu'euocatoire, ou qu'elle soit sans committimus en autre iurisdiction à executer: iaçoit ce que la iurisdiction où ce fera, soit subiecte par moyen, ou d'adiourner vn fieué qui sur son fief demeureroit pour cause ayant regard à son chef ou des depẽdances d'iceluy fief à plus brief iour qu'à quinze, & hors octaue, ou autre homme non fieué hors iour competent, selon le Stille de la Cour, & du lieu où la commission ou mandement, si c'est par mandement, ne contienne subiection: car lors seroit à delayer.

De Sergent habille & idoine.

Item que le Sergent soit habille de ce faire, & qu'il n'excede les termes de sa Commission. Item s'il ne rescrit par son séel ou relate de bouche, si c'est en lieu qui sert par commandement de Iuge sans commission, car non plus ne doit exceder le mandement de bouche qu'en faict de relation, où est vsé à faire, soit par moins suffisante presentation de partie aduerse, soit[e] par commandement, iour d'aduis, iour de tout voir, ou iour d'absence, ou iour d'appensement, soit que le demandeur soit à receuoir par la forme qui procede, soit par demander declaration de la chose demandée en couleur, en nombre, en liure, en pris, en iours en lieu, en personne, en tẽps, soit par demander veuë, soit par demander garãd, soit par demãder cõpagnie en la cause, soit par respit de payemẽt, au iour ou terme non venu, soit par l'Aduocat de la cause, soit interdit à postulation l'Aduocacerie, ou le Procureur a faict de procuration exercer, soit que le demandeur face conclure à fin impertinente au cas, & plus large qu'il n'appartient, qu'il se rameine à conclusion pertinente, soit qu'il soit proposé chose non seruante au cas ou escrit, plus que plaidé en soit. Item pour demander retraict de plaincte ou demande.

De demander main leuée.

Item d'auoir [f] la main leuée des biens, ou du corps si assise y est, respondre au cas qu'il n'est en cas criminel. Item contre prisonnier en autre Cour. Item par exoine de lict mortel, de guerre mortelle, de femme enceinte iceluy iour, de pere ou de mere mort iceluy iour, par estre adiourné auec plusieurs, & tous ne comparent, doit estre delayé iusques à contumace, ou qui propose [g] affirmatiue par negatiue, & è contra, ou dilatoire pour interlocutoire, dont on seroit en droict iugé dedans trois mois, lors se pourroit on traire au souuerain Iuge. *C. de dilationibus. l.* 1.

Ou par enqueste non faicte dedans trois mois.

Ou par enqueste [h] non faicte dedans trois mois. Et s'aucuns des temoins estoient en estrange marche ou contree, dedans sept mois, lors se doit-on traire au Iuge souuerain. *Alleg. d. l.* 1. *& auth. quod fieri non debet.*

Quand le proces est en droict, & le Iuge differe.

Ou quand le proces est en droict, & le Iuge differe à donner sentence definitiue plus de deux ans en cause ciuile, & en cause criminelle plus de trois ans. *C. de iudi. l. properandum.* Et exception dilatoire dessusdicte, auec celle que subtil Aduocat y sçaura monstrer, & autrement peut estre vraye & differée en procés, lesquelles exceptions sont secondement à proposer & droict est. Sur les interlocutoires qui s'en peuuent sourdre & venir, on y peut auoir moult d'accidens variables, & des appeaux, s'il le conuient auant qu'on vienne à l'execution peremptoire qui est la derniere, comme il ensuit.

ANNOTATIONS DV TILTRE DIXHVICTIESME.

a L'EXCEPTION *dilatoire prise separement de la declinatoire, ne concerne la iurisdiction ne la recusation du Iuge, ains la retardation & dilation du proces, c'est à dire de la contestation en cause: plusieurs moyens de ladicte exception sont icy proposez, de la plus part desquels a esté traicté cy-dessus. Le premier est pour le regard du libelle, que Iustinian a voulu estre offert & baillé par escrit à celuy qui est appellé en cause*, nouel. 153. vnde sumpta est auth. offeratur. c. de litis contest. *L'ordonnance de l'an* 1539. *art.* 16. *veut que tous adiournemens soient sommairement libellez & contiennent la demande, & moyens d'icelle en brief: qui*

qui est en peu de propos declarer la forme de conceuoir vn libelle: à sçauoir non en termes generaux, ains en speciale & expresse declaration de ce que le demandeur pretend contre celuy, qu'il a faict adiourner. Parquoy le defendeur qui est adiourné, outre les exceptions de n'auoir esté adiourné à iour competant, ny à personne ou domicile, qu'il semble couurir en comparant, peut exciper contre le libelle par exception dilatoire, qu'il n'est bien & suffisamment faict, ne contenant demande certaine ne conclusion pertinente. Car on regarde principalement à la conclusion du libelle, pour cognoistre s'il est bien faict ou inepte comme escriuent les Docteurs, Bartol. in l. certi condictio. D. si cert. pet. Deci. in l. petens. c. de pact. & alii. not. in cap. ex parte. de for. comp. *Et si le libelle se trouue inepte, le defendeur en est absous, sauf au demandeur à intenter nouuelle action. Et se doit ladicte exception proposer dés le commencement, par ce qu'en contestant par le defendeur au principal il sembleroit s'en departir, comme i'ay discouru au quatriesme liure des Pandectes, encores qu'aucuns soient de contraire opinion,* in cap. examinata. de iudic. *on peut voir ce qu'en ont escrit les Docteurs* ad l. edicta. c. de eden.

b *Ceste exception n'a lieu à present, car pour toutes especes de biens, les libelles doiuent contenir demandes speciales, certaines & expresses & non obscures ne generales, sinon que le demandeur declare l'obscurité & generalité de sa demande, corrige & reforme l'inepté d'icelle : ce qu'il peut faire,* iuxta d. l. edita. & l. si quis intentione. D. de iudic. l. inter stipulantem. §. 1 D. de verb. obligat. *Biens catels ou cat euls dont est icy parlé, sont reputez pour meubles, encores qu'il soient de condition immeubles, comme granges, estables, & autres semblables, dont est fait mention cy apres, au tiltre du don mutuel, & en plusieurs coustumes.*

c *Par les Ordonnances les adiournemens se doiuent faire à personne ou a domicile, & le domicile s'entend le lieu où aucun faict sa demeure & residence auec sa famille,* & vbi quis larem, rerúmque ac fortunarum suarum summam constituit, l. ciues. C. de incolis. l. 27. §. 1. & 31. D. ad municipal. *tellement que l'adiournement faict à vn seigneur en vn lieu de sa seigneurie, luy demeurant ailleurs : ne seroit valable, & les defauts obtenus sur adiournemens ainsi faits seroient declarez nuls, comme i'ay veu iuger par arrest du Vendredy, 27. de Feurier, de releuée, 1562. sinon qu'il fust question des droits de sa seigneurie, auquel cas les adiournemens seroient bien faicts au lieu d'icelle, ainsi qu'il a esté iugé par arrest du Mardy 8. May, en l'audiance, 1565. on peut voir Guenois sur le chap. 5. du premier liure d'Imbert.*

d *La raison de cet article & du suiuant est, par ce que l'vn des Iuges ou Commissaires ne peut rien faire & ordonner sans l'autre,* iuxta l. item si vnus §. item si plures. D. de recept. qui arbitr. l. duo. ex tribus. D. re iudicat.

e *I'ay noté cy dessus que par l'Ordonnance de l'an 1593. art. 18. tous ces delais sont abolis, fors seulement le delay d'amener garand si la matiere y est disposée, aussi on peut demander delay de veue és actions reelles ou mixtes tenans de la realité, dont sera traicté cy apres. Ce qui est adiousté en cet article de la declaration de la chose demandee, seruira d'instruction au defendeur pour preparatoire, auant contester : par ce que celuy qui intente action reelle, doit designer la chose selon sa qua-*

lite, l. si in rem. D. de rei vindic. *& s'il ne le faict, le defendeur peut exciper contre luy, qu'il est tenu de ce faire afin qu'il puisse plus certainement defendre & contester.*

f *Le defendeur peut demander main-leuée auant que contester, si l'execution ou saisie est seulement faicte pour seureté aux perils & fortunes du demandeur ou par faute d'heritiers apparens ou autres semblables causes, pour lesquelles le possesseur ou heritier declaré ne doit estre de saisine depossedé pendant procés: car telle execution ou saisie se conuertit en action, puis qu'il se presente vn opposant pour defendre au principal : & ainsi on en vse apres l'Edict de Henry 2. du 4. iour de Mars, 1549. qui a abrogé le 72. art. de l'Ordonnance de l'an 1539.*

g *Ce qui suit en cet article n'est plus en vsage, aussi y a plus de subtilité que de bonne practique: & ne faut faire difference pour delayer s'il y a negatiue pour affirmatiue,* vel è contra : *ains le defendeur peut prendre a son aduantage ce qui sera mal escrit au libelle du demandeur.*

h *Les deux articles derniers de ce tiltre, n'appartiennent à l'exception dilatoire qui se doit proposer dés le commencement, par ce qu'ils concernent les delais du proces depuis contestation en cause, mais on n'obserue plus de se traire & pouruoir au souuerain iuge, si ce n'est par appel : & si le iuge pardeuant lequel le proces est produict, differe trop de iuger & donner sentence, apres trois sommations a luy faictes de iuger & faire droict, on pourra appeller de luy de deny de droict & iustice, & l'intimer en son nom :* tùm enim litem suam fecit.

EXCEPTION PEREMPTOIRE.

TILTRE XIX.

EXCEPTION[a] peremptoire est vne exception qui du tout perime la demande au demandeur, sans ce qu'il soit cogneu ou denié à demande, mais que responde par forme de peremptoire en destruisant la demande de partie, si comme de proposer payement, respit, quittance, donation, ou transaction, prescription de temps, vsucaptions, surreptions, innouation de lettres, ou effacement de seel, ou que le demandeur n'est à receuoir, ou que demande est inepte, & plusieurs autres manieres toutes cheantes en droict, si comme par exception d'engin ou de dol, qui par plusieurs manieres s'engendrent, par deception, par tricherie, & par obligation impossible, ou contre la chose publique, ou contre l'Eglise, ou chose d'autruy, contre loy, ou contre obseruance generale du pays. Itẽ par demander plus que obligé,[b] & deu ne soit, ou chose que promis ne soit, par demander deuant terme escheu, ou en autre lieu que deu ne soit, ou par demander par indiuis, si comme si à plusieurs conioinctement estoit vne chose promise non tenuë, ou non accomplie, ou par prendre plus fort à garant ou à adueu, ou par autres fors de la demãde, apres demande faicte en Cour, apres que conuaincu soit par cõtumaces, ou autrement par interruption de proces ou par erremẽs de proces non releuez, ou par benefice de loy diui Adrien, qui ne souffre que femmes se puissent obliger pour aucun, ou obligation de pupille, ou de fils familier ou de furieux durant sa maladie, ou des serfs, ou hommes contraints de prisõ, ou de femme liée de mary sans auctorité de mary ou de prince, ou de femme encore mariee pour cause de son douaire sans le benefice du droict Velleian, qui sur ce les pouruoit, ou de quittance sans extimée, ou de pecune non nombrée ou non payee, ou de compromis sans iour, sans foy & sans peine, ou de lettres qui ne contiendroient le cas pourquoy elles concluent, ou qui seroiẽt chancellées, vicieuses, ou rasées en somme, en nom, ou en termes suspectionneux, pour seel incognu, ou non autentique, ou non exercitoire. Item par ceste exception tu te peux encores ayder contre tous ceux qui par droict ont perdu responce en Cour laye, ou qui habiles ne sont d'estre à droict, par especial en demandant, soit par demande sinistre & inepte qui n'est à receuoir, soit par demande faicte contre la loy Catholique, ou contre chose dediée à Dieu, ou contre edicts de Prince, soit contre lettres prescriptes de xxj. an en actiõ personnelle, ou de xxx. ans selõ la loy escrite, ou de xl. ans en actiõ hypothaireque, soit cõtre prescription en cas reel de x. ans entre les presens, ou de xx. ans entre les absens, soit de lettres & rescrits du Roy, puis que on entre leur aage seroit passé, soit cõtre coustume localle qui ne seroit prescrite de v. ans, ou de plus: car en dessous n'est pas receuable. soit en cas de vsucaption par moins de trois ans: car lors ne seroit receuable. soit en cõplainte de nouuelleté, ou en denonciation de nouuelle iniure, puis que l'an seroit passé, car plus ne seroit-on à receuoir. soit en cause promise par crainte ou peur contrainct outre vn an: car puis ne seroit-on à receuoir. soit en action de dol entre deux ans. car puis ne seroit-on à receuoir. soit en action redhibitoire outre le terme de six mois, car puis ne seroit à receuoir. soit en action *quanti minoris*, ou *de quanti plurimi* outre vn an, soit deuë faicte en chose publique outre xv. ans, soit en action de bail en dedans xiiii. ans au mineur, soit en cas de successiõ selon la loy escrite que demander faut dedans trois mois, & selon les coustumes dedans l'an. soit en cas de testamens outre l'an passé, car lors ne dure plus le pouuoir aux executeurs. soit de mise de faict outre vn an passé. Car en tous les tẽps dessusdits, qui expirer les laisse, apres n'y est à receuoir; soit de sentence appellée non releuée en temps deu, soit contre ou pour mineur sans le tuteur, soit cõtre furieux ou pour luy sans curateur, & que la tutelle soit suffisante de iuge qui ce peut donner ou la curatelle, soit par procureur d'eux constitué, s'il n'est constitué par le mineur par l'auctorité de ses tuteurs, soit pour substituer d'eux deuãt qu'ils ayent liticõtesté en la cause, soit en cas de paix, tréues ou asseurement, donnez par Iuge

Executoire.

D'ester au liure escrit à la main.

Soit par Procureur d'eux constituer par le mineur par l'auctorité de ses tuteurs, au liure escrit à la main

Royal : car à autre iuge n'appartient la cognoissance : soit des bannis du Royaume : car à autre iuge que au Roy n'appartient la cognoissance, & pour les exceptions dessusdictes doit estre dernierement varié en iugement auec celles que subtil aduocat y sçaura adiouster pour differer à la demande.

ANNOTATIONS DV TILTRE

DIXNEVFIESME.

EXCEPTION peremptoire est propremẽt celle qu'on dict clypeus, siue aries, vt ait Cicero in Topicis, quo actio infringitur, *par laquelle demandeur est repoussé & debouté de son action, soit en tout ou en partie. Ce qu'exprime le verbe perimer, comme a monstré Monsieur Brisson* lib. 1. de verb. signif. *elle est aussi appellee perpetuelle, parce qu'elle a tousiours lieu, & se peut proposer en tout estat de cause, iusques à sentence*, l. 3. D. de exception. §. appellatur. Inst. eo. tit. l. 2. C. sentent. rescin. non posse l. praescriptionem. C. de exception. cap. 17. & 29. de testib. *L'exception peremptoire concerne le merite de la cause & negoce principal*, de quo scilicet est controuersia, vel quod in iudicium deductum est. *En ce tiltre y a des exceptions dilatoires meslées auec les peremptoires. & sont peremptoires, comme de payement & quittance, de donation, transaction ou paction de ne plus rien demander de la chose iugée, prescription de temps, nouation & autres semblables : ausquelles se referent les restitutions en entier, à cause de crainte & force, de mauuais dol, minorité, incapacité des personnes, & des autres causes, pour lesquelles les maieurs peuuent estre restituez soient hommes ou femmes : & mesmement si quelque chose est faicte ou promise, contre les droicts de l'Eglise, la chose publique, les Ordonnãces Royaux, loix du pays, & Arrests des Cours souueraines. Les dilatoires icy recitees sont de respit, ou terme de paction d'attendre pour vn temps*, vt constat ex d. l. 3. & §. appellantur, *s'y rapporte celle de la demande inepte, par ce qu'elle peut estre euitée par la mutation & correction que le demandeur fera de sa demande*, iuxta l. edita C. de edendo. *Je tiens aussi pour dilatoire celle de demander en autre lieu qu'il n'est deu, & ne se doit liurer, par ce que telle exception & autres semblables qu'on peut icy remarquer, ne periment l'action du demandeur, ains seruent seulement de la retarder & differer : & n'ont force de le faire debouter de son droict, ains seulement de la delaier & surseoir. Et y en a qui sont peu considerables, comme celle que se dit contre la demande de celuy, qui l'intente en autre lieu que celuy qui est conuenu, par ce que le deffendeur est bien appellé au lieu où il est trouué, sauf à luy donner delay pour en faire le payement ou deliurance au mesme lieu, ou luy ordonner de ce faire au lieu conuenu, suiuant l'Edict de l'an* 1563. Et l. 1. & 4. D. de eo quod certo loco.

b *Autresfois l'exception de plus demander, qui s'entendoit en quatre manieres, auoit lieu, mais elle a esté premierement moderée par les Empereurs Zenon & Iustinian*, vt constat. ex §. si quis agens & seq. instit. de actio. *& à present elle est hors d'vsage. Car si quelqu'vn demande plus qu'il ne luy est deu, & encores mesmes s'il faict executer pour plus grande somme qui ne luy est deuë, si toutesfois luy en est deu quelque chose, le defendeur ou l'opposant sera condamné és despens, sinon qu'ayant fait offre ciuile & suffisante y ait contestation entre les parties: car en ce cas son offre sera declarée bonne & valabe, & le demandeur condamné és despens, & mesme s'il y a execution, és dommages & interests, & ainsi on l'obserue: autrement s'il est debteur, il faut qu'il paye, & telle exception ne l'en sçauroit exempter.*

c *Cecy est pris du droict Romain qui defend de transporter & aliener quelque chose en aucun plus fort & puissant, pour vexer & trauailler d'auantage sa partie aduerse.* tit. D. &c. de alienat. iudic. mutan. caus. facta, *ou de prendre l'adueu & protection d'vn plus grand & puissant pour intimider sa partie,* l. 1. & 2. C. ne liceat. potentior patrocin. *Plus puissant est reputé celuy qui a priuilege de distraire hors la iurisdiction ordinaire, comme ceux qui ont committimus aux Requestes du Palais, ou les escoliers. C'est pourquoy si les transports qui leurs sont faicts, se trouuent frauduleux, on n'y doit auoir esgard: ains ils en doiuent estre deboutte z: & outre les arrests recitez à ce propos par Imbert* lib. 1. cap. 27. *i'en ay remarqué deux l'vn contre vn Escolier & son cedant, du Vendredy, 10. de Feurier, de releuée 1570. & l'autre contre celuy qui auoit faict renuoier vne cause aux requestes du Palais, comme aiant transport d'vne debte à luy baillée en paiement, & toutesfois en auoit faict contre-promesse au cedant, du Mardy 17. Decembre, 1566. Aussi par les ordonnances les personnes sont limitées qui peuuent faire transports aux Escoliers, & si autres en font ils seront declarez nuls, comme a esté iugé par arrest du 14. Decembre, 1568. recité par Papon liure douziesme des arrests tilt. 1. Par ce que le reste de ce tiltre est plus amplement traicté cy apres, par articles particuliers, ie ne m'arresterai d'auantage.*

DE LAPS DE TEMPS, ET QVANTES MANIERES ILS SONT.

TILTRE XX.

SELON a le droict escrit ils sont xxx. manieres de laps de temps par lequel expire le droict d'aucune action quant en la Cour auant que aucun desdicts laps de temps se laisse encourre, ne plus celuy passé on n'y est à receuoir en Cour laye en aucune action si faire on le veut.

De mandement impetré.

La premiere maniere b si est quand on auroit vn mandement impetré du Röy nostre Sire pour aucun mineur sur certaine action & mandemẽt ne soit commécé à interiner par l'espace d'vn an : sçachez que depuis est expiré: nene sont à interiner par euocatiõ ne autrement, & pareillement peut & est mestier d'attendre les graces, remissions, & sauuegardes : *sic est per constitutiones parlamenti ordinatum.*

De lettres obligatoires à vne fois payer.

La secõ de maniere [c] de laps si est és lettres obligatoires qui sont pour vne fois à paier soit en obligation qui se faict personnellement, ou en obligation d'hypotheque, c'est à sçauoir en vne obligation personnelle selon les coustumiers, dois sçauoir que la lettre obligatoire sur ce faicte dont est question ou demande n'auroit esté faicte à la loy pardeuant iuge competent par l'espace de xxi. ans entiers, se expire, & prescript en outre, tellement que si sur ce on faict action ou demande, on n'y est à receuoir. Et en [d] actiõ d'ypotheque par l'espace de xl. ans. Mais selon la loy escripte, qui est la plus noble, & ou le plus des sages se arrestent, sçachez que obligation personnelle comme dit est, deuant que prescripte soit, faut xxx. ans complets, & en action d'hypotheque faut xl. ans complets, & lesdits ans complets on n'y est à receuoir. *C. de anna. excep. l. j. §. ad hac. C. de præscript. 30. vel 40. ann. l. cum notissimi.*

Des pupilles en minorité.

La tierce maniere si est [e] par quel temps le pupille des aduenues en sa minorité, dont il auroit esté deceu, seroit à releuer de ce apres qu'il seroit venu à son aage par actiõ qu'õ appelle restitutiõ d'entier. Si sçachez que si celuy qui a esté en minorité, se trouue deceu en chose qui passé ait le tẽps de sa minorité, ou que ses tuteurs aient fait dõt il est deceu: de dãs le terme d'vn an apres qu'il est venu en aage, peut faire action : & l'an passé ne seroit à receuoir. *C. de in integrum restitu. minorum. l. eo tempore.*

Item selon vn autre loy encores le mineur depuis qu'il vient en aage, si a il apres quatre ans de restitution en terme par lesquels il se peut releuer en ce dont il auroit esté deceu en minorité. *C. de tempo. in integ. restit. l. fin.*

Par tenure de long temps.

La quarte maniere [f] si est par quelconque prescription par tenuẽ de lõg temps de la chose dont est en possession, se peut acquerir chose reelle. Si sçachez que par l'espace de dix ans entre les presens se peut possession prescrire. Et par l'espace de vingt ans entre les absens. Et outre le temps dessusdict qui contre ce en voudroient faire question ne sont à receuoir c'est à sçauoir entre les presens, entre ceux qui auroient demeuré par les dix ans dessusdicts en vne mesme contrée, & entre les absens entre ceux dont celuy qui en voudroit intenter demande, auroit demeuré hors de ladicte contrée, car ceux sont tenus pour absens, & non autres. *C. de possessione longi temporis. l. 1. & instit. de vsucap.*

Encores [g] sur ceste rubrice est asçauoir que qui se laisse prescrire contre aucun priuilege par l'espace de xl. ans, c'est qu'on a vsé le contraire du priuilege par le voisin non priuilegé, sçachez que le priuilege est en ce aboly & annichillé. Si est-il supposé que le priuilegié n'ait que cõtre luy qui au contraire en a vsé par l'espace de trente ans, en pert le priuilegé son priuilege. *Qualitẽr priuilegium finiatur, vide in Specul. de instr. edit. §. nunc autem videndum.* La quarte maniere si est encores par quel tẽps coustume locale se prescrit. Si [h] sçachez que si vne coustume est vsée & accoustumée en aucun lieu par l'espace de cinq ans: laquelle soit consonante à la loy escripte, se prescript & passe comme coustume locale. *C. de vect. commis. l. neque commissum.* *La quinte en mon liure escrit à la main.*

De vsucaption.

La v. [i] maniere si est par quel temps action de vsucaption se peut sortir & auoir lieu, si sçachez que par l'espace de trois ans action de vsucaptiõ a lieu, c'est asçauoir aux choses mobiles que par l'espace de trois ans on possede à tiltre droicturier, & les trois ans passez on n'y est à receuoir. *C. de vsucap. l. 1. & ibi seq.* *La sixiesme au liure escrit a la main.*

De complaincte de nouuelleté.

La septiesme [k] maniere si est par quel temps complainte de nouuelleté se peut & doit faire & intenter. Si sçachez que quiconques se sent aggraué de nouuelle possession que on vueille faire sur son heritage, dedans l'an se doit complaindre: si non l'an passé par complainte de nouuelleté ne s'en peut iamais douloir, & n'y est à receuoir. *C. vti posside. l. vnica.*

Denonciation de nouuel œuure.

La huictiesme [l] maniere si est par quel temps denonciation de nouuel œuure se peut & doit faire. Si sçachez que quiconques se sent aggraué d'aucune nouuelle œuure que on face contre luy, & en son preiudice: sçachez que dedans le temps de nouuel œuure peut venir sur l'ouurage qu'on faict, & appeller gens en tesmoignage, & prendre vne pierre en sa main, & dire, ceste nouuelle œuure que icy faictes & commencez à faire & ouurer, ie m'ẽ sens aggraué, & vous denonce que vous en desistez & cessez, deffaictes & reparez tout ce que faict en auez au premier estat & deu. si ce ne faites ie proteste que par le Iuge qui cognoistre en deura, tout soit reparé & remis au premier estat & deu aux despens & au peril d'amende d'icelles ou de ceux qui ceste œuure font ou font faire: & en tesmoin doit la pierre que en sa main tient ietter en l'œuure aussi auant qu'il sent que de droict il a. Et ce fait, si depuis y est œuuré, tout doit estre reparé & remis à deu estat par le Iuge, à la complainte du renonçant: & si tant attendoit que l'œuure fust complete, il conuiendroit faire par complainte ou denonciation de nouuelle œuure en dedans l'ã, & l'an passé on n'y seroit à receuoir. *C. de noui operis nunciatione. l. vnica.*

De pecune non nombrée.

La maniere IX.[m] est par quel temps l'action de pecune non nombree ou non payée peut & doit auoir lieu. Si sçachez que quiconques se voudroit plaindre de pecune qui deuë luy seroit, qui nombrée ne luy auroit esté, ou qu'õ voudroit dire que à certain iour que payer on luy deuroit, & voudroit dire estre payée : & celuy qui receuoir ne le doit, diroit que non, si sur tel debat on attendoit par l'espace de deux ans passez sans que action en fist à loy par deuant Iuge competent, les deux ans passez, on n'y seroit à receuoir. *C. de non nume. pecu. per to. tit.*

Paour de mort.

La dixiesme maniere [n] si est par quel temps chose faicte par paour, peut & doit estre releué par restitution de paour de mort. Si sçachez, s'il est aucun qui par paour & menace a faict & passé aucune chose ou aucun contract qui soit preiudiciable, mais que depuis sans menace & sans crainte ne l'ait ratifié, dedans l'an s'en peut on pourchasser à iustice, & en faire telle actiõ de non tenir & accomplir ce que par paour auoit faict ou promis, mais si l'an passé ce voudroit faire, n'y seroit à receuoir. *C. de his quæ vi metus-ve causa gest. sunt. si vi vel. l. metu.*

Action de dol.

La XI. maniere si est par quel temps actiõ de dol peut & doit auoir lieu. Si sçachez que quiconques faict aucun contract sous forme de bonne foy, & sa partie aduerse est en dol, conuient que celuy qui se sent deceu par le moyen dudit dol : qui pourchasse dedans deux ans à fin que par action de dol puisse estre releué : & si dedans ledit temps il ne le faict, depuis il ne seroit à receuoir. *l. non possunt. C. de dol.*

Action redhibitoire.

La XII.[o] maniere si est par quel temps ceste action est prescripte, & sçachez que si ie achete aucun cheual qui a quelque vice latent, que ie n'eusse acheté, si i'eusse sceu tel vice estre audit Cheual, *à tempore quo ego sciuero talem morbum, infra sex menses*, ie puis arguer par ceste action contre mon vendeur, *vt mihi pretium restituat, & recipiat suum equum morbosum*, mais apres six mois ceste action est prescripte. *l. cum proponas. C. de adilitiis actio.*

Action de quanti minoris.

La XIII. maniere si est par quel temps action de quanti minoris a lieu. Sçachez que quiconques auroit acheté chose qui depuis l'achapt seroit trouuee moins suffisante que le vendeur n'auroit donné à entendre, dedãs l'espace d'vn an apres achapt en peut faire & intenter action de restitution à loy, & deuant Iuge competẽt. & si dedans l'an ne le faict, à tẽps n'y vient ne depuis n'est à receuoir. *C. eod. tit. de adil. act. l. cum proponas.*

Parolles iniurieuses.

La XIIII.[p] maniere si est par quel temps action de parolles iniurieuses se peut ou doit intenter. Si sçachez que si dedans l'an n'est faicte complainte à Iuge competent, l'action est expirée : depuis l'an on n'y est à receuoir, *C. de iniur. l. si non conuitij.*

Action

Action en fait de compte.

La xv. maniere [q] si est par quel temps action de compte de recepte d'aucun est à receuoir. Si sçachez que en faict de comptes l'action ne passe ne prescript par nul temps, que tousiours quiconques est receueur d'autre, que long temps attendu soit, le receueur ne son hoir ne soient tenus d'en faire compte, si compte competent faict n'en estoit parauant. *C. de negoc. gestis. l. curatoris. & l. curatorem.*

De l'œuure publique.

La xvj. si est [r] par quel temps action de œuure commune c'est en la chose publique, si peut & doit faire intenter. Si sçachez s'il est commandé ou ordonné par les administrateurs de la ville ou pays à faire ou faire faire aucun œuure, soit en Massonnerie ou Charpenterie, ou autre edifice à heritage, si doit estre faict l'etoffement que pour tousiours durer, & que ainsi soit & doit estre faict : & pour ce est il ordonné par les facteurs de loy que bien se prennent garde les facteurs de l'œuure, & par especial les administrateurs sur celle œuure: car si faute y estoit trouuee dedans l'espace de quinze ans apres l'œuure faicte, ils en seroient tenuz de rendre compte eux ou leur hoir: & les quinze ans passez l'action est contre eux expiree & passee. *C. de operibus publicis. l. omnes quibus.*

Des causes mises en enqueste.

La dixhuictiesme maniere [f] si est par quel temps les causes mises en enqueste & commissaire doiuent estre conclues en droict & rapportees en Cour pour iuger à fin deuë. Si sçachez que dedans l'espace de trois mois doiuent estre concluës & mises en fin d'audition pour ouyr droit, si ainsi est que tesmoings soient au pays où on les puisse auoir: & si si loin estoient, que hors de prouince, lors y a six mois. Et si outre la mer estoient, neuf mois, & non plus. *C. de dilatio. l. 1.* Et pareillement vne dilatoire ne doit auoir que trois mois, sinon en cause vrgente, comme *si vltra transmarinas partes aut testium aut instrumentorum copiam exposceret quis tum nouem menses. alleg. l. 1. C. de dilat.*

Quand procez est interrupt.

La xix. [t] maniere si est par quel temps procez y est interrupt. Si sçachez que procez pendant en Cour laye entre parties, si peut & doit estre interrupt tenu si depuis que sera liticontesté, defaut y a en la poursuitte ordinaire, car parauant liticontestation les defaux sont tous ordonnez & limitez, mais depuis liticontestation, & que la cause doit estre en commissairie, si negligence y a, & par especial au demandeur qu'il ne poursuiue la cause & laisse passer les trois mois de production sans rien faire de production, & se laisse tant que l'an à tout dire soit passé, en ce peut estre noté parfaicte interruption, & dont on n'est à releuer, si ce n'est par detention de prison que le demandeur ait eu en estrange contrée: ce que faire sçauoir ne pouuoit.

Des querelles pendant en iugement.

La xx. maniere si est par quel temps les querelles pendantes en iugement doiuent estre decidees par sentences diffinitiues. Si la cause est Ciuile, par trois ans. Si sçachez que la cause ou querelle pendante en iugement doit estre determinee à sentence si la cause est Ciuile, dedans l'espace de deux ans. Et si la cause est Criminelle, dedans l'espace de trois ans: ou si ce non, si moult grand cause d'exoine n'y a, la cause peut estre euoquee deuant le souuerain par faute de bon droict. *C. de iudicus. l. properandum nobis visum.*

La xxj.^{u} maniere si est par quel temps prescription en seruage a lieu. Si sçachez que tout ainsi comme en cas de proprieté dix ans entre les presens, & vingt ans entre les absens ont lieu: aussi en action de seruitude ont lieu les autres temps dessusdits, c'est à sçauoir dix ans entre les presens, & par l'espace de vingt ans entre les absens, & par tel temps se peut & doit acquerir prescription de seruitude sur aucũ lieu ou sur aucune terre, si comme d'auoit voye parmy le champ d'autruy, ou d'auoir son plouuier sur autre, ou son cheuron. *C. de seruitu. & aqua. l. sicut vsum fructum. & l. sequent.*

Du temps de bail.

La xxij.^{x} maniere si est par quel temps le bail d'aucun mineur fine & expire. Si sçachez que si tost que le mineur passe à quatorze ans complets: il peut reuenir à sa terre, ne le bail n'y a plus que toucher. *C. de testamen. tut. l. si tutores. & melius in princip. Instit. quib. mo. tutel. finit.*

De hoirie sans debtes payer.

La xxiij.^{y} maniere si est par quel temps il conuient apprehender l'hoirie qui auoir la veut sans doute ou peril de payer les debtes du mort, Si sçachez que qui veut apprehender heritages & succession d'aucun sans peril des debtes du mort payer, faire le peut, mais que dedans vn mois apres le testament du mort sera ouuert, ou puis que luy sera venu à cognoissance que celuy sera mort de qui il veut apprehẽder la successiõ, & faict faire inuẽtaire de tout par benefice de la loy, qui doit estre faict dedans deux mois apres, ainsi sont trois mois de tẽps apres le testamẽt ouuert, ou apres la nouuelle de la mort à l'apprehendeur, & par ainsi peut seuremẽt apprehender par cautiõ, de le refondre si debtes y auoit si auãt que prouuees seroient: ne de plus que l'inuentaire mõteroit, ne l'en peut on oppresser ne contraindre, & si dedans celuy temps ne le faict, n'est depuis à receuoir par ceste forme. *C. de iure se deliberan. l. fina. per tot.*

Des testamens.

La vingtquatriesme^{z} maniere si est par quel temps le testament doit estre accomply. Si sçachez que qui entreprend execution par forme de testament, il doit auoir accomply dedans l'an: ou si ce non, les hoirs du testament le peuuent prendre & auoir par iustice, en baillant caution d'accomplir le testament du defunct. *authen. hoc amplius. C. de fideicom.*

De mise de faict.

La vingtcinquiesme[aa] maniere si est par quel temps mise de faicta lieu. Si sçachez que si en don legataire se veut mettre par benefice de mise de faict, faire le doit dedans l'an que le testament est ouuert: & si ce non, l'an passé il n'y est à receuoir par ceste maniere, & ainsi s'entend des douaires dedans l'an passé apres la mort du mary. (*C. de edic. diui Adr. tol. Imo per. l. edicto. ill. tit. dicitur. contrarium. siue enim post anna le tempus, siue post maioris aui curricula aliquis fuerit missus. &c.*)

Toute ceste clause n'est au liure escrit à la main mais y a au lieu Istud non procedit de iure scripto.

De succession apprehender.

La vingtsixiesme[bb] maniere si est par quel temps il conuient apprehender l'hoirie, ou si ce non, le seigneur ou crediteurs peuuent obliger à eux par benefice de loy. Si sçachez que qui veut apprehender la succession d'autruy comme hoir, il la doit apprehender dedans l'espace de cent iours, ny plus n'y peut differer par loy escrite. Car si plus y met le seigneur y peut mettre la main comme à chose espaue, où les debteurs se peuuent traire, & requerir à loy que les biens soient inuentoriez, pour eux payer si auant qu'ils en feroient apparoir. Et si depuis les cents iours passez l'hoir venoit, il ne seroit à receuoir, mais demeureroit fait ce que en fait seroit. *C. qui admit. ad bono. poss. l. si bonorum possessio.* mais les coustumiers dient que à ce faire il faut l'espace d'vn an & quarante iours. Et si le seigneur l'an passé ne l'applique à luy, ou que les crediteurs ne le traient comme dict est, l'hoir peut tousiours venir à apprehender. *C. de iure deliberan. l. licet incontinenti.*

De appeller.

La vingtseptiesme maniere si est par quel temps on peut & doit appeller d'aucune sentence. Sçachez qu'il faut appeller si tost qu'il vient à la cognoissance de luy estant present incontinent: & qui present n'est, il faut appeller aussi tost qu'il vient à la cognoissance de celuy qui ainsi se sent greué par ladite sentence. Et doit celles nouuelles oyes si tost qu'il peut venir au Iuge & appeller. Et s'il est en lieu où il ne puisse venir au moins dedans viij iours apres que la sentence auroit esté renduë, il doit venir deuant Notaire ou tabellion, & là appeller de la sentence qui luy auroit esté renduë par tel Iuge en telle cour sur telle cause à tel iour, & de ceste appellation doit leuer instrument afin qu'ayder s'en puisse deuant le Iuge souuerain où il deura releuer son appel. Et ce faict le tantost faire signifier au Iuge de qui il a ainsi appellé, par lettres patentes & incredibles, afin que le Iuge de qui il est appellé, n'attente en aucune maniere sur le cas d'appel. Et tout ce se peut faire par Procureur. Et si ce ne fait dedans l'espace de huict iours il ne seroit depuis à receuoir comme appellant, s'il n'estoit releué de illico.

Hodie in patria consuetudinaria illico est appellandũ, ordon. regia Carol. 7. de l'an 1453. art 23. Charles 8 1493 art. 60 & autres qui sont au Code Héry, facit tex. in l. litigatorib. C de appellatio: & vide Masu. in sua practica, tit. de appell. quid in patria iuris scripti.

On obtient facilement en Chãcelerie lettres de relief d'illicò qui signifie appeller le iour mesme, que la sentence a esté donnee, vt scribit Baldus ad l. per d uersas c. mandati Imbert. lio. 2 tit. 1.

De appel releuer.

La xxviij. maniere si est par quel temps on peut & doit releuer son appel. Si sçachez que quiconques appelle d'aucun Iuge qui sans moyen ressortist en Parlement,[cc] il conuient auoir releué son appel audict Parlement l'espace de trois mois apres l'appel, *alias* l'appel-

De hoc articulo vide ordinatione sive declarationem factam super xiij. pūctis stili parlamenti à Philippo rege, sub titu. de appell. ubi habes materiam hodie usitatam.
Ce styl ne s'obserue si exacte ment par ce qu'on met és lettres de relief d'appel, à iours ordinaires ou extraordinaires, encores que les parties ne soient des iours du Parlement, dōt on plaidera lors selon adiouste d'autres clauses pour empescher la defectiō. Voyez Masuerius tit. de appellat. Imber lib. 2. Mais l'appel en la Cour des Aydes se doit releuer dās les trente iours

lation seroit deserte. Et si l'appel estoit si brief deuant les iours de la baillie ou seneschaucee qui doiuent seruir audict Parlement : celuy à qui l'appel est, si peut-il estre releué du iour competent, deuant les presentations au Parlement des iours de la seneschaucee ou baillie, dont l'appel sera faict, si faire le doit : ou sinon, l'appellation seroit deserte. Et est en ce temps iour competent de l'espace de xij. iours entre le iour de l'adiournement & entre le iour de la presentation audict Parlement és termes, & entre Paris & le lieu où l'adiournement seroit, auroit de distance l'espace de quarante lieuës : & ainsi dois entendre de plus plus, & moins moins. Et si le iour d'appel iusques au iour de presentation du Parlement estoit si brief qu'il n'y peut auoir iour competent selon l'instruction que dit ay, lors il conuiendroit auoir adiournement impetré de relief dedans le iour ou plus tost que bōnement on le pourroit auoir : & seroit lors l'adiournement à faire dedans trois mois apres ensuiuans : ja fust que le iour cheist hors des iours de la baillie ou seneschaucee dont les parties seroient, & que ce seroit en iours extraordinaires : & si autrement estoit faict, ce ne vaudroit, & l'appellation seroit deserte. Item & si l'appel à releuer est deuant Iuge qui tienne assise, comme font les Iuges Royaux, comme le Baillif de Vermandois, le Baillif d'Amiens, & plusieurs autres : Sçachez que lors conuient releuer son appel dedans la plus prochaine assise que deura tenir le Iuge souuerain du Iuge, dont il est appellé de iour competent deuant les presentations de l'assise : & si ce non, l'appellation seroit deserte. Item si c'estoit à releuer deuant Iuge qui ne tient assise, l'appellation doit estre releuee dedans l'espace de quarante iours, & à iour assigné competent, ou si ce nō, l'appellation est deserte. Et si le iour estoit si bref, que iour competent n'y peust auoir au iour de l'assise, si doit estre la commission impetree, au plustost que on peut dedans les presentations de l'assise, & sur ce assigner le iour à l'autre assise, apres ensuiuant. *Ita videtur & utitur inde in omnibus curiis regiis per stilum & ordinationem curiarum secularium.*

De renoncer à l'appel.

La trentiesme maniere si est par quel temps on peut renoncer par luy ou pour luy faict pour renoncer dedans temps deu. Si sçachez [dd] que depuis le iour que l'appellation se fera d'aucun Iuge, qui renoncer y veut, faire le conuient dedans le huictiesme iour selon les coustumiers de plusieurs lieux. Mais selon raison escripte il doit estre renoncé dedans dix iours apres le iour de l'appellation : & si plus de temps estoit attendu, à tard y seroit renoncé, & conuiendroit releuer l'appel, ou en decheoir. *Facit. c. cum inter vos. extra de sen. & re iu.* Et peux sçauoir que selon les sages & la constitution de Parlement, quiconques attendent de appeller au huictiesme ou dixiesme iour depuis le iour de la sentence renduë, & sur ce ait conseil depuis l'appel à renoncer : sçachez que à la renonciation faire a autant de iour comme il a eu à l'appellation faire, tellement qu'il a deux huictiesmes ou deux x. de renoncer l'appel: c'est à sçauoir deux viij. à renoncer au pays ou non à viij. iours à appeller, & deux x. ou non à dix iours à appeller.

Exemple sur l'appel.

Sentence fut donnée contre moy le Samedy: ie n'y fus point present, & plustost ne le sceu. Et pour ce en iour d'appeller ie vins au viij. iour, & appellé du iuge qui contre moy la sentence auoit donnée, & puis attendy autres huict iours apres qui fut xv. du iour de la sentence: & me fut conseillé de renoncer à mon appel: ie vins renoncer à la seconde viij. & apres y vins, & ainsi dois entendre de deux x. au pays où on vse de x. iours à renoncer: comme dessus est dict. *Ita fuit consultum per sapientes consiliarios parlamenti, maxime per dominum præsidentem & plures alios dominos parlamenti, in causa quæ vertebatur inter Philippum de Champbin ex vna parte, & Joannem de Campis ex altera parte, per quandam appellationem emissam ex parte Joannis de Campis.*

Arrest de Parlement.

De erreur sur arrest de Parlement.

La xxxj. maniere si est par quel temps erreur sur arrest de Parlement se peut ou doit faire. Si sçachez que d'arrest de Parlement ne peut estre appellé. Et pource l'appel ou arrest, que tellement est arresté & donné par sentence, que nuls appeaux n'y cheent: mais que griefue s'en sent, il peut dedans l'espace d'vn an proposer erreur sur l'arrest contre luy prononcé, & en faire requeste par escrit aux requestes du Roy, & donner l'erreur qu'on attend à proposer, à entendre: & si l'erreur est receuable, les seigneurs des requestes du Roy enuoyent aux seigneurs de Parlement la requeste, & les erreurs formez par articles auec vn mandement, contenant que la requeste auec lesdicts erreurs soient visitez & veus & receus, & soient commis des seigneurs dudit Parlement à ce voir & receuoir, tellement que les parties puissent estre ouyes sur ce: & sera mesmes la Cour de Parlement iuge, mais il conuient auant que les erreurs soient aucunement receus, que la partie qui proposer les veut, nantisse en la main de la Cour six vingts liures premier pour l'amande au cas que le proposant desdits erreurs en decherroit, que payer luy cõuiendroit d'emande*, auec les despens de partie aduerse. *Per ordinationem curiæ parlamenti sic tenetur & conseruatur sine dubio.*

François I. de l'an 1539. art. 136 137. & 138 & porte ledict 136. que la consignatiõ se fera de douze vingts liures pa-risis. De la forme de proposition d'erreur faut voir le Thresor de la Chancelerie, Imbert. lib 2. cap. 16. & Guenois au commẽtaire, Rebuff. tract. de suppl. seu propos. error. & pareillement les ordonn. de Henry 2. de l'an 1549 art 4. & Charles 9. de l'an 1560. aux Estats d'Orleãs. art. 45. Il y a aussi la requeste ciuile, que doit estre obtenuë dans 6 mois du iour de l'arrest prononcé par l'ordonnance de Charles 9. de l'an 1566. en la 1. declar. art. 15. dont i'ay escrit plus amplement au Code Henry.

De l'action aux enfans moindres d'ans.

La xxxij. maniere si est par quel temps on peut faire & intenter action aux enfans demeurans en leur minorité pour cause de leur pere & mere. Que si dedans le terme de cinq ans apres la mort du pere ou mere ne le fait; depuis n'est à receuoir, *l. 1. C. ne de stat. defunct.*

* *D'emande, ou amende, se dit indifferemment.*

ANNOTATIONS DV TILTRE VINGTIESME.

a *EN ce tiltre est traicté de la prescription du temps* vt dicitur in l. 5. D. si ingen. esse dicet. & l. 5. C. de operib. public. *c'est à dire vne exception fondée sur laps de teps, que les practiciens appellent fin de non receuoir, laquelle est rapportée aux exceptions peremptoires, parce qu'elle tend à perimer l'action & en faire deboutter le demandeur:* quod Cicero confirmat in partition. & Quinctil. lib. 7. instit. cap. 6. *car d'icelle, comme des autres peremptoires,* pendet lis, *& par icelle* omnis motus & spes litigandi præcluditur, vt ait l. benè à Zenone. C. de quadrien. præscript. *Je ne delibere en ce tiltre traicter de la prescription des choses, dont i'ay amplement escrit sur la Coustume de Paris, & au 2. liure des Pandectes: & autres en ont fait des traictez, qu'on peut voir, & mesmes Masuerius* tit. de præscrip. & Ferrarius in form. respons. rei. *Ie suiuray donc l'ordre des matieres que traicte nostre autheur, pour la prescription des actions, qui est differente de celle des choses.*

b *Rescris & lettres Royaux doiuent estre signifiez dans l'an, autrement apres ledit temps on n'y a aucun esgard & ne peuuent estre mis à execution,* cap. si autem. cap. plerumque. de rescript. & al. *ce que tesmoigne Masuerius* tit de liter. not. & notat. num. 38. Aufrer. ad stil. cur. parlament. tit. de defectu super act. personat. Guid. Pap. quæst. 135. *encores que le droict ciuil semble contraire,* l. falso. c. de diuers. rescript. *mais on peut obtenir apres l'an lettres de relief de surannation, dont faut voir* Rebuff. in præfatio. ad constit. reg. num. 43. & 44. *toutefois en bien interpretant* l. falso. *elle ne fait rien au contraire, car il le faut entendre des constitutions & rescrits, qui sont procedez de l'Empereur auec cognoissance de cause,* vt ius constituant, *& dont est parlé,* in l. 6. eo. tit.

c *Sans repeter ce qui estoit obserué au parauant Theodose le grand, il a esté le premier, qui a introduit la prescription des actions personnelles par le laps de trente ans, que Theodose le ieune a confirmee par sa constitution* in l. sicut. C. de præscript. 30. vel 40. anno. *dont on peut voir Cuiacius* lib. 18. obser. cap. 26. & nouel. Theodosij de 30. ann. præscript. Cassiodor. præscriptionem illam patronam humani generis vocat. & Sidonius Theodosij peremptorias rubricas omnem litem abolere scribit. *Sous les actions personnelles sont comprises les mixtes, qui aussi sont prescrites par trente ans,* vt petitio hæreditatis, finium regundorum, communi diuidundo & familiæ erciscundæ, l. pen. c. in quib. caus. cessat long. temp. præscript. l. hæreditatis. c. de petit. hæred. l. vlt. c. fin. regundo. l. 1. §. ad hæc. c. de annal. except.

d *Faut entendre l'action hypothequaire contre le debteur & son heritier, qui n'est prescripte & perie que par quarante ans,* l. cum notissimi c. de præscript. 30. vel 40. anno. *dont appert qu'en ceste espece la personnelle esteincte, demeure toutesfois l'hypohtequaire,* l. 2. c. de luit. pignor. l. debitor, 59. D. ad S. C. Trebellian. *Autre chose seroit contre le tiers possesseur de bonne foy qui prescrit la chose par luy possedée par dix ans entre presens, & vingt ans entre absens*, l. si à creditore. & l. vlt. c. de obligat. & action. l. 1. & 2. c. si aduers. credit. præscript. oppon. l. creditor. D. de diuers. tempor. præscript. *Mais convient noter pour l'hypothequaire qui dure quarante ans par le droict Romain, que si par la coustume du pays n'y a prescription plus longue que de trente ans, elle sera prescrite par ledict temps, comme tient Masuerius* tit. de prescript. & Boëtius decis. 328. num. 4. *qui a esté l'opinion d'Angelus* cons. 202. *& Baldus*: 11. *vol*. 3. *& M. Choppin* de Moribus Parisiorum lib. 2. tit. 8. *en allegue deux arrests en la coustume de Paris, l'vn du 10. Auril, auant Pasques, 1559. & l'autre donné en l'audience, du mois de Feurier, 1595.*

e *Autresfois pour la restitution du mineur, le temps a esté de l'an vtil apres accomply l'aage de xxv. ans, lequel estoit de trois cens soixante cinq iours vtils: mais il a esté conuerty par Iustinian en quatre ans continuels, mesmement pour la restitution des majeurs.* l. vlt. c. de tempo. in integ. restit. l. vlt. c. de repud. hæred. *Mais pour les disputes qui auroient esté entre les Docteurs, & diuersité de iugemens pour le temps des restitutions, y auroit esté pourueu par deux Ordonnances, l'vne du Roy Loys 12. pour le regard des maieurs: & l'autre du Roy François I. pour le regard des mineurs, lequel en l'art. 134. de celles de l'an 1539. veut qu'apres l'aage de trente cinq ans parfaict & accomply nul ne soit receuable à poursuiure la cassation des contracts par luy faits en minorité, souz pretexte d'icelle, soit par voye de nullité, lesion, deception, ou circonuention, sinon ainsi qu'en semblables contracts seroit permis aux maieurs de faire poursuite par relieuement ou autre voye permise de droict.*

f *Ceste exception* quæ dicitur prescriptio vel exceptio longæ possessionis, l. dolia, 76. D. de contrah. empt. l. 3. 5, & 13. D. de diuers. tempor. prescript. & longi temporis, tit. c. de præscript. longi temp. & al. *a esté introduite au lieu de l'vsucapion, que la loy des XII. Tables, auoit faict de deux ans pour l'heritage, qu'on auroit estendu aux autres choses immeubles, dont Ciceron fait mention* in orat. pro Cecinna, & in Topicis: *& le traicte Iustinian* tit. de vsucap. instit. & l. 1. c. de vsucap. transfor. *C'est la prescription de la paisible possession & iouyssance de bonne foy auec iuste tiltre, par dix ans entre presens, 20. ans entre absens: laquelle regarde non seulement l'action, ains aussi la chose, par ce qu'elle fait acquerir au possesseur la proprieté & domaine de la chose par luy possedee par vn temps, & luy donne exception contre celuy qui pretend la chose luy appartenir, & la vindique*, d. tit. de vsucap. l. 1. 2. 9. 11. & vlt. c. de præscript. longi tempo. *elle à lieu tant és choses corporelles, qu'és incorporelles, comme sont les seruitutes*, d. l. vlt. & l. pen. c. de seru. & aqu. *On appelle tiltre iuste, cause d'acquerir, à sçauoir qui est approuuée par le droict, comme emption, vendition, donation & autres semblables, dont i'ay discouru plus amplement sur la coustume de Paris, tiltre de prescription. Toutesfois contre ceste exception y a des moyens pour repliquer, par ce qu'en quelques cas elle cesse & n'a lieu, comme contre le mineur durant le temps de sa minorité, le guerrier estant en la guerre, ou prisonnier d'ennemis, l'absent hors du Royaume pour le seruice du Roy ou de* *la republique, ou autre iuste cause, le furieux ou autre qui n'a moyen d'agir pour empeschement legitime, & durant les guerres, principalement ciuiles*, vt traditur tit.c. quib. non obiicitur longi temp. præscript. & tit. D. ex quib. cauſ. maior. l.1.§. vlt. c. de annal. except. *Il y a auſsi d'autres perſonnes, comme les Eccleſiaſtiques, & d'autres cas, eſquels la preſcription de plus long-temps eſt requiſe, dont plusieurs ont eſcrit, & n'eſt beſoin d'en diſcourir icy plus amplement. Ce que Iuſtinian dict* in eadem vel alia prouincia. *pour les preſens, ou abſens noſtre autheur le rend en meſme ou autre contrée: autres le declarent mieux en meſme ou autre bailliage ou ſeneſchauſſée.*

g *En ce lieu n'eſt traicté de preſcrire le priuilege pour l'acquerir. dont* Ioa. Plat. Luc. de penna poſt. gloſ. in l. vlt. c. de fund. pat. lib. 10. *& les Canoniſtes* ad cap. cum perſonæ. de priuileg. in 6. Bald. in l. ſolennibus. c. de fide inſtr. Franc. Balbus 5. par. queſt. 2. *& autres ont amplement eſcrit: ains de l'exception & preſcription qu'on peut alleguer contre le priuilege de celuy qui ſe dict priuilegé. Et d'autant que telle exception concerne vne liberté, par ce que tout priuilegé eſt reputé eſtre contre le droict commun, elle ſeroit bien fondée contre celuy qui en auroit vſé par le long temps de dix ans entre preſens, ou vingt entre abſens.* iuxta l. ſequitur. §. ſi viam. D. de vſurpat. & vſucap. & l. ſi ſic. D. quem ſeruit. amitt. cap. in accedentibus de priuileg. *qui eſt vne queſtion que les Docteurs traictent en diuers lieux*, l. 1. D. de conſtit. princip. cap. vt priuilegia. de priuil. cap. de quarta. cap. illud. de preſcript. cap. cùm acceſſiſſent. de conſtit. & al. *& encores en l'eſpace icy propoſée il eſt poſé que le voiſin a empeſché le priuilegé de iouyr de ſon priuilege, qui eſt vn acte que tous les Docteurs eſtiment ſuffiſant pour preſcrire la liberté.* d. ll. *Auſsi en vſant de ſon priuilege, il ſẽble tacitement y renoncer, ce qu'il peut faire*, l. ſi iudex, 41. D. de minorib *mais par la couſtume de Paris, art. 186. il faut trente ans pour acquerir la liberté de ſeruitute, où i'en ay plus amplement eſcrit.*

h *I'ay monſtré cy-deſſus que la couſtume ne s'introduit que par long vſage procedant d'vn commun conſentement du peuple, qui ne ſe peut limiter par cinq ans*, l. de quibus & ſeq. D. de legibus. l. 1. & 2. c. quæ ſit longa conſuet. *mais* l. neque commiſſum. *qui eſt icy alleguée, ne fait aucunement à propos: car ſeulement eſt decidé par icelle, qu'apres cinq ans on ne peut demander ce qu'on pretend auoir eſté auparauant commis, c'eſt à dire, la peine des marchandiſes & autres choſes venales, qu'on pretend eſtre confiſquees pour n'en auoir fait la declaration par deuers le publiquain ou fermier. Et d'autant que ceux qui ont bien eſcrit de ceſte matiere, font difference entre la couſtume & la preſcription, ie ne traicteray plus amplement d'icelle pour continuer les autres articles de l'exception.*

i *Vſucapion eſt l'ancienne & vraye maniere d'acquerir par tenuë & poſſeſsion continuée par le temps definy par la loy; le Iuriſconſulte dit elegamment* in l. 3. D. de vſurpat. & vſucap. Vſucapio eſt adiectio dominij per continuationem poſſeſſionis temporis lege definiti. *Par la loy des XII. Tables elle eſtoit de deux ans pour les immeubles, & vn an pour les meubles: ce qui a eſté longuement obſerué à Rome: mais Iuſtinian l'a corrigé & ordonné l'vſucapion des meubles eſtre de trois ans*, l. 1. c. de vſucap. transfor. *Et encores*

que

que par le droict Romain l'vsucapion fust entenduë aussi biẽ des immeubles que des meubles : toutesfois les practiciens ont pris l'vsucapion pour les meubles, & la prescripteon pour les immeubles : & cest erreur a esté suiuy par plusieurs coustumes, esquelles l'vsucapion des meubles est de trois ans. Mais par autres telle vsucapion n'a lieu, vt scribit Boërius, *sur la coustume de Berry, tiltre des prescriptions.* §. 7. *si donc n'en est disposé par la coustume, Imbert.* li. 1. cap. 35. *& autres sont d'aduis que l'vsucapion des meubles sera semblable à celle des immeubles à sçauoir de dix ans entre presens, & vingt entre absens. Par l'ancienne coustume de Bretaigne, pour les meubles, elle estoit de dix ans, & par la nouuelle art. 284. elle est reduicte à cinq, ie serois bien d'aduis qu'elle ne passast les dix ans, mais par ce que ie ne l'ay veu iuger par arrest, ie n'en disputeray d'auantage.*

k *De la complainte en cas de saisine & nouuelleté, qu'on appelle* Interdictũ vti possideris, vel retinendæ possessionis, *i'ay amplement traicté en mon commentaire sur la coustume de Paris, & monstré qu'elle compete à celuy lequel estant paisible possesseur d'an & iour auparauant le trouble, a esté empesché & troublé en sa possession depuis an & iour. Car pour obtenir en icelle, il doit verifier sa possession par les derniers exploicts de l'année precedent le trouble, & la doit intenter dans l'an du trouble.* Quod confirmat Faber ad §. retinendæ. Instit. de interdict. *qu'on peut voir*, & Masuer. tit. de possesso. Io. Gallus qu. 47. & al. Guid. Pap. qu. 552. *Le Grand Coustumier, liure 2. tilt. des cas de nouuelleté: où i'en ay escrit, Imbert.* lib. 1. cap. 16. *& autres. L'exception contre ladicte complainte est, de n'estre intentée dans l'an & iour du trouble, qui est fondée sur l'ordonnance de l'an 1539. art. 16. où a escrit Rebuff. tom. 3.* tract. de mat. possess. *Ce qui a tellement lieu, qu'encores qu'il y eust eu adiournement dans l'an, si toutesfois la cause n'a esté contestée dans ledit temps, le demandeur ne sera plus receuable à la poursuiure : mesmes aucuns ont tenu que si apres la contestation se passe vn an sans parler de la cause, elle ne peult estre reprise ne poursuiuie apres ledit temps, suiuant vn arrest du mois de Juin, 1548. que i'ay ouy souuent alleguer en consultation, mais ie n'en veux asseurer.*

l *La matiere de nonciation ou denonciation de nouuel œuure est plus ample qu'elle se puisse traicter en briefues annotations : anciennement elle se faisoit comme la vindication sur la chose mesme, ce que depuis a esté changé, & ne s'obserue plus : de ceste matiere on peut voir* l. 1. §. 20. & al. D. de oper. no. nuntiat. *entre la complaincte & denonciation de nouuel œuure y a difference. par ce que celuy à qui la denonciation est faicte, est receuable à faire paracheuer l'œuure, en baillant caution de le demolir, s'il est ordonné,* d. l. 5. §. si is cui. & l. 20. §. si quis. *iugé par arrest du 26. Septembre, 1439. pour l'edifice des moulins d'Amiens: mais en la complainte le defendeur n'est receuable à continuer le bastiment en baillant caution, par arrest du 26. Nouembre, 1513. & du 27. Nouembre. 1514. lesdicts arrests recitez par Papon, liu. 8. tilt. 4. & encores qu'en la* l. 20. §. hoc interdictum. *il soit dit,* quod hoc interdictum perpetuò datur: *si est-ce qu'en France il est reduict à la qualité des autres interdicts, qui sont annaux. Qui en voudra voir d'auãtage qu'il lise* Pet. Ferrarius in form. libelli in actione noui operis.

m *Ceste exception de pecune non nombrée, qui se deuoit proposer dans les deux ans.* In contractibus. c. de non numer. pecun. *n'a plus de lieu en France,* vt testatur Rebuffus tom. 1. ad const. reg. in proem. num. 59. *Mais si celuy qui auoit faict promesse de payer une somme, que par contract ou cedule il auroit confessé auoir receu, vouloit s'en faire liberer & decharger, il faudroit qu'il obtinst lettres pour estre releué de sa confession & de sa promesse, fondées sur faicts pertinens qu'il luy conuiendroit verifier*, iuxta l. Generaliter. c. eo. tit. *d'autãt qu'on presume tousiours pour la confession contre celuy qui volontairement la faicte. De ceste matiere les liures des Docteurs & practiciens sont si remplis, qu'il n'est besoin d'en discourir d'auantage.*

n *J'ay voulu conioindre ces deux articles par-ce qu'ils ne sont plus en vsage en France: d'autant que ceux qui veulent venir contre les contracts par eux faits, & en estre releuez, & d'autres conuentions ou promesses sous pretexte de force, crainte ou dol, doiuent obtenir lettres de Chancellerie, pour estre restituez: & encores qu'ils soient maieurs, ils y seront bien receuables dans les dix ans du iour du contract, par l'ordonnance du Roy Louys XII. aussi le temps de l'an pour l'action de peur & crainte, estoit* in quadruplum, & post annum actio illa in simplum dabatur, l. 4. c. de his quæ vi metusve causa. l. item si cum. § post annum. D. eo. *Et quant à la restitution pour dol, Papon liure 16. tilt. 3. recite vn notable arrest du 14. iour de May. 1556. par lequel les lettres royaux obtenuës par vn maieur, à cause du dol de sa partie plus de deux ans apres le contract passé, ont esté enterinées. Ainsi appert que les deux exceptions icy proposées ne seruent plus de rien.*

o *I'ay aussi voulu conioindre ces deux articles qui procedent de mesme cause, à sçauoir de deux actions Ædilitiennes, introductes par les Ædiles, desquelles l'vne* dicitur redhibitoria, *qu'il faut intenter dans les six mois*, l. sciendum. §. vlt. D. de Ædil. edict. *par laquelle l'achepteur auquel vn cheual ou autre bestial a esté vendu, agit pour faire resouldre la vendition, pour le vice latent que le vendeur luy auroit celé, & lequel s'il eust cogneu, il ne l'eust achepté.* L'edict *des Ædiles, auec l'interpretation*, est in l. 1. 38. & al. D. de Ædil. edict. & Cicero lib. 1. officio. alijque autores meminerunt. *Pour le cheual on tient les vices latens, pousse, morue & courbatture. L'autre action* dicitur, Quãtò minoris, *& dure iusques à vn an, par laquelle l'achepteur demande pour le vice latent duquel il n'auoit cognoissance lors de la vente, que le vendeur soit condamné à luy rendre ce qu'il eust achepté moins, s'il eust cogneu ledit vice.* d. l. sciendum. §. vlt. l. 2. c. de Ædil. action. *toutes les deux actions se practiquent encores en France.*

p *Ceste exception s'obserue en France pour le regard des iniures verballes, pour lesquelles soit ciuilement ou criminellement on ne peut faire poursuite apres l'an, apres qu'elles ont esté dictes & proferees*, l. 5. c. de iniurijs. *comme a esté iugé par plusieurs arrests, & entre autres vn donné à la Tournelle du Samedy 19. Iuin, 1563. Car telles causes se doiuent traicter sommairement, & ne doit le Chrestien si longuement garder le desir de vengeance pour des parolles, lesquelles plus souuent se proferent par colere ou legereté, mais si auec les parolles y auoit des excés, on pourroit apres l'an en faire poursuite, iugé par arrest à la tournelle, le Samedy 12. May, 1571.*

q *Ceste action comme toutes autres personnelles se prescrit par trente ans* entre maieurs, l. sicut c. de præscr. 30. vel 40. anno. l. 1. c. de annal. except.

r *Ceste exception est prise du droict Romain,* l. omnes quibus. c. de operib. public. *Mais elle est peu practiquée, par-ce que les administrateurs & Gouuerneurs des villes n'ont accoustumé d'attendre les quinze ans pour faire visiter & receuoir les ouurages publics, qu'ils ont fait faire ou leurs predecesseurs, ne pareillement les ouuriers afin d'en estre dechargez, & estre payez. Les censeurs Romains quand ils bailloient à faire des ouurages publics, ils mettoient la condition de les receuoir, qu'on disoit* probare, vt à me alibi obseruatum.

ſ *Tout ce qui est contenu en ceste article ne s'obserue à present si exactement, par ce que les delais de faire enqueste & autres qu'il conuient donner en la cause, sont arbitraires, & se donnent selon les qualitez des parties, des actions, & distance des lieux, & autres circonstances qui se peuuent offrir. Et encores que par les ordonnances ils doiuent estre peremptoires, si est-ce qu'ils sont souuent continuez, prorogez & renouuellez, & iusques au troisiesme delay, pour iuste & legitime cause, comme a escrit M. Bourdin sur le 33. art. de l'ordonnance de l'an 1539. & peut on voir à ce propos l'ordonnance de Charles IX. de l'an 1564. art. 2. & de Henry III. de l'an 1579. des Estats de Blois, art. 156. si toutesfois les delais estoient superflus & excessifs, on en pourroit appeller, & me resouuient d'auoir veu informer vn appointement partant vn trois. delay donné sans auoir ouy la partie aduerse, par arrest du Mardy 18. Decemb. de releuée, 1565.*

t *Ces deux articles que i'ay conioins meritent vne briefue explication, pour entendre la difference entre l'interruption & la peremption d'instance: car l'interruption s'entend proprement, quand la cause n'est contestée, & la peremption quand elle est contestée, Bourdin sur l'art. 120. de l'ordonnance de l'an 1539. si elle n'est contestée, on peut apres l'an estre releué de l'interruption, pour la poursuiure,* iuxta l. Petendæ. c. de tempor. in integ. *Mais soit contestée ou non, toute instance qui a esté discontinuée par l'espace de trois ans, est perte, par l'ordonnance, qu'on appelle l'Edict de Roussillon de l'an 1563. art. 15. qu'on obserue estroitement, mesmes contre le mineur, comme a esté iugé par arrest donné en l'audience, du 22. Nouembre, 1575. Et on ne sçauroit estre de ladicte peremption par ladite ordonn. de l'an 1539. ainsi qu'il a esté iugé par plusieurs arrests de la Cour. Toutesfois on tient que durant les troubles & guerres ciuiles ladicte perẽption n'auroit eu lieu, mesmes entre personnes de contraires partis. Et y en a des Edits & declarations tant du Roy Henry IIII. à present regnant, que des Roys Charles IX. & Henry III. dont i'ay escrit au Code Henry.*

u *J'ay parlé cy dessus de la prescription des seruitutes selon le droit Romain, cõformément à ce qui est escrit en cest art. Mais y a des coustumes, comme celle de Paris, art. 186. & quelques autres, par lesquelles le droict de seruitute ne s'acquiert par longue iouïssance, encores qu'elle soit de cent ans, sans tiltre: Par autres coustumes les seruitutes se peuuent prescrire par trente ans: & y en a qui font difference entre les seruitutes rurales, & les vrbaines ou de Ville, dont i'ay traicté amplement au second liure des Pandectes: & sur ladite coustume de Paris, tiltre des seruitutes.*

x *Il faut distinguer le bail ou garde de la tutelle: Car le bail est deferé par la coustume du pais au pere, mere, ayeul ou ayeule, selon la qualité d'iceluy, & qu'il est* porté par la coustume, dont i'ay parlé plus amplement sur la coustume de Paris, tiltre de gardes Nobles & Bourgeoises, & en traicteray encores cy apres. Le temps quand le bail expire, est diuersement limité par les coustumes, & auec difference entres les masles & femelles. Quant à la tutelle, auec laquelle est confonduë en France la curatelle, elle dure iusques à vingt cinq ans : si non ou que par mariage, ou par lettres de benefice d'aage ceux qui ont attainct l'aage de plaine puberté soient faicts iouïssans de leurs droicts.

y Pour oster les difficultez qui estoient en l'adition ou apprehension de l'heredité, pour faire que les heritiers ne fussent tenus outre les moyens & facultez d'icelle, & neantmoins que les creanciers ne fussent fraudez, a esté introduict le benefice d'inuentaire par lequel l'heritier ayant faict faire inuentaire en iustice, des biens delaissez par le defunct, se peut porter heritier d'iceluy : sous ledit benefice: dōt à ceste fin il doit obtenir lettres de Chancelerie, par l'vsage & droict François: encores qu'aucuns estiment, qu'en païs de droict escrit ne soit besoin de lettres royaux. L'heritier doit faire faire inuentaire dans trois mois, qu'il a cognoissance de la succession escheuë, l. vlt. c. de iure delib. qui s'entend ainsi, pour le regard du maieur, parce que le mineur en pourroit estre releué, s'il ne l'auoit faict faire dans ledit temps. Mais ne faut estimer que le maieur mesme soit tenu dans les trois mois de se declarer heritier par benefice d'inuentaire : car s'il n'a faict acte d'heritier simple, il peut encores apres ledit temps obtenir lettres pour se porter heritier par benefice d'inuentaire, nonobstant que dans les trois mois il ne l'eust faict faire, & ainsi on l'obserue par le droict François, comme i'ay monstré au troisiesme liure des Pandectes : & que la caution qu'il doit bailler, est fideiussoire de l'estimation des meubles contenus en l'inuentaire, & non des immeubles & fruicts d'iceux non ameublis, comme i'ay veu iuger par arrest du Mardy 4. Feurier, de releuée, 1561.

z Ce qui est icy traicté de l'executeur du testament, qui le doit accomplir & executer dans l'an & iour du trespas du defunct, estant pour ce faire saisi des biens meubles par luy delaissez, est confirmé par la coustume de Paris, & autres, n'estant besoin d'en faire plus long discours, ne repeter ce que i'en ay escrit sur ladicte coustume.

aa La mision en possession siue ex edicto Adriani, siue ex constitutione Iustiniani, concernoit l'heritier institué, l. vlt. c. de edicto diui Adrian. toll. & partant nostre Autheur la rapporte mal au legataire, ou à la doüairiere, aussi l'vn ou l'autre se doit pouruoir par action contre l'heritier legitime, qui est par le droict François saisi de la succession du defunt, sans vser de mise en possession : & nō l'heritier institué, vt scribit Masuerius §. item heres. & §. seq. de possesso. & §. Itē successor. de feudis. Boërius, sur la coustume de Bourges, tilt. des testamens. In Stilo Parlamenti tit. de feud. §. item de consuetudine & seq.

bb La petitiō d'heredité, qui est personnellement mixte, ne se prescript que par trente ans, l. licet. c. de iure deliber. l. pen. c. in quib. caus. cessat long. tēp. præscrip. l. hæreditatis. c. de petit. hæred. Toutesfois si pendant ledit temps nul heritier n'apparoist, le Seigneur du lieu se peut saisir de la succession par droict de desherance, ou les creanciers faire créer vn curateur à la succession vacante : mais l'heritier apparoissant il entrera en la succession : toutesfois s'il y auroit eu des *biens vendus solennellement par auctorité de iustice, pour payer les creanciers, l'heritier ne pourroit reuoquer la vente. Le semblable aucuns tiennent pour la vendition qui seroit faicte par le fisc*, iuxta l. omnes c. de quadr. præscript. *Mais il seroit tenu de rendre le prix qu'il auroit receu à l'heritier*, Masuerius §. Item & illius. tit. de successſ.

cc *Celuy qui a obtenu sentence, peut la huictaine passée faire anticiper l'appellant soit qu'il ait releué son appel ressortissant en la Cour, ou non: & ce en vertu de lettres royaux : comme pareillement si l'appellant auoit releué son appel ressortissant par deuāt le Baillif ou Seneschal, aux assises, ou à longs iours il pourra estre anticipé en vertu de lettres royaux : car autrement l'anticipation ne se peut faire, par arrest du 28. iour de Mars.* 1510. cap. oblatæ de appellat. Masuerius tit. de appellat. .Imbert lib. 2. Rebuff. ad constit. Regias tract. de anticip.

dd *La renonciation se doit faire au Greffe du siege, où la sentence a esté donnée dans la huictaine, en laquelle le iour de l'appel n'est compté, par arrest du 16. Iuillet. 1520. & si elle se fait pardeuant Notaire, ou és mains d'vn Sergent, il conuient la signifier à la partie, ou autrement l'appellant estant adiourné en desertion, seroit condamné és despens, comme Imbert, Rebuffus, Papon & autres ont escrit, & ie l'ay veu iuger par arrest du vendredy, 12. Mars, de releuée, 1563.*

ee *C'est à dire à cause de l'estat & condition de leur pere ou mere, apres leur decez dont y a tiltres D. & c. ce qui auroit esté ordonné par l'empereur Nerua.* l. vlt. D. eo. tit. *& renouuellé par* Marcus Antonius Philosophus, vt ait Capitolinus.

APRES ENSVIT DE FORMER SA DEMANDE EN COVR.

TILTE XXI.

VEV comme il peut estre varié en Court laye auant cognoissance ou auāt negation en cause, apres veux monstrer comme on peut & doit faire sa demande en cour laye: soit par bouche ou par escrit. Si sçachez [a] que quiconques veut faire & intenter demande contre aucun: deüement le doit faire & former : & conuient que la demande contienne trois choses, c'est à sçauoir maieur, mineur & conclusion. Maieur, si comme qu'en cas de delict peut faire & intenter demande ou supplication qu'autant vault, il conuient qu'il ait maieur fondee sur loy, ou coustume, ban ou Edict de pays notoirement gardé.

Exemple.

Exemple. Sire Iuge tel. [b] N. qui est par delà, est attrait pardeuant vous a ma requeste, sur ce que verité est qu'en vostre iurisdiction à loy & couſtume à quoy la loy eſt concordant, qui veut que s'il eſt aucun qui de ſa volonté & ſans cauſe, aguette, enuahiſt & aſſault aucun autre garny d'armure defenduë, & ſur ce l'iniurie iuſques à ſi grand meffait que s'en enſuit effuſion de ſang, ou aucune bleſſeure, il eſchet és peines & amendes ſur ce introduictes, & amende condigne à partie. Or eſt-il que ceſte maieur propoſée eſt veritable, que ledit. N. de ſa volonté deſordonnee & damnable nagueres ou tel iour ſãs ce qu'il euſt ne deuſt auoir cauſe, garny & embatonné d'armes deffenduës & inuaſiues, ſe miſt & bouta en aſguet & de propos appenſé en tel lieu ou ſçauoit que ie deuoy paſſer, & paſſoy communemẽt: m'aſſaillit & iniuria treſ-inhumainement iuſques à effuſion de ſang: dont ie me tiens treſ-grandement iniurié & dommagé de mon corps, & du mien, & au vitupere de moy, mõ eſtat, & mon honneur, & auſſi de mes amis, ſi par voſtre bonne iuſtice n'y eſtoit pourueu de remede de droit. Si contens & conclus à ceſte fin contre ledit N. que s'il veut cognoiſtre & cõfeſſer qu'ainſi ſoit, que par vous & voſtre bonne iuſtice il ſoit condamné à s'amender à vous comme Seigneur, & à moy comme partie bleſſée, de telles amendes & punitions tant honnorables comme profitables. Et puis doit declarer ces amendes & concluſiõs ſelon l'vſage & la loy du lieu, où telles amendes & punition que de la diſcretion de la Cour verra eſtre à faire, & ce que de raiſon & iuſtice appartiendra. En ce faiſant demande deſpens, dommages & intereſts en toute la pourſuitte de cauſe iuſques à la fin: Offrãt à prouuer de mes faits, negations, contredits, ou debats qui deſirent preuue tant que ſuffire deura à ma concluſion atteindre, ou tant que prouuer en pourray. Ainſi i'ay monſtré maieur, mineur, & concluſion en demande. Et ainſi peux & dois ſçauoir & entendre de toutes autres. Si dois ſçauoir que neceſſité eſt de dire, ou en telles amendes que la Cour, &c. Pour-ce que ſelon aucuns qui fait ſa demende ſi preciſe qu'il ne mette ce point, & il n'atteinde propremẽt par teſmoins toute ſa demande, le Iuge ne peut iuger fors ſelon ce qu'allegué & preuué en ſera. Ne le Iuge n'en peut plus auant iuger que partie en allegue & preuue. Et pour ce expediẽt eſt dire, ou tant que la Cour, &c. Item & pareillement fault-il dire & reſtraindre, autant que prouuer en pourray: car qui s'attendroit à tout prouuer, ou à demande preciſe, & ne prouuaſt mie tout plainement: ſelon aucuns il y auroit peril en ſa demande. Et pour-ce eſt-il expedient de dire, autant que prouuer, &c. Item auſſi eſt-il neceſſité de demander deſpens, dommages & intereſts, car qui a formé ſa demande, & ne les demanderoit iamais, à temps n'y viendroit, ne depuis demander les pourroit qu'il y feuſt à receuoir. *Quia ſecundum allegata & probata iudicandum eſt.*

Demande sur trouble de iustice en lieu où l'on n'vse point de Commission.

SIre Iuge [c] i'ay fait tel. N. conuenir pardeuant vous sur ce que moy qui ay en tel lieu. N. toute iustice, haulte, moyenne, & basse, si auant qu'à iustice moyenne peut & doit appartenir seul pour le tout, sans que nul autre y ait, ne doiue auoir quelque Seigneurie, faire prinses, exploicts, arrests, par indiuis, n'autrement. Et de ce suis en saisine & possession par moy & mes predecesseurs dés si long temps qu'il n'est memoire du contraire, & qui doit suffire à bonne possession & à iuste tiltre, & au veu & sçeu de tous ceux qui l'ont voulu voir & sçauoir. Neantmoins ledit. N. s'est efforcé par luy ou par autre qu'il a pour agreable, comme il est vray semblable d'entreprendre sur madicte terre & iustice en soy efforçant de faire prinses, exploits, ou arrests, & d'en vouloir cognoistre en mon tres-grand preiudice, si pourueu n'y estoit de remede de droict: si conclus contre luy, que premierement il soit contrainct à moy reparer tout ce que fait en a, en recognoissant qu'il a ce fait à tort, & sans ce qu'il y eust droict ne cause de ce faire: & soit auec ce condamné à amender à vous de qui ie tiens, & qui garder me deuez, & à moy de telles amendes, au cas qu'ainsi confessera l'auoir fait: & si il le nie, si en offre ie tant faire sentir que pour atteindre ma conclusion, ou tant que prouuer en pourray, en ce faisant demande despens, dommages & interests.

Demande sur infraction de iustice en lieu où on n'vse point de Commission.

SIre Iuge [d] i'ay fait tel. N. conuenir pardeuant vous sur ce qu'en ma iustice & Seigneurie haulte, moyēne & basse que i'ay en tel lieu Cour, Plais, Baillif, hommes feodaux & Sergens, comme à hault iusticier peut & doit competer & appartenir sans empeschement ou contredit aucun. Et il soit vray que ledit tel n'agueres estant en madite terre fut trouué en present meffait, faisant tel delict, pour remedier à laquelle chose comme iustice le veut & enseigne, mon Sergent mist main à luy, & luy fist commandement qu'il rendist son corps prisonnier pour amender son meffait: neantmoins de sa volonté desordonnée & damnable par sa force & puissance & pure desobeïssance, se print & rebella contre mon Sergent, & tant que luy en iniuriant tres-grandement & enfraindāt la main de iustice, que par son meffait comme dit est estoit assise sur luy, luy eschappa, s'enfuït & partit hors de ma iurisdiction, au tres-grand scādale & lesion de madicte iustice, & en mon preiudice, si par vous qui estes mon souuerain, & qui me deuez garder, n'y estoit pourueu de remede de droit. Si conclus contre luy que s'il veut cognoistre & confesser les choses dessusdictes *varietate cognita*, vous le contraindrez à moy rendre & faire obeïssance, & le me renuoierez en ma Cour, où du cas il doit estre cogneu, attendu que le delinquant est mon prisonnier, où qu'il soit, pour faire droit & loy selon le cas: & si il nie, i'offre tant, &c.

Demande sur trouble de seruage.

SIre Iuge [e] i'ay fait tel N. conuenir par deuant vous, pour-ce que dés si long temps qu'il n'est memoire, i'ay tant comme par moy & mes predecesseurs dont i'ay cause, tiltre, & iuste action, suis en saisine & possession à cause de ma Iustice & Seigneurie que i'ay en tel lieu, C'est a sçauoir des serfs taillables à moy & madicte iustice d'an en an, & de prendre & d'exiger à cause d'icelle sur chacun de mesdits serfs, & par especial sur ledit tel, qui par autres termes & années il ou son predecesseur m'ont paisiblement payé & satisfait à cause de mondict droict de iustice, & saisine proprietaire & fô siere. Si est ainsi que ledit tel, iaçoit qu'ignorer ne puisse ne doiue de raison le droict pour moy dessus allegué, si s'efforce il & veux contre raison soy excepter de mondict seruage, & par cautelle s'efforce de prendre nouuel adueu, & s'aduoüer d'autre Seigneur duquel il si veut rendre couchant & leuant contre raison & le droict du Roy nostre Sire, & par especial contre la loy escrite qui ne souffre que nul de serue condition se puisse exempter sans l'authorité de son Seigneur: & en ce cas s'il le fait, il doit estre ramené à la iurisdiction de son Seigneur de qui il est serf, & le peut son Seigneur clamer à rauoir, ou qu'il le sçache, & ainsi se rend en grand preiudice de moy en ce faisant, si par vous qui estes mon Seigneur, ne m'est pourueu de remede conuenable. Si conclus contre ledit tel, que par vous soit côtraint & condamné à delaisser son nouueau adueu, & moy amender ce qui fait en a, & à moy restablir à ma Seigneurie tenuë & gardee, & auec ce en ma taille pour-ce ordonnée, & au cas qu'il cognoistra ainsi estre. Et s'il le nie, i'offre tant à faire sentir que pour attein dre ma conclusion, ou tant comme prouuer, &c. en faisant demande des despens, &c.

Demande sur trouble de saisine simple au lieu où on n'vse point de commission.

SIre Iuge [f] ie fais tel, N. conuenir pardeuant vous sur ce que tant moy comme par mes predecesseurs dont i'ay cause, tiltre & iuste action, ie suis en saisine & possession paisible, & ay esté par si long temps qu'il n'est memoire du contraire, auquel il doit & peut suffire à bonne possession auoir acquise & retenir au veu & sçeu de tous qui l'ont voulu voir & sçauoir, & par especial dudit tel. N. de prendre, receuoir & auoir chacun an à celuy terme, &c. sur tel heritage dont ledit tel iouyst, tient & possede. C.s. tournois de rente par an, ou telle redeuance que ce peut estre cause de tout seruage qu'on peut auoir sur autruy heritage. Et combien que ledit tel ait par plusieurs fois, ans & termes payé à moy de mon temps, & à mes predecesseurs, dont i'ay cause en ceste partie neantmoins il a esté pour le present depuis temps refusant de payer indeüement à tort & sans cause, à mon tres-grand dommage, si par vous n'y est pourueu de remede de iustice, si conclus contre ledit tel s'il veut

cognoistre

cognoistre les choses par moy proposées estre vrayes, verité y cognoistra par vous sera condamné & contrainct à moy doresnauant satisfaire & payer madicte rente auec tous les arrerages par ce aduenus & encourus, icelle rente recognoistre & confesser à moy estre deuë & tenuë, & sur telle place ou terre à ce obligée & hypothequée fonsierement, & ma saisine sur ce confesser estre vraye & à iuste tiltre, pour moy, mes hoirs & ayans cause. Et en cas de refus ou contradiction i'en offre tant à prouuer que pour venir à madicte conclusion, ou tant que prouuer en pourray. En faisant demande des despens.

Demande sur nouuelleté où l'on n'vse point de commission.

SIre i'ay faict tel conuenir pardeuant vous sur ce que verité est que tant par moy comme par mes predecesseurs dõt i'ay cause, tiltre & iuste action à declarer en temps & en lieu si mestier est, ie suis en bonne saisine & possession de si long temps qu'il n'est memoire du contraire, & qu'il peut & doit suffire à bonne saisine & possession auoir acquise & retenir, & mesmement que suis homme habile à tout droit de possession & saisine acquerir, & par les derniers termes & ans de prendre, receuoir & auoir par moy ou par ceux qui par moy ont eu cause, & que i'ay & veux auoir pour aggreables, sur tel lieu que ledit tel tient pour le present, telle rente, ou telle voye, passage, terrage, & ou redeuance. Et de ce prendre, perceuoir & auoir aux termes accoustumez ay iouy & possessé par moy & mes ayans cause au veu & sçeu de tous ceux qu'ont voulu voir & sçauoir par especial dudit tel que pour le present y met trouble & empeschement à tort, & sans cause induëment & de nouuel si par vous ne m'y est pourueu de remede de droict. Protestant se i'ay aucunement dit ou touché chose qui touche ou ait regard à proprieté, que ce n'est tant seulement que pour conforter ma saisine, & non autrement. Si conclus que s'il veut cognoistre les choses par moy proposées estre vrayes par vous soit dit & iugé, & pour droit que à mauuaise cause s'estoit & est opposé, & à bonne & iuste cause me suis dolu & complaint, soit la main de iustice qui par ladite opposition est mise & assise sur la chose contencieuse ostée & leuée à mon proffit. Et en cas que le procez prendroit long trait, la recreance me sera adiugée comme ayant le plus cler & euident droict. Et faisant toutes conclusions seruantes & pertinentes à complainte de nouuelleté faire demander & deuoir appartenir auec condamnation de despens.

Demande sur trouble de proprieté.

SIRE iuge i'ay [a] fait conuenir par deuant vous tel sur ce que ie dis & propose que feu Adam de Vos mon pere, au temps qu'il viuoit, si tint, iouyt & possessa paisiblement vn certain lieu & manoir appellé le manoir du Bos en la paroisse, & auquel manoir appendoit & append de terre & rente &c. Et en ce eut ledit feu mon pere & auoit tout droict de seigneurie & de proprieté, & fut en foy & hommage de seigneur & bonne saisine & possession, comme à sa propre chose à luy venue & descenduë par sa legitime & naturelle successiõ en iouyt & possessa paisiblement sa vie durant: & en ce alla de vie à trespas, sans ce que par luy ne par autre ayans cause de luy fust faicte chose apequoy il ne son hoir ne peust ou deust auoir tout droict de proprieté : & soit ainsi que par la generale coustume dont le mort saisist le vif, apres la mort dudit feu mon pere, à moy comme son droict hoir legitime seul & pour le tout succeda, vint & descendit ledit manoir, terres & appartenances. Et par ce soye & doiue estre de tout en bonne possession, & aye & doiue auoir tout droit de proprieté, à la cause dicte, & sans ce que onques ne fis chose, pourquoy essoigné en puisse on doiue estre Neantmoins ledit tel sans cause ne tiltre raisonnable, s'y est bouté & mis de fait en ladicte maison, terres & appartenances, & si occupe, leue & exploicte les profits & emolumens, contredit & empesche que ie ne puis en riens iouyr & possesser, à tort & sans cause. Et a desia ainsi fait par plusieurs années en mon tresgrand grief, preiudice & dommage, en troublant & empeschant le droit de ma proprieté & succession naturelle, si par vous n'y est pourueu de remede de iustice. Si fay conclusion cõtre ledit tel, que par vostre bonne sentence soit dit & determiné ledit manoir, terres & appartenãces estre, demeurer & appartenir à moy, comme au vray demandeur & possesseur, & en icelle auoir tout droit de proprieté comme de mon bon heritage seul, & pour le tout: soit forclos & debouté entierement sans y auoir droict, cause ne action aucune. Si soit contrainct à rendre & restituer tous profits & emoluemens de ce venus & descendus, & que par bon gouuernement en peussent & deussent estre venus & yssus à vraye extimation de *quanti plurimi*, & que pendant tout ce proces pour ce faict & à faire pourroient venir & descendre par si torcionniere occupation, soit deboutté de toute saisine & possessiõ sur ce acquise, comme mal acquise s'aucune y auoit, cõme sans cause, tiltre, raison ne action qui luy vaille & puisse valoir, me soit tout tourné à pure deliurance: & auec ce, soit condamné és dommages & interests, &c. Offrãt à prouuer. Et fay protestation de ceste presente demande, si contredit ou opposé y est, de la plus à plain declarer, corriger, accroistre & diminuer si mestier est, & par escrit faire & bailler, soit par maniere de libelle, ou autrement: en protestant encores de tout ce faire, proposer, dire, maintenir, soit de bouche ou par escrit, que en tel cas il appartient & doit estre fait, selon l'vs, stille ou commune obseruance de la cour, ma retenuë sauue iusques en fin.

ANNOTATIONS DV TILTRE VINGT ET VN.

Les actions en prenant le terme generalement, selon qu'on en vse en practique, sont de deux especes, à sçauoir ciuiles & criminelles : les criminelles se poursuyuent par forme d'accusation, qui commence par informations : & les ciuiles sont intentées par voye ciuile desquelles sont trois especes, les vnes personnelles, les autres reelles, & les troisiesmes mixtes ou meslées personnelles reelles: dont i'ay plus amplement escrit aux memorables. La demande en action ciuile, qui est comprise au libelle que le demandeur doit bailler au defendeur, pour estre bien dressee doit estre composee des trois parties, que les Dialecticiens & Rethoriciens dient estre requises en l'argumentation, à sçauoir de la proposition, assumption & conclusion, qu'autres dient maieur, mineur & conclusion, comme dict icy nostre autheur, & escriuent autres vieux practiciens, & Accursius ad tit. de action. in princ. aliiſque auctores. La proposition ou maieur est celle de laquelle faut que toute la force de l'action procede. L'assumption du mineur, par laquelle on reprend de la proposition ce qui appartient à la cause, ou intention du demandeur : La conclusion demonstre à quoy il tend. C'est pourquoy Zasius ad principium tit. de actionibus dict quòd libellus syllogismus Iuristarum nominatur. Mais sur tout il faut bien & & pertinemment conclurre: car la conclusion regle l'action, & dresse la demande, vt tradit Innocent. in cap. super literis de rescript. On n'obserue tousiours si exactement en practique telle forme de faire la demande, ains apres la brieue exposition de fait on conclud: toutesfois en action personnelle on doit exprimer la cause de la debte ou du subiet, qui fait intenter l'action. l. & an eadem. §. actiones. D. de except. rei iudic. cap. 3. de libel. oblat. en l'action reelle faut designer la chose qu'on demande. l. 6. D. de rei vindic. cap. 2. de libel. oblat. en l'action mixte comme est la personnelle hypothequaire faut declarer & la cause de la debte & le droict qu'on pretend sur la chose qu'il conuient aussi designer dont i'ay traité ailleurs.

b Ceste forme de proceder en causes criminelles n'est plus en vsage, ains en est prescripte vne autre par les ordonnances de l'an Mil cinq cens trente neuf, & autres: qui ont voulu les proces criminels estre faicts secrettement par informations, interrogatoires, recollemens & confrontations : pour apres le proces instruict bailler conclusions à fin ciuile par l'accusateur, & defenses par atenuation par le defendeur, & par le Procureur du Roy ou fiscal conclusions criminelles, ou autres selon qu'il cognoist le merite du proces criminel, qui luy est communiqué, le requerir. J'ay apris du vieil practicien que i'ay escrit à la main, & de quelques vieux proces, qu'anciennement les proces criminels se faisoient publiquement, & en la for-

O ij

me non gueres differente des iugemens publics des Romains.

c *Il est sans doubte que le seigneur qui a iustice, principalement haute, moyenne & basse, qui s'entend par le mot, toute, s'il est troublé en sa iustice, ce qui peut aduenir par diuers actes, peut intenter le cas de saisine & nouuelleté, comme* Petrus Iacobi tit. de interdicto vtili vti possidet. pro seruitut. *& autres ont amplement escrit. Et encores qu'ils en rendent la raison par la comparaison de la seruitude continuelle,* iuxta l. 3. §. Labeo quoque. & §. si vicinus. *D.* vti possidet. *si est-ce qu'il me semble qu'elle est mieux fondée sur la maxime qu'on tient en France, que la iustice est patrimoniale au seigneur, auquel elle appartient: tellement qu'il peut aussi bien intenter complainte en cas de saisine & nouuelleté pour icelle, que pour les droicts de sa terre & seigneurie, esquels il est troublé. Quant à la formule icy descrite en l'action sur trouble de iustice, il depend de la dexterité & experience que chacun peut auoir d'en dresser selon la qualité de matiere. Imbert* lib. 1. c. 16. *declare quelques formes generales pour proposer complaincte audit cas de saisine & nouuelleté, & y conclure. On peut aussi voir le stil du Chastelet, & ce que plusieurs en ont escrit.*

d *Mon vieil practicien que i'ay escrit à la main: appelle ce renuoy obeyssance de iustice pour conseruer par le seigneur inferieur sa iustice contre le superieur, si celuy qui a delinqué en sa terre & contre lequel a esté commencé de proceder, se retire en la terre du seigneur superieur, ou est pris par ses Officiers pour le mesme faict. En quelques lieux on l'appelle renuoy de preuention où le seigneur superieur a droict de preuention contre l'inferieur: Mais si l'inferieur a preuenu de cognoistre d'vn crime ou delict commis dans sa terre, encores que le delinquant ayt esté apprehendé par les Officiers du seigneur superieur, ils seront tenus de le renuoyer en la iustice de l'inferieur, comme a esté iugé par arrest en l'audience à la Tournelle, le dixneufiesme Iuin, Mil cinq cens soixante trois. Quand le delinquant enfrainct la main de la iustice, on en informe pour decreter dauantage contre luy, & si on le peut poursuiure iusques dans la terre d'vn autre seigneur, auquel ou à ses Officiers on demandera assistance pour en faire la capture. Et le seigneur en la iustice duquel a esté commis quelque crime ou delict, a iuste cause de demander le renuoy du delinquant, tant pour l'interest public, que pour l'emolument de sa iustice, dont fait mention Faber* in §. item seruiana. inst. de actionib.

e *Ce qui est icy traicté du trouble de seruage, s'entend du droict appartenant à vn seigneur à cause de sa seigneurie sur son subiect qui est de serue condition, les serfs sont de plusieurs & diuerses conditions selon la nature des terres & seigneuries, à cause desquelles ils sont hommes: & sont suiets à diuerses charges & droits: comme il est porté par plusieurs coustumes de ce Royaume, si donc le subiect d'vn seigneur qui luy est taillable, s'aduoue d'vn autre seigneur, il le trouble en son droict de seruage, pour lequel toutesfois il ne peut intenter complaincte en cas de saisine & nouuelleté contre son subiect,* vt scribit Io. Gallus quæst. 157. *mais il le peut rauoir par adueu comme dit mon viel practicien. Aussi par arrest du troisiesme Mars, mil cinq cens septante six, recité par Monsieur Pithou, sur la coustume de Troyes, a esté iugé que le seigneur auoit droict de suitte contre ses subiects de condition serue & taillable. Et du Moulin sur la Coustume de Berry, a noté que le seigneur de Chasteauroux a esté receu à vindiquer son serf, qui s'estoit faict Bourgeois de Paris, & a obtenu prouision: dont toutesfois, on pourroit doubter, par ce que celuy qui se faict Bourgeois de Paris s'aduoue Bourgeois du Roy, & sa Maiesté peut affranchir le serf au preiudice de son Seigneur, comme il est porté par quelques coustumes, & a esté anotté par plusieurs autheurs: i'adiousteray pour l'illustration de cet article, ce que dit Cassiodorus* Lib. 3. epistol. 43. Cùm Deo propitio Gallias exercitus noster intrauerit, si qua mancipia seruitium declinantia ad alios se, quàm quibus debebantur competere, contulerunt, prioribus dominis iubemus restitui. Masuerius tit. de possesso. num. 10. *est d'aduis que le seigneur peut intenter le cas de saisine & nouuelleté, pour le trouble à luy faict par vn autre, en la iouyssance & possession des droits qu'il a sur son serf de condition taillable.*

f *Simple saisine est diuersement interpretée par les coustumes, aucunes l'attribuent pour tout droict reel, les autres seulement pour droict incorporel, mais toutes conuiennent qu'elle compete quand aucun a iouy paisiblement par la plus grande partie de dix ans precedens le proces, afin d'estre remis en la possession qu'on auoit auparauant: dont on peut voir ce que i'en ay escrit sur le Grand Coustumier liure deux, chapitre des cas de nouuelleté, & sur la coustume de Paris, article quatre vingt dixhuict* & Masuerius de possess. num. 32. *aucuns la comparent à l'action* Quæ Publiciana dicitur, l. 1. §. ait Prætor. D. de publici. §. sed istæ quidem. inst. de act. *les autres à celle appellée,* condictio triticiaria, quæ pro possessio. competit, l. 1. & 2. D. de condict. tritic. *Toutesfois pour redeuances foncieres & droicts incorporels on peut intenter le cas de saisine & nouuelleté.* Vt tradit Cynus in l. 1. c. de fidei commiss. & alij in l. si certis annis. c. de pactis. Bartol. in l. 1. in princ. & §. huius autem interdicti. D. vti possid. l. 1. §. hoc interdicto. D. itin. actúque priuat. Masuerius tit. de possess. num. 9. & 10. Imbert. lib. 1. cap. 16. *Ce que l'article ensuiuant demonstre, où est proposée vne formule generale en complaincte de nouuelleté pour rente fonciere, ou seruitute de voye, & passage: dont on peut voir* Petrus Iacobi, de interd. vtili vti possit pro seruit.

g *Terrage est vne espece de cens ou redeuance, qu'a le seigneur sur la terre ou champ estant en sa seigneurie, qui est aussi appellé Champart, dont plusieurs coustumes font mention, qu'on peut bien exprimer en Latin,* Vectigal, *comme Ciceron* in Verrem, *le declare, & autres*, glebalis functio, pensio, pensitatio, canon: *Dont i'ay amplement discouru au liure second des Pandectes.*

h *Ceste action ne tient rien de la complaincte en cas de saisine & nouuelleté, encores que l'heritier, qui est saisi par la coustume generale de France des biens delaissez par le defunct, puisse en continuant sa possession intenter ladicte complainte dans l'an & iour de son decez, dont Monsieur Tiraqueau a faict vn ample traicté. Et n'est aussi la conclusion de ceste demande du tout conforme à l'action petitoire, par laquelle le demandeur, qui se maintient proprietaire, conclud à l'encontre du defendeur, qui est detempteur & possesseur, afin de se desister & departir de la detemption & occupation de l'heritage ou droit reel tenant de la nature d'iceluy, dont est question en laisser iouyr ledict demandeur, & luy en rendre & restituer les fruits dont est amplement traicté tit.* D &c. de rei vindic. & §. omnium autem. instit. de action. *& par les Docteurs & practiciens en diuers lieux. En la formule qui est icy descripte, & autres, y a vne clause de l'ancienne practique, que les Docteurs ont enseignée pour cautelle, de faire protestation ou sa retenuë sauue.*

APRES ENSVIT DES DEMANDES EN ESPECIAL.

TILTRE XXII.

APRES que monstré ay des demandes & defences en general, dire & monstrer veux de ce en especial. Et premiers commencer en cas de simple saisine: qui est telle que s'il est aucun qui face ou mette trouble en possession d'autruy, & il y ait iouy par tel temps qu'il suffist d'acquerir possession, tellement que le cas de nouuelleté soit perdu, tum il a remede de droict, & peut ouyr sa demande de simple saisine alencontre du detenteur.

De simple saisine, & saisine vuyde.

SIMPLE saisine [a] si est iouyr de la chose fonsiere par dix ans entre les presens, & par vingt ans entre les absens selon la loy escripte. Et selon les coustumiers il y faut vingt & vn ans. Et toutesfois qui a iouy de la chose fonsiere par plus que d'vn an, & on le vueille troubler ou empescher: Sçachez que de la saisine en quoy il sera trouué, il iouyra durant le procez, & tant que droit le deboutera, Mais qui a le temps de saisine escripte, comme des temps dessusdicts par especial de vingt & vn ans entre les coustumiers s'il a iouy de tel temps à iuste tiltre, comme de don ou de emption, ou succession, il a iuste action de simple saisine, & n'en doit estre debouté. Item saisine vuide si est de iouyr de la chose sans estre ens de loy, & sans auoir en escrit, comme aucun droit à vn autre, il me plaist que vous iouyssiez de ceste maison, & luy en bailleroit les clefs ou l'yssuë d'autre proprieté. *C. de contrahen. emp. l. non idcirco*. Demande en cas de simple saisine, trouuerez la maniere sur la rubrice quottee sur le trouble de seruage. Car autre chose n'est simple saisine que estre troublé en seruitude non payée, cōme sōt troubles & autres tailles deuës & voyes accoustumees. Et sçachez que nonobstant la demande de partie aduerse, si le detenteur veut contredire à la demande du demandeur pendant le procez, il iouyra tousiours de la chose contentieuse: & la raison si est, pour ce qu'il est trouué en possession en la chose par an ou par plus, & par ce ne doit ne peut estre debouté pour chose que partie die auant cognoissance de cause. Et par sentence sur ce renduë n'y chet recreance, ne aucun restablissement fors tout à vne fois que par sentence diffinitiue en soit ordonné parties ouyes, sur ce en toute forme de procez ordinaire en tel cas. Et se doit la complaincte faire par commission par escrit qui contienne le cas. Et pour ce te veux monstrer par exemple la forme de la faire par maniere de formulaire.

Commission de simple saisine.

TRISTAN du Bois [b] Cheualier & Conseiller du Roy nostre Sire Seigneur de Famechon & de Raincheual, & Baillif de Vermandois, au premier sergent du Roy nostre Sire, audict bailliage, qui sur ce sera requis, salut. De la partie de Iean Forest nous a esté donné à entendre en compleignant comme tant par luy & ses predecesseurs dont il a cause, il a esté en bonne possession & saisine de temps passé d'auoir chariage parmy le champ & terre de Colard du Viuier. Et d'icelle possession & saisine a ledit complaignant & ses predecesseurs iouy & vsé paisiblement en temps passé, iusques à nagueres au veu & sçeu de tous ceux qui l'ont voulu voir & sçauoir, pour luy, ses gens ou maisnies de y aller & venir à pied & à cheual, & à char & charette, & en toutes autres manieres, toutesfois & quantes fois qu'il leur a pleu, & que mestier en a eu, en ce vsant & possedant par si long temps qu'il n'est memoire du contraire, ou au moins par tel & si long temps qu'il peut & doit suffire à bonne possessiō auoir acquise, & retenir a vray & iuste tiltre, à declarer en temps & en lieu si mestier est. Neantmoins ledit Iean du Viuier de sa volonté induë en ceste partie par luy ou par son commandement a ladite voye tellemēt empeschee, leuée & close que on n'y peut aller à pied ny à cheual. Et qui plus est, s'efforce d'y planter, arborier, & nourrir haye, à fin que voye n'y ait iamais s'il pouuoit & auec ce des mauuaises paroles & de fait, le cōtredit, deffait entant qu'il peut & sçait, tellemēt que tant par son empeschement de fait comme de parolle, on n'y peut aller ne venir, qui est autre grand grief, preiudice & dommage dudit complaignant en le troublant & empeschant en sa dicte possession & saisine indeuëment & sans cause, si comme il dict, suppliant que sur ce le vueillons pouruoir de remede conuenable. Pour ce est il que nous vous mandons & commettōs si mestier est, que appellez ceux qui seront à appeller sur le lieu contencieux, s'il vous appert estre ainsi que dit est. Tenez & gardez ledit cōplaignant en sa dicte possessiō & saisine, & de celle le faites & laissez iouyr & vser paisiblement: nonobstant le trouble & empeschement en ce fait ou mis sur ledit de la Forest. Et en cas de contredit, refus ou oppositiō donnez & assignez iour cōpettant aux refusans ou opposās pardeuant nous ou nostre Lieutenāt en la cour du Roy nostre Sire à S. Quētin, pour proceder & aller auant en ladite opposition, refus ou contradictiō, circonstances & dependances, & en outre comme il appartiendra. En certifiant au iour sur ce assigné par vostre rescription de tout ce que fait & trouué en aura. De ce faire vous donnōs plain pouuoir, mandōs & cōmandons à tous les subjectz du Roy nostre Sire: prions & requerons tous autres que à vous & à vos deputez en ce faisant entendent & obeissent diligemment. Donné sous nostre séel. Si peux & dois sçauoir que en ceste commission faut auoir opposition, comme apparoir peut au formulaire dessus escrit: car autrement ne seroit elle mie iustifiee: car nul en complaincte de son faict ne le faict à croire, car si partie se vouloit opposer, l'opposant demeureroit possesseur durant le procez, & tāt que droit l'en deboutteroit, par ce que c'est questiō de simple saisine, & nō pas de nouuelleté. Car lors seroit en cas d'opposition la chose contencieuse prinse & mise en main de iustice iusques que parties ouyes la recreāce seroit dicte à celuy qui auroit le plus cler droict. Mais en ceste maniere n'y appartient mettre riens en main de iustice ne recreance fors à celuy qui est trouué possesseur: car la nature du cas luy appartient iusques en decisiō: & plaide saisy le possesseur selon la loy escripte: *Possideo, quia possideo; l. cogi possessorem. c. de. pet. hære.*

Ensuit de former & articuler sa demande par escrit.

PVIS que monstré ay la maniere de faire sa demande de bouche en Cour laye, apres veux monstrer comment on la peut & doit faire articuler par escrit qui est vn des notables faicts patrociniens d'Aduocacerie, Si peux & dois sçauoir que par trois manieres peut estre ordonné d'articuler sa demande par escrit. C'est asçauoir par maniere de memoire, par intendit, & par faicts contraires.

Par maniere de memoire.

Faut lire, en la deffence du defendeur.

Par maniere de memoire, si comme quant en la demande faicte par le demandeur, & en la difference du demandeur n'a nul faict contraire, mais se peut tout rapporter en droit, en discretion du Iuge, lors ne faut articuler que par maniere de memoire. C'est à dire au vray entendre, que

necessité

necessité n'est pour declarer le droict du content, d'ouyr & examiner aucuns tesmoings: car faire se peut sur les escritures tant seulement.

Par intendit.

Item & par intendit est si comme quand la demande est telle que partie defenderesse nie tous les faits proposez du demandeur, lors peut & doit articuler sa demande par forme d'intendir. Et n'y faut nul responsif de partie aduerse, car il n'y doit auoir qu'vne litiscontestation qui doit estre iointe aux articles du demandeur. Si diray cy apres que c'est litiscontestation, & ne faut en ceste partye ouyr tesmoings que de la partie du demandeur.

Ceste maniere d'escrire par intendit, par faicts cõtraires, est auourd'huy bien practiquée aux requestes du Palais.

Par faicts contraires.

Item & par faicts contraires, si est comme quand l'vne partie ou l'autre propose ou allegue en sa demande faicts positifs & contraires l'vn à l'autre, & les mettent és faicts qu'on appelle faits cõtraires, pour ce que chacune partie offre ses faicts à prouuer: & lors conuient à chacune partie articuler sa demãde aux fins plaidoyees, & faire articles positifs. C'est à dire exprimer sa maieur, sa mineur & sa conclusion: comme dessus t'ay monstré, & si faut responsif: c'est à dire articles qui respondent au positif de partie aduerse, & qui les detruisent & effacent, & ce appelle-on faits cõtraires. Si dois sur ce sçauoir que à escrire, le demandeur doit premierement articuler la cõclusion de sa demande par forme d'intendit, & à ce eslire toutes les fins à quoy il veut cõtendre, car autremẽt les articles qui s'ensuyuroient seroient croisez, & n'y seroient à receuoir: & puis articuler sa demande, & se fonder d'aucune maieur de droict, ou de coustume qui seroit pertinente à son cas, & qui desire sa conclusion. Et doit l'on faire les plus briefs articles que l'on peut bonnement, car tedieuse chose est long article tant pour le Iuge que pour les tesmoings: & chacun article doit en luy conclure sa substance: ou autrement il n'est pas bien fondé, ne articulé, & ses positifs faits & conclud en eux, tant par eux, comme par ce qui s'ensuiura, les fins & conclusions luy deuront estre adiugees. Apres doict ensuiuir le responsif qui doit respondre à chacun article positif de partie aduerse, & iceux destruire & annichiller en tout soit par argumens de faicts, soit par argumens de coustume, soit par argumens de loy, & ainsi proceder iusques aux deux articles qui communement sont mis en fin de tous articles. C'est à sçauoir les choses par moy proposees sõt vrayes, claires & notoires, & les a partie aduerse cogneuës & confessees estre vrayes en tout ou en partie, si ne doiuent estre delaissez, combien qu'il semble que communes soient. Car souuentesfois on a veu partie proposant pour prouuer les deux articles ou l'vn d'eux attaindre sa conclusion. Si ne doit pas estre oublié à mettre en articles concluans comme dessus. Offrant prouuer mes faicts & deniant les faits de partie aduerse receuables & preiudiciales aux miens ausquels ie n'auroye si plainement respõdu, que pour les auoir destruits & annichilez du tout: car i'ay veu perdre cause par ce qu'aux articles n'ẽstoiẽt en fin deniez les faits cõtraires & preiudiciables de partie aduerse.

Apres ensuit d'articuler sa demande responsiue aux fins & conclusions contraires.

AFin que[d] par vous messeigneurs les hommes iugeans en la Cour du Chasteau ou Chastellenie de Mortaigne sur l'Escault, soit dict & sententié pour droict & au proffit de haut & puissant seigneur Monseigneur de Couchy Comte de Soisson, Seigneur & garde de par le Roy nostre Sire de Chastel, Chastellenie, Iustice & Seigneurie de Mortaigne appartenances & dependances à la promotion & coniure de son Baillif audict lieu à cause d'office: Contre noble homme Monsieur Alard Seigneur du Locron Cheuallier, que ledit du Locron follement & abusant de iustice contre & au preiudice de luy se soit efforcé & nagueres auancé sous vmbre de la iustice qu'il se dit & maintient auoir en ladicte terre du Locron, de vendre ou subhaster par exploictation de iustice & seigneurie, vne maison & heritage situee en ladite terre du Locron. Emprendre ne luy à attribuer en icelle terre telle ne si haute iustice ne cognoissance par luy ne Iuge qu'il ait ne doiue auoir en icelle terre, ne plaintes, calenges, qains, peines, dons ne seruages de seigneur receuoir par faute de contraulx ne autrement, iaçoit ce que ce fust entre les subiects, ne par especial d'autre dont il puisse, ne doiue tenir court ne cognoissance. Ne aussi ne doit auoir en icelle terre autre ne quelque iustice ne seigneurie que iustice fonsiere, qui ne doit ne souffre ce faire ne auoir selõ la coustume notoire du pays. Et en tãt que plus auant est auancé & efforcé par luy ne autre au nom de luy de plus, ne autre iustice ou seigneurie cõprendre ne auoir que enuers ledict Seigneur de Couchy, comme à son Seigneur au nom que dessus, par son fol abus ait forfait & encouru toute ladite terre du Locrõ ou telle iustice & seigneurie fonsiere, ou autre qu'il dit & maintient auoir comme cõfisquee & appliquee au domaine dudit Chastel de Mortaigne, & soit & puisse estre reconsolidé à la table & proprieté d'icelle haute iustice, comme chose venant & descendant d'elle comme pour forfaict d'abus de loy contre son droicturier seigneur, & de qui il tiẽt & doit tenir ladicte terre du Locron. Et que si ladite terre n'auoit, ce que si, qu'il ait forfait, toute la iustice & seigneurie qu'il auoit & pouuoit auoir, ne le tienne que simplement comme hoste & manant dudict Seigneur de Mortaigne. Et si ce non, qu'il soit condamné en l'amende de lx. lib. par. attendu que il est noble, & mesmement que la matiere contentieuse le desire, ou en telles amendes & forfaictures que à la discretion de la Cour, par vous mesdits seigneurs les hommes iuges en ceste partie sera trouué ledict Seigneur du Locron auoir meffait & encouru. Et que la main de iustice pour ce assise sur ladicte terre du Locron, iustice & seigneurie d'icelle, pour l'abus dessusdit tienne & vaille iusques en diffinitiue à la conseruation du droict & de la chose contentieuse. Et si en aucune maniere disiez qu'elle fust ou deust estre leuee à la requeste dudict Seigneur du Locron, que ce ne soit, mais que par maniere de relaxation ou recreance tant seulement, & que ledict Baillif au nom qu'il procede contre ledict du Locron, à toutes ses fins & conclusiōs faits & propos par luy en ceste cause maintenuz & proposez fait biē à receuoir, ait iuste tiltre, cause & vraye action de ce faire & demander: & n'a ledict du Locron exception vallable, ny defence au contraire qu'elle que ce soit. Et pour paruenir aux faits, & attaindre les conclusions dessusdictes, ou telles que de raison appartiendra à la discretion de la Cour, dit & propose ledict Baillif au nō que dessus, les faicts, causes & raisons qui ensuiuent, protestant de plus à plain dire & declarer si mestier est, en requerant sur ce droict & par ordre auec condēnation de despens, dōmages & interests faits ou à faire en la poursuitte de ceste cause iusques en fin. Premierement est vray que ledict Seigneur de Couchy à cause de la garde à luy commise & ordonnee par le Roy nostre sire du Chastel, Chastellenie, terre, & seigneurie appendances & appartenances de Mortaigne, que au Roy nostre dict Seigneur est comme de son demaine & Royaume, si est & appartient audict de Couchy seul & pour le tout en icelle terre toute iustice & seigneurie, reserué le cas de ressort appartenāt au Roy nostre Sire, ou à ses cōmis & officiers. Itē auquel Chastel de Mortaigne y a Cour, plaids & iours de plaids prefix & determinez, publiquemēt tenus & gardez de xv. iours en quinze iours: & a icelle Cour ressort de toute ladite terre de Mortaigne si auant que à la iustice dōmanuere peut & doit appartenir. Itē & en icelle Cour y a plusieurs & grand foison de nobles tenemens, tant en pairries, comme en nobles fiefs, & hommages, tous tenus & retournans à ladicte Cour dudict Chastel, en foy ou en cense, de bouche & de mains audict Seigneur de Mortaigne, leur vray & droicturier seigneur. Item entre lesquels tenemens, fiefs & pairries dessusdictes ledict du Locron tient en foy & hommage dudict Chastel & Seigneurie de Mortaigne au nom que dessus, ladicte terre du Locron descendant dudict Chastel sans moyen. Item en laquelle terre & fief du Locrō, bien peut estre que ledict du Locron si a, ou peut auoir iustice fonsiere, par laquelle par ses choses cottieres, ou manans, dont il a fait & faisoit iuges, il a ou auoit iustice fonsiere que ne comprend cognoissance fors des aduests & desaduests des terres tenuës de ladicte terre du Locron, & de luy faire payer ou ses hostes tenans de rente fonsiere comme à vsage de fonsiere rente peut appartenir, & non plus auant, ne autrement. Itē lesquelles choses dessusdictes & proposees estre vrayes & notoires, & que ledict du Locron ne peut ne deuoit ignorer, ne par consequent emprendre ne attribuer à luy la iustice & seigneurie de son droicturier seigneur. Il est vray que ledit du Locron sous vmbre & couleur de iustice fōsiere qu'il peut auoir audit lieu, en abusāt d'icelle iustice, entreprenāt sur la iustice, droict & seigneurie de son seigneur, dont il tiēt en foy & hōmage ladite terre du Locron, s'est de fait auancé & entremis à vēdre ou faire vendre ou subhaster pour simple cōuenance de dette, vne certaine maisō & heritage situee en ladite terre du Locrō, laquelle appartenoit à Collart Pottier. Itẽ & de follemẽt & induëment a faict, & fait faire par luy ses hostes ou cottiers, que faire ne deuoit ne pouuoit à la requeste d'vn appellé Iean de Beaumont, sans ce qu'il fist apparoir que par son souuerain luy fust concedé & octroyé de ce pouuoir faire, ne que mandé luy fust. Laquelle venduë monta à la somme de trente liures ou enuiron. Item en plus abusant il s'est puis aduancé de ladite maison & heritage inuestir l'acheteur, comme s'il eust haute iustice & telle qu'il peust faire & bailler decret, que faire ne peut ne doit comme ne sõt autres iusticiers de pareille condition: qui est vn vray abus, & entreprinse de iustice & seigneurie de son seigneur comme dit est. Item encores en perseuerant de mal en pis, ledit du Locron non content de ce, s'est aduancé de cognoistre & vouloir cognoistre par luy, ses subiects, hostes, & cottiers de plaintes, receuoir des contracts, marchez, ou debtes non payees, & de ce faire coniura sesdicts Iuges par luy, son maieur ou Lieutenãt: & en faire* decider iugement en tenant Cour sur ce, & faire exploictation de iustice: ce que ne se doit faire. Item & encores en abusant & accumulant inconuenient & abus l'vn sur l'autre par iceluy seigneur du Locron, iaçoit ce que par ledict Baillif de Mortaigne comme par son seigneur eust esté mandé & faict à sçauoir audict seigneur du Locrõ, vẽdition de ladicte maison par luy indeuëment faicte comme dict est, que la main de Monseigneur de Couchy comme main souueraine estoit assise sur les biens dudict Collard Pottier, pour grand peine donnee & mise sur ledict Collard Pottier & sur ses biens, à la requeste de Thomas Aubron à cause de certaine doleance qu'il auoit faicte sur ce, audict Baillif de Mortaigne sur l'Escault, comme à iustice qui ce pouuoit ou deuoit faire, & dont la poursuitte se entretenoit sans interruption de procez. Et tellemẽt que ledict Mõseigneur Alard dit du Locrõ, ne le deuoit ne pouuoit ignorer. Item qui est encores plus, en venant & attentant contre son dit seigneur, s'est ledict Alard Seigneur du Locron efforcé de toutes ses forces contre raison, & son Seigneur, de cognoistre & receuoir plainte, sur les deniers de la vendition de ladicte maison & heritage à la requeste d'vn nommé Iean Souuerain, lequel qui pis est, n'est son couchant ne son leuant aucunement. Item & nonobstant le commandement ou autre sçauoir faict par ledict Baillif de Mortaigne cõme par son Seigneur sur ce audict du Locron, & que les deniers de ladicte vendition faulsist mettre & consigner en sa main, comme main souueraine & de Seigneur pour en ordonner cõme il appartiẽdroit, mesmement encores que ledit du Locrõ en plus pechãt audit cas auoit vẽdu & subhasté plus sãs cõparaisõ que la sõme cõtentieuse ne mõtoit: que faire ne deuoit. Neãmoins en auoit-il esté refusant, disant qu'à luy cõme à iustice luy en appartenoit la detentiõ, garde & iudicature à cause de sadite seigneurie du Locrõ. Itẽ & pourquoy veu & cõsideré ce que dit est, la plainte sur ce faite par ledit Baillif, l'adiournemẽt, iours, gardes, & entretenemẽs sur ce faits, & tout ce que droit, vs, coustume, & raisõ y est & requiert & que mes seigneurs les iuges vous y pourrõt & deurõt mouuoir, il doit estre dit & iugé à l'in-

*Deualler, au liure escrit à la main.

Que faire ne peut ne doit, au liure escrit à la main.

Par auant la vendue, au liure escrit à la main.

tention & demande du Baillif au nom qu'il procede, nonobstant raison proposée, vsage, ou coustume alleguée par ledict du Locron. Ausquels respond & defend ledit Baillif tant par ce que dict est, & proposé, comme par les responsifs qui s'ensuyuent. Et premierement à ce que dit, ledit du Locron, que de son droict heritage il est seigneur de ladicte terre du Locron, laquelle luy vient & descend par succession naturelle, & par le droict dont le mort saisist le vif, & ainsi luy vient de aue, tayon, & pere, & en laquelle terre il a & doit auoir iustice & seigneurie fonsiere, telle que de cognoistre par luy & ses iuges à la coniure de luy ou de son maieur ou lieutenant, de plaintes, clains, calenges, quins & peines, entre quelles personnes que ce soit, & de faire iugement & exploictation, & de ce est en bonne possession & saisine, de si long temps qu'il n'est memoire du contraire. Respond ledit Baillif au nom que dessus que sauue la reuerence du proposant, ce ne luy vaut, ne doit auoir lieu, au cas qui s'offre. Car supposé sans preiudice audit baillif, que ledit du Locron soit heritier par succession de ladicte terre du Locron, & y ait aucune iustice & seigneurie comme dict est: pour ce ne s'ensuit-il pas que sous vmbre de iustice fonsiere qu'il peut auoir audit lieu, que pource il ait ne puisse auoir telle ne si haute iustice que de cognoistre de quins, plaintes, ne calenges receuoir pour faute de cōtracts par lettres ne autrement, ne plus faire entreprendre ne cognoistre que dessus est dit, & que à iustice fonsiere peut & doit appartenir. Item & sous vmbre d'icelle iustice gaigner, acquester ne apprehender peut à luy, quelque possession ne saisine qui luy puisse ou doiue valoir, contre ne au preiudice de son droicturier seigneur par plusieurs raisons. Item & la premiere raison si est que supposé sans preiudice, que ledit du Locron par luy ou son predecesseur eust acquise aucune possession comme il s'auance, ce que ledit Baillif ne luy confesse mie, si ne luy voudroit ne pourroit ce porter profit és termes presens: car contre le Roy nostre sire qui est seigneur souuerain de ladicte terre de Mortaigne, dont ladicte terre du Locron descend, ne se peut nul saisir ne possession acquerir qui luy vaille, si n'est que ce soit par la grace, sceu & consentement du Roy nostre sire, & que de ce lettres patentes y soient faictes & données, qui facent expresse mention non pas tant seulement cōtre le Roy nostre sire, à cause de son noble Royaume qui peut faire & instituer loy, vsage, establissemens nouueaux, & les vieux abolir & destruire, s'il luy plaist comme seigneur & conditeur de loy à sa noble & pourueuë discretion, & sans ce que nul fors luy puisse faire ne auoir interpretation quelconque. Et pour ce cōtre le conditeur de la loy & coustume, nulle coustume ne se doit ou peut prescrire, ne par consequent possession acquerir ne saisine, qui tienne ne vaille sans son auctorité ou consentement. Item ores est ainsi en ce cas, car ledit du Locron contre ledict Monseigneur de Couchy son droicturier seigneur, representant le Roy nostre sire en ceste partie, ne par luy, ne par predecesseurs qu'il aye eu si ne peut auoir acquis saisine ne possession contraire à ladicte seigneurie de Mortaigne, de qui ladicte terre du Locron est tenuë comme dit est.pourquoy. &c. Item & en confortant les choses par ledit Baillif proposées, labeure droict escrit pour ledit Baillif au propos, pourquoy il procede contre ledit du Locron, par la raison de ce que quiconque veut prendre ou acquerir possession contre autres, il faut que ce soit voisin à autre, & encores qu'il ayt iuste tiltre de ce faire & soit personne habile à ce, ou autrement ce ne luy vaut ou profite. Item or ne peut ledit du Locron dire ne maintenir pour raison qu'il soit voisin au seigneur de Mortaigne: mais par contraire argument est pur suiect, mesmement de ladite terre du Locron, dont content est de la iustice, & par consequent ne peut ne doit auoir saisine ne possession qui luy puisse ne doiue valoir contre son seigneur, pourquoy. &c. Item si ne peut-il dire ne maintenir de raison, que de ce faire il ait iuste tiltre ne tel qui luy puisse ne doiue valoir à acquerir droict de saisine ou possession aucune, se especiale ne la monstroit, ce qu'il ne fait & ne s'en vante pas aussi, & par consequent possession ne saisine par luy alleguée ne doit auoir lieu, car de raison & vray entendement il conuient que la mineur descende de la maieur, ne la mineur ne peut comprendre la maieur. Or est il donc certain que ladicte terre du Locron descend comme mineur de ladicte iustice & seigneurie de Mortaigne sur l'Escault, comme de sa maieur, pourquoy saisine ou possession si aucune auoit acquise contre la maieur sans tiltre, ne luy vaudroit ne tiendroit lieu au preiudice de son seigneur, ne de sa maieur. Item & supposé que sans preiudice, ledict seigneur du Locron par luy ou par ses predecesseurs eust acquis possession ou saisine de plus grand'iustice, que de fonsiere, sous vmbre d'icelle fonsiere si ne luy vaudroit elle. Encores par autre raison, puis que autre tiltre ne monstre comme dict est, car lors conuiendroit-il qu'elle fust clãdestine: & puis que clandestine seroit si ne vaudroit-elle, mesmement contre son seigneur, si ne feroit-elle par plus forte raison contre voisin particulier, pourquoy, &c. Item car selon droict escrit verité est que possession acquise de trois voyes, l'vne si est inutile & ne vaut, c'est à sçauoir clandestine, par force, ou par priere. Or ensuit doncques que si ledit du Locron puis que tiltre ne demonstre, ou consentement du seigneur comme dict est, qu'elle soit clandestine: qui n'est à receuoir ne soustenir, Item à ce que dit ledict du Locron, que de cognoistre en ladicte terre du Locron de clains, calenges, peines, quins, &c. il est comme dessus en possession & saisine au veu & sceu des seigneurs de Mortaigne, & de tous autres qui l'ont voulu voir. &c. Respond ledit Baillif au nom que dessus, que sauue la grace du proposant le contraire est verité. Et supposé sans preiudice, que aucune chose en fust, dont ledit Baillif riens n'en sçait, si est-il à sçauoir ou vray semblable, que ce auroit esté par priere, auquel cas, cõme dit est dessus, possessiõ sur ce acquise ne tiẽdroit ne vaudroit au proposant, car par ce monstreroit-il euidemment que sans priere ne l'auroit peu faire. Item car à vray entendement nul ne doit penser, que quelconque seigneur en son contraire sans son gré &

consentement voulsist souffrir ne consentir quelque possession acquerir contre luy: & si de bon gré le fait, dont est-ce par priere: qui ne vaut comme dit est. Et si valoir deuroit, lors conuiendroit que lettres en apparussent faisantes mention de ce: dont en cas present riens n'appert. pourquoy. &c. Item en confortant le propos dudit Baillif, le propos dudit seigneur du Locron ne vaut, car il se vante de saisine sans tiltre quelconque, & par especial sans alleguer le droict ne proprieté qu'il ait par luy ou par autre. Et partant qu'il se vante de simple saisine, tant seulemẽt la demõstre il qu'il n'auoit, ne a droit de proprieté, & par ainsi puis qu'il n'a droict de proprieté, ne qu'il ne s'en vante, adiugé ne luy doit estre, car par droict le juge ne doit plus donner que partie demande. Parquoy il s'ensuit que puis que la saisine dequoy il se vante, est moins que suffisante, comme elle sera trouuée par ce qui est dit, & s'il s'est aydé de droit de proprieté, il n'a action qui luy puisse valoir, mais en fait du tout à debouter. Item mesmement que ledict du Locron, ne se vante mie du tiltre honorable, si comme d'achapt, d'eschangement de terre, ou esclissement qui luy puisse donner ne attribuer saisine ou possession tollerable ou especiale sur les termes ausquels il contend, mais ne se vante tãt seulement que de succession sans declaration, laquelle chose n'est soustenable ne à receuoir à la fin où il pretend. Item sont les choses dessusdictes & proposées, claires & notoires au propos & intention dudit Baillif, & en voix & commune renommée audit pays de Mortaigne & enuiron, & les a partie aduerse cognuës & confessées estre vrayes, toutes ou en partie autant que l'intention dudict Baillif peut & doit suffire. Si conclud ledit Baillif au nom que dessus contre ledit du Locron, aux fins & conclusions par luy dessus esleuës, en deniant les faits proposez en ceste cause par ledit du Locron: ausquels ledit Baillif n'auroit tant ou si plainement respõdu ou solu que pour les destruire & annihiler au profit dudit du Locron, & que valoir luy puissent, ne preiudice faire audit Baillif. Offrant à prouuer de ses faits qui deniez luy seroient, tant pour venir à sa conclusion, ou tant que prouuer en pourra, en faisant protestation si mestier est, contraire à toutes les protestations, que a faict partie aduerse, qui faire ou porter preiudice aucunement pourroient, retenuë faicte iusques en fin.

Apres ensuit la forme de articuler sa demande par faits contraires.

TV peux & dois sçauoir que par faits contraires faut mettre & articuler sa demande par partie defenderesse. Et pour ce que premier t'ay monstré comme le demandeur le peut & doit articuler en maieur, mineur & responsif, & cõclusion: si sçachez que tout par pareille forme & maniere le doit articuler le defendeur, ce specialement entendu que tousiours face toutes ses fins cõtraires aux fins du demãdeur, & les faits desdits articles contraires aux faits des articles du demandeur, & sa conclusion contraire à la conclusion du demandeur. Et la raison si est que si les fins ne cõtrarioiẽt, qui est la premiere chose qu'õ fait à visiter les proces,il ne seroit par limité en faits,&par ce y auroit faute,&conuiendroit amender les fins de l'intendit. Et que pis y pourroit auoir,ce pourroit estre au preiudice du simple qui nicement auroit escrit,car souuent on en pert la cause,ny nes'y pourroit asseoir iugemẽt decisoire,&par ainsi le proces seroit defectif:&en sera trouué sur la rubrice cottée tout article.

Apres ensuit par maniere de memoire articuler sa demande.

ARticuler sa demande par maniere de memoire si est, & chet en cas quand parties ouyes en iugement, par le propos d'vn costé ne de l'autre n'est proposé fait contraire aucun, mais chet tout en droit & en discretion du iuge, & lors les doit le iuge appoincter à escrire par maniere de memoire chacun ses propos & conclusions. Si peux & dois sçauoir que la maniere d'articuler par maniere de memoire,si est pareille à la maniere de faits contraires, reserué que en la fin d'intendit ou on dit en faits: Et pour venir aux conclusions dessusdictes, &c, dit, i'ay proposé à toutes fins les faits & raisons qui cy apres s'ensuyuent, il faut dire quand c'est par maniere de memoire. Et pour venir aux conclusions dessusdictes, dit & propose par maniere de memoire les raisons qui cy apres s'ensuiuent. Et puis articuler sa maieur, mineur, ses positions, & ses responsifs, sans mettre en faits contraires fors tout en droit & en narration du cas, & ainsi articuler iusques aux deux dernieres articles, qu'on a accoustumé faire en faits contraires, là où on dit;item & que les choses dessusdites sont vrayes, & les a partie aduerse cogneuës : car lors appartient articuler en lieu de ce. Si conclud ledit tel que veu les choses dessusdictes proposées qui sont cleres & notoires en droict: si conclus comme dessus en faisant protestation que iaçoit ce que ie n'entens auoir escrit, que par maniere de memoire & ainsi que droict le m'enseigne à faire qu'en ceste partie labeure. Pourquoy si i'auois touché aucunement chose qui desirast fait, que ce soit sans preiudice de ma cause. En faisant encores protestation que si la discretion du iuge void que la cause ne se peust deliuer sans faits, ce que si, se Dieu plaist de plus auant dire, proposer, declarer, soustenir, & prouuer si mestier est. Et par ainsi me puis passer de plus auant articuler pour monstrer formulaire sur ce. Car par le formulaire des articles que i'ay cy deuant monstré, peut assez à tout entendre en ce estre veu & sceu comment on doit articuler par maniere de memoire.

Apres ensuit articuler par maniere de intendit.

ARticuler par forme de intendit si chet quand le demandeur a fait sa demande en Cour contre le defendeur, & le defendeur n'y respond que par ny tant seulement, & ne se met en autres faits ne raisons au contraire: Si peux & dois sçauoir que lors s'ensuit que le Iuge doit ordonner, que le demandeur apporte

sa demande

ſa demande par intendit articulée par maieur, mineur & par concluſion tant ſeulement : car lors n'y fault recitation ne reſponce. Si peux & dois ſçauoir qu'articuler la conuient par la maniere qui s'enſuit. Pardeuant vous tel .N. entend les faits à prouuer & mettre en verité tel. N. à l'encontre de tels. N. les faits cy apres articulez par forme & maniere de demande, tendant à fin qu'iceux prouuez tous ou en partie autant que prouuer en pourra, ledit. N. ſoit par vous condamné & contrainct à luy ſatisfaire ſa demande, & auec ce ſoit condamné aux deſpens faits & à faire en la pourſuitte de ceſte cauſe iuſques la taxation reſeruée à vous. Et pour paruenir à ceſte fin, dit & propoſe ledit tel, ce qui s'enſuit. Premierement, &c. Articuler ſa demande comme monſtré ay deſſus, car tout ce peut eſtre entendu par l'exemple precedent les inſtructions ſur ce bien entenduës, qui apres s'enſuyuent. Si m'en paſſe à tant formuler, puis que par vn exemple ſe peuuent tous autres entendre à homme d'entendement.

ANNOTATIONS DV TILTRE

VINGT-DEVXIESME.

a I'*AY cy deſſus parlé de la ſimple ſaiſine, que noſtre Autheur ſéble interpreter autremẽt, que les autres practiciẽs qui en ont eſcrit : mais il ſe faut arreſter à ce qui eſt porté par la couſtume de Paris, art. 98. à laquelle plusieurs articles ſõt cõformes : i'adiouſteray ce qui eſt eſcrit au liure 2. du grand Couſtumier, chap. des cas de nouuelleté, qu'en la ſimple ſaiſine, il y a plusieurs exploicts, & les plus anciẽs vallent mieux : Mais en cas de nouuelleté les nouueaux valẽt mieux. En ſimple ſaiſine celuy doit obtenir qui mõſtre plus ancienne poſſeſſion durãt les dix ans ; & en icelle on ne peut adiuger prouiſion pendãt le procés, ſoit de recreance, ſequeſte ou autres : ains celuy qui eſt poſſeſſeur demeure en ſa poſſeſſion & iouiſſance : encores qu'elle ſoit ſans iuſte cauſe ou iuſte tiltre : d'autant qu'il en auroit ioüy plus d'vn an : Tellement qu'il ſemble que la ſimple ſaiſine ſoit comme ſubſidiaire de la complainte de nouuelleté, pour y auoir recours par celuy qui auroit laiſſé paſſer l'an & iour depuis le trouble à luy donné en ſa poſſeſſion.* Maſuerius tit. de poſſeſſo. num. 32. *fait mention de l'interdit de ſimple ſaiſine qu'il appelle* recuperandæ poſſeſſionis, *Quant à la ſaiſine vuide dont parle ceſt Autheur, les autres practiciens n'en font mention, ſi non celuy que i'ay eſcrit à la main, qui dit que c'eſt quand aucun baille à vn autre la poſſeſſion vuide de la choſe ſans en faire veſt & deueſt ens de loy ou de Seigneur, c'eſt à dire ſans en auoir paſſé contract ny fait ſaiſine & deſſaiſine entre les mains des hommes de loy ou de Seigneur : dont on tire l'argument* ex l. non idcirco. c. de cõtrahenda emptione. *Mais parce qu'à present on n'vse gueres de la simple saisine, & nullement de la saisine vuide, il n'est besoin de s'y arrester d'auantage.*

b *I'ay monstré cy dessus que le fournissement de complainte, autrement on dict ramener à effect la complainte sur le lieu, laquelle se faisoit anciennement ou en vertu de la commission du Juge, ou par lettres royaux, est maintenant abrogée, & hors d'vsage, & partant il faut passer la commission icy recitée: Toutesfois on peut icy remarquer qu'il semble que l'Autheur ne donne lieu à la simple saisine, sinon pour trouble de seruitude ou prestation: comme mesmes il declare cy apres en l'art. defense sur simple saisine, que les Clercs appellent seruitude de possession.*

c *Les formes d'appointer & reigler les parties apres contestation en cause icy declarées, ont longuement retenu leurs noms qui sont à present aucunement changez, & selon la diuersité des stils obseruez és iurisdictions, les appointemens se donnent diuersement, mais ils peuuent estre reduits à trois manieres, à sçauoir d'appointer les parties à mettre leurs pieces par deuers le Juge, auec vn brief motif de droict qu'on peut appeller escrire par memoire: quand la cause se peut iuger sur les tiltres & pieces des parties. L'autre maniere est d'appointer les parties à escrire par aduertissemens qui seront communiquez pour y respondre: lequel appointement se donne ordinairement es causes consistans en question de droict. La troisiesme maniere est d'escrire par intendits & escritures qui seront communicquees, pour y respondre: & se baille ledit appointement quand les parties sont contraires en faicts qu'il leur conuient articuler, pour en faire preuue. L'ordonnance de l'an 1539. art. 42. defend d'alleguer aucunes raisons de droict, par les intendits & escritures: Mais ladicte ordonnance n'est si exactement obseruée, mesmement ès causes qui gisent en fait & en droict. Toutesfois l'art 43. donnant la forme d'articuler les fais veut qu'ils soient succinctement posez & articulez, sans redicte ne superfluité. Ce qui est bien ordonné pour les deux raisons touchées par nostre Autheur: A sçauoir par ce que la superfluité du langage offence souuent l'oreille des Iuges, & comme dit Ciceron, leur opprime la memoire: & à fin que les tesmoins entendent mieux les faits, & en puissent deposer. Quand les parties sont appointées contraires à articuler leurs faits & informer, il faut que l'appointement soit commun tant au demandeur qu'au defendeur, encores que le defendeur ait seulement denié par ses defenses, les conclusions dudit demandeur, & faits articulez par icelles: par-ce qu'il peut par ses responses à l'intendit ou escritures dudit demandeur articuler faits contraires, positifs & probatifs, pour en faire preuue; & telle a esté l'intention de ladicte ordonnance de l'an 1539. & celle de l'an 1563. & ainsi a esté iugé par plusieurs arrests de la Cour, mesmes vn du Mardy 17. iour de Mars, de releuée, 1562.*

d *Tous ces formulaires d'escritures (i'vseray de ce terme comme general) ne requierent annotations, par-ce qu'il depend de la dexterité de l'Aduocat de bien dresser les escritures, soit pour le demandeur ou le defendeur, & reciter clairement les faits, & ceux principalement qui seruent à la cause, sans en entremesler d'autres superflus, impertinens & qui peuuent plus nuire ou apporter d'obscurité à la cause que d'esclarcissement: Et si la cause consiste en question de droict, alleguer principalement le texte des loix & auctoritez des Docteurs fameux, concernans la decision d'icelle, sans mandier les lieux communs des reigles vulgaires, qui demon-*

ſtre ſouuent l'indigence qu'a l'Aduocat des loix, ſoit du droict Romain, ordonnances royaux ou couſtumes des lieux : dont toutesfois il doit auoir plaine cognoiſſance, pour bien traicter la queſtion de droict en laquelle il pretend eſcrire. Et pour le regard de ce que l'Autheur en fin de l'article precedent recommande de mettre à la fin des eſcritures, c'eſt à ſçauoir que les choſes propoſées ſont vrayes, claires & notoires &c. Ce n'eſt que du ſtil commun, auquel à preſent on s'arreſte peu par ce qu'il faut touſiours reuenir à ce qui eſt articulé & diſcouru par les eſcritures, & prouué par les parties. On peut voir d'autres formulaires d'eſcritures au grand Couſtumier, & s'il conuenoit diſcourir ſur tous les poincts contenus és eſcritures dont les formulaires ſont icy recitez, il faudroit faire vn long commentaire, & entrer en la diſpute de pluſieurs queſtions qui ne conuiennent à ce tiltre : auquel ſeulement eſt traicté de la forme de dreſſer les demandes. Toutesfois on peut obſeruer de ces formulaires, ce que les Aduocats doiuent bien remarquer que au commencement des eſcritures, intendits ou aduertiſſemens conuient mettre les concluſions de la partie pour laquelle on eſcrit, ſans les reſeruer à la fin.

APRES ENSVIT DE FORMER SA LITISCONTESTATION.

TILTRE XXIII.

LITISCONTESTATION[a] eſt nier la demande de partie par vn ny, pour toutes deffences. Et pour-ce l'appelle litiſconteſtation qui litiſcõteſte par general ny, ſur toute la demãde, ny ne quiert declinatoire ny dilatoire autre que perẽptoire, que nier purement la demandẽ qu'on luy faict pour toutes deffences, car deuant ce ny, n'eſt le Iuge Seigneur de la cauſe que pardeuant luy eſt litiſconteſtée : & deuant ce peuuẽt eſtre les fins declinatoires propoſées, mais depuis litiſconteſtatiõ, nulle ne doit ne peut eſtre propoſée. Et pour-ce lors eſt le Iuge Seigneur de la cauſe, car droit conuient prendre par luy deciſoire: car toutes interlocutoires ſont paſſées. Car litiſconteſtation ſelon loy eſcrite n'eſt autre choſe fors faire demande principale ſur certaine queſtion deuant le Iuge: & ſur laquelle demande de partie aduerſe eſt faite reſpõce en confeſſant, ou par eſpecial en deniant icelle demande, ſelon ce que dict Iehan André, *Litiſconteſtatio eſt negocij principalis hinc & inde coram iudice facta narratio, & ad eam ſecuta reſponſio. vt C. de litiſconteſtatione. l. 1.* [*Adde quod per ſolam exceptionem non fit litiſconteſtatio, vt l. eleganter. §. penult. ff. de condictio. indebi. in cap. dudum. ext. de electio. cap. prout. & ibi Innocent. de dolo*

Comment s'entend litiſconteſtation.

& contumacia. nisi in curia seculari in causis, in quibus litigare oporteat ad omnes fines: nam tunc per solam exceptionem censetur lis esse contestata: secus si reus litigauerit per retentionem, quam practici dicunt par retenuë.]

Ceste clause n'est au liure escrit à la main.

Que doit contenir litisconteſtation.

Si peux & dois ſçauoir que de droict litiſconteſtation doit principalement contenir trois choſes: C'eſt à ſçauoir ny, abſolution de demande, condemnation de deſpens: & ſi vne choſe des trois y failloit, elle ſeroit defectiue & moins ſuffiſante, & ne le deuroit le iuge receuoir; car en ce cas la diſcretion du Iuge y doit pouruoir: car ſouuent le ſubtil defendeur puis qu'il n'a que ny pour toutes defences, voudroit volontiers que le procés fuſt defectif, afin de prolonger la cauſe. *Quia rei eſt fugere.* Mais le Iuge ſe doit garder * cõtre tel malice pour doutte d'appel. Si te monſtreray la maniere de faire ſa litiſconteſtation par eſcrit.

Litiſconteſtatiõ contient trois points.

** Guettier au liure eſcrit à la main.*

Litiſconteſtation par eſcrit.

AFin que par vous Sire Iuge ſoit dit, ſententié & ordonné pour droict pour tel, à l'encontre de tel, que la demande par luy faicte pardeuant vous en iugement: Et ſur laquelle vous luy auez ordonné à rapporter contre moy par intendit, en & ſur icelle litiſconteſtant, ie luy nie tout le contenu en ſadicte demande, & requiers que d'icelle ie ſois quite, deliuré, & abſouls d'amende, deſpens, dommages & intereſts: la taxation reſeruée à voſtre diſcretion. Et ſçachez qu'il n'y faut faire plus n'autre eſcripture n'allegation, & ſi faicte eſtoit, ſi le doit le Iuge rebouter, & non receuoir: car ce ſeroit choſe impertinente, & non receuable.

ANNOTATIONS DV TILTRE VINGT TROISIESME.

2 LA diſpute a eſté grande entre les Rhetoriciens d'où procedoit l'eſtat de la cauſe, qu'on peut bien appeller conteſtation en cauſe, ſtatus enim conſtat ex intentione & depulſione, *comme Quinctiliam a bien eſcrit lib.* 3. *Ce n'eſt donc le defendeur ne la denegation qu'il propoſe, qui faict l'eſtat & conteſtation de la cauſe, ains comme treſbien le declare la couſtume de Paris, art.* 104. *Conteſtation en cauſe eſt quand les parties ayans eſté ouïes par le Iuge ſur les demandes, de defenſes & moyens qu'elles alleguent par replicques, duplicques, ou autrement ſont par luy reiglées d'appoinctement, pour paruenir au iugement du procés, ou quand le defendeur & defaillant eſt debouté de defenſes, & permis audit demandeur de verifier ſa demande, dont appert que la conteſtation ne depend ſeulement du defendeur, ains des deux parties,*

& non seulement quand le defēdeur denie les conclusions du demādeur & faits contenus en icelles : ains aussi quand il allegue autres defense, & moyens, & que le demandeur conteste au contraire, en vn mot le droict Romain declare bien, quid sit litis contestatio, cùm scilicet iudex per narrationem negotij causam audire cœpit. Siue cùm post narrationem propositam, & contradictionē obiectam, de causa cognoscere cœpit, l. vnic. c. de litis contest. l. rem. §. patroni. c. de iudic. l. 1. §. 1. & §. si autem reus. c. de iureiur. propt. calumn. cap. vnic. de litis contest. cap. dudum. 54. §. partibus. de elect. *La deriuation & ethimologie du nom procede de la forme, dont on vsoit anciennement à Rome aux iugemens, à sçauoir quand les parties ayans esté ouyes par le iuge il ordonnoit qu'on fist venir tesmoins : & lors* vt ait Festus vtraque pars dicere solebat, testes estote. quod confirmat Macrobius lib. 9. ca. 16. Iubent, inquit, dicere quorum negocium est; narrant: Iudex testes poscit. *Qui voudra voir plus amplement de ceste matiere, qu'il lise ce que i'en ay escrit sur ladicte coustume de Paris, & au quatriesme liure des Pandectes. Plusieurs autres en ont aussi escrit.*

APRES ENSVIT DE DEFFENSES EN CAVSE.

TILTRE XXIIII.

VEu les manieres des demandes, des obligatiōs, des actions, & des peines qui toutes sōt au propos de faire & causer sa demāde selon la doctrine dessus escrite, monstrer veux la maniere de soy deffendre en cause de conuenuë, & demandee en Cour. Et premierement à la premiere demande que fait ay à la rubrice des demandes, laquelle fut demande de cartel.

Defense sur la demande faicte.

Si peux & dois [a] sçauoir que tu peux premier repeter en brief le cas de la demande du demandeur & conclusion. A laquelle demande & impetition, ie respons en faisant conclusion qu'à sadicte demande n'est à receuoir. Et si à receuoir estoit, ce que non, qu'il n'ait cause, tiltre, n'actiō qui luy vaille à son intention, mais en soit du tout forclos, & debouté, & par consequent soit quitte, deliuré & absous de ses conclusions, & soit condamné és despens par moy faits & à faire en ceste cause, à la taxation de la Cour. Et pour venir à ceste fin ou fins, dis & propose ce qui ensuit. Sire Iuge quiconque veut proposer demande contre autre en iugement: il faut qu'il forme & aorne sa demande par telle maniere, qu'elle contienne cause certaine & declaration, laquelle soit telle qu'elle puisse ou doiue de sa nature engendrer cause d'action de contract ou de malefice, ou autre cause telle que conclusion certaine s'en doiue ou puisse ensuiuir, à laquelle le demandeur puisse pretendre, & qu'elle vaille obligatiõ par contract ou par malefice comme dict est, or n'est-il ainsi en ce cas, car là où le demandeur fait sa demande que tenu suis vers luy en la somme de vingt li. paris. pour cause de vins creux, &c. il n'a declaré de quels vins, ne de quel temps, ne que promis luy aye par stipulation d'obligation certaine n'autrement, ne qu'en conuenance luy aye à rendre ne payer à certain iour: pourquoy ie conclus comme dessus de rechef. Et si de mes faits cheoit aucune chose en preuue, si offre ie autant prouuer que pour venir à ma conclusion, En protestant que si tout ne prouuoye, que ce que prouuer en pourray, me vaille, &c. Item & si le cas n'estoit tel, si peux-tu & dois entendre que selon le cas peux & dois former ta demande & conclusion, car selon droict escrit de cas semblable, semblable iugement, *iuxta illud, de similibus simile est iudicium.* b

Deffences de meubles prins sur aucun mort.

Premierement repete la demande de partie aduerse, &c. Ie respons qu'ouye la demande de partie, pour icelle destruire, verité est ie suis par le droict dont le mort saisist le vif, en droict trouué de par saisine & possession auoir & apprehender comme vray hoir, legitime & naturel successeur de tel N. Et par-ce ay au vray & iuste tiltre de prendre & apprehender tous les biens dont le deffunct iouïssoit & possessoit au iour de son trespas. Et ainsi est que mõ predecesseur au iour de son trespas iouïssoit & possessoit paisiblement de ce dont le demandeur fait la demande, de laquelle chose ie suis au tiltre dessusdit entré en possession & saisine & en ay ia iouy & possessé iusques à present qui vault chose de meuble, vsucaption: & si c'est en chose reelle, qui vault prescription, & pour tel temps qu'il peut & doit suffire à bonne possession auoir, & à droict. Pourquoy ie conclus veu la conclusion pardeuant alleguee qui doit suffire pour toutes autres.

Deffenses en action reelle.

Premierement repete de la demande de partie aduerse, & sans conclusiõs cõtraires, declinatoires & dilatoires passées & corroborées: Tu peux & dois demander iour de veuë du lieu. Laquelle est de telle maniere que cy apres en la rubrice à ce seruant te declareray, & apres garand, que les clers appellẽt euiction. Laquelle est telle qu'en la rubrice à ce seruant te declareray: & ces choses presupposées, tu te peux en ceste partie defẽdre par tenuë de long temps, ou tout delayer, & intenter complaincte nouuelle sur ce. Et sçachez en ceste partie peux auoir encores autres defenses par complaincte de nouuelleté, mais cy n'appartiẽt iour de veuë demander, ne garandise fors soy complaindre dedans, comme dessus est dict.

Defense d'action mixte ou personnelle.

Premierement repete la demande & conclusion de partie aduerse, declinatoires & dilatoires passees, peut estre dict au peremptoire, verité est que pour destruire la conclusion de partie aduerse, ie suis à iuste tiltre de possession, ou à iuste tiltre de donation, ou à iuste tiltre honnorable d'achapt en saisine & possession de leuer, prendre & receuoir par moy ou autre de par moy, les vsufruicts de tel lieu cötentieux, & dont demã-de se faict contre moy, ou de telle partie ou portion, qui à moy compete à la cause dicte, au veu & sçeu de tous, & par especial dudit demandeur sur tel lieu que ie tien par aduis contre tel. Or est vray que tel qui pour present m'en fait demande, ne monstre n'allegue tiltre, ne propose chose qui contre moy luy puisse ne doiue valoir. Pourquoy ie conclus comme dessus, en faisant demande de despens.

Deffence sur simple saisine que les Clercs appellent seruitude de possession.

DEfense sur simple saisine, que lès Clercs appellent[c] seruitude de possession, si est de personne à personne, ou de chose à chose, ou de personne à la chose. Et se diuisent: car l'vne est personnelle, & l'autre est réelle, la personnelle comme en vsufruicts & emolumens d'aucune possession auoir, & parceuoir par continuation qui donne action de simple saisine. Les réelles comme possession auoir sur son voisin ou hantages de goutiers d'eauës, ou vuidemens par conduits de terres, ou chemins, voyes & issuës par le champ de son voisin, ou auoir possession de mettre & appuyer mon cheuron sur la paroy de mon voisin: & plusieurs autres manieres en cas pareil. Et pour-ce sont appellees seruitudes de possession pour ce qu'elles ont regard à choses fonsieres.

Sur possession simple.

Item & la possession simple est, qu'vne personne a sur l'autre, & est appellee prestation de possession: si comme aucuns sont qui doiuent à autres iournée, ou de semer, ou de guetter, ou de charier, ou cheuaux prester, & plusieurs autres telles manieres de possession, qui sont appellées prestations, pour ce qu'elles se font à personnes. Si peux & dois sçauoir que ceste possession s'acquiert par dix ans continuels entre les presens, & par vingt ans entre les absens. Et pour-ce peut y auoir difference en ceste demãde par ceste maniere. Premierement deffense à toute declinatoire & dilatoire, peut estre argué que ceste demande n'est à receuoir ou au moins n'a cause: car de non auoir voye parmy le champ declaré par le demandeur, le defendeur qui est vray Seigneur & fonsier d'iceluy chãp, & qui luy vient par succession naturelle, & directe, & en a ioüy & possedé, sans ce que onques y eust voye, sentier ne chemin par vn, deux, trois, quatre, cinq ans, par dix ans, & par plus au veu & sçeu dudit demandeur & de tous autres qui l'ont voulu voir & sçauoir, sans debat ne contredit aucun, ne qu'oncques, mais fust demandé ne[d] calengé voye, ne sentier. Pourquoy veu & consideré ma possession à iuste & bon tiltre, & qu'il ne se vante de lettre, chartre, n'escrit auoir qui de ce face mentiõ fors de simple saisine, par laquelle il traicte à suruitude sur mon heritage qui est chose non fauorable, ie conclus comme dessus, en faisant demande de despens.

Possession simple ou prestatiõ.

Defence en cas de possession de prestation.

DEfense en cas de possession qu'autrement peut estre appellé seruage de personne. A ceste defense peut on & doit alleguer faits contraires à partie demanderesse: si comme de dire, ie me vante de tout le contraire, car ie suis en bonne saisine de moy tenir & porter franchemēt sans taille, ne dette, ne coruée deuoir ne payer par moy, n'autre de par moy : si ne fist mon pere ne ma mere, & en celuy ay esté tel, & si long temps qu'il peut & doit suffire à bonne possession & saisine auoir acquis & retenir en ce, mesmement qui suis personne habille à ce acquerir: plus encores qu'en ce ait possessé au veu & sçeu de tous, & par especial du demandeur par vn, cinq, dix ans, & plus paisiblement, qui suis franche personne, & il traicte de seruitude sur moy, ie conclus, &c.

Defence faicte par escrit articuleement.

SVR la demande faicte contre le Seigneur de Locron par le Baillif de Mortaigne baillée en Cour par faits contraires, peut estre defendu par le Seigneur, & rapporté par escrit par la maniere qui ensuit baillée & faicte par exemple, par faits contrarians les raisons pardeuant escrites. Afin que par vous Messeigneurs, les hommes tenans en fief du chastel de Mortaigne Iuges en ceste partie, d'entre honnorable homme & sage Iean Boutiller Baillif de la Chastellenie & terre de Mortagne au nom qu'il procede, contre Noble homme Monseigneur de Locron Cheuallier, soit dict & sententié par droit au proffit dudit Locron, & contre ledit Baillif: que ledit Baillif ne soit à receuoir à faire les conclusions & demandes qu'il a faict: & si à receuoir estoit, ce que non, qu'il n'ait cause n'action, & s'aucune auoit, qu'elle soit dicte nulle, ou telle que valoir ne luy doiue à son propos. Ait ledit du Locron iuste cause & action de luy defendre, n'ait forfaict, amende quelconque ne confiscatiō, ne se puisse ne doiue asseoir, n'appartenir: & ait bien & deüment faict, cognu & exploicté ledit du Locron par luy, ou ses ayans cause, Baillif, maieur, & iusticiers en sadicte terre du Locron, de toute Seigneurie fonsiere & viscontiere, & tellement qu'à telle iustice peut & doit appartenir sans abus quelconques. Soit tenu & gardé en son bon droict, possession & saisine de telle iustice que dict est auoir & tenir en ladite terre du Locron. Pour venir & atteindre aux fins dessusdictes, les faits, causes, raisons qui cy apres ensuyuent requerans en ce est droict estre ordonné.

La mort saisist le vif.

Premierement dit & propose ledit du Locrō, que par le droit dont le mort saisist le vif: Quicor ques est vray hoir d'aucun plus prochain & legitime, à luy appartiét la successiō, droicture & Seigneurie que son predecesseur proprietairement tenoit & possessoit au iour de son trepas.

Au liure escrit à la main est adiousté en marge Instit. de legitim. agna success. & de legit. cognat. success. & de fideicom. hæred. § restituta. & § seq.

Item & par celuy droict en peut l'on obtenir & apprehender tous droicts de saisine & possessiō telle & aussi directe comme auoit faict son predecesseur, & a representé ceste mesme cause, droict & action en iceluy cas. Item & par plus forte raison a encores en iceluy cas ledit hoir comme dict est, le droict du possesseur tant plainement acquis audict hoir par le droict dont le mort saisist le vif, comme dict est. Et auec ce vault & labeure au profit dudit hoir la nature de succession, qui est telle que de ce don t il aura iouy & possedé par tant de temps à iceluy tiltre, il suffist & doit suffire à bonne & iuste possession auoir & retenir. Item mesmement, que ç'a esté au veu & sçeu de ceux qui depuis y vouloient mettre

mettre ou faire empeschement, qui n'auoient esté mineurs ne expatriez celuy temps durant, dont ils puissent auoir ne pretendre ignorãce. Item or est-il vray que ces choses presupposees qui sont claires & notoires & vrayes, ledit du Locron est vray & legitime hoir demeuré de feu Monseigneur Iean du Locrõ son pere, lequel en tient, iouy & possessa de ladicte terre ensemble d'en icelle cognoistre par luy & ses ayans causes & commis, Baillifs, maieurs & Officiers de toutes plaintes, quins, dõs, peines & autres seruices de iustice. Et d'en faire ou faire faire execution sans moyen de vendre, subhaster de sa iustice, biens & heritages, puis que par iugement de ses hommes estoit iugé & dit. Item & en celuy droict paisiblement tint & posseda ladicte terre tout son viuant sans difficulté aucune, & en ce alla de vie à trespas : pourquoy ledit du Locron qui pour le present est, ayãt droict de son feu pere, comme dict est, par raison doit demeurer en iceluy droict naturel. Item & qui plus est, en confortant le droict de la succession dudit du Locron non point tant seulement à luy venuë ou descenduë par sondit feu pere comme il dict, mais encores par plus forte raison à luy venuë & descẽduë d'ayeul, aue & tayõ: & ainsi de predecesseur en successeur posteriorement & successiuement sans aucun moyen iusques au iour present, & que ledit du Locron est encores possessant & iouyssant à celuy tiltre, de la terre & seigneurie dessus alleguée. Item & d'icelle terre & seigneurie a iouy & possessé paisiblement tant par luy comme par ses predecesseurs, dont il a cause comme il dit au veu & sceu de tous ceux qui l'ont voulu voir & sçauoir: & par especial dudit seigneur de Mortaigne, Baillif ou Lieutenant quelsconques qu'ils ayent esté, sans ce que onques mais y fust mis ou faict quelconque empeschement ne difficulté aucune. Item & de laquelle possession & saisine, auec droict proprietaire de toute la iustice & seigneurie ledict du Locron n'a pas iouy ne vsé clandestinemẽt: mais en s'exerçant publiquement, ayant maieur, Iuges & tenans de luy, Sergens & autres Officiers de iustice: plaids en Cour ouuerte & tenuë de quinze iours en autres par semonce, ou coniure de soy ou de sondit maieur ou Lieutenant. Item & de ce & à celuy tiltre est homme feodal dudict Chasteau & Chastellenie de Mortaigne, seant en iugement de la Cour d'iceluy Chasteau auec ses hommes feodaux au veu & sceu dudict Baillif de Mortaigne, hommes feodaux & pers sans contredit ou trouble luy faire, ne mettre en ce. Item & pourquoy & consideré ce que dict est, ledit du Locron peut dire & soustenir que ledit Baillif n'est à receuoir contre la iustice, saisine & possession de proprieté dudit du Locron : & si à receuoir estoit, ce que non, il n'a cause, droict ne actiõ, mais doit maintenir son possessoire, consideré qu'il est clair & notoire ce que ledit du Locron met en faict si mestier est. Item & tant par ce que par son naturel proprietaire droict de succession & patrimoine à luy venu & descendu comme dict est, comme aussi par ce que à celuy tiltre en a iouy & possedé par j. ij. iij. iiij. vj. vij. viij. x. xx. xxx ans. & plus, & par tel & si lõg temps, qu'il peut & doit suffire à auoir acquise bõne & iuste possession, voire droict fonsier proprietaire, il doit estre dit & iugé au propos dudit du Locron, & contre ledit Baillif, nonobstant choses proposees par ledit Baillif, ausquelles respond ledit du Locron par la maniere qui ensuit. A ce que ledit Baillif au nom qu'il procede, a dict & maintenu en substance que ledit Monseigneur de Couchy si a la garde dudit Chasteau pour & ou nom du Roy nostre sire, & peut & doit par ce vser en celle partie d'autel droict comme le Roy nostre sire ou ses Officiers en iustice, & le droict de ladicte Chastellenie gardant: voulant par ce conclure que contre son seigneur, & par plus forte raison contre le Roy nul ne peut acquerir possession. A ce respond & soult ledit du Locron que sauue la grace du proposant en ceste partie, n'est, ny ne peut estre ainsi dict ne entendu, car supposé sans preiudice, que ledict de Couchy si ait de present la garde de Mortaigne comme autres ont eu au temps passé, pour ce ne peut-il, ny ne doit supprimer le droict des subiets d'icelle terre, mesmement de sesdits Feodaux & tenans noblement comme faict ledit du Locron, à qui comme aux autres feodaux il a promis & iuré bonne garde, & d'estre bon seigneur, & eux tenir en droict: pourquoy non plus que les autres seigneurs predecesseurs ne doit troubler le droict dudit du Locron, auquel il a trouué comme on fait les autres qui parauant luy ont esté. pourquoy. & c. Item & quãt à ce que ledit Baillif veut dire que contre le Roy nostre sire, qui est souuerain seigneur de la terre de Mortaigne, & contre luy nul ne peut acquerir possession. Respond ledit du Locron que contre le Roy nostre sire, iaçoit ce qu'il soit souuerain seigneur de Mortaigne, il n'a acquis quelque possession, car il n'a iouy ne demandé autre droict fors de patrimoine: ce que luy vient & descend comme dessus est dict, sans plus auant emprendre ne clamer, duquel droict a iouy & vsé par luy & par ses predecesseurs dont il a cause: & supposé que aucune possessiõ par luy ou sesdits predecesseurs y ait esté & soit acquise, si n'eust elle ne pouuoit empirer ou nuire audict du Locron: mais auant conforter ou auancer par plusieurs raisons qui ensuiuent.

Du temps de prescription. La premiere si est que le droict escrit n'accepte nuls, que quiconques a droict de saisine & possession auoit acquise par le temps de x. ans entre les presens, & par le temps de xx. ans entre les absens, par ainsi qu'il soit possesseur de bonne foy, & qu'il soit habile à droict de possession acquerir, que acquerir ne la puisse, & si acquise l'a, qu'icelle ne luy tienne ne vaille, pourquoy. & c. Item s'il est argué que si c'est pour le Roy nostre sire, contre lequel nulle saisine ne se peut acquerir. Si dit ledit du Locrõ qu'en ceste partie le Roy nostre sire iaçoit ce qu'il soit seigneur de Mortaigne, si n'est ce mie du domaine de son royaume, mais est & fut terre acquise & achetée par les Roys predecesseurs que Dieu absolue, & ainsi posé ores que contre son domaine possession ne la puisse acquerir, pour ce ne s'ensuyuroit il mie que contre acquests par luy faits, possession ne se peut aussi acquerir: pourquoy. & c. Item la seconde raison si est, par ledit droict escrit nul ne peut en cause ne en matiere d'acquest ou achapt auoir plus grand droit, que de son ayant cause de qui luy vient & descẽd la chose, & supposé ainsi que le Roy nostre sire soit seigneur heritier &

Du droict de prescription.

fonsier de Mortaigne par acquest comme dit est,& au temps de son acquest il trouua ledit du Locron ou ses predecesseurs puissans de droit & possession par luy alleguée. Ainsi les doit de raison laisser iouyr, & puis que nul que le seigneur n'y contend à mettre trouble, & empeschement, parquoy.

Au liure escrit à la main est adiousté. Regula iuris nemo plus iuris in alium transfert, quàm sibi competere dignoscatur. ext lib. 6. c. nemo.

Item la tierce raison si est, que de son heritage nul ne peut ne doit estre exclus ne debouté, si ainsi n'est que par lettres de contract à ce soit obligé, & depuis conuaincu par mesfait capital par luy perpetré, soit condãné du corps & de confiscation de biens. Or n'est pas ainsi en ce cas, car ledict du Locron n'est lié ne obligé en riens ny n'a mesfait à peine capital, ne partie ne s'en vãte point, pourquoy il puisse ou doiue auoir sa terre, ne iustice empeschee ou confisquée, parquoy &c. Item & quant à ce que ledit Baillif maintient que ledit du Locron a faict abus de iustice, pourquoy. &c. Respond ledit Monseigneur Alard du Locron que sauue la grace dudit Baillif de Mortaigne, il n a fait abus, delict ne desobeissance en ceste partie, mais a cogneu de droict qu'à luy directement à cause de sa iustice du Locron appartient, & dont il vse & a accoustumé par luy & par ses predecesseurs vser, comme dict, sans rien auoir plus faict ne emprins que faire ne puisse ou doiue, pourquoy. &c. Itẽ & tant à ce que ledit Baillif de Mortaigne dict & maintient, que si ledit du Locron a en ladicte terre du Locron droict de saisine de cognoistre de toutes plaintes, peines, quins, &c. Si a ce esté saisine clandestine, ou saisine de priere ou happee, qui ne sont à soustenir pourquoy. &c. Respond ledit du Locron que sauue la grace du proposant, en ceste partie, arguë moins suffisans argumens. Car la saisine & possessiõ dont ledit du Locrõ se vante, est saisine & droict proprietaire, prescrit de 60. ans & de plus par luy & ses predecesseurs, qui ne peut estre entendu saisine clandestine ou happee. si ne peut elle estre par priere de seigneur aucune que faict en ait, ne que besoin luy en ait esté, ne à tous ses anciens predecesseurs: mais se vante de saisine seigneuriale & proprietaire comme dessus est dit, pourquoy. &c.

De acquerir prescription.

Item & quant à ce que ledit Baillif maintient que ledit du Locrõ suppose que contre son voisin puisse acquerir possession, ne peut-il contre son seigneur. &c. Respõd ledit du Locrõ qui bien sçait & cognoist qu'il n'est pas voisin ny ne tient point voisinement la terre du Locrõ, de Mortaigne, mais y est suiet, & que le seigneur de Mortaigne est son seigneur & de qui il tient & aduouë à tenir ladicte terre du Locron: pourquoy il dit que ce fait à son propos, car son seigneur par droict le doit tenir & garder en droict cõme son vassal: & ce a il promis par serment cõme son vray seigneur, à qui pour ladicte terre il a fait hommage.* Si requiert que au droict de saisine proprietaire le vueille garder & tenir, non point qu'il se soit vanté de possession ou saisine nouuelle acquise: pourquoy. &c. Si conclud ledit du Locron, veu ce que dict est, aux fins dessusdites esleuës disãt les faits, causes & raisõs par luy proposees estre vrayes, claires & notoires, & mesmemẽt les a partie aduerse cogneuës estre vrayes, toutes ou en partie autãt que pour suffire. En deniant tous faits proposez par ledit

** Au liure escrit à la main est adiousté, vt per Alexand in l. 1 ff. de in ius vocan ca. dom n. defend. fu cont. inter. dom. et agn. &c. quib. ca. dom. proprietate priuetur. quia dominus tenetur seruare fidem vasallo, sicut vassallus domino, vt per Alex. vbi supra & Paul. de Castro. ibidem.*

Baillif contraires ou preiudiciables audit du Locron, & des siens offrant à prouuer tant sur ce que suffire pourra, retenuë faicte iusques en fin.

ANNOTATIONS DV TITRE VINGTQVATRIESME.

a L'AUTHEVR a traicté cy dessus amplement des exceptions de diuerses especes & manieres, mesmement des peremptoires concernans les fins de non receuoir, qu'aucuns ont voulu comprendre sous le nom des dilatoires; d'autant qu'elles doiuent estre premierement vuidees & iugees, & auant que les parties entrent en contestation de faicts. Toutesfois comme i'ay monstré cy deuant, y a des fins de non receuoir, qui ne peuuent estre reputées autres que peremptoires: par ce qu'elles periment du tout la cause. Aussi souuent les fins de non receuoir sont accumulées auec les defenses de faict: d'autant qu'elles dependent non seulement de ce qui est par escrit, ains aussi de la preuue des tesmoins, qui se doit faire par enqueste, & le subtil practicien escriuant pour le defendeur ne doit oublier de proposer la fin de non receuoir, si aucune y a resultant ou des raisons de droict, tiltres & pieces de sa partie, ou de la preuue qui s'en fera: & apres la fin de non receuoir, alleguer par mesme moyen les faits & raisons qu'on dit de non valoir, pour monstrer qu'encores que le demandeur soit receuable en son action, si est-ce qu'il en doit estre debouté, laquelle forme d'escrire pour le defendeur est representée en ce tiltre en diuers articles par l'autheur, lequel sous le nom de defenses entend les peremptoires consistans en contestation de faicts, & que toutesfois on peut dire estre à toutes fins. Comme des actions sont diuerses especes, y en a aussi des defences & exceptions, & pour diuerses choses tant mobiliaires qu'immobiliaires, corporelles & incorporelles. Mais par ce qu'il sera traicté cy apres plus amplement tant des obligations que des choses pour lesquelles les actions se peuuent intenter, & les defenses proposer, il n'est besoing de nous arrester dauantage aux formulaires dss defenses icy proposees. Toutesfois ie diray en passant que le practicien peut recuiller desdicts formulaires, vne instruction commode pour conclurre à quelques fins, de la part du defendeur, que non seulement il conclue à fin d'absolution des conclusions du demandeur, ains aussi qu'il propose conclusions contraires, & conclue à la fin d'icelles, & aux despens. Et comme il a esté monstré cy dessus ce qui est requis pour rendre vne action bien dressee selon la qualité de la matiere dont est question, auec les circonstances conuenables: aussi le defẽdeur doit regarder s'il ne defaut rien aux conclusions du demãdeur, pour arguer par ses defenses la deffectuosité, impertinence & imperfection d'icelles: à fin de les reietter, & en debouter le demandeur.

b Est icy obmis vn article qui se trouue au liure escrit à la main, lequel i'ay bien voulu inserer, & est tel. Deffenses à la demande de meubles. Premier repeter la demande de partie aduerse. Soit defendu en faisant conclusions contraires, & de non receuoir, ie respons que quiconque fait sa demande en Cour à autre, & faict conclusion finale contre partie adiournee à sa requeste, il la doit faire si garny de parties à qui ce peut compter certainement, que iugement se puisse asseoir decisoire: ou autrement ny vaut, ains doit estre debouté, puis qu'il est peremptoire, & il n'a fait que conclusion peremptoire sur moy. Pourquoy ie te dis que ceste demande par raison & de sa nature si est telle, qu'elle regarde aussi bien & aussi auant tel. N. que moy, lequel il n'a pas fait adiourner, sans lequel ie ne puis ne dois proceder en ceste cause, pourquoy ie doy auoir congé de Cour contre cedict demandeur, auec condemnation de despens. Sur protestation que s'il estoit dict au contraire, de requerir garant ou compagnie, selon que le cas desirera ou autrement de proceder en outre en la chose demandee, si comme de raison appartiendra, droict ou sur chacune fin par ordre, auec toutes autres conclusions pertinentes. Compagnie signifie ioinct.

c I'ay notté cy-dessus que cet autheur ne refere la simple saisine que sur le trouble de seruitude ou prestation, comme aussi l'entend le vieil practicien que i'ay escrit à la main: encores que plusieurs coustumes l'interpretent autrement: & pour le regard de la seruitude dont parle icy l'autheur, il la prend generalement, tant pour celle par laquelle la personne est tenuë de seruitude à la personne, comme on traicte des serfs estant de condition seruille, mainmortable, taillable & tenus enuers leurs seigneurs de diuerses charges dont i'ay parlé en autre lieu: que pour les seruitudes qui sont dëuës ou à la personne par la chose & heritage, ou d'heritage à heritage, dont on fait dëux especes de seruitudes, les vnes appellees personnelles, parce qu'elles sont deues à la personne par l'heritage comme l'vsufruict, l'vsage & habitation: les autres reelles autrement appellees prediales, parce qu'elles sont deues par l'heritage à l'heritage, & sont inherentes aux heritages, & deuës à cause d'iceux: dont y en a de deux sortes, les vnes des heritages de ville, les autres des heritages ruraux ou rustiques & des champs: de quibus tractatur tit. D. de seruitut. & instit. de reb. corpor. & incorporal. de seruit. prædior. Et nous en auons amplement escrit au second liure des Pandectes.

d L'autheur vse souuent de ces mots, calenge & calenger, dont aussi vsent plusieurs coustumes du pays bas, Romans, & Chroniques, Calenger signifie quereler, demander, inquieter, arguer & apprehender en l'ancienne Chronique de Flandres & en Monstrelet au premier volume, cap. 2. 9. Calenger se trouue souuent en ceste signification: suiuant laquelle Calenge signifie debat, querelle, accusation, & apprehension de corps: qu'a bien obserué Ragueau en son indice.

e Ce mot happee est ancien qui signifie par force, comme aussi en vse mon vieil practicien, quand il dict que saisine clandestine, de happee, ou de priere ne vaut & n'est à soustenir. Aussi en quelques liures anciens happer est mis pour prendre par force.

APRES ENSVIT DES OBLIGATIONS ET QVANTES MANIERES EN SONT.

TILTRE XXV.

PVIS que monstré vous ay la maniere à faire & articuler sa demande, si vous veux monstrer dequoy demande peut estre faicte, & se peut naistre. Si peux [a] & dois sçauoir que tu n'as ne peux auoir cause de faire à aucun demandé, s'il n'est ton obligé. car autrement tu n'aurois action. Et pource te veux monstrer quelle chose est obligation. Obligation est vn lien de droict qui contrainct l'homme à satisfaire de ce que obligé est. *institu. in princi. de obligationibus.* Si sont deux principales manieres d'obligation. La premiere si est obligation par contract. La seconde par malefice. Si est à sçauoir que obligation par contract se diuise en obligation par contract, & en obligation si comme par contract: Si faict obligation par malefice. Si est à sçauoir qu'obligation par malefice se diuise en obligation par malefice, & obligation aussi comme par malefice : & ainsi sont, quatre manieres d'obligations, mais les deux premieres sont principales.

Des obligations par contract.

Conligation au liure escrit à la main qui signifie societé.

Obligation [b] par cõtract se diuise & faict par plusieurs manieres, c'est à sçauoir si comme par paroles, par promesse, par consentement, par emption, par vendition, par transaction, par donation, par mandement, par consignation, par depost, par accommodation, par location, par garde, par contract verbal, ou par lettres, par operation, par redemption, par reconuention, par reiuendication, par iugement, par pure voye, & par plusieurs autres qui cheent en droict, qui toutes seroient longues à reciter, mais i'ay nommé les plus necessaires & qui plus cheent en termes en Cour laye.

De his omnibus facilimè videas instit. à tit. de obliga. vsque ad tit. de obligat. quæ ex quasi contract.

Ainsi comme par contract.

Obligation ainsi comme par contract si est auoir en luy matiere en la cause, soit par autre ou sans autre comme à luy propre. Si comme on auroit cause enuers aucun par matiere qui seroit telle & si raisonnable qui vaudroit promesse, & equipolleroit à contract faict. Car souuentesfois aduient qu'vn homme n'est pas formellemẽt par paroles ou par lettres obligé à vn autre, & toutesfois par raison & vray entendement il est tenu & submis à luy faire certaine chose, qui peut estre, comme si i'ay faict à aucun quelque seruice, jaçoit ce qu'il n'a pas commandement de ce faire, ou que lié n'y soit par contract, toutesfois puis que i'ay fait ou labouré pour luy, il est tenu à moy, & est mon obligé, ainsi comme par contract, car nul ne peut ne doit tenir le bienfaict d'autruy sans remuneration: & ainsi entens d'autres cas, car en maintes manieres se peut engendrer obligation ainsi comme par contract. *tit. de obligat. quæ ex quasi contract. instit.*

Obligation par malefice.

Obligation [c] par malefice si est si comme rapine, & larcin, torts faicts, iniures de paroles, griefs, oppressions, dommages, villennies, extractions, distraction, receler, accuser contre les termes de droict, & commander meurdres, homicides, mutilations, menaces, aguets, inuasions, & tous dommages faits par malefice.

Forfais, iniures de faict, ou de paroles: au liure escrit à la main.

Exemplificat tibi tex. à tit. de obligat. quæ ex malef. vsque ad tit. de obligat. quæ ex qua. malef. instit.

Ainsi comme par malefice.

Obligation si comme par malefice, si est faire les malefices ou dommages dessusdits, faire ou porter par subtille voye & couuerte maniere, dont on a ou peut auoir obligation, ainsi comme par malefice, & equipolle à obligation de malefice. Si te monstreray de chacune part diuiseement & clairemét cy-apres, ainsi qu'il cherra en termes vn propos apres l'autre, car lors reuiendra à poinct à traicter de chacune plus formeemét & plus en lieu pour briefuement compredre l'entendement de chacun à par soy. Si sçachez [d] si comme obligation de bonne foy est à tenir: par contraire obligatió de male foy n'est à tenir. Car à impossible ne se peut nul obliger qui tienne lieu. Item obligation à turpide, si cóme qui obligé seroit à homme battre, ou tuer, ou dire, ou faire autre laide iniure, telle n'est pas à receuoir. Item obligation contre bonnes mœurs, si comme d'auoir promis de inciter homme de religion à faire chose cótre son ordre, ou autre semblable maniere: car icelle obligation n'est pas à tenir. Item obligation qui seroit contre nostre foy, n'est pas à tenir, ne celle qui seroit contre nostre mere saincte Eglise, n'est pas aussi à tenir. Item obligation contre le mandement ou establissement du Prince, ou encores contre droict commun, telle n'est pas à tenir. Item obligations repugnantes ou contrariantes l'vne à l'autre sur vne mesme chose, ne sont à tenir. Item obligation cótre pitié naturelle & humaine aussi n'est pas à receuoir, comme de promettre que on ne feroit iamais bien à son enfant, à son proisme, ou à tel pauure, telle obligation ne vaut. Item obligation de chose d'autruy à non sciant ne vaut. Item obligation de chose commune sans auctorité du Prince, n'est pas à tenir. Bien peut estre que encores pourroit-on trouuer autres manieres d'obligations qui ne seroient pas à soustenir, selon que les cas aduiennent diuers, & que nul ne pourroit escrire, mais la plus grande partie t'ay recité, ne nulle si estrange ne se pourroit trouuer, que par l'vne des dessusdictes ne se peust bien entendre selon la loy escrite qui dict. *De similibus simile est iudicium.*

Obligation à impossible ne doit auoir lieu.

Au liure escrit à la main, est adiousté, C. de pactis l. pacta quæ & ff. eo tit. l. iuris gentium §. & generaliter.

Obligation contre la foy ne doit auoir lieu.

Obligat. cótre pitié naturelle, n'est à receuoir.

Des obligations en special.

Or t'ay monstré des obligations qui en general se peuuent ou doiuent entendre, apres te veux monstrer des obligations qui en especial se peuuent faire. Obligation en especial si est par mots expres, & pour certaines causes se fait d'vne partie à l'autre par contract volontaire. Et sçachez que selon les sages, obligation speciale passee, elle vaut deuant la generale, comme si i'auoye tous mes biens generallement obligé à aucun, & puis à vn autre obligeasse aucune terre ou autres biens : sçachez que la generalle obligation ne vaut contre celuy qui auroit especiale, & ne laisseroit ja à vendre & executer pour la generalle, celuy qui auroit l'especiale, puis que l'obligé seroit trouué en possession, si main de iustice n'y estoit assise: non feroit le propre obligé qu'il ne vendist partie de ses biens nonobstant la generale obligation, si ainsi n'estoit que l'hõme à qui il seroit ainsi obligé en general, ce fust commencé à mettre à loy deuant la vente: & ainsi a il esté iugé en plusieurs Cours, par plusieurs fois, & ainsi le veut droict escript & accordé. [e]

[Margin: Obligation par mots expres.]

Sur biens meubles.

Si sçachez [f] que obligation sur biens meubles ne contrainct ne lie l'obligé que s'il demeure en la possession de ses biens, sans que ce soit par l'auctorité de loy, & par inuentaire sur ce faite, que ainsi soient prestez à l'obligé, à tout qui ne les peut vendre, adenierer ou obliger à autre que incontinent les emporteroit hors de la maniance de l'obligé. Mais autre chose seroit des heritages si obligez estoient par loy, ou hypotequez en pays où on vse de hypotheque. Et en pays où on vse point si la main de iustice y soit assise à ceste fin par enseignement de loy, car lors dure & vaut l'obligation tant que satisfaicte est. Item sçachez que en mainte obligation est dict que le creancier soit des despens creu sur son simple dict sans autre preuue faire ne traire : sçachez que ce ne vaut & est frustré & vain langage, car selon la loy escrite nul en son faict n'est à croire, pourquoy ce ne vaut aussi en obligation.

Sur heritages.

Obligation [g] en heritages. Sçachez que tu ne peux ne dois obliger ton heritage qui vaille, sans le seigneur de qui il est tenu, & que ce ne soit faict par loy: ne dons, ne lais, que autrement y ferois, ne tiendroit, mais les vsufruicts peux tu bien obliger trois ans tant seulement sans le seigneur: & si plus le voulois, il conuiendroit que ce fust par le gré du Seigneur: ou autrement ce ne vaudroit.

[Margin: Obligation sur heritage.]

Que l'heritage obligé ne peut estre vendu, sinon fruicts.

Item si vn heritage estoit obligé pour aucune somme d'argent par lettres faictes ou cyrographees passees pardeuant le seigneur & loy de qui il est tenu, si faute auoit ou payement, si ne pourroit on vendre l'heritage pour la dette payer, mais bien le pourroit-on mettre en la main du seigneur, pour receuoir les vsufruicts d'iceluy la debte verifiee iusques à tant

tant que tant fust receu des vsufruicts d'iceluy heritage, que le creancier peut estre satisfaict : autrement ne le peut ne doit faire, si ainsi n'estoit que l'heritage fust pour la debte rapporter en la main pour la paye faicte especialement si faute y auoit, lors se pourroit il vendre, autremét non. Si sçachez que ceste reigle faut en cas où l'on seroit obligé sous seel Royal, car là peut-on obliger son heritage sans le sceu du seigneur de qui il est tenu, puis que les lettres en sont faictes, & par celles lettres le vendroit-on ou feroit vendre le Iuge Royal vers qui on s'en trairoit: mais le seigneur moyen en seroit seruy de ses droicts, & seroit l'heritage aduesti & desaduesti par luy à la commission du Iuge Royal.

Des foires de Champaigne.

Item [h] faut encores ceste reigle en cas ou aucun seroit obligé és foires de Champaigne, car lors seroit par telle obligation vendu, voire par plus forte raison si par autre obligation ou par autre proffit celuy qui auroit les foires de Champaigne. Car nulle obligation ne precede à celles, non faict obligation sur seel Royal de Chastellet de Paris, ne autres que celles ne passent tout, supposé encores que depuis fussent faictes & passees, car ainsi sont priuilegees lesdites foires des Roys de si long temps qu'il n'est memoire du contraire, & ainsi est gardé & tenu.

Du priuilege des foires de Champagne.

Du seigneur estre prins des ennemys de la foy.

Item faut encores [i] ceste reigle en cas où le seigneur de qui on tient l'heritage, seroit prins des ennemis de la foy Chrestienne, & il n'auroit de quoy soy rachetter sans l'ayde de ses sujects si celuy à qui la terre seroit, ne le voulloit ayder, ou n'auoit autrement de quoy. Et la raison si est que tout vient & descend des seigneurs. Et dure chose seroit si de ce qu'il vient & descend d'eux, ils ne pouuoient estre secouruz en telle necessité que pour la foy de Dieu, & pour tous Chrestiens.

De chose publique.

Item encores [k] selon aucuns faudroit ceste reigle pour la conseruation necessaire de la chose publique d'aucune ville où on seroit demeurant, si pour le plus grand proffit & vtilité de la commune il conuenoit auoir telle finance qu'on ne peust auoir sans vendre l'heritage, ou il conuient auoir l'heritage pour le repairement de la ville, pour l'abbattre & demolir, faire se pourroit par iuste prisee, nonobstant que ce ne fust pas le consentement de celuy à qui l'heritage seroit, & ainsi il a esté faict par plusieurs fois en plusieurs lieux. Et à ce s'accorde la loy escritte.

Obligation par hypoteque.

Obligation [l] d'hypoteque est quand aucun oblige par forme d'hypoteque tous ses biens meubles, & par especial heritages, pour l'accomplissement d'aucuns cõtracts ou conuention où il se lie. Et lors puis que ainsi a hypothequé ses heritages, par obligation qu'il face depuis n'est detruicte ne amoindrie ceste hypotheque, que ses biens & par especial ses heritages ne demeurent obligez & hypothequez à ce satisfaire & payer, mais ceste hypotheque n'a pas lieu en tous pays: car plusieurs lieux y a où on n'en vse point comme en Vermandois, en Amiennois, en la Chastellenie de l'Isle, en Tournesis, en la terre de Mortaigne, & sainct Amand, en ces pays n'a lieu hypotheque, & au pays de Champagne, de Brie & d'enuiron, là a lieu obligation par hypotheque: car aussi tost que l'homme est obligé, hypotheque s'y assiet. Item en ce lieu est vsé d'vne autre maniere de main de iustice asseoir sur les heritages, que on oblige ainsi à conseruation de paye, & par especial si c'est la main du Roy nostre Sire, & on soit à ce obligé par obligation Royale, car lors passe toutes autres obligations. Toutesfois combien que la main du Roy y soit assise comme dict est, si la main de iustice par le moyen seigneur y fust premierement assise, celle precederoit la main du Roy, mais la main du Roy seroit executoire, & la main du seigneur moyen seroit euocatoire, si ainsi n'estoit que l'heritage fust rapporté en la main du seigneur, comme dict est dessus pour celuy cas especialement: car lors seroit celle executoire.

Apres obligatiō hypotheque suit

Obligation de Mortgaige.

Obligation m de mortgaige si est obliger vn heritage & mettre en main d'aucun pour le tenir tant & si longuement que celuy à qui l'heritage doit appartenir par droict, l'aura rachetté d'vne certaine somme de deniers que on hypotheque & assiet sus pour tenir, iouyr, & posseder ledict heritage par celuy, à qui il est ainsi ordonné, tant & si longuement sans defalquer ne rabattre tous les fruicts & emoluments que on en parçoit & leue, & peut on les prendre & leuer iusques à ce qu'on l'aura rachetee de toute la somme qui ainsi sera sus assommee, & ceste maniere d'obligation appelle-on Mortgaige, c'est à dire que le gaige ne se desconte ne rabat point, mais emporte on franchement tout ce que on y peut prendre. Si sçachez que ceste forme d'obligation ne se doit, ne peut faire, fors entre freres & sœurs par l'ordonnance, aduis ou assenne du pere pour l'aduancement d'aucuns de ses enfans enuers autres. Si comme si vn fief ou terre noble qui par droict naturel vōt apres sa mort à l'aisné, & il ait fils ou filles mainsnez qui n'auront ou n'auroient que les quintes terres nobles, si sçachez que bien peut ordonner & laisser à vne ou deux de ses filles, ou autres enfans mainsnez vn fief ou autre terre & telle qui luy plaira deuant ses enfans, qui tiendra celle terre par mortgaige tant & si longuement que l'aisné l'aura rachetee de la somme que le pere ordonnera sus, supposé encores qu'il y ordonnast autant ou plus que la terre ne vaudroit en vente, & ne retournera iamais à l'aisné iusques à ce que d'icelle somme l'aura rachetee, luy ou son hoir, car ses hoirs demeureroient en telle charge, & aussi les hoirs de celuy qui tient la terre par mortgaige demeurent en ce droit, & le tiennent

Diffinition de obligation de mortgaige.

aussi bien que leurs predecesseurs, si ainsi n'estoit qu'elle vint à l'aisné ou à son hoir de droicte ligne, & par ce que celuy qui tient le mortgaige, n'auroit autre hoir plus prochain.

Obligation de mortgaige à l'Eglise.

Item selon aucuns ceste obligation se faict aussi à l'Eglise, par aduis ou don d'aumosnes, si comme d'assigner vne somme d'argent à aucune Eglise, & se obliger sur vne piece de terre par mortgaige à la tenir tant & si longuement que l'hoir d'iceluy qui auroit ainsi obligé, l'auroit racheté comme dessus est dict: mais selon l'opinion des plus sages ceste obligation ne s'entend que entre freres & sœurs, & dois sçauoir que si terre arable est engaigee, ou manoir qui rende vsufruict & despouille, & on les vueille racheter, afin que le mortgaige ne courre plus, on les doit racheter, si c'est sur terre arable, sur estulle de bled: & si c'est sur autres heritages, apres despouille de saison, autrement non selon la coustume localle. *Ceste obligatiõ ne s'estend que entre freres & sœurs.*

ANNOTATIONS DV TILTRE VINGTCINQVIESME.

a I'AY *aduisé d'assembler tous ces articles sous vn mesme tiltre, pour la conuenance d'iceux, & afin de ne faire si grand nombre de tiltres. Ce commencement monstre qu'il n'entent icy traicter que des demandes ou actions personnelles, qui procedent d'obligation: & toutesfois il comprend & denõme la reivendication sous les obligations par contract: ce qui est contre la diuision & differẽce des actions, que faict le Iurisconsulte*, in l. Actionũ. genera. D. de obligat. & act. & Iustinian. tit. Inst de actionib. *la definition de l'obligation*, qui est tit. Inst. de obligat. *est telle*, obligatio est iuris vinculum, quo necessitate adstringimur alicuius soluendæ rei, secundùm nostræ ciuitatis iura. *C'est vn lien de droict, par lequel nous sommes adstraincts par necessité à payer la chose deuë, c'est à dire à bailler ou faire, selon les droicts de nostre cité. Car la substance des obligations consiste à nous obliger aucun, à bailler ou faire quelque chose.* Paulus I. C. addit ad prestandum, l. 3. D. de oblig. & act. sed prestare quod generale est verbũ, vtrumque complectitur dare & facere, & sub vtroque comprehenditur. *C'est pourquoy Iustinian traictant de l'action personnelle la dit estre*, per quam intendit quis aduersarium ei dare an facere oportere. *A quoy conuient* quod traditur in d. l. Actionum.

b *La diuision generale des obligations est, ou qu'elles sont de contract, ou quasi de contract, ou de malefice, ou quasi de malefice: les deux especes de quasi de contract, & quasi de malefice, sont souuent comprises & entenduës sous celles de contract*

& de malefice, comme on peut obseruer de Iustinian. §.1.inst.de action. *Je scay bien que les Iurisconsultes ont autrement diuisé les obligations* vt constat ex l.1. & de l. Actionum. D. de obligat. & action. *Mais ceste diuision est plus commune & facile. Et quant à la diuision des obligations qui sont de contract, elle est mieux & plus clairement traictée par Iustinian, qui en baille quatre especes : car ou elles se contractent par la chose, ou par paroles, ou par lettres, ou par consentement : de celles par lettres ne parle le Iurisconsulte* in l. D. de oblig. & act. *qui n'en faict que trois especes : aussi celles par lettres ne sont en vsage, si on ne les veut prendre pour les promesses qui se font aux bancques, comme aussi plusieurs ont interpreté ceste espece d'obligations par lettres & escritures.* tit. de liter. obligat. instit. Cuiac. lib. 22. obseruat. cap. 4. *L'article ensuiuant represente bien les mots* quasi ex contractu, *ainsi comme par contract, pour monstrer qu'il ne faut dire auec le vulgaire* quasi contract.

c *Par le droict Romain les delits priuez sont separez des crimes publiques, & les obligations procedans de malefice ou delicts s'entendent des delicts priuez, & non des publiques: & toutesfois l'autheur les confond, par ce qu'il met sous les obligations par malefices les meudres, homicides, aguets & autres crimes publiques. Mais les Iurisconsultes & Iustinian traictans desdictes obligations ne comprennent sous le nom d'icelles, que les delicts priuez.* l.4.& d.l. actionum.& tit. inst.de obligat. quæ ex delict. *Comme le larcin, ou furt, rapine, dommage & iniure qu'ils dient estre toutes d'une mesme espece,* omnes enim ex re nascuntur, id est ex ipso maleficio, *& se poursuiuoient par action, & non par accusation.*

d *Il traicte icy de ce qui rend l'obligation nulle & inutile, dont est amplement traicté,* l.26.27.35.36. & al. D. de verb.oblig. & tit.Inst. de inutil. stip.l.Iurisgentium.§.ait.Prætor.& seq.l.27.§. pacta quę. D. pact. & l. pacta quę.c.eo.

e *Il semble que ceste opinion est fondee sur la* l.2.C.de pignoribus & hypothecis. *Mais comme il est aussi notté au liure escrit à la main,* l. qui generaliter D.qui potiores in pignore, & l.si generaliter c. eo. *sont au contraire, par ce qu'en icelles est decidé* quod generali obligationis pignori non derogat posterior specialis.

f *Cest article depend de ce qu'on dict vulgairement qu'en meubles n'y a hypotheque, ce qui est interpreté par la coustume de Paris, article cent septante, à sçauoir que meubles n'ont poinct de suitte par hypotheque quand ils sont hors de la possession du debteur : mais estans en sa possession ils peuuent estre prins par execution : laquelle engendre vn gage ou hypotheque qu'on appelle iudiciaire ou pretorien dont est traicté* C. tit. de prætorio pignore. & si in causa iudicati : *& en auons escrit ailleurs, tant sur ladicte coustume de Paris, qu'au second liure des Pandectes. A la fin de cet article apres ces mots pourquoy, ce ne vaut aussi en obligation, est adiousté au liure escrit à la main,* C. de testi. l. omnibus in re propria.

g *Ce qui est traicté en cet article & au suiuant, despend de l'vsage & coustume du pays qui retient du droict Romain, qu'on appelle vulgairement commun, pour le regard des heritages tenus en fief ou emphyteose, comme mesmes il est adiousté en fin de cet article au liure escrit à la main, ou toutesfois il fait difference* inter res feudales, & res quæ dantur in emphyteusim quia feudales non possunt obligari sine consensu domini. vt in li. feu. de rub. de prohib. alie. feu. per fede. c. Imperialem. §. 1. res verò datę in emphiteusim possunt obligari per emphiteutem vt per Sali. c. de iure emphy. l. 2. ver. quęro, an domino irrequęsito. *Toutesfois par ce qu'à present les fiefs & emphyteuses sont reduits en la condition des autres heritages, il n'est besoin de s'arrester dauantage à ce qui est icy traicté, & à l'article ensuiuant, aussi que l'autheur en apporte plusieurs exceptions.*

h *Les foires de Champagne & Brie sont tres-anciennes, & ausquelles ont esté donnez plusieurs priuileges par les Rois de France, à cause des commerces que les estrangers ont & auoient iadis accoustumé d'auoir dauantage audit pays de Brie & Champagne: à l'exemple desquelles Foires ont esté instituées celles de Lyon auec grands priuileges. Mais le sel du Chastelet de Paris n'est de moindre priuilege & auctorité que l'obligation passée en foires comme tiennent ceux qui ont escrit de telles matieres.*

i *Lors que les François estoient affectionnez à la conseruation & augmentation de la religion Chrestienne, ils reputoient à grand heur & honneur de faire le voyage en guerre outre mer contre les ennemis de la foy. C'est pourquoy entre les tailles ou aydes que les seigneurs peuuent prendre sur leurs suiets par droict de seigneurie on a mis la taille pour le voyage outre mer,* vt scribit Masuerius tit. de talijs: *& en est faicte mētion en quelques coustumes: dont ie traicteray plus amplement ailleurs. Ce n'est donc sans cause si on a donné quelque faueur ou priuilege pour la rançon du seigneur pris par les ennemis de la foy Chrestienne, car l'vn des cas des tailles seigneuriales est pour la rançon du seigneur, comme estant chose tres-fauorable & charitable.* l. si quis pro redemptione, C. de donationibus. §. si vnum ex prædictis. nouel. si de appel. cognos. *ainsi que plusieurs Docteurs & practiciens ont escrit.*

k *C'est vne maxime generale que l'vtilité publique doit estre preferee au bien & commodité d'vn particulier: tellement que pour icelle les maisons & heritages des citoyens & hommes priuez peuuent estre vendus, æbbatus & demolis. Car l'vtilité publique concerne le profit de tous,* & vt ait Cicero, Omnia quę à nobis geruntur, non ad nostram vtilitatem & commodum, sed ad patrię salutem conferre debemus. *Toutesfois ce que la republique aura prins des biens des particuliers pour la necessite commune, elle les en doit recompenser: qui est vne question traictée par plusieurs autheurs, mesmement par nos Docteurs,* in l. vlt. D. de constit. princip. & l. vlt. c. si contra ius vel vtilitatem publicam. l. vn. §. his ita. c. de cad. tollen. authen. res quę. c. com. delegat. & alijs locis.

l *Les coustumes diuerses qui sont obseruées en France, ont introduict diuersité de droicts pour les hypotheques: Car aucunes retenans la disposition du droict Romain ont receu l'hypotheque qui s'engendre de l'obligation, par la-*

quelle le debteur oblige ses biens au creancier, soit tous generalement, ou specialement aucuns declarez par le contract: Les autres coustumes outre l'obligation requierent une realisation qui se faict par namptissement, mise de faict, infeodation, ensaisinement ou telle autre forme prescripte par les coustumes des lieux, pardeuant les seigneurs, desquels les heritages sont tenus, sur lesquels on veut auoir droict d'hypotheque, ou leurs Officiers. Car sans telle formalité hypotheque n'a lieu: Laquelle difference est aussi remarquée en ce lieu par nostre autheur, & plusieurs coustumes en font mention ausquelles on peut auoir recours.

m *Mortgaige se rapporte à l'espece d'hypotheque qui est appellée* ἀντιχρησις, in l. si is qui. D. de pignor. & hypoth. *Quand l'heritage est baillé au creancier pour iouyr des fruicts d'iceluy au lieu de l'interest, profit, ou rente de ses deniers, iusques à ce que la somme pour laquelle il est obligé ait esté payée, estant ainsi appellé par ce que celuy qui tient la chose en gage, faict les fruicts siens sans en rien compter sur la debte: comme il est porté par la coustume de Normandie, ch. 20. & en est faicte mention en vn arrest de Paris donné aux arrests de Septembre, 1259. au profit du Roy contre le Seigneur de Belle-vallée pour raison d'vn fief donné par le pere en gage mort en mariant sa fille. Le vieil practicien que i'ay escrit à la main, en fait mention en diuers articles: mais il monstre que le mort gage estoit donné par le pere à sa fille en mariage, & dict en termes expres que terre ne se peut bailler en mort gage, si ce n'est par le pere à ses enfans, ou par le frere aisné à ses freres & sœurs, ce qui conuient à l'opinion que nostre autheur semble mieux approuuer.*

DES OBLIGATIONS EN PARTICVLIER.

TILTRE XXVI.

De deux obligez vn seul pour le tout vault.

VEV des obligations en general & especial, monstrer te veux en particulier. [a] Si peux & dois sçauoir que si deux ou plusieurs obligez sont pour vne somme ensemble sans diuision, ne qu'il soit declaré pour quelle partie chacun en demeure chargé, sçachez que le creancier pourra demander auquel il luy plaira, & conuiendra que celuy y responde à droict, & paye la debte, nonobstant argument au contraire. Exemple. Iean & Iaquemart estoient obligez à Thomas pour la somme de cent liures parisis par commune obligation, ny ce n'estoit chacun pour sa portion, ny ce n'estoit chacun pour le tout. Aduient que Iacques perd le sien, & se rend fugitif, Thomas voit que le iour de payer vient, & que Iacques n'a dequoy payer, mais Iean a bien dequoy, si se traict à Iean, & luy requiert d'estre payé de l'obligation, Iean luy respond que volontiers il payera de cent liures cinquante pour sa portion, mais non pas les cinquante autres pour Iacques. Thomas luy respond qu'il est obligé à luy en cent liures, & que payer les doit. L'autre dit que ce n'est pas chacun pour le tout, & que tenu n'est que de la moitié, consideré qu'ils estoient deux obligez en cent liures : ergo il ne doit que cinquante liures, l'autre respond qu'il est son obligé à cent liures, & que non plus, qu'il n'y a en l'obligation chacun pour le tout, aussi n'y a il chacun pour sa part & portion. ergo. &c. Tout veu, il fut dit par iugement que Iean estoit tenu de toute la somme, & à ce s'accorde le droict escrit. *Si plures sint obligati, quisque in solidum tenetur.*

Obligati in solidum tenentur.

De plusieurs obligez dont l'vn paye.

Item & la debte [b] ainsi obligée par plusieurs s'il aduient que l'vn la paye, tous les autres obligez en sont quittes, car vne fois payée vne debte ne peut iamais estre plus demandée, & qui outre la demanderoit, il encherroit en peine quadruple selon la loy escrite. *ff. de duobus reis. l. 2.*

De obligation pitoyable.

Aucuns demandent [c] quelle est l'obligation pie. si te veux monstrer pource que en obligation generale en ay briefuement parlé. Si peux & dois sçauoir que obligation pie est vne obligation sans contract ou sans stipulation, mais se faict ainsi comme par contract, si comme si vn fils estoit demain en prison pour debte, ou prins des ennemis, & il fust à rançon mis, qu'il ne peust payer, & son pere le rachetoit d'icelle prison ou de peril, sçachez que luy reuenu le fils qui ainsi est racheté des deniers de son pere, est obligé à son pere par obligation pie à luy rendre les deniers que pour ce en a payé, & ainsi l'entends de frere à autre, ou de cousin à autre, si seroit il de † cousin à autre, mais que ce fust par maniere de pie, c'est à dire de pitié, & sans fraude ne mal engin, car lors ne seroit l'obligation pie, mais fraudulente qui ne seroit à soustenir, comme dessus est dit & monstré, & pource le met la loy d'entre le pere & l'enfant : car on ne voit aduenir que telle pitié soit entre autres : *Est patris matrisque pia succurrere nato.*

Diffinition d'obligation pitoyable.

† Voisin au liure escrit à la main

Obligation par consentement de partie non presente.

Obligation [d] se faict par consentement quand les parties n'y sont presentes, & que necessité n'est pas que presentes y soient. Et obligation se faict par lettres ou par messages comme Procureurs, ou encores par lettres closes de seel cogneu. *Insti. de obligat. ex consens. §. ideo autem his modis.*

Obligation par maniere especiale.

Si est à sçauoir [e] que apres ce que dit est dessus, obligation se faict par especiale maniere par cinq voyes. La premiere si est par voye de prest qui est tres-amiable voye, & que le iuge doit auoir moult fauorable. La seconde si est par debte promise à cause de certain droicturier cõuent, car ou faute seroit trouuée, ce n'est à tenir. La tierce si est quãd aucune chose est mise en garde par deuers aucun qui l'emprent en garde, car lors est tenu de le garder & rendre: & s'il le denioit, il cherroit en grand'peine si contre luy estoit prouué. La quarte voye si est par gage mis & consigné en nampt de la debte payer. La quinte si est par mutuelle action.

Obligation à terme ou de present.

Aucunesfois[f] aduient que les conuenances qui engendrent & vallent obligatiõ, sont faicts à terme, ou de present, si comme ie promets à rendre dix liures à tel. N. sans terme, ou à sa volonté, il est entendu que ceste debte est entenduë à rendre prestement: c'est à entendre dedans le terme de x. iours selon la loy escrite, car il ne doit estre entendu que l'obligeant ait appareillé l'argent en vn sac prestement: mais depuis peut estre contrainct par iustice. Obligation qui se faict à terme, si comme ie vous promets à deuoir quarante liures, à payer à la S. Iean prochain venant, & l'obligatiõ se fait parauant à certain iour, sçachez que les quarãte liures sont deuës des le iour qu'on les promet à payer: mais demãdées ne peuuent estre deuant la S. Iean ensuiuant. Et pource semble que qui a droict au iour de la chose obligée, il a le droict au iour que le terme eschet, & ainsi semble de la despouille d'vn Aoust mis en cense, iaçoit ce que le censier ne doiue deuant le terme de la Chandeleur apres ensuiuant. *Insti. de verborum obliga. §. omnis stipulatio.*

Diuerses formes d'obligations.

De promettre à plusieurs.

Aucunesfois[g] aduiẽt qu'vne chose est promise à vn ou à plusieurs, ou aucunesfois plusieurs le promettent à vn ou à plusieurs. Si est à sçauoir que la chose est aucunesfois promise à vn ou à plusieurs, quãd celuy qui la promet, respond apres la demande à ceux à qui il promet. Si comme si aucun demandoit à plusieurs, ou deux demãdassent à vn autre, promets tu que tu nous donneras dix liures: & celuy à qui est ainsi demandé, respond ie le promets, & les donneray à l'vn ou à l'autre de vous. Car si ainsi le promet, chacun des deux à qui il a ainsi promis ce donner ou rendre, les luy peut demander, & sont deux obligemens, & ce ne doit estre entendu vne seule obligation ou conuenance faicte à deux. *ff. de duob. rei.*

De deux ou de plusieurs estre debteurs.

Encores aduient souuent que deux ou plusieurs sont debteurs d'vne mesme chose, si comme l'on demande à Iean, me promets tu à donner cinq sols? & vn autre demande à vn autre ainsi qui present est, me promets tu à donner ces mesmes cinq sols? & chacun respond pour soy, ie les promets à rendre & payer, sçachez que par telles parolles est la chose promise à chacun, & la doit chacun des promettans toute, non pourquant à l'vn & à l'autre conuenance ou promesse n'a qu'vn seul obligement, & si l'vn reçoit la debte, il despece la debte: & si l'vn la paye, il acquitte l'autre. *ff. de duobus reus stipu. C. eodem titulo. l. duo vel plures. & ex huiusmodi.*

Des promesses qui se doiuent obseruer.

De partie non presente.

Sçachez[h] que l'obligatiõ qui se fait à aucun nõ present à ce ne venant, & s'il aduiẽt que lettres en soient, qui tesmoignẽt que les parties furent presentes

presentes à l'obligation faire, sçachez que creuës en doiuent estre lesdictes lettres, si ainsi n'est, que celuy qui dire vueille que present n'y fut, ne preuue suffisamment auant que l'obligation cesse, qu'ailleurs estoit au iour que l'obligation se fist en autre ville. *c. de contrah. stip. l. optimam.*

Par prest, nampt ou garde.

D'obligation qui se faict par prest ou par nampt, & par garde. Par prest, si comme ie preste à aucũ aucune chose, ou c'est chose de nombre, ou chose de poix ou de mesure. Car aucunesfois aduient qu'on ne rend pas la propre chose, & pour-ce la faut rendre en tel poix, ou en telle mesure, ou à tel compte: & n'y a excusation que rendre ne le faille pour perte de feu ou d'autre aduenture. Et s'appelle proprement prest, quand la chose a esté amiablement prestee sans loyer rendre. Par nampt, si comme si la chose est baillee en gage, & le creancier le prend pour sa dette, car lors le doit garder à toutes aduentures: mais s'il la prend en gage par forme amiable, pour-ce qu'à la priere d'aucun a aucune chose sur ce presté, il est tenu quitte de la chose, si par fortune se pert, mais que ce soit sans la coulpe de luy, & que escheuer ne l'ait peu: & pource ne demeure que son prest ne puisse demander. Par garde, si aucun met en garde aucune chose par deuers aucun, sçachez que si la chose se pert en la garde d'iceluy qui prinse la en garde, tenu n'est de la rendre, si c'est sans sa coulpe, & qu'amender ne l'ait peu: si que richerie n'y puisse estre entenduë, & que loyer n'en ait pour la garder, lors seroit tenu de la rendre. Mais si celuy à qui la chose estoit, prie au gardeur de la garder, & par aduenture est perduë, ce demeure au peril de celuy qui ainsi pria qu'on luy gardast, car sa lascheté ne doit estre preiudice à celuy qui n'y pensoit quand prié en fut *Insti. qui modis. con. obli. per tot. tit.*

De prest liberallement faict & par amitié.

Ensuit monstrer la forme de mettre obligation par escrit par maniere de formulaire.

A TOVS ceux qui ces presentes lettres verront, tels. N. salut. Sçachent tous que pardeuant. N. comme pardeuant Iuge, sont venus & comparus en leurs personnes tel. N. &c. lequel tel. N. demeurant en tel lieu. N. comme il dit, de sa pure & liberale volonté cogneust, qu'il auoit vendu & vendoit à iuste & loyal marché de vendirion & de bonne foy à tel. N. demeurant en tel lieu, comme il dit, la sommé de dix muits de bled à la mesure & marché de telle ville. N. de tel, & aussi suffisant bled qu'à dix deniers tournois, pres du meilleur chacune rasiere, parmy payant & rendant pour celle vendition la somme de quarante Florins d'or, appellez francs de la forge & enseigne du Roy nostre Sire, de laquelle somme de quarante Florins, ledit tel se tient absous & plainement satisfaict & payé, en deniers comptans par luy à son proffit receuz & bien nombrez, & d'iceux deniers, quant à ce quitta ledict achepteur, ses hoirs ou ayans cause à tousiours: moyenant laquelle venditiõ ledict tel. N. vendeur promist & eust

C'est ancien formulaire de faire obligation est bien ample & merite bien d'estre obserué par les Notaires.

Francs d'or.

eu conuent par sa foy sur ce iurée & fiancee à loyaument liurer & conduire ledict marché & lesdits dix muis de bled conduire & liurer à son peril & despens dedans tel iour, en la ville de N. en lieu sauf & honneste, ou char & charecte pourra tourner & charroyer en quelque lieu, place où ruë que ledit achepteur les voudra auoir liurez & cõduits sans ce que autre terme, iour, exception ne delay de ce faire liurer & conduire, puisse ne doiue demander auoir ne requerir, car dés maintenant se tient pour sommé & intimé de se faire payer, conduire & liurer dedans ledict iour en aggreant & emologant de son pur & liberal consentement, que telle sommation vaille & tienne lieu, & ait autel force & vigueur, que si par toutes solennitez de loy à ce appartenans estoit faite. En obligeant quãt à ce faire tenir & accomplir ledit vendeur, tous ses biens, meubles & heritages quelconques generallement & specialement par voye & forme d'hypotheque, de commandement, de loy receu, de main assise, & de toutes voyes & manieres de stipulation qu'obligation de droict & loy escrite ou coustume, & surce encourir en cent sols tournois de peine, ou en quint denier par forme & voye de peine de toute la somme ou de ce qui resteroit à payer. Laquelle peine ou quint denier que mieux plaira ordonner audit achepteur ou porteur de ces lettres, à qui toutes les actions & vigueurs de ceste presente obligation est promise, par le gré, consentement & accord desdites parties. Laquelle peine ou quint si encouruë estoit fut tout, ou en partie par ledit vendeur, & que pour ce contrainct en fust pardeuant quelque Seigneur que ce fut d'Eglise ou temporel par ledit achepteur ou le porteur de ces presentes, il a sur luy & sur ses biens promis, & eu conuent de rendre & payer auec le principal, & sãs iceluy de riens amoindrir auec tous frais, dõmages & interests sur ce fais. Et en plus grand seureté, & à fin de ne iamais venir contre les choses dessudictes, n'aucune d'icelles, ledit vendeur a obligé & oblige son propre corps à detention de prison fermee, si faute auoit en ce que dit est, & obligé est, pour le prendre & detenir, ou qu'il puisse estre trouué hors du lieu sainct, pour tant demeurer prisonnier, nonobstant qu'à ces meubles & heritages on s'en fust pour ce trait ou eust on prins ou arresté: & qu'exploictation s'en fist iusques au plein accomplissement de l'obligation dessudite, missions, dommages & interests, lesquels il a ramené & ramene à la vigueur de l'obligation dessudicte. En renonçant quant à ce pour venir faire ne prouuer par luy ne par autre pour luy, ledit vendeur par sadite foy à toutes choses quelsconques generalles & especialles, que tant de droict comme de fait, vs ou coustume luy pourroient valoir ou ayder contre le vray entendement, enterinement & teneur de ceste dicte obligation, & ledit achepteur ou le porteur de cestes, par quelque voye ou maniere retarder, empescher ne destruire la vigueur de l'obligation dessudicte, & la pleine satisfaction d'icelle. En tesmoin de ce, &c.

De nouation de dette.

INnouation [k] de dette est le renouuellement qu'aucun fait en sa dette quand il se presente d'vn detteur à autre : & de ce parle la loy escrite trop plus que ne font coustumiers. Et dit, aduise l'atournement & renouuellement que l'vn creancier fait à l'autre d'aucune dette, quand il luy baille son detteur en lieu de luy, ce ne peut deuëment faire, si le detteur sur qui l'on doit sa dette faire dernierement atourner & mettre n'est à ce present, & qu'il se contente, & promette la dette payer au creancier de son creancier à qui on le promet à ainsi payer, se tienne à l'atourné: ou autrement ce ne vault. *C. de nouatio. & dele. l. 1.*

De transporter debte de l'vn à l'autre.

De vendre sa dette.

Et en outre [1] dit la loy dessus precedentement alleguée, que jaçoit ce qu'on ne puisse sa dette attourner ne renouueller d'vn creancier en autre sans le consentement & sçeu des creanciers, & bien raison est, toutesfois peux & dois sçauoir que pour ce ne demeure qu'vn chacun creancier ne puisse vendre sa debte, & en ce bailler action à qui il luy plaira. Laquelle chose tient & vaut. Et peut l'achepteur par ceste dette faire intenter action d'icelle à l'obligé, toutesfois qu'il luy plaist. *C. eodem titu. l. si delegatio.*

De muer sa dette.

Tu peux & dois sçauoir que nul ne peut, ne doit estre contre sa volõté contraint de payer à l'autre ce qu'il doit à l'vn: Comme si Iean & Iacques doiuent à Robert, Iacques sans le gré de Iean ne peut muer la dette que Iean luy doit à Robert. Car raison veut que chacun tienne lieu à soy mesme sans estre permué contre son gré. *C. eod. tit. l. si soluere.*

D'innouer sa lettre.

Selon l'opinion d'aucuns coustumiers legerement est muée aucune promesse ou aucune obligatiõ ou paction que les vns ont aux autres par innouer aucunesfois le iour de la paye que promise ou obligée est en la conuenance, soit par lettres ou autrement. Si comme si vn homme est obligé à aucun d'vne somme d'argent à plusieurs payemens, & il souffre de l'vn payement, par donner delay iusques à vn autre iour, il sẽble qu'il ait innoué sa lettre & son obligation, & que les pactiõs ou la lettre obligatoire soit par ce innouée & permuée de sa valeur premiere: & ainsi le soustiennent les sages. Si te monstreray sur ce que les nouueaux droicts enseignent & monstrent à tenir: & dit l'Empereur Iustinien en son liure de ce qui fut dernierement fait & passé par son conseil. Nous voulons amender les liures qui parlent des muëmens des actions, comment on les change d'vne personne à autre, & voulons declarer les anciẽnes doutes des loix qui sur ce estoient assez obscures, & establissõs que s'il est aucun detteur, qui cõmue à autre auec luy, ou qui change sa demãde d'vn à autre, ou qui reçoit gage sur son deu, ou qui accroisse ou appetisse sa dette, ou qui met tẽps ou cõditiõ au payemẽt, ou si il oste ou chãge, ou reçoit lettres de moins d'argẽt que parauãt ne luy estoit promis, ou faict aucune autre chose, parquoy les anciẽs faiseurs de loy disoiẽt qu'obligatiõ estoit muée: no9 ne voulõs que pour ce soit ou puisse estre muée aucune chose du premier allegemẽt: ains demeurera la premiere obligatiõ en sa valeur, & la premiere sera de tãt augmẽtee & accreuë, si ainsi n'estoit les detteurs & creãciers sur ce n'eussẽt specialemẽt declaré & laissé la pre

Obligation doit estre obseruee & entretenue.

miere obligation estre nulle par le second, & non autrement. Car nous voulons & raison est que les muemens des obligations qui à bonne foy sont faictes, ne soient muées n'innouées si par especial & legitime consentement n'est fait & innoué par l'Eglise, ou simples manieres & parolles capticuses, non encore par loy, si ainsi n'est que les parties le dient expressement & declarent estre ainsi, tellement que fraude & deception n'y puisse estre notée ne presumée. *C. eod. tit. l. nouationum nocentia.*

Par quantes manieres innouation se faict.

Selon les anciens faiseurs de loy, & premiers liures, innouatiō se peut faire par plusieurs manieres. Si comme de muer les termes des payemens contenus en obligations, de prendre plege depuis l'obligation, de laisser à pourchasser l'obligation, outre le terme de trente ans selon la loy escrite, & en hypotheque de quarante ans, & selon les coustumiers de Picardie de vingt vn an, de femme qui en viduité seroit obligée, & puis s'il varie d'entrer en religion, & faire profession, si ainsi n'estoit que l'obligation contint en religion ou dehors. Toutes ces conditions innouent l'obligation, si (comme dict est dessus) n'est declaré entre lesdictes parties que ce qu'on en faict, soit sans porter preiudice à l'obligation, *ff. de nouat.*

ANNOTATIONS DV TITRE VINGT-SIXIESME.

2 *IL separe le particulier du special, comme les Dialecticiens & Rhetoriciens font la diuision de la partition, & que plusieurs ont accoustumé d'vser du mot particulier, pour les parties plus particulierement declarees, & du mot special pour signifier les especes plus generalles: dont le traicté ne sert grandement à ce lieu. L'Autheur commence par la forme d'obliger deux ou plusieurs à payer solidairement vne mesme somme, c'est à dire, ensemble sans diuision,* qui dicuntur rei promittendi, *quand deux ou plusieurs promettent solidairement, & chacun d'eux seul, & pour le tout vne mesme chose ou somme, à laquelle payer chacun d'eux est obligé, & peut estre contrainct pour le tout* L. 2. & 3. D. de duobus reis: *& encores que par la nouuelle constitution de Iustinian.* 99. vnde sumpta est auth. hoc ita. c. de duob. reis. *soit porté que s'il n'est expressement conuenu que chacun d'eux est obligé vn seul, & pour le tout sans diuision, ils ne pourront estre contraincts solidairement pour le tout; & que Papon en allegue vn arrest du 16. Iuillet 1514. si est-ce que depuis il a esté iugé que deux ou plusieurs ayans promis ensemble l'vn pour l'autre, de payer vne mesme somme, encores que ces termes ne fussent en l'obligation & chacun d'eux seul, & pour le tout sans diuision ne discution: Toutesfois ils ont esté tenus pour obligez solidairement, & l'vn d'iceux condamné à payer toute la somme, sauf son recours, par*

arrest du 12. May. 1565. & autre du 19. Juillet, en l'audience, 1590.

b Si l'vn des coobligez solidairement paye toute la somme, il perime & esteinct l'obligation de tous & les deliure, Instit. de duobus reis, Mais il peut auoir action contre les autres obligez, pour luy rendre chascun leur part, l. 2. C. eo Enquoy conuient noter, vt Accursius & Faber traduut in l. 1. c. eo. que si celuy des obligez estans plusieurs, en payant toute la dette n'a la cession des droicts & actions du creancier auquel il a payé, il n'a recours contre les autres, que pour la part & portion de chacun, comme a esté iugé par arrest, du 14. Aoust 1584. à la procuration generalle de la my-Aoust. Autre chose seroit s'il auoit cession du creancier: car lors il pourroit s'addresser pour le tout sa part desduicte, contre chacun des autres obligez, suiuant l'arrest de Coroneus duquel i'ay traicté ailleurs. l. 76. D. de solut. l. cùm quis. l. vt fideiussor. D. de fideiussoribus & al. Ce qui est adiousté en fin de cest article, de la peine du quadruple, n'est en vsage.

c De ceste espece d'obligation appellée pie ou pitoyable, y a vn exemple remarquable de l'arrest que i'ay recité en la 16. respon. du liure 4. qui fut prononcé solennellement le 2. iour d'Auril, 1571. pour lequel fut iugé, que pour la deliurance du pere prisonnier pour dettes, qui n'auoit moyens de payer, les biens maternels de ses enfans, encores qu'ils fussent mineurs, seroient vendus. Car les enfans par droict de pieté doiuent secourir leur pere, le nourrir & luy rendre tout deuoir d'obeissance & charité. l. 5. D. de agnosc. & alend. Ce qu'on doit aussi estimer de la mere: comme pareillement le pere doit vser de pieté enuers ses enfans, l. 34. D. de negot. gest. & al. de la pieté aussi entre les freres & proches parens est faicte mention en plusieurs textes de droict. vlt. D. famil. ercisc. l. 30. C. de adim. legat. l. 23. D. de his qui notant. infam. & al.

d Encores qu'en tous contracts & obligations soit requis le consentement de ceux qui contractent; toutesfois aucunes obligations sont specialement appellees de consentement: par-ce qu'elles sont contractées par le seul consentement n'y estant besoing de stipulation ne d'escriture: & partant elles se peuuent faire par missiues ou messagers, l. 2. de obligat. & actio. instit. de obligat. ex consen. Toutesfois par l'ordonnance de Moulins, art. 54. de toutes choses excedans cent liures, doiuent estre faicts contracts par escrit.

e Ce qu'il traite icy concerne l'obligation, quæ re contrahitur, dont il faict cinq especes. La premiere est le prest, quod mutuum dicitur. La seconde quand par erreur on a payé quelque somme promise, qui toutesfois n'estoit deuë, pour n'auoir par celuy auquel la promesse auoit esté faicte, acomply ce que luy mesme auoit promis: qu'on appelle promutuum quia perinde ab eo condici potest qui accepit, ac si mutuum accepisset. & ainsi me semble qu'il faut entendre le texte parlant de la seconde voye. La troisiesme est le depost quand aucun a mis quelque chose en garde, & depost enuers vn autre. La quatriesme est du gage qui a esté baillé à vn creancier pour seureté de sa dette, lequel estant payé est tenu de la restituer. La cinquiesme qui cõtient ces mots au liure imprimé si est par mutuelle action, est autrement escrite au liure escrit à la main, par courtoisie action, tellement que suiuant l'escriture d'icelui la cinquiesme seroit du commodat, que i'ay escrit à la main : sinon qu'on vueille interpreter la quinte voye, dont parle l'Autheur, iuxta l. si pro mutua. c. si certum petat. Mais les cinq especes d'obligation contractee par consentement selon que ie les ay recitées; sont bien declarees par Iustinian, instit. quibus modis de contrah. obliga.

f Ce qui est icy traicté de la forme de contracter l'obligation, est declaré plus clairement par Justinian. §. Omnis stipulatio. Instit de verborum obliga. Où est traicté que toute stipulation & obligation se contracte ou purement, ou ày certain iour & terme, ou sans condition. L'obligation pure est celle qui n'a ne iour ne terme, & partant ce qui est deu ou promis peut estre incontinent demandé : ce qu'aucuns ont voulu entendre le iour mesme, vt miles apud Plautum, cui purè promissum aurum erat, hodie, inquit, exigam aurum hoc. Toutesfois il faut entendre le mot confestim, duquel vse Justinian, incontinent auec quelque temperament, afin que l'importun creancier ne vienne incontinent, & le iour mesme auec vn sac ou bourse demander ce qu'il auroit presté, l. quod dicimus. D. de solutio. Et certainement ne seroit prest si le detteur n'auoit temps pour iouyr de la chose, ou somme à luy prestée, & partant faut quelque temps, & delay pour rendre ce qui a esté presté : ce qui depend de l'arbitrage du Iuge : & pour le surplus du contenu en ceste article, faut voir, l. cedere diem. D. de ver. signif. Où plusieurs en ont amplement escrit.

g J'ay traicté du contenu en cest article, & au subsequent sur le premier du present tiltre, & comme si plusieurs sont obligez solidairement, on peut demander à chacun d'eux toute la dette : aussi quand vne mesme chose est promise à deux ou plusieurs solidairement, chacun d'eux la peut demander toute, & en la receuant il perime toute l'obligation, l. 2. D. de duo. reis l. 1. c. eo. & Institu. eo.

h Cest article est pris ex l. optimam. c. de contrah. stip. Aussi nous obseruons en France, que pour vn cõtract estant par escrit contenant la presence des parties, nulle d'icelles n'est receuable à le debattre, pour denier y auoir esté present, ains faut qu'elle maintienne de faux le cõtract: par ce que tousiours on suit la foy de l'escriture, si le contraire n'est verifié, ce qui ne se peut faire que par ladicte voye de maintenuë de faux, & se peut le faux verifier par diuers moyens, comme sera traicté cy apres en son lieu.

i Il faict icy distinction de deux manieres de prest, à sçauoir par honnesteté & amitié, sans en rendre loyer & proffit, c'est à dire sans interests ny vsure, ny par gage, & par nampt, qui signifie vn prest fait sur gage, comme on parle vulgairement, quand le detteur baille quelque chose à son creancier en gage pour la dette. Car le mot de nampt vient de namptir qui signifie en ancien François garnir ou saisir. Ce qui ensuit en cest article de la garde que doit faire le creancier ou autre auquel quelque chose a esté baillé en gage, ou garde, & s'il est tenu du peril & perte d'icelle, est pris, ex tit. Instit. quibus modis re contrahitur obliga. & l. 1. D. de obliga. & actio. & autres textes de droict, estant la matiere de plus long discours & traicté.

† Icy est obmis un article qui est tel au liure escrit a la main, Coustume de Hainault des obligatiōs selō la coustume de Hainault, si dois sçauoir qu'il y a deux manieres d'obligations. L'une si est de soy obliger par raport d'heritage fait & passé à loy, dont le seigneur en seroit seruy, ou en fait à son gré : celle forme d'obligation est executoire en Hainault si tost qu'on traict à loy, & fait on vendre l'heritage ainsi rapporté à loy. L'autre maniere d'obligation, si est quand un homme de fief, s'oblige sur son seel, ou quand on s'oblige pardeuant les hommes le conte : ou quand on s'oblige pardeuant les Escheuins de la ville priuilegiez, toutes telles obligations ne sont qu'euocatoires. Et ne vendroit on point l'heritage de l'obligé, mais on executeroit les leuees de l'heritage, & les meubles de l'obligé, & non plus n'autrement execution n'auroit on.

K Cest article & les deux derniers du tiltre sont de la nouation, laquelle prise generalement comprend la nouation speciale & la delegation : l'vne & l'autre a effect de perimer la premiere obligation, par ce qu'elle est semblable à la solution, l. si rem. §. vlt. D. de nouat La nouation est la translation de l'ancienne & premiere obligation en vne nouuelle: & la delegation est quand aucun faict que son detteur s'oblige par luy enuers son creancier : ce qui se doit faire du consentement du detteur, l. 1. l. delegare D. de nouat. l. 1. c. eo. La nouation de laquelle est icy traicté, qu'on appelle volontaire, vt in l. aliam. D. eo. se fait par quatre manieres, à sçauoir par mutation de la personne du creancier, par mutation de celle du detteur, & par mutation de la personne de l'vn & l'autre: ce qui se peut faire aussi par la delegatiō: & comme dict Iustinian, §. præterea. Instit. quib. mod. tollitur oblig. Par interuention de nouuelle personne se faict la nouation. La quatriesme maniere se faict par changement de la cause & estat de la premiere obligation, sans mutation de la personne: comme si quelque chose est adiousté ou retranché de la premiere obligation, par forme de nouation. Mais Iustinian par sa nouuelle constitution, l. vlt. c. eo. a introduit qu'encores qu'en la nouuelle obligation soit adiousté ou diminué de la premiere, toutesfoes ne se fera nouation, s'il n'est ainsi expressement conuenu entre les parties. Toutesfois la constitution de Iustinian n'est si exactement suiuie par le droict François, ains si l'estat de la premiere obligation est changé par la seconde, comme si on faict vne nouuelle obligation pour vne somme plus grande ou plus petite que par la premiere, si la nouuelle ne porte sa nouation, la premiere sera tenue pour nouee, comme i'ay veu iuger en l'audience, le 17. Iuin, 1567.

l Entre la delegatiō & cession & vēte de la dette, y a grande differēce, Car la delegatiō du detteur ne se peut faire, que de son consētement: & le detteur qui est delegué à celuy qui son creancier auroit voulu, est du tout liberé enuers son creancier de sa premiere obligation qui par ce moyen est perimee, l. 1. 2. & 3. c. de nouatio. Tellement que son premier creancier ne sçauroit plus le poursuiure. Aussi ne seroit le detteur delegué receuable à denier la dette, ou partie d'icelle, pour laquelle il auroit esté delegué, ny alleguer aucune exceptiō pour cause precedente la delegation, à l'encontre de celuy enuers lequel il se seroit de nouueau obligé, d. ll. & l. doli. D. eo. l. inter causas, §. abesse. D. mandati. l. qui debitorem delegat. D. de fideiuss. comme a esté iugé par arrest de la Cour, du 13. Aoust, 1591. Mais la cession & vente d'vne dette se peut faire encores que le detteur en soit ignorant, & ne lex *vueille consentir*, d.l. 1. & l. nominis. c. de hæreditate vel actione vendita. *Toutesfois le detteur duquel la dette est vendue ou transportee, pourra alleguer contre le cessionnaire pareilles defenses & exceptions, qu'il eust peu faire contre le creancier cedant, mesmement de compensation : car le changement de la personne du creancier, ne peut aporter preiudice au detteur, dont s'ensuit que la cõpensation doit auoir lieu entre le detteur & le cessiõnaire qui n'a nõplus de droict, que le cedant, & sauf son recours à l'encontre d'iceluy*, l.si constat.& l. vlt.c.de compensat.l. in rem suam procurator.& l.si quid D.eo.Dynus in cap.qui in ius.de regul. iur.in sex. & *autres*.

APRES ENSVIT DES ACTIONS ET QVANTES MANIERES en sont.

TILTRE XXVII.

Actio est ius prosequendi in iudicio quod sibi debetur.

ACTION est [a] le droict que le demandeur a & peut auoir contre le defendeur. à intenter sa demande en iugement partie appellee, selon la loy escrite *Actio est ius prosequendi in iudicio quod sibi debetur. Instit. de act. in princ.* puis que dict est & monstré ay la forme des obligations, monstrer veux apres des actions qui naissent & descendent des obligations, car sans obligatiõ ne peut nul auoir cause n'action: & pour ce appellent les droicts, obligation mere d'action. Car d'elle sont toutes actions engendrees. Si peux & dois sçauoir, qu'ils sont deux souueraines & principalles actiõs desquelles toutes autres s'engendrent & descendent. La premiere si est action personnelle. La seconde action reelle. Car iaçoit ce que plusieurs nõment maintes autres manieres d'action, toutesfois de ces deux naissent tous autres. Et premierement à parler d'action personnelle, peux & dois sçauoir qu'action personnelle si est le droict qu'on a & peut auoir en tous cas de delict, & tous contracts, en toutes obligatiõs soit par cõtract, ou ainsi comme par contract, soit par malefice ou autre comme par malefice. Item la seconde si est reelle & s'estend à toutes demandes qui sont sur heritage, & sont de proprieté, & qui sãs toucher à ce ne peut deliberer ne decider. Car par la raison d'action reelle il conuient que la demande s'assie ou sur proprieté, ou sur vieil empeschement, ou sur nouuel trouble, comme cy apres traicteray où il appartiendra par ordre, & pour ce veux retourner à la premiere, c'est action personnelle, laquelle se diuise en plusieurs formes & manieres selon la presentation des cas.

Au liure escrit à la main est adiousté ff. de procurat. l. licet §. ea obligatio.

Deux manieres d'actions. Au liure escrit à la main est adiousté, Inst. de actiõ. §. omnium autem.

De iniures. b

Premier elle s'appelle action d'iniures ou de griefs faits par violence.

De commandement.

Apres elle s'appelle actiō de cōmandemēt, cōme si aucū cōmande par ses lettres, ou autremēt à vn autre qu'il luy face ou face faire tel ouurage. *C. mandati. l. si literas.*

De promesse.

Apres s'appelle action de promesse, comme si de volonté aucune chose fust promise, on le doit tenir puis que le tiltre est ligitime, *iuxta illud, Omne promissum cadit in debitum.*

Stipulaire.

Apres elle s'appelle actiō stipulaire, cōme sōt les obligatoires qu'ō fait soit par lettres ou autremēt, où il y a foy promise, & respōce de cōsētement. *ff. de verbo. oblig. l. 1.*

Noxale.

Apres elle s'appelle actiō noxale, si cōme quād aucun serf de serue cōditiō mesfait à aucun, & que l'amende y cōpette. *De noxal. ac instit. & C.*

Redhibitoire.

Apres elle s'appelle actiō redhibitoire, cōme quād apres aucū marché fait, ou treuue qu'il y a vice ou fraude en la chose, *De illa actione vide l. 1. ff. de ædilit. edict.* *De la redhibitoire. c. de Aedil actio. l. cùm proponas, au liure escrit à la main.*

Seruiane.

Apres elle s'appelle seruiane, comme de demander aucune chose qui seroit vendue, que l'on tiendroit à loyer. *C. de precario, & saluiano interd.*

Par contraire action.

Apres s'appelle par contraire action de commandement, si comme de demander les choses qu'aucun tiendroit obligées.

Par contraire action de commandement.

Actiō c de cōmandement, si cōme d'estre procureur pour aucū en cause d'appel, dōt on auroit cōtre: mais que ce ne fust par la coulpe du procureur, lors peut le procureur requerir à sō maistre ce que mis auroit en la cause. *C. mandat. l. etiam si contrariam.*

Institoire.

Actiō institoire est quād le varlet d'vn marchāt qui meine sa marchādise, emprūte deniers pour sō maistre: lors y est tenu le maistre. *c. de insti. act.* *Il est autremēt au liure escrit à la main, comme est remarque en l'annotation de ce lieu.*

Exercitoire.

Action d exercitoire est quand le varlet d'aucun marchand vend sa marchandise: le maistre est tenu de ratifier ce estre bien fait. *C. eod. tit.*

Quanti plurimi.

Actiō e quantiplurimi, est qui doit liurer bled à certain iour, & il est en faute par plusieurs années, l'acheteur peut demāder auoir la valeur du bled au meilleur pris des années de la faute que c'il n'aura payé & ainsi le doit auoir. *ff. si cert. pet. l. vinum.*

Quanti minoris.

Apres elle s'appelle action quanti minoris, comme quand aucun trouue sa marchandise, qu'il a achetée, depuis qu'elle luy est liurée moins suffisante, qu'on ne luy auoit mis en pris au vendre, & que donné luy estoit à entendre par celuy qui le secret sçauoit, & lors est tenu le vendeur d'amander la faute, qu'il pouuoit declarer, & laquelle sçauoit & entendoit bien. *C. de ædilitiis actio. l. si prædium.* *Actio quanti minoris alia prætoria, alia ciuilis & de hac materia vide in Specul. de emp. & ven. § nūc descendum. ver. est & alia actio.*

Vice de litige.

Quid. ut sit res litigiosa def. initur in auth. en. litigiosa, C. de litig.

Apres elle s'esse muë en action de vice de litige, cõme qui vẽdroit aucune chose qui seroit en proces, pẽdant ce ne se peut ne doit vẽdre: & si vẽduë estoit, si la cõuiendroit-il ramener au premier estat, & seroit tenu le vendeur de l'amẽder au seigneur, d'autãt que le pris mõteroit: & celuy qui l'acheteroit, si il le sçauoit, perdroit sõ argẽt, & seroit le marché nul. *C. de litig. l. lite pendente.*

Action de dol.

Apres elle s'appelle de dol, cõme quand en aucun marché dõt on veut poursuyuir l'obligé, fraude se embat, & peut estre trouuée: & ne dure ceste actiõ que deux ans apres le marché faict, car qui dedãs le terme ne s'ẽ ayde, apres n'y est à receuoir. *l. optimum. C. de dol. & bienio trãsacto actione in factũ de eo quod ad eũ peruenit, perpetuo tenebitur. l. itaque. §. 1. & l. Sabinus ff. eod.*

Compensation.

Apres s'appelle[g] action de compensation, que clercs appellent reconuention, comme de dire entre crediteurs vne somme contre autre quãd droit de compensation le peut soustenir, car en Cour laye n'a lieu ceste action où on vse de coustume locale, c'est à dire en pays coustumier. [Sinon que on ait lettres: *tum enim debiti liquidi ad debitum liquidum fit cõpensatio, ita que hodie materia hac cõpensationis practicatur in palatio.*] Mais selõ droit escrit veut bien que cõpensatiõ soit faite en cas qui depẽdent l'vn de l'autre cõme si deux marchans estoient accompagnez en fait de marchandise, & ils eussent asseuré l'vn à l'autre en leur compte: là se peut asseoir compensation en cas semblable. *C. de compensa. l. si constet pecuniam.*

[C'este clause n'est au liure escrit à la main.

Au liure escrit à la main est adiousté cõpensatio de iure scripto habet locum, etiam si debita sint mutuo ex diuersis negotiationibus seu causis. C de compensa l. etiam si fidei commissũ. & l. si propter fructus.

Donation.

Apres[h] s'appelle action de donation, qui se fait par trois manieres, si comme donation d'entre vifs, donation legataire & donation pour cause de mariage. Ces trois donations appreuue la loy escrite & non autres.

Reiuendication.

Apres[i] s'appelle action de reiuendication, si comme quand aucuns detiennent la chose d'autruy, sans & outre le gré de celuy à qui elle est: pour la rauoir peut on intenter action de reiuendicatiõ, car souuent on ne veut pas clamer la chose, comme emblée pour cause de crime qui s'ẽ pourroit ensuiuir, toutesfois est ce vne mesme substance: mais la reiuendication est plus gracieuse, & n'ameine crime, si la rigueur du iuge ne voit que larrecin par furt si soit embatu. *C. de rei vind. per totum.*

De contribution.

Cas de desconfiture c'est quand le debteur n'a autres biens que ceux qui sont prins par execution: tum omnes chirographarii concurrunt. ita dicit tex in l. pro debito C. de bo auto iud. possi. & l. fin. in vers. in rebus autem. C. qui bo. ced. pos.

Apres[k] s'appelle action de contribution que les aucuns appellẽt cas de desconfiture, si comme si vn est obligé à plusieurs, & soit mandé à loy de ses creanciers, & qu'entre eux sont contens qui premier sera payé, pource que chacun dit qu'il doit preceder en paye, pour doubte que les biens ne puissent accomplir les debtes: sçachez que si tant de biens n'y a que pour tout payer, lors si assera contribution, & seront payez des biens au marc pour liure autant & ainsi le dernier comme le premier.

Vsucapion.

Apres s'appelle action de vsucapion, comme si aucun a possedé la chose meuble d'autruy à iuste tiltre par vn an ou plus, à luy peut & doit appartenir par action de vsucapion qui ne s'estend que sur biens meubles. *insti. de vsucap. ver. & ideo constituitur.*

Prescription.

Apres s'appelle action de prescription. Si cõme si aucun de l'heritage & possession d'aucune chose reelle auoit iouy & possessé à iuste tiltre par l'espace de dix ans entre les presens, & de xx. ans entre les absens à luy doit appartenir la proprieté de la chose par action de prescription.[l]

D'action d'euictiõ, Si cõme d'appeller aucũ duquel on auroit acheté l'heritage que depuis l'achapt seroit empesché, & l'acheteur demãderoit sõ garant, auoir le doit par ceste actiõ, supposé que le vẽdeur ne l'eust promis à garantir. *De action de retraict.*

Si cõme quãd aucũ vẽd son heritage à estrãge ou à aucũ de sõ lignage, sçachez que dedãs l'an que la vẽdition sera faicte, le pourra demãder le plus prochain du lignage du vẽdeur pour tels deniers que sãs fraude aura esté vẽdu, pourueu qu'il viẽne du costé dõt l'heritage meut & viẽt au vendeur: autrement non. *De action de transaction.*

Si cõme de mettre la cause & actiõ qu'õ a† en la main d'autruy, & dõner son action. *Action de restitution en † terme.*

Si comme quand les mineurs d'aage viennent en aage parfaict, & treuuent qu'ils ont esté desappointez en leurs choses de celuy qui les tient, par vertu de ceste action, rauoir les doiuent, mais que dedans l'an† apres qu'ils sont venus en aage, ils les demandent: & ainsi est d'vn qui pour cause publique auroit esté expatrié dedans l'an. *vt C. de in integ. rest. mino. de temp. in integ. rest. pet. l fi. & tit. ex quib. caus. maio. l. 1.*

[m] Action dotale, c'est le droict de douaire que les dames doiuent auoir sur les fiefs & heritages, que leurs maris leur assennẽt auant espousailles.

Actiõ de dos c'est le droict que les hõmes ont en ce que leurs femmes apportent en mariage, & que du temps passé les souloient douër par droict de dos, auant les fiançailles comme font pour le present les hommes, & pource est difference entre dos & doüaire: car le dos est pour les hommes, & le doüaire pour les femmes.

Apres s'appelle action de fideiussion, & est quand aucun est demeuré pour l'autre, & il est contrainct à satisfaire de sa demeure, recouurer le peut sur celuy dont il est pleige, mais deuant qu'il responde en la cause, ne paye riens, le face conuenir, car depuis n'auroit aucun retour audit principal. *C. mand. l. si pro ea.*

Action en chose, comme auoir droict en la proprieté d'aucun heritage, dont vn autre prendroit les vsufruicts, par ceste actiõ, & peut auoir cause de defendre le droit de la proprieté, sans ce qui touchast à l'vsufruict.

Actiõ à la chose. Si cõme peut auoir celuy qui tiẽt vsufruict d'aucũ heritage à vie ou à certain tẽps, qui n'a aucũ droict en la proprieté, car par ceste actiõ luy cõuient soustenir le droict de sõ vsufruict, ne le proprietaire n'y doit en riẽs toucher ne aux mises & despẽs, mais luy cõuient retenir les manoirs. *Action de vendition.*

C. lib. 8. tit de euict. l. non dubitatur.

Contrariũ obseruat parisien. consuetudo in tit. des retraicts articulo 178. quia qui primus ex parentela mouet quæstionem retractus, is etiam proximiori præfertur.

† En iugement, & sur cela accorder à sa partie. vt c. de trãsper tot. au liure écrit à la main, & mieux qu'en celuy imprimé.

† En entier.

† Quatre ans au liure escrit à la main.

[n] Comme si aucun a vendu aucune chose, mais que ce soit par contract de bonne foy, car sçachez que lors conuient que par vendition se tienne, pourueu qu'il y ait moyẽ de pecune estimée & nombrée, autrement ne tiendroit la vendition. *Inst. de empt. & vend. §. pretium autem.*

Imo per l. rem maioris precii. de resci. vend. c. loquitur de re. immobili & hoc remedium competit, tam emptori qui maiori precio quàm vẽditori qui minori pretio & vltra dimidiam iusti pretij deceptus contrahat.

Action de restitution.

C'est de restituer la vendition d'aucun marché faict ou le vendeur se trouue deceu de la moitié outre iuste pris. Car par ceste action on peut estre restitué, & ce marché doit estre mis à neant : voire és biens meubles, mais en heritages non, pource que tels marchez se font par meure & longue deliberation, & n'y chet point de mal engin.

De action vectigalle.

Si comme [p] des payages ordonnez par les anciennes constitutiõs confermées des Princes. Par ceste action on chet en amendes grandes de transgresser sans l'annoncer, *vt. ff. de public. & vestig l. Imperatores & l. seq.*

De location.

Apres s'appelle [q] action de location, si comme de louër aucune chose, auquel peril & dommage ce doit estre, sçachez que si la garderobe est loüée, & les choses qui sont dedans sont perduës par larrons, par rompre ou fausser la garderobe, sans ce que ce soit par la coulpe du loueur, par vray entendement, c'est sãs son peril. Mais si autremẽt estoit trouué par negligence de l'huys ou fenestres qu'il n'y apparust violence, ce seroit au peril de celuy à qui est la garderobe. Ainsi dois sçauoir d'autres choses baillées en loüage. *c. de locat. & cond.*

De depost.

Apres s'appelle action de depost, si comme de mettre & consigner en garde & depost par deuers aucun aucune chose. Sçachez que par ceste action celuy qui les garde, n'est tenu d'en faire compte si par cas de fortune qu'il ne peut euiter sont perdus: ne les hoirs ne sont tenus d'ẽ faire ne rendre compte. [*Nisi aliud specialiter conuentum esset, vel nisi se obtulisset, & casus sunt exceptuati in glo. l. 1. C. depo. sub verbo conuenit. nisi praterea dolo vel simulata culpa res perierit. alleg. l. 1. & aliis. ll. vulga.*]

[Au lieu de ceste clause est escrit au liure escrit à la main se moult suffisamment à l'ẽprendre l'hoir n'auoit esté chargé, & en cõuent l'eusse de garde, & d'autre part sa coulpe n'a dequoy la garde se puist on doiue excuser par loy, & on luy demande r'auoir la chose, rendre le doit sãs fraits C de compen. l.

Action suffragant.

Apres [x] s'appelle action suffragant, si comme de la peine & labeur, qu'a faict aucun Aduocat en la cause d'autruy plaider, & demener dont on luy seroit en faute de paye: car par ceste action luy doit estre satisfait par la taxation du Iuge, selon le cas, la personne, & l'aduocat. *C. l. vnica & ibi glos. in verbo constrinxerint. de suff.*

Finium regundorum. †

Apres [f] s'appelle action finium terre, c'est à sçauoir de mettre & asseoir bornes sur les terres, à designer sur les terres la difference de l'vn & l'autre voisin, & quelle peine y chet qui les remuë furtiuement : si sçachez que par ceste action y doit estre remedié, & va sur voye de furt, & sent la

ne il n'y chet point de reconuentiõs, mais il faut peremptoirement rendre, C. de positi. l. 1. & al. seq. fin. in fin.

† *De materia finium regundo. vide scribentes in capit. ex literis. ex de probat. & ibi Panor. Iason & amplius Angel. §. quedam actiones, insti. de act.*

nature de crime. *C. finium regundorum. l. 2. l. si constiterit. & ff. de termi. mot. l. 1. & 2.*

Action de besoigne faicte.

Apres s'appelle actiõ de besoigne faicte, si comme si ie fais pour autre absent aucun proffit en ses besoignes, jaçoit ce qu'il ne m'ait pas commandé à faire, & par mon seruice il y a proffit par ceste action il est tenu de moy rendre ce que i'auray mis & despendu à ses besoignes faire: mais selon la loy si c'estoit pere ou mere, qui le fissent en la besoigne de leurs enfans, ceste actiõ cesseroit enuers eux, car nature ainsi enseigne à faire par raison de pitié & naturelle paternité *l. 1 C. de nego. gest. &c.*

Action mutuelle.

Apres s'appelle action mutuelle, si comme quand aucun a faict autre conuenir deuant le Iuge, & le conuenu faict deuant le mesme Iuge conuenir, celuy qui l'a premierement faict conuenir, pour respondre à luy. *C. de procuratoribus. l. actionem ei qui absentis.*

De hac conuentione vide ample per Cy. Bart. & doct. in authẽ. & cõsequenter cum l. cũ Papinianus. C. de sent. & interlo. om. iudicũ.

Action de societé.

Apres s'appelle action de societé, comme si deux sont en compagnie ensemble en marchandise, sçachez que l'vn y peut mettre la mise & l'autre le sens & peine de mener la marchandise, & toutesfois par ceste actiõ l'vn doit auoir autant au proffit & à la perte que l'autre. *per tot. tit. ff. & C. pro socio.*

De chose venduë ou achetee.

Apres[t] s'appelle action de chose venduë ou achetee, si comme si aucun a vẽdu à autre aucune chose, soit en heritage ou autrement, sçachez que puis que la chose est venduë par marché fait, l'acheteur* a tãt seulement action de la somme du pris, & non pas pouuoir de reuendiquer la chose venduë par faute du pris non payé. *l. j. & ij. C. de act. emp. & vendit.*

** Autre escrit à la main y a le vendeur, comme aussi il faut lire.*

Action nice.

Apres[u] s'appelle action nice, si comme quand la promesse est simple qu'il n'y a point de stipulation, fors que simple conuenance, si comme de promettre aucune chose sans stipulation autre que de responce, de telle promesse n'est quelque action.

Vult dicere nudam actionem.

Action de tutelle.

Apres s'appelle actiõ de tutelle, cõme quand aucun chet pupille, & par la loy luy est dõné tuteur qui gouuerne & administre ses besoignes, par ceste actiõ le peut & doit faire. *C. de testamẽ. tut. & aliis rubricis & legibus.*

De curation.

Apres s'appelle action de curation, comme quand aucun est expatrié ou furieux, si que il ne se peut ou sçauroit gouuerner, lors luy doit estre baillé par le Iuge curateur par lequel le sien puisse & doiue estre gouuerné, & par ceste action le peuuent faire.

Action de bail.

Apres[x] s'appelle action de bail, si comme quand aucun chet pupille qui a fief à luy appartenãt, lors n'y faut autre tuteur, que le plus prochain du costé, dont le fief vient, qui l'enfant a en bail & gouuernement, & par ceste action le peut & doit faire. *C. de administratione tutorum. l. aduersus curatorem.*

Action populaire.

Item y à sçauoir est que entre les autres actions est vne action appellee actiõ populaire, laquelle est tres-necessaire entre les autres, & est telle que s'il aduient en aucune ville quelque droict qui appartienne au commun proffit du peuple, sçachez que vn seul ou plusieurs en peuuent faire & intenter action & aussi biẽ femme que homme, pour ce que luy touche en dommage propre : si feroit vn pupille, c'est à sçauoir son tuteur pour luy. Et en ceste action de populaire demãdant & poursuyuant peut estre poursuiuy par Procureur au cas que le demandeur seroit preiudicié en sa propre chose & dommage, mais en cas où il ne seroit preiudicié ne dommagé, & n'auroit action que populaire vniuerselle & non particuliere, il ne seroit à receuoir par Procureur, mais conuiendroit qu'il poursuiuist sa demande en personne ou personnes propres si plusieurs estoient, & le defendeur, soit que le demandeur en ceste action ait cause particuliere ou vniuerselle de populaire, est tousiours à receuoir par Procureur. *l. popularis actione. ff. de popula. act.* & n'est pas action de populaire à entendre pour les particuliers d'vn mestier ou d'vn college, ou d'vne ville, mais conuient que l'action ait regard à tous generalement, & pour ce est appellée action populaire, car aussi a elle regard au petit que au grand, & aussi bien y est à receuoir le petit que le grand, & vn seul que plusieurs. *per tot. tit. ff. de popul. act.*

Action de furtiue.

Apres s'appelle action de furtiue, si comme quand aucun achette chose emblée, il luy conuient rendre la chose, sans qu'il rait le pris que acheté l'a, mais la pert par ceste action. *C. de furtis & seruo corrupto. l. in ciuilem rem. &c.*

Action de postremes.

† *Postumes au liure escrit à la main.*

Apres s'appelle[z] action de † postremes, si comme quand aucun est né apres la mort de sõ pere, ou taillé hors du vẽtre de sa mere, & ne aborty, s'il a vie naturelle, pource ne demeure que par ceste action il ne puisse estre hoir legitime, & destruit le testament que son pere auoit fait apres sa mort sur espoir que plus d'enfans n'eust qu'il auoit suruiuans. *C. de posth. hæred. instit.*

Action de mise de faict.

Apres [aa] s'appelle action de mise de fait, si comme quãd aucun a quelque don legataire, dont il doit iouyr apres la mort du legateur, & il doute l'empeschement par l'Edict de l'Empereur dict Adrian, qui a ordonné ceste loy, il a action de luy faire mettre en son don d'aumosne : par ceste action & loy, pareillement à vne dame ou Damoiselle en son douaire apres la mort de son mary, & par ceste action y peuuent & doiuent estre tenuës & gardees de droict. *C. de edicto diui Ad. tol. & vlt.*

De condition incertaine.

Apres [bb] s'appelle action de condition incertaine, car qui n'accomplist la cõdition, il ne doit auoir le dõ par ceste actiõ. *C. de conditio. inser. l.*

Action de nouation.

Apres [ee] s'appelle action de nouation, c'est quand on renouuelle & remet sa debte d'vn debteur à autre, ou quand depuis l'obligement on reçoit partie de ses debtes, ou quand on reçoit gaiges sur sa debte, ou quand on donne grace ou delay d'aucuns des payemens, sçachez que pour tels muemens la force de l'obligation n'est muée : car l'obligation ne se mue pas par loy, mais par consentement se mue, & ainsi les obligez ne cõsentent que par parole que l'vne obligatiõ soit muée, par la seconde la premiere ne se change ne mue. *C. de nouat. & deleg. l. nouationum.*

Action de solution ou de liberation.

Apres s'appelle action de acceptilation, c'est faire quittance d'obligemens l'vn à contre l'autre: qui se peut faire par plusieurs voyes, si comme trouuer pourrez en la rubrice *de acceptilationibus. ff. & C.*

De adoption.

Apres [dd] s'appelle action de adoption, c'est quand aucun n'a nul enfant, & il faict & prend vn autre pour son enfant: & conuient que ce soit par l'auctorité du Prince: & que l'enfant que on veut auoir, soit encores en pouuoir & gouuernement d'autruy, car d'enfant qui seroit marié, ne se peut ne doit faire. *C. de adop. l. fi.*

De emancipation.

Apres s'appelle action de emancipation, c'est quand aucuns veulent mettre leurs enfans hors de leur gouuernement, tellement & afin qu'ils puissent faire faict d'vn homme, & que leur Conuent tienne & vaille. *C. de emancipa. liberorum.*

De ingratitude.

Apres [ee] s'appelle action de ingratitude: c'est quand aucun ne prend en gré ce que donné luy est par grace, ou depuis le donataire courrouce celuy qui le don par grace luy a faict: car lors peut estre le don rappellé par le donneur, *C. de reuocan. donat. & tit. de ingrat. liber.*

De action copulaire.

Apres s'appelle action copulaire, si comme quand aucun mercenaire a seruy par long temps aucun pour prendre loyer à taille, ou à prendre loyer, & son maistre l'auoit payé pour vn terme de certain loyer, & apres ne luy voulsist payer pour les autres termes, sçachez que selon la loy escrite il est tenu à le payer dautel loyer pour les autres termes que payé luy a de l'vn des termes: si condition expresse n'auoit entre eux. *C. de locat. & cond. l. Regem quidem.*

*De condition indeuë.**

Apres s'appelle action de condition indeuë, que les Clercs appellent *conditionem indebiti* : si comme quand aucun sur aucune condition paye par ignorãce plus qu'il ne doit, sçachez que par ceste actiõ le doit rauoir, c'est à sçauoir le surplus que le trop payé a. *de cõdit. indeb. per tot. ti. C. & ff.*

De sine causa.

Apres s'appelle action *sine causa*, si comme quand aucun a presté cent escus à vn autre : desquels a esté faict vn instrument obligatoire de les

Il faut lire condiction.

Au liure escrit à la main a esté & faudroit lire condiction.

rendre, & le debteur rend les cent escus : toutesfois *adhuc penes creditorem remanet instrumentum aut cautio obligationis, quam condicere conditione sine causa tum potest ille qui centum aureos mutuo acceperat, & quos reddidit.*

De action mixte.

Apres[ff] s'appelle action mixte, si comme quand le cas touche à action personnelle & reelle, par ce qu'ō demanderoit auoir de deux ou de trois ou de plus de ans les vsufruicts d'aucun heritage sans demander riens au treffons : & toutesfois cōuiendroit il toucher au fons, & qu'il descēdist par aucun qui autresfois auroit eu droit. *Instit. de act. §. appellamus & seq.*

Des actions reelles. †

Action[gg] reelle a regard à heritage & fons de la proprieté d'aucune chose, si comme d'auoir droict de successiō, ou par achapt ou par donation ou autre maniere d'acquest en la proprieté d'aucun heritage, soit qu'il soit feodal, ou de main ferme, si comme les heritages qui sont tenus en cens d'aucun Seigneur. Et encores peux & dois sçauoir qu'il y a autres heritages qui ne sont tenus ne en fief ne en main ferme, si comme sont les heritages de francaleu qui ne tiennent de nul Seigneur. Si peux & dois sçauoir que ceste action reelle se diuise en trois manieres, c'est à sçauoir en action proprietaire, en action de nouuelleté, & en action de simple saisine.

Action proprietaire.

Et premierement action proprietaire si est telle que la proprieté vient & descend par succession naturelle, si comme par succession de droicte ligne, ou par ligne lateral ou collateral. C'est à entendre droicte de pere ou de mere : lateral si comme de frere ou sœur. Collateral comme par oncles ou par cousins.

Action de nouuelleté.

De[hh] complaincte de nouuelleté, si comme d'auoir iouy d'aucun heritage par an & des derniers exploicts. Et se diuise ceste action de nouuelleté en sept manieres. La premiere si est des generaux interdits si comme quand aucun faict fouir dessous les murs d'vn autre ou plante des arbres, dont racines y puissent greuer : à ce doit par ceste action auoir remede. *C. de interd. l. 1.*

Ces termes lateral & collateral se prennent à present indiferēment en mesme signification.

Apres ensuit action de nouuelleté desquels biens, que les clers appellent *quorum bonorum*, si comme quand aucun heritage eschet à autre, par ligne lateral ou collateral, & on luy veut mettre empeschement par ceste action il peut & doit estre remedié & pourueu, mais que dedans l'an le face apres la mort de celuy par qui ceste succession luy vient, car apres l'an n'auroit ceste action lieu, ne ne luy vaudroit, *C. quorum bonorum.*

Apres ensuit action de nouuelleté de quels laiz, que les clercs appellent *quorum legatorum* : ainsi comme si aucun demande auoir le lay qui luy est donné en testamēt par aucun trepassé mais que dedans l'an le demande apres le trespas du legateur : car autrement n'auroit lieu ceste action. *C. quorum legatorum. &c.*

Apres ensuit action de nouuelleté de force faicte, que les clercs appellent *vnde vi*, si comme quand aucun prend ou happe par force heritage ou possession d'aucun: par ceste action de nouuelleté y peut & doit estre pourueu, voire mais que dedans l'an apres la force faicte on vienne au remede. *C. vnde vi. &c.*

Apres ensuit action de nouuelleté par trouble sur l'expatrié, comme quand aucun trouble le droict de celuy qui pour iuste cause est expatrié, car par ceste action que les clercs appellent *si per vim vel alio modo turbata fuerit absentis possess.* y peut & doit estre pourueu à l'expatrié, mais que dedans l'an apres sa reuenuë s'en vueille ayder: autrement non. *C. si per vim &c.* *Expatrié pour absent.*

Apres ensuit action de nouuelleté, comme vous tenez, que les clers appellent *vti possidetis*, comme si chacune partie se vante que sur vn heritage il a plus derniere & iuste possession, & ceste action est la plus cõmune, & qui plus souuent eschet. Car chacun s'en dict auoir les derniers exploits, & luy mesme sans autre venant que de luy: & par ceste action y peut & doit estre pourueu à celuy qui s'en plaint, si il peut monstrer les derniers exploits acquis par luy, mais doit ce faire dedans l'an que troublé se sent, car autrement ne luy vaudroit ceste action. *C. vti poss. l. vnica.*

Action de simple saisine.

Apres ensuit action de simple saisine, si comme quand aucun du droict proprietaire qu'il a en aucun heritage, s'est laissé desaisir par possession prinse d'aucun sans iuste cause, ou sans iuste tiltre, dont le possesseur a iouy plus d'vn an, si que complaincte de nouuelleté ne si peut asseoir, lors conuient qu'il se face remedier par complaincte de simple saisine, & toutesfois iouyst le possesseur durant le procez, & par complaincte de nouuelleté ne iouyst, fors celuy qui peut monstrer les derniers exploits à luy appartenans.

ANNOTATIONS DV TILTRE VINGT-SEPTIESME.

L'*AVTHEVR a traicté cy dessus plusieurs choses, qui appartiennent à ce tiltre, qui sera cause que ie ne m'arresteray sinon aux articles requerans quelque interpretation. Il definit l'action & recite la definition de Iustinian, conforme à celle du Iurisconsulte* in l. nihil aliud. D. de obligat. & actio. *l'action est vn droict de poursuiure en iugement ce qui luy est deu, où il faut entendre le verbe* debetur, *qui* est deu generallement pour tout ce qui appartient à aucun & dont il peut faire poursuitte, soit par action personnelle ou reelle, & comme nous en vsons vulgairement en François. C'est pourquoy in l. pecunia. §. vlt. D. de ver. sig. verbum debuit, omnem omnino actionem comprehendere dicitur, dont i'ay escrit plus amplement au liure quatriesme des Pandectes. Quant à l'action qui procede d'obligation, elle est seulement personnelle, comme Iustinian mesme le declare in §. omnium autem, & la reelle procede de la chose par laquelle celuy qui pretend la proprieté de quelque chose, agit contre celui qui en est possesseur ou detempteur, l. in rem. l. officium. & al. D. de rei vind. De ces actions dont est traicté en ce tiltre, i'ay escrit sur le grand Coustumier, qu'on peut voir.

b Plusieurs ont disputé sur la definition d'action, si celle pour iniures y estoit comprise : mais telle dispute ne sert de rien à present, Car on obserue en France de poursuiure la reparation d'iniures ou ciuilement ou criminellément selon la qualité d'icelles vt etiam colligi potest ex l. 35. 37. & vlt. D. de iniur. l. 12. §. vlt. D. de accusat. l. vlt. c. de iniurijs. §. in summa. Inst. eo. Si les iniures ne sont que verbales & legeres, elles se traictent ciuilement & sommairement, comme a esté iugé par plusieurs arrests de la Cour, & entre autres en l'audience du 14. Iuillet 1576. & du 17. iour de Ianuier 1579. & en telles causes l'iniuriant ne doit estre condamné à se desdire, ains seullement bailler lettres. Mais si sont iniures atroces, soit pour la qualité & condition des personnes, ou des paroles proferees, on y peut proceder criminellemenc. Comme a esté quelquefois iugé à la Tournelle, mesmes par arrest du 8. iour de Mars 1561. Les autres actions qui ensuiuent sont assez declarees en diuers tiltres du droit Romain, & lieux qui sont ici marquez, où le lecteur peut auoir recours: & pour le regard de l'action de promesse, la faut entendre selon qu'il est traicté in §. si scriptum. Instit. de inutil. stip. & l. quidem 132. D. de verbor. obligat. Aussi suit l'action stipulaire qui procede de l'obligation de paroles, laquelle se contracte par l'interrogation de celuy qui stipulle lui estre baillé ou faict quelque chose, & la responce de celuy qui promet. l. 1. D. de verbor. obligat. & instit. eo. Quant à l'action noxale elle ne se practique plus en France: De la redhibitoire & quanti minoris i'en ay cy dessus parlé suffisamment. Quant à l'action Seruiane, Iustinian la met entre les actions reelles procedans de la iurisdiction du preteur, & la dict competer à celuy auquel les biens du fermier sont tenus par droit de gage, pour les fruicts de l'heritage. Il met aussi la quasi Seruiane, qui est pareillement appellée hipothequaire par laquelle le creancier poursuit les choses qui lui sont obligees, & hipothequees. §. item Seruiana. instit. de actio. où le lecteur peut auoir recours s'il desire en sçauoir d'auantage, ou à ce que i'en ay escrit au 4. liure des Pandectes, & sur le grand Coustumier.

c Encores que la l. etiam si contrariam. C. mandat. ne parle que de la cause d'appel, si est-ce qu'en toute cause où le Procureur aura faict son deuoir, soit principale ou d'appel, il peut repeter les fraiz qu'il aura faicts, encores que sa partie ait perdu sa cause, l. qui mutuam. §. vlt. D. eo.

d I'ay ci dessus montré la difference entre les actions institoire & exercitoire, mais au liure escrit à la main au lieu de cet article d'action exercitoire, qui interprete mal ladicte action, il est escrit en ceste maniere Exercitoire action. Exercitoire est quand aucun qui a nauire, constitue vn homme pour gouuerner celle nauire, lequel *ainsi constitué par celuy à qui est ladicte nauire, s'appelle* Magister nauis, *& celui à qui est tenu la nauire, s'appelle* Exercitor nauis, *& est tenu l'exerciteur de la nauire, de tous contracts lesquels faict le maistre de ladicte nauire.* D. de exercito. ac. l. I. in pri. & simil.

e *Plusieurs se sont trauaillez sur la* l. vinum D. de si cert. pet. *comment se deuoit faire l'estimation des choses gisans en valeur & estimation: dont la deliurance n'auroit esté faite par le detteur, qui en estoit tenu faire le payement, mesmes à certain iour, ou lieu: mais par l'ordonnance de l'an* 1539. art. 94. 102. *&* 104. *y a esté si prudemment pourueu, que toutes ces difficultez cessent. A sçauoir de faire la valeur & estimation desdites choses & autres especes de fruict, par l'appreciation qui s'en fera par l'extraict du registre des Greffes selon l'estimation commune, & me souuient d'auoir veu infirmer par arrest donné à l'audience du* 15. *May* 1567. *vne appreciation qui auoit este faicte au plus haut pris du bled qu'on auoit promis de payer & liurer à certain iour, & fut ordonné par ledict arrest, que l'appreciation s'en feroit au plus commun prix, depuis le iour de l'obligation, aucuns seroient par auenture d'auis, qu'il la faudroit faire au prix du iour que le payement deuoit estre faict, dont on peut voir* l. cum quis. D. de obligat. & action & al.

f *Ce qui est icy traicté de la peine du vice de litige, ne s'obserue en France, comme Rebuffe & autres ont obserué. Et quant à l'action de dol, dont est parlé en l'article ensuiuant, elle ne se practique plus, ains pour estre releué de quelque contract pour cause de dol, il faut obtenir lettres Royaux.*

g *Il y a difference entre la reconuention & compensation: Car la reconuention selon sa propre signification & qu'il est interpreté cy apres en l'article de l'action mutuelle, est quand le defendeur veut reconuenir le demandeur pardeuant le mesme Iuge, où il est poursuiuy: & telle reconuention qui est appellee* mutua actio, vel petitio. l. I. §. vlt. D. Quæ sent. sine appell. resc. l. si idem §. quod si mutuæ. D. de iurisd. *n'a lieu en Cour laye, si elle ne despend de l'action & que la demande de reconuention soit pour la defence contre l'action du demandeur, comme est porté par la coustume de Paris*, art. 106. *& autres coustumes. Mais la compensation est espece d'exception, qui procede d'vne equité pour compenser vne dette claire & liquide à vne autre pareillement claire & liquide: & laquelle nostre autheur & autres appellent reconuention, par ce que le defendeur qui l'allegue, se constitue souuent demandeur à la fin d'icelle. On tient, qu'en pays de droict escrit elle se peut proposer sans lettres: mais qu'en pays coustumier elles sont necessaires: Rebuffe* tract. de lit. obligat. Imbert. lib. I. cap. 35. *Papon liure* 12. *des arrests, tit.* 6. *Ce qui s'obserue exactement és Cours souueraines: mais és iustices inferieures la compensation est receue sans lettres, mesmes quand on maintient que la partie aduerse a promis faire icelle.*

h *La plus part des especes d'actions qui sont icy traictees sont plus tost denominations des causes, pour lesquelles elles sont intentees, que des formes essentielles. Ceste diuision de donation est prise* ex tit. Instit. de donatio. *où Iustinian en faict trois especes, à sçauoir l'vne entre vifs, l'autre* à cause de mort, laquelle est reduite à la forme des legs, & la troisiesme à cause de mariage.

i I'ay remarqué cy dessus que la rei-vendication est action reelle, & partant ne conuenoit la mettre entre les actions personnelles.

k De la contribution i'ay escrit amplement sur la coustume de Paris, article 180. qui declare bien le cas de desconfiture qui est, quand les biens du detteur tant meubles que immeubles ne suffissent aux creanciers apparens: & aux articles ensuiuans est declaré, quand contribution n'a lieu. La desconfiture rend tous les creanciers esgaux, & faict que chacun doit porter sa perte de la calamité du detteur, vt etiam testatur Seneca lib. 4. de benefic. cap. 39. & mesmes les femmes pour leur dot & douaire en cas de desconfiture viennent en contribution auec les autres creanciers, jugé par arrest, le parlemen, seant à Tours le 2. Auril, 1591. & autres: le lecteur en pourra voir d'auantage en mon commentaire sur ladicte coustume.

l Ie passe les actions d'vsucapion & prescription par-ce que i'en ay cy dessus traicté. L'action d'euiction vient ou de la stipulation, si l'acheteur l'a stipulee, ou de la nature du contract d'emption qui produict de luy mesme telle action, & compete pour les dommages & interests que l'acheteur auroit soufferts, pour estre euincé de l'heritage, qui luy auoit esté vendu, l. emptori. §. vlt. l. si. dictum. §. in stipulatione. l. si in venditione. l. euicta. D. de euictionib l. non dubitatur. C. eo. Quant à l'action de retraict lignager, de laquelle est parlé en l'article ensuiuant, i'en ay amplement escrit sur la coustume de Paris, au tiltre de retrait lignager, par laquelle en l'article 141. le premier parent & lignager qui fait adiourner en retraict, est preferé à tous autres, encores qu'il ne soit si proche: mais par quelques autres coustumes le plus prochain du vendeur en degré est preferé. Aussi i'ay interpreté ce que portẽt les coustumes pourueu que le lignager vienne du costé dont l'heritage meut & vient au vendeur, à sçauoir que tous sont reputez parens du costé & ligne du vendeur, supposé qu'ils ne soient descendus de celuy qui a vendu l'heritage: & i'en ay allegué des arrests sur ladite coustume. Pour le regard de l'action de transaction elle n'est cogneue par le droit Ciuil, ains s'il y a stipulation ex stipulatu actio competit, ou si elle a esté obmise, vtilis actio, quæ præscriptis verbis dicitur danda est l. cum mota. c. de transactionib. Quant à l'action de restitution en entier, elle n'est obseruee en France, ains se faut pouruoir par lettres Royaux, & comme i'ay monstré cy dessus, le temps de se faire releuer pour la minorité est de dix ans du iour de la maiorité, & entre maieurs de dix ans du iour du contract, ainsi qu'il est porté par les ordonnances Royaux.

m Nous appellons dot ce que la femme apporte en mariage auec le mari, & qui lui demeure propre & patrimonial, pour lequel repeter la femme a son action qui est appellee dotale apres la dissolution du mariage. §. fuerat. instit. de actio. l. vn. c. de rei vxo. act. le douaire qu'aucuns comparent donationi propter nuptias, procede ou de la stipulation qui est faite par contract de mariage qu'on appelle douaire prefix, ou de la coustume, qu'on appelle douaire coustumier: & se prend sur les biens du mary, soit qu'il ait esté promis & prefix, ou qu'il soit coustumier: & la femme le peut demander comme son dot apres la dissolution du mariage. De l'action de fideiussion est amplement traicté. tit. D. C. & instit. de fideiussoribus, & telle action procede ou du contract de stipulation, & partant peut estre comprise sous l'action stipulaire, aut pro fideiussione datur actio mandati. l. Granius. D. de fideiuss. l. si secundum. c. eo. I'ay parlé cy dessus du droict en chose & de la chose.

n La vendition est parfaicte si tost qu'il est conuenu du pris de la chose vendue, §. venditæ instit. de rerum diuisi. & du contract de vendition procedent deux actions, l'vne pour l'achepteur à fin d'auoir la deliurance de la chose vendue, & l'autre pour le vendeur à fin d'auoir le pris, & ce que l'acheteur luy doit bailler, vt tradit. in l. ex empt. D. de act. empti & vend. l. 1. 2. & 6. C. eo. 7.

o L'action de restitution ne se practique par lettres Royaux, qu'il conuient obtenir pour faire casser & rescinder le contract, duquel on veut estre releué. Mais quãt à la rescision pour deception d'outre moitié de iuste pris, elle n'a lieu en France pour les meubles, par ce que l. 2. C. de rescin. vend. ne parle que d'heritages, comme aussi l. si voluntate, & d'autantage l'vne ne l'autre ne parle de l'acheteur, ains seulement du vendeur: a esté iugé par arrest du 7. Septembre 1592. que l'acheteur ne pouuoit estre restitué pour telle deception: ainsi le tient Cuiacius, obseruat. 16. cap. 18. & obseruat. 23. cap. 32.

† Et est icy obmis vn article qui est au liure escrit à la main contenant ces mots. De action Edilitienne, c'est quand aucun vend vn serf qui est de telle condition qu'il ne peut arrester en aucun lieu dont l'acheteur si est decheu de son achat, par ceste action il doit estre reintegré, c. de ędil. ac. l. cum proponas. & hæc actio habet etiam locum pro aliis rebus sicut pro seruo. vt in eo. ti. l. si predium.

p L'action vectigale de laquelle est parlé D. tit. si ager vectigalis. est rapportée aux actions reelles: mais d'icelle n'est traité en ce lieu, ains de celle qui compete pour le payement des peages & amendes, pour auoir passé sans les payer. Car le mot vectigal est general comprenant & le tribut & redeuance qu'on doit à cause des terres & heritages baillez en emphyteuse, & le peage qui est deu au seigneur, soit Prince ou autre fondé de droict, pour la voicture, transport ou conduite des marchandises & autres choses suiettes à tel droict, dont est traicté tit. D. de publican. & vectigal. & C. de vectigal. & commiss. & nous en auons amplement escrit au Code Henry & autres liures.

q De l'action de location est traité aux tiltres D. C. & instit. de locat. & conduc. Mais pour entendre à quoy est tenu celuy qui a baillé ou prins à loyer quelque maison ou autre habitation, faut distinguer que s'il y a conuention entre les parties, il la faut suiure: mais s'il n'y a nulle conuentiõ, & que celuy auquel est loué partie de la maison, comme vne chambre, grenier, ou autre semblable, le maistre de la maison demeurant en icelle, y auroit eu & souffert quelque perte & dommage, qui est le cas l. 1. & l. damnum. C. de locato & conduct. il conuient iuxta d. ll. distinguer si telle perte seroit aduenue par l'effort & violence des larrons, & autre cas fortuit auquel le maistre de la maison n'auroit peu pouruoir, auquel cas il ne seroit tenu de ladicte perte. Car nul n'est tenu des cas fortuits; l. si fundus, in fi. D.

eo.l.contractus.D.de diuerſ.regul.iur. *Mais ſi elle eſt aduenue par la faute & negligence du maiſtre de la maiſon, il en ſera tenu*: nam ab eo cuſtodia talis deſideratur, qualem diligentiſſimus pater familias ſuis rebus adhibet.§. qui pro vſu. inſtit. de locat. & conduc.

r *L'autheur ſuiuant l'opinion commune interprete mal le tiltre* C. de ſuffragio, *lequel ne parle des Aduocats, ains de la promeſſe qui eſt faicte par celuy qui a impetré quelque honneur ou bien faict du Prince, par la ſuffragation, faueur, interceſſion & ayde d'aucun, ce qui eſt tres-frequent entre les courtiſans, & toutesfois Tibere Empereur de Conſtantinople l'auroit deffendu, no.* 161. *Mais quant aux Aduocats* qui poſſunt honoraria petere, *y a l'action* quæ extraordinaria dicitur, l.1. D. de extraordin. cogni.

ſ *L'action finium regundorum, compete pour mettre bornes entre les heritages voiſins: mon vieil practicien l'appelle plet de bonnes, & eſt cete action mixte ou meſlee* in rem & in perſonam, *comme auſſi les actions* familię erciſcundę & communi diuidundo.§.quædam actiones, inſtit.de actionibus. *Il y a des tiltres* D. & C. *eſquels eſt amplement traicté de ceſte action: & certainement les anciens tant Romains que autres, auoient accouſtumé de limiter & ſeparer leurs champs & heritages, par bornes & marques de pierres eſleuees ou autres, comme i'ay monſtré ailleurs. Les articles enſuiuans ſont ſi vulgaires qu'ils ne requierent annotations.*

t *I'ay parlé cy deſſus du contenu au preſent article, ſeulement ie veux admoneſter le Lecteur qu'il y a faute au liure imprimé, & qu'au lieu de l'acheteur faut dire le vendeur comme i'ay notté en marge.*

u *Mon vieil practicien au tiltre des pacts, appelle conuenanche nice, pour paction nue, quand elle eſt faicte ſans cauſe: à quoy conuient noſtre autheur, lequel en cet endroict & autres: vſe ſouuent du mot nice & nicement, pour ſimple & ſimplement, mais de promeſſe ou paction nice ne s'engendre action* l.7.§.ſed cum nulla. D. de pactis. *Les deux actions de tutelle & curatelle ſont aſſez communes & cogneues de chacun.*

x *Bail ſignifie garde, & l'action de bail eſt pour la garde, qu'aucun auroit eu du pupil & de ſes biens, durant ſa minorité: du bail de mineur eſt faicte mention en plusieurs couſtumes, & y en a tiltre en celle de Paris, de garde noble & bourgeoiſe, où i'en ay amplement eſcrit, & conuiendra encores cy apres en traicter.*

y *L'action populaire comme il eſt icy declaré eſt hors d'vſage en France par ce que la pourſuite d'vn faict concernant la cauſe publique ou vniuerſelle d'vn peuple ſe faict à la requeſte du Procureur du roy ou fiſcal, n'aiant plus le peuple authorité publique: ny aucun d'iceluy, pouuoir d'agir par tout le peuple* quia lege regia quæ de imperio lata eſt, populus princip[illegible] & in principem omne ſuum imperium & poteſtatem contulit l.1. D. de conſtitut. princip. *& les ſeigneurs ont le droict du Prince par ſa conceſſion. Quant à l'action de furt dont eſt parlé en l'article enſuiuant elle ſemble proceder de la loi des XII. Tables, par laquelle* rei furtiuæ perpetua auctoritas erat. *& par cõſequent celui qui pourſuit la choſe qui lui a eſté deſrobee, il la peut rauoir ſans rendre le prix, autrement ſeroit ſup-*

porter ceux qui receleroient ou acheteroient les choses furtiues, contra l. ciuilem. C. de furtis possessor rei furtiuæ rem domino restituere cogitur etiam non reddito pretio l. 23. C. de rei vindicat. *ce qu'aucuns limitent auoir lieu quand l'achepteur est de mauuaise foy, ne pouuant nommer celuy duquel il l'auroit achepté*, l. ciuile est C. de furtis, *& s'il l'auoit clandestinement achepté. Mais si de bonne foi & publiquement il l'auroit achepté, comme en marché, ou autre lieu public, ils estiment qu'il faudroit rendre le prix* l. si quis vxori, 52. §. 15. D. de furtis. *en telles matieres i'attribuerois principalement à l'arbitrage du iuge d'en ordonner selon les circonstances du fait qui seroit traicté deuant lui.*

z *Le traicté des postumes requereroit vn ample commentaire: Car par le droict Romain ils deuoient estre instituez heritiers ou exheredez, & succedoient aussi bien à intestat que les heritiers* qui dicebantur sui, *qui estoient nez du viuant de celui de la succession duquel estoit question, comme traicte Iustinian* §. postumi quoque. exheredat. liber. & §. postumi quoque de hæredita. quæ ab intest. de fer. & tractatur. D. de liber. & postu. C. de postu. hęre. insti. & al. locis. *Mais pour succeder par le postume ou autre par le moien d'icelui, il faut que le postume sortant ou tiré du ventre de la mere soit en aage de vie naturelle, tellement que par arrest de la Cour du deuxiesme iour de Decembre, Mil cinq cens nonante quatre, entre Guillaume Prala, & Germaine Maillart, a esté iugé qu'vn enfant né à quatre mois & demi n'est reputé auoir vie, encores qu'il eust remué vn bras, vne iambe, menton & leures: & sans entrer en la dispute d'entre Afflictus & Boerius si l'enfant né à six ou huict mois doit estre reputé auoir eu vie naturelle: ie me contenterai de ce qu'en a escrit le Iurisconsulte pour l'auctorité d'Hipocras, qu'à sept mois le part est parfaict* l. septimo. D. de statu hominum.

aa *L'Edict de l'Empereur Adrian est mal interpreté par l'autheur, par ce qu'il auroit par icelui disposé de l'heritier institué, lequel apres l'ouuerture du testament estoit mis en possession de l'heredité, ou de la part & portion, pour laquelle il auoit esté institué,* vt constat ex l. 1. 2. & vlt. C. de edicto Diui Adriani. & l. 26. C. Th. quor. ap. non rec. & tractat Paulus lib. 3. sent. tit. 5.

bb *Ce n'est vne action speciale celle qu'on peut intenter contre celui qui n'a accompli la condition à laquelle il est tenu par contract ou testament, par ce qu'on peut agir par l'action qui procede ou d'obligation de contract, ou de testament.*

cc *Les actions tant pour la nouation que pour l'acceptilation ne sont speciales, ains pour le regard de la nouation, l'action compete en vertu de la nouuelle obligation: & l'acceptilation est plustost vne liberation, par laquelle l'obligation est tolue, pour seruir d'exception & deffenses si on vouloit agir en vertu des obligations tollues par icelle,* l. 1. D. de acceptilatio. §. est prodita. instit. quibus modis obligat. tolli.

dd *L'adoption n'est plus vsitee & obseruee en France, & d'icelle non plus que de l'emancipation ne s'engendre action particuliere; Toutefois en France on obserue l'emancipation: mais elle se faict de consentement du pere & de l'enfant, quand le pere emancipe son enfant, à fin que sous son nom par luy ou par vn curateur il puisse faire poursuite des droits appartenans à son enfant, ou que son enfant puisse particulierement accepter les donations qui luy sont faictes; ou pour autre cause.*

ee *Au Code le tiltre* de ingratis *suit celuy* de emancipationibus liberorum, *comme si l'action d'ingratitude competoit principalement au pere qui auoit emancipé son fils, pour le remettre sous sa puissance laquelle est procedee de la loy des XII. Tables* vt constat ex l.vn. C.eo.tit. *mais l'autheur parle de la reuocation de la donation qui se faict par le donateur à cause d'ingratitude* l. 1. & vlt.C. de reuocandis donat. *& y auoit des peuples comme les Perses, qui donnoient action pour l'ingratitude. Mais par le droict François il faut obtenir lettres Royaux, pour faire casser & reuoquer une donation pour cause d'ingratitude ou autre. Ce qui suit de l'action copulaire vient d'vn vieil terme François, duquel le practicien que i'ay escrit à la main vse quelquefois disant, vn homme est copulé, lequel s'est loué à vn autre, & auoir copulé son seruice, que nous disons en latin* locare operas. *De la condition indeue il faut lire condiction de l'indu, comme il est escrit en mon ancien practicien, pour rendre en François ce qu'on dict en droict* condictio indebiti, *laquelle compete à celuy qui par erreur a payé ce qu'il ne deuoit* l. 1. D. de condictione indebiti.

ff *I'ay parlé cy deuant des actions qu'on appelle mixtes qui ont cause meslee* tàm in rem, quà in personam, §. quædam instit. de actio. *mais celle pour l'vsufruict n'y est comprise.*

† *Au liure escrit à la main y a deux articles qui sont obmis en celuy imprimé, que i'ay voulu icy inserer: De seruitude de possession, Apres s'appelle action de seruitude de possession, si comme d'auoir droit de voye parmy la terre d'autruy ou droict d'esgoutterie sur l'autre heritage, ou droict de mettre cheuron sur autruy mur & autres semblables.* C. & D. de serui. vrba. predio. *De seruitude de prestation: Apres s'appelle action de seruitude de prestation si comme d'auoir droict qu'aucun luy soit tenu de faire coruees comme de fener en son pré, ou de tailler en son bois, ou d'autre taille sur autre.* D. de præscrip. ver. act. l. si operas.

gg *I'ay assez declaré cy dessus que c'estoit l'action reelle: & comme les choses nous peuuent appartenir par diuers moyens, aussi pouuons nous fonder nos actions sur diuerses causes, pour conclure contre ceux qui les detemptent & possedent à fin de s'en desister & departir, & nous en laisser la iouyssance qu'aucuns dient restituer. L'autheur recite aucunes causes de proprieté, pour lesquelles on peut intenter ceste action. Zasius & autres interpretes* ad d. §. omnium. *traictent, si au libelle de l'action reelle il est besoin d'exprimer la cause, & font distinction entre la cause proche & la remote, sans reciter ce que Ferrarius* in forma libel. act. rea. *& autres en ont escrit. Il me semble que c'est le plus expedient d'exprimer la cause tant proche que remote: car la cause fait le tiltre, sur lequel le demandeur doit fonder son action: comme i'ay plus amplement discouru.*

discouru au quatriesme liure des Pandectes: ou i'ay aussi examiné la diuision ou partition de l'action reelle en celle que l'Autheur appelle proprietaire, en action de nouuelleté, & en action de simple saisine. Car encores que les interdits soient traictez en vn tiltre separé des actions, si est ce qu'ils sont comprins soubs le nom d'actions, n'ayant plus de lieu l'ancienne solemnité, qui s'obseruoit à Rome, l. Actionis. D. de obligat. & act. §. vlt. Inst. de interdict. *& concernans la possession de la chose, ils semblent estre bien referez au nombre des actions reelles: par-ce qu'ils ne se ressentent des personnelles. Dont i'ay diuisé audit quatriesme liure des Pandectes, les actions reelles en celles de proprieté, & celles de possession.*

h h *Il recite icy plusieurs especes d'interdits, qui sont mieux distinguez par les Iurisconsultes, & Iustinian. Aucuns interdits contiennent la cause de proprieté,* vt de itinere actúque priuato: *tous les autres concernent la possession, & sont de trois especes, à sçauoir, pour acquerir, pour recouurer, ou pour retenir la possession,* l. 2. D. de interdict. Inst. eo. tit. *qu'on peut voir, Ce que l'Autheur traicte des racines des arbres, est pris,* ex l. 1. c. de interd. *où est parlé de l'interdict qui se donne en ladicte espece,* ex bono & æquo, ad exemplum interdicti, quod ex Edicto de arboribus cędendis competit. ideóque non est directum, sed vtile interdictum. *J'en ay traicté ailleurs: L'interdit* quorum bonorum, *est le premier nommé entre les interdits pour acquerir possession, qui competoit à celuy auquel le Preteur auoit donné la possession des choses, c'est à dire, de l'Vniuersité des biens delaissez par le defunct,* siue ex testamento, siue ab intestato, l. 1. D. quorum Bonorum. §. adipiscendę. Instit. de interdict. *On le peut bien rapporter au cas de saisine & nouuelleté, que l'heritier saisi par la coustume peut intenter pour les biens delaissez par le defunct, & n'y a par le droict François, autre interdit pour acquerir possession que celuy que peut intenter l'heritier en continuant la possession du defunct, dans l'an de son deces, & audit cas de saisine & nouuelleté qui compete à l'heritier, se peut aussi rapporter l'interdit,* quod legatorum, *dont est traicté.* D. & c. *Mais il n'est tel que le descrit l'Autheur par-ce qu'il ne compete au legataire pour auoir le legs, ains à l'heritier pour luy faire restituer par le legataire la chose qu'il possede à cause du legs, contre la volonté d'iceluy,* l. 1. D. eo. tit. & l. vn. c. eo. *Car le legataire pour auoir son legs y doit venir par action. L'interdit,* vnde vi, *qui compete pour recouurer la possession est intenté par celuy qui par force a esté deiecté de la possession de quelque heritage, afin d'y estre restably & restitué,* §. recuperendæ. Instit. de interdict. D. & c. de vi & vi armata. *il est vray que pour la force commise principalement par armes, on peut proceder criminellement suiuant les loix* Iulianes, d. §. recuperandę. l. 1. D. de vi & vi armata, vide l. si quis. vi. D. de adquir. possess. *Au lieu de l'interdict* vnde vi. *à present on practique la reintegrande, qui a esté introduicte par les Canonistes,* can. reintegranda. 3. 4. 1. *Comme traicte* Innoc. in cap. sæpe. de restit. spol. *& Imbert* lib. 1. c. 17. *lequel on peut voir pour les autres articles de ce chapitre. L'interdit qui compete si par la force ou autrement la possession de l'absent est troublée, est fondé sur* l. vlt. c. vnde vi. & l. 1. c. si per vim. vel alio modo, *& est interdict comme celuy* vnde vi, dicitur interdictum momentarię possessionis, l. 1. & 4. c. Th. vnde vi: *Et encores que par le droict Rrmain* perpetuo competat: *si est-ce que ie ne serois d'aduis que* *l'absent apres l'an du iour du trouble, peut intenter cest interdit: par ce que par le droict François ne sont receus que deux especes d'interdicts, à sçauoir, la reintegrande, & le cas de saisine & nouuelleté des interdicts, dont est traicté és deux articles derniers: i'en ay assez escrit cy dessus, qu'il n'est besoin de repeter.*

D'ACTION CRIMINELLE.

TILTRE XXVIII.

ACTION[a] criminelle, si est auoir cause de poursuiuir aucun de faict, dõt il puisse ou doiue porter peine de mort, ou de membre perdre, ou de bannissement de ville ou de païs à peine de vie, ou de membre, ou d'estre flastry, ou enseigné d'enseigne publicque, ou estre trouué incredule, ou estre trouué contre son droict Seigneur, ou estre trouué faiseur de fausses lettres, ou de faux seaux: car tous ces faicts sõt appellez crimes. Si sçachez que crimes sont diuisez en deux, c'est à sçauoir crime capital, & crime non capital. Crime capital si est pour faicts pourquoy on pert vie, & reçoit-on mort par iustice si on est tenu prisonnier: ou si on n'est prisonnier, parquoy on porte tel bannissement qui vaille mort: signe d'estre bãny à peine de mort si on estoit tenu: car tout ce equipolle peine capitalle. Si peux & dois sçauoir que crime capital se diuise en dixneuf manieres qui toutes sont contees capitalles.

De leze maiesté.

La premiere [b] si est crime de leze maiesté sur de traicté faire, labourer & machiner, comment que ce soit contre la noble maiesté du Roy nostre Sire: car de tous tels delicts, nul est autre tant soit il hault iusticier, qui en puisse auoir la cognoissance, fors le Roy & son iuge tant seulement, encores qui en ce auroit commis, & non autrement. *Vide de hoc crimine tot. tit. ad l. Iul. maiestatis. C. & ff.*

Trahison.

La seconde [c] si est trahison qui se faict par aucun contre son Seigneur, ou contre quelconque personne. Contre son seigneur en quelque maniere qu'elle soit traictée, ensuit crime capital: contre autre, si ne seroit pas capital, si par la trahison, mort mise n'estoit ensuiuie, ou presque mort, si comme par la trahison d'aucun le faiseur auoit nauré pour mettre à mort celuy qui seroit trahy & espié, & toutesfois seroit-il eschappé de mort, iaçoit ce que mort ne s'en seroit ensuiuie, toutesfois celuy qui auroit faict telle trahison, auroit encouru en crime capital de trahison, car par luy ne seroit demeuré qne mort ne seroit ensuiuie. *vt per doct. in l. si quis non dicam rapere. C. de episc. & cleris. & C. de sicar. l. is qui cum telo.*

Meurdre.

La troisiesme [d] si est meurdre, si comme d'occir & mettre à mort aucune persone, par especial pour le sien auoir, tout tel est crime capital de meurdrir, & n'y doit auoir remission de Prince, ou immunité d'Eglise, n'autre franchise qu'ils ayent, si clercs n'estoient, dont ils puissent iouïr & vser de priuilege de clergie, & trouuez en tonsure. *De hoc crimine ti. habes. ff. & C. ad l. Cornel. de sicariis.*

Rapt.

La quatriesme [e] maniere si est comme de rapt, si comme d'efforcer femmes quelles qu'elles soient, car la loy veut que nulle femme de quelque estat qu'elle soit, contre son gré & volonté soit trauaillée, que ce ne soit encourant crime capital de rapt. *C. de raptu virgi. l. raptores.*

D'aucis.

La cinquiesme [f] maniere si est faire crime d'aucis, si comme de ferir ou attoucher femme qui seroit enceincte, par telle maniere, que le fruict de son ventre en vint à perdition: car de tel faict, en chet on en crime capital d'aucis. *C. ad leg. Cornel. de sicar. l. si quis necandi.*

D'escherpelerie ou violence.

La sixiesme [g] maniere si est force faicte, qu'en Normandie on appelle escherpelerie, ou en autres lieux violence, si comme de tollir à autruy le sien en voye, ou en chemin par les champs, ou en lieu public contre son gré, iaçoit ce qu'on ne tuë ou mehaigne de son corps, toutesfois ne demeure qu'on ne chée en peine capital & escherpelerie: & s'appelle *depraedator agrorum*, ny ne doit auoir refuge, n'immunité d'Eglise, n'allieurs. *C. ad l. Iuli. de vi pu. l. ob. debitum. & l. sequent.*

De patricide.

La huictiesme [h] maniere, si est crime de patricide, si comme de mettre à mort son pere ou sa mere. *Etiam auum vel auiam: fratrem vel sororem, & extenditur ad ascendentes & descendentes: vide l. 1. ff. ad l. Pompeiam de parricidijs.* Car par la loy escrite, ce crime cy ne se compare à nul autre, & est à punir d'autre maniere, & doiuent perdre quatre Elemens en leur vie, & mourir sans elemens par diuerses manieres escrites en la loy vnique. *C. de his qui parentes vel liberos occid.*

Autremēt parricide.

De sacrilege.

La neufiesme [i] maniere, si est crime de sacrilege, si comme par croire contre la saincte foy de Iesus-Christ, spirituellement à parler, crime de sacrilege, si est de faire, dire ou venir contre l'establissement du Roy ou de son Prince, car de venir contre, c'est encourir peine capitale de sacrilege. *C. de crimine sacrileg.*

Sortilege.

La [k] dixiesme maniere si est crime de sortilege, si comme faire sorceries pour gens greuer, dire coniurement de sainctes parolles diuines pour ce faire adorer le diable, & le faire venir, car tout tel faict chet en peine capitale de sortilege. *C. de maleficis.*

D'heresie.

La vnziesme [l] maniere si est crime d'heresie, si comme de faire croire & arguer de toutes choses qui sont ou seroient contre la saincte foy de nostre Seigneur, de l'Eglise, & des commãdemens d'icelle, & des saincts canons, & de tout soustenir. *C. de haeret. & Maniche.*

Sedition.

La douziesme [m] maniere si est crime de sedition, si comme quand aucun machine ou faict contre son droicturier Seigneur, pour traicter ou amener autres à sa volonté, à fin de contredire à traicter son Seigneur ou son peuple par voye de tumulte, laquelle chose est crime qui desire punition extraordinaire, & dont on chet en crime capital de sedition. *C. de seditio. & de his qui, &c.*

Monopole.

La treziesme maniere si est crime de monopole: si comme quand aucun s'efforce de faire en vn païs ou ville assemblée de gens, disant, nous deuons estre ainsi traictez & menez, & deuons de tel mestier auoir telle franchise & tel gagnage, ny ne deuons pour ce plus ouurer: & laisser à ouurer à telle heure, &c. qui chet en tel mesfait, il en court en crime capital de monopole. *C. eod. tit. de sedit.*

De conspiration.

La quatorziesme maniere, si est crime de conspiration, si comme de faire machination contre l'ordonnance ou Edict de Prince, à fin de le destruire par faict de peuple; & y a difference en ce, combien que ce semble tout monopole: car monopole est entre le peuple, & chose qui singulierement le regarde, & cõspiratiõ est assembler la gent pour chose qui a regard au Prince, & toutesfois il ne touche pas au corps, n'à la vie du Prince, comme faict sedition: & de tous tels cas cheant en crime capital de conspiration. *C. eod. ti. de seditio.*

De talion.

La quinziesme [n] maniere est, si est crime de talion: si comme quand aucun s'auãce de iuger, n'accuser autruy de crime, quel qu'il soit par partie formee, & conclud qu'à mort soit condamné selon la loy escrite: s'il dechet de telle conclusion, il doit porter autelle peine: & ce est appellé crime de talion. Mais pour le present par les sages a esté aduisé & ordonné d'auoir en Cour de Iustice Procureur d'office, qui fait les conclusions criminelles par information precedente, & oste ceste maniere d'action de talion: car partie se peut passer par conclusion criminelle qu'il faict sans peril d'amende par raison de son office, & ainsi se peut passer l'office de iustice, & oster la rigueur de talion: *de huiusmodi crimine, vide tex. in l. qui crimen. C. de his qui accus. non possunt. C. de accusat. & inscrip. l. vlt.*

De furt.

La seiziesme ° maniere si est crime de furt que l'on dit larcin, mais toutesfois grand' difference a entre furt & larcin, car furt est chose emblee, si comme de retenir l'autruy, de receller & denier la chose, desquels larcins crime capital ne s'ensuit, fors en furt *C. l. 6. de furtis & ser. corru. aut. nauigia.*

De vespertilion.

La dixseptiesme p maniere, si est de vespertilion, si comme quand aucun est si malfaisant qu'il s'entremet de plusieurs malefices, si comme de meurdrir gens, d'embler, de desrober, de tenser, de plusieurs autres semblables malefices dont il est renommé au pays. Tout homme doit estre sergent pour prendre tel mal-faicteur, & l'amener à iustice, & y chet grandement crime capital de vespertilion, qui ne doiuent auoir en ville priuilege, n'immunité d'Eglise, ne nul que de clergie, si en habit & tonsure sont prins. *C. l. 9. rubrica de crimine stellionatus.*

Crimen stellionatus intelligit, quod crimen cõmittit qui ex varietate animi rem aliquam alteri pignori obligatam, alij postea obligat: quamquam & generaliter in alijs criminibus competit, alia speciali actione deficiente.

De corruption.

La dixhuictiesme q maniere si est crime de corruption, si cõme quand aucun officier de iustice sous ombre de son office par corruption ou autrement iuge autre à mort sans cause, & laisse celuy qui a deseruy mort, & le tourne par dissimulation ou autrement à deliurance, car telle peine est crime capital de concussion. *C. li. 9. ad l. Iuliam. repetundarum. l. 1.*

De sodomite.

La dixneufiesme r maniere si est crime de sodomite, si comme de faire contre tout fait de nature humaine, & que n'à homme n'à femme naturellement appartient à faire.

De crime non capital.

CRime f non capital si est tout mesfaict qui a regard à crime, mais non capital, si que dessus est dict au commencement de ceste rubrice, & se diuise ce crime en deux manieres: C'est àsçauoir en crime de faux & crime non capital, comme dessus est dit. Si dois sçauoir que crime de faux que les clercs appellent, *crimen falsi*, si est crime, ou delict, ou mesfait de faussenerie. si comme de lettres fausses, de seaux contrefaits: de faux Procureurs, & de tels cas semblables, pour lesquels crimes il ne s'ensuit pas peine capitale, fors peine arbitral selon la discretiõ du Iuge. *C. li. 9. ad leg. Corneliam de fals. l. eum qui.* Crime non capital s'assiet sur foy mentir, sur corruption de Iuge ou d'autre officier, sur larcin simple dont on pert tant seulement membre d'oreille, ou bannissemẽs de trois ans: sur vilain serment dont on est mis au pillory: sur inhumainement parler du Roy nostre Sire, ou de son Prince, dont on est flastry ou enseigné de sein de iustice: sur contrefaire autre seing, soit en fait de notairie ou de marchãdise, ou en fait de mestier: sur simple sortilegerie dont on est mis au pillory: & autres semblables mesfaits qui sont criminels non capitaux.

ANNOTATIONS DV TITRE VINGT-HVICTIESME.

ENCORES que l'accusation, qui est pour la poursuitte des crimes, soit distinguee de l'action, & qu'au droict Romain soit traicté de l'vne & de l'autre par tiltres separez : si est-ce que le mot d'action pris generallement comprend aussi l'accusation, vt constat ex l. Qui accusare. cap. de edendo. & tit. cap. quand. ciuil. act. crimi. præiud. Et Ciceron appelle actions l'accusation contre Verres. On peut donc bien distinguer l'action en ciuile & criminelle. L'Autheur entend la criminelle, celle que le droict Romain dict estre des iugemens publics, qui appartenoient principallement à la vengeance publicque, & se traictoient par accusation. Ciceron en l'oraison pro Cæcinna, distingue elegamment ces deux especes d'actions ou iugemens. Les iugemens publics sont diuisez en capitaux & non capitaux : Les capitaux sont ceux, desquels la peine est mort naturelle ou ciuile : estant la mort ciuile vn exil & bannissement perpetuel ou autre peine semblable corporelle, approchant de la mort, & qui priue celuy qui est condamné des droicts de la Cité. Les non capitaux sont ceux desquels la peine est pecuniaire, ou quelque punition de corps, comme le foüet, bannissement à certain temps qu'on appelle relegation, l. 2. D. de publicis judicijs. Instit. eo. titu. Esquels titres, & C. est amplement traicté des matieres criminelles, & plusieurs en ont aussi escrit comme Clarus, Bossius, Prosper Farinacius, & autres desquels on peut voir les liures.

b Entre les crimes humains, le premier, & qui merite plus griefue & atroce punition, est celuy de leze Majesté, car d'autant plus que la personne du Roy, doit estre sacre-saincte & venerable enuers les sujets, comme de Lieutenant de Dieu en son Royaume, & d'autant plus que la defense & conseruation de la Republicque, leur doit estre chere, & en recommendation : s'ils conspirent & attentent contre sa Majesté ou l'estat, ils doiuent estre punis de tant plus grief supplice de mort, tant pour l'atrocité du crime que pour l'exemple : Nous auons l'auctorité des Perses, des Grecs, Romains, & mesmes des Hebrieux, de la seuerité des loix ordonnees contre les conspirateurs & criminels de leze Majesté, dont les histoires rendent ample tesmoignage, & on peut voir, D. & C. ad legem Iuliam maiestatis. Et Gigas qui en a faict vn ample traicté, & pareillement les ordonnances qui sont mises *au Code Henry, où i'en ay plus amplement discouru, & au quatriesme liure des Pandectes.*

c *Ce qu'il appelle icy trahison est proprement ce qu'on dict assassinat qui est vn meurtre ou attentat, commis de guet apend, quand aucun de propos deliberé espie aucun pour tuer, & la peine de tel assasinat est du dernier supplice, encores qu'il n'y ait eu qu'attentat,* vt scribit Clarus lib. 5. sentent. §. assassinium, *& autres en ont amplement traicté: mesmement Guenois sur le chapitre 21. du liure troisiesme d'Imbert, où il traicte tres-doctement & plus amplement de la plus part des crimes icy recitez, & de leurs peines, qui sera cause que ie ne m'y arresteray longuement.*

d *Au Stil de Parlement, tiltre,* de alta, media, & bassa Iurisdictione, *& en quelques anciens arrests & tiltres, est faicte mention de* murtrum, *meurtre, qui est distingué du simple homicide,* & murtrum dicitur, quando homicidium factum est scienter & pensatis insidijs: *Meurtre fait de guet apend,* occisio quando homicidium factum est sine proposito, sed in rixa quæ Gallicè dicitur, *chaudecolle. Dont il semble que meurtre se prenoit pour assasinat. Ce qu'il adiouste icy de la franchise & immunité de l'Eglise estoit anciennement obserué souuent auparauant l'ordonnance de l'an mil cinq cens trente neuf, laquelle en l'article cent soixante six, a permis de prendre prisonnier dans l'Eglise & lieu de franchise, celuy contre lequel auroit esté decreté prinse de corps. Mais encores lors que la franchise auoit lieu, elle n'estoit admise en certain cas, & crime, comme au meurtre commis de guet apend: ainsi qu'il a esté iugé par plusieurs arrests de la Cour, & le tient Clarus,* d. §. assassinium & §. fin. quæ. 30. vide caput 26. lib. 3. leg. Franc. tit. c. de ijs qui ad Eccles. confug. *& ce que i'en ay escrit au Code Henry.*

e *Entre les crimes qui ont esté declarez royaux, c'est à dire, estans de la cognoissance du Iuge Royal priuatiuement aux autres Iuges sont nombrez le meurtre, rapt & incendie, comme a monstré amplement Bacquet, traicté des droicts de iustice chapitre 6. Le rapt s'entend proprement quand il est commis contre la fille Vierge, ou femme veufue viuant honnestement, & la peine est de mort,* l. vn. c. de raptu virginum seu viduarum, *si le rapt estoit commis sans force, la peine n'estoit de mort,* §. sed eadem lege. Instit. de publicis iudicijs: *Mais en France pour le rapt commis aux filles vierges & mineures qui sont rauies mesmes pour mariage contre le gré des pere, mere, ou tuteurs, y est pourueu par l'ordonnance de l'an mil cinq cens cinquante-six, sur les mariages clandestins, & de l'an mil cinq cens septante-neuf, Estats de Blois & autres; & y a des arrests de mort donnez contre les rauisseurs qui auroient rauy, forcé & violé les filles pucelles: Mais quelque-fois les rauisseurs selon les circonstances, ne sont punis si rigoureusement. Et quant à ce que l'Autheur parle indiferemment des femmes quelles qu'elles soient, ie ne serois d'aduis que le rapt eust lieu, ny la peine ordonnée pour iceluy en la femme qui se prostitueroit publiquement, non plus que l'adultere,* leg. si ea quæ, c. ad legem Iuliam. de adult. *Encores que tels crimes ne doiuent estre laissez impunis. Il ne deuoit obmettre l'adultere, qui est aussi mis entre les iugemens publics capitaux, encores que du commencement, lors que fut publiee la loy Iulie, il ne fut tel*, d.tit. Digest. cap. ad leg. Iul. de adult. §. Item lex Iulia. Inst. de pub. iud. Cuiac. lib. 21. obseruat. cap. 17. l. 1. c. The. ad leg. Iul. de adult. l. 16. c. de pœnis. *Nous auons plusieurs auctoritez & exemples és liures sacrez & histoires, que les adulteres ont esté punis de mort : & mesmes en France encores que tousiours telle rigueur n'y ait esté obseruee, dont i'ay plus amplement discouru au quatriesme liure des Pandectes.*

f *Ce terme daucis qui est ancien, signifie proprement ferir de coup de pied, & ainsi l'interprete mon vieil practicien, quand on fiert femme enceincte de coup de pied en despit, pour la faire accoucher, mais ledict crime se peut entendre plus generallement, & la peine capitale ordonnee pour iceluy, à sçauoir, ou quand on frappe la femme enceincte pour la faire accoucher*, l. si quis necandi. cap. ad leg. Cornel. de sicar. *Ou quand la femme mesme homicide son propre enfant, dont estant conuaincue elle est punie de mort, & pour cest effect l'ordonnance du Roy Henry II. mil cinq cens cinquante six, contre les femmes recelans leur grossesse & enfantement, desquelles les enfans ayans esté trouuez morts, elles ont esté punies du dernier supplice par arrest de la Cour, & à ce propos on peut voir*, l. 8. d. ad leg. Cornel. de sicar. l. Cicero. D. de pœnis & Exod. 21. Tertull. in in Apologet. cap. 9. & lib. de anima cap. 14. *& autres en ont amplement escrit.*

g *Escherpelerie est proprement ce que nous disons vol, & escherpilleurs sont volleurs & guetteurs de chemin : dont mention est faicte en la coustume d'Anjou, art. quarante quatre, & du Maine article cinquante & vn, & mon vieil practicien dict escherpilleurs & aguetteurs de chemin. Tels volleurs & guetteurs de chemins sont punis de mort, de peine de la rouë par les ordonnances du Roy François premier 1534. Henry deuxiesme 1547. & autres*, dicuntur famosi latrones l. capitalium §. famosos D. de pœnis. *Plusieurs se trauaillent si la peine de la rouë qui a esté introduicte par lesdites ordonnances, est celle dont est faicte mention par les Autheurs anciens. Mais i'ay monstré au quatriesme liure des Pandectes la difference : iceux ne iouyssent de l'immunité de l'Eglise*, cap. de homicid. doc. in cap. inter alia,* & cap. fin. de immun. Eccles. Masuer. tit. de pœnis, numero 3.

* *Est obmis au liure imprimé l'article qui ensuit, de sicaire, la septiesme maniere si est crime de sicaire, si comme faire homicide en aucunes personnes par glaiue, espee, ou autre armeure, par pierre, par fust, ou par autre maniere, car tous tels faiseurs d'homicides encourent en crime capital de sicaire.* cap. de sicariis l. 1. 2. 3.

h *Ce crime est si detestable que Solon interrogé pourquoy il n'en auoit faict loy, respondit n'en estre besoin : parce qu'il n'estimoit homme si miserable, que telle meschanceté luy tombast en l'esprit, ceux qui sont conuaincus de tel crime, encores qu'ils ne soient punis de l'ancienne peine*, quæ refertur in l. 9. D. ad leg. Pompe. de parri. & l. vn. c. de his qui par. vel. lib. occid. *si est ce qu'ils sont tres-seuerement punis comme nous auons veu en l'an 1556. vn nommé Tarquet auoir esté par arrest de la Cour, tenaillé aux bras & iambes, en apres rompu sur la rouë & bruslé, il est vray que quand ils n'en sont conuaincus* eus que par indices, ils sont quelquefois punis de mort moins rigoureuse, ou s'ils sont trouuez seulement adherants au paricide comme le frere dudit Tarquet lequel quelques ans apres ne fust que pendu & estranglé.

i La description qu'il faict icy du crime de sacrilege est prise ex tit. C. de crimine sacrilegij. Mais la propre definition est que le sacrilege se commet quand on pille & desrobe les choses sacrees, c'est à dire les choses dediées & consacrées à Dieu en l'Eglise. Les sacrileges par la loy Romaine sont punis de mort : encores que quelquesfois ladite peine auroit esté moderée l. 4. 6. & 9. D. ad l. Iul. peculat. Papon en escrit liure 24. tit. 10.

k La loy Cornelie estoit des homicides & venefices, qu'elle punissoit de pareille peine. Et Iustinian Inst. de public. iudiciis. eadem lege & venifici, cap. damnantur, qui artibus odiosis, tam venenis, quam susurris magicis homines occiderint, vel mala medicamenta publicè vendiderint, Les magiciens, enchanteurs, sorciers, & tous vsans de sortillege sont punis de mort par le droict Romain, l. nullus, & l. multi. C. de malefic. & mathem. A ce propos on peult voir nouell. Leonis 65. Specul. tit. de sortileg. Tertull. libro de idolol. Cassiod. 9. var. epist. 18. & lib. 7. capitul. cap. 26. & 72. Les Conciles & plusieurs autres autheurs qui en ont escrit : mesmement les Histoires & Annales de France qui tesmoignent des punitions, qui en auroient esté faictes, que la brieueté des annotations ne me permet de reciter.

l Par les anciennes Ordonnances des Rois de France le crime d'heresie estoit puny de mort, quand il estoit directement contre la saincte Foy Chrestienne & constitutions de l'Eglise : comme aussi par les loix Romaines, l. 8. 11. & 12. c. de hæret. & les Histoires Ecclesiastiques tesmoignent que les Empereurs Chrestiens ont esté contraints d'vser de telles punitions contre les heretiques pour le repos de l'Eglise, & tranquillité de l'Empire. Ie sçay bien que quelquesfois ils ont esté punis de plus douce peine comme d'exil, mais sainct Augustin epist. ad Bonifac. & in Ioannem monstre qu'ils doiuent estre punis. Comme aussi ont escrit plusieurs Docteurs de l'Eglise, mais il n'est besoin d'en parler dauantage. L'autheur ne deuoit icy obmettre le blaspheme detestable contre le nom de Dieu & contre la tres-sacrée vierge Marie, les Saincts & Sainctes, qu'on tient pour espece d'heresie, & est puny rigoureusement par les Ordonnances des Rois, recueillies au Code Henry : mais entre tous les iugemens qui ont esté donnez par arrest de la Cour contre les blasphemateurs est notable celuy donné le 27. iour de Ianuier 1599. contre Nicolas le Mesle, par lequel pour les blasphemes execrables par luy proferez contre le sainct nom de Dieu, & de la vierge Marie, il auroit esté condamné à faire amende honorable, teste & pieds nuds en chemise ayant la corde au col, tenant en ses mains vne torche de cire ardante du poix de deux liures, & que ce faict luy seroit la langue percée d'vn fer chaut & les deux leures fenduës & banny du Royaume de France à perpetuité ; laquelle peine est vne vraye mort ciuile : aussi par ledit arrest luy auroit esté enioinct de garder son ban, à peine où il seroit trouué quinzaine apres l'execution d'iceluy, d'estre pendu & estranglé sans autre forme ne figure de proces : & tous ses biens auroient esté declarez acquis & confisquez au Roy.

m *Ces trois articles de sedition, monopole, & conspiration comme l'autheur les interprete, & qu'il est traicté* tit. C. de seditiosis, *se peuuent referer au crime de leze majesté duquel le principal chef est la conspiration contre le Roy & Prince souuerain: mais aussi tout ce qui est faict contre sa Majesté, repos & seureté de l'Estat, & pour esmouuoir le peuple à sedition, & faire assemblée illicite, est reputé crime de leze maiesté & punissable de mort* l. 1. & seq. D. ad legem Iul. Majest. *par la loy des XII. Tables, celuy qui auoit faict de nuict assemblée estoit puni de mort*, vt constat. ex declamatione Portij Latronis contra Catilinam, & sancitum erat lege Gabinia. *Dont on peut voir ce qu'en a escrit Liuius lib.* 39. *Ceux qui esmeuuent sedition comme perturbateurs de repos public, sont punis de peine capitale, soit de mort naturelle ou ciuile selon la qualité du faict* l. 38. §. auctores. D. de pœnis, *& autres loix cy dessus recitées.* Paul. lib. 5. sent. tit. 19. Clarus lib. 5. §. vlt. quæst. 68. Bossius Tract. de sedit. *& autres qui ont escrit des practiques criminelles; & contre tels seditieux* lex Iulia de vi publica, *auoit ordonné peine, comme pareillement contre ceux qui font des assemblées illicites*, vt constat. ex l. 3. 5. & al. D. ad leg. Iul. de vi public. *Ciceron & autres anciens autheurs, mesmes Aristote* li. 1. politi. c. 4. *monstrent qu'il est tres-necessaire de reprimer promptement les seditions. Nous en auons plusieurs Ordonnances de nos Rois recitées au Code Henry.*

n *Entre les crimes n'est denommé celuy du talion, ains c'est seulement vne peine ordonnée contre ceux qui calomnieusement accusent vn autre, c'est pourquoy* talionem reciproci pœnam vocant Impp. in l. 3. C. Th. de exhib. reis, & reciprocos pœnæ incursus, l. 7. C. Th. de accusat. & Festus inquit, talio est iniuriæ vltio: & in leg. XII. Tab. si membrum rupit, ni cum eo pacit talio esto. *Mais la peine du talion n'est obseruée en France, ains celuy qui est conuaincu d'auoir accusé aucun calomnieusement de crime public, est puni à l'arbitre du Juge, & quelquesfois de peine corporelle, comme il seroit aduenu à Tabouë, duquel Papon recite l'arrest.*

o *Le furt n'est mis entre les crimes publics, ains par le droict Romain il est tenu pour delict priué. Toutesfois en France ceste distinction entre les crimes publics & les delicts priuez est confonduë; aussi la forme des iugemens publics anciennement obseruée à Rome, est dés long temps hors d'vsage* l. ordo D. de publicis iudicijs. *La peine du furt ou larcin en France est arbitraire, & se iuge selon les circonstances des personnes, lieux & temps qu'ils sont commis: toutesfois on tient que pour le premier larcin on est seulement puni du fouët.* Docto. in Authent. sed nouo iure. C. de seruis fugit. Clarus lib. 5. recept. senten. §. furtum. *Mais ordinairement les larcins domestiques commis en la ville de Paris sont punis de mort.*

p *Ce qu'il dict icy du Vespertilion ne se trouue aux liures du droict Romain, & mal il le rapporte au stellionat qui n'est reputé entre les crimes publics*, l. 3. C. de crimine stellionatus. *& le Iurisconsulte dict* quod actio stellionatus neque publicis iudicijs, neque priuatis actionibus continetur. l. 1. D. eo. *il est ainsi appellé de la beste nommée stellion* vt scribit Plin. li. 30. c. 10. *& compete quand aucun a vendu ou obligé à deux vne mesme chose, ou l'ayant obligé à quelqu'vn: la vend par dissimulation & tromperie à vn autre*, l. 3. D. eo. l. 1. & seq. de crimine stel. *ou par imposture suppose vne chose pour l'autre, comme celuy duquel parle Trebellius Pollio in Gallienis, qui auoit vendu des pierres de verre pour de vrayes pierres precieuses: la peine de tel crime est arbitraire, & quelquefois infamante*, l. quid ergo. §. vlt. D. de his qui not. inf.

q *Il confond icy les crimes de concussion & celuy qui est puni par la loy Iulie repetundarum, le crime de concussion par le droict Romain n'estoit public, & toutesfois il le pouuoit estre, & concernoit principalement ceux qui sous faux pretexte d'auoir commandement du Magistrat menaçoient de denoncer & accuser, & par ce moyen se faisoient bailler de l'argent*, l. 1. & vlt. D. de concuss. *Le crime de la loy Iulie repetundarum est referé entre les iugemens publics, & pour iceluy sont punis ceux lesquels estans en Magistrat, charge & office public pillent ceux sur lesquels ils ont puissance, prennent argent d'eux ou presens pour iuger ou non iuger, & iniquement condamner ou absoudre, ou commettent autres actes semblables* l. 1. & al. D. ad leg. Iul. Repetund. l. 3. & vlt. c. eo. *Par le droict Romain la peine est extraordinaire, & s'adiuge selon la qualité du crime*, l. lex Iulia §. vlt. D. eo. *en France nous comprenons les deux crimes sous le nom de concussion, & est la peine arbitraire.*

r *Ce crime de Sodomie est grandement detestable, & ne deuroit estre cogneu ne nommé entre les hommes: duquel est parlé* in l. cum vir nubit. C. ad legem Iuliam de adult. *il est punissable du feu: ainsi que nous lisons* apud Licin. Ruf. in lege Dei, tit. de stuprator. *& a esté practiqué en France par plusieurs arrests de la Cour de Parlement: & entre autres du vingt-deuxiesme iour de Decembre Mil cinq cens septante cinq & du premier de Feurier, Mil cinq cents octante six, par lesquels ceux conuaincus d'vn tel crime furent condamnez à estre pendus & estranglez, & leurs corps bruslez auec leur proces, à fin d'en abolir la detestable memoire. Voyez* Clarus lib. 5. senten. §. sodomia. & §. fornicatio. Bossius tractat de stuprator. detest. in mascul. *& autres qui en ont escrit en leur practique criminelle.*

ſ *L'autheur s'abuse en cet article du crime non capital. Car il met le crime de faux entre les non capitaux, qui toutefois par le droict Romain est tenu pour capital.* §. item lex Cornelia instit. de publicis iudiciis. *aussi la peine dudit crime est capitale* l. 1. §. vlt. D. ad leg. Cornel. de falsis. l. falsi. l. vbi. C. eo. nouel. 17. & 42. & nouel. Leonis. 77. *dudit crime y a plusieurs especes, & pour le regard de celuy qui disoit faux tesmoignage, par la loy des XII Tables il estoit puni de mort*, è saxo Tarpeio deijcitor inquit lex. *Par les Ordonnances de François I. Mil cinq cens trente & vn, Mil cinq cens trente deux, & Mil cinq cens trente cinq. Ceux qui sont conuaincus d'auoir passé faux contract, ou porté faux tesmoignage, & les*

Financiers d'auoir falcifié acquits, quittances, comptes, & roolles des monstres, sont punis de mort: & par autres Ordonnances de l'an 1536. 1548. 1549. & 1561. ceux qui falsifient les monnoyes du Roy, ou qui contrefont & falsifient les marques de sa Majesté sont aussi punis de mort. Comme aussi ils estoient punis par la loy Romaine l. si quis nummos. C. de falsa moneta, *de la peine de suffoquer ou bouillir en eaue & huile les faux monnoyeurs, Masuerius faict mention* tit. de pœnis. Boër. dec. 254. *qui en voudra voir dauantage qu'il lise Clarius* lib. 5. sent. §. falsum, *& autres qui ont escrit de ceste matiere: mesmes Guenois sur Imbert à la fin du troisiesme liure. Ce n'est le semblable du faux Procureur qui est entendu celuy, lequel sans procuration & pouuoir s'entremet de plaider pour quelque partie, comme ie l'ay interpreté cy dessus en autre tiltre: parce qu'il ne peut estre condamné criminellement, ains seulement és despens, dommages & interests. I'ay parlé du larcin sur l'article de furt, & du vilain serment sur l'article d'heresie. Quant au crime de mal parlé du Roy & Prince souuerain, le tiltre* si quis Imperatori maledixerit *n'est obserué: sinō que sa Maiesté le vueille pardōner de grace & misericorde: par ce, que comme monstre Tacitus, tel crime est reputé tenir de celuy de leze Majesté,* & lege Moysis punitur, qui magistro populi maledixerit. *Car à la verité celuy qui parle mal du Roy, duquel il doit venerer la Majesté,* videtur hostili animo aduersus eum animatus esse: ideóque in eo punienda est voluntas eadem seueritate qua effectus. l. quisquis. C. ad leg. Iul. Maiest. *C'est pourquoy le sieur de Belle-ville, & maistre François le Breton furent pendus & estranglez, pour les liures diffamatoires qu'ils auoient composez contre le Roy: quant à la sortilegerie certainement ceux qui en ont usé sans en auoir faict dommage à personne, & depuis s'en repentent & retirent, ne sont punis de la peine de mort dont i'ay parlé cy dessus, mais d'autre peine arbitraire: comme on dit de l'heretique qui se repent.* C. vt commissi, de hære. in 6. Igneus in l. 1. §. cum dominus. D. ad Sylla. Tiraq. de pœnis & al.

DES PEINES DES DELICTS DESSVS TOVCHEZ. TILTRE XXIX.

PVIS que dit est, & mōstré ay des actiōs ciuiles & criminelles, & cōment ou peut faire & former sa demāde en Cour laye, soit de bouche ou par escrit: Apres veux dire & mōstrer des peines qui ensuiuēt sur les delicts & mesfaits, faits & perpetrez par aucū. Si peux & dois sçauoir que peine de loy fut par les anciēs aduisée pour refraindre la male volōté des malfaicteurs, & qui à autre veulēt mal faire, & tort faire, & les greuer par leur desordōnance, cōbiē que tousiours doit la peine estre entēduë en la moins aspre partie par le iuge, car selō le Sage, iustice sās misericorde est trop dure chose, & misericorde sās iustice est trop lasche chose, & pource y faut auoir attrēpance & moyē par sage discretiō de iuge.

Nam secundum gradum dignitatis vitaque honestatem crescit aut minuitur æstimatio iniuriæ.tex.in §.pœna autem. & §.sequent.institut.de iniuriis.

Pour cause de personne.

La premiere [b] maniere si fut pour cause de la personne, si comme qui meffait à personne d'Eglise, ou à personne de dignité, ou à personne d'office, mesmement pour son office, ou à paisible, & coye personne sans occasion raisonnable, ou à Dame & Damoiselle, sçachez que trop plus se meffaict & doit estre la peine trop plus grande, qu'à autre personne pareille l'vn à l'autre, & qui sont accoustumez d'estre brigands. *vt Inst.de iniur.§.atrox iniuria.*

Pour cause de lieu.

La ij. [c] maniere de peine si est pour cause de lieu, si comme qui meffait en lieu sainct, ou en lieu où se tient siege de iustice, ou en la Cour & maison de son seigneur, ou en marché ou foire, où les gens viennent pour marchander, qui est au saufconduit de iustice: & dōt le marché est troublé ou empesché: ou en presence de Seigneur ou son Lieutenant qui doiuent estre craints & reuerez. Sçachez que trop plus se meffait qu'en autre lieu. Car qui mal veut faire, selon le sage au moins le face secrettement & sans troubler que le moins qu'il peut.

Pour cause de temps.

La tierce [d] maniere de peine si est pour cause de temps: si comme qui meffait de iour ou à iour de feste ou à autre iour solemnel, comme aux festes de Pasques, au Noel, Penthecoste, & aux autres notables festes commandees de l'Eglise estre gardees & honorees par toute Chrestienté: & en ces iours les Seigneurs ne prendroient iour de bataille: aussi ne doiuent faire que ce ne soit à plus grieue peine que en autres iours.

Pour cause de qualité.

La iiij [e] maniere si est pour cause de qualité, si comme de meffaire par merueilleuse maniere, & si baudement qu'il semble qu'on ne craigne Dieu, iustice, ne homme, & que encores en ait fait pis, & qu'on en soit tout ioyeux, & que si à faire estoit, encores le feroit-on: car nul ne doit desirer à mal faire. & puis que par chaude cole on meffait, si s'en doit-on repentir, & desirer à l'amender, non pas à encores pis faire: ou encores par contraire: si commun qui meffaict à escient si reposeement que nier le vueille, car espece & cause de meurdre & ce est plus à punir qu'autre: *qualitas enim delicti aggrauat.ar.l.respiciendum.§.1. & l.capitalium.§.famosos. ff.de pœnis.*

Pour cause de quantité.

La cinquiesme maniere de peine fut par cause de quantité, si comme se meffait inhumainement de blesser l'homme au visage, de luy couper main ou pied par aduis, & le desire à tel atourner que iamais ne soit homme honoré, & trop plus se meffait, que naurer homme par ire chaudement à l'aduenture, & bien luy coupe pied ou bras par chaude cole. *C.ad leg.Corn.de sic.l.1. & l.eum qui asseuerat.*

Par cause de intention.

La vj. maniere de peine fut par cause de intention, si comme quiconques meffait d'aguet, de propos & d'aduis appensé trop plus grieuemẽt meffait que par hatiue maniere, car nul n'est conuenable de prendre loy ne vengeance de son meffait, qui faict luy est: mais doit retourner à iustice: & pour ce specialement sont toutes vengeances & guerres defendues, fors au Prince, ne nul ne doit ce faire qu'il ne chee en trop plus grieue peine que de chaude cole. *C. ad leg. Iul. de adult. l. Gracchus. ff. ad leg. Cor. de sicar. l. Item diuus Adrianus.*

Pour cause d'accoustumance.

La vij. maniere si est par accoustumance, si comme aucuns qui sont tous accoustumez de souuent combatre à la gent, & sont de leur nature brigans, & telles gens doiuent estre si griefuement punis que ce soit exẽple à to9 autres. *C. ad leg. Iul. repet. 21. vt vnius pœna metus possit esse multorũ.*

Pour cas d'aduenture.

La viij. maniere de peine si est par cas d'aduanture, si comme qui meffait par non escient ou en iouant à autre, pource ne demeure que peine ne s'y doiue asseoir, car par la loy nul ne peut faire grief ne meffait à autre, que peine ne s'y asseoie, & interest à partie: selon la loy escrite il y chet peine. *C. ad leg. Cor. de sic. l. 1. & l. eum qui. & ff. ad leg. Aquil. l. si obstetrix. §. item Offilius. & l. seq. nam ludus quoque noxius in culpa est.* Mais en ceste partie la peine doit estre plus gracieuse, que si faict estoit autrement, & toutesfois y chet peine. Si peux & dois sçauoir que toute peine peut & doit estre entenduë qu'elle soit par aucune des huict manieres dessusdites en general ou en especial, mais la declaration si ne peut ne doit estre escrite, Car à homme d'entendement en ceste practique peut & doit estre assez sceu quand elles se peuuent declarer, selon les coustumes des lieux qui sont si diuers que nul ne pourroit ne sçauroit tout escrire: & toutesfois qui frequente les lieux, elles sont assez legeres à sçauoir: neantmoins en voudray cy apres declarer des maieurs peines, selon que chacune rubrice appartient par soy, il est assez que par la loy escrite nul pour aage ancien ne doit estre deporté de la peine capitale, s'il est de tel aage qu'il puisse auoir commis le delict. *C. li. 9. rubrica de pœnis. l. impunitas delicti. & ff. ad leg. Corn. de sica. l. infans.*

Quand plusieurs sont à vn delict, que les vns sont, & les autres non, lesquels sont coulpables du delict.

SCACHEZ que souuent aduient que à vn delict sont plusieurs, dont les vns sont faiseurs, & les autres non. Si est à sçauoir que tous sont faiseurs qui au delict faire mettent peine, soit en conseillant ou en confortant, soit en soustenant ou en commandant à le faire, soit en instituant, enseignant à faire, ou participant, si comme de preter cheuaux, varlets, armures à escient pour ce faire, soit en conduisant, ou deuisant du faict faire, soit par menaces precedentes, tous tels sont tenus complices comme faiseurs, selon la loy escrite. Mais autres y a qui à vn delict peuuent bien faire compagnie, & si ne seront pas tenus pour complices, ne pour faiseurs: si comme est le voisin d'aucũ, ou ceux qui aucunesfois compagnent sans sçauoir riens du cas, ou comme sont aucuns qui entre les delinquants vont & se mettent pour deffaire le debat, & oster le mal apparant sans en aller auec les faiseurs, car qui seurement se veut oster d'estre tenu pour complice, il ne s'en doit aller auec les faiseurs comme que ce soit, car à venir auec eux, n'y a pas si grand suspicion. car tel va auec autre dont il ne sçayt sa pensee: mais en r'aller auec apres le faict ne s'en peut nul ignorer: & par la loy ceux ne sont complices qui de sçauoir & de vouloir ne sont consentans au faict. *C. de pœnis. l. sancimus. ff. ad leg. Cor. de sica. l. vlt. & ff. de vi prin. l. 3. & ff. ad leg. Aquil. l. litem mela. §. si plures trabem. & ff. de vi bo. l. rap. l. 2. §. si quis.*

ANNOTATIONS SVR LE TILTRE VINGTNEVFIESME.

SOLON *disoit tres bien que par deux choses la republique est maintenuë, à sçauoir par la remuneration ou recompense, & par la peine: à fin que les hommes soient faits bons tant par la crainte des peines, que par l'esperance des recompences & guerdons, la peine est l'estimation de l'offence & delict,* l. sanctio D. de pœnis, *& comme dit* Cassiodo. varia. lib. 4. epist. 49. pœna est delictorũ vltrix. necesse est, inquit, vindictæ subiaceat, qui prauis moribus obsecundat. *Pour deux raisons principales les peines sont introduites, la premiere ou à fin que les meschans punis & ostez du monde, les autres viuent en plus grande seureté & repos, ou que celuy qui a esté puni se corrige & amende,* l. si pœna D. eod. *la seconde à fin que par la peine & exemple d'vn, les autres soient deterrez & detournez de mal faire, & soient faicts meilleurs & plus hommes de bien,* vt Plato, Demosthenes in Neæram, Cicero diuersis in locis & alij scripserunt, l. capitalium §. famosos. D. eod. l. 7. C. ad l. Fab. l. 1. C ad leg. Iul. repet. *Et comme des crimes & delicts y a grande diuersité & difference, aussi y a diuersité de peines. & ceux qui ont delinqué & meffait, sont diuersement punis, selon les diuers merites & circonstances: ce que declare bien* Cassiod. varia. lib. 8. epist. 27. *en faisant comparaison des peines aux medecines & remedes qu'on baille aux malades.* Morbi ipsi dissimilibus succis sanantur herbarũ: aliis cibi, aliis ferrũ optatã reuocat sospitatẽ, & pro qualitate passionis preceptũ merẽtur artificis: *les circonstãces qui font augmenter ou diminuer les peines, sõt amplemẽt traictees,* l. 11. 16. 28. & al. D. de pœnis, *& Tiraquell. en a fait vn ample traicté. Autrefois à Rome les peines ont esté legitimes & ordinaires, c'est à dire qu'elles estoiẽt ordõnees & cõstituees par les loix, en maniere que les iuges les deuoiẽt a iuger par leur sẽtẽce, & d'icelle n'y auoit appel.* l. si qua pœna. D. de ver. sig. *mais maintenãt elles sõt presque toutes arbitraires: aussi les poursuites des crimes* *sont appellees entraordinaires, par ce qu'on n'y obserue les anciennes formes qui estoient gardees à Rome.* l. hodie. D. de pœnis. *le Iurisconsulte* in d. l. 16. *propose sept circonstances ou manieres qui doiuent estre obseruees és matieres criminelles pour la puniton des crimes & meffaicts : à sçauoir la cause, la personne, le lieu, le temps, la qualité, la quantité, & l'euenement. Nostre autheur en declare icy la plus grande part : mais on peut voir ce qu'en a escrit le Iurisconsulte & Tiraqueau. Certainement les peines & supplices ne doiuent estre augmentez & enaigris, ains plustost diminuez & adoucis,* l. interpretatione. D. eo. *dont* Marcus Antonius Philosophus *est loué de ce qu'il auoit accoustumé de punir les crimes de moindre supplice, qu'ils ne deuoient estre par les loix,* vt scribit Iulius Capitolinus : *mais encores que la clemence soit grandement recommandable à vn Iuge* Ambrosio teste c. quod Christus 23. qu. 4. & Seneca epist. 86. & Amm. Marcell. lib. 19. *si est-ce qu'elle ne doit faire destourner le Iuge de faire iustice des crimes : par ce qu'autre est la condition du Iuge,* cuius corruptæ videntur esse sententiæ, si sint legibus mitiores. *& autre la puissance du Prince, lequel peut flechir l'aigreur du droict rigoureux,* Symmachus epist. 49. lib. 1. & Themistius orat. 5.

b *Les considerations des personnes font souuent enaigrir les crimes & augmenter les peines, comme si l'iniure ou l'exceds est faict aux Magistrats, Officiers ou autres personnes ayans auctorité & charges publiques, comme apres les Iurisconsultes* Clarus §. fin. qu. 29. & 35. *& autres practiciens ont escrit, & le traicte elegamment* Iustinian. §. atrox iniuria Instit. de iniurijs.

c *Le lieu agraue grandement le delict,* vt constat. ex d. §. atrox & l. Prætor. §. vlt. D. de iniuriis *où le Iurisconsulte dit y auoir grand interest si l'iniure est faite en public en la presence du peuple, ou comme on lict vulgairement du preteur: ou en vne solitude & en secret, ce que Tiraqueau dispute plus amplement* causa 57.

d *Pour la distinction du temps il le faut obseruer en deux sortes, ou pour le temps que le delict a esté commis, soit de iour ou de nuict : ou pour la qualité du iour, si c'est vn Dimanche ou festes solemnelles, que lors les Chrestiens doiuent du tout se dedier à deuotion, & s'abstenir de mal faire, selon les commandemens de Dieu, & constitutions Ecclesiastiques : & quant aux delicts nocturnes lesquels plus souuent se verifient par indices, ils sont plus punissables que ceux qui auroient esté faits de iour, d'autant que plus difficilement on les peut euiter, & comme dict* Bal. in l. non minorem. C. de transact. grauius est noctu, quam sub lucem peccare, *C'est pourquoy par la loy des XII. Tables,* licebat furem nocturnum occidere, non autem diurnum nisi telo se defenderet.

e *Le Iurisc.* in l. absentem D. de pœnis, *dit elegamment,* refert in maioribus delictis, consultò aliquid admittatur an casu, & sane in omnibus criminibus distinctio hęc aut pœnam iustam exigere debet, aut tēperamentum admittere: *& me semble qu'il faut ainsi lire le texte, qui signifie qu'il y a interest és grands crimes, si quelque chose est cōmis consultement & de propos deliberé, ou par cas fortuit & aduēture: & certainemēt en tous crimes cette distinctiō doit estre obseruee, laquelle doit ou exiger la peine iuste & legitime, ou admettre*

mettre quelque tẽperamẽt: ce que mõstre aussi Demosthenes in orat pro Ctesiphõte, *Ceux qui sont coustumiers de mal-faire, battre, piller & desrober*, qui dicũtur Grassatores, *& par les anciens François bodeleurs ou brigands, doiuent estre plus griefuement punis, que ceux ausquels aduient par quelque collere de mal faire* l. Capitulum §. Grassatores & in l. 16. scribitur. nonnumquam euenit, vt aliquorum maleficiorum supplicia exacerbentur quotiens, nimium multis personis grassantibus, exemplo opus sit. Et Cassiodorus varia. lib. 12. epist. 13. Grauiore, inquit, pœna plectendus est, qui vsque ad iniuriam diuinam suam nihilominus tetendit audaciam. *Mais les delicts qui se commettent par douleur ou collere sont plus doucement punis, d'autant que sont passions de la fragilité humaine, qui offusquent la raison comme Ciceron monstre en plusieurs lieux*, & constat ex l. 1. 5. & al. C. ad legem Cornel. de sica. *Tiraquel* de pœnis, causa prima, *& faict bien à ce propos* l. Graccus. C. ad leg. Iul. de adulteris, *où les Grecs interpretent bien*, in exilium dari pro relegari. & l. 1. §. diuus Hadrianus. & vlt. & l. diuus Hadrianus. D. ad leg. Cornel. de sica.

f *I'ay assez discouru de ce qui est traicté aux autres articles : en cestuy cy est parlé de celuy qui en ioüant a offencé vn autre : il y en a vn texte expres*, in l. quarto §. 1. D. eo. *du rescrit de l'Empereur Adrian à Taurinus proconsul de Betique, par lequel l'Empereur approuue le iugement de Taurinus, qui auoit banny pour cinq ans d'Italie & de la Prouince de Betique Euaristus qui auoit tué en ioüant Claudius estans en banquet : le rescript est recité plus amplement au recueil*, legum Moysis, *que Monsieur Pithou a mis de nouueau en lumiere. Car encores que celuy qui a tué sans y penser n'ait eu intention de malfaire, si est-ce qu'à cause que l'acte par luy commis est mauuais de soy, il en doit estre puni: non toutesfois par la rigueur de la peine ordinaire : ains de quelque plus douce peine, afin que les autres y prennent exemple & apprennent à ioüer plus modestement.* Nam lusus quoque noxius in culpa est, l. 10. D. ad leg. Aquil. *Ce qu'il adiouste icy que nul pour aage ancienne doit estre deschargé de la peine capitale, se doit entendre quand le crime est tel & si enorme qu'il merite peine capitale, & que celuy qui l'a commis soit de tel aage, qu'il ne puisse ignorer son crime & meffaict. Car quelquesfois en aucuns crimes l'ancien aage fait diminuer la peine*, l. si quis in graui §. ignoscitur. D. de SC. Syllan. & l. 2. D. de termi. mot. & l. ferè in omnibus. & ibi glossa. D. de reg. iur. Tiraquel. causa 8. *lequel aussi* causa 7. *monstre que les ieunes gens, c'est à dire qui n'ont encores attaint l'aage de pleine puberté, doiuent estre plus doucement punis*, l. auxilium. §. in delictis. & ibi doct. D. de minorib. l. si adulterium. §. fratres. D. ad leg. Iul. de adult. & al.

g *C'estoit vne forme ancienne, dont on vsoit aux crimes & delicts* ope, consilio, *pour monstrer que ceux qui auoient donné ayde au conseil pour commettre quelque meffait estoient aussi coulpables que celuy qui l'auoit commis*. l. sæpe ita comparatum est. D. de ver. signific. *dont y en a plusieurs exemples au droit Romain, mais pour le regard de la question qui se presente en cet article, quand aucun a esté blessé en vn lieu, où estoient plusieurs. L'autheur aproche de la distinction qui en est faicte au droit Romain, à sçauoir s'il n'y a qu'vn seul qui ayt frappé, sans l'aide ne secours des autres, & sans qu'ils fussent participans de l'entreprise de celuy, qui auroit donné coup, il n'y aura que luy qui en sera puni.* l. sancimus. C. de pœnis, *& mesmes si en rixe & conflit d'entre plusieurs on cognoist celuy qui a donné le coup de la mort, il en sera tenu seul.* l. vlt. D. ad leg. Cornel. de sica. *mais s'il n'appert qui auroit donné le coup de la mort ils en seront tous tenus.* l. item mela § sed si plures D. ad leg. aquil. *toutesfois si plusieurs s'estoient assemblez pour aller battre & outrager vn autre, ou ceux qui estoient presens auoient donné aide & confort à celuy qui auroit frappé, ils seront tous tenus de l'exceds ou mort.* l. 3. D. ad leg. Iul. de vi priuata, & al. *mais à cause de l'ordonnance qui enioinct à ceux qui voyent aucuns s'entrebattre, de les separer & faire leur deuoir d'empescher qu'ils ne s'outragent & offensent sur peine d'amende arbitraire : ceux qui se trouueroient à telle querelle, ne seroient excusables de la peine de l'ordonnance, pour n'auoir fait que regarder. De ceste matiere escriuent plus amplement les practiciens, mesmement* Hippol. Marsil. ad d. l. vlt. D. ad leg. Cornel. de sicar.

DE RESPONDRE ET AFFERMER ARTICLES.

TILTRE XXX.

VEV que monstré ay la forme d'articuler tant en demandant, comme en defendant, qui par l'exemple dessusdict peut faire & donner exemple en tous cas: sçauoir pouuez & deuez qu'en forme de procez il conuient estre d'accord que ainsi soit escrit que plaidé: & si non, que ce qui seroit autrement escrit, soit croisé.

De intendit ou article accorder.

Si dois sçauoir que si croix y a en l'intendit, c'est à la discretion du Iuge à appointer, & si croix y a en articles ce demeure au serment de l'Aduocat si affermer les veut auoir plaidees, ou en substance: & ainsi se peuuent les croisez ordonner, & les raisons estre concordees ou discordees. *croisees.*

De l'affirmation & responce des articles.

Item ce fait encores peux & dois sçauoir qu'il conuient affermer & respondre aux articles, tant d'vne partie comme d'autre par la maniere qui s'ensuit.

Des cinq conditions des articles.

C'est à sçauoir que tout article chet en droit, ou en fait, ou en supposition, ou en negation, ou en condition, ne plus ne chet de formes d'articles: dont si l'article est de droit, il n'y chet autre responce que la voye de droit. Et se l'article est de fait contraire, il y chet respondre, ie ne le crois pas. Et si l'article est suppositif, & parce non responsable, & si fait y auoit responsable, si ne le croit-il pas, & ainsi peux & dois respondre du conditionel article: & au negatif n'appartient autre responce que l'article est negatif, & parce n'y eschet affirmation ne negation de ma partie: & si fait y auoit preiudiciable au mien, ie ne le crois pas. Item quāt à affermer les articles en la maniere qu'il appartient que l'affermant en peut retrãcher aucune chose s'il luy plaist, & depuis n'y pourroit toucher, prendre ne oster. Et conuient que les articles demeurent tels, & que droit soit sur ce fait: ne Iuge ne Commissaire n'y peut de rien substraire, & enqueste sur ce faite, examination de tesmoings sur les faits deniez ausdits articles si peut lors droit asseoir. *Des raisons de droict.*

Tu peux & dois sçauoir qu'en tous procez, jaçoit ce qu'ils soient parfaits contraires par tesmoins, ou d'vn costé ou d'autre, surquoy iugemẽt se puisse asseoir, toutesfois selon le droict escrit & auec selon l'vs & stille de Cour laye en quelque estat que le procez soit, depuis que les articles sont mis outre, & iusques à iour assigné pour ouyr droit, sont à receuoir raisõs de droict & escrits, ou fais n'a uroit qui cheissẽt en preuue tãt d'vn costé comme d'autre, & à mettre & employer au procez, que jaçoit ce que le procez fust conclud en droit d'entre les parties, & le sac clos & seellé & rapporté en Cour, nõobstant se font tousiours raisons de droit à receuoir, soit que l'vne des parties tant seulement les vueille bailler, & toutes les deux parties: car de nulle des parties ne doiuent estre refusees iusques à sentence rendre. *C. li. vij. rub. sententiam rescindi non posse. l. peremptorias exceptiones.*

La forme de articuler raison de droit.

POVR venir & attaindre aux fins & conclusions faictes & esleuees par tel. N. demandeur en la cause, pendant pardeuers vous Messeigneurs les Escheuins de tel lieu. N. contre tel. N. defendeur, & que par vous mesdits Seigneurs les Escheuins icelles conclusions luy soient & puissent estre faites & adiugees, moyennant & en confortant le procez sur ce fait & mis outre pardeuant vous, encores d'abondant & pour plus parfaictement auoir & attaindre la verité du cas, met outre, dict & propose ledict tel. N. les raisons de droict qui cy-apres s'ensuiuent: requerant instamment que tout veu droict luy soit faict.

ANNOTATIONS DV TILTRE TRENTIESME.

TOVT ce qui est traicté en ce tiltre depend de l'ancienne pratique, de laquelle plusieurs vieux praticiens font mention: mais à presẽt y a nouuelle pratique, fondee sur les ordonnances Royaux, par lesquelles la forme est prescrite d'escrire & proceder par les parties ayans esté reglees par le Iuge, apres leur contestation: & par ce que i'en ay cy-dessus amplement traicté, & au grand coustumier, il ne sera besoin d'en discourir dauantage. Seulemẽt i'adiousteray ce que i'ay remarqué aux vieilles escritures que i'ay autresfois veuës, que les parties auoiẽt accoustumé de croiser les articles des parties aduerses, qu'elles vouloiẽt cõtredire & denier, laquelle forme est encores retenuë aux declarations de despẽs, dont y a appel, esquelles l'appellant doit croiser les articles dont il entend estre appellant. Et estoit aussi l'ancienne practique de faire des responses par cõfessiõ ou denegatiõ, ou par supposition, dont ont procedé les responses par credit, vel non, *qui sont abregees par l'ordonnance de l'an mil cinq cens trente neuf article trente six, au lieu desquelles l'ordonnance permet aux parties de se faire interroger l'une l'autre sur faicts & articles pertinans & concernans la cause & matiere, dont est question entre elles, & par l'article trentehuictiesme est porté que les parties seront tenues affermer par sermēt les faicts contenus en leurs escriptures & additions: ce qui se doit entendre en rapportant ledict article au precedent, les faicts concernans le merite de la cause d'entre les parties, & qui sont de leur cognoissance, comme Monsieur Bourdin a bien obserué sur ledict article. Quant à ce qu'il escrit de bailler raisons de droict, en tout estat de la cause cela procede de l'ancien stille, qui est encores obserué en quelques iurisdictions, où apres les enquestes faictes, & en produisant les parties produisent des aduertissemens: ce qui semble toutesfois estre contre la forme de l'ordonnance: par ce que selon icelles, & le bon ordre de practique, qui s'obserue és cours de Parlement, Requestes du Palais, & au Chastelet de Paris, les parties selon qu'elles sont appoinctees ou contraires à escrire: par intendits, ou endroict à escrire par aduertissemens, elles y doiuent satisfaire incontinent apres l'appoinctement, pour y respondre si besoin est.*

Au liure imprimé sont obmis plusieurs articles contenans la demande en cas de champ de bataille, defence & maniere de presenter le champion au champ, à cheual ou à pied: & parce qu'ils contiennent plusieurs fueillets, i'ay differé de les inserer en ce lieu esperant les mettre en fin du liure.

DE COMPLAINTE DE NOVVELLETE'.

TILTRE XXXI.

Hãc materiã totã practicã Frãciæ appellat Fab in §. retinendæ instit. de interdic. ubi multa per eum, & melius quam hic quomodo procedi oporteat. Vide tit. de casu nouitatis in stilo curiæ parlamenti, & etiã abunde per Masuer. in sua practica in tit. de possessorio.

COMPLAINTE de [a] nouuelleté que les clercs appellent interdict, par plusieurs manieres se peut faire: car sçachez que en toutes les manieres que tu es ou seras troublé en la chose, dequoi tu seras en saisine & possession par toy ou autre de qui tu aurois cause, & de ceste possession, & saisine ayes iouy & vsé par tel tẽps qu'il puisse ou doiue suffire à bõne & iuste possessiõ & à iuste titre auoir acquise & retenir, tu t'en peux cõplaindre en nouuelleté, mais que dedãs l'an le faces, que le trouble & empeschement t'y sera faict. Car si l'an passé attendois de toy cõplaindre à ceste nouuelleté tu ne serois receu: mais il conuiẽdroit que ce fust par simple saisine, cõme dessus est dit en la rubrice de ce faisante mẽtion. Si c'estoit en trouble de seruitude ou de prestation, ou si c'estoit en cas d'heritage troublé & empesché, il conuiendroit que ce fust par complainte en cas de proprieté: si comme cy-apres diray en la rubrice à ce seruante. Et pour ce se different le cas de simple saisine, & de nouuelleté & de proprieté. Car simple saisine ne se doit asseoir que sur trouble de seruitude & de proprieté sur la chose de heritage, & fons proprietaire, & sur tous deux se peut asseoir cõplainte de nouuelleté. Car sur ce generalemẽt & sur tous autres troubles, quels qu'ils soient, se peut asseoir cõplainte de nouuelleté, soit sur chose mobiliaire, persõnelle, reelle, spirituelle, corporelle, puis qu'on en auroit possession acquise par temps suffisant & par le dernier an qui tout conferme : car si par le dernier an en estoit discõtinué, la nouuelleté seroit ostée: & si du dernier an estoit cõtinué, la nouuelleté tiendroit & vauldroit, & auroit le possesseur durãt le proces la recreãce de la chose cõtentieuse: car tu peux & dois sçauoir que si cõplainte de nouuelleté s'assiet sur vn cas, il cõuient qu'elle soit causée du cas en maieur de trouble & empeschement, que de nouuel y sera mis en troublant & empeschãt à tort & sans cause induẽmẽt & de nouueau par ces propres mots, & que la commission soit iustifiée d'oppositiõ, car autremẽt faillant à ses termes elle ne vauldroit. Encores cõuient il qu'elle soit causée que en cas d'opposition, la chose cõtentieuse prinse & mise en main de loy & de iustice pour le debat des parties iour soit assigné sur opposition en Court. Et sera la chose contentieuse pẽdant le proces, tenuë en la main du seigneur, & gouuernee iusques à ce qu'il sera fait apparoir de l'vne des parties qu'il ait iouy des derniers exploicts par le dernier an, cõme dit est, & à celle partie deura estre adiugée la recreance, c'est à dire que la chose cõtentieuse luy sera mise en main iusques à ce que du principal sera ordonné par le iuge, parties sur ce ouys. Et pour ce faut-il en complainte de nouuelleté plaider tout à vne fois declinatoire & dilatoire si on l'a: & par especial sur la recreance,[b] & sur le principal: car souuent aduient que tout se peut determiner à vne fois, & pour ce le faut-il plaider ainsi : ou autrement on seroit debouté de ce qu'on en delayeroit à plaider, car sçachez que possessoire c'est le cas de nouuelleté & la petitoire c'est le cas de proprieté, & se peut bien demener tout pardeuant vn iuge, & tout ce determiner par luy. Mais premieremẽt doit estre cogneu de la possessoire, & puis que par la petitoire seroit la cause gaignee, l'executoire de la petitoire precederoit à l'executoire de la possessoire. *C. li. viij. rubri. vti possidetis. l. vnica.*

Immo casus nouitatis non cõpetit pro re mobili nisi accedat res immobili, vt si quis conqueratur quod turbatus fuerit in possessione domus, vna cum mobilibus in ea existentibus, vel alicuius fundi cum fructibus, pro hoc facit.

Vult ibi dicere, quod si actor obtineat in petitorio, reus in possessorio, vel contra petitorium, attrahit ad se possessorium.

[b] Et faut expressement dire au cõmencer à plaider son cas, & auant qu'õ en ait eue sa complainte, que si aucunement estoit touché en plaidant de la chose qui desire ou touche à realité, que ce n'est, mais tãt seulemẽt, & non autrement que pour conforter sa saisine & possession. Et la raison si est que tout ce qui touche seroit de fons & realité, il conuiendroit que la complainte fust en forme de realité, qui est la derniere voye & forme de iustice en tel cas. Et puis qu'on la touche, nul autre n'a lieu: car c'est la sõmiere & derniere voye de proceder en tel cas. Et d'autre part le defẽdeur tantost s'en voudroit vanter, & demãder veuë de lieu, & par ainsi la nouuelleté seroit ostée, & seroit l'actiõ pure proprietaire. Et pour ce faudroit que le demandeur assit sa demande, car il n'auroit pas intenté sa demãde & complainte par forme à ce deuë. Car il conuient qu'en proprieté faire

sa demande soit par libelle, & y respondre par libelle, si comme cy apres sera dict: & ce ne faut il mie en complainte de nouuelleté. si que apres ce que dit est sur quelle chose cõplainte de nouuelleté s'assiet en general, il s'ensuit voir sur quelles choses en especial. Si est à sçauoir qu'en six manieres se assiet complainte de nouuelleté en especial: que les clers appellent c's interdict.

Il est six manieres de nouuelleté.

La premiere maniere si est de la nouuelleté de l'arbre ou autre chose semblable qui fait tort à son voisin par ses branches ou racines qui grieuent au voisin, & de ce se peut intenter complainte de nouuelleté. *C. li. viij. rub. interdictis. l. j.*

La seconde maniere si est de retenir les biens au mort contre les vrais heritiers, qui sont saisis par la coustume generale du Royaume de France dont le mort saisist le vif: & de ce se peut intenter complainte de nouuelleté. *C. li. viij. rubr. quorum bonorum. l. 1.*

La tierce maniere si est de retenir les biens legatez à aucun, & de ce se intente complainte de nouuelleté. *C. li. viij. rub. quorum legatorum. l. vnica.*

La quarte maniere si est de troubler autre en sa saisine & possession accoustumee: & de ce intente complainte de nouuelleté, quand par fait & force elle est tolluë. *C. li. viij. rubrica vnde vi. l. 1.*

La v. maniere si est de troubler l'absent en sa possession & saisine, & de ce se intente complainte de nouuelleté, mais que dedans l'an le trouble reuenu si le face. *C. li. viij. Rub. si per vim vel alio modo. l. 1.*

La vj. maniere si est de troubler aucun en sa iuste saisine & possession: & se intente de ce la plus commune forme de nouuelleté. *C. li. viij. Rubrica vti possidetis. l. vti possidetis fundum de quo agitur.*

De renuoy sur complainte de nouuelleté.

ITem peux & dois sçauoir que si comme ceste complaincte s'assiet en tous cas si comme dit est, se peut elle asseoir d'entre tous voisins, l'vn contre l'autre, si fait elle d'entre seigneur & suiet, & suiet ou seigneur qui tiendroit par moyen, & la complainte viendroit du souuerain, mais si le seigneur moyen le requiert auoir, rauoir le doit loy faisant sur la complainte. Et de ce renuoy a-il par la dignité de sa iustice & seigneurie, car d'entre tous autres ne se renuoye ceste cause, mais demeure en la cognoissance du souuerain si on s'en traict premier à luy, pource que c'est cas de preuention. Exemple, que ainsi s'assiet complainte de nouuelleté d'entre suiet & seigneur, & que le renuoy s'en puisse & doiue faire, & les veis iuger par arrest de Parlement, d'entre les nauieurs de Tournay qui se complaindirent des escheuins d'icelle ville qui sont leur iuge ordinaire. La complainte estoit donnee du Roy, & en cas d'opposition requis fut en Parlement du renuoy, & par arrest fut renuoyee la cause ausdits Escheuins, &c.

Arrest de Parlement.

Exemple & arrest de Parlement.

Encores fut-il ainsi dit par les Preuost & Iurez de ladite ville de Tournay, contre les Bouchers d'icelle ville qui par complainte de nouuelleté donnee du Roy nostre sire, qui auoient fait conuenir par opinion lesdits preuost & Iurez en Parlement, le renuoy demandé, la cause fut renuoiee de Parlement ausdits Preuost & Iurez leur iuge.

Arrest de cas pareil.

Item le vey encores du seigneur de Ligne, contre le Seneschal de Haynaut qui pour lors estoit seigneur de Mortaigne sur l'Escault de par le Roy, & ledit seigneur de Ligne tenoit son fief de Mortaigne, & si estoit sur ce dont il tenoit complainte de nouuelleté ledit Seneschal requist à rauoir la cause loy faisant à Monseigneur le Baillif de Vermandois, deuāt qui la cause estoit par opposition. Ledit Baillif iugea que rauoir ne la deuoit, pource que complainte de nouuelleté estoit cas priuilegié. Ledict seigneur de Ligne en appella en Parlement, il fut dit bien appellé, & mal iugé. *Arrest en cas pareil.*

Exemple du Procureur du Roy & arrest.

Que aussi[d] complainte de nouuelleté se peut asseoir du Procureur du Roy nostre sire contre aucuns suiets, verité est que en la Cour Royale à Peronne en Vermandois, se fist vne complainte de nouuelleté par le Procureur du Roy, contre les Bourgeois, Manans & Habitans de la ville de Tournay sur ce que ledit Procureur disoit, que à cause du payage de Peronne le Roy estoit en possession & saisine de prendre & cueillir le droit dudit payage sur tous passans de quelque part ou lieu dont ils fussent, & cetera. Et lesdits de Tournay disans le contraire. &c. Item ie vey cōplaindre en complainte de nouuelleté les Preuost & iurez de ladicte Ville de Tournay, cōtre le payage de chacun en Tournesis. A laquelle complainte le Procureur du Roy s'opposa, disant du contraire. Et ainsi en ay veu autrefois complaindre contre le Roy nostre sire. *Autre arrest touchāt le droit des payages.*

Comment en complainte cha[illegible] est entendu demandeur, & iugé.

Item s'il[e] aduenoit que personne laye se complaignist en nouuelleté de persōne d'Eglise, pour ce ne demeureroit pas que la personne d'Eglise ne fust tenuë de proceder sur ce auec le complaignant, Car pour sa clergie ne se pourroit defēdre qu'il ne conuenist respondre à la complainte. Et la raison si est que toute complainte de nouuelleté a espece reelle, cōbien que formellement ne soit mie reelle. Et peut chacun en ceste cause estre demandeur, entendu quant à demande & deffence. Car chacun allegue de sa partie la possessiō de la chose contentieuse à l'auoir à luy adiugée auec la recreance. Et ce sont les conclusions qui y seruent. Et pour ce qu'elles sont toutes pareilles aussi bien au defendeur qu'au demādeur, veut & entend la loy que chacun soit demandeur reputé. Et ainsi fut-il dit & iugé en vne cause de nouuelleté pour la Damoiselle de Buillemōt, contre le Curé de la Magdelaine en Tournay par Monseigneur le Baillif de Vermandois en complainte de nouuelleté: dont ledit Curé estoit defendeur, & le chapitre de Tournay estoit auec luy. *Conclusions en cas de nouuelleté.*

De complainte sur nouuel trouble de iustice, & arrest de ce.

Item & si ladite cōplainte s'asseoit sur nouuel trouble de iustice d'entre aucuns & opposition si asseoit : sçachez qu'en ceste partie recreance ne s'assiet d'vne partie ne d'autre, mais demeure la chose contentieuse en la main du seigneur de qui la complainte est donnee & qui en peut & doit, & en tel cas n'a point de recreance. Et la raison si est que iustice est si noble chose qu'elle doit démeurer en la main du souuerain, qui ne despoüille nully pour ce que elle vient & descend de luy, & qu'il a à tenir & à garder iusques en decision de cause, & que droit die qui auoir la deura. Ainsi fut il dit par arrest de Parlemẽt pour l'Euesque de Tournay contre les Preuosts & iurez d'icelleville en vne complainte de nouuelleté d'entre ledit Euesque complaignant, & lesdits Preuost & Iurez opposans.

Arrest de Parlement.

Complainte en cas spirituel, & arrest de ce.

Arrest de Parlement en l'an mil ccc. lxxiiij.

Item que complainte de nouuelleté se peut asseoir sur chose spirituelle: vn exẽple de ce aduint en l'an mil ccc. lxxiiij. en la ville de Chaalons, qu'vne maniere de gens vindrent qui disoient qu'ils ne se pouuoient tenir de dancer par miracle de Dieu, & vouloiẽt entrer en la ville de Chaalons. Et pour obuier à ce l'Euesque ordonna que procession se feroit par plusieurs colleges. Et fist commandement à tous ses subiects qu'à celle procession fussent, & pareillemẽt ordonna que le Chapitre dudit lieu de Chaalons y vint. Lesdits de Chapitre en furent contredisans, disans que subiects n'estoient en ce tenus, mais firent autre procession d'eulx & de leurs subiects: & ordonnerent que tous y vinssent. Sur ce ledit Euesque qui se dit le souuerain, impetra vne complainte de nouuelleté disant qu'il estoit souuerain de Chapitre. &c. Lesdits de Chapitre disoient que complainte ne si asseoit, & au surplus qu'ils estoient exempts de tous cas dudit Euesque. Sur ce fut ordonné par arrest que complainte si asseoit, & au surplus qu'ils escriroient à fin de saisine.

Exemple en pare[illegible]as & arrests.

Arrest de la Cour touchant le droict des Curez.

Item par autre raison & par plus forte que complainte de nouuelleté s'assiet en chose spirituelle, sçachez que entre deux Curez de Normandie s'assit vne cõplainte de nouuelleté, sur ce que l'vn disoit que sa Parroisse duroit iusques en tel lieu, & l'autre disoit du contraire, & qu'il estoit en saisine d'aller iusques à ce lieu visiter, accommunier, & administrer les Sacremens à ses paroissiens, & sur ce que l'vn desdits Curez y auoit accommunié, l'vn deux impetra complainte de nouuelleté. L'autre Curé s'y opposa. Sur ce iours furent assignez en Parlement, & fut contendu que complainte de nouuelleté ne s'y deuoit asseoir, & par partie aduerse fut dit que si, &c. Tout veu il fut dit par arrest que complainte de nouuelleté si pouuoit & deuoit asseoir & escriroiẽt à fin de saisine & c. & fut la chose mise en la main du Roy nostre Sire : & par ce ne peut estre entendu que le Corpus domini fut mis en la main du Roy nostre Sire.

De complainte sur don legataire.

Arrest de la Cour de Parlement.

Item sçachez que complainte se assiet sur don legataire puis que le legateur auroit laissé & donné chose dont il auroit euë possession à son viuant, & en ce seroit allé de vie à trespas. Et ainsi fut-il iugé en Parlement, pour vn Bourgeois de Rheims, qui disoit auoir par dõ legataire droict & possession en certain lieu par droict dõt le mort saisist le vif, les hoirs du trepassé

trepassé disãs du cõtraire, & qu'ils estoient mesmes en droit de possessiõ, & par ce mesme droict dont le mort saisist le vif, car ils estoient vrais hoirs & successeurs dudict defunct: *ergo, &c.* & que cõplainte de nouuelleté contre leur naturelle successiõ, ne s'y deuoit asseoir, nonobstãt le dõ legataire que le demãdeur maintenoit, &c. Tout veu il fut dict par arrest que cõplaincte de nouuelleté si asseoit, & furent ordonnez à escrire &c.

I'ay cy dessus monst é le contraire.

De complaincte sur mandement royal: & arrest sur ce.

Item que complaincte de nouuelleté se peut asseoir sur mandement royal, & arrest impetré sur aucun cas, & depuis le mandement interine quant à aiournement: sçachez que Madame d'Amboise auoit impetré vn mandement du Roy nostre Sire, à fin d'auoir droict sur la terre de Bordes que tenoit le Seigneur de Bordes, & estoit mandé qu'elle fust mise de fait & tenuë de droict en ladicte terre, & en cas d'opposition iour fut assigné en Parlement. Pendant laquelle chose ledit Seigneur de Bordes impetra vne complaincte de nouuelleté, disãt, comment il estoit en saisine, &c. Sur ce opposition s'assist en Parlement. Proposé fut par ladicte Dame que cõplaincte contre son mandement ne se deuoit asseoir, & qu'elle estoit prealable, & premierement impetree, &c. *ergo*, droict deuoit premier sur ce estre faict, dict, iugé & ordonné, il fut defendu en contraire. Tout veu, il fut dit par arrest que ladicte complaincte estoit priuilegiee, & tel que droict n'y deuoit estre differé, & que bien s'asseoit complaincte, nonobstant ledit mandement: & que premierement seroit de la nouuelleté cogneu, fait en l'an 1375. au mois, &c.

Arrest de la Cour donné l'an 1375. la raison duquel est que par l'execution du mandement le sieur de Bordes estoit troublé en sa possession.

D'auoir recreance sur cas d'arrest.

Item peux & dois sçauoir qu'en complaincte de nouuelleté, quiconque peut monstrer auec saisine lettres de tiltre, incontinent doit auoir la recreance sans autre preuue. Et ainsi fut il dict par arrest de Parlement pour maistre Gilles de Tourneur Archidiacre de Tournay contre l'Euesque d'icelle Ville, sur vne complaincte de nouuelleté, impetree par ledit Archidiacre, contre ledit Euesque, sur ce que ledit Archidiacre disoit auoir certaine cõposition auec ledit Euesque, ou ses predecesseurs. Ledit Euesque disant du contraire par opposition, la cause ventilee en Parlement, ledit Archidiacre monstra sur son tiltre les lettres seellees desdits Euesques, incontinent & sur pieds la recreance fut adiugee audit Archidiacre. Et ainsi l'ay veu iuger d'autres pareils iugemens en plusieurs cas.

Arrest de Parlement duquel la raison est, par ce qu'en telle complaincte estoit plustost question du droit que du fait & qu'il apparoissoit par tiltre par escrit, du droit, de l'Archidiacre, cõcernant chose spirituelle, ou quasi spirituelle.

De non declarer le tiltre en complaincte.

Item peux & dois sçauoir qu'en complaincte de nouuelleté il n'est ia necessité de declarer tiltre qui ne vault, quant à fin de saisine, possession & recreance, mais en diffinitiue, il suffist auoir iuste tiltre, quant à principal, mais quant à recreance il suffit auoir & prouuer saisine, *iuxta illud: possideo quia possideo. C. de pet. hared. l. cogi possessorem.* Et neantmoins dient les droits qu'en saisine vraye faut auoir iuste tiltre, ou autrement elle ne vault selon droit escrit. *Possessor malæ fidei nullo tempore præscribit.*

Cecy s'entend pour acquerir prescription.

D'acquerre possession clandestine par force ou par priere.

Encores veulent les droits distinguer possession par trois autres voyes

& manieres, c'est à sçauoir par possession clandestine, par possession acquise par force, & par possession acquise par priere, que les Clers appellent *Clam, vi precario*. Car par nulle de ces trois manieres, possession acquise ne donne point action de possession, mais en sont à debouter tels detenteurs. *C. li. 8. vti possidetis. l. possidentis fundum: de quo agitur. & ff. quod vi, aut clam.*

Et ainsi est conceu l'Edict du preteur, de inter dicto vti possidetis. nec vi, nec clam, nec precario, l. 1. D. vti possidet.

De possession acquerre contre le Roy.

Item possession acquise contre le Roy nostre Sire, ne tient lieu par la raison de sa dignité, & aussi de sa maiesté imperiale, car il est conditeur de loy, & pour-ce la loy pour & par luy faicte ne luy doit estre contraire, car il ne chet en nul exemple cõtre autre, ne riens ne se doit comparer à luy. Et pour ce nul ne peut contre luy acquerre droict de ses suiects. Toutesfois voit on souuent que le Procureur du Roy se plaint souuent en complainte de nouuelleté de ses suiects, & si sont les suiects du Roy, & par ainsi semble que complaincte s'y peut asseoir : voire en autre cas, qu'en son demeine & maiesté royalle, car en ce n'assiet complaincte de nouuelleté.

Nul n'acquiert droit contre le Roy de ses subiets. I'ay noté aux annotations que le cas de saisine & nouuelleté n'a lieu pour les droicts du Roy.

De possession acquise contre pupilles & expatriez.

Item encores peux & dois sçauoir que contre pupilles, contre expatriez, ne contre furieux durant leur furiosité, saisine ne se peut ne doit acquerir, mais que dedãs l'an apres que le pupille sera venu en aage, ou l'expatrié reuenu & repatrié, ou le furieux retourné à moralité complainte s'en face par le delayãt, selõ la loy escrite. *C. li. 8. Si per vim vel alio modo l. 1.*

I'ay noté aux annotations cy dessus que ceste opinion estoit douteuse, & ne s'obseruoit.

De perdre possession par non posseder.

Item peux & dois sçauoir que tout aussi bien que possession s'acquiert par posseder en nom d'autre pour celuy en nom de qui on possesse : aussi bien se pert elle par autre qui laisse à posseder, de ce qu'il a & doit auoir en garde pour autre : & pour-ce a sagement vser, nul ne doit laisser acquerir possession contre luy, car la souffrance est desheritance selon les coustumes & selon la loy escrite. Encores est plus confortee ceste loy *ff. de acquiren. poss. l. possideri. §. Quod si seruus. C. vnde vi. l. vi pulsos.*

De faillir l'adiourné à son iour.

ITem dois sçauoir que sur complaincte de nouuelleté l'adiournemẽt se doit faire premier sur le lieu contentieux à certain & competent iour pour voir interiner la cõplaincte, & pour dire & alleguer sur ce opposition si bon luy semble. Et si l'adiourné ne compare par luy ou par Procureur, l'executeur la complainte ramenée à fait quant à execution par le complaignant : & sur ce default requis l'executeur doit dire, que si auant que faire le peut & doit, il oste le trouble & empeschement, tient & remet le demandeur en sa possession & saisine par vertu du defaut, & pour-ce voir adiuger, confermer & decreter par son iuge, doit de tout ce rescrire au Iuge. Et ce faict, le complaignant doit leuer commission pour faire ledit defaillant adiourner à certain iour, pour voir iuger le profit dudit default, & l'execution du default confermer, & decreter si bon luy semble, & ce fait le Iuge doit adiuger & confermer ce que fait a

Ce qui est à faire cõtre l'adiourné defaillant à son iour. Ceste forme de proceder ne s'obserue plus comme i'ay mõstré aux annotations.

esté par le Sergent: si exoine n'a eu l'adiourné si raisonnable que droit y puisse supplier: que forte chose est à alleguer & monstrer, & ce peut à celuy iour faire exoine promettāt à faire iceluy bon: &. neantmoins le Sergent ne doit pas cesser à faire son exploit, sauue exoine, & sur ce assigner iour aux parties pardeuant son maistre: auquel iour l'exoine verifiee, le Iuge peut & doit bailler commission iteratiue sur le cas, a estre sur le lieu contentieux, pour voir partie compatāt ladicte complainte interiner, & si la partie ne verifioit son exoine, la complainte seroit interinee par cōtumace, quant au demandeur tenir & garder en sa possession & saisine, & seroit default donné par l'executeur au faillant, & iour assigné en Cour pardeuant le Iuge pour voir iuger le default par le Iuge de l'executeur, & si l'exoine valloit sans commission iteratiue, en plaine Cour se pourroit faire l'opposition apres l'exoine verifiee pour alleguer sur le lieu contencieux, & sur ce proceder comme si ce fust sur le lieu, puis que parties l'accorderoiēt. Ainsi fut il iugé en Parlement pour Druin de Leauë, contre Iean Canee, qui auoit esté en default sur l'enterinemēt d'vne complainte de nouuelleté.

Arrest de Parlement

Contra hoc est ordin. a. regis Caroli septimi, articulo 74. per quā talis casus nouitatis summariè expeditur, & sub exhibitione titulorum & instrumētorum si quæ sint, &c. vide eū.

Quants tesmoins a sur recreance de nouuelleté.

Item peux & dois sçauoir qu'en complainte de nouuelleté sur la recreance faicte est à prouuer, de laquelle partie que ce soit il n'y peut ne doit auoir combien qu'il y ait d'articles sur ce que neuf ou dix tesmoins pour chacune partie, & si la matiere estoit tres-haute, & montast à grand prix, si n'en y doit il auoir que seize a tout le plus, & ainsi a il esté ordonné par Parlement, & tenu & gardé par tous estatus.

Cecy a lieu aux matieres beneficiales, mais non aux prophanes, où la preuue se doit faire par tesmoins iusques au nōbre de dix & non plus, suiuant l'ordōnāce.

De garant à nouuelleté & arrest.

Item peux & dois sçauoir qu'en cas de nouuelleté n'a point de garandie pour la raison de ce que puis qu'opposition si assiet, chacun se rend demandeur par vouloir dire mesmes luy estre en saisine. *l. si duo. § interdictum. ff uti possidetis.* Et ainsi fut-il dit par arrest de Parlement en l'an 1373. President lors messire Gilles le Bescot. La paragraphe veut dire que iaçoit ce qu'en complainte de nouuelleté, anueu de garandie n'a lieu ny n'est à receuoir: neantmoins s'il aduenoit qu'aucun eust achetté aucune tenure, & dedans l'an qu'acheté l'auroit, en vsant & continuant de la saisine de la chose qu'achettee auroit, au tiltre de son achapt, aucun se complaindist sur ce en nouuelleté à loy, sçachez que puis que ladicte complaincte viendroit de dans l'an premier que l'achepteur auroit cōmencé à iouïr & vser de la saisine & possession, qu'il tendroit auoir acquise & achetee, bien pourroit auoir action d'appeller son garant qui est son vendeur, ou ses ayans cause, mais si l'an estoit passé qu'acheté auroit, comme dit est, & puis en ce complaindist, comme par complainte de nouuelleté, lors ny cherroit point de garandie, pour la raison de ce que benefice de nouuelleté n'a terme que pour l'espace d'vn an, & outre celuy an en for

In casu nouitatis non habet locū delatio vin-te, garandi nisi quando quis docet fecisse vtendo iure suo: & illū ad quem spectat tale ius, vocatur garandum vide stil. cur. parlam. tit. de garād. & tit. de cau. a nouitatis.

* *Semblable distinction est en Papon liure 11. tilt. 4. art. 10. où il allegue pour le regard du trouble fait à l'achepteur, dans l'an. l. emptorē § 1. D. de action emp. & pour le trouble faict apres l'an, que l'achepteur a defenses de son chef Bald. in l. emptor. D. de euict. & l. emptor. C. eo.*

me de complaincte le vendeur n'est plus en outre tenu de garandir: mais autre chose seroit en forme de complaincte, de simple saisine ou de proprieté, car lors garandie auroit lieu, si auant qu'à forme de garandie peut & doit appartenir, & conduire loyal vendaige. Si comme de ce sera plus à plain declaré en la rubrice des garandies cy apres.

La teneur d'une complaincte de nouuelleté par escrit.

Du formulaire de telles lettres on peut voir le protocolle de Chancellerie.

LA forme de faire & former sa complaincte de nouuelleté, si est telle par maniere de formulaire que si apres ensuit. Charles par la grace de Dieu Roy de France, au premier de nos Sergens, qui sur ce sera requis salut. De la partie des Preuosts, Iurez & Escheuins, & gardeurs de nostre bône ville & cité de Tournay, nous a esté exposé en complaignant, que comme tant par les anciens droicts & vsages de nostre-dicte ville, comme par certains autres iustes tiltres à declarer en temps & en lieu, si mestier est, & autrement deüement ils ayent esté & soyent en bonne possession & bonne saisine de prendre, receuoir & auoir sur chacun lot de vin vendu en detail en nostre-dicte ville & banlieüe d'icelle, de quelque persône & de quelque estat, mestier, ou office qu'il soit, six deniers tournois d'assise où de malletote & des autres breuuages ou liqueurs vendus en ladicte ville certaine autre assise selon que d'iceux par nostre concession il est vsé & accoustumé de prendre & auoir. Et laquelle assise est tournee & conuertie és necessitez de nostre-dicte ville, soit encores icelle nostre ville en saisine & possession de contraindre & faire contraindre pour ladicte assise auoir & cueillir à leur proffit tous ceux & celles qui pour ce sont à contraindre toutes & quantesfois que les cas y sont aduenus. Et de ceste possession & saisine ayêt lesdicts complaingnans ioüy & vsé paisiblement par eux, leurs gens, Officiers, Receueurs & autres à ce commis & deputez par tel, & si long temps qu'il n'est memoire du contraire, au moins qu'il peut & doit suffire à bonne possession auoir acquise & retenir. Neantmoins Iean le Manessier soy disant pour le present garde de nostre monnoye en nostre dicte ville, de sa volonté desraisonnable en ceste partie, si comme dient lesdicts complaignans, si c'est efforcé de vendre ou faire vendre en nostre dicte ville & banlieuë grand' quantité de vins en gros & en detail publiquement & notoirement, sans pour ce vouloir satisfaire ne payer ladite assise, iaçoit ce que par plusieurs fois en ait esté sommé & requis: mais en est du tout remis & côtredisant, combien que par declaratiô luy soit & ait esté monstré la sôme & quantité de ses vins, & de la valeur que peut & doit valoir ladicte assise montans à la somme de cent liures ou enuiron, sauue iuste compte & declaration à faire quand il conuiendra: qui est, au grand grief, preiudice & dommage desdicts complaignans, en iceux troublant & empeschant au droict de leur-dicte saisine & possession à tort & sans cause indeüment & de nouuel, si comme ils dient, suppliant humblemêt estre sur ce pourueus de remede gratieux & conuenable. Parquoy nous qui voulons pouruoir & donner remede de iustice en tous cas où il appartient, te mâdons, & pour ce que c'est cas de preuation, dont à nous appartient la co-

Cessatio soluêdi redditus annuos an causet turbatiuam vel expulsiuam, vide per Fab. in §. retinendæ insti de interdict.

gnoissance, commettons si mestier est, que si appellé ledict Manessier & autres qui seront à appeller sur le lieu contentieux, il t'appart estre ainsi: tien & garde les complaignans en leur-dicte possession & saisine, & d'icelles le fay & laisse iouyr & vser paisiblement en ostant le trouble & empeschement mis sur ce par ledit Manessier, ou par son faict & commandement: & ausdits complaignans ou à leurs commis & deputez, à ce les contraignez ou ses deputez, à satisfaire & payer ladicte assise pour le vin, ainsi par luy ou ses facteurs védu pour la somme & extimatiõ dessusdicte. Et en cas d'opposition l'empeschement de nouuelleté osté, & restablissement fait premier, & auant toute œuure reallement, & de fait de ladicte somme & extimation de la chose contentieuse, prise & mise en nostre main comme en main souueraine, pour-ce que lesdits complaignans par priuilege de nous donné, si ne plaident qu'en nostre Cour de Parlement à Paris, pour les causes touchantes nostre-dicte ville, donne iour & assigne certain & competant aux opposans en nostre Cour de Parlement à Paris, nonobstant qu'il seie à l'encontre d'iceux complaignans, pour proceder & aller auant en ladicte opposition. Et en outre tant sur le principal comme sur la recreance, & que de raison sera en certifiant à nos amez & feaux les gens tenans nostre Parlement de tout ce que trouué & fait en auras. Ausquels gens nous mãdons que les parties ouyes facent brief accomplissement de iustice: car ainsi nous plaist-il estre fait. Donné, &c. Et par ceste cõmission peuuent toutes autres estre entenduës & faites selon le cas qui s'offre: en accumulant tousiours sa nouuelleté & ses termes en maieur, en mineur, & en conclusion, & ainsi dois entendre des autres à venir.

D'ouurage faict au preiudice d'autre, si le preiudicié s'en complainct.

Telle forme de proceder est hors d'vsage.

Item s'il aduenoit qu'aucun fist faire aucune œuure parauant laquelle fust en preiudice d'autruy, & celuy en qui preiudice ce feroit s'en complaindist par complaincte de nouuelleté sur ceux qui tels ouurages feroient ou auroient fait, & iour fust assigné aux faiseurs à estre sur lieu contentieux, sçachez que si les faiseurs de celle nouuelle œuure ainsi adiournez vouloiẽt auoir garant de leur nouuel œuure, pourquoy seroiẽt ainsi adiournez, il est expedient à celuy iour qu'on doit estre sur le lieu contentieux, que les faiseurs d'icelle œuure facẽt amener celuy qui l'aura fait faire, en presence de l'executeur doit comparer le commandeur de l'œuure, & luy opposer auec les faiseurs de la nouuelle œuure, & aduoüer l'œuure, & entreprendre le fait & deffence de l'opposition. Et si à ce iour n'estoit ainsi fait, & les faiseurs de la nouuelle œuure sans amener leur adueu s'opposoient & acceptoient iour d'eux mesmes sans leurdict adueu selon l'opinion des sages, à temps n'y viendroient depuis, n'a receuoir n'y seroient: & conuiendroient que les faiseurs de la nouuelle œuure soustenissent leur opposition que frustree seroit: car de leur fait n'ont quelque saisine, par-ce qu'ils ne sont qu'ouuriers sans autre titre, & pour ce doit estre pourueu qu'à temps soit l'adueu appellé.

D'auoir perdu le possessoire, & recouuré sur le petitoire.

Item dois sçauoir que par la loy escrite, s'il aduient qu'aucun perde la possessiõ ou possessoire en cas de nouuelleté par deuant aucun Iuge qui de ce peut cognoistre, puis que premierement on s'en est traict à luy, si celuy qui s'oppose à la possessoire, requiert au Iuge qui de ce doit cognoistre, qu'il requiere & cõtrainde son aduersaire qui ladicte possessoire a gagnée, à faire caution d'estre en droit pardeuãt luy sur la propieté dõt celuy qui a perdu la possessoire, le veut poursuiuir pardeuãt luy, sçachez que faire le doit celuy qui la possessoire demande à gagner. Et si faire ne le veut, le Iuge doit rendre la possessoire à celuy parauant l'auoit. Et ce doit estre fait & requis, quand le Iuge deuant qui la possessoire est intentée par preuention, ne seroit pas Iuge de la petitoire, & pource que par moyen d'autre Seigneur est tenuë, & ainsi doit estre fait & requis qui sans doute le veut faire dés le commencement du proces de la possessoire, ou autrement le Iuge ne deuroit receuoir le complaignant : car par raison escrite la possessoire & petitoire se peuuent par vn seul Iuge determiner. *Decretali, susceptis. Reb. de causa possessionis.*

Hoc ne cõtinentia causæ diuidatur, vel etiã iudex qui cognouit de possessione melius cognoscit de proprietate & quomodo hoc intelligi debeat, vide optimum gloss. in cap significarunt. ex. de iud. & vide ord. regis Caroli septimi, artic. 72 per quã prohibetur i tentari possessorium & petitorium simul. de possessorio tamen recuperando habes tex. in cap. pastoralis. de causa poss. & pr p. Ce qui est icy traicté, ne s'obserue: ains le iugement du plain possessoire doit estre entieremẽt executé, tant pour le principal, que pour les fruicts, dommages & interests : auant qu'entrer au petitoire qui se cõduira à part, sãs que celuy qui a obtenu au possessoire, soit tenu de bailler caution.

Defence en complaincte de nouuelleté.

A La defence en complaincte de nouuelleté est legere chose à faire, car de necessité il faut faire tous faits contraires & cõclusions contraires, & alleguer de sa partie aduerse possession & saisine, & les derniers exploicts : mais toutesfois il cõuient l'opposant restablir à l'exploit au moins par signe, en offrant celuy signe à faire bon, ou autremẽt l'executeur ne receuroit opposition, mais procederoit en son exploit, & sur ce s'y opposeroit à toutes fins, & n'y faut autre chose à l'exploit faire. Et si c'estoit chose qui desirast restablissement qui ne fust en terme de restablir, si comme si c'estoit edifice de maison qui ja fust fait & parfait, ou autre chose pour la restablir qu'il conuiendroit qu'elle fust du tout demollie & abatuë à grand dommage, sçachez que lors l'executeur s'en peut passer sans restablissement autre que par restablissement de signe, promettant de faire plus auant à l'esgard de la Cour, & tout mis en la main du Roy comme chose contentieuse, car par le Stille de proceder en tel cas, sçachez que l'opposant ne doit estre receu à l'oppositiõ, dire ne proposer deuant qu'il aura fait restablissement en Cour par l'ordonnance du Iuge. Et au surplus contendre à toutes fins contraires : car tout ce que pour l'vn est monstré & enseigné, est & sert pour l'autre en ceste partie. Et par ce peut & doit suffire de ce que dit est, car au demandeur mesmes suffiroit de ramener sa complainte à fait, car elle fait libelle & demande.

A toutes fins. est ordinat. reg Caroli septimi, art 73. qu'il faut plaider en matiere de nouuelleté, en causes d'applegemẽs & cõtrapplegemẽs & d'appel à vne fois, & à toutes fins, & qui voudroit plaider à retenue, on n'y seroit receu. Applegement en ancienne practique, signifie complaincte en nouuelleté: & contrapplegement l'opposition & defense du defendeur. Mon vieil practicien dict, pour auoir la recredance, faut applegger c'est à dire, bailler caution : dont parauenture applegement est denommé : dequoy on peut voir Asconius in Verrinam I.

ANNOTATIONS DV TITRE TRENTE-VNIESME.

a I'AY traicté cy-dessus en diuers articles de la complainte en cas de saisine & nouuelleté, n'estant besoin d'en discourir plus amplement. Sinon que i'adiousteray que la cõplainte contient trois chefs, à sçauoir le sequestre, la recreance & la maintenüe, qui se doiuent traicter par mesme moyen, principalement la recreance & maintenue, car quelquesfois le sequestre s'ordonne les parties ouyes en l'audience, quand le Iuge cognoist estre besoin de l'ordonner, pour euiter que les parties n'entrent en querelle, & viennent aux armes: C'est pourquoy il se doit iuger sommairement, arg. li. 3. §. ibidem. D. ad exhib. Rebuffe, tract de sent. exec. Toutesfois il ne peut estre ordonné sans cognoissance de cause, estant hors d'vsage la forme de sequestrer sur le lieu: Cõme a esté iugé par arrest du 6. Feurier 1510. ainsi qu'escrit Rebuffe. Tract. de sequestr. & par autre arrest du 26. Auril, 1531. & de l'an 1551. Le cas de saisine & nouuelleté compete pour choses immeubles, & non pour meubles: sinon qu'ils soient coherans & comme accessoires des immeubles, ou que soit vniuersité de meubles comme en succession mobiliaire: dont on peut voir à ce propos Imbert, lib. 1. cap. 33. & Rebuff. Tract. de mat. possess. & la coustume de Paris, art. 97. Aussi s'il interuenoit contention de iurisdiction pour la prise du meuble, le cas de saisine & nouuelleté pourroit auoir lieu, comme a esté iugé par arrest du 14. Iuillet, 1537. Mais à proprement dire, telle complaincte deuroit estre plustost estimée pour chose immobiliaire, que pour meuble, d'autant que c'est vn droict reputé immeuble, qui est rendu contentieux. Pour ceste matiere on peut bien voir le grand coustumier, & ce que i'ay escrit sur iceluy. Masuerius, tit. de possesso.

b Ce qu'il parle icy du principal, faut entendre la maintenuë, qui se doit conduire par vn seul procez & moyen auec la recreance, sans en faire deux instances separées, ce qui est defendu par l'ordonnance de l'an mil cinq cens trente neuf, article cinquante neuf: Toutesfois il se peut faire que le Iuge par sa sentence adiuge la recreance à l'vne des parties, & reigle icelles plus amplement sur la maintenue. Pour la recreance celuy auquel elle est adiugee, doit bailler caution de rendre & restituer les fruicts, au cas qu'il n'obtienne au plain possessoire. Mais si la recreance estoit adiugee par arrest de la Cour, il ne seroit tenu de bailler caution à cause de l'authorité d'icelle, mais il ne faut estimer que le possessoire doiue estre accumulé auec le petitoire, & iugé par mesme moyen, parce qu'il est prohibé par les ordonnances de Charles septiesme, mil quatre cens cinquante trois, article octante: Loys douxiesme mil cinq cens septante, article quarante vniesme, François premier mil cinq cens trente cinq, chap. neufiesme art. deuxiesme: dont par le droict François le possessoire se poursuit separément du petitoire, & se doit vuider & iuger auant qu'entrer au petitoire: comme il est decidé par l'ordonnance de l'an 1539. art. 49. laquelle encores qu'elle ne semble parler que de la matiere beneficiale, si est-ce qu'elle est aussi practi-

auec en matiere profane, suiuant vn ancien arrest du 2. Aoust, 1512. ainsi qu'escrit Rebuffe, Tract. de cauf. benef. poss. iuxta l. si de vi, 37. D. de iudiciis. l. exitus 35. D. de adq. vel admitt. poss. l. naturaliter. §. nihil commune. D. eo. l. ordinarij. C. de rei vind. l. incerti. c. de interd. Faber in §. æque. Inst. d. act. tient que l'vne des parties peut empescher que l'autre articule & face preuue sur la proprieté, ce que toutesfois on n'obserue: ains souuent le demandeur ou deffendeur allegue moyens de proprieté, mais le Iuge ne s'y arreste, en faisant droict sur le possessoire: encores que la partie eust obtenu lettres, pour iuger le petitoire par mesme moyen que le possessoire: & qu'autresfois aucuns ayent tenu qu'on les pouuoit accumuler, comme appert d'vne des epistres de Symmachus, & ex c. 3. 4. & 6. de cauf. possess. & proprie. On peut voir Masuerius, tit. de petito. nu. 2. Quant aux six manieres esquelles l'Autheur dict consister la complaincte, on peut auoir recours à ce que i'en ay escrit cy deuant.

c Ce qu'il traicte icy des renuois pour le cas de saisine & nouuelleté ne s'obserue à present si exactement: parce que suiuant les ordonnances, les Iuges Royaux cognoissent en toutes matieres du cas de saisine & nouuelleté, & n'en veulent faire renuoy, encores qu'aucuns Seigneurs se disent estre fondez en arrest, pour en auoir le renuoy, & en cognoistre. Papon recite lib. 8. tit. 4. auoir esté iugé par arrest de l'an 1540. & du pen. de Nouembre, 1545. qu'il y a preuention. Quant à la complaincte du subiect contre le Seigneur, elle se doit entendre auoir lieu, quand le subiet a recogneu le Seigneur, & satisfait des droicts qui luy sont deus selon la coustume du lieu, & qualité d'heritage.

d Papon liure 8. tit. 4. recite auoir esté iugé par arrest aux grands iours de Moulins, du 15. Septembre, 1534. que le Procureur du Roy ne peut intenter complaincte: & ainsi a esté tousiours depuis obserué. Aussi par l'Edict du domaine le Procureur du Roy peut faire proceder par saisie pour les droicts du Roy.

e En ladite complainte les deux parties sont demandeur & defendeur, parce que chacun se maintient possesseur, & conclud aux fins du possessoire. l. actionis. 37. §. vlt. D. de obligat. & action. l. 2. D. de interd. l. 3. §. 1. D. vti. possid. & §. tertia diuisio vers. public. Inst. de interd. & la cognoissance du possessoire mesmes des choses spirituelles appartient au Iuge seculier, d'autant qu'il n'est question que du fait & non du droit & proprieté, vt tradit Guido Pap. quæst. 1. ordonnance de l'an 1539. art. 49.

DE

DE COMPLAINCTE EN CAS DE PROPRIETE.

TILTRE XXXII.

COMPLAINTE en cas de proprieté si est la sommiere & derniere maniere & forme de requerir droict sur aucun heritage dõt on seroit de lõg tẽps despointé: si est[a] à sçauoir que apres ce que on auroit par despointemẽt perdu sa cõplainte de nouuelleté, si peut on retraire à ceste cy: car tel a & peut auoir droict en possessoire, qu'il n'a pas droict en petitoire. Et pour ce peux sçauoir que c'est la differẽce d'entre possessoire & petitoire, car la possessoire n'a regard fors à la possession que aucun a prins sur aucune possession & chose, & cela appelle on droict de possessoire. Et petitoire, si est le droict qu'on a au fons de l'heritage par successiõ ou par achapt, ou par donatiõ ou autre iuste tiltre, & tel droict appelle on droict de petitoire. Et se peust ceste demãde faire à tous tẽps cõtre le possesseur, si le possesseur n'a acquis droict de prescription à iuste tiltre, car ce vaudroit moult au possesseur, si ce auoit auãt esté, & present le petiteur. Et toutesfois encores si à iuste tiltre de possessiõ n'auoit le possesseur, nonobstãt le tẽps de prescription, le petiteur y pourroit grãdemẽt cõbatre à destruire sa possessoire par petitoire, neãmoins possesseur iouyroit tousiours le proces durãt, car trop noble chose est de prescriptiõ, cõme si apres mõstreray en la rubrice de ce faisãt mentiõ. Et pource que cõplainte petitoire se doit faire selõ la plus droicte reigle de proceder en tel cas par escrit & par commission contenant expressement le cas: te monstreray la reigle & forme & la maniere aussi comme faire se peut & doit, car moult precieuse chose est entre les sages de faire former vne cõplainte sur petitoire, & moult precisement se faut garder ou faire que tout soit sur petitoire, sans rien toucher de la possessoire si cõme par l'exemple cy apres que te monstreray, pourra apparoir.

La teneur d'vne commission en cas de petitoire, & de proprieté.

COmmission[b] en cas de petitoire & de proprieté, si se peut ainsi faire & former en telle maniere. Tristan du Bos Cheualier & seigneur de Fameçon & de Rainceual Conseiller du Roy nostre sire & Baillif de Vermandois. Au premier Sergent du Roy nostre sire dudit Bailliage qui sur ce sera requis, Salut. De la partie de noble homme Monseigneur le Borgne de S. Simon Cheualier nous a esté donné à entẽdre en complaignãt, disant qu'il a droict de proprieté d'auoir seul & pour le tout, toute Iustice haute, moyenne & basse, en la ville de Tolliry, Manans & Habitans d'icelle. Et il soit ainsi que tãt comme sadicte seigneurie qu'il a en la ville de Tolliry, cõme autrement deuẽmẽt il ait à cause de son droict de proprieté, vsé & accoustumé vser, tãt par luy cõme par ses predecesseurs, dont il a cause si long temps qu'il n'est memoire du cõtraire, ou qu'il suffit & doit suffire à bon droict de proprieté auoir & retenir, & y doiue auoir toute haute iustice, moyenne & basse, comme par luy est cy dessus allegué seul & pour le tout à iuste & bon tiltre à declarer, ou & quand mestier sera, sur vn certain lieu & manoir nommé. N. assis en la ville de Tollity. Neantmoins les Abbez & Conuent de l'Eglise nostre Dame de Breteul si dient auoir la saisine de la iustice sur iceluy lieu, par complainte de nouuelleté par eux sur ce obtenuë tãt seulemẽt, & s'efforcẽt de vouloir sur icelle complainte obtenir possession. *Hoc tacetur in quo possessio non esset acquisita per causam nouitatis.* Et ne veulent souffrir ledit complaignãt vser de sa iustice, mais sur ce l'ont troublé & empesché, & encores l'empeschent contre le droict de sa proprieté, si comme il dit, en requerant sur ce d'estre pourueu de remede de iustice. Pour ce est-il que nous vous cõmandons & cõmettons, que vous adiournez lesdits Religieux à comparoir pardeuãt nous sur les lieux cõtētieux: & s'il vous appert des choses dessusdictes par confession de partie ou autremẽt deuëment, cõtraignez lesdits Religieux à cesser & desister du trouble & empeschement par eux fait ou mis en la chose contentieuse, & à delaisser la saisine qu'ils dient auoir sur ce contre le droict de proprieté dudit cõplaignant, & luy laisser iouyr & vser de son droict de proprieté: & si lesdits Religieux ou autres pour eux qui à oppositiõ soiẽt à receuoir, se opposent au cõtraire, ou soyent delayans ou refusans, vous les adiournez à certain & cõpetant iour pardeuant nous ou nostre Lieutenãt au siege Royal à S. Quentin, à l'encontre dudit cõplaignant pour dire, alleguer, & contre les causes de leur opposition, refus ou contradiction, respondre audit seigneur complaignant en cas de proprieté sur ce, & à tout ce que pour occasion des choses dessusdites il leur sçaura & voudra demander, & de proceder en outre comme de raison sera. De ce faire vous donnons pouuoir, mãdons & commandons à tous les suiets du Roy nostre sire audit Bailliage, prions & requerons à tous autres, qu'à vous en ce faisant & à vos deputez obeyssent & entendent diligemment. Donné tel iour. &c.

Instruction comment il doit estre sur ce procedé.

Et pource que partie cõuenuë en Cour par cõmissiõ & icelle cõmissiõ ramenée à fait par forme de demande que assez se peut faire. Car la commission fait & cause demande, le defendeur auãt qu'il responde en quelque maniere, peut demãder auoir par escrit & par libelle la demãde à certain iour, & encores sur ce à retourner premier cõbatu à l'adiournemẽt si deuëmẽt n'estoit fait, ne qu'il y eust riẽs de la declinatoire ou dilatoire sur ce. Et sinon, libelle doit estre sur ce demandé, & le iuge le doit faire bailler à certain iour, & c'est la propre forme de proceder en tel cas qui droictement y veut proceder: & qui autremẽt le fait, nicemẽt le fait. Ny ne doit nul respondre en tel cas sans libelle demander premierement, & auant qu'il respõde à la proprieté ne petitoire. Car pour la partie du demandeur peut auoir tresgrand difficulté en former son libelle. Car tout ainsi comme la commission est extraicte à faire & causer demande, aussi est le libelle en forme de proprieté & de petitoire: Car pour vn seul mot de faute faudroit cõmissiõ & libelle, si autres termes cõtenoit que tout sur droict de proprieté, sans riens comprendre de saisine ne en toucher, mais que droict de proprieté: car la saisine est perduë audit demandeur, & acquise au defendeur, & pource n'en doit le demãdeur en ce cas riens toucher Si te veux monstrer par forme de maniere formulaire, stille de faire & former son libelle en cas de proprieté. Car parce que dessus ay formulé vne complainte en cas de proprieté, quand il aduiendroit que la saisine & possession en seroit perduë par cas possessoire, mais ainçois veux monstrer la maniere de faire vne complainte & commission en cas de proprieté, supposé que de nouueau on voulsist faire complainte contre le possesseur, & se peut former par ceste forme commission en cas de proprieté generale.

La teneur d'vne commission en cas de proprieté generale.

CHarles. &c. Au premier Hüissier de nostre Parlement ou autre de nos Sergés qui sur ce sera requis, Salut de la partie de Ican du Bos demeurant. &c. Nous a esté exposé en grieuement complaignant, que comme feu Adam son pere, ou tel son oncle. &c. Tout son viuant tenist & possessast paisiblement vn certain lieu & manoir appellé. N. ou de telle terre. &c. ou de tel bos. &c. ou de telle iustice, &c. ou de telle rente. &c. située en tel lieu &c. auec tous les exploits, profits & emolumés, appartenances & redeuances à ce appartenans, & en ce eust tout droict de seigneurie de proprieté, ou de proprieté si seigneurie n'y auoit, comme de son bon droict à luy venu & descendu, tant par la generale coustume dõt le mort saisit le vif, qui est droict de naturelle & legitime succession cõme autrement deuëment, ou par deuë acqueste par luy faite & acquise en tẽps, supposé que par aucune maniere ou voye discontinuée l'aye par inaduertance ou autremẽt, que bien recouurer puis & doy par raison & iustice. &c. Et il soit ainsi que par le droict dessus allegué audit complaignãt seul & pour soy, soit & doiue appartenir tout ledit manoir, terres & appartenãces, comme au plus prochain hoir naturel demeuré dudit feu son pere, ou dudit feu son oncle. &c. ou dire, cõme à celuy qui en temps passé l'a acquis deuëment sans ce que oncques en fit chose parquoy il en doiue auoir perdu le droict de proprieté que demeuré n'en soit & doiue estre vray hoir fonsier & seigneur seul & pour le tout, ou de telle partie. &c. en icelle declarant. Neantmoins Robert des Champs demeurant en tel lieu. N. &c. de sa volonté induë en ceste partie, mais à tort & sans cause a mis & met empeschement & de fait ou autrement indeuëment s'est mis & bouté en la detention dudit lieu & manoir terres & appartenances ou de ladicte iustice & seigneurie. &c. ou desdites rentes. Et par plusieurs ans & termes les a prins & leuez & occupez à tort & sans cause, & encores s'efforce de faire de iour en iour sans ce que deporter s'en vueille, sur ce deuëment sommé & requis, qui est au grand preiudice dudit complaignant, & en luy fraudant en son droict fonsier & proprietaire si comme il dit, si pourueu n'y estoit de remede. Pourquoy nous qui voulons vn chacun tenir & garder en son droict, te mandons en commettant si mestier est, que tu faces commandement audit Robert que l'empeschement que mis a & met, ou fait mettre audit lieu, manoir & appartenances &c. ou terres ou rentes. &c. il se cesse & desiste du tout, & de ce laisse iouyr & vser paisiblement ledit cõplaignant cõme de sa chose à son bon droict proprietaire appartenant : rende & refonde tout ce que leué & perceu en a montant à la somme de cent liures ou enuiron, sauue la iuste extimation à plus à plain declarer si mestier est. En luy à ce contraignant, & tous autres qui pour ce seront à contraindre par toutes voyes & manieres deuës & raisonnables, & en cas d'opposition, refus ou contradiction, adiourne les opposans, refusans ou contredisans, à certain & competant iour à nostre Parlement à Paris, nonobstant qu'il y seie pour à ladicte opposition, refus ou contradiction respondre audit complaignant en cas reel & proprietaire, circonstances & dependances, comme de raison il appartiendra. En escriuant ce que fait. & c. De ce faire. &c. Mandons. &c. Donné. &c.

La maniere de former libelle en cas de proprieté par generale forme.

PArdeuant vous Monseigneur le Baillif de Vermandois ou vostre Lieutenant & les Hommes du Roy nostre sire iugeans en sa Cour à Montdidier, celuy ou ceux à qui la cognoissance en appartient. Dient & proposent en droict, religieuses personnes & hõnestes les Abbé & Conuent de l'Eglise nostre Dame de Breteul demãdeurs en cas de proprieté, à l'encõtre de Manessier de la Mare defendeur audit cas, que lesdits Religieux sont en chef & en membres auec leurs biens en la sauuegarde especiale & protection du Roy nostre sire, & à cause de leur Eglise sont grandement & noblement fondez de plusieurs nobles possessiõs qu'ils tiennent & ont comme amorties du domaine de l'Eglise, & d'ancienneté grand, tant en la ville de Breteul comme ailleurs. Et entre les autres droicts & possessions qu'ils ont, il est verité qu'ils ont iustice & seigneurie en plusieurs lieux de la ville de Breteul, & tant par accord ja pieça fait d'vne partie, aucuns des seigneurs de la ville, & autres d'autre part, comme à certain & iuste tiltre à declarer en temps & en lieu si mestier est, ces Religieux ont en la ville de Breteul droict seul & pour le tout, d'auoir fours ou fourets, desquels fours lesdits Religieux ou leurs gens Fourniers au nom d'eux, prennent & leuent, & doiuent prendre & leuer tous les profits & emolumens qui en peuuent issir. Et ausquels fours & fourets tous les habitans d'icelle ville de Breteul & leurs manoirs sont banniers & extraicts de bannerie en telle maniere, que aucuns desdits habitãs ne autres que lesdits Religieux, ne peuuẽt faire ne auoir en leurs manoirs lieux ou maisons en la ville ne és appartenãces d'icelle, four ne fouret sans licence & consentement d'iceux religieux. Et ne peuuent ne doiuent iceux ne aucuns d'eux cuire ne faire cuire pain, flans, tartes, pastez, ne autre chose à four autre que au four des Religieux. Et si aucun desdits habitãs ou autres en icelle ville auoit four ou fouret, ou qu'il eust cuit pain ou autre chose à autre four, qu'au four d'iceux Religieux : lesdits Religieux ont droict de reprendre & auoir ce qui seroit ainsi cuit ou porté pour cuire comme forfaict à eux, & à contraindre & amender les faiseurs de l'amende à ce accoustumée & ordonnée au profit desdits Religieux à cause de leur dite iustice & seigneurie, & abattre lesdits fours & fourets ainsi faits audit territoire sans leur auctorité. Et si aucun à four ou fouret en ladite ville & territoire de Breteul, si a eesté ou est de l'auctorité, congé, & licéce desdits religieux, & parmy certains profits & certaines redeuances annuelles, qu'ils en rendent ausdits religieux. Laquelle chose est en recognoissant ladite bannerie, iustice, & seigneurie, & droict de proprieté que ont en ce iceux religieux: dont ils ont iouy & vsé par tel & si long temps qu'il n'est aucun qui ait memoire du contraire, ou au moins par tel & si long temps qu'il doit suffire à bon droit de proprieté auoir, garder & tenir à toute bonne seigneurie & iustice à ce seruant, & sans aucun empeschement present. Et lesquels droits pour lesdits religieux sont clairs & notoires au pays & au lieu: & en est voix & comme renommee, & les a partie aduerse cogneuz & confessez estre vrais & notoires tous ou en partie, nonobstant ce, ledict Manessier demeurãt & habitãt en ladicte ville de Breteul, depuis trois ãs en ça ou enuirõ, a fait ou fait faire en sa maisõ en ladite vile de Breteul vn four ou fouret auquel il cuyt ou fait cuyre continuellemẽt depuis le tẽps dessusdit, pain, flans, tartes, pastez & autres choses à son plaisir, & sans la licence desdits religieux contre leur gré & volonté, prenant & attribuant à luy en ce faisant le droit du profit que ausdits religieux deuoit appartenir à la cause dessusdicte, lequel profit peut valoir & monter pour chacun an à la somme de lx. l. parisis. Et ce doit appartenir ausdits religieux comme de leur droict proprietaire, dont vse, & s'efforce de vser ledict Manessier de la Mare, & s'en dict saisi par vne sentence qu'il dict auoir euë pour luy és assises de Mõtdidier, sur vn procez meu en cas de saisine & de nouuelleté sur ce entre lesdites parties (*Ista clausula non habet locum in forma communi, & dum possessio non esset acquisita*) Lesquelles choses sont & ont esté faites par ledit Manessier au tres-grand grief, preiudice & dommage desdits religieux & en eux troublant & empeschant en leur droict de proprieté, comme dessus est dict. Si concluent lesdits religieux contre ledit Manessier que veu ce que dit est, & que la discretion de la Cour y deura & pourra supplier, qu'il soit dict, sentencié & prononcé tous les droits dessusdits estre & appartenir ausdits religieux seul & pour le tout, & leur soient declarées & adiugees estre & à eux appartenir en plain droit de proprieté & seigneurie auec la possession & saisine qui sur ce peut & doit ensuiuir à droit de proprieté. & soit ledict Manessier forclos & debouté de sa saisine & possession qu'il se dit auoir en la chose, & d'icelle rendre au profit desdits religieux. Auec soit contraint de rendre & restituer ausdits religieux pour le temps que ainsi contre droit & raison a tenu & occupé la chose contencieuse, la valuë que deussent auoir eu & leué lesdits religieux, ou la valeur cy dessus declarée de soixante liures parisis, ou la iuste taxation de la Cour. Soit le four ou fouret dudit Manessier abattu & demoly par l'auctorité desdits religieux, ou autremẽt ainsi qu'il appartiẽdra. (Ce chapitre ne semble auoir lieu pour ce que le defẽdeur auoit la possession acquise en cas de saisine, & par ce iusques à tant que debouté en sera par loy, iouyr en doit) Soit ledict Manessier pour les faicts, œuures, & emprinses dessusdites, pour chacune fois quila cuit ou fait cuire au four par luy fait si comme dit est, en lx. liures parisis d'amende, ou telle amende que la Cour dira, & en toutes autres amendes & conclusions pertinentes & conuenables enuers lesdits religieux. (Ce chapitre n'a lieu pour ce que comme dessus est dit, la possession acquise l'emporte iusques à ce que la proprieté sera determinee) Soit auec ce, ledit Manessier condamné aux despens, dommages & interests faits & à faire en ceste poursuitte par les religieux. En offrant de la partie desdits religieux de leurs faits tant à prouuer que peut suffire, pour obtenir en leur conclusion par protestation que ce que prouuer en pourront, leur vaille & tienne lieu, en mettant en ny les faits de partie aduerse contraires ou preiudiciables aux faits de ce present libelle, & à tout ce que la Cour pourroit entendre, qui seroit au propos desdits religieux & à leur conclusion, qui de la partie dudit Manessier seroient proposees si receuables les proposoit, & en faisant protestation de ce present libelle par lesdits religieux ou autres pour eux croistre d'amoindrir, amender, corriger & declarer plus à plain si mestier est, & toutes autres protestations qui ausdits religieux sont necessaires, retenuë faicte iusques en fin en maniere deuë & accoustumee. Le libelle en cas de proprieté fait & formé comme exemplifié est cy dessus, tous autres si peuuent former selon que les cas sont, car il n'est liure qui tout puisse comprendre, & pour ce suffit vn exemple sur vn cas: & veux monstrer la defence qui en est propice & seruant.

La defence à demande en cas de proprieté.

DEfence en cas de proprieté sur la demande se peut faire generallement par la maniere qui s'ensuit. Premier combattu à l'adiournement si suffisamment est fait, ou en ce que par practique d'aduocacer du tout y peut estre combattu pour destruire l'adiournement. Apres declinatoires & dilatoires sur ce mises en œuure, s'aucune en peut auoir qui vaille, doit estre demande faicte sur ce, & commission ramenée à faict auoir par escrit & en libelle la demande à certain iour & ce appelle-on libelle. Et doit estre ainsi demãde par plusieurs raisons, l'vne est que difficile chose est ne faire & former telle demande par escrit comme dit est, & pour ce souuent on y trouue auantage à fort barroier la matiere. L'autre raison si est qu'au iour que rapporté est le libelle, encores peut auoir autre iour d'auis sur le libelle, encores sur ce iour au retourner si riens ne trouue à barroier au libelle, & qu'il contienne tout ce qu'il doit contenir. Si peut le demandeur demander iour de veuë du lieu, qui est ainsi estroitte & difficile chose & precisee à faire, si comme cy apres diray. Apres iour de veuë, si riens n'y peut estre barroié, peut encores le defendeur demander garand, qui est aussi chose moult difficile là où il appartient moult de induces & manieres de barroyemens, & peut de rechef auoir veuë de lieu. Et pource tout premier te monstreray de veuë de lieu, & comment ce se peut & doit faire, car c'est la chose prealable, car qui respondroit sur le cas auant iour de veuë, à temps n'y viendroit, ne à garand demander.

Barroier terme ancien, qui signifie debattre, disputer & cõtester: dont barre se prend pour procez.

De veuë & ostentation de lieu.

VEuë de lieu[d] si est quand le defendeur demande ceste induce que la demande ouye qui est proprietaire, reelle, afin que proprement puisse sçauoir sur quel heritage ceste demande s'assiet, il peut demander veuë du lieu clamé: laquelle chose le demãdeur est tenu de faire par loy en dedãs iour de plaid, & nõ pas à iour de plaid Et là doit auoir seigneur & hommes, tant qu'il suffise à loy dire si mestier estoit, le demandeur & le defẽdeur presens. Et ceux venuz sur le lieu au iour & heure denõmez, le demãdeur doit dire & faire sa veuë & demõstrance en ceste maniere: Sire Baillif, & vous messeigneurs les hõmes ie dy & faits veuë de cest heritage surquoy nous sommes venus, & qui à moy appartiẽt de cy iusques à là, & de là iusques à cy, & aller sur chacun sens du lieu & tout si comme cest heritage se cõprent du lõg du lez & du millieu: & en faits à partie qui demãde là vostre presence & la sienne, veuë, & ostentation iusques à vostre dit & assens, & dy que à mon droit & à moy appartient sur tout cest heritage, la saisine de leuer & exploitter sur iceluy tous proffits & emolumens & appartenances venãs & croissans sur cest heritage, toutesfois & quantesfois qu'il appartiẽt & saison en est, & de ce en faire, posseser, maintenir, & gouuerner comme de ma bouche, dont ie suis en bonne possession & saisine, & mes deuanciers dont i'ay cause, & fais ceste veuë par protestation de la faire plus auant si la Cour le dit: & tellement qu'il appartiendra que faire le doiue à l'enseignement des hommes & de la Cour, s'il le conuient & si auant que par bon cerquemanement & derrentiuement doit appartenir, & que faire se doit.

De huiusmodi demonstratione ad oculum sienda loquitur elegãter Barth. in l 1 ff de edẽ. vbi resoluit quod reus potest quarere rem sibi ad oculum demonstrari.

A faire vne maison.

Et si c'estoit sur maison que la veuë se fist, on doit dedans entrer, & aller bas & haut, & dire comme dessus est dit, si doit-on toucher à l'huys: & le son rendre par le clichet, & toucher aux posteaux, & aller tout au tour, au mieux qu'on peut, & dire comme dessus est touché.

Veuë deuant Baillif Royal & ordinaire.

Item est à sçauoir que selon les Cours Royaux si c'est par deuant Baillif Royal ordinaire, c'est à dire qu'il soit Iuge de luy mesmes; il suffit pardeuant deux Commissaires que il commet, & sergẽt pour les exploits faire si ils y escheent, qui puissent faire relation à la Cour de ce que faict en a esté au iour de playd ensuyuant, & lors y peut estre sur la relation des hommes, du fait des Commissaires au iour ensuiuant debattu ce que bon semble. &c.

Exemple.

Ie vy vn debat sur vne veuë, pour ce que le faiseur de la veuë auoit au iour en Cour, apres veu ramener sa cause à faict, sans auoir requis à partie ne au Iuge, si sa veuë estoit tenue pour suffisante ou non, que le defendeur l'impugna cõme moins suffisammẽt estre faicte, & par ce tãt que congé de Cour fut donné. &c. Le faiseur de la veuë soustint & dict qu'il auoit faict telle veuë que suffire deuoit, & que quand debattre le voudroit, il soustiendroit si comme de raison seroit, & que necessité ne luy estoit, mais que de soustenir sa demande, comme demandeur doit faire, laquelle luy deuoit estre adiugee, si autre chose ne vouloit dire le defendeur. Tout veu il fut dit par la Cour du Roy nostre Sire, en Tournesis, où il y auoit vingt hommes de fief tres-notables, & ce conseille par plusieurs autres coustumiers: que le defédeur de la veuë n'auoit pas ce à requerre, si il ne luy plaisoit, ne n'auoit qu'à soustenir sa demande principale apres sa veuë faite. Mais quand la veuë par luy faite seroit impugnée par le defendeur, lors l'auroit le demandeur à soustenir, & sur ce auoir le iugement des hommes premierement, & auant que sur la demande principale il doiue proceder, & fut le demandeur debouté de ceste interlocutoire.

Iugemẽt du Iuge Royal & des hommes de fief.

Veuë selon la Cour de Parlement.

Item selõ la Cour de Parlemẽt à ceste veuë faire, l'heritage sur quoy on la fait, & la veuë qui s'ẽ fait, tout est mis par escrit. Et si s'ẽ fait rescriptiõ qui enuoyee est en la Cour de Parlemẽt pour en ordõner sur ce, & escrit & exẽple figuré & pourtrait apres la situatiõ de l'heritage au plus pres qu'õ peut, pour mieux entẽdre par les seigneurs la veuë & le cas. Si peux sçauoir que qui parfaictemẽt & sãs faute le veut faire, il doit dire auec & en abõdant ce que dit est, de cy iusques là, & de là iusques cy, le milieu, & tout ainsi qu'il se cõprend en large & en lõg, & tout & si auãt que bõs desrẽs le me donnera: comme dessus est dit. A ce ne peut auoir faute en veuë faire, si t'en mõstreray cy exẽple. Procez se print & meut entre le Prieur de Plumeoisõ aupres Hesdin demãdeur d'vne part, & les habitãs de la ville de Dauphiné defẽdeurs d'autre part, pour certains pasturages que ledit Prieur vouloit calenger à luy à cause de sa Prieuré, cõme à luy appartenãtes seul & pour le tout, sãs ce que lesdits de Dauphiné y puissẽt mener leurs bestes paistre, lesdits de Dauphiné disãs du cõtraire. Sur lequel cõtend veuë fut demandee par lesdits de Dauphiné. Le Prieur fist veuë comme il appartenoit: apres celle veuë faicte, ledit Prieur fist faire fossez tout au tour ainsi qu'il auoit fait sa veuë, si que les bestes de ladicte ville de Dauphiné n'y pouuoient aller pasturer comme accoustumé auoiẽt, & que leur saisine duroit: & qui plus est, auoit ledit Prieur faict emporter le foin desdicts pasturages qui à eux en cõmũ appartenoit. Si requeroiẽt que de tout ce fussẽt restablis, & les fossez abbatus & remis en estat deu. &c. Par le maistre fut respõdu qu'ẽ ce lieu ne fut oncques pour le cas veuë faicte, ne par la veue ne pouuoit le lieu des fossez en ce estre entendu ne cõprins ne la veuë ne l'auoit comprins ne declaré par designatiõ de paroles, de ostentatiõ. A ce fut respondu que sauue la grace du proposant, veuë auoit esté faite de là iusques icy, & par tout ou bõs desrens deuroit auoir droit en sur ce. A ce fut repplique que sauue la grace proposãt, bõs desrẽs ne les auoit encores departis, pourquoy &c. Tout veu il fut dit que la veuë seroit tenuë suspẽs si les parties se voudroiẽt en ce arrester, iusques à ce que desrens les voudroit & auroit à ce departis.

Arrest de Parlement.

ANNO-

ANNOTATIONS SVR LE TILTRE TRENTEDEVXIESME.

ENCORES *que* Seneca epist.73. *ait escrit* Stulta mortalium auaritia proprietatem possessionémque discernit, nec quicquam credit esse suum, quod alicuius est : *toutesfois le Iurisconsulte* in l. naturaliter. §. nihil commune D. de adquir. vel amit. pos. *dit*, nihil commune habet proprietas cum possessione. *La proprieté n'a rien de commun auec la possession, c'est à dire comme il est escrit* in l. 1. D. vti possidetis. Separata est possessio à proprietate: fieri enim potest, vt alter possessor sit, dominus non sit: alter, dominus quidem sit, possessor verò non sit. *La possession est separee de la proprieté, & si aucun possede il ne s'ensuit qu'il soit proprietaire, & s'il est proprietaire, il se peut faire qu'il n'est possesseur. Et pour l'ordre des actions quand y a doute qui est le possesseur, lors que chacun le pretend estre, on commence par l'interdit ou cas de saisine & nouuelleté. Car l'interdict n'estoit que l'ordonnance ou decret du preteur qu'il faisoit de la possession, afin de cognoistre enuers lequel demeureroit la possession de la chose contentieuse, cependant qu'on plaideroit de la proprieté. Parquoy l'interdict ou complainte de nouuelleté n'attribue vne possession perpetuelle, ains temporaire, iusques à ce qu'il ait esté iugé de la proprieté,* l. 1. §. vlt. D. de aq. cott. & æst. *pour doncques intenter l'action petitoire il faut premierement sçauoir qui sera le possesseur parce que la raison ciuille & naturelle fait que l'vn possede, & l'autre demande au possesseur mais la cõmodité de posseder est en ce qu'encore que la chose appartienne au possesseur, si toutesfois le demandeur ne peut prouuer qu'elle soit sienne, elle demeurera au possesseur.* §. retinendæ. institut. de interdictis, *l'action petitoire compete à celuy qui pretend la proprieté de la chose luy appartenir par droit ciuil ou droit des gens, contre celuy qui en est possesseur ou detempteur.* l. in rem. l. officium & al. D. de rei vindic. l. 3. §. pen. D. ad exhi. §. omnium instit. de actio. *I'en ay parlé cy-dessus plus amplement, toutesfois si le detempteur n'est que conducteur & fermier, en se declarant tel ne pretendant rien en la possession de la chose, il ne sera tenu de defendre au petitoire, ne de sommer son maistre à garand, parce qu'il ne peut rien faire au preiudice de la possession d'iceluy* l. ex libris Sabinianis. C. de adquir. possess. *Comme a esté iugé par arrest du Ieudy 24. iour de Septembre 1563. L'autheur appelle ceste action complainte de proprieté suiuant la vieille practique de nõmer toutes actions complaintes, comme i'ay obserué en la vieille practique que i'ay escrite à la main, où se lit souuent complainte en cas de prest, en cas de gage, en cas de proprieté & autres.*

b *La teneur de ceste commission semble mesler & accumuler le possessoire auec le petitoire: mais se trouuent d'autres formulaires és liures des practiciens qui mieux expriment & declarent la forme d'intenter l'action petitoire: & entre autres*

Speculator, Petrus de Ferrarijs, Petrus Iacobi, *le grand Coustumier & autres : & l'expert practicien peut bien de luy mesme dresser les conclusions selon la qualité de la chose dont sera question : mais il conuient noter qu'en l'action petitoire conuient designer la chose, c'est à dire demonstrer & declarer par le libelle la chose qu'on demande, à sçauoir si on la demande toute ou en partie : & si c'est une chose singuliere & immobiliaire, comme vn heritage, exprimer le nom, & le lieu où il est assis, & mesmement les limites & confins*, l. si in rem. D. de rei vindica. *Et ainsi en vsoient les anciens, comme monstre* Ciceron, pro Murena, fundus Aspelanus qui in agro est, qui Sabinus vocatur, meus est, *toutesfois si l'action estoit pour chose vniuerselle comme d'vne heredité, il ne seroit besoin d'vser de particuliere designation, ains suffiroit de demander les biens delaissez par le deceds & succession d'vn tel : mais on demande si en l'action petitoire pour chose singuliere & particuliere, il conuient exprimer la cause, c'est à dire si le demandeur doit declarer pourquoy il pretend la chose luy appartenir : Aucuns font difference entre la cause proche & la remote, ils appellent la proche le domaine ou proprieté, c'est à dire que le demandeur maintienne la chose luy appartenir en la proprieté. Et la remote le moyen par lequel la chose appartient à aucun : & la commune opinion est qu'il suffit d'exprimer la cause proche, sans y adiouster la remote, & se fonde sur la* l. si mater §. eandem causam. D. de except. rei iudica. *Et ce que dit* Cynus in l. edicta. C. de edend. *mais il me semble que ledict §. ne faict rien pour telle opinion, & que le demandeur en action petitoire fera mieux de declarer la cause remote, qui est le tiltre, en vertu duquel il pretend la chose luy appartenir : & toutesfois il peut bien au cours & suitte du procés alleguer autre cause, que celle qu'il aura declaree par son libelle, qui est la vraye sentence* d. §. eandẽ causam.

c *L'action petitoire icy declaree est proprement pour seruitude, parce qu'vne bannalité & subiection que les seigneurs veulent pretendre cõtre leurs subiects d'aller cuire à vn four bannal, sans auoir la liberté d'auoir fours particuliers en leurs maisons, est vne vraye espece de seruitude, comme i'ay traicté sur l'article 70. de la coustume de Paris, parquoy l'action de laquelle est faite mention en ce formulaire, peut bien estre appellee* confessoria, *laquelle compete à celuy qui maintient luy appartenir droict de bannalité pour assuietir ceux contre lesquels il agist, à cuire en son four, & les empescher d'auoir fours particuliers en leurs maisons,* iuxta l. 2. D. si seruitus vindicetur. §. æque instit. de actio. *I'en ay escrit plus amplement au quatriesme liure des Pandectes.*

d *Les Romains auoient anciennement accoustumé, quand ils vindiquoyent quelque heritage, que pardeuant le preteur celuy qui estoit le demandeur, prenoit par la main sa partie aduerse, & la menoit sur le lieu, qu'on disoit* manum conserere, & in re presenti sollemnibus verbis vindicare : *C'est à dire prenans les litigateurs quelque chose de l'heritage qu'on appelloit* vindicia, *chacun le vindiquoit, & maintenoit estre sien, suiuant la loy des XII. Tables. Et depuis que l'Empire Romain fust estendu & accreu les Preteurs pour les affaires dont ils estoiẽt occupez, ne pouuans aller sur les lieux, les parties s'y transportoiẽt & apportoyent quelque mote de terre de l'heritage, en laquelle cõme en tout l'heritage elles vindiquoiẽt,* vt scribit Agellius lib. 20. cap. 10. & testatur Cicero pro Murena certis & sollẽnibus verbis vindicari consueuisse, *dont on peut voir Festus, & autres,* & præ cæteris, *ce qu'en a escrit* clarissimus Brissonius de formul. lib. 5. *La loy des XII. Tables estoit conceuë en semblables termes*, si quiendo iure manum conserunt, vtrique superstitibus præsentibus vindicias sumunto. superstites, *signifient tesmoins. A l'exemple de telle solemnité la forme de faire veue en action petitoire a esté introduicte laquelle se fait pour l'instinct du procez, tant pour rendre les parties plus certaines de la chose contentieuse, que pour en mieux instruire le Juge. De ceste matiere on peut voir le grand Coustumier lib. 3. tit. de veue, & le stil de Parlement* Tit. de dilatione ventæ. Rebuff. tit. de dilatio. Masue. tit. de dilat. Imbert. lib. 1. cap. 19. *& autres. De ce qu'en traicte icy l'autheur on peut recueillir trois formes & manieres de veues, à sçauoir veue simple, veue auec fiches & desrens, & veue figuree: mais quant à la veue figuree, elle ne se fait gueres, si par le Iuge n'est ordonné à present. Pour faire vne veue le Iuge ne se transporte sur le lieu, ains n'y a qu'vn sergent auec tesmoins: mais s'il faut faire descente sur le lieu, ou figure accordée, le Iuge se doit transporter, & encores quand il est besoin de recoller les tesmoins sur la demonstration & ostention du lieu, la veue estant faicte & rapportee le defendeur le peut debattre ou les parties procedent au principal. Si conuient faire veue d'vne terre & seigneurie de l'vniuersité de laquelle est question, & non des appartenances particulieres, il suffit de la faire du Chasteau & principal manoir. Il y a des cas esquels la veue n'a lieu, comme en demande de chose vniuerselle, par arrest du troisiesme iour de Iuin mil cinq cens octante deux, ny en execution de sentence ou arrest de partage, entre coheritiers & codempteurs des heritages d'vne succession par arrest du dernier iour de Decembre, mil cinq cens cinquante six. Et a esté aussi iugé par plusieurs arrests, que le seigneur n'est tenu de faire veue à son vassal ou suiet: du dixhuictiesme Septembre, mil cinq cens cinquante: troisiesme Aoust, mil cinq cens soixante six: du 8. iour de Feurier, mil cinq cens septante deux de releuee: du douziesme iour de Decembre, mil cinq cens octante six de releuee, & douziesme iour de Iuin, mil cinq cens octante sept. Ce que toutesfois il conuient limiter. Si non que le seigneur demandast certaines redeuances & prestations contre aucuns de ses subiects, à raison de quelques heritages dont il maintiendroit iceux estre possesseurs: auquel cas i'ay tousiours veu obseruer, qu'on peut demander veue. Il vse de l'ancien terme cerquement, qui signifie bornage, duquel on vsoit quelquefois en faisant veue, & les mesureurs & arpenteurs appellez cerquemaneurs mettoient bornes aux desrens & limites qui estoient monstrez par celuy qui faisoit veue à fin que la chose fust mieux demonstree, dont on peut voir,* l. si rescriptio. §. ad officium. D. fin. regund. l. 3. C. eo. tit. cap. significantibus de lib. obl. Fab. in §. curare. Instit. de act. *& autres qui en ont escrit.*

DE GARANDIE SVR CHOSE VENDVE,
TILTRE XXXIII.

** Euiction au liure escrit à la main.*

GARANDIE* que les clercs appellent emptiõ* est de la chose venduë conduire & liurer par le vendeur à l'acheteur, le marché fait si auãt que bonne foy & ordõnance de Iuge le peut & doit souffrir, & par la coulpe du vendeur ou de son tẽps seroit aduenu le dõmage sur la chose venduë *ff. de act. empt. vend. l. 1. C. eo. tit. l. si traditio. & l. seq. C. de euictio. l. 1. & l. emptor. & per tot. tit.* Si dois sçauoir que quicõque veut demãder garand, il le doit demãder en iugement, si à temps & si à heure qu'auant que riens y ait respondu en la cause cõtre son demandeur, & que la cause soit entiere, car autrement il se debouteroit de son garand, ne le garãd ne seroit tenu de respondre s'il trouuoit la cause riens auancee, qui luy portast preiudice à la defence de la cause. Et doit estre denommé celuy qui demandé est à garand, ou ce ne vaut. Et doit estre protesté que vienne ou non, si fera ledit demandeur son deuoir du procés maintenir contre son aduersaire, ou peril y auroit si le garand ne venoit qu'õ n'y peust reuenir à ce dire en procés : mais peut estre demãdé iour d'aduis, iour de declaration, declinatoire ou dilatoire qui ne toucheroit peremptoire ne liticontestation, iour de veuë, car toutes telles induces si ne touchẽt riẽs à la peremptoire. Et le garand demãdé en Cour on ne le doit nõmer, & le Iuge le doit ordonner & appeller à certain iour. Et doit tout le procés surseoir iusques à ce que le garãd soit appellé, ou cõtumacé par trois cõtumaces s'il ne venoit. Et luy venu en Cour, il peut & doit estre ainsi sõmé.

De sommer son garand luy venu en iugement.

Ie vous ay fait cõuenir en ceste Cour pour ce que verité est que tel N. si me suit pour cause de l'heritage N. que i'ay acheté de vous & dit que telle rente N. luy est sus deuë dont il a fait clain & demande sur ledit heritage: & ne s'en veut deporter : & vous sçauez qu'au marché qui se fit d'entre moy & vous pour ledict heritage, vous n'en fistes aucune mentiõ, qui seroit à mon tresgrand preiudice & dommage, si de vous n'en estoit garandi & acquitté cõme de raison est: & pource ie vous somme en presence de loy instamment que vous soyez audit iour cõtre tel N. pour emprendre par vous la charge du plait & la defence de la cause tandis qu'elle est entiere & en estat de defendre par toutes voyes deuẽs. Et si ce ne voulez, ie fais protestation desorendroit que si pers aucune chose en vostre deffaute, de la recouurer sur vous en temps & lieu, & que vous me baillez tout ce qu'à defence peut appartenir, si aucune chose aués qui valoir y puisse. Et de ceste denonciation doit prendre lettres, & de la responce que fait celuy qui sur garand est appellé luy en aider en son procés & cause.

De contumacer garand.

Par l'ordõnance de l'ã 15, 2. art.

Et si l'adiourné en fait de garãdie ne venoit, il doit estre cõtumacé par iiij.iours de plaits, & par le iiij.d'abondāt auec intimatiō. Et ce fait le demandeur doit requerir à luy estre dit & iugé que par le defaux contre luy attains, tel droit luy soit reserué que telle defense que faire pourra & sçaura comme son demandeur ladicte rente dont il a requis garand & contumace, volontiers le fera, & au mieux qu'il pourra bonnement, en faisant protestation que si perte ou dommage y prenoit; que ce peust il retraire & recouurer sur ledit contumace, & sur ses biens, auec despens, dommages & interests, & de ceste protestation doit prendre lettres, ou autrement il seroit envoye perdre son retour & garād. Et si ainsi le fait, & dommage luy en venoit par defaute de garand, ce pourroit il recouurer sur son garand. *21. ne sont requis que deux defauts.*

De garand ou non garand.

Combien qu'on dit communement qu'il ne garandist pas qui ne veut, sauue la grace du disant, mais on peut bien dire qu'il ne prend pas garandie qui ne veut, neantmoins conuient-il par ceste reigle dessusdite que retour de garandie soit tousiours gardé sur le vendeur si duëment en est sommé. *C. de euict. l. non dubium.*

De garant non comparant.

Et si le garand vient en Cour, si luy doit la demande estre refreschie comme dessus est dit, afin qu'il preigne la garandie. Et bien te pren garde que s'il demande iour de veuë, que tu y cōbattes tant que pourras, auant qu'il ait prins la garandie. Car par aduenture apres ne la voudroit il prendre, combien qu'au fort prendre la doit si comme cy apres sera dit. *Vide pro hoc Mansue. in sua pract. § item si garandus. & §. item in actione vsque ad §. Itē ista dilationes, tit. de dilatio.*

De garandie auoir promise à faire.

Toutesfois veulent dire les sages qui firent les loix, que le vendeur s'il ne promet garandie proprement & especialement de la chose venduë, tenu n'est à garandie proprement, mais toutesfois l'achepteur a & peut auoir action sur le vendeur à demander estre desdommagé, sur le vendeur de ce que tout ne luy a pas declaré son marché, & que teu luy a ce que maintenant on luy demande, qui est engendree deuant la vendition ou l'achapt. *C. de euict. l. non dubitatur.*

De pleige de garand.

Item peux & dois sçauoir que s'il n'aduenoit qu'en aucune vente eust conuention de garandie par le vendeur, & encores pleige de garandie, & on empeschast l'heritage ainsi vendu, l'achepteur eust denoncé au vendeur à fin de garandie, & sur ce fust content, & le vendeur pendant ce fust mort ou tourné en pauureté, si qu'il ne peust conduire son marché, & puis fust la chose tollue à l'achepteur, sçachez que l'achepteur se pourroit traire au pleige de tout, & ne l'eust mie sommé audit pleige. *C. de euict. l. authore laudato.*

Qu'on doit sommer le garand.

Comme dessus est dit en ceste rubriche, si tost que l'acheteur est poursuiuy de la chose qu'il a achetee, il doit sommer à son vēdeur & garand, ou à son hoir auant que rien entamer de procesà peremptoire, ou autrement il met en peril la recouurance de la garandie qui luy deuroit estre faicte, ny ne seroit tenu de respondre le vendeur ne ses hoirs ne pleige. *C.eod.tit.l.emptor.& l.si controuersia.*

De denoncer son garand, auant qu'on paye les deniers.

Item [c] s'il aduenoit qu'en la chose venduë eust contredit auant que l'acheteur eust vuidé ses mains du prix & des deniers de la vente, sçachez qu'auant qu'on puisse contraindre l'acheteur à vuider sa main des deniers, on deut & doit denoncer garand au vendeur ou à ses hoirs, si ainsi n'estoit que le vendeur fit bonne seureté des deniers refondre à partie si auant qu'empeschement y seroit mis par la coulpe du vendeur. *C.eod.tit.l.si post perfectam venditionem.*

Que garand n'a lieu en chose confisquee qui se vend.

Itẽ s'il [d] aduenoit que le seigneur fist vẽdre aucun heritage qui luy fust attaint & confisqué, sçachez qu'il n'y eschet aucune garandie, car nulle reigle ne comprend le seigneur. *C.de quadrienn.præscr.l.1.C.credito.emẽt.pigno. non debe.l.1.* Encores dit la loy escrite que quand la vente est parfaicte, tout le preu appartiẽt à l'acheteur, & aussi fait tout le surplus du profit & dõmage, car le vendeur n'est tenu depuis la vente faicte pour chose qu'il aduienne sur la chose vendue & liuree, si ainsi n'estoit que l'empeschement qu'on luy deuroit, venist par l'occasion du vendeur, ou de chose qui fust auant la vente engendree des choses qui desirent auoir garandie, & qu'il fust sommé & denoncé au vendeur, ou à son hoir ou à sõ pleige s'il estoit. *C.de pericu.& cõmo.rei vendi.l.post. perfectam venditionem.*

Nota in delictis & excessibus nõ habere locũ garantiam: nec in alus actionibus nisi realibus, aut in rem scriptis aut mixtis cadit haec garãtia, est enim glos. approbata, Bartho & alus doct in authen. qua in prouincia. C. vbi de crimine agi oportet quod si conueniatur mandatarius de delicto potest denunciare mandatori. Pro decisione istorũ vide ample & practice in stilo curiæ parlamenti tit. de dilat. quæ datur pro garand §. Item in delictis & ibi Aufrer. glosat

De garand en cas personnel.

Qu'en [e] autre maniere qu'en vendition d'heritage siet garandie, ie le puis monstrer par exemple. Pardeuant Monseigneur le Baillif de Vermandois fit conuenir la Iustice & Escheuins de Tournay, les Preuost & Iurez d'icelle par vn mandement royal sur ce que la iustice à cause d'vne ferme qu'icelle iustice tenoit de la ville, elle auoit pris grand dommage par ce que l'echeuinage auoit par long temps esté permué, si en requeroit bien estre recompensé de la somme de cxx. l. Le Procureur de la ville comparant en Cour, lors declara & dit que des causes de la ville deuoit estre plaidé deuant Preuost & Iurez, ou en Parlement par priuilege qu'ils auoient de ce. si requist d'estre renuoyé. Ladicte iustice disant du contraire, & qu'elle auoit committimus du Roy expressement cõtenant le cas, pourquoy. &c. & auec ce que ausdits Preuost & Iurez ne seroit pas renuoyé, car ils ne seroient pas iuges de leur cause, puis qu'eux mesmes estoient adiournez. Car eux ne pouuoient requerir à eux mesmes d'estre renuoyez. Il fut iugé que renuoy ne s'en feroit. Et requist iustice qu'elle declarast par qui elle auoit eu ceste defaute & de quel temps. La iustice dit du temps qu'elle auoit la ferme tenuë, & par faute des Escheuins qui n'auoient pas plain nombre, & que c'estoit declaration assez. Le procureur disant que c'estoit moins que suffisante declaration, & qu'elle estoit tenuë de declarer l'an & le mois, & par quels Escheuins ce auoit esté. Il fut iugé qu'elle estoit tenue de declarer l'an & le mois & le nom des Escheuins qui en faute auoient esté. Et bien fut iugé. Si tost que ledit Procureur ouyt nommer lesdits Escheuins par nom: il requist auoir garād sur eux pour ladite ville: & qu'il eust iour à eux faire adiourner sur garandie. Ladicte iustice debatist disant que garandie ne s'y deuoit asseoir, puis qu'ils auoiēt entamé plaid, & procedé en declinatoire & en peremptoire, & sur ce requis droict & accepté iuge, & eu & receu sur ce iugement que iamais garand pour ceste cause demander à temps ne venoient. &c. Ledit Procureur disant du contraire & qu'encores n'auoient-ils procedé à perēptoire nulle ny à liticontestation, ne tellement que la cause fust de rien empiree pour les garands s'il les conuenoit. &c. Il fut iugé que le Procureur auroit iour pour adiourner son garand ou garands, bien fut iugé. Les Escheuins appellez & venus en Cour ils barroient cōtre le Procureur de la ville, qui à garand les auoit adiournez, que tenus n'estoient de proceder auec luy sur ce, ne garand faire: car à tard les auoit fait conuenir, par ce qu'il auoit ia contre le premier demandeur procedé à declinatoire & à dilatoire, & que la cause estoit iugee la demeurer sans eux appeller qui eussent iuste cause declinatoire. &c. Ledit Procureur disāt que declinatoire ne dilatoire n'empire cause, ne dōne occasion que le garand ne puisse la cause emprendre & defendre sans estre rien perturbé &c. Il fut iugé que le Procureur à tard les auoit fait adiourner, & que tenus ne seroient de garandir. Duquel iugement il fut appellé par ledit procureur en Parlement. La cause plaidee en cas d'appel, il fut dit par la Cour de Parlement qu'il auoit esté mal iugé, & bien appellé, & doresnauant ledit proces seroit de ladite iustice contre lesdits Escheuins appellé à garād, & que à temps assez les auoit fait adiourner ledit Procureur, Car declinatoire & dilatoire declaration ne veuë ne oste pas que apres garand ne se puisse demander. Et la raison si est, que si au primes sçait le defendeur proprement pourquoy ne sur quoy il est conuenu: & fut la ville mise hors de proces. &c. Et pour ce peut apparoir que declinatoire & dilatoire declaration, veuë, ne autres induces ne donnent pas qu'apres on ne puisse appeller son garand, puis qu'au principal n'est autrement procedé, combien que parauant soit dit que premierement conuienne appeller & former son garand auant toute œuure. C'est à dire auant qu'au principal soit rien procedé, ne que la cause soit en rien empiree pour le garandisseur.

Arrest de la Cour de Parlement.

Quands garands on peut auoir.

En garand demander en pourroit-on en Cour iusques à trois, & non plus. Et peut chacū auoir tous les delais qu'vn seul peut auoir l'vn apres l'autre. *Ita fuit ordinatum in parlemento pro domino Ioanne de Beaulieu, contra Ioannem de bello Cartu. Anno Domini Millesimo trecentesimo & trigesimo octauo.*

Vide. §. item reus. tit. de lat. qui dat. pro garando Stil. cur parlamenti.

De nommer son garand par nom.

On peut appeler tant de garands qu'on veut ensemble, tellement que cecy se doit entendre des garands & arriere garands. Et encores ne se doit prendre si estroictement, s'il y a lieu de recours contre plus de garands & arrieregarands.

Tenetur nominare qui petit garãdum. iuxt. l.j. & ij. C vbi in rem actio. & l.ij. C. de consor. eiusdem lit.

Le stile du Chastelet de Paris est à present obserue, tãt en la Cour de Parlement, qu'es autres iurisdictions: & ne faut nõmer son garand.

Item est tenu celuy qui demande garand, de nommer quel garand, ou autrement il ne doit auoir par le stile de Parlement & d'autres Cours Royales qui s'en dependent. *Ita fuit ordinatum in Parlamento Anno Domini. M.CCC.XXII.* Mais du stile du Chastelet de Paris ne le conuient ia nommer, fors dire i'ay garand à appelser, si le requiert estre appellé. Itẽ & si l'adiourné à garand emprendre, ne le vouloit emprendre pource ne demeure que l'adiourné ne doiue faire les protestations à ce pertinentes, comme dessus est dit.

La teneur d'vne commission à faire adiourner son garand.

APres ie veux monstrer la forme & la meniere de faire & former la commission à faire adiourner son garand par formulaire, Tristan du Bos Cheualier seigneur de Fameçon & Reinceual, Cõseiller du Roy nostre sire, & Baillif de Vermandois. Au premier Sergent du Roy nostre sire audit Baillage qui sur ce sera requis, Salut. De la partie tel N. nous a esté instamment requis que comme à tiltre d'achapt, qui est iuste tiltre & iuste errement, il ait de pieça acquis & acheté vn certain lieu & manoir situé en tel lieu N. contenant N. & dont il ait depuis iouy & possessé paisiblement, sans ce que contredit ne empeschement luy fust ne ait par aucun esté fait, neantmoins s'est pour le present apparu tel N. qui dict & maintient auoir sur ce certain droict & rente ou redeuance annuelle, de laquelle riens ne luy fust dit au traicté dudit marché, si comme il dit & pour ce l'a fait conuenir en Cour. Lequel exposant, oye la demande dudit tel, nous á requis tãdis que la cause est saine & entiere, nous luy vueillons faire conuenir & appeller son garand sur ce, attendu ce que dit est. En nous requerant sur ce estre pourueu de remede de loy, & de iustice. Parquoy nous considerans que de droict & de raison luy deuons & pouuons faire, & que ainsi nous est enseigné à faire, & par loy vous mandõs & commettons si mestier est que vous vous transportiez pardeuant ledit tel N. que ledit exposant en iugement que nommé, declaré, & requis, & deuëment l'adiournez à certain & competant iour pardeuant nous ou nostre Lieutenant en la Cour du Roy nostre sire à sainct Quentin, à l'encontre dudit exposant pour emprendre la deffence & garandie du contend & debat que met & s'efforce de mettre ledit tel N. sur l'heritage par luy vendu vuerpi audit exposant, consent cõtre & outre ce que dit ne declaré ne luy auoit au contract & marché faire dudit heritage, durant que la cause est saine & entiere, & telle qu'en tel cas appartient auec toutes les lettres & bonnes defenses que sur a, & peut & doit auoir ou sçait, & tout garny & pourueu de ce qu'à ce peut & doit competer & appartenir ouyr & receuoir sur ce par la partie dudit exposant toutes sõmations, intimations, requestes protestatiõs & autres qu'en tel cas doiuent appartenir, & sont par Vs, Stile, & coustume local appartenances à faire afin de garandie, respondre à toutes circonstances & dependances sur ce, & en outre proceder & aller auant comme de raison sera, en certifiant suffisamment par vostre rescription ce que faict en aurez au iour que sur ce vous assignerez, afin de proceder comme de raison sera de

Guerpi, au liure escrit à la main

de ce faire vous donnons pouuoir, mandons à tous les suiects du Roy audit Bailliage, prions & requerons à tous autres, &c. Donné, &c.

Ensuit la defence en cas de garandie.

DEfence en cas de garandie. Sçachez que selon le droit escrit, defendre se peut on en garandie qui promis ne l'a. *C. de euict. l. emptor. hæreditatis & l. non dubitatur.* Et selon les lais il ne garandist pas qui ne veut. mais c'est vn langage qui ne se peut soustenir : car en tous marchez de bonne foy, loyauté y doit estre entenduë : & dont puis que du marché qu'on aura vendu aucune chose s'ensuit qui est sourdant sur la chose qui des ledit vendaige se pouuoit faire & declarer, le vendeur & ses hoirs y sont tenus : mais en tant qu'on dit qu'il ne garandist pas qui ne veut, ce peut ainsi estre entendu qu'il n'emprend pas faire defence de gerandie qui ne veut. Mais si sur ce on est sommé par loy, si comme dit est, iaçoit ce que la garandie n'emprende, toutesfois conuient il en fin qu'il responde des dommages qui par sa faute de liurer tel marché, qu'à bonne foy appartient, n'a liuré, & que par sa faute & coulpe est venu. *C. de euict. l. si. controuersia.* Et pour tout dire bien peut venir en Cour si pour sa garandie est appellé. Et ouye la demande de garandie, respondre apres toutes exoines & contremans: & apres deux defaux & autres exceptions, & autres induces dire : i'ay bien oüy ce que requis a esté par tel N. en cas de garandie contre moy : ie me garderay de messaire, & plus n'en pense à respondre pour le present. & tout à temps vient on à plus auant proceder, quād la partie rassault apres plait fait entre les autres deux parties, & lors y a encores toutes nouuelles induces, & est comme partie a moins que suffisamment procedé, & apres veuë d'encores autre garād, car à toutes fins garand ne doit estre emprins tant qu'on puisse contre, si ainsi n'estoit qu'on eust trop euidente cause & proprieté à celle defendre & garandir.

De soy traire au pleige du garand.

Bien se peut traire l'achepteur au pleige qu'il a de garandir le marché: car tenu est le pleige de garandie faire puis que promis l'a suppose encores que sommé ne luy eust esté par l'achepteur à qui on voudroit tollir sa chose. *C. de euict. l. auctore.*

De denoncer son garand.

Apres ensuit vn autre qui dit que si tost qu'on met sus querelle à l'achepteur qui veut auoir garand, il conuient qu'il le denonce par loy à son garand, ou autrement le garand n'y seroit tenu. *C. rub. superius dicta l. emptor fundi. & l. si cum quæstio tibi. & l. cum successores.*

De garand en chose prescrite.

Tu dois sçauoir que si l'achepteur a tenu la chose achetee par prescription, & puis luy soit mis plaid dont il puisse demāder garand sur le ven-

Ee

deur, ou sur ses hoirs, ou sur les pleiges, sçachez qu'en ce n'a nul garand, *C. eod. tit. l. si obligata.*

De garand non promis à faire.

Plus forth veut la loy escrite, que si aucun a acheté aucun heritage, & il ne luy soit promis à faire garandie par oubly ou autrement qu'il ne puisse estre contraint à vuider ses mains des deniers, iusques à ce que le vendeur luy ait promis à faire garandie suffisante, & à loy. *C. eod. tit. de euictio. l. si post perfectam venditionem.* Item n'est pas doute que si l'achepteur achette chose que bien sçait que c'est à autre qu'au vendeur, ou qu'il y ait dol ou fraude, en ce n'a nul garand. *C. eod. l. si fundum.*

ANNOTATIONS DV TILTRE

TRENTE TROYSIESME.

a LE *garand est appellé par les Latins* auctor, *à sçauoir le vendeur, lequel estant sommé est tenu enuers l'achepteur de luy prester l'auctorité, c'est à dire le droict de proprieté de la chose qu'il luy auroit vendue: car ainsi aux loix anciennes*, auctoritas accipitur, *& le Iurisconsulte*, in l. vlt. D. de euictionibus. interpretatur auctoritatem actionem pro euictione, & Paul. l. 2. senten. venditor si Dominus non sit auctoritatis nomine manet obnoxius: & sine ista auctoritate nulla emptio venditio est, vt ostendit Cicero 13. epist. Si ea prędia diuidentur quæ ipse Cęsar vendidit, quę tandem in eius venditionibus esse poterit auctoritas? *L'effect de la garantie est de sommer celuy qui est tenu de l'euiction qu'on dict*, auctorem laudare, *à fin d'assister à la cause, prendre la defense & le fait & cause, pour celuy qui est demandeur en garantie, & le garantir de tout l'euenement du proces auquel la chose à luy vendue est rendue contentieuse, & faire en sorte qu'il en puisse librement & paisiblement iouir. I'ay escrit cy dessus que pour l'euiction y auoit deux actions, à sçauoir celle qui procedoit de la stipulation, si le vendeur l'auoit promise, & celle qui venoit de l'action d'emption, vendition*, l. si dictum. l. si in venditione. l. si plus. D. de euict. l. non dubitatur. l. empti actio. c. eo. *L'action pour l'euiction s'entend quand la chose est euincee, c'est à dire, qu'elle est ostee à l'achepteur, & adiugee à vn autre*, l. habere licere. D. eo. *ou que sur icelle est adiugee hypothecque ou autre charge, qui n'auoit esté declaree par le contract de vendition, & à laquelle l'achepteur n'estoit tenu. ce qu'il conuient entendre, que pour auoir adiudication des dommages & interests contre le vendeur, il faut qu'il y ait eui-*

ction suxta l.3.C eo. *& toutesfois si tost que la chose est rendue contencieuse à l'achepteur, il doit sommer son garand, & si ne faisoit ladicte sommation auant qu'estre condamné, il n'auroit action pour l'euiction*, l. emptor. C. eod. l. si fundo. §. 1. D. eo. l. 1. C. de peric. & commod. *Ce que i'entends quand n'y a appel de la sentence, car en cause d'appel on peut encores sommer: & Jmbert escrit*, lib. 1. c. 20. *auoir esté iugé par arrest, qu'en instance de lettres royaux en forme de requeste ciuille obtenue contre arrest, on pouuoit sommer garand, par la* l. si rem. §. vlt. & l. si plus, §. 1. D. eo. *On peut sommer en tout temps, & en tout estat de cause le vendeur, enquoy toutesfois y a distinction, par ce que il est sommé apres contestation en cause, le demandeur en sommation qui a contesté demeurera en cause, & le garand seulement ioinct, pour assister au proces, & defendre auec luy selon les appoinctemens donnez au principal, sans que pour ce il soit aucunement retardé*, l. principaliter & ibi Fab. C. de lib. caus. cap. vlt. vt lite. pend. in 6. *& ainsi le contient le Stil de Chastellet, & l'Edict du Roy donné sur iceluy. Mais si dés le commencement de la cause, le garand est appellé, s'il compare, il sera receu à prendre le faict & cause pour l'achepteur, qui l'auroit faict appeller, & lequel achepteur qu'on appelle garanti sera mis hors de Cour, à la charge portee par l'ordonnance que le iugement donné contre le garanti, sauf des despens, dommages, & interests. Il y a deux sortes de garands, l'vn appellé formel ou absolut, qui est celuy duquel nous parlons, lequel est tenu de prendre la cause & defence pour celuy qui l'auroit sommé, y entrer en son lieu, & tel garand est receu és actions reelles & hypothequaires: & le garand simple ou contributeur comme le nomme mon vieil practicien, qui peut seulement estre receu à se ioindre en cause, & assister demandeur qui l'a sommé, lequel a lieu aux actions personnelles, comme M. Bourdin a doctement traicté sur l'ordonnance de l'an mil cinq cens trente neuf, article dixhuictiesme: Le garand appelle il peut demander delay d'arriere garand, qui luy sera octroyé par ladicte ordonnance, article dix-neufiesme, encores que par l'ancien Stil duquel* Io. Gal. *faict mention en sa question cent soixante, il n'estoit receuable à ce faire, qu'il n'eust pris la cause & defence du garanty. Celuy qui demande delay de garand, doit estre aduisé d'y adiouster, sauf au garand à demander veue, car si simplement il demandoit delay de garand, il seroit exclus de demander veue, comme presumé certain de la chose contentieuse: toutesfois le garand seroit bien receuable à luy demander*, vt scribit Masuerius tit. de dilat. §. Item si garandus. *Mais encores quelque-fois d'office le Iuge ordonne que le principal & originaire demandeur la fera, pour plus grand certitude de la chose contentieuse, & instruction du proces, & si de tel iugement le demandeur appelloit, il ne seroit receuable en son appel pour n'y auoir interest. Aussi la droite iustice ne permet qu'on s'adresse trop aux subtilitez du droict estroict & scrupuleux. Qui voudra voir dauantage en ceste matiere, qu'il lise le Stil Latin de Parlement*, de garando. Masuerius tit. de dilat. *Jmbert, Papon, & autres practiciens.*

b *Le pleige de garand est celuy qui est respondant & fideiusseur du vendeur, & peut estre poursuiuy, la chose estant euincée*, l. auctore laudato. c. eo. *il est appellé* auctor secundus, l. 4. D. eo in nouel. 4. Iustini. βεβαιωτὴς, quem Iulianus, & vetus interpres vocant venditionis confirmatorem.

c *Par la disposition de droict, quand à l'achepteur est faite controuerse pour la chose vendue, s'il n'a payé le prix, soit en tout ou en partie, il ne pourra estre contrainct de payer, si le vendeur ne baille caution*, l. si post perfectam. C. eo. l. habitationum. D. de pericul. & comm. rei vend.

d *Il recite certains cas esquels n'y a lieu de garand, à sçauoir quand la chose vendue ne peut estre euincee de l'achepteur : dont il baille exemple de la chose confisquee au Seigneur qui l'auroit venduë, parce que l'achepteur est asseuré, mesmement s'il en a iouy paisiblement quatre ans, tant contre celuy auquel auroit appartenu, que cōtre les creanciers hypothecaires*, l. 1. C. de quadrien. prescript. *Ce qui seroit toutesfois disputable, si la vente n'auoit esté faicte par decret solemnel, comme i'ay mōstré au quatriesme liure des Pandectes. Il y a autre exemple du creancier qui auroit vendu par droict de creancier, c'est à dire, à cause du droict de gage & hypotheque qu'il auoit en la chose, sans promettre l'euiction : car en ce cas le creancier vendeur ne seroit garand, ny de la chose vendue, ny du prix : autre chose seroit, s'il auoit vendu purement & simplement & par forme de droict & vsage commun: car lors il seroit garand*, l. 1. & 2. C. creditorum euictionem pigno. l. exempto. §. sententiā. D. de act. emp. *quāt au premier cas qui est fondé sur le droict Romain, il se doit entendre quand le creancier possesseur de la chose à luy obligee & hypothequee, la vend & deliure à l'achepteur, mais encore s'il vend seulement son droict d'obligation & hypotheque, il en sera garand s'il ne s'y est obligé*, l. si nomen & al. C. de hered. vel. act. vend. *& n'y a pareillement lieu de garand, pour la controuerse qui seroit faicte à l'achepteur, apres la vendition parfaicte, pour chose qui seroit aduenue depuis ladicte vendition, & concernant l'achepteur*, l. 1. c. de peric. & comm. rei vend. l. necessario. D. eo. *Par-ce que tout ce qui aduient de proffit & dommage apres la vendition, concerne l'achepteur, mesmes si le Roy ou Prince souuerain luy auoit osté par puissance, la chose par luy acquise*, l. Lucius, D. de euictio.

e *I'ay parlé cy dessus du garand en action personnelle : mais y a des cas esquels la garantie n'a lieu, comme en crime & delict commis par l'achepteur, ou s'il auroit vsé de force, ou qu'vn autre en auroit vsé contre luy, par-ce que tels actes le concernent*, l. hoc iure. D. eo. Masuerius titu. de deli. num. 23

f *L'achepteur qui fait appeller son garand ne doit seulement luy sommer, ains conclure formellement à l'encontre de lui, à fin d'estre condamné à prendre le faict, cause & defences pour lui, le garantir de l'euenement du proces, faire cesser la poursuitte contre luy faite, & faire en sorte qu'il puisse librement & paisiblement iouir de la chose vendue: & à faute de ce faire estre condamné en tous despens, dommages & interests. Le garand formel ne peut decliner, ains doit proceder pardeuant le Iuge, où le procés principal est pendant*, l. venditor. D. de iudic. *arrest du 1. Feurier 1547. Rebuffe* Tract. de dilat. *art. 4. Mais celuy qui ne peut estre que garand simple, il peut demander renuoy pardeuant son Iuge, pour cognoistre s'il est garand, par arrests du huictiesme Feurier, 1572. 1. & quinziesme Decembre, audit an, 26. May, 1576. 1. Decembre, 1583. & autres.*

g *Pour les articles precedens, on peut auoir recours à ce que i'ay escrit cy-dessus: Mais en cest article est declaré vn cas, auquel la garandie n'a lieu, à sçauoir quand l'achepteur se peut aider de la prescription de long temps, de dix ou vingt ans* l. si obligata. C. eo. *La raison est, parce que telle exception vient de la personne de l'achepteur,* d. l. hoc iure.

h *I'ay traicté cy-dessus du commencement de cest article : & quant à ce qui est adiousté à la fin, que si l'achepteur sçachant bien l'heritage qu'il achepte, appartenir à autre qu'au vendeur, ou estre obligé, ne s'est fait promettre la garandie, il n'aura recours contre le vendeur, pour l'euiction, il le faut entendre pour la garandie de la chose, & non pour la restitution du prix, que neãtmoins le vẽdeur sera tenu rendre, & le pourra l'achepteur repeter,* l. exempto. §. vlt. D. de actio. empt.

PAR QVELLE MANIERE ET COMME CRIMES DOIVENT ESTRE PVNIS, ET COMME ON se peut former partie en cas de crime.

TILTRE XXXIIII.

APRES que dit est des actions personnelles, possessoires & reelles, il ensuit monstrer des criminelles. Iaçoit ce que monstré soit dessus, quantes manieres sont de crimes : encores veux monstrer par quelle maniere crime si peut & doit estre corrigé & puny, & par qui, où, & comment on se peut former partie en denonçant soit en partie formant, soit à cause d'office à la requeste du Procureur d'office, ou par le droit office de Iuge. Si [a] peux & dois sçauoir que selon les sages ils sont quatre manieres de crimes qui par iustice sont à punir. Si comme par denonciation, par present meffait, par accusation de partie formée, & par publique renommee dont enqueste & information precedente est faite. Par denonciation, si comme quand aucun ne se veut pas faire partie ne former contre aucun d'aucun crime, toutesfois le vient-il denoncer à la iustice, & offre à administrer ou nommer tesmoins. Le Iuge doit lors sagement considerer la maniere du denonçant, sa personne, si il est homme credible ou non, si il est homme haineux, quel motif il a de ce dire, si il est de sang au blecé, si il est pauure ou riche, & en tout ce la maniere de l'accuseur & denonceur, le temps &

Ad hoc facit textus in l. criminis. ibi tibi æstimatio integra est. C qui accusare non possunt. amplius per spec. tit. de denunciatione. §. quis denunciare possit.

le lieu où ce fut, & toutes les circonstances. Et s'il trouue qu'il soit homme constant, & où on se puisse arrester, si doit le Iuge mettre peine auant qu'il se meuue, qu'il en ait information precedente sur la denonciation, & si en ce peut atteindre, en cause d'office sur la denonciation se peut assez & doit mouuoir à prise & interrogations au prisonnier sur ce, & selon la maniere du prisonnier proceder à question de fait : puis que par information precedente verroit que le cas le desireroit, autrement non. Et si riens ne vouloit cognoistre ou confesser, si peut estre procedé pour le bien de iustice, d'office contre le prisonnier : & selon ce que le iuge voit par les tesmoins qu'il a ouys en son information, il se pourroit aider en enqueste contre le ny, que le prisonnier feroit à sa calenge, sur le cas à luy imposé en iugement, & selon ce faire loy. Selon la loy escrite, femme ne peut accuser n'estre receuë à ce, si ce n'est pour elle propre, ou pour ses enfans, mais que certain soit mere. *C. qui accus. non possunt. l. non ignorat. & l. de crimine. & l. propter insidias.*

Item vn frere n'est à receuoir en l'accusation contre l'autre. *C. eod. tit. l. si magnum & capitale.* Le pere le peut faire en cas que le fils l'auroit voulu meurdrir, & seroit à receuoir en accusation. *Facit tex. in l. propter insidias. C. eod.* Accusé de crime ne peut autre accuser. *l. neganda est accusatis. & l. 1. C. eod.* Le familier ne peut accuser son maistre de qui famille il est, ne le serf son maistre ne son Seigneur: & si il le faisoit, il doit estre puny à de talion. *facit tex. in l. penul. & vlt. C. eodem.*

Par present meffait peux & dois sçauoir que le Iuge se peut & doit mouuoir à cause d'office contre le delinquant, & luy imposer le fait & le calenger de peine capitalle de son office tant seulement sans autre denonciation n'information precedente : & si le delinquant le confesse, la punition en doit estre iugée selon le cas: comme cy apres sera dit en la rubrice subsequente. S'il le nie, & le cas soit leger à prouuer, le Iuge ou Procureur d'office le doit offrir à prouuer, & ce prouué, punition s'en doit ensuiuir. Et si preuues n'y sont bien appertes, puis que le cas est de present meffait, le Iuge le peut & doit monstrer à question à atteindre la verité, & riens espargner pour iustice atteindre, & le mal punir. Par[b] partie formée peut & doit tout Iuge qui de cas de crime peut & doit cognoistre, receuoir tout homme receuable en Cour, comme cy dessus est dit en la rubrice de ce faisante mention, à faire partie cōtre l'accusé, & prendre & retenir la cause par prison fermée: mais que le Iuge soit aussi au dessus de l'accuseur, à fin que si il dechoit de sadite poursuitte, qu'il puisse rendre despens & amende selon la coustume du lieu : Car en plusieurs lieux & selon le droict escrit, dangereuse chose est, de luy faire & former partie contre aucun criminellement. Car qui en dechet, il encourt selon le droit escrit en toute autelle peine qu'il est content auoir, & porter celuy qui poursuit, que les Clercs appellent peine de taliō, c'est a dire, peine pareille que c'il conclud contre son accusé qui est trouué innocēt par loi. Mais on trouue peu de Iuges où de Cours, ou ceste reigle soit tenue & gardée: car moult dure chose seroit de punir à mort celuy qui riē n'auroit meffait: fors querir loy de celuy qu'il tenoit que son prochain eust occy, & toutesfois s'il apparoist que l'accuseur eust accusé par fausse accusatiõ à escient, sçachez que tresgrand peine deuroit porter comme de faux accusateur. *l. final. & l. non prius. C. de calumniato. facit tex. in l. criminis, qui accusa. non poss. C.*

Quomodo hodie pœna talionis locum non habeat & quomodo procurator regius subeat vices accusantis, vide que superius annotaui.

Si dois sçauoir que selon aucuns, puis que prisonnier est prins par accusation de partie formée & mis en loy, apres ne doit estre mis à peine de question, mais se doit le procés faire ordinairement contre le prisonnier, si ainsi n'estoit qu'au Iuge apparust que le cas fust meurdrier, & fort detestable & preiudicieux, tellement que les preuues fussent cleres, car selon la loy en crime les preuues si doiuent estre aussi cleres du proposant du cas, que le cler iour luisant à midy. *Testes debent esse luce clariores. C. de probat. l. sciant cũcti.* Et pour ce si le Iuge perceuoit le cas ainsi meurdrier, & le prisonnier fust si subtil que rien ne voulsist cognoistre par deposition des paroles, & le fait plus euident que non, si c'est Iuge qui ait pouuoir de questionner, faire le peut pour atteindre le mal, & punir puis qu'il peut auoir vehementes presumptions. Et si c'est Iuge qui n'ait telle authorité que de questionner, si en doit il auant parler à son souuerain Seigneur, que la verité en soit sçeuë, afin que le meurdrier vienne à cognoissance de iustice. Et ne conseille pas que nul Iuge procede en tel cas à questiõ, s'il n'est mémes sõ souuerain: car peril y peut auoir d'abus.

Par commune renommée qu'on appelle en Cour laye par information precedente: ou autrement par fame & renommée notoire, si comme aucun seroit si famé au païs qu'il seroit meurdrier ou desrobeur en chemin, qu'il seroit cler & cogneu qu'ainsi fust à tous, par cestuy cas se peut faire poursuite de crime par l'office de iustice sans autre partie, ou par office, ou par le Procureur d'office. Et le peut le Iuge faire à la requeste à cause d'office. Si dois sçauoir que cas de crime notoire si se diuise en deux, car l'vn est notoire de droict, & l'autre est notoire de faict. Le notoire de droict si est, si comme celuy qui est condamné de crime par Iuge qui ne tenoit le prisonnier, & pour-ce ne le mist à execution, mais le bãnit sur la hart, ou qu'il soit, par special banny du Royaume. Car tous tels sont encheus en crime capital de notoire, & sont à punir sans autre procés. Le notoire de fait si est, si cõme est dit que par office de iustice se peut & doit punir. Et toutefois si le Iuge ne peut prendre n'apprehender tels mal-faicteurs, si les doit il faire appeller à ban, & contumacer s'ils ne viẽnent, & par contumaces bannir sur la hart, que le crime qui n'estoit que notoire de fait où il chet euocatiõ, deuiẽne crime notoire de droict qui par ce chet en executiõ, car le crime notoire de droict emporte sa sẽtẽce deuant, laquelle chose ne fait pas le crime de fait selon la loy escrite *ff. de officio præsidis. l. illicitas.* Tu peux sçauoir qu'en cas criminel n'est aucũ à receuoir par le Procureur, & si d'auẽture le Procureur s'y auançoit proceder, si n'est il à receuoir, mais doit proceder en estat que la iournée est & doit seruir, nonobstãt requeste de procureur sur ce vueillant seruir, n'occuper. *ff. de publ. iud. l. accusatore. §. ad crimẽ.* & ainsi fut il dit par arrest de

A sçauoir du Procureur d'office.

En cas de crime nul n'est à receuoir par Procureur.

Arrest de la Cour de Parlement.

Parlement pour le procureur de la ville de Tournay, & Iean des Moustiers adioints contre Iean Florin sur ce que ledit Iean Florin estoit adiourné sur cas de paix brisée, au droit de ladicte Ville de Tournay criminellement. Lors ledit Iean Florin voulut seruir par Procureur, il fut dit qu'à receuoir ne soit le Procureur, & fut iugé default contre ledit Florin, il en fut appellé en Parlement, il fut dit bien iugé & mal appellé.

Quelle chose a à faire le Iuge contre l'accusement d'vn criminel.

VEu [d] comment & par quantes manieres on peut poursuiuir accusé de crime, monstrer veux qu'elle chose a à faire le Iuge sur l'accusement: si peux sçauoir que si l'accusé n'est de la iurisdiction du Iuge où il sera prins pour doutte des rescriptions & renuois, il le doit tantost mettre à position de paroles, & s'il ne cognoist le cas ou ignore, on le doibt subtillement interroger, car par subtilles interrogations souuẽt nient ou cognoissent, & si tost que la on fait iamais, & ne s'en doit faire rẽuoy. Et si cognoistre ou nier ne le veut, si le doit le Iuge approcher de luy mettre ou r'apporter en enqueste de son païs. Car si le Iuge est subtil, bien fort sera de l'vn de ces trois points qu'il puisse eschapper, qu'il ne nie ou cognoisse, ou qu'il ne se mette en enqueste, & duquel des trois qu'il soit comprins, iamais n'y chet renuoy. Si en enqueste se met, on luy doit demander s'il se sent bon preud'homme, qu'il ne doit cremir homme qui le cognoisse qui contre luy vueille ne doiue deposer, afin qu'il se mette en toutes enquestes de tous tesmoins. Car si ainsi le fait, iamais ne l'en peut reprocher. S'il disoit, ie ne me veux pas r'apporter à la depositiõ de tous, lors luy doit on demander desquels & pourquoy, car si il y auoit guerre, ou haine mortelle, ils ne seroient pas à ouïr contre luy, & peux encores sçauoir puis que le prisonnier s'est mis en enqueste : iamais ne doit estre mis en question de fait. Car on luy feroit grief & tort. Car question ne se doit asseoir quand le cas est tel que preuue ne s'y peut asseoir ne trouuer, & toutefois est le fait presumptueux quand information en appert.

Coustume d'Artois.

Si sçachez que par les coustumes d'Artois, & de plusieurs lieux, Gentilhomme ne s'y met en enqueste, ne doit mettre, n'estre oppressé de luy mettre si il ne le requiert. Et supposé que faicte soit sans son sceu & consentement, si ne luy doit elle nuire, si il ne s'y r'apporte de sa volonté.

En quel lieu, ou lieux crime doit estre puny.

Selon [e] l'vsage de Cour laye, & mesmement selon droit escrit, où les crimes sont faits & perpetrez, là doiuent estre punis, & supposé qu'apprehendez soient en aucunes iurisdictions, pour-ce si il y est respõdu en

Hodie hoc fallit: quia iudex delicti non est iudex delinquẽtis, sed iudex domicilij ad quem fit remissio de consuetudine prout dicit Cy in authen. apud eloquentissimum. C. de fi. instru. pro hoc facit glos. l. si cui. § final. ff. de accusat. vbi dicit glos. talẽ remissionẽ fieri in delictis ex vrbanitate. Nota que par la coustume de Paris, en l'article 198. la cognoissance & punition de delicts appartient au Iuge du domicile des delinquans: non pas au Iuge où le delict a esté commis. Le contraire s'obserue à present par l'ordonnance, dont est parlé aux annotations.

cognois-

cognoissãt, ou en niant, ou mis en enqueste, là faut determiner la chose. Car selon la loy où les plaids sont encommencez, là doiuent estre persinez. *C. vbi de crimin. .g. oport. auth. qua in prouincia.*

De crime fait sous haut iusticier, & s'enfuit en la terre d'vn autre iusticier.

Et s'il aduenoit qu'aucun eust fait & perpetré aucun crime en la terre de haut iusticier, & là soit pris, & le cas à loy imposé le prisõnier le niast. Sçachez que iaçoit ce que le seigneur dessous qui il auroit ce fait, le requist à r'auoir, si ne le doit-il r'auoir, car ja est-il lié par respõce, & s'il nie comme dit est, & le seigneur qui le suit presentemẽt ou fait suiuir, preuue que le prisonnier a fait le cas en sa terre & iurisdictiõ, qui est criminel, & pourquoy il le poursuit de present iusques là, r'auoir le deura, mais la cognoissance de se rendre ou non, appartient au Iuge qui ainsi l'a prins sur sa terre. Et si de present & de chaude chasse n'estoit prins : lors ne le doit r'auoir. Car selõ aucuns encores ne le r'auroit-il si sa main n'y estoit assise par le poursuiueur.

D'vn seigneur r'auoir son suiet en cas de crime.

Et selon aucuns s'il aduenoit qu'aucun Baron pensist aucun malfaicteur iusticiable à autre Baron, ou autre qui ait haute iustice, & le tenist pour cas de crime, & le detenu die pardeuãt luy qu'il ne veut respondre, car il a seigneur que nõmer doit & de celuy seigneur soit requis, r'auoir le doit pour faire droit & loy selon le cas, si ainsi n'estoit que le prisonnier eust esté pris en present meffait, lors n'y auroit nul renuoy.

De r'auoir son couchant & leuant.

S'il aduenoit qu'aucun couchant ou leuant dessous vn haut iusticier eust meffait à aucun autre qui ne peust aller ne venir dessous la iustice d'iceluy seigneur pour crime, & ledit seigneur peust trouuer celuy qui meffait luy a sous autre haut iusticier, & là le fit prendre prisonnier sans luy lier de responce ne autrement fut requis de son seigneur dessous qui il couche & leue, r'auoir le doit. Mais le sire qui le r'auroit doit assigner à celuy qui en sa terre ne peut lieu seur & honneste, & court pour celuy qui partie se veut faire, auoir & faire droict, & luy donner seur aller & venir pour celuy iour seruant à ce, & tant que loy s'en puisse estre faite, & le mal puny.

Des officiers Royaux.

Et s'il [f] aduenoit qu'aucun haut iusticier autre que le Roy prenist en sa terre Officier ou Sergent du Roy, pour cas de crime qu'en sa terre eust meffait, sçachez que cognoistre n'ẽ deuroit, mais le r'auroit le Iuge Royal pour en faire telle punition qu'au cas appartiendroit: car des Officiers du Roy mesmement de cas criminel ne doit demeurer la cognoissance qu'au Roy & à ses Officiers. Et selon aucuns non, si n'estoit en faisant leur office.

Du lieu où aucuns soupçonnez de crime se peuuent mettre à sauueté.

Et s'il est [g] aucun qui pour soupçonnement se mette à loy & à purge comme innocent du cas à luy imposé, ou contre son corps defendãt, ou

Ff

pour obuier aux appeaux de sō seigneur souuerain, sçachez que de trois lieux se peut mettre en l'vn, & auquel des trois qu'il se mette, celuy doibt valoir & tenir lieu à purge, ou à soy deliurer des appeaux de son seigneur ou autre qui pour le cas le voudroit appeller à loy, & mettre à ban. Le premier dessous qui il se doit mettre si est Roy au Bailliage ou Preuosté dessous qui il seroit demeurant. Le secōd si est le sire dessous qui il seroit couchāt & leuant si haute iustice auoit. Le tiers est le sire dessous qui le fait aura esté. Car dessous lequel que ce soit des trois peut suffire, & vaut la purge par luy faite partie appellee. Or peut estre demandé si nul des deux seigneurs dessous qui ce auroit esté fait, c'est à sçauoir le sire dessous qui on seroit leuant & couchant, ou le sire dessous qui le fait auroit esté, n'auoit haute iustice: auquel il appartiendroit aller à purge. Sçachez que dessous le Roy, car il comprend tout. Et si l'vn des deux auoit haute iustice: si y pourroit aller: car auquel que ce soit vaut, mais le plus pertinent est à aller dessous son seigneur puis que haute iustice auroit. Et à quelle Cour on se mette, appeller faut la partie blessée, c'est à sçauoir les plus prochains du mort, & le Procureur au Bailliage, si c'est en la Cour de l'vn des deux seigneurs, & si c'est dessous son seigneur auec partie, & le Procureur du Roy: si faut appeller le seigneur dessous qui ce auroit esté. Et ainsi doit estre fait d'vn chacun seigneur, car tousiours faut appeller partie & l'office, d'vn costé & d'autre, & autre purge ne vaut si ce n'est des clercs qui à leur ordinaire. &c.

Il se lit au liure escrit à la main & l'office: et si c'est dessous le Roy auec le Procureur du Roy: & si faut appeller &c.

D'vn couchant sous le Roy à pur.

Item s'il aduenoit qu'vn couchant sous le Roy à pur fit homicide en la terre du Baron, & ne fust prins, dont il seroit appellé à ban, & par contumace bāni de la terre sur la hart, puis se met à loy en Cour Royal par remission, sçachez que le ban seroit mis à neant: mais il conuiendroit que l'exploict au Baron & ses despens fussent rendus auant qu'il partist de prison. Si seroit-il aussi receuable à purge par permission de quelque seigneur, dont il seroit couchant, puis qu'il se mettroit en Cour Royale, & biē raison y a, car plus fort est qu'en la Cour du souuerain se purge, qu'ē la Cour au suiet, & dont puis que le suiet le peut faire, par plus forte raison le Roy le peut & doit faire.

Exemple du cas.

Il aduint que le fils Monseigneur de Souastre en Artois, & le fils Messire Iean de Bailleul occirent vn homme à Monchy en Artois: pour lequel fait ils se mirent à purge à Beauquesne sous le Roy, & firent appeller ceux qui estoient à appeller. Au iour qui serui, comparurēt les Officiers d'Artois disans contre la purge, & qu'ils auoient esté appellez par eux & bannis de la Cour d'Artois pour le cas, en alleguant plusieurs raisons en ceste fin, les prisonniers disans du contraire, tout veu par la Cour Royale lesdits bannissemens d'Artois furent mis à neant les defauts payant par lesdits prisonniers.

Comment le iuge doit tenir prisonnier cil qui se purge.

Tu peux [h] & dois sçauoir que si tost qu'vn hōme s'est mis à loy dessous

Iuge qui se peut faire, sçachez que incōtinent le doit tenir prisonnier en prison fermee & faire signifier par lettres seellées & patētes au Iuge qui pour ce le fait appeller, soit le Roy ou autre, qu'il tient tel. N. son prisōnier pour faire droit à loy de tous cas, & par especial de tel cas. N. dōt il s'est mis & rendu à loy, & que si aucun luy sçait ou veut demander aucune chose pour ledit cas ou autre, se cōpare à tel iour. N. és plaids qu'il tiēdra de luy, & en fera tout ce qu'à bonne iustice peut & doit appartenir à faire selon le cas. Et parmy tant iustice ainsi signifiée doit cesser de tous appeaux & de toutes poursuites qu'en la Cour auoit encommencé à faire, ou esperoit à faire parmy rēdant à luy les exploicts de ses defauts & contumaces. Et doit rescrire au iuge de la purge cōment il a receu ses lettres patentes sur la detētion de tel, & purge de tel, & qu'il en fera volontiers tout ce qu'à luy en appartiendra: & plus n'en doit rescrire. Mais toutefois doit cesser à tant, ne depuis n'y doit rien proceder.

De quels cas on ne doit point estre receu à soy purger.

POur ce que dit est & monstré comment on se doit mettre & peut à loy & à purge, il ensuit voir de quels cas on ne doit receuoir à purge en Cour laye. Si peux & dois sçauoir qu'ils sont plusieurs cas, qui ne sont à receuoir en purge, si cōme meurdres, arsin de maison, enforceurs de femmes, desrobeurs de gens en chemin, que les clercs appellēt *deprædatores populorum*, trahitre, herese, bougre, tels ne sont à receuoir à loy de purge. Et la raison si est que auec ce que tels delicts sont enormes, si ne veut l'vsage de Cour laye qu'on s'en puisse mettre à purge, car purge ne desire fors cas qui ne se pourroiēt prouuer si la partie le vouloit intimer, & tels crimes ne se peuuēt prouuer que par procés extraordinaire auec commune renōmmee, pour ce qu'ils sont faits au plus couuertement qu'on peut, & pour ce nulle purge n'y affiert, car partie supposé qu'elle fust appellee, si ne le sçauroit ne le pourroit prouuer que par aduēture & par presumption: pourquoy ce ne doit choir en purge, car si tousiours par purge se pourroient eschapper, tous eschaperoient, car puis que l'homme est mis à purge, iamais on ne le peut mettre qu'en procez ordinaire, & les cas dessusdits doiuent estre mis en procez extraordinaire. Et pource il y a moult grande difference entre les cas qui sont à receuoir à purge, & les autres qui ne sōt à receuoir. Et bien s'en doit le Iuge prēdre garde, car grandement en pourroit estre reprins, & choir en abus de iustice, mais ne se doit mouuoir sans iuste information precedente, & sans prise de present meffait.

En autre liure imprimé y a larcin, mais en celuy escrit à la main y a arsin, qui signifie incendie: toutefois larcin peut estre bien leu, dont est traicté cy apres.

La teneur de la lettre d'aucun receu à soy purger.

LA maniere de faire & former la lettre de reception à loy & à purge, si est ceste à enuoyer au seigneur à qui ce est à enuoyer. A tres-haut & puissant seigneur, Monseigneur le Baillif de Vermandois ou à son Lieutenāt tel. &c. Baillif de Mortaigne sur l'Escault, Salut. En nostre seigneurie, tresc̄her & honoré seigneur, plaise vous sçauoir que le Mardy xx. iour du mois de Iuin, l'an M. C C C. L X. comme Baillif & Iuge dudit lieu de Mortaigne, receu auons à loy en la presence des hommes feodaux dudit lieu tel. N. lequel de sa franche volonté s'est venu rendre prisonner comme à son seigneur de qui il est couchant, pour attaindre droict & loy enuers & cõtre tous, de tous cas dont on le pourroit poursuiuir, fust criminellement ou autrement, par especial de tel cas. N. dont il peut estre soupçonné sans cause, si comme il dit, & dont vous le faites appeller aux droicts du Roy comme ou luy a donné à entendre. Si vous certifie que ie le tien prisonnier, & par enseignement de loy pourquoy ie doy insinuer que sa premiere iournee sera en la Cour de Monseigneur audit lieu de Mortaigne au douziesme iour du mois de Iuillet prochain venãt, qui sera iour de plaids audit lieu, & à tous autres à qui il appartient à faire, & qui aucune chose contre ledit prisonnier voudroiẽt dire, proposer ne alleguer, ne contre la purge qu'il contẽd à faire pardeuãt nous: soyez si bon vous semble audit iour & iours ensuiuans qui sur luy serõt assignez, & volontiers en sera fait tout ce que de raison appartiendra. Si vo⁹ prie que ce cõsideré vous vueillez cesser ou faire cesser les appeaulx sur ce par vous encommẽcez, & tout ce que fait en aurez iusques à ceste presente insinuation requerant instamment qu'ainsi soit par vous faict.

Pour quel cas on peut mettre vne personne à la gehenne.

PVis que i dit est de quel cas on ne peut receuoir à purge, il s'ensuit voir comment d'iceux cas & d'autres semblables on peut mettre à question de gehenne, pour sçauoir la verité des cas par leurs bouches & par procés extraordinaire. Si sçachez que cil est à mettre à questiõ de gehẽne qui par informatiõ precedẽte telle qu'elle face vraye & vehemente suspectiõ du cas, pourquoy il est emprisõné & qu'il nie le cas, laquelle information & cas auãt qu'à questiõ soit mis, le prisõnier doit estre mõstré au conseil de la Cour. Et le prisonnier ouy commẽt il nie le cas cõtre l'informatiõ qui contre luy labeure, sãs ce que l'informatiõ luy soit mõstrée, & par le conseil & appoinctemens des Cõseillers de la Cour veüe l'information doit estre dit que le prisonnier soit mis à questiõ & procés extraordinaire sãs ce que autremẽt soit mis à gehẽne pour sçauoir la verité du cas. Et le doit le iuge faire en le presence de trois ou de quatre du moins desdits Conseillers de la Cour, & si le prisonnier pour la premiere question ne veut confesser son cas, le Iuge le doit mettre ius iusques à lendemain, & puis appeller ses Conseillers & eux remonstrer comment pour sçauoir la verité il a procedé à questiõ contre tel. N. lequel ne veut rien confesser, à sçauoir est que faire en doit au surplus. Et les Cõseillers doiuẽt dire qu'encores soit interrogé le prisonnier, si verité voudra dire: & sinõ, qu'il soit remis à questiõ secõde fois: & ainsi tousiours par le cõseil & ordõnãce des Cõseillers de la Cour iusques à trois, quatre ou cinq fois si métier est, mais que ce soit par autãt de iours, iusques à ce que la verité sera sçeü e si estre peut. Sinõ le prisonnier est plus à mettre à deliurãce qu'à detention. Mais bien se preigne garde le Iuge que sans assens des Conseillers ne le mette à question, & que la question soit sans feu ne sans tel mehaing, que les membres du questionne ne puissent estre brisez ne dérõpus, iusques à mehaing de mutilation: car ce seroit au peril du iuge

Le Iuge doit appeller certain nombre de Conseillers à voir bailler la gehenne.

ſuppoſé encores que coupable le trouuaſt. Se prendre tres-bien garde le Iuge que de tout ce qu'il en fera, ſoit ainſi dit ou iugé par hommes, ou par Iuges, ou par Conſeillers, comme dit eſt, & de ſoy ne le mette pas à queſtion, car à grand peril le feroit de corps & d'auoir: & que de tout ce face par clerc de la Cour de faits en faits : ce que ſera fait, faire procez verbal, où les hommes, Iuges & Conſeillers ſoiét nommez, lequel procez verbal ſoit ou papier de la Cour, ou en cedule ſeellée deſdits Iuges ou Cõſeillers, & tout ce que le priſonnier en confeſſera ou dira en queſtion ou dehors, & ſi de l'vn iour à autre variera rié en propos, car ce fait moult à cõſiderer à la verité attaindre: & ſi tout ce n'y vaut, le Iuge doit remettre le priſonnier en courtoiſe & large priſon, tãt que tel ſoit remis ſus que la queſtiõ n'y appere. Et lors ſe garde bien le Iuge qu'à deliurãce abſolute ne le mette, car à ſon peril le feroit, pourquoy il ſembleroit que ſans cauſe luy auroit ce fait. Mais l'eſlargiſſe de priſon iuſques à ſõ renõ, ou de la Cour, & bien ſoit gardé tout le procez ſur ce fait, & par eſpecial l'informatiõ, à la fin que ſi pourchas en failloit, que le Iuge peut mõſtrer qui l'auroit meu à ce faire pour ſa ſaluation. Et ſi ainſi deüement cõſerué, le Iuge ne doit differer à ce faire & pourſuyuir: ne nul appel que ſur ce ſçache faire le priſõnier, puis qu'ainſi procedera cõme dit eſt, ne vaudra. Car à droit & ſans peril le peut ainſi faire, autrement non. Et ſi c'eſtoit à faire en Cour de Iuge, qui iugeaſt à faire ſemonce d'hõmes leſquels ſelon aucunes couſtumes ne veulent ne doiuent riens ſçauoir de la queſtion. Car par queſtion ne iugeroient à nulle fin tant qu'ils le ſçeuſſent. Sçaches que ſi c'eſtoit en Cour où les hommes iugeaſſent par leur vſage & loy, ils ne deuroient iuger par cõfeſſion de queſtiõ, car tels Iuges n'õt auctorité de faire ne mettre à queſtiõ aucun, ne peuuét iuger ſi confeſſé n'eſt par deuãt eux de partie, ſãs lieu de ferme tourmét aucun, ou ſi prouué n'eſt de teſmoins deüement. Et ainſi le veut l'vſage de Cour ſubiecte.

La teneur de la lettre du Seigneur qui inſinue ſera de la reddition du priſonnier lequel purger ſe voudra.

LA maniere de reſcrire par le Seigneur ou Iuge à qui ce eſt inſinué, ſi eſt ceſte. Triſtan du Bos Cheualier Seigneur de Famechõ & de Raincheual, Conſeiller du Roy noſtre Sire & Baillif de Vermandois. A ſage & honorable homme tel N. Baillif de Mortaigne ſur l'Eſcault : Salut. Nous auons receu vos lettres patentes par leſquelles nous auez inſinué & fait ſçauoir qu'en vos priſons auez & tenez tel N. qui pour la ſuſpection de tel N. dont il eſtoit famé & renommé, s'eſt rendu voſtre priſonnier, pour attaindre droict & loy dudit cas, ou autres dõt on le voudroit ou ſçauroit apprehender. En nous requerant que les appeaux par nous ſur ledit cas encommencez, ou autrement, nous vueillons ceſſer & deporter de plus pour ce contre luy proceder. Sçachent tous que veües vos lettres deſſus tranſcrites, nous en ferons volontiers tout ce que à nous à cauſe d'office en appartiendra à faire: Teſmoing noſtre ſeel dequoy nous vſons audit office, mis à ces lettres faictes & donnees le xv. iour de Iuillet, l'an mil ccc.lxx. &c.

La demande de partie contre celuy qui s'est rendu à purge.

LE prisonnier[k] mis en Cour la partie aduerse comparant contre luy peut ainsi dire. Sire Iuge ie voy tel. N. que vous tenez prisonnier pour faire droict & loy de luy, selon ce qu'il appartiendra à bonne iustice, que ie sçay, & suis tout acerten é que vous estes & voulez estre sans faueur & sans haine, & tel auez esté: & encores si Dieu plaist serez en cestuy cas, qui est si detestable & damnable de soy, comme cy apres diray, par l'adueu de mon maistre qui ainsi m'en a instruit & baillé par memoire, par laquelle ie l'ay au mieux, que i'ay peu ou sceu interrogé, mais à la verité ie croy fermement qu'il ait iuste cause, & que sa conscience le meut à querir iustice, pour laquelle auoir & attaindre, & le mal estre puny, ie te dy tel. N. qui est de la tout prisonnier, comme droit est en tel cas, en tel iour, en tel an, ou enuiron, & en tel lieu, ou pres d'illec, de mauuais propos de faict & aguet appensé en meurdre & en tres-mauuais fait s'efforça de agaitier & espier tel. N. de noye: & que pis est fut en aisant que trouuer le peust en lieu absent & hors de veüe & cognoissance de gens, qui fut & est vray signe de meurdre, mauuais & presumptueux fait, comme cil qui par son mauuais courage à autre chose ne pensoit ne desiroit à faire: & là sans dire mot assailly le naura & ferit d'armure esmoulüe & tant qu'à mort le mest, ou contempt qui est vitupere du bien de iustice, de mon maistre son naturel fils & de tous ses amis charnels, & auec ce de tous & toutes qui en sauuegarde du bien de iustice se confient à demeurer & viure, si par vous n'y estoit pourueu de remede de iustice. Si conclus que si ledit tel. N. qui pour ledict cas est tenu prisonnier, veut confesser les choses par moy proposées, verité confessera, par vous & par vostre iugement sera condamné à mort & execution telle que d'estre trainé & pendu à la iustice publique tant que mort soit & estrãglé, & s'il nie, mon maistre en offre tant à prouuer que pour atteindre sa conclusion.

Defence au prisonnier pour cas de crime.

De la partie du prisonnier peut & doit estre defendu par toutes fins, soient declinatoires, dilatoires, ou autres exceptions ayans lieu. Et premieremẽt icelles presupposees & mises en œuure, doit estre cõtẽdu afin que le demandeur soit detenu prisonnier qu'à telle fin contend, & qu'il ait seureté de refondre despens, & amendes au cas qu'il defaudroit, si comme il fera si Dieu plaist. Apres mis en contempt s'il est homme receuable à loy, selon ce que dessus en est monstré en la rubrice qui parle de tels propos, toutes fins considerees, c'est à sçauoir si le prisonnier a estat ne priuilege dequoy il se puisse aider en icelle Cour, pour defferer à la iurisdiction d'icelle: faire le peut en cas que doute rendroit en soy du cas Si non qu'il n'ait autre exceptiõ, & que respondre luy faille audit demãdeur, encores conuiẽt il prendre toutes indices sur sa demãde. Et premierement repeter la principale demande, & sur ce prendre toutes deffences pertinentes autre que cognoissance ne ny, & lesquelles par exception puissent la cause proroguer, si estre peut sans entrer en peremptoire de ny ou de cognoissance sommiere, si comme s'il n'auoit fait declaration de son propos qu'il mettroit en fait, & qui desireroit preuue, si le doit on demãder à auoir; car en tous faits où il gist preuue, declaratiõ y appartient, si cõme de temps & de lieu, de iour & de personne : ou autrement demande est moins que suffisante, & pour ce peut estre defendu à la demande presente. Apres tous barroyemẽs, d'exceptiõs petimaux on doit dire. Sire Iuge à la demande qu'a fait partie aduerse par laquelle moyennant les premissions que arguez a, il a contẽdu afin que mon maistre en ceste partie qui est homme de preud'hommie, de vie honneste, de bonne renommee, & de bonne conuersation, tel est reputé, & tous ceux qui le cognoissent & auec qui il'a conuersé, le reputent pour tel, ne oncques mais ne fut prins ne approché du contraire, fors par celuy qui pour le present se fait & forme partie contre luy, & contend qu'il soit condãné à mort &c. Pour contendre & auoir fin contraire à la sienne, c'est à sçauoir que mon maistre soit quitte & deliuré des conclusions dudit demandeur, trouué innocent & sans coulpe des faits par luy imposez en soit deliuré & absous, soit ledit demandeur condamné en amende de faux & mauuais accuseur en tel cas, si comme en peine de talion, ou autre chose que par la coustume de la Cour deura porter. Auec soit condamné en amendes profitables & honorables, par deuers mon maistre pour les enormes iniures que mises sus luy a, & sans cause, comme il apperra auec dommages de despens & interests faicts & à faire. Et pour obtenir toutes ces fins & toutes autres pertinentes en la discretion de la Cour, dit, & me fait dire mon maistre lequel de tout mon pouuoir i'ay interrogé sur le cas à atteindre la verité du cas & de la matiere par licence de la Cour, que donnee m'en a esté sur ce que veüe & consideree la demande de partie aduerse, & sa premise, par laquelle il vient & fait sa conclusion, en laquelle premise il a dit & declaré de sa volonté, & aussi bien a fait en ce: car de raison faire luy conuenoit, il a dit & maintenu que à tel temps, à tel iour, & en tel lieu mon maistre si fist le fait & meurdre pour quoy il fait sa cõclusion. Pourquoy & pour respondre à droit par ordre, ie puis eslire & dire pour mon maistre exceptiõ telle & si notable qu'elle puisse du tout destruire la demande & conclusion dudit demãdeur. Car il sera trouué en verité, que mõ maistre au iour & au tẽps qu'il dit auoir esté fait & perpetré ledit meurdre estoit si loin & en telle distãce de pays qu'à nul entendemẽt naturel ne peut ne doit choir, n'estre pẽsé qu'audit iour & lieu fust ne peust auoir esté, car à celuy temps & iour il estoit en sa ville de N. laquelle du lieu declaré par le demãdeur est loing d'iceluy lieu vingt lieües ou enuiron qui est alibi suffisant, & tel que mon maistre offre à prouuer & le met en fait, par nul entendement ne pourroit estre dit que mon maistre eust coulpe quelconque au fait allegué par ledict demandeur. Pourquoy si mondit alibi veut cognoistre & confesser, il cõfessera verité, ma conclusion me sera adiugee, & s'il nie, il en offre tãt à prouuer que pour venir & atteindre à ma conclusion, protestant que droit eu sur ceste fin premierement & auant tout œuure de proceder outre comme de raison sera & appartiendra, mais pour ce que ie suis deffẽdeur, & à tout defendãt est permis par la loy escrite d'vser de toutes ex-

Barroyemens signifient icy comme en mon practicien escrit à la main, exceptions dilatoires pour auoir barre sur le demandeur.

ceptiõs,& droit auoir sur chacune partie par ordre puis que ils le requierent, ne contredit ne refusé ne leur doit estre, ie faits expresse protestatiõ d'vser de toutes exceptions pertinentes à ma defence, & de chacune par elle, & auoir droit sur ce & par ordre en retenant pour mon maistre, tousiours sa retenuë, sur protestatiõ de retourner au fait principal, quãd temps & lieu en sera si mes exceptions ne me valoient à deliurance, ce qui sera si Dieu plaist à mon bon droit.

De mettre tréues ou asseurances entre parties qui sont en Cour.

SCachez que encores y a vne autre maniere de crime dõt actiõ & demãde si n'est souuẽt, & qui est tres-necessaire pour le biẽ de paix mettre entre la gẽt, & moult appartient à office de Iuge, c'est à faire & de mettre entre parties qui sõt en contend, soit à la requeste de partie, soit d'office, la paix, tréues ou asseurãces. Car sçachez qu'il y a differẽce entre ces trois. Car les tréues ne durẽt qu'vn an & vn iour. La paix ou l'asseurãce dure à tousiours. Encores y a difference à demander tréues ou paix, ou asseurance: si comme ie te diray. Tréues à demander si peut faire pour quelque presõption qu'on a de doute de quelque personne que ce soit. Et si c'est en Cour où on Iuge par semonce de seigneur par iugement de hommes, sçachez qu'il en faut faire plainte à loy & par semonce de seigneur: & par iugement d'hommes il doit estre dit que le demandeur doit estre mis en la tréue du Roy ou du Seigneur, si c'est Seigneur, ou ville qui ait telle franchise par priuilege ou autrement, & tantost le doit faire crier que la tréue est donnee par loy de entre tel & ses amis, & de tel & ses amis: & si les doit-on nommer. Et qu'il ne soit nul durant icelles qui se messface enuers l'vn l'autre, sur encourre en peine de meurdre & trahison si tenu estoit: si non bãny de la terre à tousiours comme traistre. Et que le demãdeur le face sçauoir à tous ses amis sur quanques mésfaire se peut, & aussi doit finer au sergent qu'il le nõce de par le seigneur aux amis d'entre les parties, afin que s'ils veulent aucune chose dire à soy les tréues tousiours durans, iour soit assigné contre le demãdeur. Ce fait le Baillif doit demander aux hommes si le sergent en a tãt fait que la tréue soit deüement donnée. Les hommes doiuent dire que ouy, afin qu'il parface le surplus. Et ce fait qui vaut chose & tréue passée faite par loy & par iugemẽt, il doit estre registré en la Cour les iours, parties, & le sergent qui a fait l'exploit, & les hommes qui ont fait le iugement. Autrement est de paix ou asseurance auoir. Car il conuiẽt qui auoir la veut, faire adiourner la partie de qui on la veut auoir, à certain iour pardeuant Iuge qui donner la puisse, c'est à sçauoir si c'est en Cour où on vse par cõmission, il conuient que ce soit par commission contenant le cas. Et si c'est en Cour où on vse par coniure ou semonce d'hommes sans commission, il conuient que ce soit par plainte faite à hommes, & les hommes doiuent dire que la partie de qui on la requiert, soit adiournée par sergent & par homme & à la quinzaine, & hors octaue pour donner

paix,

paix & asseurãce selõ ce que requis est. Et en signifiãt que par la Cour & par la loy est dit & ordõné que pẽdãt le iour sur ce assigné, leur estat doit estre entre les parties cõtẽtieuses, prochains & amis d'vn costé ou d'autre, sur encourre en peine capitale, & sur quanques meffaire on se peut. Itẽ & eux venus au iour assigné, partie adiournee peut alleguer que paix ou asseurance ne peut ne doit comprendre aucun faisant, mais doiuent demeurer hors de paix, tréues & asseurances. Et encores selon aucuns Coustumiers, puis qu'il ne fait ou assaut, ou inuasion: le Iuge y doit pouruoir sans y mettre plus grief estat que d'asseurãce. Neãtmoins puis qu'il est qui requiert paix, tréues ou asseurãces en Cour, les doit donner, fors les faiseurs l'vn contre l'autre de quelque estat que les personnes soiẽt, ne en quelque lieu que le faict ait esté, & par especial l'asseurãce, supposé qu'en Cour les parties trouuassent l'vn l'autre sans adiournemẽt, si le faut-il donner: voire supposé qu'il fut requis à vne femme si luy cõuiendroit il donner de luy & des siens. Et ainsi fut il dict par Arrest de Parlement, & fait pour vn homme qui là presentement vit vne femme, nonobstant raison que la femme sçeut alleguer ne Aduocat pour elle, qu'elle ne deuoit à ce estre contrainte par plusieurs raisons, si fut-il dit qu'elle bailleroit asseurance, supposé aussi que celuy de qui on requeroit l'asseurance fut d'autre iurisdiction, voire si fust encores de dehors du Royaume, & par ce voulsist dire que faire ne contraindre on ne le deuroit, si luy faut-il bailler. Et ainsi fut-il dit encores par Arrest de Parlement pour Iean Hachar qui demeuroit à Valanciennes, contre Monseigneur Enguerrã de Hesdin, Cheuallier Conseiller du Roy nostre Sire. Encores supposé que celuy sur qui on requerroit l'asseurement, fut Prestre ou Clerc simple, si seroit il tenu de bailler l'asseurance par son ordinaire ou renuoy du Iuge sans autre citatiõ. Et ainsi fut-il dit par Iugemẽt par Monseigneur le Baillif de Vermãdois en la Cour du Roy à Maire en Tournesis pour Mõseigneur de Lannois & Messire Guillaume de Foués Prestre Chanoine de Tournay: pour laquelle sentẽce debat fut entre les parties. Tout veu par le Cõseil de Paris, il fut dit que bien auoit esté iugé par ledit Baillif, mais si tost que le Iuge lay parçoit qu'asseurement est requis deuãt luy sur Prestre, & il s'aduoue de sa Courõne, le Iuge lay par sa main a ceste auctorité en ceste partie sur le prestre que nõobstãt la clergie il le peut detenir prisonnier, & le faire mener aux despens du clerc. son ordinaire: & en sa presence faire bailler l'asseurãce au lay qui la requiert. Et ainsi est-il fait toutesfois que le cas s'y offre en Parlement & en toutes Cours Royales. Itẽ s'il aduenoit que nulle partie ne requerit tréues n'asseurãce au Iuge, pour ce ne demeureroit pas que le seigneur ne les y peust & deust mettre de sõ office, & à ce cõtraindre les principaux à qui ce cõpette, & tous les prisonniers d'vn costé & d'autre. Et ainsi est il ordonné qu'ẽ toutes Cours Royales se face toutesfois que le cas s'y offre. Itẽ s'il est aucũ qui la paix ou asseurãce ne vueille bailler, il doit demeurer prisõnier tãt qu'à obeissãce soit venu: & pour ce ne demeure que seur est it ne soit entre les parties: & s'il aduenoit qu'il fut adiourné & il ne voulsist cõparer

Ces mots [seur estat] peuuent être remarquez pour lettres d'estat.

Arrest de Parlement.

Arrest de Parlement.

Mengeurs sont sergens ou autres mis par le Iuge en une maison pour y viure & menger, qu'on dict aussi comment mettre en garnison. Mon vieil practicien les nomme souuent ils estoiẽt enuoyez aux maison des debteurs, ou des cõdãnez, ou autres ne voulãs obeyr à iustice. Mais ceste maniere d'en vser a esté abolie par le Roy Philippes 4. l'an 1304. & Philippes 6 l'an 1338 & Charles 6. l'an 1408, toutesfois depuis leurs regnes elle a esté quelquesfois practiquee, comme i'ay monstré ailleurs

au iour sur ce assigné, & se laissast contumacer, pour ce ne demeureroit qu'asseurance ne fut entre les prochains, & luy mesmes. Et doit le Iuge pour luy amener à obeissance, mettre de iour en iour mengeurs en sa maison, & le doubler de iour en iour, & qui plus est, le peut & doit appeller aux droits du Roy nostre Sire du tiers en tiers iour, & le bãnir par le faux, & le sien appliquer à luy iusques à ce que de remission du Roy il seroit pourueu apres obeissance renduë dudit asseurement. Et si mal en estoit aduenu ce pẽdãt, il n'ẽ seroit pas acquitté: si ne seroiẽt les faiseurs cõme sur paix ou asseurãce enfraintes. Si peux & dois sçauoir que l'asseurance est trop plus perilleuse que ne seroit la paix. car la paix se mettroit ius par nouuel cas sourdãt, ou pour boire ou pour mẽger ensemble selõ aucũs, pour ce qu'il sẽble que le cas soit expiré & mis à neãt par nouuelle cõmunication faite ensẽble, & que le debat preterit par ce doiue estre nul: & à la verité si est-il & doit estre à conscience, de raison, de droict & iustice. Mais autre chose est de asseurãce, car pour boire & pour menger ne pour communication, ne pour autre cas noueau, l'asseurance ne se casse ne abolist, que la peine ne soit tousiours criminelle quicõques l'ẽfraint, supposé qu'autre que l'enfraingnãt en iure, car quicõques le iure, qu'il le face de tẽps sçauoir à tous ses amis, ou autremẽt il les met en peril de crime s'ils ne le sçauoiẽt. Si dois sçauoir encores que paix iuree par accord d'amis ou d'arbitres est à tenir sur peine de crime, car si noble chose est de paix & d'asseurance, que puis que baillee est, & partie si asseure cõme de raisõ faire doit & peut biẽ, veut iustice & raisõ est qu'elle soit tenuë, ou autremẽt iamais nul preud'hõme ne demeureroit en paix.

La teneur d'une commission en cas de paix ou d'asseurance.

Nonobstant asseurance, la peine est tousiours criminelle

LA maniere de former & faire la commission en cas de paix ou d'asseurãce, si est ceste. Tristan du Bos Cheuallier Seigneur de Famechõ & de Raincheual, Cõseiller du Roy nostre Sire & Baillif de Vermandois, Au premier sergent du Roy nostre Sire audit Bailliage qui sur ce sera requis, salut. Complainct s'est à nous griefuement tel. N. disant que comme il seroit homme de paix, & tel vueille viure & conuerser sans faire ne acquerir rihot, debat ne contend enuers autre à son pouuoir, & si par aucune inaduertance par luy ou autre de par luy aucune cõtrouersie, rihot, debat ou contend estoit, si en veut-il estre dehors & requiert ordre de droict, & veut estre pourueu par iustice comme homme de paix, & par reigle de iustice se veut reigler, & il soit ainsi que tel. N. sans cause raisonnable qu'il ayt de luy vouloir adresser ne faire adresser à luy ne aux siẽs, s'est nagueres auancé de paroles ou de fait de luy faire porter doute & menaces de paroles en corps & en biens, & doute grandement que si par remede de iustice n'y estoit pourueu de remede cõuenable, que mal ne s'en ensuiuit sur luy, sur ses biens, ou sur les siens : si nous a instamment requis de nostre prouision sur ce que dudit tel. N. & des siens puisse auoir l'asseurance du Roy nostre dit seigneur pour viure & demeurer en paix. Pour ce est-il que nous vous mandõs & commettons si mestier est, que tantost & sans delay vous transportez enuers ledit tel. N. ou que trouuer le pourrez aux termes dudict bailliage en lieu sainct ou dehors: & si non, à son domicile si il l'a: si non, au lieu ou lieux où il conuerse & reside le plus, à Bretesque publiquement, si c'est en ville o Bretesque ait, & si non, à son de cloche à la paroisse dont il est, au cas que bonnement sa personne trouuer ne pourrez, en faisant diligence & publiquement sur ce afin qu'ignorer ne le puisse ou doiue luy ne les siens, & iceluy adiournez à comparoir personnellement à certain brief & competãt iour, pardeuant nous ou nostre Lieutenant en la Cour du Roy nostre Sire, à S. Quentin à l'encontre dudict complaignant, pour luy faire ou dõner par nous ou nostre dict Lieutenant bon & loyal asseurement comme il appartiendra, que durant ledict iour il meffacene face meffaire par luy ne par autres ses proismes & amis en aucune maniere, en nulle chose, ne biens sur quanques meffaire se peuuent en corps & en biens iusques à ce que par nous ou nostre dict Lieutenant audit iour en sera ordonné, comme il appartiendra, de ce faire vous donnons pouuoir. Mandõs & commãdons à tous les subjets dudit bailliage, que à vous & à vos cõmis & deputez en ce vous facẽt ayde, cõseil & confort en ce, si mestier en auez: & de tout ce que fait & trouué en aurez, pour nous en rescriuez audict iour seurement. Dõné. &c. Auquel iour assigné si l'adiourné ne vient, l'asseuremẽt estre baillie. Et si il ne venoit, & que en defaute de sa venuë en defaut se laissat mettre sans obeir à la commission, veuë la rescription du sergent, defaut doit estre donné contre luy, à tel proffit que l'asseurement doit estre prononcé tenir & auoir lieu. Et lettres données sur ce, par lesquelles doit estre mandé au premier sergent que ladicte asseurãce est par le defaut sur ce obtenu adiugée, & sommer audict defaillant que luy & ses gens se faire & venir contre, sur encourre en toutes les peines à ce introduictes. Item & sur ce doit estre rescrit par ledit sergent, & ce fait vaut chose faite & passée en iugement, comme si par tout procez & limite estoit fait, car ainsi est-il ordonné pour obuier au mal & aux inconueniens qui par les longs procez que faire s'en souloient, si aduenoient souuent par les subtils qui se laissoient contumacer, & prenoient delays, exoines. &c.

La constitution du Roy S. Loys qu'on appelle la quarantaine du Roy.

POur m obuier aux grands maux & inconueniens qui de iour en iour sourdoient & aduenoient au Royaume de France par les contreuengemens, qui se faisoient des vns contre les autres, & souuentesfois sur qui rien n'en sçauoient & qui coulpe n'y auoient. Et souuent aduenoit qu'vn fait de chaude meslée se prenoit d'entre aucuns que l'vne partie en demeuroit naurée & blecée, dõt pour eux contreuenger ils auisoiẽt au long des amis des faiseurs qui rien n'en sçauoient, qui garde ne s'en prenoient, & leur alloient courir sus & naurer, qui à proprement parler estoit meurdre & mauuais fait. Pour ce fut ordõné par le Roy S. Louys, que doresnauãt puis qu'vn faict seroit aduenu d'entre lesquelles parties que ce fust de celuy iour ce seroit faict que iusques en xl. iours apres tous accomplis, auroit tréues de par le Roy, qu'on appelleroit la quarantaine du Roy, & qui comprendroit en ladicte quarantaine tous les amis d'vn costé ou d'autre, fors les faiseurs, par telle maniere que les faiseurs, qui s'en mouueroient, ce seroit en meurdre & en mauuais faict, & encoureroiēt ceux qui ce feroiēt, en peine capital telle que de meurdre, & en cōfiscation de biēs. Si sçachez que iaçoit ce que ce ait esté ordonné par loy & Edict de Roy, si comme dessus est dit, qui est Roy & Empereur en son Royaume, & qui y peut faire loy & edict à son plaisir, pour ce veulent souuentefois les officiers Royaux quand infraction de quarantaine aduient en la terre d'aucun haut iusticier, sur vmbre de ce qu'ils dient qu'à eux en appartient la cognoissance, & par ce que c'est edict Royal. &c. Toutesfois peux & dois sçauoir que par deliberation de tres-grand conseil à Paris, il a esté deliberé que si le cas est aduenu en la terre de haut iusticier, & ledict haut iusticier en prend la cognoissance à faire, auant que lesdits officiers du Roy, à luy comme haut iusticier doit demeurer. Mais si lesdits officiers du Roy encommencent premierement leurs exploits sur ce, & la cognoissance, sçachez qu'à eux appartiendra. Et est ceste loy plus vsé & est plus introduite aux parties de Picardie & deçà l'eauë de Somme. *Nota.* Nota que selon l'opinion des sages Coustumiers ce ne chet point en droict escrit, ne quarantaine ne s'ensuit point s'il n'y a attouchement, car pour paroles ne s'engēdre point. Et s'il y a attouchement combien qu'il ne soit à sang, si engendre il quarantaine à peine de meurdre qui sur celuy enfraint. Si peux & dois sçauoir que quarantaine ne s'entend point de premiers faiseurs. Car entre ceux qui de coustume peuuēt faire & tenir guerre, ces premiers faiseurs ne cheent point en quarantaine l'vn contre l'autre, si ne feroient leurs autres cousins & amis que les premiers faiseurs meneroient auec eux sur les autres premiers faiseurs, iaçoit ce que ce fust en contreuengement. Mais si sur autres les menoient que sur les premiers faiseurs, lors y cherroit quarantaine enfrainte. Et la raison si est, que les autres qui ne furent au premier faict peuuent & doiuent ignorer le premier faict. Et pour ce fut la quarantaine ordonnee par le Roy en son Royaume, que si tost qu'vn fait est aduenu, on ne s'y puisse aller contreuenger à eux qui rien n'en sçauroient, fors apres les faiseurs qui ignorer ne le peuuent.

ANNOTATIONS SVR LE TILTRE TRENTEQVATRIESME.

a *De ce qui est traicté en ce tiltre de la forme de proceder en l'instruction des procez criminels, appert estre veritable ce que i'ay cy dessus noté, qu'anciennement y auoit en France autre forme en ladicte instruction, que celle qui a esté introduicte par l'ordonnance de l'an mil cinq cens trente neuf, qui est de proceder par informations, interrogatoires, recollemens & confrontations, & apres le proces instruict & veu par le Iuge, condamner diffinitiuement l'ac-*

cusé, ou l'absoudre, sinon le condamner à endurer la question, ou le receuoir à nommer tesmoins pour la preuue de ses faits iustificatifs & de reproches, ou si la matiere y est disposée, receuoir les parties en proces ordinaire. C'est la forme prescripte par ladite Ordonnance, qui veut que les proces criminels soient instruicts secrettement : Mais anciennement à Rome les proces criminels estoient instruicts & iugez publiquement. Ce qui auroit esté iadis obserué en France, mais depuis a esté obserué de les faire secrettement, tant à fin qu'ils fussent plus meurement & prudemment instruicts, hors le bruit & tumulte d'vne multitude, qu'à fin que le criminel ne s'estonnast de l'accusation contre luy faite, ains peust respondre plus librement & s'excuser & iustifier. Mais les anciennes practiques, comme celle recitée par nostre autheur, ne font mention de recoller & confronter tesmoins, ne pareillement ceux qui ont escrit des practiques d'Italie & autres pays, ains seulement que l'accusé pouuoit demander les noms des tesmoins pour les reprocher, sans qu'ils luy fussent confrontez. Je ne reciteray ce que i'ay discouru au quatriesme liure des Pandectes, s'il estoit plus expedient de faire les confrontations de tesmoins ou de n'en faire. Pour le regard des quatre manieres que l'autheur propose pour proceder en matieres criminelles, quelques practiciens en ont faict vne semblable diuision : Mais Iulius Clarus §. fin. quæst. 3. me semble auoir mieux distingué, à sçauoir qu'on procede par deux manieres en cause criminelle, ou à la requeste & instance de partie, ou d'office. Laquelle distinction approche à celle introduite par les Ordonnances Royaux desquelles on peut obseruer la difference qui est entre les crimes priuez & les publics : Les crimes priuez sont ceux esquels vne partie se peut plaindre pour quelque legere offense qui luy est faicte, comme d'iniures verbales, ou petits exceds, que la partie offensée doit poursuiure, & plustost par voye ciuile que criminelle. Les crimes publics sont ceux qui principalement concernent vn interest & repos public & vengeance qui en doit estre faicte par le Juge pour l'exemple & la consequence, comme sont les meurtres, vols, adulteres, rapts & autres semblables, esquels le Iuge est tenu par les Ordonnances d'informer d'office, sans attendre plaincte & requeste de partie. La denonciation n'est proprement de la solemnité de l'instruction du proces criminel, ains seulement elle fait ouuerture au Iuge pour informer, mais il faut noter qu'il y a difference entre celuy qui seulement se plainct au Iuge à fin d'auoir iustice, & le denonciateur. Car celuy qui seulement se plainct sans se rendre partie, ou pour sa pauureté, ou pour la puissance de celuy duquel il se plainct, ou pour autre occasion, il ne sera reputé partie ny tenu des frais du proces. Le denonciateur tient grandement de la qualité de l'accusateur : & par aucuns a esté doctement remarqué qu'aux liures des autheurs Romains, mesmement du droict Ciuil, le delateur & l'accusateur se prennent souuent pour vn mesme : mais proprement par le droict François le delateur est entendu celuy, lequel defere & accuse secrettement, n'ayant interest particulier au faict qu'il denonce, & est iceluy tenu des frais du proces : & encores qu'il ne luy soit adiugé reparation honorable ne profitable, si est-ce qu'il luy est adiugé quelque partie de l'amende auec les despens, selon qu'il est ordonné par les Ordonnances : aussi est-il suiet aux despens, dommages & interests enuers l'accusé, s'il se trouue l'a-

uoir mal & calomnieusement deferé : & doit le Procureur du Roy ou fiscal nommer le delateur en fin de cause, quand l'accusé est absous, comme il est porté par l'Ordonnance de Charles 9. aux Estats d'Orleans, tels delateurs ont tousiours esté odieux, & les bons Empereurs comme Trajan les ont tousiours reiettez, vt Plinius & alij testantur, *& dit elegamment Cassiodorus,* occultis secretísque delationibus nihil credi debet. Sed eum qui aliquid defert, ad iudicium venire conuenit : vt si quod detulit, non potuerit probare, capitali subiaceat vltioni. *Toutefois sur la dénonciation le Juge doit informer d'office & proceder contre ceux qui se trouueront preuenus & accusez, le Procureur du Roy ou fiscal estant la vraye & publique partie pour faire la poursuite du crime. Quant à ceux que l'autheur recite n'estre receus, par le droict Romain, à accuser, ils n'en sont du tout reiettez par le droict François, ains y sont admis, s'ils y ont interest. Pour le regard de la recrimination qui empesche que celuy qui est accusé ne puisse accuser son accusateur,* l. neganda est C. de his qui accusare. *On y adiouste une exception, sinon que l'accusé defere son accusateur d'vn plus grand crime,* l. 1. C. eo. tit. vt adnotant Græci ad illam legem. *aussi on n'y peut apporter autre exception, sinon que ce fust pour vn cas different dont estoit accusé celuy qui veut deferer son accusateur, comme i'ay veu iuger par arrest donné à la Tournelle du* 8. *Feurier* 1561. *& cõuient encores obseruer qu'vn particulier n'est receuable à denoncer ou accuser par vindicte ou animosité, quand ceux qui y ont interest, & le Procureur du Roy n'en font poursuite, comme a esté iugé par plusieurs arrests, & entre autres des* 12. *Iuillet* 1578. *&* 3. *Sept.* 1583. *Quant à la seconde maniere de proceder en matiere criminelle contre celuy qui est trouué en present & flagrãt delict, faut distinguer s'il est trouué par le Iuge ou autre personne publique, qui en puisse faire proces verbal, ou par personne priuée. Au premier cas le Juge ou autre semblable personne publique ayant fait constituer prisonnier celuy trouué en present delict, le doit interroger sur son proces verbal, & si le Iuge doit informer de la verité du faict, & proceder contre l'accusé, comme s'il auoit esté admené prisonnier par quelques particuliers, qui l'auroient trouué en flagrant delict: & ne se doit le Juge arrester à son seul proces verbal afin qu'il ne semble estre iuge & tesmoin,* Clar. §. fin. q 8.

b *Ceste forme de proceder par partie formelle, n'a plus de lieu en France, & a esté reprouuée par plusieurs arrests de la Cour, par ce que l'Ordonnance ne permet de faire emprisonner aucun en matiere criminelle, sans decret precedent du Juge: toutefois s'il aduenoit que celuy qui veut faire emprisonner se submist de faire apparoir du decret de prinse de corps, qu'il eust obtenu cõtre celuy qu'il arreste, & se rẽdist prisõnier auec luy en baillant caution de ses despens, dommages & interests, il pourroit estre receu à se rendre partie formelle, à la charge de faire apparoir du decret, dans certain temps: & duquel en faisant depuis apparoir si celuy qui auoit esté emprisonné appelloit de l'emprisonnement, il seroit declaré non receuable, par ce qu'il apparoissoit iceluy auoir esté bien fait, afin que le crime ne demeure impuni, comme a esté iugé à la Tournelle par arrest du* 5. *Iuin*, 1563.

c *I'ay cy dessus parlé de la peine du Talion qui est abolie en France & n'est besoin d'en traicter icy dauantage. Quant à la iiij. maniere de proceder en matiere criminelle par information, c'est la plus vraye & certaine forme de commen-*

cerun proces criminel, & en laquelle le Iuge doit apporter plus de deuoir pour informer de la pleine verité du fait, tāt à charge qu'à descharge, cōme il est porté par l'Ordōnāce, & doit à ceste fin premieremēt examiner les tesmoins, si le fait dont est questiō a esté commis. Prius enim debet constare de delicto, vt constat ex l.1.§. Itē illud. D. ad Sylla. En apres qui est celuy qui l'auroit commis, auec toutes les qualitez & circonstances requises, que i'ay plus amplement declarées au liure 4. des Pandectes. Et quant à ce que l'autheur parle du crime notoire ou de la notorieté, il faut noter que ceste matiere procede du droict canonic, & que le crime notoire est celuy qui est si manifeste qu'il ne peut estre celé ne denié, C. manifesta 2. quæst. 1. C. de manifesta. eadem causa, & qu. C. super eo. de testib. cogend. & à ce propos on allegue l. ea quidem. C. de accusationibus. Mais ce que ladite l. dit. de falsis notoriis s'entend autrement vt notant Græci ad d. l. vide l. singuli. eo. Specu. tit. de not. crimin. en escrit amplement qu'on peut voir, & pour les autres matieres traictées en ce tiltre, & pareillement Clarus, Bossius, Gomezius, Farinacius & autres practiciens. Le Iuge en informant, quand les tesmoins ne deposent certainement du fait, il se doit diligemment enquerir des indices, tant des qualitez de l'accusé, de sa fame & renommée, que du fait. A sçauoir comment, en quel lieu, en quel temps, & mesmes s'il est question d'homicide, ou de grands exceds, des inimitiez, querelles & menaces precedentes & de telles autres circonstances que lesdits practiciens enseignent.

d Le Iuge cuius debet inuigilare incorruptibilis sensus aduersus male cōsuetas manus. vt ait Cassio. li. 9. epist. 24. doit ayant decreté contre l'accusé, qui compare en personne, ou est emprisonné, iceluy interroger diligēment sur le crime dont il est accusé, & les circonstāces & cas qui resultēt des charges & informatiōs, contre luy faites; & encores qu'il y ait des Iuges qui pour estre veus tres-habiles, vsēt plustost de ruse que de prudēce & discretion en interrogeant l'accusé, afin de le surprēdre captieusemēt, si est ce qu'il me sēble que le Iuge qui doit estre neutre entre l'accusateur & l'accusé, ne doit vser de tant de ruses, finesses & desguisemēs; ains que modestemēt & auec honneste grauité il interroge l'accusé de tout ce qui peut appartenir à la cognoissāce de la verité du fait dont est question. En quoy toutefois le Iuge expert & biē entendu se doit gouuerner selō la qualité des crimes, ainsi que i'ay mōstré au 4. liure des Pādectes. Par le discours de l'autheur on cognoist l'ancien stil des proces criminels, d'interroger seulement l'accusé, contre lequel y a informations, & s'il denie luy bailler la question, ou le receuoir à purge, c'est à dire à iustificatiō. Mais par l'Ordonnance les tesmoins doiuent estre repetez & recollez en leurs depositions, & confrontez à l'accusé: laquelle confrontation est tres-necessaire afin que les tesmoins representez à l'accusé le recognoissent, & contre eux il propose reproches: & leurs depositions ouyes s'ils y perseuerent il puisse dire contre icelles, ce qu'il aduisera pour sa descharge & iustification. On peut noter en passant qu'icy inquisition & information se prennent pour mesme chose.

e I'ay parlé cy dessus des renuois en matiere ciuile & criminelle, & monstré qu'il y a des crimes priuilegiez dont la cognoissance appartient aux seuls Iuges Royaux, & les autres qui sont communs: & que par les coustumes de quelques lieux les Iuges Royaux ou autres des seigneurs superieurs ont droict de preuention, contre les iuges inferieurs. Mais par le stil ordinaire l'ac-

cusé doit estre renuoyé pardeuant le Iuge de son domicile : ce que toutesfois il conuient entendre pour le regard des delicts qui ont esté commis par le domicilier au lieu de son domicile. Car celuy qui a commis quelque crime ou delict en autre lieu, il sera tenu respondre pardeuant le Iuge du lieu, où le delict a esté commis, auquel le Iuge du domicile sera tenu le renuoyer s'il en est requis ; par ce que par l'Ordonnance de Moulins de l'an 1566. art. 35. conforme à l'auth. Qua in prouincia. C. vbi de crimin. agatur, *la cognoissance des crimes & delicts appartient aux Juges des lieux, où ils auront esté commis, nonobstant que le delinquant ne soit surpris en flagrant delict, sans en faire renuoy, dont la dispute que font Clarus* §. fin. quæst. 39. Boërius decis. 202. *& autres, est appertement decidée, à sçauoir que celuy qui a delinqué hors le lieu de son domicile, encores qu'il ne soit à l'instant arresté prisonnier, neaumoins que sons proces luy peut estre faict par le Iuge du lieu du delict : ce qui a esté iugé auoir lieu mesmes par les suiets des hauts Justiciers, par arrest donné à la Tournelle du 16. Decembre 1570. La raison de ladicte Ordonnance de Moulins, est fondée* in nouell. 69. de mandat. princ. *afin que ceux qui president à la prouince ou y ont iustice dans les seigneuries dependans d'icelle, s'employent à la purger des meschans hommes.*

f *Les Officiers Royaux demeurans en terres des seigneurs, pour les delicts communs qu'ils y commettent, sont tenus de respondre pardeuant leurs Juges : comme a esté souuent iugé par arrests, & entre autres du 2 May. 1562. & 9. Iuillet 1569. mais pour le regard des cas priuilegiez, ou concernans le faict de leurs offices, la cognoissance en appartient aux Juges Royaux.*

g *Le stil icy recité ne s'obserue, ains faut que celuy contre lequel y a decret d'adiournement personnel ou de prinse de corps, compare pardeuant le Juge qui a decreté, pour luy estre fait son procès, & ne peut son seigneur ne autre Iuge duquel il soit suiet en demander le renuoy, s'il ne compare : comme souuent a esté iugé par arrests, mesmes du 15. iour d'Auril 1531. comme plusieurs ont escrit, & apres que le proces aura este instruict par interrogatoires, recollemens & confrontations de tesmoins selon qu'il est porté par l'ordonnance : le Iuge procedant au iugement du proces, le visitera bien & diligemment, pour voir s'il y a des faits iustificatifs & de reproches, & s'il en trouue de receuables à la descharge de l'accusé, il luy ordonnera de nommer tesmoins pour la preuue d'iceux, c'est la forme prescrite par ladite Ordonnance de l'an 1533. art. 158. à laquelle faut auoir recours, sans s'arrester à ce qui est icy traicté.*

h *Durant le temps que la preuue se fait des faits iustificatifs & le reproches de l'accusé, comme aussi pendant qu'on luy fait son proces, il doit tenir prison tant par ce qu'il est encores criminel que pour euiter à la subornation des tesmoins par luy nõmez pour sesdits faits iustificatifs & de reproches : à quoy on peut rapporter ce qui est traicté* tit. D. & C. de custod. reor. & l. 1. C. ad 5. C. Turpil. *& par ce que le stil icy recité de la purge, est hors d'vsage, il le faut passer.*

i *Par l'Ordonnance de l'an mil cinq cens trente neuf, art. 163. la forme & (comme on dit) la leçon est prescrite au Juge, qu'il doit obseruer pour ordonner la torture & question extraordinaire, à sçauoir quand par la visitation du proces il trouue la matiere y estre disposée. Il n'est besoin de repeter*

icy

icy ce que i'ay traicté aux memorables & quatriesme liure des Pandectes, de l'ancienne forme de bailler la question, qui estoit obseruée par les Grecs, Romains & autres peuples : à sçauoir auec roue, feu & autres instrumens, & qu'elle ne se bailloit du commencement qu'aux serfs, & pour en auoir tesmoignage : aussi qu'elle n'estoit tenue que pour espece de preuue & tesmoignage, tant en public qu'en priue. Mais depuis les hommes libres accusez auroient esté rendus subiects à souffrir la question, toutesfois elle n'estoit reputée pour peine. C'est pourquoy le Iurisconsulte dict, l. 21. D. quæstionibus. quæstionis habendę causa neminem esse damnandum, Diuus Hadrianus rescripsit. *Mais en France, en Italie, & autres pays, la question est ordonnee pour peine, au moins par une condemnation penale, contre accusez, de quelques qualitez qu'ils soient, en quoy le Iuge doit vser de grande prudence & discretion, tant pour ne condamner le criminel à la question, si la cause ne le merite, que pour en executant icelle ne se transporter outre les bornes d'equité. Car y en a d'aucuns lesquels encores qu'ils soient innocens, aiment mieux*, spem citæ mortis expetere, quàm tormentorum crudelia sustinere. Inter supremas enim anhelantis angustias, votum est potius perire quàm viuere. vt ait Cassiodorus varia. lib. 3. epist. 46. *Ce que confirme aussi* B. Augustinus, lib. 19. de ciuit. Dei. cap. 6. *& en auons plusieurs exemples recitez, tant par Valere le Grand*, lib. 8. cap. 4. *qu'autres. La distinction que font les doctes practiciens, pour la question me semble veritable, où l'accusé est plainement conuaincu du crime qui luy est imposé, auquel cas il doit estre condamné, où il n'est conuaincu, ne par pleine preuue, ne par indices, & lors il doit estre absous : mais s'il n'est pleinement conuaincu, soit par preuue de tesmoins, ou par sa confession : ains seulement est atteinct par indices, dont resulte demie preuue, ou plustost plus que demie, il peut estre iugé à la question : pourueu que le crime soit capital, & pour lequel estant bien verifié on puisse ordonner peine corporelle. C'est donc le vray subiect de la torture que la cognoissance des indices, que le Iuge doit bien & diligemment examiner, pour n'ordonner legerement la torture : dont amplement ont escrit Gomezius, Bossius, Clarus, Farinacius, & autres : & nous en auons aussi traicté aux memorables, & quatriesme liure des Pandectes, encores que soit chose perilleuse, fragille, & qui souuent trompe la verité, que la question*, l. 1. §. quæstioni. D. de quæst. *comme traicte Aristote*, in Rheto. ad Alexand. *Ciceron* diuersis in locis, *& autres Rhetoriciens : toutesfois le Iuge est souuent contrainct de l'ordonner*, vt facinoris veritas, quæ indice voce non promitur, dolore corporis exprimatur, teste B. Cypriano ad Demetrian. *le Iuge doit ordonner la question par aduis de conseil, & l'executeur incontinent sans diuertir à autres actes, si faire se peut, sinon le iour ensuiuant, sans en rien reueler à personne. La forme d'executer la question que le Iuge doit faire bailler en sa presence, & du Greffier, tant afin d'en faire procés verbal, que pour obseruer les gestes, contenance, couleur, regard, & parolle du criminel, est amplemēt descrite par les ordonnances royaux, recitez au Code Henry, & outre les practiciens cy-dessus nommez, en ont assez escrit*, Hippol. de Mars. Masuerius, Angel. Aret. Imbert. lib. 3. cap. 13. *Guenois en son commentaire, Damhouder, & plusieurs autres. Mais la repetition dont parle l'Au-*

theur, peut bien auoir lieu en la question moderee, non toutesfois iusques à tant de fois, qu'il dict : & non en la question extraordinaire, qui ne se doit legerement repeter, encores que la loy, Repeti. D. de quæst. *le permette. Ce qu'il faut entendre quand suruiennent nouueaux indices vallables, pour donner la question, & que le criminel est fort & robuste pour l'endurer derechef, en quoy consiste l'arbitrage & prudence du Juge* D. in d. l. repeti. Masuerius de quæst. num. 11. Clarus §. fin. qu. 64. num. 46. *& le Iurisconsulte*, in l. vnius Reus, inquit, euidentioribus argumentis oppressus, repeti in quæstionem potest. maxime si in tormenta animum, corpúsque durauerit. *Mais tous les practiciens conuiennent qu'il ne faut repeter la question, outre la troisiesme fois, ny en vn mesme iour, ains qu'il y ait interualle de certain temps, pendant lequel sera le criminel remis en sa prison ordinaire, hors le lieu de la question*, est enim tandem finis aliquis questionibus imponendus : *Et quant à la forme de iuger apres que l'accusé a enduré la question, sans auoir rien confessé, soit en icelle, ou en estant dehors en luy repetant sa confession extorquee en la torture : l'ordonnance de l'an mil cinq cens trente neuf, article cent soixante quatriesme, y a pourueu : à sçauoir de faire droict à l'accusé sur son absolution, pour le regard de la partie ciuile : & à cete fin que les parties seront ouies en iugement & reiglées en proces ordinaire, si mestier est. Quelques practiciens ont esté d'auis d'eslargir seulement l'accusé : de l'opinion desquels semble estre nostre Autheur : mais autres sont d'aduis de l'absoudre du tout, sinon que pour les vrgens indices, il doiue estre condamné en quelque moindre peine : comme les Cours Souueraines ont accoustumé faire, quand en ordonnant la question elles adioustent par vn* retentum : *sans que par icelle les indices resultans du proces soient purgez : dont on peut voir Gomezius*, de delict. cap. 13. nume. 28. Farinac. quest. 38. *& autres qui ont escrit des practiques criminelles, & le quatriesme liure des Pandectes.*

k *La forme de demande & defense en matiere de crimes publics & capitaux, comme est celuy icy mentionné, selon que l'Auteur l'a recité, est à present hors d'vsage. Car on a accoustumé suiuant l'ordonnance, qu'apres le proces instruict s'il y a partie ciuile, elle baille conclusions seulement à fin ciuile, qui sont communiquées à l'accusé, pour y respondre par attenuation : ce qui s'entend tant pour le iustifier & descharger du crime dont il est accusé, par denegation, allegation d'albi, ou autre semblable defense, que pour adoucir, extenuer & diminuer le faict & la peine. Mais toutes autres exceptions dilatoires & declinatoires ne sont receues apres le procés instruict. Quant à la peine corporelle pour la reparation du crime, c'est au Procureur du Roy ou Fiscal d'y conclure, par-ce qu'il y est la vraye partie, pour la cause publique. Il ne se faut donc arrester au formulaire que baille cest Autheur, & autres practiciens estrangers : car l'ordonnance de l'an mil cinq cens trente neuf, article cent soixante deux, abolit tous Stiles, vsances ou coustumes contraires à icelle, & veut que les accusez respondent par leurs bouches, sans conseil ne mystere d'aucune personne : & de leurs interrogatoires & responses qu'ils font par leurs bouches au procés, le Iuge extraict les faicts iustificatifs & de reproches, à la preuue desquels ils sont receus. Et souuent les procez criminels se iugent sans at-*

tendre les conclusions & defenses des parties : selon la qualité des cas & celerité qu'ils requierent.

l *Ce qui est icy traicté de mettre paix, treues ou asseurance, ne s'obserue plus en la forme que l'Autheur & autres anciens practiciens ont descrite : laquelle pour le temps estoit necessaire. Car ainsi comme monstre mon vieil practicien, ceux qui auoient differend ensemble, soit pour iniures, exceds, ou pour les biens, y engageoient souuent leurs parens & amis, & venoient plus tost aux mains, qu'à la iustice: dont mondict practicien se plainct grandement en plusieurs coustumes, comme d'Anjou, le Maine, le Perche & Normandie, en est faicte mention, & mesmes en quelques anciens arrests de la Cour, Croniques & Histoires de France, & puis que telles voyes ne sont plus en vsage en France, les forces d'armes appartenans au Roy, qu'on appelle* vis publica, *il n'est besoin d'en traicter d'auantage: toutesfois on obserue quand y a des menaces faictes par aucun, de le faire appeller en cas d'asseurement pour estre mis en la sauue-garde du Roy & de luy: à fin d'euiter que les parties n'entrent en voye de faict, querelles & armes : duquel asseurement & sauuegarde peut cognoistre le Juge Royal, mesmement le Baillif, Seneschal, ou son Lieutenant qui preside en la Prouince: parce que c'est au Roy & à ses Officiers de conseruer le repos & tranquillité entre ses subiects: à ce propos on allegue vn ancien arrest, de l'an 1278. & autres, & la cognoissance de la sauuegarde Royale enfrainte appartient au Iuge Royal, encores que celuy qui la obtenue ne soit de sa iurisdiction, iugé par arrest du 2. Mars 1335. & autres, & y a ordonnance pour le sauf conduit Royal de François I. 1536. toutesfois la sauuegarde ou asseurement n'empesche que le Iuge ordinaire n'informe & decrette contre celuy qui l'a obtenu, s'il se trouue coulpable: & que sa partie ne puisse poursuiure contre luy en iustice,* vt scribit Guido Papæ, quest. 56 Faber in l. denuntiamus. C. de his qui ad ecclesiam. Innoc. in cap. ex parte 2 de priuilegijs. Imbert lib. 3. cap. 6. *J'en ay encores escrit cy dessus, & en faict mention Masuerius,* tit. I. num 4.

m *La raison qui auroit meu le bon Roy sainct Loys à introduire ceste quarantaine, est icy amplement declarée, parce qu'auparauant ladicte ordonnance, incontinent que quelque meurtre, homicide, ou grand exceds auoit esté commis, se faisoient ligues & assemblees des parens & amis de l'homicidé ou grieuement excedé, qui couroient sus à celuy qui auoit commis tel acte, & à ses parens & amis, ce qui estoit cause de grands maux & inconueniens, dont mon vieil practicien, qui estoit du temps de Philippes Auguste, & Loys VIII. pere de sainct Loys, se plainct grandement: mais à present il n'est plus de besoin de ladite ordonnance par-ce que les loix & circonstances des Roys de France, y ont mieux pourueu, & y a meilleur establissement de iustice, qu'il n'y auoit lors. Je pourrois sur le mot de quarantaine plus amplement discourir, mais seroit sortir hors les bornes d'annotations.*

DE LARRECIN.

TILTRE XXXV.

TV peux [a] & dois sçauoir que larrecin est vn crime qui furtiuement est faict de nuict: & pource est-il defendu, tant par la loy ancienne comme par la nouuelle. *Et dicitur à furuum quod est obscurum: quia obscure siue absconse fit hoc opus.* Si sçachez que selon les sages coustumiers, ils sont deux manieres de larrecins, c'est à sçauoir larrecin manifest ou appert, & larrecin non appert ou non manifest. Larrecin appert si est comme celuy qui seroit trouué emblant, ou qui seroit à tout le larrecin fuyant, ou en qui baillé le larrecin seroit trouué enuers luy, ou contre qui il seroit prouué, ou qui le soustiendroit: car selon la loy les combonneurs sont reputez comme les propres larrons. Larrecin non appert, si est toute autre maniere & espece de larrecin, si comme d'autruy chose receler qui auroit esté prestee, ou encores qui auroit esté trouuee, puis qu'on sç‑uroit à qui ce seroit: ou autrement faire tort & dommage sans luy denoncer, ou d'emprunter sur autruy chose argent, puis que celuy à qui ce seroit, l'auroit sçeu, car lors retraicter le pourroit comme sa chose emblee. Et briefuement est venu pour larrecin non appert toute forme de l'autruy auoir & retenir sans furt. Si tu me demãdes qu'est furt? Comme dessus est dict, c'est proprement à declarer tous larrecins qui sont emblez & faits sans ce que celuy à qui la chose est, le sçache, & soit prinse la chose estant en la baillie de celuy à qui ce est, ou qui l'a en garde ou en depost. Et larrecin sans furt est prendre la chose d'autruy, & retenir sans la rendre: ou sans le dire ou faire sçauoir. Si sçachez que ces deux manieres de larrecins, c'est à sçauoir de larrecin appert, & non appert, le larrecin appert qui y enchet, il enchet en peine capitale, si comme de prendre plus que le larrecin passeroit cinq sols & en dessus. *C. de seruis fugit. authen. sed nouo iure.* Et en dessous il doit perdre l'oreille, *In primo volumine, collatione decima, de pace tenẽda. C. si quis furatur.* Et si deux fois estoit reprins d'vn petit larrecin, c'est à sçauoir en dessous de cinq sols, il chet en peine capitale, si cõme d'estre pẽdu. Itẽ qui enchet en larrecin nõ appert il doit estre puny au quadruple, que la chose vaut enuers le Seigneur, & rendre à partie sa chose, ou chose qui la vaille, auec despens, dommages, & interests: où il doit estre battu en publique: s'il n'a dequoy payer, *Codice libro sexto. rub. de fur. & ser. corrupto. l. in eum qui ex naufragio.* Si aduient il souuent que chose emblee est trouuee enuers celuy qui au larrecin n'a coulpe, si come qui auroit acheté chose emblee, & toutesfois celuy qui la chose auroit recogneuë, la calengoit emblée: sçachez que celuy en qui

Larrecin appert.

Mon vieil practicien appelle combonneurs, receleurs, dont est traicté D. de receptat. & C. de his qui latro. vel al. crimin. reos occult

Larrecin non appert.

Comment s'entend furt.

De furto quod est triplex, vt dicit Bar. in authen. sed nouo iure. C. de ser. fugiti. vide Pet. Mansue. in sua Practica tit. de pœnis quo modo veniat puniendum

main elle seroit trouuee, auroit mestier de trouuer son garand, ou autremét le Iuge ne le lairroit pas paisible du larrecin. Car si ainsi n'estoit, chacun pourroit dire, qu'il auroit la chose achetee, & par ainsi le larrecin auroit trop de couleur de sauuatiō, que iustice ne peut souffrir. Car iusques aux suspects, doit on punir de ban, pour ce que c'est si damnable chose de larrecin & grand mauuaistié, se si fort n'y estoit pourueu de remede par iustice, trop d'oiseux s'ingeroient à embler sans chose faire. Et par le contraire, si comme bien est raison que le mal soit puny, aussi est raison que le bien reçoiue son merite, Et pour ce est bien raison que si larrecin est trouué en la main d'autruy qui coulpe n'y a, & on le vueille approcher pour ce, qu'il puisse auoir garand sur ce, & trouuer le peu ou sçait. Et veulét les sages dire, que peut auoir garand celuy qui ainsi le requiert. Si est à sçauoir qu'en ce que dit est dessus de garand en cas de larrecin, si est quant à l'vsage de plusieurs lieux, mais quāt a l'vsage coustumier ença la riuiere de Sōme, s'il est aucun qui ait acheté aucune chose en plain marché de bonne foy, & bien ne cognoisse le vendeur, puis aduienne que celle soit recogneuë d'autruy comme chose emblee, & ainsi pour la rauoir la calenge à soy, disant & monstrant que pùis ne la veit qu'emblee luy fut, & celuy qui de bonne foy comme dit est l'auroit achetee, diroit qu'il seroit achepteur, & qu'il n'en sçauroit trouuer autre garand que sa bourse de soy mesmes qui est achepteur de bonne foy, & qu'il n'en querra autre garand comme dit est, sçachez que si le demandeur ne fait apparoir contre l'achepteur, que mesmes ait emblé la chose, le defendeur perdra ce que mis y a, sans autre peine, dommage n'interest auoir, ne sans autre garand querre ne demander s'il ne luy plaist. Mais si garand s'auoit trouuer, seur seroit du demandeur, car il soubstrairoit la partie de la chose, & des deniers que payez a à l'achepteur.

Tex in l. ciuile. C. de ser. fugit. dicit quia ciuile est quod aduersarius tuus à te exigat, vt rem quam apud te fatearis fuisse, exhibeas, &c. tamen vtrū ille qui habet rem furtiuam, & dicit eam emisse, vtrum sit particeps fraudis vel ne dicit gl. quod non. Bar. vero dicit esse inspiciendum quanto pretio emerit vtrum clam aut palam: & ex istis indicijs dolus perpēditur l dolus. C. de dolo.

Larrecin particulier.

Encores [b] y a autre larrecin qui especiallement est à punir, si comme qui emblé a sepulture de morts. Car on a trouué souuéresfois qu'aucuns apres que les morts estoient enseuelis, leur estoiét leurs luiseaux enquoy ils estoient enclos, ou leurs suaires, enquoy ils estoiét mis, ou les images, ou les croix: tels larrecins sont capitaux. *C. li. 9. de sepulc. violato. l. si quis sepulchrum.* Item y a encores vn autre larrecin qui est à punir sans deport tres-capitalement, si comme aucuns qui emblent autres enfans pour les mettre à cambiserie ou autre maniere desordonnee, ou qui emblent autruy serfs pour tourner hors de l'vsage de leur Seigneur Et sont tels larrecins appellez larrecins plagians. Item sont encores autres larrecins qui grandement sont à punir, si comme du subtil larron, qui par espouenter fait fuir les bestes d'vn champ iusques à ce que le Pasteur en a perdu la veuë, & puis les emblent & destournent par leurs compagnons qui sont pres d'illec, & tels larrons sont à punir capitalement. Et appelle la loy tels crimes destaciez, *ff. de abigeis. l. 1. & 2.*

Quinā dicantur plagiarij, vide ad l. faui. de pla. C. & qui abiget, habes gl. in l vnic C. de abig. Demosthenes posuit differentiā inter furem & abigeū, dicens quod ille qui solum vnam pecudem surripit, fur est, & vt fur coercebitur: sed qui totum gregem subtrahit, abigeus est

Des consentans de larrecin.

Item [c] veulent tous les droits ciuils que quiconque est consentant, partitilant & soustenant larrecin, soit homme ou femme, qu'il soit puni criminellement, sans deport, c'est à sçauoir pour le grand larrecin, de peine capitale: & pour le petit larrecin, c'est à sçauoir puis qu'il y a dix sols, & en dessous, qu'il soit puny de crime non capital si comme de l'oreille, Et s'il y a vehemente suspection sans pleine preuue, qu'il soit puni de bã. *Inst. de obligat. quæ ex delicto. §. interdum quoque.*

De femme qui oste & destourne ses biens.

Item & s'il aduenoit [d] que femme qui fut mariee s'enhardist d'embler aucune chose de son hostel, sans le sçeu de son mary sçachez que la loy ne veut pas que ce soit dict larrecin: ne que le mary puisse faire poursuitte de restitution: ou qu'il sçeust les choses, les doit rauoir, supposé qu'aucũ les eust acheptees ou presté sus aucuns deniers, comme de chose emblee, iaçoit ce que cy ne chee punition de larrecin. *ff. rerum amotarum. l. 1. & 2.*

De larrecin par pauurete.

Prouer. cap 6 dicitur, furatur enim vt esurientem impleat animam.

Si sçachez que selon la loy de canon, pour larrecin nul ne doit porter peine capitale, mesme quand il est faict par pauureté, & la chose soit renduë, & le delinquant le confesse en contrition, selon la decretale. *ext. de furt. cap. si quis ex necessitate.*

D'occire le larron emblant.

Encores [e] y a autre decretale qui dit que celuy qui occist le larron en emblant, ne doit porter penitence: non pas perdre la communication de l'autel, mais qu'il en soit confessé. Et qui plus est, tãt hait la loy le larron, que pour le larron occy en emblant ne veut pas la loy qu'il soit prié Dieu pour leurs ames selon la decretale, *ext. de fur. cap fures.*

Vide octo casus quos ponit Albert de Gaudino in suo tractatu maleficiorũ, titulo de pœnis reorum v rs. itẽ suspendere in quibus quis furta pro furto suspendi debet.

De larrons domestiques,

De furto & qualiter fures sunt puniendi, ample per Lucam de Pena in l. indices de dignitat. lib. 12. C.

Encores y a-il loy de ciuil qui veut que qui occist larron en emblant, qu'il n'en soit à nulle peine, par especial quand c'est de nuict, *C. ad l. Cornel. de sica. l. si vt allegas. C. si perfodiens. ex. de homic.* Par l'establissement de la loy des douze tables, & dont on vse selon la coustume de Chastellet de Paris: & par la preuosté, & qu'il est vsé en France, si aucun est pris pour aucun petit larrecin qui est plus fait par semblance de pauureté, que de mauuaise conuoitise, & qui autres fois n'a esté reprins d'autre larrecin, il est à punir par ban de la terre: & si autresfois en auoit esté reprins, c'est à dire, qu'il fust banni d'aucun lieu, ou qu'il en eust esté enseigné d'oreille ou d'autre sein de iustice, il seroit pendable. Qui emble cheual ou iument, de premier larrecin il est pendable. Qui emble en hostel où il demeure, ou soit hebergé, au premier larrecin il est pendable: Qui emble à son seigneur ou à son maistre, il est pendable au premier larrecin. Qui emble à Eglise, au premier larrecin il est pendable, soit en chose grande ou petite. Entre tous les cas dessusdits, qui emble fer de charuë, pour le premier larrecin il est pendable.

ANNOTATIONS SVR LE TILTRE TRENTE CINQVIESME.

I'AY escrit cy dessus du larrecin & de la peine d'iceluy. La diuision qu'en fait l'Autheur en manifeste & non manifeste est prise du Iurisconsulte, ex l. 2. & seq D. de furtis. & Instit. de obligat. quæ ex delicto nascun. Quant à la peine, soit celle des XII. tab. de laquelle Agellius fait mention, li. 11. noct. Attic. cap. 18. Ou celle introduicte par le Preteur, du quadruple pour le furt manifeste, & du double pour le non manifeste, elle n'est plus en vsage en France. Car elle est arbitraire, comme toutes les autres peines de crimes & delicts; elle est toutesfois plus souuent corporelle & ordonnee, ou de mort, ou d'autre punition, selon les qualitez des personnes, & du larrecin, & les circonstances qui peuuent mouuoir les Iuges à condamner en peine plus griéue, ou plus moderee. Solon qui auoit moderé la loy de Dracon à la peine du double, en auoit excepte les larrons publics, comme ceux qui auoient desrobé aux bains ou port, qu'il vouloit estre punis de mort, vt testatur Aristot. in problemat. sect. 29. Autresfois la peine a esté de mort, vt testatur Seruius in illud Virgilii, At furis Caci mens effera, lib. 8. Mais Paulus Orosius, lib. 4. histo. furtum, inquit, ne leges quidem, nisi multa pecuniaria, vel ad sũmum exilij, circa quemlibet hominem vindicandum cẽsuerunt. Toutesfois en France on punit quelquefois les larrons du gibet, quelquefois du foüet, auoir l'oreille couppee, estre flastrez & marquez, cõme aussi on en vsoit à Rome, teste Seneca lib. 4. de benef. cap. 37. & 38. & lib 3. de ira, cap. 3. l. quæsitum. D. de testib. l. si quis in metallum. 16. c. de pœnis. Ou autres peines, comme i'ay monstré cy dessus. Qui voudra voir amplemẽt des punitiõs des larrons, qu'il lise Alexandre ab Alexan. lib. 6. genial. dier. cap. 10. l in eum qui. c. de furtis. icy alleguee, parle seulement de la peine pecuniaire, & est interpretee par les Grecs, que par icelle pareille peine est ordonnee au fisc, qu'à la partie desrobee. Le surplus du contenu en cest article, a esté traicté cy dessus, & plusieurs practiciens en ont escrit.

b Combien les anciens ont esté curieux de leurs sepulchres ou sepultures, les marques de leurs monumens & inscriptions, & les histoires en font foy: dont pour la conseruation d'iceux, est procedee l'action du sepulcre violé, fondee sur l'Edict du Preteur qui est recité, l. 3. D. de sepulcro violato, La peine de la violation du sepulchre est arbitraire, & quelquefois de mort, & telle que celle de la loy Iulie de vi publica, d. l. 3. §. aduersus. & l. 8. D. eo. l. 4. c. eo. Il y en a qui pour exercer la magie, violent les sepulchres, vt constat ex l. 1. c. eo. Tacitus li. 3. graue crimen, inquit, læsarum religionum: nam & magi infames sunt sepulchrorũ violatione. Apuleius lib. 2. metamorph. en fait aussi mention. Et tels sont dignes de mort. Suit le crime de Plagiaire, qui a esté premierement puni par la loy Cornelie, comme tesmoigne Apuleius, lib. 8. & depuis par la loy Fabie des plagiaires: si aucun vend ou achepte sciemment vn homme libre, il est puni de mort, & par la loy de Moïse, Deut. cap. 24. & par la loy Fabie, l. 1. D. ad leg. Fab.

de plag. *pour le regard du serf la peine est arbitraire, & corporelle selon la qualité du delict*, l. vlt. D. eo. *Mais qui auoit commis tel crime dans la ville de Rome ou Constantinople, il estoit puny de mort*, l. 7. & vlt. c. eo. *ce que toutesfois*, Leo Imperator nouel. 66. *a moderé. En Frãce tel crime n'est gueres vsité: mais qui en seroit conuaincu pour la cambiserie, c'est à dire, le detestable peché contre nature, car ainsi mon vieil practicien le nomme, il seroit puni de mort. Le crime des abacteurs est espece de furt*, l. 2. D. de abigeis. *L'Autheur comme mon vieil practicien les appelle destaciez, qui par la loy Romaine ne sont tousiours punis de mort*, l. 1. *comme aussi en France ils sont punis arbitrairement selon la qualité du delict, car quelquefois ils vsent d'armes, & sont coustumiers de ce faire, & pour ce*, grauius puniuntur, d. l. 2.

c *Ceux par l'aide & conseil desquels se commet le larrecin, son punis comme larrons*, §. Interdum quoque. Instit. de obligat. quæ ex del. nasc. l. 50. 54. & al. D. de furt. *comme sont pareillement les receleurs*, l. 1. D. de receptat. & l. 1. & 2. c. de his qui latron. vel al. crimi. reos occult & l. 1. C. Th. eo. tit. *Ce que confirme Platon*, lib. 12. de legib. & Phocylides ἀμφότεροι κλόπες ὅ δεξάμενος ὅ κλέψας. *L'vn l'autre sont larrons, & qui reçoit & qui desrobe.* & eleganter Cassiodorus varia. lib. 5. epist. 39. Quod si hæc, inquit, per alios dispersa esse constiterit, & illi nihilominus teneantur obnoxij, qui scientes passi sunt in tali actione misceri. Complices enim extiterũt criminis, qui non detexerunt facta raptoris. *Nous auons veu souuent pendre à Paris des receleurs de larrons, comme les larrons mesmes. Quant aux autres qui recelent autres delinquans & mal-faicteurs, mesmement ceux contre lesquels on procede par voye extraordinaire de iustice, y est amplement pourueu par les ordonnances qui sont au Code Henry.*

d *Ceste action des choses emblees par la femme, qu'on appelle* rerum amotarum, *a esté introduicte par le Preteur, pour le respect de l'honneur du mariage, & à fin d'adoucir le mot du furt commis par la femme*, l. 1. & 2. D. de act. rer. amot. *& parce qu'en France selon la loy Chrestienne, les diuorces des personnes & des biens qui estoient anciennement vsitez entre les Romains & autres peuples sont abolis & que la femme demeure tousiours sous la puissance du mary, s'il aduient qu'elle emble & transporte des biens hors de la maison, & s'absente de son mary, il pourra la poursuiure par ceste action, a fin de retourner auec luy, & rapporter les biens qu'elle aura pris, & vser de condition contre ceux qui les detiendront*, l. rerum quidem. D. eo. *mesmes les faire saisir & transporter, par-ce qu'il en est le maistre & Seigneur. Et si ledit larrecin ou trãsport de biens est meslé de quelque autre crime, dont la femme soit coulpable, le mary pourra faire proceder extraordinairement contre elle, & ses complices: comme i'ay veu iuger par arrest donné à la Tournelle, le 15. Decembre, 1563. Mais l'action des choses emblees par le droict François n'a lieu contre le mary, qui est maistre & Seigneur des biens de la communauté.*

e *De ceste loy des XII. tables qui permet de tuer le larron surpris de nuict, & celuy qui est deprehendé de iour, s'il se defend d'armes (ainsi on peut rendre* telum *en François) font mention*, Agellius lib. 11. cap. 18. Macrobius, lib. 1. cap. 6. B. August. 2. quæst. super Exodum, & alij. *Ceste loy est semblable à*

celle

celle de Moyse. Le Iurisconsulte adiouste, vt tamen id ipsum cum clamore testificetur, l. Itaque. D. ad leg. Aquil. *& y a autre exception que baillent les Iurisconsultes, si celuy qui auroit tué le larron de nuict, n'auroit peu luy pardonner sans le danger de sa personne*: si enim cùm posset apprehendere, maluit occidere, magis vt est iniuria fecisse videatur: ergo etiã lege Cornelia tenebitur, l. 9. D. ad leg. Cornel. de sicar. & in collat. legum Moysis, tit. de furtis. *En France les iugemens que i'ay obseruez, approchent plus de la loy des XII. Tables, & n'est loin de ceste opinion Clarus* lib. 5. §. homicidiũ. num. 47. *Ce qu'il repete icy & a traicté en l'article precedẽt de la peine du larcin, qui se doit moderer pour pauureté, ne se doit prendre si generalement. Ie sçay bien ce que Tiraquellus* scribit caus. 32. & 33. *& Clarus* §. furtum. num 24. *Mais ie ne seray iamais d'aduis d'excuser le larron pour auoir desrobé par pauureté S'il n'estoit question que d'vne amende pecuniaire, qu'on appelle* multa, *le Iuge la pourroit bien moderer ou conuertir en autre legere peine de corps, comme de tenir prison pour quelque temps*, iuxta l. illicitus. §. vlt. D. de offic. præsid. *Et ce que les docteurs y traictent. Mais quand le larcin merite punition corporelle, la pauureté en doit exempter le larron pour l'exemple & consequence.* Et *d'autant que la necesité est plus vehemente*, vt tradit Tiraquellus, *elle doit estre de tant plus seuerement reprimée*, ne tardius repressa opprimat, *comme disoit vn ancien autheur. Nous auons veu pendre des larrons, que la pauureté n'a peu deliurer de la corde.*

COMMENT ACTIONS SE NAISSENT, SOIT PAR MANIERE NATVRELLE OV PAR MANIERE CIVILE.

TILTRE XXXVI.

APRES le contenu des choses dessusdites, & comment action peut estre causee, formee & articulee soit ciuile, ou criminelle: ensuit voir [a] & sçauoir dequoy actions se naissent, soit par naturelle maniere, ou par accidentale, que les clers appellent *de rerum diuisione*: c'est à dire la diuision des choses, si comme de sçauoir pourquoy, à qui, & cõment. de ce parle l'institute qui est le premier liure des loix ciuiles: & dit ainsi que de toutes choses du monde se fait vne distinction & diuision telle, que les vnes sont communes, les autres particulieres, les autres corporelles, les autres incorporelles, les autres naturelles, les autres vniuerselles, ne propres à nul. *Inst. de rer. diuis. & de reb. corpor. & incorpor.*

Des choses communes à tous.

Des [b] communes, si comme l'air, les riuieres courantes, & les riuieres de la mer, les places, les regets, & les ruës cõmunes, car il ne peut estre à nul par le droict cõmun qu'on appelle le droict aux gens, que tous ne puissẽt d'iceluy droict vser par action populaire, & peut chacun pescher és fleu-

Ad euidentiam istius materiæ contenta in hoc capit. vide multa per Bart.

ta bona per Ioan. Fab. per de Platea, & per Doct. in dictis. §. flumina. riparum. &c. & alia multa per Bart. Chass. in consue. Bur. tit des forests §. 9.

ues & ports communs sans meffait. Et si le fleuue ou riuiere fluë par abondance d'eaue & s'estend par longs pays, iusques aux arbres, iardins & heritages des seigneurs voisins: sçachez que les nefs & barques s'y peuuét venir arriuer iusques à la riuiere où elle s'estéd, & à la maniere cõme elle bat arriuer & lier leurs nefs, soit aux arbres ou aux estaches, ou autremẽt que mieux pourront durant le temps que l'eauë & le fleuue durera: mais pour ce ne demeure pas que si l'eauë repairie, le droict des heritages aux seigneurs ne demeure en la valeur cõme parauãt estoit. Et durant le fleuue tel aduantage ont: si a le droict cõmun, & ceux qui y labeurét, que de ainsi arriuer & lier leurs couples, pendre leurs rets, & faire leurs necessitez à ce appartenantes. *Instit. de rerum diuisi. §. flumina. & §. & quidem. & §. riparum.*

Que choses d'Eglise ne doiuent estre venduës.

Item [c] peux & dois sçauoir que les sainctes reliques ne choses qui sõt à la diuine droicture, ne les choses sacrees ne doiuent estre venduës ne engagees pour quelque chose, fors pour la redẽption des Chrestiens qui seroient prins par les ennemis de Dieu, que les clercs appellent *pro redemptione captiuorum. l. sancimus, C. de sacrosanct. eccles.*

Nota quædã esse deputata seruitio Dei immediatè, vt calices, cruces, & ornamenta: & illa nẽ possunt alien. re etiã seruata solemnitate de qua in authen. de eccl. rerum alienat. Verum vero pignorari seruata illa forma, vide B erth. in Authen. hoc ius porrectum. C. de sacros. eccl. alia sunt bona puta fundi, & illa sunt alienabilia, propter vtilitatem ecclesiæ.

De dedier Eglise ou place.

Et s'il [d] aduenoit qu'aucun establist aucun lieu pour sainct, sçaches que s'il n'estoit auctorisé & amorti du Prince, & dedié du Prelat, il ne seroit pas tenu pour sainct, mais pour ce ne demeureroit pas qu'il ne fust lieu dõné à Dieu, ne iamais ne doit retourner au lieu seculier ne mõdain. Car chose vne fois donnee ou offerte à Dieu ne peut iamais seruir ne appartenir à nul autre. *cap. semel Deo dicatum. ex. de regul. iur.* Et bien y a raison. Car puis que la chose est rendue à Dieu mondainement & spirituellement, ne doit iamais seruir à autre. Si comme si vn homme ou vne femme sont donnez à Dieu par religion & soient profez: iamais ne peuuent retourner au siecle mondainement. *ext. de conuers. coniugato. cap. cum sis præditus.* si ne seroit chose qui à Eglise appartenist, & qui à Eglise serui eust iamais ne doit faire seruice à autre qu'à Dieu. Et par pareille raison: si n'est autre chose. Et puis que en nom de Dieu sõt achetez, soient perpetres, ou autres possessions, iamais ne peuuent ne doiuent estre remises à l'vsage mondain. Et supposé que dediez ne soient ou puissent estre, toutesfois iamais à autre ne doiuent appartenir : & sont appellez tels lieux prophanes, pour ce que iamais ne peuuẽt estre tournez à autre vsage ne preiudice, comme sont les orphelins. *pro redempt. captiuo. l. sancimus suprà allegata.* Et s'il aduenoit qu'aucun eust ordõné vn lieu sainct pour luy ou pour ses amis enterrer declarez specialemẽt, il ne s'ensuit pas que autres puissent demander ne auoir droict d'enterrer sans licence de celuy qui en est maistre & souuerain. Mais en vn lieu ou vne place qui est saincte pour enterrer à vn lignage sans autre licence auoir ne demander *C. de mort. inferend. l. 1. & de religio. & sumpti. funer. l. is. qui intulit.*

Perpetres sont terres communes qui ne sont en la possession d'aucũ particulier, cõme le nomme mon vieil practicien, qui vse aussi des mots perpendre & perprinse, pour occupe. telles terres, & occupation d'icelles.

Des choses naturelles.

Du droict [e] naturel dois sçauoir que les bestes sauuages & les oyseaux qui phaonnent en l'air, c'est à dire aux champs communs, & aussi qui phaonnent en terre commune, par le droict aux gens sont à celuy qui prendre les peut. Ne en ce n'a nulle difference si on les prent sur sa terre si on l'a: ou en la terre d'autre: car où qu'on les prende, par celle mesme raison & droict sont à celuy qui premier les peut prendre. *ff. de acquir. rer. dom. l. 1. & inst. de rer. diuis. §. quarundam. & §. seq.*

De chasser proye sur terre d'autruy.

Mais toutesfois aucuns font difference de leuer la proye sur sa terre, & la chasser iusques sur l'autre à veuë d'œil, à celuy appartient pour raison de la suitte. & ainsi le veulent les coustumiers de preset, mais par le droict ancien *de iure gentium* ce demeuroit à celuy qui prinse l'auroit. Et sçaches que par ce mesme droict s'il aduenoit que ce que par aucun seroit ainsi prins, eschappast de la garde de celuy qui la tiedroit, & vn autre la prinst apres elle ne seroit plus à celuy qui premier la garderoit: mais seroit à celuy qui secondement l'auroit prins. Et la raison si est que deslors que beste de telle condition est eschappee, elle reuient à sa franchise & droict naturel: & la prend d'aussi franche conditiõ & droict naturel celuy qui de rechef la peut reprendre, que si il la prenoit des communs champs, ne celuy qui premier l'auroit pris n'en auroit cause ne action de le calenger ne retraicter nullement. *Inst. de rer. diuis. §. illud autem. & §. seq. & ff. de acquir. rer. dom. l. 3. §. quicquid autem.* Retraire au liure escrit à la main.

Des eeps qui font le miel.

Et par ce mesme droict sçachez que les mouches qui font le miel, qu'õ appelle eeps: s'il aduient que celuy qui les garde & nourisse sur son lieu, s'elles s'enuollet en autre lieu, & se assient sur ton arbre ou ailleurs sur ta terre: sçaches qu'elles ne sont pastiennes, deuant ce que tu les as receuës au vaisseau & mises ens ta franchise: car durant qu'elles sont en l'air & en leur vol, sont sans maistre & sans propre seigneur, & sont retournees à leur franchise. & pour ce celuy qui en ce poinct les peut prendre en est fait seigneur par le droict aux gens. Et ainsi entend de toutes autres choses & oyseaux cõmuns. mais tant y a de difference puis que arriuees sont sur ta terre, defendre les peux à tous, & chasser sur ta terre si ainsi n'estoit que celuy duquel lieu elles se seroient parties, les suiuist à veuë d'œil & à noise ou cry, ou son notable en demonstrant clairement & euidemment que sans departement de sa cognoissance de luy & de sa garde se partent, car autrement en auroit-il perdu la cognoissance & seigneurie. *insti. eod. §. apum quoque.*

De paons & coulons.

Item peux & dois sçauoir que des autres oyseaux volans, si comme de paons & coulons, iaçoit ce qu'ils semblent estre tous proprement d'vn hostel, allans & venans à vol de iour en iour, neantmoins par le droict dessus allegué sont-ils tenus & reputez oyseaux sauuages comme sõt les eeps, dont ay parlé dessus, car si tes coulons ou tes paons sont pris hors de ta garde & terre, ils sont à celuy qui prendre les peut, comme dit est, si tu ne les poursuis à veue, & à son, noise, ou cry. *institu. co. §. pauon im quoque.*

De gellines, Coqs & chappons.

Item g contre ce peux & dois sçauoir que les gellines, coqs, chappons, oyes, canars d'eauës ne sont pas tenus de telle condition ne cõme sauuages. Et pour ce si tels oyseaux se partent de la garde & se partent hors de la terre & seigneurie de celuy qui les auoit, pour ce ne demeure que où elles soient & voisent, elles ne soient directement à toy appartenantes, car elles ne sont pas de nature commune, mais de singuliere, & les peux & dois retraicter & demander où que tu les sçauras. Et quiconques les retient, s'il les sçait à qui rendre, il commet larcin non appert, si comme dessus est dit en la rubrice des larcins. *insti. eod. §. gallinarum.*

Des oyes & canars sauuages.

Au liure escrit à la main, limages.

Mais autre chose est des oyes & canars sauuages & des poulles limoges. Car tousiours puis qu'ils peuuent eschapper de leur garde, ils retournent à leur nature franche & cõmune, & sont à celuy qui depuis & plustost les pourroit prendre. Si seroit l'homme qui est franche personne s'il aduenoit qu'il fust prins de ses ennemis, & il ne fust lié par parole, car l'homme se lie par parole, & non autrement, dont bien ne se peut deslier & retourner à franchise: & si peut eschapper de ses ennemis, & des liens de prison, sçachez qu'il retourneroit à sa naturelle franchise. *insti. eod. §. quicquid autem. vsque ad §. si illud quæsitum.*

Des pierres precieuses.

Item sçaches [h] que les pierres precieuses sont à celuy qui les treuue, car c'est chose de commune franchise, & qui y retourne, c'est par le droict aux gens, que les clercs appellent *de iure gentium. institu. eod. §. item lapilli.*

De chose arriuee à autre terre.

Et s'il [i] aduenoit que par fleuue d'eauë ait aucune partie de ton heritage qui se deriue de ta terre, soient, arbres ou maisons, & s'en voisent arriuer en autre terre, où l'eau les meine, sçaches que pour ce n'appartiendra pas la chose ainsi arriuee à autre terre, qu'à celuy à qui la terre seroit, si ainsi n'estoit que la chose y demeurast si longuemẽt, qu'elle print racine à la terre, où elle seroit arriuee, car lors seroit à celuy en quel terre elle seroit arriuee. Et encores en autre maniere s'il aduenoit que aucune chose se venist ioindre à ta terre, & petit à petit s'attachast à ta terre & print racine, supposé encores qu'elle naisse d'autre tenement, sçaches que tel accroissement est tien par le droict aux gens. *institu. eod. §. præterea quod per alluuionem.*

Des fleuues.

Et en outre s'il aduenoit qu'vn fleuue laissast à courre par son naturel cours & fit vn autre cours nouueau, ceux qui poursuiuent les riues, ont droict de aussi poursuiuir la nouuelle riue tant que riuiere durera là. Et si elle reuient à son premier cours, tout aussi y peuuent & doiuent reuenir ceux qui poursuiuent les champs & les riues. Et s'il aduenoit que tout le champ fut couuert d'eauë, ce ne muëroit pas la nature du chãp, car l'eauë repairie le champ demeure à celuy à qui il estoit premier. mais durant ce ceux qui suiuent les riues & les champs y prendent leurs aller & venir de nauiaige & de pescherie, comme à fleuue d'eauë appartient. *institu. eod. § quod si naturali.*

De autruy matiere faire œuure aucune.

Et s'il [k] aduient qu'aucun face ouurage d'autruy matiere, sçaches que si l'ouurage peut estre mené à sa premiere nature, cil qui parauant estoit sire de la matiere, seroit par le droict aux gens sire de la chose : si comme si aucun fait vne couppe d'autruy or, ou argent, celuy qui la couppe auroit faicte n'en seroit pas sire, mais celuy le seroit qui de la matiere estoit sire. Et la raison si est, car à refondre la couppe l'or & l'argent reuiẽdroit à sa premiere matiere, & parce le sire de la matiere en est demeuré sire, car la chose est retournee à son naturel droict & seigneur : mais autre chose seroit d'auoir fait aucune chose d'autre matiere qui ne pourroit retourner à sa premiere & naturelle franchise. Car lors en demeureroit sire le faiseur de la chose, si comme qui auroit fait vin d'aucunes grapes de raisins, iamais le vin ne peut retourner en raisins, & pource le faiseur en demeure sire, mais le sire de la matiere y aura son interest. *instit. eod. §. cum ex aliena materia.*

De faire partie de sa matiere, & partie d'autre.

Item si aucun a fait aucune chose partie de sa matiere & partie d'autre, si comme si aucun auoit fait clare de son vin & d'autre miel : sçachez que celuy qui a fait la chose, en doit estre sire. Et la raison si est que le faiseur n'y a pas mis tant seulement vne partie du sien, mais aussi son sens & sa peine. Et pource veut raison & la loy que sire en demeure, car le plus y a mis : mais pource ne demeurera pas que l'autre qui mis y aura partie de la matiere, n'ait cause de r'auoir l'interest de sa matiere, & de la valeur, & du gain s'il y est, ou de la perte par portion de marchandise. *instit. eod. §. quod si partim.*

Claire au liure escrit à la main, qui signifie moust.

De faire robe de sa laine.

Toutesfois veut la loy que qui feroit ou auroit fait vne robe de sa laine & toute sus parfaite, pour celle robe empirer par vn autre y fust ouuré & tissu ouurage d'or & d'argent par ouurage de bordure ou autrement, si qu'encores vaulsist mieux ledict ouurage qui mis y seroit depuis la robe faite que ne faisoit la robe parauant, sçaches que pour ce ne demeureroit pas que la robe ne soit à celuy, qui la fist premier de sa laine, pour qui premier fut la robe faicte & formee robe en sa maieur & instance de robe, que l'addition de l'or ou de l'argent ne fust mise & adioincte, iaçoit ce qu'apres l'addition mieux en vaille pour l'argent qui y est mis : mais celuy qui l'addition de l'argent y a adiousté il conuient qu'il ait l'interest de la matiere. *instit. eod. §. si tamen.*

De maisonner d'autruy matiere.

Item s'il [l] aduenoit qu'aucun edifiast d'autruy matiere maison sur sa terre, sçaches que la maison doit appartenir à celuy à qui la terre est, mais pource ne demeure pas que le sire de la matiere n'ait action de recouurer sa matiere sans ce qu'il puisse faire despecer la maison ou edifice, mais bien peut recouurer la valeur de sa matiere au double par action qui est appellee action *de tigno iniuncto. inst. eod. §. cum in suo solo.*

De ioindre son cheuron à autre.

Item & s'il aduenoit que aucun en edifiant sa maison ioindist son cheuron à autre cheuron, ou à la paroy d'autruy, sçaches que par le droict escrit ce ne doit estre osté ne abbatu, puis que l'edifiment seroit faict, car à tous fins edifiment fait ne doit estre abbatu sans grand cause, mais est action de double rendre pour celuy sur qui c'est contre celuy qui se fait. Et ainsi peux & dois entendre des cas semblables, car tous ne se peuuent mettre par escrit.

De planter autruy arbre sur sa terre.

Celuy [m] qui plante autruy arbre sur sa terre, n'en est faict sire, iusques à ce que l'arbre ait prins sa racine : mais si tost qu'il a prins sa racine, lors en est-il sire : & ainsi l'arbre qui a esté prins sans le sceu de celuy à qui c'estoit, c'est action de roberie & de larcin. Et s'il aduenoit qu'vn arbre fust enraciné en terre qui à deux appartenist, il seroit commun. Et la raison si est, que puis que i'ay droict en la chose ou terre, aussi ay-ie à la racine qui y croist. *instit. eod. §. si Titius alienam plantam.*

De escrire d'autruy parchemin ou peindre sur autruy toille.

Or sçachez [n] que qui escrit en autruy parchemin, la seigneurie en est & appartient à celuy à qui le parchemin est, comme celuy qui edifie en autre terre: mais autre chose seroit d'vne table peinte, car la seigneurie de la chose seroit à celuy qui peinte l'auroit. Et la raison si est pour ce que la maieur en est au peintre & de peine & de veuë : car lors est toute la table nouuelle, ne le sire de la table ne la pourroit r'auoir sans payer la peinture: & le sire de la peinture si il en poursuit, il a profitable action contre le seigneur de la table en demeurer seigneur moyennant le prix de la table à iuste tauxation. *vt continetur insti. eod. §. litera. & §. sequenti.*

D'achepter champ à autre dont cil n'en seroit seigneur.

Et s'il [o] aduenoit que aucun par bonne foy achetast d'aucun vn champ à celuy qui point n'en fust sire, & l'achetteur le cuidast, sçachez que les fruicts qu'il en perceura tant & si longuement que osté & demis en sera par loy ou par son commandement, seront siens par le droict d'achat de bonne foy: mais si à male foy le tenoit & occupoit, ou que achetté l'eust sçachant estre à autre, il seroit tenu de rendre tout ce que perceu & leué en auroit. *§. si quis à non domino. inst. eod.*

De mourir deuant meurison.

Et peux [p] & dois sçauoir que de raison & droict escrit celuy qui les fruits d'vn champ viagerement tient, si il meurt deuant meurison, & que cueillis soient, ses hoirs n'y ont cause de rien demander. *insti. eod. §. is verò ad quam vsusfructus.*

Des Faons.

Encores [q] peux & dois sçauoir que les Faons des bestes que tu as à nourriture & dont tu as le fruict, sont à toy puis que les bestes as en garde & en mamburnie. Ainsi seroit-il des bestes retournant à leur naturelle franchise, comme dessus est dit en ceste mesme rubrice, qui est au commencement d'icelle, & ainsi le veut la loy escrite. §. *in pecudum. eod. tit.*

De tresor trouuer.

Par celuy [r] mesme texte peux & dois sçauoir que si aucun trouue en sa terre aucun tresor, ce doit à luy appartenir: & si c'estoit en autruy terre, auoir y doit la moitié, & le seigneur de la terre l'autre moitié: mais selon aucuns si c'estoit fortune d'or, au Roy appartiendroit: & si c'estoit fortune d'argent, à celuy qui la trouuerroit, comme dit est, *Insti. l. ij. §. thesauros quos quis.*

D'arbre cheant sur terre d'autruy.

Et s'il [f] aduenoit qu'vn arbre rompist ou cheust sur terre d'autre, jaçoit ce que cil sur qui terre il cherra, y aye iustice, pour ce ne demeure pas que celuy là où il sera creu & sous qui la racine & estoc naist, ne doiue r'auoir tout l'arbre parmy, rendant en son voisin sous qui il sera cheu, le dommage que fait luy auoit au cheoir sur la terre: car ce n'est tenu pour espaue ce qu'on sçait & peut voir à qui il est, mesmement puis que il est, qui le clame, & peut monstrer estre sienne, & peut celuy sur qui terre ce est cheu, faire plainte à loy, que dedans sept iours son heritage soit depesché, & luy soit le dommage rendu que fait luy a par pris de loy, & de cognoissans à ce, & ainsi doit estre iugé, & le faire sçauoir à personne ou à domicile si il la: sinon, au plus prochain domicile de la chose contencieuse: & si dedans sept iours n'est faict il doit estre faict à ses despens, & partant r'auoir son arbre si prendre le veut, Sinon, il est au seigneur. Si ainsi n'estoit que si longuement fust sur terre du voisin, que d'aucunes de ses branches il eust pris racine en terre. Car lors seroit à celuy qui la terre tendroit sur qui il seroit cheu, & n'en auroit le seigneur la cognoissance en ce cas. *ff. de acquirend. rer. domi. l. sed si ex meis. §. arbor.*

ANNOTATIONS SVR LE TILTRE TRENTE-SEPTIESME.

a CESTE *diuision des choses ne conuient à celle du Iurisconsulte* in l. 1. D. de diuisione rerum, *n'a celle de Iustinian* Instit. eod. *au second liure des Pandectes assemblant les deux diuisions i'ay diuisé les choses premierement en celles qui sont du droict diuin, & celles qui sont du droict humain: en apres i'ay diuisé les choses du droict humain en celles qui sont en nostre patrimoine, c'est à dire que chacun peut particulierement acquerir & faire siennes, & celles qui sont hors nostre patrimoine: comme sont les choses communes par le droit naturel ou des gens, & les publics qu'on peut bien dire estre par le droict ciuil & autres semblables. Iustinian fait vne autre diuision à sçauoir que des choses aucunes sont communes de tous par le droit naturel ou des gens, aucunes publics, autres d'vne*

Vniuersité, aucunes de nul, & les autres de chacun, qui se peuuent acquerir par chacun par diuerses causes & moyens, & c'est vne diuision separee que celle des choses en corporelles & incorporelles, comme aussi Iustinian en a faict vn tiltre distinct & separé, de reb. corporalibus & incorporalibus. *Et ce que l'autheur adiouste les autres naturelles, les autres vniuerselles, ne propres à nul apres les corporelles & incorporelles n'est bien diuiser ou partir, ains c'est confondre les diuisions, contre l'intention de Iustinian: duquel sera meilleur suiure la methode, & auoir recours tant à son texte, qu'aux doctes interpretes, qui en ont amplement escrit sur ledit tiltre* de diuis.re.

b *Les choses communes sont entendues celles lesquelles par le droict naturel ou des gens sont communes à tous, c'est à dire desquelles l'vsage & commodité est commune par le droict des gens, à toutes personnes,* l.2. D.co. *comme sont l'air, la mer, l'eaue courante, fleuues, riuages de la mer: & dont nul ne peut estre prohibé ny empesché:* vnde Ouidius ait, lib.6. Metamorph. quid prohibetis aquas? vsus communis aquarum est, nec solem proprium natura nec aëra fecit: *à quoy on peut rapporter,* quod traditur in l. iniuriarum §. fin. D. de iniur. & l.14. §. venditor. D. com.præd. *Il semble que Iustinian* in §. flumina. *separe les fleuues & ports des choses communes, par ce qu'il les dict estre publics: mais il conuient distinguer que les fleuues & ports pour la proprieté ne sont communs par le droict des gens, ains publics, c'est à dire selon que Iustinian l'entend* , & Theophilus interpretatur, *qu'ils appartiennent au peuple Romain, & comme nous pouuons dire selon le droict François, au Roy ou aux Seigneurs qui en ont le droict par la conclusion & octroy de sa Majesté, ou ancienne & immemoriale possession : Car les fleuues nauigables sont referez,* inter regalia, *& pareillement les ports* , cap. vnj. quæ sunt regalia. *L'vsage de l'eau des fleuues auec la nauigation est commun à tous par le droict des gens. Tout ce que les Iurisconsultes & Iustinian escriuent du pouuoir de pescher és fleuues & ports communs librement, est grandement retranché par les ordonnances Royaux, par quelques coustumes, & tiltres d'aucuns seigneurs qui pretendent auoir tout droict és fleuues & riuieres, qu'ils maintiennent leur appartenir, & de prohiber d'y pescher sans leur volonté & permission comme si lesdits fleuues leur appartenoient particulierement, & par ce moyen reputez plustost priuez que publics.* l.1.§. hoc interdictum. D. de fluminibus Alexand. consil.194. lib.2. *aussi quand nos practiciens ont escrit qu'vn seigneur ne pouuoit prohiber de pescher en sa riuiere, ils ont adiousté sinon que la coustume luy attribue tel droict,* Faber in §. fluminum. Guido Pap. quæst. 414. *à quoy on peut rapporter* quod traditur in l. venditor. D. comm. præd. l. si quisquam. D. de diuers. & temporal. præscript. & d.l. iniuriarum. §. fi. *mais pour les fleuues publics & Royaux la prohibition de pescher n'est si generale, ains seulement pour certain temps, & certains instrumens & engins, comme appert par les ordonnances Royaux, desquelles sera parlé cy-apres en son lieu.*

c *Le discours de l'alienation des biens Ecclesiastiques prohibee tant par le droict ciuil, que canonic, seroit trop long pour estre reduict en briefues annotations: dont on peut voir* nouel. 7. & 120. *& plusieurs titres du droict canonic,* de reb. Eccles. non alien. *& les constitutions des Rois de France, mesmes*

de

de Charlemagne lib. 7. capitul. *& autres, & arrest des Cours & Parlement, & en a esté traicté au Code Henry. Mais l'autheur parle des ornemens, reliques & autres choses semblables dediees à l'Eglise, lesquelles il dit estre prohibees de vendre & engager, si ce n'est pour la redemption des Chrestiens prins par les ennemis,* vt traditur in l. sancimus 21. C. de sacrosanctis Ecclesiis. *Les histoires Ecclesiastiques tesmoignent qu'aucuns bons Euesques auroient iadis vendu les ioyaux & ornemens des Eglises pour secourir les pauures en leurs necessitez, racheter les prisonniers, & marier les filles orphelines,* aurum enim Ecclesia habet, non vt seruet, sed vt eroget subueniátque in necessitatibus, C. aurum. 12. q. 2. *Car les pauures sont les vrais membres de Iesus-Christ & de l'Eglise ausquels les biens d'icelle sont destinez & affectez, & non aux delices & voluptez des Prelats, dont plusieurs anciens peres se sont plaints par leurs escrits, qu'il n'est besoin de repeter, par ce que ce seroit en vain perdre temps & labeur: seulement ie les admoneste de lire ce qu'a escrit* B. Ambrosius epist. 2. ad Valentin. *Et ce qu'on recite de B. Augustinus, & de Gregorius, & Basilius, Grecs, tres-grands Theologiens: afin qu'à leur exemple ils emploient les reuenus de l'Eglise à leur vray vsage, & mieux qu'ils ne font.*

d *Pour entendre la forme de consacrer & dedier vne Eglise, ou place sacree, ne se faut arrester à ce que les Iurisconsultes, & Iustinian les ensuiuant ont escrit: ains à ce qui en est traicté au droit canonic,* tit. de consecrat. & de Eccles. ædific. atque etiam in pontificali. *Mais comme il n'est permis à chacun de se forger des religions priuees, aussi ne doit-il estre loisible à chacun de se bastir de sa priuee auctorité des temples, autels & chapelles: ains ils doiuent estre establis & dediez solemnellement par l'Euesque diocesain.* C. omnes. Basilicę. 1. dist. & al. nouel. 63. vt nullus fabricet oratorij domos. *aussi in* §. sacræ res instit. de diuis. rer. sacræ res sunt quę ritè, & per pontifices Deo consecratę sunt, & Ælius Gallus, Quod, inquit: priuati suę religionis causa Deo dedicant, id pontifices Rom. non existimare sacrum. *qui en voudra voir d'auantage qu'il lise ce qu'en ont escrit les interpretes* ad d. tit. de diuis. rer. *& les Canonistes.*

e *Les Iurisconsultes* in. l. 1. & seq. de adquirendo rer. domi. *& Iustinian* §. feræ & seq. de diuis. rer. *traictent que les bestes sauuages qui naissent en l'air, au ciel & en la terre, ne sont ès biens d'aucun: ains par le droict des gēs appartiennēt à celuy qui premier les prēd & occuppe: & sur ce ils font vn grand discours quand la beste sauuage est estimee premierement prise & occupee: dōt on peut voir ce qu'ils en ont escrit que l'autheur repete icy. Mais on en vse autrement par le droict François, par ce qu'il n'est permis à chacun de faire chasse & vollerie en France: estant prohibé tant par les ordonnances Royaux de l'an mil cinq cens seize, & autres, que par quelques coustumes aux plebeians qu'on appelle roturiers de chasser, a fin que par tel exercice qui ne leur est conuenable, ils n'en soient destournez de leurs labeurs, mestiers & ouurages. Aussi par lesdictes ordonnances est interdict de chasser dans les bois & forests du Roy, comme pareillement des seigneurs, sinon qu'il y ait des conuentions, tiltes & priuileges attribuans à aucuns ce pouuoir de chasser. Et encores que la liberté de chasser & voller soit permise à aucuns, si est-ce qu'il ne leur seroit loisible* *d'entrer dans l'heritage d'vn autre contre sa volonté, pour chasser ou voller, ains le seigneur de l'heritage pourroit l'empescher d'y entrer,* l.3. D.eo. l. iniuriarum. §. pen. D.de iniuriis,& l.diuus. D. de seruit.rust. prædio. *Ce que toutesfois l'vsage de France limite pour le regard des seigneurs, & gentils-hommes, lesquels peuuent librement chasser & voller sur les terres & heritages des roturiers, principalement de leurs subiets, ce qu'ils sçauent bien practiquer en tout temps qu'il leur plaist, nonobstant la restriction portee par l'ordonnance. Certainement la venation est bien seante & conuenable aux gentils-hommes, parce qu'elle donne instruction à l'art militaire.* vt scribit Xenophon lib.de venatione : *& nous lisons en Homere, & autres celebres autheurs, que les hommes nobles & de cœur genereux ont eu la chasse en grande recommandation, & dict Virgile,* Venatum Æneas, vna & Sidonia Dido in nemus ire parant. *Il y a des garennes esquelles sont nourris & enclos des Lapins, & autres semblables bestes sauuages: mais en icelles n'est libre de chasser à autre, qu'au seigneur, n'y d'en prendre, d'autant qu'ils luy appartiennent,* & ab eo possidentur l.3.§.item feras.D.de adquir. vel amit.possess. *Et en partie le reuenu de la terre y consiste*, iuxta l.venationem. D. de vsuris. & ibi Bartol. *La question a esté grande, si le seigneur haut iusticier peut empescher son vassal, qui n'a que moyenne ou basse iustice, ou nulle, de chasser sur les terres dependantes de son fief, sans le congé & permission du haut iusticier: & par arrest du vingtroisiesme Decembre mil cinq cens soixante six, donné entre M. Iean Matthieu, Seigneur de Villeuaudé, & la Dame de Montjay a esté iugé, que le Seigneur feodal peut chasser & faire chasser en & au dedans son fief encores qu'il n'y ait haute iustice. Et par autre arrest du dixseptiesme Mars mil cinq cens septante trois, a esté iugé que celuy qui a leué vn Sanglier au dedans de son fief, le peut poursuiure & prendre dans la terre & seigneurie de son seigneur dominant: lesquels arrests sont recitez par Bacquet, traicté des droicts de iustice, chapitre dernier: & à ce propos on peut voir* Benedic. in cap. Raynutius in verb. vxorem nomine Adelasiam. de testa. & Sudor. disputatio. ciuil. lib.1. *& autres qui en ont escrit amplement.*

f *Ce qui est traicté en cet article & autres ensuiuans, est pris* ex tit. Inst. de diuis.rer. *auquel on peut auoir recours, & aux interpretes. Autresfois on a disputé si les mousches à miel, qui sont appellees au liure escrit à la main, Epies, sont* feræ, an mansuetæ : *& aucuns les ont estimé estre* medię cuiusdam naturæ, Plinius lib 11. natur.hist.. Varro lib.3. de re rustica cap. 16. *en faict deux especes, à sçauoir sauuages & priuees, qu'on peut voir*, & Columella lib.9.cap.2. & Virgil.lib.4. Georg. *En France on obserue que les essains des Mouches à miel, qui se trouuent sur les arbres, estans sauuages, c'est à dire qui s'y sont naturellement assis, sans proceder des Ruches appartenans à aucuns particuliers, sont à celuy qui premier les prend & occupe: mais les Mouches à miel domestiques & appriuoisees, & leurs essains appartiennent à celuy qui les a tenues en Ruches, & les peut poursuiure auec son & cry sur l'heritage d'vn autre, qui ne les doit retenir, non plus que les Pigeons & Paons, qui ont accoustumé de voller & reuenir*, l. 3. §. item feras. D. de adquir.

possess. *Et les seigneurs & autres qui ont droict d'auoir Coulombiers & volets, si on tend à leurs Pigeons, ou autrement on en prend, ils font condamner ceux qui les prennent,* quia in eorum sunt patrimonio, leg. Pomponius. §. Pomponius ait. D. famil. ercisc. Faber. ad §. in his. Inst. de diuis. rer. Guid. Pap. quæst. 218. Bened. in cap. Raynutius. in verb. & vxorem. de testam.

g *Le Iurisconsulte* l. 5. D. de adquir. rer. dom. *& Iustinian.* §. Gallinarum Inst. de diuis. rer. *font deux especes de Poulles & Coqs. Varro & Columella en font trois, comme nous faisons, à sçauoir les domestiques, sauuages, & qu'on appelle d'Inde ou d'Afrique, parce que la premiere race en est venue d'Afrique. Ils font aussi deux especes d'Oyes, à sçauoir domestiques & sauuages : & ce qu'ils escriuent des Poulles & Oyes domestiques s'obserue en France. Mais ce que l'Autheur en les suiuant adiouste de la seruitude de ceux qui sont pris en guerre par les ennemis, n'a lieu en France: ains tous les captifs de franche condition demeurent en icelle, & sont seulement tenus de la rançon qu'ils ont promise. Toutesfois tout ce qu'on prend en guerre de l'ennemi, appartient par le droict des gens à celuy qui l'auroit pris, pour le regard des meubles: car des immeubles se confisquent, & le Prince en ordonne comme il luy plaist* l. si captiuus. D. de capt. & post. reuers. *La forme d'acquisition en guerre* veteres prædatoriam appellabant, teste Aristotele lib. 1. polit. cap. 5.

h *Ce qu'il dit des pierres precieuses, s'entend si celuy les prend, qui les trouue: & que ce soit au riuage de la mer,* l. 1. D. de adquir. possess. *Car s'il les trouuoit en lieu priué, ou au chemin, comme parauanture estans tombees d'vn coche ou carrosse, il ne les pourroit faire siennes,* §. vlt. inst. de diuis. rer.

i *Cet article & le suiuant ne sont gueres en vsage en France, & sont pris* ex §. præterea, & § Quod si naturali. Inst. eod. in d. §. præterea. *Sont proposez deux cas, l'vn de l'alluuion & l'autre de l'impulsion du fleuue. Le premier quand le fleuue par son cours latent tire & retranche d'vn champ, qu'il adiouste à l'autre: ce qui s'acquiert au champ, auquel il est accreu. Le second quand le fleuue par impetuosité transporte quelque partie d'vn champ, en celuy du voisin: & audit cas ceste partie de terre ou champ demeure à celuy auquel elle appartenoit: sinon qu'elle eust demeuré si longuement au champ du voisin, auec les arbres que le fleuue y auroit tirez qu'ils y ayent pris racines. & des lors semblent luy estre acquis.* l. adeò quidem. D. de adquir. rer. domin. l. hoc amplius. §. Alphenus. & §. Neratius. D. de damn. infect. *Toutesfois en ce cas Varus & Nerua donnoient au proprietaire* vtilem in rem actionem, l. Idem Pomponius. §. de arbore. D. de rei vindic. *Mais si le fleuue ayant du tout laissé son fonds naturel a commencé de fluer en autre part, son premier fonds appartiendra à ceux qui ont des heritages aupres, à la mesure de la largeur de chacun heritage, & si apres quelques temps il retourne à son premier fonds, de rechef le nouueau qu'il aura laissé, appartiendra à ceux qui pres la riue d'iceluy possedent des heritages: ce qui me semble deuoir estre entendu des anciens proprietaires, qui en iouyssoient auparauant ladite mutation: comme aussi on traicte de l'inondation, quand icelle est retirée: car lors le champ demeure à celuy, duquel il estoit auparauant,* d. l. adeò. §. Quòd si toto.

k *Pour ceste question y auroit eu dispute entre les Iurisconsultes, mais l'autheur suit l'opinion de ceux qui ont vsé d'vne distinction comme sentence moyenne, ainsi qu'a faict Iustinian* in §. cum ex aliena, *suiuant ce qui est traicté* in d. l. ad eod. §. cùm quis, *mais quand à ce qu'il dict que si l'espece faite par aucun de la matiere d'vn autre, ne se peut reduire à sa premiere matiere, elle appartient au faiseur de la chose, il le faut entendre, si de bonne foy: & en son nom il l'auroit fait, & non s'il l'auroit fait de mauuaise foy*, tùm enim teneretur furti, l. si quis messem. D. de furtis l. 12. D. ad exhib. *Et ainsi faut aussi distinguer pour l'espece de l'article ensuiuant, si aucun a fait quelque chose, partie de sa matiere, & partie de l'autre: à sçauoir s'il l'a faict de bonne foy*, iuxta. d. l. si quis. *& si les matieres sont tellement meslees, qu'elles ne puissent estre reduites à leurs premieres qualitez*. d. l. adeo. §. cum quis. glos. ad §. quod si. *Pour le regard des bordures & enrichissemens qui se mettent sur quelque robbe ou accoustremens, il est sans doute que comme accessoire ils sont acquis à l'accoustrement & appartiennẽt à celuy qui l'auroit fait de sa matiere & estoffe: toutesfois si de mauuaise foy il auoit pris & appliqué lesdites bordures soit d'or, ou d'argent, ou autres, celuy qui en estoit le proprietaire, pourroit contre luy intenter action de furt: autrement s'il l'auoit fait de bonne foy, il ne seroit tenu que de la restitution & interest*, vt notat in §. si tamen. l. 1. in fi. D. de condict. sine caus. l. gemma. D. ad exhib. *Il y a d'autres especes qui sont traictees* in d tit. D. de acquiren. rer. dom. & Instit. de diuis. rer.

l *La raison de ce qu'il dit qu'à celuy qui edifie sur sa terre, de la matiere d'autruy, appartient l'edifice, en est rendue par le Iurisconsulte* in d. l. adeo. §. cum in suo loco. & instit. de diuis. rer. §. cùm in suo. quia omne, quod inædificatur, solo cedit. *Ce qu'il dict que le maistre de la matiere ne peut faire despecer & desmolir la maison ou edifice, ains agir au double par action appellee* de tigno iniuncto, *procede de la loy des XII. Tables*, qua cautum erat ne quis tignum alienum ædibus suis iunctum eximere cogeretur, sed duplum pro eo præstaret: *Ce qui peut aussi pour l'article ensuiuant*, quod ideo prouisum est, ne ædificia rescindi necesse sit. *Quant à la peine du double, elle ne se practique en France: par ce que comme i'ay remonstré cy dessus, les peines ordinaires introduictes par les loix Romaines, ne sont plus en vsage, ains sont à present toutes peines arbitraires. Aussi telle peine du double pour le soleau ou cheuron ne competoit que contre celuy qui l'auoit pris furtiuement & ioinct à son edifice*, l. 1. D. de tigno iuncto: *dont on peut voir* quod traditur in l. in rem §. item. & seq. D. de rei vindicatione & l. 6. D. ad exhib.

m *Le semblable est traicté* in d. l. adeo §. vlt. & in §. si Titius. Institut. eod. *où il est decidé que la racine faict acquerir à l'heritage l'arbre qui y est planté, par ce que la plante prend sa nourriture de la racine: mais en ce cas on ne donne l'action de larcin à celuy duquel on auroit pris l'arbre, ains seulement action pour auoir l'estimation de l'arbre, auec son interest, comme aucuns ont noté* ad d. §. si Titius.

n *La reigle est generale que les choses apposees & adiointes aux autres sont acquises à celles ausquelles elles sont ioinctes, comme a esté dict cy dessus des bordeures d'or & d'argent: aussi les lettres encores qu'elles soient ormes & argen-*

tines, c'est à dire faictes d'escriture d'or ou d'argent, appartiennent à celuy qui est maistre du parchemin, papier ou carte où elles sont escrites. l. quaratione. §. 1. D. eod. & §. literæ. Instit. eod. Mais le semblable n'ont tenu plusieurs Iurisconsultes pour le regard de la peinture, desquels Iustinian suit l'opinion: par ce qu'ils ont estimé le tableau deuoir ceder à la peinture, comme plus precieuse: mais Paulus Iurisconsulte est de contraire opinion in d. l. in rem §. sed & id. Toutesfois aucuns ont escrit que la carte, papier, ou parchemin doit aussi bien ceder à l'escriture, que le tableau à la peinture: & ce pour l'excellence des escritures qu'y peuuent faire les hommes doctes, qui ne sont moins recommandables que les peintures. Azo, Accurs. Faber & alij ad d. §. literæ, & ainsi nous en vsons: mais celuy auquel appartenoit la carte, papier, ou parchemin, la table ou tableau, a son action pour en auoir le payement de la valeur & estimation.

o C'est icy vne autre maniere d'acquerir par droict naturel, comme adiouste Iustinian in §. si quis autem, à sçauoir des fruicts, que le possesseur de bonne foy perçoit de l'heritage d'autruy l'ayant acquis, soit par vne vendition, donation ou autre iuste cause, de celuy qui n'en estoit le seigneur, & que toutesfois il estimoit estre tel. Car il est bien raisonnable que les fruicts par luy perceus & recueillis luy appartiennent pour la culture, labeur & impense qu'il y auroit faict. l. nunquam nuda. & l. bonæ fidei empto. D. de adq. rer. dom. Il les faict donc siens, iusques à ce que le vray seigneur vindique l'heritage, lequel toutesfois ne pourra demander les fruicts consommez & perceuz par le possesseur, ains seulement ceux qui sont pendans, l. certum est. C. de rei vindic. Quant aux fruits naturels, c'est à dire qui prouiennent naturellement, & non par la diligence & trauail de l'homme, comme sont les pommes, poires & autres semblables, on a grandement disputé si le possesseur de bonne foy estoit tenu de le restituer, propter l. qui scit. & l. fructus. D. de vsuris. & d. l. bonæ fidei. Mais nous obseruons en France, que le possesseur de bonne foy qui est comme au lieu du seigneur, faict tous les fruicts siens, iusques à ce qu'il soit poursuiuy en reuindication. mais le possesseur de mauuaise foy est tenu de rendre tous les fruicts, d. l. certum. l. si Vrbana. D. de conditione indeb. & par l'Ordonnance de l'an 1533. art. 94.

p Il parle de l'vsufruictier, lequel ne faict les fruicts siens, sinon d'autant qu'il les auroit perceus & recueillis: & est reputé les auoir perceus quand luy ou vn autre en son nom les a recueillis: & separez du fonds, l. si fructuarius. D. quibus modis vsusfructus: mais s'il meurt sans les auoir perceus & cueillis, encores qu'ils soient meurs, ils n'appartiendront à son heritier, ains au proprietaire du fonds. l. defuncta. D. de vsufructu, & quemad. §. his vero. Instit. de diuis. re. Car les fruicts pendans sont reputez faire partie du fonds, & par consequent sont à celuy qui en est proprietaire, aussi l'vsufruict est vne seruitude personnelle qui s'estaint & finit auec la personne. §. finitur. Instit. de vsuf. & ainsi a esté iugé par arrest de la Cour prononcé aux Arrests de Pentecoste du 19. May. 1589. au proces des heritiers de la doüairiere de la maison de Prémont, en Bourgongne, euoqué au Parlement de Paris.

q Il monstre icy comme fait Iustinian §. in pecudum. que les faons des bestes qu'on dit en Latin fœtus, comme aussi le laict, le poil & la laine, sont en *fruict & partant appartiennent à l'vsufruictier & au possesseur de bonne foy.* l. in pecudum D. de vsuris.

r *Tresor est proprement entendu vne pecune de si long temps cachée & deposée qu'il n'y en ait memoire, & on ne puisse sçauoir qui en seroit le maistre & seigneur*, l. nunquam. §. thesaurus. D. de adquir. rer. domin. l. 1. C. de thesaur. *Du thresor qui auroit esté trouué, à qui il doit appartenir, y a eu des constitutions diuerses des Empereurs. Iustinian recite celle de l'Empereur Adrian, lequel suiuant l'equité naturelle auroit attribué le tresor à celuy qui l'auroit trouué dans son lieu, mais s'il l'auoit trouué en autre lieu fortuitement, & sans vser d'art magicque & incantations, il auroit ordonné qu'il en auroit la moitié & l'autre au proprietaire du lieu, soit qu'il appartienne à l'Empereur ou à autre: comme aussi recite Spartia. in Hadria. Ie sçay bien que pour le regard du tresor trouué és lieux sacrez & de religion, aucuns auroient remarqué quelque difference entre les constitutions de l'Empereur Adrian, & des deux freres Antonius & Verus* l. 3. D. de iure fisci, *& ce qui en auroit esté depuis ordonné par Constantinus & autres Empereurs* C. Theo. tit. de thesaur. & Leon. nouel. Si Alexander Seuerius repertori thesauros donauit, teste Lampridio. *Mais en France on allegue deux anciens arrests des ans 1259. & 1261. par lesquels le tresor d'or qu'on appelle autrement fortune d'or, en quelque lieu qu'il eust esté trouué, auroit esté adiugé au Roy, & celuy d'argent au proprietaire du lieu, comme aussi porte l'establissement du Roy sainct Loys. Toutesfois il a depuis esté iugé par arrest que le tresor encores qu'il fust de pieces d'or, n'estoit de droict Royal, ains seigneurial: tellement que d'vn tel tresor que le Procureur general du Roy pretendoit, le tiers auroit esté adiugé au seigneur haut iusticier, le tiers à celuy qui l'auoit trouué, & l'autre tiers au proprietaire du champ & heritage, où il auoit esté trouué, du 29. Iuillet 1507. entre le Duc de Montmorency, le Prieur d'Argentueil, Iean Fontaine qui auoit trouué le tresor, & Pierre Brissart proprietaire du lieu où il auoit esté trouué; dont on peut voir ce qu'en a escrit Choppin* lib. de domanio. tit. 5.

s *L'arbre qui est cheu & versé d'vn champ en l'autre ne laisse d'appartenir à celuy du champ duquel il auroit esté arraché, sinon qu'il ait pris racine dans le champ ou terre, où il seroit tombé, par ce que lors il seroit acquis audit champ ou terre* l. sed si, §. arbor. de adquiren. re. dom. *& l'autheur monstre bien que tel arbre ne peut estre deputé espaue, sinon qu'il ait esté du tout abandonné par celuy du champ duquel il seroit tombé, & ne soit aduoüé par le maistre de l'autre champ: par ce qu'en ce cas comme estant sans maistre qui le maintienne luy appartenir, le seigneur du lieu le pourroit faire sien, & à ceste fin faire proceder par publication, selon qu'il est contenu en cet article, & en quelques coustumes qui en ont disposé. Des espaues sera parlé plus amplement cy apres.*

DV DOMMAGE QVE BESTE PEVT COMMETTRE, ET QVI EN EST TENV.

TILTRE XXXVII.

POVRCE que selon droict nul ne peut estre dommagé ne iniurié par quelque voye que ce soit, qu'il n'en soit recompensé, supposé encores que dommage luy fust fait à non escient ou par aduenture, ou par beste qui autre fiert : Si te veux monstrer en quel cas telles aduentures peuuent venir & sourdre, & comme iustice veut qu'il y soit pourueu : que les clercs appellent *si quadrupes pauperiem fecisse dicatur.* Si sçachez que par la loy il est deffendu que nul ne tienne en lieu ours, ver, sanglier, thor, lyon, chien, cerf, cinge, ne autre semblable beste qui n'est commune d'estre entre les gens, ne d'estre domestique, sinon les grands seigneurs, & les seigneurs des lieux qui sont dignes d'honneur, & qui ont grands lieux & grands cours, & à qui ce appartient pour cause de leur dignité. Et encores si tels seigneurs les tiennent, si les doiuent ils tenir en fortes muës, & en forts lieux, qu'ils ne facent mal aux gens, & ainsi sont tenus de faire. *ff. si quad. paupe. fecisse. dic. l. ij. per totum.*

De soy ioüer à la beste.

Et s'il aduenoit qu'aucun les aggressast de ioüer, ou autrement approchast que blessé en fust par aucune aduenture, sçachez que le blessé n'en peut rien demander par loy au seigneur, ne à la beste. Et la raison si est, que le seigneur a faict son deuoir de la bien lier, & pour ce en est quitte, & la beste fait sa nature. Et pource si homme est sage, ne se doit pas aduenturer ne approcher de telle beste.

De beste qui a rompu son lien.

Item & s'il aduenoit que par aduenture la beste rompist son lien ou sa cage, qui ne fust par la coulpe du seigneur ne par mauuais lieu, & s'enfuit la beste, ou eschappast sans le sceu de ceux de l'hostel, & en eschappant blessast aucun, encores n'en seroit le seigneur à rien, ne la beste aussi, car la dignité du seigneur est bien d'auoir & tenir telle beste, & qui eschappée est à non escient. Et la beste si tost qu'elle est hors de fermure, elle est retournée à sa nature & franchise, ne n'est à nul proprement, si cõme dit est en la rubrice precedente, & pour ce tous la doiuẽt fuir qu'elle ne blesse ame. Si ne chet point d'amende en tel cas pour la raison dessusdite, ne nul ne peut tous mauuais punir, fors Dieu, car en tel cas meffait n'a point de loy. § *hæc actio. vsque ad §. pauperiem. insti. si quadrupes pauperiem.*

De brebis, moutons, & autres bestes.

Et s'il aduenoit qu'aucun eust brebis, moutons, pourceaux, bœufs, vaches, cheuaux, asnes, mules, ou semblables bestes, qui sont ordonnées à domestique vsage entre les gens, pour le gouuernement & substantation de l'homme, & que si rebelleuses fussent & telles que par leur rebel & crasse naturelle elles regibassent & rebellassent contre mesure, & blessassent aucun & fissent dommage, ou que ce fussent grosses bestes qui coustumieres fussent de mordre ou getter ou ferir, ou qui eussent autre rebelleux empeschement, & le seigneur sous qui ce seroit n'y mettroit remede, au moins ne meist diligence de les tenir & garder par garde ou par emmuëment de muë ou d'autre detention, sçachez que si elles font à aucun dommage par tel rebel, le seigneur à qui elles sont, sera tenu d'amender le dommage par la beste ainsi fait, au cas que le seigneur aduoüeroit la beste qui ce dommage feroit. Et s'il aduenoit que le seigneur de la beste la desaduoüast, sçachez que la beste selon le plus des coustumiers & coustumes locaux, & aussi le droict escrit, demeureroit en la main du seigneur pour amender à partie blessée le dommage par luy fait, premier & auant toute œuure, & le residu demeureroit à la confiscation du seigneur.

Esmuement, au liure escrit à la main.

Vix hoc de iure sustineri posset, & ne s'obserue par le droict François.

De sommer le seigneur de la beste.

Mais s'il aduenoit que le seigneur de la beste eust esté sommé par la iustice du lieu, qui est droict ordinaire d'office, supposé qu'il ne fust partie qui le requist, & monstrast qu'il a beste accoustumée de mordre, ou de regetter, ou si rebelleuse que peril est aux voisins pour eux, leurs enfans & leurs bestes, & tellement la garde qu'elle ne face dommage à aucun, ou qu'il ne s'en deliure, sçachez que lors si la beste faisoit dõmage à aucun, excuser ne s'en pourroit le seigneur de la beste, que tenu n'y fust en dommage & interest à l'esgard du iuge selon la loy escrite. *dando pro noxa.*

De beste aggresser autre beste.

Itẽ s'il aduenoit que beste qui encores ne seroit accoustumée de mordre ne de getter aggressast autre beste, qui ne seroit coustumiere de mordre ne de getter ou ferir, & la beste ainsi aggressée ferust, mordist ou tuast l'aggressant beste: sçachez que le seigneur d'icelle beste ainsi aggressée n'en seroit à rien, pour la raison de ce que aussi bien entre les bestes que entre les gens y peut auoir contend à la fois & noise. Et pour ce peux & dois sçauoir par raison ordonnee du contraire que nul ne peut ne doibt faire dõmage à aucun, cõme dessus est dit, sans amendise & sans rendre. Car la beste sans occasion acquise, si elle me fait dõmage, tenu y est le sire de la beste, si aduoüer la veut. Et sinon, par ordõnance de iustice sera vẽduë tant que valoir pourra. Car premier, si cõme dit est, partie doit estre redintegrée, & le surplus doit estre à la confiscation de iustice, laquelle chose les clercs appellent, *dando pro noxa. si quadru. pau. feciss. dic. cir. prin.*

De soy iouer à beste qui fiert.

Et est à sçauoir que ainsi comme est dit de la beste aggressee sur autre, aussi tu peux & dois sçauoir & entẽdre de celuy qui aggresseroit, ou regiberoit, ou qui trop excessiuement chargeroit aucune beste, ne seroiẽt tenus d'amendise. Car qui ainsi meine beste par voye desordõnee & espouuentable & non accoustumée, ou qui la chargeroit de charge espouuẽtable ou desordõnée, & la beste face cõme beste qui ne sçait que faire doiue par raisõ, car reigle ne raison n'est en beste. Et pour ce l'homme qui a raison

raison la doit guider & gouuerner par raison, car plus en peut & doit estre demandé à l'homme qu'à la beste.

ANNOTATIONS DV TILTRE TRENTESEPTIESME.

P*RVDEMMENT a esté aduisé par les legislateurs de pourueoir au dommage que font les bestes: encores qu'elles n'y soient poussees par raison & affection,* vt scribit Aristoteles lib. 3. de anima, *ains par vn mouuement procedant de quelque esguillon, fereur ou ferité,* Inst. tit. si quadrupes paup. fecis. dic. *& tel dommage est appellé aux loix Romaines* Pauperies, *comme estant vne pauureté qu'apporte la beste. La loy des XII. tables estoit conceuë en ces termes ou semblables.* Si quadrupes pauperiem faxit, quadrupedis Dominus noxiam sarcito, aut quod noxiam nocuit, noxæ dedito. *De ceste loy les Iurisconsultes & Iustinian font mention,* d. tit. si quadr. paup. fecis. dic. l. 7. §. hoc edictum. D. de damn. infect. *A quoy conuient la loy de Moyse.* EXODI cap. 21. *& s'abusent ceux qui adioustét à la loy des XII. tab.* quod traditur de equo calcitroso, & boue cornupetere solito: *car celà procede des responses des Iurisconsultes,* vt constat ex l. 1. §. Itaque. D. eo. *L'Autheur distingue bien la qualité des bestes, comme font aussi les Iurisconsultes & Iustinian. Car ceste action noxale n'a lieu qu'és animaux de nature priuez, lesquels esmeus cõtre leur naturel ont faict dõmage,* d. l. 1. §. & generaliter. d. tit. Inst. §. 1. *& encores que la loy des XII. tab. ne semble parler du chiẽ,* qui inter pecudes non habetur, l. 2. D. ad leg. Aquil. *si est-ce que,* idem lege Pesulania de cane cauetur, vt scribit Paulus Recept. sentent. li. 1. tit. 15. vbi Cuiacius emendat Solonia, ex auctoritate Plutarchi in Solone. *Mais ce qu'on traicte de la beste qui a faict dommage, de la bailler pour iceluy, ou en payer l'estimation, s'entend pourueu qu'elle n'ait esté prouoquee par le maistre, ou par autres, car en l'vn & en l'autre cas cesse l'action noxale: d'autant que celuy qui l'a prouoquee, est tenu solidairement par la loy Aquilienne,* d. l. 1. l. Item Mela. §. item cum eo. D. ad leg. Aquil. *& les Grecs,* ad d. l. 1. § Itaque. *l'interpretent,* si Dominus ignorauit, si enim ipse scierit, videtur damnum dare, non equus: & ideò locus est actioni legis Aquiliæ: arg. l. 2. D. de noxal. act. & l. pen. c. eo. *Mais encores par la loy des XII. tables,* est de pastu pecoris noxalis actio, l. qui seruandarum. §. vlt. D. de præscript. verb. *Quant aux bestes sauuages ceste action n'a lieu.* d. l. 1. §. in bestiis. & Inst. eo. *& encores si es quadrupes des priuez son fascheux, coustumiers de mordre & malfaire, & comme dict l'Autheur, rebelleux, il ne les faut tenir au lieu par où ordinairement on passe, & où ils puissent nuire & offenser: comme aussi les bestes sauuages, qu'il conuient enfermer en muë, cache, ou autre closture: à fin qu'elles ne puissent offenser & endommager. A quoy auroit esté pourueu par les Ædiles,* l. hi enim. & seq. D. de Ædil.

edict. où est faict expressement mention du chien, lequel enclin à mordre doit estre aussi bien enfermé que la beste sauuage : & pour le regard d'iceluy n'a lieu l'action noxale, ains le maistre en est responsable, & de l'estimation du mal qu'il a faict, & de l'interest, & ainsi nous en vsons en France : mesmes si le maistre ayant esté aduerti par la iustice de contenir & enfermer son chien, n'y auroit mis ordre, ains depuis le chien auroit mordu & blessé aucun en passant, & sans l'irriter, il sera condamné en l'amende enuers le Seigneur outre la reparation enuers la partie. Aussi les actions noxales ne sont practiquees en France, si non que par les coustumes des lieux elles soient mises en vsage : comme celle de Bretagne, art. 640. où faut voir la note du tres-docte Argentré. Qui en voudra voir d'auantage, i'espere le contenter au quatriesme liure des Pandectes.

D'HOMME FAIRE DOMMAGE A AVTRE.

TILTRE XXXVIII.

ET s'il aduient [a] qu'aucun face dõmage à autre homme non escient, pour-ce ne demeure pas que tenu ne soit celuy qui ce fait, d'amender le dommage tant seulement, & l'iniure non si elle estoit, si comme si ie faits en aucun lieu desclos vn fossé pour auoir argille, ou terre, ou autre aisement, & il aduienne que la beste de mõ voisin y chée, qu'elle en soit morte ou mehaingnée, sçachez que tenu suis d'amender la valeur de celle beste : mais la beste morte me demeurera parmy, rẽdant la valeur d'icelle au prix qu'elle valoit quand elle estoit viue, & ainsi entends d'autres cas semblables.

De dire iniure à autre.

Item & si [b] aucun faisoit ou disoit iniure à autre qui n'ait lieu de ce dire en cause ou querelle faisant ou seruant, sçachez qu'amender le doit à l'esgard du Iuge, voire ce sçeu que l'iniure ne soit notoire prouuée par autre publique fois. Si cõme qui diroit iniure à autre en Cour pardeuant Iuge, disant que celuy fust reputé de foy mentie, ou autresfois auoir esté reprins & puni de larrecin, ou qu'il fust bastard, &c. Sçachez que pour ce dire le diseur n'en seroit à riẽ ne point en amẽde, puis que ce seroit chose notoire & veritable, & qui seruiroit à la cause : si comme parauant ay monstré au declinatoire ou dilatoire, ou autre exception cy dessus : mais qui hors cause & sans raison le feroit, il y chet amende selon la faculté & qualité, & quantité. Si peux & dois sçauoir que bien y a iniure ou amende s'appartient, iaçoit ce qu'elle soit dicte en reproche ou autrement, si comme qui nõmeroit vn hõme meseau qui le fust pour le vray, & celuy qui ainsi seroit nommé, le r'appellast en iniure, sçachez que pour ce ne demeureroit en cas d'amende. Car c'est chose qui a regard au publique

que tous peuuent & doiuent fuir & noncer par raison ordonnée & escrite. Et ainsi dois entendre d'autres cas qui sont contraires & haïs de la chose publique: si cõme qui sçauroit hõme qui fust incredule ou heresé, ou qui fust cõspirateur, tous sõt tenus de l'accuser selõ la Bible. *Ad hoc faciunt ea quæ habẽtur in. l. eũ qui nocẽtem. in princip. ff. de iniuriis. & famo. libell.*

De la beste tuer homme.

Item la [c] Bible veut que s'il est beste qui fiere homme ou femme, si que la personne voise de vie à trespas, que la beste soit destruitte, n'en soit mangée la chair, & le sire de la beste en soit quitte, si ainsi n'est que la beste fust accoustumée d'estre heurteur, mordeur, ou getteur, &c. Et si telle estoit, on doit faire commandement au Seigneur de la beste, qu'il tienne sa beste si fermée tellement qu'elle ne puisse faire mal à aucun. Et si depuis la beste faisoit mal à aucun: elle doit comme dit estre condamnée en † exil. Et le Seigneur de la beste ainsi commandé & sommé qui rien n'en a fait, doit estre condamné aussi à mort & en exil: mais tant de remede y a que de sa vie est en la volonté du Seigneur qui est Roy ou Prince Souuerain du Royaume, &c.

† Exil, en vieil Frãçois signifie destruicte ou exterminee, cõme le verbe exiller: dont mon veil practicien vse en telle signification.

De beste occire serfs.

Et s'il aduenoit qu'vne beste occist serf d'autruy, le sire de la beste doit au Seigneur du serf trente deniers d'argent, & a ceste amende pour ce que trente generations yssirent de Chan fils de Noé, lequel Noé maudit & asseruit: & doit la beste qui a ce fait estre destruitte, si comme dessus est dit en ceste mesme rubrice.

De la coustume de Picardie, comme les seigneurs peuuent enquerir verité des delicts partie non apparente.

ENcores [d] dois sçauoir qu'en Picardie, & mesmement en Chastellenie de l'Isle, de Doüay, d'Orchies, de Cysoing, de Tournesis, de Mortaigne, de sainct Amãd, & aussi des appartenances, a vne coustume d'enquerir la verité d'aucun delict, soit criminel ou ciuil par office de iustice, & que la verité ainsi sçeuë est engẽdrée actiõ au Seigneur de faire poursuite & demande contre le delinquant coulpable, & de le tenir prisonnier, si comme par la verité est donné à entendre. Si se doit faire par ceste maniere. Sçachez que si tost qu'vn fait de delict criminel ou ciuil est aduenu en la terre d'aucũ iusticier, & les mal-faicteurs ne sont prins de present meffait, ou il n'y a partie formée qui se vueille plaindre ne dresser partie en iugement, le sire ne lairra pas pour ce à atteindre le delict, mais semondra les hommes iusques pour loy dire, & fera plainte cõtre tel delict faict en sa terre & par tel. N. si comme renommée labeure: pourquoy pour auoir la cognoissance & la verité atteindre sur les delinquãs, & pour biẽ de iustice fera sa plainte d'auoir dudit delict & des faiseurs verité tenuë, au lieu où ce aura esté fait, au plus pres que faire se pourra & deuera de raison: afin que punitiõ par loy s'en puisse faire telle qu'au cas appartiendra: & de ce auoir, doit coniurer ses hommes. Les hommes doiuent dire à la coniure du Seigneur. Sire, ouye la vostre plainte par laquelle vous nous auez semons de loy dire, nous vous disons que sur ledict faict vous faictes à Dimanche prochain, ou autre iour d'Apostre noncer à l'Eglise de la paroisse où le fait a esté dont plainte auez faicte, à heure de la grand Messe, que tous couchans & leuans de la terre à vous appartenãt en la parroisse, soiét au tiers iour apres, ou au iour, que vous assignerez sur ce, en certain lieu que vous leur ferez declarer, à denõcer au plus pres du lieu où le delict a esté fait que faire se pourra bonnemét: & à telle heure. &c. pour sur ce tesmoigner tesmoignage de verité sur le fait de vostre complainte, & aux iours apres ensuyuans si tout ne se peut faire sur vn iour que vous leur assignerez, & que nul ne nulle n'y faille sur peine de soixante sols tourn. Et de ce doit estre ainsi noncé à l'Eglise par deux hommes & vn Sergent de loy, qui à leurs pers & compagnõs en puissent faire relation si mestier est. Item le iour de la verité venu, & le Seigneur accompagné de trois hommes de la loy du moins, & le Sergent doit estre au lieu pour tenir sa verité. Et comparans les couchans au iour &. lieu assigné, le Seigneur leur doit faire tous & toutes leuer leurs mains aux saincts: & iurer qu'ils deposeront loyallement si auant qu'ils sçaurõt de ce que les hommes de loy qui là sont amenez, pour enquerir la verité de tel fait aduenu encontre tel. N. & tel, &c. Et ce fait, à part les hommes doiuent enquerir la verité aux tesmoins l'vn apres l'autre, & tout faire escrire, iuré & sermenté. Et la verité tenuë faicte & parfaicte, les hommes doiuent mander au seigneur si plus des tesmoins ne veulent faire ouïr ne produire sur le fait de la verité. Le sire si bon luy semble doit dire que bien le suffist. Et ce fait les hommes doiuent clorre & séeller la verité de leurs seaux, & r'apporter en Cour au iour de plaid & autre s'il plaist au Seigneur, & à la requeste du Seigneur doit estre exposé de la verité leuë, & dict au Seigneur, à fin qu'il sçache qu'il a faire prendre ou adiourner selon ce que le cas le desire.

Pro hoc modo inquirendi vide per Specula. tit. de inquisitio. visoigitur, vbi ponit modum procedendi in inquisitionibus.

Des exoines que peuuent auoir les adiournez en la verité.

Item que les adiournez y peuuent auoir trois exoines ou trois defaux: & au quart si ils ne viennent, le Seigneur prend quart default: par vertu desquels defaulx a sa demande atteinte. Item & si l'adiourné vient, la demande luy doit estre faicte en iugement, & sur ce à ses defenses: & doit auoir les publications des tesmoins en hault, & attrait mot apres autre, sauf ce qu'il n'aura pas les noms des tesmoins, qui en la verité ont deposé, au cas que ce seroit en cas ciuil, fors de ceux qui à soy competent: & si le cas estoit criminel, dont les doit-il auoir auec noms & surnoms, c'est à sçauoir la deposition, & les noms & surnoms d'autre part, car à la deposition lire, on ne doit pas nommer le deposant par nom, mais le doit nõmer ainsi, vn homme ou femme de tel aage dit & depose diligemment interrogé par son serment, &c. Et apres lire la deposition tout au long. Et ce fait on luy doit bailler noms & surnoms par escrit, à fin de reprocher si faire le veut. Et ainsi a-il esté iugé en la sale à l'Isle & ailleurs, où on vse de verité par tant de fois qu'il n'est doute du contraire.

Des franches veritez tenues pour cas especial.

SCachez que de tous cas aduenus en la terre d'vn hault iusticier, le sire en peut faire & tenir verité, soiét le cas ciuils ou criminels, & quãtesfois que le cas auient. Et outre en general peux & dois sçauoir que supposé qu'il n'y ait cas especial, si peut & doit le sire vne fois l'an tenir & faire verité en sa terre, qu'on appelle franche verité, qui comprend tous cas ciuils ou criminels, qui dedans l'an peuuent estre aduenus & encourus en sa terre, & par la franche verité en peut faire action & poursuitte d'office, sans ce qu'il ait partie formee, ne que prins l'ait en present meffait : mais sur ce peux & dois sçauoir que le Seigneur qui n'a haulte iustice, ne peut tenir la franche verité, n'autre verité que pour aduenir & pour atteindre l'amende de soixante sols, & en dessous. Et si le hault iusticier tient franche verité en sa terre, & par icelle franche verité il atteinde aucun couchant & leuant du bas iusticier, ou du moyen, & par l'attraire à ses plaids, sçachez que le moyen iusticier doit auoir le retour, renuoy & cognoissance de ses subiects en tant que l'amende de soixante sols, & en dessous le comprend parmy rendant au hault iusticier les frais de la verité tenuë en ladicte terre du moyen iusticier, si auant qu'à portion peut & doit appartenir. Et ainsi a il esté iugé à l'Isle & à Maire en Tournensis, pour les moyens iusticiers qu'on appelle au païs Vicontiers, tant de fois que sans nombre, & qu'il est du tout notoire.

Quelle peine l'homme feodal commet en mettant la main à son Seigneur, ou encontre le Seigneur à son vassal.

ENcore [e] s'engendre vne autre maniere d'action, dont on peut faire grand question en Cour laye, soit le Seigneur contre son suiect, ou le suiect cõtre son Seigneur. C'est quand le Seigneur met main sur son vassal ou sur son homme, ou l'homme sur son seigneur par maniere de felonnie. Si peux & dois sçauoir sur ce que il aduient qu'homme feodal mette main à son Seigneur par mal, sçachez que l'homme qui ce fait, doit perdre son fief, & s'en peut le sire faire plainte pardeuant son souuerain.

Pro hoc est tex. in c. [illegible] vers. similiter. [illegible] [illegible] qui [illegible] [illegible]

D'aller contre son Seigneur en guerre.

Item si le subiect alloit contre son Seigneur en guerre auec gens qui de rien ne luy fussent, où il se mettoit en cheuauchee cõtre son Seigneur, pareillement s'en engendre l'action dessusdicte. Item & si vn homme auoit appellé son Seigneur, là où le Seigneur ne seroit present, selon l'opinion dessusdicte seroit de faire de luy, au cas que le suiect ne defendroit son Seigneur, & s'en offeroit combattre si mestier estoit.

Ad hæc omnia vide sub. [illegible] [illegible]

De non recourre son Seigneur.

Item si le Gentil-homme est en lieu où il puisse son Seigneur recourre de la main de ses ennemis dont il seroit prins, & il ne le faisoit ; ou n'y mettoit peine à le faire s'il pouuoit, sçachez que ce engendre action de perdre ses meubles, au profit de son Seigneur.

D'auoir fausses mesures.

Item pareillement s'il met fausses mesures en sa terre, ou s'il v[illegible]

Seigneur defiant, ou s'il pesche en ses estangs, ou s'il emble ses connins en ses garennes, & selon aucuns de tous ces cas est en la volonté au Seigneur, comme dessus est dit.

D'homme non feodal ferir son Seigneur.

Item & si homme non feodal ferist son seigneur par mal: si le sire ne l'auoit feru parauant, sçachez que ce engendre action de perdre le poing en la volonté du Seigneur: & s'il n'estoit tenu, il doit estre banny à tousiours de la terre au Seigneur sur le poing perdre par autelle raison.

De Seigneur ferir son homme.

Et peux & dois sçauoir que s'il aduient que le sire fiere son vassal ou son hõme par mal, sçachez que le sire pert son tenement que le vassal ou hõme tenoit de luy, & s'en retourne au Seigneur souuerain, & est à tousiours: mais le vassal ou homme exempt de celuy Seigneur de sa iustice, & demeure en la iustice de son souuerain Seigneur à tousiours la terre & l'homme tant qu'il vit, & engendre action enuers son Seigneur souuerain pour le delict de soixante liu. pour ce qu'il est Noble, & ceste chose est si notoire, que sãs doute en toutes Cours. Et ainsi fut iugé en la sale à l'Isle pour le Comte de Flandres, contre Robert Marcheler & sa femme, qui auoient mis main à leur seigneur, dont ils perdirent le fief qu'ils tenoient de leur Seigneur: Et en plusieurs cas l'ay veu iuger, & en plusieurs Cours par tant d'exemples que sans nombre. *De hoc vide lib. feud. tit. qualiter Dominus proprie. &c. cap. 1.*

ANNOTATIONS DV TILTRE TRENTE HVICTIESME.

2 CECY *se peut rapporter à la loy Aquilienne, laquelle parle du dommage faict par iniure, c'est à dire, si celuy qui l'a faict, l'auroit commis par sa faute & contre droict*, l. 2. 3. & 5. D. ad leg. Aquil. & Instit. eod. *Si donc il ne l'a faict à escient, ains le fait seroit aduenu sans sa faute, il ne seroit tenu de l'action de la loy Aquilienne, comme en l'espece recitee par l'Auteur, ce que toutesfois reçoit distinction, à sçauoir s'il a faict la fosse au chemin, ou en autre lieu où on n'auoit accoustumé d'en faire: car au premier cas il en seroit tenu, & non au second. Mais le Iurisconsulte adiouste l'imitation, que quelquefois pour cause l'action compete, s'il n'en auroit aduerti, & que celuy auquel le dommage seroit aduenu, n'en auroit rien sçeu, & ne l'auroit peu preuoir*, l. qui foueas. D. ad leg. Aquil. *I'ay veu vn arrest de l'an 1565. donné contre vn Laboureur de S. Germain, pres Crecy en Brie, qui auroit esté condamné pour des cheuaux qui estoient tombez en vne fosse à Marne qu'il auoit faicte, à rendre & payer l'estimation d'iceux, & ès despens, dommages & interests, par faute d'auoir denoncé & aduerti qu'il auoit faict ladicte fosse, encores qu'elle fust dans son champ, qui toutes-*

fois n'estoit gueres esloigné du chemin. Et peut voir à ce propos, l. si putator. D. eo. *qu'allegue Accursius*, ad d. l. Qui foueas.

b *Il reprend la matiere des delicts. I'ay traicté cy dessus des iniures, & de la poursuitte ciuile & criminelle qui se fait pour icelles*, iuxta l. constitutionibus. & vlt. D. de iniur. l. vlt. c. eod. §. in summa. Inst. Paul. li. 5. sent. tit. 4. *Pour les paroles qui se dient & proferent contre aucun, il faut distinguer si elles sont dictes en iugement*, non conuitiandi animo, *ains pour seruir à la cause: ou si elles sont proferees pour iniurier, soit en iugement ou dehors: au premier cas n'y a lieu de reparation, si les paroles sont veritables, & pour icelles ne compete action d'iniures*. l. si non conuicij. C. eod. *au second elle a lieu*, d. tit. de iniurijs. *Mais conuient noter que par l'ordonnance y a amende & reparation contre celuy qui propose pour reproches contre vn tesmoing, des faits iniurieux & cõcernans sa reputation s'il ne les verifie: & encores quelquefois il n'est receu à les prouuer, comme i'ay veu iuger par arrest pour vne se disant fille, qui estoit de mediocre condition contre laquelle on auoit dict pour reproches, qu'elle se gouuernoit mal & auoit eu vn enfant. Quant aux paroles qui se dient contre aucun pour l'iniurier, encores qu'elles soient veritables, il en pourra pour icelles intenter action, n'ayant lieu en France*, l. eum qui nocentem D. eod. *Par ce que c'est aux Iuges d'informer des crimes & delicts contre ceux qui en sont accusez, & non aux hommes priuez de les diffamer: dont i'ay ailleurs plus amplement discouru.*

c *De ceste question si la beste qui a tué vn homme, doit mourir*, Guido Pap. *escrit* quæst. 238. *& allegue* Exodi cap. 21. & Leuit. 21. *aussi traicte Clarus*. §. fin. quæst. 99. num. 8. *& à la verité la practique est de la faire mourir, ce qui est bien raisonnable, à fin de l'exterminer du monde & en oster la veue. Mais quant à l'hõme, auquel la beste appartient, s'il n'y a du dol de sa part, ains seulement de la coulpe*, etiam si sit magna & lata, *il n'est punissable de mort*, iuxta l. in lege Cornelia. D. ad leg. Cornel. de sicar. *Aussi ne s'obserue ce qu'en escrit l'Autheur, ne pareillement de la peine pour le serf, qui a esté tué par vne beste, par ce qu'en Frãce tous hommes sont libres, encores qu'aucuns tiennent de seruile condition, & les peines & reparations pecuniaires sont arbitraires.*

d *Ceste forme de proceder par inquisition de verité des delicts estoit anciennement bien practiquee par les Seigneurs haults iusticiers, quand n'y auoit partie apparente: & mon vieil practicien en fait souuent mention. C'estoit vne forme d'inquisition generale, qu'il dict se faire par annonce publique, à fin d'en auoir franches veritez: mais elle est à present hors d'vsage. I'ay cy dessus traicté de la practique, de laquelle on vse pour la preuue & punition des delicts, fondee sur les ordonnances royaux: & partant ne se faut icy arrester d'auantage, ains auoir recours ausdictes ordonnances. De l'inquisition ont escrit amplement*, Specula. tit. de inquisitio. Gomezius cap. 1. de delictis, nume. 49. Boss. ti. de inquisit. Clarus li. 5. §. fin. quæst. 3. fab. Instit. de publ. iud. in prin. *& plusieurs autres Docteurs & practiciens des exoines & defaulx: i'en ay aussi escrit cy dessus & monstré que ce qui est icy repeté par l'Autheur n'est plus en vsage.*

e *Entre le Seigneur feodal & son vassal doit estre vne alliance telle, que le vassal rendra à son seigneur respect d'honneur & obeïssance, & le Seigneur au vassal amitié & bien-vueillance: dont aduient que pour y contreuenir par l'vn ou l'autre le fief ou la tenure feodale se perd, comme est amplement traicté par les feudistes*, tit. quib.mod.feud.amitt.& de feud. sin. culp. non amitt. & al. *& Baro en a traicté doctement au liure* de beneficiis, *& entre autres causes de perdre par le vassal son fief, pour le faire confisquer au Seigneur est quand il met les mains violentes sur luy, ou profere contre luy & son honneur des iniures attroces*, C.1.vbi Interpretes.quæ fuit prim.causs.benefic.amitt.. *I'ay recité au deuxiesme liure des responces, que le vassal pour auoir desmenti son Seigneur en iugement a esté priué pour le temps de sa vie de son fief, par arrest prononcé en la prononciation solemnelle de 1556. & que par arrest precedent le vassal, qui auoit iniurié, assailli, & auec la dague nue poursuiuy son Seigneur, a esté declaré auoir confisqué son fief, aux arrests de nostre Dame d'Aoust, 1496. Par le mesme droict des feudes le vassal est priué du fief, s'il faict guerre auec les ennemis de son seigneur contre luy ou luy dresse des embusches pour attenter cõtre sa personne*, vt traditur in cap.1.§.si voluerit de capitã.qui cur.vendid. *ce que toutesfois il conuient limiter, sinon que le vassal le feist pour le seruice du Roy, & son prince souuerain, duquel il doit preferer la fidelité à celle qu'il doit à son seigneur: Il y a d'autres causes recitees par les feudistes, pour lesquelles tant le vassal peut estre priué du fief que le Seigneur de la tenue feodale*: quia eadem fide Dominus & vassallus inuicem sunt deiuncti.c.1.de form.fidelit.c.1.§. domino. si defend. def. cont.sit.& al. *A quoy se raporte la loy des XII. tables.* Patronus si clienti fraudem faxit, sacer esto. *& nous auons veu des arrests par lesquels le Seigneur feodal pour auoir tué son vassal, ayant obtenu remission ou ayãt iceluy indignement outragé & excedé, auroit esté priué de la tenue feodalle: & par aucuns seulement sa vie durant, & par autres à tousiours: dont i'ay amplemẽt traicté au quatriesme liure des Pandectes. Mais pour autres causes, comme les peines sont arbitraires en France, aussi ne peut on donner certaine reigle des crimes & delicts pour lesquels le fief puisse estre confisqué ou la tenure feodalle, toutesfois si le Seigneur vouloit entrer en duel, son vassal pour ne luy vouloir estre son second, ne seroit priué de son fief, attendu la prohibition des duels faicte par les constitutions canoniques & ordonnances royaux. Quant aux causes qu'il adiouste pour faire priuer le vassal de son fief, comme s'il met fausses mesures en sa terre, s'il pesche aux estangs de son Seigneur, ou emble connins en ses garennes, elles n'ont lieu à present, & pour icelles le vassal pourroit estre bien condamné en l'amende enuers son seigneur : mais elles ne seroient suffisantes pour le priuer de son fief, comme aussi ne seroit vn simple deffi: par ce que l'effect doit suiure la volonté, pour la priuation du fief*, d.c.1.§.si voluerit de capitan.qui cur.vendid. *& quant à ce qu'il dict que le suiect pour auoir feru son seigneur par mal doit perdre le poing, il ne s'obserue aucunement: ains le suiect est puni de peine arbitraire, selon la qualité du delict par luy commis.*

DE CEVX QVI SE DESESPERENT.

TILTRE XXXIX.

VERITE'

VERITE est[a] qu'encores s'engendre action par cas d'homicide qu'aucũs font d'eux mesmes par maniere de desespoir. Si te veux mõstrer ce que la loy escrite en dit, & sur ce peus & dois sçauoir que par deux manieres se peuuẽt l'hõme ou la femme mettre en desespoir. La premiere maniere si est par maladie & forsennerie, ou par aucune telle malicieuse voye, que pour la perte de sa femme ses enfans ou les biens luy viennent soudainement: & sçachez que par ces deux manieres quiconques chet en desespoir, combien qu'il perde vie, il ne doit pas perdre le sien ne le corps: ne le doit pas estre tourné à execution de crime, comme pour estre pendu ne mis à iustice publique: car le corps n'a riens meffait à iustice, mais à soy mesmes. Et iaçoit ce qu'en tels cas puis qu'aucun seroit trouué mort, il ne peut ne doit estre leué sans le sceu & auctorité du seigneur, & tous ses biens sont à mettre en la main du seigneur, pour sçauoir la verité du cas, pource que proprement appert de la mort, Toutesfois la verité sçeuë par la maniere que dessus est dit comment est mort, & encores par le gré du seigneur le corps peut & doit estre leué & enterré par le conseil de l'Eglise. Et n'y a autre confiscation de biens pour le seigneur qu'ils ne puissẽt retourner au droict hoir, & ce selon la loy escrite.

D'estre soupçonné de tel cas.

Mais s'il aduenoit qu'aucun fust soupçonné ou prins ou accusé pour aucun cas dont il eust eu peril de perdre corps & auoir, ou diffame irrecuperable, & pendant la cause il se tournast en desespoir, dont il se mist à mort par quelque voye que ce fust, sçachez que par la loy escrite il doit lors estre mené & accõply à iustice, & le corps iaçoit ce qu'il soit mort, liuré à tel exemple comme s'il fust en vie conuaincu & attaint du cas, & ses biens confisquez au seigneur comme par la loy & iustice eust esté puni en son viuant. Et la raison si est, que pour son desespoir est rendu coulpable du fait. Le paragraphe veut dire que iaçoit ce que la loy escrite si ne mette pas à executiõ le corps de l'hõme qui par desespoir se met à mort, ne ny met confiscation de biens, puis que le desespoir n'est pour doute d'estre en peril de perdre vie ou honneur de meffait autresfois, & que accusé n'en soit, si comme dit est dessus, nonobstant ce qu'en dit la loy escrite, les Iuges lais puis qu'ils y trouuent qu'aucun se met à mort en forme de desespoir, par quelque voye ou cause que ce se puisse faire, si tiennent ils qui encheient en execution de crime: & le font mettre pour ce qu'il a fait meurdre de soymesmes & homicide de son corps, & preuuent confiscation de biens si auant que meffaire eust peu le desesperé en son viuant, par autre mettre à mort, par meudre faire ou auoir fait. Et ainsi fut-il conseillé aux Preuost & Iurez de Tournay, pour vne femme qui en leur prison estoit pour larrecin, laquelle se pendist par desespoir. Si fut conseillé que puis qu'elle auoit fait homicide de son corps, qu'elle deuoit estre arse, & ainsi fut faict par le conseil de Paris.

Prennent au liure escrit à la main.

Desespoir faict en Cour laye.

Item sçachez que par le Iuge & vsage de Cour laye, il en est fait & vsé plus estroitement, car puis que l'homme se met à mort par desespoir, les Iuges lais le calégent d'auoir tout forfait au seigneur, & meinét le corps à iustice comme conuaincu & condamné.

La maniere de desespoir.

Or sçachez que selon les sages la maniere de desespoir si est ceste, c'est à sçauoir que par x. iours ou plus en ait esté griefuement malade, & ait refusé à estre accommunié & addressé de son sacrement, iaçoit ce qu'il leur ait esté offert, & meurent en telle maniere. mais pour ce ne perdent leurs hoirs leurs successions, ne le corps n'est pas amené à iustice par la loy escrite, car ce n'est que par rage accidentale de maladie qui y est.

Item encores y a autre maniere de forcennerie qui ne s'accomplit pas, mais la volóté en est encommencee & non accomplie, dont s'en repentent, si cóme s'il aduenoit qu'aucun eust volonté de soy destruire & mettre à mort & toutesfois le faict ne s'en ensuyuroit pas, ou qu'il marchādast de aucun tuer, & puis ne s'en repentist, sçachez que iaçoit ce que ce vensist à la cognoissãce de iustice, bien confessast auoir marchandé de ce faire, toutesfois il s'en repentist, puis que le crime ne seroit aduenu, il ne seroit pas portable de peine capitale, mais seroit à punir comme ciuilement & tresgriefuement. *ff. de pœnis. l. cogitationis. l. si quis non dicam rapere. C. de Episcopis & clericis, & vide postea in dicta lege si quis.* Et si c'estoit en volōté de desespoir de luy mesmes non accomplie, mais s'en repentist l'homme, sçachez que le chet en confession & en contrition de conseil spirituel & en penitence spirituelle.

Des homicides.

APres [b] que dit est & que monstré ay la maniere de soy desesperer, & d'eux mesmes qu'ils se font homicides, te veux monstrer de ceux qui entre eux sont homicides. Si sçachez que par la loy escrite quiconques fait homicide en personne d'autruy, action criminelle si engendre tant par office, comme par partie iniuriee, si ce n'est que le faiseur puisse auoir pour luy exception & droict de corps deffendant, que les clercs appellent *vi vim repellere*, ou par champ de bataille, ou par cas d'auenture raisonnable, ou par le sien des larrons deffendre mesmement de nuict. Si te veux monstrer ce que appartient à faire à chacune maniere des cas dessusdits. Si sçachez qu'il est commandé de Dieu qui d'espee occira homme, d'espee occis sera, c'est à entendre par iustice, car Dieu ne iustice ne demande nul contreuengement. Et aussi la loy escrite des Sicariens veut que qui perpetre homicide, il meure par iustice. *C. l. 9. ad leg. Cornel. de sicariis. l. is. qui cum telo.* Ne n'y vaut excusation, si ce n'est par l'vne des voyes dessusdites, c'est à sçauoir que ce soit par corps deffendant, si comme d'estre assailly & inuasé par aucun ou aucune, tellement qu'on ne puisse eschapper de leur assaut sans peril de mort, & en soy deffendant modereement, il aduenoit qu'on blessast l'assaillant ou assaillans, dont mort s'ensuiuist, lors veut la loy que de ceste occasion soit le faiseur quitte de la peine criminelle ou ciuile, & ce appelle on proprement corps defendant. Ne n'y fait rien ce que aucuns dient qu'ils peuuent & doiuent reculer ix. pieds & dire & monstrer que c'est sur son corps deffendant. & c. Car combien que dire & monstrer le peut, faire le peut & n'y griefue rien. Toutesfois en soit moderéemét deffendant des aggresseurs par force, il est par la loy escrite entendu, *vt vim. l. is. qui aggressorem. & l. si vt allegas. C. de. sicariis.*

Sur champ de bataille.

Encores [c] à homicides y a solution quãd c'est par champ de bataille iugee de seigneur, qui faire le peut, & qui par iugement de loy est dit que pour le cas d'entre les parties à certain iour ou à certaine heure, si comme dessus i'ay monstré en la rubrice du champ de bataille. Car lors pour l'homicide n'y chet quelque peine, mais le vainquant a ses despens, & le vaincu est executé capitallement.

Hodie non vtimur: car cela est prohibé en Frãce par les Ordõnances Royaux.

D'homicide par aduenture.

Item [d] en cas d'aduenture raisonnable ne chet encores en homicide quelque peine, si comme si ie faisois coupper & abbatre vn arbre, & en cheant l'arbre chet sur aucun (puis que ce ne seroit en voye publique) & iceluy tuast, sçachez que de celle mort celuy qui tel arbre abateroit, n'en seroit à quelque peine de loy. Et si c'estoit en voye publique, & l'abbateur de l'arbre y eust mis enseigne ou disist haut, guarez, guarez l'arbre qui chet, & il aduensist que nonobstant l'enseigne mise au trauers, ou le cry qu'en feroit l'abbateur, l'arbre cheist sur aucun, sçachez que deliuré en doit estre l'abbateur de l'arbre de peine criminelle ou ciuile. Et ainsi peux & dois sçauoir entendre quand aucũ fait œuure sur la maison, & il a mis enseigne que nul ne passe par dessous l'ouurage: s'il aduiẽt qu'aucun y passe, & aucune chose chee sur luy qui le mette à mort & homicide, sçachez que l'œuure ne le maistre de la maison n'en porteroit aucune penitence criminelle ne ciuile, *C. ad l. Cornel. de sicariis: l. eum. qui asseuerat & ff. ad l. Aquil. l. si putator ex arbore.*

Homicide sur larrons.

Item si ne seroit aucun qui trouueroit qu'on luy emblast le sien furtiuement de nuict, & pour le recourre en ce faisant moderement il occisoit le larrõ, pour ce ne seroit-il pas à peine criminelle ou ciuile: mais autrement seroit si c'estoit de iour, car lors ne le peut ne doit occire, mais prendre & amener à la iustice. *l. si vt allegas latrocinantem, cum glosa ibi posi. C. de sicariis.*

Homicide sur fornication.

Item si ne seroit aucun qui trouueroit vn autre couché auec sa femme ou sa fille, car lors par l'ire qu'il a & peut auoir, peut mettre à mort hastiuement & incontinent celuy qui ainsi trouueroit, sans porter peine criminelle ne ciuile. *C. lib. 9. ad leg. Iul. de adult. l. Gracchus.*

Homicide par commandement de iustice.

Item si ne seroit aucun qui par commandement de iustice & de Iuge ayant pouuoir de ce faire, commanderoit à ses sergens ou autre de ses suiets, que le banni du Royaume ou du pays pour crime, lequel s'efforceroit de reuenir sur le pays ou contẽpt de iustice, & pour ce seroit commandé à le prendre mort ou vif, au cas qu'à obeyssance ne voudroit venir, car en ce cas les faiseurs n'en doiuent porter amende criminelle ne ciuile. *l. quoniam multa facinora. C. ad legem Iuliam de vi public.*

Des enforceurs de femmes.

Les droicts deffendent sur peine capitale de rauir femme de quelque estat qu'elle soit, de religion ou autre, & que tous ceux qui ce feront, souffrent peine capitale, non pas tant seulement les faiseurs, mais aussi tous ceux qui en ce faisant leur feroient ayde & confort, & qu'auec la peine capitale ils perdẽt tous leurs biens. Encores veut la loy, que non pas tant seulement les rauisseurs & complices, mais aussi tous ceux qui y ont esté aydans, conseillans, consentans, receuans & administrans. Item encores veut que tous tels portent leurdicte peine, soit encores que le rauissement soit fait par le gré de la femme, puis que ce ne seroit du consentement des amis par qui elle se doit conseiller & marier. Et la raison si est, pour ce que trop grief peine ne peut estre mise ne imposee en tel cas selon la loy: car si bien estoit cremu, la femme iamais de soy sans conseiller de homme, ne s'auanceroit de ce faire, & pour ce y veut la loy estre si estroicte. *De consentir rauissement par les parens.*

Item & s'il aduenoit que les parens de la femme par qui elle se doit marier & conseiller, soustenoient tel rauissemẽt, ou si du rauissement ne faisoient diligence de pourchasser tout le remede que faire en pourroient par iustice, sçachez que selon la loy ils sont à punir comme consentans du cas: & si c'estoit serf ou serue, ils seroient à punir par feu. *C. de rap. vir. seu vidua.* *De ieune fille en garde de tuteurs.*

Item & si ieune fille est en garde de tuteurs, & aduient que ses tuteurs ou l'vn d'eux la rauissent, ou couchent auec elle, que les lais appellent rauissement à parler, sçachez que selon la loy escrite ils doiuent porter les peines dessusdites, & selon aucũs pour le coucher ils doiuent perdre tous leurs biens, & estre bannis & expulsez hors du pays à tousiours sur la vie au cas que contre le bannissement, ou rauissement, ou commandement ils reuiendroient: car lors messeroient ils doublement, l'vne pour le delict premier, & l'autre pour trespasser le ban de iustice, qui est tresgrieue chose & tresdamnable à loy.

De garde de ieune fille.

Item & selon les coustumes locales s'il aduient qu'aucun Gentilhomme ou autre homme d'estat aye en garde aucune fille qui luy soit recommandee par seigneur ou par amis, & il la rauisse ou consent de rauir, ou gist auec elle par charnelle maniere, sçachez qu'il doit perdre son fief: & s'il n'a fief, perdre du sien à la volonté du seigneur, selõ la qualité du cas, & fust tout par la volonté de la femme, si comme elle relateroit: & si c'estoit sceu que ce fust ou eust esté par force, il seroit pendable selon la loy escrite. *C. l. & rubric. supra dict. & lib. feud. quib. mod. feud. amit. §. Item si fidelis cucurbitauerit.*

Du seigneur rauir la fille ou la femme de son homme.

Item peux & dois sçauoir & entendre par la raison dessusdicte que s'il aduenoit que le seigneur couchast auec la femme de son homme feodal ou auec sa fille qui pucelle seroit ou sa parẽte, sçachez que l'homme feodal doit à tousiours estre exempt de son seigneur, & retourner à son chef lieu & seigneur souuerain de toute sa terre, causes querelles. Et par cas opposite, si l'hõme feodal gisoit auec la femme de son seigneur ou auec sa fille, pourtant qu'elle fust pucelle: sçachez que ledit homme feodal en ce faisant perd son fief, & doit perdre ce qu'il tient dudit seigneur. Et si c'estoit homme tenant en cotterie, si doit tout le sien estre mis en la main du seigneur.

Pro hoc vide cap. vni inversi Item si fidelis. rubric quib. mob. feud. amitt.

De rauir femme, & puis auoir le gré d'icelle.

Item veut encores la loy escritte, ce supposé qu'aucun rauisse aucune femme & tant face que depuis l'ait à espouse, & que la femme die depuis que ce soit ou ait esté de son gré, & bien le vienne dire deuant iustice, pour ce ne demeure pas que ledict rauisseur ne soit tenu de porter peine si comme dessus est dict. Car selon la loy escritte femme n'est pas à rauir ne auoir par volonté violente, car trop male chose seroit au mõde, mais est à marier aux prochains & amis d'elle. Et si les prochains ou amis le differoient par cautelle pour la succession que venir leur en pourroit, lors y doit pourueoir le seigneur de la iustice, dessous qui elle auroit le sien par le gré & consentement des autres prochains & amis d'elle. Et afin que plus apperre que la loy ciuile hayst fors les rauissemens des femmes, sçachez que par la loy ciuile puis que aucun auroit rauy aucune femme qui depuis l'espousast, & que celle si le vensist consentir, neantmoins la loy ne souffre que telle espousaille vaille, ne que ledict mary ainsi rauisseur doiue iouyr de chose qui vienne de par elle. Et n'en doit auoir la femme que portion pour la sienne soustentation. *Hæc quæ suprà dicta sunt, habent locum de iure ciuil. vt l. 1. C. de rapt. virg. sed de iure Cano. mulier rapta potest nubere raptori vt extra de raptoribus c. vlt.*

Des meurdres.

SElon l'vsage de Cour lay il est assez sceu & notoire à tous qui se meslent de iustice, comme de meurdre & de trahison il en peut & doit estre ordonné. Car quiconques est accusé de crime de meurdre & prins par iusticier, la luy conuient respondre: Car pour priuilege qu'il ait de seigneur temporel, soit d'estre monnoyer des monnoyes du Roy, soit d'estre sergẽt d'armes, soit d'estre de l'hostel d'aucũ Prince, de ceste matiere nul renuoy ne s'en faict ne n'est à receuoir à purge, ne à remission, que faire en vueille l'accusé, mais en toutes requestes se pourroit-il bien mettre, & là seroit il à receuoir. Et si l'accuseur est homme de foy, & il rende couleur causée de son accusation, lors n'est à mettre la chose en proces ordinaire, mais est à mettre en procez extraordinaire, & que la verité soit & puisse estre sceuë par sa bouche & par tourment de questiõ: Car tels faits ne se peuuent pas souuẽt prouuer par tesmoins, car les faiseurs le font le plus absconsement qu'ils peuuent. Et pour ce si tost que on a presumption manifeste & vray semblable cõtre eux, on en doit sça-

De la forme de proceder en telles matieres icy touchees s'ay assez escrit cy dessus, qu'il n'est besoin de repeter.

Propter homicidium debet quis condemnari ad mortẽ. l. ij. ibi. quod fecit expectet C. de epi. audien quem multi dicũt esse vnicum in iure: sed est bonus tex in lege iij. ibi legis Corneliæ, ff de sica. melior tex. à nullo adhuc allegatus in l. iij. C. de rapt. virg. ibi. & merito mortis damnatur supplicio, nam nec homicidij. &c. De iure diuino Gene. ix. c quicũque effuderit humanum sanguinem, effundetur sanguis illius. similè Exod. xxj. c. Leuiti. xxiiij. & Numer. xxx. cap.

uoit & enquerir la verité par toutes voyes raisonnables à iustice, & ne doit pas cheoir en entendement d'hommeque recreance y puisse ne doiue appartenir. Et doit moult bien auiser l'accuseur. Et si bien moult n'est cogneu, on le doit tenir prisonnier, ou auoir de luy bonne seureté qu'il ne soit accuseur de malefoy, & de calomnieux accusement.

Quomodo isti puniãtur Vide l. raptores C. de Episcopis & clericis. & l. vnicam C. de ra. virg. seu viduar.

De rapt, & punition d'iceluy.

Item tout & autelle maniere peux & dois sçauoir & entendre de rapt & des autres. Car par pareille forme se determinent & réiglent en iustice. Les peines qui y appartiennent, sont assez notoires à tous. Car par la loy escrite ils doiuent perdre vie : & par la coustume mesmement du Royaume de France ils doiuent estre trainez iusques à la iustice & pendus tant qu'ils soient morts & estranglez, & leurs biens perdus. Et par la coustume de Haynault & de Flandres ils doiuent estre mis au lieu de la iustice sur vne rouë en haut, & leurs biens perdus.

Quid de illo qui rapuit puellã nõ dũ viri potentẽ, dic quod capite puniuntur & suspendũtur tales. Fabr. in §. item lex Iulia instit. de pub. iudic. & vide Guidonem Papã quæstione 555.

De respondre en Cour en cas criminel.

Et sçachez que pour tel cas puis que l'accusé par partie est accusé en jugement, il doit premier respondre de soy en cognoissant ou en niant par luy ou par Aduocat: Car de tels cas ne chet en exception declinatoire que le cas ne soit attaint & cogneu au plus sommairement qu'on peut & sçait pour le bien & honneur de iustice.

De ceste forme de respondre en criminel a esté traicté cydessus. mais par l'ordonnance de l'an 1539 art. 162. l'accusé doit respondre par sa bouche sans conseil, ne ministere d'aucune personne.

Des traystres.

TV peux & dois sçauoir que quiconques faict autre conuenir pour crime de trahison, pour ce que c'est chose si detestable & tres-horrible: si c'estoit cõtre le Roy, nul en son Royaume n'ẽ auroit la cognoissãce fors luy, de quelque subiectiõ que l'accusé fust, supposé encores qu'il fust clerc ou hõme d'Eglise ou de religion. mais pour autre trahison que deuers le Roy ne seroit pas ainsi, car s'ils estoient clers ils seroient ramenez à leur ordinaire: & d'autre seigneurie ou subiectiõ en demeureroit la cognoissance au seigneur dessous qui il seroit trouué. Ne n'y chet renuoy ne purge ne remission, enqueste de pays, n'autre forme de proceder comme en autres crimes, car de cestuy est à sçauoir & enquerre la verité par autre forme & maniere que de nul autre, pour ce que par autre maniere se faict. Et doit estre cy procedé par procez extraordinaire tressommairement & grandement, & aussi tost qu'on a rien de presomption ou accusation, mais biẽ doit estre prins garde à l'accuseur quel homme il est & qui le meut de ce faire, comme il a sceu & perceu, s'il y a nulle hayne par luy ne de par luy. Et ces choses considerees si on perçoit l'accuseur estre de vraye presomption, il doit estre diligemmẽt enquis de la verité, & bien garder l'accusé & l'accuseur. Et si sur l'accusé n'estoit prouué en outre le faict, l'accuseur par la loy escrite, tant est perilleuse chose de cas, doit estre questionné aussi comme l'accusé, afin de sçauoir dont telle accusation luy vient à faire, & de qui il est promeu. Et s'il estoit trouué accuseur de male foy, il doit souffrir perte de mort, & selon aucuns peine de talion, car en tel cas si affiert elle proprement selon la loy de l'Empereur Constantin. *C. li. 9. ad l. Iuliam maiestatis. l. etiam ex his*

De istis proditoribus & transfugis & de fautoribus traditionis de illis qui hostibus secreta reuelant, de iis qui astantibus aliis in bello aufugiunt quos omnes pœna capitis damnat lex. Vide tex. in l. proditores. ff. de re milit. & l. omne delictũ. § qua actione ff. eo. l. fautores. ff de pœnis. l. falaciter. C. de. abolitio.

causis. & l. si quis alicui.

Des consentans soustenans ou conseillans au traystre.

Si sçachez que tant est hay cestuy crime que s'il est aucun qui soit consentant ou conseillant ou sçachant de cestuy crime, & il ne le denõce incontinent au seigneur auquel ce appartient, contre qui ses gens ou son pays seroit, sçachez qu'il est digne de peine capitale de traystre : & qui plus fort est, si il peut estre sceu qu'aucun eut tant seulement pensé à tel peché ou crime, ou il eust eu à faire le faict, sçachez que aussi est-il digne de porter peine capitale de traystre. *C. ad l. Iuliam maiest. l. quisquis.*

Des enfans au traystre.

Encores par plus forte raison peux & dois sçauoir que selon la loy, si aucun qui seroit trouué coulpable de tel crime, puis que ce seroit contre le Roy, ou contre son Prince, ou droicturier seigneur: Sçachez que non pas tant seulement doiuẽt souffrir les faiseurs peines de traystre comme estre tõnelez, & esquartelez, ou escorchez, & tout le leur perdu, & appliqué au seigneur, mais aussi leurs enfans s'ils les ont, doiuẽt estre tournez en exil & à desert par mort conuenable, & la raison si est, que tant horrible & detestable si est le crime de traistre que de sa nature il infecte la semence du faiseur: & pource doit estre destruitte la racine & estoc, & semence, ne iamais qui ainsi ne le feroit, ne s'en tiendroient les enfans par especial les masles dont leurs peres auroiẽt esté entachez, & pource doiuent estre executez à mort si honteuse qu'ils n'y pensassent aucunesfois. Et si ils estoiẽt de nature vindicatiue qu'ils missent peine en aucun tẽps (s'ils pouuoient) de contreuenger leur pere aucunement, cõbien qu'on en pourroit trouuer aucuns qui depuis leurs peres sur ces mots & executez par iustice, sont vaillans prud'hommes & loyaux à leur seigneur. Et pource dit le sage, qu'il n'est regle qui ne faille aucunesfois, & ce selon la loy escrite. *C. ad legem Iuliam maiest. l. quisquis.*

Encores des enfans au traystre.

Item & s'il aduenoit que par la debõnaireté du Prince les enfans de tels malfaicteurs fussent respitez de mort, pource ne demeure que aussi le Prince ne leur rende le leur, que tout ne soit appliqué & confisqué au seigneur, & tout ce que de leur pere leur pourroit venir. Et doiuent demeurer à tousiours de leur vie à diffame & à desert pour le peché du pere. Mais doit leur vie estre haye, & si ce sont filles, elles doiuent estre parties & auoir la quarte partie des biens de leur mere tant seulement. Et la raison si est pource qu'elles ne voisent à folle vie, ne ne soient pas tournees à destruction de vie. Pource dit la loy qu'il n'est pas vray-semblable que la femme eust hardement ne pensee de faire si cruel fait que de crime de trahison pour la debilité de leur nature : & si par aduenture y estoient trouuees coulpables, lors n'y cherroit nul remede, mais aussi griefue punition ou plus que de l'homme, car trop inhumaine chose est que de femme penser à telle mauuaistié. *§. ad filios. eod. tit. l. supradic.*

Ex l. scripta, filij eius qui commisit crimen læsæ maiestatis non debent mori, sed puniuntur aliis pœnis contentis in dicta l. quisquis. §. filij vero. C. eodem.

Des faux monnoyers, & porteurs de billon.

De iure cõmuni nullus poteſt cudere ſeu fabricare monetam, niſi ſolus princeps: & fabricãtes falſã monetã pœna tenẽtur illa quæ continetur in l. ſi quis nummos. C. de falſa moneta. & vide in dicta sub. Ioannem Fab.

CEux qui s'enhardiſſent de faire faulce monnoye, & contrefaire la mõnnoye du Prince, ou ſes coings ſans ſon auctorité, & que de ce n'ayent lettres: ſçachez qu'ils encourent en peine capitale, ſi comme d'eſtre boullis: & s'il eſtoit aucun Cheuallier ou autre qui ſceuſt tels gẽs & il ne les denonçoit au Prince ou à ſes gens: il encherroit en la volonté du Prince de corps & de biens: & ſi il le denonçoit, il deuroit auoir profit du ſeigneur: & eſt chacun tenu d'eſtre ſergent en tel cas, afin que nul ne s'en puiſſe excuſer qui ſçauoir le peut, trouuer ne enquerre.

D'eſtre ſouppeçonné de tel cas.

De materia iſta vide per Abbatem cap. quãto ext. de iureiurã. vbi tractat qualiter puniatur falſarius monetæ. Item qualiter ſcienter expendens falſã monetam. Item an inferiori à principe licitum ſit monetã cudere & nummos contingẽtes vel radentes, qualiter puniendi ſunt. Vide gloſ. final. in dicta l. ſi quis nummos. Il rend miles, par le mot Cheuallier: comme auſſi font autres vieux practiciens, ainſi que i'ay noté au Grand Couſtumier.

Et ſi aucun en eſtoit ſouppeçonné, ſi doit-il eſtre mis à queſtion de faict pour en ſçauoir la verité, & ſes compagnõs auſſi. Mais dois ſçauoir que les changeurs de ceſtuy crime ne ſont pas coulpables comme les faiſeurs, ſi comme cil en qui maiſon ce ſeroit fait: & ainſi le veut la loy eſcrite: combien qu'en autre crime, ſi comme de larrecin, de meurdre, & de trahiſon les met en pareille peine, ſi ainſi n'eſtoit que aucun depuis qu'ils ſeroient en priſon, les aydaſt à briſer priſon, ou à eſchapper de priſon, car lors ne veut la loy que tels ſouffrent peine de chef perdre : toutesfois veut la loy que cil qui ſouſtiendra tel ouurage en ſa maiſon ou en ſa terre: & fuſt Cheuallier que il perde ſa maiſon & ſa terre, ſe il ne le nonce ſi toſt qu'il le ſçait, car ou il ne le ſçauroit, ou autres, lors eſt tenu pour excuſé, comme ſeroient autres qui point ne le ſçauroient. Car à verité entendre nul n'en ſeroit tenu pour excuſé qui le ſçauroit ſans le noncer, & pour ce a il plus expreſſement parlé des Cheuualliers que des autres, pour ce qu'il n'eſt pas vray ſemblable que les Cheualliers ou gens de telle ordonnance euſſent en leurs maiſons gens qui fiſſent tel ouurage, ne qui faire l'oſaſſent ſans leur ſceu, mais ce ſeroit-il bien de petites gens qui n'ont pas tel ſoin, ne tel ſens, ne telle dignité.

De maiſon de veufue ou de pupille.

Item & ſi telle choſe aduenoit en la maiſon d'aucune veufue ou aucũ pupille, ou d'aucuns loingtains demeurans, la loy veut bien qu'ils en ſoiẽt tenus pour excuſez, ſi cautelle n'y auoit entre eux, c'eſt à ſçauoir en la femme veufue, que par ſa malice le ſouſtentaſt: & en tu teurs de pupilles, car à eux eſt à ſçauoir du gouuernement des choſes aux pupilles, & à eux s'en faudroit prendre & arreſter : & non aux pupilles ne à leurs biens. Et met la loy ceſte diſtinction expreſſe, pour ce qu'en autres crimes les complices, comme il eſt eſcrit, *Agentes & conſentientes pari pœna puniuntur.* Mais à ceſtuy ceſſe reſtrainte & difference par la loy eſcrite. *l. 1. per tot. C. de falſa monet.*

De contrefaire monnoye d'autre ſeigneur.

Encores veut la loy eſcrite, que quiconques contrefait monnoye d'autre ſeigneur ſans l'auctorité de celuy qui faire le peut & doit par ſõ droit ſeigneurial, qui porte peine capitale de crime de trahytre contre ſon ſeigneur ou contre ſeigneur de qui il contrefait celle monnoye. Mais n'y a differẽce entre contrefaire la mõnnoye tant en forger cõme en ſcuil

pterlpter ou comme en donner couleur, car tous tels sont entendus comme faiseurs & fabriqueurs de la monnoye, & entre ceux qui à tels faiseurs & fabriqueurs la vont querir & acheter pour la vendre & aloüer ailleurs à escient, car tels ne sont pas faux monnoyers : mais sont appellez selon l'vsage de la Cour laye, larrons de faulse monnoye, car sur tels ne s'assiet pas crime de traistre, comme il est dit sur ceux qui se font, & ne s'y assiet que crime de larrecin. Ne nul pource ne sur couleur de lettres qu'il ait esté auctorisé d'estre des monnoyers du Roy ne d'autre Seigneur qui ait monnoye, ne d'estre son changeur, ne se peut ne doit auancer de oser faire ne fabriquer monnoye, car lors il precederoit le benefice de ses lettres, & en seroit plus griefuement puny qu'vn autre. *l. si quis nummos. & l. final. C. eod. tit.*

Qu'en tel cas n'a nul renuoy.

Ne de crime ne se faict ne doit faire nul renuoy ne purge commune, car la cognoissance n'en appartiẽt qu'aux Princes: mais de larron de mõnoye si comme dit est, peut demeurer en la cognoissance de tous hauts iusticiers. Si est à sçauoir que par le Roy est defendu, si est-il par tous Princes qui ont monnoye de leur seigneur, que nul ne porte monnoye ne argent blãc ne noir, en vaisselle ne en autres ioyaux froissez ne brisez pour mettre au feu, soit en or, ou en argent blanc ou doré, c'est à sçauoir en monnoye autre que celle que courroit pour le temps au pays en vaisselle ou autre metail d'or, ou d'argent doré ou blanc, que ce ne soit compté en billon, & chose defenduë, & qui ne soit à arrester & mettre en la main du seigneur, à telle peine que l'auoir est perdu & confisqué au seigneur, & le corps & les biens à la mercy & pure volonté arbitraire du seigneur tant criminellement comme ciuillement, car la peine du cas est telle. Si est à sçauoir que quiconques est trouué portãt telle monnoye defenduë ou autre metail d'or ou doré, tel que dessus est dict, d'or doré, ou d'argent blanc, ou doré, sçachez que s'il est trouué ce portant, le dos tourné en allant contre la prochaine monnoye du seigneur dessous qui il est trouué, il chet en la peine & amende edicte par le seigneur sur ce dessous qui il est trouué, & est l'auoir ainsi trouué sur luy ou sur tels, appliqué au seigneur, & le corps & autres biens si auant qu'il les a en arbitrage au seigneur dessous qui ce est trouué, si c'est dessous le seigneur qui a la seigneurie de monnoye auoir. Et si est trouué dessous autre seigneur qui n'eust seigneurie de monnoye, si l'auroit le seigneur souuerain dessous qui ce seroit trouué en sa seigneurie, car de ses monnoyes ne congnoist nul fors luy: & si c'estoit trouué en terre d'autre seigneur que dessous celuy qui la prochaine monnoye auroit, si emporteroit le souuerain seigneur & à luy en appartiendroit la cognoissance.

Exemple de ce.

Il aduint en l'an 1391. que Iean le Cloquemant Bourgeois de Gãd si fust arresté en la ville de Tournay, qui est haute iustice, pource qu'il fut trouué qu'il portoit le dos tourné à la mõnoye du Roy à Tournay, argent tãt en vaisselle froissee comme en plattes de ceintures brisees & autres metaux d'argẽt dorez, iusques à la somme de xl. marcs d'argent ou enuiron: il fut à tout cel argent arresté, pour ce qu'il fut trouué le dos tourné à la monnoye de Tournay en cheuauchant hors de la ville, il voulut faire fait au contraire, & que tenu ne coulpable n'y fust trouué. Par son debat & question, la cause alla en la chambre de nos seigneurs des monnoyes à Paris. Tout veu il fut dit par la deliberation de ladicte chambre, & par le cõseil des autres chãbres, tant des Comptes comme du Thresor, que l'auoir estoit confisqué au Roy, & la quarte partie au sergent qui prins l'auoit: & quant à l'amende du corps & de l'auoir, le Roy luy en fist grace parmy cent liures qu'il en paya par grace, & luy fut imposé que par ce qu'il sçauoit departir l'or de l'argent, luy fut faicte ceste grace: mais pour ce ne s'affiast, que dores mais plus n'en fut trouué en tel estat, car iamais ne luy en seroit en telle grace impetrée, qu'il ne fust à la volonté du Roy du corps & de l'auoir, & ainsi doit estre entendu de tous autres. Si l'ay veu iuger par arrest en cas dudit billon, tant au Royaume, comme ailleurs où le Prince a mõnoye.

Chambre des monnoyes à Paris.

De cendre de monnoye.

Encores est à sçauoir que cendre si elle est trouuee ainsi portee, ce chet en confiscation, & est tenu pour billon. Et ainsi fut-il dit & iugé par messeigneurs de la chambre des monnoyes à Paris, contre Iean des Viuiers qui faisoit par la riuiere de l'Escault mener en Flãdres vn tõneau de cẽdre en vn bacquet: il fut trouué par les sergens du Roy & ramené à Tournay depuis l'arrest par eux faict. Contend fut des maistres des monnoyes à Tournay s'il cherroit en amẽde, ou non. Laquelle chose cheit en la chãbre des monnoyes à Paris. Tout veu il fut dict que ce cheoit en amende de billon: & n'est pas ce faict ne ordõné tant seulement par les constitutions des Princes, mais aussi est par la loy escrite, qu'ainsi le veut & approuue.

Des enchanteurs & inuoqueurs de diables.

De istis maleficiis vide ample per dominũ des Arles, in tractatu quem fecit de superstitiosis.

NVls enchanteurs ne nuls de ceux qui sacrifiẽt au diable, ne qui seruent à tel affaire, ne doiuent conuerser n'estre receus entre les conuersations d'autres gens, ne ne les doit-on laisser entrer en maison d'autre homme de paix ne de vie raisonnable: non pas approcher le sueil de la maisõ, car leurs arts sont faux & diaboliques, ne on ne doit auoir auec eux nulle amitié: mais doiuent estre expulsez de la communication des autres gẽs, & s'ils en sont reprins, & qu'ils en facẽt mal à autruy, ne essay de leur science, ils encheent en peine capitale de crime de sortilege qui desire peine de feu, & ceux qui les hantent, sont à punir, & ceux qui les accusent sont dignes de loyer & de guerdon. *De malefic. & mathemat. per tot. tit. C.*

Item nul ne doit croire enchanteur ne enchanteresse, ne en deuins ne en deuines: & s'il est aucun qui les croye en vsant de leur conseil, mesmement pour autruy nuire ne greuer du sien, ne de sa santé, il est digne de peine capitale, comme de crime de sortilege. *l. nemo aruspicem consulat. l. nullus & aliis iuribus sub allega. rubric. positis.*

Itẽ y a de tels & si hardis enchanteurs qu'ils ne doutent à troubler les elemẽs par enchantement & font par ce mourir les gens & appellent les diables,& les coniurent pour accõplir leurs volontez:& subiuguẽt leurs ennemis par art diabolique,& sur tels gens a ordonné la loy des Empereurs que tels enchãteurs soiẽt griefuemẽt punis & capitalemẽt,& tellement que non pas par homme humain qui se doiue attoucher d'eux, car ils n'en sont pas dignes,mais soient baillez à deuorer & à destruire aux bestes sauuages,& la raison si est pour ce qu'ils font contre le diuin commandement,contre nature,& contre humaine lignee.*l. multi magicus. C. eod.*

Des songes.

ENcores defend la loy escrite que nul ne se mesle de exposer songes ne faire essais ne experimẽs,iaçoit ce qu'ils soiẽt de plaisance,ne autre telle chose qui est contre le diuin commandement. Et qui sera trouué en ce faisant ne exhortant,il doit estre tourmenté par loy de sortilege & auoir les costez & le corps tourmenté à broches de fer. Ne pour priuilege qu'il ait de seigneur lay, n'en doit estre deporté. Car si les delinquans sont layes personnes,aux seigneurs terriens en peuuent bien appartenir les cognoissances.*l. & si excepta C. eod.*

Item nul ne s'en peut excuser que s'il sçait aucun enchanteur entour soy,qu'il ne le prenne & ameine à iustice. Et s'il ne le peut prendre, si le doit il nõcer à la iustice: car tels sont ennemis à toute humaine creature. Et s'il estoit qu'on sçeust qu'il les recelast ou soustẽtast,il doit estre tenu & reputé de leur science,& doit porter autelle peine cõme de sortilege qui est de feu,par ce que c'est cõtre l'humaine creature, cõme dit est cy-dessus.*l. fin. C. eod.*

De la loy Cornelie que l'en dit des faulsaires.

CEstuy[1] chapitre parle de la loy Cornelie qui defẽd toute faussetẽ & ordonne & establist la peine que doiuent porter ceux qui faussent testamens,lettres,instrumens,ou les lettres du Prince, & s'en efforcent d'vser. Et dit la loy sur ce faite que s'il est aucun detteur qui soit euoqué pour dette deuant Iuge,& pour obuier à la paye de la dette, met & impetre à la lettre dequoy on le poursuit en cas de faulsonnerie contre son crediteur pour delayer & differer au payement : sçachez que comment que plusieurs soient d'opiniõ contraire,il conuient par la loy escrite que le detteur soit contrainct à namptir de la somme dont la dette fait mention: sauue la cause du crime de faulsonnerie dont il doit estre premier cogneu. Il est doncques bien raison que ceux souffrent grand'peine de faulsonnerie & tourment grand,qui vsent de fausses lettres,par donnãt à entẽdre que telles lettres ont esté impetrees du Prince & pourchassees. Et grand hardement est d'vser en fait de faulsonnerie sur couleur de lettres de Prince plus que d'autres: car à tout ensuyt crime de faulsonnerie, si ainsi n'estoit qu'on s'en peust oster, par monstrer que ce auroit faict sans ce que il sçeust rien de faulsonnerie, car en ce fait on a à receuoir & appeller son acquit, selon la loy, & le cas prouué premierement surquoy la lettre est trouuee en va deliure.*l. Maiestatem seueritatem C. ad leg. Cornel. de falsis.*

Tu peux & dois sçauoir que la querelle de la faulsonnerie ne peut ne doit estre ostee par prescription de temps, fors par exception de trespas, & laps de long temps comme de xx. ans, & non moins aussi comme en autres crimes, *l. querela falsi. C. eod. tit.*

Quiconque recelle testamens ou autres lettres, ou qui les destourne, si que le droict en peut estre à celuy qui par les lettres ou par le testamẽt le doit auoir, il commet crime de faulsonnerie tres-grandement en recelant les lettres, & parce estaint le droict d'autruy. *l. si falsos, & l. eum qui celauit. & l. sicut falsi testamenti. C. eod. tit.*

Nul ne peut auoir droicturiere saisine en chose nulle qu'il ait, par faux erremens ne par faulsonnerie. Dont si tu peux monstrer que aucun occupe ou tienne ta teneure par fausses lettres & par faulsonnerie, tu le peux attraire deuant Iuge dont la tenure est tenue, ou deuant le souuerain au cas de reformation, & monstrée la faulsonnerie de la tenure te doit estre restituee, *l. ex initio falsi. C. eod. tit.*

Cestuy mesme liure dit que les lettres pourchassees de l'Empereur qui sont subreptices obtenues, en taisant la verité ou faux donnez à entẽdre, & qui contiennent faulsonnerie, ne doiuent oster le droict d'aucun seigneur subjet, ne de partie le cas requis de seigneur subjet & de partie au Iuge Royal à qui la cause en est commise par lettres ainsi impetrées: mais sçachez que le impetrant ne commet pas en ce faisant ou impetrant crime de faulsonnerie si autre mal engin ou fraude n'y auoit. *allegat. l. maiorem seueritatem. C. eod.*

Adde, quod qui falsauit literas Papæ, punitur pœna cõtenta in cap. dura ca. licet & cap. ad falsariorũ. ext. de crim. fal.

Et ainsi peux & dois sçauoir & entendre de faulsonnerie en lettres, & selon les coustumiers ils dient vices en lettres, en nombre, en nom, & en date, & en d'autre rasure font peu de compte. Si ainsi n'estoit que la lettre fust fausse en maieur, en signe, & en seel, & c'est à entendre en nom & en surnom, en date, en signe, ou en seel que tantost puisse estre prouuee en iugement.

De faux libelles & lettres diffamatoires sur autruy.

S'Ensuit[k] apres de faux libelles: ce sont vne maniere de cedules que aucuns ont accoustumé de mettre par les voyes pour blasmer ou pour diffamer autruy couuertement, & ce dit la loy escritte, s'il est aucun qui trouue aucunes lettres semees ou jettees par voye, afin que les gens les voient, où il y ait escrit diffamation d'autre, sçachez, que celuy qui premier les treuue, les doit tantost deschirer auant qu'autres les trouuent ne sçachent, ou voyent, ne dire ne parler n'en doit iamais à ame. Et la raison si est comment cil qui les trouue, espere qu'on le croira que luy mesmes ne l'ait fait & controuué par malice quand il le trouue premier, car s'il le monstre & apporte aux gens, ou encores au seigneur, il n'est pas à croire de son faict, puis qu'il estoit seul comme dict est, & ja le monstre pour diffamer, & pour ce la loy veut que tantost que telle chose est veuë elle ne soit pas leuee par le sage: & si leuee est, & veu ce que dedans est, puis que c'est à diffamer aucun, tantost soit despecee, & n'en soit iamais faicte mention. Et si ainsi n'est fait, la loy veut que cil qui auant le portera, soit attaint & puny comme faiseur de la chose, & de crime capital de faulsonnerie & diffame. *de famos. libell. l. vnica. C.*

Des accusations de crime.

PVis [1] que dit & monstré ay des crimes en especial, dire & monstrer veux des accusemens qui sur ce se peuuent faire, & par qui, & comment. Et sçachez que quiconques veut autre accuser de crime selon la loy, il doit bailler par escrit au Iuge le cas dont il veut accuser & toute la maniere du fait, & nommer le plus qu'il peut pour lors de tesmoins en qui il se voudra vouër, afin que le Iuge puist voir s'il aura cause de luy mouuoir, & detenir prisonnier, dont si le Iuge voit que mouuoir s'en doiue par le cas ainsi baillé: il doit prẽdre cautiõ de l'accuseur qu'il poursuiura ses iournées iusques en fin: & s'il deffailloit par trois fois qu'il de soy mesmes par maintenir son proces, il doit cheoir en peine que le iuge esgardera selon le cas, & és despens de la cause. *C. de his qui accusare non possunt. l. qui crimen.* Et selon aucuns il y chet peine de talion, dont ie parleray cy apres au second liure, en la rubrice des peines.

Item ne souffre la loy escrite qu'vn frere puisse accuser l'autre de crime dont il puisse perdre vie. Mais veut la loy que le frere ainsi accusant l'autre souffre grand peine d'exil. *l. si magnum & capitale. C. eod. tit.*

Item ne souffre en cores la loy que le fils puisse accuser le pere de crime, mais bien peut le pere accuser son fils, si ainsi est qu'il eust aguetté pour le tuer, & non autrement, si pitié paternelle ne le refraingnoit, & ne rappellast son courroux. *l. propter insidias C. eod.*

Et encores peux & dois sçauoir que par la loy il est accordé que femme puis qu'elle pourchasseroit & poursuiuroit pour la mort de son mary, de son fils, de son frere, ou de son prochain parent, qu'elle soit à receuoir, mais bien doit choir en la discretion du Iuge de regarder l'estat de la femme, sa discretion, & qui la meut à accuser, & si elle y sera constante en paroles & en propos : car de leger ne doit estre receuë ne creüe de sa parole sans vrayes coniectures & presomptions, qui soient certaines qu'elle fust mere ou sœur ou prochaine parẽte de celuy qu'elle accuse, & si le crime pourquoy elle accuse, est tel que femme y doiue estre à receuoir, & si autre qu'elle le pouuoit ou vouloit accuser, & sinon elle ne doit pas faillir à loy. Car dure chose seroit si nul autre que femme ne accusoit, elle failloit à trouuer iustice. *l. de crimine eo. tit.*

ANNOTATIONS DV TILTRE QVARANTE ET VN.

a *Il repete les matieres criminelles, dont a esté traicté cy-dessus, qui sera cause que ie ne m'y arresteray grandement. Quant à ceux qui se desesperent, & se tuent eux mesmes,* de quibus traditur tit. D. de bonis eorum qui ante sententiam mortis sibi const. & C. eod. *Nous pouuons obseruer.* ex lege 3. D. eod. *trois raisons principalles qui poussent l'homme à se tuer, à sçauoir la conscience du crime par luy commis, l'ennuy de viure, & l'impatience de la douleur & maladie qui le tourmente, afflige & rend furieux & forcené. Quant aux deux premiers cas, par le droict François il est puni en son corps & cadauer, & y a confiscation de biens, au pays, où confiscation a lieu: & pour le troisiesme cas la compassion de sa calamité le rend excusable, tellement que son corps n'en est puny, ne ses biens confisquez. Mais pour le regard dudict second cas nous ne suiuons le droict Romain,* dicta lege 3. & lege 1. C. eod. *Car nous tenons comme Platon escrit* in Phędo. Aristoteles lib. 3. Ethiocorum. c. 7. *Ciceron en diuers lieux,* & Beatus Augustinus lib. 1. de Ciuitate Dei, c. 20. & sequentibus, *& autres, qu'il n'est permis à l'homme pour quelque ennuy, aduersité ou fascherie qu'il ait de se faire mourir.* Non est, inquit Cicero, iniussu Imperatoris, id est Dei, de præsidio & statione vitæ decedendum. Et Martialis,

Fortiter ille facit, qui miser esse potest.

Par les Concîles & entre autres Antisiodor. cap. 17. & Bracharensi 1. cap. 34. can. placuit 23. quęstione 5. *les corps de ceux qui se sont ainsi tuez, sont priuez de sepulture aux Cymetieres : & est defendu de receuoir les oblations qui se feront pour eux : ce qui est aussi ordonné* Capitul. lib. 6. capite 70. *Aussi a esté quelque fois obserué à Rome que ceux qui se pendoient estoient iectez sans sepulture, & ne falloit faire le dueil pour eux, & telle mort,* informe lethum dicebatur, vt scribit Seruius ad illud Virgilij, lib. 12.

Et nodum informis lethi trabe nectit ab alta.

L. Liberorum §. non solent. D. his qui not. infam. *Ce que traicte bien* Lactantius lib. 3. de falsit. sapientiæ. cap. 18. *où il dict que celuy qui se tue,* maius id facinus existimandum est, cuius vltio Deo soli subiacet. *Parquoy si aucun s'est pendu, ou autrement s'est tué, il en faut informer à la requeste du, Procureur du Roy ou fiscal, faire visiter le corps mort, & à iceluy creér vn curateur par l'aduis des parens, ou d'office, interroger ledit curateur sur les charges & informations, luy recoller & confronter tesmoings, le re-*

ceuoir à proposer defenses par attenuation, & faicts iustificatifs si aucuns il veut alleguer : & le procez faict sera donné sentence, soit contre ledict corps mort, s'il se trouue que le defunct se soit pendu ou tué pour crainte de crime ou desespoir, sans estre troublé de fureur ou maladie violente: ou à l'absolution & decharge dudict corps, s'il est prouué que par fureur ou vehemence de mal il se soit desesperé. Nous auons plusieurs exemples des punitions ordonnees contre tels corps, dont Guenois sur Imbert à la fin du troisiesme liure en recite aucuns. Et toutesfois pour tel cas, encores qu'il soit commis en pays de confiscation de biens, toutesfois elle ne s'estend aux biens assis au pays où elle n'est admise, comme a esté iugé par arrest du treziesme iour de Feurier, mil cinq cens quatre vingts huict, recité au liure neufiesme des responses, chapitre cinquante vn. On peut voir pour ceste matiere le grand Coustumier liure quatriesme, titre des peines Rebuff. in constitutiones Regias, in Præstatione, *Bacquet traicté de iustice, chapitre septiesme.* Clarus lib. 5. §. fin. quæst. 68. *& autres qui en ont plus amplement escrit.* Et quod traditur can. aliquos. can. si quis insaniens. can. illa cauenda sunt, §. fin. 15. questione 1. can. si non licet. can. placuit 23. quæstione 3. can. quicunque 23. quæstione 8. *Quant à ce que l'autheur adiouste de la punition de celuy lequel efforçant de se pendre ou tuer en auroit esté empesché, encores que par la loy* si quis §. vlt. D. de pœnis, *il semble qu'il soit punissable de mort, ou d'infamie, si est-ce, comme i'ay monstré cy-dessus, que la volonté n'est punie de telle peine, si l'effect ne s'en est ensuiuy, comme aussi* Cogitationis pœnam nemo patitur. l. cogitationis. D. eod. & Cato apud Agellium lib. septimo. cap. tertio, *dict elegamment*, Neminem qui male facere voluit, plecti æquum esse, nisi quod factum voluit, etiam fecerit : *tellement qu'en tels cas les Iuges selon les circonstances punissent ceux qui font des attentats contre eux-mesmes.*

b *Les homicides se commettent en diuerses manieres, aussi diuersement sont-ils punis : mais tous sont auiourd'huy punis de mort, n'ayant plus de lieu la deportation, qui estoit introduicte par la loy Cornelie* lege 3. D. ad legem Corneliam de Sica. §. Item lex Cornelia, inst. de publ. iud. *aucuns homicides sont punis de mort plus griefue, & les autres ou de la corde ou de perte de la teste, selon la qualité des personnes & atrocité des cas. Par la loy de Moyse les homicides estoient punis de mort,* Genes. 4. & 9. Deuteronom. cap. 5. & 19. Exod. cap. 20. & 21. Leuit. cap. 24. Numer. 35. Clarus lib. 5. §. fin. §. homicidium Boss tit. de homic. & alij. *Quant à ce que l'autheur adiouste de l'excuse qu'a celuy, lequel en se defendant auroit tué celuy par lequel il estoit assailly, i'ay noté cy-dessus, qu'encores que telle excuse le puisse exempter de la mort,* quia vim vi repellere licet, *comme monstre elegamment Ciceron* lib. 1. Officiorum, & pro Milone, & Demosthenes in prima aduersus Aristogitonem oratione. l. vt vim. D. de Iustitia & iure. l. scientiam. D. ad leg. Aquil. C. 2. 3. & al. C. ad legem Cornel. de Sica. *toutesfois sans lettres de remission, qu'il faut obtenir du Roy, il n'en pourroit estre deliuré.*

Car la puissance de la mort & de la vie depend de l'authorité souueraine du Roy.

c *Anciennement le duel estoit tres-frequent en France, non seulement pour la preuue & vengeance des crimes, ains aussi en matiere ciuile. Nous en auons plusieurs exemples tant aux histoires anciennes, qu'aux vieils practiciens: & mesmes l'Ordonnance du Roy Philippes, de l'an mil trois cens six que Guido Pape interprete* quæst. 617. & seq. *par ladicte Ordonnance estoit permis en defaut de preuue d'appeller de gage de bataille. Les Cours de Parlement ont permis quelquesfois, comme tesmoigne Froissart du combat d'entre les sieurs de Carouge & le Gris. Aux loix des Lombards*, tit. de Monomachijs, *& en autres constitutions des Rois & Princes estrangers en est faicte mention: & si se trouue en mon vieil practicien qu'autresfois l'vsage a esté de fausser le iugement par bataille, qui estoit que celuy qui auoit perdu sa cause, pouuoit appeller l'vn des hommes iugeans & se presenter contre luy à prouuer par bataille que le iugement estoit faux: & vse de ces mots, Che que les loix font par appel, che faict nostre vsage par fausser: dequoy il faict vn titre entier. Mais les duels sont dés long temps prohibez & par les constitutions canoniques, & par les Ordonnances Royaux, mesmement par le Concile de Trente, session neufuiesme & l'Edict du Roy à present regnant & arrest de la Cour de Parlement, que i'ay recité au Code Henry, où i'ay plus amplement traicté de ceste matiere.*

d *Nous auons cy-dessus proposé l'exemple d'vn homicide fortuit, & de la peine qui en fust ordonnee* ex l. 4. §. 1. D. ad legem Cornel. de Sicar. *l'Autheur en adiouste vn autre* ex l. si putator. D. ad leg. Aquil. *& en est traicté* in l. 1. C. ad legem Cornel. de Sicar. *où est elegamment dict par l'Empereur*, ea quæ ex improuiso casu potius, quàm fraude accidunt, fato plerúmque, non noxæ imputantur. *De celuy qui tuë le larron, nous auons parlé cy-deuant & allegué la loy des XII. Tables*, & l. 4. & 5. C. eod. *qu'il n'est besoin de repeter. Quant à celuy qui tue l'adultere, le droict Romain permet au pere de le tuer, trouué auec sa fille estant en sa puissance, si sa fille demeure en sa maison, ou de son gendre*, l. Patri. & sequen. D. ad leg. Iul. de adulter. *& pour le regard du mary, il n'en a si grande puissance, toutesfois s'il aduient qu'il le tuë, il sera plus doucement puny, à sçauoir d'vne relegation, & bannissement à temps, par le droict Romain*, l. Gracchus. C. ad leg. Iul. de adult. l. marito. l. si adulterium. §. Imperatores. D. eod. *Mais en France il conuient que tant l'vn que l'autre obtiennent remission d'vn tel homicide, s'ils le commettent, encores que la iuste douleur les en rende excusables*, vt constat ex oratione Lysię de Eratosthenis cæde. *Ce qu'il traicte de celuy qui tue par le commandement de Iuge, se doit entendre auec moderation que le Iuge doit obseruer, quand il ordonne de prendre vn banni ou autre, contre lequel y a decret de prinse de corps, mort ou vif: parce que tels commandemens ne se doiuent faire sinon qu'en crimes atroces, & contre fameux & insignes volleurs*, lege quoniam multa. Cod. ad leg. Iul. de vi publica. *Des bannis, s'il est licite de les tuer, & comment plusieurs en ont escrit, & entre autres Clarus* lib. 5. §. homicidium.

Ce

e *Ce qui est icy traicté du rapt des femmes ou filles est pris la pluspart*, ex l. vn. C. de rapt. virgi. vel. vidu. l. 1. C. Th. eod. l. raptores. l. si quis non dicam rapere. C. de Episc. & cler. vbi tractant doctores. *Lesquels on peut voir & pareillement* Faber in §. item lex Iulia Inst. de pub. iud. Clarus li. 5. sent. §. raptus. *par les ordonnances royaux de l'an 1556. sur les mariages clandestins, de l'an 1579. Estats de Blois, & 1580. comme par les constitutions des Empereurs, ceux qui ont commis & perpetré rapt sont punis de mort : & le rapt est interpreté par lesdictes ordonnances, la subornation de fils ou fille sous pretexte de mariage, ou autre couleur, sans le gré, sçeu, vouloir & consentement expres des pere, mere, ou des tuteurs : & pareillement contre la femme veuue se peut commettre rapt, quand par force elle est rauie par aucun : & le rapt proprement s'entend, quand par force on attire, seduict & enleue vne femme ou fille*, C. lex illa. §. raptus. & C. raptus. 36. q. 1. *les paroles aussi attrayantes & persuasiues sont reputees espece de force : & Solon punissoit plus grieuement celuy qui auoit attiré & induict par paroles blandissantes & amoureuses, la femme, que celuy qui par force, comme tesmoigne Plutar.* in Solone. & persuadere, inquit Vlpianus l. 1. D. de seruo corrupto, est plus quàm compelli, atque cogi sibi parere. *& encores que la femme ou fille rauie donne apres consentement au rauissement, & vueille espouser le rauisseur, il ne sera toutesfois exempt de la peine de mort : de laquelle aussi seront punis tous les complices qui auront donné conseil, aide & confort à commettre le rapt.* d. l. vn. l. 1. & 2. Cod. Th. eod. Nouel. 35. Leonis. *Ie sçay bien que par le droict canonic, le rapteur peut espouser celle qu'il a rauie*, cap. peruenit de adult. & stupro. cap. cùm causa. & cap. accedens de raptor. *& qu'il se trouue des iugemens, tant des Parlemens de France que des autres Iuges estrangers qui ont faict espouser au rauisseur celle qu'il auoit subornee & rauie, & les nopces celebrees l'ont condamné à mort.* Conci. Trident. sess. 24. sub. decreto de reformat. matrimonij. cap. 6. *declare le mariage ne pouuoir consister entre le rauisseur & la rauie, tant qu'elle demeurera sous sa puissance, & apres si le mariage s'ensuit, il veut que le rauisseur & ceux qui luy ont donné aide, soient excommuniez & infames, le rauisseur tenu de doter la rauie, soit qu'il l'espouse, ou non: Ie ne repeteray les exemples des iugemens donnez par les Parlemens, contre les rauisseurs & leurs adherans & complices : mais i'adiousteray que le tuteur qui corrompt sa pupille, est puni plus grieuement qu'vn autre qui en abuseroit ; par la loy Romaine, la peine estoit de la deportation & confisquation de tous les biens.* l. vn. C. si quis eam cuius tutor fuerit. *qui est pris du Code Theodosian : & par la constitution de Leon 34. les biens du tuteur sont attribuez à la fille par luy corrompuë : & encores qu'il l'eust espousee, si elle ne luy eust esté fiancee ou promise par le pere, il seroit puni de la loy Iulie*, l. 7. D. ad leg. Iul. de adult. l. libertum. D. de rit nup. *Quant à la peine dont il parle contre le Seigneur ou Gentil homme qui auroit abusé de la fille, qui luy auoit esté baillee en garde, elle ne s'obserue en France, comme il escrit : ains elle est arbitraire, selon la qualité du faict & des personnes par les ordonnances de Charles IX. de l'an 1560. Estats d'Orleans, & Henry III. de l'an 1579 Estats de Blois, est defendu aux Gentils-hommes & Seigneurs de contraindre leurs* *subiects & autres à bailler leurs filles, niepces & pupilles en mariage, contre leur vouloir sur peine d'estre priuez du droict de Noblesse, & punis comme coulpables de rapt: entre les causes de faire perdre le fief au vassal, ou la tenuë feodalle au Seigneur dominant, est recitee celle qui est ici touchee, à sçauoir si le vassal auroit desbauché & abusé de la femme ou fille de son Seigneur, ou si le Seigneur auroit abusé de celle de son vassal,* C. 1. quib. mod. feud. amitt. ca. 1. § fin. vbi Aluar. de feud. sin. culp. non. amitt. *Dont plus amplement traictent les feudistes. Mais ie n'ay veu encores practiquer telle peine, toutesfois i'estime que si l'vn ou l'autre estoit conuaincu d'adultere, enuers la femme de l'vn d'eux, ou de rapt enuers la fille, les Cours de Parlement la pourroient adiuger: par-ce que plus grand tort & plus grande iniure ne peust estre faict à l'homme honneste & de noble cœur, que de luy desbaucher sa femme, ou luy rauir sa fille.*

f *J'ay ci dessus traicté du crime de leze maiesté, qui contient plusieurs chefs: mais le premier, & qui merite d'estre plustost reprimé & plus grieuement puni, est la trahison & conspiration contre son Roy, & Prince Souuerain: en la personne duquel reside toute la puissance du peuple & de la patrie: il est appellé* perduellionis crimen, *suiuant ce que les anciens appelloient les ennemis perduelles,* l. 1. D. ad leg. Iul. Maiestatis, *le crime de leze maiesté, non seulement pour ce premier chef, ains pour tous les autres est de la cognoissance de Iuge roial, par-ce que c'est vn cas priuilegié, dont Choppin* lib. 2. de doma. tit. 6. & 7. *Bacquet tit. de iustice, chap. 7. & autres ont amplement escrit, & nous sur le liure premier du grand Coustumier, chapitre des droicts royaux, & encores que l'accusation du crime de leze maiesté doiue estre diligemment & subtillement traictée, à fin de conuaincre ceux qui en sont coulpables, & par vne prompte punition d'iceux pouruoir à la conseruation de la maiesté, & au repos & tranquilité de l'estat,* vt constat ex orat. Cicer. contra Catili. Dione, lib. 37. & Sallustio, & lege Henrici VII. Imperatoris, tit. quomódo in crimine læsæ maiest. proced. sit, §. 1. *si est ce que le Juge doit prudemment considerer qui sont ceux qui deferent telle accusation, & informer exactement de la verité,* l. famosi. D. eod. *& comme l'atrocité du crime requiert vne griéue peine, aussi celuy qui auroit calomnieusement accusé aucun dudit crime, & n'auroit rien verifié, meriteroit grande punition,* l. si quis alicui. C. eod. *non qu'il soit punissable de la peine du talion, laquelle comme i'ay monstré cy dessus, n'a plus de lieu en France, ains d'autre peine, selon la qualité des personnes & du faict. Quant aux gens d'Eglise, qui sont accusez & preuenus dudit crime, il est difficile d'en donner certaine reigle, pour les diuerses raisons & exemples qu'on peut alleguer, mesmes quand ils sont conuaincus du crime de perduellion, car il se trouue des iugemens, par lesquels aucuns ont esté condamnez à mort, sans auoir esté renuoyez pardeuant le Juge d'Eglise, ny estre degradez: toutesfois on tient pour droict constant & certain que le procez leur peut estre faict par le Juge Royal, comme de cas priuilegié. Ce qui suit aux articles ensuiuans est pris* ex l. quisquis. C. eodem, *Ou les Empereurs Arcadius & Honorius traictent* amplement du crime de leze Maiesté, & des peines contre ceux qui le commettent, qui leur adherent & sçauent la conspiration, & ne la reuelent, & contre leurs enfans : & auquel comme la volonté est punie comme l'effect, la peine est de la mort contre ceux qui auroient commis tel crime, & leurs complices & adherans. Et les maisons de ceux qui en estoient condamnez, estoient desmolies & abbattuës iusques au sol & fondement, pour l'exemple, comme il appert, ex Cicerone, Plinio, Liuio & alijs. Je passe la loy des Perses, de laquelle cy dessus i'ay faict mention: & quant à ce que la loy auroit ordonné des enfans, encores qu'il semble cruel, toutesfois, id & antiquum est, & omnium ciuitatum : si quidem etiam Themistoclis liberi eguerunt, vt scribit Cicero epist. ad Brutum, qui en rend la raison, & en discourt elegamment. Ce crime est si odieux que mesmement on faict le procés à celuy qui en est coulpable, apres sa mort, & comme dict Justinian, §. publica autem. Inst. de publ. iud. Cuius pœna animæ amissionem sustinet, & memoria rei etiam post mortem damnatur. l. vlt. D. eod. En France les Roys de leur bonté & clemence ordinaire ont accoustumé d'vser de misericorde enuers les enfans de ceux qui sont condamnez pour tel crime, s'ils en sont innocens.

g Il a esté cy dessus aussi traicté des faux monnoyeurs, lesquels ou forgent fausse monnoye, c'est à dire en contrefont aux coings du Roy ou Prince Souuerain ayant pouuoir de faire monnoye, ou les rongnent, rasent ou autrement empirent & alterent, ou sciemment exposent les fausses monnoyes. Ce crime est rapporté par les Iurisconsultes, ad legem Corneliam de falsis. l. 8. & seq. D. ad leg. Cornel. de falsis. Mais par les constitutions des Empereurs elle est tenuë pour crime de leze Maiesté, par-ce que c'est droict de souueraineté de forger & faire monnoye. l. 2. C. de falsa moneta. l. 8. C. Th. eod. par les ordonnances royaux comme cy dessus i'ay monstré, & qu'on peut voir au Code Henry, les faux monnoyeurs fabricans fausse monnoye, & les rongneurs & alterons les monnoyes du Roy, & autres conuaincus dudict crime sont punis de mort, à sçauoir bruslez, suffoquez, bouillis ou pendus, & comme dict d. l. 2. Flammarum exustionibus mancipantur. Dont on peut voir Masuer. tit. de pœnis. Clarus lib. 5. sent. §. falsum, & autres practiciens. La cognoissance de telles causes appartient au Iuge Royal, mesmement aux Preuosts des Mareschaux, & en peuuent ou les Baillifs & Seneschaux auec conseil en iuger sans appel, par lesdictes ordonnances. Toutesfois les Seigneurs qui ont droict de forger monnoye, qu'ils ne peuuent auoir que par priuilege & concession du Roy. vt ostendit Choppi. lib. 2. de doma. tit. 7. Guido Pap. quæst. 498. peuuent contre les adulterateurs d'icelle, faire procedder par leur Juge, comme estant vne cause concernant le droict de leur Seigneurie. Jl y a difference pour les peines entre ceux qui forgent fausse monnoye, ou l'exposent ; car quant à ceux qui seulement l'exposent, ils ne sont punis de telle peine que les faux monnoyeurs, ains d'autre peine arbitraire, selon la qualité du faict & de la personne, & ainsi le tient Bartol. in l. lege Cornel. D. ad leg. Cornel. de falsis. Clarus lib. 5. sent. d. §. falsum. *la matiere des monnoyes, dont est icy parlé, requiert vn plus long discours, & ailleurs i'en ay traicté. On peut en passant obseruer quel Autheur vse du mot de trahison en sa generalle signification, en laquelle il se prend pour tout ce qui se faict par mauuais conseil & dessein contre aucun pour l'offenser & luy faire tort notable.*

h *I'ay aussi escrit cy dessus des enchanteurs, magiciens, sorciers & autres semblables qui sont appellez* malefici. l. nemo. & l. & si excepta. C. de maleficis & mathemat. *esquelles loix sont denommez ceux desquels est icy faite mention, qui ont bien merité tel nom, par-ce que tous leurs arts & artifices ne tendent qu'à nuire aux personnes, pour la communication qu'ils ont auec les Diables, ennemis du genre humain, par paction expresse ou tacite, & par la loy de Dieu,* Exodi 22. *tels magiciens doiuent mourir, comme aussi par les loix de plusieurs peuples, mesmement par les constitutions des Empereurs Romains,* d. tit. de maleficis & mathemat. *& ordonnances des Roys, ils sont punis du dernier supplice,* & vt scribitur in l. multi. C. eod. hos, quoniam naturæ peregrini sunt, feralis pestis absumat: *où y a dispute entre les interpretes, comme se doit entendre* feralis pestis, *nostre Autheur suiuant l'opinion d'Accurse, interprete d'estre exposé aux bestes, mais il semble plus probable de l'interpreter pour le dernier supplice. Il y a des enchanteurs & magiciens de diuerses especes. Les vns ont expresse communication auec le Diable, auquel ils seruent & l'inuoquent: du nombre desquels sont les sorciers & sorcieres, les necromantiens, magiciens, & autres semblables qui vsent d'incantations: les autres n'ont si apperte conuention auec le Diable, & toutesfois ils font des actes, lesquels surpassans l'vsage commun de nature ne peuuent proceder d'ailleurs, que des artifices du diable, comme sont les deuineurs, interpretes de songes, & tels autres, dont plusieurs ont amplement escrit: tous lesquels pour leur impieté, idolatrie & apostasie, & comme pernicieux au bien & repos des hommes, doiuent estre exterminez du monde, comme a doctement monstré apres plusieurs autres,* Delrio lib. 3. sect. 16. disquisit. magica. *i'adjousteray que ce qui est traicté in* l. eorum. C. eod. *de ne punir ceux qui vsent de remedes de paroles ou autres extraordinaires pour guerir les corps humains, ou detournent & reiectent les pluies, vents & gresles des terres ou vignes, est reprouué,* Leonis nouel. 65. & Laodice. Synod. c. 36. *aussi il n'a esté mis au liure des Basiliques. Car ces curations, remedes & autres actes, qui se font contre l'ordre de nature, ou de la science de medecine, plustost par superstition, qu'autrement, viennent de la forge & inuention du Diable, & Plato les reprouue,* lib. 11. de legibus, *comme font aussi les constitutions canoniques, Conciles & Docteurs Chrestiens, dont ailleurs i'ay plus amplement discouru.*

i *La loy Cornelie* de falsis, quæ etiam testamentaria vocatur, *a esté establie par Cornelius Sylla, contre ceux qui escriuoient testament faux, le supposoient, recitoient ou par dol s'en aidoient, depuis elle a esté estenduë à tous escrits faux, & aux faux tesmoignages,* §. item lex Cornelia. Instit. de pub. iud. l. 1. & seq. D. ad l. Cornel. de falsis, l. 14. C. eod. *en plusieurs sortes le faux se commet: mais i'ay monstré cy dessus que par les ordonnances royaux tous ceux qui auront passé faux contracts, & porté faux tesmoignages, seront punis*

nis de mort. Ce que les Iuges practiquent quelquefois, selon l'atrocité des cas, mesmement s'il seroit aduenu en matiere criminelle : à fin que le faussaire soit liuré à la peine de mort qu'il auoit machinee contre vn autre, Nouel. Leonis. 77. *quelquequefois les Iuges moderent la peine : comme aussi par la loi Cornelie elle n'estoit de mort, pour le regard des hommes libres, ains de deportation, & de confiscation de tous les biens,* d. l. vlt. D. eod. *Mais par les constitutions des Empereurs, si la grandeur du crime le requeroit, le conuaincu de faux estoit puni de mort.* l. vbi falsi. C. eod. *aussi* dicitur capitale crimen l. falsi C. eod. *Ceux qui falsifient les lettres du Roy sõt punissables de mort, tant pour le faux par eux commis, que pour auoir abusé du nom & authorité du Roy : & nous en auons veu aucuns de nostre aage, qui pour tel cas ont esté pendus. Celuy qui sciemment s'aide d'vn instrument faux, est reputé commettre faux,* l. maiorem. C. eod. nam. B. Ambrosius lib. 3. de offi. c. 1. ait cùm etiam leges publicę eum, qui sciens falso vtitur, tanquam reum astringant : *Si toutesfois par ignorance il produit vn instrument ou acte faux, il peut declarer si tost qu'on le maintiendra tel, qu'il ne s'en veut aider : ce que toutesfois n'empeschera qu'õ ne puisse proceder contre celuy qui a commis le faux & de l'en punir. Mais c'est vne resolution commune que celuy qui est conuaincu de faux, ou s'est aidé d'vn acte ou instrument faux, doit dechoir du droict par luy pretendu en la chose contentieuse,* l. in fraudé. §. quotiens apud. vbi Bart. D. de iure fisci. *Qui en voudra voir d'auantage qu'il lise Clarus,* lib. 5. §. falsum. *Guenois à la fin du troisiesme liure d'Imbert.*

k *C'est vne espece d'iniure de publier contre aucun des placards & libelles diffamatoires, ceux qui les sement ou les ayans trouuez les publient, sont punissables de mort par la loy Romaine,* l. vnic. C. de fam. lib. *qui a esté composee par Tribonian de deux loix du Code Theodosian : Il est vray que par la loy de Cornelie,* de iniuriis, *celuy qui auoit composé & faict quelque libelle diffamatoire contre l'honneur d'vn autre, n'estoit si rigoureusement puni,* l. lex Cornelia. §. si quis librum. & l. item apud. §. generaliter. D. de iniuriis, *si est ce que Cicero* lib. 4. de republ. teste B. Augustino lib. 2. de ciuit. Dei cap. 16. *les loix des XII. tables* capite sanxerunt si quis actitauisset siue carmen condidisset quod infamiam afferret flagitium ve alteri, quod etiam confirmat Arnob. lib. 4. aduers. gent. *aux capitulaires,* lib. 7. cap. 142. *n'y a que peine d'exil ; au chap. 278. celuy est puni de foüet tant qui a forgé & escrit tel libelle, que celuy qui l'ayant trouué ne le rompt : Ce qui conuient aux ordonnances de Charles IX. 1561. art. 13. 1566. art. 77. & 1571. art. 10. & de Henry IIII. 1577. art. 14. recitee au Code Henry : par lesquelles la peine contre celuy qui a faict ou semé tel libelle, pour la premiere fois, est du fouet, pour la seconde de la vie. Quant à celuy qui l'auroit trouué, ie serois d'aduis auec Gomezius,* lib. 3. cap. 7. *de le punir seulement de peine arbitraire, selon la qualité du faict. Car s'il l'auoit seulement leué, sans le publier ne declarer à personne, ie n'estimerois qu'il meritast quelque punition,* d. l. vnic. C. de famos. libel. in his verbis, aut nulli confiteatur inuentum. *& telle est la commune opinion de ceux qui en ont escrit.*

l *Ce qu'il traicte icy de la forme d'accuser, & de ceux qui ne sont receuables à proposer accusation, est prins la plus part,* ex tit. C. de his quis accusare. *Mais il ne s'obserue du tout en France, car le vray accusateur du crime est le Procureur du*

Roy ou fiscal. vt tradit Bened. in cap. Raynutius. in verb. mortuo itaque te- stat. de testamentis. Rebuff. in Const. reg. *& celuy qui se veut rendre partie ne le peut faire, que pour son interest ciuil : s'il en a ; parquoy quiconque a interest, se peut plaindre, & auec le Procureur du Roy ou Fiscal, former accusation, sans estre tenu de bailler caution, ny vser d'inscription, dont est traicté,* in l. qui crimen. C. eod. *n'ayant plus de lieu l'inscription en quelque accusation que ce soit, si ce n'est en crime de faux. La partie ciuile administre tesmoins, ou le Procureur du Roy ou Fiscal : par les depositions desquels le Iuge peut cognoistre qui sont ceux qui sont chargez & preuenus, pour decreter contre eux, il n'est donc besoing que le Iuge s'informe de la vie & reputation de celuy qui se plainct du tort qui luy a esté fait, & en veut faire informer : dont ne se faut arrester à ce que Demosthenes escrit* 1. contra Aristogito. Cicero 5. acti. in Verrem. l. qui accusare. D. de accusa. *Parce que comme i'ay dict ne sont receus en France les accusateurs publics autres, que le procureur du Roy ou Fiscal. Les femmes, principalement celles qui sont mariees peuuent poursuiure l'iniure & le tort qui leur est fait, si elles sont mariees, les maris les doiuent defendre & leurs causes.* l. 2. D. eod. l. 4. & 5. C. eod. *Quant aux freres on ne suit le droict Romain* l. si magnum l. si sororem: *car les freres & sœurs se peuuent plaindre & faire informer des grands & griefs crimes, qu'ils auroient faicts les vns aux autrees. Quant à l'enfant il ne deuroit estre receu à se plaindre criminellement contre son pere ou sa mere, s'il n'en auoit tres-iuste cause,* iuxta l. hi tamen. D. eod. *Mais le pere pourroit auoir plus d'occasion d'accuser son enfant.* l. propter insidias. C. eod. Cornelius Tacitus lib. 4. Annal. vt miseriarum & sæuitiæ exemplum atrox refert sub Tiberio, reus pater. Q. Tetius Seuerus, accusator filius, & si de crimine maiestatis ageretur. *Mais telle accusation ne fut agreable à Tibere, encore qu'il fist trop seuerement exercer le crime de leze maiesté.*

DES ACTIONS CIVILES, ET PREMIER DE PACTION.

SVR l'estat de ce que dit est, & monstré des actions criminelles, tant en general comme en especial: dire & monstrer veux en especial des actions ciuiles, comment elles s'engendrent, & premier de paction. Et sçachez [a] que paction est * consentement qui se fait par deux ou par plusieurs en accord & consentement, par promettant & obligeant à le tenir: & pour ce peux & dois sçauoir que conuent & paction fait par personne habile à faire contract licite & raisonnable & de bonne foy, est à tenir, & y sont à contraindre les obligez par toutes voyes deuës. *ff. de pactis. l. 1. & C. eod. tit l. 1. & ext. de pact. cap. Antigonus.*

* *Conuenët au liure escrit à la main: & en vn autre, Connent*

Vn exemple.

Il aduint [b] qu'vn prud'homme auoit deux fils, l'vn auoit à nom Iacques & l'autre Iean, Le pere fist son testament & ordonnances pour derniere volonté que ses heritages fussent à ses deux fils comme à ses propres hoirs: par telle maniere que si l'vn mouroit sans hoir legitime, que son heritage reuenist à l'autre. Aduint que le pere mourut, les deux enfans demeurans apres son trespas firent paction ensemble, que Iean qui deuoit laisser sa partie à Iacques, si il mouroit sans hoir, luy donnoit presentement la tierce partie de l'heritage, & du surplus feroit sa volonté. Apres ces choses ainsi faictes, ledit Iean eut vn fils, & ledit fis eut encores vn autre fils, & mourut le fils dudit Iean, lequel Iean demeura tayon de ce derrain fils. Lequel derrain fils vint à l'Empereur, disant, que comme son tayon eust ordonné par son testament que son heritage fust & demeurast à son frere Iacques, par condition que si Iean mouroit sans hoir auoir, ledit heritage reuẽdroit audit Iaques: toutesfois n'estoit pas mort ledit Iean sans hoir, mais en estoit yssu son pere, pourquoy ledit don que lesdits freres, c'est à sçauoir, que Iacques & Iean auoient fait, ne deuoit auoir lieu, mais deuoit auoir celle tierce partie que son tayon auoit donnee & pactionnee à son frere Iacques, comme de cause non faicte & non pactionnee: car son pere n'estoit pas mort sans hoir. Sur laquelle questiõ fut respondu par l'Empereur que la paction qui fut faicte entre les deux freres si cõme dessus est dit, c'est à sçauoir, de Iacques & de Iean, n'estoit pas pour ce torchonniere que Iean eut enfãs, car la chose n'estoit certaine s'il l'auroit ou non. Et pour ce que la chose n'estoit certaine: si fut il deliberé par l'Empereur en son grand Concile * que celle paction auoit esté droicturiere, & estoit à soustenir, & demeureroit le tiers de l'heritage aux enfans dudit Iean. *l. conditionis incertum. C. de pact.*

* *Concile pour conseil.*

Vn exemple d'vn homme.

Vn homme auoit deux enfans fils, & fist son testament: par lequel testament il pria & voulut que cil qui mourroit auant l'autre, laissast sa partie à l'autre. Le pere mort, les enfans firent paction ensemble, que iaçoit ce que l'ordonnance de leur pere qui a voulu que l'heritage de l'vn reuenist à l'autre, puis qu'il ne toucheroit à nul autre, ains ne touchoit qu'à eux deux, ils furent d'accord que chacun peust franchement faire sa volóté de sa partie, & ainsi le voulurent & eurent en conuent ensemble. L'vn mort, les hoirs de l'autre firent debat & voulurent auoir son heritage, ainsi que par le predecesseur pere ausdits parsonniers auoit esté ordonné, les hoirs du dernier mort y mirent contredit, & vindrent à l'Empereur, il fut dit pas l'Empereur que la paction des deux freres estoit à tenir : & que l'vn des hoirs n'auoit cause de demander la partie d'heritages.

Voluit allegare casum. l de fideicommisso. C. de transact.

Exemple de deux Cheualiers.

Deux [c] freres Cheualiers allerent en bataille, & firent paction l'vn à l'autre, que celuy qui eschapperoit vif, fust hoir à celuy qui en la bataille mourroit. Contend en saillit entre aucuns des autres freres, & fut demãdé à l'Empereur si ceste paction vaudroit, par l'Empereur fut respondu & par Concile, que iaçoit ce qu'entre les autres telle paction ne vaulsist, car ce n'auoit force de donation faicte par don de mort, si comme cy apres en la rubrice de donations sera dit, ne ce n'estoit paction conditionnee à iuste & certain tiltre, qu'en tel cas doit auoir entre conuens & pactions, neantmoins pour-ce que c'estoit entre cheualiers, & en tel cas que l'vn estoit pareil à l'autre, telle paction entre Cheualiers, & en tel cas estoit à soustenir. *casus est in l. licet inter priuatos. C. de pac.*

Exemple de trois freres.

Item trois freres [d] estoient, les deux moururent, si laisserent tous leurs heritages à vne estrange personne, auant que le tiers frere qui estoit demeuré fust mort, se meut querelle contre luy qui auoit l'heritage de ses freres : & tant qu'ils firent paction ensemble qu'ils partiroient les heritages à moitié l'vn à l'autre, & parmy tant le frere se deuoit deporter de celle demande. De fait, celuy qui ainsi auoit du premier l'heritage eu, fut defaillant d'accomplir la paction, ny ne voulut tenir le conuent qu'ensẽble auoient fait. Le tiers demanda à l'Empereur qu'il luy fist droit d'vne tenure que ses freres tenoiẽt qui à luy deuoit appartenir, puis que la pactiõ d'entre eux deux faicte ne vouloit entretenir, ou qu'il fust contraint à tenir la paction d'entre eux faicte à bonne foy. Et l'Empereur si fist responce par Concile. Comme tu es en saisine de la chose : & ton aduersaire l'a te demande, tu te peux defendre par action de paction & cõuenance : mais si ton aduersaire tient & est en saisine, & tu le demandes, il a contre toy exception de possession. *Possideo quia possideo.* Et d'autre part encores a-il exception de paction nuë, pour ce qu'entre la paction n'a point de stipulation, & de nuë pactiõ ne naist nulle action que tenu soit d'accomplir telle paction, s'il ne luy plaist, car contraindre on ne le peut. *potest esse casus. l. siue apud acta. C. de transact. & l. cum proponas. la 2. de pact.*

Exemple d'vn homme.

Vn [e] homme fist son testament, & laissa à sa femme certains biens & part,

part, duquel homme estoiēt demeurez quatre hoirs. Aduint que la femme par son plaisir laissa à deux desdits hoirs, & quitta tout ce qu'elle leur pouuoit demander à cause de son mary. Les autres deux hoirs le sçeutēt, & voulurent aussi estre quittes de leur partie, & dirent qu'ils estoient de pareille conditiō, & que puis qu'elle auoit quitté les vns, elle deuoit aussi quitter les autres, car tout venoit d'vne generation: & par ce taisiblement les auoit quittez, ou qui le valoit. La demāde en vint à l'Empereur, dit fut que pour ce ne deuoient pas estre les autres quittes, car la femme estoit faicte dame de son don par l'Ordōnance de son mary, qui ainsi l'auoit voulu, & pour ce qu'en pouuoit faire à sa volonté *l. si actionem legati. C. eod. de pact.*

Vne question.

Tu peux & dois sçauoir que la paction qui est faite par plusiurs entre eux, que les vns ou les deux autres si payeroiēt toutes les debtes au mort per certain contract qu'ils en firent ensemble. Si se meut question des crediteurs au mort à l'vn de ceux qui estoit hoir audit mort, comme successeur & luy demanderent la debte, lequel hoir dit qu'il n'estoit pas successeur, & qu'il y auoit autre seigneur & successeur qui deuoit payer les debtes par certaine paction & conuent que nous auons eu ensemble: pourquoy ie n'y suis tenu, mais il qui promis l'a. Le crediteur respōd qu'il ne luy chaut quelle pactiō ils ayent ensemble: car à luy cōme à seigneur s'addresse. ergo. &c. Demandé fut à l'Empereur qu'estre en deuoit. L'empereur respondit par Concile que la conuenance que les hoirs ont fait ensemble, ou les debteurs, n'oste ne change la demande & action au creancier qui est faicte sans son consentement. Car par la loy chacun doit payer sa part de la debte ou debtes. *l. pacto successorum. C. eod.*

Autre question.

Il aduint [f] qu'vn homme fit paction à vn autre par legere volonté, & dit, ie vous dourray chacun an dix liures, & les paya par vn an, ou par deux, & puis ne les voulust plus payer, & depuis fut refusant à celuy à qui promises estoient. A l'Empereur en fut & luy en demanda conseil. Sur ce dict l'Empereur, si autre stipulatiō n'y a en la paction que ie t'ay ouy dire, tu n'as actiō de plus auant demander les dix liures que payer les voudra, car tu n'as à luy que ton actiō nuë & sans stipulatiō de cause ne raison, pourquoy il les te promist à payer: car par plaisāce les te promist & sans stipulation, & à sa plaisance les peut aussi laisser à payer: car comment ne lairroit-il à payer à sa plaisāce, si par propre stipulatiō l'auoit promis à payer & pour certaine cause, & la chose ou cause ne fust pas droicturiere: & si de bōne foy ou par certaine cause l'auoit promis, si en seroit-il quitte par la loy, s'il s'en douloit: pourquoy quant à simple plaisance l'a promis & sans cause alleguee, ne sans stipulation, n'en seroit-il quitte à sa plaisance? *l. si certis annis. C. eod.*

De paction sur escheance à venir.

Vne [g] question sourdit telle, à sçauoir mon que droict diroit sur ce que deux ou plusieurs ont esperance d'auoir par succession l'heritage d'aucū dont ils sōt hoirs, si celuy mouroit pour en ordonner à sa volonté, & que faire peut tant qu'il viura. Or aduint que ses hoirs firent paction entre eux de cel heritage,vendirẽt & obligerent ce que venir leur en pouuoit. Dit l'Empereur par Concile que telle conuenance est non certaine & contre bonnes mœurs de paction faire, sur ce qui est la volonté d'autre, & qui n'est sçeu si on l'aura ou non,& pource nous ordonnons, que telles pactions ne vaillent,car la loy ne souffre faire paction sur autre chose sans le sçeu de ceux à qui elles sont. Et par plus forte raison ne souffriroit la loy que supposé que celuy qui encores vit qui tient l'heritage,en fist à ceste fin pactiõ de laisser apres sa vie,si n'estoit par loy & gré de seigneur. Et si c'estoit par loy : si le pourroit il rappeller toutesfois que il luy plairoit,ergo paction qui s'en face ne vault,puis que contredit est *l. de quæstione.C.eod.*

Vne exemple en paction.

Ie mariay [h] vne femme que nourrie auoie en mon hostel,si luy donnay cent liures,par conditiõ que si elle mouroit sans hoir,rauoir les deuoie, ie fis ceste paction à par moy,ne nul ne meut conuent de le rendre ne accomplir. Aduint que ceste femme mourut sans hoir,ie fis demãde de rauoir les cent liures à son mary que donnees luy auoie. Le mary fut contredisant. Nous en allasmes à l'Empereur, & dist l'Empereur par Cõcille que ceste paction estoit trop nuë qui estoit faicte de moy à moy tant seulement,car comme dict est,pactiõ est consentement de plusieurs en vne conclusion , & si n'a consentement que d'vn seul par luy & sans aucune stipulation , & pour ce ne naist action de telle paction , car par forme de loy ne l'auoye pas fait ne donné, ne par forme de donation,puis que rauoir le vouloie, ne aussi ne l'auoie pas fait par prest , puis que rauoir le vouloie, & l'auoie fait par paction de le rauoir,& nul ne le me promist à rendre,ergo *l. Legem quam dixisti.C.eod.præterea.* les loix veulent que *vltima pacta prioribus derogent.*

[h] *Immo.per dic.l. Legem quam dixisti. contrarium determinatur : quia quamuis videatur,nudũ tamen rei interuentu vestitũ est.Inde quod dicit text. nunc enim hoc iure vtimur, cũ pactum nudum [est]:alioquin cum pecunia datur, vt aliquid de reddenda ea cõuenit , vtilis est conditio. Et notanter dicit , de reddenda cõuenit , super quo verbo videtur constare author.*

Exemple sur ce.

Vn [i] homme me deuoit certains deniers,ie fis conuent sur ce que rien ne luy demanderoie , & par ce en deuoit demeurer paisible , ne demander ne luy deuoye,ie auisay comment ie pourroie innouer ceste paction par nouuelle paction , afin que la premiere fust destruite , & fis tant que ie traictay auec luy,& il meut en cõuent que si ie luy demãdoye les deniers dessusdits il ne s'aideroit de nulle exception de paye contre moy. Ceste derraine paction me sembla qu'elle innouoit la premiere que faicte luy auoie que demander ne luy deuoie,& pour ce ie voulu estre payé & l'entray en cause,il s'en dessendit & proposa la paction dessus alleguee premiere que demande ne luy deuoye,si comme dit est, & par ce requeroit estre quitte,ie deffẽdi par la loy que les dernieres pactiõs sont à tenir, & non pas les premieres,& qu'il n'auoit faict pactiõ que pour celle debte, iamais ne se ayderoit de exception de paye cõtre moy ne d'autre ; il n'entendist pas que valoit,car il tenoit du tout estre quitte,par ce que demãder ne luy deuoye,comme dit est , ie luy mis en fait comme de nulle exception ne se deuoit ayder & en outre qu'il ne pouuoit proposer paye, qui est la pure & vraye maieur , & que à la verité sans monstrer de debte ou vraye quitance,on ne peut differer absolution:pourquoy.&c, Sur ce nous fusmes enuoyez à l'Empereur. Dist l'Empereur par Cõcille, que retournet pouuoie à ma premiere demande,& que raison estoit qu'il mõstrast paye, & que la premiere paction estoit nulle, taut par la seconde, comme par raison & iustice,qui veut que satisfaction soit tousiours faicte de ce que loyaument est deu.*l.pacta nouissima.C.eod.tit.*

Encores[k] en confortant ce, dit la loy seconde qui apres vient, que en tous marchez qui se font par contract d'vne personne à autre,il conuiẽt qu'il soit entendu que ce soit cõtract de bonne foy,ou cõtract de droict, dont il s'ensuyt que aux contracts de bonne foy s'aucune paction y a,qui soit faicte par bonne foy au marché faire,par ceste paction est engendree actiõ certaine & reeceuable:mais si c'est fait depuis le marché,celle actiõ ne engendre que exception,non pas action.*l.in bonæ fidei contractibus.*

Que paction faicte sur heritage sans benefice de loy , ne tient.

Un exemple sur ce.

Vn[l] prud'homme auoit vn fils & vne fille, si maria sa fille,& luy donna son mariage si comme ils furent d'accord au mariage faire,& outre fist conuent& paction à son gendre que s'il mouroit,il voudroit que sa fille eust la moitié de son heritage,outre ce que à mariage luy auoit donné. Et grand temps apres le pere qui ainsi auoit sa fille mariee, voulut faire son testament, & par sondict testament vouloit donner ou partie d'iceluy heritage outre la moitié que promis auoit si comme dict est & en voulant du tout ordonner à sa volonté, le mary de sa fille disant du contraire que de la moitié de son heritage ne deuõit ordonner ne faire testament, contre ne au preiudice du conuent de la paction que faicte luy en auoit au mariage faire.Le pere disoit du contraire,& que assez conuenablemẽt auoit à sa fille donné de ses biens, & tant qu'il luy deuoit souffire selon luy:car si paction y auoit faicte lors, si n'estoit elle telle que lier le puisse ne doiue que du sien ne puisse legater à sa volonté. Tout veu il fut dit par l'Empereur en son Concille que le pere par telle paction n'estoit pas lié,tellement que de son heritage dont il estoit franc seigneur, & en saisine & possession paisible ,ne peust ordonner,& par especial legater à sa volonté.*l.pactum quod dotali.C.eodem.*

Autre exemple sur ce.

Il aduint qu'vn homme qui auoit deux fils fist son testament , & ordonna par son testament & fist ses deux fils ses hoirs de tout son heritage par conditiõ que l'vn mort,l'heritage reuenist à l'autre au cas que il n'auroit hoir legitime. Or aduint que le pere mort, ses deux fils qui eurent tout l'heritage à partir par la moitié par la condition dicte,s'aduiserent qu'ils feroient ensemble paction puis qu'ils estoient franchemẽt seigneurs de la chose,& mesmemẽt,qu'ils n'auoient nuls enfans,ils abolirent l'ordonnance de leur pere , & la paction que faicte en auoit, & voulurent que chacun peust faire sa volonté de sa partie de l'heritage qu'ils auoient de leur pere, si s'en vindrent à l'Empereur demander si ce pourroient faire. Dist l'Empereur que faire le pouuoient attendu qu'ils estoient vrays seigneurs de la chose.*l.Cum proponas filios.*

De plusieurs faire paction.

Et s'il aduenoit que plusieurs fissent conuent à vn autre de payer vne debte, & à ce s'obligent, & chacun pour le tout, & puis l'vn des obligez voise au crediteur payer telle part & portiõ qu'à luy pourroit appartenir à payer, cõme si ce ne feust chacun pour le tout, & le crediteur le reçoiue, comme on est aucunesfois conuoiteux de receuoir argent, Sçachez que depuis le crediteur ne peut demander la debte, fors par portion à chacun pour sa partie, ne par especial à celuy qui sa partie payee a, & est destruite & abolie la paction de chacun pour le tout, par la paye que separeement en a receu. Car il y a comme nouuelle paction & mutation de paction. *l. si creditores vestros. C. de pact.*

Quomodo hoc sit verum, vide glos. dict. l. si creditores. Bartho. & Paul. de Castr. imitãdo dictũ Barth.

Des pactions qui ne sont à tenir.

Il y a aussi pactiõs, supposé que certainemẽt soient promises à faire, si ne sont elles à tenir par la loy escrite, si cõme s'il aduenoit qu'aucun promist à faire aucũ homicide, ou de faire aucun larcin, ou de faire aucune trahison, ou aucun batre, ou iniurier, ou dõmager en fait, ou en paroles, sçachez que telles pactions ne sont à tenir, ne foy, ne peine, ne stipulation qu'on y ait mise, ne vaut, mais seroient à punir le prometteur & le requereur à ce faire. *l. pacta quæ contra leges. C. eod.* Encores peux & dois sçauoir que qui auroit promis que iamais ne poursuiureroit aucun pour meffait que fait auroit qui desireroit punition par loy, sçaches que telles pactions ne sont à tenir. [A ce propos y a ordonnance du Roy Charles le quint, qui deffẽd que composition ne se face doresnauant pour cas de crime ou excés: ains qu'on en doit faire plaine iustice. *& est bona ratio, quia reipublicæ expedit vt maleficia non remaneant impunita. l. ita. vulneratus ff. ad legem Aquili. & l. licitatio. §. quod illicitè ff. de publica. & de ista materia quomodo liceat de iure transigere super pœna sanguinis, vide Doct. & Bart. in l. transigere. C. de transac. & in l. si tibi. §. quædam actiones. & ibi Iason. ff. de pact.*] Item quiconques fait paction & s'oblige à chose impossible, sçachez que telle paction n'est à tenir, Car le droict ne veut que nul s'oblige à impossible de chose qu'il ne puisse tenir. Ne qui faict paction contre bonnes mœurs, ne contre les commandemens de l'Empereur, c'est à dire de son seigneur souuerain & de son seigneur drocturier, que les clercs appellent *plebiscita*, ne qui soit à autre dommageux: sçachez que tous tels conuens ne sont a tenir, ne obligation sur ce faite ne vaut. *facit ad hoc text. in l. ius publicum. ff. de pact.* Item s'il aduient que aucun induise autre à faire paction de dol, ne que dol y puisse auoir: sçachez que telle paction ne vaut, ne n'est à tenir. *text. in §. illud nulla pactione. l. si vnus. ff. eodem.* Item selon la decretale tous conuens de bonne foy, raisonnables & honnestes, qui sõt promis à tenir par maniere de bonne foy, iaçoit ce qu'il n'y ait pas contract, ou stipulation expresse, est à tenir. *ext. de pact. cap. 1. & vlt. & instit. de inutil. stipulat. §. si quis alium.*

Ceste clause n'est au liure escrit à la main.

Il s'abuse de dire plebiscita, il eust mieux dit, constitutiones.

Item paction faicte sur autre volonté n'est à tenir. car le faict d'autre ne puis obliger ne promettre, que celuy qui y seroit tenu le tenist, s'il ne luy plaist. *ff. de verborum obligatio. l. stipulatio ista.* Item par paction faicte de temps à venir, on doit trouuer iuge qui s'en doiue entremettre, si stipulation certaine n'y a qui face expresse mention du temps, du lieu, du iour, & de la chose. *C. de vsuris.*

Des actions de dol.

DOl selon raison si est quand mal engin si est trouué en quelque contract, ou en quelque stipulatiō, ou quelque quittance, ou quelque promesse promise à cause de reconuention, ou quelque transactiō faicte à cause de remuneration. Et est dict dol de fausses machinations, que par cautelle aucun faict à autre aux choses dessusdictes ou semblables en taisant de la verité au Contract faire: *vt dicitur in Summa Azonis li. ij. rub. de dolo.* Et dois sçauoir que action de dol ne doit estre alleguée tant que bonnement on puisse auoir autre action de recouurer le sien, car turpitude est comme dol au proposant s'il en decheoit, & laide chose seroit à maintenir: & pour ce le Iuge sans vehemente coniecture ne le doit receuoir: & si coniectures y sont, de ce doit estre premier cogneu que de la cause principale. Car si dol y est trouué, la cause principale est nulle pour le commandeur, pour ce en doit premier estre cogneu. Encores dois sçauoir que quiconques veut alleguer action de dol, il faut qu'il intente deuant Iuge qui de ce peut cognoistre, dedans le terme de deux ans. Et si plus de temps laissoit passer sans auoir intenté action deuant Iuge competent, il n'y seroit à receuoir. *C. de dolo. l. vlt.*

I'ay noté cy dessus que l'action de dol n'auoit lieu en France, ains se falloit pourueoir par lettres de restitutiō dās le tēps porté par l'ordonnance.

ANNOTATIONS SVR LE TILTRE QVARANTIESME.

IL entre au traicté des matieres ciuilles, & commence à la paction, laquelle il definit selon que fait le Iurisconsulte in l. 1. D. de pactis, *où il dict,* Pactio est duorum pluriúmue in idem placitum & consensus. *Et encores qu'en quelques liures n'y soit la conionction* &, *si est ce qu'elle ne me semble en deuoir estre ostee pour signifier que la paction est la conuention & consentement de deux ou plusieurs en vne mesme chose, à sçauoir pour faire ou bailler: & ainsi l'ont leu & entendu les Basiliques. Et le mot* Placitum, *se prend souuent tant aux liures des Iurisconsultes que d'autres autheurs, pour conuention,* vt ostendit Brissonius lib. 14. de verbor. signific. *& autres qui ont faict des lexicons:* & Cic. lib. 2. de inuent. Pactum, inquit, est quod inter aliquos cōuenit, quod iam ita iustum putatur, vt iuri præstare dicatur. *L'autheur vse generallement du mot de paction, non seullement pour celle,* quę dicitur pactum nudum, *ains pour toute conuention & promesse, par laquelle aucun promet & s'oblige, & dont il peut estre contrainct par action, encores que* d. l. 1. *parlant de garder les pactions, soit interpretée par plusieurs, suiuant l'Edit du Preteur* in l. 7. §. ait Pretor. D. eod. de pactis nudis, quæ etiam cōuenta appellantur, *mais telles subtilitez du droict Romain sont à present peu obseruées en France.*

b *Icy est traicté l'espece* l. 1. C. de pactis, *par laquelle est decidé que la action faicte entre deux freres sur l'esperance & condition incertaine du fidecommis est vallable, à quoy conuient* l. Cùm proponas, 16. C. eod. *L'incertitude de la condition estoit en ceste espece, lequel des deux freres suruiuroit, & si le premier decedant delaisseroit aucuns enfans. Autres interpretes proposent en l'espece d.l.1.que le pere n'auoit requis que l'vn de ses enfans de restituer l'heredité à l'autre, s'il mouroit sans enfans, laquelle espece a faict disputer, si par la diuision faicte entre les enfans se peut remettre & quitter le fidecommis delaissé par le pere, de laquelle. i'ay traicté tant aux responces que au 3. liure des Pandectes.* & ea traditur in l. De fideicommiss. C. de transact. l. Qui Romæ. §. vlt. D. de verb. oblig.

c *Ce qu'il traicte icy de la conuention faicte entre deux hommes de guerre qu'il appelle* Cheualliers, *est* in l. Licet. C. eod. & dicuntur milites, *qu'ils peuuent faire en allant à la guerre, que l'vn d'iceux succedera à l'autre mourant à la bataille: laquelle par le droict Romain est approuuée, mais entre autres personnes elle est reprouuée: tellement qu'elle n'a espece de donation à cause de mort. Par ce que par ledict droict il n'est licite de faire paction de sa future succession, par laquelle soit ostée la libre puissance de tester,* l. Pactum quod dotali. C. eod. l. Hæreditas. C. de pact. conuen. *Mais se trouuent quelques especes, esquelles les pactions faictes entre quelques personnes, que les biens du premier mourant appartiendront au suruiuant, auroient esté declarées vallables, par arrests de la Cour: comme celle d'entre les Vignerons, dont i'ay faict mention au liure neufiesme des Responces, chapitre troisiesme, & celle dont estoit question en l'arrest du treiziesme iour de Decembre, mil cinq cens octante trois, pour damoiselle Camille de Morel, contre Philippes Migot tuteur de Charles Migot son fils.*

d *En la* l. Cùm proponas, 21. C. eod. *est traicté qu'il faut entretenir les conuentions faictes par transaction: mais en l'espece proposée, il est decidé par icelle, que si l'vne des parties ne veut entretenir la paction faicte par succession, ne peut celuy intenter action qui ne possede en vertu d'icelle: mais s'il iouist il se peust ayder d'exception de la paction:* quod etiam traditur in l. Siue apud. C. de transactionib. *Toutesfois y a plus de subtilité en telle decision, que d'equité de droict: & partant par le droict François y auroit lieu d'action pour l'entretenement de ladite transaction: car la paction portée par icelle ne peut estre reputée nue, d'autant qu'elle est aydée de cause, & qu'en semblable espece* in l. Cùm mota. C. de transact. *encores qu'il n'y ait eu stipulation.* nihilominus datur actio præscriptis verbis.

e *La raison de cet article est que la paction faite auec aucuns ne profite aux autres.* l. Si actionem. C. de pactis, *par ce qu'il est en la liberté du creancier, enuers lequel plusieurs sont tenus & redeuables, de remettre & donner aux vns les parts qu'ils doiuent, & se faire payer des autres. Je sçay bien qu'aucuns interpretans la diction* aliis, *qui est* in d. l. Si actionem. *ont autrement proposé l'espece, à sçauoir que la femme auoit quitté l'action du legs ou fidecommis, à quelques autres personnes, qu'elle auoit contre les heritiers de son mary, estimant ceux en estre heritiers d'iceluy, ausquels elle auoit remis ladite action: mais soit en l'vne ou l'autre sorte qu'on l'interprete, la raison cy dessus alleguée y peut seruir. En l'article ensuiuant est traictée autre question à* sçauoir que les heritiers d'vn detteur ne peuuent faire paction entre eux au preiudice du creancier, que l'vn d'iceux sera tenu seul de payer la dette, par ce que nonobstant telle paction le creancier se pourra addresser contre chacun d'eux pour leurs parts & portions hereditaires pour lesquelles la dette est diuisée entre eux, mesmes par la loy des XII. Tables, l. Pacto successorum. C. eod. aussi ce qu'auroit fait vn legataire, ou fidecommissaire, ou autre creancier, auec l'vn des heritiers du deffunt, ne peut nuire ne profiter aux autres: car chacun doit porter & payer sa part de la charge ou dette dont il est tenu.

f La question l. Si certis annis. a esté amplement agitée par les interpretes, propter l. Cùm de in rem verso. D. de vsur. qui semble estre contraire: mais il est facile de concilier lesdites loix, & resoudre ladite question. d. l. Si certis annis. dispose en l'espece d'vne chose ou somme de deniers non deuë, promise par nuë paction, c'est à dire sans cause de laquelle la prestatiō faicte par certaines années ne peut obliger celuy qui l'a faicte, à payer à l'aduenir, si ne seroit interuenuë stipulation: & la raison est, par ce que d'vne chose qui n'est deuë la prestation ne peut faire qu'elle soit deuë à l'aduenir, n'y ayant consentement de celuy qui en auroit fait la prestation, l. Creditor. C. de vsur. l. Operis. D. de oper. liber. & ne fait au contraire d. l. Cùm de in rem verso. par ce qu'en icelle la dette subsistoit, d'autant que l'argent auoit esté presté à l'enfant de famille, qui en auoit promis les vsures, tellement que la difficulté qui estoit en ladite loy ne consistoit à sçauoir si la chose estoit deue ou non, ains si le pere deuoit l'argent presté, comme tourné à son profit, dont i'ay plus amplement escrit au second liure des Pandectes.

g La conuention de la succession d'vn homme viuant faite entre aucuns qui esperent icelle apres sa mort, est reprouuée, comme estant contre les bonnes mœurs, & plaine du mauuais & triste vœu & euenement, sinon qu'elle soit faicte de son consentement, gré & volonté, qu'il y perseuere iusques à la mort. l. vlt. C. eod. dont se passe icy la question, par ce qu'il en conuiendra cy apres discourir.

h Contre ce que traicte icy l'autheur fait l. Legem quam. par luy alleguée par ce qu'en icelle il est expressemēt decidé, qu'il faut garder la loy, c'est à dire la conuention, laquelle auroit esté dicte quand on a baillé le dot: & que telle paction peut produire & engendrer action pour repeter la pecune, de rendre laquelle auoit esté conuenu, par ce que ce n'est vne paction nue, ains fondée sur iuste cause, qui est outre la conuention, vt rectè à Connano obseruatum est.

i C'est vne regle generale que les dernieres pactions desrogent aux premieres, tellement que si aucun auquel estoit deu quelque chose ou pecune, faisoit paction auec son detteur de ne luy rien demander, & apres fist autre paction, qu'il pourroit luy demander, & se faire payer: il peut agir en vertu de la premiere obligation: contre laquelle si le detteur propose l'exception de la premiere paction de ne rien demander, il repliquera de la derniere, par laquelle il auroit conuenu qu'il demanderoit, l. Pacta nouissima. C. eod. l. Si vnus. §. pactus ne peteret. D. eod.

k Encores que la paction nue n'engendre action, si est-ce qu'ès contracts de bonne foy elle la forme quelquefois, c'est à dire que l'action qui com-

pette du contract est formée selon la paction inherante à iceluy, si dés le commencement & incontinent elle est faicte, c'est à dire si elle est apposée au contract lors qu'il se faict: car si apres que le contract est faict, les parties font quelque paction ensemble, icelle n'aura effect de produire action, ains seulement exception; c'est ce qu'en traicte le droict Romain. in l. in bonæ. C. eod. l. 7. §. quinimmo. D. eod. l. pacta conuenta. D. de contrahen. empti. & aliis, *où ceste question est plus amplemēt discouruë & expliquée, & au deuxiesme liure des Pandectes i'ay monstré que peu elle sert à present.*

l *Il a parlé cy dessus de la paction faicte entre aucuns de la succession d'vn homme viuant, & il traicte icy de la paction que faict aucun par contract de mariage, qu'aucun soit son heritier, soit en tout, ou en partie. Car ainsi on interprete generallement* l. pactum quod dotali. C. eod. & l. pactum dotali. C. de collatio. & l. vlt. D. de suis legi. *Et par le droict Romain telle paction est reprouuée & reputée estre contre les bonnes mœurs: par ce qu'elle oste la liberté de faire testament comme est aussi la stipulation,* l. stipulatio hoc modo concepta. D. de verb. oblig. l. ex eo. C. de inut. stip. *mais tel droict a esté abrogé par la constitution dixneufiesme de l'Empereur Leon, lequel veut la paction que faict le pere pour faire succeder ses enfans égallement soit gardée: & par le droict François dés long temps introduict entre les nobles, comme tesmoigne mon vieil practicien, & depuis entre toutes autres personnes, la paction de la future succesion faite en consideration & respect du futur mariage est receuë, approuuée, & ordinairement practiquée: & aucuns adioustent qu'elle est aussi vallable pour cause de societé de tous biens.* Masuerius tit. de societate. §. item licet. Auffre. quæst. 452. Benedict. in cap. Raynutius. in verb. duas habens filias. de testamen. *Et à ce propos on allegue plusieurs arrests.* & cap. quamuis. de pact. in 6.

m *La question.* l. si creditores. C. eod. *meriteroit vn long discours: mais la sentence d'icelle est, que si vn creancier ayant plusieurs obligez d'une mesme debte reçoit partie de la debte de l'vn d'iceux payant expressement pour sa personne, il ne pourra luy demander les parts des autres: & certainement la decision de ladicte loy est fondée sur les mots* pro sua persona: *& par ce moyen elle n'est contraire aux autres loix, qui veulent que celuy des obligez qui a payé vne partie de la debte ne soit quitte & deschargé des autres parts.* l. reos. C. de Fideiussor. l. inter §. 1. D. eod. *par ce qu'il les faut entendre au cas que le creancier ne l'ait receu particulierement à payer pour sa personne, & en son nom, comme i'ay plus amplement discouru au quatriesme liure des Pandectes.*

n *Le Preteur par son Edict n'auoit proposé de garder les pactions, sinon celles qui n'estoient faictes par dol, ne contre les loix, plebiscites, senatconsultes, & Edicts des Princes, ny en fraude d'iceux.* l. 7. §. Ait Prætor. D. eod. *Et toutes pactions qui sont faictes contre les loix & constitutions, ou contre les bonnes mœurs sont reprouuées,* l. pacta quæ. C. eod. *dont y en a des exemples* in d. l. 7. & l. 27. §. illud, & seq. D. eod. *du nombre desquelles sont celles qui contiennent vne cause laide, vilaine & infame. Et generallement la paction faicte contre le droict commun, c'est à dire contre ce qui est permis*

faire

faire par le droict commun, ne doit estre gardee, ne le serment qui en auroit esté fait d.l.7.§.& generaliter. *Quant à ce que l'autheur adiouste* ex l. Transigere. C. de transact. *n'est si estroitement gardé en France, parce qu'il est permis en tous crimes aux parties ciuiles de transiger & faire paction pour leur interest ciuil : d'autant que la vengeance publique & reparation criminelle appartient au Procureur du Roy ou fiscal, comme i'ay escrit cy-dessus, & ne peauent les accords & pactions des parties luy preiudicier. Ce qui suit en cet article requiert plus long discours, & en sera traicté en autre lieu plus comodement.*

DES TRANSACTIONS.
TILTRE XLI.

TRANSACTION [a] est de chose douteuse & incertaine, ou de chose non finie ou accomplie faire par paction & accord certain. Ou autrement transaction est permutation de lieu en autre. Et pource s'ensuit monstrer qu'est transaction, car l'vne se descend de l'autre. Si peux & dois sçauoir que generallement à parler, se faict transaction par plusieurs manieres, si comme s'il aduient que deux parties soient en procez, l'vne contre l'autre pardeuant Iuge, & pour obuier aux mises s'accordent ensemble par telle maniere que l'vn demeurera tenu enuers l'autre d'aucune sôme d'argent ou d'autre chose, & de ce facent obligation ensemble, c'est à sçauoir lequel que ce soit qui s'oblige à rendre & payer ce dont ils sont d'accord: ceste chose est selon les droicts appellee transaction, pource que la demande que souloit faire le demandeur, doit dire deuant le Iuge qu'il auoit action de demande contre le defendeur qui est chose à cognoistre a ramené & mis en chose certaine, c'est à sçauoir en chose certaine & recognuë.

Vn exemple.

I'auoye vne sœur qui faisoit questiô contre moy pardeuât le Iuge pour certain heritage qu'elle disoit à elle appartenir. Et pource que ie voulu escheuer matiere de procez, ie fis paction à madite sœur de x. liures parisis, parce qu'elle me tenist en paix, lesquelles ie luy promis à rendre, & à payer. Apres aduint que ie me repenti, pource que ie sceu certainement qu'elle auoit tort de ce demâder, & ne luy voulu payer lesdites dix liures ainsi promises. Elle m'en trait en cause deuant l'Empereur. Tout veu il fut dit que ce que i'auois promis pour doute de procez, non point pour autre corruption, estoit à tenir, puis que cessé seroit du procez, & de ce auroit fait transaction par le moyen de dix liures, si comme dit est, *l. Cum te proponas cum sorore tua. C. de transact.*

Vn autre exemple.

Encores [b] ensuit vn autre exemple sur la forme & maniere de transaction. Vn mineur auoit tuteurs & curateurs, luy venu en aage, traiét ses tuteurs & curateurs en cause, pour auoir compte du sien: debat & procez

Hors de mineur au liure escrit à la main, c'est à dire n'estant plus mineur.

si assist. Pour oster toute matiere de procez, ie fis contre le mineur transaction à eux du contend, & les quittay de tout ce qu'ils pouuoient estre tenus à moy, pour certaine somme d'argent qu'ils m'en promirent à rendre & payer, & de ce fis certaine paction, & ainsi ie fis de ce quoy ils m'estoiét tenus, par action de besoignes faites, & remis en transactiō de nouuelle stipulatiō, que les clercs appellét stipulatiō aquilaine, c'est à dire de chose incertaine mettre en obligation certaine par lien de paroles. Or vint que les tuteurs allerét briefuemét mourir, ie me aduisay qu'ils auoiét encores de mes choses pardeuers eux: si les tray en cause. Les hoirs se voulurét defédre par la transactiō dessusdite, & disoiét que pour certaine sōme ie les auoye quittez: ie respondy que bié estoit vray que quittez les auoye de ce qu'ils m'auoient gouuerné en recepte: mais de ce que du mié auoient en ioyaux & de tels choses, nō. Ils disoient que si, & que la quittance estoit de toutes choses generalement. Sur ce cōtend fut dict par le Iuge que la quittance seroit veuë, & si elle faisoit mention que des ioyaux ie eusse fait expresse quittance, ou tellement si generalement & especiallement qu'ils y puissent estre comprins ne entendus, la quittācé vaudroit: si non, la demande seroit à receuoir. *quia specialis transactio specialem operatur effectum. l. Age cum Geminiano. C. de transac.*

Dedans quel temps exception peut estre intentee en temps de transaction.

Par l'ordonnance de l'an 1539. art. 134. le mineur peut estre restitué dans les dix ans, depuis l'aage de maiorite, c'est à dire iusques à ce qu'il ait parfait & accōpli l'aage de 35 ans.

Et s'il estoit que par le tuteur apres la trāsaction faite, fut le mineur deceu, & que ainsi fut trouué parties ouyes, si le mineur pouuoit ce monstrer que dedans deux ans apres la transactiō, encores il seroit à receuoir, & si plus attendoit, non, selon la loy, & sans proposer d'exception, & la monstrer contre la transaction, ne seroit le mineur à receuoir. *l. Actione administratæ. C. eod.*

De muer hoirrie par condition.

Deux freres [c] estoient hoirs de leur pere seul & pour le tout, lequel pere auoit fait testament & ordonnances que les heritages qu'il auoit, laissoit à ses deux fils par telle condition que si l'vn mouroit sans auoir enfans legitimes, qu'ils reuensissent à l'autre frere. Le pere mort, les deux fils freres & hoirs de leur pere, de leur volonté quitterét l'vn l'autre par ceste ordonnance de leur pere, & firent transaction l'vn à l'autre sur ce que chacun pourroit faire sa volonté des heritages à eux appartenans par la mort de leur pere. Aduint qu'vn temps apres l'vn des freres alla mourir sans enfans, & fist & ordonna de ses heritages. Et l'autre frere qui estoit demeuré, voulut venir contre l'ordonnance de son frere, & disoit que son pere auoit ordonné &c. & que pour ce ne pouuoit auoir fait quelque transaction qui peust destruire l'ordonnance de derraine volonté de leur pere, des dons qu'auoit fait le frere mort par son testament. Les hoirs disoient du contraire, & que l'ordonnance du pere par la volonté aux deux freres estoit muée & transignée en ce que chacun en pouuoit faire sa volonté, si comme dit est &c. Le frere viuant disant du contraire, & que si transaction y auoit eu entre euz, si estoit il deceu, &

par ce droict paction qui est en deception, n'est à tenir, ne transaction qui s'en ensuiue, mesmement puis que dedans le terme de deux ans on en fait action & poursuite. Sur ce debat fut dit par le iugement de l'Empereur par son Concille, que la transaction faicte deuers les deux freres estoit à tenir & à conseruer, voire supposé encores que l'vn des faiseurs eust esté mineur quand ladite transaction fut faite: Car elle estoit affiancée à bône foy, & que l'vn ne desiroit la mort de l'autre, ne en ce n'auoit deception, ne pour engigné ne s'en deuoit tenir. *l. De fideicômisso. C. eodem.*

De transaction faite hors heure.

Selon [d] la loy escrite, sçachez que aussi grand force doit auoir la transaction à droict faite d'entre parties aucune, que est la sentence donnee du Iuge: car rien ne doit estre plus vertueux q̃ la loy des hommes à tenir & à la garder ce qu'ils ont en conuent. Et pource qu'aucuns disoient que la transaction qui faite estoit hors heure, n'estoit à tenir: sçachez que ceste question mise deuãt l'Empereur, il fut dit par Concille que la transaction faite par bonne foy est à tenir, quand ne à quelque heure que faite soit: ne rien ne doit perturber le vray consentement de homme qui est habille à paction faire de bonne foy, & qui a aage que faire ne puist. *eod. l. Non minorem.*

De transaction par feintise.

Item il [e] aduint qu'vn homme demandoit vne maison à vn autre qui côtredit y mettoit: si firent transaction ensemble par le moyen de vingt liures que donna le defendeur ou demandeur, afin qu'il se deportast de sa querelle. Et pour plus seurement faire leur paction mirent en condition qu'au defendeur demeureroit la maison comme pour achapt, & de ce feroient lettres qui seroient intitulees d'achapt, & pour certaine sôme declaree ausdites lettres. Vn temps aduint que le demandeur voulut demãder le prix qui en nom d'achapt, estoit contenu en ladite lettre, dôt il n'auoit esté payé ne satisfait si côme il disoit. Le defendeur maintint que jaçoit ce que la lettre fist mention du titre d'achat, & du prix declaré, neãtmoins estoit-il vray que par certaine transaction & par le moyẽ de vingt liures, ladite maison estoit demeuree audit defendeur comme son heritage, jaçoit ce que titre d'achat y soit declaré pour plus y seurement faire. Sur ces debats la querelle fut portee deuant le Iuge, dit fut par grande deliberation de conseil, que pour neant demande le demandeur le prix côtenu en ladite chartre qui par feintise y fut mis, Car selô la loy, ce qui est fait par feintise, doit estre compté comme non receuable. *C. eod. l. Cum ea.*

D'autre maniere de transaction.

Item aduint [f] qu'vn homme cuida estre hoir d'vn autre, & pource paya aucunes de ses dettes. Et quand il vit que tant deuoit, pour escheuer le dommage fist transaction aux crediteurs, & leur paya partie de leur dette tant que contens en furent. Et pource le fist qu'il esperoit & tenoit estre hoir du mort, & auoir par succession tout le residu de ses biens, il aduint qu'autre s'apparut qui fut plus prochain, & fut dit hoir. Quãd celuy qui auoit ainsi payé, vit que hoir ne seroit, il voulut retraicter & demander ce que payé auoit cõme dit est. Ceux à qui ce auoit payé, disoiẽt du contraire, & pource par transactiõ de paié, leur auoit payé ce que deu leur estoit, & que n'estoient tenus de le rendre, mais biẽ se trait aux hoirs qui en demeureroient quittes, le demandeur disant du cõtraire, Ceste querelle fut portee deuant le Iuge, dit fut par deliberation de conseil puis que depuis la transaction ce auoit fait & payé, ce bien fust auisé, car retraicter ne le pourroit de droict, parce que comme pleige ne l'auoit pas fait, ne aussi comme contrainct par force, ne par tricherie. *l. nec intentio creditorum. C. eod.*

Transaction par aquilaine stipulation.

Item ensuit g vne pareille loy & sur cas pareil. Ie plaidois à vn homme de certaine chose qu'il auoit de moy entre plusieurs autres. Et pour oster matiere de procez par le moyen de mes amis fis paix à celuy de celle chose, moyennant certaine transaction que nous fismes ensemble par acquilaine stipulation, qu'il m'en promist à rendre, & parmy tant ie fis à celuy quittance, & luy promis que rien ne luy demãderoyie. Et luy fis quittance si generale que ie ne dis ne declaray en celle quittance que ce fust pour celle chose, mais dis que ie luy faisoye quittance de tout que ie luy sçauoye ou pouuoye demander, vn temps apres aduint que ie luy fis demande pour certaine autre chose que i'auoye à marché à luy, & que il auoit du mien receu & manié. Si l'en tray en cause deuant Iuge, il se ayda de la quittance que de moy auoit, disant comment par certaine transaction ie luy auoye fait cette quittance, pourquoy il vouloit dire que elle estoit telle & si generale que iamais ne luy pouye rien demander, &c. Ie luy respondy que bien luy auoye fait quittance, pat traicté de certain accord que nous auions eu ensemble sur tel cas, dont nous estions deuant le Iuge pour lors, & pource luy fis quittance si parle que plus rien ne luy demanderoye : toutesfois n'eut-il oncques autre accord enuers moy que de celle chose dont lors nous estions en question, ne oncques n'en auoye fait content ne demande d'autre chose que de celle dont il ensuit: si ie puis monstrer que d'autre chose soit tenu à moy, i'y suis à receuoir, & ne luy doit valoir sa quittance faite d'icelle chose, dont nous deuisasmes pour lors, car tousiours est on releué en erreur de compte. Tout veu il fut dit par iugement de Concille d'Empereur que à demander compte des autres choses i'estoye à receuoir, nonobstant la quittance: puis que en icelle n'estoit especialement le cas declaré ou en partie: & la raison est tres-bonne: car *clausula generalis refertur tantùm ad specificata. l. Si de certa. C. eodem.*

De transaction sans stipulation.

Trois h freres estoient demeurez sans pere & sans mere, dont l'aisné tenoit certain heritage, que les deux maisnez demandoient à auoir pardeuant le Iuge, contend en estoit apparant à longuement durer, & pour ce firent transaction ensemble que le plaid fut mis ius par certain moyen de l'aisné qui leur promist à faire & rendre, & auec ce auoient plaid encontre luy pource que comme leur aisné il auoit esté leur tuteur. Si luy demanderent compte de leurs biens, brief ils luy firent quittance de tout sous espoir, pource qu'il n'auoit nuls enfans, que apres sa mort il leur lairroit son heritage, sans en ordonner à autre, & ainsi leur promist il. En certain temps apres ils s'apperceurent que leur frere vouloit ordonner de son heritage à autre. Si s'en trairent deuant Iuge, disans qu'ils estoient engignez, & que ladite quittance fust nulle, ou que la promesse leur fust tenuë. Le frere aisné disant du contraire : & que engin ne se pouuoit entendre en chose qui se peut prouuer en la paction faicte, & si promis leur auoit son heritage apres sa mort, si n'y auoit-il de ce quelque stipulation, ne de raison promettre ne le pouuoit par simple paction qui est comme nuë, & telle n'est à tenir, pourquoy, &c. Lesdits freres disans du contraire, & qu'ils auoient fait la quittance à bonne foy & sur espoir qu'il tenist sa promesse, dont si tenir ne la deuoit, ils auroient esté engignez & deceus : car le contract par engin n'est à tenir. Tout veu selon le texte de la loy escrite sur ce ; l'Empereur determina que engin ne s'assiet sur chose qui se peut aduiser au traicté faire ne chose nuëment promise par especial sur heritage n'est à tenir par contrainte. *C. li. ij. de trans. l. Cum donationis seu transactionis. quæ est mira res, ex qua impubes bonis suis frustratur. Vide ibi Docto.*

ANNOTATIONS DV TILTRE QVARANTE ET VNIESME.

a L*E verbe transiger, se prend generallement pour expedier, finir & mettre à fin quelque affaire: mais en ce traicté des transactions on entend transiger, & decider & composer de quelque chose douteuse, de laquelle y auoit procez meu, ou qu'on craignoit deuoir estre meu, auec certaine paction & conuention faite entre les parties : dont la transaction se peut definir l'accord & composition de chose douteuse, pour laquelle y auoit procez, ou qu'on craignoit qu'il s'en deust mouuoir, auec certaine conuention & condition sous laquelle l'vn quicte la chose contentieuse & luy est baillé ou promis quelque autre chose ou pecune.* l. 1. D. de transact. l. Transactio. C. eod. *& encores qu'il n'y eust procez intenté ny parauenture suiect d'en mouuoir aucun, si est ce que la transaction ne laissera d'auoir effect, d'autant qu'il suffit qu'icelle auroit esté faite pour crainte de procez,* l. 2. C. eod.

b *Pour entendre cét article conuient noter que par le droit Romain auroit esté introduite la stipulation appellee Aquilaine par laquelle les obligations & actions de toutes choses estoient transferees en stipulation & nouees, & ladite stipulation Aquilaine estoit perimee par l'acceptilation.* l. Aquiliana. D. eod. *& la transaction se faisoit ou par stipulation Aquilaine ou par paction.* l. 2. D. eod. *Mais encores que la transaction eust esté faite par stipulation Aquilaine, si est-ce qu'en icelle ne sont comprins les procez, differends & negoces, desquels n'auoit esté pensé ne traicté entre les parties* l. cum Aquiliana. D. eod. & l. Age cum Geminiano. eod.

c *I'ay parlé cy-dessus de la question, qui est icy traictee, prise* ex l. de fideicommisso. C. eod. *par laquelle est decidé que si entre quelques heritiers est laissé vn mutuel fideicommis, à la condition que le premier qui decederoit sans enfans, restitueroit au suruiuant sa part, & ils auroient par transaction remis & quicté l'esperance dudit fideicommis, telle transaction est valable: non seulement entre Majeurs, ains aussi quand l'vn d'eux seroit mineur: parce que le mineur n'est tousiours restitué, s'il faict quelque chose, ains s'il auroit esté deceu par ce qu'il auroit faict*, l. Verum. §. sciendum. D. de minor. *Car la doute de l'euenement de la condition faict que le mineur ne sçauroit pretendre qu'il auroit esté circonuenu*, Verùm, vt ait Vlpianus, non euentus damni restitutionem indulget, sed inconsulta facilitas. *Toutesfois m'estant trouué en consultation auec aucuns Aduocats des plus celebres du Palais au Parlement de Paris, sur vne semblable question i'ay entendu d'eux qu'vn mineur auoit esté restitué par arrest d'autant qu'il est assez deçeu par fragilité d'aage, en quictant le droict duquel il n'a encores cognoissance.*

d *L'authorité des choses iugees est telle, que par la sentence qui auroit eu force de chose iugee, le procez est decidé & terminé, comme aussi par la transaction, laquelle est fondee sur le consentement & conuention des parties: & partant ne peut estre retractee entre maieurs, sous pretexte de ce qu'elle auroit esté faicte de nuict.* l. non minorem C. eod.

e *En l'espece.* l. cùm ea, C. eod. *on propose que celuy auquel par la transaction auoit esté promis certaine somme, se seroit fait promettre icelle comme vn prix certain, par contract d'emption & vendition fait auec celuy auquel il auoit quicté l'heritage contentieux, & la raison de ladicte loy qui denie action en ladite espece est, parce que ce n'estoit vne vraye vendition, ains feinte & le prix feint. Mais sans s'arrester à telle subtilité si la somme estoit deue & promise, celuy qui l'auroit promis seroit tenu d'en faire le payement: & n'y auroit apparence de debouter le demandeur de son action, puis qu'à la verité il luy seroit deu: parce qu'en France on s'arreste plustost à la verité des choses, qu'à la formalité des paroles: ioinct l'ordonnance de Moulins, qui auctorise grandement les contracts faits par escrit, & ne reçoit contre iceux preuue de tesmoings, mesmes quand la somme ou la valeur de la chose excede cent liures.*

f *En ceste espece* quę sumpta est. ex. l. nec intentio. C. eod. *encores que la somme promise ou payee aux creanciers par celuy qui s'estimoit heritier du deffunct eust esté par luy deue: toutesfois parce que celuy qui l'auroit payee ou promise, l'auroit fait par erreur, estimant faussement qu'il estoit heritier: tellement qu'il sembloit qu'il peust repeter ce qu'il auroit payé, & n'estre tenu de ce qu'il auroit promis.* l. Si pœnæ. §. 1. D. de condict. indeb. *Ce neaumoins à cause de la transaction il est decidé qu'il ne peut repeter ce qu'il auroit payé, & mesmes qu'il peut estre contraint à payer ce qu'il auroit promis par stipulation. Car la cause est assez suffisante pour rendre obligé à payer celuy qui s'estimoit heritier, que la transaction*, l. In summa. D. de cond. ind. *toutesfois il me semble que celuy qui auroit ainsi payé le pourroit repeter du vray heritier: qui seroit tenu luy rendre, & l'acquiter de ce qu'il auroit promis aux creanciers*, quia vtiliter gessit negotium hæreditatis.

g *I'ay parlé cy-dessus de la question qui est icy traictee, à sçauoir qu'en vne transaction generale faicte pour certains procez & differends que les parties auoient ensemble, ne sont comprins les choses desquelles n'auoit esté pensé ny traicté: encores qu'il y ait clause generale, par laquelle les parties se soient quittees l'vne l'autre de toutes choses quelconques, & promis de ne plus rien demander. Car telle clause se doit referer au procez & differends sur lesquels les parties auroient transigé.* l. Si de certa. C. eod. *Mais en telle espece faudroit obtenir lettres pour estre releué de la transaction, & en icelles inserer quelque clause de dol ou surprise de la partie. Car facilement on ne sçauroit estre releué de telle transaction generale faite entre majeurs, sous pretexte de deception d'outre moitié de iuste prix ou plus grande, à cause de l'Edict du Roy confirmatif des transactions.*

h *En ceste espece comme en la* l. Cum donationis. C. eod. *faut proposer que le frere auquel ses autres freres auoient remis & quité la redition de compte de leur tutelle, ne leur auoit fait promesse par escrit de les faire ses heritiers, moyennant ladite remise & quittement, ains que purement & simplement ils l'auoient fait, sous vne promesse separee que leur frere leur auoit fait de les faire ses heritiers, à laquelle promesse n'estant par escrit on n'auroit à present aucun esgard, attendu ladite ordonnance de Moulins, aussi faisoit contre les freres en ladite espece la regle du droit Romain, qui n'appreuuoit telles pactions & promesses de future heredité: tellement qu'il seroit plustost à presumer que les freres auroient fait tel quittement & remise, à leur frere pour gagner sa bonne grace,* arg. l. Si repetendi. C. de cond. ob caus. dat. *Mais à la verité si la transaction portant ladite remise & quittement auoit esté faite à la charge & condition que le frere laisseroit ses biens à ses freres s'il mouroit sans enfans (qui est la clause accoustumee d'estre mise en telles conuentions) & il les auoit laissez à autres, qu'il auroit instituez heritiers au pays, où institution d'heritier a lieu, ou par legs ou autrement leur auroit donnez, de sorte que ses freres en auroient esté frustrez: ils pourroient agir contre les heritiers de leur frere, ou les detempteurs de ses biens, à fin de r'entrer en leur action de reddition de compte, ou d'auoir les biens delaissez par leur frere,* iuxta l. A Titio. D. de ver. obl. *Car telle condition auroit peu estre adioustee audit contract, comme vne autre.*

DE STIPVLATION EN GENERAL.

TILTRE XLII.

STIPVLATION a qui est vn engendrement d'obligation & de promesse de conuent qui se fait par parolles & par responces de l'vn promettant à l'autre, c'est à dire de soy obliger par parolles de volonté, sans ce qu'il y ait cause pourquoy on s'oblige que parauant ne soit engendré. Exemple. Ce ne seroit pas proprement obligation par stipulation si i'auoye à aucun fait dommage ou grief, & pour le recompenser & amender ie m'obligeroye à luy en aucune chose, mais c'est obligation par stipulation quand ie dy à vn autre ie te promets à payer chacun an dix liures, celuy à qui il est ainsi promis, demande, & me promets tu à payer? & le promettant respond oy, car en stipulation il faut promesse & responce. Et ce est proprement appellé stipulation, qui se lie & oblige par paction. Et pource dit le sage que paction sans stipulation est nuë, & n'engendre point de action si comme par le cas cy-apres exemplifié pourra apparoir. Si tu fais à ta fille promettre par aucun en forme de stipulation qui luy bailleroit aucune quantité d'argent, sçachez que jaçoit ce que ta fille soit en ta mamburnie : pource ne demeure que stipulation ne vaille & tienne, Mais ta fille tant qu'elle soit en ton pouuoir ne la peut demander, mais tu la peux demander, chasser, auoir, & recueillir par vertu de ladite stipulation, & à toy en conuient respondre, car à toy en compete. *C. l. vij. rub. de contrahenda & committenda stipulatione. l. Si filiæ tuæ.*

De stipulation à autre non present.

S'il aduient [b] que aucun face promettre, qui autant vaut au langage que stipuler, à aucun, que l'argent que presté luy a, ou que on luy doit, rendre à vn autre qui n'est mie present, Sçachez que telle stipulation n'est pas certaine, ne n'a mie tres-parfaicte action celuy qui ainsi est stipulé de le demander, & toutesfois si payé estoit à celuy à qui il est ainsi promis, si le pourroit repeter celuy qui ainsi l'auroit fait promettre à celuy qui receu l'auroit par celle stipulation, par action de besongnes faites, & le deuroit r'auoir par la loy. *l. Si cum pecuniam tuam. C. de contrahend. & commit. stipu.*

De stipulation par paour.

Encores [c] peux & dois sçauoir que stipulation faite par paour de mort ou de tourment constant ne fait à tenir, mais si tu luy promis par paour à fin que il ne te accusast d'aucun meffait que tu eusses faict, ou que accuser t'en vouloit, pour tant que ce fust vray, sçachez que telle stipulation tient & vaut, Mais si c'estoit en cas criminel que l'accusation deust asseoir contre toy, sçachez que telle stipulation ne vaut, car en cas criminel transaction ne stipulation ne tiennent lieu que tousiours l'accuseur ne puisse reuenir. *C. eodem tit. l. Si quidem Zenoni.*

De stipulation à bonne foy.

La loy escrite veut que toute stipulation à bonne foy faicte, vaille & passe iusques aux hoirs, soit d'vn costé ou d'autre, c'est à sçauoir aux hoirs d'iceluy qui a promis, & que ils soient tenus de accomplir, soit pour les hoirs de celuy à qui il fut stipulé que pourchasser le peussent, jaçoit iaçoit ce qu'en ladicte stipulation en soit faicte mention, ou non faicte, car pourquoy ne pourra faire ce que ses predecesseurs auoient promis à faire? Nonobstant la subtilité que les anciens auoient dit, que puis que l'homme estoit mort, son hoir ne pouuoit faire en ce cas ce que fait eust son predecesseur s'il eust vescu, car c'estoit contre bonnes mœurs, puis que la stipulation est certaine, ny ne voulons que ceste exception ait lieu doresnauant. *C. eodem tit. l. scrupulosum.*

Trop plus forte raison est selon les loix és stipulations, & dit ainsi que s'il est aucun qui face transaction d'aucune chose où il y ait stipulation, soit certaine ou non certaine, peut estre demandée ou poursuiuie. *C. eod. l. scire debuisti.*

Des stipulations qui ne sont à tenir.

PVis [e] que dit est des stipulations qui sont à conseruer, apres veux dire & monstrer de celles qui ne sont à conseruer. Si sçachez que stipulation que face aucun qui seroit à minorité, ne fait à conseruer n'à tenir. *de inutilib. stipulat. C. l. 1.*

De stipulation en traitant mariage.

Encores [f] declare la loy vne stipulation qui ne fait à tenir, car si aucun mariage estoit traité & promis à faire, & à fin qu'on ne s'en puisse repentir, on y promet par stipulation certaine peine de mise d'argent, & il aduient qu'aucun d'eux soit sommé, ou la femme se repente du mariage, & ne vueille aller auant: sçachez que quelque stipulation qu'il y ait entre eux, ne quelque chose que stipulée en soit, riens n'en est à tenir: car les mariages doiuent estre de franche & liberalle volonté, & non pas par contrainte, *iuxta illud, Matrimonium solo consensu contrahitur.* Ne par telle stipulation ne s'engendre action aucune qui puisse aduenir n'atteindre cause d'euocation. *l. libera matrimonia. C. eod. tit.*

De stipulation à personne non present.

Iaçoit [g] ce qu'aucuns sont d'opinion qu'on peut bien promettre & obliger à personne qui n'est pas present, soit en seconde, ou tierce personne, neantmoins dist la loy escrite qu'il n'y a point de stipulation qui vaille ne tienne à celuy qui present n'est en seconde n'en tierce personne: car en stipulation faut auoir personne qui promette à payer, & personne seconde qui reçoiue la promesse, & qui die, le promettez-vous ainsi à rendre & satis faire? Et l'obligeant respond, ouy, comme dit est dessus, Et ce appelle on stipulation. *l. vt inter absentes. C. de inutili. stipulat. & l. inter stipulantem. ff. de verbo. obliga. & §. alteri, & §. si quis alium. insti. de inutili. stipu.* car autrefois te l'ay ie monstré en autres rubrices à ce seruans, & en la rubrice precedente.

De stipulation de qui encores seroit à escheoir.

Tu peux [h] & dois sçauoir que stipulation faicte sur heritage qui encore est à escheoir: est en la volonté de celuy qui franchement en possesse, ne vault ny ne fait à tenir, par la raisõ de ce que selon les droicts, stipulatiõ

Imo per l. neq. tutores. C. de contra. & cõmit. stip. & per tex. de auth. o. tut. per §. pupillus insti. de inutil. stip. pot est pupillus sibi stipulari. dic quod sibi potest, alteri autem non potest sine tutoris authoritate & quando obligetur vide pulchré per Bar. in l. 1. de nouat. gl. sing in l. 1. C. de inutil. stipul.

De hac materia vide Abbatem in cap. Gemmã de sponsal. ext. & Bar. in l. Titia. ff. de verbo. oblig. gl. in verbo potestas. cum tex. in l. si. §. vlt. C. de sponsal.

faicte contre bonnes mœurs ne fait à tenir, & ceste stipulation seroit directement contre bonnes mœurs, ergo stipulation sur ce faicte ne fait à tenir. *C. de pac. l. vlt. & l. ex eo instrumento. C. de inutil. stipula.*

De stipuler plus qu'on doit.

Et s'il [i] aduenoit qu'aucun fist promettre & stipuler à autruy plus largement qu'il n'auroit presté en bonne foy, sçachez que stipulation que pource en fist à ce qu'il ne peust auoir exception au contraire par la stipulation de male foy qui ne fait à tenir, toutesfois que mal engin si embat, *C. eod. tit. l. dolo vel metu.* Et ainsi peux & dois entendre de toutes stipulations & obligations, pactions & contracts, car si tost que male foy si embat, sçachez que tout ce ne fait à tenir.

De plusieurs obligez ensemble, & chacun pour le tout.

Tu peux [k] & dois sçauoir que s'il aduient que plusieurs soient obligez ensemble, ou chacun pour le tout à aucun: le creancier peut demander sa dette à qui qu'il luy plaira, & celuy luy est tenu par droict escrit de satisfaire & payer. Mais le Iuge si l'obligation le requiert, peut aider & secourre à l'obligé, & qu'il puisse appeller son garand ou ses compagnons pour luy aider à desdommager, & payer leur portion de celle dette. Toutesfois selon l'opinion d'aucuns sages, & par especial d'aucunes coustumes locaux, il n'est necessité que l'obligé ainsi contrainct de prime face tout auant qu'il paye, ne responde en cause, face appeller son compagnon, ou compagnons à luy aider à acquitter d'icelle dette, ou alleguer qu'aussi bien y sont tenus comme il est, attendu l'obligation ainsi faicte, l'vn seul & pour le tout, comme dit est. *C. de duobus reis stipu. l. 1.*

Item mais s'il aduenoit que chacun fust obligé tant seulement en especial pour sa partie, autre chose seroit: car lors n'en pourroit estre demandé à chacun que sa part & portion. Sçachez selon la loy dessusdite que chacun obligé seul & pour le tout, faict à contraindre pour toute la dette, & bien quiere son compagnon. Mais l'Empereur dist vne autentique qui se modifie à celle loy: & dist que bien s'ensuit & suffit demander à vn, voire quand l'autre ou autres ne sont ou est au païs, & sont si paures qu'à eux on ne se puisse arrester ne requerir la dette, car autrement on ne si doit pas attacher à l'vn seul pour la raison de ce qu'à la verité entendre, on ne prend pleige que pour doutte de mauuaise paye. Et si n'en y met on plusieurs, fors pour la doutte que l'vn seul ne fust pas soluens, & que si l'vn failloit, que l'autre le peust accomplir & parfaire, car plus d'vne fois ne peut vne dette estre payée: & ne seroit ia besoin de pleige ne fideiussion si le detteur estoit bien soluens. Et pour-ce corrige l'autentique la rigueur de la loy, par la maniere dicte *Authenti. hoc ita porrectum & ibi Bartho. de hac materia loquens. C. eod. titu.*

Vn obligé seul & pour le tout peut estre contrainct pour la totaité de la dette.

ANNOTATIONS DV TILTRE QVARANTEDEVXIESME.

a ENCORES *que la stipulation ait esté introduicte* obligationũ firmandarum gratia, vt ait Paulus lib. 5. sent. *& afin que d'icelle fust engendrée action plustost que de l'obligation ou cõuention en laquelle elle estoit interuenuë*, §. de constituta. Inst. de act. l. diuisionis. D. de pactis. *Si est-ce que la stipulatiõ est vne espece de contract, distinct & separé des autres: duquel procede l'obligation*, quæ dicitur verborũ: vt cõstat ex l. 1. D. de oblig. & act. §. vlt. Inst. de obligat. *& est appellée obligation de paroles, par-ce que pour cõtracter icelle, faut que les paroles interuiẽnent, par lesquelles l'vn stipule, & l'autre promet de faire ou bailler ce dõt il est interrogé & requis*: l. 1. D. de verbor. obligat. *& y auoit anciennemẽt des paroles solemnelles, par lesquelles il conuenoit conceuoir la stipulation: mais elles ont esté hors d'vsage, & suffit que les parties contractent par quelques paroles que ce soit, pourueu qu'elles ayent intention de stipuler.* Inst. eod. & l. 3. §. vlt. D. de obligat. & act. l. omnes. C. de contrah. & committ. stipul. *dont i'ay plus amplement traicté au liure second des Pandectes. Et quant à l'exemple qu'il propose de la stipulation faicte par le pere au nom de sa fille, en vertu de laquelle le pere peut demander la somme qu'il a stipulé estre baillée à sa fille, la raison procede de ce que le fils ou fille de famille estant en la puissance du pere, ce qu'il stipule ou le pere au nom de luy est acquis au pere à cause de la puissance paternelle*, §. ei vero. Instit. de inutilibus stipulat.

b *L'espece* l. si cum pecuniam. C. de contrah. & commit. stip. *est icy briéuement declarée, à sçauoir que celuy qui auoit presté quelque somme à aucun, luy auroit faict promettre de la bailler à vn autre, qui estoit absent: laquelle stipulation est inutille, par-ce que nul ne peut stipuler à vn autre.* l. stipulatio ista §. alteri stipulari. D. de verb. obligat. & §. alteri Inst. de inut stip. *Ce qu'il faut entendre pour attribuer action à l'absent, auquel a esté stipulé de bailler: mais s'il auroit receu la somme du detteur, le creancier qui auroit faict faire ladicte stipulation auroit action contre luy*, quæ dicitur negotiorum gestorum.

c *De la* l. si quidem Zeoni. *icy recitée on collige que la stipulation extorquée par craincte de mort ou tourment, n'est vallable, & partant cõtre celuy qui agiroit en vertu d'icelle, on pourroit proposer l'exception de craincte, mais en Frãce il se faudroit pouruoir par lettres royaux, pour faire casser le cõtract: toutefois la stipulation qui seroit faicte pour cause probable, par celuy qui craindroit d'estre accusé d'aucun crime, seroit vallable: ce qu'il conuient entendre selon le droict François, si celuy qui se seroit faict promettre, auroit stipulé pour son interest priué & ciuil. Car s'il n'y auoit interest, & qu'il se feist faire seulement telle promesse, par la craincte qu'il auroit dõnée d'accuser ou deferer celuy qui luy auoit faict telle stipulatiõ, elle seroit subiecte à rescisiõ, pour auoir esté faicte calõnieusemẽt & sans cause*, l. 1. D. de calũnia.

d L. Scrupulosam. C. eod. *contient autre decision, que celle que l'Autheur recite: à sçauoir, si la stipulation est ainsi conceuë, ou quelque chose est ainsi delaissée par testament pour legs ou fideïcommis,* post mortem aut cum moreretur vel pridie quàm moreretur, *apres la mort, ou quand il moureroit, ou le iour de deuant qu'il meurt que telle stipulation, ou testament est valable, & doit auoir effect: dont les anciens Iurisconsultes estoient en dispute: & en faict encores mention Theophilus* in §. post mortem. Instit. de legat. *La stipulation auoit accoustumé d'estre adioustee à toutes pactions & conuentions,* vt ait Paulus lib. 2. sentent. vt ex stipulatu actio nasci posset. *Tellement qu'on l'adioustoit aussi aux transactions.* & ea dicitur certi vel incerti, *du certain ou incertain.* l. scire debuisti. C. eod. *du certain quand elle contenoit chose ou somme incertaine: d'incertain, s'il n'apparoissoit certainement de la chose promise, & de la quantité ou qualité d'icelle,* l. stipulationũ quædã, & seq. D. de verb. oblig. *en Frãce on ne faict gueres de contracts qu'il n'y ait clause de stipulation, ou promesse de pareil effect.*

e L. 1. C. de inutil. stipula. *parle du pupil qui auroit promis sans l'authorité de son tuteur, laquelle stipulation est inutile, pour obliger le pupil: mais si la stipulation estoit faicte à son profit, l'obligation seroit valable* §. pupillus. Instit. eod. *toutesfois les puberes, c'est à dire, ceux qui ont passé l'aage iusques auquel la tutelle duroit par le droict Romain, encores qu'ils ayent curateurs, & comme auiourd'huy il s'obserue, tuteurs & curateurs, ils peuuent estre obligez par stipulation.* l. puberes. D. de verb. obligat. *mais si l'obligation leur estoit preiudiciable, ils en pourroient estre restituez,* l. 3. C. de in int. rest. min.

f L. libera matrimonia. C. de inutil. stipul. *ne parle en l'espece icy recitee, ains au cas qui s'obseruoit anciennement du diuorce, que l'homme & la femme pouuoient faire le mariage estant contracté: mais en France telle forme de diuorce n'a plus de lieu; toutesfois encores que les mariages doiuent estre libres, si est-ce que les fiançailles estant faictes entre deux qui ont promis mariage, ils ne se peuuent facilement dissoudre, si ce n'est par mutuel consentement des deux: & si l'vn d'iceux refuse de paracheuer le mariage, il est poursuiuy en Cour Ecclesiastique pour celebrer & paracheuer le mariage, & quelquefois y est contrainct par les voyes & censures de l'Eglise,* cap. ex literis, de sponsalib. & al. *& encores qu'il fust ordonné par le Iuge d'Eglise, que fiancez seroient deliurez de leurs promesses, & se pourroient marier ailleurs, si est-ce que celuy qui auroit voulu entretenir les promesses, pourroit auoir action pardeuant le Iuge seculier pour ses dommages & interests: & ainsi nous en vsons.*

g *La stipulation qui se contracte par paroles, de l'interrogation du stipulant & response du promettant, ne se peut faire qu'entre les presens,* l. 1. C. de contrah. & commit. stip. l. Titia. §. pen. D. de verb. oblig. *& partant si la stipulation est faicte à vn autre absent, elle est nulle & de nul effect, comme i'ay noté cy dessus,* ex l. stipulatio ista. §. alteri & Inst. §. alteri de inut. stip. *Ce qu'on interprete tant pour le regard de celuy qui a stipulé, que de celuy auquel la stipulation est faicte,* §. si quis alij Instit. eod. *Mais la L. adiouste deux exceptions, l'vne si celuy qui est en la puissance d'vn autre, fait la stipulation à luy, ou si celuy qui a vn autre en sa puissance, luy stipule,* l. 2. C. de contrah. & comm. stip. & l. 3. C. de inutil. stipul. *L'autre exception est si celuy qui stipule, a interest que la chose soit baillée à celuy auquel il est stipulé: auquel cas la stipulation est valable: dont toutesfois celuy peut agir qui a stipu-*

lé pour l'interest qu'il y a, & non celuy auquel il a stipulé d.l.stipulatio ista.§. alteri.§.si stipulet.§.si Insulam. & seq. Mais en ces deux cas qui voudroit plus subtilement disputer, il pourroit soustenir que celuy qui ainsi stipule, ne peut estre reputé stipuler à vn autre, qu'à luy mesme: comme ailleurs i'ay plus amplement discouru.

h J'ay cy dessus monstré que par le droict François il est loisible à qui veut, de faire conuention & stipulations, mesmement par contract de mariage de son heredité & future succession: & partant l.ex.eo instrumento, ne s'obserue en France.

i C'est vne reigle generale que toutes stipulations, conuentions & contracts qui sont faicts par dol ou craincte, qui peut tomber en l'homme constant, ne sont valables: & toutesfois pour les faire casser & rescinder, il se faut pouruoir par lettres royaux. Par le droict Romain celuy qui auoit promis par stipulation plus qu'il ne deuoit, pouuoit par condition agir à fin d'estre liberé & tenu quitte de ce qu'il auoit plus promis, l. qui sine causa. D.de condict.sine causa. Mais ie ne sçay si à present on pourroit practiquer telle action, à cause de l'obligation dont il conuient estre releué.

k En cest article est traicté de duobus reis, de deux ou plusieurs qui s'obligent solidairement l'vn pour l'autre, & vn seul pour le tout à payer vne mesme chose ou somme: & y a difference si aucuns s'obligent solidairement, ou si seulement chacun pour sa part & portion, ou si simplement ils s'obligent, par ce qu'en ce cas ils ne sont tenus que pour leurs parts viriles. l.2.l.his verbis l.reos.§.1.D.de duobus reis. l.si rem.§.vlt.D.de nouat.l.inter eos.D.de fideiussor. chacun de ceux qui sont solidairement obligez, peut estre contrainct à paier toute la somme, toutesfois s'il est contrainct à ce faire, il pourra auoir son recours contre ses coobligez pour leurs parts, l.2.C.de duobus reis. Quant à l'authentic. hoc ista. quæ supra est ex nouel. 99. i'en ay parlé cy dessus, & monstré que les interpretes Grecs, & Iulianus l'ont interpretee, de duobus promittendi qui sic accepti sunt, vt alter pro altero fideiubeat inuicē. Mais ladicte authentic ne se practique gueres en France: par-ce que les Notaires ont accoustumé d'obliger ceux qui cōtractēt auec telles clauses qu'ils ne se peuuēt aider de la diuision portee par icelle, aussi en France on regarde plustost à l'effect du contract, qu'à la subtilité des parolles: tellement que quand le contract ne porteroit, sinon que ces mots l'vn pour l'autre, sans y adiouster solidairement vn seul, & pour le tout, toutesfois les detteurs seroient obligez solidairement, comme a esté iugé par arrest donné en l'audience du 19. Iuillet 1590. Mais celuy qui est poursuiui ou executé pour toute la dette, peut sommer ses coobligez, par-ce qu'iceux peuuent alleguer des payemens ou autres exceptions contre le creancier, pour monstrer qu'il ne peust demander toute la dette, non que ceux qu'il voudra sommer puissent estre ses garands formels, ains seulement pour se ioindre auec luy.

DE REIVENDICATION.

TILTRE XLIII.

Comment s'entend reuẽdication & en a esté cy dessus amplement traicté.

REIVENDICATION est vne action qu'on doit auoir contre celuy qui tiendroit aucune chose contre le gré de celuy à qui ce seroit & sans iuste tiltre: si cõme qui tiendroit ma chose par larrecin, & qui mis l'auroit en la main de tel en garde, ou ie le trouueroye, ou qui auroit du sien edifié sur autrui heritage. Ou qui auroit esté fait aucun amendement ou edifiement nouuel sus aucune tenure qu'on auroit en garde & administration, & le sire à qui la tenure seroit, seroit tel qu'il ne voudroit auoir ne contre les frais que cousté auroit, sçachez que celuy qui ce auroit faict faire, par le droict de reïuendication pourroit deffaire, oster, & emporter ce qui fait faire y auroit, par si qu'il remist en estat la chose, cõme parauant estoit & aussi suffisant. ou chose emprũtee par courtoisie, & l'emprunteur l'iroit engager, pour-ce ne demeurero it que celuy qui presté luy auroit, si comme dict est, ne le deust rauoir par le droict de reiuendication sans payer le prest sur ce emprũté. Et ainsi peux & dois entendre de tous cas semblables qu'aduiendroient.

Il s'abuse, car ce n'est par reiuendication que le possesseur peut demãder les impenses & frais qu'il a faicts, ains par exception, ou de l'office du Iuge: & si on faict distinction entre le possesseur de bonne foy, & celuy de mauuaise foy: & les impenses necessaires & vtiles, l. plane. D. de hæred petit. l sumptus. D. de reiuind l. domum. C. eod.

Exemple à edifier sur autruy.

Exemple [a] de reiuendication faire en cas d'edifier sur autruy tenuë. I'auoy vne piece de terre où il y auoit vn cõmencement de mur. Mon voisin qui ioingnoit à celle place edifia, & tant qu'il assist ses bos sur mon mur tout à plain, si tost que ie m'en apperceu, ie clamay estre tout mien ce qui estoit sur mon mur & sus mon heritage, mon voisin dit du contraire, & que ce estoit edifié demeureroit edifié: mais bien la vouloit amender par le dict d'ouuriés, car l'edifiemẽt estoit de si noble cõdition, que puis que fait estoit, il ne deuoit estre demoli, non, supposé encore que ce fust en contend par complaincte de nouuelleté, qui est cas priuilegié & de droict escrit, voire & auec autres plusieurs raisons qu'il disoit & maintenoit, &c. Sur le contend des parties, tout veu il fut dit par sentence d'Empereur en Cõcile que ce qui est edifié en ma place doit estre mien, tant comme il sera ainsi edifié. Mais si l'edifiement estoit deffait, lors retourneroient les choses par le droict de reïuendicatiõ au premier Seigneur, iaçoit ce que ce soit edifié ou à bonne foy, ou encore à male foy, si n'estoit que l'edifieur l'eust fait par volonté de donner: car lors deuroit demeurer auec l'heritage. *faciunt ad superiora dicta text. in l. si inferiorem. & l. mater tua. C. de rei vendica.*

Bos signifie bois.

Sentence en matiere de reivendication,

De reiuendication faicte sur sa terre qui seroit vendue par tel qui riens n'y a.

Autre exemple te peux monstrer de reïuendication sur possession qui tienne seroit, laquelle auroit esté vēduë par aucun qui droict n'auroit de la vendre: comment on le peut & doit reuēdiquer sur celuy qui l'auroit acheptee, iaçoit ce qu'il eust l'acheptee à bonne foy. Et de fait l'Empereur iugea par Cōcile de loy escrite qui dist ainsi. Tu peux & dois sçauoir que droict de reïuendication contre ceux qui acheptent la tenure, iaçoit ce qu'ils l'ayent acheptee de bonne foy, & qui bien cuidoient que cil qui la vendoit le peust faire, & retourner à ta tenure à toy franchement, mais que tant n'attendez, que l'achepteur se puisse aider par possession de tenure de long temps, & qu'il ait droict de prescription. *Allegat super l. mater tua. & l. aduersus. C. eod. tit. de rei vendic.*

Car la reiuēdication compete contre le possesseur, encores que il l'ait achepté d'vn autre, comme a esté noté cy dessus l. aduersus C. de reiuend. l. officium D. eod.

De semer ou planter à autruy champ.

Et s'il aduenoit qu'aucun semast en autruy champ, ou plantast aucune plante, arbre ou haye, sçachez que puis que la semence ou la plante ainsi plantee auroit prins racine, se seroit & demeureroit au droict de celuy à qui l'heritage seroit: mais par le droict de reïuēdicatiō, si le semeur ou le planteur faisoit sa demāde de la semēce, ou du labeur qu'il auroit mis au faire & semer, & aussi le planteur de ses plantes ou de son labeur, sçachez que rauoir le doit ou la valeur de la semence, ou de plante au iour qu'il sema & planta auec leur labeur & peine. Comme on dist en païs coustumier, rauoir doit frais & semence, *vt continetur alleg. sup. d. rubric. l. si quis sciens.*

Ex l. si quis sciens C. eod. appert que non par actiō de reiuindicatiō, ains par exception il peut demander & retenir ses impenses d'auoir semé ou planté.

De tenir autruy tenure dont on fust debouté par iugement.

Et s'il aduient [b] qu'aucun tienne autruy tenure dont il soit debouté par iugement, celuy qui obtient à cause de reïuendication, doit rauoir tous les fruits du temps qu'occupé a la tenure, mais s'il auoit aucun tiltre de don, d'achat, ou de succession, ou de transaction, pourquoy il possedoit, iaçoit ce que debouté en soit par iugement, pour ce que celuy de qui il tenoit ce n'y auoit droict: sçachez que lors n'est il tenu des vsufruicts fors depuis le procés contre luy commencé, par le droict qui dit. *Possideo quod possideo.* Ne d'autre temps ne doit estre reïuendiqué. *C. li. 4. ru. dicta. l. certum.*

Exemple de chose d'autruy emprunter sur argent.

Que [c] de chose qui par celuy auroit esté prestée ou mise en garde seroit venduë ou engagee, le seigneur à qui c'est, la peut reïuendiquer & retraire à son droict: & comment ce se peut faire, ie t'en monstreray vne exemple. Vn Bourgeois de Paris auoit fait porter en la maison d'vn cureur & blanchisseur de toilles vne sienne toille, pour curer & blanchir. Aduient que le cureur eut mestier d'argent, & porta celle toile à vn Iuif vsurier, & emprunta dessus certaine somme d'argent. Aucun temps apres le Bourgeois voulut rauoir sa toille. Le cureur ne la pouuoit rendre, car point ne l'auoit, & finablement quand il sçeut que sa toille estoit à vsure au Iuif, le Bourgeois ne pouuoit traire en cause le cureur, car il s'estoit absenté par ses dettes, & pour ce fist le Bourgeois cōuenir le Iuif deuant le Preuost, qui est Iuge & conseruateur des Iuifs, si fit demāde de sa toille,

Meuble se peut poursuiuir où qu'il soit trouué.

Montes signifie vsures ou interest & proffit, comme on dict à present.

le Iurf cogneust auoir la toille, mais sus celle auoir presté argent, à tel luy auoit apportee en sa maison, & pour celuy argent auec les montes volontiers la rendroit. le Bourgeois disoit, que puis qu'il cõfessoit auoir la toille, il offroit à mettre en voir qu'elle estoit sienne, & qu'à tel l'auoit baillee pour curer, n'onques n'en auoit fait chose, parquoy elle ne fut sienne & deust estre, & que rauoir la deuoit, comme sa chose sans payer riens du principal ne des montes, &c. par le droict de reiuendication. Le Iuif disant du contraire, & qu'il ne l'auoit pas esté querir en la maison du cureur: mais luy auoit apportee en sa maisõ, & qu'il estoit vsurier notoire, & de ce faire congé luy estoit donné du Roy, pourquoy doncques l'vsure luy deuoit estre payee, mesmement quand il ne calengoit la chose estre emblee, &c. Ledit Bourgeois disoit du contraire que puis que la sienne chose sçauoit, rauoir la deuoit. Et en tant que le Iuif alleguoit sõ fait d'vsure, il alleguoit turpitude, à laquelle il n'estoit à receuoir, car c'est chose deffenduë de droict canon, ne comme emblee ne luy estoit necessité de la calenger, car par droict en luy estoit de la clamer siẽne par droit de reiuendication puis que sa chose trouueroit estre ou de la clamer sienne comme emblee, & puis qu'il auoit esleu premier le droict de reiuendication, à receuoir y faisoit, & sa chose deuoit rauoir, concluant à ceste fin. Ledit Iuif repliquant qu'il estoit Iuif & que tel vouloit estre, & que par sa loy fait d'vsure estoit approuué, & par especial par le Roy, puis qu'il les permet estre & demeurer en son Royaume, mesmes qu'ils estoient en sa sauuegarde. Tout veu il fut iugé par le Preuost de Paris que le Bourgeois r'auroit sa toille sans payer le principal prest sur ce fait, n'vsure. Et en ce fut l'vsurier condamné és despens, la taxation reseruee. De laquelle sentence fut appellé par ledict vsurier en Parlement. La cause d'appel releuee & plaidee dit fut par arrest bien iugé par ledict Preuost, & mal appellé par ledict Iuif, & fut condãné es despens, & en amende de fol appel. Autre exemple.

A ce propos fait le texte en la loy, mater tua. C. de reiuẽdica. vbi dicitur, sed rem tuam à possessore vendicare etiam non oblato pretio poteris.

Item vn exemple de chose emblee.

Verité fut que par vn Bourgeois de Tournay fut trouué qu'vne cote de fer, qu'il auoit perduë, estoit en la maison d'vn frepier en celle ville, & là trouua sa cotte de fer qu'il auoit perduë, il la clama comme sienne deuant le Iuge. Le reuendeur disoit qu'achetée l'auoit, & payee à vne personne qui luy apporta à vendre, & pour celle ses deniers luy liura: pourquoy il disoit que la cotte estoit sienne, & que si le Bourgeois la vouloit rauoir, rendre luy deuoit ce que payé en auoit, puis que comme emblee la clamoit. Le Bourgeois disant du contraire, & que par le droict de reiuendication, puis que sa chose trouuoit, rauoir la deuoit franchement. N'oncques n'auoit fait chose pourquoy sienne ne fust, dont par le droict de reiuendication rauoir la deuoit. Ledit reuendeur disant du contraire, & que par coustume notoire puis qu'il ne la calẽgoit emblee, il n'y faisoit à receuoir. Et d'autre part si à receuoir faisoit, & que rauoir la deust, si deuoit ce estre parmy rẽdant autant que cousté luy auoit, car par coustume locale puis que comme emblee ne la demandoit, ainsi en deuoit il estre

iugé.

iugé. Et à ce furent par conseil coustumiers d'accord : que puis que comme emblee ne la demandoit, que payer deuoit le coust. Le Iuge s'en print à conseiller à Paris. Tout veu il fut dit que le droict de reïuendication sortiroit & tendroit lieu, nonobstãt coustume du contraire, laquelle en ceste partie n'estoit pas tollerable contre le droict escrit, & la constitution du Prince qui a vigueur de loy, & par la loy escrite, *Quod principi placuit, legis habet vigorem.* Et ainsi le Bourgeois deuoit rauoir sa cotte de fer nonobstant coustumes & raison proposee par iceluy reuendeur sans frais, faict & conseillé par les plus notables Aduocats & Conseillers de Parlement, tels comme Maistre Iean Canart, Monseigneur de Meres, Maistre Iean Ancier, Maistre Iean de Hambancourt, & Maistre Eustace de la Pierre, & selon la loy escrite. (*Intelligit forte de illa superius allegat. l. si mater tua. & de. l. si mancipiũ. C. eod.*) & ainsi peux & doit entendre de tous cas qui pareils seroiẽt aux dessusdicts, car tout ne peut estre escrit n'exẽplifié, mais de semblables choses, semblable iugement s'en doit ensuiuir selon la loy escrite, qui dict, *de similibus simile est iudicium. l. non possunt. ff. de legi.*

ANNOTATIONS DV TILTRE QVARANTE TROISIESME.

a OVTRE *les* L. si inferiorem. & l. mater tua. C. de reïvind. *icy alleguees, fait* l. adeò. §. ex diuerso D. de adquir. rer. dom. *où le Iurisconsulte dict* diruto ædificio venditionem materiæ, ex qua factum est ædificium competere : *dont i'ay traicté parlant de la loy des XII. tables*, de tigno iuncto. *Mais pour les impenses faictes par celuy qui sçauoit le fonds ou heritage appartenir à vn autre, qu'õ appelle possesseur de mauuaise foy, sẽble y auoir de la cõtrarieté entre les loix du droict Romain mesmes pour le regard des vtiles,* l. Planè. D. de hæred. pet. d. l. adeò. §. ex diuerso. & l. si inferiorem. & seq. & l. domum. C. de reï vendic. *Quãt aux necessaires, il est sans doute que celuy les doit rendre, qui vindique l'heritage : Pour le regard des vtiles s'il a sçeu & soufert que le possesseur les auroit faictes, il sera tenu de les rendre par l'exception de dol : par-ce qu'il est presumé y auoir donné consentement. Et encores que par la rigueur du droict* quod strictum dicitur, *le possesseur ne les puisse demander, si est-ce que par vne equité il les peut rauoir de l'office du iuge si l'heritage en est melioré, par ce que l'equité naturelle ne permet aucun s'enrichir de la perte d'autruy.* d. l. Planè. *Et ainsi me semble que lesdictes loix se peuuent concilier: dont i'ay plus amplement traicté au second liure de Pandectes.*

b *I'ay traicté cy dessus des fruicts que le possesseur de bonne foy fait siens, iusques à ce qu'il sçache l'heritage appartenir à vn autre : ce qui se fait, quand il est poursuiui à fin de s'en desister & departir à la requeste du proprietaire, qui depuis en ob-*

tient iugement: car lors il est tenu de restituer tant les fruicts pendans au temps de l'action, que tous les autres prouenus depuis contestation en cause. l. Qui scit. D. de vsuris. l. Bonæ fidei. D. de adquir. rer. domin. l. certum. C. de rei vind. *La raison est par ce qu'apres contestation il deuient possesseur de mauuaise foy.* l. 25. §. etiam si. D. de hęred petit. *Mais le possesseur de mauuaise foy est tenu de rendre tous les fruicts par luy perceus & qu'il a peu perceuoir*, l. fructus, 33. l. Si nauis, 62. §. vlt. D. de reivindic. *Le possesseur de mauuaise foy est celuy qui sciemment & sans droict & tiltre occupe & detient la chose d'autruy*, qui etiam prædo dicitur, l. Sed & si, 25. §. quod autem. D. de hęred. petit.

c *La raison de cest exemple est, par ce que le blanchisseur de toilles ayant vendu la toille de celuy qui luy auoit baillee à blanchir, à son desceu & contre sa volonté, auoit commis larrecin*: Inst. de obligat. quę ex delicto. §. furtum autem fit, sed per legem XII. tab rei furtiuæ perpetua auctoritas est, *& partant celuy auquel la chose luy a esté derobee, la peut vindiquer contre quelque possesseur que ce soit, sans estre tenu de rendre le prix, pour lequel on luy auroit vendue*, l. Mater tua. C. de rei vind. l. Inciuilem. C. de furtis. *A quoy se peut aussi rapporter l'exemple qui est en l'article ensuiuant de la cotte de fer trouuee en la maison d'vn frippier*: & facit l. Si mancipium. C de reivind. *Et encores que la dificulté fust de sçauoir si ladite cotte de fer auoit esté emblee & desrobee*, quia in d. l. Si mancipium traditur: si mancipium tuum per vim vel furtum, alii ex nulla iusta causa distraxerunt: *Si est-ce qu'il suffist que le demandeur verifie que la chose qu'il vindique luy appartenoit, & estoit en sa possession, lors qu'elle lui auroit esté prise, pour se deliurer de la redition du prix: par ce qu'il fait par ce moien presumer qu'elle lui a esté emblée.* Et eo iure vtimur.

DE COMPENSATION.

TILTRE XLIIII.

Toute ceste clause n'est au liure escrit à la main: & la teneur d'icelle demonstre biẽ que elle y a esté adioustée par autre que l'Autheur.

De la reconuention & cõpensation a esté traicté cy dessus, qu'il n'est besoin repeter.

COMPENSATION est vn droict & vne actiõ qui se naist & engendre quand vn detteur fait conuenir autre par deuant iustice, & celuy qui est conuenu, veut mettre en paye ce que l'autre luy doit, si comme il est dit selon la loy. [Par la coustume de la Preuosté & Viconte de Paris, au tiltre des actions personnelles & hypotheques, l'art 74. il est dict que compensation n'a point de lieu sinon que d'vne dette claire & liquide, à vne autre pareillement claire & liquide. Qui est conforme au droict escrit, *l. vlt. C. de compensa.* & aussi il est dict à l'article suyuant, que reconuention en Cour laye n'a point de lieu: toutesfois le cas aduenant qu'aucun me demande cent escus, & ie luy en veux demander cent autres, ie puis auoir lettres pour par le moyen de mes defences me prestituer demandeur, ce qui est auiourd'huy ordinairement practiqué.] ª Sçachez selon le Stille de Cour laye compensation, que les aucuns appellent reconuention, & les ruraux l'appellent contrepenner qui tout est vn : mais selon les Clercs son droit nom est compensation, & ne se faict pour quelque lettre : mais conuient que si l'vn est tenu à l'autre, que pour chacũ faict en soit respondu par soy, & sur ce faict conuenir à loy, ou autrement on n'y seroit tenu de respondre qui pour-ce adiourné seroit : & ainsi en est vsé en Cour laye. Mais en Cour spirituelle en est autrement vsé, car là en plusieurs manieres se fait & a lieu compensation, & aussi veut l'Empereur Alexandre que compensation ait lieu en plusieurs manieres en Cour, lesquelles ie te declareray pour-ce que souuent on s'en peut aider, soit par exception, ou autrement, & y peut estre mis en cause par ce grand barroyement & delay : & souuent conuient que le Iuge s'y arreste : & pour ce peux & dois sçauoir que selon l'Empereur Iustinian que sur toutes les loix parauant faictes des autres Empereurs, qui auoient ordonné que compensation auoit lieu, puis qu'on le pourroit monstrer, mais pour ce que tant de fraudes en venoient, & que souuent quand vne dette apres ce que verifiee estoit deuant le Iuge, l'autre partie se vouloit lors commencer à aider de compensation, & la requeroit à estre receu, & ainsi allongeoient le procés par baras & cauilations, qui ne faisoient à soustenir, pour-ce y fut pourueu par vne loy de Iustinian, qui ainsi reprend toutes les autres, & dict que combien que nos predecesseurs faiseurs de loix eussent ordonné qu'en toutes demandes puisse estre faicte compensation par le droict escrit sãs nulle difference d'action en la chose, soient personnes ou autres, pour obuier aux fraudes qu'on y faisoit. Nous voulons & ordonnons que compensation ne soit receuë en iugement, si n'est d'vne chose descendant d'vne mesme matiere, si comme si deux ont compagnie en marchandise ensemble, & mis leurs deniers, & employé en ce par telle maniere, que l'vn face la marchandise, & l'autre aussi : ou l'vn la voise achepter, & l'autre la vende, & en leur compte ait de l'vn à l'autre aucune chose à dire, ce peut estre compensation entenduë. Ou si tu achептes vne tenure qu'on te vendist pour franche, & elle soit plus chargee qu'au vendre on ne t'auoit donné à entendre, cy peut estre entenduë compensation, ou si tu as esté tuteur d'aucun pupille, ou administrateur d'aucun, & en receuant le sien & faisant ses besongnes, tu ayes mis du tien, ou qu'il te doiue en celle mesme chose : si comme si tu auois desserui aucuns gages, & au compte tu te voulsisses aider de compensation, cy peut elle estre entenduë. Et ainsi peux entendre d'autres semblables cas, car tous ne peuuent estre escrits. Mais toutesfois veut la loy, que le Iuge soit fort discutant comment il receura à compensation, c'est à sçauoir que la cause pourquoy on la requiert, soit d'vne mesme naissance comme dit est, & que la compensation demandee soit des le commencement requise, & auant que litiscontestation soit faicte en cause : car dure chose seroit, que puis

Et ainsi le nõme mon vieil practicien, qui dict que le detteur peut contrepenner de sa dette.

Nisi beneficio obtento à rege, quod vocatur litera regia compẽsationis quod hodie magis quã triuiale est, & nemo tam practicæ ignarus, qui non sciat.

Diffinition de compensation.

que le demandeur aura sa demande si auancee par proces, qu'il aura ja fait litisconteſtation, & ſi pourra parauenture auoir ſon procés ſi auant mené, que iuſques à teſmoins ouïr, & apres que à fin de matiere, & fait grands miſes & grands deſpens pour auoir ſa demande, que lors l'en puiſſe faire ſtater* ſon procés par compenſation lors requiſe, & que la choſe certaine fuſt eſtate pour la choſe incertaine, ne que condemnation de droict ceſſaſt pour compenſation arguer, qui encore ſeroit à cognoiſtre. Et pour ce veut la loy, que le Iuge s'y arreſte fort, & qu'il ne la reçoiue qui ne la voye, ſi c'eſt requis pour cas receuable à loy, & en temps & en lieu deu, & entre perſonnes à ce receuables à loy. Et en ce cas concede bien la loy eſcrite eſtre compenſation receuë, & non autrement. *l. ſi propter fructus ex poſſeſſione. & l. quoniam liberum. & l. vlt. C. de compenſatio.*

Stater pour arreſte & surſeoir du verbe latin, ſtare.

ANNOTATIONS DV TILTRE QVARANTE QVATRIESME.

a PAR-CE que i'ay ci deſſus traicté de la compenſation & reconuention, ie ne m'y arreſteray icy dauantage: ſeulement ie diray que la compenſation eſt proprement de dette ou quantité mutuellement deuë: & qu'ainſi elle eſtoit entendue par les anciens,* tit. D. & C. de compenſ. *Mais Iuſtinian a ordonné qu'elle aura lieu en toutes actions reelles & perſonnelles:* in quo ipſum ius nouum feciſſe obſeruat Cuiacius in Parat. ad d. tit. *le detteur peut alleguer compenſation contre le ceſsionnaire de ſa dette, comme il pourroit contre le cedant: parce que c'eſt vne exception, & ainſi l'ont bien obſerué les interpretes,* ad l. ſi quid. & l. in rem ſuam procurator. D. eod. l. ſi conſtat. C. eod. & Angelus in l. ſi quis in rem. D. de procurator. *Ce qui meſmes a lieu, encores que le detteur ne demandaſt compenſation de la dette que le cedant luy deuoit, ains de celle qui lui eſtoit deue par le ceſsionnaire meſme, par ce qu'il ſuffit que le demandeur ſoit redeuable enuers luy, pour paruenir à la compenſation, comme i'ai veu iuger par arreſt donné en l'audience de releuee, le Mardi 24. Mai, 1558.* iuxta d. l. ſi conſtat. *& meſmes a eſté iugé qu'entre ceſsionnaires de diuerſes dettes, compenſation auoit lieu, par arreſt de l'an 1531. recité au 10. des reſponſes, ch. 21. Toutesfois y a des cas où elle n'eſt admiſe, comme au depoſt, en la reintegrande & reſtitution de la poſſeſſion iniuſtement occuppee* l. vlt. C. eod. *en alimens & autres,* de quibus in l. 1. & 3. C. eod. *& i'en ay traicté ailleurs. Mais ſi celui qui a allegué compenſation, ne l'auroit obtenue pardeuant le Iuge, ſans toutesfois en auoir eſté debouté, il n'eſt exclus de demander & pourſuiure ſa dette,* l. Quod in diem. §. 1. D. eod.

DE DONATIONS.
TILTRE XLV.

SELON la loy escrite, ils sõt trois manieres de donatiõs: c'est àsçauoir donatiõ pour cause de mort, ou pour cause de suspitiõ de mort, donatiõ d'entre vifs, & donatiõ deuãt nopces, ou pour cause de nopces. Et plus ne trouueroyes de tiltres de donatiõs dõt on vse en Cour, & qui à receuoir facẽt bõnement

Trois especes sont de donatiõs dont a esté traicté cy dessus: & on peut voir Inst. de donat.

Donation pour cause de mort.

Or est à sçauoir[a] que la premiere donation dicte, qui est appellée pour cause de mort, si est & doit estre faicte & entẽduë quand aucun donne ou laisse aucune chose à autre par don de testament, & derniere volonté, & est en ceste donation fermement à tenir, au cas que le testateur seroit allé de vie à trespas, car luy viuant n'en peut estre riens demandé. Car au testateur est de le r'appeller, tant qu'il vit. Et encores veut la loy que si cil à qui le don est fait, va de vie à trespas auant le testateur, que le don à luy fait soit nul, supposé encore que le testateur ne le r'appellast mie, s'ainsi n'estoit que le testateur en son testament l'eust causé, qu'à luy ou à son hoir le donne. Ne de tels dons que les Clers appellent lais ne se peut engendrer action deuant la mort au testateur, & encores apres les debtes payees dudit testateur, & est dit & appellé tout don fait par cause de mort ou suspicion de mort, ce est donné à prẽdre apres la mort d'aucun donneur, ou s'il trespasse de mort, qu'il ait son don, ou qui se respond du don fait, ou si celuy à qui il est donné, meurt auant que le donneur, si le don est fait à prendre apres la mort au donneur, tels dons sont dis dons delay. *Instit. de donation. à principio vsque ad. §. aliæ autem.*

Donation d'entre vifs.

La seconde [b] maniere de donation, si est appellée don d'entre vifs, comme dict est: si comme toute donation qui se fait par liberale volonté, & sans suspicion de mort, ne sans cause de mort. Et tels dõs qui se font entre les vifs, ne se peuuent r'appeller selon les coustumes: mais selon la loy bien se peuuent en aucunes manieres r'appeller, si comme apres le don fait, celuy à qui le don seroit donné, fist † au donneur mortel ennuy, si comme de pourchasser sa mort, de luy ferir, de luy accuser ou famer de reproches vilaines, ou de diffame, &c. *Instit. eod. tit. §. sciendum tamen.*

Don fait entre vifs ne se peut r'appeller.

† Fust au donneur mortel ennemy, au liure escrit à la main.

Don ou promesse en faueur de mariage.

La tierce [c] maniere de donation si est appellée don deuant nopces & pour cause de nopces. Si peux & dois sçauoir que ceste donation ainsi faicte, n'est à tenir pour paction que faicte en soit, si n'est ainsi, que les nopces pour lesquelles le don s'y fist, & le mariage s'en face & parface par solemnité de saincte Eglise. Et pour-ce est il proprement appellé dõ deuant nopces, car il conuient que ce soit faict auparauant, car apres le mariage fait, tel don n'a lieu, ne n'engendre action, car il ne tient ne vault. *Instit.eod.titu.§.est & aliud. & C.de donat.ante nupt. l.vlt.*

Tu peux & dois sçauoir que sus ceste donation s'ensuiuent plusieurs loix & plusieurs coustumes en diuers païs: & pour-ce est cõuenable [d] de voir les coustumiers des lieux esquels se font tels mariages, telles donations soient mutuelles, entre vifs, ou autrement, & selon lesdictes coustumes se reigler: & pour mieux entendre ceste matiere, ie mettray cy aucunes coustumes de Paris, Orleans & Anjou, à fin d'exemple.

Des coustumes de Paris, Orleans & Anjou.

Pour le regard de ces coustumes faut voir celles qui ont esté depuis reformées & redigées par escrit.

Dons & promesses faits en faueur de mariage se doiuent obseruer.

Item par la coustume de la Viconté de Paris, d'Orleans, d'Anjou, & de Touraine, sçachez que Gentil-homme tient sa vie durant tout ce que donné luy est à mariage, à la porte du mõnstier à l'espousaille faire apres la mort de la femme, iaçoit ce que nuls enfans n'ait, mais que hoir masle ait eu, qui ait eu vie sur terre, & que la femme luy ait esté dõnée pucelle, car si veufue l'auoit prinse, ou notoirement diffamée non pucelle, le don ne tiendroit apres la mort d'icelle. Et selon l'vsage dessusdicte, lors s'il aduenoit que Gentil-homme mariast sa fille, & vint à la porte du Monstier auant l'espousaille, ou la mere, si pere n'auoit, ou autre qui pouuoit auroit d'eux auancer, & dist, ie vous donne en mariage ceste Damoiselle auec tant du mien, que là declaroit, &c. que ie veux donner à vous, & à vostre hoir, si vous l'auez en auancement de cestuy mariage, s'ainsi aduenoit que hoirs eussent, & le pere allast de vie à trespas, & la mere qui demuereroit en vie, se mariast, dont enfans yssirent, apres laquelle chose ceste mere allast de vie à trespas, & les enfans du dernier mary requierent à l'aisné enfant du premier mary, portion auoir de la terre qui demeurée est de nostre pere, & l'aisné fils respond, ie ne suis tenu à vous en riens faire, n'à vous en appartient riens : car la terre fut donnée à mon pere, & à ma mere, & aux hoirs qui d'eux istroient, & ce suis-ie prest à monstrer si mestier est, & à le prouuer: sçachez que si l'autre partie nie, ce prouué, le prouuant doit obtenir. Et si prouuer ne le pouuoit, la tierce partie demeureroit aux enfans puisnez, de par le pere, & l'aisné le gagneroit en partage. Et s'ainsi aduenoit que du premier mary ne demeurast que sa fille, & elle peust prouuer ce que dict est, sçachez que toute la chose luy demeureroit, & les puisnez n'y auroiẽt riens: & si prouuer ne le pouuoit, l'aisné fils ou plusieurs fils y estoient, y auroient les deux parties, & elle la tierce & non plus, mais il la tendroit en panage, & en feroit la foy s'elle y estoit à faire, comme la coustume du lieu le donroit.

Item selon le plus des coustumes locaulx les dons faits par mariage, si ce sont heritages, & les conioincts voient de vie à trespas sans hoir legitime, sçachez qu'ils en reuont du costé dont ils viennent, s'ainsi n'estoit que la coustume souffrist, qu'au derrain viuant en demeurast partie de moitié, de tiers ou de quart, & les biens meubles se partent à moitié, & ainsi en est vsé communément, & pour-ce de tels cas s'en conuient reigler selon la coustume des lieux. Car tout si ne pourroit estre escrit, comme plus à plain sera dict en la rubrice des mariages, & des donations qui en mariage ne se peuuent faire, ou second liure.

De donation selon droict escrit.

Apres ensuit de ce mesmes selon droict escrit, & par cas d'exemplaire: si sçachez que s'il aduient qu'aucun en espoir d'auoir la fille ou la niepce, donne au pere, ou à la mere, ou à l'oncle, ou à autres ayans pouuoir de marier la fille, aucune chose, & la fille par aucune voye ne vueille depuis auoir à mariage celuy qui ainsi aura donné, sçachez que le don ainsi fait ne vault, ne n'est à tenir, pour-ce que pour la cause pour quoy il le donne, ne tient ne s'accomplist, & en tel cas donation de mariage, ne pour cause de mariage, si le mariage ne s'accomplist, ne vault. *C. lib. 5. rubri. de donationibus ante nuptias. l. Si præsidi.*

Est enim donatum ob causam, quæ secuta non est, vt etiam de dote traditur. l. 6. & seq. D. de cond. causa data caus. non sec. & l. 1. C. eod.

De donner à femme en fiançailles par autre que par son pleuuy.

Item selon la loy escrite peux & dois sçauoir que ce qui est donné à la femme en fiançailles, par autre que par celuy qui doit estre son mary, si ce est donné par telle condition que si le mariage ne se fait, la seigneurie de la chose ainsi donnée soit renduë au donneur, sçachez que telles donations ne vallent, & sont à retraire par condition de donation. *C. lib. 5. rub. d. de donationibus. l. Quod sponsæ, & ibi glos. magnam, in verbo sine affectu.*

Du don deuant fiancer † & espouser.

Pour-ce que tu dis que ton mary fist donation simple & douteuse, peut estre qu'il te fist tel don en † fiançailles, ou en mariage, sçachez que celle question faut ainsi interpreter & entendre que si la donation fut faicte encore la femme estant en sa maison, ce doit estre entendu que ce soit faict en † fiançailles: mais si la femme estoit ja allée à la maison de l'homme, ce doit estre entendu qu'elle est ja comme sa femme, & pour ce la donation ne vault selon la loy escrite. *Quia inter virum & vxorem prohibita est donatio. l. 1. 2. 3. ff. de donatio. facit text. in l. Cum in te. C. de dona. ante nupt.*

† Affier, au liure escrit à la main.

† Affiailles, au liure escrit à la main.

† Affiailles.

† Affier.

De donner à femme deuant † fiancer, & aller à mort le donneur en espoir d'espouser, &c.

Item s'il aduenoit que le mary esperant d'auoir aucune femme à espouse, donnoit à icelle aucun don parauant fiançailles, & il aduenoit depuis qu'auant le mariage complet il mourut en espoir de tousiours perseuerer audit mariage, sçachez que pour ce ne demeureroit que le don ne fust vallable, car par faute de volonté de non vouloir, n'autre chose contraire au mariage ne seroit denoncée. *l. Si tibi res proprias. C. eodem.*

De donner auant espouser dont le mariage seroit diuorcé.

Item s'il aduenoit que la mere donnast aucunes tenures à sa fille parauant le mariage, ou au mary de sa fille sans condition de r'appeller, par ce mesme droict elle la met en saisine de la chose ainsi donnée: & toutes-fois s'il aduenoit que ledict mariage ainsi faict se diuorçast par aucune voye par iugement d'Eglise, pource ne demeurera que le don ainsi fait, se doiue despecer, mais tiendra. *C. lib. 5. rub. superius dicta. l. si mater vestra. C. eodem.*

Pour le contenu en cest article, & l. si à sponso. L'annotation que i'ay faicte sous la terre C. pourra satisfaire, qu'il faut voir.

De donner à la femme deuant espouser, dont l'vn ou l'autre mourust.

Item si le mary donne à la femme aucune chose auant espousailles, & aduienne que l'homme ou la femme voise de vie à trespas, auant les espousailles, s'il est aduenu qu'ils ayent ensemble telle affinité qu'il y ait eu entre eux vn baiser: sçachez que le droit veut que la moitié de ce don ainsi fait demeure au derrain viuant comme il voudra, & l'autre moytié retournera aux hoirs du trepassé. Et le derrain viuant des fiancez mort, tout retournera aux hoirs du Seigneur. Mais si le baiser n'y auoit esté, sçachez que tout retourneroit à l'hoir où il deuroit aller par droict, & seroit la donation nulle. Mais autre chose seroit si la femme auant les fiançailles donnoit aucune chose au mary, ce que souuent il n'aduient mie, car lors supposé qu'il y eust baiser ou non, si la femme mouroit auant espousailles, lors reuiendroit à ses hoirs, car la condition cesse à la femme, quant à la loy dessusdicte. *C. eod. tit. l. si à sponso.*

Que l'homme & la femme ne peuuent riens donner l'vn à l'autre.

Tu peux & dois aussi sçauoir que combien qu'expressement soit defendu que le mary durant le mariage ne puisse riens donner à sa femme, ne la femme au mary. Et ce fut fait par grande & meure raison qui meut les Empereurs à ce faire, car trop seroient les femmes introduictes à donner à leurs maris, ou pour complaire, ou pour crainte qui souuent pourroit aduenir, ou par motif de luxure, & pour ce nulle raison ne s'y peut condescendre du conceder. *l. nec inter eas. C. de dona. inter virum & vxorem & ff. eod. tit. l. 1. 2. 3.* Toutefois veut la loy escrite, & si assent assez que si le mary a deuotion d'aucune chose donner à sa femme: & en lict mortel le vueille laisser & confermer par derraine volonté, que telle donation puisse auoir lieu, car lors semble-il que ce soit plus par affinité d'amour, & par-ce que conscience ainsi le veut, & que tenu y soit, qu'autrement. *C. de don. inter virum & vxorem. l. Donationes la. 1.*

Cest article n'est au liure escrit à la main: mais y en a d'autres au lieu d'iceluy, qu'on mettra en fin du liure.

Coustume de Paris, contre ce que dessus.

[Par la coustume de la Preuosté & Viconté de Paris, homme & femme conioincts ensemble par mariage constant & durant iceluy ne peuuent auantager l'vn l'autre par donation faicte entre vifs par testament ou ordonnance de derniere volonté, n'autrement directement n'indirectement, en quelque maniere que ce soit.]

Cest article n'est aussi au liure escrit à la main: & netiéc du stil de l'Autheur. Mais pour le contenu en iceluy faut voir les coustumes des lieux.

Des donations mutuelles.

[Donations mutuelles se font en diuerses sortes, selon la coustume des lieux, mesmes que par la Preuosté & Viconté de Paris vne donation mutuelle se fait seulement des biens meubles, & cõquests immeubles: laquelle tient s'il n'y a enfans: toutesfois par la coustume de Chartres, & qu'il y ait enfans, elle vault: & de la forme & maniere d'icelles, & comme elles vallent, soient veuës les coustumes des lieux où elles se font: car *diuersa iura diuersa locorum territoria habent.*]

ANNOTATIONS DV TITRE QVARANTECINQVIESME.

a ENCORES que la donation à cause de mort soit reduicte à la forme des legs pour n'auoir lieu, sinon apres la mort du donateur, & n'estre suiectes à insinuation par le droict Romain, l. vlt. C. de donat. causa mortis. Instit. de donat. §. 1. Si est ce qu'elle est vne autre espece d'acquerir, distinguée par titre separé des legs : Et se faict ladite donation par le donateur sans testament, & toutesfois pour doute & suspicion de mort, l. 1. & seq. D. de mortis causa donat. il est vray qu'elle est reuocable iusques à la mort du donateur. l. Mortis. l. Non videtur & al. D. eod. Les Iurisconsultes ont traicté de diuerses manieres de faire telle donation à cause de mort, laquelle se peut faire quelquesfois par l'homme sain, & estant en bonne santé & quelques-fois par celuy qui est malade, auec telle clause qu'en nul cas elle puisse estre reuocquee. Toutesfois estant conceuë en telle forme doit estre reputee plustost donation entre vifs, qu'à cause de mort. l. 13. 27. & 35. §. mortis causa. D. eod. mais par le droict François la donation à cause de mort se doit insinuer, comme il a esté iugé pour vne donation faicte par testament, par arrest, que i'ay recité ailleurs.

b La donation entre vifs est celle laquelle on appelle simplement donation, quand aucun donne à l'intention que la chose par luy donnee appartienne au donataire, & ne puisse en aucun cas retourner au donateur, l. 1. D. de donationibus: & illa quidem dicitur vera & absoluta donatio. d. l. 35. §. 1. laquelle engendre action par la constitution de Iustinian, encores qu'anciennement elle ne fust parfaite, que par stipulation ou tradition, laquelle tradition se faisoit par diuerses manieres. l. 1. l. 25. 28. & 35. C. de donat. §. Aliæ autem. Inst. eod. Mais tant par le droict Romain que par les ordonnances Royaux, les donations doiuent estre insinuees pour auoir pleine force & effect. Les donations peuuent estre reuocquees pour diuerses causes, à sçauoir par suruenance d'enfans, & pour cause d'ingratitude. l. Si vnquam & seq. C. de reuocan. donat. où plus amplement il en est traicté.

c La donation à cause de nopces s'entend principallement celle, qui est faite deuant les nopces, & en intention de paracheuer & accomplir icelles: tellement qu'elle contient en soy vne tacite condition, que lors elle seroit arrestee & parfaite, quand le mariage en sera ensuiui. l. 4. §. 1. D. de pactis. l. 2. & al. C. de donat. ante nuptias, §. est & aliud. instit. de donat. & quant à ce que Iustinian a ordonné que comme on peut constituer ou augmenter les dots depuis le mariage contracté, qu'on peut aussi faire ou augmenter les donations constant le mariage entre l'homme & la femme : cela ne s'obserue en France, par plusieurs coustumes prohibitiues de faire dons & aduantages entre les conioincts par mariage. Mais la l. Si à sponso. C. eod. dont est parlé cy-apres, qui faict vne distinction, si le fiancé a baisé sa fiancee, auquel cas il veut *que la moitié de ce que le fiancé luy auroit donné deuant les nopces luy appartienne, ou à ses heritiers, ne s'obserue plus en France: parce que les baisers qui estoient à Rome & en Constantinople religieusement interdicts, comme encore en Italie, sont en France tous communs & reputez pour honnestes courtoisies, en maniere que la fille qui les refuseroit, non seulement de son fiancé, ains d'autres non indignes d'elle, ne seroit estimee ciuile & gracieuse. Il se trouue arrest du Parlement de Tholoze, du douxiesme Iuillet mil cinq cens septante cinq, par lequel vne fiancee a esté condamnee à rendre les dons d'honnesteté, comme bagues, ioyaux, & autres semblables aux heritiers de son fiancé. Mais par arrest du Parlement de Paris, donné en la chambre de l'Edict du quatorziesme iour d'Auril mil six cens vn, les heritiers du fiancé qui en auoient fait semblable demande, ont esté declarez non receuables en leurs conclusions: comme i'ay obserue au dixiesme des responses chapitre soixante neuf, car le fiancé n'est estimé les auoir donnez en intention de les repeter.* l. Si tibi. C. eod.

d *Le liure que i'ay escrit à la main est bien differend de celuy qui est imprimé: & y a plusieurs articles qui defaillent au liure imprimé. Celuy escrit à la main contient ces mots, Et pource est expedient d'en monstrer & mettre les aucunes en effect. Si sçachez que selon la Chastellenie de l'Isle ou enuiron deça l'eaue de Sõme en la plus grand' partie s'aucun homme prend femme en mariage, & il aduient que l'homme face assenne à sa femme, parauant les affiailles d'aucune somme de deniers, & puis aduienne que l'homme voise premier de vie à trespas, sans auoir hoir loyal: sçachez que l'homme ne peut de rien empescher l'assenne de la femme, ou pour les propres dettes qu'ils auroient fait ensemble par l'accord & gré de l'vn & de l'autre, d'assenne sur heritage que le Seigneur voudroit attraire à luy. Item s'il aduenoit que femme aucune fust assenee en cas de mariage sur aucun heritage, & le sire de qui cest heritage seroit tenu feist auctorité par loy sur celuy heritage, l'attraire à sa table, par faute de rente non payee, ou par autre chose, soit en confiscation ou autrement, sçachez que pour ce ne perdra pas la femme son droict de don de mariage, mais en iouyra toute sa vie.* vt C. de bo. proscrip. l. 2. quis posthac. *De femme aller sus don son mary. Item se vn homme & femme, sont ensemble par mariage, & il soit ainsi que la femme ait esté mariee, & toutesfois tienne encores aucun don de son premier mary, & s'il aduient que par aucune voye la femme se parte de son mary, supposé encores que se feist en mauuaise vie, sçachez que pour ce ne demeureroit pas que la femme ne doiue son viure auoir sur celuy don & assenne, & ainsi l'ay veu iuger en plusieurs Cours, & la raison si est que la femme ne doit par estre mendice de couste ce qui vient de par elle: mais bien y doit auoir remede puis qu'elle se treuue hors de bon conseil, & y doit estre pourueu par le Seigneur & par ses amis. D'homme veufue ayant enfans qui se remarie. Item par coustume de plusieurs lieux, especiallement de la Chastellenie de l'Isle & de Tournensis, se vn homme chet veuf & il se remarie, sçachez qu'il ne peut faire don de mariage de assenne, de terre, ne de rente que treuue à sa femme, s'ainsi est qu'il ait enfans de sa premiere femme, se n'est par le consentement desdicts enfans, & se il le faict ce ne vaudroit,* ista consuetudo est satis conformis iuri scripto, quo cauetur quod vir habens liberos ex priore matrimonio non potest plus dare secundæ vxori, quod vni ex filiis suis prioris matrimonij. vt C. de secun. nup. l. Hac edictali. *De paction en mariage par engin. Il aduint à l'Isle qu'vne Damoiselle vint au Iuge, & dit qu'elle auoit mariee vne sienne fille, & luy auoit donné en mariage faire certains dons, par lesquels sa fille & son mary auoient quitté toute la succession & surmonture que d'elle leur pouuoit venir. Or disoient que ce ne valoit, & qu'auoit esté paction par engin, car ils estoient deceuz & en deception appartient restitution enterine, pourquoy il deuoient à iuste & loyal parcon & don de mariage, considerer la richesse d'icelle Damoiselle & les dons que fait auoit à ses autres enfans. Ladicte Damoiselle disant du contraire, & que par certain traicté de conuent de mariage, qu'elle auoit auec eux, remis & quitté luy auoient toute succession & surmonture; & qu'autrement n'estoit marchandé ne n'auoit donné sa fille à luy, &c. tout veu & pourueu par ladite Damoiselle les dons & parcons dessusdits, il fut dit & iugé à l'intention de ladite Damoiselle* : istud. C. non haberet locum de iure ciuili, quod filia renuntians bonis paternis non præiudicat sibi, vt C. de inoffi. testa. l. Quoniam. C. de pactis. lege Pactum quod dotali cum sim. De iure tamen canonico si iuramentum à filia interuenit, valet pactum, vt ex d. pac. C. quoduis pactum. li. vi. de C.

e *Ce qui est icy traicté* ex l. Cum in te C. eod. *se doit entendre selon la forme qui estoit obseruee à Rome, pour la perfection des nopces : à sçauoir qu'apres les fiançailles contractees, on auoit accoustumé de mener l'espousee en la maison de l'espoux, laquelle par ce moyen estoit reputee estre mariee*, vt constat ex l. Mulierem. D. de ritu nupt. & l. Cùm fuerit. D. de cond. & demonst. *Si donc la donation est faite par l'espoux à sa fiancee, qui n'auroit encores esté menee en sa maison, elle sera censee faite auant nopces, ou à cause de nopces, & sera valable. Mais si l'espousee auroit esté menee en la maison de l'espoux, qui luy auroit fait donation en icelle, elle sera tenue pour faite entre le mary & la femme, & par consequent de nul effect*, l. 1. & al. de donatio. inter vir. & vxor. *Mais telle subtilité n'est obseruee en France, ains encores que la fiancee soit en la maison de l'espoux ou fiancé, si est-ce qu'elle n'est reputee sa femme, iusques à ce que les nopces ayent esté celebrees solemnellement par la benediction de l'Eglise comme ie monstreray plus amplement cy-apres.*

f *Cest article se doit entendre des meubles, bagues, ioyaux & accoustremens que le fiancé auroit donnez & liurez à sa fiancee qui luy doiuent demeurer, comme i'ay noté cy-dessus : mais quant aux heritages & biens immeubles, ils doiuent retourner aux parens du fiancé, par-ce que la donation qui en seroit faicte, emporte vne tacite condition si le mariage s'ensuit.* l. 4. D. de pactis iuxta l. Quod sponsæ. C. eod. *& ainsi on interprete* l. Si tibi res proprias, *icy alleguee : & la donation des meubles est bien differente de celle des immeubles, d'autant que la tradition s'en fait plustost des meubles. Et quant à ce qui est traicté en l'article suiuant* pris ex l. Si mater vestra, *il semble estre douteux, principalement selon le droict obserué en France, qui ne permet la dissolution du mariage, si ce n'est pour tres-grande cause : mais du mariage nul, & qui auroit este annullé, comme par auenture pour l'impuissance du mary, n'y a dot, ne douaire, & par consequent la donation* *si aucune auroit esté faicte, doit estre resolue, comme le mariage*, l. 1. C. de conditione ob causam datorum : *Aussi ce que le pere ou la mere donne à son gendre est reputé estre donné en contemplation de sa fille, à laquelle partant il est estimé propre*. l. Sed si plures. §. in adrogato. D. de vulga. & pupill. substit. l. Titio centum. §. Titio genero. D. de condit. & demonst. iuxta l. Fideicommissa. §. interdum. D. de legat. 3. *& ainsi nous en vsons selon qu'il a esté iugé par plusieurs arrests recitez au second liure des Pandectes.*

DE CONTRIBVTION.

TILTRE XLVI.

De la contribution ou desconfiture, i'ay traicté cy dessus, & sur la coustume de Paris, art. 179. 180 181. & 182 elle vient des coustumiers, comme dict mon vieil practicien aucuns la tirent en argument, ex tributoria actione. autres, ex l. pro debito. C. de bonis auct. iud. possidend. & l. Pupillus D. que in fraud. credit.

CONTRIBVTION que rurallement entre les loix est appellee cas de desconfiture, est quand il aduient qu'vne personne est obligee & endettee enuers tant de creanciers, qu'à satisfaire chacun de ce qui luy est deu, le vaillant à l'obligé ne pourroit suffire n'accomplir à satisfaire, n'à faire raison à tous ses creanciers: & lors veut raison & droict que s'il aduient que le detteur est ou soit assailly pour ses dettes & ses creanciers, & s'en soient trais à loy, & l'ayent fait mãder & conuenir par adiournement, iaçoit ce que l'adiournement de Cour iudiciaire vueille que les premiers creans & marchandans soient premiers payez, si auant qu'ils verifiront leurs dettes, neantmoins veut la loy de contribution que si tost qu'il apperra que tant de dettes & detteurs y aura que le vaillant du detteur ne puisse satisfaire & tout payer chacun crediteur, ce que deu luy est, que tout le vaillant soit ramené en vne somme de deniers, & d'icelle somme sera payé à chacun crediteur, aussi bien au derrain venant à loy, comme au premier, au marc pour la liure, c'est à sçauoir, selon ce que deu leur sera, mais qu'ainsi soit requis par lequel que ce sera des crediteurs. Et ce est appellé droict de contribution. Et n'est à douter que ainsi ne doiue estre faict s'il est requis, voire supposé aussi que l'obligé pour y issir de prison requist que contribution s'assist sur ses biens, car plus ne pourroient les crediteurs demander, ne plus auant contraindre: mais pourtant s'en deuroit passer & oster de ses crediteurs. Et par exemple ainsi fut-il dit par arrest de Parlement, d'entre Maistre Iean Blanchart Secretaire du Roy nostre Sire, & vne Dame de religion qui estoit demeuree successeresse d'vn sien frere, qui tant obligé estoit en son viuant à ses creanciers, que tout son vaillant ne pouuoit suffire à tout payer. Dont il fut dit que tout seroit vendu, & l'argent contribué à vn chacun creancier, au marc pour la liure, si auant que la somme du vaillant se pourroit estendre, & pourtant demeureroient quittes les obligez. Et estoit lors President Monseigneur de Corbie, fait l'an mil trois cens soixante six, le vingtiesme iour de Feurier. Et pareillement l'ay veu iuger en plusieurs Cours suiectes sans r'appeller en doutte. *C. lib. quarto rubrica. quod in fraudem creditoris. l. Populus.* Aucuns sages veulent entendre & dient que ceste contribution voirement s'assiet sur les detteurs, iaçoit ce que lettres ayent, qu'ils ne se sont trais à la loy pour estre payez, non plustost les vns que les autres. Mais à ceux qui se seroient trais premiers à loy pour estre payez, ceux deuroient aller deuant en paye selon la loy: *qui prior est tempore, potior est ipso iure. Facit ad hoc tex. in l. Si generaliter & l. Prior. C. qui potio. in pigno. habean.*

Arrest de Parlement donné en l'an 1366.

Voluit allegare l. pupillus. ff. quae in frau. credit.

DE PRESCRIPTION.

TILTRE XLVII.

PRESCRIPTION que les Clercs appellent de acquerre & retenir possession, si est, quand à tiltre de bonne foy, aucun a tenu aucune possession, par si long temps qu'à luy puisse & doiue appartenir par tenure de long temps: c'est à sçauoir au veu & sçeu de ceux qui droict y sçauent ou veulent demander ou clamer, qui au pays sont presens, par l'espace de dix ans, & entre les absens par l'espace de vingt ans. Et ceste tenure est appellee prescription, laquelle acquiert droict de tenure ou possessiõ de bonne foy, qui ainsi est trouuee à iuste titre par les dessudits ans possessant de la chose reelle. Et contre les Eglises s'acquiert possession par l'espace de quarante ans, & contre l'Eglise de Rome par l'espace de cent ans, & autrement non. Si baille la loy escrite plusieurs modifications sur ce, & aussi fait coustume localle en plusieurs manieres, & pource en veux monstrer aucunes.

Cõment se peut acquerir prescription.

Vide nouel. 100 & 111 & aut. quas actiones. vbi Dd. C. de sacrosan. Eccles.

Quels gens peuuent acquerir possession & saisine par le droict de prescription.

Et premier [a] selon la loy escrite peux & dois sçauoir que quiconque veut acquerir prescription & saisine de possession acquerre & retenir, il conuient qu'il soit frãche personne & habille à tel droict tenir, acquerir & garder, car serf ne pourroit ce faire. Si ne feroit autre qui tiendroit aucun contre celuy en mamburnie, ne qui tiendroit en bail contre celuy, ne qui deseruiroit pour autre, & tous tels semblables, car à nulle fin prescription à male foy ne s'acquiert qui vaille, ne nul ne peut acquerre saisine ne prescription sans son sçeu, c'est à dire, s'il ne tient à vray seul la chose & qu'il tienne à tenir comme sienne, & en celle entente: Car qui tiendroit par inaduertance & sans cuider tenir, en ce n'acquerroit quelque possession qui peust ou deust valoir à son profit. *C. lib. 7. de acquirenda & retinenda possessione. l. Per liberam personam.* Item à ceste loy dessusdite peut auoir vne telle doute, si aucun donnoit à vn moindre d'ans aucune possession, & le mist en possession, & pour luy surce aucun en iouyst & vsast par long temps: à sçauoir si pource que le mineur n'entend point qu'il tienne en possession, pour-ce qu'il semble qu'il n'a encore discretion, si pour-ce sembleroit qu'acquerir ne la puisse ne prescrire. Sçachez que selon le sage Papinian qui fut tressage conditeur de loy, le mineur ne doit ne peut acquerir possession. Mais l'Empereur qui amenda plusieurs loix par le liure du Code, qui derrainement fut faict, & osta par celuy liure moult de doutes qui d'ancienneté estoient, & ordonna que le mineur à qui deuement seroient aucunes possessions donnees ou laissees par succession ou autrement, puisse par aucun au nom de luy acquerre prescription, à fin que les mineurs fussent gardez en droict. *l. Donatarum rerum. C. de acquiren. possess.*

Les mineurs peuuent acquerir prescription.

De retenir saisine par courage.

Encore [b] dict la loy escrite que iaçoit ce qu'on ne puisse bien acquerir possession par courage seulement: neantmoins on le peut bien retenir par courage seulement, si comme i'auoye vn champ ou terre ahannable que ie souloye ahanner & faire cultiuer & porter fruict & gagner, & pour aucune doute de mes ennemis, ou autrement ie delaisse à faire celle terre ahanner à faire labourer & cultiuer, si qu'elle demeure en friche & en riez, sçachez que pour ce ne demeure que pour le temps què ie l'auray ainsi laissee, ie doiue perdre ma iuste saisine sur ce ou possession, que tout vn on appelle, car tousiours i'ay courage d'y retourner si tost comme ie pourray: & pource par courage ie puis garder & continuer ma saisine & requerir, mais acquerir non. *C. lib. 7. rubr. dicta. l. Licet possessio nudo animo.*

De tenure achetee sans estre mis en possession deue.

Item [c] peux & dois sçauoir que s'il estoit aucun qui achetast aucune tenure, & encore eust l'argent payé ou presté, & de luy mesmes se mist en saisine de la chose sans auctorité de loy, ledict vendeur non contredisant, sçachez qu'en ce ne seroit acquise iuste saisine, s'ainsi n'estoit que ce fust d'vne maison, & le vendeur luy en eust baillé les clefs, car il est vray que iamais n'eust baillé les clefs, si n'eust esté de son sçeu & consentement qui vaut & equipolle tradition de possession, dont par la contraire opinion mauuaisement se peut ne doit acquerir possession & saisine d'aucune tenure. *C. lib. 7. ru. dicta. l. Nec ex vera.*

De deux manieres de possessions.

Par les [d] constitutions du droict escrit & des sages & nobles Empereurs faiseurs de loix, ils sont deux manieres de possessions, l'vne est que l'on retient en son courage, l'autre est que l'on retient corporellement. De ces deux possessions peut estre dicte droicture, mais que fondees soient à iuste titre, & que prescriptes soient de temps de saisine de dix ou de vingt ans, soit qu'encore le tienne corporellement, ou par courage. *C.lib.7.rub.nemo ambigit, &c.* Encores il est confermé seurement par la loy escrite qui à ce s'accorde, & coustume locaile que qui par iuste titre a possessé par l'espace de dix ans entre les presens, & par l'espace de vingt ans entre les absens, il doit estre & est vray Seigneur de sa tenure, & si contend luy en est fait par aucun, si luy doit estre declaré ou deliuré, si le debatant n'auoit iuste cause de restitution, si comme en la rubrice des restitutions, diray au second liure, car iamais telle prescription ne doit estre contredicte. *C. de præscriptione longi temporis.l.1.*

Celuy qui a ioüy dix ans entre presens, & vingt ans entre les absens est vray Seigneur de sa tenure.

De iouyr par souffrance.

Et s'il aduient qu'aucun laisse à autre souffrir, iouyr & vser d'aucune tenure taisiblement, pource qu'il cuide estre son hoir, & ne l'ait autrement mis en saisine de la chose, & puis autre qui y debatte, & sçache plus grand droict à demande qui ait lieu. Sçachez que telle tenure ne vaut contre le demandeur à iuste petition. *C.lib.7. ru. eadem. l. Diutina possessio.*

D'achapt fait par engin.

La loy [e] ne peut souffrir que si aucun a acquis saisine de tenure aucune par long temps de chose qu'il ait acquise ou achetee par male foy, sçachez que nonobstant saisine de long temps, s'il est qu'il le debatte à cause de telle saisine ne vaut, car saisine acquise sur achapt faict par engin ou male foy peut estre notee & trouuee, ne vaut ne n'est à soustenir. *C.de præscript. lon. tempo. l. Si fraude & dolo.* Vne doute peut sourdre entre les sages. A sçauoir si pour-ce que la loy veut que saisine de dix ans vaille entre les presens, comment & par quelle maniere sera à entendre la presence du possesseur & du demandeur: s'il conuient qu'ils soient tous deux demeurans en vne contree ou en vn pays. Si te monstreray ce que la loy dit en son texte. Sçachez qu'il ne conuient ja pour soustenir que presens soient les parties, c'est à sçauoir le demandeur & le possesseur a qui on demande, qu'ils soient demeurans en vne mesme ville ou Cité: mais suffist qu'ils soient demeurans en vne contree, si qu'on ne puisse tenir le demandeur pour expatrié, si comme seroit en France, ou en Lombardie, ou outre la mer, ou en autre tel pays qui l'auoir ne puisse bonnement l'estat de la chose dont il se voudroit aider du droict d'expatrié, si comme en la rubriche de ce faisant mention, declareray quand temps & mestier sera. Et n'est necessité que la chose contencieuse, & le possesseur & le demandeur, tous soient en vn mesme pays pour soy aider de saisine de dix ans, qui est la saisine contre les presens, mais que le possesseur qui occupe la saisine & tient, & le demandeur qui droict y dit auoir, soient en vn autre pays, & pour-ce ne demeureroit que la saisine & tenure de dix ans, comme entre presens n'y tint lieu. Mais si tost que l'vne des parties demeureroit hors du pays, lors se conuiendroit aider de saisine de vingt ans, qui a lieu entre les absens, ou autrement la possession seroit à debouter. *l.vlt.C. eodem tit.*

En France les presens sont reputez ceux qui sont demeurans en vne Prouince, à sçauoir en mesme Bailliage ou Seneschaucee, comme i'ay escrit sur la coustume de Paris, art. 116.

En quoy conuient prescription de vingt ans, &c.

Par vne loy nouuellement contenuë en authentique de Code, est dict que si le possesseur qui a possessé à male foy, se part & estrange du pays à tout la chose possedee, lors cesse la prescription de long temps, c'est à sçauoir de dix ans entre les presens, & de vingt ans entre les absens, voire si c'il qui est & doit estre vray sire de la chose ne le sçait, & que sçache que soit estrangee, car lors conuiendroit que le possesseur l'eust tenuë par trente ans, si de prescription se vouloit aider en ce cas, mais si le vray Seigneur de la chose sçauoit l'estrangement, & s'en taisoit outre les vingt ans, à temps n'y viendroit à repeter outre la prescription acquise. *C.lib.7.rub. dicta. Authentica male fidei possessore alienante.*

De don d'Empereur ou de Prince.

Quiconque possesse par don d'Empereur ou de Prince puissant à donner en sa terre, sçachez que c'est vray & iuste titre à acquerir possession & la garder & retenir, & peut prescription contre tous à celuy titre. *l. Bene à Zenone. C. de quadrienny præscript.*

De saisine entre freres & sœurs.

Item [f] freres & sœurs l'vn contre l'autre ne peuuent acquerir possession de saisine qui valoir doiue à l'vn au preiudice de l'autre.

Saisine contre expatriez.

[a] *Vide l.a. & l. 6. C quib. non obijci. long. temp. præscript.*

Ne contre expatriez qui conuenablement soient expatriez, il veut dire selon le droict qui seroient hors au commandement du Prince, ou pour le bien du pays, ou qui seroient outre la mer en guerre contre les mescreans ou en pelerinage de Rome, ou d'outre mer, ou sainct sepulchre de nostre Seigneur Iesus-Christ, ou qui seroit en pelerinage à sainct Iacques de Compostelle, car plus de pelerinages ne recommande l'escriture saincte. Mais les coustumiers tiennent ce pour expatriation où que elle soit faicte, puis que c'est hors de la contree, comme dessus est dict. Et l'expatrié reuenu dedans l'an de son retour s'en complaint de la saisine acquise contre luy à Iuge qui cognoistre en doiue.

De tenue à cause de cense.

Item selon la loy escrite si aucun baille à bonne foy sa terre à autre par cense, que les aucuns appellent ferme ou gagnage, & celuy à qui elle est ainsi baillée la tiene par long temps, ie suppose par dix ans, ou par vingt ans, ou par plus, & encores eust celuy qui la tient tousiours acquité la tenure de ses rentes, ou d'autres dettes qu'elle deueroit au Seigneur si qu'à peine semblast qu'elle fust proprement à celuy qui la tiendroit à ferme, cense ou gagnage comme dict est, & encore eust le vray Seigneur de la chose perdu ses lettres que sur ce en auroit, ou que le censier les luy eust subtillement ostees, sçachez que pour ce ne vaudroit à celuy qui ainsi tiendroit la tenure que le vray Seigneur n'en fust tousiours Seigneur & droicturier, & ne vaudroit à l'autre tenure qu'à ce titre auroit faict. *Cod. lib. 7. rub. quibus casibus cessat longi temporis præscriptio. leg. 1.*

Facit etiam. l. male agitur. de præscr. 30. anno.

De tenir par indiuis.

Encore dit la loy escrite que si ils sont deux qui tiénent aucune tenure par

par indiuis, supposé encore que par temps de prescription le tint & occupast vn seul, pource ne demeureroit que l'autre ne retournast tousiours à sa partie, si tost que plaintif en seroit, & le cas verifié au Iuge: car l'exception de partir l'heritage ne cesse pour longue tenure, que tousiours on n'y puisse venir, si tost que demande est à loy. *C. eodem tit. l. Vnus indiuiduum.*

Des deniers prestez, ou chose en garde.

Item prescription n'a lieu en denier, ne en chose mise ne consignée en garde ne en depost, que le vray seigneur n'y doiue tousiours retourner si tost que plainte en sera: si n'a il aussi contre celuy qui seroit emprisonné pour la guerre au Prince, qui ne seroit retourné à son hostel, & selon les coustumiers pour quelle prison qu'il vint. *C. quibus non obiicitur longi tempo. præscript. l. Si possessio. & l. ab hostibus.* Et des mineurs. *l. Non est ignotum.* Et des expatriez pour le seigneur. *l. Tempus expeditionis. & l. Cum per absentiam tuam.*

Du Roy, du Prince, l'Eglise & la communauté.

Item sy a vne loy qui expressement dict & declare que prescription ne se acquiert contre la donation, c'est à dire contre le Roy ne contre le Prince du lieu par aucun sien suiect. Aucuns varient de seigneur par moyen par consequent contre le seigneur d'aucun suiect. Ne contre les Eglises dont elles sont douees & fondees par gré de Prince. Ne contre les choses d'vne communauté d'vne ville ou d'vne cité, d'ancienneté baillées & accoustumées au droict & vtilité d'icelle commune, & de la chose publique. Ne contre pupilles ne expatriez par l'expatriation que les droicts escrits appreuuent. Et qui plus est, encore veut le droict escrit que s'il est aucun qui achete à eux aucune chose, supposé que à celuy tiltre d'achat il y eust acquis prescription de temps, si l'achat n'est trouué trop legitime & droicturier, & que ce ayt esté conuerty en tres-grand profit pour l'Eglise ou pour le Roy, ou pour la communauté: que si autres officiers viennent apres, & ils peuuent monstrer que ce a esté faict au moins de profit pour les dessusdits, ou que pour le present ce seroit profit à l'Eglise, au Roy ou au Prince, ou à la communauté de r'auoir leur chose, r'auoir la doiuent si l'acheteur est recompensé à l'esgard des sages: car l'Eglise, le Roy, le Prince, & la commune ont tousiours restitution enterine pour eux & pour leurs choses. Et pour ce quiconque achete du Prince, bien se prenne garde, car tousiours le r'aura le Prince pour son fort. Si aura l'Eglise s'il n'est confermé de leur Metropolitain. si aura la commune, s'il n'estoit confermé du Prince souuerain, & que ce ait esté faict pour leur cler & euident profit, & que autrement leur conuint auoir faict pire marché, au preiudice de la chose publique. *per tot. tit. C. ne rei domi. vel temp.*

Contre quelles personnes prescription n'a lieu.

ANNOTATIONS DV TILTRE QVARANTESEPTIESME.

a I'AY assez discouru cy dessus de la prescription, laquelle selon sa propre signification, est l'exception de la possession d'vn long temps: mais puis qu'elle engendre action, mesmes par le droict Romain, pour demander la chose prescripte, l. pen. in pr. C. de præscr. 30. vel 40. anno. l. Si quis diuturno. D. Si seruit. vindic. *On la peut definir comme l'vsucapion, l'acquisition ou adiection de la seigneurie & proprieté par continuation de possession du temps definy par la loy*, l. 3. D. de vsurp. & vsucap. *Car par la loy diuers temps sont definis tant par la qualité des choses, que des personnes, pour acquerir prescription. Toutes personnes qui peuuent acquerir, peuuent aussi prescrire, par ce que la prescription est espece d'acquisition, & i'vse de ce terme au lieu d'vsucapion, selon l'vsage commun*, l. Si seruo. l. Iusto. §. filius familias & l. Sequitur. D. eod. l. 1. §. Item adquirimus. D. de adquir. possess. *Ce que l'autheur dict du serf, qui ne peut prescrire en son nom*, ex l. qui in seruiture. 161. D. de regul. iur. quia possidetur ab alio, *n'a lieu en France, principalement aux pays, où tous sont libres, & n'y en a de seruile condition. Pour le regard des lieux où y en a de telle condition, faut auoir recours aux coustumes. Ceux qui tiennent aucuns en leur puissance & mambournie, ne peuuent prescrire contre eux, par ce que pour eux ils possedent, comme les tuteurs, les guardiens ou baillistres, & autres semblables: ne pareillemēt les fermiers & ceux qui tiennent à loyer*: nec enim possessores rectè appellantur, quia alieno nomine possident, l. malè agitur. C. de prescrip. 30. vel 40. ann. verùm sine possessione non procedit vsucapio, siue præscriptio, l. Sine possess. D. eod. *On a autresfois dispute si le pupil ou enfant auquel la vuide tradition auoit esté faicte de choses à luy donnees, pouuoit prescrire: mais par la constitution* quæ est in l. Donatarum. C. adquir. possess. *il est porté qu'il peut prescrire, & ce pour la faueur de l'aage.*

b *La possession s'acquiert par le corps & par la volonté ou courage, comme dict l'autheur, & ne peut aucun acquerir possession par le corps seul, ou par la seule volonté: par ce que la possession*, vt definitur à Theophilo, *est la detention qui se fait par intention & volõté de seigneur: il cõuient donc qu'il y ait possession naturelle & corporelle, & volonté de posseder comme seigneur & proprietaire*, l. 3. D. de adquir. possess. *Mais pour retenir la possession la seule volonté & courage suffit, comme il il aduient à ceux qui sont absens, ou qui par autre cause ne peuuent corporellement detenter les choses.* l. Si id quod. in fine. l. Qui vniuersas §. quod per colonum. D. eod. l. Licet. C. eod.

c *Par la disposition du droict Romain il faut auoir tradition, pour acquerir possession.* l. Traditionibus. C. de pactis. *tellement que si celuy qui a achepté quelque heritage, se met de luy mesme en la possession d'iceluy, la possession sera reputée pour iniuste*, l. Si ex stipulatione. l. Fundi. D. de adquir. possess. l. Nec ex vera. C.

eod. *L'autheur adiouste vne exception si le vendeur auroit baillé les clefs, qui est prise*, ex l. Clauibus. D. de contrah. empt. *En France telle scrupulosité ne s'obserue, pance que selon l'ancien stil, si le Notaire ou Tabellion le sçait bien practiquer, le contract de vendition doit porter, que le vendeur se seroit dessaisi & deuestu au profit de l'acheteur: qui est vne espece de tradition.*

d *Il faict la diuision de la possession en celle qui consiste par le droict, & celle qui consiste par le corps*, l. Nemo. C. eod. *La possession consistant par droict est appellée ciuille, par ce qu'elle est maintenue par le droict ciuil, sur lequel elle est fondee, d'autant qu'outre la detention corporelle, elle contient vne iuste cause pour acquerir la seigneurie & proprieté: & celle qui consiste seulement par corps est appellée corporelle ou naturelle* l. Stipulatio. §. hęc quoque. D. de verb. oblig. Si eum qui. D. de donat. inter virum & vxorem. l. 3. D. de adquir. possess. *Pour acquerir la prescription est requis vn iuste tiltre auec la bonne foy, pour le regard de celle de lōg temps, à sçauoir de dix ans entre presens & vingt ans entre absens. La cause est autrement appellée tiltre, dont on peut voir* Instit. titul. de vsucap. *& ce que plusieurs ont traicté de ceste matiere, dont cy dessus auons faict mention: mesmement Masuerius* de præscriptio. *Balbus, Tiraquellus & autres. Et n'est tiltre valable pour acquerir prescription que d'auoir iouy comme heritier, si le defunct n'auoit eu iuste cause & tiltre de posseder*, l. 1. & vlt. C. de vsucap. pro hærede. l. vlt. C. communia de vsucap. l. 4. C. de præscript. longi temp.

e *La prescription de long temps requiert, comme i'ay dict, vne bonne foy, laquelle se considere dés le commencement*, l. 1. D. pro emptore. *Mais le possesseur de mauuaise foy ne prescript par ledict temps de dix ou vingt ans.* l. Si fraude. Authent. malę fidei. C. de prescriptione longi temporis, *& le vice de la mauuaise possession se transfere au successeur*, l. Vitia. [C.] de adquir. possessione. *Mais pour la prescription de la possession de mauuaise foy, est requis le temps de trente ans*, d. Authen. malæ fidei. *dōt Baldus* in cap. cùm non liceat. de præscript. & aliis locis, *duquel l'opinion est approuuée de plusieurs, soustient, qu'en la prescription de trente ans la bonne foy n'est requise: & qu'aux coustumes esquelles n'est faicte mention de la bonne foy pour la prescription, il ne la faut suppleer du droict ciuil ou canonic.*

f *Cecy se doit entendre pour la demande de l'heredité ou de partage, qui ne se prescript par le temps de la longue possession de dix ou vingt ans*, l. Hæreditatis. C. de petit. heredit. l. Hęreditatem. C. in quibus causis ces. long.

g *Le tiltre* Ne rei domin. vel templo. *traicte seulement de la prescription de long temps, laquelle n'a lieu és especes icy recitées: mais pour autre plus longue & ancienne possession, il conuient distinguer les personnes. Car pour le regard du Roy, son domaine est perpetuellement inalienable, & ne se peut prescrire par quelque temps que ce soit, si l'alienation n'en auroit esté faicte par lettres patentes du Roy, verifiées en Parlement, & Chambre des Comptes: comme il a esté ordonné par le Roy François premier, par Edict verifié audict Parlement: a esté iugé par arrest du premier iour d'Auril, mil cinq cens cinquante cinq & autres. Pour le regard des autres personnes dont est icy faicte mention, i'ay traicté plus amplement au second liure des Pandectes & ailleurs, & la matiere requiert plus long commentaire.*

DE VSVCAPION, TILTRE XLVIII.

VSVCAPION est[a] la possession que aucun a & peut acquerir sur chose venduë de tenure, ou sur chose mobile, & par especial sur chose mobile, comme ioyaux d'or, ou d'argent ou autres gages. Et selõ aucuns sçachez que droict de saisine de vsucapion s'acquiert par tenure de quatre ans pour tant que ce soit à iuste tiltre, car tousiours conuient que à iuste tiltre soit faict, ou autrement ce ne vaut: mais contre les choses d'Eglise sçachez que par nul temps ne s'acquiert vsucapion: si ne seroit elle contre les choses du Roy, ne contre les mineurs, ne contre les choses de la commune d'vne ville. *C. li. vij. de vsucapione. & per sequẽtes quoque titulos.*

De vendre chose d'autruy sur vmbre de vsucapion.

Vendre[b] chose d'autruy ou autruy tenure sous vmbre de tenure de vsucapion est ainsi entendu par la loy escrite, si celuy qui tenoit autre tenure, en vendoit vne partie, & l'autre retenoit vers soy: puis que à male foy le tiendroit le vendeur, sçachez que le vray seigneur de la chose là peut tousiours demander & repeter, & conuient que celuy qui ainsi la tient, la rende auec tous les fruits que perceus en a. Et la partie que vendue aura, pourra estre aussi demãdée à celuy qui la tient, premier cogneu si il sçauoit quand il l'acheta, qu'elle fust à autre, sçachez que rendre luy conuiendra & perdra l'argent par la raison du mal engin, qu'il commist à son escient acheter chose que bien sçauoit qui point n'estoit à celuy qui la vendoit, & toutesfois pour conuoitise, ou pour autre vouloir frauder l'acheta. Et s'il l'acheta à bonne foy, & qu'il cuidast que ce fust à celuy qui la vendoit, pour ce ne demeure que le vray seigneur de la chose ne la puisse repeter: mais celuy qui à bonne foy l'a acheté, r'aura son argent de celuy à qui il l'acheta, & si tolluë auoit esté à force, ne se deuroit tenir, ne ne vaudroit tenure de vsucapion ne vendition qui en fust faicte. *C. li. 7. de vsucap. pro empt. l. Si partem possessionis.*

De vendre chose engagée.

Item & si aucun auoit aucune chose engagée pardeuers autre, & celuy à qui elle seroit engagee, la vendoit à autre, sçachez que le vray seigneur de la chose la peut tousiours retraire & repeter, & r'auoir la doit: car droict de vsucapion ne s'acquiert par nul mal engin, & icy a bien mal engin, car le vendeur en ce faisant commet larcin non appert. *C. li. vij. rub. dicta. l. Cùm sit probatum rem.*

De chose donnée.

Item autre chose est & seroit de chose donnée: iaçoit ce que celuy qui la donnoit à tiltre de don, l'eust tenu pat tel temps que a saisine de presens ou de absens peut appartenir, sçachez que lors en serois faict sire, & te pourrois defendre par exception de tenure de long temps, & demeurerois en possession de la chose iusques en diffinitiue, car tu n'en serois pas fait possesseur à male foy, au cas que tu tiendrois que le donneur en fust vray sire. Mais selon l'opinion de la loy. *Quod iustum est petito.* A iuste cause ne peut occuper la chose d'autruy puis qu'il vient à cognoissance. *C. li. vij. rub. de vsucapione pro donatio. l. Siue fuerit dominus*, qui est la j. *Car la donation est recitee entre les iustes causes et tiltres, Inst. de vsuc.*

D'vne exception nommée plus demander.

PLus demãder c'est vne exceptiõ qui s'engendre par quatre manieres que les clercs appellent, *de plus petitionibus*. Et souuent le demandeur pert sa demande par l'vne des quatre. La premiere parquoy le demandeur peut perdre sa demande si est par cause. La secõde si est par chose. La tierce si est par lieu. La quarte si est par temps. Or te veux monstrer & declarer de chacune par soy.

Par cause.

Et premier, de la premiere qui se faict par cause, si comme si vn homme promet deux choses en general, & celuy à qui ce sera promis, en demande l'vne par especial: sçachez que sa demãde ne vault, ne n'est à receuoir, car il est & demeure en la frãchise du prometteur à dire & declarer quelle speciale il entend en ceste partie. Exemple, Ie promets à Iean vn Palefroy ou vn Roussin, sçachez que à ceste demande ledit Iean n'est à receuoir, car il est encore en la volonté du prometteur de declarer lequel il voudra donner ou Palefroy ou Roussin, & duquel que mieux luy plaira, se pourra acquitter: autre demande ne luy en peut de fait estre faite. *Instit. de actionibus* [*& ibi Jas.*] *§. hac autem.* *Premiere exception.* *Au liure escrit à la main ces mots n'y sõt.*

Par chose.

La seconde maniere de plus demander si est par chose, si comme si ie promets ou doy à Iean vingt liures, & il en demande trente: & par plus demander que n'en soit deu, pert le demandeur sa demande: & pour ce le sage demandeur doit former sa demande au plus pres de la verité qu'il peut bonnement, & luy restraindre, tant que prouuer & monstrer en pourra. *Superius allegat. §.* *Seconde exception.*

Par lieu.

La tierce maniere de plus demander si est par lieu, si comme qui auroit promis aucune chose faire payer en vn lieu, & on la vousist demander en vn autre lieu: si comme de promettre à Paris, & on le vousist demander à Orleans, sçachez que telle demande ne vaut, ne n'est à receuoir. *Ut supra.* *Tierce exceptiõ.*

Par temps.

La quarte maniere de plus demander si est par temps, si comme qui auroit promis de payer à Noel, & on luy demandast à la Toussaints, sçachez qu'à ceste demande n'est à receuoir le demandeur, & ne vaut. *Quarte exception.*

Par tricherie.

Or peux & dois sçauoir que la loy escrite dict & veut ainsi sur ceste ma-

Ce qui est contenu en cet article ne s'obserue à present, comme i'ay mõstré aux annotations.

tiere que s'il est aucun qui par tricherie ou par conuoitise s'auance de demander plus que deu ne soit si comme dit est dessus, sçachez puis que ce vient à la cognoissance du Iuge, & que ainsi à cautelle & mal engin a ce demandé, non seulement doit dechoir de sa demande que plus demandé que deu ne luy soit, mais doit dechoir de tout ce que pour celle pourroit demander, si comme si il demandoit par engin à la Toussains, ce que deu ne luy estoit deuant le Noel ensuiuant, non mie tant seulement doit dechoir de la Toussains: qu'il demande pour ce que c'est auãt iour de Noel, mais doit dechoir que iamais à ceste demande ne puisse venir, ne y estre à receuoir. Et ainsi entens des autres cas de plus demander. &c. S'ainsi n'estoit toutesfois que le demandeur apres la demande encommencee à faire, & auant que le defendeur se soit aidé de defence en iugement, restraingnist sa demande & cogneust la verité de la chose ou dette, lors ne doit dechoir en dommage. Et lors si sur ce estoit faicte aucune paix entre les parties: le Iuge sans amende si peut & doit moderer. *l. Vnica. C. de plus petit.*

De ista materia quando quis petit plus quam sibi debeatur, plus vel causa, vel re vel tempore, vide Panor in cap j. ex. de plus petit.

De nouations de dettes.

Nouation [d] de dettes est le renouuellement que aucun faict en sa demande, quand il se prend d'aucun detteur à autre, & de ce parle la loy escrite trop plus que ne font coustumiers, & dist ainsi, le retournement & renouuellement que l'vn creancier fait à l'autre d'aucune dette, quand il baille son detteur en lieu de luy, ne se peut deuëment faire si le detteur sur qui on veut la dette derrainement atourner & mettre, n'est à present, & que consente, & promette à payer la dette à son crerncier, & que le creancier à qui on le promet ainsi à rendre, se tienne à l'atourné: ou autrement ce ne vaut. *C. l. vij. de donationibus & delegationibus. l. Delegatio debiti.*

De transporter & innouer dette de l'vn à l'autre.

Secus est si nomen sui debitoris venderet creditor: quia tum non esset necesse debitorem consentire: vt dicit ibi textus. Outre dit la loy que combien qu'on puisse deleguer sa dette & tourner de l'vn à l'autre du consentement du detteur, ce neantmoins le detteur ne peut tenir sa dette à vn autre au preiudice de son creancier par quelque paction qu'il sçauroit faire. *l. Debitorum pactionibus. C. de pactis. & l. sequent. eod. tit.*

De muer sa dette sans partie.

Tu peux & dois sçauoir que nul ne peut ne doit contre sa volonté estre adiourné à payer à l'autre ce qu'il doit à l'vn: si comme si Iean doit à Iacques, & Iacques doit à Robert, Iacques ne peut muer sa dette sans le gré de Iean, que Iean doiue à Robert: Car raisõ veut que chacun tienne lieu à soy mesmes, sans estre premué cõtre son gré. *Nec aduersus debitorem sui debitoris, nisi sit delegatus, agere potest. vt l. Si soluere. C. de nouatio.*

Que par simple parole on ne mue point la Lettre.

Et selon [e] l'opinion d'aucuns coustumiers legerement est muée aucune promesse ou aucune obligatiõ que les vns ont aux autres, par ignorer aucune fois le iour de la paye qui promise & obligée est en la conuenance, soit que ce soit par lettres, ou autrement. Si comme vn homme est obligé à autre d'vne somme d'argent à plusieurs payemens, & il souffre de l'vn payement par donner delay iusques à l'autre iour: il semble que il ait innoué ses lettres & son obligation, & que la paction ou la lettre obligatoire soit par ce innouee, & premuee de sa valeur premeraine & ainsi les soustiennent plusieurs sages. Si t'en monstreray sur ce, & que les nouueaux droicts en enseignent & monstrent à tenir. Et dist ainsi l'Empereur en son liure de ce qui fut dertainement fait & passé par Concile. Nous voulons amener les lettres qui parlent des muemens des actions comment on les change d'vne personne à autre, & voulons declarer les anciennes doutes des loix qui sur ce estoient assez obscures, & establissons que s'il est aucun detteur qui commet à autre auec luy, ou qui chãge sa demande d'vn à autre, ou qui reçoit gaige sur don deu, ou qui accroisse ou appetisse la dette, ou qui y met temps ou condition au payement, ou si il oste & change ou reçoit lettres de moins d'argent que parauant ne luy estoit promis, ou faict aucune autre chose, pourquoy les anciens faiseurs de loix disoient que l'obligation estoit muee: Nous ne voulõs que pour ce ne puisse estre muee aucune chose du premier obligemẽt, ains demeurera la premiere obligation en valeur, & premiere sera de tant augmentee & creuë, si ainsi n'estoit que les detteurs & creáciers sur ce eussẽt especialement declaré & laissé la premiere obligation estre nulle par la seconde, & non autrement. Car nous voulons & raison est que les muemens des obligations qui à bonne foy sont faites, ne soient muees & innouees, si par especial & legitime consentement n'est fait, & non pas par legeres ou simples manieres de paroles captieuses, & non encores par loy, si ainsi n'est que les parties les dient expressement, & declarent estre ainsi, tellement que fraude ne deception n'y puisse estre notee ne presumee. *C. libro octauo. l. Nouationum nocentia corigentes.*

La maniere de muer obligation.

Et selon les anciens faiseurs de loix & liure primerains, innouation se peut faire, par plusieurs manieres de muer les termes de payemens contenus en l'obligation, de muer la somme obligee, de ce faire nouueau contract contre les termes de l'obligation, de prendre gage de l'obligé, de laisser à pourchasser ladite obligation outre le terme de trente ans selon la loy escrite, & en hipotheque de quarante ans: & selon les Coustumiers de Picardie de xxi. an, de femme qui en veufueté seroit obligee & puis se remarie, d'entrer en religion, & faire profession depuis l'obligation, s'ainsi n'estoit que l'obligation contint, en religion ou hors &c. Toutes ces condition innouent obligation, si comme dit est dessus, si n'est declaré entre les parties que ce que on en fait, soit sans porter preiudice à l'obligation, &c. *Rub. de nouat. C.*

Istis modis de iure scripto non fit nouatio nisi hoc verbis & animo nouandi expresserint.

ANNOTATIONS SVR LE TILTRE QVARANTEHVICTIESME.

I'AY assemblé en ce tiltre plusieurs matieres desquelles a esté cy deuant traicté, comme de l'vsucapion, qui est fondee sur la loy des XII. Tables, & est tant des meubles que des immeubles comme appert des tiltres. D. de vsurp. & vsucap. & al. & ex C. vsucap. proempt. & seq. & inst. de vsucap. toutesfois plusieurs Docteurs & practiciens ont fait telle difference entre l'vsucapion, & prescription, qu'icelle estoit des meubles & la prescription des immeubles: en quoy ils se sont abusez. Pour le regard des meubles, y a des coustumes qui ont defini certains temps pour le prescrire, les autres les mettent à la condition des immeubles, comme Imbert lib. I. cap. 35. mais on entend tousiours des meubles qui sont au commerce des hommes & non de ceux qui en sont dehors, comme les choses sacrees, les ornemens Royaux, & ceux de la Republique. §. Sed aliquando. Inst. eod. l. Ce que l'autheur dit icy de l'vsucapion de 4. ans semble estre pris ex tit. C. de quadrien. præscript. mais mal à propos, par ce que en iceluy est seulement traicté de ce que le fisc auroit aliené, comme vacant & caduc, dont l'acquereur se peut defendre par la prescription de quatre ans: mais telle prescription n'a lieu en France.

b In l. Si partem possessionis. est distingué si l'achepteur est de bonne ou de mauuaise foy: & est reputé de mauuaise foy s'il sçait la chose qu'il achepte n'apartenir au vendeur, ains à vn autre. Car en la prescription des immeubles suffit que l'acheteur soit de bonne foy: vt traditur in d. tit. Inst. de vsucap. si non que la chose eust esté possedee par force par le vendeur ou son autheur, Ce qui reçoit exception si non que la chose fust reuenue en la puissance du seigneur & proprietaire. §. aliquando. Inst. eod. l. Sequitur. §. Quod autem. D. eod. ou que le possesseur en eust iouy par l'espace de trente ou quarante ans: car par la prescription d'vn tres-long le vice seroit purgé, l. Sicut. l. Omnes. C. de prescrip. 30. vel 40. anno.

c Ce qui est icy traicté & és articles ensuiuans, est pris ex §. si quis agens & seq. Inst. de action. Mais l'autheur a oublié d'adiouster la modification & correction qu'en fait Iustinian. § Sed hæc quidem eod. & §. Hodie autem. Inst. de except. & C. de plus petit. En France telle rigueur n'est obseruee. Car il n'est question que de la chose ou somme, si le defendeur n'a faict offre, il est condamné à payer ce que le demandeur a prouué luy estre deu: pour la cause en alternatiue, le deffendeur doit offrir: pour le lieu l'ordonnance y a pourueu d'ordonner que le detteur sera tenu de payer au lieu conuenu, ou au lieu où il est poursuiui en luy baillant lieu competant, quant au temps on donne au defendeur le term. porté par sa promesse. Aussi le demandeur peut par ses repliques changer, corriger ou reformer & restraindre ses conclusions. §. Si minùs. Inst. de act. l. Edita. C. de action.

d I'ay traicté cy dessus de la nouation, l'autheur la semble confondre auec la dele-

delegation, encore qu'elle soit distinguee aux tiltres D. & C. *La nouation est le renouuellement de la dette, quand icelle est transferee en vne autre obligation: & la delegation est, quand aucun delegue à son creancier vn autre qui s'oblige pour luy,* l. 1. & l. Delegare. D. de nouat. *Et est encores different le trasport qui se fait d'vne dette: car en la delegation celuy qui est delegué pour estre detteur, doit estre present & consentant: ce qui n'est requis en la vente & transport de la dette.* l. 1. C. eod. l. Nominis. C. de hęredit. vel act. vend. *Aussi le delegué n'est receuable à denier la dette, ou proposer autre exception, qu'il eust peu alleguer contre son premier creancier: mais le detteur peut alleguer contre le cessionnaire pareilles exceptions, que contre le cedant, comme a esté iugé par arrest du 13. Aoust,* 1591.

c *La practique de France est que la nouation se fait selon le droict ancien Romain, sans qu'il soit besoin de declarer expressement qu'on vueille nouer, comme est contenu* in l. vlt. C. de nouat. *qui a esté faite par l'industrie de Tribonian, & ne s'obserue plus en France, comme i'ay escrit, liure septiesme des Responses, chap.* 74.

DE SOLVTION ET LIBERATION DE DETTES.

TILTRE XLIX.

SOLVTION & liberation de dettes est luy absoudre de aucune dette ou promesse de paie, ou satisfaction de partie, tellement que par raison luy puisse & doiue suffire. Et dont puis que monstré ay des obligations & des mutations des dettes, monstrer veux des solutions. Si peux & dois sçauoir que s'il est aucun detteur qui doiue à vn creancier plusieurs dettes pour plusieurs choses, & à plusieurs fois accreuës, & il luy faict paie de l'vne sans dire au payer pour laquelle chose ce est & pour quelle dette, sçachez qu'il est en l'eslite au payeur de contourner la paye que ainsi fait a, en laquelle paye que il luy plaira. Mais si riens n'en dist au payer ne declare, & depuis le detteur allast de vie à trespas sans ce declarer, l'eslite en seroit au creancier qui demeureroit viuant. Et si le detteur ou creancier ou tous deux n'en disoient mot, ne ne fust declaré pour quelle dette la paye auroit esté faicte, par l'vn ne par l'autre, & tous deux fussent allez de vie à trespas, & les hoirs n'en voulsissent faire faict: sçachez que l'vn ne l'autre n'y auroit eslite de contourner la paye qui ainsi auroit esté faicte pour nulles de dettes en especial, mais seroit le payement ainsi faict, conuerty en la paye de la plus vieille dette, que le detteur deuant le contend deuoit au creancier. *In l. 1. C. de solut.*

De payer ce qu'autre doit.

Item est à sçauoir que nulle action ne s'engendre contre autre creancier : pour ce si tu luy offres ce que ton detteur luy doit, & veux qu'il te doint le droit de l'obligement qu'il a contre ton detteur, car ce droict ne peux tu auoir si tu n'as acheté la dette de luy, cõbien que selon le droit escrit, s'il est aucun qui paye au creancier ce qu'vn autre luy doit, par celle paye tu dois sçauoir que l'obligement est acquité, mais que pour ce faire il declare la paye qu'il faict. *C. libr. vii. Rub. dicta. l. nulla tibi aduersa.*

Potest enim quis pro alio etiam ignorante solui re, l. 23 40. & 53. D. de solut.

De consigner sa dette.

Et si le detteur [b] offre à son creancier ce qu'il luy doit, & le creancier par aucune maniere subtile ne la veut receuoir : le detteur peut consigner & mettre en certain lieu le deu par le consentemẽt & enseignement de iustice : & ce faict tu peux & dois sçauoir sans doute que par ce en peut estre le detteur hors de peril de dette non payee & non acquitee. *C. libro octauo Ru. dicta. l. Obsignatione.*

D'escrire la paye au dos de la lettre.

Et s'il est [c] aucun qui soit obligé enuers l'autre par lettres, & il paye ou recognoist la dette estre acquitee, sçachez que ce est plus grand seureté de ce escrire & faire registrer sur le dos de la lettre, que de dechirer ou la rendre : car paraduenture seroit la lettre refaicte du Notaire ou trouuée en son prothocole en temps aduenir. Mais si sus le dos en est escrite la paye, iamais de celle dette n'en peut estre poursuitte faicte, *Facit bene l. Pecunia soluta. C. eod.*

Si instrumentũ cautionis inueniatur apud debitorẽ, an per hoc præsumatur debitum fuisse solutũ, Vide Doctores in l. Labeo & in l. postquã pignus, & ibi optime Barth. ff. de pact.

De rauoir l'obligation ou la lettre.

Et s'il aduenoit que la lettre obligatoire en quoy aucun seroit obligé enuers autre, fust renduë à celuy qui obligé seroit, contre le gré de celuy à qui on seroit obligé, ou sãs son sceu : scaches que ce ne seroit nul preiudice a celuy à qui on seroit obligé, ne n'osteroit nul droict à l'obligatiõ. Et pour ce s'il t'est ainsi cogneu, ou s'il t'est denié, & le Iuge le puisse sçauoir, il te fera payer comme parauant t'eust & peust ou deust auoir faict, nonobstant que le detteur si vueille ayder que la lettre obligatoire ait par deuers luy. *l. quod debitori. C. eodem.*

De payer pour autre.

Certaine chose est que s'il est aucun qui paye la dette pour moy dont ie suis obligé : iaçoit ce que ie ne soie present au bailler ou payer aucune chose en nom de paye, sçachez que l'obligation qui sur moy estoit & par laquelle ie m'estoie obligé, par celle parest nulle, puis que mon creancier en celuy nom la reçoit, *vt dicitur quod aliud pro alio volenti creditori solui potest. l. Manifesti iuris est. C. eod.*

De possession bailler en aucune paye.

L'Empereur [d] respondit à moy qui luy demandoie conseil, & dit. Ce que tu dis que tu baillas vne tenure en payement, pour vne somme de deniers que tu deuois à ton creancier qui ainsi le t'auoit presté : Car quand il eust ta tenure tenuë par longs tẽps, & celle grandement amẽdee par sa peine & labeur, & pour ce que tu veoies que la tenure valoit mieux que auant que tu luy baillas, requeroies que ta tenure te fust renduë, & que tu estoies engigné, sçaches que sa peine & son sẽs qu'il y aura mis, n'aura a pas perdu, mais il sera redintegré: car il n'est mie vray semblable que si la tenure fust empiree, que tu luy demãdasses rauoir celle tenure: & pour ce raisõ veut que si rauoir veux ta tenure s'il ne la tenoit que en paie, que tu luy amendes son sens & sciẽce que mis y a. Et s'il la tenoit & auoit pris en paye, qu'il en fut mis en l'heritage, cy n'appartient nulle restitution. pour ce s'il a amendé la tenure en sa main, si requiers folie. *allega. totiens Rubr. l. Cum pro pecunia. Praeterea*, si ton pere ne fist transaction à ses detteurs de qui il plaidoit depuis plait entamé de chose qui estoit en doutance; ains recogneust qu'il estoit payé de tous & il n'en auoit que vne partie, ne il ne quitta mie le remanent à ceux qui luy estoient obligez ne il n'eust oncques volonté de donner le remanent, sçachez que pour ce ne demeure qu'on ne puisse demander tout le remanent: *vt sup. l. Si literarum.*

De acceptilation.

ACceptilation est la quitance que aucun faict de la dette ou du Conuent qui luy estoit deu, & que le creancier clame quitte son detteur, & recognoisse que de sa dette se tient pour bien payé. Si peux & dois sçauoir sus ceste rubriche que si aucũ fist par son engin & barat qu'il eust quittance de la dette qu'il deuoit: sçachez que nonobstant la quittãce ainsi faite, si peut le creancier repeter sa dette & conuenance, car quittance faicte par barat ne vaut contre bonne foy, car de la chose loyalement promise conuient que loyalement soit aquittee, ou de plaine conscience remise, quittee & pardonnee. *facit tex. in l. Si pactum. C. de except.*

De payer vne dette & neant tout par oubliance.

Item pour ce que celuy qui te deuoit xl. liures d'vne part, & d'autre part encores quarante, te paya les premiers quarante, & par bonne foy par oubliance luy fis conuenance que iamais ne luy demanderoies riens, si ainsi le veut maintenir, sçachez que pour ce ne demeure que ne puisses demander ce que il te doit, nonobstant la quittance dessusdicte que tu luy fis à bonne foy, & par oubliance que iamais riens ne luy demanderoies: & si se veut aider de ladicte quittance, tu peux repliquer par le texte de la loy. *Si ex maiore debiti quantitate. C. eod. de exceptio.*

De quittance à non escient.

Sçachez que ce ne vaut mie quitance absoluë que si aucun reçoit d'vne obligation partie, & par ce cogneust qu'il fut payé du tout, & toutesfois à la verité il n'en auroit receu que partie. Ne en ce qu'il cogneust, il ne confessa mie qu'il en fust paié du tout en deniers comptez & nombrés deuant gens, ne il n'eust courage ne volonté de donner par don d'entre vifs ou par don legataire le demeurant, sçachez que celle quittance ne vaut *C. lib. vij. Rubr. de solu. & libe. l. Si inter patrem tuum.* [*vbi dicit Salicet, quod confessio totius per errorem facta, non praeiudicat nisi in parte recepta.*] (*Ceste clause n'est au liure escrit à la main*)

De quittance à bonne foy.

Item tu peux & dois sçauoir qui quittance faicte à pupilles ne qui fait furieux durant le temps de sa furiosité, ne quittance faicte par force de paour, ou qui depuis hors de celle paour l'auroit ratiffié, ne quittãce faiucte par force ne contrainɕte de prison, ne quittance à mal engin si comme dict est, ne quittance à mon escient comme dict est, ne vaut, ne se faict à soustenir. Et par le contraire quittance faicte à bonne foy & de propos appensé n'est à venir encontre. Et quiconque vient contre ce, il doit estre puni à amende de quadruple, s'il a dequoy: si non, à amende de penance de corps. *de accepti. C. de l.n. & l. Si donationis.*

ANNOTATIONS SVR LE TILTRE QVARANTENEVFIESME.

POVR *la question icy traictée le droict François suit la disposition* l. 1. C. de solut. *que si le detteur qui est redeuable pour plusieurs causes envers vn creancier, ne declare en faisant le payement pour quelle cause il le faict, il est en l'option du creancier de le tourner en quelle cause & dette qu'il voudra: & ainsi ie l'ay veu souuent practiquer & iuger, sans disputer, qui est la cause plus dure & rigoureuse: car quelquesfois le creancier qui a vne obligation du detteur qui luy doit encores par vne simple scedule & promesse, prendra plustost le payement de la simple promesse, que de l'obligation.*

b *En quelques cas l'offre suffist, en aucuns la consignation est requise,* l. Acceptam. C. de vsuris. *Mais l'offre doit estre faicte en lieu & en temps opportun,* l. Obsignatione. C. de solut.

c *Cecy est bien ordonné pour oster la doute qui pourroit suruenir: si l'obligation ou scedule trouuee en la possession du detteur seroit aquitee. Dont est traicté* in l. 2. & 3. de pact. vide l. pecuniæ solutæ, & seq. C. de solut. *Mais si l'obligation du creancier est perdue, & il la veut faire regrossoier par le Notaire, il doit faire appeller la partie, laquelle si elle maintient l'obligation estre acquitee par le moyen des payemẽts qu'elle auroit faicts, sera receue à les verifier, & le creancier la perte de son obligation auant qu'il luy soit permis la faire regrossoier: iugé par arrest de l'an 1564.*

d *Le creancier peut prendre de son detteur en payement quelque heritage ou autre chose, soit pour engagement pour en iouyr iusques à ce qu'il soit payé, ou à perpetuité, pour luy estre propre. Au premier cas si le detteur veut retirer la chose engagee, il doit rendre les meliorations que le creancier y auroit faites,* l. Cum pro pecunia. *par ce qu'elles tournent à son proffit. Au second cas la chose vendue doit demeurer au creancier.* l. successores. C. eod. *Quant à la* l. Si literarum, *icy alleguée, elle se doit autrement interpreter, que fait l'autheur: à sçauoir que la confession faicte par le creancier, d'auoir receu le payement, combien qu'il ne l'ait receu, n'empesche qu'il n'ait son action entiere, pour demander sa dette. Et l'espece que propose l'autheur est de la* l. Si inter. C. eod. *qui tend à vne mesme sentence. Toutesfois il faut l'entendre: si le creancier en fait preuue: car autrement on adioustera foy à sa confession,* l. Generaliter C. de non numer. pec. l. Cum de indebito. in fi. D. de probat. *Et encores luy conuiendroit obtenir lettres Royaux pour estre releué de ladicte confession.*

I'ay traicté cy-dessus de l'acceptilation qui se faisoit par forme de stipulation par laquelle le detteur demandoit au creancier, si ce qu'il auoit promis il le tenoit payé, & le creancier respondit qu'il le tenoit payé, l.1.C.de acceptil.§.item per acceptilationem.inst.quib.modis tol.oblig. *Comme l'obligation, aussi la quittance doit estre faicte de bonne foy & sans tromperie: mais par le droict Romain l'exception ou replicque de dol ne se prescrit par tel temps que l'action: ains dure plus long temps,* l.Si pactum.C.de except.l.Puré.§.vlt.de doli mal.& met.except. *toutesfois il faut par lettres Royaux estre releué de la quittance, dans le temps porté par l'ordonnance: comme i'ay noté cy dessus pour l'action de dol. Ce qui seruira aussi pour les articles ensuyuans. Mais il conuient obseruer que l'acceptilation a effect de perimer & coupper toute voye d'agir, encores qu'elle soit faicte pour cause de donation,* l.pen.& vlt.C.de accept. *Et quant au pupil, elle doit estre faicte par l'authorité de son tuteur, laquelle interuenant, l'acceptilation est valable; & si apres il demandoit la dette, pourroit celuy auquel l'acceptilation auroit esté faicte, vser de defenses competentes, à sçauoir d'auoir bien payé & en estre quitte,* l.1.C.eod.

POVR RETRAIRE HERITAGE PAR FAVTE DE RENTE NON PAYEE.

TILTRE L.

PAR defaut de rente non payée à son seigneur, peut le sire retraire l'heritage tenu de luy sur quoy la rente est assise, par la maniere qui s'ensuyt. Premier, il faut au seigneur, ou à son baillif qui ce veut faire, qu'il face plainte à loy de rente non payée, & à ce doit estre dict par loy que l'heritage qui la rente doit, soit mis en la main de iustice par saisine, & y soit defendue l'entrée & yssuë sur l'amende, & ce faire sçauoir à celuy qui l'heritage tient, ou à la prochaine maison, si maison n'a sur le lieu qui la rente doit, & que l'heritier soit aux prochains plaids du seigneur si bon luy semble. Les plaids venus le Sire ou le Baillif, pour luy se doit presenter contre l'heritier, & r'amener sa plainte à faict, en disant qu'il garde son iour contre tel. N. contre qui il a iour, si que par record d'hommes, & de sergēt peut apparoir, dōt ils doiuēt faire record, ou les Escheuins si ce sōt Escheuins. Et ce faict doit dire: Ie fais plainte cōtre tel. dōt le iour siet auiourd'huy pour defaute de telle rēte, de tel & de tel terme, nō payée comme de premier an nō payée, & pour tel an cōme de tiers an nō payée, & ainsi desdits trois ans, & de tous les termes passez nō payez, & aprés cōclusiō cōtre ledict tel, si present est en Cour, que s'ain il le veut cognoistre, & que ladicte terre tiēne parmy ladicte rēte payant, il cognoistra verité, & me deura madicte rēte estre adiugée & estre payée de toutes lesdictes trois années, & pour chacun terme comme dict est, auec les trois loix & trois amendes pour ce accoustumées. &c. Et s'il nie, ie en offre tant à mōstrer tant par saisine, par tesmoings, comme par lettres, que pour souffire. Et si

Triplicē esse retractum, Consuetudinarium, de quo in C. constitutus de in integr. rest. & l. dudum. C. de contr. em. Aliū legalē, de quo multa in iure passim habent. vt sp.

l'heritier ne venoit au iour, si doit estre le iour gardé cõtre luy iusques à heure iugée, & iugé de l'heure, la plainte doit estre refreschée comme dessus est dict, en faisant plainte d'auoir sa demãde attainte, ou tel profit par le defaut que la Cour dira, il doit estre iugé premier defaut, & l'heritier r'adiourné à quinzaine sur son secõd iour, & ainsi gardée icelle quinzaine doit estre r'adiourné à la tierce quinzaine, cõme sur son tiers iour, & iceluy iour gardé doit estre adiourné à la quarte quinzaine, pour voir iuger les defaux de trois quinzaines, à laquelle doit estre dict que le sire a bien attaint de sa demãde de ses trois rentes, & de ses troix loix sur ledit heritage & sur ledit heritier &c. Et si retraire veut l'heritage à soy, lors faut-il qu'il face nouuelle plainte sur ce, & que de nouuel l'heritage soit resaisi & le faict sçauoir comme dessus est dit, & de trois quinzaines sur ce gardées apres la plainte ramenée à faict sur ce. Et puis iours assignez par trois quarantaines, & à la derraine, iour rassis à l'an du iour de la premiere quinzaine, sur la plainte de l'heritage retraire à l'an venu, encore faut son iour garder en Cour. Et quant à ce tous les iours gardez, iusques aux estoilles, quinzaines & quarantaines, puis que ce a regard à fons de l'heritage. Mais les quinzaines des premiers de la rẽte auoir adiugée ne faut pas garder iusques aux estoilles pourceque ce ne regarde pas au fõs. Et toutes fois selon le stille de la Cour s'en faut reigler, car aucuns tiẽnẽt que si, & que rente heritable est chose fonsiere. Et aucuns tiennent le contraire, pource que ce n'est que pecune ypothequée sur l'heritage, & pource n'est pas fonsiere combien que heritage soit, & en ce soit vsé selon le stille du lieu où ce aduient. Et l'an gardé comme dict est, l'heritage doit estre adiugé & retraict au Seigneur. Mais selon aucuns si ce est traicté par seigneur qui ait hommes feodaux sous luy ou Escheuins ou cottiers, pour ce que rente ne se doit que sur terre cottiere, les Escheuins ou cottiers quand ils ont tous ces iours gardez comme dict est, & ce vient ou iuger l'an venu ils les remettent à pariuger à hommes feodaux, pour ce que à retraire l'heritage qui estoit de main ferme en rente à la table du seigneur, il reuient au gros du fief, & est incorporé au fief, & pource le conuient pariuger par hommes de fief. Si le sire n'a hommes de fief, il n'est necessité, & peuuent pariuger les Escheuins ou cottiers. Et si l'heritier veut payer pendant ce, rente & despens, reuenir peut à son heritage.

domino census, in emphyteota, in fisco, & in prædiis metrophicis Tertium conuentionalem, de quo in l. ij. & l. si à te. & ibi Doct. C de pac. inter emp. & vendit. & credo hic loqui de retractu quem habet dominus emphytheoticus ex canone non soluto per triennium. Mais tout ce stil n'est plus en vsage: & encores que par quelques coustumes par faute de payer le cens ou champart par trois ans l'heritage estãt abãdõné le seigneur le puisse mettre en sa main, les publicatiõ prealablement faictes en sa iustice: toutesfois on y obserue le stil de la coustume du lieu: & le subiect y peut reuenir, en payant les arrerages qui estoient deubs, suyuant l'arrest dõné pour quelques habitans de la Houssaye en Brye, dõt i'ay faict mention ailleurs.

CY ENSVIVENT PLVSIEVRS CAS, DESQVELS LE IVGE ROYAL DOIT AVOIR LA COGNOISSANCE, *sans en faire aucun renuoy. Et premier en matiere de complaincte.*

TILTRE LI.

SAchez que [a] par plusieurs manieres s'assiet preuẽtiõ en complaincte deuant le Iuge souuerain, desquelles ou de l'vne d'icelles le Iuge souuerain deuant qui telle complaincte s'assiet, n'est tenu de faire quelque renuoy au Iuge qu'il ait, ne qui le requiere, lesquels cas sont tels. Premier, est en cas de nouuelleté:

l'autre en cas de testament. *C. de testamen. l. Omnis testamentorum.* En cas de doüaire, & se peuuent ces deux derniers former par mise de faict. *Praeterea* en cas d'asseurement requis d'vn contre l'autre: car puis que on se trait premier au Iuge Royal, dõnet le doit, & à ce contraindre les parties pour le bien de paix. Si feroit autre Iuge, jaçoit ce que la partie de qui l'asseurement ou la paix est demandée, fust clerc par especial marié. *Ita fuit dictũ per arrestum curiae Parlamenti pro Ioanne Hocquet Burgens. Tornacens. contra dominum Enguerandum de Hesdin. anno Domini M. ccc. lxxvij*, en cas que dame ou damoiselle se trairoit pardeuant Iuge souuerain pour cas, dont de faict & de puissance on luy auroit faict tort ou auroit despointé de son heritage, car lors ne s'en doit faire quelque renuoy, mesme supposé que le cas fust reel: voire encore dict la loy s'elle s'en trayoit au Iuge spirituel par preuention: si n'en deuroit-il faire quelque rẽuoy. Et si force ou violence n'y auoit, lors n'y seroit preuention entenduë, mais deuroit la cause estre renuoyée au Iuge dont elle seroit suiecte, *cap. ex parte. & cap. ex tenore literarum. ext. de fo. compe.* Item en cas de fisc, c'est de toute dette au domaine du Roy, ou de Prince, ou de Cité, ou de la chose pũblique, & celle est proprement appellée dette fiscal, & doit de sa nature appartenir à la chambre des comptes du Roy, du Prince, de la Cité, de la Ville ou de la chose publique où ce aduient & appartient: & au Iuge souuerain en appartient la cognoissance, puis que on s'en trait à luy, & non à autre, ne nul renuoy ne s'en doit faire, *facit. tex. in l. ad fiscum. & per tot. tit. C. vbi causa fiscal.* Item en cas de port d'armes qui est cas de preuention, & si priuilegé que à Iuge Royal & à ses officiers en appartient la cognoissance, & non à autre Iuge quelconque. Item en cas de sauuegarde du Roy dont aussi au Roy & à ses officiers en appartient la cognoissance, & non à autre, & nul renuoy ne s'en faict à quelque Iuge, puis que c'est du droict du noble demaine du Roy nostre Sire.

Adde quod in causa vsurarum est locus praeuentionis vt dicit Masuer. in sua Pract. tit. de remissio. & vide ibi de materia ista vbi & quãdo fieri debeat remissio.

ANNOTATIONS SVR LE TILTRE CINQVANTE ET VNIESME.

DES cas Royaux plusieurs ont escrit, & i'en ay traicté au grand Coustumier, liure premier, tiltre des droicts Royaux. Il y en a de deux especes, à sçauoir ceux qui sont simplement appellez cas Royaux, desquels la cognoissance appartiẽt par preuention au Iuge Royal, sans estre tenu en faire le renuoy au Iuge du seigneur qui le requiert: les autres cas priuilegez, dont la cognoissance appartient aux Juges Royaux, priuatiuement à ceux des hauts iusticiers, qui n'en doiuent aucunement cognoistre. De la premiere espece est le cas de saisine & nouuelleté, comme Imbert & autres tesmoignent: ce qu'il faut entendre pour le possessoire des choses qu'on appelle profanes: car pour le possessoire des benefices, le Iuge Royal en peut seul cognoistre, &

non celuy des hauts iusticiers, suyuant l'ordonnance de Loys 12. de l'an 1499. & qui iugé a esté par arrest du mois de Ianuier, 1565. dont on peut voir Choppin lib. 2. de Doman. tit. 7. & Bacquet, traicté des droicts de iustice, & autres, & mesmes Masuerius tit. de remissio. en recitent d'autres cas: Et entre iceux est la cognoissance du testament. Et encores que par quelques coustumes le Iuge d'Eglise en puisse cognoistre, si est-ce qu'il le faut entendre pour le regard des legs pieux seulement, comme tient Aufr. decis. Thol. qu. 51. & l'ay veu iuger par arrest de la Cour de l'an 1560. en l'audience; donné en la coustume de Meaux. De l'asseurement i'ay traicté cy dessus, qu'il n'est besoin de repeter. Quant aux cas priuilegez, selon qu'ils sont recueillis des arrests de la Cour par Choppin lib. 2. de Doma. tit. 6. & 7. & sur la coustume d'Aniou, Bacquet, Ragueau en son indice & autres, sont les causes du domaine du Roy, & de fiefs mouuans de luy, de la reception des fois & hommages par main souueraine, de rescision de contracts passez sous séel Royal, des aduertissemens & causes des Eglises de fondation Royalle, des Edicts, lettres de chartres, de souffrance, confortemain, de respit, legitimations, annoblissemens, benefice d'aage, benefice d'inuentaire, papier terrier, foires, marchez, affranchissemens, ban & arriereban, assemblée d'Estats, & autres dependans de la souueraineté du Roy; du crime de lez e Maiesté, des assemblées illicites, commotions populaires, ports d'armes, rebellions faictes aux Iuges & officiers du Roy en exerçant leurs estats & charges. Plus de la fauce monnoye, de sauuegarde Royalle enfraincte, & sauf-conduict Royal enfrainct, dont mention est faicte en l'Edict de Cremieu, de l'an 1536. des delicts commis és forests du Roy, de lettres de remission, pardon ou abolition, & de rappel de ban: plus de la falcification commise au seel Royal ou lettres du Roy & autres cas semblables, dont les dessusdicts & autres ont amplement traicté. Il y en a d'aucuns pour raison desquels est disputé entre les practiciens, s'ils sont priuilegiez ou non: cõme des cas commis sur les grands chemins: qu'on appelle aussi Royaux: dont à la verité les Iuges Royaux peuuent cognoistre par preuention: mais si les seigneurs hauts iusticiers ont droict de voirie & iustice sur les grands chemins, aians preuenu la cognoissance d'vn crime commun commis en iceux, ils la pourront retenir, sans y estre empeschez par les Iuges Royaux: comme il me resouuient d'auoir veu iuger pour les religieux, Abbé & conuent de saint Denis en France. Quant aux causes des villes & cõmunautez, ordinairement les Iuges Royaux en cognoissent: mais les seigneurs hauts iusticiers des villes qui leur appartiennent, en pretendent la cognoissance: & leurs Iuges de celles qui se presentent pardeuant eux, en cognoissent: & si elles sont introduictes pardeuant les Iuges Royaux, les seigneurs en demandẽt le renuoi, & me souuient en auoir veu plaider vne cause en la Cour au mois de Mai, 1561. qui fust appoinctée au conseil. Quant aux causes des Pairs de France la cognoissance en appartient à la Cour de Parlement, qui est aussi la Cour des Pairs, comme i'ai monstré ci dessus.

DE

DE ERREVR DE COMPTE.

TILTRE LII.

ERREVR de compte [a] que les clercs appellent *de errore calculi*, si est quand en aucun compte, ou en aucune transaction, ou autre besongne il y a erreur ou en compte, ou en iour, ou en escriture, & de ce dit la loy escrite faute de compte d'vne besongne ou de plusieurs, ne fait nul preiudice à la verité attaindre, que il ne conuienne qu'il soit retourné de erreur à bon compte & à la verité de la besongne : supposé encores que les besongnes ou le compte ait esté par plusieurs fois fait à compte, & qu'il y ait grand laps de temps en erreur encouru du commencement de la besongne iusques au iour de la demande, le compte doit estre recalculé, & l'erreur estre cognuë, ou qu'il y ait grand laps de temps d'vn compte à autre, si ainsi n'estoit que la chose ou le compte ait esté faict, passé ou baillé deuant Iuge comperent & pertinent, & sur ce requis droict, & par sentence fust decidé du compte sans appel &c. car lors n'y auroit nul erreur à iamais, ou s'il n'estoit que entre les parties eust sur ce esté faite transaction en la chose, & de ce apparust par lettres. *C. libro secundo, Rubrica de errore calculi. l. Errore calculi.*

Que laps de temps n'a lieu en erreur.

Encores peux & dois sçauoir que en erreur de compte laps de temps n'a lieu, que on n'en reuienne à bon compte, puis que passé ne seroit par iugement, comme dessus est dict, supposé qu'il y eust passé vingt ans, ou trente, ou encore plus, car nul laps de temps n'a lieu tant que viuent les parties si c'est en autre fait que de recepte, car en ce faut en tous téps reuenir à bon compte. Et supposé que le receueur soit mort: si faut-il que ses hoirs en facent bon compte, jaçoit ce que ce ne soit pas de leur téps: neantmoins les hoirs en sont tenus puis qu'ils ont apprehendé la succession du predecesseur receueur. *C. de negotiis gestis. l. Curatorem tibi.*

Des procez sus erreur.

Encores peux & dois sçauoir que en fait de comptes si debat & contend y a qui chet en fait de preuue, & tesmoings en soient attrais & ouys, les produisans peuuent & doiuent ouyr les depositions des tesmoings. Et la raison si est que telle chose pourroient-ils dire qu'il conuiendroit que le produisant fist sur ce au contraire, car le deposant pourroit tesmoigner qu'il n'en auroit mie eu, ce que si auroit, & ainsi ils deposeroient à son profit &c. Et ainsi fut il dit par arrest de Parlement pour les procureur & receueur de la ville de Tournay, l'an mil.ccc.lxxij.

ANNOTATIONS SVR LE TITRE LII.

a L'*ERREVR de compte est grandement considerable en tous contracts & negoces, tellement que si on monstre y auoir erreur au calcul, il ne pourra preiudicier à la verité, & n'empeschera que le compte ne soit recalcullé, pour cognoistre l'erreur*: & vt ait Paul. Iurisconf. Ratio calculi sępius se patitur supputari, atque ideo potest quocunque tempore retractari si non longo tempore euanescat. *& quand y auroit transaction, sentence ou arrest fondé sur vn calcul fait par erreur, on le pourroit faire retracter, sinon que la transaction eust esté faite, ou le iugement donné sur la dispute & differend de l'erreur*, l. vn. C. de errore calculi, *qui se doit ainsi entendre. Quant au temps de prescrire l'erreur de calcul, il est sans doute que la prescription de vingt ans n'y peut auoir lieu*, l. calculi. D. de administratione rerum ad ciuitates pertinentium, *où le Iurisconsulte dit*, calculi erroris retractatio etiam post decennij aut vicennij tempora admittetur. *Et me semble* quod in l. In omnibus in fi. D. de diuersis tempor. præscript. *Il faut retenir la negation* Non, *parce que la retractation de l'erreur est de la qualité des actions personnelles, qui ne se prescriuent que par trente ans*, l. Sicut. C. de præscript. 30. vel 40. annor. *En ce que l'auteur adiouste du produisant tesmoins, sur l'erreur du calcul qui les doit ouyr, il y peut auoir de la doute, pour le regard de l'vsage qui se practique à present, sinon qu'il vueille entendre la publication d'enqueste: laquelle anciennement n'estoit obseruee. Mais quant à la production des tesmoins, c'est à celuy qui les veut produire de s'enquerir d'eux ce qu'ils sçauent des faits sur lesquels il veut les faire ouyr. Car les tesmoins ne doiuent estre ouys en la presence des parties, sinon és causes sommaires.*

DES BESONGNES D'AVTRVY FAITES SANS LE COMMANDEMENT DE CELVY A QVI CE EST A FAIRE.

TILTRE LIII.

De l'vtilité de l'Edict qu'auoit faite Preteur de negotiis gestis, traicte le Iurisconsulte in l. 1 D. de negot. gest. & envient vne action reciproque, quæ scilicet vltrocitroque competit, D. directa domino negotiorũ & contraria gestori. l. 2. D. eod.

BEsongnes faites sans le commandement de celuy pour qui ce est faict, si est faire & solliciter les besongnes d'aucun qui seroit absent sans ce que charge luy eust à faire & à besongner de sa besongne: mais celuy qui se feroit, le seroit comme prochain amy, ou comme amy sans ce que ce fust en proces ne deuant Iuge où il y ait contend, car là ne se pourroit le faiseur des besongnes d'aucun porter fort sans procuration: mais en prendre garde à la chose de aucun par amitié sans procuration se peut bien faire & de raison. Et que par tel amy sera faict pour autre, doit estre accepté de celuy pour qui c'est trouué à son profit, & doit & est tenu à celuy qui ce seruice luy a fait, les mises & despẽs que surce pour luy aura fait & presté raisonnablement. Et à ce est tenu de droict de besognes faites, que les clercs appellẽt *de negotiis gestis*. Et pourtant t'en veux sur ce mõstrer plusieurs exemples qui donnerõt cognoissance à tous autres d'auoir declaration du droict de besongnes faites.

Exemple du premier cas de ceste loy. Moy & mon frere fusmes hoirs de mon pere qui deuoit plusieurs dettes, qui estoient à payer à moy & à mon frere, parce que nous estions les hoirs ensemble. Mon frere estoit hors du pays, les biens de mon frere estoient oppressez de payer au creácier : pourquoy par conseil de sages, & pour obuier à dommage, ie payé les dettes de mon frere. Mon frere reuenu il ne voulut contribuer à ce que i'auoye payé tant pour luy comme pour moy, ie disoie qu'il deuoit contribuer pour sa part & portion par la loy de besongnes faictes. il disoit du contraire. Tout veu l'Empereur dict par assens de Concile qu'il estoit tenu de contribuer à ce que pour sa part i'auoye payé: par le droict de besongnes faictes. *C. lib. ij. Rub. de neg. gest. l. Siue pro fratre.*

Du dommage qui aduiendroit aux faiseurs d'autruy besongnes.

Ceux qui font autruy besongnes: s'il aduient que en ce faisant suruienne aucun dommage, sçachez que tenus n'en sont : s'ainsi n'est cóuenant que quelconque auenture qu'il y vienne, ils seront tenus de le rendre. *C. de neg. gest. l. Negotium.*

Negotiorum gestor de casu fortuito non tenetur nisi hoc fuerat conuentum.

Des besongnes au pupille.

Des enfans aux hoirs aux curateurs par le droict escrit & ordonné que si vn pupille a besongnes qui voisent contre son profit, & il n'ait ne tuteurs ne curateurs, & par amitié il soit aucun de leurs amis qui besógne de leurs besongnes, si que par son faict & diligence le pupille y ait profit, jaçoit ce que celuy qui se fera, ne soit son tuteur ne curateur, toutesfois puis que tourné sera au profit du pupille, sçachez que pour r'auoir les despens que mis aura au pourchasser des besongnes au pupille qui sont tournees à son profit: par le droict des besongnes faictes, r'auoir les doit entierement. *C. lib. ij. Rub. sup. dic. l. contra impuberes.* Exemple. Vne femme auoit enfans dont le pere estoit tres-passé, qui estoyent en minorité, & auoient tuteurs & curateurs, elle s'apperceut que lesdits tuteurs & curateurs ne faisoient pas bien les besongnes desdits moindres d'ans, si les accusa au Iuge & pourchassa qu'ils eussent autres tuteurs & curateurs, & par desfaute desdits tuteurs tant pourchassa qu'il leur fut ordonné en auoir des autres. En ce faisant la mere fist les despens: si les demãde à r'auoir depuis sur les biens aux pupilles. Les tuteurs disoient du contraire, & que s'elle auoit faict pour eux, faire le deuoit, & pour ce riẽs r'auoir ne deuoit. La mere disant que ce que faict en auoit l'auoit fait au profit desdits moindres d'ans. Tout veu il fut dit par l'Empereur par assens de Cócile que si la mere auoit faict aucuns despens pour ses enfás & pour leur profit, faire le deuoit par raison d'amour maternelle, ne n'y estoiẽt tenus les biens desdits moindres d'ans. *C. li. ij. Ru. supertus dicta. l. Cùm tutores filiorum tuorum.*

Ceste espece ex l. 1. C. de negot. gest. est differẽte de celle l. 2. & in d. l. 1. Cõsideratur affectio materna: de laquelle la mere meüe a fait telle poursuitte, & partant sumptus repetere non potest.

Exemple.

Vn homme qui auoit à nom Iulien, demanda argent à Iean, lequel Iean deuoit argent à Iacques, & Iean luy paya auant que Iaques à qui cel argent estoit deu, le sceust. Si vint à Iulien, & luy demanda pourquoy il auoit receu son argent. En temps apres Iaques voulut r'auoir son argent de Iulien: lequel Iulien fut refusant de payer. si en fut le contenu iusques deuant l'Empereur, Il dist par assens de Concile que Iaques action à Iulien par le droit de besongnes faites. *C.li.ij.Ru.superius dicta.l.Si pecuniam tuam à debitore tuo.*

Pourueu que Iaques ait agreable le payement fait à Iulien vt tra'itur in d l. Si pecuniam.

Un autre exemple.

Tu auois [a] fillastres de ta femme que tu nourrissoies en tõ hostel comme si tu fussent leur pere, & leur faisoies apprendre leurs mestiers, cõme si ce fussent tes enfans. Et tout ce ainsi fait en temps apres demãdas sur les choses dessusdites tes despens comme s'ils fussent tes estranges : les tuteurs des enfans disoient du contraire, & que ce que fait & mis y auoyes, ce auoit esté comme parastre, à cause de leur mere ta femme, & par raison naturelle à cause de leurdite mere à ses enfans : ergo comme aux tiens l'as fait, & pource ne te doit estre rendu selon le sage qui dist, *interest patri matrique piè succurrere nato.* Et tu parastre disant du contraire, & que par droit de besongnes faites r'auoir dois ce que pour eux as faict, mesmement puis qu'il est tourné à leur profit, pourquoy, &c. Tout veu il fut dit par assens de Concille de l'Empereur que si le parastre a l'emprendre la nourriture fist mention que ce qu'il mettoit en eux nourrir & faire apprendre voudroit r'auoir, & en fist marché ou protestation aux tuteurs & curateurs desdits enfans, r'auoir le doit à iuste estimatiõ : si nõ, & que tu en prinses la garde des enfans pour l'amour de ta femme leur mere, pource que quand tu la prins à mariage, elle les auoit auec elle cõme mere doit auoir ses enfans, & tu es comme parastre qui es entendu comme second pere, & l'as ainsi fait, r'auoir ne dois ce que mis y as. *C.li. ij. Rub.dicta.l.Si paterno affectu.*

Contre Tuteurs.

Sçachez que l'action contre tuteurs & curateurs ne se expire pas pour leur mort, que on ne aye & doiue auoir action apres leur mort à cause de leur tutelle qu'ils ont euë en leur main, à leurs hoirs, ou au leur, & que leurs hoirs n'en soient tenus de respondre, faire & rendre compte si leurs parens ne l'auoient fait en leur viuant, par la loy des besongnes faites. *C.lib.ij.Rub supe ius dicta.l.Curatoris etiam successores.*

Que faict à poursuiuir par loy.

Toutesfois les pupils ont hypothecque sur tous les biens du tuteur, de qu'il a esté creé pour la question de la tutelle, l. Pro officio C. de ad minist. tuto.

Selon la loy escrite l'action de besongnes faites ne poursuit pas les besongnes & choses qui ont esté sollicitees & besongnées par le besongneur, mais suit la personne pour quoy on la faict, & à celuy s'en a on à traire, & nõ pas aux choses par le droit de besongnes faites. *C.li. ij. Rub. dicta l.Negotiis gestis, ubi actio de negotiis gestis est in personam, non in rem.*

Que laps de temps n'a lieu en besongnes faictes.

Si vn homme est hors du pays par longue espace de temps, & il aduient que vn sien amy durant iceluy temps procure & face les besongnes aux mesmes despẽs de celuy qui ainsi est hors du pays, & puis celuy reuenu de dehors du pays vueille auoir compte de ses besongnes ou du sien, & cil qui les besongnes aura faites, contredic à rendre compte & des besongnes & du sien, par exception de long temps : sçachez que en ce cas laps de temps n'a lieu, mais conuiẽt que compte soit rendu, supposé que ce fust contre les hoirs de ceux qui telles besongnes auroient faites. *C.libro secundo De negotiis gestis.l. Aduersus es.*

Mais la prescription de 30 ans a lieu, l. Sicut. C. de praescript. 30. vel 40. annor.

De mere qui demanderoit la nourriture de ses enfans.

Item la mere qui donne à ses enfans à mãger, & les nourrist tant qu'ils soient grands, puis aduient que elle veut demander sus eux la nourriture que fait y a, sçaches que ce ne peut elle faire, car amour & pitié de mere le doit faire: mais s'en autre maniere leur auoit fait leurs besongnes dont ils eussent eu profit, ce pourroit-elle demander. *C. l. ij. Ru. dicta. l. Alimenta quidem quæ filius.*

Si non qu'elle ait protesté de demander les nourritures, l. Nesennius D. de neg. gest. dont s'aytraicté en l'annotation.

ANNOTATIONS SVR LE TITRE CINQVANTETROISIESME.

CESTE *question est traictee* in l. Nesennius. D. de negotiis gestis. & in l. Alimenta. & l. Si paterno. C. eod. *Elle est, si vn beau pere nourrit & entretient les enfans de la femme, qu'elle a d'vn autre mary, ou la mere ou ayeulle les enfans delaissez par leur pere ou ayeul, peut repeter les alimens & entretenemens qui leur ont esté fournis & baillez. Le Iurisconsulte Paulus dit elegamment que ceste question consiste en faict,* d. l. Nesennius, *Car de droit c'est au pere de nourrir les enfans,* patris eæ sunt non matris, inquit Quintil. 8. declam. *s'il appert que le beau pere, la mere ou ayeulle ait par vne affection de pieté & charité baillé & fourny lesdits alimens & entretenemens, n'y a lieu de repetition. Mais s'ils ont declaré & protesté qu'ils entendoient les repeter & en estre payez, il est sans doute qu'ils les pourront repeter: mais s'il n'appert de leur intention, & que la cause soit en doute, il faut auoir recours aux coniectures, à sçauoir s'ils ont mis par memoires en escrit ce qu'ils auroient fourni pour lesdits alimens & entretenemens, car en ce cas ils les pourroient repeter, par vne presumption de volonté.* vt traditur in d. l. Nesennius. in fi. *Et encores qu'ils ne puissent repeter les alimens, toutesfois ce qu'ils auront fourny & liuré outre iceux ils pourront repeter* d. l. Si paterno.

DE CHOSE FAITE PAR FORCE OV PAR PAOVR. TILTRE. LIIII.

PAR force ne par paour selon le droit escrit nul mene ne contrainct à faire ne promettre ne obliger, ne donner quelque chose: & si ainsi en estoit fait, tu peux & dois sçauoir que ce ne vaudroit, ne à soustenir ne seroit. Et si fait estoit si le pourroit-on repeter par le droit de restitution interine, puis que ce auroit esté fait par paour constant, c'est à dire puis que la force & la paour force faite, auroit esté faite par si forte personne, contre si simple que il puisse & doiue cheoir en paour constant, si comme si vn plus petit que moy en force, en personne & en lignage me mena-

Il dit souuent interine pour en entier.

Paour constant s'appelle qui peut tomber en vn homme constant. l. 5. & 6. D. quod metus causa.

cast, & par ma simplesse pour paour de luy ie le fais, car il appartient à l'homme soy monstrer & auoir courage. Et supposé que ie soye plus puissant que luy, si la paour est certaine que pour simple menasse le face, ce n'est pas paour constant. Item supposé que la chose faite par paour de plus puissant quant à la promesse: sçachez que depuis si la promesse sans force ne paour est payée, iamais n'y chet restitution, car la paour est hors à faire ainsi, si t'en monstreray plusieurs exemples à fin de mieux entendre le cas, car par vne loy semblable doit estre l'autre entendue.

Exemple.

Il aduint qu'vn homme plus puissant que moy me contrainct à luy payer vne somme de deniers par force, le iour venu ie luy payay pour ce que ie n'osay laisser que ie ne luy payasse, quand ie eus la somme payee, ie fus conseillé que ie me trayroie à l'Empereur à qui trouueroie remede de restitution, si vins à l'Empereur, & il me dist combien que tu promisses à payer par foce, ceste promesse ne vaillit, si lors fussiez venu querre remede de restitution, bien y eusses esté pourueu: mais puis que apres as payé sans force, ne sans ce que tu promisses à force tu as prouué la dette, car au payer nul ne te fist force: & ce ne fut pas paour constant puis que au payer n'y eust force aussi bien que au promettre. car lors que la force te fut faite, tu deusses estre venu à remede.

De l'heritage vendre par force.

De his quæ vi metúsve causa gest. sunt. l. ij.

Vn homme [a] auoit vn ayeul lequel fut contrainct par force de vendre vne tenure, ceste vente faite, l'ayeul alla de vie à trespas, si fus son hoir, moy voyant que i'estoye son hoir, ie voulus auoir conseil comment ie pourroye repeter celle tenure: & trouuay que celuy à qui mon ayeul l'auoit venduë par force ou par paour, l'auoit ja reuendu à vn autre: si quis conseil que sur ce pourrois faire, & demanday à l'Empereur lettres de restitution, il me dist tu l'auras au Iuge du lieu pour rendre le prix que le second acheteur en a payé qui est acheteur de bonne foy par ton compte. Tu seras pourueu de restitution de l'heritage r'auoir de ton ayeul dont tu es successeur & qu'il vendit par force. Mais bien te prens garde que si l'acheteur derrain qui est de bonne foy, a tant tenu l'heritage toy present que x. ans soiét passez, ou toy absent. xx. ans, tu n'y deuras reuenir. *C. eod. l. Si vi.*

Exemple.

Deux [b] freres estoient qui auoient vne tenure, si aduint qu'vn puissant homme qu'ils auoient à voisin, leur ostist celle tenure par force & par paour qu'ils eurent de ses menaces, & qu'en prison ne les mist, si cõme il fist: ce fait les deux freres se trayrent à l'Empereur, & demanderent prouision sur ce, & que redintegrez peussent estre de leur tenure que ainsi auoient vendu par paour. Si leur fust dit que si dedans l'an poursuinoient ceste restitution, il deura estre amendé au quadruple, deduit ce que vous eustes d'argent de vostre tenure. Et si depuis l'an le faites cogneuë premier & auant toute œuure la force & paour vous aurez restitution de vostre chose tant seulement le prix de la vente rendu si comme dit est. *C. eod. l. Si per vim vel metum.*

De vendre pour cause de crime.

Vn homme [c] qui desiroit auoir vne tenure que i'auoye me menassa disant qu'il me accuseroit au Iuge d'homicide, & m'en fist moult de peine, & de paour, ie luy vendis ma tenure, afin qu'il ne me accusast: & puis voulus estre restitué de ma tenure, si en fis requeste à l'Empereur, si eus response que ma requeste n'estoit pas raisonnable, car ce n'estoit pas pour chose raisonnable. *C. li. ij. Rub. dicta. l. Accusationis.*

Exemple de vendre sa tenure.

Vn Baillif greuoit vn homme qui demeuroit en sa Baillie, si eut l'homme paour & pour celle vendit vne tenure que talent n'auoit de vendre, si ne fust par crainte dudit Baillif. Ce fait l'homme eust prins conseil de luy traire à l'Empereur. si se traist deuers luy, & demanda remede. Sur ce l'Empereur ordonna que le Baillif fut contraint de rendre la chose ainsi achetee à l'homme de qui ce estoit, & que iceluy Baillif en perdist autant que payé en auoit au profit du seigneur, supposé encore que le Baillif subtilement eust fait mettre autre en l'heritage, & fust sa femme, & doit estre le Baillif priué d'office. *C. li. ij. Rub. dicta. l. Si per impressionem.*

A ce mesme propos il y a ordonance, par laquelle il est prohibe de n'acheter ou faire acheter aucune chose en leur bailliage: laquelle ie n'ay encores veu practiquer sinõ que depuis quelques ans, qu'il y a eu des arrests donnez contre aucuns Iuges, mais non si rigoureux, qu'il est icy traicte: & l. Si per impressionem ne parle de priuation d'office. I'en ay escrit ailleurs plus amplement.

Quelle paour ne vaut.

Si peux & dois sçauoir que quiconque se veut aider de restitution par paour, il la conuient prouuer estre faite par fait constant, & non pas par simple & nice parole de menasse tant seulement, car autrement le Iuge n'y arresteroit point. *C. li. ij. Ru. dicta l. Metum non &c.* Et par contraire raison si la paour est de fait & telle que le Iuge s'y puisse & doiue arrester, sçachez que tout ce qui par ce est fait, soit en donation, ou en vendition, ou en transaction, ou en paction, ou autrement, ne vaut, ne n'est à soustenir. *C. li. ij. Rub. dicta. l. Venditiones.*

De mauuais engin.

MAuuais [d] engin que les clercs appellent *de dolo malo*, est quand en aucun contract ou marché se fait fraude recelee, que on appelle dol entre les practiquans en Cour. Si peux & dois sçauoir que si tost que partie qui a fait aucun contract, ou marché, ou paction, sent qu'il y a dol ou mal engin, il peut venir au Iuge requerre que il soit pourueu sur le dol. & mal engin, dequoy il a esté engigné par le subtil engin de sa partie, qui cela le dol au conuent que au fait sçauoit bien. Si t'en monstreray vn exẽple de cas de loy. Vn homme estoit pleige pour vn autre, lequel autre auec sa pleigerie auoit fait mettre certains gaiges par deuers luy au nõ de seureté, & ses gages mesmes par subtil engin auoit-il fait vendre par autre que par luy, & sans ce que le detteur fust pressé pour sa dette, ne il aussi, mais par conuoitise les auoit achetez pour moins qu'ils ne valoient, & sans auctorité de loy les auoit fait vẽdre. Le detteur le sceut: si en fist querelle contre son pleige. L'Empereur dist par Concile que ledit pleige a tres-mal faict, & qu'il doit rendre les gaiges deliures au detteur de sa pleigerie & sans faict. *Cod. lib. ij. Rub. de dolo malo. l. Si fideiussor.* Et ainsi, peux & dois entendre en tous marchez où il y a dol & mal engin, que l'engingné sera relevé, mais que du dol soit fait deuëment apparoir, dedans le terme de deux ans apres le marché fait, non pas apres ce que on s'en apperçoit. Car le droit de dol à demander ne s'estend outre deux ans, & qui depuis en feroit demande, si ainsi n'estoit que expatrié fust par legitime expatration, il n'y seroit à receuoir. *C. eod. de dolo l. vlt.*

ANNOTATIONS SVR LE TILTRE CINQVANTEQVATRIESME.

a De la l. Si vel metu. C. de his quæ vi metus ve causa. *en collige que celuy qui veut estre releué d'vn contract fait par force ou crainte, peut par lettres Royaux cumuler le rescindant & recissoire, & faire appeller tant celuy auec lequel il auroit contracté pour voir rescinder le contract, que celuy qui en est detempteur & possesseur, par le moyen du nouueau achapt qu'il en auroit fait, afin que le contract estant cassé il soit condamné à se desister & departir de l'occupation qu'il fait de l'heritage contencieux, ce qui s'obserue és lettres de rescision d'autres contracts*, vt tradit Faber in §. Rursus: Inst. de act. Petr. de Ferrar. in forma libelli super petit. rest. in integrum. & Specul. tit. de in integr. restit. §. 1. *Et ainsi par vn mesme iugement le contract est rescindé, & l'heritage adiugé au demandeur, en rendant toutesfois le prix qui a esté payé*, vt in hac lege traditur. *Mais le temps d'obtenir lettres de restitution est limité tant par l'ordonnance du Roy Louys douziesme, pour les maieurs, que par celle de François premier de l'an mil cinq cens trente neuf, pour les mineurs venus en aage.*

b *I'ay noté cy dessus que les actions au double, triple, & quadruple, comme aussi les peines, ne sont plus obserues en France, ains qu'au lieu d'icelles on adiuge dommages & interests*: quod etiam notatur per glo. in C. Fraternitatis. 12. quæst. 2. *toutesfois en semblable espece que celle receuee en ce lieu*, & in l. Si per vim. *on procede quelquesfois extraordinairement contre ceux qui par force se sont fait vendre des heritages par ceux qui ne leur osoient contredire.*

c *Ce qui est traicté* in l. Accusationis, *se doit entendre, en le rapportant à nostre vsage de France, si l'alienation ou promesse auroit esté faicte à celuy, quy auoit interest, & pouuoit accuser celuy qui luy auroit vendu ou promis: Car autrement y pourroit auoir lieu de restitution*, iuxta l. Nec timorem. §. fina. & l. sequen. D. eod. vide glo. ad d. l. Accusationis. *Et ce que i'en ay noté cy dessus.*

d *Pour le dol mauuais, mon vieil practicien l'appelle mal engin & tricherie, peut estre le contract cassé & rescindé, suiuant l'Edict du Preteur*, leg. 1. D. de dolo malo. *où le Iurisconsulte traicte de la definition de dol. I'ay remarqué ailleurs celle que baille* Elias Cretensis in 3. oratione Gregorij Nazianzeni aduersus Iulianum. vbi definit dolum occultum maleficium sub beneuolentiæ obtentu perpetratum. *Mais le dol se doit verifier par subtils moyens, & comme dict la* l. Dolum. C. eod. ex insidiis perspicuis, *& comme parle mon vieil practicien, par appers aguets.*

I'ay noté

I'ay noté cy dessus que par arrest de la Cour du 9. iour de Ianuier 1556. restitution en entier pour dol a esté receuë pour vn maieur: & le temps pour l'impetrer est limité par les ordonnances royaux.

DES DENIERS QVI NE SONT NOMBREZ EN VENTE D'HERITAGE.

TILTRE LV.

FAIRE marché, [a] vente, transaction ou autre paction par moyen d'argent & sommes de deniers, dont lettres se font, & en icelles lettres n'est nõbrée ne declarée la somme des deniers pourquoy especialement ce se faict, & que le vendeur la cõfesse auoir euë & receuë, ne vault & est tout le contract à repeter, mesment si tost que le cas enuieillist, & que ce vient en action à l'hoir du vendeur qui a cause d'ignorer le faict qui n'est declaré comme droict l'enseigne, &c. Si aucun dict que iaçoit ce qu'il ait vendu & liuré aucune chose, ou promis à faire ou à rendre, & en ait fait & baillé lettres en nom de seureté. & tu ne soyes payé de l'argent qu'auoir en deuoyes, ne la lettre n'en fait mention que l'argent te fut compté ne nombré, sçachez que si depuis on veut iouïr de la chose, il est mestier à monstrer paye, auant que contrains puissent estre par celle lettre de la chose venduë ou promise à liurer ne bailler, ou autrement le contract seroit nul. *C. de non numerat. pecu. l. 1.* Ie suppose qu'aucun soit obligé par chartres en vne somme de deniers à rendre, par si forte obligation que faire pourra, & en celle obligation ne soit nombrée la somme de l'argent, & que tu l'ayes confessé auoir receu en deniers biẽ nombrez, sçaches que si celuy enuers qui tu es obligé t'en veut poursuiuir, il faut qu'il preuue qu'il te bailla l'argent en deniers nombrez & par toy receus: où il aura contre toy iugement pour luy. *C. eo. dicta. l. Si ex cautione tua.* Et ainsi dois entendre si moins as receu d'argent que la lettre obligatoire ne contienne, car aussi conuiendroit il qu'il le prouuast: ou ce ne luy vaudroit. *l. Minorem pecuniam.* Mais s'ainsi n'estoit comme dict est dessus, & que tu encommençasses à payer aucune partie d'icelle, auant que tu feisses querelle du droict de pecune non nombrée, sçaches qu'à temps ne vendroyes, & conuiendroit par payer la dette. *C. eod. tit. l. Cum fidem cautionis.*

De venir contre ce qui seroit escrit de sa main.

Tu dois sçauoir que s'il aduenoit qu'aucun se vousist aider par pecune non nombrée contre son creancier, & il eust escrit l'obligation de sa propre main, sçachez que ceste obligatiõ, iaçoit ce que contenu n'y fust le nombre de l'argent, ne luy vaudroit ceste exception, contre ce que de sa main auroit escrit: & si contreuenoit deuant Iuge, il seroit condamné à restituer & rendre le double, si ainsi n'estoit que par son serment ne confessast la verité, lors n'y auroit point d'amende, mais que ce fust deuant que les autres tesmoins en fussent ouïs. *Authent. contra qui propriam. C. eod. tit.*

Du terme de l'exception de pecune non nombrée.

Pour-ce qu'anciennement auoit esté ordonné que quiconque se vouloit aider d'exception de pecune non nombrée, ou de cause non tenuë, il conuient que ce fust fait dedans le terme de cinq ans, ou ce ne vaudroit, & en estoit l'exception expirée: sçachez que par le nouueau droict ordonné par le Concil des Empereurs, on a restraint ce terme de cinq ans à deux tant seulement, dedans lesquels termes & an ce conuient faire qui de l'exception de pecune non nombrée se veut aider. *C. eod. tit. l. In contractibus.*

ANNOTATIONS DV TILTRE CINQVANTE CINQVIESME.

a T*OVT ce traicté de la pecune non nombrée, & exceptiõ d'icelle qui se deuoit proposer dans deux ans, ne s'obserue plus en France, comme a bien obserué Rebuffus* in Proœmio ad Constit. Regias. *Car celuy qui par contract passé pardeuant Notaire ou Tabellion, ou par scedulle priuée recognoist estre detteur de quelque somme, qu'il promet rendre & payer, il n'est receuable à alleguer pour exception qu'il n'a receu la somme, ou si grande, qu'il est porté par son obligation ou promesse, encores qu'il la propose dans les deux ans: ains on arreste à sa confession, qui fait contre luy,* l. Generaliter. C. de non numer. pec. *de laquelle il faut qu'il se face releuer, a fin d'estre receu à prouuer que la pecune ne luy a esté baillée & nombrée, ou non si grand' somme. Et s'en peut faire releuer apres les deux ans, & dans le temps introduict par les ordonnances pour les reliefs & restitutions en entier. Aussi ne s'obserue en France* l. In contractibus C. eod. *où Iustinian ordonne qu'apres les deux ans le creancier n'est tenu iurer sur l'exception de la pecune non nombree, non deue, non receuë. Car il a esté iugé par arrest du 30. Ianuier, 1544. qu'il sera tenu iurer, suiuant la reigle generale,* l. Manifestæ turpitudinis. D. de iureiur.

DES VSVFRVCTVAIRES.
TILTRE LVI.

VSVFRVCTVAIRE[a] si est celuy qui a en main par gage, par achat, ou autrement aucune tenure & possession, qu'il peut prendre & parceuoir à vie ou a certain tēps les vsufruicts de sa tenure qu'il tiēt ainsi. Si est à sçauoir que l'vsufructuaire doit iouïr de tous les vsufruicts de sa tenure durant sa vie ou son temps. Et pour ce si à ton pere fut laissé l'vsufructuaire d'aucune possession, dés qu'il sera mort, tu n'y auras riens par le commun droict, s'ainsi n'estoit que par especial le deusses tenir apres sa mort, car vsufructuaire retourne à sa proprieté si tost qu'il peut. Mais autre chose seroit si le Seigneur de la proprieté mouroit, car pour ce ne perdroit mie l'vsufructuaire son droict: & est tenu l'vsufructuaire d'entretenir le lieu de couuerture, de latte, & aussi de vray labourage, & doit la chose rendre en aussi bon estat comme il la trouua à lors que liurée luy fust. Et de ce doit faire caution suffisante. Et par-ce doit entrer par inuentoire si sage est, és biens, ou autrement à son preiudice pourroit redonder. *C. de vsufruct. l. Si patri tuo. & l. Eum quem.*

De prescription en l'vsufructuaire.

Si peux & dois sur ce sçauoir que quiconque a l'vsufruict d'aucune chose pour tenure de long temps, que pour-ce en face, à iceluy tiltre, il n'acquiert pas proprieté, n'actiō de propriété. *C. eod. tit. neque fructuarium.*

De donner l'vsufruict à aucun.

Et s'il [b] aduenoit qu'aucun donnast l'vsufruict d'aucune terre ou maison à mon fils tant comme il seroit venu en aage, il doit estre entendu iusques à vingt cinq ans selon le texte de la loy, *si quis aliquid. C. de his qui veniam ætatis impetrauerint.* mais s'il mouroit dedans ce temps, encore font aucūs doute que les hoirs ne deussent tenir celuy vsufruict iusques à ce que vingt cinq ans fussent accomplis depuis le trespas de mon fils, car il semble que le donneur eust plus grand regard à l'accomplissement de l'aage qu'à la mort, & pour ce en doit aller au plus pres de la voulenté au mort. Les autres disoient que puis que l'vsufructuaire estoit mort, le don deuoit estre mort. car il ne peut venir à accomplir aage, pourquoy, &c. Sur ces debats fut dict en Cōcile par l'Empereur que l'vsufructuaire doit faillir par la mort de celuy à qui il estoit donné, car lors cesse le don, & non pas par la mort au donneur. *C. de vsufruct. l. Ambiguitatem.*

De loüer son vsufruict † à autre.

Encore y auoit vne doute en vsufruict: † à sçauoir se celuy qui est l'vsuaire le peut loüer à aucun autre qu'à luy, & mettre en sa main durant le temps de son vsuaire ou non, car les aucuns disoient que l'vsuaire ne seroit donné ou laissé fors pour la maniance de celuy à qui il auoit esté laissé, & non pas pour autre raison. Les autres disoient que laissé

† L'vsuaire, au liure escrit à la main.
† Vsuaire.
† Preu pour profit: se trouue en telle signification en plusieurs anciens liures.

† Preu pour profit se trouue en telle signification en plusieurs anciens liures.

† L'vsuaire.

estoit pour faire le preu † à celuy, à qui il estoit laissé, & en estoit faict Seigneur durant le temps de l'vsufructuaire, &c. Il fut sur ce dict par l'Empereur en Cōcile, que ce qui estoit fait de l'vsuaire, le peut bien loüer moderement, & que la chose soit retenuë & gardée en ses termes, car ainsi le faut il entendre, iaçoit ce que ce ne soit pas le consentement de celuy à qui la proprieté en appartient. *C. eod. d. l. Cum antiquitas.*

De l'vsufruict † estre aboli.

Comment l'vsuaire peut estre aboly & reconsolidé auec la proprieté, dist la loy escrite, que par plusieurs manieres se peut perdre l'vsuaire, & retourner auecques la proprieté, & estre reconsolidé tout en vn, si comme par la mort à l'vsufructuaire, ou si l'vsufructuaire permuoit son cors d'estat mondain à estat de religion, pour-ce que par luy vouër & donner à religion, il se rendroit mort au siecle mondain: & pour ce fut il ordonné par les sages à mettre és lettres des voyages, en religiō ou dehors, &c. ou si l'vsufructuaire estoit banny du pais pour cas dont s'il fust tenu, il deust perdre vie, car lors doit estre tenu pour mort, & pource mettent les sages és lettres des voyages, en quelque estat ou cōdition qu'ils soient, &c. ou que [c] la chose surquoy l'vsufructuaire est hypothequé, soit destruicte. Car lors se pert l'vsufructuaire, ne n'est tenu le proprietaire de restorer, ou si l'vsufructuaire venoit par sa coulpe de frāchise à seruage, par toutes les voyes dessusdictes retourne vsufructuaire à sa proprieté. *C. lib. 3. rub. dicta. l. Corruptionem vsufructuum.* Encore dist la loy escrite, que s'il aduient que l'vsufructuaire acquiere la proprieté par aucune maniere: si tost qu'il est fait sire de la proprieté, l'vsufructuaire est par-ce aboli & reconsolidé auec la proprieté, car double action n'y peut on auoir. *Insti. ru. de vsufruct. §. finitur autem.*

D'vsufruict d'eauës.

Il est à sçauoir [d] que si aucun tient en vsufruict l'eauë d'aucun viuier ou estang qui se pesche par raison, & le tienne à vie ou à temps, & il aduienne que l'vsufructuaire voise mourir, ou le loueur auant que le viuier ou estang soit pesché, & par-ce vueille dire le proprietaire que tout le poisson doit estre sien comme chose trouuée en son heritage, &c. Sçachez que les sages coustumiers ont dict & soustiennent que l'vsufructuaire le doit laisser en tel estat qu'il le trouua s'il peut estre sçeu. Et si non, le dommage & preu doit estre & demeurer au proprietaire, mesmement s'il a de l'année qu'il trespassa, appoissonné le viuier ou estang, pescher le peuuēt à la saison de pescherie ses hoirs ou ayans cause, parmi payant la cense ou loüage que rendre & payer en deuoit par an l'vsufructuaire, par si que ledit viuier ou estang soit retenu aux deuises du marché sur ce faict. Et à ce s'accorde la loy qui mesme dist, que complaincte de nouuelleté s'y doit asseoir, à fin que le loüeur & l'vsufructuaire soit tenu en droict de leuer & pescher son appoissonnement que mis y a, & l'en doiuent les hoirs à l'vsufructuaire garantir. *Rubrica de loco publico fruendo. l. Prator aut. & Rub. vt in flumine publico. l. 1.*

ANNOTATIONS DV TILTRE CINQVANTE SIXESIME.

a L'VSVFRVICT est vne seruitude personnelle, comme aussi l'vsage, & l'habitation, il y a d'autres appellees réelles ou prediales, l.1.D. de seruit. l. Caius. D. de ann. lega. dont i'ay traicté cy dessus & ailleurs. L'vsufruict est vn droict d'vser, iouir des choses ou heritages d'vn autre, la substance sauue, c'est à dire, sans entreprendre ny diminuer de la proprieté des choses, l. 1. de vsuctu & Instit.eod. qu'on peut voir pour entendre comment l'vsufruict peut estre constitué, & ce qui appartient à ceste matiere. L'vsufruictier doit bailler caution de iouir de la chose d'autruy comme vn bon pere de famille, à sçauoir qu'il ne l'empirera ne deteriorera, ains la conseruera comme sa propre chose, & l'vsufruict expiré la rendra en aussi bon estat qu'il l'a trouuée, l.1.D. vsufruct.quemad. c'est pourquoy il est tenu des reparations qu'on appelle viageres, dont i'ay traicté sur la coustume de Paris & ailleurs, & font à ce propos, l.Vsufructu.& l. eum ad quem. C. de vsufructu.

b In l. Ambiguitatem. Iustinian decide generallement que l'vsufruict delaissé à aucun iusques à certain temps, ou sans certaine condition, est estainct par la mort de l'vsufructuaire, par la reigle generale que l'vsufruict s'estainct par la mort de l'vsufruictier, par ce qu'il est coherant à sa personne, l.3. in fi.D. quibus modis vsufructus, auquel tiltre & des institutions, sont monstrez les autres moyens, par lesquels s'estainct l'vsufruict: & entre autres quand il est consolidé à la proprieté, soit que l'vsufruictier l'ait acquise, ou le proprietaire ait acquis l'vsufruict.

c Entre autres moyens de l'estinction de l'vsufruict est celuy quand la maison, ou autre edifice est destruict & ruiné, soit par feu ou mouuement de terre, ou qu'il soit renuersé par son vice, à cause de l'antiquité, ou corruption des materiaux: & encores que la maison soit refaicte & rebastie aux frais du proprietaire, si est ce que l'vsufruict n'en est restabli, l. Repeti.§.rei.l. Quid tamen §. non tantum. & vers. nam & fi.D. quibus modis vsufructus, à quoy conuient l. Qui vsumfructum.D. de vsufructu.& l. Si ita legatum.§.fin. D.de lega.1. Ce qui auroit esté iugé auoir pareillement lieu en l'habitation, par arrest du 24. iour d'Auril 1584. par lequel a esté iugé qu'il n'y auoit droict d'habitation en la maison qui auoit esté ruinée, & depuis reparée par le proprietaire.

d L'vsufruict estainct, le proprietaire entre en la iouissance de la chose qui auoit esté baillee en vsufruict, en l'estat que lors elle se trouue, & des fruicts qui sont encores pendans.l. Defuncta.D.de vsufructu.& l.si fructarius. D. quibus modis vsufructus. dont i'ay cy dessus & ailleurs plus amplement traicté.

DES BOVRNES ET CERQVEMANEMENS.

TILTRE LVII.

De huiusmodi materia quæ dicitur finiū reg. vide per Iaso. in § quidē vers. an autem actio ista. insti. de actio, quæ per plurimas & elegantes quæstiones ibi per eum tractatur.

BOVRNAGES[a] & cerquemanemens si est mettre & faire enseigne de difference de terre d'entre vn voisin à autre, qu'on appelle bourne. Et se doit faire par les parties appellees, & tous les anciens du lieu, à certain iour à estre sur le lieu dōt contend est, & lors doit celuy qui demande le bournage dire & clamer iusques où il demande & tient, que son heritage voise descendre. Et l'autre partie pareillement doit dire, clamer & designer iusques où il tient, que son heritage voise à l'encontre. Si d'accord ne sont, le Iuge doit faire iurer aux anciens qui là sont appellez, que chacun sur sainctes Euangiles de Dieu die & designe au plus vrayemēt qu'ils sçauront, & que veu ont au temps passé le droict de l'heritage d'vn chacun demandeur & defendeur. Et doit chacun demandeur & defendeur & hommes qui là sont, auoir vn petit baston en la main, & ferir & estacher en terre endroit là où ils sçauent que l'heritage d'vn chacun va. Et là où il y a plus de tesmoings debatans ou les presens, ou les absens le donnent, là doit estre par Escheuins que l'heritage va à celuy qui a l'assens: & droict ou l'assens est, doit estre mise & assise la bourne par iugement d'Escheuins. Et en nom de preuue doit chacun des Escheuins ou autres Iuges, mettre en la fosse où on doit asseoir la bourne, vn caillel, & puis asseoir & fermer la bourne dessus, à fin qu'en temps aduenir le caillel monstre quants Escheuins il y eust à la bourne iuger & asseoir: & ce fait doit estre dict & crié par loy, que doresnauant nul ne face ne mette nul empeschement à ladicte bourne sur peine d'encourre en crime de latrecin.

Cecy ne s'obserue à present.

Des parties mettre d'accord de mettre bourne.

Item & s'il aduenoit que parties fussent d'accord de mettre & asseoir bourne entre eux, faire le peuuent sans apeller la loy ne autres, fors voisins tels qu'il luy plaira, & prendre & donner de leur terre, l'vn à l'autre tant qu'il luy plaira, pour tant qu'ils ne facent chose que le sire ne soit gardé de son droict Seigneurial, si comme si deux voisins sont d'accord ensemble d'asseoir entre eux bournes, faire le peuuent: mais qu'il ne touche au reiect du Seigneur, ou du commun, car lors conuiendroit que le Seigneur, & le commun y fussent appellez. Et la bourne ainsi mise d'accord entre eux voisins si peut faire licitement, mais n'y aura nul caillel dessous comme tesmoins d'Echeuins, pour-ce qu'Escheuins n'y ont esté appellez.

De donner terre à autre.

Item s'il aduenoit que l'vn voisin contre l'autre fussent d'accord de asseoir vne bourne sans loy, & par aucune maniere l'vn donnast à l'autre de son heritage par son consentement, & la assissent la bourne & apres il fust sceu, qu'ainsi eussent donné l'vn à l'autre heritage, sans le sceu de leur Seigneur pour receler son droict: si auroiét le sire la droicture d'autant de terre que ce vaudroit que dõné en seroit, outre le droict que deuoit estre donné de la bourne assise plus auant qu'este ne deuoit.

De contend sur bournage.

Et [b] s'il aduient qu'aucun meuue contend sur bournage contre son voisin & par cerquemanage, ou par iugement de tesmoins en dechee auec l'amende au Seigneur en quoy il encourt de demander autre terre, laquelle amẽde est de soixante liures † parisis: si c'est terre vilaine, & si c'est fief, en l'amende de dix liures, il doit perdre autant de terre comme il en clame, laquelle doit estre prinse au profit du Seigneur, & les despens de partie, à la taxation du Seigneur. *C. finium regundorum. l. Si constiterit.* Combien que par l'ancien droict, qui ne demandoit sus son voisin plus de cinq pieds, il n'en estoit à nulle amende, mais par la nouuelle loy, pour ce que le monde est si multiplié, & la malice des gens, il fut pourueu d'amẽde si tost que l'vne emprent sur l'autre. *l. Quicunque pedũ. C. eodẽ.*

† *Mõ vieil practicien dict soixante sols parisis, mais les peines icy recitees sont hors d'vsage en France.*

Que tenure de bourne ne vaut.

Ne tenure de long temps n'a lieu contre droict de bournage, ne contre ce droict ne s'y acquiert par dix ans, ne par vingt ans: si ne fait aussi nouuelleté que toutes-fois que cerquemanage est demandé qu'on ne le doiue auoir, ne ny vaut tricherie ne barat, que tout ne doiue estre mis arriere par le Iuge si tost qu'à cognoissance peut venir. *C. eodem. l. Final.* Si dois sçauoir combien que dessus soit dict, que qui demande autruy heritage, il chet en amende, iaçoit ce que ce soit demandé par cerquemanage, voir est, s'ainsi n'est qu'à autruy heritage demander par cerquemanage ne seroit demandé, dict ne protesté par le demandeur, que ce demande il si auant que par desreng de cerquemanage n'en sera dict appartenir, & non plus auant. Car par ceste maniere, supposé qu'on dechee de sa demande, ne chet point d'amende petite ne grande, & par autre forme si feroit.

La forme de mesurer terres.

La forme [c] de mesurer des terres, si est à sçauoir la quantité que contient vn chacun champ de terre, de prez, bois, ou d'eaues, & se fait par diuers noms en sommes de mesures, si comme les vsages des lieux sont, car en aucuns lieux sont appellees les sommes des mesures, arpens, en autres iourneux, en autres mencaudees, en autres lieux mesures, en autres bonniers: & toutesfois tout se mesure par nombre de pieds à rapporter à la verge, à laquelle verge on doit tant adiouster de pieds qu'elle contienne vingt pieds de chuure, & si a au bonnier, au païs où on compte par bonniers, seize cens, qui est nombre faisant le bonnier. Et au pais où on compte par petit bonnier, il y a quatorze cens, & doit chacun contenir vingt cinq verges,& au bonnier feize cens. Ainfi fót au bonnier de toute fomme de pieds huict mil, combien qu'en diuers lieux, le nom des mefures fi eft different, fi comme d'arpens, iourneux, mencaudees, mefures, &c. toutesfois neantmoins font toufiours comptez quatre cens pour celles mefures petites, comme deffus font dictes, arpens iourneux, &c. & tout reuient les quatre pour vn bonnier de terre.

ANNOTATIONS SVR LE TILTRE CINQVANTE SEPTIESME.

a I*AY noté cy deffus que les bournages eftoient appellez anciennemēt cerquemanemans ou cerquemanages ou cerquemages, & les mefureurs qui faifoient les diuifions & limites des heritages & plantoient les bornes, cerquemaneurs. L'vtilité de limiter & borner les heritages entre voifins eft telle, que fans tel bournage ils viendroient fouuent en contentions, procés & querelles. Et pour feparer & bourner les limites entre eux, a efte introduicte l'action*, finium regundorum, *que les vieils practiciens appellent plet de bonnes*, nam regi fines dicuntur, quoties vnufquifque ager propriis finibus terminatur, vt ait Boëtius ad Topica Ciceronis, & rectè rufticum monet Columella, Ne femitas nouofque limites in agros fieri patiatur. *Les Romains & autres peuples auoient accouftumé pour affeurer & regir les bornes & limites, d'y appofer quelques marques & enfeignes, comme des cailloux & autres, la memoire defquels feruoit à la pofterité, & entretenoit vne concorde entre les voifins*, vt teftatur Plutarchus Proble. 14. & Frontinus de iure limit. *dont* Virgilius ait lib 12. Æneid.

Limes agro pofitus, limitem vt difcerneret aruis.

Ils mettoient fouuent dans terre quelque pierre pour feruir de borne, qu'ils reueroient grandement, vt oftendit Ouidius lib. 2. Faftor. *& le Iurifconfulte efcrit* in finalibus quæftionibus monumenta antiqua fequenda effe. l. In finalibus. D. fin regund. *Et entre tels monumens eft la borne laquelle par auctorité de iuftice a efte affife & plantee pour feparer les heritages, que mon vieil practicien appelle bonne iuree, & bonne de loy. La forme de proceder en l'action de borne eft icy defcrite par l'Autheur, felon la couftume du pays, qu'il auroit voulu fuiure. Mais autrement elle s'obferue à prefent: par ce que fi les parties font en debat pour les bornes & limites & ayent tiltres contenants la defignation, confination & contenance de leurs heritages, le Iuge quelquesfois y a efgard, fi les parties en demeurent d'accord: finon il fe transporte fur le lieu, fi la matiere le merite, ou y commet vn Sergent, pardeuant lequel les parties font comparoir des voifins & anciens auec vn mefureur, pour leur rapport faict, en ordonner par le Iuge diffinitiuement fi faire fe peut, finon reigler plus amplement les parties, pour decider la queftion de bornes,*

bornes. l. 2. l. De modo. & l. Si irruptione. & al. D. eod. *car en ceste question est traicté de la proprieté, & quelquefois intervient debat pour la possession qu'il a suspendue: par ce qu'il faut cognoistre devant de la possession que de la proprieté.* l. Si quis. C. eo. l. Ordinarii. C. de rei vind. l. Nulli. C. de iudic. & al. *par la loi Maniliane estoiēt envoiez sur le lieu trois arbitres & mesureurs, pour separer, terminer & dresser les limites, à fin d'i asseoir & plāter bornes, & pour ce en telle cause est tres-requise la veue, figure ou mōstree, cōme diēt les practiciēs,* ex d. l. Si irruptione. §. vlt. *Plusieurs loix ont esté faictes à Rome des fins & limites, qui sont recitees par les autheurs qui en ont escrit qu'il n'est besoin de repeter: entre les loix Georgiques de Justinian y en a vne,* tit. 1. cap. 9. *qui contient en Latin selon la traduction du Grec,* Si ambigitur inter duo loca; vel de termino, vel agri possessione, auditores cognitionem suam interponunto, eique qui pluribus annis possederit, ius reddunto. Si verò antiqui fines fuerint, antiqua possessio inconcussa esto. *Les parties peuuent d'vn mutuel consentement faire borner leurs heritages, & y planter bornes, dont le seigneur du lieu ne peut pretendre droict ny amende: par ce que ce n'est alienation ne changement de suiet, ains cela se fait selon la nature de l'action, & que le Juge pourroit ordonner,* l. 2. D. eod. §. si finium. Inst. de offic. iud. *Aussi qu'il n'a interest en ce qui est baillé par vn voisin de sa terre à l'autre, d'autant que sa censiue & droict de seigneurie tousiours luy demeure.*

b Si constiterit. C. fin. regund. *parle de celuy qui par force a entreprins & vsurpé de l'heritage d'autruy outre les bornes, encores qu'il en fust en procez, auparauant qu'il y eust sentence: c'est donc à cause de l'inuasion & vsurpation que celuy qui l'a faicte, & mulcté des peines recitees en ladicte loy qui est prise* ex l. 2. C. Theo. eod. *à quoy on pourroit rapporter la loy de Romulus, dont parle Plutar. probl.* 14. *& celle de Numa,* Qui terminum exarassit, ipsius & boues sacri sunto. *Quant à la* l. Quinque pedum, *elle est plus entiere in* C. Theo. & apud Frontinum, *où elle est assez declaree d'elle mesme, à sçauoir que sans auoir esgard à la prescription des cinq pieds, que Ciceron* lib. 1. de Legibus, *& autres tesmoignent auoir esté anciennement reseruez entre les heritages des champs, se traicte librement la question des limites & des lieux. Car telle action ne se prescript que par trente ans,* l. vlt. C. eod. *d'autant que* mistam causam habet, tàm in rem, quàm in personam. §. Quędam actiones. Inst. de actio.

c *L'art de mesurer & arpenter vient de la Geometrie,* Quę vt ait Cassiodorus ex Varrone, per dimensiones terrarum terminis positis præstitit populis pacis emolumenta, dum quisque certo se fine patitur includi. *Entre les peuples anciens & ceux de present, mesmement en France, y auroit eu & y a encores grande diuersité de mesures, & especes d'arpenter & mesurer: dont n'est besoin traicter icy plus amplement, par ce qu'on les peut apprendre des coustumes & vsages des lieux, & des liures de Geometrie.*

DE COMPAIGNIE DE MARCHANDISE.

TILTRE LVIII.

COMPLAINCTE de marchandise peut estre faite en telle maniere que l'vn y met l'argent & l'autre y met sa peine. Item encore se fait entre autre maniere que l'vn y met plus d'argent que l'autre, & l'vn plus de sens & de peine que l'autre, car selon la loy compagnie en marchãdise n'est autre chose qu'vn assemblement de personnes, qui est fait par accointement & assemblement de pecune & par participation de choses, pour faire gaigner, & plus profiteux monts & gaings à contribuer ensemble. Car autant en ce cas est prisé le sens & la peine, que l'argent. *C.li.iiij.Rub.pro socio.l.Societatem.*

Vide l.5.29. & seq. D.pro socio. §.de illa sanè Inst.eod. Societé est vne conuention par laquelle se cõstitue entre deux ou plusieurs vne communauté de tous biens, ou de certaines choses, l.4. & 5 D eo. Les causes des marchãs se doiuent traicter & decider ex bono æquo, non obseruatis apicibus siue subtilitatibus iuris. Bartol in l. Fideiussor. §. quedam D. mãdati, Bald. in l. Si pro ea. C. eo. dõt on peut voir les Edicts d'erection des Iuges Consuls des Marchans.

D'ordonner à loy sur la participation de marchandise.

Sçachez qu'en compagnie de marchandise doit selon raison & loy escrite, auoir loyauté, & equité tousiours estre entenduë, car souuent les marchans ne font mie leurs deuises deuant gens deuant loy deuant Tabellions ne tesmoings, ains les font ensemble & à bonne foy. Et pour ce si contend en vient à vie ou à mort d'entre les hoirs des marchans pour la participation de la marchandise, sçachez que le Iuge y doit proceder à bonne foy, au plus pres que le cas peut desirer à verité, & selon ce faire appoinctement entre les parties. *C.eod.titu.l. Cum in societatis contractibus.*

De paction faicte sur la participation de marchandise.

Et s'il aduenoit que marchans qui sont en compagnie de marchandise ayent party leurs biens par esgaux parties, & de ce aient fait stipulation, & apres ce lequel que ce soit voise de vie à trespas, sans autre ordonnance ne testament faite, sçachez que pour ce ne demeure, que ce qu'ils ont ainsi ordonné par participation de marchandise, ne doiue demeurer ferme & stable *C.eod tit.l Si societatis iure.*

Le temps que participation dure en marchandise.

Sur participation de marchandise dit la loy, que tant & si longuement que marchans sont ensemble en participation & assemblement de marchandise, tant dure l'action que l'action peut & doit auoir. Car si l'action veulent faire cesser, il conuient qu'ils ayent departi leur participation, & faict compte ensemble. Et dict que la participation depuis ce iour ou ce compte cesse, ou autrement l'action dure tousiours. *C.eod.tit.l. tamdiu societas.*

De plusieurs marchans acheter denrees.

Aucuns doutoient si participation de marchandise se pouuoit faire cõuenablement entre marchans, que supposé que vn grand seigneur vint en vn pays, cõme l'Empereur ou autre puissant Prince, & plusieurs marchans achetoient plusieurs marchãdises, pour auoir plus grand gain à la denree du seigneur: si ce ne peuuent faire sans meffait. Sçachez que ce a ordonné la loy que participation de marchandise, s'y puisse faire purement & sous condition, se si que les voulentez d'iceux qui à ce veulent obliger, soient fermes & gardees. *l. De societate apud veteres. C. eod. tit.*

De demander compte contre vn qui ne seroit habile.

Et s'il aduenoit[b] qu'aucun fust en participation de marchandise, & il luy aduenist contre aucun si que il ne fust plus habile de participation de marchandise: Sçachez que ses compagnons le peuuent laisser, & demander compte contre luy, & depuis ce iour doit cesser la participation.

De l'vn deuenir sourd & foursenné.

Et si l'vn deuenoit sourd & foursenné si luy doiuent ses compagnons pourchasser au Iuge curateur, & contre leur curateur faire compte de leur marchandise, car iusques à ce qu'ils auront ainsi fait dure la particition & vault. *l. Fin. C. eod. tit.*

De restitution en participation.

Il aduient que l'vn des compagnons de la participation de la marchandise, fut enuoyé hors pour le fait des autres, si fut prins par les ennemis du pays & mis à peine de rançon, & parmy ce eschappa de ses ennemis. Il voulut rauoir à ses compagnons secours de sa rançon & de sa peine, & qu'ils participent à ce, consideré qu'il estoit en leurs besoignes aussi bien comme pour la sienne. Ses compaignons respondirent que tenus n'y estoient, & que il n'auoit mie à luy mettre en peril, puis que bien sçauoit & pouuoit sçauoir les guerres du pays, qui estoient publicques & notoires, & n'estoit mie ainsi comme s'il fust prins ou desrobé par meurdriers, dõt nul ne se peut escheuer. Et d'autre part s'il auoit esté prins si s'estoit-il par sa paour non constant mis à rançon, pour plus qu'il ne deuoit selon sa faculté, & pour plus tost luy oster de prison, pourquoy, &c.

Item si s'estoit-il mis à plus grand rançon pour ce qu'il estoit riche hõme, & bien en est renommé en autres biens & possessions que de leur marchandise dont ils sont en participation, & de plusieurs autres grosses marchandises, dont il s'entremetoit communement, pourquoy tenus ne sont de contribuer à sa rançon, n'a la peine que pour sa crainte & paour a euë, & dont il s'est voulu oster hatiuement &c. Et si tenus y sont, si ne doit estre qu'à la discretion du Iuge, au regard de la participation de marchandise, & pourtant que toucher y peut &c. L'autre duplica & dist, que si la guerre estoit notoire, si le sçauoiẽt ils bien, quand ils l'enuoyerent esdites besoignes: car ce n'estoit pas chose soudainemẽt venuë, & puis que ainsi le sçauoient, & sur ce luy enuoyoient, ce ne leur vaut. Si il a eu paour, ce a esté à iuste cause & constant, car c'estoit sur le peril de sa vie &c. S'il estoit plus riche telle sçauoient: & tel luy enuoyerent comme dict est au propre faict de leur participation, & non pour autre marchandise, & puis que tel l'ont enuoyé & non pour autre cas, tenus y sont &c. Tout veu il fut dit par iugement de sages, que tous

Vide l. Cum duobus §. Quidam sagariam D. eod.

les participans seroient tenus de contribuer à quantité de leur marchandise, qu'ils auoient & menoient ensemble.

ANNOTATIONS SVR LE TILTRE CINQVANTEHVICTIESME.

a *DES manieres de contracter la societé, qui est vn contract qui se fait par consentement, sans solemnité de paroles ne traditon de chose, est amplement traicté* D. titulo pro socio. & Instit. de societate. *Elle se dissolut par diuerses manieres que le Iurisconsulte reduict à quatre chefs*, societas, inquit, soluitur ex personis, ex rebus, ex voluntate, ex actione. l. Verum est. §. vlt. D. eod. *Entre icelles est la renunciation que l'vn des associez fait à la societé, car lors elle est dissolue pourueu qu'il ne le face en fraude.* l. Actione. §. diximus. D. eod. §. sed plané. Instit de socie. *comme i'ay veu iuger entre deux marchans associez en certaine espece de marchandise, desquels l'vn voulant seul acheter & prefiter de ladite marchandise auroit renoncé à la societé, mais par arrest du Vendredy 27. iour de Nouembre, de releuee, mil cinq cens soixante deux, il fut condamné à rapporter en la societé ladite marchandise & en faire part à son compagnon. Quant à la mort de l'vn des associez, il est sans doute que par icelle la societé est estaincte & dissolue, encores qu'il y ait d'autres associez viuans,* d l. Actione. §. morte. *sinon qu'il y ait eu autre conuention entre eux.*

b *De cet article on peut donner deux exemples pris de ladite* l. Actione. §. publicatione. & Instit. eod. *à sçauoir quand l'vn des associez est banny & ses biens confisquez, ou si pour ses dettes il a fait cession, par ce qu'en l'vn & en l'autre cas il n'a plus de biens pour entretenir la societé.*

DE DEPOST QV'ON APPELLE METTRE EN GARDE.

TILTRE LIX.

DEPOST que les coustumiers appellent mettre en garde & conseruation d'autres aucune chose, soit meuble ou argent, à la fin de le rauoir sauuement au plaisir du depositeur, & de ce dit la loy escrite si la chose mise en garde, est perduë par la coulpe au gardeur: sçachez que le gardeur y est tenu, voire & ses hoirs si mort estoit, par soy ignorer. Et si par fortune non estimable estoit perdu, tenu n'y seroit ne ses hoirs. *C. depositi. l. 1. & ibi glos.*

Aduerte depositum non teneri de leui culpa. tex. in l. Praeterea. & §. is apud quem Instit quibus modis re contrahi obli.

De soy ayder d'argent prins en garde.

Si aucun a mis en garde vne somme d'argent pardeuers vn autre & celuy qui l'a en garde en fait sa marchandise, tellement que celuy à qui c'est ne le peut r'auoir à son besoin, & il ait pour ce dommage que r'auoir ne le peut, sçachez que celuy qui ainsi en vse, est tenu de rendre les dommages & interests, & est telle tenure selon la loy escrite appellée simple larcin .*C. eod. l. Si deposit. & l. Si deposita.* *Vide l. sacculum D. eod.*

De compensation de chose mise en garde.

Tu peux & dois sçauoir que de la chose baillee en garde, ne chet quelque compensation, mais doit estre réduë si tost que par celui qui en garde l'a deposé, ou sõ ayãt cause est requise, & sçachez que encore n'y cherroit compensation, supposé que chacun eust mis en garde l'vn enuers l'autre quelque chose, si comme Iean auroit mis en garde pardeuers Iacques vne somme d'argent, ou d'autre chose, & Iean aussi auroit en garde de ce mesmes Iacques vne autre somme en garde: Les choses ainsi mises en garde, si l'vn s'excuse, c'est à dire, si Iacques dit qu'il rendra à Iean sa chose ainsi mise en garde, quand Iean luy aura rendu la chose que en garde a de luy, si sçachez que depuis qu'il est sceu que garde y a, chacũ est tenu de remettre premier & auant toute œuure la chose auant qu'en garde luy fust baillée, & puis le Iuge ordonnera du surplus sur la petition des parties. *l. Si quis vel pecunias. C. eod. & l. vlti. C. de compensat.*

De l'interest que doit r'auoir celuy qui sa chose a perdue.

Item sçachez que celuy qui a en garde aucune chose & par especial argent, s'il met difficulté à le rendre si tost que requis en est par celuy qui en garde l'a mis, ou par ses ayãs cause, sçachez que si par sa coulpe demeure par barat, ou par ce qu'aidé s'en est, ou par ce que la perdu nicement par folle garde, supposé que emblée luy soit par nichement l'auoir mis, & que sa maison ne sa chambre n'y fut cassée ne rompuë, ne il n'en fust enforcé par voye ne par chemin, sçachez qu'il est tenu de rendre le dommage & interest que pour ce aura le depositeur, ou ses ayans cause à la disposition du Iuge, mais que au demander ou r'auoir sa chose en ait faict demande: si non, & la chose mise en garde de luy soit adiugée, & puis vueille faire demande de ses dommages & interests, il n'y est à receuoir, car tout est à demander à vne fois, combien que le principal doiue premier estre determiné. *l. Si deposita. in finalibus verbis, ibi, non enim duæ sunt actiones & c. C. eod.* *Car celuy qui demande seulemẽt le principal est presumé quiter taisiblement les dõmages & interests, qui se doiuent demander par vne mesme action.*

Des choses que l'hoste baille à l'hostel quand il se loge.

EN allant[b] tousiours par ordre, en ma matiere veu des depots il s'ensuit dire & monstrer de ce qui est mis en garde & charge à son hoste, quand on descend en aucun hostel, ou quand on descend en tauerne ou en cabaret: ou quand on entre en vne nef en mer, ou en riuiere de pays en autre, car tous ces cinq points sõt d'vne cõditiõ en loy, quãt aux choses qui leur sõt chargées ou apportées: si est à sçauoir que tous hosteliers qui publiquement tiennent hostel, si tost qu'aucun descend ou vient en leur hostellerie, tout ce qu'ils y apportẽt & mettent en garde de l'hoste, il le doit garder & defendre à son pouuoir contre tous, & sont les choses qui par lesdits hostelliers apportées y sont, hors de sa garde, par especial puis que celuy qui venu & descendu est en l'hostel, a prins par luy ou par ses gens chambre, & la clef de la chambre & emportée auec luy, ou faict porter par ses varlets, car deslorsqu'il prend la clef, il prent charge de ses choses qui en la chambre sõt, & en décharge l'hoste & maisgnie de l'hostel, mais si la clef estoit demeurée à l'hoste, & en la chambre auoir quelque chose perduë, supposé que oncques n'eut esté monstrée à l'hoste ne à ses maisgnies, s'il la conuiendroit-il rendre par l'hoste, par la clef qui seroit demeurée en la main de l'hoste, & seroit hostelain creu par son serment, puis qu'il seroit homme d'honneur & de bonne foy, & de bonne renommée. Et ainsi en seroit des choses qui seroient hors de chambre, soit de cheual ou cheuaux, s'ils sont logez ou hebergez.

De l'hoste logé auoir prins les clefs, puis rendu a l'hoste.

Et s'il aduenoit que l'hostelain eust de premier prins les clefs & porté, & depuis à l'hoste ou hostesse les rendist & les mist à vn clou & pendist, afin qu'elles se peussent sçauoir par plusieurs, comme aucunesfois plusieurs sont logez en vne chambre, ou que l'hoste y a à faire souuent, si en ce auoit aucune chose perduë, ce seroit au peril de l'hoste ou de ses gens à luy en est le peril & le dommage.

De la maisgnie faire larcin.

Item si les maisgnies de l'hostel faisoient le larcin, & qu'ainsi fust troué, si seroit-ce encore au peril & dommage de l'hoste: car bien se prenne garde quelle maisgnie il tient en sa maison.

De la chambre troüée par larrons.

Item s'il aduenoit que la chambre fust percée ou troüée par larrons, ce ne seroit pas au peril de l'hoste, mais si on y entroit par l'huys ou fenestre trouuée ouuerte, ce seroit au peril de l'hoste. Mais si on y auoit troué aussi bien emblé des choses de l'hoste, lors apparoit-il que ce seroit sans sa coulpe. *ff. nautæ, caupones vel stabul. l. 1. & l. sequenti.*

ANNOTATIONS SVR LE TILTRE CINQVANTE NEVFIESME.

a ENTRE *tous contracts celuy du depost requiert principalement la bonne foy, par ce que souuent il se faict sans tesmoins, & sans escriture: & celuy qui baille en garde commet la chose qu'il depose, à la foy de celuy qui la reçoit*; Fides habita, inquit Liuius, ipsam magis obligat fidem, *& aucuns dient* depositum sacrum. *Par la loy des XII. Tables celuy qui estoit condamné pour depost, estoit infame & tenu de double: ce que le Preteur n'auroit voulu qu'en certains cas, & hors d'iceux auroit ordonné le simple* l. 1. D. depositi. *dont i'ay traicté ailleurs, mais le plaisir que faict vn depositaire, ne luy doit tourner à preiudice: c'est pourquoy il est tenu seulement du dol & de la tres-grande & large faute, qui est appellée* lata vel latior culpa, *& non de la legere & commune negligence & faute.* l. 1. §. in conducto. l. 7. & l. Quod Nerua. D. depositi. §. pen. Instit. quib. mod. recontrah. obligat. l. Contractus. D. de regul. iur. *sinon que le depositaire se fust obligé à dauantage.*

b *C'est vne espece de depost, que faict celuy en l'hostellerie, tauerne ou cabaret où il loge & met ses hardes, vallise, mallette ou autres choses qu'il auroit apporté en la garde de l'hoste: à quoy le Preteur auroit voulu pouruoir par son Edict recité* in l. 1. D. nautæ, caupones, stabul. *Car l'hostellier ou tauernier qui reçoit les hardes de celuy qui vient loger en sa maison, en demeure chargé & responsable. Et encores qu'il ne se soit expressement chargé de la garde, ains seulement que le passant qui s'y seroit logé, auroit amené en son hostel de la marchandise ait esté deliée & depaquetée, & qu'on y ait pris quelques pacquets. Par ce que d'autant, que les marchandises ou autres choses semblables auroient esté amenées en l'hostellerie, tauerne ou cabaret, il est reputé les auoir receues & prins en sa charge.* arg. §. vlt. d. l. 1. *Comme a esté iugé par arrest de la Cour, à la prononciation du 14. iour d'Aoust 1582. recité en la responce du 6. liure, mais si celuy qui estoit logé en l'hostellerie, tauerne ou cabaret auroit voulu aucun loger & coucher auec luy en vne mesme chambre qui de nuict l'auroit derobé, n'estant des domestiques de l'hostellier, iceluy ne seroit tenu & responsable du larcin: par ce qu'il n'en pourroit estre argué de dol ny de negligence: & que celui qui estoit logé se deuoit imputer d'auoir voulu faire loger & coucher en vne mesme chambre vn homme à lui incognu, & duquel aussi l'hostellier n'auoit cognoissance,* l. Licet. §. sed si. D. eod. *ainsi qu'il a esté iugé par arrest de Tholose du 22 iour de Januier 1575. recité en la responce cent septante deux, du liure septiesme.*

DE ACCOMMODATION QVE L'EN DIST PRESTER PAR COVRTOISIE.

TILTRE LX.

ACCOMMODATION que les coustumiers appellent prester à autre par courtoisie aucune chose. Si est chose qui par droict engẽdre actiõ de le r'auoir, & repeter sans contredit auec dõmages & interests. Et pour ce peux & dois sçauoir que toute chose amiablement prestée, doict estre renduë si à poinct que le Presteur n'y ait dommage: s'ainsi n'estoit que cause y eust telle, que par droict la commodité, & celuy à qui ce seroit presté ne eust loyalle cause de excusation. Si comme si tu me prestes amiablement aucune chose, par fortune contraire, si comme par tolte de force & de larcin non excusable à loy, la chose me est tolluë, sçachez que selon la

Mon vieil practicien appelle prest par courtoisie: par ce qu'il se faict gratuitement, §. commodata. Inst. quib. mod. re contrah.

Au liure escrit à la main tolte.

v de l. Si vt certo, § nunc videndũ est D. cõmod. § at is qui vtendũ Inst. quib. mod re contrah. oblig l Cõtractus. D. de regul. iur.

loy, ie n'y suis tenu en dommage ne en interest, s'ainsi n'est qu'au presteur fut fait conuent tel que ie le prins à rendre à tous perils qui suruenir y pourroient. *tex. in l. 1. C. de commodato.*

Exemple.

Ie empruntay à mon voisin vn cheual lequel me fut tollu par les ennemis du pays, sçachez que tenu n'y suis, si à mon peril de tous cas de fortune ne l'ay emprunté. §. *at is institu. quibus mod. contrahi obligat.*

De prester chose pour engager.

Si tu prestes aucune chose à aucun par amitié, à ce qu'il la puisse engager pour soy pour auoir aucune finance qu'il luy faille lors, & celle finance pourquoy ce fut engagé, est payée & accomplie presque toute ou en la greigneur partie, sçaches que tu as action cõtre celuy à qui tu la prestas ou à ses hoirs de requerir ta chose par action de prest, & la dois r'auoir par correction sur celuy à qui tu la prestas. *C. eod. tit. l. De restituendis.*

De compensation de chose.

Sçachez [a] que chose prestée est de telle action garnie & priuilegée, que si celuy à qui elle est prestée doit aucune chose au presteur, supposé que ce soit argét presté, & le presteur le vueille r'auoir. Sçachez que celuy à qui ce est presté, ne peut faire compensation, mais conuient que la chose prestée rende premier, & auant toute œuure. *l. Fina. C. eod. tit. & ibi glos. in verbo. debiti, loquens de hac materia.*

ANNOTATIONS SVR LE TILTRE SOIXANTIESME.

E*N tous les exemplaires que i'ay veus*, in l. vlt. C. de commodato, *il se lit* prætextu debiti restitutio commodati non probabiliter recusatur. *& s'abusent ceux qui ont voulu corriger* commandati. *Et ne faict au cõtraire* l. in rebus. §. vlt. D. eod. *Parce qu'elle ne parle de toutes especes de dettes, ains seulement de ce que le commodataire peut demander par contraire action, à sçauoir pour les impenses & frais par luy faits en la chose qui luy auoit esté prestée, qu'il est raisonnable qu'il puisse demander par compensation. Et quant à la* l. vlt. de compensa. *c'est vne nouuelle constitution de Iustinian, laquelle decide generalement de toutes actions personnelles, & non specialement du commodat, pour lequel on peut apporter vne exception à ladite constitution; ou dire qu'icelle est posterieure de ladite* l. vlt. de commodat. *Et à la verité y a grande raison de ne receuoir la compensation pour quelque dette que ce soit contre la chose accommodée & prestée par courtoisie.*

CON-

CONDITION DE CHOSE NON DEVE.

Tiltre LXI.

Ondiction de[a] choſe non deuë, ſi eſt de payer plus que on ne doiue : & chet apres de action de choſe non deuë qui engendre droict & action de repeter la choſe ainſi payee outre ce que on en doit. De ce diſt l'Empereur en ſon ſainct Cõcille, il n'eſt mie doute que ſi aucun paye quelque perſonne par inaduertence & par fourcompt, ſçachez que apres, jaçoit ce que apres par proteſtatiõ l'ait payé, ſi la peut il r'auoir par action de condiction indeuë, que les clercs appellẽt *de condictione indebiti*. ſi ainſi n'eſtoit que ce que ainſi auroit payé par iugement de Iuge competent, lequel iugement fuſt paſſé par iugement en force de choſe iugee, car lors n'y auroit nulle repetition, & ceſſeroit lors l'action de condiction indeuë. *l* 1. *C. de condictione indebiti.*

De promettre à autre en ſon nom ce que on ne doit.

La loy diſt[b] encore outre ſur ceſte rubrice, que s'il eſt aucun qui fuſt enduit à promettre à autre aucune pecune, que celuy qui ainſi promettoit ne deuoit : mais le promettoit pour autre alleger de ſa dette ou de ſon cõuent ſans trãſaction, ſçaches que tu ne peus auoir deliurãce cõtre celuy qui ainſi te fiſt promettre, puis que de ta franche voulenté le fis, mais te conuient accomplir ta promeſſe. *l. Si citra vllam tranſactionem.*

Immo dicit lex illa allegata quod qui alieno creditori promittit pro debitore, habet condictionem indebiti contra debitorem pro quo promiſit.

De payer par mal engin.

Item de toutesfois veulent dire les ſages que qui promet aucune choſe à payer par meſcreãce, jaçoit ce que il s'y oblige par eſcrit, neãtmoins puis qu'il ſera faict appaloir par mal engin, il a action de condiction indeuë, & s'en peut on deffendre par ceſte loy. *Cum & ſoluta. C. eod. titu.* Item combien que les droicts veulent que à payer par mal engins aucune ſomme, que tout y ſoit recouuré par action de condiction indeuë: neantmoins peux & dois ſçauoir que ſi aucun traict en cauſe vn autre pardeuãt Iuge, & pour obuier à demande, partie ou amy de plus demander que deu ne ſoit pour doute de iuſtice, & pource en paye, ou en promet aucune choſe, ſçachez que pour ce ne a droict de repeter: mais conuient qu'il tienne en ce cas par promeſſe ou ce que payé en a, car en ce ceſſe action de condiction indeuë. Il veut dire que qui promet aucune choſe à cautelle, ou qui la demande pour doute de iuſtice & de faillir à droict, ceſte condiction ceſſe, car en ce n'a paour ne force ne mecreance. *l. Ea quæ per inficiationem. Cod. eod. titu.*

De payer par cuider deuoir.

Si tu payes aucunes ſommes d'argent que tu cuydoyes deuoir, & riens tu n'en deuois: ou que tu ne ſçauoyes vrayement le fait, & que ce puiſſes prouuer pardeuant Iuge, celuy qui ce aura receu ſera contrainct à rendre ce que payé en aura par action de cõdiction indeuë. *l. Si per ignorantiam. & ita dicendũ eſt de legatis indebite ſolutis. l. Fideicõmiſſum. C. eod. tit.*

années precedentes, auec la perte de celle, en laquelle tel desastre seroit aduenu, le fermier doit auoir entiere remise du loyer ou ferme: & quelque fois les pertes & calamitez ne sont si grandes, & toutesfois elles apportent telle perte aux grains & fruits, qu'il est raisonnable de faire diminution au fermier: ce qui ne se peut limiter par certaine regle, comme i'ay ailleurs plus amplement discouru & obserué de diuers arrests donnez en telle matiere.

c Quant à la l. Emptorem qui porte que l'acheteur d'vn heritage n'est tenu d'entretenir le bail faict par le precedent seigneur & proprietaire, s'il ne l'a acheté à ceste charge ou condition: on adiouste, ou si la maison ou heritage n'est obligé à l'entretenement du bail. Aucuns ont estimé que l'obligation & hypotheque generalle, que le bailleur auroit faicte de tous ses biens, est suffisante: & Masuerius §. item successor. de locato. semble estre de ceste opinion: mais elle n'est suyuie en France, ains faut que la maison ou heritage duquel bail est faict, soit specialement obligé & hypothecqué à l'entretenement d'iceluy, comme tiennent Bart. & Faber ad d. l. Emptorem. & a esté iugé par arrest du parlement de Paris, de l'an 1543. & autre de l'an 1555. Car lors le successeur singulier, & acheteur est tenu d'entretenir le bail: d'autant que le locataire est en ce cas tenu pour creancier, habens rem obligatam, vt ait Cynus in d. l. Emptorem. Alexander in l. Filio fami. D. soluto mat. tellement qu'ayant telle obligation specialle il ne seroit tenu sortir de la maison ou heritage qu'il auroit prins à loyer: encores que l'acheteur luy offrist dommages & interests, mais si le locataire n'auoit obligation generalle il seroit tenu de sortir: sauf son recours, pour les dommages & interrests, contre son bailleur n'ayant pour iceux qu'vne action personnelle, & non droict de retention, pour demeurer dans la maison ou heritage, iusques à ce qu'il soit entierement payé d'iceux, comme aucuns ont estimé, desquels si l'opinion estoit receue, seroit rendre l'effect d. l. Emptorem vain & illusoire: par ce qu'elle ne charge l'acheteur des dommages & interests, enuers le locataire, ains dict simplement qu'il n'est tenu d'entretenir le bail, s'il n'a acheté à la dicte charge. Et la loy adiouste encores vne exemption, sinon qu'il soit verifié que l'achepteur ayt par quelque moyen consenty le locataire demeurer au mesme louage. Dont si l'acheteur auroit par quelques termes receu du locataire les loyers, & par ce moyen approuué taisiblemēt son bail, il ne pourroit l'expulser sans payer dommages & interests, comme i'ay veu iuger par arrest en vn proces par escrit, sur vn appel du Preuost de Paris, du 17. Iuillet, 1563. Il y a d'autres causes pour lesquelles on peut faire sortir le locataire de la maison, qui sont traictées ausdits tiltres d. in C. & puis que nostre autheur n'en faict mention, le lecteur y pourra auoir recours.

d Il parle du precaire qu'il appelle prest, encores qu'il y ayt d'ifference entre le prest de courtoisie, quod commodatum dicitur, & le precaire: qui est proprement ce qui est concedé à aucun par priere pour en iouir tant que voudra celuy qui l'a concedé & qui le peut reuoquer quand bon luy semble. l. 1. & seq. D. de precario. il est gratuit: & pour la chose baillée precairement ne peut celuy demander loyer qui l'auroit baillée.

e L'vsufruictier peut louer la chose, de laquelle il a l'vsufruict: mais le louage ne durera sinon qu'autant que l'vsufruict, l. Arboribus. §. vsufructuarius. & al. D. vsufructu, ce qui se doit entendre auec vn temperament, que le locataire ayt quel-

que temps pour sortir & quitter la chose louee au proprietaire : afin qu'il ne perde les impenses qu'il y a faictes, pour en recuillir les fructs, en payant le loyer : comme i'ay monstré ailleurs.

DE ACTION QVE LES CLERCS NOMMENT EMPHYTEOSIS, DE METTRE SA TENVRE EN GAING.

TILTRE LXIII.

VEu des locations [a] il ensuit de mettre sa terre en gaignage, qui n'est chose en vente, ne en loyer, ne en achapt. Si doit estre sceu que plusieurs mettent leur heritage à gaignage à autre, ou leurs bestes, par si qu'ils en ont la moitié des profits, & le gaigneur qui sur ce fait tous despens, a l'autre moitié, par si que les bestes sont prisees, & le conquest se depart à moitié, le bailleur premier ayant prins son principal.

De fortunes sur telles choses.

Sçachez que [b] si en tel marché que les lais appellent mettre sa chose à gaignage, aduient quelque fortune, si que tout soit perdu par fortune de guerre, ou de tépeste, & que le gaigneur ne pourroit souscourre tout ce doit déchoir sur le bailleur, & non sur le gaigneur. Mais s'aucune fortune y aduenoit par faute de saison, parquoy partie de la chose seroit perduë & non tout, ce seroit au peril du gaigneur qui la chose tiendroit, & non du seigneur qui baillee l'auroit. Et de tels marchez se doiuent faire lettres, ou le marché est douteux & non tenable. *C. li. iiij. Rub. de iure emphyteo. l. 1. & 2.*

De faillir sur tels conuens.

Item & si tels marchez sont faicts par lettres, ou faute ait és conuens qu'ils ne soyent tenus d'vn costé ou d'autre, ce engendre action de emphyteotique qui se peut poursuiuir à iuste tiltre de remplir les conuens contenus és escrits sur ce faits, & en fait le defaillant à contraindre à luy & au sien. *C. li. iiij. Rub. allegat. l. 2.*

Comment le vendeur ne peut vendre son amendement.

Item dit la loy que le gaigneur qui a tel conuent à son bailleur ne peut vendre quelque amédement que faire doiue sur les terres ainsi baillees ou sur les bestes, sans le consentement au bailleur, & s'il le faisoit, le bailleur l'en pourroit poursuiuir à loy, & l'en fait contraindre que ainsi luy en doit estre faict. *C. li. iiij. Rub. dicta. l. Cùm dubitabatur.*

Des biens estans en la maison louee.

Ne il n'est [a] mestier au seigneur de la maison pour son loyer querir autre pleige que les choses qui sont en sa maison apportees par le loüeur, car tout ce qui y est, appartient & luy est obligé pour loyer, ne nul autre n'y peut clamer tãt que satisfait soit de son loyer. *C. eod. tit. l. certi iuris est.*

De loüer terre à autre.

Si aucun [b] a loüé vne terre parmy rendant chacun an vne certaine somme de deniers ou de grains, ou d'autre chose, & au loüage faire ne fust deuisé que si tempeste aduenoit d'orage, de foudre, ou de secheresse, ou d'ost, ou de cheuauchee notoire, que ce seroit à son peril, sçachez que si par ceste forme a dommage par aucuns ans durant la ferme du loüage, & en ta ferme n'ait annees si fertiles que à esgard & discretion tu y soies & puisses estre recouuré, sçaches que tu as & peus auoir action de demander restor du dommage qui par telle occasion te est aduenu, & doit estre ainsi iugé si contend en est. *C. eodem titu. licet certis annis.*

De demeurer deux censes en vn lieu.

Item si aucun auoit loué vne maison ou tenure par certains ans, & pour certain prix chacun an, & il aduint que sans relouër il y demeurast outre les ans denõmez au louage faire, sçachez que pour ce ne demeureroit qu'il ne fust tenu pour chacun an qu'il y demeureroit outre, d'autel payement que parauant en payoit chacun an. Ne le seigneur de la maison ne luy pourroit aussi plus auant demander: si autre conuẽt n'y auoit. *l. Legem quidem. C. eod.*

Optima hæc est lex, & practicabilis, & ibi Bart. & Doc. & Abbas & Canonistæ in c. propter sterilitatem. ext. eo. est in illa allegatio optima glo. cum tex. quod est habenda ratio ad vbertatem aliorum retro annorum.

De relouër à autre sa cense durant.

Et s'il aduenoit que aucun eust loué aucune tenure, & il la vousist relouer auant à vn autre, par autel temps que loué l'auroit, sçachez que bien le peut faire, mais le seigneur n'a action fors que à son premier loüeur, s'ainsi n'estoit qu'il y eust telle conuenãce que à autre ne le peust louër. *Alleg. toties tit. l. Nemo prohibetur.*

De vendre maison qui est louée.

Et s'il aduient [c] que le seigneur d'vne maison vende icelle maison durant le temps du loyer, celuy qui ladicte maison a achetée n'est pas tenu de tenir le loueur s'il ne luy plaist, s'ainsi n'estoit que au vendage faire fust faict conuent de tenir le loüage. *l. Emptorem. eodem tit. C.*

De louer à vn: & puis à autre.

Et s'il aduient que aucun ait loüé vne maison ou autre heritage, & depuis celuy qui la loué, l'a reloué à autre en tout ou en partie, sçachez que le sire de la chose a tousiours son exception au premier loüeur. Et si il aduenoit que le premier loüeur fust en faute de payer, si se peut il traire au second loüeur, quant à ses biens que il trouuera en sa maison ou en son heritage, car à eux a il action, & non pas au corps du second loüeur, ne à ses autres biens, auant chose iugée sur ce parties appellées.

De prester maison ou heritage.

Quiconque [d] baille par prest à autre sa maison ou son heritage à tenir sans forme de contract, sçachez que cy n'a point de action sur recouurer louage ne salaire à celuy qui ainsi la tenu, ne à celuy qui par la seconde main l'auroit par telle condition, car par prest ne par priere ne se engendre point action de loyer, ne n'en seroient à poursuiuir les biens qui seroient trouuez en l'heritage. *ff. de precar. l. 1.*

De louer aucune chose de celuy qui la tient à vie tant seulement.

Si aucun [e] a loué aucune maison de celuy à qui la maison appartient à sa vie tant seulement, & le voyager va mourir auant le terme venu, pour ce ne demeure que le loueur ne doiue demeurer son terme & ans que loué a parmy payant le loyer, par si qu'il n'y ait que l'an que le voyager sera mort, car si plus l'auoit loué d'ans, l'heritier ne le tiendroit s'il ne luy plaisoit, & ainsi d'vn pré despouïller le peut parmy payãt le loyer de l'an, & non plus. & ainsi d'vn iardin louër & cueillir le fruict qui dedans l'an du loyer seroit meur, & non le fruict non meur. Et ainsi d'vn viuier pourtant que le loueur l'eust appoissonné, pescher le pourroit en saison parmy payant le loyer de l'annee, supposé que à saison le voyager seroit mort.

ANNOTATIONS SVR LE TITRE SOIXANTE DEVXIESME.

a DE la location & conduction est amplement traicté D. & C. tit. locati conducti. & de locato, & conducto. *& partant ie m'arresteray seulement aux questions qui viennent plus souuent en practique: comme des meubles apportez en la maison louee, qui sont taisiblement obligez & hypothecquez pour le loyer, encores qu'il n'y eust contract portant expresse obligation.* l. Certi iuris. C. eod. l. Eo iure. D. in quib. caus. pig. vel hypoth. tac. contrah. *Ce que i'estime auoir pareillement lieu tant pour les meubles des sous-locatifs, que de celuy auquel le premier locataire auroit transporté son bail,* l. Solutum. §. solutam. D. de pigno. actio. *& à ce propos faict la coustume de Paris, art. 172. qui porte pour le regard des sous-locatifs, que les meubles leurs seront rendus en payant le loyer de leur occupation. Mais quant à celuy auquel transport auroit esté faict du bail de toute la maison, i'estimerois que ses meubles seroient tenus pour tout le loyer, encores, que le transport luy eust esté faict à moindre prix, par ce qu'il est au lieu du premier locataire. Et faut noter que pour le louage de la maison le proprietaire est preferé sur les meubles à tous creanciers, encores qu'ils les eussent auparauant faict saisir: comme a esté iugé par arrest du 22. Decembre, 1590.*

b *La dispute est grande de la remise, ou diminution & moderation, qui doibt estre faicte au fermier, qui tient des terres & heritages à ferme, dont traictent les Docteurs* in l. licet. C. eod. l. Ex conducto. D. cap. potuit. cap. propter sterilitatem eo & aliis in locis. *Telle question est de faict, & selon les diuerses circonstances se doit iuger par l'arbitrage & discretion du Iuge: car il aduient quelquefois qu'il y a des calamitez si grandes comme de tempestes, orages, gresils, gelées, guerres & rauages de gens-darmes seiournans au lieu, & autres extraordinaires & inaccoustumees, que sans composer l'vberté & abondance des*

De condiction par laide cause.

CONdiction [d] par laide cause si est promettre ou stipuler à aucun aucune chose, afin qu'il face ou qui voulsist faire aucune laide œuure & qui de droict ne seroit à faire, si comme de marchander de battre ou tuer aucun, si comme de vendre sa femme, ou sa fille, ou sa niepce ou contre l'honneur de l'Eglise, ou contre bõnes mœurs, ou contre le bien de iustice, ou faire & porter faux tesmoignages, & plusieurs autres tels cas, que tous ne peuuent estre escrits, toutes telles promesses ne sont à soustenir, ne n'engendrent action au demandeur, mais toutesfois si sous telle ombre aucune chose estoit ja donnee, & celuy à qui donnee seroit, en fust fait sire, & mis en possession, sçachez que ja ne r'auroit ce que donné auroit, iaçoit ce que ce fust pour laide chose, car en ceste partie le possesseur a la meilleure cause selon la loy qui dit. *In turpibus causis melior est conditio possidentis: modo eorum par sit & eadem causa. l. Cùm te propter. C. de condict. ob turp. causam.*

De promettre aucune somme à celuy à qui on auroit tollu le sien.

Item s'il aduient que aucun donne ou promette aucune somme d'argent pour rendre ce qu'il auoit tollu, & pource qu'il auoit escaché les bestes d'vn chãp: afin qu'elles vinssent és lacs de ses compaignons pour les prendre & rauir, ou par autre torciõniere voye par luy faicte, afin que à cognoissance ne vienne; sçachez qu'il sera tenu de rendre ce que prins en a, pour escheuer la cognoissance premiere, & auant toute œuure. Et pour ce ne demourera qu'il ne soit apres puny du meffaict par le Iuge, à qui la cognoissance en doit appartenir. *l. Quotiens. & l. Ob restituenda. in l. Sequenti quæ est final. C. eodem tit.*

ANNOTATIONS SVR LE TILTRE LXI.

L*A condiction de chose indeuë est appellee par aucuns* ex promutuo: *car comme celuy qui preste vne somme de deniers ou quelque autre chose à vn autre, l'oblige à le rendre* ex mutuo: *aussi celuy qui preste ou baille par erreur de faict à vn autre ce qu'il ne luy doit ou plus qu'il ne luy doit, il l'oblige à luy rendre* ex tacita obligatione, quæ inde nascitur. l. Is qui in fi. D. de condict. indebi. *& vient ceste condiction d'vne equité.* l. hæc condictio. eo. *mais si aucun sciemment paye vne chose indeuë, ou pour y auoir esté condamné, encores que ne soit iustement, il ne pourra le repeter* d. l. 1. & seq. & l. 1. C. eo. *En France telle action ne seroit receuë, ains se faudroit pouruoir par lettres Royaux, soit pour repeter ce qu'on auroit payé indeuëmẽt, par erreur de faict & inaduertance, ou estre releué de la promesse qu'on auroit faicte. Au liure escrit à la main se lit condictiõ d'indeu & d'indue, & non simplemẽt condictiõ indeue. L'autheur dict mescreance, pour ignorance & erreur de faict.*

[b] L. Si citra vllam transactionem, *decide le contraire de ce que l'autheur l'allegue, à sçauoir que si aucun delegué par celuy auquel il ne deuoit rien à son creancier, a promis payer, sans aucune transaction, c'est à dire n'ayant faict*

ladicte promesse par transaction, il pourra intenter la condiction de chose indeuë contre celuy qui l'a delegué & faict promettre: & non contre son creancier, auquel il auroit esté delegué, comme i'ay monstré cy-deuant: mais s'il y auoit transaction, il ne seroit receuable, l. In summa. D. eo.

c *La raison*, Ea quæ per inficiationem, *est mal entendue par l'Autheur, par ce que* d. l. *parle en l'espece de l'action* quæ ex inficiatione in duplum crescit, *dont y en a des exemples* in §. ex maleficiis. & seq. de actio. l. Inde Neratius. §. hæc actio. D. ad leg. Aquil. & al. Paul. lib. 1. sent. tit. 19. & lib. 2. tit. 18. *Si donc en telle cause quelcun paie ou promet, pour la crainte du hazard du quadruple, il ne pourra intenter ceste action*, arg. l. Si non sortem. §. si non falso. D. eo.

d *Condiction pour cause vilaine, iniuste & contraire aux bonnes mœurs, s'entend en telle maniere, que si la cause est vilaine de la part de celuy qui a baillé seulement, comme s'il a baillé a vne putain, ou du baillant & receuant, comme si on a baillé de l'argent au Iuge, pour le corrompre: la condiction n'a lieu*, l. 2. C. de condict. ob turp. caus. l. 3. & seq D. eod. *mais pour le regard du Iuge qui auroit pris argent par corruption pour iuger, il seroit tenu de le rendre par le droict François, & seroit condamnable en l'amende: comme i'ay veu iuger par arrests de la Cour, contre aucuns, desquels ie ne veux reciter les noms. Et si la turpitude est seulement de la part du receuant, la condiction a lieu, comme s'il a pris argent pour ne faire quelque meschant acte*, l. 4 & pen. C. eo. l. 1. 2. 4. §. quotiens. D. eo. *& faict aussi à propos* l. vlt. C. eo. in qua obseruandum est moram dici in rem fieri, vbi factum interuenit, vt in l. Si ex legati causa. D. de verb. oblig. *& i'en ay ailleurs plus amplement traicté.*

DE LOCATION, TANT DE MAISON COMME AVTREMENT. TILT. LXII.

LOCATION est louer vne chose soit ou terre, ou autre possession, ou autre quelque chose, comment on y est tenu, & comment non. Et appellent les clercs ceste rubriche *de locato & conducto*. Si sçachez que le sire de la garderobe qui icelle a louée à aucun pour mettre aucune chose en garde, s'il aduient que les choses qui mises y sont en garde ou en autre loyer, soyent perdues par larrõs qui la garderobe ont efforcée ou rompue sans la coulpe du seigneur, ce n'est pas à son peril, mais si sans force par huys ou fenestres estoient perduës, lors seroit au peril du loueur. *Vide ad hoc. l. 1. C. de locat. & conduct.*

Le semblable est traicté cy dessus où i'aynote qu'il n'est besoin repeter.

De maison louer.

Si tu loues vne maisõ de aucũ pour certain loyer, & tu as payé le loyer, sçaches que ce terme ne te peut oster de la maison, s'ainsi n'estoit qu'il y voulsist demourer soy mesmes, ou qu'il fut grande necessité à la maison de la refaire, tellement que pour ce faire il en conuint vuider, & selon les aucuns coustumiers, si celuy à qui est la maison, la vendit ou arrentast à vn autre, & à ce s'accorde la loy escrite. *C. eodem. l. Æde.*

ANNOTATIONS DV TILTRE LXIII.

IL confond le contract emphyteotique auec la location ou bail, qui se faict des bestes à moitié : entre lesquels toutesfois y a grande difference, par ce que l'emphyteose est d'heritages à tousiours ou à certain temps, & la location de choses à moitié est de meubles, pour le temps conuenu entre le bailleur & le preneur, ce que declare l. Si pascenda. C. de pactis. où est traicté la matiere du bail des bestes à moitié. Quant à l'emphyteose, encores que Zeno Empereur en ait faict vn contract separé de l'emption & de la location : toutesfois il leur est grandement semblable. l. 1 C. de iure empytheu. §. adeo. Inst de loca. Le nom est Grec, comme les Latins, & nous en auons retenu plusieurs, ainsi qu'on escrit de l'hypothecque, proxenet, & autres semblables. C'est vn contract (pour le declarer selon sa propre signification) par lequel mis par escrit le seigneur & proprietaire de quelque champ ou heritage desert, en friches & en ruyne le baille à vn autre pour en iouyr à tousiours ou à certain long temps, à la charge de le remettre en bon estat, le reparer & y bastir ou l'esserter, labourer & amender selon la qualité de l'heritage, & de payer par chacun an certaine redeuance. l. 1. 2. & 3. C. eod. Par le droict Romain l'emphyteote qui est trois ans sans payer la redeuance, peut estre expulsé de l'emphyteose, vt traditur in d. l. 2. & par le droict Canonic pour les choses Ecclesiastiques, l'emphyteote qui est en demeure de payer par deux ans peut estre expulsé du bail. Nouel. de non alienandis aut permutandis Ecclesiasticis rebus. cap. potuit, de loca. Toutesfois autrement on en vse en France, par ce que si au contract de bail n'y a clause expresse d'en mettre hors le preneur par faute de payer la redeuance dans le temps de deux ou trois ans, il n'en peut estre expulsé : ainsi le tient Rebuff. præf. in Const. Reg. & i'en ay veu vn arrest de l'an 1542. pour vn nommé le Riche.

b Pour la perte aduenue par fortune, faut faire difference entre le contract de location & l'emphyteose : i'ay parlé cy-dessus de celuy de location : & quant à l'emphyteose la plus commune opinion est, qu'à l'emphyteote ne se faict remise & quittement de la redeuance pour sterilité, l. Quicumque. C. de fund. patrimo. Et pour les autres cas fortuits comme de guerre : ie voudrois distinguer si l'heritage auoit esté occupé par les ennemis & ceux de contraire party, ou si c'estoit seulement par vn rauage de gens de guerre amis, qui auroient detenu le lieu pour quelque tẽps : & au premier cas i'estimerois y auoir lieu de remise, & non au second, dont on peut voir Cyn. Bart. Bald. & alios in d. l. 1. Panormi. & Docto. in d. cap. potuit, de locat.

DE ENGAGER AVCVNE CHOSE.

TILTRE LXIIII.

ENGAGER aucune[a] chose si est mettre aucun meuble par deuers aucun iusques à tant qu'il soit satisfait & payé ce pourquoy on l'engage esperant, que ce payé de r'auoir son gage, si en dist ainsi la loy. Ce que le creancier tient en gage aucune tenure, dont il a perceu les fruicts, sçachez que tous les fruicts qui depuis que celuy fut engagé a perceu, doiuent estre cõptez en paye: & si la tenure auoit empirée en son temps, si est-il tenu de l'amender par action de gage. *l. Creditor. C. de actione pignoratit.*

De perdre les gages.

Et si le[b] creancier à qui aucun gage est engagé, a perdu le gage qu'il auoit engagé sans sa coulpe, sçachez qu'il n'est pas tenu de le rẽdre, mais si autrement estoit trouué que perduë eust la chose, sçachez que tenu y seroit, si comme cy dessus est touché. *facit ad hoc. l. Si creditor sine vitio.*

De cas d'aduenture sur gage.

Encore dois sçauoir que sur gage aduient cas d'auenture qu'on ne peut escheuer, si comme de feu, ou d'assault de larrons, ou autres cas semblables: sçachez que celuy qui en a la garde du gage, en ce cas n'est tenu si le gage est en ce perdu, ne pour-ce n'est le detteur quitte de la dette, s'ainsi n'estoit qu'il y eust conuent entre eux tel, que si le gage estoit perdu par tel cas de fortune, si en seroit le detteur quitte de la dette. *l. Quæ fortuitis casib. eodem. titu.*

Qu'on ne doit empirer gages.

Il y a loy escrite qui dict que celuy qui tient en gage aucune chose, ne la peut vendre n'engager: & si ce sont maisons ou autres tenures, si ne les doit on empirer ne copper arbres ne hayes, & si fait estoit, si le faut-il restorer & amender aussi.

Du creancier faire retenuë sur les choses à luy baillées en gage.

Et par autre raison si le creancier y met & en fait autre refection ou amendement de retenuë, r'auoir le doit sur le detteur, car il n'est tenu que de tenir la chose en tel point cõme on luy baille, & les fruicts qu'il en reçoit sont comptez en paye de la dette. *C. lib. 4. Rub. dicta. l. Creditor.*

Qu'en gage n'a prescription.

Sçachez aussi que comme long temps ait que le creancier tiẽt la tenure en gage, pour-ce ne peut-il acquerre ne possession ne prescription, car il cõuiẽt que les fruicts que receus en a, soient cõptez en paye, & conuiẽt qu'il rende le gage au detteur, si tost que payé est en estat deu, ou si non, amender le doit au detteur par l'esgard du Iuge. *C. eodem tit. l. Creditores.*

De plusieurs biens baillez à plusieurs creanciers.

Si aucuns biens appartenans à vn detteur sont baillez à plusieurs creanciers, à tort les requierent estre leurs, s'ainsi n'est qu'ils soient obligez especialement. Car autrement s'il y a autres creanciers, sçachez qu'ils auront recours aussi bien à ses biens, & conuiendra qu'ils soient conuertis à tous les creanciers si auant qu'ils dureront.

C'est en cas de desconfiture où l'vn creancier n'est point plus priuilegié que l'autre: comme il a esté noté cy dessus en la matiere de contribution. *Et pro his videtur facere text. in l. Pro debito. C. de bonis Autho. iudi. possid.*

ANNOTATIONS SVR LE TILTRE SOIXANTE QVATRIESME.

a *IL vse du mot de gage generallement, pour le gage & hypotheque, que les Latins dient* pignus, & hypoteca, *encores qu'il semble y auoir difference: mais pour le regard de l'action hypothequaire, on les prend indifferemment, dont faut voir ce qui est traicté,* in l. 9. §. proprie. D. de pign. act. l. Res hypothecæ. §. vlt. D. de pigno. §. Item Seruiana. Inst. de action. *Par nostre commun vsage nous en faisons difference, & appellons proprement gage, le meuble qui est baillé par le detteur au creancier pour seureté de sa dette: & l'hypotheque, l'heritage ou autre immeuble obligé par le detteur à son creancier. Pour le gage ou hypothecque, y a action directe qui compete au detteur, pour partant ayant paié repeter la chose engagée ou hypothecquée, auec l'interest, si le creancier l'a deterioree, ou le surplus du prix si le creancier a vendu le gage plus que ne montoit sa dette.* l. 1. 2. 7. & 11. C. de pigno. actio. l. Pen. D. eod. l. Fideiussor. D. de neg. gest. *aussi le creancier a action contraire pour repeter ce qu'il auroit emploié & despendu en la chose engagée ou hypothecquée,* d. l. 7. *Ce que l'Autheur dict ici d'imputer au sort principal les fruicts par lui perceus du gage,* ex d. l. 1. 2. & vlt. & ex ea quam restituit ex Basilicis Cuiacius, quæ nunc est 1. Et eius meminit Harmenop. lib. 3. epit. tit. 5. *reçoit vne exception, sinon que l'heritage eust esté baillé en engagement, pour en iouir par le creancier pour le profict & interest de ses deniers, iusques à ce qu'il eust esté, qu'on appelle ἀντιχρησις,* l. Si pecuniam. D. de pignor. act. l. Si is qui bona. §. 1. D. de pignor. *Car par tel contract les fruicts appartiennent au creancier, & ne les impute au sort principal,* l. Si ea pactio. l. Si ea lege. D. ex prædiis. C. de vsur. *dont i'ay ailleurs plus amplement traicté.*

b *Le creancier auquel est baillé gage par le detteur, est tenu du dol, s'il a iceluy deterioré, comme pareillement de la coulpe & negligence si le peril & dommage est aduenu par sa faute: mais du cas fortuit aduenu sans sa coulpe, comme est vn grand effort, & rauissement, il n'en est aucunement tenu,* l. Si creditor. & seq. C. eodem l. Si cùm venderet. in fin. D. eod. §. creditor quoque Instit. quib. mod. re contrah. oblig. *où est declaré quelle diligen-*

ne doit faire & prester le creäcier en la garde de la chose engagée, à sçauoir exacte, & telle qu'vn bon pere de famille: Par-ce que le gage se baille tât pour le plaisir du detteur que du creancier: & si par cas fortuit le gage est perdu, le creancier en sera deschargé, & neantmoins ne laissera de demander la dette, sinon qu'il eust esté autrement conuenu entre luy & le detteur. d.l.6. *C'est à celuy qui allegue le cas fortuit, de le verifier: comme on peut alleguer au contraire la faute, & en faire preuue. Mais on demande si le gage qui est transporté, & baillé en garde, est perdu par cas fortuit, comme par feu aduenu en la maison du gardien, ou pillage faict par larrons & ennemis, sur qui tombera la perte & dommage, on tient que la perte est au peril du detteur, sinon que l'execution soit tortionnaire, & ait esté telle declarée par sentence: par-ce qu'en ce cas le creancier en seroit tenu, comme de dommages & interests,* l. pignus. C. eod. *& au grand Coustumier liure second, tiltre des exceptions: & ie l'ay veu iuger par arrest du Mardy quatorziesme Ianuier de releuée, Mil cinq cens soixante & vn, & autres donnez encores du depuis.*

S'ENSVIT D'ACTION EXERCITOIRE, ET INSTITOIRE.

TILTRE LXV.

ACTION exercitoire & institoire, si est le droict que ont contre les maistres, les varlets qui font & exercét les besongnes de leurs maistres en marchandise faisant, soit par terre ou par mer, & de ce dit la loy escrite. Si ie faits conuent ou marchandise au gouuernement de la nef, pour le faict de la nef ou de la marchandise qui est dedans, sçachez que le maistre à qui c'est, m'est tenu & obligé à le faire bon, & ay action contre luy pour le conuent de son varlet, tout ainsi comme celuy qui pour le faict & marchandise d'aucun est par le maistre & Seigneur de la chose estably. *C. lib. 4. de Exercitoria & Institoria actione, l. 1.* *Des actiōs exercitoire & institoire a esté traicté cy dessus, qu'il n'est besoin de repeter.*

D'argent presté au gourmet.

Si ton varlet en menant ta marchandise emprunte deniers pour toy, & soient tournez en ton profit & dont ton varlet t'a faict compte, sçaches que tu es tenu de le rendre au presteur, si comme si ce fust presté à toy mesmes. *C. eod. tit. l. Ex contractibus.*

Encores que le varlet n'en ait tenu compte au maistre par ce que c'est assez qu'il ait emprunté les deniers en menant la marchandise du maistre, ou faisant sa traffique, d. l. Ex contractibus.

De varlet de change.

Action institoire est bien douëe par la loy escrite, que pour celuy qui a mis aucun argent au change d'aucun changeur publique par consignation deuë, lequel argent fut mis & consigné au varlet, iaçoit ce que son maistre n'y fust present, puis que ce a esté fait au nom du maistre, il conuient que le maistre face bon tout ce que par son varlet a esté fait, ne diferer n'y peut. *C. eodem. l. Institoria.*

Du varlet commis par la femme.

Encore dict la loy escrite que supposé que le Gouuerneur de la nef ou de la marchandise y soit mis & estably par femme, neantmoins conuient il que la femme ait pour aggreable le fait de son varlet, & face bons ses conuens en marchandise faisant, ne diferer n'y peut. *C. lib. 4. Rub. dicta. l. Et si à muliere.* Encore est semblant l'action qu'aucun a contre le varlet d'aucun marchand qui au varlet a marchandé par le gré du maistre, car lors est l'action double d'institoire & consentement. *C. lib. 4. Rub. dicta. l. vlt.*

De ce que mieux vaut & faict à tenir à loy quand il est consenty.

QVe mieux [a] vaut & est à tenir à loy ce qui est faict & consenty des parties ensemble, & dont tesmoins sont recors, sans escrits qui sur ce soient faits, que ne face ce qui par engin, ou cautelle apperçoit estre fait & escrit sans autre preuue. De ce parle la loy en vne rubrice que les Clercs appellent *plus valere quod agitur, quàm quod simulaté concipitur.* & dist ainsi. La verité d'aucun contract doit estre tenuë & gardée à loy de ce que par tesmoins apperra estre faict en bône foy, que ne faict ce qui par escriture appert sans tesmoins par suspection de mal engin. *C. plus valere quod agitur. l. 1.*

De tesmoins contre lettres.

Si aucun faisoit par faintise escrire ce qu'il fait, aussi ce qu'vn autre luy fist, & puis s'en voulust aider contre aucun, sçachez que ce qui sera trouué faict à verité vaut mieux, que ce qui sera escrit par faintise. *C. eodem. l. Si quis.*

De faire doute entendre contre vne lettre.

Si ton Procureur fist faire escrit de ce que tu luy auois demandé à faire loüer aucunes de tes terres, & à celuy à qui il auoit marchandé fist escrire en tes escrits autrement que le marché ne portoit, & toy ne ton Procureur ne gardasses l'escriture par la grande confidence que tu adioustoyes à partie, sçachez que cogneuë la verité de ce, il doit estre dict que le marché soit nul: car à marché de bonne foy doit estre le consentement d'vn chacun tenu en garde, ou ce ne vaut. *C, lib. 4. Rub. dicta. l. Si falsum instrumentum.*

ANNOTATIONS SVR LE TILTRE SOIXANTE CINQVIESME.

a *IE n'ay voulu faire icy vn nouueau tiltre, à fin que la multiplicité de tiltres ne soit ennuieuse au Lecteur : aussi que ce qui est traicté en ce lieu,* ex tit. C. valere quod agitur. *se practique peu en France, apres l'ordonnance de Moulins, art. 54. par laquelle est entre autres choses ordonné qu'aucune preuue par tesmoins ne sera receue outre le contenu au contract, ne sur ce qui seroit allegué auoir esté dict ou conuenu auant iceluy, lors & depuis; tellement que celuy qui voudroit maintenant alleguer quelques faicts contre ce qui est escrit & contenu au contract, il n'y seroit receuable, ne d'en faire preuue par tesmoins : encores ladicte ordonnance veut que de toutes choses excedant cent liures soit passé contract par deuant Notaires & tesmoins : ie sçay bien qu'on apporte des exceptions à ladicte ordonnance, & entre autres si on pretend le contract auoir esté iugé fait par dol & fraude, comme a esté iugé par arrests du 4. Aoust* 1578. *&* 27. *Iuin* 1580. *Mais il y faudroit venir par lettres royaux, à fin de faire casser & rescinder le contract; & ne seroit receuë la voye ordinaire dudit tiltre,* plus valere quod agitur *& par ce que i'en ay escrit plus amplement au Code Henry, ie n'en traicteray icy dauantage.*

DE LITIGE QVE L'EN DICT DES CHOSES QVI NE DOIVENT ESTRE VENDVES plaid pendant.

TILTRE LXVI.

LITIGE si est a quand aucun vend chose dont contend & plaid soit pendant, que les Clercs appellent vice de litige. De ce dict la loy: NOUS defendons à tous qu'ils ne puissent vendre les choses dont plaid est, à quelque personne que ce soit, car si faict estoit, pour ce ne demeureroit que le plaid n'allast tousiours auant comme si vendu n'estoit & sortiroit la sentence sur ce donnee son effect, & l'amenderoit le vendeur & l'achepteur aussi qui ainsi sciemment l'auroit acheptè. Le vendeur qui ainsi vendroit la chose emplaidee, encourroit en amende d'autant comme la chose vaudroit, & seroit la vente mise à neant. Et l'achepteur s'il sçauoit que la chose venduë fust litigieuse par droict autant comme mo iteroit la vente au profit du Seigneur, & si l'achepteur ne sçauoit que la chose fust litigieuse, ne perdroit ny ne seroit à quelque dommage, ains rauoir son argent, & la vente nulle, & le vendeur l'amenderoit au Seigneur d'autant que mõteroit la vente. Et ainsi dois entendre si la chose litigieuse estoit donnée par le defendeur à aucun autre qui receuë l'auroit : lors seroit la chose litigieuse prinse pour auoir les amendes dessusdictes. *C. de litigiosis. l. Lite pendente, & l. censemus & glos. in cap. Ecclesia sancta Mariæ ext. vt lite penden.*

De donner en testament chose litigieuse.

S'aucun laisse en son testament chose litigieuse à autre, iaçoit ce que ce fust au Seigneur ou à aucun autre puissant, pour mettre en plus forte main, sçachez que pour ce le don ou lais à luy ainsi laissé ne seroit mie celuy à qui se seroit laissé à receuoir en iugement pour recouurer ne demander la chose litigieuse, mais conuient que les hoirs au mort prennent les erremens & parfacent querelle: n'autre n'y est à receuoir: mais à accomplir la volenté en quoy leur predecesseur est mort, si faut donner à celuy a qui la chose litigieuse auoit esté donnee autant qu'elle vaut par iuste prisee, & le profit ou l'aduenture de la chose litigieuse demeurera aux hoirs. Et ainsi entends des dettes douteuses ou litigieuses. *C. lib. 8. Rubrica dicta. l. Quicunque rem litigiosã.* Or vient vne Authentique qui amẽde & supplie à la loy dessusdicte, & ainsi dict que iaçoit ce que la loy ait ordonné que l'hoir au donneur sera tenu de donner au dõné † ou au legaté autant cõme voudra la chose litigieuse qui sera donnee, & à l'hoir appartiendra la poursuitte, sçachez que l'hoir au donneur sera tenu de la chose litigieuse ainsi donnee à receuoir, & mettre le plaid sur ce encommencé à decision, aux despens des biens du donneur. Et si le plaid est gagné par l'hoir, la chose donnée doit aller au profit du donneur franchement & sans despens, & si la chose donnee est perduë par le proces de l'hoir, le donné n'aura que demander à l'hoir, car à raison ne semble pas que le donneur donnast fors à l'aduenture de la chose que si elle estoit gagnee, ou procés que celuy à qui donnee estoit l'eust, & si perduë estoit, qu'il n'eust pas la chose ou la valeur fors l'aduenture. *C. lib. 8. Ru. dicta. Authen. nunc si hæres.*

† Il veut dire, au donatoire ou legataire.

ANNOTATIONS SVR LE TILTRE SOIXANTE SIXIESME.

a I'AY *parlé cy dessus du vice de litige, qui se proposoit anciennement par exception: estant appellé litige ce dequoy y a proces, dont l'vn des plaideurs faict transport à vn autre:* Iustinian *l'interprete d'immeuble, de la proprieté duquel y a proces entre le possesseur & celuy qui en faict demande.* No. 112. *Mais le litige se prend plus generalement, tant pour meuble qu'immeuble.* l. 3. C. de litigiosis, *tout ce qui est traicté audict tiltre,* & D. eod. *ne s'obserue plus en France, comme mesmes*

Imbert a mõnstré en son Enchiridion, & i'en ay parlé cy dessus : Aussi les peines contenues esdicts tiltres pour la vente, donation, legs ou transport de chose litigieuse n'ont plus de lieu à present, encores qu'on l'eust dedié à l'Eglise, & nonobstant la loy des XII. Tables, de laquelle est faicte mention in l. vlt. D. cod. Car il est permis de disposer librement de la chose litigieuse : mais celuy auquel elle auroit esté vendue, donnee, leguee ou autrement transportee a accoustumé d'obtenir lettres royaux, pour estre subrogé en l'action, au lieu & place de celuy qui l'auroit premierement intentee : qu'on appelle vulgairement lettres de dispense ou relief du vice de litige, dont on peut voir le formulaire au prothocolle ou thresor de Chancellerie.

DES VENTES ET ACHATS QVI SE FONT PAR MOIEN d'argent.

TILTRE LXVII.

VENTES & achats [a] se font par le moyen de l'argent qu'accordé en estoit, par le moyen de l'eschange qui pour-ce ne † faict, soit de terre contre autre, ou de chose meuble contre heritage, ou d'heritage contre chose meuble, ou de peine & deserte faicte contre heritage, ou contre chose meuble : & sçachez qu'il ne conuient ja estre sur la chose venduë, ne sur le lieu où elle est quant au marché de la vente faire, car pour-ce ne demeureroit la vente qu'elle ne fust ferme n'enterine. *l. 1. C. de contrahend. emptio.*

† Faut icy obseruer, & en autres lieux cy dessus que ne se met pour en, cõme aussi souuent en mon vieil practicien.

[*Aduerte esse differentiam inter emptionem & permutationem : quia emptio fit pecunia numerata : permutatio verò de re ad rem. optimus tex. in l. 1. ff. de empt. contrahend. Instit. eodem tit. §. pretium, & l. empti fides. C. eodem titu.*

Ceste clause n'est en mon liure escrit à la main.

Comment vente se fait.

Encores dict la loy escrite qu'achapt & vente est faite, dés que les deux parties s'accordent au prix de l'achat, soit le prix à payer au iour aduenir, ou presentement ou qu'escrits de memoire s'en facent, ou non. Et toutes-fois veut bien la loy escrite que si memoire par escrit y a, qu'encore on s'en puisse repentir sans dommage, s'ainsi n'a qu'arres soient données par l'achepteur au vendeur, à fin de tenir le marché : & lors si le vendeur se repent, il doit perdre le double des arres : & si l'achepteur s'en repent, il doit perdre seulement les arres. *Insti. eod. tit. in principio.*

De vente pure, sous condition.

Encore dict la loy escrite qu'achat est faict ou purement, ou sans condition. Purement, si comme absolument. Sous condition, si comme de dire, ie vous vends telle chose pour dix liures parisis, par si qu'il suffise dedans tel iour, &c. *Institu. eodem. §. emptio. tam sub conditione.*

De vente d'homme forsenné.

Sçachez qu'en vente se desire vray consentement, ou autrement ce n'est pas tenable, & pour-ce qu'homme forsenné n'a nul consentement constant, tel homme ne peut faire vente qui vaille ne tienne, mais si tost que la forcennerie est hors de luy, lors le peut-il faire, mais qu'il soit en aage competent, & tient & vaut ce que lors hors de sa forsennerie feroit. C. *eod. titu. l. Emptionem & venditionem.*

De vente & donation ensemble.

Tu peux & dois [b] sçauoir que double action est de vendition & donation, & pour ce si par donation t'est aucune chose donnee, tu n'y peux ne dois prendre voye d'achat, car tu contrarieroyes de l'vn à l'autre qui ne se pourroit soustenir, car sa chose mesmes ne peut on mie achepter: & par arrest de Parlement l'ay veu ainsi dire & iuger, d'entre les enfans Monseigneur Hue Dailly, Seigneur de Rume d'vne part, & Monseigneur de Lannois d'autre part, pour plusieurs dons que ledict Dailly auoit faits à plusieurs enfans bastars qu'il auoit, lesquels dons il auoit donez sur la terre de Rume en Tournesis. Et depuis pour conforter leur action de demande qu'ils faisoient contre le dict de Lannois, disoient aussi qu'ils auoient tiltre de don & d'achat, laquelle chose ne peut soustenir la loy escrite. *facit ad hæc. l. Si donationis, & l. Cum res, & l. Si non donationis. C. eod. titu.*

De vente sans estre payé.

Si aucune vente est faicte par consentement de vendeur & d'achepteur, si comme dessus est dict, & que le prix de la vente soit nommé & declaré, & sur ce soit la chose venduë baillee à l'achepteur: scachez que iaçoit ce que le prix qui a esté nommé en la vendition, ne soit pas payé, rien ne demeure que la vente ne tienne, & qu'elle soit ferme, & ne peut le vendeur demander que le prix par action de vente, & non pas retourner à la chose venduë. *eodem titu. C. l. Empti.*

De vente faicte par prix.

Le cas de cest article dict qu'il conuient que le prix soit nommé & declaré, car dois sçauoir qu'en quelque vente qui se faict, si prix n'y a nombre de deniers que monte le prix de la vente, n'est à tenir s'il est qui par ce vueille reprocher. *C. lib. 4. de contrahenda vendi. alleg. l. Empti.*

De vente sans lettres faire, ne garentie.

A present ceste disposition du droict Romain ne s'obserue pour le regard des choses excedans la valeur de cent liures,

Encore dict la loy que la vente n'est pas moins ferme que lettres n'en furent faictes incontinent, mais furent deuisees estre faictes, & que garantie de la vente fut promise, car celuy qui est en saisine, par le consentement ou vendeur, celle saisine luy vaut & tient lieu: & encore iaçoit ce

dont faut faire contract par escrit, suiuant l'ordonnance de Moulins, art. 54.

que

que le prix ne fust ne n'est encore payé de la vente, pour ce n'est le marché moins ferme que le vendeur ou l'acheteur s'en repente, si n'estoit que tous deux fussent d'accord que le marché soit nul & deffait. *C.li.iiij. Rub.dicta.l.Non ideiro.*

De vente mise en voulenté d'autre.

Item si au marché d'vne vente faite la chose est mise à la voulenté du vendeur ou de l'acheteur, scachez que par ce poinct l'obligatiõ de la vente s'aucune en y a est nulle, au cas que l'vn d'eux diroit que ainsi ne fust & que à la vente ne seroit d'accord, & par le droict escrit nul n'est contrainct ne doit estre sa voulenté à vente de l'heritage bailler, si especialement & par obligation executoire n'y estoit obligé. C.*eod.tit. l. In vendentis*. Et si celuy à qui la vente est mise à taxer le prix le taxe, lors conuient tenir la vente pour ferme: & si taxer ne la veut, la vente est nulle. C.*lib.iiij.Rub.dict.l.Super rebus venundandis.*

De procureur vendre aucune chose pour dette fiscal.

Et s'il aduenoit [c] que le Procureur du seigneur pour cause d'office fist vendre aucuns biens pour dette fiscal, ou pour autre dette appartenant au seigneur que son suiect fust encouru enuers lui, scachez que se biẽ doit prendre garde l'acheteur, car si les heritages ainsi vendus doiuent aucunes dettes, ou celuy pour qui on vend, celuy qui ces choses acheteroit, seroit tenu de payer la dette que deuroit celui de qui on vendoit les biens, & dont l'heritage seroit tenu, & le maistre de qui ce seroit vendu: car le seigneur qui confisque, prent sans payer ne sans acquiter nulle charge, mais est à requerir aux creanciers sur l'acheteur, & à son peril. Et ainsi en est vsé par le Roy en son Royaume, & l'ay veu iuger par arrest de Parlement d'entre le Doyẽ & Chapitre de Tournay, sur les biens d'vn appellé Iean Hocquet bourgeois de Tournay, & le Procureur du Roy, & ainsi le veut la loy escrite. *l.* 1. C. *de hæredita. vel actio. vendit.*

Comment l'acheteur a toutes les actions a son achat.

Item n'est nulle [d] doute que celuy qui achette aucun heritage, pour ce mesme heritage a toutes les actions qu'auoit le vendeur, & d'icelle peut vser à son droict l'acheteur, cõbien que selon l'opinion des sages faiseurs de loix, il pleust que l'acheteur eust droict par son achat & à celuy tiltre contre les redeuables à l'heritage: & que de tous ses priuileges se peust aider s'aucuns en a auec le droict de l'achat, puis qu'en possession est de l'heritage. *l. emptor hæreditatis. C. eod. titu.*

De vendre sa dette.

Et si aucun vent [e] sa dette à vn autre, scachez que celuy qui achette la dette, n'a pas la seigneurie des choses qui estoiẽt obligees pour celle dette, si n'estoit qu'il fust fait Procureur du vendeur, ou autrement il ne si peut ayder que de son achat en la chose tant seulement. C. *li.iiij. Rub. dicta. l. Ex nominis emptione.* Puis que la loy veut qu'on puisse engager les actiõs que l'en a contre les detteurs, certaine chose est ordonnée, que puis que la dette qui estoit obligee, est vendue, l'acheteur doit auoir ses actions contre les tenus à la chose, & par la vertu de son achat, & tout le prix, que auoir & attaindre y peut de raison C. *l.iiij. Rub. dicta. l. Postquam eo decursum est*. Et doit auoir cesuy qui achete l'action d'autre, son droict en la chose, & en a pouuoir d'en faire demande toutesfois qu'il lui plaist. Car c'est tout vn droict d'auoir droict en la chose, ou à la chose. C. *li. iiij. Rub. dicta l. certi & indubitati.*

Quelles choses ne peuuent estre vendues.

PAreillemẽt veux monstrer quelles choses ne peuuent estre vẽdues, puis que monstré ay des choses qui vendues peuuent estre, car par vne exemple peux & dois sçauoir & entendre l'autre, selon la loy escrite qui dist, *de similibus simile est iudicium*. car il n'est liure qui puisse tout cõprẽdre ne cõtenir, fors entendre l'vn par l'autre. Si sçachez que pour obuier aux fraudes de plusieurs subtils & conuoiteux, il est defendu à vẽdre & à taindre pourpre soit qu'elle soit en soie ou en laine, qui est appellee blacce ou oxoblacce ou tainture, & s'il est aucũ qui vẽde la laine de telles bestes, il sera en l'amende de perdre l'auoir, & le corps sera en la voulenté du seigneur. Et sçachez que plusieurs autres defences sont faites, par les Princes, chacũ en sa Prouince, selõ que les choses y sont ordõnees, soiẽt precieuses ou estranges, dont le Prince veut auoir premier la cognoissãce qui bien raison & droict est: *quia potentioribus non possumus esse pares*. Si cõme en pays où il y a feste & foire notoire & publique, le seigneur defend que d'aucunes precieuses marchandises nul n'en achate nulles, deuant qu'il en ait eu en son chois. Et ainsi peux entendre de moult d'autres choses qui sont à vendre, que bien est és Princes de le defendre iusques à leur renom par la loy escrite. Et ne s'en doit nul emerueiller, car c'est de loy d'Empereur. C. *quæ res vendi non possunt per tot. tit.*

De vendre aux ennemis du Prince.

Encores peut estre defendu à vendre ne porter aux ennemis du Prince, vin, oille, farine, blé, ne autres quelconques liqueurs ne sustentations de viures ou autrement, & par especial nulle chose à defence, si comme arcs à main, arbalestes, ne quelque artillerie, ne quelque armure, ne chose dõt on les puisse soustenter, par quelque voye ne maniere que ce soit, sur encourre en l'indignation du Prince, & sur perdre corps & auoir. *per tot. titu. quæ res exporatri non debent*. C.

De vendre son enfant.

En France la venditiõ ny engagement des enfans ne se peut faire par le pere: mais il peut bien les mettre à seruice à l'estude, mestier ou autre honneste vacation & les obliger pour certain temps.

Item encore est-il defendu que nul enfant ne soit vendu par pere ou par mere, ne par autre en nulle maniere, donné ne engagé: supposé encore que celuy à qui se seroit fait, vendu ou engagé, ne sceust que l'enfant fust emblé, si ne demeureroit-il pour ce que l'amende n'y chee sur l'embleur, ou sur le vendeur, ou sur l'acheteur, arbitraire à la discretion du Iuge, s'ainsi n'estoit que le pere par souffreté de pauureté de famine engageast son enfant au seruice d'aucun conuenablement, lors tendroit & n'y auroit point d'amende en ce cas, ne du pere ny de l'acheteur, & r'auroit tousiours le pere son enfant pour le prix, ou l'enfant mesmes se r'auroit pour le prix ou autre de ses amis, iaçoit ce que à l'engager n'en fust riens dit ne diuisé. C. *de patrib. qui fil. suos distraxerunt. per tot. titu.*

Comment on deffait la vente qui est faicte.

A Deffaire la s vente qui seroit faite si est quand trouué seroit ou que on voye qu'il ait marché faire engin, ou barat ou faux entendre, ou de mendre prix de la moitié que ne vaille la chose, ou que liureé ne puisse estre,& de ce dist la loy. Si tu vends ta chose qui est de grand prix pour mẽdre prix qu'elle ne valoit iusques à estimatiõ de moins la moitié que ne deuoit valoir,scachez que si tu en fais demande au Iuge tu seras sur ce recouuré par la loy,que pource que les droicts veulent, & que piteuse chose seroit que aucun par ignorance puisse estre debouté de son droict que pourueu n'y soit, puis que à cognoissance de Iuge peut venir,deux manieres de prouisions y sont ordonnees : c'est à sçauoir que si tu qui as vendu vne tenure & tu veux rendre le prix que receu en as, dõt tu te complains, l'acheteur sera tenu de rendre la chose par luy achetee par la discretion du Iuge, & pource que vne chose vne fois concedee doit estre tenuë selon la loy qui dit *quod semel placuit, amplius displicere non potest.* & s'il le veut retenir, faire le peut, par si qu'il sera tenu à l'esgard du Iuge, demander au vendeur la chose par luy achetee, outre ce que premier achetee l'auoit, tant comme il sera esgardé par sages à ce cognoissans d'autant qu'il sera prisé, que outre l'achat peut valoir la chose, & ainsi la peut retenir à soy. *l. Rem maioris. C. de rescind. vend.*

De soy ayder de benefice de la loy.

Aucuns sous vmbre de loy dessusdicte se veulent aider du benefice de la loy, & requierent au Iuge, puis qu'ils ont vendu leur heritage, que bien doiuent sçauoir par raison qu'il vaut, & que par tout entendement l'a donné pour mendre prix qu'il ne vaut,& soit recouuré sur ce,sçachez que la loy veut que pource qu'à nul ne doit venir en ignorance que son heritage vaut, bien aduise sur ce au vendre, car si engin de deception n'y a au marché faire il n'y a nul recours pour action de moins de la moitié de iuste prix par la raison dessusdicte, car nul ne doit estre si ignorant de son heritage,qu'il ne puisse scauoir qu'il vaut,s'il n'est furieux ou pupille : & pource n'a nulle repetition. C. *de rescindend. vendit. l. Ad rescindendam. & l. Si dolo aduersarii.*

De vente faire sur barat.

Et outre ce peux & dois scauoir que la vente qui est faicte à bonne foy d'heritage sans nul mal,& puis veut le vendeur deffacer la vente par offrir à rendre la moitié auant que vendu ne l'a,sçachez que pource ne se doit la vente rappeller ne effacer, mais conuient que ce qui est faict des parties & sans barat, demeure ferme & vallable. C. *libro iiij. Rubric. dict. l. Non est probabilis.* Si deniers n'estoient donnez en paye pour aucune vendition, & en lieu de paye soient baillees bestes,ou laines,ou vins,ou autre marchandise ,scachez que pource ne demeure que la vente ne soit ferme, puis que ce auroit esté par le consentement au vendeur. *l. Pretii causa. C. eodem tit.*

Des officiers vendre leurs choses absconseement.

Sçachez que ceux qui sont officiers en aucune ville ou pays, pour doute de leur office, si veulent partir & s'absenter fugitiuement, pour ce vendent leurs choses absconseement, sçachez que telle vente ne vaut, & sera tout appellé par loy, & ceux qui ce auront acheté à escient; perdrõt ce que mis & employé y auront, & la vente contee pour nulle. Mais s'il peut estre sceu loyaillement que de leur partement riens ne sçauoient, ils ne perdront pas ce que mis y auront, mais le r'auront, car la vente sera contee pour nulle. *C. li. iiij. Rub. dicta l. His quæ imposita.*

Des officiers acheter choses.

Et si les officiers du Prince s'auancent d'acheter aucune chose en la ville ou au pays de leur seigneur, par especial robes, ioyaux ne autres meubles, qui soient vendus par les suiects du seigneur, sçachez que la vente ne tiendra lieu, & perdront les acheteurs le prix que donné en auront. *C. lib. iiij. Rub. dicta. l. Vestem auri.*

Ceci pour les meubles ne s'obserue en France: & quant aux immeubles faut voir ce que i'en ay noté cy dessus, Et mesmes l'arrest donné aux grands iours de Troyes contre le Lieutenãt general du bailliage dudit lieu: & autre du dernier iour de May, 1588. contre celuy de Vitry.

De peril ou proffit de la chose vendue.

Le peril ou le profit de la chose vẽduë, si est à sçauoir puis que la vente est faicte & parfaicte de bõne foy, tout le dõmage appartient à l'acheteur, si ce n'est chose qu'aucune action sourde, qui desire gareutir ce que les clercs appellent euiction. Car en ce cas faut appeller & sõmer son garãd qui est tenu de ce emprẽdre & en tous autres cas sçachez que le vendeur n'est tenu depuis pour ce ne pour chose qui sourde pour cas de chose venduë & achetee. *C. libro quarto Rubrica de periculo & commodo rei vendita. l. Post perfectam venditionem.*

Vide l. Necessario. D. de peric. & commo. rei. vend.

De vente faicte d'aucune chose.

Sçachez que puis que vente est faicte d'aucune chose dont la demeure du liurer n'est au vendeur, mais est à l'acheteur, sçachez que le dommage qui s'en peut ensuyuir, appartient à celuy qui en demeure d'accomplir le marché, soit par le vendeur ou par l'acheteur selon la loy qui dit. *Mora sua cuilibet est nocua.*

Vide l. Illud. sciendum est. & l. vlt. D. eod.

Exemple de vente.

Quand le conuent est faict entre le vendeur & l'acheteur pour certains tonneaux de vin, si l'acheteur ne fait demeure de receuoir le vin, le dommage du vin qui sera empiré, ne doit estre sur l'acheteur: mais pour ce que tu allegues q̃ue tout le vin qui estoit au celier, fust vendu sans mesure, & que les clefs du celier furent baillees à l'acheteur depuis que la vente fut faicte: Sçachez que le dommage qui pour ce aduient de l'empirement du vin appartient à l'acheteur, par ce que les clefs comme chose à luy liurée a receu, & ainsi entend de toutes autres choses. Tu peux & dois sçauoir tant par la loy escrite, comme par raison naturelle, que certaine chose est qu'en tous achats doit auoir bonne foy, selon la loy qui dict. *In contractibus bona fides est adhibenda.* Et pour ce scachez que l'engin au vendeur ne nuict à l'acheteur de bonne foy. *C. de peri. & commo. rei vend. l. Dolum auctoris.*

Vide l. 1. & seq. & l. 2. Si vina. D. eod & l. Clauibus. C. de contrah. empt.

De vente sans escrit.

Et supposé que la chose venduë à bonne foy le marché parfaict & liuré iaçoit ce que escrit n'en soit faict, pour ce ne demeure que le peril n'en demeure à l'acheteur comme au seigneur de la chose. *C.li.iiij.Rub. dicta.l. Cùm inter emptorem.*

De chose vendue perdue.

Et si la chose venduë estoit perduë par feu ou par autre meschef, sçachez que le dommage en demeureroit à celuy sur qui la demeure seroit, *iuxta illud, Mora sua cuilibet est nocua. C.li.iiij.Rub.dicta.l. Cum speciem venditam.*

Des actions qui sourdent des ventes & des achats.

Des actions[b] qui sourdent des ventes & des achats, peux & dois sçauoir qu'elles sont en deux manieres, c'est à sçauoir ou pour droict à la chose, ou pour auoir droict en la chose. Et pour ce peux & dois sçauoir que tu peux plaider contre celuy à qui tu vendis ton champ ou ta chose, car puis que vente est faicte tu n'as mais actiõ, fors de poursuiuir l'acheteur pour le prix que venduë seroit, ou que l'acheteur en doit, ou pour la reste, & non pas pour retourner à la chose venduë, car de ce as perduë l'action. *C.li.iiij.Rubri.de act.emp.& vend.l. Aduersus eũ qui agrum.*

Voyez l'annotation cy dessus des choses dõt se doit faire cõtract par escrit: car pour le regard de celles non excedans la valeur de cent liures, cet article peut auoir lieu. Vide etiam l. Si vendita. Et qua ibi traduntur ab interpretibus. D. de peric. & cõmod. rei vẽd.

De vendre sa tenure & retenir la saisine.

Celuy qui vend sa tenure, mais il en retient encore la saisine pardeuers luy, ne n'en faict vest au vendeur, sçachez qu'il est encore sire de la chose, mais toutesfois il peut estre contraint à faire le vuerp & adheritement de la chose, si ce est tenure, ou vuider sa main si c'est chose mobile, car la verité de la vente ne doit estre depecée. Mais si la chose venduë estoit plus ou moins chargée que dict ne fut au marché faire: lors si naist actiõ de repeter sur la chose venduë, ou l'argent du prix de plus de charge de moins d'argent, & moins de charge plus d'argent. *C.lib.iiij.Rubrica dicta, l. Si pater tuus vendidit.*

De non liurer la marchandise faicte.

Il est cler à vn chacun, & loy escrite le conferme, que qui ne liure de marché que faict & vendu a en temps & en lieu, & l'acheteur y prent dommage par la faute du vendeur, le vendeur est tenu des dommages à l'acheteur à la taxation du Iuge selon le droict de *quanti plurimi. C. li. iiij. Ru. dicta. l. Venditi actio. & l. Sicut periculum vini mutati.*

Voluit allega. l. Si traditio. C. eo. ti. in qua est casus huiusce dicti.

De vente de blanches bestes.

La vẽte de blanches bestes qui est parfaicte, jaçoit ce qu'elles ne soient pas liurées & ce durant elles fannent sur les mains au vendeur, sçachez que les faons sont à l'acheteur, pourueu que les dom mges qu'auras eu le vendeur en ce par le gouuernement des bestes, doit estre rendu au vendeur par l'acheteur, si n'est que la demeure des bestes liurer ne soit au vendeur. *C.li.iiij.dicta.l. Post perfectam venditionem.*

Des achats fais au nom d'autre.

D'Acheter[i] en nom d'autre, ou pour autre que pour soy ou d'autre argent, qu'en peut estre fait si questiõ en sourt. Et dois sçauoir que si ton pere acheta terre de ses deniers au nom & pour ta mere, & de ce fut mise en possession, sçachez que par icelle en est faite dame: mais si tu qui es hoir de ton pere, veux faire demãde de l'argent qui pour ce fut de par ton pere payé pour ta parchon, tu le peux demander au Iuge, & y es à receuoir *l.1.C.si quis alteri.&c.*

De mettre le nom de la femme és lettres de l'achat.

Si tu achetas aucune tenure & en fus mis en saisine: ainsi sans doute en fus faict sire, jaçoit ce que le nom de la mere de ta femme fut mis en la chartre qui de l'achat se fist par aduẽture pour aucune raisõ, sçachez que pour ce ne dois douter que pour la chartre qu'elle a pardeuers elle & que s'en veut dire dame, tu puisses estre debouté de ton droict, car le Iuge cognu du cas te fera demeurer en droict. *C.eod.l.Mancipia.*

De mettre le nom de la femme és lettres de l'achat.

Et si tu achetas aucune tenure de ton argent, & par aucune cause tu fis escrire és lettres qui de ce firent, le nom de ta femme, & qui plus fut luy baillas les lettres à garder, & pour ce s'en vouloit dire dame: tu disoies du contraire, & que si és lettres l'auoies fait mettre, ce auoit esté pour luy faire plaisance, & non point à fin que Dame en fut seule, & pour le tout à en faire sa voulenté, & pour ce qu'elle vit que tousiours vouloit contredire, elle donna à sa fille la lettre & le droict qu'elle y auoit. Demandé fut à l'Empereur du droict sur ce, il dit par assens de Concile que la fẽme est meute contre raison, car le tien ne peut-elle donner sans ton sceu & accord & te deura faire le Iuge rendre ta tenure auec les fruicts sur ce perceus. *C.li.iiij.Rub.dicta.l.Cum propria.*

D'acheter par soy ou par sa femme.

Grãd difference est si tu païas l'argent de la chose que ta femme auoit achetée, laquelle luy auoit esté baillée, ou si tu fis l'achat en ton nom, & puis fis le nom de ta femme escrire dedans la lettre de l'achat cõme s'elle fust achereresse, car par vne maniere naist vne action en ce, & par autre maniere naist action contraire: & pour ce si ta femme l'acheta en son nom sçaches que tu as action de recouurer le prix, & non point la chose en tant que plus pauure en es fait, & elle plus riche, pour ce que as l'argẽt payé pour elle, mais si tu achetas la chose & à toy fut baillée, & seulement le nom de ta femme estoit escrit en la lettre, sçaches que plus vaut la verité de la chose que la lettre: mais cy gist vne raison notable. Car si au commencement vouloies faire la besoigne de ta femme, & achetas en son nom, sçachez que par ce ne gaignes action d'achat ne pour toy ne pour elle. Car pour toy ne le fis, ne pour elle ne le pouuois faire sans sa presẽce ou auctorité. Et pour ce celuy aura le greigneur droict en laquerelle de la seigneurie, à qui le sire de la chose l'aura deliurée. *C.li.iiij.Ru.dicta.l.Multum interest.*

D'acheter d'autruy deniers en son nom.

Qui achete d'autruy deniers aucune chose en son nom, pour ce ne demeure qu'il ne gaigne action d'achat, ne celuy de qui les deniers sont, n'y à qui clamer quant à la chose achetée. Exemple, si ton pere acheta aucune chose des deniers qui estoient communs entre luy & toy, & question soit de ce, tu n'as action fors de recouurer les deniers, non pas la chose. *C.li.iiij. Rub.dicta.l.Qui aliena pecunia.*

S'ensuit de ce qu'on ne doit vendre ne donner.

QVE on ne doit vendre ne donner chose d'autruy ne estranger. Si tõ mary vẽdit ta chose ou tõ heritage qui estoit tiẽne sans ton sceu ou ton consentement, sçachez que jaçoit ce que par la crainte de ton mary tu ayes séellé la lettre de ta vente, ou par autre subtil engin de ton mary, & qui te donna faux à entendre, tout ce ne donne nulle seureté à l'acheteur, s'ainsi n'est qu'il ait tenu la chose trois ans si c'estoit meuble, ou si l'acheteur n'a tenu la chose par temps de prescription, ce ne vaut soit meuble ou heritage. *C. li. iiij. Rub. de rebus alienandis & non alienandis. l. Si præsidi prouinciæ. & l. Distrahente marito.* Si ton pere vendit ta tenure depuis que tu fus hors de son pouuoir, sans ta voulenté, & tu ne fus son hoir par ce qu'il donna ou estrangea le sien, & l'acheteur n'a tenu la chose par le temps de vsucapion ou de prescription, sçaches que tu as action de recouurer ta chose. *C. li. iiij. Rub. dicta. l. Si fundum.*

Encore peux & dois sçauoir, [k] que si sur aucune chose soit meuble ou heritage est faict & ordõné en testament, & par celuy qui estoit seigneur de la chose, qu'apres son trespas ne soit vẽduë ne alienée, ne tournée en autre vsage que le legateur l'auoit ordõné par derraine voulẽté, sçachez que iamais ne doit estre vẽduë ne plus ne autrement chargée que le testateur l'a ordõné: si fait estoit, si doit-il estre ramené à l'estat de l'ordõnãce du testateur, s'il en est requis au Iuge. *C. li. iiij. Rub. dicta. l. Sancimus.*

De l'vn vendre sur la part de l'autre.

Si plusieurs ont aucune part ensemble sur aucune chose, & l'vn en vẽt sur la part de l'autre, sçachez que sur l'acheteur as action de demander ta partie, si ainsi n'est que l'acheteur ait tenu la chose par temps de vsucapiõ en chose meuble, c'est à sçauoir par trois ans, ou par dix ans par prescription sur chose reelle: & si par tant de temps la tenuë, lors en est fait sire: mais apres ce peux recouurer ta chose sur celuy qui la vendit, que faire ne deuoit. *C. libro quarto. Rub. dicta. l. Nemo res.*

De vendre partie de la chose entre plusieurs participans ou par le Procureur.

Sçachez quand difference chet sur ce que si deux qui estoient hoirs auecques toy en vne chose, communement si vendissent chose ou partie d'icelle sans ton sceu, ou le Procureur du Prince la vendit, car si les hoirs sans ton sceu l'auoient vendu, ils ne te pourroient comprendre ne lier: mais [l] si le Procureur l'auoit faict, ce vaudroit & tiendroit, ne ne seroit le marché deffait, pour ce s'il l'auoit vendu sans ton sceu, & sans ton consentemẽt, pour le fait des autres, ou de l'vn des autres, & la chose ne fust partable, mais ta portion seroit gardée en l'argent. *C. libro quarto Rub. dicta. l. Multum interest.*

Et in hoc priuilegiatur fiscus, vt l. 2. li. x. C. vend. rer. fisc. commu. cum priuatu.

Que homme en son lict mortel ne peut faire vente qui tienne.

PAr coustume localle sçachez puisque l'hõme est acouché malade au lict, dõt il voise de vie à trespas, tandis que celle maladie luy durera: sçachez qu'il ne peut faire dõ, vẽte transport ne alienatiõ de sõ heritage

Cessante omni fraude non video quod prohibeatur aliena

au preiudice de son hoir qui vaille, jaçoit ce qu'il le fist deuant le seigneur & loy dont l'heritage seroit tenu, & que les hommes disent par iugement que bien & à loy fut fait.

vendere, quãdo in infirmitate cõstitutus est, cum etiam in vltima voluntate potest fieri contractus, vt in l. Heredes palam §. fina. ff de testamen.

Aussi le testateur peut par testament disposer de ses meubles, acquests & conquests immeuble & de certaine portion de ses propres selon les coustumes des lieux, toutesfois si la vendition estoit frauduieuse, comme faicte en fraude de la coustume du lieu elle seroit subiecte à rescision.

Vuerp, ancien mot Frãcois, signifie tradition & deliurãce faicte par quelque solemnité par deuant le seigneur duquel l'heritage est tenu, dont ya des coustumes qui en font mẽtion, & mõ vieil practicien en traicte aussi.

Arrest de parlement.

Faut voir la nouuelle coustume de Paris, & ce que i'ay escrit sur icelle, mais ceste clause ainsi marquée ( ) n'est au liure escrit à la main.

Exemple de ce & arrest.

Il aduint qu'en la Chastellenie de Doüay Gerard Daubi vendit certaine terre qu'il auoit en fief à Monseigneur Mouton de Bersée, & l'en adherita par loy, mais ce fist-il depuis qu'il fut acouché au lict mortel, & pour plus deuëment faire à son aduis le vuerp de ce, il se chaussa & vestit, & ainsi en presence des hommes de la loy passa, fist & agrea ladite vẽte & le vuerp dudict fief, ce faict il alla apres de celle maladie de vie à trespas. son hoir releua & mist empeschement à celle vente, & dist que soustenir ne se pouuoit par raisõ: car il ne l'auoit pas faict en estat que vausist chose qu'il en fist au preiudice de son hoir, puisque durant sa maladie l'auoit faict: le seigneur de Bersée disant du contraire: & que celuy estoit en estat deu allant par voye chaussé & vestu, homme franc, qui du sien pouuoit faire à son plaisir, pour quoy ce qui s'en faisoit touchant la vente, sans fraude faire se pouuoit, & de raison soustenir: l'hoir disant du contraire, & que le vendeur n'estoit en estat deu tel que de son heritage peust vente faire qui tint: & si deuant les hommes s'est apparu, si ne fut-ce mie en estat deu: car il s'estoit vestu à cautelle, pour faire la vente, & leué de son lict mortel: & incontinent recouché: dont tantost apres il alla de vie à trespas. ne il ne lui estoit besoin de vẽdre par pauureté ne pour emploier en plus grãd heritage, ne par gré d'hoir ne l'auoit faict: & si les hommes y auoient esté comme loy, ou le seigneur, de tant s'estoient-ils plus mesfais quand en ce poinct le sçauoient, & tel vuerp receuoient, &c. Apres plusieurs raisons d'vne partie & d'autre, pour ce que les hommes deuant qui ce auoit esté faict cõme Iuge soustenoit que bien auoit esté faict: & l'hoir disant du cõtraire: la cause fut traittée en Parlemẽt. Il fut dit par arrest que la vente ne tiendroit lieu, & le r'auroit l'hoir: & fut le seigneur qui ce auoit passé, & l'acheteur aussi, condamné en amende du Roy. Itẽ & ainsi pour tel cas en fust-il iugé en la Cour du Roy à Marie en Tournesis, pour Agnes de la dessous, contre les enfans Phanuel de Templeuue en Dossemer, dont lesdicts Phanueaux en appellerent en la Cour de Parlemẽt: en laquelle Cour la cause ouye d'vne partie & d'autre, & le procez sur ce veu il fut dit par arrest, bien auoir esté iugé, & mal appellé par lesdits Phanueaux & furent condamnez és despens & en l'amende. &c. (Par la coustume de Paris il n'est loisible à aucun de disposer en derniere volonté outre le quint de ses propres: & par autre article il est loisible par contract faict entre vifs de disposer de tous ses biens: & ainsi il y a difference entre la disposition qui est faite entre vifs & celle qui est faicte en derniere volonté. *Indeque si quis in infirmitate constitutus fecerit donationem inter viuos, & ex illa infirmitate moriatur, dicetur potius donatio testamentaria aut causa mortis quàm donatio inter viuos: actus enim gestus in infirmitate præsumitur gestus causa vltimæ voluntatis condendæ vel causa mortis: vt cap. 1. cap. de his. de sepult. Vide ea quæ dicit ibi Ant.* de *de Butrio reprehensus ab Alexand. in l. Quæ dotis. ff. solut. matrimo. Vide Praterea Benedicti in capi. Raynutius, in verbo testamentum. ex. de testamen.*

Comment on peut vendre son patrimoine.

Par coustume localle dois sçauoir comment l'homme peut vendre son patrimoine & heritage qui de par pere & de par mere luy eschet, si sachez que sans les conditions qui s'ensuiuent ne peut vendre l'homme son heritage qui de par pere & de par mere luy viẽt, c'est à sçauoir par trois cõditions. La premiere si est par le gré & consentemẽt de son hoir. La seconde par pauureté au cas que verité seroit & selõ l'vsage d'aucuns lieux en fief conuiẽdroit que de ce il iurast luy tierce main. La tierce condition si est pour employer en plus suffisans heritages. Si est à sçauoir que quãd l'homme vent par gré & consentement de son hoir, ou par pauureté ou pour mettre en meilleur heritage par quelque voye que ce soit, si faut il rapporter l'heritage que vendre veut en la main de Seigneur par enseigne de loy. Et que l'acheteur aussi par enseignement de loy en soit adherité & qu'il soit dict à ce faire si l'heritage est de riens chargée, & que l'achepteur s'en tient à contẽt, & à satisfaict de ses deniers, & qu'il promette & iure que iamais contre ce vendage ne viendra ne procurera à venir par luy ne par autre. Que le sire se tienne à content de ses deniers pour ses droictures, & les hommes de leur salaire, & que soit à l'vsage & coustume du lieu, & sauue le droict d'autre, & toutes ces solemnitez especialement gardées le aduest de l'heritage.

Ces conditions pour vendre heritage de patrimo. ne sont particulieres de quelques coustumes comme de Ponthieu, d'Artois & quelques autres du Pays bas & telles estoient anciennement la plus part de celles de la Gaule Belgique, comme aussi pour le remplissement & mise de faict. Mais le droict cõmun de Frãce est au contraire, par lequel suiuant le Romain est permis à chacun de vendre son patrimoine, sans telles conditions l. In vendentis C. de contrah. Empt.

ANNOTATIONS SVR LE TITRE SOIXANTE SEPTIESME.

Il mesle l'emption vendition auec la permutation, encores qu'il y ait difference, tant pour la nature des contracts, que pour les actions qui en procedent : Il est vray que le Iurisconsulte escrit l'origine d'acheter & vendre, estre venue de la permutation, qui a esté le plus ancien contract entre les hommes, comme il confirme par l'authorité de Homere. l. 1. D. de contract. emptione. *Le contract d'emption vendition se faict par le seul consentement, & incontinent qu'il est conuenu du prix, combien qu'il ne soit encores nõbré* l. 2. D. eod. §. Venditę Instit. de diuisione rer. & tit. de Empt. & vendit. *Le prix doit consister en pecune, aussi conuient qu'il y ayt chose certaine, qui soit vendue,* nec enim emptio, venditio sine re, quæ veneat, potest intelligi. l. 8. D. eod. *De la forme de contracter l'emption vendition, & de ceux qui peuuent ou ne peuuent vendre, est amplement traicté aux tiltres.* D. & C. eo.

b *Quelque fois la vendition se fait pour couurir & colorer vne donation, & audict cas telle vendition ne vaut.* l. Cùm in venditione. D. eod. l. Sicut D. locati. l. 3. 4. & 8. de contrah. Emptione, *tellement que tel contract sera reputé pour donation ; mais quelque fois le contract porte la venditiõ auoir esté faicte pour certain prix, & la chose vendue vaut d'auantage, que le vendeur donne le surplus du prix à l'acheteur. & tel contract vaut pour vendition, sinon qu'il ayt esté faict en fraude de la loy, comme de la donation prohibee entre l'homme & la femme,* l. Si quis donationis. D. eo. *mais en ce cas on demande si telle donation pourra empescher la rescision du contract de vendition pour deception d'outre moitié de iuste prix. Ie sçay bien ce que les Docteurs en traictent* ad l. 2. C. de rescinden. vendit. & l. Si quis cùm aliter. D. de verb. obl. & Canonistæ in cap. cum causam. de Emptione, *& en autres lieux: mais i'ay autresfois respondu que si l'achepteur ne verifioit que pour iuste remuneratoire cause le vendeur luy eust fait telle donation, nonobstant icelle il pourra estre releué du contract de vendition pour deception d'outre moitié de iuste prix: par ce qu'elle semble auoir esté inseree au contract en fraude du benefice* d. l. 2. *& i'en ay recité vn arrest donné en vn procez où i'auois escrit du vingt deuxiesme May mil cinq cens cinquante sept, & i'ay entendu d'autres celebres Aduocats de la Cour, qu'il a encores esté ainsi depuis iugé. Quant à ce qui est icy traicté de faire la vente sans lettres i'ay noté en marge ce qui en est ordonné par l'ordonnance de Moulins: à sçauoir de faire contracts par escrit de choses excedans cent liures: ce qui se peut rapporter à la constitution de Iustinian* cuius fit mentio Instit. de Emptione & venditione. & l. Contractus. C. de fide instrument. *tellement qu'en telles choses les parties se peuuent departir de leurs promesses, iusques à ce que le contract ayt esté passé pardeuant Notaires, & signé des parties, comme a esté souuent iugé par arrests de la Cour.*

c *Cet article se doit entendre auec vne distinction, à sçauoir si la vente est faite de l'heredité vniuersellement, car en ce cas l'achepteur est tenu des debtes hereditaires,* l. 2. §. sicuti & al. D. de hæred. vel act. vend. l. 1. & 2. C. eo. *Ou si ledit procureur auroit seulement vendu quelques choses speciales & heritages, auquel cas l'acheteur auroit à l'encontre de luy, aussi bien que contre vn autre, recours de garantie ou d'euiction, s'il estoit poursuiuy & inquieté pour quelques dettes, si autrement n'auoit esté conuenu par le contract de vendition.*

d *Celuy qui achepte vne heredité à tous les droits & profits concernans icelle & que pouuoit auoir le vendeur: & partant il peut agir tant contre les detteurs que contre les possesseurs des choses particulieres de l'heredité.* l. Emptor hæreditatis. C. eod. & l. 1. C de euictionibus.

e *Pardeuers celuy qui cede & transporte quelque dette, demeure l'action directe, tellement que le cessionnaire n'en est reputé saisi & fait vray proprietaire, iusques à ce qu'il ait fait signifier son transport au detteur, ainsi qu'il est porté par la coustume de Paris article cent huict, & a esté iugé par plusieurs arrests de la Cour, & entre autres du treziesme May mil cinq cens septante deux, en l'audience, & vingt quatriesme Nouembre mil cinq cens nonante cinq, en la 3. chambre des enquestes,* vide l. 1. de obligat. & act. & l. Ex nominis. C. de hæredita. vel act. vend.

f *Plusieurs choses sont prohibees d'estre vendues tant pour la qualité d'icelles, desquelles le commerce est interdict, comme sont les choses sacrees & spirituelles, & celles que les Princes souuerains se reseruent pour leur vsage & en prohibent le commun commerce: que pour l'interdiction du temps & des personnes, comme de porter aux ennemis les choses necessaires a la vie ou aux affaires de la guerre,* tit. quæ res venire non possunt & seq. C.

g *I'ay cy-dessus traicté de la question* l. 2. C. de rescind. vend. *& monstré que le benefice d'icelle ne concerne que le vendeur qui s'en doit faire releuer par lettres Royaux. Mais si outre la deception d'outre moitié de iuste prix, il a autres moyens pour faire rescinder & annuller le contract, comme de minorité, force & contraincte, ou dol, il s'en doit ayder, & en faire mention par ses lettres: afin de paruenir à la recision & annullation du contract. D'autant que l'achepteur a l'option ou de rendre l'heritage, ou suppleer le iuste prix: lequel se doit entendre du vray prix, que valloit la chose vendue au temps de la vendition.* l. Si voluntate in fi C. eo. *& le supplement se doit faire de tout ce qui defaut du vray prix, comme si l'heritage qui n'auoit esté vendu que mil escus, est verifié qu'au temps du contract il valloit deux mil cent ou deux cens escus, outre ce qu'il en a payé. Et s'abusent ceux qui estiment le vendeur ne se pouuoir ayder du benefice* d. l. 2. *qui sçauoit lors du contract la vraye valleur de l'heritage par luy vendu: parce que telle opinion est directement contre la vraye raison de ladite loy fondee en humaine equité: pour subuenir à celuy lequel constitué en nececessité, est contraint quelquesfois de vendre ses heritages à vil prix, à ceux qui sans aucune charité veulent s'enrichir des biens des hommes necessiteux & miserables. Sans donc s'arrester à telle opinion, celuy qui auroit esté deceu, peut estre restitué, quelque cognoissance qu'il ait de la valeur de l'heritage par luy vendu.* l. Quisquis C. eod. *ainsi le tient Alberic* ad d. l. 2. Specul. de rescind. vend. num. 12. & Pinelus, ad d. l. 2. *Des autres moiens de rescision en est amplement traicté* d. tit. de rescind. vend. & tit. de restitutionibus Digest. & Cod.

h *Du contract d'emption vendition, naissent deux actions, à sçauoir l'vne* quę empti dicitur, quę datur emptori contra venditorem ad rem tradendam, *pour auoir ce qui doit estre baillé, à sçauoir la tradition de la chose vendue.* l. Tenetur. l. Exempto de actionib. empti. *& l'autre* quę dicitur venditi. *qui compete au vendeur, & est appellee autrement* actio pretij l. 8. & 9. C. de contrah. empt. *parce que par icelle il demande le prix de la chose vendue: & par faute de payement d'iceluy il ne peut agir à la resolution du contract, ou pour rentrer en la chose vendue, si autrement n'est conuenu,* l. 1. 6. & 7. C. de actionib. empt. *Toutesfois nous auons veu quelquesfois iuger que par faute de payer par l'acheteur le prix conuenu dans le temps à luy prefix, le contract de vendition auroit esté resolu. Mais on demande si le vendeur qui a faculté & puissance de liurer la chose, peut estre contrainct à la liurer: la plus certaine opinion est qu'il y peut estre contrainct,* d. l. exempto. *& le confirme Iustinian* Instit. de empt. & vendit. Paulus lib. 1. senten. tit. 13. *où Cuiacius le soustient: & ainsi le tient le commun vsage de France: sinon que l'acheteur aime mieux auoir ses dommages & interests,* l. Si traditio. C. de act. empt.

i *Ce qu'il traitte icy des acquests faits par le mary constant son mariage au nom de sa femme, ou de ses deniers, ou de ceux de sa femme & en son nom, se doit enten-*

dre selon le droit Romain, & vt traditur.tit.fi.C.si quis alter vel sibi. *par lequel n'y auoit communauté de biens entre l'homme & la femme: laquelle toutesfois est receue & obseruee en France, principallement au pays appellé coustumier: tellement qu'à raison de ladite communauté les deniers qu'ont le mary & la femme, & les acquests qu'ils font d'iceux, sont communs entre-eux: en maniere qu'au suruiuant moitié en appartient, & moitié aux heritiers du deffunct, sinon qu'entre-eux autrement ait esté conuenu: ou que les deniers procedent de la vente des propres heritages ou biens immeubles de l'vn d'iceux dont il puisse estre remplassé sur les biens de la communauté, comme le porte la coustume de Paris, art. 232. ce qui a lieu encores qu'il n'en eust esté rien stipulé par le contract de mariage comme a esté iugé par arrest du 14. d'Aoust 1591. entre Loyse Remond veufue de Thomas Ioly d'vne part, & Loys Ioly d'autre. Le surplus de ce qui est icy contenu se peut apprendre* ex tit.si quis alteri vel sibi.

r *La question qui est icy touchee, est amplement traictee* in Nouel.36.de restitu. & ea quę parit vnde. mens. vnde sumpta est Authen. res quæ. C. communia de lega. & in l. vlt. C. de rebus alienis non alienan. *ou generalement Iustinian decide que de tout ce qui est prohibé d'estre aliené, soit par la loy, ou par testament ou par paction des contrahans, la proprieté n'en peut estre alienee, ny donnee en vsufruict ou hypotheques, & ne peut sur telle chose estre imposee seruitude ny icelle estre baillee en emphyteose: & fait aussi à propos* l. Ea lege. C. de condict. ob causam dat. *en telle maniere que si celuy auquel la chose a esté leguee ou donnee sous la condition de ne l'aliener, toutesfois l'aliene, il ne pourra transferer la proprieté & seigneurie d'icelle à celuy auquel il l'auroit alienee, comme a esté iugé par arrest du 17. Auril 1586. entre M. Michel Regnouard & consors appellans: & Iean de Chaalons sieur du Bois inthimé, recité par M. Robert* lib.3. rer. iudica. cap.14.

ſ *Il ne faut prendre* l. Vn. C. de vendit. rer. fiscal. *si estroittement que fait l'autheur, si on veut la rapporter à l'vsage de France. Mais seulement on peut recueillir d'icelle que si le Roy a quelque chose commune auec vn priué, c'est aux officiers du Roy, qui cognoissent de son domaine d'en faire la vente si par sa majesté est ordonné, ce qu'il conuient entendre des regles & solemnitez requises en l'alienation des biens du domaine du Roy, deuement obseruees: ainsi on en vse en France.*

DE PETILLAGES QVE MARCHANS TIENNENT EN MARCHANDISES.

TILTRE LXVIII.

Credo hic potius dicendum vectigages, quia de huiusmodi verbo vectigal dicere intendit que l'on dit en France peage.

PETILLAGES [a] que les coustumiers appellent ordonnances, & coustumes que les marchans tiennent & ont en leurs marchandises, & de lieus & peages de ce, & dois sçauoir que de ce a vn temps accoustumé que les marchans tiennent entr'eux, que puis que cinq ans sont passez en continuant vne chose en fait de marchandise, ce leur est à coustume, s'ainsi n'estoit que de ce dont contend seroit fut auant les cinq ans plaid encommencé, car lors n'y prescriroit ceste coustume. *C.li.iij.Rub. de vectigalibus.l. Neque commissum.*

[*Il y a ordonnance du Roy Louys douziesme, article lxviij. Par laquelle les marchans vendans leurs denrees en destail, doiuent demander le prix de leursdites denrees dedans six mois, lesquels six mois passez ils ne sont receus à demander ledit prix, s'il n'y a arrest de compte, ou obligation, cedulle, ou interpellation iudiciaire faite dedans le temps dessusdit. & à ce propos il y a coustume expresse en la Preuosté & Vicomté de Paris, l'article cxcix. au titre dernier desdites coustumes.*] Additio. [ ] *Ceste clause n'est au liure escrit à la main En la nouuelle coustume 126. & 127.*

Comment treux, peages & asses furent mis sus.

Sçachez que selon [b] la loy de l'Empereur, peages furent mis sus dés dont que les loix & establissemens furent fais au peuple : & fut pour les retenuës des choses publiques, qui sur le publique se doiuent prendre, & à fin qu'on sceut quelle chose passoit d'vn pays en autre, que les seigneurs des lieux fussent aduisez & en fussent seruis & recogneus : & fut ordonné que ce fust estroittement tenu & gardé sans enfraindre, sur encourre en certaines amendes selon ce que les marchandises sont, & les lieux & les places, & ne fut pas ce ordonné pour les marchandises qui seroient portees ne rapportees en vn mesme pays, mais qui seroient portees d'vn pays & d'vne seigneurie en autre, afin que riens ne fust porté hors d'vn seigneurage, qu'il ne fust sceu par le seigneur. Et si tu me dis que pour le present on cueille peage en vn pays, sçachez que c'est pource que les pays sont ainsi acquis à vn seigneur, car quand ce fut ordonné, ce n'estoit pas tout d'vne seigneurie.

Dicit Salicet in l. Vectigalia. C. no. Vectiga. impo. vectigalia seu gabellæ non solum exiguntur de rebus quæ vehuntur de loco, & ad locum, sed etiam de his quæ sunt intra ciuitatem vel oppidum.

Quelles choses payent peage, & quels gens.

Si sçachez [c] que les choses d'vn seigneur ne doiuent point de peage: les choses aux clercs de l'Vniuersité de Paris, les choses d'vn Cheuallier, mais qu'il ne soit marchand de la chose, ne contre ce ne vaut quelque priuilege qu'on ait, que payer ne luy faille le treu, si le sire propre du treu ne l'a donné & passé. Encore y a vne loy qui ne veut que Cheualiers lais en soient quittes qu'ils ne payent le treu accoustumé, & s'il aduenoit que le peuple d'vn seigneur enuoyast aucun don ou present au seigneur, ce ne doit point de peage. *C.li.iij. Rubrica de vectigalibus.l. Vniuersi. & c. & l. Omnibus rerum. & l. Omnium rerum.*

De treu du sel.

Sçachez que [d] dés le commencement de la constitution des loix fust ordonné à prendre le treu sur le sel, & par telle maniere que le Prince peut ordonner grenier à sel, & faire defençe que nul n'achate sel, sinon à son grenier sur l'amende, & sur perdre le sel & le prix que payé en auroit si ailleurs l'auoit achetté, & doit estre le sel ainsi achetté, à celuy qui tient les greniers de par le seigneur. *C.li. iiij Rub. dicta. l. Si quis*

[Il y a ordonnance sur le faict des gabelles du sel, article 1. par laquelle appert que les greniers à sel seront ordonnez par le Roy, és lieux où il luy plaira ordonner pour le profit dud: ct seigneur. *Et de huiusmodi materia vectigalium vide* les ordonnances sur ce faites intitulées les Ordonnances concernans le faict des aydes, Tailles, Gabelles, Imposition foraine.] &c.

Ceste clause n'est au liure escrit à la main.

Item peux & dois sçauoir que quelque lettre qui soit impetrée du prince contre le droict du peage, à ce ne doit estre obey s'il ne vient de especial commandement du Prince qui ainsi le vueille de sa consciéce, & par especial que ce soit apparu deuëment. Et celles loix qui sont ordonnées és Citez pour le bien publique, qu'elles soient fermement tenuës & gardées : & aussi est il ordonné és Citez que nul n'en soit quitte, puis que en la Cité faict residence. *C. lib. quarto Rub. dicta l. Quid quid contra vectigales.*

Que nul ne doit donner nouuel peage que le Prince.

Il est ordonné par la loy de l'Empereur que nul ne soit si hardy que de mettre & imposer sus nouuel peage, sans le sçeu & auctorité du Prince, mesmement le Prince ne le doict mettre sus ne ordonner sans grand cause, & que ce soit pour la chose publique, & pour escheuer à plus grand inconuenient, & ce faire est deffendu sur encourre en l'indignation du Prince, & sur sa volonté arbitraire. *Vt est per tot. tit. vectigalia noua instituι non posse.* Nul ne cueille plus grand peage que d'ancienneté est ordonné, sur encourre l'indignation du Prince en corps & en biens. Et le Iuge dessous qui ce seroit faict, si remede n'y mettoit, & il le sceut, sur pareille amende. *C. eodem tit. l. Finali.*

Not. in l. non solum barbaris. in verbo ingenio. C. de cõmer. & mercat. quod nõ licet mercatoribus aurum portare ad barbaros, pro mãcipiis vel speciebus accipiendis, & quod aurum debet ab eis subtili ingenio auferri.

De porter billon.

Item est aussi estroitement defendu que nul ne porte billon, ne monnoye defenduë du Prince hors de son pays, sur encourre en l'indignation du Prince en corps & biens. & le Iuge dessous qui ce seroit faict, si remede n'y mettoit & il le sceut, sur pareille amende. *ad hoc facit text. in l. Fina. C. de commerciis.*

Faut voir à ce propos les ordõnances au Code Henry. Hodie male obseruatur ideòque optat Masue. in sua Practic. tit. de Taliis, ut super hoc abusu lex seuerissima inuiolabiliter obseruanda imponeretur.

Que les riches n'achetent riens.

Encore est il defendu par la loy escrite que les riches hommes des villes ne facent marchandise qui soit contre le profit commun du petit peuple, & qu'ils n'en puissent auoir pour la richesse & grosse marchandise des puissans: ne qu'ils ne cueillent tant de marchandise à vne fois qu'ils facent encherir la chose, au grand preiudice du petit peuple. *C. lib. iiij. dic. Rub. l. Nobiliores.*

ANNOTATIONS SVR LE TITRE SOIXANTE HVITIESME.

a DV mot de Petillages vse mon vieil practicien escrit à la main & le prend comme nostre Autheur pour les Coustumes & Ordonnances qui se font entre les marchans, & pour le fait des marchandises & traffiques : mais d'où procede ledit mot ie ne l'ay encores peu obseruer. Quant à la prescription du temps de pouuoir demander par les marchans le payement de leurs marchandises venduës en detail, faut voir l'Ordonnance du Roy Loys douxiesme & Coustume de Paris icy notee.

b. Les mots de treus & assises sont anciens, desquels vsent les vieux practiciens & autheurs des histoires & Romans, & mesme le mot de treu ou treuage se lict en quelques Coustumes, & aux Croniques & histoires Françoises, comme en celles de Flandres, chapitre 17. & 95. Aucuns les veulent tirer du mot latin Tributum : mais i'estime plustost qu'il soit ancien terme François, parce que i'ay leu en quelques vieux liures, & mesmes d'vn ancien Poëte, le verbe treuager pour transporter d'vn lieu en l'autre: & dict mon vieil practicien que le Seigneur qui a droit de treu en sa terre, il doit faire assise pour y payer le droict, & qu'il y faut treuer, ie ne sçay s'il y a faute en l'escriture pour treuager, mais l'vn & l'autre mot est de mesme signification, qui se prend pour le peage & impost que prend le Seigneur sur les marchandises passant par sa terre & seigneurie, où il a tel droit : qui s'appelle aussi trauers, duquel droit est faite mention en plusieurs coustumes, mesmement de Senlis article cent neuf, Clermont article deux cens vingtneuf, Vallois article dernier & autres. Ce droit est appellé par les Latins Vectigal siue portorium, & d'iceluy est traicté tit. C. de vecti. & commiss. & Cicero en fait mention pro Lege Manilia. Nam, inquit, cùm vectigalia sint nerui Reipublicæ, & ea ex vectionibus mercatorum sumantur, constat hunc ordinem esse negotiatorum fauore dignum. On peut faire deux especes de ce droit de peage, à sçauoir vn Royal, & l'autre seigneurial, i'appelle le Royal celuy que le Roy seul peut leuer à cause de sa souueraineté, comme de transporter marchandises ou autres choses hors du Royaume, ou d'en amener & apporter des pays estranges dans le Royaume: qui estoit par la loy Romaine vn huictiesme, dont est faite mention l. 7. & 8. C. eo. & in l. Vlt. §. species. D. de publ. & de tel impost on dict Iules Cesar auoir esté l'inuenteur, atque primus peregrinarum mercium portoria instituisse traditur à Suetonio, & à l'exemple d'iceluy a esté introduicte en France la Traicte foraine, dont on peut voir les Ordonnances de François I. & Henry II. sur le fait de l'imposition foraine, & de Charles septiesme & huictiesme. Le peage seigneurial est celuy qui appartient à quelque Seigneur, soit le Roy, ou autre, à cause de sa Seigneurie pour le passage & trauers que font par icelle, soit sur pont, ou par chemin les marchands & autres menans & conduisans marchandises & autres choses subiectes audit droit dont est faite mention l. Cùm in plures. §. pen. D. locat. l. Si quis pro vx. D. de don. inter vir. & vx. Seneca lib. 2. de tranquil. vitæ. Cogitans & in pontibus quibusdam pro transitu dati. *Tel impost auroit esté principalement institué pour entretenir les pōts, chemins & passages & les tenir en seureté pour les passans, comme on peut obseruer des Histoires, & de ce qu'escrit Baldus* in cap. 1. qui feud. dar. poss. & cap. 1. de pace iuram. firm. *Et parce que i'en ay traitté plus amplement au Code Henry & ailleurs, ie ne m'y arresteray icy d'auantage.*

c *Il y a des personnes qui sont immunes & exemptes de payer le peage, soit à cause de leurs qualitez, ou des choses qui leur appartiennent, dont est traicté* in l. Locatio. D. de publica. l. Omnibus. l. Vniuersi. l. Omnium rerum. C. de vectigal. *Et nous en auons plus amplement escrit ailleurs, & seroit le traicté trop long pour briefues annotations.*

d *Le treu du sel s'entend icy pour l'impost à cause du transport du sel, dont est parlé* in l. Si quis C. eod. *qui est differend du droict de gabelle: selon qu'il se leue en France: encores qu'autresfois par auenture n'eust esté qu'vn mesme droict. Anciennement les salines estoient libres aux hommes priuez, qui en iouyssoient & disposoient comme de leurs biens priuez, dont y en a tesmoignage* in Liuio. lib. 2. & *autres.* l. Magis puto. D. de reb. eor. qui sub tutela. & *Athenee* lib. 3. Dipnos. cap. 1. *escrit que pour auoir par Lysimachus imposé tribut sur du sel, la mine d'iceluy se seroit esuanouye, laquelle seroit aussi-tost apparue, qu'il auroit reuoqué ledit impost, aucuns estiment la gabelle auoir esté premierement instituee par Philippes le Bel, en l'an 1286. les autres par Philippes de Vallois en l'an 1328. & Paul Æmile escrit que le Roy Charles le Quint l'auroit introduite pour la necessité des guerres en l'an mil trois cens soixante quatre. Nous en auons plusieurs ordonnances, des Roys qui depuis ont esté, qui auroient tousiours augmenté ledit impost.*

e *Par le droit Romain il est defendu d'imposer, ny exiger nouueaux imposts, peages & vectigals.* d. l. Locatio. §. earum. & l. Seq. & tit. C. vectigalia noua institui non posse. *à quoy conuient la loy de Charlemagne de Tholeneis, qui veut* vt antiqua tantùm & iusta Tholonea à negotiatoribus exigantur. *Et l'ordonnance de Charles neufiesme aux Estats d'Orleans mil cinq cens soixante. Nous lisons que l'Empereur Marcus auroit ordonné estre punis, ceux qui exigeoient quelque chose outre les vectigals ordinaires,* vt testatur Iul. Capitolinus in Marco. *Et y en a vne constitution de Theodoric* ad Senatum vrbis Romæ in Cassiodoro lib. 2. Varior. *Ce que dit est, se doit entendre pour le regard de ceux qui ont droict de peage & vectigal, & non pour le regard du Roy lequel a puissance d'instituer & ordonner nouuelles tailles, imposts & tributs, pour la souueraineté de sa puissante.*

f *Ce n'est le deuoir des nobles de faire traffic que de marchandise, & s'ils en font, ils desrogent à la noblesse: auquel propos on peut bien alleguer l'histoire de Theophilus recitee par Zonaras & autres, lequel ayant veu arriuer aux portes de Constantinople vn nauire fort chargé de marchandises, & ayant sceu qu'il appartenoit à l'Imperatrice qui auoit fait amener lesdites marchandises de la Syrie, fit incontinent brusler le nauire auec les marchandises, & tançant l'Imperatrice luy dit, Veu que Dieu m'auroit fait Empereur, tu me veux faire marinier: mais tu dois sçauoir que la marchandise & traffic est attribuee aux hōmes priuez, afin qu'ils en ayent occasion de tollerer & sustēter leur vie, & soustenir les charges de nostre Empire, traffiquans & negotians les vns auec les autres: & à la verité s'il estoit permis aux hommes de tous estats & qualitez de faire traffiques & negociations, seroit apporté vn grand desordre & confusion en l'estat.*

DE VENDRE L'HERITAGE D'AVCVN PAR EXECVTION, OV AVTREMENT.

TILTRE LXIX.

MAINTES-FOIS aduient que par la vertu d'aucune obligation sur faute de paye, ou contract, ou par sentence, ou par arrest de Parlement, l'heritage d'aucun se vend par execution de iustice, iaçoit ce que ce soit contre la voulenté de celuy à qui l'heritage est, puisque celuy de qui on vend, est à ce obligé, car sans ce ne doit l'heritage de l'homme estre véduë.

De l'heritage de mineur.

Et s'il [a] aduenoit qu'aucun eust obligé son heritage à vendition pour dette, & puis allast de vie à trespas, & de celuy demeurast enfans moindres d'ans, pour-ce ne demeureroit qu'on ne vendist l'heritage par moyen de loy & de tuteurs & curateurs, car la minorité ne le priuilege de minorité n'aide aux mineurs fors entant qu'ils ne soient deceus, non pas pour deceuoir autre, ne tenir en tort. Et si l'obligé n'estoit à la vendition, vendre on ne le pourroit, mais les fruicts mettroit on en paye, par si que le mineur eust dequoy viure, si autre chose n'auoit.

La maniere de mettre l'heritage à vente.

Item puis [b] qu'à vendre vient aucun heritage, il appartient que le Sergent qui doit faire l'exploict, ait de ce faire commission si c'est par Iuge Royal suiect: & si c'est par Parlement ou par Chastellet, lors en peuuent faire & donner decret d'eux mesmes: mais expedient est de ce faire, & confermer leur decret par lettres du Roy. Et si c'est par commission de Iuge suject, lors peuuent faire la vendition iusques au decret bailler à leur Iuge. Et la commission euë, le Sergent doit venir au detteur, & luy signifier qu'est à luy adressé, pourquoy sommer luy vient que si payer veut le contenu de la commission, ou le Iuge dont elle faict mention, il en fera faire quittance. Si non, il luy conuient la commission enteriner, & pour-ce mets en la main du Seigneur les heritages obligez & hypothequez en l'obligation, & qui à vente ne tournera si satisfaire ne faict: ce faict le Sergent doit signifier en l'Eglise, que s'il est aucun qui vueille achepter tel heritage, vienne par deuers luy, & il le vendra par execution & par renchere, & volontiers receura denier à Dieu, & ce faict encore doit venir au detteur, & luy signifier comment il a receu denier

De ista materia subhastationum vide Massue. in sua practica in versic. Item debet materia subhastationum. Et serua consuetudinem loci, nam qualibet patria habet suum modum faciendi. Huiusmodi autem subhastationes videre est per cõsuetudinẽ Parisiens. tit. Touchant les criées & c.

à Dieu pour tel prix de son heritage, & que si achepter ne le veut pour tel prix, il procedera auant comme il appartiendra. Car s'il vouloit lors r'achepter son heritage, encore le pourroit-il faire pour le pris, ou pour payer la dette auec les despens. Et si r'achepter ne le veut, le Sergent doit proceder à vente, & à subhastations tousiours par r'encheres, & selon la coustume du lieu qui tousiours doit estre gardée. Et le denier à Dieu receu, si r'encheres luy viennent, tousiours les doit prẽdre. Et si doit ledict heritage le premier Dimanche ensuyuant, apres sa vente commencée crier & subhaster en l'Eglise de la parroisse dont l'heritage est tenu par cedule ou par escrit. Et doit exposer la vente, & le prix & le denier à Dieu, & les r'ẽcheres s'elles y sont, l'heritage où il sied, & à qui il ioinct, quelle charge & quelle redeuance il doit, & si c'est la premiere, la seconde, ou la tierce. Et ainsi faire par trois Dimanches, & à chacun nouuelle cedule qui contienne l'estat de la vẽdition en quel estat, & quelles r'encheres il y a au iour que ce se faict. Et tout garder à fin que le decret en puisse faire mention. Et doit le Sergent ou le vendeur durant les trois criées tousiours receuoir denier à Dieu, & s'il est qui donner & r'encherir le vueille.

La forme de la cedule de la vente.

On vous faict à sçauoir de par le Roy, si vendue est par Officier royal, & si c'est par autre, nommer le Seigneur selon la coustume du lieu, que tel heritage seant en tel lieu, tenant à tel charge, est venduë par iustice tant N. Si y a tant de deniers à Dieu N. laquelle vẽte se faict par r'encheres. Et s'il est aucun qui plus en vueille donner, si vienne par deuers tel Sergent. N. pour achepter & pour r'encheirir de telle renchere à tel profit, & on le receuera volontiers, & est auiourd'huy la premiere criée, & d'huict en huict iours sera la seconde, & en ceste Eglise à heure de grand Messe faict en tel iour, &c. Et ainsi doit declarer le iour à chacune criée, les trois criées subhastées, & quantes r'encheres il y a Et s'il n'est aucun qui dedans lesdictes criées r'enchere, le marché doit demeurer à celuy qui derrainement y a feru. Et se doit tout faire dedans les trois criées: icelles passées l'executeur de rechef doit venir au detteur luy sommer & luy dire, i'ay vendu & subhasté vostre heritage pour tel prix, sur toutes r'encheres & criées passées, encore vous somme, si r'acheter le voulez, pour tel prix, faire le pouuez. Si non, ie vous insinuë que ie proce
deray auant en ma vente, à faire bailler decret à l'achepteur. Et si doit ce faict le Sergent executeur de tout ce r'escrire à son maistre, lequel veuë sa rescription doit bailler au Sergent iteratiue commission, par laquelle l'achepteur doit estre contrainct de vuider sa main des deniers, que monte ladicte execution en sa main des deniers que monte ladicte execution en la main du sergent, & que l'achepteur & celuy de qui on vend soient adiournez à certain iour, pour voir bailler à bail à l'achepteur la possession & adheritement du marché auec intimation, que vienne ou non celuy de qui on vend, il y sera procedé comme il appartiendra, auquel iour ainsi doit estre faict, & sur ce bailler le gros à l'achepteur executoire

Il faut publier par trois criées la vendition de l'heritage, & nommer les encheres.

comment le Iuge de qui l'heritage est tenu, sauue leurs droicts, & tous autres le mettent en l'heritage, & en peuuent faire escrits où le decret soit incorporé, & non autrement.

De venir detteur au decret bailler.

Si est encore à sçauoir qu'au bailler le decret à l'achepteur, si le detteur venoit auant à tous les deniers comptans, encore l'auroit il son heritage parmy payant les mises, c'est à sçauoir denier à Dieu, & exploicts de iustice tant seulement, car r'encheres non.

Ad ista facit optimus te. in l. 2. C. debitorem vendit. pigno. impubi. nō poss. & l. Si residuū. C. de distract. pigno. & ff de pigno. ac. l. Si rem. §. finalis.

Des oppositions qui se font.

Si peux & dois sçauoir que si durant lesdictes criées, & auant que le decret soit baillé comme dict est, si aucun s'opposoit disant auoir droict ou aucune redeuance à l'heritage: sçachez que le Sergent le doit receuoir à opposition, & assigner iour sur l'opposition deuant que son maistre l'ait receu, car au Sergent n'appartient ceste cognoissance fors du pur obligé: mais pourtant ne cessera-il mie de sondict exploict faire, ains ira tousiours auant iusques en fin d'exploict. Et la raison si est, que si l'opposant decheoit de son opposition, nissement auroit esté cessé: & s'il obtenoit de son oppositiō, tousiours le Iuge pourroit pouruoir au droict de l'opposant, & quāt à ce mettre au neāt les exploicts & criées sur ce faictes aux despens du tort. Mais bien est à sçauoir que durant l'opposition si les criées estoient parfaictes, si n'en doit-on proceder plus auant iusques à ce que l'opposition seroit determinée. *Ita fuit ordinatum in Parlamento anno domini.* 1377. *pro domino de Venderesse contra dominum Du Fay*

Arrest de Parlement.

Item se peut mesmes opposer celuy de qui on vend l'heritage, par moins que suffisans criées, par moins que suffisans exploicts, par moins que suffisans significations, & par autres plusieurs manieres, qu'auant decret bailler faut estre determinées.

Exemple de pareil cas.

Vn exemple t'en veux monstrer qui aduint en Parlement l'an 1377. d'entre Monseigneur Roce du Fay d'vne part, & Iean de Venderesse d'autre part, qui pour lois estoit Baillif de Senlis. Il aduint que par vertu de certains arrests, en quoy ledict du Fay estoit condamné à execution d'heritage pour certaine somme de deniers enuers ledict de Venderesse, il fist leuer commission executoire pour executer ledict du Fay à vendition d'heritage, adressant à certain Sergent. Le Sergent s'auança de mettre à vente les heritages dudict du Fay, & les commença à executer par defaulte de biens meubles, car selon la reigle de proceder on ne peut vendre heritages tant qu'on y puisse trouuer biens meubles, si n'estoit qu'il fust obligé par lettres contenans detention de corps: nonobstant que biēs meubles & heritages eust obligé: si peut on retenir le corps prisonnier iusques à ce que l'execution soit faicte, à fin que faute n'ait en la paye. Et ainsi l'ay veu iuger en Parlement, lors President Monseigneur Arnoul de Corbie. Or aduint qu'à l'execution du Sergent qui ce faisoit: ledict du Fay s'opposa par plusieurs fois, & vint l'opposition en Parlement. Auquel iour assigné fut par ledict du Fay dict la cause de son

Par l'ordonnāce d. l'an 1539. art. 74 n'est besoin pour la validité de l'exploict des criées, ou autre saisie, & main mise de personnes ou de biens, de faire p[ar]q[ui]sition de biens meubles.

opposition par plusieurs raisons. L'vne estoit que l'Officier auoit faict moins que suffisans criées, par-ce que les heritages qu'il mettoit à vente, estoient assis en plusieurs parroisses, & il ne faisoit ses criées qu'en l'vne, car s'en toutes les paroisses ou les heritages estoient, eust faict ses criées comme faire deuoit, trop plus de marchans l'eussent sceu. L'autre cause estoit que ledict Sergent n'auoit faict en ses criées la declaration des pieces de terre dont il auoit plusieurs, & à qui elles tenoient, & où elles estoient situées, & à qui elles estoiét ioingnans: laquelle chose en declaration il appartient. L'autre cause estoit que le Sergent n'auoit esté sur chacune piece de terre à l'exploict faire, & icelles mettre en la main du Roy. L'autre cause estoit qu'au decret ou en la commission iteratiue, il ne declaroit les charges ne le iour, laquelle chose il conuenoit de raison & l'interualle de chacune criée estant sur ce. Concluant par ce & par autres raisons dependãs de ce que tout l'exploict fut compté pour nul. Ledict de Venderesse disant du contraire, & que là où ledict opposant disoit que mal auoit esté faict entant que les heritages de la venduë dont plusieurs y en auoit, n'auoient esté criées qu'en vne Eglise, & ils estoient assis en plusieurs lieux, par-ce que plusieurs pieces y auoit. Car par raisõ deuoient estre criées en autant de paroisses qu'assis estoient, à fin que plusieurs le sceussent. Respondu fut par ledict Venderesse que sauue la grace du proposant, bien auoit esté faict, & n'estoit ja besoin de les crier qu'en vne Eglise, & mesmes en l'Eglise dont le chef fief des heritages vendus estoit situé, car tous estoient tenus d'vn fief, & puis qu'au chef lieu estoient criées, il suffisoit.

Item à ce que disoit ledict du Fay que mal auoit esté faict entant que l'executeur n'auoit declaré les pieces où elles estoient: Respond ledit de Venderesse que sauue la grace du proposant, car puis que l'executeur auoit declaré & dict qu'il vendoit tel fief tenu de tel à telle redeuance qu'il deuoit, & comment il gisoit contenant tant, &c. il n'estoit ja mestier de plus expresse declaration faire, car autre chose estoit comme si ce fust de terre vilaine tenuë de diuers Seigneurs.

Item à ce que disoit l'opposant que moins que suffisamment auoit esté faict, par ce que au decret il ne declaroit les criées en quel iour elles auoient esté faictes & criées, & quelles distãce y auoit eu entre les criées: Respondit ledict de Venderesse que mal disoit, car puis que la premiere criée est declarée, & d'iceluy iour en huict iours, & d'iceluy en quinze iours, il suffit sãs plus autremẽt nõmer ne plus declarer lesdictes criées: pourquoy, &c. Tout veu il fut ordonné par la Cour de Parlement, pour ce que les parties s'estoient vantées de la coustume du lieu, où les criées & subhastations auoient esté faictes, & la chose venduë située, que la Cour enquerroit de la coustume locale, & feroit sur ce droict. Car par constitutions royaux, supposé qu'aucune execution se face par Sergent Royal: toutesfois doit le Sergẽt faire son exploict selon la coustume du lieu. Et ainsi fut il dict par arrest de Parlement en la deuant dicte cause pour ledict de Venderesse. Et fut dict que si biens meubles y auoit, ils se-

Arrest de Parlement.

roient premiers vendus que les heritages, & inuentoriez par escrit à ce appellé le Seigneur du lieu, & si biens meubles n'y alors à l'heritage: & iceluy mis en la main du Roy, premier à ce appellé le Sergent du lieu par le commandement de son Seigneur, & aller de piece en piece de terre, & la main assise auant qu'on l'expose à vente, & puis les significations deuant dictes, ou autrement moins que suffisamment est faict.

ANNOTATIONS SVR LE TILTRE SOIXANTENEVFIESME.

a *IL conuient toutesfois noter que pour vendre par decret les immeubles d'vn mineur, il faut premierement faire discution des meubles à luy appartenans, suiuant la* l. Magis puto. §. non passim. D. de reb. eorum. *& ne suffiroit la declaration du tuteur de n'auoir aucuns meubles appartenans au mineur, & ne luy deuoir: tellement que l'ordonnance de l'an 1539. art. 74. par laquelle est porté la discution & perquisition de meubles n'est necessaire, n'a lieu pour le regard du mineur: comme a esté iugé par arrest du 27. Ianuier 1545. & ainsi on l'obserue.*

b *La forme icy descrite de faire criees & adiudications par decret, comme aussi celle que propose Masuerius,* tit. de execut. *selon la coustume d'Auuergne, n'est plus practiquée en France: d'autant qu'vne autre auroit esté prescrite par l'ordonnance du Roy Henry II. de l'an 1551. laquelle par arrest du 11. Ianuier 1574. entre Messire André de Bourbon, sieur de Rubempré, & Messire Anthoine de Mouchy sieur de Senerpont, a esté iugé deuoir estre gardee, pour le fait des criees, nonobstant les coustumes des lieux, Ce qui auroit esté aussi ordonné par l'ordonnance de Moulins 1596. art. 49. & d'autant que ladicte ordonnance du Roy Henry, a esté amplement interpretee par M. le President le Maistre & que plusieurs en ont escrit, comme aussi nous auons faict sur la coustume de Paris, aux memorables, & autres liures, nous n'en traicterons icy dauantage: sinon que noterons en passant qu'il y a trois manieres d'oppositions, les vnes à fin de distraire, autres pour annuller, & autres pour conseruer: à celles à fin de distraire sont referees les oppositiõs pour charges foncieres, qui diminuẽt la valeur des heritages mis en criees: & doiuent icelles estre premierement vuidees, comme aussi les oppositions à fin d'anuler, qui concernent la validité des criees, & se proposent ordinairement par le proprietaire, sur lequel l'on crie les autres oppositions qui ne sont que pour conseruer, comme pour dettes personnelles & hypothequaires elles n'empeschent l'adiudication par decret: ains l'ordonnance veut qu'apres icelle on les discute, art. 6. Celuy qui faict saisir & mettre en criees quelque heritage soit fief ou roture, doit faire diligẽment & exactement obseruer les solemnitez prescrites par ladicte ordonnance, & par les autres ordonnances precedentes, ausquelles n'est par icelle desrogé· par-ce que sont formes essentielles, & s'il y auoit quelque default d'icelles, le decret seroit declaré nul comme a esté iugé par plusieurs arrests de la Cour. Pour les criees la forme de faire les quatre quatorzaines, & les continuer sans interruption, à la porte de l'Eglise parochiale à iour de Dimanche issue de grande Messe, vient de la coustume de Paris : & icelles faictes & r'apportees : elles doiuent estre certifiees pardeuant le Juge du lieu en l'audience, suiuant l'ordonnance de l'an 1539. art. 79. en toutes saisies de maisons assises és villes ou vilages, il faut auparauant que faire la premiere criee, mettre & affiger vn panonceau aux armes du Roy, à l'entree de la maison, & vn pareil à la porte principale & entree de l'Eglise : & encores que les criees se facent en la iustice d'vn autre Seigneur, si est-ce qu'il faut mettre le panonceau aux armoiries du Roy & non du seigneur en la iustice duquel le decret se faict, ainsi qu'il a esté iugé par arrest du vnziesme Decembre, mil cinq cens septante six, dont on peut voir Bacquet traicté des droicts de iustice, chap. vingt sixiesme. Qui voudra voir plus amplement de ceste matiere, il peut lire ce qu'en ont escrit les Autheurs cy dessus nommez, & Papon liure dixhuictiesme tiltre sixiesme.*

DE CAS DE PROXIMITE'.

TILTRE LXX.

† Au liure escrit à la main, y a premesse : & par tout ce tiltre ainsi se lit au lieu de proximité.

CAs de proximité †, que ᵃ les Clercs appellent cas de retraict, selon les coustumes locaux, si est quand aucun vend heritage qui luy vient par succession, & aucun de ses prochains du costé dont l'heritage vient, le veut rauoir pour tels deniers que vendu estoit. Si sçachez que qui ce veut faire, il conuient qu'il soit descendant du lez & costé dont l'heritage ainsi vendu vient & descend, & le plus prochain du lez & costé que l'heritage ainsi vendu vueille demander par proximité.

Que le plus prochain à la proximité.

Car s'il aduenoit qu'vn prochain demandast à rauoir heritage par proximité, & dedans le temps que demander le peut par la coustume localle, vn autre parent plus prochain vendeur du lez & costé venoit en Cour pour demander icelle proximité, sçachez que le plus prochain l'auroit par loy. Mais si tant attendoit que le temps de demander la proximité selon la coustume du lieu fut passé, à tard y viendroit & le rauroit le premier demandeur de ladicte proximité.

Comment on doit demander proximité.

Et pour-ce demander qui deuëment le veut faire, il conuient ce faire dedans le temps que la coustume du lieu & court dont l'heritage est tenu le desire à faire, ou autrement à tard y viendroit, & en conuient faire plaincte à loy si est en lieu où on vse par coniure de loy : & si c'est en Cour où on vſe deuant Iuge par permiſſion, faire le conuient par commiſſion & par adiournement à certain iour, auquel iour conuient ſa demande ramener à faict, & offrir telles mailles & deniers, que monte la vente de l'heritage ainſi demãdé par proximité en deniers prompts & comptans : car ainſi le requiert la couſtume à ce introduicte, ou autrement ſeroit ſa demande moins que ſuffiſamment ramenee à faict, car l'achepteur ne doit plus auant aller pour ſes deniers auoir qu'en iugement s'il ne luy plaiſt, & la plaincte iugee par loy, ledit demandeur doit faire à loy veuë de l'heritage ou heritages demandez de piece en piece, auant l'octaue que la partie doit eſtre adiournee à la quinzaine, & hors octaue, & doit eſtre toute fraude oſtee de ce, & tout dol, & toute deception : & pour-ce plus atteindre, & que fraude trouuee n'y ſoit, ſi celuy qui demande la proximité, requiert en iugement que le vendeur & achepteur ſoient contraincts par ſerment de dire la verité, de la forme & maniere de la vente, iurer en doiuent ſolennellement, & dire toute la verité, à fin que le demandeur de ladicte proximité puiſſe voir & ſçauoir la forme du marché : & tout ce que traicté en fut, & fut ce introduict par la malice de tels vendeurs, qui pour oſter la proximité le font les vns à voyages, & puis le treffons, car ſi ce eſt trouue faict par vn meſme denier à Dieu, & vne ſeule perſonne, fraude ſi embat pour oſter la proximité. Ou encore le treffons à vn autre, puis que ce ſeroit trouué que ce ſeroit faict par vn ſeul homme en concluſion à demeurer voyage & treffons, mais s'il eſtoit trouué que ce fuſt par deux deniers à Dieu, & à deux perſonnes, l'vn pour le voyage, & l'autre pour le treffons, chacun à part ſoy & ſans fraude : tel marché eſt dict ſans fraude, & eſt à tenir, & n'y eſt point de proximité à demander quant au voyage. Mais encore chet il proximité ſur le fons qui demander le voudroit, à prendre apres le voyage ainſi & ſans fraude faict & vendu comme dict eſt, car le droict de proximité fut introduict à fin que les heritages n'eſlognaſſent mie leur droicte ligne, pour la vente du poſſeſſeur, puis qu'il ſeroit prochain, que pour tels mailles & deniers que vendu ſeroit l'heritage, le voudroit rauoir quant au fons, & à la proprieté, car [b] en voyage n'a point de proximité, pour-ce que ce n'eſt vendu qu'à temps : & le temps paſſé la proprieté en peut retourner au droit hoir, & pour-ce ſur voyage ne s'aſſiet ſur proximité. Et ainſi a-il eſté iugé en la Cour de Parlemẽt, entre certaines parties, en l'an mil trois cens quatre vingt & vn. Et ce s'appreuue par la loy eſcrite.

Additio. *Toutes ces additions marquees () ne ſont au liure eſcrit à la main : & au lieu d'icelles y a d'autres couſtumes & d'articles qui ſont icy omis.*

Facit quaeſtionem Maſue. in tit. de retract. an ſi ille ad quem ſpectat vſuſfructus alicuius poſſeſſionis, emerit proprietatem, propter quod vſuſfructus ſit conſolidatus proprietati, & proximior petat retractum rei venditae: vtrum fieri debeat remanente apud emptorem ſuo vſufructu ? Vide ibi per eum : quae quaeſtio non eſt omnino diſſimilis huic dicto. & facit pour ce l'article cent quatre vingt & vn, au tiltre de retraict lignager, des couſtumes de Paris.

Additio

Adde etiam de venditione facta sub pacto legis commissoria vel adiectionis in diem, vel de retrouendendo, an currat tempus retractus à tempore dicta venditionis, vel à tempore finiti pacti, pro hoc decisionem Parlamen. Delphinat. quaest. 258. vbi adducitur text. in l. 2. §. biduum. ff. quando app. sit. Boerium in consuet. Bitur. tit. de consue. retract. §. 1. in fine glos.]

Coustume de Paris.

Additio.

La coustume de Paris, art. 130. porte que l'an du retraict lignager ne court, sinon depuis l'infeodation ou saisine faicts ou prins par l'acheteur.

[Par la coustume de Paris on peut demander le retraict dedans l'an de la vendition, ou dedans l'an de la saisine & infeodation prinse par l'achepteur de la chose que l'on demande à auoir par retraict, & ne court ledit temps, sinon depuis l'infeodation ou saisine: & dauantage par ladicte coustume le plus prochain n'emporte pas le retraict: mais celuy premier qui preuient en adiournement sera preferé à tous autres, posé qu'ils soient plus prochains parens du vendeur.]

Coustumes de Chartres.

Additio.

En la coustume de Chartres imprimee: Cest article ne se trouue, mais elle porte art. 3. tiltre de retraict, que l'an & iour du retraict est de la possession réelle & actuelle.

[Par la coustume du Duché & Baillage de Chartres, le lignager doit demander dedans l'an & iour le retraict: & si le retrayant se laisse mettre en comparuit, l'vn des lignagers pourra estre subrogé au lieu à pourchasser le retraict.]

[Item tu vois qu'en matiere de retraict, il y a difference selon la coustume des lieux qu'il faut garder quant à ce.]

[En matiere de retraict ay veu ce different, qu'vn achepteur fut mis en procés en matiere de retraict lignager par vn quidam, l'achepteur fist serment qu'il auoit desbourcé la moitié des deniers de la vente, & que pour l'autre moitié il auoit constitué rente. Or la coustume du lieu disoit que dedans douze heures le retrayant doit rembourser. Offroit iceluy demandeur en retraict à deniers descouuers ladicte moitié, & que pour l'autre moitié, attendu qu'il auoit achepté ladicte rente, luy en offroit fournir transport & cession. Le Iuge combien qu'il n'eust esté contesté sur ladicte coustume, ce neantmoins appoincta les parties à informer: dont fut apellé à la Cour, & fut mise l'appellation de ce dont auoit esté appellé, à neant, sans amende ny depens, & ordonné que ledict retrayant fourniroit dudict transport ou defend, dedans huictaine, & satisferoit promptement à ladicte somme de deniers.

Additio.

Item aduenant le cas que l'achepteur mette en procés le vendeur à fin de luy bailler & liurer la chose ou heritage vendu, sçauoir si pendant le procés le temps de retraict doit courir, & videtur quod currat, quia est venditio facta, & rem venditam esse sufficit, argumen. C. de rescindend. vend. l. Licet. 2. In contrarium posset dici quod ex quo dominium non est traslatum in emptorem, non debeat currere: de hoc nota. in l. Maiores. C de inofficio. testa.]

ANNO-

ANNOTATIONS SVR LE TILTRE SOIXANTE-DIXIESME.

PLVSIEVRS ont escrit du retraict lignager, & entre autres Tiraqueau, & ceux qui ont escrit sur les coustumes de diuers pays & prouinces de la France. Nous en auons amplement discouru sur la coustume de Paris, aux memorables & autres liures. Ce droict aux anciens liures de practique, & des coustumes se nomme retraict de premesse, qui signifie proximité, comme la diction presme, le prochain lignager, & souuent l'Autheur vse dudict mot comme aussi il se lit au liure escrit à la main, au lieu de proximité. Il est appellé par les Grecs ius προτιμήσεως duquel est traicté in nouel. Constantini Imperatoris Porphyrogeniti, qui est à la fin d'ecloga basilicωn, & en celles de Romanus Senior, & de Federic. Autrefois les suiects de l'Empire Romain en auroient vsé, mais il a esté depuis reuoqué, l. Dudum. C. de contrahend. empti. toutesfois nonobstant ladicte constitution il a esté remis en vsage, tant en Italie, aux Gaules, qu'autres pays. De la coustume de France pour ledict retraict, faict mention Faber in §. si plures Instit. de legit. agnat. success. & Masuerius tit. de retractu. & est ledict droict pour le regard des heritages assis en France, tellement propre aux François, qu'vn estranger, encores qu'il fust propre lignager du vendeur ne seroit receu à retirer l'heritage par luy vendu, vt scribit Baro lib. 4. de beneficiis, ex l. Quidam. D. de pœn. l. in orbe. D. de statu homin. l. 1. C. de hæred. Instit. & al. Pour le temps que l'an & iour du retraict lignager commence, & pour la preference des lignagers, qui y veulent venir, & pour les solennitez requises à faire la poursuite du retraict, & le temps de consigner par le retraiant, y a grande diuersité de coustumes, comme peuuent obseruer ceux qui en ont quelquefois à faire. Mais pour le regard de ce que lesdictes coustumes portent; comme aussi l'autheur escrit, que le parent & lignager du vendeur, du costé & ligne dont est venu & escheu l'heritage, est receu au retraict lignager, il le faut entendre, qu'il suffist estre lignager du vendeur, encores que le retraiant ne soit descendu de celuy qui premier a acquis l'heritage comme il est bien interpreté par la coustume de Paris, article cent quarante & vn, & trois cens vingt neuf, & a esté iugé par plusieurs arrests de la Cour en ladicte coustume, celles de Meaux, Clermont en Beauuoisis, & autres dont i'ay remarqué deux arrests, l'vn du huictiesme Mars, mil cinq cens soixante & vn, & l'autre du dix-huictiesme May, mil cinq cens quatre vingt deux. Ce que tesmoigne aussi Molineus ad quæst. 87. Ioh. Galli. & y en a encores arrest de l'an mil cinq cens quarante cinq. Quant à ce que l'Autheur escrit de la preference du plus proche lignager, il parle selon quelques coustumes: mais par celle de Paris & autres, le premier qui faict adiourner en retraict doit estre preferé à tous autres, posé qu'ils soiēt plus proches parens du vendeur: toutesfois si deux ou plusieurs lignagers estoient concurrens en mesme temps, i'estimerois que le plus proche deuroit estre proferé: encore qu'aucuns estiment qu'ils puissent estre esgallement receus au retraict, iuxta l. Si hominem. §. vlt. D. depositi. Qui voudra voir plus amplement de ceste ma-

tiere il peut lire les Autheurs dessus nommez, Choppin sur la coustume de Paris, & autres.

b *Le semblable est porté par la coustume de Paris, article cent quarante sept, que si aucun vend l'vsufruict de son propre heritage à personne estrange, ledict vsufruict ne chet en retraict, qui est bien interpretee par la coustume de Melun, article cent trente deux, mais si apres il vend la proprieté au mesme achepteur, le tout sera retrayable: & s'il vend ladicte proprieté à autre qu'à celuy auquel il a vendu l'vsufruict; ou qu'il la vende retenant à soy ledict vsufruict, telle proprieté tombera en retraict. Les additions qui sont adioustées à la fin de ce tiltre ne sont de l'Autheur, & ne se lisent au liure escrit à la main, comme i'ay marqué en marge: ains au lieu d'icelles sont inserez des articles des coustumes de Tournay, de Gand, & autres du pais bas: & des formula res de commission & rescription de Sergent pour le faict du decret, que on pourra adiouster à la fin du liure.*

DES CHOSES VENDVES QVI VONT A RVINE AVANT QVE LIVREES SOIENT.

TILTRE LXVI.

LA loy dict que quand marché est faict par vente & par achat d'aucune chose: si tost que le prix est accordé, & denier à Dieu donné, la vête ne se peut deffaire si n'estoit que ce fust par le consentement de vendeur, & d'achepteur, & ne peuuent l'vn sans l'autre, car si l'vn se vouloit repentir: si ne pourroit ce faire, si tous deux n'en estoient d'accord, & pour-ce si tost que contract se faict d'entre deux parties, il conuient par la loy escrite que tenu soit cõme chose ferme & tenable. *C. de actionibus empti & vendi. l. Venditi actio.* Si s'ensuit[a] que supposé que la vente soit faicte si comme dict est, auant que la saisine proprietaire en soit baillee par le vendeur à l'achepteur par loy, si comme coustume localle le desire & enseigne à faire, s'il aduient que par aduenture de feu ou d'orage de temps, ou de cheuauchee de Prince, la chose qui seroit acheptee, allast à ruyne ou à perdition sans la coulpe du vendeur: sçachez que le dommage en est à l'achepteur cõbien qu'encore n'eust payé les deniers de la chose venduë, ou qu'en possession n'en fust mis, si comme dict est: & nonobstant que du marché n'en fussent les lettres, escrits faits ne liurez. Mais si la demeure du marché liurer est oit en la defaute du vendeur, & sur ce le peril aduient en la chose vendue: lors ce seroit sus le vendeur, & non pas sus l'achepteur. *C. lib. 4. Rub. de periculo & commodo rei venditæ. l. Post perfectam venditionem. & l. Cum speciem venditam. Et Insti. lib. 4. de emptione & venditio. § Cum autem emptio. & §. sed si post venditionem.*

Vide l. 1. & 2. C. quand lic. ab. empt. disced.

De chose mobile.

Item en chose mobile s'il aduient que le vendeur ait faict marché expres à l'achepteur, & de la chose venduë, la demeure du liurer le marché n'en soit au vendeur, sçachez que si la chose venduë empire depuis, ce demeure au peril de l'achepteur, & de riens au peril du vendeur. Et si c'estoit chose qui se liurast par mesure, & l'achepteur depuis la vente faicte print les clefs & la garde de la chose venduë : si depuis la vente elle empiroit, si seroit au peril de l'achepteur & non du vendeur. Mais si la garde ou les clefs ne prenoit l'achepteur, ce demeureroit au peril du vendeur. *C. lib. 4. Rub. de periculo rei vendita. l. Cum inter emptorem & venditionem.*

De chose vendue par execution.

Et s'il aduenoit que la chose qui venduë seroit par execution de iustice, c'est à sçauoir par encheres & subhastations, la maison ou la chose venduë allast à perdition par feu de mechef, ou par fouldre d'orage, ou par ost, ou par cheuauchée de Prince, sçachez que nonobstant que le marché de la vente faicte par certain prix & denier à Dieu donné, semble estre contract de liberalle volenté, comme dessus est dict : Toutefois pour-ce que le marché n'est pas fermé, pour ce qu'encheres s'y font, & qu'on ne sçait encore à qui il demeurera, ne qui sera le dernier encherissant, le peril de la chose venduë demeure sus la chose & non sus l'achepteur iusques à tant que les criees & subhastations seront passées, & que commission iteratiue doit estre leuee pour bailler la possession à l'achepteur, & luy faire vuider sa main des deniers que monte la somme des achat & vente de la chose vendue. Si n'estoit que par le vendeur ou pour la cause de luy eust debat ou opposition en la chose venduë : car durant icelle, & iusques à ce que determiné en seroit, ce seroit au peril du vendeur, & non à l'achepteur. Et si par le costé de l'achepteur venoit le contredict ou opposition, iusques à ce que determiné en seroit. Et ainsi fut-il cõseillé par les sages Aduocats & Procureurs en Parlement, & par especial par Monseigneur le Chancellier de Bourgongne appellé Monseigneur Iean Canart.

A qui doiuent appartenir les fruicts de la chose venduë.

Et s'il [b] aduenoit qu'en la chose venduë aucun emolument ou autres exploicts y cheissẽt à leuer & perceuoir depuis le marché de la vente faicte, si comme dict est, iusques au liurer la possession proprietaire, si comme dessus est dict, sçachez que si c'est vente faicte de pure & liberale volẽté & cõsentemẽt d'entre le vẽdeur & l'achepteur, tout le profit venãt depuis la vẽte de la chose vẽdue, appartient à l'achepteur, iaçoit ce qu'encore n'en soit en vest n'ẽ possessiõ corporelle, n'escrit sur ce fait ne liuré, mais si c'estoit fait par vente qui se fist par rencheres, & par execution de iustice lors n'en apparti endroit l'emolument iusques à ce que le decret seroit baillé & scellé, & la possession baillee à l'acheteur par vuidant sa main des deniers de la venduë. *l. Fructus post perfectã. C. de actio. emp. & vẽdit.*

Exemple sur ce.

Le tiers iour ou enuiron deuant la sainct Iean, vne maison fut venduë par liberal consentement d'entre vendeur & achepteur, auant les criees dudit vendage, la sainct Iean eschet que le loyer de ladicte maison eschet à payer ou doit estre payé. Auoir le veut l'achepteur, pour-ce qu'il dict qu'à luy appartient comme apres vente & marché faict de liberale voulenté, le vendeur disant du contraire, & qu'encores n'a-il fait vest ne possession baillee. Dict fut par les sages coustumiers de Parlement qu'à l'achepteur appartient, mais si c'estoit par vente de rencheres & par execution de iustice, non, iusques à ce que les subhastations seroient passees & le decret seellé comme dict est dessus, puis que l'emolument demandé & contentieux seroit aduenu depuis le iour de la vente faicte. mais si c'estoit chose en estre au iour de la vente ce demeureroit au profit de l'achepteur, si comme si c'estoit d'vn champ de vignes qui fust vendu la raison atourne, ou vn iardin chargé de fruict, ou vn champ lors aduestu de sa vesture qui fut issuë & leuee hors de terre, lors demeureroit ce à l'achepteur, supposé que par renchere se vendist. Car dés le iour de la vente la chose en estre est tradible. *C. lib. 4. Ru. de actionibus empti & venditi. l. Si traditio rei.*

Item si comme dict est que le dommage si appartient à l'achepteur, quand par le vendeur ne demeure que liuré ne soit dedans le temps deu: aussi dois sçauoir que si profit y a, ce appartient à l'achepteur aussi bien que faict le dommage, *de regulis iuris. Qui sentit onus, sentire debet & commodum. Et C. lib 4. de acti. empti & vendi. l. Sicut periculum.*

De grain vendu à iour.

De l'actiõ quanti plurimi, & de l'estimation de la chose vendue a esté traicté cy dessus.

Item dict la loy escrite que si par la demeure du vendeur tient que la chose venduë n'est liuree au iour nommé, ce demeure au peril du vendeur, supposé que ce fust en grain qui montast depuis le iour de la vente iusques au iour que liuré deuoit estre, si liuré estoit audit iour, il n'y cherroit pour l'action de *quanti plurimi*, mais depuis le iour, si liuré n'estoit lors y cherroit l'action de *quanti plurimi. l. Si traditio. C. de actio. empt. & l. 2. C. de peric. & commod. rei vend.*

De bestes vendues.

Item dict la loy escrite que si les bestes qui sont vendues à liurer à iour, si auant que liurees soient, elles faonnoient, les faons seroient à l'achepteur parmy le premier achat. *l. Post perfectam venditionem. C. de actio. empt.*

Des lettres parlans sur le nom d'autre que de l'achepteur.

Et s'il aduenoit qu'aucun achetast de ses deniers aucune tenure, & au faire les escrits, aucun autre y fust denommé acheteur qui eust la chartre de l'achat, & par ce s'en voulsist dire Seigneur, pour ce qu'il auroit la chartre par-deuers luy, sçachez que pour-ce ne demeure par la loy que la vente ne sortisse effect, & que celuy qui ses deniers y a mis, ne doine demeurer droict Seigneur, si autre condition n'y a entre eux. *C.lib. 4. Ru. siquis alij vel sibi sub alterius nomine, &c. l. Cum propria pecunia.*

De maison qui durant la vente va à ruine.

Item s'il aduenoit [d] que la maison mise à vente & à criées par subhastations tournast à ruine, auant que l'achepteur la peust auoir en deliure, sçachez que pour-ce ne demeureroit qu'il ne conuint que l'achepteur la print à sienne, qu'il ne payast les deniers, mais si c'estoit sans sa coulpe, le vendeur luy seroit tenu de remettre en tel estát qu'elle estoit au iour du denier à Dieu donné, ou il payeroit autant moins d'argent, qu'il seroit esgardé par sages à ce cognoissans, qu'empirée seroit depuis, & si c'estoit par sa coulpe ou par son refus ou opposition, ou par sa contradiction dont il eust cause & droict de ce faire: si seroit-il encore ainsi. Et si c'estoit par sa contradictiõ, qu'il en dechet il n'en auroit nul restor qu'il ne conuint payer les deniers. Et ainsi fut-il dict & iugé par arrest de Parlement, contre vn Bourgeois de Tournay appellé Hue Mouton, qui auoit en celle ville acheptée vne maison, laquelle decheit grandement durant ses criées par oppositions que plusieurs y firent sans la coulpe de l'achepteur. Il fut dict que pour ledict heritage seroit tenu de payer les deniers de la venduë, mais on luy remettroit la maison en tel estat qu'elle estoit au iour du denier à Dieu donné, où il en payeroit tant moins à l'esgard des sages. *Insti. lib. 3. de emptio. §. cum autem.* *Arrest de Parlement.*

[*Arrest de Parlement entre la veufue du Val & autres, par lequel il fut dict que l'appellant feroit vuider l'instance qui estoit, à fin de distraire la moitié de la Seigneurie qui auoit esté mise en criées par ladicte veufue du Val, dedans trois mois, & qu'en default de ce faire, ladicte seigneurie seroit criee pour la moitié, combien que ce fust au grand preiudice de celuy sur lequel on crioit: mais toutesfois ce ne doit pas empescher que le creancier ne soit payé, & qu'il ne face faire lesdictes criées pour estre payé de sa somme, & estoit le fait tel, que ladicte veufue pour estre payée de quelque somme de deniers, elle auoit fait mettre en criées quelque Seigneurie, ausquelles criées quelque quidam s'opposa à fin de distraire la moitié de ladicte Seigneurie: nonobstant laquelle opposition à fin de distraire, ladicte veufue du Val requist que l'autre moitié qui estoit clere, fust criée: ce qui fut ordonné estre faict par le Preuost de Paris, dont il y eut appel, l'appellation en ce dict a esté mise à neant: & ordonna ladicte Cour que celuy sur le quel on crioit, feroit instruire l'instance qu'ensuit, à fin de distraire.*] Addition qui n'est au liure escrit à la main.

De vendre par iustice pour plus d'argent que ne monte la somme contenue en l'obligation.

DE vendre [e] par execution de iustice pour plus d'heritage que ne monte la somme contenuë en l'obligation, il aduint en l'an 1384. qu'vn Cheualier d'Amiens estoit obligé en la somme de deux cẽs liures enuers vn Bourgeois dudit lieu d'Amiẽs sur lettres de baillé. Le Cheualier fut refusant de payer; pourquoy il conuint que ledict Bourgeois fist executer ledit Cheualier. Aduint que le Sergent à qui l'executoire s'addressa, s'auança de vendre deux fortes maisons que le Cheualier auoit tenuës tout d'vn fief & d'vn Seigneur: & qui esbrancher ne se pouuoient. Et monta la venduë à deux mille liures, & le Cheualier n'en deuoit que deux cens. Quand le Cheualier vit qu'on vendoit ses maisons iusques à si grand somme, qu'à deux mille liures pour deux cens liures seulement qu'il deuoit, il s'opposa à la venduë: & par-ce fist tout cesser. Et ce fist-il par vn mandement dont l'opposition alloit en Parlement. Au iour assigné, le Cheualier soustint son opposition, disant que raison ne pouuoit souffrir que pour la somme de deux cens liures fussent venduës deux maisons, & la terre à ce appartenante qui bien valoient deux mille liures ou plus, & qu'ainsi fust des-herité & mis hors de sa terre qui luy venoit de son patrimoine: pourquoy, &c. Le Sergent & son maistre soustenans leur execution, & disans que faire & soustenir se pouuoit par plusieurs raisons. La premiere si estoit que par les lettres obligatoires ces mesmes heritages y estoient obligez & hypothequez: pourquoy, &c. L'autre raison si estoit que tout estoit d'vn fief, en vn seul corps d'vn seul tenemẽt, d'vn seul relief, d'vn seul hõmage, & d'vn seul Seigneur tenu, car par ce ne si pouuoit diuiser ne departir, ne riens n'en pouuoit estre escliché, pourquoy le Sergent executeur en peut riens vendre n'escliché quelque part separéement, ne rente, n'assenne sur-ce faicte, par la raison que c'estoit fief, pourquoy veu que ledict Cheualier n'auoit autres heritages qui se peussent mettre à vente, ne biens meubles qu'assenser voulsist, droict vouloit que l'execution commencée se parfist & s'enterinast, nonobstant l'opposition faicte sur-ce. La troisiesme raison est que le Sergent auoit le Cheualier sommé à tous les solemnitez de l'execution, c'est à sçauoir au premier si payer vouloit au denier à Dieu, receu, si r'achepter le vouloit. A la premiere criée si riẽs plus vouloit dire, & nonobstãt tout ce ledict Cheualier auoit tousiours vsé & laissé passer sans autre chose dire qu'oppositiõ friuole: & par plus forte raison encore le sommoit ledict Sergent, que si autre chose vouloit dire, qu'il le dist. Ou si autre chose de ses biens sçauoit ou vouloit assenser, qu'il le dist: & ledict Sergent estoit tousiours prest de condescendre à quelques biẽs qu'il luy vouloit mettre auant qui fussent à luy appartenans, pour oster que lesdicts heritages, pourquoy il s'estoit opposé, ne fussent vẽdus: si non, ledict Sergẽt & son maistre disoient que l'execution par eux encõmencée si se deuoit parfaire nonobstant oppositiõ faicte par ledict Cheuallier, de laquelle il deuoit estre debouté, auec condemnation de despens & amende de fol opposant. Ledict Cheualier duplicant & disant du contraire, &c. Tout veu, il fut dict par la Cour de Parlement, & par arrest, que l'execution encommẽcée se parferoit, & que puis que ledict Cheualier auoit esté sommé, & que ledict fief ne se pouuoit esbrancher ne desseurer, vẽdu seroit au plus offiant & derrain encherisseur. Et le residu de la venduë, le crediteur payé auec despens raisonnables, seroit rendu par bon compte faisãt audit Cheualier. Et fut ledict Cheualier cõdamné és despens, &c. Pourquoy il semble que si autres biens peussent auoir esté trouuez, ou que l'heritage fust partable, on ne doit ne peut vẽdre plus que pour auoir la

Arrest de Parlement.

somme obligée qui sagement veut faire. Et ainsi en ay-je veu iuger l'opinion de tous les sages à qui i'en ay demandé. Car de moins qu'on peut on doit adommager le detteur, & toutesfois faut-il que satisfaction soit faicte, comme dessus auez ouy, auant sur tout en heritage quel qu'il soit. Car pour faueur ne peut on ny ne doit aucun tenir en tort que solution ne s'en face puis qu'à iustice est requise.

ANNOTATIONS SVR LE TILTRE SOIXANTE ET VNZIESME.

a I'AY *parlé cy dessus de la question qui est icy traictée: mais la dispute est si l'achepteur est tenu du peril, au parauant la tradition de l'heritage à lui vendu. Car la difficulté est plus grande pour la chose immobiliaire: toutesfois par la reigle generalle de droict, le peril appartient à l'achepteur si tost que la vendition est parfaicte, encores que la tradition ne luy en eust esté faicte: comme escrit disertement Iustinian,* §. cum autem. Instit. de empt. & vendit, *ce qui est confirmé*, l. 7. 8. & 11. D. de peric. & com mod. rei vend. l. 1. 4. 5. & 6. C. eod. l. Si in emptione. §. pen. D. de contrah. empt. l. Cùm emptor. §. 1. D. de rescind. vend. & al. & d. l. 4. *dict en ces termes*, cùm inter emptorem & venditorem de pretio conuenit, moraque venditoris in traditione non intercessit periculo emptoris rem distractam esse, in dubium non venit. *Mais semble faire au contraire* l. Si fundus. D. locati. *toutesfois on peut respondre, comme a bien obserué Accursius, qu'elle parle en vn cas particulier, quand l'heritage a esté faict public, deuant la tradition, soit qu'on vueille ainsi interpreter* publicatus fuerit, *ou pour auoir esté confisqué; Car telle publication est presumée estre faicte à cause du vendeur, & non de l'achepteur, qui n'estoit encores possesseur du fonds ou heritage vendu. Quand ie dis le peril estre de l'achepteur, i'entends qu'il doit payer tout le prix, ou s'il l'a paié, qu'il ne le peut repeter, soit que la chose soit perie du tout, ou diminuée. Et quant aux meubles n'y a doute, que si tost que le marché est conclud & arresté par conuention de prix, le peril n'appartient à l'achepteur, mesme deuant la tradition si le vẽdeur n'est en demeure,* l. vlt. C. de pericul. cõmo. rei vẽd. *sinõ aux cas qui sõt traictez* in l. 1. 2. & al. D. eod. & l. 2. C. eod. *dõt i'ay traité cy dessus. Ce que i'ay dict du peril de l'heritage vẽdu qui doit tõber sur l'achepteur, se doit entẽdre de la vẽditiõ volõtaire: Car quãt à celle qui se feroit par adiudicatiõ par decret, ie serois bien de l'opinion de l'Autheur, que l'adiudicateur ne fust tenu du peril & danger, iusques à ce que l'heritage luy eust esté adiugé & deliuré: encores qu'auparauant il eust mis son enchere, sur laquelle l'adiudication eust esté faicte: par-ce que iusques à la deliurance faicte par le Iuge, par la prononciation qu'il en faict en iugement, l'encherisseur ne peut estre reputé proprietaire, & seigneur de la chose.*

b *La distinction que faict l'Autheur entre la vendition volontaire, & l'adiudication par decret, est fondée en la disposition de droict pour les fruicts de la chose vendue, lesquels en vendition volontaire, encores que lors d'icelle ils soient meurs, & prests à recueillir, appartiennent à l'achepteur,* l. Iulianus. §. si fructibus. D.

de act. empt. l. Fructus. C. eod. *Mais quãt à l'adiudication par decret, les fruicts perceus par le commissaire pendant les criées, demeurent au proprietaire, & n'appartiennent à l'achepteur, lequel ne peut pretendre les fruicts de la chose adiugée, iusques à ce qu'il ait satisfaict à la cõdition de l'adiudication, à sçauoir de consigner,* l. Valerius. D. de iure fisci. iuxta §. Venditæ. Instit. de diuis. rer. *Toutesfois si le prix de l'adiudication ne suffist aux creanciers, lesdicts fruicts leur seront adiugez comme procedans du gage iudiciaire qui se faict à la conseruation des droicts d'iceux.*

c *Faut ainsi entendre la l.* Cùm propria pecunia *icy alleguée, que celuy qui a achepté de ses deniers quelque heritage, sous le nom d'autruy, auquel il auroit baillé le contract de l'acquisition, & qui s'en seroit mis en possession, peut seulement agir par action personnelle à l'encontre de celuy sous le nom duquel il auroit faict ladicte acquisition, à fin de lui en rendre & restituer la possession auec les fruicts, qu'on peut prendre pour exemple de la condition appellée* triticiaria. *Car il ne peut auoir action réelle, d'autant qu'il n'auroit eu tradition de la chose acheptée,* l. 1. C. eod. *Mais par le droict François y auroit de la doute s'il n'auoit contre-lettre de celuy qui est denommé audict contract de vendition, à cause de l'ordonnance de Moulins, & s'il denioit le faict du demandeur, il luy faudroit obtenir lettres royaux, fondées sur le dol d'iceluy, ou autres moyens de droict.*

d *Il confond icy la vendition volontaire auec l'adiudication par decret: & le* §. cùm autem. Instit. de emptio. *parle de la vendition volontaire, laquelle est parfaicte incontinent qu'il auroit esté conuenu du prix, & des-lors le peril appartient à l'achepteur, comme nous auons monstré cy dessus. Mais pour le regard de l'adiudication par decret, le peril de la chose saisie & mise en criées n'appartient à celuy qui auroit enchery, iusques à ce que l'adiudication & deliurance lui auroit esté faicte, par-ce qu'auparauant il n'est proprietaire & Seigneur de la chose: & par consequent ne peut estre tenu de la perte & danger. L'arrest icy adiousté est notable, en l'espece de l'opposition à fin de distraire la moitié de la terre ou heritage mis en criées, car encores qu'il se puisse mieux vendre en total, que ne feroit la moitié indiuisée, en quoy consiste l'interest du detteur: si est-ce que puis que la moitié est rendue litigieuse, si le detteur saisi ne faict vuider l'opposition à fin de distraire dans certain temps, à lui prefix, il est bien raisonnable de vendre l'autre moitié qui est claire, pour l'interest des creanciers.*

e *L'vsage de l'arrest icy recité est maintenant obserué, mesmement apres l'ordonnance de Moulins, qui permet d'accumuler plusieurs moiens d'execution, iusques à ce que le creancier soit paié: tellement que le creancier peut faire executer les meubles de son detteur, & saisir & mettre en criées ses terres & heritages, encores qu'ils soient de plus grande valeur que sa dette: & n'a le detteur autre moyen pour empescher la vente, sinon qu'en paiant: comme il a esté souuent iugé par arrest de la Cour, & qu'il s'obserue à present en practique.*

DES

DES SEIGNEVRS QVI VEVLENT AVOIR LES DROITS SEIGNEVRIAVX DES HERITAGES vendus non vuerpis.

TILTRE LXXII.

AVCVNESFOIS ª aduient que puis qu'vn vendage est d'aucun heritage, supposé que le vuerp n'en soit pas fait, si veulent auoir les seigneurs de qui les heritages sont tenus, leur droicture ainsi comme si vuerp en estoit fait par eux & par leur loy, & pour ce que ceste matiere descend & ensuyt assez les rubriches des vendages dont dessus est touché, ie te veux monstré que sur ce en ay ouy & veu par les sages tant en droict Ciuil, cõme en droit Canon. Si sçachez que selon la loy escrite, & selon raison (à laquelle chose il conuient que toute chose raisonnable se rapporte, ou autrement elle seroit corruptible, & non pas coustume tollerable) si tel deui de marché d'heritage est traitté ou fait, jaçoit ce que le denier à Dieu en soit donné, & le marché promis à faire, toutesfois le vest & deuest n'est pas fait, ne l'heritage cogneu deuant le seigneur : pour tel marché ainsi fait, deuisé ou traitté, le seigneur n'y a que demander deuant que desuest & aduest soient fais deuant luy & ses hommes. Car deuant ce n'est que marché deuisé, ne deuant ce que par la loy soit fait n'est l'heritage à l'acheteur. Et s'il aduenoit que le marché deuisé & traitté & ainsi fait comme dit est, sans estre recogneu deuant loy, les parties si repentent & ne voulsissent proceder auant en l'adheritement faire, pour ce ne les pourroit ne deuroit le seigneur traitter à amende ne à droicture, car repentir se peuuent quand il leur plaist, iusques à ce que deuant le seigneur soient venus recognoistre : ne deuant n'y peut demander quelque droict à cause de sa seigneurie.

Exemple sur ce.

Il aduint qu'vn appellé Iean des Pierres Despelchin en Tournesis, vendit à vn autre appellé Collart du Bos trois Bonniers de terre arable à la mesure du lieu : & furent d'accord du prix, & des payemens & le denier à Dieu donné, tant fais sur sur ce parties d'accord que le seigneur fut requis pour faire l'aduest dudit heritage, & au vẽdeur voulsist faire court laquelle chose fust faite. Aduint que les parties ne furẽt pas d'accord dudit marché, & ne voulurent aller plus auant. Et quand le seigneur vit ce, il voulut auoir sa droicture d'yssuë & d'entree, & tout tel droit que si l'aduest & deuest eust esté parfait, disant qu'en luy ne demeureroit : & que le marché estoit fait & passé, puis que le denier à Dieu auoit esté sur ce receu du vendeur, marchez & feurs fais nommez & declarez sur ce & les parties d'accord,& que pour la repentise & debat des parties il ne deuoit perdre sa droicture & en fist le seigneur plainte à loy. Les parties disans du contraire, parce qu'ils disoient p is que desuest & aduest par loy n'en estoient fais, supposé que le marché eust esté contracté si comme dit est, consenty & accordé des parties: toutesfois riens n'en auoit esté faict ne passé à loy, dont hommes ne seigneur eussent esté embesoignez, ne fait coniure ne semonce de loy: pourquoy le seigneur à mauuaise cause s'en estoit plaint, & faisoit demande de ce. Tout veu, il fut dit par les sages clercs en droit, & par sages coustumiers du pays la chose bien consideree & mise en debat de plusieurs, jaçoit ce que plusieurs seigneurs se fussent aucunesfois fait payer de leur droicture en cas pareil, que le seigneur n'y auoit droict ne droicture aucune: & que puis qu'ils n'estoiēt venus iusques à deuest & aduest, le seigneur n'y pouuoit riens demander. Mais pource qu'à leur requeste les hommes de la Cour auoient esté assemblez, ils deuoient auoir leur iournee, s'il leur plaisoit, & telle iournee qu'ils ont accoustumé à auoir quand ils sont appellez hors iour de cour. Et si c'estoit en iour de cour, riens n'en deuoit auoir, & de ce seroit tenuë la partie en qui faute la chose seroit demeureee, si d'accord n'en estoient. *de hoc verbo Salice. in l. vlt. C. de Iu. Emphyt.*

Le seigneur ne peut demander son droict que le deuest & ad uest ne soit fait.

Exemple de droicture composee au seigneur, & puis non faire le vuerp.

Exemple sur la rubriche dessusdite en trop plus forte raison. Il aduint qu'vn appellé Vincent de Comines vendit vne terre qu'il auoit situee dessous le seigneur de Rume en Tournesis, à vn appellé Iacques de Grātmont. Le marché faict & le denier à Dieu donné d'entre icelles parties, ledit Vincent vendeur pour auoir meilleur marché de la droicture du seigneur traita & composa tant audit Seigneur de Rume, que de xvj. liures de droicture qu'en deuoit auoir ledit seigneur, il luy quitta pour six liures: & ainsi fut d'accord le seigneur audit Vincent. Aduint que les parties ne furent mie d'accord, & faillit le marché, le seigneur voyāt que le marché d'entre lesdites parties estoit failly, si traist en cause ledit Vincent vendeur pour auoir les six liures, dōt il estoit cōposé à luy pour faire le deuest & aduest dudit heritage, & de ce le causa par deux raisons. L'vne si estoit par le general droict qu'il disoit auoir en ce, que marché d'heritage tenu de luy estoit fait & passé, iusques à denier à Dieu donné d'entre les parties, pourquoy auoir deuoit son droict seigneurial tout acquis & tout net, puis que si auant est ou contract, & en deuoient les parties estre contraintes à iurer, & par especial le vendeur du prix dont il deuoit auoir sa droicture de &c. L'autre raison si estoit que ledit vincent si en auoit traitté & cōposé à luy par especial & fait certain conuent en la somme de six liures, dont le seigneur luy auoit fait tres-grand grace, pourquoy tenu estoit, &c. Ledict Vincent disant du contraire, & par plusieurs raisons, car si marché auoit esté fait d'entre les parties, si n'estoit-il mie passé à loy, ne deuest ne aduest fait, parquoy le seigneur n'y eust aucun droict. Et si traicté & composé auoit auec luy pour ce en la somme de six liures, si auoit ce esté esperant que le marché se parfist & passast à loy de deuest & aduest, laquelle chose n'estoit pas aduenuë, pourquoy le seigneur à mauuaise cause le tiroit en cause: si en deuoit aller quitte & deliure, & ledit seigneur condamné és despens, Tout veu, il fut dit par sentence en icelle Cour du Roy en Tournesis, par Monseigneur le Baillif de Vermandois que le seigneur de Rume à ce n'auoit cause & supposé que ledit Vincent eust traicté à luy pour ladite somme de six liures, si estoit-il de droict à entendre, que c'estoit au cas que ledit marché passeroit à aduest & desaduest par seigneur & par hommes: car autrement doit estre le traicté nul, par le droict de condition indeuë. Et fut ledict seigneur condamné és despens, &c. Conseillé fut ainsi par les sages Aduocats du Palais à Paris, en Parlement.

Condition non aduenue n'est à obseruer : aussi telle promesse auoit esté faicte ob causam, quæ nõ erat sequuta.

ANNOTATIONS SVR LE TITRE SEPTANTE DEVXIESME.

a *LA dispute a esté grande, si les lots & ventes sont deus dés que le contract de vendition auroit esté fait & passé, ou du iour de la saisine & tradition, ou comme l'autheur parle du iour du vuerp fait entre les mains du seigneur, qu'autrement nous disons demission ou desaisine & desaisissement: ou que deuest & aduest en soit fait, comme nostre autheur & autres anciens practiciens escriuent. Ie sçay bien ce que Molineus & autres en traictent, mais l'opinion de ceux me semble plus probable, qui estimẽt iceux estre deuz du iour de la vendition, comme tient Masuerius*, tit. de re tractu, numero 11. arg. l. 1. & 2. C. de rescind. vend. Tiraquellus tract. de constitu. *Car c'est à cause de la vendition, que lesdits droicts sont deuz, comme accessoires d'icelle. Et quant à la tradition, elle ne vient qu'en consequence de la vendition, laquelle ne laisse d'estre parfaite sans la tradition comme i'ay monstré cy-dessus*, ex §. 1. & §. cum autem. Instit. de emptio. & al. ll. *mesmement si le contract de vendition est bien faict, selon le stil commun, à sçauoir contenant que le vendeur se seroit dessaisi & deuestu, & consenti l'acheteur en estre saisi & vestu par le seigneur duquel l'heritage est tenu & mouuant. Soit donc heritage fief ou roturier, si la vendition est parfaite, & contract passé, encores que tout le prix n'ait esté payé, toutesfois les droicts feodaux ou seigneuriaux en sont deus au seigneur: nonobstant que depuis les contractans se soient departis volontairement du contract: comme a esté iugé par arrest de la Cour du mois de Iuin, mil cinq cens nonante & vn, pour l'Euesque de Paris: & autre du mois de Juin, mil six cens deux, pour Maistre Anthoine du Cloy, Preuost de Clermont en Beauuoisis, Contre Pierre d'Argilliere. Toutesfois si la vendition estoit faicte auec condition resolutiue d'icelle, comme de faire adiuger par decret dans certain temps par le vendeur l'heritage qu'il auroit vendu, autrement que la vendition seroit nulle: en ce cas si les contractans s'estoient departis de la vendition, le seigneur n'en pourroit demander droicts, comme a esté iugé par arrest du vingtiesme Feurier mil cinq cens octante six, touchant la terre de Torchepot, en Dunois, aussi d'vn contract de vendition rescindé par iugement, pour cause necessaire, comme si l'acheteur ayant esté deceu par le dol du vendeur, l'auoit fait casser & rescinder, le seigneur n'en pourroit demander les droicts, comme a esté iugé par arrest du vingtroisiesme Decembre, 1592. Entre le chapitre de l'Eglise de nostre Dame de Paris, & vn nommé Lambert, dont on peut voir* Faber in l. 1. C. quan. lic. ab empt. & in l. vlt. C. comm. deleg. *& Choppin sur les Coustumes d'Angers & de Paris.*

DES RIVIERES COVRANS PARMY LA TERRE D'AVCVN SEIGNEVR.

TILTRE LXXIII.

ITEM il aduient en [a] plusieurs lieux que parmy la terre d'aucun seigneur iusticier, soit haut ou moyen Cour & passe aucune riuiere soit grande ou petite, ou moyenne, si est à sçauoir que toutes grosses riuieres courans parmy le Royaume sont au Roy nostre Sire, & tout le cours de l'eauë, & les tient-on comme chemins Royaux, si comme est la riuiere de Seine, la riuiere d'Oise, la riuiere de Somme, la riuiere de Marne, la riuiere de l'Escaut & autres qui y sont: mais aux seigneurs, parmy la terre desquels les riuieres passent, leurs terres & seigneuries vont iusques en l'eauë, & ont la couppure des ronsses & arboiries s'elle y croist où trailles de nefs ne pourroient passer, si grand arboirie n'y doiuent laisser qu'on y puisse trailler. Et s'ils ne le faisoient, les trailleurs le pourroient faire & coupper si auant que pour leurdite traille porter, & si la riuiere se accroissoit par son cours d'eauë, ce accroist aussi au Roy : & s'elle s'appetisse, ce accroist au seigneur parmy qui terre elle passe si comme dit est. Et des petites riuieres qui ne portent point de nauire, & qui ne sont point riuieres telles que dessus sont dites, sont aux seigneurs parmy qui terre & seigneurie elles passent. Mais les heritiers qui sont ioignans ausdites riuieres de riue en riue ont leur heritage iusques en l'eau, & toute l'arboirie qui y croist, reserué que ladite riuiere doit estre tenuë en sa largeur qu'elle a euë d'ancienneté : & si les sujets y font destourbance en laissant la riuiere remplir & ronssier, les seigneurs en peuuent faire plainte à loy que l'empeschement soit osté, & reparé l'empeschement en dedans quarante iours sur l'amende. Et doit auoir la moyenne riuiere quatorze pieds de large, à prendre les sept pieds au milieu de la riuiere & la petite riuiere sept pieds, à prendre les trois pieds & demy au milieu de celle riuiere. Et y a le sujet & le seigneur aussi tout tel droit comme dit est dessus. Né n'y peut le sujet faire excluse, ne rigole, ne estanche que du cours de la riuiere elle ne ait tousiours son droit cours sur l'amende s'ainsi n'estoit qe'il n'en eust la grace du seigneur de qui la riuiere seroite tenuë sur l'amende. Et le mendre cours d'eauë courtois, si comme rieux de fontaine si est & doit estre de trois pieds & demy de large & par l'ordonnance dessusdite.

ANNOTATIONS SVR LE TITRE SEPTANTE TROISIESME.

a I'*AY monstré cy-dessus en ce liure & ailleurs, qu'il y a en France deux especes de fleuues, les vns royaux, & les autres qu'aucuns Seigneurs pretendent à eux, à cause de leurs seigneuries, mais par la concession des Roys. Toutesfois par le droict commun du Royaume, tous fleuues nauigables sont reputez estre du domaine du Roy, & luy appartenir à cause de sa couronne, comme aussi les Isles, Iaueaux, atterrissemens & establissemens estans esdits fleuues & riuieres nauigables & publics ainsi qu'il est porté par les ordonnances royaux, & entre autres du Roy Charles 9. du 7. Iuillet 1572. A quoy on peut rapporter* quod traditur in ca. vn. Quæ sunt regalia. *Mais encores que tels soient les droits du Roy, que nul n'y doiue entreprendre, ne sur ce qui est de son domaine: toutesfois ceux qui ont heritages proches des riuieres & fleuues publics, entreprennent souuent sur iceux, plantans arbres aux riuages, hayes, ronsses & espines, qui nuisent quelquesfois à la nauigation: a quoy les maistres des eaues & forests doiuent pourueoir & remedier, & dont on peut voir* tit. ne quid in flum. publ. & de ripa munienda. D.

S'ENSVIT LA DIFFERENCE DE MEVBLES CATEVLX, ET HERITAGES TILT. LXXIV.

DEs meubles a & cateulx, puis que monstré ay des heritages, & des ventes & des achas qui se peuuent faire, dire & monstrer veux des meubles & cateulx selon l'vsage de court laye. Si sçachez que pressoir de vin & tout ce qui y appartient qui est enclaué en terre, grands vaisseaux à vin que on ne pourroit mettre hors sans depecher, sont heritage: & si le pressoir est hors de terre, & les tonnes ou cuues telles qu'elles puissent estre mises hors sans depecher: sont tenus pour meubles.

Des arbres portans fruict.

Des arbres b de bois, sçachez que tous arbres portans fruit sont heritages, fors cerisier boscage, nesplier, qui ne sont pas entez, sont tenus pour meuble. Pruniers, poiriers, cerisiers qui portent grosses cerises, nespliers entez, vignes, hallos à coupper ou à * copper, ceux sont declairez heritages; & tous autres arbres soit en iardin ou dehors sont tenus pour meubles.

** Au liure escrit à la main à coppler.*

De bois a taille.

Tous estallons en bois à taille, puis qu'ils ont quarante & vn an ou plus sont meuble, & en dessous ce sont heritage. Bois à taille de sept ans comme annois, haies de cinq ans, compilles de hallos de trois ans, chesne de gland, sont heritage. Et chesnes qui ne sont de gland dessous cinq ans iusques à † soixante ans sont meuble, & dessous cinq ans, & en dessus † soixante ans sont heritage.

† Au liure escrit à la main y a xl. ans.

Des poissons.

Sçachez que tous poissons de viuier, d'estang ou d'vne fosse entour d'vne forteresse sont tenuz pour heritage, & tous autres poissons qui ne sont de fosse entour forteresse, comme de vuez, de flasques ou de riuieres, sont tenuz pour meubles.

En quel temps poisson est tenu meuble ou heritage.

Encore peux & dois sçauoir que poissons de viuier ou estang sont tenus pour meuble, depuis la my-mois de Septébre iusques au my-mois de Mars pource que c'est temps de pesqueson, mesmement quand c'est en viuier ou estang qui se peut mettre ius par escluse.

Coustume de Haynault.

Et si c'estoit en la Comté de Haynault, supposé que ce fut en temps de pesqueson cõme dict est, si ne seroit pas poisson tenu pour meuble si la buise de l'escluse auoit couru en celuy temps ou commencé à courre: mais demeureroit heritage. Et supposé que en autre téps la buise eust couru, pource ne seroit pas meuble: iaçoit ce que ce fust pour pescher. Et la raison si est, que ce n'est pas temps de peschage.

Des blés, auoines, & autre tremois.

Des vuarisons dois sçauoir que blés verds, auoines, pois, &c. & tous tels ongnemens, tandis qu'ils tiennent à racine, sont & appartiennent à l'heritage iusques à tant qu'ils ont le pied coppé, iaçoit qu'ils soyent encore sur le champ, tous sont lors meuble, mais que ce soit coppé en téps de meurison, si comme on faict aucunefois pour bestes, il conuiendroit ce amender à l'heritier qui puis viendroit à l'heritage, si ce n'estoit chose qui de nature se doit copper & manger en verdaine comme drauiere. Et par la coustume de Hainault verds bles sont tenus pour meubles selon la coustume de Mons, & selon la coustume de Valenciennes ce est reputé pour heritage.

Des amassemens en forteresse.

Des amassemens sçachez que chasteau, forteresse, maison seant sur motte enclose d'eauës, & tout ce qui est dedans les murs de vne forteresse ou de la motte, appartiennent à la maison ou chasteau d'icelle, & tous arbres dedans croissans sont tenuz pour heritage: & aussi sont les fossez qui ce encloënt & trois pieds au tour des fossez, & tout ce qui croist. & si dedans auoit artillerie, si demeureroit auec l'heritage. Si feroient les armures du seigneur à la garde de la forteresse appartenans. Et s'en vn pourpris auoit deux mottes tout enclos de fossez, puis qu'il n'y auroit que vne entrée & vne issuë, il n'y cherroit que vne motte ou le chief lieu seroit. Et ainsi fut il dict par arrest de Parlement d'entre le Cõte d'Artois d'vne part, & le Comte de Clermont d'autre part. Et en vne autre cause entre monseigneur Dauxi & madame sa mere, à cause de son doüaire, & rendu par sentence de coustumiers au chastel de Lens en Artois.

Des amassemens en platte maison.

Item si auant que le paué d'vne maison est, c'est à dire de la salle, de la chambre, la porte, les huys, & le colombier sont heritages. Et le demeurant, granges, marescauchees *, achintes, ou autres amassemens sont tenus pour meuble: mais s'il aduient que ce eschee à plusieurs hoirs, sçachez que celuy qui a le gros de la maison, c'est à dire l'heritage, doit auoir tous les heritages qui sont tenus pour meuble, pour autel prix que ouuriers à ce cognoissans le priseroient en valleur pour emporter hors.

* *Marescauchees, ou mareschausees, pour estables, & ainsi se prend en plusieurs liures.*

Des moulins à vent.

Item peux & dois sçauoir des moulins: que le moulin à vent & tout ce qui se meut & tourne à celuy moulin, est meuble; & tout ce qui ne se tourne, c'est à sçauoir l'estache du moulin, l'estanfique, & croix qui le porte, tout ce est heritage.

Des moulins à eauë.

Du moulin à eauë peux & dois sçauoir, que tout ce qui se tourne & qui se meut si comme la grand roë, l'arbre de la roë, le roüet, le ferrage à ce appartenant, les meules & le trieulle, sont meuble, & tout le demeurant est heritage, si cõme le sault du moulin, l'estanchemẽt qui porte le moulage soit de bois ou de pierre, l'arche du moulin, la maison dõt le moulage est couuert, & qui appartient au moulin tant seulement, car si autre amassement y auoit, ce seroit tenu pour meuble, si cõme chãbre, cuisine & autres amassemens, si dehors ladite maison se boutoient ou estoient adioustées: sçachez que on * peut faire moulin sur ce sans le congé & sans le gré de son seigneur. Mais puis que fait est, il ne conuient iamais que cil à qui le moulin est reprenne grace dudit moulin refaire ne retenir, si il dechet, car ce demeure tousiours moulin, & heritages à celuy à qui la terre est, tant que l'estache du moulin demeure droitte quãt au moulin à vẽt. Et quant au moulin à eauë le saulx: & si ce defailloit, le sire du moulin ne le pourroit refaire, sans le gré de son seigneur, qu'il n'enchist en amende à ce ordonnee.

* *Au liure escrit à la main est adiousté, ne: & qu'il faille ainsi lire, le demonstre ce qui suit apres.*

Des coulons & coulombiers.

Item le coulombier d'vne maison ou manoir est heritage, & les coulons qui dedans sont manans: jaçoit ce qu'ils volent au champs de iour en iour, si peuuent estre clamez comme heritage. Mais selon le droit escrit s'ils auoient laissé à retourner au colombier plus de trois iours, ils ne seroient plus tenus pour heritage, ne ne les pourroit le seigneur du coulombier plus clamer pour siens.

Des coulons & Coulombiers a esté traitté cy dessus.

Du four d'vne maison.

Item selon l'opinion d'aucuns le four d'vne maison ou d'vn manoir, est heritage, & le hebergement qui dessous est portant seulement le four à le couurir, & non plus.

Des bestails & volailles.

Item tout le bestail d'vn manoir ou amassement est tenu pour meuble.

Et tout autre volaille comme coulons de coulombier si comme dist est, reserué le cheual à l'homme fiefué, & reserué selon l'opinion d'aucuns les deux cignes masle & femelle, qui sont du viuier ou estang par si que ils soient enseignez de l'enseigne de celuy a qui c'est le viuier. Et selon l'opinion d'aucuns si ce sont cygnes qui se transportent de lieu en autre sans auoir accoustumance de cõtinuer au viuier dont ils sont enseignez.

Item tout autre iouyel ou hostil : soient d'or ou d'argent ou d'autre matiere, draps de linge, de soye ou de laine: Tous hostils, soient de cuiure, d'airain, de fer, d'estain, de plomb, ou de bois, sont meubles, Reserué à l'aisné hoir les armures pour son corps & pour son cheual : & à la dame ou damoiselle vn habit pour son corps, l'anneau de mariage & vn fermail que demeurent deuant part aux aisnez enfans & pource les repute l'en à condition d'heritage.

De artillerie.

Engin [d] & artillerie d'vne forteresse ou maison, & les pierres appartenans à l'engin sont heritage.

Des fruicts.

Item tous fruicts prenant racine sont heritage.

D'argent ou d'or monnoyé.

Item or ou argent monnoyé est meuble. Mais [e] argent ou or monnoyé venant d'heritage & de vente de heritage qui seroit encore mis en depost pour cause de accidens de l'heritage, est tenu pour heritage.

Des acquestes.

Des acquestes ou acquests sera traicté plus amplement cy-apres.

Aucunesfois aduient que deux conioincts par mariage achetent rente à vie durant leurs deux vies: & le dernier viuant tout tenant. Si est doute à sçauoir si le premier mourant, le second tiendroit tout le voyage, ou ses hoirs. Si se peut ainsi faire, & est trouué que le premier mort, pource que c'est acqueste & chose comptee pour meuble achetee des communs biens, les hoirs au mort en doiuent auoir la moitié, & durant la vie du dernier viuant, s'ainsi n'estoit que lesdits conioints par don naturel ou par don de testament n'eussent de ce ordonné, & que ils voulsissent que l'vn mort ce reuint à l'autre. Car en tel cas combien qu'il soit dict que conioincts par mariage ne peuuent amender l'vn l'autre, toutes fois selon la loy escrite, & selon plusieurs coustumiers si font selon les cas dessusdicts comme en reuestissant, & comme par don de testament l'vn à l'autre, mais que le don soit esgal, & qu'il n'y appere desordonnee faueur, que autant en face l'vn que l'autre, & lors ne seroit à tenir pour cause de libidine quant à l'homme, ou pour cause de crainte quant à la femme.

Il entend le don mutuel.

Addition *qui n'est au liure escrit à la main.*

** à present 94. tiltre, quels biens sont meubles, & quels immeubles.*

[*Par la coustume de la Preuosté & Vicomté de Paris, toutes rentes nommement constituez sur heritages, soyent rachetables ou non: iusques à ce qu'elles soient rachetees sont reputees immeubles & heritages: article lviij. * au tiltre de censiue & droicts seigneuriaux.*]

Coustume du Bailliage de l'Isle.

Mais selon la coustume du baillage de l'Isle le dernier viuant iouyst de toute la rente, puis qu'il y a és lettres, & le derrain viuant tout tenãt, mais en autres en autres coustumes non, & y est gardé le droict de viage. Et sçachez que ainsi en est vsé & continué de toutes acquestes faictes durant le mariage d'aucuns conioincts, apres la mort de l'vn à partir comme meuble: s'ainsi n'estoit que ce fust fief, car lors demourroit à celuy qui mis en seroit par loy, ou à son hoir.

Item dois sçauoir que iaçoit ce que heritages acquis par retraict de †promesse, selon l'opinion d'aucuns sembleroit que doit estre acquesté, pource que c'est chose achetée des commũs biens d'aucuns conioincts en mariage, & que par ce feroit à partir aux communs hoirs puisque enfans n'y auroit: Toutesfois est il dit par les sages coustumiers d'Artois, & de Tournesis, que ce n'est pas acquesté partable, comme acquesté qui par promesse ne seroit retraite, mais s'en iroit par succession au costé de la ligne dont il viendroit, par la nature du droict de la promesse par laquelle il est reuenu au costé dont il vient & descend: Et ainsi s'en doit r'aller: ne n'y faict riens l'achat que faict en a celuy qui par la promesse l'a retrait: car par ce l'appelle on promesse qui reuient au plus prochain par ligne, & que ainsi s'en doit r'aller. Mais aucuns sages soustiennent que la moitié d'autãt que cousta la promesse en argẽt, doit estre reprins sus la part des meubles à celuy qui la promesse a, si c'est entre les parties, ou les meubles qui sont partables, & entre parties où ils ne seroient partables, non. †*Au liure escrit à la main, premesse.*

[*Par la coustume de Paris en l'article cxix. au tiltre de communauté de biens, il est dict que quand aucune rente deuë par l'vn des deux conioincts ensemble par mariage sur les heritages parauant ledict mariage est rachetée par lesdicts deux conioincts, ou l'vn d'eux constant ledict mariage, tel rachat est reputé conquest.*] Addition, *qui n'est au liure escrit à la main.*

Des rentes à vie.

Des rentes à vie, sçachez qu'elles sont tenuës pour meubles immouuables & incorporelles †. Et ainsi fut il dict en Parlement par arrest, en l'an mil trois cens & quatre vingts, pour les escheuins de sainct Amand en Peule, contre les Euesque de Tournay, & vn appellé Iean de la Boüe, lequel Iean auoit esté condamné par lesdicts escheuins en certaine sentence, dont ledict de la Boüe en appella en Parlement, & fut dit bien iugé & mal appellé, & fut ledict de la Boüe condamné en la somme de lx. liures † pour le fol appel, pour lesquelles executer par sergẽt royal fut ledict de la Boüe contrainct. il se fist clerc. Le sergent s'addressa à rente à vie qu'il auoit sur l'Abbaye de sainct Amand, & la mist à vente. Ledit de la Boüe se voulut deffendre par sa clergie, & comme clerc. A [illegible] fut contredit. La cause vint en Parlement. Il fut dict que iaçoit ce que ledit de la Boüe fut trouué clerc, neantmoins sa rente seroit venduë comme non meuble, pour ce que c'est chose incorporelle & non muable, & qui ne peut ensuiuir le corps du clerc. Et que meuble n'est autre chose que ce qui peut ensuyuir le corps, & estre portatif, & toutesfois ne demeure pource que à compte de hoirs ce ne se partisse comme meuble, pour la raison de ce que ce n'est pas heritage fonsiere ne proprietaire.

†*Au liure escrit à la main, y a, importables.*

Arrest de Parlement donné l'an 1380.

†*Au liure escrit à la main, xl.*

De la difference qui est entre meubles & non meubles.

Et pour ce mettent aucuns sages difference entre meubles & cateulx. Si comme aucuns dient en obligatiōs, meubles, immeubles, cateulx, & heritages. Si sçachez que meubles, immeubles & cateulx sont d'vne efficace, si comme sont meubles qui transporter se peuuent de lieu en autre & ensuyuir le corps. Immeubles sont choses qui ne peuuent ensuyuir le corps ne estre transportées de lieu en autre, si comme maisons & bois croissans qui ne sont pas tenus pour heritage. Cateulx comprend les deux, c'est à sçauoir meubles, immeubles, & tout ce qui n'est heritage.

Des connins des bois.

Item peux & dois sçauoir que les connins de la garenne sont heritage au seigneur, à qui la garenne est & appartient. Et ainsi fut il iugé au chasteau de Lens pour les hoirs de monseigneur de Chambelin en Ternois. Combienque selon le droict escrit beste croissant aux champs ne se peut approprier, mais doit estre à celuy ou ceux qui premiers les prennent espaues, & ainsi des autres.

Des connins a esté traicté cy dessus.

Des vtensilles.

VTensiles sont nommez les hostils qui communement courent auant la maison, & dont de iour en iour se faut necessairemēt aider par errement de maison, si comme sont bancs, scabelles, pots, poilles, tables, treteaux, banquiers, haneprie †, linges, quarreaux, plats, escuelles, pots d'estain, pots de cuiure, nappes, doubliers, couuertures, oreilliers, coeuurechiefs, hanaps d'argent & de marbre, auec cuillers d'argēt tant que à hostel est appartenant par raison, & non plus. Et ne seroit pas tenu pour vtensille autre vaisselle, fermailles ne couronnes, ne tels ioyaux ne vestemens quelconques, ne bestes ne cheuaux. Encore sont vtensilles, secrins †, huches, coffres, custodes, soit à mettre armures ou autres choses, chaliz, perches à draps, chandeliers, lanternes [de voire] & tous autres hostils de maison.

† Au liure escrit à la main, hanaps.

† Au liure escrit à la main, escrins.

(de voire) n'est au liure escrit à la main.

ANNOTATIONS SVR LE TILTRE SEPTANTE QVATRIESME.

a LA semblable diuision des biens, en meubles, cateulx & heritages se trouue en plusieurs coustumes & anciennes practiques. Les meubles comprennent aussi les choses mouuantes, comme les bestiaux, dont est traicté in l. Mouentium. 93. D. de verb. signific. & al. & meubles sont appellez, qu'on peut transporter de lieu en autre, & qui suiuent le corps: immeubles qui adherent au fonds, & ne peuuent estre transportez de lieu en autre, & ne suiuent le corps. Et ainsi l'autheur les definit cy apres: & dict les cateulx comprendre les deux, meubles & immeubles, & tout ce qui n'est d'heritage: tellement qu'il semble faire l'heritage vne espece specialle d'immeubles comme font aussi quelques practiciens, qui reputent heritage ce qui consiste en fonds: Le vieil practicien que i'ay escrit à la main, tient pour catel les fruicts dependans de l'heritage. Les coustumes de Boullenois, Artois, Beauquesne, & autres en font mention: comme aussi quelques vieux arrests, & entre *autres du Parlement de sainct Martin 1282. pour Abraham de Faloye Iuif & du 6. Decembre 1386. pour l'Archeuesque de Rheims. Aucuns ont escrit que cateulx de leur nature sont immeubles, & neantmoins se partissent & diuisent comme meubles: & en certains cas sont reputez meubles, comme sont les granges, estables, mareschaucées & bancs bois: mais ceste opinion n'a lieu en toutes coustumes. Des cateulx on ne parle plus en France, où n'y a que deux sortes & especes de biens, à sçauoir meubles & immeubles, desquels est traitté au grand Coustumier, en la coustume de Paris; & autres: & i'en ay escrit en diuers lieux. Mais à ce qui est icy traitté des choses tenues pour meubles ou heritage, toutes les coustumes de ce Royaume ne conuiennent, lesquelles partant on pourra conferer, sans trop s'arrester à ce qu'en dict nostre autheur, & pour le regard du pressouer, & moulins à vent ou à eaue, la coustume de Paris art. 90. en dispose selon la regle generalle qu'elle faict pour la distinction d'entre les meubles & immeubles, que s'ils sont mis & assis pour perpetuelle demeure, & ne peuuent estre ostez sans despecer, ou desassembler, ils sont reputez immeubles, autrement sont tenus pour meubles*, iuxta l. Iulianus. §. vlt. l. fundi. §. Labeo. D. de act. empt. l. Cætera. §. quid ergo. D. de legat. 1. l. Cùm de lanienis. & l. Dolia. D. de Inst. & instr. legat. *à ce propos on allegue vn arrest du Parlement de Rouen, pour le pressouer fiché en terre & scellé en plastre, qui a esté iugé immeuble du 29. Decembre, 1528. entre la veufue & heritiers de Iean Doly: semblable distinction se doit faire pour les meubles*, arg. l. Eum qui ædes. D. de vsucap. l. Granaria. D. de act. empt. *voyez le grand Coustumier, liure deuxiesme de la diuision des meubles & heritages.*

b *Pour le regard des arbres, bois & grains, l'autheur en parle selon la coustume du pays, où il estoit lors qu'il a escrit: mais celle de Paris, art. 92. est plus conforme au droict Romain, & à laquelle conuienent plusieurs autres coustumes, & partant suiuant icelle tous arbres tenans en racines, tout bois debout, & non couppé, & tous fruicts pendans par racines sont reputez immeubles, par ce qu'ils sont inherens au fonds, & censez en faire partie*, l. Fructus. D. de rei vindic. l. fin. §. fructus. D. quæ in fraud. credit. l. Si seruus. § locaui. D. de furtis. l. Certum est, C. de rei vind. *Et les arbres abbatus, bois couppé & fruicts separez du fonds, & n'estans plus sur le pied, sont reputez meubles*, l. 5. §. 2. D. de requir. reis vel abs. *Dont on peut voir* Speculat. tit. de locato. *& autres qui en ont amplement escrit, comme nous auons faict tant sur la coustume de Paris, qu'au second liure des Pandectes.*

c *Quant au poisson, la coustume de Paris, art. 91. ne conuient du tout à ce que l'autheur en escrit, ains dispose generallement que poisson estant en estang ou en fosse, est reputé immeuble, mais quand il est en boutique ou reseruoüer est reputé meuble. Et à icelle y a d'autres coustumes, qui s'accordent. Ie sçay bien ce qu'on en traitte* in l. Lines. D. de act. empt. *& ce qu'en a escrit* Guid Pap. quest. 91. *mais on peut prendre argument de ceste distinction* ex l. 3. §. Item feras. D. de adquir. possess. *Pour le regard du poisson estant en fleuue ou riuiere, il ne peut estre reputé qu'immeuble*; quia à nullo possidetur, nec in vllius est bonis, *iusques à ce qu'il soit pesché*: §. feræ igitur. Inst. de diuis. rer. *Des autres choses icy recitées i'ay escrit cy-dessus & ailleurs.*

d *Les artilleries, engins & munitions de guerre estans és forteresses & chasteaux pour la fortification & conseruation d'iceux, sont reputez immeubles & de la nature des chasteaux, comme y estans mis pour perpetuelle demeure,* iuxta d. l. Cætera. §. quid ergo. D. de legat. 1. & l. Quæsitum. §. si domus. D. de instr. & instrum. leg. Plin. li. 9. c. 35. *Ce qui est confirmé par plusieurs coustumes de ce Royaume. Ce qu'il dict des pierres appartenans à l'engin; se doit entendre selon l'vsage ancien de mettre des pierres dans les engins, pour les tirer & ietter au lieu des canons, balles & boulets, dont à present on vse. Et tels engins estoient appellez perriers, ou perieres, ainsi qu'il appert des anciennes histoires & Romans, & entre autres de Villehardouin de la conqueste de Constantinople. Pour monstrer que tels engins sont reputez immeubles, on allegue l'arrest de Vignorix: & autre du 13. Aoust 1513. entre la veufue & heritiers du sieur de Saultour. Et pareillement ont esté iugez immeubles les ornemens de la chappelle fondée au chasteau, comme calices, croix, Messel, & autres semblables: d'autant qu'ils estoient dediez à l'vsage de l'Eglise, par arrest donné en la grand' Chambre, entre monsieur le Duc de Montpensier, & dame Catherine de Lorraine, veufue du feu Duc de Montpensier, du 7. Iuin, mil cinq cens quatre-vingts cinq. on allegue d'autres semblables, que ie passe pour brieueté.*

e *La dispute est grande si la pecune destinée à estre emploiée en heritage, doit estre reputée meuble ou immeuble; dont on peut voir Boerius decis. 209. M. le President le Maistre en ses decisions,* Tiraquel. lib. de retractu lineari, *& autres qui en ont amplement escrit, Ie suis de l'opinion du tres-docte Iurisconsulte M. Choppin,* lib. 1. de moribus. Paris. *qu'en ceste question faut considerer les especes qui se presentent, auec leurs circonstances, par ce que la diuersité d'icelles en peut faire diuersement iuger. Mais on tient pour maxime, que si la destination a passé outre, comme si l'argent a esté mis en garde & depost pour estre employe en heritage, il sera repute pour immeuble, mesmement quand il y va de la pecune dotale, ou des deniers pupillaires.* arg. l. 4. D. de fundo dotali. l. 1. §. quid ergo. D. de contr. tut. l. A diuo Pio. §. vlt. D. de re iudic. l. Si chorus §. 1. D. de legat. 3 l. Legatum. D. vsufr. legat. & al. vbi tractant Doctores. *La coustume de Paris, art. 93. pour la pecune donnée en mariage, s'arreste à la destination: & art. 94. pour les rentes des mineurs rachetées, à la qualité d'iceux. Pour le regard des deniers dotaux, la stipulation portée par le contract, par laquelle iceux sont destinez à estre employez en heritage propre à la future espouse & aux siens, les rend immeubles & de nature d'heritage:* & eo iure vtimur *en France* vt testatur Ferronius ad Consl. Burdigal. tit. de dote. *Mais hors ces cas les deniers prouenans des rentes simplement rachetées ou heritages vendus demeurent en leur propre nature de meubles, & appartiennent à l'heritier mobiliaire,* d. l. Si chorus. l. Hoc senatusconsultum. §. 1. l. Quoniam pecuniæ. D. de vsufr. ear. rer. l. Iulianus. D. de pet. hæred. l. Lex quæ tutores. C. de adm. *dont on allegue plusieurs arrests, & entre autres de Noel, 1579. du 14. Aoust, 1591. Et la coustume de Paris, art. 232 l'auroit ainsi entendu, quand elle auroit ordonné le remplacement des deniers procedans de la vente des propres de l'vn des conioincts venus constant le mariage, estre fait sur les biens de la com-*

munauté: car elle l'auroit seulement ordonné pour empescher que l'vn des coniointcts n'aduantage indirectement l'autre, & toutesfois tels deniers comme meubles entrent en communauté. Par ce que de ceste matiere i'ay escrit plus amplement ailleurs, ie ne m'y arresteray icy dauantage. Il y a des coustumes qui en disposent lesquelles on peut voir, & ceux qui les ont commentees. Pour le regard des rentes i'en ay discouru aux Memorables, & au second liure des Pandectes, & en diuerses Responces où le lecteur pourra auoir recours, si sa commodité luy permet de les dire: car il me deplaist de repeter tant de fois mesmes choses. Toutesfois on notera en passant que l'autheur appelle rentes à vie, les rentes constituees, qu'autrement on nomme volantes: & ainsi les nomment quelques vieux practiciens: & il les faict mixtes, tant meubles qu'immeubles: Il y a Coustumes qui les font meubles, les autres immeubles: mais de leur nature elles tiennent plus de l'immeuble que du meuble: elles sont appellees à vie, à la difference de celles qui estoient perpetuelles, & ne se pouuoient r'acheter. Monstrelet en fait mention en la Chronique de l'an 1347. anciennement les rentes à prix d'argent se constituoient, ou à vie, c'est à dire, à faculté de rachat, ou à perpetuité: mais depuis y a esté pourueu par les ordonnances, qui les ont faictes toutes rachetables.

DE L'ASSENNE OV ADVIS QV'ON FAICT A SES ENFANS.

TILTRE LXXV.

DE faire assenne [a] ou aduis à ses enfans, peux & dois sçauoir si vn gentilhôme a plusieurs enfās, & par especial filles, il leur veut faire assenne ou aduis qu'on appelle don, pour elles auancer entre leurs aisnez freres, qui par nature emportent tout le fief, franchement faire le peuuent par la maniere qui s'ensuit. Et pour ce apres que monstré ay des meubles & cateulx, te veux monstrer comment le pere & la mere peuuent auancer leurs enfans à l'vn plus qu'à l'autre par coustume de Cour laye. Si sçachez que si gentilhomme a enfans qui vueille auancer, faire le peut par le gré de son aisné fils. Et ce que ainsi seroit donné, aduisé, ou assenné par pere & par mere aux sœurs de l'aisné frere, tiendroit & vaudroit, à ce appellez parens & amis de par pere & de par mere, ja fust ce pardeuant, mais que ce fust à prendre apres la mort du pere & de la mere, car auant ne vaudroit tel auancement si le sire n'en estoit serui comme estre estranges, & si ne le peuuent faire fors entre ses enfans. si sçachez qu'au pays de Haynaut est ceste coustume tenuë & y a grand lieu, & en est souuent vsé, pour ce que les enfans maisnez n'ont point de quint ou fief. Car en autre terre qui est fief ne s'assiet ceste coustume, & ne cōuient ia que le gré de l'aisné fils y soit: car il est au pere & en la mere appellez parens & amis d'vn costé & d'autre, de ce faire à leur plaisir, & sans ce que le sire y ait droicture, puis que ce seroit à prendre apres leur mort. Et si le frere aisné vouloit dire du contraire apres la mort du pere, si seroit-il contraint par loy à tenir l'aduis & l'assene du pere, fust en la Cour Royal, ou en la Cour de son seigneur qu'il en fust approché ou poursuiui.

Addition Qui n'est au liure escrit à la main.

[*Par la coustume de la Preuosté & Viconté de Paris, en l'article cxxiiij. au tiltre de succession, pere & mere ne peut par donation faicte entre vifs par testament, ordonnance derniere, donner ou autrement en maniere quelque auantager leurs enfans venans à leur succession l'vn plus que l'autre.*

Exemple sur ce.

Il aduint que l'aisnée sœur Baudouin Pourcelet à qui Iacques son pere auoit fait certain aduis & assenne, sur sa terre de Brammez de la somme de certains florains, par l'accord dudit Baudoin son aisné frere: & apres que le pere fust mort, le frere mist empeschemẽt à bailler à sa sœur, l'aduis & don à elle fait, elle en fist traire en cause pardeuant le Baillif d'Arras requerant à auoir son aduis, le frere disant du contraire, & que si son pere auoit fait aucũ aduis à sa sœur, si l'auoit elle perdu, pour ce quelle s'estoit mariee sans son gré, mais contre son gré & plaisir & moins deuement qu'elle ne deust, pourquoy &c. Ladite sœur duplicant & disant que par son gré n'estoit elle mie tenuë de soy marier s'il ne luy plaisoit, car si son frere ne l'eust voulu marier, pour ce ne deuoit elle laisser à se marier, mesmes puis qu'elle ne se seroit mariee par folle volenté, & supposé qu'ainsi l'eust fait pour tant ne deuoit elle perdre son aduis, & son don de pere, &c. Tout veu il fust dist par iugement d'hommes en la Cour d'Artois que ladicte sœur seroit mise en son don & aduis, & que ledit frere luy estoit tenu de ce faire & payer ledit don, & les arrierages sur ce escheuz, & fut ledit frere condamné és despens.

De donner à ses enfans à l'vn plus qu'à l'autre.

Hæc verba sunt de iure scripto vt C. de collatio. l. 1 & auth ex testamento. & multis alijs iuribus.

Item si plusieurs enfans d'vn pere & d'vne mere, & ainsi soit que le pere & la mere ayent à aucun fait plusieurs grands dons & assennes plus qu'aux autres, si sçachez que selõ plusieurs coustumes, & par especial par la Coustume de l'Isle, si le pere & la mere meuroiẽt, ceux qui ainsi ont eu don ou assenne, s'ils veulent auoir prchon de leur succession de leur pere & de leur mere auec leurs autres freres, il leur conuient rapparter tout ce qu'ils ont eu parauant, & faire de tout vn mõt & tout partir fraternellement.

De faire mort pour son fils.

Itẽ peut le pere s'il luy plaist encore auancer son fils aisné du fief qu'il tiẽt par ceste maniere, c'est à sçauoir que s'il luy plaist il s'en fera mort pardeuãt le seigneur de qui il tient, & dira deuãt son seigneur. Sire du fief tel N. que ie tiẽ de Dieu & de vous à tel relief, qu'apres la mort & apres mõ decez viendroit par succession naturel à tel N. que vecy present mon aisné fils par droicte ligne: des maintenant ie m'en fais & tiens comme mort, & consens que mon fils qui en est vray & naturel hoir, le tiene cõme apres ma mort le pourroit & deueroit faire, & que comme si ie fusse mort le puisse releuer à vous comme à son seigneur, & de ce en faire foy

& hômage,comme de son fief & heritage duquel ie me deporte, desiste & fais mort. Et le seigneur le doit receuoir par la maniere dicte, parmy prenant son relief seulement,& le receuoir en foy & hommage. Mais si le pere le vouloit faire à vn de ses autres enfans, qu'a son fils aisné, le seigneur ne le receuroit pas s'il ne luy plaisoit, sans auoir autre droicture que si donné en pur don estoit.Et bié se préne garde l'aisné fils qui ainsi entre en la succession de son pere,car quand il seroit dés lors poursuiuy des dettes de son pere ,il conuiendroit qu'il les payast aussi bien que s'il fust mort,iaçoit ce que son pere vesquist encore,pource qu'ainsi se seroit fait mort,& que le fils auroit ainsi apprehédé hoirie & succession de fief que releué auroit comme dict est. Quand pere ou mere veulent auancer vn de leurs enfans ou plusieurs plus des autres , sçachez que faire ce peut és meubles & és terres de main de ferme, par si que au temps de la mort du pere & de la mere tous les enfans soient mariez. Car s'il y en auoit à marier,& ceux qui seroient mariez demandassent parchon contre les enfans à marier,il conuiendroit que ceux qui don & aduancement ou mariage auroient eu,qu'ils le raportassent tout en vn mont, & de tout ce faire les parchons autant à l'vn comme à l'autre, si n'estoit que le pere eust donné à celuy qui ainsi voudroit auancer, l'auancement que fait luy auroit auant part & que lettres en fussent faictes. Mais sur fief ne se peut assigner quelque assenne, si ce n'estoit par le gré de l'hoir du fief; car fief ne peut on charger sans le gré de son seigneur , si ce n'est en cas de mortgage entre frers & sœurs,& non autres,comme dit est cy dessus.

Le pere et mere peuuent auancer leurs enfans en plusieurs manieres.

Des rapors & parchons.

APres s'ensuit des rapors & des parchons de l'vn hoir à l'autre que les enfans sont tenus de faire qui veulent auoit parchon en l'heritage qui leur eschet de leur pere, & de leur mere. Puis donc que dict & monstré ay des assennes & auancemens , que les peres & les meres veulent faire à leurs enfans:il s'ensuit de sçauoir comme les enfans sont tenus de rapporter leurs dits assennes ou dons,s'ils veulent estre parchôniers auec leurs autres freres & sœurs. Si sçachez que iaçoit ce que plusieurs coustumiers maintiennent,que de raison & Coustume les enfans doiuent faire rapport au commun † mont de ce dont ils ont esté amendez de leur pere & de leur mere auant les autres freres & sœurs,si ils veulent auoir parchon auec les autres, [b] il est à sçauoir que cy appartient declaration c'est à entendre s'ainsi n'est que le pere ait ordonné en son testament qui vueille que ce que ainsi a donné & ordonné à tel N. soit auát part,& que pour ce ne veut-il pas que cil auquel il a ainsi ordonné, soit forclos de la parchon commune. Et ainsi le souffre bien & veut Coustume & droict s'y accorde par plusieurs loix escrites qui s'ensuiuét , qui conferment ceste opinion selon la loy escrite en Code qui dist , que douaires si ils sont donnez ou autres donations ne sont tenuës d'estre rapportees à parchon,puis que le pere en son testament dira ce que leur a il donné auant part. *C. de collationibus. Authen. ex testamento.*

† Mont se met [illegible] masse ou monceau.

Des partages & diuisions.

Des dons donnez à plusieurs enfans.

Et si le pere auoit plusieurs enfans & à plusieurs d'entre eux faisoit diuers dons, l'vn à son mariage, l'autre pour soy entremettre d'aucune marchandise, & auec ce en ait aucuns emancipez, & donne partie du sien, & les autres marie, & leur donne aussi du sien partie, & puis le pere voise de vie à trespas, les enfans ainsi emãcipez & mariez qui dons & assennes auroient eu, & voudroient auoir parchon à leurs autres freres & sœurs qui nuls dons n'auroient eu, sçachez que pour ce que le pere est mort sans dire ne ordonner de ce, s'ils veulent auoir parchon aux biens demeurez de leur pere, il faut qu'ils rapportent tout ce que leur pere leur auroit donné parauant, au commun mont; & que tout soit party fraternellement. *C. eod. tit. l. si pater intestatus.*

De la femme qui se tient contente parmy son mariage.

Si le pere [c] marie vne sienne fille, & luy donne don de mariage, tel qu'il luy plaist: & parmy ce don de mariage la fille se tienne pour assennee des biens de son pere, & promet que plus rien n'y demandera: Sçachez que pour ce ne demeure si le pere meurt sans faire testamẽt, & sans ordonner sur ce & declarer que plus ne veut qu'elle y puisse retourner, la fille son pere mort parmy rapportant son don qu'elle auoit eu au mariage, partira auec ses autres freres & sœurs aux biens demeurez de son pere. *C. eod. tit. l. Pactum dotali.*

Quod intellige nisi interuenerit iuramentũ quia tum de iure canonico teneatur illud obseruare, vt ex de pac. ca. quamuis. I'ay traicté cy dessus ceste questiõ, & voyez encores nostre annotation.

Des emancipez deuant que faire partage.

Et s'il [d] aduient que le pere meurt sans faire testament ne ordonnances de ses enfans, & à la parchon de ses biens il en y ait qui soient hors de la mamburnie * du pere, si que supposé que tous y fussent: Si sçachez que pour auoir parchon d'entr'eux des biens du pere demeurez, il n'est ia necessité de faire rapport d'entr'eux, & pour ce que chacun d'eux a eu don, il suffit pour le don à chacun faict, le demeurant qu'ils trouuent de leur pere, adonc partir entr'eux. mais s'il y auoit aucuns enfans demeurez qui ne fussent emancipez, contre lesquels ils voulsissent partir, lors conuiẽdroit qu'ils rapportassent les biens au commun mont pour partir fraternellement. C. *li. vij. Rub. dicta. l. S. emancipati vtriusque.*

** Mamburnie ancien terme Frãçois signifie puissance.*

De gain des emancipez.

Item & s'il aduenoit que les enfãs qui sont emancipez & partis de leur pere par don ou autrement par assenne de mariage, eussẽt gagné aucune chose durant le temps de leur emancipation, & puis leur pere mort ils voulsissent demander parchõ auec leurs autres freres & sœurs, qui emãcipez ne seroient si comme dessus est dict, sçachez qu'au rapport qu'il appartiendroit qu'ils fissent de leurs dons & assẽnes pour auoir parchon, il ne conuiendroit pas qu'ils raportassent au commun mont le gain qu'ils auroient fait durant celuy temps qu'ils ont esté emancipez: mais leur demeure franchement. *C. libro sexto. Rubrica dicta. in principio illius Rub. dicta l. Nec emancipati.* Dist l'Empereur en sa loy, pour ce que nous puissions equalement faire & ordonner sur les rapors que sont tenus de faire les enfans qui veulent auoir parchon des biens qui sont demeurez du pere, soient fils ou filles, nepueux ou niepces, ou soient

en

en Mamburnie ou dehors, nous voulons adiouster à ce que quand les fils veulent auoir parchon des biens du pere qui est mort sans faire testament, & si testament fist qu'il est tel que ne vault, ou qu'il est deffait par loy, ou par-ce qu'il y a eu enfans postmis, qui estoient oubliez au testament & par autres des-heritez sans pitié, pourquoy le testament est despecé, sçachez que puis que testament tenable n'y a, les enfans seront tenus de rapporter tout ce que donné leur a esté, soit de par pere ou de par mere, & en ce ne voulons qu'il y ait aucune difference que tout ne soit rapporté au commun mont, puis qu'enfans y aura en Mamburnie. Et si tous auoient esté emancipez, lors tiendroient leur don, & le demeurant se partiroit equalement, comme les loix dessusdictes le declarent. Plus auant dict & declare ceste loy, que si nepueux ou niepces sont hoir à vn leur oncle, ou à vne leur ante qui seroient plusiurs nepueux ou niepces, & il soit que l'oncle ou l'ante en ait en son viuant faict à aucun don pour luy marier ou autrement & puis celuy oncle ou ante mort ou morte sans declarer ce qu'a donné à son nepueu ou niepce, & veut que ce soit auant part en la succession comme dessus est dict, si celuy à qui s'est ainsi donné, veut auoir parchon en la succession de son oncle ou de son ante auec les autres nepueux ou niepces que nuls dons n'ont eu, sçachez que par la loy dessus alleguee & declaree, il faut que celuy ou celle qui ainsi a eu le don, face raport de tout son don auec les cõmuns biens demeurez dudict oncle ou ante, & que tout soit party fraternellemeut, ou autrement n'y auroit nulle difference. Car la loy les tient comme freres & sœurs en succession apprehẽdant, ne nulle difference n'y doit auoir d'entre tous les hoirs, puis qu'ils sont de pareille cõdition ou de pareil degré, & ainsi l'ay-ie veu dire & determiner par plusieurs sages, quand le cas y est aduenu. *C. lib. 6. Rub dicta. l. Vt liberis.*

Declaration des choses dessusdictes.

Item dict encore l'Empereur en sa loy: Nous voulons oster toute doutance qui se pourroit sourdre és raports que les freres & sœurs sont tenus de faire l'vn à l'autre, sur parchon auoir des biens demeurez de pere & de mere qui auroient eu assenne ou aucun don de mariage, ou autrement, & disons & declarõs que si aucun mouroit sans faire testament qui eust fils ou filles, vn ou plusieurs, & eux nepueux * d'aucunes de ses filles qui fussent mortes, ou si aucune d'elles mouroit sans testament qui eust fils vn ou plusieurs, & eust nepueux d'vn fils ou d'vne fille qui morts fussent, & il naissoit vne doute en quelle maniere il deueroient auoir l'heritage, car il est certaine chose que les nepueux n'auroient que les deux parties de l'heritage que leur pere & mere se deuoient auoir & la tierce partie leur conuiendroit laisser à leurs oncles, ou à leurs antes. Mais à rapporter la donation de mariage que le mort auoit donné pour son fils, ou pour sa fille qui encore viuroient, ou pour le fils, ou pour la fille qui estoient morts, pour ce qu'ils disoient que nulle constitution n'estoit faicte sur-ce & pour-ce contestoient les fils à celle personne qui morte estoit, & disoient que par la constitution de l'Empereur Honore

** Nepeux pour petits fils, mon vieil practicien les appelle nepins.*

& Archade ils deuoient rapporter à leurs oncles, freres de leur mere, & non pas aux freres & sœurs de leur pere, ne aux sœurs de par leur mere. Pour ce est-il, dict l'Empereur, que nous veillans telle doutance departir, commandons que les fils ou les filles à celuy qui est mort, soient tenus de rapporter le don de mariage qu'ils eurent de leur pere, aux nepueux & aux niepces qui sont nez de fils ou de filles qui sont morts, & les nepueux & les niepces doiuent rapporter le don de mariage, que leur pere ou leur mere eurent, à leurs oncles ou à leurs antes si que toutes ces choses soient meslees ensemble auec les biens dudict mort, & les nepueux ayent les deux parties de ce que leur pere ou leur mere si deuoit auoir, & la tierce partie reuienne à leurs oncles ou à leurs antes auec ce qu'ils ont de l'heritage de leur pere. Toutesfois veut l'autentique sur ce faicte que la tierce partie que les nepueux auoient moins que leur pere ou mere ne deuoient auoir, soit amendé par ceste derraine loy, & soit ramené a ysneleté. Car toutes personnes auront leurs parties entierement. *C.lib. 6.Rub.dicta.l.Illam dubitationem merito. & Authen. quæ tertia sequen.*

Isnelleté, signifie esgallite, & ainsi qu'on dict, droicture, cõme les anciens en vsoient, & ainsi il interprete ce qui est in Auth. quæ tertiæ egallitatis iusticiam.

De fils non emancipé qui feroit gaing.

Encore veut la loy escrite, que s'il est vn fils qui soit en pouuoir de pere & de mere, & par sa prudence ait gaigné aucune chose qu'il ait assemblé, & puis apres la mort au pere soit faict que les freres & sœurs, si comme dict est dessus, facent rapport, sçachez qu'il ne conuient ce rapporter que ainsi a gaigné le fils qui est en pouuoir de pere ou de mere. Car cõme le Cheualier ou le Clerc qui gaigne en tel estat que les Clercs appellent *de castrensi peculio*, n'est tenu de rapporter: aussi n'est tenu le fils qui en ce poinct est, & pour-ce ne demeure qu'il ne partisse auec les autres freres & sœurs. *C.lib.6.Rub.dicta.l.Vt nemini de cetero.*

Item dois sçauoir que le nepueu par le droict escrit partist contre son oncle, & la niepce contre son ante és biens meubles & heritages venans du costé. *d.l.Vt nemini de cetero.*

ANNOTATIONS SVR LE TILTRE SEPTANTE ET CINQVIESME.

a *LES termes, assenne & aduis, qui sont anciens: signifient ce que nous disons à present assinat, qui est vn don faict & assigné par le pere à ses enfans puisnez, ou à ses filles pour les marier, & encores nous vsons à present du mot aduis, pour asseurance, ou aduertissement certain. Quant à ce que l'Autheur traicte de la forme de faire par le pere ou la mere des dons & aduancemens à aucuns de leurs enfans; est pris de la plus part des coustumes anciennes de la Gaule Belgique, comme d'Amiens, Artois, Peronne, & autres, dont aucunes sont encores en vsage : & partant qui en voudra plus amplement sçauoir, il peut auoir recours ausdictes coustumes. Par la coustume de Paris, art. 303. à laquelle plusieurs de ce Royaume sont conformes, pere & mere ne peuuent par donation faicte entre vifs, par testament ou ordonnances de derniere volonté, ou autrement en quelque maniere quelconque, aduantager leurs enfans venans à leurs successions l'vn plus que l'autre : & par l'article ensuiuant, les enfans venans a la succession de pere ou de mere, ils doiuent rapporter ce qui leur a esté donné pour estre mis en partage ou moins prendre: toutesfois si celuy auquel don auroit esté faict, se vouloit tenir à iceluy, faire le pourroit en s'abstenant de l'heredité, la legitime reseruee aux autres enfans. Car par ladicte coustume nul ne peut estre heritier & donataire ou legataire d'vn mesme defunct ensemble, mesmement en ligne directe, & à la verité la collation & rapport que les enfans aduantagez doiuent faire en venant à la succession de leur pere & mere, est fondee en grand equité & raison naturelle à fin de garder vne egallité entre les enfans, comme ils sont egallement enfans de mesme pere ou mere,* l. 1. D. de collat. nam alias iniquum foret, vt ait Cassiodorus, Alterum abundare & alterum egere. *& par la constitution de Iustiniam* Nouel. 18. de trient. & semiss. *telle collation ou rapport doit aussi bien auoir lieu, tant, pour-ce qui auroit esté donné par testament, que par donation entre vifs, encores que par l'ancien droict Romain, ce qui estoit donné par testament par le pere ou la mere, ne fust suiect à raport, si le testateur ne l'auoit ordonné,* l. 1. C. de collationibus. l. vlt. C. cum. vtr. iud. *Mais au contraire Iustinian a voulu qu'il fust conferé, si le testateur ne l'auoit expressement prohibé, toutesfois par quelques coustumes si le don ou legs est faict par preciput, hors part, sans rapport, & par forme de prelegat, il ne sera suiect à rapport, mais par autres coustumes, nul ne peut estre heritier & legataire d'vn mesme defunct, soit en ligne directe ou collateralle: ce que l'Autheur dict en quelques lieux qu'õ ne peut estre ausmonier & parçonnier, comme aussi porte la coustume de l'Isle, tiltre premier, article huictiesme, & l'interprete qu'on ne peut prendre portion d'hoirie, & don de testament,* l. Proprias. C. de legatis. §. sed si instit. eod. *Ce qu'il faut entendre pour le regard de mesmes biens, & en mesme coustume. Car si par la coustume d'vn lieu il ne pouuoit estre heritier, comme anciennement à Paris le nepueu ne representoit son pere en la succession de son oncle, qui auoit laissé vn frere : & qu'en vne autre coustume il puisse succeder : il pourra estre heritier en vne coustume, & legataire des meubles & acquests en l'autre, ou il ne pourroit estre heritier, ainsi qu'il a esté iugé par arrest du mois de Ianuier mil cinq cens soixante trois, entre les heritiers de M. Pierre Bureau, que i'ay recité aux Responses : où i'ay aussi monstré qu'aucun peut estre legataire des biens d'vn costé, ausquels il ne peut succeder, & heritier de ceux qui sont d'autre costé, dont il descend, encores qu'ils soient d'vn mesme defunct: Par ce que la difference des biens procedans de diuerses souches, les fait reputer comme de diuerses successions,* iuxta l. Ex facto. 35. D. de hæred. Instit. & l. Si certarum. D. de testam. milit. *Quant à ce que l'Autheur traicte de se faire mort pour son fils, c'est d'vne vieille obseruance & coustume, dont aussi mon vieil practicien faict mention, mais puis qu'à present elle n'est en vsage en France, il suffit d'obseruer ce qu'il en escrit pour marque d'antiquité.*

b *Par quelques coustumes de France, ce qui est donné par pere ou mere, par contract de mariage, hors part & sans raport a l'vn de ses enfans, il n'est tenu de le conferer & rapporter aux autres en venant à la succession de celuy qui luy a donné, mais y a eu dispute en la coustume d'Amiens, par laquelle, art. 93. quand tous les enfans sont mariez au iour du decez de leur pere ou mere, il n'y a point de rapport, supposé que l'vn eust eu plus en mariage que l'autre si ladicte coustume se deuoit estendre en toutes donations, mesmes en celles faictes hors de contract de mariage. Mais par arrest de la Cour, du 6. iour de Septembre, qui estoit le dernier iour de la prononciation du Parlement de l'an 1586. entre Pierre Toullet & consors, & Nicolas Flets a esté iugé que ladicte coustume n'a lieu que pour le regard des donations faictes en contract de mariage, pour la faueur d'iceluy, qui est vn cas special: outre lequel ne la faut estendre aux donations autrement faictes, ledict arrest recité au 7. liure des Responses, chap. 203. on peut aussi voir le 222.*

c *I'ay noté cy dessus que par le droict François la fille mariee & dotee par pere ou mere, ayant renoncé par contract de mariage de l'authorité de son futur mary, à la succession future de sondict pere ou mere qui l'auroit mariee, moyennant certaine somme, elle n'en peut estre releuee, encores qu'elle fust lors mineur, & qu'elle eust esté deceuë d'outre moitié de iuste prix par ladicte renonciation, & i'en ay allegué des arrests aux Responces, & monstré que par aucuns d'iceux auoit esté iugé que soit noble, ou roturiere, elle ne pouuoit demander supplement de legitime: & entre autres de l'an 1569. de l'an 1570. & à la prononciation de Noel, 1576. & encores du 7. Iuin 1585. toutesfois pour le regard de la succession de pere ou mere ia escheuë, si la fille y renonce par contract de mariage, moyennant certaine somme, & que par ladicte renonciation elle ait esté grandement deceue & lezee, elle en pourra estre releuee, & y venant dans le temps de restitution: comme a esté iugé par arrest du Parlement seant à Tours, le 15. May 1592. Et pour le regard de l'approbation de la renonciation faicte à la future succession les Canonistes & autres Docteurs se fondent sur l'effect du serment faict par la fille: Mais nous arrestons en France sur la prouidence du pere ou de la mere en mariant leur fille.*

d *En France, principalement au pais coustumier on s'arreste peu à la distinction des enfans siens & des emancipez: par-ce qu'encore que les enfans par le droict François ne soient hors la puissance paternelle, s'ils ne sont iouissans de leurs droicts, si est-ce qu'ils peuuent acquerir & succeder à leur mere & autres parens, desquels leur pere ne peut estre heritier, & ce que par eux aura esté acquis, ou leur sera ainsi escheu, leur appartiendra, sans estre acquis à leur pere, soit en proprieté ou vsufruict: aussi ne sont-ils tenus de conferer en la succession de pere ou de mere, sinon le don ou aduantage que l'vn ou l'autre leur auroit faict, qu'on appelle* bona profectitia, *& qu'ils seroient tenus imputer en la legitime, soit qu'ils ayent esté emancipez ou non: ce qui conuient au nouueau droict Romain,* d. Nouel. 18. & l. Illud. & l. vlt. C. de collat. *toutesfois les peres ont accoustumé quelquefois d'emanciper leurs enfans, à fin de leur donner plus de pouuoir d'accepter les donations, qui leurs seroient faictes, acquerir & ester en iugement auec vn curateur. Imbert en son Enchiridion* *monstre la forme qui s'obserue à present en l'emancipation des enfans de famille, mais les emancipez & les enfans qu'on appelle siens, succedent egalement*, l. vlt. C. de emancipat. liber. & §. emancipati autem. & seq. Instit. de hæred. quæ ab intest. defer.

DES HERITAGES ESCHEANS A PLVSIEVRS ENFANS, ET PARTAGE SVR-CE.

TILTRE LXXVI.

IL aduient souuentesfois qu'vn heritage ou plusieurs eschéent à plusieurs enfans, & pour-ce les faut aucunesfois partir & desseurer, soit en terre de main ferme* ou autre. Si t'é veux mõstrer & recorder ce que veu en ay par lieux coustumiers. Et sçachez [a] que s'il est homme qui ait plusieurs enfans, & il voise de vie à trespas, s'il y a heritages tenus de plusieurs Seigneurs, & il aduient que les enfans se retrayent en la Cour de l'vn des Seigneurs pour auoir chacun leur droict, soit par leuer ou autrement en parchon faisant, sçachez que puis qu'ainsi se seront traits en vne Cour, il conuiendra qu'ainsi le facent en toutes les Cours, dont les heritages ainsi escheus seront tenus. Ne iamais ne s'en peuuent autrement partir qu'il ne conuienne faire gré de Seigneur à chacun Seigneur, pour autant qu'à luy en touche, & est tenu, & en chacune Cour faire & demander parchon, c'est à sçauoir à chacun Seigneur à part. Et si depuis l'vn des enfãs vouloit releuer pour tous, si ne le pourroit-il faire, pour-ce que chacun s'est ja faict hoir, en quelque Cour que ce ait esté: & pourra le Seigneur ou Seigneurs demander leurs amendes ou seruices à chacun enfant comme il sera tenu de luy. Ainsi fut-il iugé en la salle à l'Isle, pour Herlin du Pont Reuuart, contre les hoirs de Philippe Maillet.

** Mõ vieil practicien appelle terre de main ferme, qui est cottiere & venteuse. & demeurer fermement en main du proprietaire & en payant par lui la rente, ne peut le Seigneur la luy oster. Plusieurs coustumes en font mention, comme celles d'Artois, Hainault & autres.*

De femme veufue ayant enfans qui se remarie.

Item s'il aduient [b] qu'vn homme prenne vne femme à mariage qui ait enfans d'aucun mary, & apres ce qu'il l'aura espousée, demandent parchon du* fourmort de leur pere, sçachez qu'on doit faire de tous les meubles qu'ils ont, trois mons *, dont l'vn des mons aura la mere, & l'autre mont aura le parastre, & l'autre auront les enfans, & ainsi fut-il dict & iugé en la salle à l'Isle pour le dessusdict Herlin, contre ledict Philippe.

** Formort.*
** Mons, pour lots, ou monceaux.*

D'homme marié acquester heritage soit en fief ou autrement.

Item & s'il aduint qu'aucun face acqueste d'aucun heritage tenu en main ferme; tant qu'il soit marié: sçachez que la moitié en appartient à la femme pour luy & pour ses hoirs, si enfans n'auoient d'eux deux viuans ensemble de loyal mariage: en fief non, car il demeure à celuy qui herité en est, ou son hoir. Mais celuy qui doit partir à autre, doit auoir en tout la moitié, d'autant que le fief a cousté.

De frere germain & demy frere.

Item s'ils [c] sont deux freres qui ayent vne sœur, & celle sœur acquiert heritage de main ferme, soit en mariage ou dehors, laquelle voise de vie à trespas sans auoir hoir de sa cher de loyal lict : & l'vn de ses freres soit germain, & l'autre demy frere, sçachez qu'à la succession de leur sœur autant y a l'vn comme l'autre, voire és biens meubles, car en heritages le droict de formoture de pere & de mere y doit estre gardé : & ainsi le veut le droict escrit. *C. lib. 6. Rub. de collationibus, Authentica, Qua tertia portionis diminutio.*

Addition, *Qui n'est au liure escrit à la main.*

[Il y a coustume en la Preuosté & Vicomté de Paris, par laquelle les freres & sœurs, supposé qu'ils ne soient que d'vn costé, succedent esgallement auec les autres freres, supposé qu'ils soient de pere ou de mere, à la succession de leur frere ou sœur, quant aux biens meubles, & conquests immeubles, Quantum verò ad antiqua & propria heritagia, fratres ex vtroque latere excludunt alios coniunctos tantum ex vno latere, secundum censuram ciuilem in Authen. d.]

De fiefs estans à plusieurs enfans.

Item s'ils [d] sont plusieurs freres demeurans apres le trespas du pere, lequel pere tint en son viuant plusieurs fiefs, tenus tous d'vn Seigneur, ou diuers fiefs tenus de diuers Seigneurs, sçachez que si tous les fiefs estoient tenus tout d'vn Seigneur, lors se partiroient par ceste maniere, c'est à sçauoir l'aisné hoir partiroit premier & choisiroit pour luy le meilleur fief. Et l'aisné apres le meilleur ensuiuant. Et le tiers aisné apres le meilleur ensuiuant. Et ainsi de fief en fief, & d'enfant en enfant, tant que fief y aura : Et s'il conuenoit retourner, & que tant de fiefs eust, si recommenceroit l'aisné fils deuant aux fiefs demeurans, tant que fiefs y auroit. Et s'il y auoit fief qui fust tenu d'vn autre en Baronnie *, l'aisné le doit auoir hors part. Et si les fiefs estoient tenus de diuers Seigneurs, lors les auroit & emporteroit tous l'aisné fils par la raison de son aisneté, & n'y auroient les autres freres & sœurs, si elles y sont, que le quint denier à tous lesdicts fiefs à partir entre eux trestous ensemble.

*Tenir en Baronnerie s'entẽd proprémẽt tenir du Roy immediatement, auec tiltre de Baron : mais il se prend icy pour tenir auduict tiltre de Baron d'vn Seigneur qui peut auoir des Barõs tenans de luy, comme du Duc au Comte.

D'esclichement de fief.

Et si c'estoit en païs où la coustume souffre que le fief soit esclichét † de autant que le quint peut valoir, sçachez que l'esclichement sera tenu aussi haultement que le propre fief, car s'il a haute iustice, aussi l'aura celuy qui en sera esclichê, & le releuera & le tiendra le frere à qui ce sera esclíché, du Seigneur de qui le fief sera tenu si il luy plaist, ou de son aisné frere s'il luy plaist. Et l'vn prins & choisi : il ne peut iamais retourner à l'autre.

†Esclicher signifie demẽbrer, cõme on dict, eclipser.

En quel temps peut & doit fief estre quintié.

Si peux & dois sçauoir qu'vn fief par coustume localle ne doit estre quintié qu'vne fois au viuant de souuenans. Lequel viuant est entendu selon l'opiniõ d'aucuns, dedans soixante ans vne fois, car si plus souuẽt pouuoient estre quintiez, dedãs brief temps tous les fiefs vendroient à si petites parchons de quintage, qu'en la fin ne seroient riens en valeur

Quinter ou quintier le fief signifie disposer du quint, qui appartient en fief aux puisnez, dõt est faicte mention en la coustume d'Artois, & autres de Picardie, & du Pays bas, ausquelles se refere ce qui est icy traicté.

n'en reuenuë de fief. Et quelque esclichement qui en isse par quintage, sçachez qu'il est tenu d'aussi grand relief comme le gros du fief.

Comment fief ne peut remonter.

Item ne peut ne doit fief remonter en parchon de succession de sa nature, mais conuient qu'il descende de ligne, soit droicte ou lateral. Mais tu dois sçauoir que remõter n'est pas de retourner à l'aisné ou à l'aisnée, si masle n'y a, si comme s'ils sont deux freres ou deux sœurs, & l'vn ou l'autre ait vn enfãt, lequel que ce soit ait fief, s'il va de vie à trespas, le fief eschet sans nulle doute à son enfant. Or prenons que cest enfant voise de vie à trespas sans auoir hoir loyal de sa chair, sçachez que ce fief escherra à l'õcle ou à l'ante, si oncle n'y a du costé dõt le fief est venu, s'ils y sont, & vendra la plustost qu'au cousin quand bien il seroit germain, s'il y estoit: & ne tiennent pas les coustumiers à ce cognoissans & conseillans que ce soit remonter, car il ne reuient pas à la ligne dont il descend.

De fille mariée auant eu don demander quint de fief.

Et s'il aduenoit que fille fust mariée qui ait eu don de mariage, & demande à auoir contre son frere aisné quint du fief, qui a son frere est venu de la mort de son pere: Sçachez que la Dame ou Damoiselle qui ce faict & demande contre son frere, doit r'apporter auant, autant que le quint dudict fief pourroit valoir sur le don de son mariage, auãt qu'elle puisse auoir part ou droict audict quint. Si sçachez que ce veut-il dire, mais qu'ainsi soit que le pere de la Dame ou Damoiselle qui ainsi demãderoit quint sur le fief qui de son pere seroit descendu, eust eu par le don & ordonnance de sondict pere don ou autre assenne, que le quint qui a elle deueroit appartenir sur le fief descendant de sondict pere. Car puis que don ou autre assenne en auroit receu, & puis apres la mort de son pere voulsist droict de quint demander, elle seroit tenuë de r'apporter ce don ou ceste assenne que receuë auroit par le dõ & ordõnance du pere.

De frere donner à sa sœur aucun don sans quinter son quint.

Et si don ou assenne n'auoit eu du pere, & puis le fils qui seroit son frere à qui le fief seroit venu, de sa bonne volenté donnast à sa sœur aucun don ou assenne, sans ce que sa sœur le quittast son don de quint de fief, ou don, pour-ce ne demeureroit qu'apres celuy don ou assenne faicte, puis que quitté n'auroit son droict de quint, que demander ne le puisse & auoir ne le doiue.

De contend sourdant sur aucun quint demander.

Et se Dame ou Damoiselle demande à auoir quint contre son frere, & contend en soit qui s'aille iusques à procés, sçachez que tout le procés durant, la Dame ou Damoiselle doit estre mise en possession, parmy ce qu'elle face suffisante caution à loy de rendre & restituer tout ce que leué en auroit au cas qu'elle decherroit, & que droict n'y auroit. Ainsi fut-il ordonné par sentẽce en la salle à l'Isle pour la Damoiselle de Hem empres l'Isle. Et ainsi fut-il dict & ordonné en ladicte salle à l'Isle, & par sentence pour les Iuges de Madame Dantoing, que parchon faicte par pere & par mere, & par communs amis d'vn costé & d'autre, estoit tenable & vallable, sans ce que fust faict par loy, fors par les communs amis entant que pour les biens meubles & cateulx. Mais en tant qu'aux heritages, il conuiendroit que ce fust passé pardeuant loy, si on vouloit qu'il fut si fermement faict que pour valoir & tenir d'hoir en hoir.

Coustume de l'Isle.

Item selon la coustume de l'Isle si homme & femme sont mariez ensemble, & ayent vn enfant ou plusieurs, l'homme ait heritage qui vienne de par luy: si celuy homme va de vie à trespas, & la femme se remarie, sçachez qu'elle a & doit auoir droict pour son voyage, moitié és heritages de son mary, & les enfans l'autre. Et s'il aduenoit que les enfans allassent de vie à trespas sçachez que la mere perdra son voyage, & s'en reua l'heritage quitte & deliure aux hoirs de l'enfant de par son pere: & s'ils n'auoient nuls enfans, les heritages reuont au costé dont ils viennent, & ainsi est de l'homme. Et pareillement en Tournesis. Et féme qui demeure sans enfans, n'a quelque part aux heritages qui viennent de par son mary, mais elle partit à moitié en toutes les acquestes, & a moitié aux meubles auec son droict de veufue, qui est tel comme ailleurs sera dict, au chapitre des veufues cy apres ensuyuant.

Coustume de Tournay.

Item par la coustume de la ville & cité de Tournay, lequel qui premier voise de vie à trespas, iaçoit ce que nuls enfans n'ayent, le derrain viuant a la moitié des meubles & de tous les heritages à tousiours situez en la banlieuë d'icelle ville: & si enfans en demeurent le pere mort & la mere viuante, la mere iouïra de tous les meubles & heritages tant qu'elle se tiendra de se remarier. Et s'elle se remarie, ses enfans qu'elle a, vn ou plusieurs s'ils veulent demãder leur parchon contre elle, auoir la doiuent de la moitié des heritages & des meubles. Et ce faict la mere de l'autre moitié qui luy demeurera à la parchon faire, en peut sa pure volonté vendre ou donner à tousiours. Et si les enfans audict remariage ne demandent parchon, laquelle chose est en eux de faire ou delaisser: s'ils le laissent, la mere demeure és biens meubles & heritages tant qu'elle viura. Mais des heritages ne peut iamais vendre n'aliener comment que ce soit, qu'elle morte tout ne reuienne à ses enfans vn ou plusieurs, si elle les auoit autãt à l'vn comme à l'autre. Et les meubles se partissent apres la mort d'elle contre le mary à moitié. Et si la mere se remarie cõme dict est, & elle a enfans de son second mary: les enfans du second mary partiront contre les enfans du premier mary, c'est à sçauoir les premiers enfans auront la moitié de l'heritage venu de leur pere; pour la fourmorture venant de leurdict pere, & l'autre partie ou moitié seroit partie fraternellement autant à l'vn comme à l'autre. Et ainsi doit estre faict des premiers enfans contre les seconds enfans des heritages venans du second mary apres la mort, contre les enfans à celuy son mary, & des meubles † ne a moitié.

† *Au liure escrit à la main n'y a, ne, & sera meilleur de le rayer.*

ANNO-

ANNOTATIONS SVR LE TILTRE SEPTANTESIXIESME.

a CE qui est contenu en cet article, vient de l'vsage qui lors estoit obserué en quelques pays de la Gaule Belgique, mais il ne se practique plus si generallement en France: ains par le commun droict François on releue seulement du seigneur les fiefs tenus & mouuans de luy, & non les rotures qui aduiennent par succession. Et quant aux fiefs par quelques Coustumes le fils aisné peut releuer pour luy & ses autres freres & sœurs du seigneur feodal les fiefs escheuz & aduenus par la succession de leur pere ou mere, & luy en faire la foy & hommage, & les freres & sœurs puisnez releuer leurs parts de leur frere aisné, sinon du seigneur feodal: dont on peut voir les Coustumes, & à icelles auoir recours pour ceste matiere. Le mot desseurer signifie diuiser & separer, comme il se trouue en l'ancienne Chronique de Flandres, de Monstrelet, & ailleurs: & ainsi en vse mon vieil practicien.

b Cet article s'entend de la communauté introduite par plusieurs Coustumes, entre les enfans d'vn premier mariage & celuy ou celle qui se remarie sans auoir fait faire inuentaire: dont est traicté és articles 240. 241. & 242. de la Coustume de Paris: estant ledict 242. conforme à ce qui est traitté en ce present article: laquelle communauté n'a effect si l'homme veuf ou la femme, auãt que se remarier auroit fait faire inuentaire qui se doit entendre quand il auroit esté fait solemnellement, clos & affermé: comme a esté iugé par arrest du 8. iour de Mars, 1586. & est porté par ladite Coustume de Paris. Mais encores que l'inuentaire n'ait esté fait si tost, toutesfois la communauté cesse du iour qu'il aura esté fait, par arrest du 13. Aoust, 1557. Formort ou formoture signifie droict acquis par la mort de quelqu'vn: & ainsi en vse mon vieil practicien. Le mot de for estant frequent, & adiousté en plusieurs dictions pour exprimer dauantage leur signification, comme en formariage, forbant & autres semblables.

c De la succession des freres & sœurs & autres parens collateraux, par le droict Romain, ceux qui estoient conioincts de deux costez, estoient preferez à ceux qui estoient seulement parens d'vn costé, Nouel. 84. 118. & 127. dont sont prises Auth. cessante. C. de legit. hæred. & Auth. Itaque C. comm. de success. & y a des Coustumes qui le suiuent: mais par celle de Paris, article trois cens quarante & trois cens quarante & vn, les conioincts d'vn costé succedent esgalement auec les conioincts des deux costez, aux meubles, acquests & conquests immeubles: mais quant aux propres heritages y succedent ceux, qui sont les plus proches du costé & ligne, dont ils sont aduenus & escheuz au deffunct, comme il est porté par l'art. 326. & suiuant la regle commune paterna, paternis,: materna, maternis. Toutesfois si les biens acquis par le pere sont escheuz à son fils, & par ce moyen ayent fait souche en luy: apres son deceds ils appartiendront à ses cousins germains du costé paternel, & en seront exclus ses freres vterins, par arrest du dernier iour *de May, mil cinq cens soixante.*

d *Pour le partage des fiefs entre les enfans, y a grande diuersité de Coustumes, ausquelles celuy qui en aura à faire peut auoir recours: parce que ce qu'en traicte icy l'autheur vient de l'vsage & obseruance qui lors estoit en quelques lieux: mais ne s'obserue en autres pays, où y a des Coustumes differentes. Toutesfois on tient pour Coustume generale en France, que les Duchez, Comtez & Baronnies appartiennent à l'aisné seul, qui doit recompenser les puisnez des parts, qu'ils y ont en autres heritages nobles de la succession, comme a esté iugé par arrest du septiesme Septembre, 1571. & 5. Mars 1575. recitez aux Memorables. Ce qui est traité au reste de ce titre des fiefs, est pris des Coustumes d'Artois & autres du pays Bas & Picardie, & desquelles aucunes sont à present reformees qu'on peut voir.*

e *Souuent a esté iugé par arrests de la Cour, qu'en partage entre freres & sœurs, où y a debat, se doit adiuger prouision à ceux qui demandent le partage: des parts qui par la Coustume du lieu leurs sont attribuees au moins en baillant caution: d'autant qu'ils sont tous enfans d'vn mesme pere & mere & saisis egalement de leurs successions.* l. In suis. D. de lib. & postu. *Imbert en recite quelques arrests sans datte: mais il m'en souuient d'vn donné en l'audience, du Mardy 12. Ianuier mil cinq cens cinquante sept.*

DE L'EXCEPTION DE PRENDRE PAR AVCVN AVTRE HOIRIE. TILTRE LXXVII.

ASÇAVOIR a est que quiconque veut apprehender hoirie d'autre, s'il se doute d'icelle apprehender pour les dettes au mort, sçachez qu'il a telle induce à ce faire auant qu'apprehender le doiue s'il ne luy plaist que d'vn an. Et encores au chef de l'an, s'il est aucun qui vueille auoir droict sur les biens demeurez dudit trespassé par dettes ou autrement, & qu'on ait aucune cause à biẽs demeurez du mort, ou à ses hoirs ou ayãs cause & on face adiourner les hoirs ou ayãs cause du mort pour les dettes, sçachez que ceux qui sont adiournez comme hoirs ou ayãs cause dudit mort, au cas que de fait ils n'auroiẽt apprehendé aucuns des biens dudit mort par succession, ont vn an de prouision, a sçauoir si hoir se voudroit faire ou non & encores au chef de l'an, si ils sont adiournez, à sçauoir si hoirs se voudroient faire ou non, si ont-ils encores quarante iours d'appensement à respondre si l'hoirie voudroient entreprendre ou non. Et au cas que ce ne voudroient entreprendre, & on ne puisse prouuer contre eux, qu'aucune chose en eussent prins ne leué par succession qu'on peu que ce fust, ils ne seroient tenus de respondre pour le mort ne pour dette qu'il deust, mais en doiuent demeurer paisibles. Et dois sçauoir que celuy an durant, au cas que nul ne se porteroit hoir, les biens demeurez dudit mort doiuent estre gouuernez & maintenus par main de iustice, comme par main sauue au moins de despens que faire se peut iusques audit an fini, s'ainsi n'estoit que plustost cil ou celle qui doiuent estre vrais hoirs au mort, y venissent plustost renoncer à loy. Car lors se pourroient tous les biens inuentorier par iustice, & tourner en la paye des crediteurs au mort, par si toutesfois que curateurs fussent par loy mis sur iceux biens à conseruation de droit, & de la droicturiere defence d'iceux. Et ainsi en est il vsé en Chastelet de Paris, & par Parlement tenu & conserué. *concordat. l. Cum antiquioribus. C. de iure delib.*

Comment on peut hoirie d'autre apprehender sans peril de payer les dettes.

Item [b] & si le mort deuoit tāt de dettes que ses hoirs doutassent apres luy d'apprehender, prendre ne demander son hoirie, sçachez que par benefice d'inuentaire le peuuent faire par ceste maniere. Il conuient impetrer vn mandement du Roy nostre sire, contenant comment il estoit mandé ou commis au Iuge Royal dessous qui les biens seroient situez, que tous les biens demeurez de tel mort soient inuentoriez par benefice de loy. Et tout ce que par ladite inuentaire sera trouué, peut & doit estre par caution baillé à celuy qui par ceste voye se veut faire hoir. Et tout ce que par l'inuentaire ainsi faite sera prins par l'hoir, sainement le peut prendre. Car supposé que le mort li deust plus de dettes que ladite inuentaire ne monteroit, si ne les pourroit-on de plus demander ne contraindre, ne de plus n'en seroit tenu de compte rendre, & par ainsi de tout ce que l'inuentaire montera, se peut hardiment faire hoir, par si toutesfois qu'il ne puisse estre sceu qu'autre chose quelconque en ait l'hoir prins ne apprehendé, que l'inuentaire aura monté. Car si autre chose en auoit prins, il seroit tenu des dettes audit mort comme son hoir.

Dedans quel temps on doit apprehender hoirie d'autre, par benefice d'inuentaire.

Encore est à sçauoir qu'apres ce que dit est, & comment selon les loix on peut apprehender hoirie par benefice d'inuentaire, sans doute de payer les dettes que deuoit le predecesseur dont l'hoirie vient, sçachez que par la loy escrite si peut & doit ainsi apprehender ladite hoirie par benefice d'inuentaire, mais que l'hoir qui se veut apprehender, vienne dedans vn mois apres la mort de celuy dont il veut ce faire, & requerir au Iuge & à loy que les biens demeurez dudit mort soient inuentoriez, & par caution apres l'inuentaire faite, peut ladite hoirie apprehender, Et à telle condition doit faire caution, que dettes approuuees mōtoient plus que ladite inuentaire ne mōteroit, si ne seroit-il de plus tenu de rendre compte que d'autant que l'inuentaire ne monteroit, sans autre peril ne plus refondre, ne les leuees que sur ce en auroit fait caution. Et conuient que par ladite loy, l'inuentaire & tout ce soit fait dedans 3. mois apres la mort au predecesseur, au cas que l'hoir ou hoirs qui ce voudroiēt apprehēder, seroient au pays au iour de la mort audit predecesseur. Et si hors du païs estoiēt, ils auroiēt vn an de iour apres ladite mort. Et c'est ceà quoy les Coustumiers s'y arrestent le plus si comme dessus est dict. *C. de iure deliber. l. Scimus iam duas esse, communia de successioni. l. Amitæ.*

ANNOTATIONS SVR LE TILTRE SEPTANTE SEPTIESME.

a *PAR le droict François il ne se porte heritier qui ne veut, ce qui est bien interpreté par quelques Coustumes, qu'il n'est tenu de renoncer ny de faire autre declaration, s'il n'estoit poursuiuy à la requeste des legataires, creanciers ou autres, ayans interests: auquel cas il seroit tenu declarer, s'il vouloit apprehender ou repudier l'heredité. Ce que traicte amplement Tiraqueau au traicté Le mort saisit le vif: tellement qu'il n'y a plus en France d'heritiers necessaires, dont est parlé aux liures du droict Romain. Quant au temps d'apprehender l'heredité, ou la repudier, ou obtenir lettres de benefice d'inuentaire, pour se porter heritier sous ledit benefice, s'il n'y a Coustume qui limite expressement le temps, comme fait celle de Bretagne, on peut tousiours apprehender l'heredité,* vt rectè existimat Cuiacius ex l. 1. C. de suis & legitim. *suiuant l'opinion des Grecs,* ad l. 4. C. qui admit. ad bono. possess. *& pareillement celuy qui n'a fait acte d'heritier peut toutes & quantes fois qu'il sera poursuiuy, repudier la succession ou obtenir lettres de benefice d'inuentaire.*

b *De la forme d'apprehender vne heredité sous benefice d'inuentaire est amplement traicté* tit. C. de iure deliber. *En France il faut que celuy qui veut iouyr dudit benefice, en obtienne lettres Royaux: encores qu'aucuns tiennent qu'au pays de droict escrit telles lettres ne soiēt necessaires, mais les lettres s'adressent au Iuge Royal pour entheriner lesquelles faut faire appeller les creanciers apparans, & autres qui peuuent auoir interest, desquels ait cognoissance celuy qui auroit obtenu lesdites lettres: & quant aux autres qui luy sont incogneus, il suffit de les faire appeller à son de trompe & cry public és lieux où telles proclamations ont accoustumé d'estre faictes, pour venir proceder sur l'entherinement des lettres, voir faire inuentaire & bailler caution comme dict* Bald. ad l. vlt. §. cùm igitur. C. de iur. delib. *Quant à l'inuentaire, l'heritier le doit faire solemnellement faire, c'est à dire pardeuant le Iuge auec legitime contradicteur, qu'il faut entendre des creanciers ou autres ayans interests, s'ils comparent: & en leur absence auec le Procureur du Roy qui est personne publique pour cōseruer le droict de tous ceux qui y ont interest, auquel inuētaire l'heritier doit fidellement faire mettre tous les meubles, creances, obligations, tiltres & papiers dōt il peut auoir cognoissance, & lesquels meubles il fera priser: & neātmoins les legataires, creanciers & autres ayans interest pourrōt faire augmēter en l'inuentaire ce qu'il viendra à leur cognoissance, & augmenter l'estimation des meubles,* d. l. vlt. §. licentia, *& selon qu'il a esté iugé par arrest donné és grands iours de Moulins, l'an 1540. & autre donné audit lieu de l'an 1550. recitez par Papon liure 21. titre 10. Si toutesfois y auroit eu inuentaire fait au precedent comme les Iuges & Of-*

ficiers tant du Roy que des hauts iusticiers, sont assez diligens de faire inuentaire, incontinent apres la mort du defunct, l'heritier se pourra aider dudit inuentaire : & s'il est clos & affermé, il suffira pour l'entherinement des lettres dudit benefice: apres l'inuentaire fait l'heritier par benefice d'inuentaire doit bailler caution de l'estimation des meubles contenus en iceluy, & des fruicts leuez & perceus, & non des immeubles, comme a esté iugé par arrest du 27. Juillet 1526. De ceste matiere les Docteurs & les practiciens ont escrit si amplement, que ne seroit qu'vne redite d'en traiter d'auantage, toutesfois on peut obseruer pour le regard de la clause qui est ordinairement mise és lettres de benefice d'inuentaire, pourueu qu'il n'y ayt d'autre qui se die heritier simple, qui est neantmoins porté par la coustume de Paris, artic. 342. que l'heritier en ligne directe qui se porte heritier par benefice d'inuentaire, n'est exclus par autre parent qui se porte heritier simple : ce qu'il faut entendre encores que les deux heritiers soient en pareil degré: mais ie ne voudrois estendre ledict article aux heritiers en ligne collaterale, il y a d'autres coustumes qui sont differentes, lesquelles on peut voir. L'heritier par benefice d'inuentaire pour retrancher les procez, que les creanciers ou autres luy pourroient faire, sur l'estimation des meubles, doit les faire vendre solemnellement apres la publication faite deuant la principalle porte de l'Eglise de la parroisse où le deffunct demeuroit, à issuë de Messe parrochiale, comme porte ladicte coustume de Paris, autrement il pourroit estre condamné au parisis de la prisee des meubles, suiuant l'arrest du 4. iour de Mars mil cinq cens quatre vingts vn, ou de rendre compte des meubles selon l'estimation qui en seroit faite par personnes dont les parties conuiendroient, comme a esté iugé par arrest du 16. iour de Feurier 1582. Mais l'heritier par benefice d'inuentaire doit bien s'enquerir qui sont les precedens creanciers, pour ne payer legerement, par ce qu'il a esté iugé par arrest du 2. iour d'Auril 1577. recité au troisiesme liure des Responses, que si l'heritier par benefice d'inuentaire a payé quelques creanciers posterieurs, sans s'enquerir des precedens en hypothecque, il sera tenu enuers les precedens en son propre & priué nom: de la restitution de la somme qu'il auroit payee: encores que d.l. vlt. §. & si præfatam, soit contraire.

COMMENT LE PLVS PROCHAIN EN DEGRE' DOIT SVCCEDER EN HOIRIE, SOIT EN montant, ou descendant.

TILTRE LXXVIII.

PAR ceste loy [a] presentement alleguee, *Statuimus*, & par vn autre cas brief qui dict, *Qui prior est in gradu, prior est in possessione*, doit estre entendu que le plus prochain en degré doit succeder en hoirie, soit en montant, ou en descendant, si n'est en fief, qui par coustume laie ne doit remonter en estoc de ligne de hoirie, dõt s'il aduenoit que aucũ allast de vie à trespas, qui eust pere & mere, ou l'vn d'eux, sçachez que la succession de luy iroit plustost ausdits pere ou mere, qu'il ne feroit à ses freres ou sœurs, & s'il n'auoit pere ou mere, lors iroit aux freres ou seurs, & plutost aux freres ou seurs, que aux freres ou seurs à demy germains: & encores plustost aux enfans de freres ou seurs germains, c'est à entendre tout d'vn pere & d'vne mere, que aux demy freres & demy seurs, & si nuls n'en y auoit, lors succederoiét les demy freres & demy seurs, & leurs enfans: lesdicts pere ou mere trespassez: & ceste declaration trouuerez vous plainement *communis de success. l. Amita & l. Auunculo. & Authent. Itaque mortuo. & Auth. Defuncto. C. ad Tertullianum.* Combien que par coustume de court laye, les demy freres & seurs partissent contre leurs freres ou seurs germains: mais la declaration si est que ce est entendu és meubles, & en acquestes d'heritages, qui par coustume seroient tenues par meubles, & par la condition de l'acqueste.

De succession de quint.

Item veut encore le faict de coustume que s'il est aucun qui tienne fief & ayt plusieurs freres ou seurs, qui droict de quint † payent, si le quint n'est demandé à la loy & esclichéà part, & ceux qui leur part de quint y ont vont de vie à trespas, sçachez que celuy quint, ou celle part de quint qui esclichén'est, rechet au gros du fief, ne n'y ont riens les autres freres ou seurs.

† *ayent*

De succession d'homme occis ou meurdry.

Item & s'il aduenoit [b] que aucun fust occis ou meurdry à recele: sçachez que par le droict escrit sa succession ne doit pas venir à l'hoir de luy demeuré, s'ainsi n'est que celuy hoir face grande & pleine diligence à loy, de sçauoir qui ce meurdre ou homicide a faict, & que loy s'en face si auant que trouuer on le pourra: ou autrement il sembleroit que l'hoir eust esté consentant de la mort. Et s'ainsi ne fait l'hoir, le seigneur à cause de mettre la main en ladite succession, comme à chose estraiere. *C. de his quibus vt indignis l. ij.*

Estraiere, signifie confisquee, ancien mot François.

De la proprieté de vsufructuaire.

A Sçauoir est que souuent aduient que aucun vend, donne ou engage le fruict d'vn heritage, à tenir la vie d'vn autre durant. Si aduiét il aussi que ce aduient par don ou assenne de mariage, & par doüaire coustumier, dont souuét il aduient que celuy qui ainsi a son heritage empesché, si va de vie à trespas auant que l'vsufructuaire qui le voyage doit tenir: à sçauoir à qui la succession quant à la proprieté, deura escheoir, & quant ou au prochain hoir qui sera au iour du trespas du proprietaire, ou à celuy qui sera au iour de l'vsufructuaire. Sçachez que si tost que le proprietaire qui a ainsi ordonné ou obligé de son heritage, va de vie à trespas, la proprieté en vient & succede à son droict hoir, combien que l'vsufruict en demeure à l'vsufructuaire durant sa vie, & le doit incontinét releuer, si c'est chose qui desire relief à faire.

Coustume de Mortaigne.

Item à la coustume de la terre de la ville de Mortaigne. sçachez que lequel que ce soit de l'homme, ou de la femme qui demeurent viuans sans enfans, il n'y a que le quart, & luy mort il reuient aux hoirs, &c. & si c'estoit fille qui soit auec freres, elle n'y a riens quant aux heritages, mais quant aux meubles elle a droicte parchon comme les autres.

Enqueste faicte à l'Isle.

Item il fut chargé par enqueste en la salle à l'Isle, que vn homme qui auoit demandé vn heritage qui escheu luy estoit de vne sienne ante, sur lequel heritage le pere & la mere auoient assenné vne leur fille & seur à celle ante, de la somme de lx. liures, & lequel heritage vn estranger auoit acheté & jà tenu par grand temps, le demandeur le deuoit auoir comme eschange, & fut dict que ledict heritage se deuoit descontenger puis qu'il issoit de droicte ligne.

De trois manieres d'escheances en succession.

Et pource peux & dois sçauoir qu'ils sont trois manieres d'escheances de heritage. La premiere vient par succession, la seconde par grace, & la tierce par fortune. Celle qui vient par succession, si est auoir heritage de son prochain, si comme de son pere ou de son prochain, ou encore quãd le sire apprehende succession par deffaute d'hoir qui vienne. Celle qui vient par grace, quand vn Euesque ou vn homme de saincte Eglise a par don & par grace aucun bien par le trespas d'vn autre, qui en son viuãt le tenoit & possessoit. Celle qui vient par fortune, c'est à dire par aduenture, si est ainsi que par mariage selon les coustumes d'aucuns lieux.

On tient que le seigneur, dicts debet potius successor bonorũ quã hæres, aussi n'est il tenu des dettes du defunct, que pro modo emoluments. Bacquet liure de desherance. c. 3.

Du lignage directe ou collateral.

Il aduient aucunesfois que vn heritage vient à aucun qui de riens n'estoit de lignage à celuy, dont l'heritage descend, si comme en la terre de sainct Amand en Peule, que en maint autre lieu seroit sçeu & aussi troué.

Des escheances de ligne.

Item des escheances de ligne tu peux & dois sçauoir, que l'vne est droitte, & l'autre lateral. la droitte si est quãd heritage descend par droitte ligne de pere ou de mere au fils ou à la fille, ou aux enfans des enfans. La ligne collateral si est quand l'heritage descend de l'oncle, ou de l'ante, ou de frere, ou de seur, ou d'autre costé qui soit lateral.

Coustume de Normandie.

Par la coustume de Normandie nouuellement tenuë & instituée dois sçauoir que le fils l'aisné doit auoir l'aisneté, & sans luy ne doit nul calenger heritage ne deffendre, ne faire au seigneur hommage, car il y doit auoir autelle droitture de l'escheance, que le sien pere eust eu s'il eust vescu.

Il faut veoir la coustume de Normandie, ar 325. & ensuiuans.

Comment le fils represente son pere en bonne succession.

Des successions en ligne collaterale, faut veoir le grād Coustumier, pour la diuersité des Coustumes qui sont en France.

Pourquoy par ceste raison il appert que le fils represente son pere en tout faict de succession, & encore peux & dois sçauoir que escheance de heritage qui n'est venant de droicte ligne à heritage, si comme le frere à l'heritage de son frere, & les nepueux à l'heritage son oncle, car telles successions viennent par ligne lateral.

Comment escheance qui vient par aduenture, se deuise en trois parties.

Escheance qui vient par aduenture, se deuise en trois manieres, dont l'vne si vient par * escheance, si comme quand vn fief ou autre heritage reuient au seigneur par faute d'auoir aucun hoir.

** Autrement de heritance.*

De succession par establissement.

L'autre si vient par establissement, si comme quand vn fief ou autre terre viēt à estrāge personne par faict de doüaire ou par fait de veufueté, si comme les coustumes de diuers lieux l'enseignent moult diuersemēt en aucuns lieux, & en aucunes seigneuries, & ainsi comme les coustumes y sont establies, tenuës, & expressement gardées.

De succession de condition.

L'autre si vient par condition, si comme quand aucun fief est vendu, cedé & transporté en estrange main par telle condition, que quand celuy en qui main il est transporté, sera mort, il reuiēdra aux hoirs de celuy qui l'a ainsi transporté, ou par autre cōdition ordonnée par le transporteur, & le transporte de rente à vie, acquise par deux personnes, & le derrain viuant tout tenant, comme dict est en la fin de la rubriche des meubles & cateulx, où il est de ce plus à plein traicté, & de ladicte rubriche cy dessus, où il parle des rentes à vie.

Vsage de Normandie.

Il faut veoir la nouuelle coustume de Normandie, qui ne conuient du tout à ce qui est icy traicté.

Item selon l'vsage de Normandie auquel vsage plusieurs sages se consonēt, pour ce qu'il est fondé sur droict escrit, le fils aisné a l'heritage qui vient par la succession de son pere & de sa mere. Et si ledict fils meurt auant que son pere & sa mere, son fils aisné le represente, ou son plus prochain hoir qui d'icelle mesme ligne descend. Et s'il ne demeure nul enfant qui soit descendāt de cestuy aisné fils, l'aisné frere apres la represente. Et ainsi peux & dois sçauoir & entendre des freres ensuiuās: & si tous les enfans estoient morts auant que le pere, ou que nuls enfans n'eust, ce viendra à son aisné frere, ou à son plus prochain qui de luy sera issu. & si celuy n'auoit nuls freres, ne enfans de freres, sçachez que la succession reuiendroit à l'hoir. Et ainsi est à sçauoir & à entendre de ceux qui sont de celle ligne en cas d'heritage, & non autrement, car les meubles se partissent aux plus prochains hoirs de quelque costé que ce soit.

De succession hors droicte ligne.

Item & encore est à sçauoir si vn heritage descend à aucun de par pere, & il n'y a aucun frere ou cousin, qui soit de par son pere tant seulement : cil frere ou cousin ne pourra mie auoir celuy heritage, car il ne vient pas de son costé, ains retourneroit au seigneur de qui il est ou seroit tenu, mais autrement seroit des acquestes. Car elles retourneroyent

aux plu-

aux plus prochains hoirs de quel costé que ce fust. Si il n'y demeure nul frere, l'heritage reuient au cousin, & si ne reuient nulle fois à l'ayeul, tant qu'il puisse trouuer aucun cousin qui descende de celuy lez ou costé dōt l'heritage demeure. Et si non, il reuient à l'ayeul, comme dict est.

Item les enfans qui sont issus des femmes d'autre pere pardeuant mariage, non pas les femmes n'auroient pas l'heritage tant que il yeust aucū viuant qui fust descendu du lez & costé des masles, selon l'vsage dessusdict les heritages reuiennent aux peres, quand il n'y a nuls enfans issus d'eux. Et ainsi dois sçauoir & entēdre de la mere de l'ayeul, de pere ayeul & de bisayeul. Et par consequent de l'ayeulle, & de la proayeulle, & aussi de bisayeulle.

Vsage d'Artois, Amiens, Vermandois & Tournesis.

Item & en ce mesmes selon l'vsage d'Artois & d'enuiron, si comme Amiens, Vermandois & Tournesis, sçachez que le fils si doit estre mis & receu en l'heritage dont son pere mourut saisi & aduesty, si ce n'estoit en cas qui sont dicts cy apres au chapitre des mineurs. Car par l'vsage des dessusdicts lieux en toute successiō le mort saisist le plus prochain apres luy du costé dont l'heritage vient & descend. Toutesfois aucunesfois en aucunes particulieres villes & places voit on le contraire, car selon le sage, forte est la reigle qui ne faut : & l'autre qui dict, il n'est reigle qui ne faille. Et pour ce monstreray exemple sur ce comment vn homme fut mis en vn heritage dont son pere ne fut onques tenant.

Ceste coustume est generale par tout le Royaume de France. Vide l. 1. & l. 202. D. de diu. reg. Iuris.

Vn exemple.

Il fut vray que monseigneur Eustace de Noyelle mourut en Arragon, & auoit mené auec luy messire Aymet son fils, lequel messire Aymer dessusdict au retour du voyage mourut en chemin, mais ce fut en la Cōté d'Artois assez pres de son lieu. Or fut encore bien vray que sondit fils messire Aymer auoit vn fils qui estoit appellé Vuitasse, qui vint en temps à son aage, il fut mis en toutes les terres que son pere tenoit. Ce faict il vint à conseil au chasteau à Encre, dont & duquel chasteau tenoit ledit monseigneur Eustace son grand pere, & requist au seigneur dudict lieu qu'il fust mis en toute la terre que dudict chasteau tenoit sondit grād pere, comme le plus prochain hoir, qu'il ne peust viure ne mourir par le moyen dudict feu messire Aymer son pere, & en offrit la bouche & les mains. A laquelle requeste faite par messire Eustace fut debatu par vn escuier, disant qu'il estoit le plus prochain fils hoir qu'il peust viure ne mourir audit messire Eustace de Noyelle, & par ce moyen y deuoit mesmes estre receu, & nō ledit Vuitasse fils audit messire Aymer. Et disoit ledict escuyer que le pere d'iceluy Eustace n'en auoit oncques esté tenant ne en foy de seigneur : pourquoy luy qui estoit aussi prochain du lez, & costé, & par consequent aisné d'aage, deuoit auāt estre mis en ladite terre & succession que ledit Vuitasse qui estoit maisné. Ledit Eustace disant du contraire, & disant que certaine & notoire chose estoit que sondict feu pere auoit esté fils legitime dudict feu monseigneur Vuitasse, & par consequent son droict hoir, & comment il mourut hors, & que si sondit feu pere peust estre reuenu, il eust esté & estoit vray seigneur & heritier de sondict pere, & sans difficulté aucune l'eust mis en toute la terre & successiõ dont son dessusdict pere iouyssoit & possessoit au iour de sondict trespas, & que si son pere eust esté reuenu, receu y eust esté, parquoy si deuoit estre le fils en representant sondit pere. Ledict escuyer repliquant le contraire & disant que puis que son pere estoit mort, il descendoit vn degré, & par ce ores n'estoit à receuoir contre l'escuyer qui aisné estoit. &c. Tout veu, il fut dict par iugement d'hommes que ledict Vuitasse attẽdu le cas seroit de primeface mis en l'heritage. Et si ledit escuyer voulsist cõtredire & que droit y sçeust, il seroit tousiours ouy en ses bonnes raisons loy faisant.

La raison de ce iugement est fondee sur ce que Vuitasse estoit petit fils d'Enstace, qui estoit mort saisi & vestu dudit heritage, lequel petit fils representoit son pere en la successiõ d'Enstace.

Des enfans d'vn Gentil-homme.

Sur ceste matiere peux & dois sçauoir que enfans de gentil-homme ne peuuent ne doiuent auoir[d] soustenance, sur heritage qui eschée à leur pere ne à leur mere de ligne & costé lateral, mais si ont quand il leur eschet de ligne droitte : & s'il aduenoit que aucune escheance vienne au fils de ligne lateral, ses freres ne ses sœurs s'il les a, n'y ont point d'escheãce & n'y ont droict de demander les enfans soustenãce, fors és fiefs qui au pere & à la mere estoyent au iour de leur espousaille, & en ce que acquis auroyent leur mariage durant.

Des enfans de homme de poeste.

Item les enfans d'homme de poeste doiuent auoir parchon ensemble à tous les meubles qui sont demeurez de pere & de mere autant à l'vn comme à l'autre, & ainsi est des heritages qui sont tenus en main ferme.

Comment les fiefs ne se partissent.

Item peux & dois sçauoir que fief ne se partist pas, car l'aisné l'emporte si comme dessus est dict, en la rubriche de ce faisant mention qui parle des heritages escheans à plusieurs enfans. Mais ses freres & sœurs si il les a, ont le quint & plus ne y peuuent autre droict auoir ne demander.

C'est suiuant les coustumes de Picardie & du pays Bas, qu'on peut voir tant les anciennes que nouuelles.

De mortgaige.[e]

Item & s'ils ont fiefs acquis, sçachez que sur iceux peuuent ils demander telle somme d'argent soit grande ou petite, telle qu'il leur plaira, & assigner sur iceluy fief par signe de mortgaige tant que l'aisné hoir l'aura racheté de somme dessus assignée. Mais enuers autres que aux freres & sœurs ne se pourroit ceste assenne faire.

De mortgaige laisser à l'Eglise.

Et à l'Eglise encore selon l'opinion d'aucuns pour tant que fust en don de l'aumosne.

Coustume de Haynault.

Item de ce mesme propos selon la coustume de Haynault, sçachez que si l'homme qui tient en fief, prent aucune femme en mariage, de laquelle femme il ayt fille & point de fils, celle fille tiendra le fief. Et si celle premiere femme meurt, & l'homme se remarie, & de ce mariage ait vn fils, sçachez que celuy fils si tiendra le fief de la premiere femme, & non pas la fille s'elle y estoit.

De venir à hoir de hoirs.

Item & si l'homme qui tient en fief a fils ou filles, & le premier fils ou la premiere fille a hoir ou hoirs de mariage, lequel hoir ait encore autre hoir, qui voise de vie à trespas deuant son pere ou sa mere, sçachez que l'hoir qui d'eux demeureroit, ne tiendroit pas le fief de son grand pere, ains le tiendroit premier de hoir suruiuant au iour du trespas du grãd pere ou de celuy dont ledict fief viendroit; soit fils ou fille. Item si l'homme tenant en fief meurt sans hoir de son propre corps, la succession de son fief viendra au plus prochain hoir du lez & costé de luy & dont ledit fief descendroit. Et ceste mesme loy est sur la partie des femmes s'ainsi meurent sans enfans de loyal mariage.

Il parle suiuant quelque coustume, mais comme il a escrit cy dessus, en France la representation a lieu infiniement en ligne directe & en quelque degré que ce soit dõt on peut voir la coustume de Paris, art. 319. & autres semblables, toutes fondées sur l'equité naturelle.

Que femme n'a que son douaire en fief, ou en terre d'aluex.

Item [f] & si l'homme meurt sans hoir de mariage issu, la veufue qui de luy demeure, n'a riẽs és fiefs ne és terres d'aluex qui de par homme viennent, si non son doüaire tant seulement, & le meuble és terres ahannables l'an que sondict mary sera mort: & non plus, supposé que le fief ou la terre d'aluex fussent escheus durant le dessusdict mariage, ou non, car tousiours s'en reua-il du costé dont il est venu.

Ahannables, signifie labourables.

De l'homme qui auroit fief & enfans.

Item [g] si l'homme meurt deuant sa femme & il ayt tenu fief, sçachez que l'hoir s'il a aage, tiendra le fief de son pere, si que la mere n'en tiendra riens fors son doüaire & le meuble en la terre ahannable que on appelle au pays terre gaignable. Et si la femme meurt deuant son mary, son fils s'il a aage, tiendra son fief, si que l'hõme ne tiendra riens, si ce ne sont meubles sur la terre gaignable si comme dit est, & en celuy an de la mort d'icelle femme tant seulement. Et est l'aage de la femme tenu pour suffisant à douze ans, & l'aage de l'homme à quinze ans.

De fiefs acquestez par conioincts en mariage.

Item si [h] l'homme & la femme qui sont ensemble conioincts par mariage, ont acquis durant iceluy mariage fiefs, & il aduienne que l'homme sans auoir hoir viuant du mariage va de vie à trespas, sçachez que cil fief viendra à prochain hoir de par l'hoir, en la maniere qu'il en sera du seigneur de qui le fief sera tenu, receu en hommage, mais ladicte femme tãt qu'elle viura, aura en ce la moitié des proffits, sans ce que ceste femme en soit tenuë de en faire hõmage ne seruice pour ce au seigneur du fief, &c.

Des aluex acquis par l'homme & la femme.

Item si l'homme & la femme ont acquis aluex ensemble durãt la conionction de leur mariage, & l'homme meurt deuant la femme, icelle femme tiendra tous lesdicts aluex, si hoir n'y a qui soit demeuré d'eux: & apres la femme tout ce reuient au prochain hoir de l'homme.

Ceci ne s'obserue point en Frãce, comme i'ay noté en l'ãnotation sur l'article precedent.

De la femme mourir auant l'homme ayant aluex.

Item si la femme de qui fiefs ou aluex sont venus, succedez & escheus, va de vie à trespas deuant le mary, sçachez que le mary aura le bail de ce iusques à tant que les enfans seront aagez, & ainsi l'auroit la femme si l'hõme mouroit deuant elle, & si ce n'estoyent que terre d'aluex, l'hõme

Bail, c'est qu'autrement on dict garde.

ou la femme les tiendroit tant qu'il viuroit, s'il hõme ou la femme mouroit deuant que les hoirs eussent leurs aages, les prochains d'eux auroient le bail durant leur minorité.

Comment l'homme ne peut mettre ses aluex en autruy main.

Item durant la minorité nul homme ne peut nullement mettre ses aluex hors de sa main, ne son fief, si ce n'est du consentement de son seigneur.

Coustume selon la Preuosté de Paris.

Item de ce mesme selon l'vsage de la Preuosté de Paris, que toutes escheances qui escheent aux freres sont à l'aisné apres la mort du pere, si elles ne sont du pere ne de la mere, & de ayeul ou de ayeulle qui sont appellez de droitte ligne.

La coustume de Paris n'est telle & pource il la faut voir, article 68. où elle faict distinction entre le francaleu noble, & le roturier.

† Cecy ne s'obserue par le droit commun de Frãce: ains l'vn des deux conioincts decedé, les conquests immeubles se partissent par moitié entre le suruiuant & les heritiers du deffunct s'il n'y a conuention de don mutuel ou autre au contraire.

† Hõmes de poeste, ou pote, sont autrement appellez roturiers, dont mention est faite en quelques coustumes & aux vieux autres de practique.

D'acheter aucune chose ensemble en heritage.

† Et si aucun achetoit ou autres ensemble aucune chose en heritage, celuy qui viuroit plus, tiendroit sa vie durant ses achats, & tout ainsi feroit la femme si plus viuoit que l'homme, & eux morts adonc reuiendroit la moitié de tels achats, à chacun costé de par l'homme & de par la femme.

D'enfans de poeste auoir.

† Item si aucun homme & femme estans en mariage ont enfans qui soient de poeste, que l'en appelle au pays de la coustumiers, autant ont leurs enfans apres eux en leur succession les vns comme les autres en tous biens, soient meubles, heritages, acquests ou autres terres.

Des enfans mariez.

Et si aucuns enfans y auoit mariez, si auroient-ils part à ce fraternellement, par si que ils rapportassent leur mariage ou autre don si ils l'auoient eu au parauant. S'ainsi n'estoit que ce eust esté terre où ils eussent edifié maisons ou vignes, ou autres amendemens, car lors seroit regardé par sages que l'amendement vaudroit ou que valoit la terre au temps que donnee leur auroit esté, & de non plus ne seroient tenus de rapporter à parchon.

D'vn fol entre autres enfans.

Et s'il y auoit aucun fol qui sa terre eust laissee empirer, ou son don, ou eust vendu tout ou en partie de ce que luy auroit esté donné, si comme dict est, sçachez que pour ce ne demeureroit que en l'esgard de preudhommes à ce cognoissans il ne eust parchon. Mais il seroit esgardé combien moins vaudroit l'empirement, ou ce que vendu en auroit, & selon celuy seroit parchon ordonnee.

De auoir plus grand don ou part l'vn que l'autre.

Item & [b] s'il aduenoit que l'vn desdits enfans eust plus grand parchon ou plus grand don auant le partage fait entre eux, & pour doutte de rapporter, il ne voulsist venir à parchon ne à rapport faire auec ses autres freres & sœurs : sçachez que les autres freres pourroient iceluy poursuiuir à loy de venir à partage, & faire loyal rapport au commun mont : reserué que si aucun amendement y auoit fait, celuy demeureroit à son proffit, & quant est de plus declarer des partages, & des escheances, assez en peut estre sceu par les coustumes des lieux & places où les questions sourdent. Car elles sont differentes les vnes aux autres, ne ne pourroit nul clerc en vn liure tout escrire, ne narrer, ne pareillement les affinitez des lignages. Et pource t'en veux monstrer à l'autre page ensuiuant ceste-cy la figure par loy, par l'arbre que l'en dit & nomme l'arbre de lignee, selon Iean Andry, ainsi par la forme & maniere que cy-apres verrez figuré & pourtrait.

ANNOTATIONS SVR LE TITRE SEPTANTE HVICTIESME.

a DE la succession à intestat est amplement traicté aux liures du droit Romain : par lequel suiuant la loy des XII. Tables, Les enfans sont appellez les premiers aux successions de leurs peres & meres : & les petits enfans qui dicuntur nepotes, par representation de leurs peres en celles de leurs ayeuls & ayeules, l. 1. D. de suis de legit. Inst. de hæred. quę ab intest. def. à quoy est conforme la loy de Moyse, au liure des Nombres, ch. 27. & le droict François. Mais en la succession en ligne directe y a des descendans & ascendans. Pour le regard des ascendans qui sont peres, meres, ayeuls, & ayeules, y a eu grande varieté au droict Romain, & en fin Iustinian y a fait vn nouueau establissement par ses nouuelles constitutions, & entre autres, la 118. de hęred. ab intest. venient. En France y a des coustumes diuerses : & pour le pays de droict escrit, par l'Edit des meres, de Charles 9 de l'an 1567. le senat consult Tertulian est abrogé. Mais au pays Coustumier le plus commun droit est que les peres & meres, ou en leur defaut les ayeuls & ayeules succedent à leurs enfans decedez sans enfans, aux meubles, acquests & conquests immeubles, & non aux propres heritages, qui ne remontent en succession en ladite ligne : ains appartiennent aux plus prochains collateraux, du costé & ligne dont ils sont venus, toutesfois ils succedent és choses par eux donnees à leurs enfans decedans *sans enfans, & descendans d'eux: ce qui s'entend de la plaine proprieté, & sans aucune charge des debtes du fils donataire, selon la disposition du droict Romain,* l. Post dotem. D. solut. matr. l. 2. & 3. C. de bon. quę liber. *& arrests de la Cour du 25. Auril, 1575. & de l'an 1584. pour damoiselle Hypolite Vide, mere d'Aignau de Cally, recitez au commentaire, sur la Coustume de Paris, art. 313. & encores les pere & mere iouyssent par vsufruict des biens delaissez par leurs enfans, qui ont esté acquis par lesdits pere & mere, & par le decez de l'vn d'eux aduenus à leursdits enfans, pourueu qu'il n'y ait aucuns descendans de l'acquereur suiuant ladicte coustume, art. 314. conioinct auec le 230.* l. Cùm oportet. C. de bonis quæ liber. *arrests du 1. Auril, 1586. & 15. Iuillet, 1589. recitez audit commentaire. A laquelle Coustume de Paris il y en a d'autres conformes qu'on peut voir. Mais ce que traitte icy l'Autheur est pris des Coustumes particulieres de Picardie, & du pays Bas, dont aucunes ont esté depuis reformees, ainsi qu'on peut cognoistre par le grand Coustumier.*

b *Ce qu'il traitte icy de la confiscation de l'heredité de l'homme occis, duquel l'heritier n'auroit fait poursuitte pour la punition de l'homicide,* ex tit. C. de his quibus vt indignis. & D. eod. *ne se practique du tout en France, parce que l'heritier, si d'ailleurs il n'est conuaincu d'estre complice, adherant, ou consentant au meurtre, ne sera priué de la succession du defunct: mais le Iuge pourra faire saisir les biens d'icelle, & luy ordonner d'en faire poursuitte, sur certaine peine. Aussi par le droit François ce qui est osté à aucun comme indigne, n'est tousiours appliqué au fisc.*, vt scribit Valla lib. de rebus dubiis, vt etiam colligitur ex l. Si pater. C. de hæredib. instit. *tellement qu'en ce cas si le plus prochain heritier estoit exclus de la succession du defunct, celuy qui seroit le plus proche apres viendroit à la succession en faisant poursuitte de la vindicte du meurtre du defunct, & faict bien à ce propos* l. Sororem. C. eod. *Mais s'il aduenoit que l'heritier eust tué luy-mesme, ou fait tuer celuy auquel il deuoit succeder, il sera priué de sa succession: & icelle appartiendra non au fisc, ains à autre plus proche heritier, comme a esté iugé par arrest de la vigile de nostre Dame de Septembre, 1566. & autres depuis donnez.*

c *Pour les successions en ligne collaterale y a grande diuersité de Coustumes en France, lesquelles on peut voir au grand Coustumier. Mais quand n'y a aucun heritier du costé & ligne dont sont venus les biens de la succession: a esté grandement disputé qui sont ceux qui doiuent succeder au defunct, ou les parens de l'autre costé, ou le seigneur. Par la Coustume de Paris art. 330. les parens de l'autre costé & ligne y sont appellez, en quelque degré qu'ils soient, à laquelle y en a d'autres qui sont conformes, suiuant l'arrest vulgairement appellé de la Trimouille, de l'an 1537. & autres du 18. iour de May, 1578. à quoy conuient* l. De emancipatis. C. de legit. hæred. *il y a d'autres Coustumes contraires, mesme celle de Normandie article 245. à laquelle il semble que l'autheur se soit conformé en cet article. On en pourra voir d'auantage au Commentaire sur la Coustume de Paris, & au 3. liure des Pandectes. Argentré sur la coustume de Bretaigne, article 595. debat la cause des seigneurs* contra Molinęi sententiam, quę tamen æquior mihi videtur.

d *Soustenance signifie legitime, & ainsi en vse souuent mon vieil practicien, mais ce que l'autheur en traicte icy, est suiuant la Coustume qui s'obseruoit lors au pays, où il a escrit: dont conuiendroit plus amplement discourir, si ie n'en auois trai-*

esté aux Memorables, 3. liure des Pandectes, & ailleurs.

e Le mot de mortgage, est frequent és liures des anciens practiciens, & le mien escrit à la main en vse souuent, & interprete terre bailler à mortgage, estre quand les fruicts d'icelle n'aquittent rien du deu, & que celuy auquel elle est baillee en iouyt sans en rien rendre, iusques à ce qu'on luy ait rachetee, & payé la somme pour laquelle elle luy est baillee, & ainsi l'interprete aussi nostre autheur, & y en a des Coustumes, qui en font mention. C'est ce qu'on appelle ἀντίχρησις, dont i'ay escrit cy-dessus.

f Il parle du doüaire de la femme qui n'est que viager, & en sera plus amplement traicté cy-apres, Aluex signifie aleu, qui n'est ne fief ne roture, ains est franc & exempt de suiection & redeuance enuers quelque seigneur que ce soit, & pource il est appellé franc. Il y en a de deux especes, à sçauoir noble & roturier, dont i'ay escrit sur la Coustume de Paris, art. 68. & en ont aussi traicté plusieurs autres, mesmes Ragueau en son Indice.

g Cet article se peut rapporter à la garde noble qu'a le pere ou la mere, de ses enfans, pour iouyr des fiefs à eux escheus par le decés de l'un d'iceux, iusques à certain aage, dont faut auoir recours aux Coustumes.

h En France où les fiefs sont reduits à la forme des autres heritages, cecy ne s'obserue: car la femme a la moitié en proprieté aux fiefs ou Aleus acquis constant son mariage, comme aux autres conquests: laquelle moitié elle transfere à ses heritiers si elle n'a enfans dudit mariage: & l'autre moitié appartient aux heritiers du mary selon les Coustumes des lieux, où ils sont assis, qui sont tenus de releuer du seigneur, la moitié à eux escheuë desdits fiefs: & non la femme veufue, si son mary en a faict la foy & hommage, & payé les droicts, comme est traitté au cinquiesme article de la Coustume de Paris, à laquelle plusieurs autres sont conformes.

i Cecy est bien declaré par la Coustume de Paris, art. 305. où i'en ay escrit. Mais elle veut que l'estimation des heritages se face, eu esgard au temps que diuision & partage en est faict deduction faicte des impenses: à quoy s'accordent quelques coustumes: mais autres veulent l'estimation estre faicte, à la valeur du temps des donations.

k Par quelques coustumes, comme celle de Paris, art. 306. celuy des enfans auquel auroit esté donné, se peut tenir à son don en s'abstenant de l'heredité: sauf aux autres enfans a demander leur legitime, comme aussi ils peuuent faire par le droict Romain, & a esté iugé par arrest solemnel du 25. May, 1555. recité en la Resp. nonante vn, liure 4.

DECLARATION DE L'ARBRE DE CONSANGVINITE'. TILT. LXXIX.

L'ARBRE de la ligne descendant de l'Abaue & de ses branches, d'Aue & de ses branches, de pere & de ses branches, de fils & de ses brãches se peut apparoir par l'arbre de ceste figure, en descendãt du premier Abaue de l'angle en angle iusques que tant de droicte ligne cõme de ligne collateral, si cõme en chacun angle peut apparoir, & que le nombre qui est en chacun angle, est cotté, peut apparoir. Et celle de la ligne masculine en l'autre partie à dextre pour ligne feminine. En descendant pareillemẽt d'angle en angle, & de ligne en ligne, si comme aussi à dextre peut apparoir par le nombre contenu en chacũ angle, reserué l'angle qui cõtient I.B. car par celuy angle, & par celuy signe de I.B. sera chacun angle demandé, & sçeu en quel degré, soit en descendant ou en montant, il luy est prochain.

Not. istas duas literas I. & B. non scriptas hac in arbore, sed earum designatione designatur cellula in medio lineæ directæ arboris posita, quæ figuram hominis præsefert,

Exemple de ce.

Mettons que les quatre angles, c'est à sçauoir autour de l'angle de I.B. si comme l'angle où il y a escrit, *frater*. Et l'angle où il y a escrit, *soror*, sont tous descendans de la celle où il y a escrit, *pater & mater*, & l'autre angle où il y a escrit, *filius, filia*, qui est dessous, toutes celles cy sont toutes d'vn mesme degré, & pour-ce est chacun cotté par le nombre d'vn: qu'ils sont tous d'vn mesme degré à I. B. pour qui ie suppose que le degré soit demandé. Et pour ce en l'angle de I.B. n'a point de nombre: car c'est celuy qui mesme demande, Si tu veux sçauoir combien luy est en degré l'enfant du fils son frere, que les Clercs appellent pronepueux, sçauoir peux qu'il luy est en quart degré en ligne collateral. Vecy comment la celle de I.B. qui demande la question, si est prochaine à l'angle des freres en vn mesme degré, si comme par les angles & selles y est seigné: & de l'angle & selle du frere qui est collateral, si descend l'angle de fils de frere, qui est signée par le nombre de 1. & ainsi appert que ceux là sont à I.B. en secõd degré, que nous appellons germains: & en l'ãgle apres qui est collateralement de l'angle deuant dicte de fils de frere, descend le tiers angle de fils, de fils de frere que les Clers appellent nepueux de frere: & pour ce est-il seigné par le nombre de trois: & sont ceux en tiers degré à I. B. que nous appellons cousins en autre. Et encore de celuy angle encore collateralemẽt descend vn autre angle de pronepueux, lesquels sont en quart degré à I.B. & pour-ce est-il seigné en l'angle, & cotté par le nombre de quatre, car plus auant ne descẽdent les degrez de lignage selõ les saincts canons dont il nous faut reigler. Et ainsi entends pour la partie senestre, pour les degrez venans de par les sœurs. Car tout est d'vne mesme maniere

L'ARBRE DE LIGNEE ET CONSANGVINITE'.

Consanguinitas eſt attinentia perſonarum ex eo prouenient quod vna deſcendit ab altera, vel ambæ ab eadem : vel eſt vinculum perſonarum ab eodem ſtipite deſcendentium carnali propagatione coniunctum. Et dicitur à con, quod eſt ſimul vel vnitum, & ſanguine : quaſi ſanguis vnitas.

Linea eſt collectio perſonarum ab eodem ſtipite deſcendentium, gradus continens, & numeros diſtinguens.

Linea eſt triplex, ſcilicet graduum deſcendentium, aſcendentium, & collateralium.

Gradus eſt habitudo diſtantium perſonarum, quia cognoſcitur quota agnationis diſtantia, duæ perſonæ inter ſe differunt. Et dicuntur gradus ad ſimilitudinem graduum, ſcalarum, vel locorum procliuium : quia ita gradimur de proximo in proximum.

niere à entendre. Or t'ay monſtré par exemple des degrez collateraux, deſcendans de frere & de ſœur à I. B. ſi te veux monſtrer pareillement par exemples les degrez de droicte ligne : c'eſt à ſçauoir de ligne montant.

Exemple de ce.

A prendre l'angle apres l'angle de I. B. la premiere ligne en montãt ſi eſt l'ãgle de pere, mere, auquel angle eſt ſeigné par le nõbre de 1. pource que ces quatre angles, c'eſt à ſçauoir pere, mere en montant, & l'angle de fils, fille en deſcẽdant, & les deux angles collateraux à deux coſtez de I. B. c'eſt à ſçauoir l'ãgle à dextre de frere, & l'angle à ſeneſtre de ſœur, tous ſont à I. B. en premier degré de quatre, ſans l'ãgle de pere en ligne montãt, l'angle de fils en ligne deſcendant, l'angle de frere en ligne collateral, de par pere, & en ligne collateral de par mere, dont il enſuit qu'apres l'angle de pere en ligne mõtant, vient l'angle d'Aue en icelle ligne mõtant, & celuy angle eſt cotté par le nombre de 2. & Aue eſt à I. B. en ligne montant en ſecond degré, & eſt appellé Aue, c'eſt à dire, pere de pere. Et celuy de la tierce ſelle apres en montant eſt appellé *Proauus*, & ſelon les clercs eſt appellé *Tritauus*. celuy angle eſt cotté par le nombre de 3. & eſt en tiers degré à I. B. en ligne montant. Et de celuy angle mõte encore vn angle qui eſt le derrain & le quart angle. Car plus ne peut monter, n'auſſi plus aualler ne deſcendre, ne plus de degrez ne ſont à monter ſelon le droict canõ. Si comme dit eſt. Et celuy angle qui eſt le quatrieſme en ligne montant ſelon les Clercs eſt appellé Abaue, qui vulgairement ſeroit appellé grãd Aue, & pour ce eſt il en cet angle ſeigné, & cotté par le nombre de quatre, car Abaue eſt à I. B. en ligne mõtant en quart degré, & les enfans qui de luy deſcendroient iuſques en quatre, ſi comme par le derrain, & quatre angle de luy deſcendant lateralement, où il y a eſcrit pronepueux, ſont en quart degré audit Abaue: car plus auant ne va ligne. Veu par la ligne en montant par l'exemple deſſuſdite, il en ſuit auſſi par exemple, voir de la ligne deſcendant en deſſous l'angle de I. B.

Exemple de ce.

Si eſt à ſçauoir qu'en la ligne deſſous l'angle de I. B. a vne autre ligne deſcendant qui eſt appellee l'angle de fils fille, & cet angle eſt ſeigné & cotté par le nombre de 1. & ſelon le droict canon le fils deſcend du pere d'vn degré, & pour ce eſt cet angle à I. B. en vn degré en ligne deſcendant, ſi comme l'angle de pere luy eſtoit en vn degré, en ligne montant, car tous ne ſont qu'en pareil degré à I. B. Et de celuy angle deſcend vn autre angle qui eſt la ſeconde ſelle apres l'angle de I. B. où il y a eſcrit enfans d'enfans, que les Clercs appellent nepueux : & lequel angle eſt ſeigné par le nombre de deux, & ſont ceux en ſecond degré, en ligne deſcendant à I. B. & eſt fils de ſon fils, ou fille de ſa fille qui autant eſt. Et de celuy angle deſcend vn autre qui eſt en tiers degré à l'angle de I. B. auquel eſt eſcrit proenfans, que les Clercs appellent pronepueux : lequel eſt ſeigné par le nombre de trois, & cil eſt tiers degré à I. B. en ligne deſcendant. Apres vient le quatrieſme & derrain angle en deſcendant : &

plus auant ne peut descendre qu'on y tienne point de lignage ne d'affinité, & en celuy angle est escrit abenfans, qui est le quart degré que les Clercs appellent abnepueux, lequel angle est seigné par le nombre de quatre,& pour ce est il en quart degré à I.B. & lors peuuent auoir à mariage l'vn l'autre. Et des successions peus & dois sçauoir entendre que tout ainsi par la forme & maniere si descendent,comme font les degrez, les vns apres les autres. mais adiouste les coustumes des lieux selon que par icelles est vsé & accoustumé à faire. Encore te monstreray ie des autres degrez & lignes equales & collateraux, veu des exemples des degrez de ligne descendant, & des degrez de ligne montant, des degrez de ligne collateral descendant de par frere,& de ligne collateral descendant de par sœur,qui tout est vn en ligne, te veux monstrer pareillemẽt comme dessus par exemple des degrez & lignes collateraux.

Exemple.

A l'angle de I.B. qui monter veut à l'angle de I. B. peus & dois sçauoir que l'angle qui est montant, si est l'angle de pere à droicte ligne. Or veus venir à l'oncle de I.B. pareil à ligne equal collateral à l'angle de pere: & ainsi est second à l'angle de I. B. par collateral, auquel est escrit oncle,que les Clercs appellent *Patruus*, pource que c'est oncle de par le pere, & est dit & appellé *Patruus*, pource qu'il est semblant au pere: lequel angle est seigné par le nombre de 2. Et en l'autre part à dextre en la ligne collateral est escrit ante,que les Clercs appellent *Matertera*, pource qu'elle est ante de par la mere, & est dicte *Matertera*, pource qu'elle est semblable à la mere: lequel angle est seigné & cotté par le nombre de 2. Et de ces angles de chacun costé descendans d'oncle & d'ante descend vn autre angle,auquel angle au costé de l'õcle est escrit frere à oncle: qui seroient tout d'vn pere: mais ils seroient de deux meres, que les Clercs appellent * frere *Patruus*: lequel angle est seigné par le nombre de 2. A sçauoir combien ils sont prochains à I. B. sçachez qu'ils luy sont en second degré par ligne equalle collateral, c'est à dire oncle. De cel angle descend le tiers angle où il y a escrit fils d'oncle, que les Clercs appellent d'eux fils, & iceluy angle est seigné & cotté par le nombre de 3. pour ce qu'ils sont en tiers degré de I.B. Et de cel angle de fils d'oncle descend le quart angle, où il y a escrit fils de fils d'oncle, que les Clercs appellent d'eux nieps * de nepueux, & en celuy angle est seigné le nombre de quatre, pour ce qu'il est en quart degré à I. B. par ligne equal collateral. Et ainsi entends de l'autre costé de l'arbre sur les angles qui sont descendans de par la mere,ou de par les femmes qui tout est vn. Et combien que ledit arbre monte iusques à Aue, Proaue., & Abaue, ou peu souuent aduient que necessité soit de tant de degrez auoir. Car ils empeschẽt moult l'entendemẽt & la calculatiõ des degrez. Et toutesfois l'angle auquel est escrit Aues pour sçauoir en outre les degrez collateraux,sçachez que l'ãgle collateral si est celuy où il y a escrit grand oncle,que les Clercs appellent *Patruus* le grand, & celuy angle est seigné & cotté par le nombre de trois, pour ce que ce grand oncle est à I. B. en tiers degré par la ligne e-

** Au liure escrit à la main, freres patrueles.*

** Au liure escrit à la main, nepces. Mon vieil practiciendit nepins* qual collateral. Et de celuy angle vient equalement & collateralement vn autre angle, auquel est escrit fils d'eux, cotté & seigné par le nombre de quatre, & ne va point iusques à fils de fils, pour-ce que si comme ie t'ay dict dessus, c'est angle est en quart degré à I. B .qui est escrit fils d'eux tant seulement. Et s'il y auoit fils de fils, il iroit iusques au cinquiesme degré, que la loy de canon dont il nous faut vser, si comme cy dessus en ceste figure t'en ay dict & monstré, ne peut souffrir, & pour-ce n'y peut auoir que deux angles en celle ligne equalle collateral contre l'angle des Aues. Apres s'ensuit l'angle collateral qui est contre Proaues: & en celuy angle est escrit sur-oncle: & plus auant ne peut aller, car il istroit du quart degré, & pour-ce en celuy angle est seigné & cotté le nombre de quatre, pour-ce que c'est angle en est quart degré à I. B. & plus auant ne procede, ne peut aller à ligne collateral. Le derrain angle est Abaues, qui est souuerain estoc à tous, & n'a nul collateral, mais tous les autres descendent de luy en procedant de droicte ligne, & de ligne collateral iusques à quatre degré, si comme par l'arbre figuré peus sentir & voir en imaginant de ligne en ligne, de chacune ligne dont question se fera, & en faisant pour chacune ligne vn arbre selon l'estoc & les lignes droictes & collateraux qui s'en ensuiuēt. Car sans arbre & sans figure est fort à compter, & mal à calculer, mais qui entend l'vn, il doit entendre l'autre. Si est à sçauoir que ce qui descend d'angle en angle de droicte ligne, il faict vn degré en compte de ligne, & en collateral, il y faut deux angles pour vn degré qui descend de droicte ligne deux paraulx ensemble, vn angle fait vn degré, si comme les enfans des deux freres sont germains, pour-ce qu'ils sont descendus chacun d'vn angle, & pour-ce sont ils en second degré. Mais le fils du fils de frere n'est au frere descendu qu'vn angle par ligne collateral, & pour-ce n'est-il que demy degré descendu en ligne collateral, car vn ne faict que demy degré en ligne collateral. Et pour-ce vulgairement l'appelle on germain demy point moins, ou remuë de germain.

Autre graduation selon l'Empereur Iustinian & droict ciuil.

De ce mesme selon le droict escrit & ciuil, & institute, *lib. 3. Rub. de gradibus cognationis: hoc loco necessarium*, qui dist ainsi. Nous deuons sçauoir que des lignages, l'vn est compté en montant, & l'autre en auallant, & l'autre collateral. Si est à sçauoir que le lignage en montant, si est celuy qui est compté en montant de droicte ligne en dessus l'ayeul, que nous appellons vulgairement l'Aue. Et celuy qui est compté en auallant si est celuy qui est compté depuis le fils ou les nepueux qui descendent des angles, soit de par pere, ou de par mere. Et sont ces lignages qui viennent, soit en montant ou en auallant, comptez pour premier degré, & ceux qui viennent de collateral, sont comptez du second degré. Si est à sçauoir qu'au premier degré sont le pere & la mere, au second degré sont les freres & les sœurs. *Instit. de gradib. cogna. §. primo gradu.*

Item au second degré en montant sont les ayeulx ou ayeulles, & en celuy degré en costé sont freres & sœurs. *Instit. eod. tit. §. secundo gra.* Et au tiers degré qui est en montant sont les bisayeulx, & les bisayeulles, & en auallant sont les nepueux & les niepces, & de costé le fils ou la fille au frere, & le frere ou sœur au pere ou à la mere. *Instit. eod. tit. § tertio grad.* Au quart degré en montant sont le tiers ayeul & la tierce ayeule, & en auallant font les enfans au nepueu ou à la niepce, & de costé sont les nepueux ou les niepces au frere ou à la sœur, & le frere ou la sœur à l'ayeul ou à l'ayeule. Et combien que selon le droict canon on ne compte que iusques au quart degré, où mariage peut recommencer d'entre les naissans & descendans d'vne estoc, toutefois les droicts ciuils pour les sucussiõs tiennent en outre ligne iusques à sezte degré. Et pour-ce peux & dois sçauoir que le quint degré en montant si est le quart ayeul & la quarte ayeule, & en auallant sont les enfans à l'abnepueu & à l'abniepce, c'est à dire, les ẽfans des enfans aux enfans : & de costé sont les enfans qui sont nez des enfans aux enfans du frere ou de la sœur, ou du bisayeul, ou de la bisayeulle, & le fils ou la fille au cousin germain Au sexte degré sõt le sexte ayeul ou la sexte ayeule en la ligne montant, & en auallant sont les enfans aux enfans des enfans aux enfans au nepueu ou la niepce : & de costé sont les enfans aux enfans des enfans aux freres ou aux sœurs, & le frere & la sœur au tiers ayeul, ou à la tierce ayeule, & ceux qui sont enfans des enfans de cousin germain, ou de cousine germaine. Si peut & doit suffire de ceste declaration quant aux degrez des lignages, car par ce que dict & monstré en ay, pourroient estre tous degrez comptez & mis en ligne, soit en montant, soit en descendant, soit de costé. Car le lignage de par la mere est ainsi compté comme celuy de par le pere, & de ce mesme degré. *Instit. eod. tit. §. agnationis quoque.*

Addition. *Qui n'est au liure escrit à la main.*

[*Adde quod in materia consanguinitatis est alia computatio de iure canonico, & alia de iure ciuili: quæ hodie vtraque obseruatur. Illa iuris canonici computatio obseruatur quantum ad matrimonia, ita vt duo fratres non sint nisi in primo gradu ex illo iure canonico: de iure vero ciuili sunt in secundo: quod ius ciuile quantum ad successiones, tutelas, & reprobationes testium obseruatur, ita vt de iure ciuili procedat regula, quod vnaquæque persona adiecta nouum gradum generet. De his vide in sexto arborem, & instit. de gradib. cogna. & ibi multa per Christophorum Porcum & alios scribentes.*]

Coustume selon la Chastellenie de l'Isle.

Pour le regard de tous ces articles faut voir les coustumes des lieux, desquelles aucunes ont esté reformées.

Item peux & dois sçauoir que selon la Chastellenie de l'Isle, les filles contre les freres n'ont rien en l'heritage qui viẽt de patrimoine, c'est à dire dont le pere & la mere estoient saisis & aduestis au iour qu'ils espouserent l'vn l'autre : mais és acquests partissent franchement & és meubles.

Item & par ladicte coustume la maisnée a le manoir tenu de main ferme pour sa maisneté auant part. Item a la veufue droict en la moitié de tous les meubles, & si a auãt part vn habit pour son corps, l'ãneau dequoy elle espousa, la couronne, & aussi le fermail si elle l'a à ce iour.

De quints de fiefs qui sont esclichez aux freres & sœurs.

APres ensuit des quints de fiefs qui sôt esclichez aux freres ou sœurs contre l'aisné quand l'vn d'eux meurt, à sçauoir à qui son quint, ou la partie de son quint peut & doit escheoir, ou à l'aisné, ou à ses autres freres ou sœurs, ou auquel d'eux. Si sçachez qu'vn fief dont l'homme meurt saisi, son hoir aisné masle par droicte ligne l'emporte, & n'y auront rien les freres ne sœurs que le quint de celuy fief, combien qu'ils soient de freres ou de sœurs, à partir ce quint entre eux ensemble equalement : & sera ce quint esclichè hors du gros du fief à part. Et en aura & tiendra chacun sa piece à part aussi noblement, & aussi franchement comme le gros du fief sera tenu, & pourront chacun d'eux releuer & adiourner à tenir celle part que chacun en aura, soit de leur frere aisné qui le gros en tiẽt, soit du Seigneur de qui l'aisné tient le fief, dont cest heriage de quint descend. Car en luy est l'election de tenir le quint duquel qui mieux luy plaira. Mais releuée de l'vn, iamais ne peut reuenir à l'autre. Et demeurera chacune partie de ce quint autel relief que le gros du fief doit, ou de trois années la meilleure se si petit estoit le fief, qu'il ne vausist autant par an, que celuy relief monteroit. *De releuer par les puisnez de l'aisné, ou du Seigneur a esté traicté cy dessus*

De tenir fiefs de plusieurs Seigneurs.

Et s'il aduenoit que l'homme qui tiendroit plusieurs fiefs de plusieurs Seigneurs, allast de vie à trespas, & eust plusieurs enfans : sçachez que pour ce que les fiefs seroient tenus de plusieurs Seigneurs, l'aisné emporteroit tous les fiefs, si comme dessus est dict en la rubriche de ce faisant mention. Et les autres enfans auroient le quint en chacun fief, & dessous chacun Seigneur aussi bien que s'ils fussent tenus tout d'vn Seigneur.

Comment on doit son quint demander en temps & en lieu.

Item dois sçauoir que droict de quint n'est à l'hoir deuant ce qu'on le demande pardeuant le Seigneur de qui le fief est tenu si autrement ne sont d'accord les hoirs de l'aisné frere, ne n'en sont deuz arrierages ne leuées sur ce faits, fors depuis que le quint aura esté demandé par loy : & est à sçauoir que la coustume se tient en Amiennois, Boulenois, Artois, en la Chastellenie de l'Isle, Tournesis, en la terre de sainct Amand en Peule & en la terre de Mortaigne sur l'Escault.

Coustume de Vermandois.

Mais en Vermandois n'a droict de quint auoir sur fiefs, fors à vie tant seulement, & à compte d'hoirs. *Ceste coustume est à present reformée.*

Coustume de Hainault.

Et au païs de Hainault n'a nul quint & n'y a qu'aduis d'assenne d'enfans que peuuent faire le pere & la mere par aduis des prochains d'vn costé & d'autre, & vault ce sur tous heritages audict pays.

Coustume de Flandres.

Et en la Conté de Flandre n'y a que tiercement de fief pour les maisnez enfans, c'est à sçauoir, comme en France que les maisnez ont le quint, ou fief demeuré de leur pere contre l'aisné hoir, tout ainsi que les maisnez en Flandres ont le tiers ou gros du fief demeuré de leur pere, & lequel ils doiuent auoir aussi franchement qu'on a le quint en France, & à telle Seigneurie. Et ainsi le peuuent releuer & tenir de leur frere aisné, ou du Seigneur de qui le fief est tenu.

De plusieurs enfans maisnez selon le tiercement dessusdict.

Item & s'il y auoit plusieurs enfans maisnez qui auoir d'eussent au fief de leur pere le tiers comme dict est, de ce tiers esclïché à part l'aisné des maisnez en peut pour luy retenir les deux parts, & l'autre tierce bailler à ses freres & sœurs maisnez de luy. & ce droict a-il pour la raison de son aisneté, qu'il a apres son aisné frere qui a le gros dudit fief.

ANNOTATIONS SVR LE TILTRE SEPTANTE ET NEVFIESME.

a IVSTINIAN §. sed cùm magis. Instit. de gradibus cognationis, *escrit elegamment*, sed cùm magis veritas oculata fide, quàm per aures animis hominum infigitur, ideò necessarium duximus post narrationem graduum, etiam eos præsenti libro inscribi, quatenus possint & auribus & oculorum inspectione adulescentes perfectissimam graduum doctrinam adipisci. *Es choses qui consistent en demonstration oculaire, est bien requis de les depeindre, & monstrer par vne figure. mais celle que Iustinian auoit faict inserer aux Institutions, ne se trouue en aucun liure, ny mesmes aux liures Grecs de Theophile, toutesfois plusieurs se sont efforcez d'en representer vne semblable : & entre autres le tres-docte Cuiacius, qui en a representé des anciennes figures. Entre le droict ciuil & canonic y a difference en la computation des degrez de cognation, pour le regard de la ligne collateralle; car au droict ciuil n'y a nul premier degré en la collaterale*, l. 1. & 9. D. de gradi. & affini. *& Iustinian*, d. tit. At ea, inquit, quæ ex transuerso numeratur à secundo. *Mais au droict canonic y a vn premier degre en ligne collateralle, à sçauoir des freres & sœurs, & ainsi consequemment : tellement que les cousins germains enfans des freres & sœurs sont par le droict ciuil au quatriesme degré, & par le canonic au second: & comme il est escrit* in can. ad sedem. 35. q. 5. duo gradus legales vnum gradum canonicum efficiunt. *& le suiect de la difference procede de ce que par le droict ciuil, pour cognoistre combien on est esloigné d'aucun de cognation, on monte en la droicte ligne à celuy par lequel sont conioincts ceux de la cognation desquels est question : & par ce moyen chacune generation faict vn degré, & y a autant de degrez que de generations.* §. pen. Instit. eo. Theophil. in §. 1. de legit. agn. success. *Comme pour exemple, pour cognoistre combien par le droict ciuil ie suis esloigné de mon cousin germain, qu'on appelle* consobrinus, *il faut compter en ceste maniere. de moy à mon pere, c'est vn degré, il faut monter à mon ayeul, qui est au second degré, & la souche de vostre cognation, de luy faut* *transuerser à mon oncle, qui est vn troisiesme degré: & le fils de mon oncle en descendant est au quatriesme degré: & ainsi par le droict ciuil, nous sommes au quatriesme degré,* d. l. 1. §. Quarto gradu. & l. Iurisconsultus. §. Quarto gradu. D. de gradib. & affin. §. Quarto gradu. Inst. eod. *Par le droict canonic, on commence à compter en ligne collaterale à celuy qui premier se presente, comme le frere estant le premier en ladicte ligne, sans remonter par la ligne droicte, comme faict le droict ciuil, il est tenu pour faire le premier degré, & par ce moyen le cousin germain faict le second. Ceste numeration du droict canonic n'est si ancienne, par ce que Sainct Ambroise & autres Docteurs anciens s'arrestent à celle du droict ciuil, & le droict canonic des Grecs l'a retenuë. Les deux formes de computation des degrez sont representez en ceste figure, & mon intention n'est de disputer icy laquelle d'icelle est mieux fondee en raison de droict; mais celle du droict ciuil est suiuie & obseruee, quand il est question de successions, tutelles & autres matieres ciuilles, comme de recusations de Iuge, & celle qui a esté introduicte par le droict canonic est suiuie & gardee pour les mariages, quand y a dispute si vn mariage se peut legitimement contracter entre deux personnes. I'ay representé aux Memorables, & au troisiesme des Pandectes vne autre figure, où i'en ay escrit plus amplement.*

Quand aux articles qui sont icy adioustez des coustumes de quelques lieux, pour succeder aux fiefs, ie n'ay voulu m'y arrester, par ce qu'on les peut voir au grand Coustumier, ou en la Conference des Coustumes de Guenois.

b *Faut icy remarquer la maniere de laquelle anciennement on auoit accoustumé de vestir & parer les espousees, à sçauoir outre les habillemens du corps on donnoit à l'espousee vn anneau duquel elle estoit espousee, vne couronne & vn fermail, ceste couronne signifie ce que nous disons vne guirlande ou chapeau de fleurs, qui estoit mis sur la teste de l'espousee estant descheuelee: & lors les vierges estoient ainsi mariees; & le fermail estoit vne ceincture, en laquelle y auoit vn fermail d'or ou d'argent, selon la qualité des personnes: par ce qu'alors on n'auoit accoustumé de porter des ceinctures de tout d'or ou d'argent, quelques riches que fussent les espoux ou espousees: dont on remarque le vieil prouerbe, que bonne renommee vaut mieux que ceincture doree, c'est à dire, enrichie de clous & fermail d'or.*

ENSVIT LA MANIERE DE SCAVOIR COMMENT VN FIEF SE PEVT ESCLICHER A ESTRANGES.

TILTRE LXXX.

VE y comment[a] vn fief se peut esclicher aux freres & sœurs mineurs contre l'aisné frere au pays coustumier, si que la coustumiere voye par laquelle vn fief se peut esclicher sans le gré du seigneur de qui le fief est tenu par la mort du pere aux enfans, & non entre autre, encore est-il à sçauoir que par autre maniere se peut faire esclichement de fief à autre qu'à ses enfans, ainsi qu'il plaist au pere, mais qu'il en ait gré du seigneur de qui ledict fief est tenu. Et se peut faire par la maniere qui s'ensuit & non par autre. Premierement il faut que celuy qui veut esclicher son fief par le gré de son seigneur, le rapporte du tout en la main de sondict seigneur, [b] par rain & par baston, & en presence de loy, & en soit du tout deuestu, & le fief mis en la main dudit seigneur. E puis ledict seigneur qui ainsi r'aura iceluy fief en sa main, le pourra esclicher & despecer ainsi qu'il luy plaira & en faire tant d'hommages que bon luy semblera, de telle part ou parts dont on sera d'accord à l'heritier qu'il luy plaise par loy. Et cil qui a la part esclichee dudict fief, en est faict homme audict seigneur, & faut que pour ce il en face hommage à iceluy seigneur de bouche & de mains. Et ce faict le seigneur du demeurant dudict fief en doit de nouueau par loy adheriter, & de nouueau aussi faire hommage de bouche & de mains vn autre encore s'il luy plaist. Et par ainsi y a deux hommes, & s'en peut faire esclichement à estrange, & non autrement, & pource faut-il bien auoir gré de seigneur, car autant de droicture y cherroit-il que si tout estoit vendu par vente faite. Et encores ne pourroit il esclicher sans le gré du seigneur, comme dessus est dict.

De plusieurs fiefs tenus tout d'vn seigneur.

Item si aucun fief y auoit qui fussent tenus tout d'vn seigneur, comme dict est dessus en la rubriche de ce faisant mention: l'aisné fils emporteroit le meilleur, & puis l'autre fils aisné apres le meilleur. Et ainsi de fief en fief tant que fief y auroit. Et lors n'y auroit nul quintiage quant aux freres, pource que chacũ emporteroit son fief. Mais si tant y auoit de fiefs qu'il y auroit de freres, le demeurant des freres qui n'auroient fiefs, auroient quint contre les autres fiefs & freres, & ainsi seroit-il des sœurs s'elles y estoient.

De son quint auoir releué auant sa mort.

Item les quints ainsi partis & diuisez à chacun sa part, s'il aduenoit que lequel que ce fust, allast de vie à trespas, sçachez que si celuy qui ainsi seroit mort, auoit releué sa part de quint de sõ frere aisné, lors ne reuiẽdroit pas celle part de quint au frere aisné, car ce seroit remonter: ains reuiendroit au fils apres aisné, & n'y auroit rien l'aisné frere.

De quint auoir releué du seigneur de qui ledict fief est tenu.

Et si ainsi estoit que celuy qui mort seroit, l'eust releué du seigneur de qui

qui l'aisné tiendroit gros du fief, lors reuiendroit-il audit frere aisné par la raison qu'il auroit esté osté & descorporé dudit fief dont il estoit issu, si tost que celuy qui est mort, le releua & aduoüa à tenir d'iceluy seigneur, & pour ce ne seroit-ce mie remonter, mais iroit à droicte ligne de aisneté, ainsi comme fief de aisneté doit aller. Encore retourneroit-il à l'aisné frere, s'ainsi estoit que oncques partage de quint n'en eust esté faict de freres, car lors demeureroit le quint que ledict mort deust auoir à sa part, au corps du fief dont oncques n'aurait esté departy. &c.

Comment on ne peut auoir quint que à compte de hoirs.

Et apres la mort de plusieurs enfans maisnez qui onques n'auroient demandé droict de quint, le derrain viuant demanderoit, ou si plusieurs estoient, demanderoient droict de quint contre le frere aisné, ils n'auroient, ou n'auroit quint que à leur pere ou à sa part, à compte de ceux qui morts seroient, dont le droict seroit retourné au gros du fief.

ANNOTATIONS SVR LE TILTRE OCTANTIESME.

S*ANS reciter ce qui est traicté aux Feudes, du droict des fiefs, & prohibition de les aliener, par la constitution de Frideric,* tit. de prohib. Feud. alienat. *Encores que par le droict François les fiefs soient reduicts,* ad instar patrimoniorum, *à la maniere & cōdition des choses estans en nostre patrimoine, pour en disposer librement comme des autres heritages sans attendre la permission & consentement du seigneur feodal, duquel ils sont tenus, comme traictent les anciens practiciens*, Faber. §. 1. Instit. de empt. Petr. Iacob. in sua Praxi. tit. de success. feu. Benedict. ad c. Rainutius. in verb. & vxor, de test. *& autres. Toutesfois on a tenu par droict commun en France que le vassal ne peut esclicher, esclipser, esbrancher ou demembrer son fief, au preiudice & sans le consentement de son seigneur feodal, duquel il se peut bien iouer, c'est à dire, comme il est interpreté par quelques Coustumes, l'engager & hypothequer en tout ou en partie, & l'arrenter ainsi que dit nostre autheur cy dessus en autre tiltre: ce qui signifie le bailler à cens ou rente, sans toutesfois demission de foy, c'est à dire que le vassal retienne à soy la foy & hōmage du fief pour la faire & prester au seigneur: dont on peut voir Monsieur le President le Maistre, Traicté des fiefs & hommages, & de Luc,* titu. de prædiis clientelaribus ar. 6. *& autres: mais arrenter son fief n'est le demembrer, par ce qu'il demeure entier au vassal, & quand il y a ouuerture d'iceluy, le seigneur le peut tout exploicter, tant pour ce qui est retenu qu'aliené, sinon qu'il ait approuué & infeodé ladite alienation, soit par declaration expresse, ou la reception de l'adueu & denombrement de son vassal: comme il est traicté és articles cinquante & vn, & cinquante & deux de la Coustume de Paris. Et si le vassal auoit vendu son fief, le seigneur qui le veut retenir par retraict feodal, peut aussi auoir & retenir ce qui a esté ainsi aliené, en* rendant & remboursant le vray prix porté par les contracts, auec les loyaux cousts, meliorations & reparations vtiles & necessaires faictes par les acquereurs: ainsi qu'il a esté iugé au profit de Maistre François du Four & sa femme, contre Madame la Connestable, M. Jacques Alard Procureur à Compiegne, & Claude l'Oysel, le dixhuictiesme iour d'Auril, mil cinq cens octante & vn, recité en la Response 65. du liure 5. Esclischer ou demembrer vn fief signifie proprement le partir & diuiser en plusieurs membres, & d'vn fief en faire deux ou plusieurs, comme il se fait entre coheritiers partageans le fief delaissé par celuy auquel ils succedent, selon la Coustume du lieu, tellement qu'on ne peut dire vn fief estre demembré, quand le vassal fait des arriesfiefs tenus de son fief: par ce que le principal fief demeure tousiours entier, & aduenant l'ouuerture d'iceluy le seigneur feodal l'aiant mis en sa main y peut aussi mettre les arriefiefs ouuerts, qui en dependent: Toutefois y a des Coustumes qui ne permettent au vassal de faire arriesfief, sans le consentement du seigneur dominant. Et pour le regard de se iouer par le vassal de son fief, ladicte Coustume de Paris, & autres, ont restrainct ceste liberté aux deux tiers, pour l'autre tiers demeurer au vassal, auec le cens ou rente pour lequel il auroit baillé les deux autres tiers: mais Philippes de Beaumanoir dict en sa Practique selon li Coustumes de Beauuoisis, Cy puis faire du tiers de mon fief, arriesfief & retenir tout l'hommage, si comme ie marie aucuns de mes enfans. Mais si i'en oste plus du tiers, li hommages du tiers & du surplus vient au seigneur.

b Ces mots, par rain & baston, sont retenus de la solemnité, qui estoit anciennement obseruée, tant en la reception de foy & hommage qu'en la demission que nous disons per anulum & virgam aut baculum, dont est faict mention es Epistres de Iuo Carnotensis, en quelques histoires & coustumes. Car le mot rain, qui est ancien, signifie aneau: & les seigneurs qui receuoient à foy & hommage leurs vassaux principalement pour les grands fiefs & seigneuries, tenoient vn baston qu'autrement on appelle sceptre, & donnoit le seigneur à son vassal vn aneau en signe de mutuelle obligation d'amitié, qu'il luy rendoit, pour la foy & hommage que le vassal luy auoit faict, & pour vn symbole de la tradition & inuestiture qu'il luy faisoit de son fief. Les Euesques aussi & Prelats de France, en faisant le serment de fidelité au Roy, inuestituram recipiebant per anulum & virgam, comme tesmoigne Sigebertus in Chronico, & Iuo en ses epistres. Il conuient encores icy obseruer la solemnité de faire la foy & hommages, par la bouche & les mains, dont mention est faicte és Coustumes non seulement de France, ains aussi d'autres pays: lesquelles en declarent la forme, à sçauoir, que le vassal ioingnant ses mains les met entre celles du seigneur dominant, que les reçoit entre les siennes. Et à la verité ceste maniere de ioindre les mains ensemble, est vn grand signe d'amitié, & comme de quelque association, ainsi qu'on peut obseruer en Homere, tant en l'Iliade, que Odyssée, & comme plusieurs ont recueilly de diuers autheurs: & quant à la bouche, le seigneur auoit accoustumé de baiser son vassal, en le receuant à foy & hommage pour tesmoigner d'auantage l'alliance qu'il faisoit auec luy, car plus grand signe d'amitie ne peut on receuoir d'vne personne, que le baiser, dont Aimoinus, Sigebertus, Froissard & autres anciens historiens font ample foy, outre les

L'ARBRE D'AFFINITE'

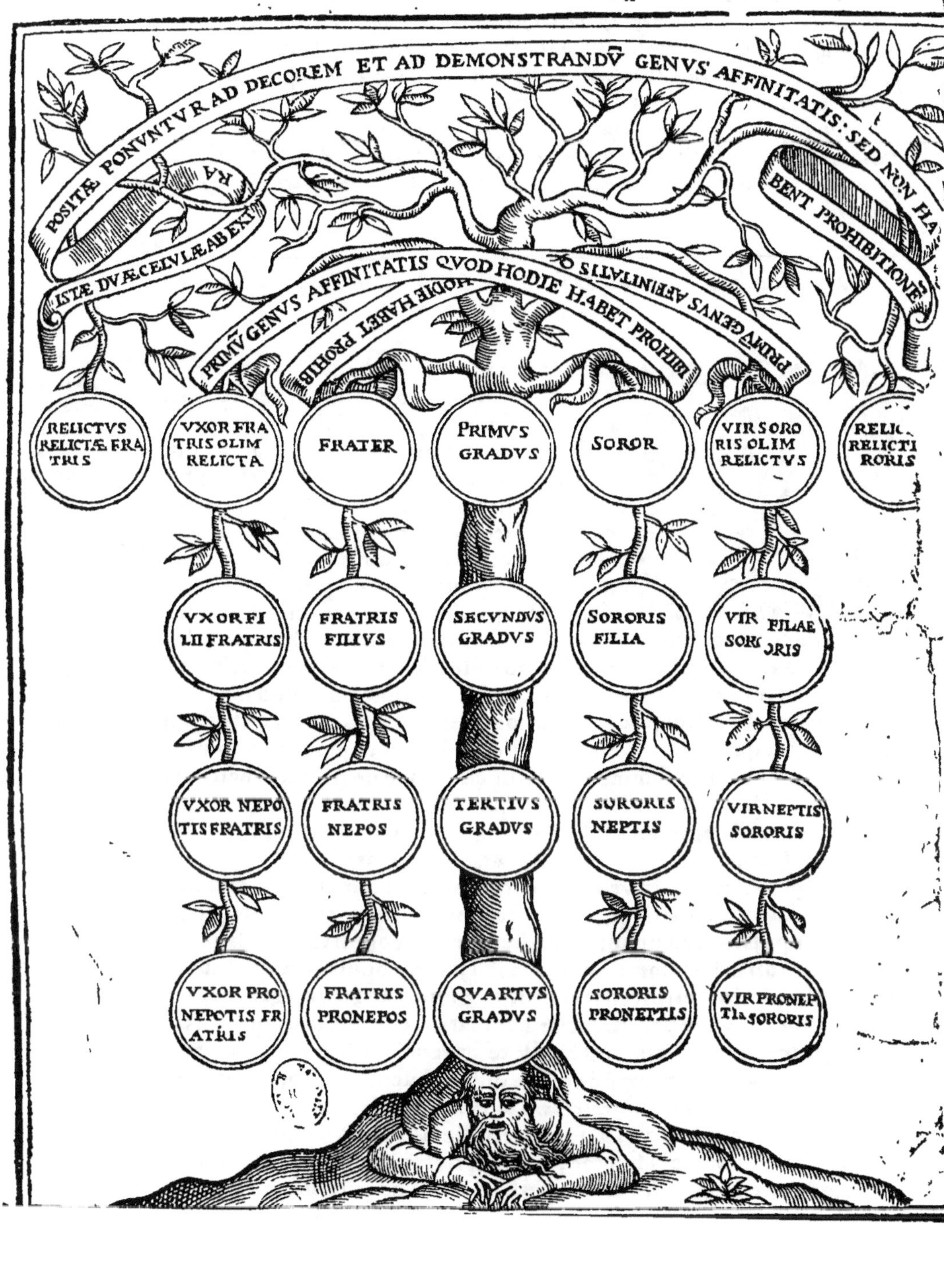

coustumes qui toutes en font mention. Il est vray que telles solemnitez ne sont de l'essence de la foy & hommage & ne laisser le vassal d'auoir main leuée s'estant mis en deuoir sans les obseruer, de faire la foy & hommage, vt Molinæus refert *sur le 54. art. de la Coustume de Blois. I'en ay escrit ailleurs plus amplement.*

Pour le regard de ce qui suit en ce tiltre de la forme de succeder aux fiefs, & du quint, est pris de quelques coustumes particulieres, qu'on peut veoir au grand Coustumier, ou en la Conference des Coustumes de Guenois, d'autant que ceux qui en auront à faire y pourront auoir recours, il n'est besoin de s'y arrester icy dauantage.

DECLARATION DE L'ARBRE D'AFFINITÉ. TILTRE LXXXI.

MOVLT [a] ay grãd desir d'acheuer ma matiere, & pource que mõstréay de ligne par deux parties iusques au sexte degré, il ensuit voir de l'arbre d'Affinité. Et premierement dois sçauoir que c'est que Affinité. Si sçachez que c'est la prochaineté qui vient par auoir compagnie charnelle l'vn auec l'autre d'entre gens qui ne sont ensemble de nulle parentele, selon la loy escrite. Et ne cesse pour mort ne pour copulation Affinité, & apres mort & tousiours dure durãt les vies de ceux qui ont les Affinitez assemblées. *xxxv. quaest. xiij. cap. fraternitatis. &c.* Car apres mort celuy ou celle où tu auras copulé Affinité, tu ne peux iamais auoir copulation auec sa cousine ou cousin sans la licence du sainct Pere, & pour cause. Si peux & dois sçauoir par ceste reigle que si aucun qui me seroit en second degré, auec copulation auoit vne femme, celle mesme femme me seroit en second degré par la nature de ladicte copulation, & ainsi entens iusques au tiers degré, car la copulatiõ engendre pareil degré auec la femme cogneuë charnellement. *ext. de consangui. & affi. cap. 1.*

[a] Affinitas est personarũ proximitas ex coitu proueniens, omni carens parentela secundum canones sed secundum leges est proximitas proueniens ex nuptiis legitimis & oportet eas non esse interdictas: alias non contraheretur affinitas l. Non facile. §. sciendum ff. de grad.

Des degrez de gendre.

Par reigle generale si tu veux sçauoir combien la femme à qui ton cousin a copulation de mariage, te est, sçachez qu'elle te est en autel degré apres la copulation en premier gendre, que ton cousin te est: & si vn autre apres auoit celle femme à mariage, cil par la copulation qu'il auroit auec celle qui ainsi auroit eu ton cousin, te seroit en second gendre, & si cil qui ainsi a cogneu par charnelle copulatiõ celle que ton cousin a cogneuë, apres cognoist vne autre, celle te sera en tiers degré de gendre: & ainsi iusques au quart degré de gẽdre qui est defendu en copulation. &c

Des affinitez entre les amis du mary & de la femme.

Et toutesfois peux & dois sçauoir que nulle Affinité n'est entre les amis du mary & les amis de la femme, car deux freres peuuent bien auoir par mariage deux sœurs : si faict le perẽ & le fils auec la mere & la fille

Mais il y a affinité entre les amis du mary & sa femme si tost qu'il l'espouse & fait charnel couple. Et ainsi a-il entre les amis de la femme du mary si tost que le charnel couple y a: & la raison si est par les degrez de gendre, mais les amis de l'vn ne de l'autre ne l engendrent point. Et pour ce te veux monstrer la forme de l'affinité des degrez, car és moyennes selles est vne part, c'est à sçauoir, en la premiere est seigné premier degré qui est entre freres & sœurs, qui sont en deux selles prochaines à dextre & senestre collateralement: & encore és deux collateraux plus prochains est escrit femme de frere: & en l'autre mary de sœur, & pour ce te monstre la figure par les deux lignes qui les accollent, que la femme du frere au mary de la sœur est en premier degre de gendre: & par les selles apres descendans te peut clairement apparoir que sa femme au fils du frere, est à la fille de la sœur en second degré de gendre. Et le fils du frere au mary de la fille de la sœur en pareil degré, si comme les selles descendent. Et ainsi peux & dois entendre de toutes les autres selles qui figurees sont par leurs degrez qui iusques là ne peuuent auoir l'vn l'autre à mariage. Et les deux selles qui sont au dehors, l'vne à dextre, & l'autre à senestre, y sont mises pource que ce sont selles où le degré d'affinité de gendre faut, ne n'ont point de deffence. Et les deux lignes qui par dessus accollent les selles, demonstrent le premier degré d'affinité: par lesquels peux & dois entendre tous les autres degrez descendans en dessous selon que les clercs le demonstrent, & le degré des moyennes aussi. Car plus auant ne se peuuent les affinitez descendre que les selles le demonstrent, ne plus auant ne dure l'affinité de gendre, que entre ceux que les selles de la figure monstrent & enseignent. *Ioannes Andreas in Summa sua, vbi tractat. de consanguinitate & affinitate.*

ANNOTATIONS SVR LE TILTRE OCTANTE ET VNIESME.

a PAR *le droict ciuil n'y a aucuns degrez d'affinité*, vt tradit Iurisconsultus in l.4.§ gradus. D. de grad. & affin. *Et a esté le droict canonic qui a introduict ceste computation de degrez d'affinité, pour les mariages. Il est vray que par le droict ciuil y a aussi quelque prohibition de mariage entre les affins, c'est à dire conioints par les cognations du mary & de la femme*, d.l.4.§. gradus, & seq. & §. affinitatis. Inst. de nuptiis. *L'affinité est la conionction & alliance des parens du mary & de la femme, qu'ils ont les vns auec les autres, ou l'alliance de deux parentez & cognations, procedant de nopces licites par le droict canonic, elle se contracte de toute copulation naturelle*, C. discretionem. & C. pen. de eo qui cogn. cons. vxor. suæ. *Le Iurisconsulte dit*, quædam iura inter affines quoque versantur. Ouid. l. 4. de Ponto, Eleg. 8.

Ius aliquod faciunt affinia vincula nobis.
Nam tibi quæ coniux, eadem mihi filia penè est:
Et quæ te generum, me vocat illa virum.

Mais ceste figure d'affinité, qui vient du droict canonic, sert pour les mariages : toutesfois la prohibition ancienne de contracter mariages, comme elle a esté restrainčte par le Concile de Trente, pour la cognation au quatriesme degré, aussi est-elle pour l'affinité. Le droict canonic a forgé les degrez d'affinité, à la raison de ceux de la cognation : en maniere que de quel degré aucun est cousin de ma femme, il m'est affin, can. porro. 35. quest. 5. *& ainsi le frere de ma femme, qui luy est parent en premier degré par le droict canonic, m'est aussi affin en premier degré, comme aussi sa sœur: & ainsi des autres. I'vse du mot cousin, generalement selon le droict Romain pour* cognatus, *& de celuy de parent, selon nostre vulgaire vsage. Mais pour entendre l'article ensuiuant parlant des degrez de gendre, il semble qu'il prend gendre, pour le mot Latin,* genus, *comme souuent on le rend en François par gendre : toutesfois par le droict canonic y a difference entre les degrez & genres d'affinité. Les cousins ou parens de la femme sont affins au premier genre du mary, comme pareillement de la femme ceux du mary. Et au second genre sont affins au mary les affins ou alliez à la femme d'vn precedent mariage, comme pareillement à la femme les alliez du mary d'autres nopces : encores qu'ils ne soient proprement affins, ains au lieu d'affins,* vt constat ex l. 15. D. de ritu nupt. *Ce que nous auons dict des genres d'affinité, est pris* ex cap. 1. & pen. de consang & affinit. & illud cap. pen. ex Concilio Lateranensi habito sub Innocentio III. sumptum est: *par lequel au premier genre d'affinité, les nopces sont prohibees iusques au quatriesme degre: & non semblablement au second & tiers genre d'affinite,* vt ostendit Petrus Blesensis. epist. 116. & notat eleganter Cuiacius ad d. cap. pen. *& nous en auons traicté plus amplement au troisiesme liure des Pandectes.*

DE TENIR EN FIEF ET HOMMAGE D'AVCVN SEIGNEVR, ET LA MANIERE de faire hommage.

TILTRE LXXXII.

DE tenir [a] en fief & hommage d'aucun Seigneur & la maniere de faire hommage te veux monstrer, pource que traitté ay des fiefs, & comment ils doiuẽt escheoir aux hoirs de ceux qui les tiennent depuis qu'ils sont morts, il s'ensuit de sçauoir comment ceux qui escheent, les peuuent & doiuent releuer, & faire de ce hommage au seigneur de qui celuy fief est tenu. Sçachez que par l'vsage de court laye si tost que celuy est mort, qui du fief a iouy, & iouyssoit au iour de son trespas, l'aisné hoir masle de luy descendant du costé dont le fief vient, le doit releuer dedans quarante iours apres le iour de la mort à celuy qui le tenoit, de tel relief que le fief doit par coustume, car les vns sont de plus, & les autres de moins, & pourtãt en ce n'a point de reigle que on puisse escrire, mais ce a-il au surplus. Et que si ce ne relieue, le seigneur le peut mettre à amende par plainte faite sur le fief. Et doit tenir le fief autant & si longuement en sa main que l'hoir mettra à releuer celuy fief outre les quarante iours. Ce fait & releué, l'hoir doit requerir au seigneur par personne presente qu'il le vueille receuoir en foy & en hommage de tel fief qu'il tient de Dieu & de luy pour lequel il offre bouche & mains, & de faire tout deuoir que à ce selon la coustume du pays il est accoustumé à faire en tel cas. Or peut aucun demander quelle chose est hõmage, & c'est à son seigneur promettre foy & loyauté en choses droicturieres & necessaires, & luy donner conseil & aide: luy porter foy & loyauté enuers tous & contre tous.

Le seigneur peut faire saisir le fief à faute de releuer & non mettre en amẽde sõ vassal, & n'en parlent aucunement les coustu-

Additio.

Quod hic dicitur de inuestitura petenda infra xl. dies: aliter est de consuetudine feudorum scripta: quia vasallus habet annum & vnum mensem, vt lib. de Feudis, Rubrica, Quo tempore miles inuest. petere debeat. in principio.

La maniere de faire hommage.

La maniere de faire hommage si est ceste, premierement l'homme mis au net c'est à dire chaperon abbatu, & sans couteau qui portast deffense, & en pur le corps, c'est à dire, sans manteau, à l'enseigne franche que l'homme est tout prest d'ester en droict par son seigneur, si mestier estoit. Doit l'homme ioindre ses deux mains en nom d'humilité, & mettre és deux mains de son seigneur en signe que tout luy vouë & promet foy. Et le seigneur ainsi le reçoit, & aussi luy promet à garder foy & loyauté, & doit l'homme dire ces paroles. Sire ie viens à vostre hommage, & en vostre foy, & deuiens vostre homme de bouche & de mains, & vous iure & promets foy & loyauté enuers tous & cõtre tous, & de garder vostre droict à mon pouuoir, & faire bonne iustice à vostre semonce, ou à la semonce de vostre Baillifs à mon sens: & celer le secret de vostre cœur, & ce faict, le seigneur le doit receuoir, & respondre en telle maniere. Et ainsi ie vous reçoy comme mon homme de fief, sauf mon droict & l'autruy, à tels vsages & coustumes que ledict fief pourroit & deuoit estre tenu selõ l'vsage & coustumes de ma cour & du pays, & en ce confiement en nom de foy & de vray seigneur doit le seigneur baiser l'homme en la bouche. *ext. de consuetud. Feud. Rub. de forma fidelitat. cap. 1. & 2.*

Chaperõ estoit vn accoustremẽt de teste, dont vsoyent les anciẽs presque semblable à ce qu'on a depuis appellé capuchon, cõme on peut voir aux vieilles statues.

Quant hommages sont.

Or est [b] à sçauoir que trois manieres sont d'hommages. Le premier est appellé hommage de fief. Le second est appellé hommage de seruice. Le tiers est appellé hommage de paix. Dont il s'ensuit que le premier qui est appellé hommage de fief, si est celuy qui est cy dessus declaré. Le second si est, si comme ils sont hommes qui sont tenuz de faire seruice au seigneur, & en tiennent possessions, & en ont foy. Le tiers si est si comme ils sont hommes qui ont iuré à faire tenir & garder paix au seigneur, &c. Encore dient les sages qu'il y a autre hommage qui est appellé hommage de pleiure, car l'homme doit faire pleiure pour son seigneur pour l'honneur de luy, & tout ce est en droict & par raison. Et l'auez peu voir par le Roy de France, qui fut prisonnier en Angleterre, comment il fut ordonné que plusieurs nobles Barons qui estoyent ses hommes, s'en allassent en Angleterre tenir prison pour luy, & faire pleiure.

Faire pleiure, c'est respõdre & si faire plege pour vn autre.

Item si paix est faicte pour le seigneur, aussi peux sçauoir & entendre, qu'il peut obliger ses hommes à la paix tenir, lesquels sont tenus de la tenir & garder par la foy de leur hommage.

Item de l'hommage de seruice peux & dois sçauoir & entendre que l'homme est tenu de faire seruice à son seigneur toutesfois que sommé & requis en est, & par la foy que il a à son seigneur, ne le peut ne doit refuser. Et de tous ces exemples le peut-on voir & apperceuoir en tous les seigneurs qui ont nobles hõmages. Car à ce sont les hommes cõtraincts par la foy de leur hommage faict, si comme dessus est dict.

Des differences de fiefs.

A sçauoir c'est que selon la loy escritte ils sont deux differences de fiefs, c'est à sçauoir le fief de condition feodal, & le fief de condition non feodal. Le fief de condition feodal, si est tout fief qui prend & sortist condition feodale, si comme de faire hommage de bouche & de mains, ou de faire feaulté si le seigneur n'est present. Et de tel fief conuient que par succession & par relief faire & payer, l'homme en soit en possession, & par foy & hommage auoir faict au seigneur, ou par faute ou assenremẽt de cour, ou autrement ce n'est pas fief de condition feodale, & que il soit corporel & non incorporel, si comme fief tangible où on peut asseoir la main à la terre, ou arbre, ou maison. Et celuy fief ne se peut ne doit traitter ne demener que par loy & enseignement des hommes, & pareillement tenans en fief à semonce & coniure de seigneur. Et fief de condition non feodale, si est comme chose estroitte de chose incorporel & non tangible, qui se peut faire & assigner sur le corps du fief par lettres, si comme aucunesfois on vend sur son fief aucune rente ou pension annuelle, & ce appelle on fief incorporel, & non tangible. Et se doit faire par seigneur & par hommes dont le fief est tenu : & si c'est rẽte perpetuelle, le rentier en deura relief tel que on fera de tout, & en sera homme pareil au vendeur : & si c'est rente viagere, si en sera le rentier homme durant sa vie, & en conuient faire hommage ou feauté aussi bien que d'autre fief, car riens ne s'en peut esclicher qui n'en doiue sortir condition de fief. Et si telles rentes estoyent venduës ou esclichées comme dit est sur le corps, car sur partie du fief ne se pourroit faire, si ce n'estoit faict par le gré du seigneur, & celuy qui le fief tiendroit, le confisquoit, le rentier perdroit sa rente : & si il la vendoit, le seigneur n'en auroit iamais droitture : car son fief ne peut on desmembrer sans son seigneur. *lib. de Feud. de alienat. feud. & alienat. feud. prohib. per* Frideric.

De mettre à rente à aucun vne partie de son fief.

Paul de Castr. in l.iij ff de seruitut dicit quod feudatarius potest in re feudali constituere seruitutem sicut superficiarius & emphyteota. Et de hoc Ioan. Fa. in §. item Seruianā Instit. de action.

Item, mais autre chose est quand celuy qui tient le fief, en vend partie pour son proffit & pour l'accroissement dudict fief, Arrenter vn bonnier ou deux, ou manoir, ou aucune chose, faire le peut à vie ou à tousiours sur son seel tant seulement, & sans son seigneur de qui il tient le fief appeller. Et en ce faisant il n'esbranche pas le fief, ne riens n'en oste ne escliche, mais l'accroist : & le fief en corps n'en est de riens amoindry car la rente y doit mieux valoir, & le rentier qui la tient qui la piece de terre a arrentée. Et sera de lorsenauant celle terre mise à rente, en la forme & maniere que dict est, tenuë & dicte terre renteuse tenuë dudict fief. Et se demenera par les hommes rentiers descendans dudict fief. Et ainsi sont toutes terres renteuses descendans des fiefs. *Ad ista videtur facere textus lib. ij. Feud. tit. qualiter olim poterat Feudum alienari.*

ANNOTATIONS SVR LE TILTRE OCTANTE DEVXIESME.

a *Plusieurs se sont trauaillez en la recherche de l'origine des fiefs: & la plus commune opinion en a referé l'institution aux mœurs des Lombards, autres à celles des Romains de l'ancienne alliance entre les patrons & cliens: ou de la coustume qu'auoyent les Empereurs & chefs d'armées de bailler aux peuples qui se rendoyent à la dition & obeyssance du peuple Romain : ou aux gens de guerre de leurs armées, certains champs & terres, à la charge & condition d'estre tousiours prests en armes, quand il seroit besoin, ou pour defendre les frontieres. A quoy aussi on pourroit rapporter la coustume d'enuoyer des colonies & peuplades aux pays des peuples vaincus & domptez. Pour ces opinions on allegue assez d'autheurs,* Dionis. Halicar. Plutarch. Cæsar in suis commentariis, Appianus, Paterculus, Higinus, Flaccus, Lampridus in Alexand. *& autres. Mais i'ay monstré ailleurs que l'vsage des fiefs estoit cogneu en France, long tēps auparauāt le nom des Lombards, ne qu'ils fussent passez en Italie, cōme on peut cognoistre de l'histoire de Gregoire de Tours, qui souuent faict mention des Leudes de France. Pour les fiefs, si on en veut repeter quelques exemples des Romains, il y en a qu'on peut obseruer des histoires: & entre autres i'en ay remarqué en la 59. resp. du 10. liure vn notable du 45. liu. de Tite Liue, de l'oraison de Masgaba fils de Masinissa, qu'on peut confirmer par ce que dict* Adherbal apud Sallustium. P. C. Micipsa pater meus moriens mihi præcepit vti regni Numidiæ tantummodo procurationem existimarem meam: cæterum ius & imperium penes vos esse. *Il est certain que l'institution des fiefs procede de la guerre, estans biensfaicts que les Roys, Princes & grands seigneurs faisoyent à ceux qui leur auoyent faict seruice, à la charge de les tenir d'eux en foy & hommage, & de continuer le seruice en la guerre, quand l'occasion s'y presenteroit. Du commencement ils n'estoyent qu'à vie, ce que demonstrent assez les liures des Feudes, & plusieurs historiens estrangers, & mes-*

mes

mes que les fiefs estoyent lors tenus par les gens de guerre. Mais en France ils ont esté faicts perpetuels, & reduicts à la forme de autres biens patrimoniaux, & possedez indifferemment tant par les gens de guerre: que par autres personnes, comme i'ay monstré cy dessus. De la deriuation & ethymologie du mot barbare-latin Feudum, ie laisse disputer les docteurs Feudistes, mais le mot fief, qui est ancien originaire François n'en procede: Il se trouue en tous les vieux liures escrit fié, sans f: i'ay obserué tant au commentaire sur la coustume de Paris, qu'ailleurs plus amplement, que les anciens François ont vsé de ce mot fié, fier & fiance, pour fidel ou feal, & fidelité ou feauté: aussi le fief se peut bien definir selon le droict François, L'heritage tenu d'vn seigneur, à la charge & condition de la foy & hommage. La vraye & directe seigneurie demeurant par deuers le seigneur, la iouyssance & vtile domaine par deuers le vassal. Ie n'adiouste la prestation des droicts & deuoirs pour n'estre qu'accidens. Car la propre essence & vray naturel du fief, consiste en la prestation de la foy & hommage, que doit le vassal à son seigneur dominant, en recognoissance du benefice que luy ou ses predecesseurs auroient receu du seigneur qui leur auroit baillé ledit fief, & le mot d'hommage appellé hominium par Helmodius, Radeuicus, & autres anciens, tesmoignent ceste antiquité: d'autant qu'il est entendu par l'hommage que le vassal deuient homme, c'est à dire, subiet, & comme on peut dire, à l'exemple de ce qu'on lict en quelques autheurs Romains, mesmes en Cesar libro 3. parlant des Gaulois, Deuotus vel cliens. Aussi nous lisons en plusieurs autheurs le mot homo; estre pris en telle signification, vt apud Aimoïnum lib.5.cap.24. Ego Hincmarus à modo & deinceps Domino seniori meo Carolo Regi sic fidelis & obediens ero, sicut homo suo seniori: & dont aussi on peut tirer tesmoignage de la dispute qui fut entre le Pape Adrian & l'Empereur Frideric premier, qu'on peut lire apud Radeuicum lib.1.cap.10. Ce qui doit suffire sans en repeter d'auantage des liures des Feudes, & de Otto Frising. Albertus krantzius, Trithemius, & autres, qui vsent indifferemment des mots hominium & homagium, & aux formes des hommages, le vassal declare qu'il deuient homme du seigneur, auquel il fait l'hommage, & le seigneur le reçoit à homme: nous en auons l'exemple en l'ancien Coustumier & vsage du Chastelet de Paris, où le vassal s'estant mis à genoux nuë teste sans manteau, ceinture, espée, ne esperons, commence par ces mots, Sire ie deuien vostre homme de bouche, & de mains: & vous iure & promets foy & loyauté, & de garder vostre droict à mon pouuoir, & de faire bonne iustice à vostre semonce, ou à la semonce de vostre Bailly, à mon sens. L'autheur en recite vne forme semblable, on en peut voir encores en quelques coustumes & liures anciens; & mesmes en vn Anglois, intitulé Lit letons Tenures, dont autres ont faict mention, & n'est besoin de repeter ce qu'ils en ont escrit: toutesfois en quelque forme que le vassal face la foy & hommage à son seigneur feodal, la personne du Roy & Prince souuerain est tousiours entendue estre exceptee. Mais on demande si plusieurs seigneurs pretendent le fief estre tenu d'eux comment le vassal s'y doit gouuerner. Par la coustume de Paris, article soixante, il se doit pouruoir par lettres Royaux pour estre receu par main souueraine, en consignant les droicts si aucuns sont deus: & comme i'ay monstré sur ledit article, il est necessaire d'obtenir lettres Royaux à ceste fin: par ce que la sentence de prouision du Juge ne seroit suffisante pour exempter le vassal des fruicts: ainsi qu'il a esté iugé par arrest du dixseptiesme Iuillet, mil cinq cens septante sept. Ladite coustume article soixante troisiesme, prescrit la forme de faire la foy & hommage, & conuient noter que si le vassal n'auroit obserué la forme prescrite par la coustume, pour faire la foy & hommage, soit qu'il auroit voulu se presenter au seigneur, qui auroit refusé de le receuoir, ou qu'il l'ait fait en son absence: il ne pourra obtenir main leuee des fruicts, ains la saisie tiendra: ou si saisie n'y auoit, le seigneur pourroit faire saisir: d'autant que telle forme est essentielle, & doit estre exactement obseruee comme i'ay veu iuger par arrest du Mardy vingtcinquiesme May, de releuee, mil cinq cens soixante & vn, & i'ay entendu y en auoir eu d'autres semblables donnez depuis. Quant à la saisie dont est icy parlé, toutes les Coustumes en font mention, & n'est besoin de s'y arrester d'auantage, sinon de remarquer en passant que suiuant ladicte Coustume article trente, la saisie doit estre renouuelee de trois ans en trois ans, autrement n'a effect que pour trois ans, & pour l'aduenir demeurent les Commissaires deschargez. Ce qui a esté iugé auoir lieu non seulement pour la Coustume de Paris, ains aussi pour toutes les autres: par la raison de l'ordonnance de Roussillon article quinze: ainsi qu'il a esté iugé en la Coustume de Clermont par arrest du vingtsixiesme Nouembre, mil cinq cens octante huict, que i'ay recité sur ledit article, ce que toutesfois il conuient entendre, sinon qu'il y ait eu procez, car il a esté iugé par arrest donné en ladite Coustume de Paris, entre Monseigneur le Cardinal de Gondy, & Messire Andouyn de Thurin, Cheuallier Sieur de Luz Archez du vingthuictiesme iour de Mars, 1600. que s'il y a opposition à la saisie & sur icelle procez, durant ledict procez la saisie tiendra & le seigneur fera les fruicts siens, encores qu'il y ait plus de trois ans qu'elle ait esté faite.

b *Ces especes & manieres d'hommages ont esté remarquees par quelques autheurs, mesmes par* Hotom. in disputat. de iure feud. cap. 24. *L'hommage de fief se faict en la forme cy dessus declaree, contenant la submission & humilité du vassal enuers son seigneur dominant. L'hommage de seruice s'entend plus generalement, par ce qu'il n'estoit deu & presté seulement par les vassaux, ains aussi par les autres hommes & subiects d'vn seigneur L'hommage de paix est vn respect de societé, & comme de confederation, & alliance, ainsi qu'il est contenu au traicté d'entre le Roy Charles VII. & le Duc de Bretagne, que quand les Princes & Seigneurs s'allient ensemble, & leurs subiects promettent de tenir & entretenir la paix & confederation par eux faite. Et quant à l'hommage de pleiure qu'on fait quatriesme espece, c'est quand l'homme du seigneur est tenu de se rendre pour luy, estant prisonnier des ennemis, ostage & respondant: l'autheur en baille icy quelques exemples. On fait ordinairement vne autre diuision du fief & hommage en fief lige, & fief simple ou non lige, dont quelques coustumes font mention,* & glos. in cap. pastoralis, de sent. & re iud. in Clement. *& les Docteurs Feudistes communement: mais telle diuision est refutee par Hotoman, cap. 7. & autres, & on y a peu d'esgard en France: car les formes des hommages prescriptes par les Coustumes, pour les faire par le vassal à son seigneur, tiennent toutes de la qualité du fief lige, laquelle emporte l'obeyssance du vassal, foy & hommage qu'il doit à son seigneur sans* *adiouster aucune exception : laquelle s'entend tousiours pour le regard du Roy & Prince souuerain, & des droicts de sa souueraineté. L'autheur interprete le fief lige qui tient d'vn seigneur sans moyen, & liegement immediatement & sans moyen: & par ce que ceste matiere requiert vn plus ample discours dont i'ay traicté amplement au deuxiesme liure des Pandectes, ie ne m'y arresteray icy d'auantage.*

c *Le fief ne consiste qu'en immeubles, qui est icy diuisé en celuy qui est de condition feodale, & celuy qui n'est de condition feodale. Le fief de condition feodale est celuy qui consiste en heritages de ladite condition, & le fief de condition non feodale, est icy escrit pour vn droict incorporel assigné sur vn fief, & tenu feodalement, comme vne rente infeodee : & de ceste espece aucuns font le fief qu'on appelle vulgairement fief en l'air. Aussi on fait distinction de tenir fief, ou tenir en fief, comme pareillement y auroit eu autresfois des estats en France, principalement de la maison du Roy, qui estoient tenus en fief: & les fiefs appellez de reuenue assignez sur le tresor ou domaine du Roy, ou d'autre Seigneur. Les Feudistes font mention de* Feudis de Camera, vel de Cauena. *Mais parce que de ceste matiere i'ay escrit plus amplement au commentaire sur la Coustume de Paris, comme aussi plusieurs autres en ont traitté, le lecteur qui en voudra sçauoir d'auantage, y pourra auoir recours: comme aussi aux traittez & commentaires des Feudistes. Et pour le regard d'esclicher, demembrer & arrenter vn fief ou partie d'iceluy, i'en ay escrit cy-dessus, qu'il n'est besoin de repeter en ce lieu.*

COMMENT L'HOMME EST FRANC A SON SEIGNEVR PVIS QV'IL EST receu à hommage.

TILTRE LXXXIII.

PVIS [a] que l'homme est receu en hommage, il est franc homme au seigneur, & tient de luy en fief liegement & sans moyen, luy doit foy & toute loyauté, ne autre ne luy doit estre en plaid ne en collation, ne en armee d'ost ne de cheuauchee, ne en lieu où il soit traicté du deshonneur, ne du dommage du seigneur, de sa femme, & de ses enfans, & par especial de son fils aisné. Et s'il aduenoit que faire le voulsist pour luy ou pour autre de ses amis, si luy doit-il dire, & auant que tiens en face, renuoyer son hommage, ou autrement il seroit tenu comme traistre à son seigneur. Ne contre son seigneur ne peut ne doit traitter ne faire. Ne son fief ne peut esbrancher ne despecer sans le gré de son seigneur: & s'il le faisoit, ce ne vaudroit. Et supposé que ce soit par le gré du seigneur, si conuient il que l'esbranchement qu'on veut faire, vaille du moins le double d'autāt que le relief du seigneur vaut sur le gros du fief: car on n'en peut faire esbranchement comment que ce soit qu'il ne soit tenu d'autel relief, que le corps du fief doit. Si feroitil du quint qui quitte seroit, si comme dict est cy dessus en la rubriche de ce faisant mention. Et ainsi fut il dict en la salle à l'Isle par le iugement d'hommes pour mōseigneur Gillon d'Aigremont, contre monseigneur Iean Coset. Et en confortant ce fut il ainsi conseillé à Arras par tous les plus sages coustumiers que on y peut assembler iusques au nombre de xxv. qui tous furēt ouys en faict de coustume. Et pareillemēt par les plus sages coustumiers de Vermandois que on peut assembler à sainct Quentin iusques au nōbre de xiiij. Et encore fut il ainsi cōseillé en Tournesis par les plus sages coustumiers que l'en y peut assembler pour vne cause qu'ils y auoiēt sur ce l'vn contre l'autre, c'est à sçauoir messire Matthieu de Lannais pour grand partie de la terre de Rume, contre dame Catherine Cōstans veufue demeurée de messire Huë iadis seigneur de la terre de Rume, de laquelle sentence ainsi donnée au cōseil desdits coustumiers, il fut appellé par ladicte dame Catherine Constans en Parlement. Tout veu, il fut dit bien iugé & mal appellé, & l'amenda ladicte appellante.

De fief tenir par moyen.

PVis doncques [b] que monstré & traitté ay des fiefs qui tenus sont liegement, dire veux des fiefs qui sont tenus par moyen, si sçachez que vn fief est tenu en fief par moyen dont on a hommes dessous luy, par la nature dudit fief: & toutesfois est il tenu d'autre seigneur: si comme Iean qui est seigneur du Bois où il a iustice de vicomté ou fonsiere, & le tient du seigneur. Et dois sçauoir que qui tient par moyē, il ne peut de son fief faire quelque nouuelleté sans son seigneur, &c.

Vn exemple sur ce.

Messire Huë d'Ailly seigneur de Rume en Tournesis voulut donner à ses enfans bastards, qu'il auoit de Catherine Cōstans que depuis il espousa, mais il ne peut lesdicts enfans faire loyaux, pource que la dame Catherine au iour de la natiuité d'iceux auoit mary viuant, & neātmoīs ledit seigneur de Rume les voulut faire assenner sur sa terre de Rume, de certains dons qu'il fist à part à chacun desdicts enfans. Et ce fist il par sa loy de ses hommes de fief iugeans en sa cour de Rume, les en mist en l'heritage par rain & par baston, le plus solemnellement qu'il peut, & de ce don iouyrent & possesserent lesdicts enfans tant que ledict seigneur vesquit, & depuis par cinq ans ou enuiron furent en iugement lesdicts enfans, & seyrent comme hommes à cause de fief & terres que ledit seigneur leur auoit donné. Et en estoyēt lettres faictes que iceluy seigneur & hommes auoyent seellees. Aduint que ledict seigneur de Rume allast de vie à mort: son hoir legitime appellé messire Matthieu de Lānais releua toute la terre de Rume du Baillif de Tournesis: duquel au nō du Roy ladicte terre de Rume estoit tenuë, lesdicts enfans voulurent soustenir leur don. Ledit de Lānais y debatit, disant que si le seigneur d'Ailly auoit dôné par sa loy & hommes de fief quelque dô ou quelque assenne, ce ne pouuoit il auoir fait qui tint ne vausist, puis que par son seigneur ne les hômes auec luy ne l'auoit fait, c'est à sçauoir par Môseigneur le Ballif de Tournesis & par les hômes du Roy iugeans au coniurement dudit Baillif, qui est son seigneur, lesquels hommes sont pers audit Ballif seigneur de Rume. Pourquoy &c. Lesdits enfans disans du côtraire, que ledict d'Ailly estoit seigneur dudict lieu de Rume franchement, & en pouuoit faire comme de sa chose, donner & aumosner à qui il luy plaisoit: & supposé que ce eust voulu faire deuât simples, hommes, si deueroit & pourroit valoir, mesmement puis que c'estoit à ses propres enfans, & non à estrange hoir ne personne, qui est chose fauorable, & qui est à tous Iuges à conseruer. &c. Pourquoy. &c. Chacun soustenât ses fais protestez & autres plusieurs raisons. Tout veu, il fut dict que le don ne tiendroit, & fut iugé par les hommes du Roy en Tournesis. De laquelle sentence il fut appellé en Parlement. La cause d'appel deuolée en Parlement, il fut dict par arrest bien iugé, & mal appellé, & furent lesdicts enfans condamnez és despens, & en amende de fol appel.

De iure feudorũ in tit. qualiter olim pot. feud. alien. §. donore feudũ irrequisito domino donari non potest & ibi vide Aluar. & Cardinal.

De tenir en arriere fief.

TEnir en arriere fief si est, si comme quand on tient aucun fief par second ou par tierce main. Si comme le seigneur de Rume dont dessus est parlé, qui tient la terre de Rume à pur & sans moyen du Roy, & le seigneur de Callonne tiét Tainteignes vne ville qui est empres Rume en fief dudict seigneur de Rume, de sa Cour & hommage dudict lieu de Rume, & ce tient il dudict seigneur de Rume, par moyen pour ce que le seigneur de Rume qui est son seigneur, tient du Roy si comme dit est. Et vn autre tient vn autre fief dudit seigneur de Calône de sa terre, Cour & hommage de Tainteignes, lequel derrain fief est tiers fief du Roy par les moyens dessusdicts, & par ce ne peut-il estre appellé qu'arriere fief. Côbien que plusieurs l'appellent le second fief, arrierefief, si seroit il le tiers fief. mais plus pertinent est d'appeller le tiers fief arriere fief, qu'il n'est le second. Et si ne peut plus le tiers fiefué faire de son fief, quelque transport ne nouuelleté sans le seigneur moyen, ne sans son seigneur souuerain, si comme dict est, par exemple en la rubriche precedente.

Item quiconque tient fief, soit fief à pur ou moyen, ou arriere fief, sçachez qu'il est tenu de seruir son seigneur toutes fois que semôs en est par son seigneur en deux choses, c'est à sçauoir en ses plais pour iustice faire & tenir, & si ne se peut excuser, ne doit sans loyal exoine. Et s'il estoit demeurant hors la Prouince, ou s'il estoit cheu en impotence de veuë, de membres, de language, ou de sens, si doit il auoir homme responsable qui en ce cas deserue son fief, ou autrement le seigneur peut faire plainte sur son fief, à fin d'amende, & de le contraindre à desseruir son fief, ou homme responsable qui demeure en la terre du seigneur, & où on le puisse semôdre aux plais dudit seigneur toutes les fois que mestier sera. Et ainsi l'ay-ie veu faire par tant d'exemples & par tant de fois sans ramener en aucune doute.

Celuy qui tient fief, est subiect à son seigneur, & luy doit seruice.

De seruice en faict de guerre.

Item si le Seigneur [d] ou Prince a mestier de son homme pour son honneur garder pour son corps, & pour sa terre defendre : sçachez que mander peut son hôme de fief qui est tenu de venir en armes & en cheuaux selon que le fief le doit, & en ce le seigneur seruir par le terme de quinze iours: lors seroit-ce aux despens du seigneur : & si l'homme de fief faut à ceste semonce: sçachez qu'il se met en danger de perdre son fief, & estre appliqué à son seigneur, & encore estre reputé comme mauuais, & ennemy de son seigneur, s'ainsi n'estoit qu'il eust eu telle exoine que raison voulsist qu'il fust tenu pour excusé, laquelle exoine conuiendroit qu'elle fust moult grande & conuenable. Et si c'estoit pour si prochains que l'homme eust plus cher à faillir à son seigneur, qu'à son prochain, si luy doit-il renuoyer son hommage premier & auant qu'il puisse armer contre luy: car si autrement le faisoit, il seroit reputé comme traistre & desloyal, & perdroit son fief qui au seigneur seroit appliqué, ne nulle excusation ny pourroit auoir pour affinité, si ce n'estoit contre vn autre seigneur de qui il tint en fief aussi, & où il auroit pareille loyauté à tenir, car autre excusation n'y sçay. Si le seigneur semont son homme de fief d'aller en l'ost où le seigneur soit, si l'homme defaut, il est à lx. liures, & autresfois l'auoit semons de rechef pour vn ost, & l'homme demourast encore en defaut, il perdroit le fief. Et selon aucuns il y auroit trois semonces. La premiere si est d'aller en l'ost quand le seigneur y doit aller, lors y a amende telle que le relief est.

Le deuoir que le subiet doit à son seigneur de fief.

Item puis que le seigneur est en l'ost aux champs, qui ne vient à celle semonce, il y a soixante liures si comme dit est.

Item à la tierce semonce qui n'y vient il pert le fief, & doit estre reputé comme mauuais ennemi du seigneur, comme dit est. Si ainsi n'est que loyale exoine y soit, qui soit faite en temps & en lieu. Et ainsi fut-il iugé par les coustumiers de l'Isle en l'an mil trois cens quatre vingts six.

Inde dicit textus quod si ad tertiam vocationem non venerit, hoc ipso feudum amittat: & ideò debet curia dominum mittere in possessionem.

ANNOTATIONS SVR LE TILTRE OCTANTE TROISIESME.

a *FRANC homme s'interprete diuersement, comme ie monstreray cy-apres traitant de la cōdition des personnes: mais icy franc, signifie autant que lige, & au testamēt & diuision que Charlemagne fist de ses Royaumes l'homme franc se doit entendre pour l'homme lige & vassal, & par ledit testament Charlemagne commande que tout homme franc qui aura laissé son seigneur contre sa volonté, & sera allé d'vn Royaume à l'autre, ne sera receu du Roy, & on peut obseruer aux histoires de France que ce mot franc, est prins souuent en ceste maniere, encores qu'on en vse quelquesfois en plus generale signification. L'autheur aussi, comme i'ay remarqué en la precedente annotation, explique le mot de lige pour vn vassal tenant immediatement de quelque seigneur: & ainsi les anciens semblent l'auoir entendu,* comme on peut recueillir des histoires & des Annales de France, & mesmes de l'hommage fait par Pierre Duc de Bretagne de l'an 1450. dudit Duché, & du Comté de Montfort, aussi on tient que si vn Roy ou Seigneur souuerain tient des terres & seigneuries en la dition & obeyssance d'vn autre Roy ou Seigneur souuerain, il est tenu luy en faire hommage lige, comme fist le Roy de Nauarre à Charles 5. ainsi qu'il appert en la Chronique de S. Denis chap. 33. Il repete encores ce qu'il a par diuerses fois escrit de l'esclipsement & demembrement du fief, dont aussi i'ay traitté en diuers lieux: mais quant à ce qu'il a dit du fief demembré par le gré du Seigneur, y a de la doute, parce que par le demembrement d'vn fief en sont faits deux, & le Seigneur consent, il est à presumer qu'il ait receu les droits feodaux, ou s'en soit tenu pour content de ce qui est esbranché & distrait du fief tenu de luy, tellement qu'au lieu d'vn fief il en a deux, & par consequent aduenant l'ouuerture de l'vn ou l'autre desdits fiefs, il ne peut pretendre droict, sinon qu'à raison de celuy qui est ouuert, dont on peut tirer argument de l'article 52. de la coustume de Paris, parce que l'infeodation du fief exclipsé est comme espece d'inuestiture de nouueau fief distinct & separé de l'ancien, duquel il auroit esté demembré.

b Il fait en cet article & en l'ensuiuant, distinction entre le fief qu'on tient par moyen & l'arriere fief, & semble tant par cet article que par l'exemple qu'il amene de la terre du Rume qui estoit tenue du Roy à cause de Tournay, qu'il entend le fief par moyen qui est tenu directement du Roy, & lequel est appellé aux Feudes Feudum regale, en prenant generalement Feudum regale pour tout fief tenu sans moyen du Roy, encore que plus specialement & proprement il appartienne aux plus grands fiefs tenus immediatement de la couronne, comme sont les Duchez, Comtez & Marquisats, & quæ proximè descendunt à Principe, cap. 1. de Feud. March. c. 1. de lege Corrad. & 1. ibi DD. quis dicat Dux. March. vel cum. Et quant à ce qu'il dict que le fief ne peut estre donné & aliené sans le consentement du Seigneur duquel il est tenu, celà procede du droit des Feudes, tit. qualit. olim, poter. feud. alien. ou de la coustume qui estoit lors obseruee au pays, où il a escrit: mais cõme i'ay monstré cy-dessus, autrement on en vse à present: & le seigneur ne peut demander que ses droicts, selon la coustume du lieu. Aussi ce iugement pouuoit estre fondé sur autre raison feudistique, que les bastards ne sont capables des fiefs mesmement des anciens, lib. 2. tit. 26. §. 12. & tradunt DD. in §. naturalis si de feud. defun. content. sit. & autres qui ont escrit des fiefs, & præ cæteris Valent. Forster. lib. 6. de success. c. 39. en rend la raison: sed par le droit François, ils en sont capables, pour en auoir & acquerir, encores qu'ils n'y puissent succeder.

c Par le droit des Feudes le vassal peut bailler des portions de son fief à aucuns qui de luy les tiendront en fief, & mesmes tout son fief, en retenant la foy & hommage qu'on dit faire les arrierefiefs, arrierefiefer, ou arrierefieuer, & feudistiquemẽt, subinfeudare, sans le consentement du seigneur: & non seulement le premier vassal, ains aussi le secõd, & le tiers, & ainsi infinimẽt. c. 1. §. 1. qualit. olim. feud. alien. vbi DD. ca. 1. §. similiter. & §. seq. de c. Corrad. c. 1. §. illud de prohib. feud. alien. per Frider. & al. Clar. §. feud. quæ. 32. Zas. p. 9. n. 15. dõt sont procedez les termes de Vassi, Vassali, Valuassores, valuasini, vassaux, vauasseurs, & autres sẽblables, dont i'ay escrit allieurs. Mais ladite infeodatiõ ne se peut faire au preiudice du seigneur, s'il n'y dõne cõsentemẽt: en maniere que s'il n'a infeodé telle subinfeodatiõ *ou receu l'adueu & denombrement de son vassal contenant les arrierefiefs, qu'il auroit faicts, aduenant l'ouuerture du fief tenu de luy, il pourra aussi exploicter les arrierefiefs, encores qu'ils ne soient ouuerts: ce qu'il ne pourroit faire s'il auoit approuué ladite subinfeodation, par l'argument de l'article cinquante deux de la coustume de Paris. Ce que l'autheur restrainct le refiefuement, ainsi parle mon vieil practicien, au tiers arrierefief, est pris de quelque coustume qui lors s'obseruoit: car par le droict des Feudes, le tiers vassal peut refiefuer* c.1 §.simil.de l.Cor.

d *L'autheur recite deux conditions, ausquelles le vassal est suiect, la premiere d'assister aux plaids que son seigneur fait tenir, qu'on appelle en plusieurs coustumes estre des hommes iugeans Pairs & hommes feodaux ou de fief: ce que les seigneurs faisoient anciennement bien obseruer, & sur amendes: mais à present n'est en vsage si frequent, sinon qu'en assises, si le seigneur feodal a droict de les tenir. L'autre condition de suiure son seigneur en l'ost & armee, procede de l'ancien & premier droict des fiefs, qui estoit militaire: dont est aussi procedee l'institution du ban & arriereban: le Ban signifiant la conuocation qui se fait pour aller à quelque assemblee, qu'on auroit attribué specialement à l'expedition militaire, tellement que le Ban estoit la cõuocation que faisoit faire le Roy & souuerain Prince: & l'Arriereban ou* heribanum *la publication que le seigneur appellé au ban de son Roy ou Prince, faisoit faire pour assembler ses vassaux & arrierevassaux, pour l'accompagner à l'ost & armee: & les vassaux qui defailloient à telles conuocations, estoient mulctez de peines & amendes, & quelques fois mis au ban, c'est à dire bannis: ce qu'on peut obseruer tant des Capitulaires de Charlemaigne* lib.3.cap.14. 18.35. 40. & al. *qu'en plusieurs autres autheurs: ce qui descend d'vne ancienne coustume des Gaulois, de laquelle Cesar fait mention: mais à present telles anciennes mœurs sont hors d'vsage, & depuis ont esté faites des ordonnances qui prescriuent la forme du ban, & arriereban, & partant n'est besoin de s'arrester d'auantage à ce que l'autheur en traicte.*

DE TENIR EN PARAGE. TILTRE LXXXIIII.

TENIR en parage a si est quand cil qui tient tenement de celuy de qui il tient, sont pareilles parties par raison de lignage, & que ledict tenement vient de leur anchiseur, & vient par succession de ligne, si comme és lieux & par especial en Normandie, ou és fiefs de freres venans de pere, l'aisné emporte le gros, & les puisnez en ont le tiers par la raison de partage & de succession, celle partie est tenue en parage, car ils sont paraux en fief: jaçoit ce que l'vn soit plus grand que l'autre, & toutesfois le tient il aussi noblement comme l'aisné fait le gros, & si sont paraux en lignage, & toutesfois veut le droict que le maisné tienne de l'aisné en parage, & va ainsi iusques au sexte degré de ligne. Celuy à qui ce vient, est lors tenu de faire feaulté à l'aisné, c'est à dire qu'il represente l'aisné, & qui adonc tient le gros du fief: & au vij. degré celuy qui

qui lors le veut tenir, doit faire hommage pour le fief, & lors reuient le fief à estre tenu tout purement de l'aisné ou de celuy qui lors tiẽt le gros du fief, & lors est tenu en homage, & non plus en parage. Et sçhachez qu'en celle tenure de parage, l'aisné a sus celuy qui ainsi tient la iustice, & contraincte de ses rentes, & des seruices qui appartiennent au seigneur souuerain, de tort faict à luy ou à ses gens, & de non plus de chose.

Vsage d'Orleans.

Et selon l'vsage d'Orleans, qui tient en parage, il a toute telle iustice que l'aisné: ne n'est tenu de faire aide ne seruice fors au chef seigneur: ne le sire n'y peut asseoir seruitude tant qu'il soit tenu en parage: Moult d'autres coustumes y a en tenure de parage, mais pour-ce qu'elles sont si coustumieres au lieu de Normandie, au commencement on en vse, & que tout y est vsé par escrit, autrement qu'on ne fait ailleurs en pais coustumier: ie m'en veux passer brieuement, & procederay en tenir à bourgaige.

De tenir en bourgaige.

Tenir [b] en bourgaige si est tenir terres, cens, rentes, manoirs, masures ou autres heritages qui sont tenus sans fief, & qui ne doiuent feaulté ne hommage à seigneur, fors la rente aux termes accoustumez. Et peut celuy qui ainsi tient, faire de sa terre sa volõté, vendre ou dõner, parmy payant le seruice au seigneur, vueille ou nõ le seigneur, & y mettre sus rente & sous rente: & ce ne fait-il pas sur son fief sans le gré au seigneur; si comme dessus est dict, ny ne doiuent audict seigneur autre seruice ne redeuance que la rente aux termes, & les aucunes à la mort de double rente.

Vsage de Normandie.

Selon l'vsage de Normandie, en ce ne chet promesse ne retraict, & y ont les femmes moitié apres la mort aux maris, veoir si c'est acqueste. Et en parage les sœurs y partissent ainsi comme les freres. Et selõ ladicte coustume de Normandie ne doiuent seruice ne relief.

De tenir en cotterie.

Tenir [c] en cotterie par l'vsage de coustume localle, si est tenir toutes terres en possession de main ferme, c'est à dire, qui n'est tenuë en fief, que ruralement on appelle entre les coustumiers, terre vilaine, & ne doit hommage, seruice, ost, ne cheuauchée, fors la rente au seigneur aux termes accoustumez, & à la mort double rente en plusieurs lieux: mais doiuent à leur seigneur seruice d'escheuinage. Car le seigneur de tels tenãt peut faire ses escheuins pour traicter & demener les heritages entre ses tels subiets, & tenus d'en faire aduest & desuest de l'heritage de cognoistre & faire payer les rentes que tels heritages doiuent, & non autrement: si le seigneur n'a droict & loy preuilegié de son souuerain, qui telle luy puisse donner comme le Prince souuerain du lieu.

De tenir en cens.

TEnir [d] en cens, si est de tenir terre d'aucun en cens, c'est a dire, en certaine redeuance que l'en appelle cens, qui est ancienne chose mise sur les terres. Car ainsi sont tenuës par le Seigneur de qui elles sont tenuës. Si ne doiuent autre rente ne dette, ne escheuinage, fors quand le sire a mestier d'auoir droict pour aucuns desrens l'vn contre l'aute, il peut mander ses tenans en cens, & les peut coniurer & faire dire loy, & ils le doiuent faire à la semonce du Seigneur. Et n'y a autre escheuinage ne mayeur, mais que par quatre ou cinq des hommes tenans en cens les premiers que le Seigneur mande pour le iour, & n'ont autre cognoissance que de vest & desuest des terres tenuës en cens, & du debat sur-ce si aucun en sourdoit: & aussi ne doit estre faict ne iugé par autres.

De tenir en franc alleu. *

** Au liure escrit à la main, y a alluex,*

TEnir [e] en franc alleu, si est tenir terre de Dieu tant seulement. Et ne doiuent cens, rentes ne dettes, ne seruage, relief, n'autre nulle quelconque redeuance à vie n'à mort, mais les tiennent les tenans franchement de Dieu, & y ont toute iustice basse, si comme de treuf, de plainte, de cognoissance, de simple delict, à Iuges par leurs pers tenans en alleux qui sont de la Chastellenie, & coniurent l'vn alleux l'autre sans Seigneur ne Baillif, requerãt au Seigneur Souuerain qu'il vueille en aide de droict faire mettre leur iugement à execution par ses Sergens, & le Seigneur en doit faire l'aduest & deuest de tous les alleux, & en coniurent l'vn l'autre, & en baillent lettres de decret qui tiennẽt & valent, séellées de leurs seaux. Et en plusieurs lieux pour faire vente de son alleux, il n'y faut que la cognoissance, qu'en fait le vendeur pardeuant Notaire ou Tabellion, & lettres sur-ce leuer, ou pardeuãt gens sur sõ séel, s'il a séel cogneu dont lettres s'en facent: & s'il estoit appellé de leur sentence, selõ aucuns lieux les francs alleux le deffendent en armes, & non autrement. Et selon le droict il peut estre releué deuãt preud'hommes. Mais l'vsage des alleux doit estre gardé en tant que raison seroit,

De tenir par aumosne.

Tenir [f] par aumõsne si est tenir ce qui est donné à l'Eglise, par telle maniere que le donneur tout si franchement a donné que l'Eglise en est pure possesseresse sans moyen, & ne le tient que de Dieu, s'ainsi n'estoit que le don soit cõsenti & amorty du Prince, dont en souuerainеté ce est tenu, car lors n'en doit l'Eglise relief, seruice ne redeuance, supposé que ce soit fief ou noble tenement.

** Au liure escrit à la main, il y.*

Item & supposé que le don ne soit fief consenti, n'amorti du Souuerain, pource ne demeure que le don ne soit tenu de l'Eglise. Mais il n'y * conuient auoir homme viuant & mourant qui soit responsable de ce tenement. Et faut que luy mort ceux qui sont de par le dõneur, y remettent vn autre, en faisant le gré du Seigneur de qui celuy don est tenu, c'est à dire la chose donnée: ou si ce non, le Seigneur de qui ce est tenu, par plainte par ceà loy faicte, y peut mettre & asseoir la main de loy, iusques à tant qu'on en ait faict gré à luy. & ainsi se peut-il faire de responsable mort en responsable, iusques à tant que par le Souuerain le don sera amorty. Et quand ce faict, il conuient qu'à ce soit appellé le Seigneur de qui le don est tenu. Car sans appeller le Seigneur moyen, le Seigneur Souuerain ne peut ne doit amortir quelque possession, si de luy n'est tenuë à pur, ne si le Seigneur moyen, & qui y a interest, ny s'y consent, & que son droict y soit gardé. S'ainsi n'est faict, le Seigneur de qui ce est tenu, ne le peut faire vendre, nonobstant le don fait à l'Eglise. Et si vendre ne le fait, si faut-il, si deporter ne s'en veut, qu'il ait toute la cognoissance sur la chose donnée comme parauant auoit, & que liuré luy soit homme viuant & mourant, de la chose donnée, & qu'il le desserue par le gré du Seigneur de qui ce est tenu, si comme dit est, & satisfaire au Seigneur à son plaisir, ou autrement le Seigneur le tiendra en sa main comme en main de Seigneur par faute d'homme.

Des amortissemens.

OR sçachez qu'amortissement est tant faire au Seigneur Souuerain, & au Seigneur sujet de qui la chose qu'on veut amortir, est tenuë, qu'ils soient consentans tant que la chose soit, qu'elle puisse demeurer à tousiours sans redeuance quelconque, & de ce auoir lettres ou chartres du Souuerain, & du consentement du Seigneur moyen. Et de lors en auant n'y chet ny ne peut iamais le Seigneur quelque droicture ne quelque exploict, amende ne confiscation faire ne auoir, mais demeure à l'Eglise sans autre seruice ne droicture à autre Seigneur lay ne temporel de quelque chose.

Admortir est sans payer aucune redeuance.

De tenir par volenté.

TEnir par[g] volenté si est quand aucun baille de son fief aucune partie à autre, & en retient l'hommage, si comme qui auroit vingt liures de rente sur vn fief, & il en donnast les douze ou autre partie en retournant l'hommage à luy, & retenant ledict hommage de son homme. Car celuy à qui ce est ainsi donné, ne faict pas hommage, ne n'est tenu de faire pour la partie à luy donnée, & toutesfois tient-il celle rente noblement, car riens n'est qui soit ypothequé ne assis sur fief qui ne sortisse condition noble, par raison du fief, dont ce naist, si ce n'est par le consentement du Seigneur qui ce donne, & qui ce peut laisser en rente vilaine si luy plaist: De ce n'est pas ainsi vsé en Picardie, car la rente qui donnée ou venduë seroit, seroit tenuë par luy en homme.

De tenir par dignité.

Tenir[h] par dignité, si est tenir aucun office en fief par forme de dignité. Si cõme de tenir Seigneuries & autres offices à heritage, & en fief, & si comme mayeur heritier. Ou tenir en fief dont on est quitte & franc de aucune dette qui communémẽt est accoustumée de payer au païs, dont on ne paye riens par le droict du fief, surquoy on demeure, & si comme vne maison est franche de payer afforages ou assises de païs, que les autres gens payent. Ou auoir droict en four, ou en moulin par franchise de fief. Et toutes telles autres franchises qui par tenures de fiefs sont à ceux qui les tiennent & ont, car tous tels tenemens sont appellez tenemens de dignité, & sont francs & nobles entre les autres.

Tenir par dignité est estre exempt, & ne payer aucun droict.

Des reliefs que les fiefs doiuent aux Seigneurs.

Il y a trois manieres de payer relief.

Et auparauãt le temps porté par la coustume le Seigneur ne peut faire saisir. Iugé par arrest du 9. iour de Mars, 1576. recité par Chopin liure 2. des coustumes d'Aniou, tit. 1. num. 3 & 4.

DEs reliefs [i] que les fiefs doiuent, veux parler pour-ce qu'ils s'ensuiuent apres les tenemens des fiefs, si peux & dois sçauoir qu'il n'est fief qu'il ne doiue relief. Si est à sçauoir qu'il est trois manieres de payer relief. La premiere si est quand celuy qui a tenu le fief, va de vie à trespas, son aisné hoir est tenu de releuer pardeuers son Seigneur, de qui le fief est tenu, apres le trespas de celuy qui est mort, de tel relief & dedans tel iour que la coustume du pays & du lieu le donne. Car selon aucuns lieux il le faut releuer dedans 40. iours, & selon aucuns autres dedans l'an, & selon aucuns lieux dedans sept iours.

Item aussi selon la coustume des lieux sont les reliefs, car les vns sont liege, & les autres demy liege, les liegez doiuent dix liures de relief, le demy liege doit cent sols de relief. Les vns fiefs doiuent cheual par pris, les autres doiuent blans gans, blanche lance, les autres doiuent soixante sols, & ainsi selon les vsages des lieux se faut reigler.

La seconde maniere de payer relief, c'est quand celuy à qui le fief appartient & compete, entre en religion, car lors peux & dois sçauoir que celuy qui apres doit posseder le fief, doit faire & payer au Seigneur tout tel relief que si celuy qui entre en religion, estoit mort.

A tout hommage faut relief ou droicture.

La tierce maniere [k] de payer relief, si est quand le fief chet en gouuernement de bail, car lors conuient que le bail relieue au nom du moindre d'ans, & luy preste le relief, iusques à tant que le moindre d'ans viendra en aage, & lors luy doit rendre le moindre d'ans, quand il sera venu en aage, & non deuant. Et si faute y a au bail que le relief ne fust payé en temps & en lieu, ce seroit au peril du bail, & non d'autre, &c. Toutesfois sont aucuns coustumiers d'opinion que le bail doit relief à cause de son bail, pourtant qu'il luy faut entrer en bail par loy, & qu'il est desseruant le fief, & si fait l'hoir du fief quand il vient en aage, & qu'il fait hommage si relief ne payoit: mais i'ay trouué le plus des sages desquels l'opiniõ estoit du contraire, & qu'il n'y faut qu'vn relief que le bail doit prester à l'entrer du bail: & sçachez qu'à tout hommage il conuient qu'il y ait relief ou droiture, ou autrement la nature du fief ne seroit mie ressortie ne accomplie. Et pource en transaction faisant hommage & relief est tout ioinct ensemble par l'adueu & redeuance qui en est faicte au Seigneur, car sans ce nul ne peut choir en hommage. Mais ce ne conuient-il pas faire à l'entrer au fief & en hommage pour la mort d'aucun. Car lors n'y faut payer que relief, & nõ autre seruice, pource qu'il n'y a point de nouuel hommage. Car ce n'est pas nouuel hommage du prochain hoir du trespassé receuoir, car il ne faict que representer son predecesseur, pour-ce que le seigneur ne doit estre sans hõme de son fief, & fief de sa nature doit aller d'hoir en hoir: ne selõ les sages, il ne deuroit pas estre * trãsigé en estrãge, si n'estoit par les causes qui sont en droit, Comment l'homme peut vendre son tenement & son hoir desheriter, dõt cy dessus est touché en la rubriche de ce faisant mention, qui parle cõment hõme en son lit mortel ne peut faire vente qui tienne. Et pource encore

** Transigé, c'est à dire, transferé.*

qui veut faire nouuel hommage, il en conuient faire redeuance au seigneur.

Item qui ne fait deuoir de relief payer dedãs le iour accoustumé il chet en l'amende accoustumee enuers le Seigneur, & tiendra le Seigneur le fief autant sans homme, qu'on la tenu sans Seigneur, c'est à sçauoir qui tient fief de blanche lance ou blans gans de relief, il est à autant demandé que le liege fief doit, c'est à dire dix liures. Au telle amende doit le fief de demy liege à cent sols. Et sçachez qu'il n'y a fief du plus grãd relief de soixante sols tournois, Et si le fief estoit si petit qu'il ne vaulsist mie soixante sols tournois par an ou autre fief qui ne vaulsist son relief, sçachez que le Seigneur doit auoir la meilleure aduesture du fief si il luy plaist, qui dedans trois ans y viendra.

Le fiefse doit payer au iour nommé, en peine de l'amende.

De fief de Sergentrie.

Item fiefs de Sergentrie selon la coustume de la salle de l'Isle ne sont qu'à trente sols de relief, & à trente sols de seruice.

Des sergenteries fieffees, & sergens fieffez, est faict mention en quelques anciens arrests, de la Pentecoste, 1273.16. Iuillet, 1351 & 3. Iuin, 1391. & en aucunes coustumes.

Coustume de Mortaigne.

Item à la terre de Mortaigne tous fiefs sont à soixante sols parisis de relief, ou de trois annees la meilleure: si comme dict est cy-dessus, &c.

De fief de moindre d'ans & mineurs.

Item I ne chet moindre d'ans en quelque amende pour relief non payer. Mais le Seigneur en peut faire plainte, & on luy doit iuger à prendre son relief sur les leuees dudit fief sans amende : & ainsi fut-il dit & iugé en la salle à l'Isle pour Iean de la Houssiere moindre d'ans, à cause de son fief de Perõne, qui auoit esté releué par plus d'vn an pour le cõtéd qui estoit dudit fief par procez pendant en ladite Cour: & s'il aduenoit qu'apres la mort d'aucun qui tint plusieurs fiefs de plusieurs Seigneurs, & demeurast de luy plusieurs enfans masles comme dict est, l'aisné emporteroit tous les fiefs, s'ils sont tenus de plusieurs Seigneurs. Et si tous estoient tenus d'vn Seigneur, les fiefs iroient à compte d'hoirs masles. Et pour ce si de plusieurs Seigneurs sont tenus, tout chet à l'aisné à releuer de tous lesdits Seigneurs, dont les fiefs sont tenus. Et si tous d'vn Seigneur estoient tenus, chacun des fils releueroit celuy fief qu'auoir deueroit, & ainsi les doit le seigneur receuoir, ne refuser ne les doit, si ainsi n'estoit que ces fiefs tenus de plusieurs seigneurs, le maisné fils vint pour releuer, & l'aisné fils ne vint, lors ne le tiendra pas le sire s'il ne luy plaist, pour-ce que bien sçait qu'aisné fils y a qui par raison le fief doit tenir & auoir: Si le seigneur ne sçait certainemẽt que sans fraude ne sans autre recompensation l'aisné se cessast de venir releuer, & que l'aisné ne s'en deporte pour riens, que pour auancer son frere qui peu auroit cheuancé si ce ne faisoit. Car autrement le Seigneur seroit fraudé en son droict seigneurial de son dixiesme, que perdre ne doit pour quelque compte ne transaction qu'il face contre le gré du seigneur. Ou si ainsi n'estoit que l'aisné fils se deportast de toute la succession qui de son feu pere luy estoit venue, ou de sa mere, si le fief venoit de par le costé de sa mere, ou si entré n'estoit en religion & profés demeuré.

De releuer le fief, pour les mineurs.

Le dixiesme dõt est icy parlé, est vn droict du dixiesme denier deu par quelques coustumes au Seigneur, en cas de vente, don, transport ou alienation du fief: dont mention est faite és coustumes, de Tournay, tiltre dixiesme art. 22 Bethune, tit. 2. art 13, & autres.

Car autremẽt le Seigneur n'a cause de luy en deporter s'il ne luy plaisoit & que gré luy en soit fait, ou autrement il sembleroit que fraude si embatist contre le droit seigneurial. Et ainsi fut-il iugé en la Cour de Cysoing pour Monseigneur Pierre de Vertain contre Monseigneur son aisné frere, lequel frere vouloit releuer le fief appellé la Teste, mais le Seigneur ne le vouloit receuoir, pour-ce que bien sçauoit qu'il y auoit frere aisné qui releuer le deuoit. Et pour-ce disoit le Seigneur qu'il estoit vray semblable que moyen eust entre eux par eschange de terre ou d'argent, pourquoy venoit ainsi releuer le maisné & l'aisné se taisoit, sur-ce s'assist procez en la Cour à Cysoing, & dura par long temps, & tant qu'il fut trouué par le conseil des sages de l'Isle, que le Seigneur n'estoit tenu ledict relief prendre ne receuoir si il ne luy plaisoit, & conuint que le gré du Seigneur fut faict.

Item & ainsi fut-il dict d'vn autre fief en Tournesis tenu d'vn Seigneur de Vuarcoing, entre Iacques de Vuandripont aisné fils demeuré de Messire Vuandripont, & Arnoul son maisné frere, lequel fief siet à Esquermes.

Item encore fut-il ainsi dit d'vn autre fief situé à Cysoing en la maniere comme cy-dessus a esté dit.

ANNOTATIONS SVR LE TILTRE OCTANTE ET QVATRIESME.

a C*E tiltre contient les diuerses manieres de tenures, dõt la premiere est celle de tenir en parage, de laquelle font mention les coustumes de Normandie, Bretagne, Anjou & d'autres prouinces, qui en disposent si amplement, que par icelles est facile d'entendre que c'est que parage, & tenir en parage: Qui est bien entendu tenir en parité & esgallité de fief, que l'vn le tient aussi noblement que l'autre. Et en est aussi faite mention* in Neapolit. Const. lib. 3. tit. de success. filio. Comit. & Bar. *Et mon vieil practicien dit que par droict de parage les maisnez parageux ne doiuent hommage à l'aisné parageur, mais sont paraux en fié, tant que parage dure. Qui en voudra sçauoir d'auantage, il peut lire lesdites coustumes: & mesmement pour le regard des filles qui sont mariees en parage,* & Matth. de Afflict. Neap. dec. 160. *Quant à ce qu'il adiouste que le parage finit au sixiesme degré, vient de ce que le parage se r'apporte à la forme du lignage, qui ne s'estend gueres outre ledit degré,* qui vltra septimum gradum, rerum natura cognatorum vitam consistere non patitur, l. 4. D. de gradib. & affinib. Paul. lib. 4. senten. *Mais si apres le temps du parage expiré & fini, ceux qui ont droict des parageux ont iouy de l'heritage qui auoit esté baillé en parage, trente, quarante ans & plus, sans en auoir esté inquietez & poursuiuis, ils ne seront tenus de recognoistre le parageur, ou celuy qui le represente, ne luy faire la foy & hommage, comme a esté* iugé en la coustume d'Angers, par arrest du 23. Iuillet, 1583. recité par M. Choppin, sur ladite Coustume, lib. 2. tit. 2. qui traicte amplement de ceste matiere.

b Bourgagee s'entend proprement de la redeuance ou rente deuë à aucun Seigneur sur les masures, manoirs & heritages qui sont dans vn bourg, qui sont tenus sans fief, & ne doiuent au Seigneur hommage ny autre charge & seruice que la rente aux termes accoustumez: comme l'interprete la coustume de Normandie, & l'ancien stil du pays. Bourg vaut autant que ville, & à present signifie vne ville non close de murs & de fossez. Que c'est que les anciens appelloient burgos, on le peut apprendre ex Isidoro, Orosio, Paulo Diacono lib. 12. histo. Miscel. & aliis.

c Tenir en cotterie, c'est que nous disons en roture, & les anciens disoient en vilenaige, ou vilonage: & heritages cottiers en plusieurs coustumes sont opposez aux feodaux, & en est souuent faite mention esdites coustumes: Sont heritages roturiers tenus à cens & rente, & suiects à aduest & deuest, c'est à dire à saisine de saisine enuers le Seigneur, pour luy payer lots & ventes, quand le cas y eschet selon les coustumes des lieux. Mon vieil practicien interprete tenir en cotterie, ce que le vilain, c'est à dire le couchant & leuant en la terre d'vn Seigneur tient de luy en vilenaige qu'on dit autrement, en roture.

d Ce qu'il traicte icy du cens, est entendu du chef cens, qui est la premiere charge & redeuance, à laquelle le Seigneur feodal auroit baillé les terres & heritages dependans de son fief: c'est vn droict qui luy est deu en signe & remembrance, comme parlent les anciens practiciens, ou pour recognoissance de Seigneur, car il demeure tousiours le vray & direct Seigneur, & qui tient de luy en censiue, il a bien la proprieté de l'heritage qu'il possede: mais non le droict de Seigneurie: ains la iustice appartient au Seigneur, auec droicts Seigneuriaux, comme lots, ventes, saisines & amendes. Mais s'il aduenoit que celuy qui auoit pris à cens d'vn seigneur, ou autre ayant droict de luy, eust chargé le mesme heritage d'autre cens, & droicts seigneuriaux enuers autre seigneur: toutesfois le premier seigneur auroit seul les droicts seigneuriaux, n'ayãt peu son suiect charger sans son consentemẽt, l'heritage qu'il tiẽt de luy à censiue, d'vn autre cens en qualité seigneuriale, par-ce que seroit luy bailler vn conseigneur: & ainsi le tient Faber ad §. adeò autem Inst. de locat. & ad l. Cùm dubitabatur. C. de iure emphyt. Masuer. tit. de locat. & iure emphyt. & a esté iugé par arrest du vingt-troisiesme iour de Juin, 1584. recite au 7. liure des respons. ch. 118. & sur le tilt. de censiues & dro. seig. de la Coustume de Paris. Ce que l'Autheur adiouste de l'vsage du pais, où il a regardé en escriuant, ne merite de s'y arrester. Mais le Seigneur peut faire bailler par declaration par ses suiects, les terres & heritages qu'ils tiennent de luy en censiue, ou autre charge & redeuance, & mesmes les faire mesurer & borner, pour retirer ou empescher les entreprises, comme i'ay veu iuger par arrest du Vendredy vingt-vniesme iour de May, de releuée, 1563. & traditur in l. 4. D. de censibus.

e J'ay parlé cy dessus du franc aleu, & seulement conuient adiouster ce qui est au liure second du grand Coustomier, titre de rachat des fiefs. Franc aleu est vn heritage, tellement franc, qu'il ne doit point de fonds de terre: ne de celuy n'est aucun seigneur foncier: ne doit vest ne deuest, ne ventes ne saisines, ne autre seruitude à quelque seigneur: mais quant est à iustice, il est bien suiect à la iustice ou iurisdiction d'aucun : & celuy qui pretend son heritage estre tenu en franc aleu le doit verifier par tiltre, par-ce qu'il ne peut par prescription acquerir franc aleu sans tiltre, comme a esté iugé par arrest solemnel du treisiesme iour d'Aoust, mil cinq cents quatre vingts & trois, tellement qu'en doute l'heritage ne doit estre reputé alaudial, ains plutost roturier & tenu en censiue : à la raison des terres & heritages voisins & assis au mesme territoire : si on ne faisoit apparoir par escrit qu'il fust tenu en fief ou franc aleu, comme il est traicté par du Moulin sur le quarantesixiesme article de l'ancienne coustume de Paris : & quand le Roy ou quelque Seigneur hault iusticier faict faire papier terrier, les proprietaires d'heritages alaudiaux doiuent bailler par declaration les heritages qu'ils pretendent leur appartenir à tiltre de franc aleu, & faire apparoir de tiltre. L'Autheur semble confondre le franc aleu noble & le roturier, dont toutesfois est faite distinction par l'art. soixante huictiesme de la coustume de Paris : & par quelques autres coustumes, par lesquelles appert que celuy qui tient en franc aleu, n'a toutesfois iustice basse, ny autre, si ce n'est qu'il tienne en franc aleu, noble, ains est subiect à la iustice d'vn autre Seigneur. Le mot de treuf ou de trief, comme il se lit au liure escrit à la main, & en mon vieil practicien, signifie estrif, c'est à dire debat, contention, ou querelle, dont sont les verbes, triuer & estriuer. De cest article & plusieurs autres qui sont en ce liure, on peut remarquer l'ancienne forme de passer lettres publiques, lesquelles iadis on n'auoit accoustumé de signer, ains seulement les séeler, comme aussi on peut cognoistre par plusieurs anciens tiltres.

f Cest article & l'ensuiuant, concernent les dons faicts aux gens d'Eglise, & les amortissemens : car par l'ancien droict François les Ecclesiastiques comme gens de main morte, ne peuuent tenir heritages & biens immeubles en France, comme appert par les ordonnances de plusieurs Roys de France, & pattentes decernées pour les droicts des francs fiefs & nouueaux acquests : dont entre autres raisons on en rend vne bien considerable, par-ce que s'il estoit libre aux gens d'Eglise, & de main morte d'acquerir & posseder heritages, soient feodaux, roturiers ou autres, le Roy & les autres Seigneurs en receueroient grand' perte, dommage & diminution de leurs droicts, comme a esté obserué par Benedictus in cap. Raynutius in verb. vxorem nomine Adelasiam de testamen. & les Feudistes, in tit. de alienatione feudi. Speculat. tit. de emphyteo. & autres: toutesfois par la bonté des Roys, ils ont obtenu dispense & permission d'acquerir & posseder des heritages en France, ce qu'on dict amortir : & le Roy seul a le pouuoir & authorité d'amortir, comme a esté iugé par plusieurs arrests de la Cour: encores que quelques Seigneurs ayent voulu autresfois s'en attribuer le droict, ainsi qu'ont escrit M. le President le Maistre, & Bacquet au traicté d'amortissement, & par le moyen de l'amortissement obtenu par les gens d'Eglise du Roy, ils peuuent tenir & posseder des heritages en France, & ne peuuent les Seigneurs feodaux ou censiers les contraindre d'en vuider leurs mains, en payant droict d'indemnité : mais si les heritages n'estoient amortis, ils seroient tenus, non seulement de payer au Seigneur les droicts deuz à cause de leur acquisition & indemnité: ains aussi luy bailler homme viuant & mourant, & renouueler quand celuy qu'ils auroient baillé, viendroit à mourir, & payer droict selon les Coustumes des lieux, & mesmes

les seigneurs

les seigneurs pourroient les contraindre de mettre hors de leurs mains lesdicts heritages non amortis. & conuient noter que les Ecclesiastiques qui ont obtenu amortissemens du Roy deuement verifiez, ne sont tenus luy bailler homme viuant & mourant, ny payer aucuns droicts pour ceux mouuans de luy. Mais quant aux seigneurs feodaux ou censiers ils doiuent payer indemnité, & bailler homme viuant & mourant, comme a esté iugé par plusieurs arrests de ladicte Cour, & entre autres du 22. Decembre, 1556. 18. Nouembre, 1557. 14. Auril, 1564. & 22. Decembre, 1581. toutesfois les heritiers du donateur ou testateur qui a donné & aumosné des heritages aux Ecclesiastiques ou autres gens de main morte, sont tenus de faire amortir à leurs despens, & payer l'indemnité au seigneur ainsi qu'il a esté iugé par arrest du Ieudy 2. iour de Iuillet. 1579. & autre auparauant du vingtdeuxiesme iour de Mars mil cinq cents cinquante huict, recitez par ledict Bacquet.

g *Ce qui est traicté icy, se peut rapporter à ce qu'on dict se iouer ou disposer de son fief iusques à demission de foy, dont i'ay amplement traicté cy dessus.*

h *Il declare plusieurs significations du fief de dignité, qui est aussi appellé noble: par ce que les Feudistes font deux especes de fief, à sçauoir l'vn noble ou de dignité & l'autre non noble, n'ayant dignité anexée.* cap. 1. de his qui Feud. dar. poss. cap. 1. de Feud. March. & al. Petrus Iacob. in Practic. tit. de causs. ex quib. amitt. *Mais il semble que les Feudistes ont autrement entendu le fief noble ou de dignité, que ne le prend icy l'autheur lequel le declare estre celuy qui a droicts de franchises & exemption des charges de seruage & autres, ausquelles sont subiects les autres fiefs du pais, comme à la verité il y a des fiefs qui sont suiets enuers les seigneurs, outre la foy & hommage, à quelques subiections dont le fief afranchy, est icy appellé de dignité ou noble.*

i *Releuer du seigneur signifie que le nouueau vassal auquel le fief est aduenu, soit par succession, partage, donation ou autre espece d'acquisition est tenu de le releuer du seigneur duquel il est tenu & mouuant: & à ceste fin le recognoistre pour seigneur, luy faire la foy & hommage, & payer le droict de relief ou rachat, si aucun est deu par la coustume du lieu, dont mon vieil practicien faict deux especes de relief, à sçauoir d'hommage & de droicture, car en plusieurs coustumes se lit releuer & droicturer son fief, ou releuer & payer droicture. Quant aux droicts de relief, ils sont diuersement introduicts par les coustumes, tant pour le regard des successions en ligne directe & collaterale, que pour les acquisitions & autres diuerses formes d'ouuertures & mutations de personnes: tellement que pour le regard desdicts droicts il faut auoir recours aux Coustumes des lieux. Car mesmes en ligne directe par quelques coustumes, est deu droict de relief, & par autres encores qu'il n'y ait droict de relief, si est ce que le vassal est tenu de payer droict de Chambellage, ou quelques autres droicts de recognoissance: comme de gands, lance, esperons, Roussin de seruice ou autres semblables: lesquels encores ceux qui doiuent droict de relief, soit par succession collaterale, acquisition ou autrement, sont tenus payer outre le relief: mesmement en espece si le seigneur le veut & non en deniers pour l'estimation: comme il se lit pour le Roussin de seruice, au liure intitulé Ci commencent lié statu du Royaume de France, chapitre De rendre seruice à son seigneur: Où il* est escrit, Se aucun auoit son homme qu'il li deust roussin de seruice, & len semonsist, rendez moy mon roussin de seruice, car ie le vueil auoir, & si n'en vueil pas penre deniers. Adont il doit amener son roussin dedans les quatorze iours, se il ne len vieut donner plus lonc terme. Et à faute d'y satisfaire par le vassal, le seigneur pourra faire saisir, ou s'il a fait saisir tiendra la saisie, & fera les fruicts siens, ainsi que i'ay veu iuger par arrest donné en l'audience, du neufiesme Juillet mil cinq cens cinquante cinq. Quant à l'amende par faute de releuer par le vassal, i'ay noté cy-dessus que par le droict commun de la France, il n'en est deu aucune: mais que le seigneur peut faire saisir, & faict les fruicts siens, & qu'il peut mesmes iouyr & exploicter par ses mains, encores qu'il eust fait saisir, iugé par arrest en l'audience, du neufiesme Decembre mil cinq cens octante six. Par quelques coustumes les droicts de relief sont arbitrez & limitez, & comme on dict abornez ou abonnez.

k Par l'ancien droict François le gardien ou bail deuoit relief ou rachapt, pour les fiefs des mineurs, desquels il auoit la garde, comme il est escrit au grand Coustumier liure deuxiesme, titre Du rachapt des fiefs, ce qui est encores obserué par quelques Coustumes de Picardie. Mais par celle de Paris, article quarante & sixiesme, & plusieurs autres, tel droict a esté abrogé: dont on peut voir ce que i'en ay escrit sur l'edict quarante & sixiesme article, & sur toute ladite Coustume de Paris, pour la matiere des fiefs & des gardes.

l De la forme de releuer les fiefs i'ay escrit cy-dessus, & sur la Coustume de Paris, & au dixiesme liure des Pandectes: comme aussi plusieurs autres ont traicté des fiefs & matieres feodales, lesquels on peut voir. Mais la raison de ce que l'autheur dict que le seigneur feodal ne receura s'il ne veut les puisnez à foy & hommage, l'aisné estant viuant & comme on dit au monde, qui ne l'auroit fait, est fondee sur ce que le seigneur a interest de cognoistre qui est son vray vassal, & à quel titre il se presente à luy pour estre receu à foy & hommage: pour n'estre fraudé de ses droicts: toutesfois si l'aisné auoit renoncé à l'heredite de son pere ou de sa mere, les autres enfans doiuent estre receus à foy & hommage, sans payer droict de relief, sinon que pour faire ladite renonciation y eust eu argent baillé ou autre chose equipolente, ainsi que i'ay discouru sur le sixiesme article de ladite Coustume de Paris.

DES DROITS DES CHEMINS ET VOIRIES.

TILTRE LXXXV.

ITEM, droicts [a] de chemins & de voirie dont les droicts parlent, & aussi font les coustumiers, & pour ce en veux monstrer ce que veu en ay. Si sçachez que par plusieurs noms se nomment droits de voiries, c'est à sçauoir voie, piesente, sentier carriere, trauers, chemins royaux, cours de riuieres, car tous peuuent estre voiries appellez. Et pour ce sçachez que les voiries, les vnes sont appellez priuees, & les autres communes ou notoires. Les priuees sont celles qui ne sont pas communes à tous, si comme aucun a droict de passer parmy le champ de son voisin, pour aller à sa terre qui n'a autre yssuë, & celle est appellé voye ou piesente, & doit auoir de large deux pieds & demy, & en ceste voye ou piesente peut estre fait planche ou saultoir, & n'y doiuët passer ne aller quelques bestes sans amende *Insti. de seruitut. rusti. præd. §. interest.*

Item sentier si est plus large chemin & y peuuent bestes estre menees & ramenees, & n'y peut-on faire planche ne saultoir, mais y peut estre charié en tous temps & doit estre tenu ouuert. Si doit contenir cinq pieds de large, ou tant que chars y puissent passer, *& instit. eod. tit. §. actus est.*

Item carriere si est chemin si commun que tous y peuuent aller & venir à pied ou à cheual, à char ou à charrette, sans deffence ne contredit, & ne s'y peut ne doit mettre deffence, ponts ne planches, & doit auoir dix pieds de large du moins. *Instit. eod. tit. §. via est.*

Item trauers si est vn chemin qui trauerse d'vn pays en autre, & est commun à tous, pour gens, pour bestes & pour charroy. Et dois sçauoir qu'en France au Roy appartiennent les trauers à garder & maintenir. Si doit ce trauers contenir de large comme le plus des Coustumiers sont d'accord, iusques à vingt ou à vingtdeux pieds.

Item chemin Royal si est le grand chemin qui va d'vn pays en autre, & d'vne bonne ville à autre, si n'y doit estre fouy ne planté, que le grand chemin ne contienne tousiours quarante pieds de large, sur l'amẽde de lx. sols au Roy és termes du Royaume, & en autre pays au Prince, car au seigneur souuerain appartient le gouuernement & cognoissance des grans chemins Royaux & des cas qui y aduiennent, iaçoit ce qu'ils trauersent & qu'ils passent ens & parmi la terre d'vn hault iusticier: & si ne doit-on ahanner terre qui marcisse au grand chemin, que ce ne soit en retournant la terre en sa roye de l'ahennage faisant, au costé de la terre, & non pas sur le chemin à trois royes de ahan pres, afin que la terre ne gaigne sur le chemin, & en demonstrant que c'est chemin Royal, sur l'amende de soixante sols. Mais bien peut le ahenneur sur le chemin tourner sa charuë pour arroyer sa roye sans meffait ne amende aucune.

Item des riuieres qui sont courans, qui sont de telle nature que en la rubriche à ce seruant est declaré, & en y est touché plus à plain, & pource m'en passe en brief que ne face redite.

ANNOTATIONS SVR LE TILTRE OCTANTECINQVIESME.

De là difference des chemins, dont est icy traitté, en est disposé par plusieurs Coustumes, mesmement celle de Clermont en Beauuoisins, tiltre 21. art. 226. 227. 228. 229. & 230. qu'on peut veoir, & autres. Et pour rapporter ce qu'en escrit l'autheur au droict Romain, on peut prendre le piedsente pour iter, qui est vn chemin priué, par lequel l'homme a droict d'aller & passer à pied, & est de deux pieds & demy de largeur: la Coustume de Clermont luy donne quatre pieds de largeur: on n'y doit mener Charette. Le sentier se peut prendre pour actus, par lequel on peut aller à pied & à cheual, & y mener bestes, & charrette, il est de cinq pieds de largeur: La Coustume de Clermont appelle la seconde espece de chemin carriere, & la faict de huict pieds de largeur: mais l'autheur met carriere pour troisiesme espece, qu'il faict de dix pieds de largeur du moins, & dit estre chemin commun pour y aller à pied & à cheual, & y mener Char & Charettes sans contredict, tellement qu'on le peut prendre pour via, l. 1. D. de seruit. prædio. rust. Inst. de seruit. in princip. Il adiouste deux autres especes du trauers & du chemin Royal, des largeurs & qualitez desquels y a diuersité de coustumes, ausquelles on peut auoir recours, quand l'occasion s'offre. Carriere se peut bien raporter à via laquelle auoit sa largueur limitée par la loy des XII. Tables. Habebat enim in porrectũ octo pedes, & in anfractum, id est, vbi flexum est, sedecim, l. 8. D. de seruit. præd. rust. Varro lib. 6. de ling. lat. c'est à dire qu'elle auoit huict pieds en l'estendue de large, & seize pieds où il falloit tourner. Par l'Ordonnance de Henry III. de l'an 1579. aux estats de Blois, art. 356. est ordonné que tous grands chemins seront reduits à leurs anciennes largeurs, & plantez & bonnez d'arbres, pour empescher qu'on n'y entreprenne & vsurpe. Des chemins & voyes on fait deux principales especes, à sçauoir publics & priuez: les publics sont reputez royaux cap. vnd. quæ sunt regal. Et les seigneurs qui pretendent aucuns leur appartenir, sont fondez en concessions & tiltres qu'ils ont des Rois à cause de leurs seigneuries, dõt ils ont adueus & denombremens: tellement qu'on peut appeller grands chemins ou royaux, tous ceux qui cõduisent d'vn pays ou d'vne ville en autre, encores qu'aucuns seigneurs ayent haute iustice sur quelques parties d'iceux aux endroicts & estendues de leurs seigneuries: & par plusieurs coustumes ils doiuent contenir soixante pieds de largeur. Mais on tient que des cas commis sur lesdicts grands chemins, *les Juges royaux ont preuention, encores qu'ils passent & trauersent par les terres des seigneurs. Car le Roy est le grand Voyer du Royaume & conseruateur des chemins publics, pour la seureté & repos public de ses subiects & des estrangers qui viennent en son Royaume, comme i'ay traitté cy-dessus. En Grece & à Rome y auroit eu des magistrats, qui auoient la charge & intendence des chemins publics menans aux villes, tant pour la conseruation & entretenement d'iceux, que pour empescher d'y commettre aucuns crimes & delicts: les Grecs les appelloient* ἀστυνόμους *dont Plato faict mention* lib. 6. de Legib. *Et les Romains* Curatores viarum. l. Ad curatores. l. Qui vias publicas. D. de damn. infect. l. 2. §. sed & si curatores. D. ad municip. Lamprid. in Alexandro. *Les anciens ont esté bien soigneux de borner les chemins, & les munir & remparer de costé & d'autre pour empescher d'entreprendre & diminuer de leurs largeurs. Et y en a des ordonnances & coustumes, qui ordonnent des peines contre des vsurpateurs. Mais on demande qui sont tenus à la reparation des voyes & chemins publics: On tient que les seigneurs qui en prennent le trauers & peage, ou ont droict de haute iustice & seigneurie sur iceux les doiuent entretenir & reparer, & mesmes aucuns ont esté d'opiniõ qu'ils sont tenus des larcins & dommages, qui y auroient esté commis,* Speculat. tit. de iniur. Afflictus in constit. Neap. de defens. imposit. ad official. Petr. Iacob. tit. de bassa iurisdict. Cepolla tract. de seru. rust. pręd. cap. de via. *Mais pour les delicts & crimes commis sur les chemins, ladite opinion n'est receue contre les seigneurs. Et pour le regard de la reparation & entretenement, elle est suiuie,* teste Bartolo ad l. vlt. C. de immun. nem. conced. Bald. in l. Ad instructiones. C. de sacrosanct. Eccles. *Quant aux chemins qui sont du tout en la iurisdiction, trauers & peage du Roy, les habitans ayans heritages voisins sont sujects de les entretenir & reparer, & souuent on y faict contribuer ceux qui s'en seruent, & tirent commodité,* iuxta l. Ædiles. D. de via publ. l. Hi qui muneris. D. de vacat. & excus. mun. d. l. Ad instructiones, quò etiam spectant l. Viæ vicinales. D. de locis & itiner. publ. & l. 2. §. viarum. D. ne quid in loc. publ. *Et est la coustume, en telles matieres d'obtenir lettres du Roy pour faire assiette des deniers qu'il y conuiendra employer.*

DE LA CHEVALERIE QVE LES SEIGNEVRS DEMANDENT QVAND ILS MARIENT LEVR AISNÉ fils, ou qui deuint Cheualier.

TILTRE LXXXVI.

OR sçachez[a] que par le droict seigneurial & de cheualerie les seigneurs ont bien accoustumé à demander sur leurs hommes tenans en fief & sur leurs hommes tenans en cotterie, la cheualerie de leur aisné fils quand il deuient cheualier, & aussi le mariage de leur fille, pour les grandes mises que les seigneurs font n ce faire. Et comme le fils est tenu par nature de secourir au pere, ainsi par droict seigneurial les tenans & subiects d'vn seigneur qui est leur chef & leur pere en seigneurie & en honneur & en deffence, doiuent à luy faire secours en ce cas, mesmement que c'est pour son fils aisné qui attent estre leur seigneur, ou pour la fille qui pourroit estre leur dame. Si est communement l'aide de l'homme fiefué tenant en liegement de x. liures, & du demy liege cent sols, & du tenant en cotterie de double rente. Et ainsi est bien accoustumé en plusieurs lieux. Mais si tu me demandes que de droict en doit estre, sçachez que par rigueur le seigneur ne le peut demander. Mais pource qu'il est accoustumé ainsi à faire, & accoustumance est desheritance selon aucuns. Car il s'ensuit que les hommes ne s'en peuuent passer de faire, & de presenter vne fois vne courtoisie honorable, si comme d'vn gobelet doré, ou autre iouyel selon l'estat & possibilité des tenans & du seigneur: mais qui sagement le veut faire, ce doit estre à chacunes fois nouuelle chose, pour & afin que ce ne tourne trop à coustume: & n'en peut le seigneur faire demande par contrainte, ne par loy, mais que le demander en est par courtoisie.

Le deuoir que l'homme de fief doit à son seigneur quand il marie son aisné fils.

Vn exemple sur ce.

Il aduint que le seigneur de sainct Venant demande à ses hommes & tenans, pour le mariage de sa fille & la cheualerie de son fils aisné, à auoir plein seruice de fief: c'est à sçauoir au plein fief dix liures, au demy fief cent sols, & au tenant en cotterie double rente. Les hommes du seigneur se mirent ensemble, & eux sur ce bien conseillez ils respondirent à leur seigneur, que tenus n'y estoient, mais à l'honneur du seigneur ils luy feroient volontiers courtoisie, & present tel qu'il leur plairoit, non pas que autrement ils y fussent tenus ne liez, ne leurs fiefs ne tenemens. Le seigneur ne le print pas en gré, & dict que droict luy en seroit faict, & les fist conuenir deuant le souuerain seigneur à la salle à l'Isle. Le cas ouy il fut dit par hommes, que oncques n'en auoient iugé, ne veu ne ouy iuger, & que pource n'en feroient nul iugement, ne tenus n'y estoient les tenans par droict de tenement, par maniere de conseil, bien conseilloient ausdits hommes que par courtoisie ils fissent à leur seigneur à la feste de ses enfans aucun present, fust en vaisselle d'argent, en vin, ou autrement, & qu'ils l'auoient veu ainsi faire, mais autre chose n'en voulurent dire, & si plus auant en vouloient estre sages, qu'ils allassent au chef lieu, c'est à sçauoir en la chambre du Roy pour le temps de lors que la ville de l'Isle estoit au Roy, où il estoit accoustumé aller les iugeans en la salle qui sont en doutance d'aucun cas: ne en autre cour ne les veis ie oncques iuger ne auoir par iugement.

Sentence en pareil cas.

Des fiefs qui doiuent auoir herbergement * *sur les lieux.*

** Icy & par tout l'article se lit, herbergage, au liure escrit à la main, dont faut voir l'annotation.*

Ils sont aucuns [b] fiefs & aucuns tenemens qui par leur nature doiuent auoir herbergement sur les lieux qu'ils designent. Et s'il aduenoit que faute ayt en aucun lieu, & que herbergaige n'y ayt, le seigneur peut faire plainte à loy, que tous ceux ou celles qui à tel manoir ou place y doit estre nommé, veulent auoir ne clamer droict, y ayent fait attraict & commencement de herbergaige en continuant l'accomplissement d'iceluy herbergaige, sur l'amende à ce introduicte dedans quarante iours prochains, apres que sur le lieu il sera faict sçauoir par loy : & à plainte de seigneur doit estre ainsi faict & signifié sur le lieu. Et si dedans les quarante iours n'est fait; le seigneur fera seconde plainte de auoir herbergaige dedans quarante iours comme seconde fois on le doit adiuger & signifier. Et si dedans seconde fois & seconds quarante iours ce n'est fait, on le doit adiuger & faire tierce fois que dedans quarante iours herbergement y soit faict. Si non, le seigneur fera quarte plainte d'auoir autant pour chacune de deux premieres fois que faite y a esté à iuger ses amendes, & on luy doit iuger pour chacune des deux fois deux sols d'amende, & pour la tierce fois quarante sols d'amende, & le manoir, lieu ou masure estre mis & tenu en sa main tant que l'heritier y ait fait seureté de l'auoir herbergé dedans l'an, mais le droict est à faire à chacun defaut de quarante iours iuger à fait l'amende, sans attendre à faire iuger les trois amendes ensemble.

De l'heritage que le seigneur peut retraire par faute de seruice, ou de rente non payee.

PAr faute de seruice ou rente non payee, peut le seigneur retraire à son demaine, que les ruraux appellent à sa table & charuë, le tenement qui est tenu de luy. Si sçachez que quand faute a en ce, & le seigneur s'en veut plaindre à sa loy, on luy doit iuger qu'il face sur le lieu pourquoy il se plaint appeller presens les hommes de la loy celuy ou celle de qui il fait sa plainte, par faute de seruice ou de rente. Laquelle chose est dessus exposee. En disant que par faute de tel seruice ou de telle rente non payee, il fait plainte d'auoir son seruice ou sa rente auec l'amende accoustumee de soixante sols ou de telle, &c. Ou si non, de auoir attrait à son demaine ledit heritage surquoy ladite rente ou seruice est deu, &c. Et surce à la plainte du seigneur doit le lieu estre mis en la main dudict seigneur, en disant, que s'il est aucun ou aucune, & par especial tel N. qui contre ce sçache ou vueille dire, vienne à la quinzaine aux iours de plaids contre ledict seigneur, & raison luy sera faite. Si à la quinzaine nul ne se vient, ne ne compare, ledit seigneur doit auoir defaut, & par nouuelle plainte la partie de rechef doit estre adiournee en cour comme dessus, à voir iuger le defaut au profit d'iceluy obtenu pour le seigneur. Et ainsi iusques à quatre quinzaines passees, au cas que l'adiourné ne viendroit: & les quatre quinzaines passees, le seigneur doit auoir sa rente & l'amende de soixance sols, ou telle, &c. Et ainsi faire par la plainte & adiournement par la quatre quarantaines, &

Raisons pour lesquelles le seigneur peut retraire son fief.

toutes à peril d'amende au cas que l'adiourné ne viendroit les quatre quinzaines passées & les quatre quarãtaines, le seigneur attaint sur l'adiourné sa rente & l'amende de lx. sols. Et si encore ne vient l'adiourné faire son appointement de ladicte rente, le seigneur doit recommencer sa plainte comme dessus par quatre quinzaines & quatre quarantaines: mais à ceste fois ne doit faire ne causer nulle plainte d'argent, fors auoir attrait à luy & à son demaine l'heritage, ainsi qu'il sied & est, ou estoit tenu de luy, de faute de seruice ou de rente non payée, & lesdictes quinzaines & quarantaines passées, le seigneur doit auoir adiugé à luy l'heritage estre retraict par deffaut de seruice ou de rente non payée, loy deduicte & demeure sur ce, c'est à sçauoir toutes les quinzaines & les quarantaines par dessus dictes sans auoir nulle interpretation. &c.

ANNOTATIONS SVR LE TILTRE OCTANTE SIXIESME.

DEs trois cas, ou comme aucuns ont escrit, quatre cas, pour lesquels le seigneur peut imposer tailles sur ses suiects, par quelques coustumes, i'ay traité cy-dessus, qu'il n'est besoin le repeter. Mais du cas de Cheualerie, comment obseruer ce qu'on peut remarquer aux anciennes histoires, Romans & autres liures François sans s'arrester à ce qu'on pourroit representer de l'ordre equestre des Romains, que iadis on obseruoit certaines ceremonies à faire des Cheualiers: & n'estoit loisible à chacun de prendre ce tiltre, si l'ordre de cheualerie ne luy auoit esté donné par le Roy ou quelque grand seigneur ou cheualier. Ie n'entends l'Ordre du Roy, qui estoit particulierement baillé, depuis qu'il auroit esté institué, à certains seigneurs, & iusques à certain nombre: ains ie parle de l'ordre general de cheualerie, qui ne se donnoit legerement à tous gentils-hommes, ains outre les Cheualiers y auoit des Bacheliers & escuyers: dont i'ay amplement escrit au premier liure des antiquitez de France. Celuy qui se presentoit à receuoir l'ordre de cheualerie, y deuoit venir en honneste equipage, & mettant vn genouil en terre, celuy qui le faisoit cheualier luy ceignoit l'espée, & donnoit l'accollée, luy faisant iurer quelques articles, qui se lisent en aucuns liures: & quelquefois telle solemnité se faisoit en vne Eglise ou Chappelle, dont Pierre de Blois en l'epistre 49. escrit que les cheualiers prenoyent leurs espées de dessus l'autel. Pour faire honnorablement la solemnité qu'il y conuenoit obseruer, falloit faire de grands fraix, pour fournir ausquels estoit bien raisonnable que le seigneur fust secouru de ses suiects: car comme dit vn vieil Poete que i'ay escrit à la main.

Tout ordené en moult belle maniere,
Il y auoit court ouuerte & planiere,
Et tant de Bers & haute seigneurie,
Pour donner loz à sa cheualerie.

Il y conuenoit faire de grands fraix & despens, mais à present chacun se faict

faict cheualier qui veut, & dame sa femme : & aucuns s'attribuen tel tiltre encores qu'ils ne soyent escuyers ne nobles ; quelquesfois la cheualerie se donnoit à vn iour de bataille, ou apres la victoire, pour recompenser ceux qui auoyent bien faict, dont y a des exemples en Froissart, Monstrelet & autres. Le droict de taille ou ayde que prend le seigneur sur ses suiects pour la cheualerie de son aisné fils, ou pour marier sa fille, est arbitre par quelques coustumes pour estre pris sur les roturiers & tenans terres en cotterie, mais par autres il se prend aussi sur les vassaux, comme l'autheur escrit icy faisant distinction entre le fief lige & demy lige : c'est à dire qui doit plein relief, ou demy relief, en cas d'ouuerture : autres interpretent fief & arrierefief. Il y a des coustumes qui font distinction entre le fief tenu en perrie du seigneur, & celuy qui n'est tenu qu'en plein hommage. Le Roy a ce mesme droit sur ses subiects d'aucunes villes, pays & fiefs, comme a esté iugé contre ceux de Berry, par arrest de Chandeleur, 1270. & contre ceux d'Orleans & Gastinois à la Pentecoste 1285. Et l'a practiqué le Roy François I. par ses patentes donnees à Ennet le 23. iour de Septembre, 1540. pour la cheualerie de son fils, & mariage de sa fille, dont on peut voir Cuiac. ad tit. 5. & 6. lib. 2. Feud. Chop. lib. 3. de Doman. cap. 4. & lib. 2. ad conf. And. part. 2. cap. 2. tit 3. & autres qui en ont amplement escrit. Mais l'opinion de l'autheur me semble tres-probable, que du commencement l'ayde qui se faisoit au seigneur pour la cheualerie de son fils ou mariage de sa fille, par ses vassaux & suiects, n'estoit que de courtoisie & honnesteté n'y estans suiects par la disposition de droict commun : mais que par coustume & vsance telle courtoisie seroit tournee en suiession : dont toutesfois le seigneur ne pourroit auoir contrainte, s'il n'auoit tiltre, ou que la coustume du pays y fust expresse, dont faut voir Guid. Pap. quæst. 57. & les autheurs qu'il allegue. Autresfois a esté disputé si la Dame pouuoit comme le seigneur leuer ayde sur ses suiects pour marier sa fille, & par arrest donné en la coustume d'Auuergne, du mois de Iuin, 1532. a esté iugé pour la Dame, contre les habitans de Mons, car puis que son mary peut constant leur mariage imposer telle taille & ayde sur les suiects de la terre & seigneurie de sa femme, il s'ensuit qu'elle a aussi le pouuoir de ce faire, comme monstrent Masuerius §. 8. tit de tallijs, & Iacobus de sancto Georgio. tit. de Feud. ainsi que i'ay recité liure dixiesme des Responses, chapitre vingt & septiesme.

b Herbergage, herbergie, ou herbergement, ou herbergerie & herbregement est vn droict qu'a le seigneur, par lequel le vassal ou autre suiect selon la nature de son tenement doit auoir & tenir manoir & bastiment, & le seigneur l'y peut contraindre. En la coustume de Bretagne, art. 315. 606. & 621. herbreger, herbregerie & herbregement se prennent pour loger & logement, logis & maison : & y a des anciens autheurs qui en vsent en ceste signification, & vulgairement on dit heberger. La forme des contraintes que propose l'autheur, se doit rapporter à l'vsance qui estoit lors, laquelle à present ne se practique.

c Ce qu'il traicte du seigneur qui peut remettre à sa table & domaine les heritages tenus de luy, par faute de rente non payee, est pris des anciennes cou-

ſtumes de Picardie, & du pays Bas, dont eſt encores faicte mention en aucunes d'icelles, comme en celle de Monſtreul, art. 9. Artois, tit. 1. art. 16. S. Omer, tit. 2. art. 4. & autres : & les formes d'y proceder ſont amplement declarées par icelles, qu'on peut voir & conferer auec ce que l'autheur en eſcrit. Il faut entendre rente fonciere & ſeigneuriale, comme le declare la couſtume d'Artois. Par la couſtume du Duché de Bourgongne & quelques autres, à faute de cens ou champart tenant lieu de chef cens, non payé par quelques annees. Le ſeigneur cenſier peut remettre à ſa table les heritages qui en ſont tenus, & appliquer les fruicts à ſon proffit : & ſi dans dix ans celuy qui les tenoit auparauant, ne les demande au ſeigneur, & luy paye les arrerages pour leſquels il les auoit repris, ils demeureront au ſeigneur, iuxta l. Locorum. C. de omni agro deſerto. *Mais ſi la couſtume ne portoit telle clauſe que les heritages deuſſent demeurer apres les dix ans au ſeigneur, ie ſerois d'aduis que l'ancien proprietaire y pourroit reuenir apres les dix ans, & iuſque à trente ans, ou ſes heritiers, ainſi que i'ay veu iuger pour quelques habitans de Fleury en Champaigne pour leſquels ieſtois, par arreſt du ſixieſme Mars, 1557. que i'ay recité ailleurs, & ay entendu que le ſemblable a eſté depuis iugé par autres arreſts, meſmes entre ceux auſquels le ſeigneur en auoit faict bail à nouueau cens.*

DV PRIX DE BLE, AVOINE, CHAPPONS, GELINES, ET AVTRES CHOSES.

TILTRE. LXXXVII.

CY s'enſuit comment[a] grains, chappons, gelines, hoſtes & tenans doiuent eſtre & ſont priſées en priſée d'heritage, & autres choſes qui en priſerie peuuent venir ſelon les anciens vſages. Premierement eſt priſée la raſiere de fourment à cinq ſols ſix deniers. La raſiere d'auoine à deux ſols neuf deniers. Le chappon de rente à 9. deniers. Item ſont priſées deux gelines pour vn chappon. Item les chappons de herbergaige ſont priſez les deux pour vn chappon de rente : & doit auoir le chappon de rente couteaulx ſuffiſans, & ſi n'eſtoyent ſuffiſans, on rabat de chacun couſteau deux deniers tournois ſi c'eſt des ſouuerains couteaulx, & ſi c'eſt des petits, lors en rabat on pour le couteau vn denier tournois. Et ſi le chappon auoit eſté moins ſuffiſant chapponné on en rabat trois deniers tournois

Item eſt priſé vn homme liege à xx. ſols tournois de rente par an, & le demy liege à x. ſols.

Item eſt priſé vn hoſte à deux ſols, & vn tenant à douze deniers. Et doit l'hommage liege herbergement de dix liures, & le demy liege cent ſols, & les petits ou grands à l'aduenant. Item s'il aduient priſée de terre où il y ayt chasteau ou forteresse, sçachez que le chasteau, selon la coustume de Vermandois & mainte autre coustume, doit estre prisée autant de fois dix liures que la terre appartenant audit chasteau peut valoir de fois cent liures par an, si comme vne terre qui vaille six cens liures par an, à laquelle il ayt chasteau appartenant, qui doiue estre baillé en prisée, sçachez que le chasteau sera mis à prix de lx. liures par an. Ainsi a il esté mis à prisée entre plusieurs seigneurs par priseurs des sages à ce commis.

Item est prisé vn hallot à coupier vn denier par an. Et s'il aduenoit que en aucune terre eust seigneurie & iustice appartenant, sçachez que la prisée doit estre telle que à cent liures de terre dix liures auant, c'est à sçauoir que pour cent liures és terres ainsi tenuës en iustice & seigneurie, comme dict est, on y doit mettre la prisée de dix liures auant que doiue estre prisée la seigneurie & iustice, comme il est dict pour forteresse s'elle y est.

ANNOTATIONS SVR LE TILTRE OCTANTE SEPTIESME.

a *La prisée que propose icy l'Autheur des grains, chappons, & autres choses qui sont deuës en assiette d'heritage, c'est à dire censiues ou rentes foncieres qui sont deuës en espece, en fonds & assiette d'heritage, n'a plus de lieu à present à cause de la mutation de la valeur de telles choses & especes. Il y a aussi des coustumes qui en font autre estimation, comme celle d'Anjou & autres. Mais pour euiter à la varieté des prix & valeurs qui changent souuent, on pourra suiure la regle qui est en la coustume de Bretagne, tiltre des prisages, qu'Argentré declare : & que i'ay veu obseruer en quelques appreciations faictes par arrests du Parlement de Paris : à sçauoir si les rentes sont assises sur heritages roturiers, de dix annees accumulees & comptees ensemble on en faict vne commune, & à raison d'icelle on faict l'estimation : & pour le regard des heritages feodaux, l'estimation s'en fait du domaine d'iceux à raison d'vne annee faicte de vingt, aussi accumulees & rapportees ensemble : & quant aux droicts feodaux, elle s'en faict à raison que vault vne annee commune de trente ans rapportez & comptez ensemble : comme on peut colliger de l'arrest donné entre dame Anne Daillon veufue du sieur de Rufec, tutrice de ses enfans, & Françoise de Voluyre doüairiere de S. Olere, du 21. Iuin 1586. recité par Choppin* lib. 2. ad Consuet. And. tit. 3. *& ainsi ie l'ay tousiours veu practiquer : & à la mesme raison priser heritages en assiette. Quant au prisage des bastimens, il se faict diuersement, & y en a article en ladite coustume de Bretagne, qui toutesfois ne s'obserue du tout, comme i'ay traicté au 4. liure des Pandectes en vn tiltre ou chapitre special.*

DES BANS ET DEFFENCES D'AOVST. TILTRE LXXXVIII.

*Bans, au liure escrit à la main, comme aussi il faut lire.

DEs* bans *& deffences d'Aoust te veux monstrer ce que les cours layes en font ordinairement. Ils doiuent estre faicts en iours de plaids par plainte de Baillif & par iugement d'hommes. Et apres doiuent estre publiez par hômes ou par sergens en toutes les Eglises du Bailliage, esquelles villes on veut prendre amendes. Et la forme de faire les bans si est telle. Nous faisons les bans d'Aoust par tel seigneur N. & deffendons qu'il ne soit nul ne nulle qui durant le mois d'Aoust charie deuant soleil ou apres, si ainsi n'estoit qu'il fut tout chargé & meu de son champ, deuant soleil couchant, sur l'amende de soixante sols. Item que nul ne nulle ne voise garber ne emporter aucunes garbes pour autruy vuaras ou vuarison sur ladicte amende, si n'estoit par les gens de celuy à qui la vuarison est. Et si le mesfaict estoit trouué de nuict ; il seroit repute à larcin.

La maniere de faire les bans & deffences au mois d'Aoust.

*Ne soustoie boulier ne bouliere, au liure escrit à la main, & soustoie signifie recelle ou retire : boulier & bouliere sont homme desbauché & putain.

Item que nul ne nulle ne voise fourager en iardin d'autre depuis le temps du rencloage, sur l'amende de dix sols.

Item que nul ne nulle ne soustienne mauuais hostel, ne ne soustoie hourieur ne houriere, ieu de dez, de dommart, ne de brelenc, sur l'amen de de lx sols.

Item que nul ne nulle ne souffre mettre bestes en esteules d'autry blé iusques au tiers iour que la vuarison sera emmenée, sur l'amende de soixante sols. Et est le tiers iour entendu, si comme le blé estoit porté hors le lundy, les bestes y peuuent aller le merquedy *apres. Laquelle ordonnance fut faicte par monseigneur sainct Louys Roy de France, afin que les pauures membres de Dieu y peussent auoir glanison.

*Mercredy.

Ordonnance faicte par S. Louys.

Item que nul ne nulle ne tende aux oyseaux de riuiere deuant le iour de Toussaincts, sur l'amende de lx. sols.

De ne tendre aux perdrix.

Item que nul ne nulle ne tende aux perdrix sur l'amende de soixante sols, & en aucuns lieux sur l'amende de dix liures, & le harnas perdre.

Item que nul ne porte armures deffendues par l'vsage du pays, si comme arcs à main, sayettes, picques, haches, dagues, bastons ferrez à picquot, plus de picquot que de trois paux de long, fourche ferrée, si ce n'est pour garber, sur l'amende de lx. sols, & l'arc sur l'amende de dix liures, & ainsi de l'arc* à arbaleste puis que porté seroit par inuasion, & harnas perdre.

*à arbaleste au liure escrit à la main.

Item qu'il ne soit nul ne nulle qui laisse aller ne mettre bestes en autruy dommage sur les amendes qui cy apres s'ensuyuent. C'est à sçauoir pour vn poultrain * deux sols, pour vne vache trois sols, pour vne brebis deux deniers, & ainsi de chacune tant que foucq * porte : & si c'estoit de nuict à perdre les bestes pour le foucq dauvues six deniers, & les dommages qui par lesdictes bestes seroyent faicts, rendre & audict à la veuë des hommes qui à ce sont commis. Et si c'estoyent bestes qui fussent en garde de pasteur, adonc ne deueroit le foucq que vne seule amende, & le dommage rendre.

*Poultrain signifie poullain.

*Foucq, signifie delict, dômage & ce qu'on dit interest, dont vient le verbe foucquer, & effoucquer.

Item les amendes des bestes dessusdictes sont en Tournesis de soixante sols tournois.

Item que tous cours d'eauë soient destoupez & remis à leur droict cours, depuis la my-Mars en auāt dedans quarante iours, sur l'amende de soixante sols.

Item que tous chemins soient amendez, frettes releuées, planches rassises dedans quarante iours apres la my-Mars sur l'amende de lx. sols.

Item que les hayes & courtieux soient reclos & restoupez dedans vij. iours apres la my-Mars sur l'amende de lx. sols.

Item que nul ne fosselle sur chemin Royal ne publique ne sur regect, sur l'amende de lx. sols.

Item que nul ne pesche au harnas que on appelle riez, puis la Pasque iusques à la sainct Remy, ne de rois à cullas, que aucuns appellent trainel qui en tous temps est defendu, ne ne pesche de nuict au poussoir depuis la Pasque iusques à la sainct Remy, sur l'amende de lx. sols, & le harnas perdre. *De ne pescher és riuieres en certain temps de l'an.*

Item que nul ne pesche depuis la sainct Iean Baptiste iusques à la Pasque à harnas que on appelle muche, qui est pescherie de roches, sur l'amende de lx. sols, & le harnas perdre. Et ne doit estre tendu en temps de fourage* à cent pieds prés du foursin, sur l'amende dicte.

**Quād les poissons fourcent.*

Item est defendu en tous temps à pescher aux anguilles. *De ne pescher aux Anguilles.*

Item ne doit auoir chacun pescheur que deux baquets, & chacun baquet que six nasses de bars, mais de petites en petites en peuuent auoir plus, & ne doit mener chacun baquet que huict bouchelles aux anguilles, & cinquante vervuins, sur l'amende de soixante sols, & les harnas & baquets perdre.

Item ne doit nul pescher que de harnas à la maille le roy, c'est à sçauoir que la petite ne puisse passer qu'vn denier tournois, & la plus grande vn gros tournois, sur l'amende de lx. sols, & le harnas perdre.

Item que nul ne pesche en riuiere royale ou publique de traisnel, si n'est depuis la sainct Remy iusques à la Chandeleur, sur l'amende de soixante sols, & le harnas perdre.

De ne pescher en autruy viuier & ne couper en autruy bois

Item que nul ne pesche en autruy viuier, estang, ou seruoir ne fosse, sur l'amende de soixante sols, & le harnas perdre, & de nuict à estre reputé à larcin: & que nul ne coupe en autruy bois, sur l'amende costumiere au lieu: Et si c'estoit rets si gros que de l'estage d'vn homme ou on puisse forer d'vne tarelle, sur l'amende de lx. sols & le dommage rendre. Et si c'estoit bois couppé de l'estage d'vn hōme, & si gros qu'on le puisse forer par le menu bout d'vne tarelle sur l'amende dicte, & si c'estoit bois en taille en rolle qu'on print & emportast, ce seroit tenu & reputé pour larcin. Et si aucun portoit bois couppé par la terre du seigneur: & il soit arresté sur ce, il conuient qu'il sçache mener ou couppé l'a, & qu'il reuienne à poinct à taille où il menra hors des bois du seigneur, ou si ce non, il sera à l'amende pardeuers son seigneur telle comme si en son bois l'auoit couppé.

ANNOTATIONS SVR LE TILTRE OCTANTEHVICTIESME.

a EN ce tiltre faut lire Bans, comme au liure escrit à la main, & le mot Ban signifie proclamation, publication, cry & ordonnance ou Edict publié, dont mention est faicte en plusieurs Coustumes, où il se prend en telle signification. Et le droict de Ban pour les moissons, vendanges, pesches & autres choses semblables, est plustost de iustice, que de fief: tellement qu'vn vassal qui n'a iustice, ne peut faire tel Ban, & luy peut prohiber & empescher de ce faire le seigneur iusticier, comme a esté iugé par arrests de la Cour, & entre autres vn que i'ay ouy donner le Mardy 19. Ianuier, de releuee, 1557. Mais on demande à quel iusticier appartient de faire tel Ban de moissons & vendanges, ou au haut iusticier seul, ou au moyen, ou au bas iusticier: s'il en est disposé par la Coustume du pays, il la conuient suiure: Et si n'y a Coustume on tient que c'est au haut iusticier de le faire, comme estant faict de police: toutesfois en quelques lieux où n'y a que moyens ou bas iusticiers, leurs officiers le font faire. Non seulement en France, ains aussi en Italie & autres lieux s'obserue la Coustume de faire Ban de moissons & vandanges, dont Cepola Veronensis lib. de seruit. rust. præd. cap. 20. rend raison. In quibusdam locis, inquit, sunt statuta, ne quis possit vindemiare, vel messem facere etiam in suo, nisi certo tempore: hoc ideò à dominis locorum constitutum, ne fruges decerpere immaturas, & tempore non suo cogerentur. Le Iurisconsulte in l. Præsides. D. de Ferijs. Præsides, inquit, prouinciarum ex consuetudine cuiusque loci, solent messis vindemiarumque causa tempus statuere. Toutesfois on n'obserue plus gueres en France le Ban de moissons: par ce qu'il est libre à chacun de dépouiller ses grains si tost qu'ils sont meurs, sans prefinition de iour. Mais pour le regard des vendanges, le Ban des seigneurs se faict ordinairement sur peine d'amende, & est bien necessaire pour empescher de cueillir les raisins deuant leur maturité, dont Faber faict mention in §. præiudiciales. Inst. de action. Et estoit à Rome anciennement ceste loy pour vendanger. Vnam squalidam ne legito, Hanc ne legito rorulentam. Plinius lib. 18. cap. 31. Du dommage que font les bestes, en est disposé par plusieurs Coustumes: & en traicte Hermenopulus in Georgicis legibus tit. de damno. Quant aux glaneurs l'ordonnance de sainct Loys, que recite aussi mon vieil practicien escrit à la main, a esté introduicte à l'exemple de la loy de Moyse, Leuit. cap. 19. & 23. Deuter. 24. qui vouloit qu'on laissast pauperibus & peregrinis dequoy glaner apres les moissons & vendanges faictes: & y en a des Coustumes qui en disposent. Pour le regard des pesches, oysellemens, & autres choses concernans le faict des eauës & forests, y en a des ordonnanses qu'on peut voir, & en sera puis apres plus amplement traicté.

D'ATTRAIRE A SOY LA IVSTICE DE SON SEIGNEVR SOVS VMBRE &c. TILT. LXXXIX.

ATTRAIRE à a soy la iustice de son seigneur sous vmbre d'aucune iustice ou seigneurie quand on l'a dessous son seigneur, & le seigneur s'en deult & en faict plainte, procedé y soit par ceste maniere. Si le suiect est trouué en saisine de la chose, demeurer y doit pendant la querelle, jaçoit ce que à la plainte du seigneur la main de iustice soit assise à la chose contentieuse. Mais si tost que le suject compare en Cour, & il requiert que la main soit leuée de son heritage, & que il est prest d'attendre droict & loy: ses bonnes raisons ouïes sçachez que la main de iustice doit estre leuee, & doit estre dit au suject, au cas que de ce se vanteroit en iugement, qu'il a chartres ou autres choses faisans mention de son droict, que il les apporte en Cour, & sur ce droict luy sera fait, & il a tesmoings d'hommes en la Cour pers à luy, il les nomme & face ouyr, & droict luy sera faict: si non, & il a tesmoins voisins particuliers, que il les nomme, & le seigneur luy doit faire Cour & iours ordinaires, & luy doit prester hommes de Cour aux despens du suject, & mener au lieu & faire enqueste de la iustice telle que le suject calenge à auoir, & si il le preuue, le seigneur le doit laisser paisible & accorder letres de sa iustice telle que prouuée l'a: & s'il en dechet, il l'amende de soixante liures au seigneur, & selon l'opinion de plusieurs il pert le tenement.

ANNOTATIONS SVR LE TILTRE OCTANTE NEVFIESME.

a *LE seigneur qui veut debattre & empescher la iustice de son vassal, a trois principaux moiens de ce faire, à sçauoir par prohibition qu'il luy peut faire par son Bailly de l'exercer: ou de le faire appeller pardeuant son Bailly ou le Iuge superieur, afin que defenses luy soient faites d'entreprendre & exercer telle iustice: ou si le vassal la baille par adueu & denombrement, la debatre. Mais si le vassal est en possession, pendant le procez il en iouira, comme des autres droicts dont il iouit à cause de son fief: & par la definitiue du procez sera cogneu s'il a iustice ou non. Par ce que le fief n'atribuë iustice, & comme dit* Masuerius §. Item non sequitur. tit. de Feudis. *Il ne s'ensuit si aucun a fief, qu'il ait iustice*, cap. vn. qualit. Vasal iura. debe. *Mais si le vassal est debouté de la iustice par luy pretenduë, il rendra les fruicts & émolumens par luy perceuz durant le procez, à son seigneur feodal, cõme il feroit des autres droits qu'il auroit mis en son adueu & denõbrement que le seigneur auroit debatu,* Masuer. d. tit. de Feudis §. Item quandiu. *Quant à l'amende de soixante liures parisis, & perte du fief & tenement, telles peines n'ont lieu en France. Entre le seigneur haut iusticier, & le seigneur feodal, qui n'a iustice, y a des differences desquelles i'ay traitté ailleurs, qu'il n'est besoin icy reciter, par ce que le lieu ne le requiert.*

DES SVRAAGEZ ET LANGOVREVX.

TILTRE XC.

DEs suraagez [a] & langoureux peus & dois sçauoir que selon le droict escrit par l'Empereur Constantin qui dist. Nous establissons par nostre ordonnance, que les suraagez, langoureux, & impotens ne soient contraints par nul de nos sujects de venir pardeuant nous ou nos iuges, ne yssir hors de leurs chastellenies, bailliages, ou preuostez, & voulons que ceste reigle leur soit tenuë, c'est à sçauoir qu'en leurs causes ils ne soient tenus de comparoir fors par procureur, supposé qu'ils fussent adiournez en personne. Et si c'estoit en demandant, qu'encore ils soient receus par procureur ou par curateur, car de curateur appartient il qu'ils soient garnis selon le stile de court laye. Et si c'estoit en demandant, de lettre de grace du Roy selon le stille du royaumme de France, & les doit auoir le Prince en garde si trauaillez estoient par puissances, ou par rigoureux iuge ou importun. Et si illec traioient à refuge, & faisoient complainte, sçachez que là faudroit demeurer la cognoissance de la cause, car de tel cas au souuerain en appartient la cognoissance.

Comment les expatriez sont en trois manieres restablis du leur.

SCachez [b] que selon aucũs coustumiers en trois manieres sont les expatriez restablis du leur. La premiere maniere si est, les expatriez sont si longuement hors du pays par longue demeure qu'aucun vueille acquerir contr'eux possession par prescription ou vsucapion. La seconde maniere si est des droicts vsages & coustumes & franchises dont ils vsoient auant qu'ils partissent ou ils ayent perduë la possession parce qu'en leur nom ne pour eux aucun n'en ait vsé durant leur expatriation. La tierce maniere si est que durant leur expatriation ils peuuent acquerir droict de possession aussi bien que s'ils estoient presens. Si dois sçauoir que selon le droict escrit ils ne sont que trois manieres d'expatriation qui soient à garder. La premiere maniere si est, si l'expatrié est hors enuoyé pour le bien public de son païs, ou de la ville où il demeure, & ce par le gré de son seigneur. La seconde maniere est, si l'expatrié est enuoyé par le commandement de son Prince, ou pour le fait de son Prince. La tierce maniere si est, si l'expatrié est hors en l'vn des deux pelerinages de la court de Rome approuuez, si comme le sainct voyage de Hierusalē, ou aux pardons de Rome, au temps qu'ils durent, ou au voya-

Ils sont trois manieres d'expatriation.

ge de

ge de sainct Iacques en Galice par vœu faict & promis. Car par telle expatriation peut estre engendré repetition pour les expatriez, par especial pour les expatriez au commandement du Prince. *C.lib. 2. Rubrica de restitutione militum. l. Ignorare non debes.* Outre dist la loy que si l'expatrié a esté dommagé pour son expatriation, sçachez que luy reuenu dedans vn an apres, il est à receuoir à restitution demander. *l. Quod tempore militiæ. & l. Sancimus. C. eod. titu.* Et dict encore la loy escrite, que si durant l'expatriation les choses de l'expatrié estoient venduës, iaçoit que ce soit par loy que venduës soient, l'expatrié si les r'aura parmy payant la dette. pourquoy elles ont esté venduës sans autres frais ne despens. *C.lib. 2. Ru. dicta. l. Si cum militaribus.* Encores dict la loy escrite, que si l'expatrié meurt hors du païs, son hoir au nom de luy a telle action de restitution qu'eust peu auoir ledict expatrié si retourné fust en son pais. *C. ex quib. cau. maiores in integ. l. vlt.*

Vn exemple sur ce.

Vn prud'homme auoit vn vsage dedans vn pré, si s'en alla à sa marchandise, où il demeura par l'espace de [c] trois ans, tandis nul n'vsa de tel vsage en son nom. Le prud'homme quand reuenu fut, demanda & voulut vser de son vsage, comme il faisoit à son parti : debatu y fut par le derrain possessant, disant soy estre en possession de franchement tenir, posseser & auoir le pré, sans ce que nul eust droict d'aller ne venir parmy, ne faire voye ne sentier, ne que le pré fust tenu de nul seruage. Le prud'homme qui reuenu estoit, disoit du contraire, & qu'il estoit par luy & par ses predecesseurs en bonne saisine d'aller à son champ, sans ce qu'on luy peust ne deust faire planche, ne saultoir, ne la voye oster, ne destourber, & que si discontinué auoit, si auoit ce esté à cause de son expatriation, & que si tost que reuenu estoit, il auoit voulu vser de son droict, ne depuis n'auoit attendu an, iour, ne temps, pourquoy il deust estre debouté de sa saisine & possession. Le debatant disant que si hors du païs auoit esté, ce n'auoit pas esté par commandement de son souuerain, ne pour la chose publique, ne en guerre de son seigneur, ne des mescreans, ne tenu n'auoit esté prisonnier, ne faict n'auoit expatriation, fors à sa propre volonté & à sa plaisance, à laquelle expatriation en ce cas il n'estoit à releuer, pourquoy, &c. Tout veu, il fust dict que l'expatriation n'estoit pas suffisante, & puis que de sa saisine n'auoit vsé, ne autre pour luy, à luy portoit dessaisine, & à l'autre portoit saisine.

Autre exemple en cas pareil.

Vn [d] prud'homme fut commandé par son seigneur d'aller hors du païs pour le faict du bien publique en long voyage : or estoit aduenu vn petit deuant qu'vne terre fut venduë, qu'vn parent demanda par retraict de proximité, & tout le temps durant que l'expatrié fut hors, celuy iouit de sa proximité. Si aduint que quand l'expatrié fut reuenu qui demeuré auoit trois ans, & plus, voulut contredire à la proximité par la raison de son expatriation, & voulut auoir audience en Cour pour celle proximité. Defendu y fut en disant que supposé qu'il fut expatrié par commandement conuenable, & qu'és choses droicturieres où il auroit esté cause, deust deuoir restablissement, si ne le deuoit il r'auoir en ceste matiere, car supposé qu'il eust esté presẽt au païs, si n'eust il pas eu la proximité, pourquoy ce ne luy vault, si hors a esté l'espace dessusdicte. Le preud'homme repliqua disant du contraire, & que venir deuoit en temps en l'estat qu'il peust auoir faict quand il se partit & expatria. Tout veu, il fut dict que la proximité tiendroit lieu, car là les expatriez sont releuez pour cause de l'expatriation conuenable, si ce n'est fors entant que deceuz ou preiudiciez seroient, mais non pour autruy faire tort, grief ne dommage, non plus que font les pupilles.

Quels sont tenus pour expatriez.

Item veut le droict que tenu soit pour expatrié, celuy qui est prisonnier, soit par prison fermée, ou soit par commandement de prison tenir sur corps & sur auoir. *l. Si idcirco. C. ex quib. cau. maior.*

D'estre prins par les ennemis.

Item doit estre tenu pour expatrié celuy qui est tenu ou prins par les ennemis, & detenu prisonnier: car si fugitif estoit de la bataille de son seigneur, à luy n'appartient nul restablissement. *C. eod. tit. l. vlt.*

D'estre outre la mer.

Item doit estre tenu pour expatrié celuy qui est outre la mer sur les mescreans, iacoit ce que de sa volonté y soit allé, mais que fugitif ne se soit rendu de la bataille. *l. Quo tempore militiæ. C. de restit. milit.*

D'estre banny de la terre.

Item doit encore estre tenu pour expatrié celuy qui est banny de la terre, mais que ce soit pour cas criminel, dont il eust perdu vie s'il eust esté tenu, s'ainsi n'estoit que le Roy* luy rendist son Royaume, & le remist en sa grace & renommée bonne que parauant auoit, & en ses biens, &c. Mais encore en ce cas dient les sages que la preuue qui seroit trouuée contre luy, ne seroit il pas restably, &c.

**C'est à dire que le Roy l'eust restitué & r'apellé en son Royaume.*

D'estre en Hierusalem.

Item doit estre tenu pour expatrié celuy qui est au sainct voyage de Hierusalem, ou de Rome, ou de sainct Iacques, si ainsi aduenoit qu'il demeurast plus d'vn an.

D'vn expatrié estre banny luy estant hors.

Item s'il aduenoit qu'vn expatrié durant le temps de son expatriation fust banny de sa terre: si luy reuenu se vouloit approcher du seigneur & mettre à loy à fin de purge, il doit estre receu aussi bien qu'il eust esté les appeaux durans, & au commencement du bannissement, & doit estre receu à loy.

De hac materia absentiarum est bona glo. in. l. vlt. sub verbo appellare. & ibi Doct. ff de in integ. rest.

ANNOTATIONS SVR LE TILTRE NONANTIESME.

a CESTE constitution est in l. Vn. C. quando Imperator inter pupillos. *Mais la loy generale en France, que nul ne peut estre euocqué de son Iuge ordinaire à la suite de la Cour. Le Iuge ordinaire est appellé competant, & celuy auquel de droict ordinaire la cognoissance de la cause n'appartient, incompetant*, l. 1. C. de Iurisd. omn. iud. *& faict bien à ce propos* Nouel. Martiani. Nem. exh. de pro. ad com. *Et quant à ce que l'Autheur adiouste* ex. d. vn. *que les pupilles, vefues & personnes miserables peuuent faire euocquer au conseil priué ou suite de la Cour, y en a vn exemple*, apud Cassiodorum lib. 4. var. *Mais cela ne s'obserue en France, parce que telles personnes ont la voye d'appel aux Cours Souueraines, ou Iuges superieurs.*

b *Mon vieil praticien escrit à la main, dict despaisiez, qu'on appelle absens, & distingue s'ils sont despaisiez, ou par leur volonté, & pour leurs propres besongnes, ce qui ne leur profite pour estre restituez & restablis à cause de leur absence; ou pour les affaires publiques ou maugré eux, ce qui leur sert pour estre restablis & restituez. Nous auons l'Edict du Preteur qui contient les causes pour lesquelles les absens peuuent estre restituez*, l. 1. D. ex quib. causis Maiores. *& les interpretations des Iurisconsultes sur ledict Edict. Et en vn mot Vlpian dict que si l'absent* ex probabili causa abfuerit, deliberare debet Prætor, an ei subueniri debeat, l. Nec non. D. eod. *Les causes probables sont l'absence pour la Republicque, & par commandement de son Prince, hors le Royaume, l'expedition & occupation militaire, la captiuité & detention entre les mains des ennemis, l'emprisonnement faict sans fraude*, l. Item hi. & seq. l. Abesse Reipublicæ & seq. l. 9. 14. & seq. & l. 23. D. eod. l. 1. & toto tit. C. eod. l. 1. & tot. tit. C. de restit. milit. *Ausquelles loix on peut auoir recours, & à ceux qui en ont faict des traictez, pour plus ample intelligence. Quant à ce qu'il escrit des pelerinages, ie n'estime qu'il puisse auoir à present lieu en France parce que sont absences volontaires: & par la disposition de droict si celuy mesme* qui Reipublicæ causa videbatur abesse, aliò deflexerit rei suæ causa, tempus illi non proficit, l. Si cui, 38. §. vlt. neque is verè dicitur Reipublicæ causa abesse, qui sui priuati negotij causa in legatione est, l. 42. D. eod. *Pour le regard du temps prescrit par le droict Romain pour la restitution d'vn absent apres son retour, le droict François ne le suit du tout: ains faict seulement surseoir pendant l'absence, comme pendant la minorité, le temps ordonné pour la restitution*, l. Interdum. D. de minorib. l. 1. 2. & seq. & vlt. C. quib. non obijcitur longi temporis.

c *Mon vieil practicien qui recite vn mesme exemple, dict, & bien demeura dix ans ou plus: ne entrementieres nul n'vsa en son nom de l'vsage qu'il auoit ou pré: & le demande dedans l'an qu'il est repairié. Et ie te dy que nenil. car puis qu'il se despaisa pour son propre prou, c'est a dire, proufit, s'il ne laissa bon Procureur pour garder la droicture, à luy s'en prenne.*

d *Pour l'intelligence de cest article faict bien*, quod traditur in l. Sciendum est, 18. D. ex quib. causis maior. Sciendum est, quòd in his casibus restitutionis auxilium maioribus damus, in quibus rei duntaxat persequendæ gratia quæruntur: non cùm & lucri faciendi ex alterius pœna vel damno, auxilium sibi impertiri desiderant. *à quoy conuient.* l. Ergo sciendum. 22. D. eod. *tellement que les absens ne sont restituez au droict que la coustume attribuë aux lignagers venans dans l'an au retraict, soit pour l'obtenir apres l'an, ou pour en euincer celuy qui l'auroit obtenu durant leur absence. C'est pourquoy par arrest de la Cour, donné en l'audiance, du sixiesme iour de Mars, 1552. Genton fut debouté des lettres royaux par luy obtenuës, à fin d'estre releué de ce qu'il n'estoit venu au retraict, dans le temps de la coustume, comme absent* Reipublicæ causa, *en la guerre au voyage d'Allemagne, auec le Roy. I'ay escrit plus amplement des restitutions au quatriesme liure des Pandectes.*

DES RAPPORTS QVE LE SEIGNEVR PEVT DEMANDER QVAND PREMIER EST VENV A TERRE.

TILTRE XCI.

SI tost qu'vn [a] seigneur vient nouuellement à terre, où il a iustice haute, ou moyenne, ou fonciere *: sçachez qu'il peut faire plaincte à loy d'auoir r'apport & denombrement faict dedans quarante iours de tous les tenemens de tous les fiefs qu'on tient de luy sur l'amende, & ainsi luy doit estre adiugé par sa loy. Si c'est par hommes de fief, le rapport se doit faire par escrit sur séel de son fiefué du fief de luy tenu. Et si c'est en terre de main ferme, il se doit faire par hommes tenans en main ferme, & par leur iugement par la maniere qui s'ensuit. Il doit estre iugé par la loy d'iceluy seigneur, soit par hommes de fief, soit par hommes de cotterie, qu'il soit faict sçauoir à l'Eglise du lieu où la seigneurie est située, par Dimanche ou par iour de feste gardable en presence de Baillif & hommes, que tous les tenans de tel seigneur, ayent suffisamment faict rapport & denombrement de tous les tenemens qu'ils tiennent dudict seigneur dedans quarante iours, du iour dudict sçauoir sur l'amende accoustumee qui ce n'auroit faict. Et soit lors le lieu assigné, où on a accoustumé de tenir les plaids dudict seigneur denommé, & declaré trois iours en dedans quarante iours, où il y ait a tout le moins sept iours francs, entre chacun iour, c'est à sçauoir par trois Dimanches, & selon aucuns qu'il y ait quinze iours de l'vn à l'autre: c'est en trois quinzaines esdicts quarante iours, ausquels iours & lieu ainsi declarez audict, sçauoir ledict seigneur, son Baillif & Lieutenant, & hommes seront par autant d'heures qu'il est accoustumé de tenir les plaids de cateulx. Et qui en dedans lesdicts trois iours ne fera deuoir de son rapport faire, & tant qu'il se laisse contumasser par lesdicts trois iours, il doit estre encheu en l'amende en iceluy derrain iour l'heure passee, & peut le Baillif ou son Lieutenant faire plainte &

** Il prend iustice fonciere pour basse iustice, toutesfois on faict distinction entre les deux, & on estend plus auant la basse iustice, que la fonciere: dōt on peut voir Bacquet traicté des droicts de iustice, ch. 3 & le 4 liure des Pandectes.*

coniure de loy auoir sur ce : & à telle semonce il doit estre dict par la loy que veu les trois iours passez par lesquels tel N. a failly à faire denombrement & rapport de son tenement, & que l'heure est pour celuy iour passée, le deffaillant est encheu en l'amende accoustumée, & auec ce doit estre dict que le fief ou tenement soit mis en la main du seigneur, & tant par iceluy tenu & gouuerné, que le suject ait faict son dict rapport & denombrement. Et si autrement est faict, amende n'y eschet. Et si c'est en fief, ce rapport se doit faire par escrit sur le séel de fiefué. Et si c'est en cotterie, il se peut faire sans séel, mais il conuient que celuy mesmes qui tient le tenement, face le r'apport en sa personne, & l'afferme estre tel: ou autrement amende s'y engendreroit, car autre pourroit-il desaduoüer. Mais si le fiefué le peut faire par autre que par luy, pour-ce que sõ séel y doit estre, que desaduoüer ne peut : encore le peut faire cottier de bouche s'il luy plaist. Et le Seigneur doit auoir Clerc à ses despens qui le mette par escrit audict lieu & iour.

Item qui feroit son rapport de moins qu'il ne deueroit, le seigneur pourroit clamer à luy le surplus, & autre amende n'y a : Car il ne tient pas du seigneur qui ne veut si autre obligation n'y a.

Item qui faict son rapport moins que souffisant, il n'est pas receuable s'il ne plaist au seigneur, & peut estre clamé d'amende pour moins souffisant rapport, aussi bien que de non rapporter.

Item qui ne r'apporte dedans lesd. iours & dedans heure de plaids accoustumez à garder pour cateulx, il ne rapporte pas à droict, & peut estre clamé d'amende.

Item dois sçauoir que qui veut faire souffisamment son rapport, il doit denommer les tenemens, les hostes & tenans qu'il en a, quelle iustice & seigneurie il y a, & la charge dudict tenement, & quel relief il en doit si c'est en fief. Et si c'est en cotterie, il doit denombrer les pieces que elles contiennent, quantes tenances il y a, quelle charge, quelle rente, & quelle redeuance soit à mort ou à vie, ou autrement le r'apport ne seroit souffisant ne receuable s'il ne plaisoit au seigneur.

La forme de faire rapport.

La maniere de faire & former son rapport, si est ceste. C'est le r'apport & denombrement que faict tel. N. par deuers noble & puissant seigneur, &c. de tout le fief & tenement qu'il tient de Dieu, & luy en sa terre, iustice & seigneurie de tel lieu. N. si contient ledict fief tant, &c. tant d'hommes, &c. & à chacun homme tant de hostes, contenans, &c. à telle redeuance, &c. & à tel relief à la mort &c. lequel r'apport ledict tel. N. &c. pour obeir au commandement sur ce faict par protestation, que si plus ou moins y auoit, que ce il ne sçait bonnement, si en faict il veut faire loyal & souffisant r'apport, sans vouloir entreprendre autre droict, ne laisser du sien. En tesmoin de ce, &c.

Comment celuy qui achete fief doit faire rapport.

Item dois sçauoir que s'il est aucun qui acqueste fief ou autre tenemēt qui doiue relief, si tost comme il en est adherité, il luy doit estre enioinct par le Baillif ou Lieutenant que dedans quarante iours il en ait faict r'apport sur l'amende, & ce doit estre faict à certain iour de plaids dedans les quarante iours : ou amende y eschet.

ANNOTATIONS SVR LE TILTRE NONANTE ET VNIESME.

a *POVR entendre l'vsage duquel on vse à present, il conuient distinguer les fiefs des rotures : & quand aux fiefs faire distinction entre les Seigneurs qui ont iustice, & ceux qui n'en ont aucune. Le Seigneur feodal en receuant son Vassal en foy & hommage, luy peut ordonner de bailler son adueu & denombrement en forme probante & authentique dans les quarante iours, & encores qu'il l'ait receu sans ladicte condition, il peut tousiours luy faire bailler pardeuant son Iuge & Baillif, s'il a iustice ; sinon, pardeuant le Iuge du lieu, où est assis le fief : & à faute de ce faire, proceder par saisie sur le fief : laquelle saisie tiendra iusques à ce que le Vassal ait baille son denombrement, encores que cependant le seigneur ne face les fruicts siens,* Masuerius §. Item quandiu. tit. de feudis. *Les termes d'adueu & denombrement se prennent indifferemment en matiere feodalle : & on dict declaration pour les heritages roturiers, que le proprietaire & tenancier est tenu bailler au seigneur censier. Plusieurs coustumes font mention des adueus, rapports & denombremens que le Vassal est tenu bailler, & des declarations que le roturier est aussi tenu bailler : mais la peine de l'amende ne se practique plus, ne la forme de proceder pour les faire bailler ainsi recitee, ains quelques seigneurs y procedent en vertu de lettres de papi erterrier, les autres font faire des publications : aucuns incontinent apres les quarante iours passez, font saisir les fiefs tenus d'eux à faute de denombremens, ou les terres & heritages tenus d'eux en censiue, à faute de declarations baillees. Le Vassal ayant baille son adueu & denombrement doit auoir mainleuée, sauf à le debatre par le seigneur feodal, comme a esté iugé par arrest pour le seigneur de Ville-Vaudé, fief tenu de Baronnie de Mont-jay. du 23. Decembre, 1566. & le Vassal fait sagement de mettre son adueu & denõbremẽt à la clause, sauf à augmenter ou diminuer, afin que ce qu'il auroit obmis ne tombe en commise enuers le Seigneur, ains le puisse adiouster à son denombrement, ce qu'il peut faire sans perte & commise, sinon qu'il eust desnié ce qu'il auroit obmis en son denombrement, estre tenu de son Seigneur feodal, auquel cas le seigneur l'en pourroit faire priuer,* idque propter dolum & malam fidem, *iugé par arrest du huictiesme Ianuier, 1558. La verification de l'adueu & denombrement, s'il est debattu par le seigneur, gist en cognoissance de cause. Pour le regard des fiefs tenus du Roy, les denombremens doiuent estre presentez à la Chambre des Comptes, qui les renuoye aux Iuges de la Prouince pour les verifier : & iusques à ce qu'ils ayent esté verifiez, la reception d'iceux faicte en ladicte Chambre, ne faict preiudice au Roy, par ce qu'autrement ils ne sont tenus pour til-*

tres. Mais pour le regard des seigneurs, si les denombremens à eux presentez ne sont blasmez dans les quarante iours, ils seront tenus pour receus: car le seigneur les doit blasmer & debatre dans pareil temps, que le vassal est tenu les luy presenter & bailler, comme i'ay escrit sur la coustume de Paris. art. 6. Quand y a dispute entre le seigneur & le vassal, sur l'adueu & denombrement presenté, faut auoir recours aux anciens tiltres, adueus & denombremens, & à la premiere inuestiture, si elle se peut recouurer, Bald. in l. 1. C. quando non pet. part. & in cap. 1. de feud. gard. & cap. 1. quæ fuit prim. caus. benef. amitt. cap. 1. & ibi. DD. de vassal. decrep. ætat. & ainsi le tiennent communément les Feudistes. comme aussi a esté iugé pour le regard d'vn papier terrier que le Seigneur auoit faict augmenter outre les anciens tiltres & declarations, que la Cour auroit ordonné estre reformé, & que sans y auoir esgard, les tenanciers ne seront tenus payer autres ne plus grandes redeuances que celles portées par les anciens tiltres, par arrest du Parlement de Paris, du 6. Iuillet, 1560. & de Tholose du 10 Auril, 1571. par-ce que les denombremens & declarations ne se font pour constituer vn noueau, ains pour adouër & recognoistre celuy qui d'ancienneté appartenoit au seigneur, par les premiers & originaires tiltres, iuxta textum cap. examinata de confir. vtil. vel. inutil. cap. quia diuersitatem. de concess. præben. cap. inter dilectos. §. porrò. de fid instrum. Oldrad. cons. 164. Alber. in 1. part. stat. Alex. consil. 56. lib. 1 comme i'ay traicté au liure 8 des Resp. chap. 57. Qui voudra voir d'auantage de ceste matiere, qu'il lise ce que i'ay escrit, & autres sur ladicte Coustume de Paris.

DES PVPILLES.

TILTRE XCII.

PVPILLES sont a ceux qui sont en minorité: si comme les hoirs masles qui sont dessous quinze ans, & la femelle dessous vnze ans, & selon droict escrit dessous vingt cinq ans, ff. de verborum significa. l. Pupillus. & ibi glos. si que le pupille est de sa chose garder, & doit estre sans amendrissement de contract: ne marché qu'il face, ne puisse faire obligation, vente, ne achat, que si il le faict ou autre pour luy, il ne tient qu'il n'y soit restably: & peut demander & auoir doit droict de restitution * enterine, puis que rien y sera perdant, ou deceu, ne chose qu'il face ne tient, s'il n'estoit garni de benefice de tuteur. Encores ne doit le tuteur ny ne peut faire chose de son heritage où il soit deçeu, que restitution n'en ait, ou le tuteur l'amenderoit, car comment que ce soit, par especial de leur heritage, ne peut estre faicte alienation à leur preiudice, s'ainsi n'estoit que le pere fust obligé par lettres de baillie à vendition d'heritage, & lors se vendroit

* Enterine, c'est à dire, enentier.

à ce appellez les tuteurs. Encores veut le droict que si pupille auoit faict marché, où il ne fust pas deçeu, & il demandoit restitution sur ce qu'il y soit receu, car il n'est conuenable de rien traicter ne marchander à eux. *Iusti. de Authorita. tu. in prin. Vsque ad §. tutor autem.*

Du preu * *de pupilles à restitution.*

** Preu, c'est à dire prousfict.*

Or peut estre demandé, si le pupille auoit faict aucun marché, où il eust preu ou gaignage apparent pour luy, & puis de sa volonté en voulsist auoir restitution à loy, & en fist complaincte, à sçauoir si auoir la deuroit, sçachez que puis que le Iuge verroit y auoir preu pour le pupille, & la partie à qui il a affaire, dommage, ou ne voudroit çonsentir la restitution pour la volonté au pupille contre son preu, en ce cas ne seroit-il pas restably. Car restitution aux pupilles fut ordonnée, pour-ce qu'ils ne fussent deceus, non pas pour leurs volontez ne plaisances dommageuses accomplir. Mais si au marché le pupille n'auoit perte ne gaigne, & il demandast restitution, auoir la doit pour la raison de ce que si estroicte chose est de droict de pupille que si gaigne ne luy est prompte, il a tousiours restitution, mais que dedans la pupillarité ou dedans l'an de son aage la demande, *l. Vltima. cum glo. C. de in integrum restit. minorum. & Rub. qui & aduers. quos in integ. rest. l. 1.*

Demande de pere contre son fils mineur

Encore peut[b] estre demandé, si le pere marioit son fils auant aage, & l'emancipoit de soy, & puis fist le pere marché au fils, duquel apres le marché faict, le fils demandast restitution, à sçauoir si auoir la deueroit. Sçachez que non, si n'auroit il vers sa mere pour la reuerence paternelle, mais contre autre l'auroit, si vsage de païs ne l'estoit, lequel conuiendroit estre fort approuué en tel cas, &c. C. *qui & aduersus quos l. 2.*

De pupille par semblant auoir son aage, & non auroit.

Encore peut [c] estre demandé, si vn pupille n'auoit son aage, mais bien sembleroit qu'il l'eust, & ainsi le maintint qu'il l'eust & le iurast & affermast, & sur ce fist marché dont il fut perdant, & d'iceluy voulsist auoir restitution, à sçauoir si auoir la deueroit: sçachez que selon l'opinion des sages auoir ne la doit par la raison qu'il iura, & par-ce fut bien si subtil de deceuoir autre, ou d'autruy vouloir deceuoir, & droict ne peut souffrir que par cautelle nul obtienne benefice de loy: *Vt C. si minor se maiorem dixerit. l. 2.*

Dedans quel temps le pupille doit demander restitution.

Imo habet quatuor annos post completam minorem ætatem, vt l Vlt. C. de tempo. in integ. rest.

Si sçachez [d] que si dedans l'an & iour le pupille est venu à aage accomplie, peut il demander la saisine, dequoy son pere estoit saisi ou desuesty ou aduesty, dont en minorité le pupille seroit despouillé: mais si outre l'an attendoit, il ne se pourroit plus aider du benefice de pupille, mais conuiendroit qu'il le fist par demande de priuée personne, comme de simple saisine ou de proprieté.

De restitution & punition du meffait du pupille.

Et pour ce ensuit [e] vne demãde sur ce, à sçauoir si les pupilles sont aussi bien restituez en leur meffait, qu'à leur preu. Sçachez que si le pupille est

est de tel aage qu'il ait cognoissance qu'est bien faire & mal laisser, & que malice supplie à l'aage, il n'y chet nulle restitution, car en delict par especial en crime ne sont les pupilles supportez pour minorité: car en meffait nul n'est excusé par aage, si l'aage n'est telle que ieune & innocent soit qu'il ne puisse ou doiue sentir qu'est bien faire ou mal faire, & toutesfois s'il meffait à autre supposé que minorité l'en releuast aucunement, si est il tenu de amender ou rendre le dommage ou ceux qui le gardent: car nul ne doit estre tenu en tort pour occasion d'autre sans restitution. Et par arrest de Parlement en l'an mil trois cens quatre vingts & quatorze, fut il ainsi dict, pour vn fils qui estoit en l'aage de vnze ans qui auoit tué vne ieune fille de quatre ans ou enuiron, pour ce qu'elle luy auoit osté son chapperon, & il estoit tigneux, si en fut courroucé. Si la trouua & la frappa d'vn caillel & l'occist, & puis la mussa en vn buisson vers la ville, & pour ce qu'il en fut trouué malicieux, il en fut iugé à traisner & à pendre. *C. lib. ij. Rub. Si aduersus delictum. l. j. & ij.*

Arrest de Parlemẽt l'an. 1364. qui semble trop rigoureux.

De restitution sur chose iugee.

Encores[f] veut droict que le pupille ait restitution des choses qui seroiẽt faictes si solennellement que en iugement, puis qu'ils y seroient deceuz. & que leur droict n'y seroit gardé, jaçoit ce qu'ils ayent tuteurs ou procureurs presens pour eux, mais qu'ils en facent demande auant aage, ou dedans l'an de leur aage, car en quelque dommage, tort, ou preiudice ne les peut on mettre ne contre eux laisser courre tant qu'ils soient en minorité, ne le tuteur present ne sauue point contre ce, car ils ne sont que pour eux garder, non pas pour eux faire preiudice. *C. Si aduers. rem iudica. l. Cum & minores.*

[*Quando sententia data contra minorem valeat aut data contra adultum sine curatore, vide optimam glos. & tex. l. Acta §. final. ff. de re iudica. glos. in allega. l. Cum & minores. & ibi Bartho. Si aduers. rem iudicat. C.*]

Addition, *Qui n'est au liure escrit à la main.*

D'heritage de mineur vendre par luy, & sur ce bailler plege.

Et s'il aduenoit[g] que le pupille vendist aucũ heritage à luy appartenant, & baillast plege de garãtise, & puis voulsist l'heritage recouurer ou autre pour luy sur vmbre de minorité, sçachez que si autre chose n'y a que de minorité, puis que le marché auroit esté fait sans barat & sans exception, ains aura esté cõtracté de bonne foy & que ce aura esté faict par auctorité de loy & pour le proffit du pupille, sçachez que la garantise est tenuë pour le marché conduire. Mais si barat ou deception y estoit trouuée, & le pupille ou ses ayans cause & les pleges en sont quittes & deliures sans dommage. *C. lib. 2. Rub. de fide iuss. mino. l. Post quam in integrum.*

[*Aut textus iste vult quod minor non restituatur aduersus contractum venditionis factum auctoritate iudicis in quo læsionem non sentit minor: & tum hoc est verum, aut quia non interuenit authoritas iudicis: læsionem tamen non probat nisi quia minor: & tum rescinditur contractus: aut vult iste text. allegare causam primæ aut secundæ l. De fide iussoribus minorum. C. & tum restituto minore*

Addition. *Qui n'est au liure escrit à la main.*

non restituitur fideiussor, nisi dolo inductum minorem ostenderet, pro superioribus dictis vide tex. in l. 1. C. qui & aduers. quos in integ. rest. non post. ibi non est vobis. &. l. Siquidem. de prædiis & aliis rebus minorum. C.]

De pupille estant en gouuernement de pere ou de mere.

Addicio.

Du pupille qui encore est au gouuernement du pere ou de la mere, peus & dois sçauoir que s'il se constituë pleige * pour autre, ce ne luy nuist si ne le veut, ne contrainct n'y doit estre, & si par plus forte raison il se faisoit pleige pour son pere auquel il ne succedast, il peut demander restitution en entier : mais s'il succedast à sondict pere, ou à celuy estranger pour lequel il se seroit faict pleige pour la confession de l'obligation, il pourroit demander ladicte restitution. *Vt text. cum sua glo. magna in verbo non successit. C. de filio familias minore. l. 1.*

*S'il faict pleiure, au liure escrit à la main.

* Il faisoit pleiure pour son pere, & son pere l'escheuast de son heritage qui pres la mort au apere n'eust viens, aussi ne seroit il tenu, & de ce peut demãder restitution enterine. C. li. ij. Ru de filio sã. minore, l. Filius familias si minor. ainsi se lit au liure escrit à la main, mieux qu'en celuy imprimé.

De tuteur ou curateur souffrir faire deception au mineur.

Et si le tuteur estoit present à la chose du pupille faire & accorder, & toutefois si le pupille peut en temps deu monstrer qu'il ait en ce dommage, sçachez que pour ce ne demeure pas que pour ce n'ait restitutiõ, car comme dict est dessus, les tuteurs ne sont pas ordonnez pour les dommages des pupilles, mais pour faire leur proffit. Et s'il aduenoit que le tuteur le fist par * cautelle ou malice, ou par simplesse trop ignorant, amender le doit au pupille si autre remede ou recours n'y auoit. *C. libro secundo Rubrica. Si tutor vel curator. l. Minoribus annis, viginti quinque.* Car en tous cas aussi bien contre les tuteurs que contre les autres ont les mineurs restitution de leurs choses, mais que en temps deu la demandent, c'est à sçauoir dedans l'an apres l'aage accompli. Ne vendre, ne aliener, ne amendrir ne peuuent les biens aux mineurs, mais bien les peuuent accroistre. *C. Rubrica dicta. l. Si creditor, vbi pupillus obligatur ex contractu tutoris sui : quia ibi pecunia fuit versa in vtilitatem pupilli.*

*Il interprete ce qu'on dit au droit Romain, dolus, vel culpa, ce qu'il faut entendre de lata vel leui l. Quicquid. C. arbitrium tutel. & pour cet article, faut voir tot. tit. C. Si tutor vel curator interuenerit.

De chose venduë par le pupille.

Encores [h] a le pupille restitution en la chose qu'il auroit venduë, si comment que ce soit y auoit esté deceu : mais si sans deception auoit esté vendu, & le pupille l'eust iuré à tenir, lors n'y auroit ne cherroit restitution, car la loy ne doit estre cause de periure, puis que c'est en contract de bonne foy. *C. libro secundo Rubrica. Si aduersus venditionem. l. Si minor. & per totam rubricam.*

Ceste addition n'est au liure escrit à la main.

[*Intellige de venditione solenni quod alias nulla esset qua sine decreto fieret. & sic est intelligendus text. dictæ legis primæ. C. Si aduers. venditionem. videtur tamen dicendum quod etiam si decretum non interuenerit, valeat tamen contractus propter iuramentum. vide glos. in verbo contractibus Authen. sacramenta puberum.*]

Du serment aux pupilles.

Et toutesfois veut la loy que le serment faict par le mineur puis qu'il est de aage de cognoissance auoir, tienne lieu : si comme de l'aage de vingt & deux ans ou enuiron puis que le serment n'auroit esté faict par force, par crainte, ne par paour. *C. libro secundo Rubrica dicta Authentica, sacramenta puberum. & l. Se.*

[*Hic quando dicit* de l'aage de douze ans : *aduerte quod Doctores tenerent quod etiam si impubes est maior infante proximus pubertati, ita quod in eo cadat delictum, tunc obligatur iuramento per impuberem. ff. ad. l. Corneliam de falsis. & super ista materia an minor possit petere restitutionem non obstante illo iuramento, vide Bartho. in dict. Authen. sacramenta puberum. qui ibi circa hæc multa adducit.*] Addition Qui n'est au liure escrit à la main.

Exemple sur don de pupille.

Vn pupille aimoit vne Damoiselle par amours, & la fiança, par vne fois l'alla voir auec son tuteur, & luy donna ioyaux & autres choses au veu & sceu du tuteur. Aduint que en aucun temps apres voulut le pupille rappeller ses dons, & les demanda à r'auoir : contend en fut. La question en vint deuant l'Empereur. L'Empereur dist que si le cas estoit tel que entre le pupille & la Damoiselle puisse auoir contract de mariage, sans empeschement d'affinité, le don n'est à rappeller. *Dubito de capite isto.* supposé encore que le don fust de chose reelle. Et s'empeschement y auoit pourquoy le mariage ne se peust faire entre eux, le don reel seroit à rappeller : mais le don meuble non. *C. l. ij. Rub. Si aduersus donation.*

In l j. C Si aduers. donat le mariage auoit esté parfait, par ce que la l dit à minore viginti quinque annis marito, & faut entẽdre des meubles: dautãt que le mineur ne peut disposer de ses immeubles, sans decret, mesmes par donation, l. vlt. C. eod.

* [*Hanc materiam habes in glos. dictæ l. sub verbo, non reuocabuntur. alibi Doctores in l. Prædia. C. de prædiis mino. sine decret.*

* Addition. Qui n'est au liure escrit à la main.

Exemple sur pareil cas.

En minorité ne vaut don quelque le pupille face, supposé encore que ce fust par le conseil de son pere où de son tuteur : car comme dit est cy dessus, le sien ne peut-il amendrir sans faict de loy : comme par exemple vous monstreray. Vn pere auoit vn fils mineur : & toutesfois l'auoit-il emancipé. Aduint qu'il luy donna vn certain don, & par succession de temps apres, le pere voulut donner ce mesme don à vn autre, & le fist consentir à son fils qui encores estoit en minorité. Le mineur venu en cognoissance voulut auoir de son don restitution. contend en fut. L'Empereur dist, que puis que donné estoit vne fois au mineur, le pere ne luy pouuoit retollir sans la volonté au mineur. *Casus est. l. Sequentis, si in te. C. Si aduersus donationem.*

Que prescription ne vsucapion ne s'acquiert contre mineur.

Tu peus & dois sçauoir que contre mineurs ne se acquiert vsucapion ne prescription qu'ils n'en ayent restitution, aussi tost comme ils la demandent. *li. ij. Rub. si aduersus vscap. l. Vnica.*

De cet article a esté traicté cy dessus, & on peut voir l 45. D. de minorib. l. 3. C. de pres. 30. vel 40. ann. l vlt C. qui & aduersus quos.

D'argent presté au pupille.

Et si le pupille emprunte deniers à aucun, & celuy qui les luy preste, les vueille r'auoir, ou en veut auoir vsure, sçachez que si l'argent n'est tourné au profit du pupille euident, & que ce n'ait esté pour despendre ne aliener aucunement, que le pupille n'est tenu de ce rendre s'il ne luy plaist : mais y a restitution : & bien se garde vn chacun d'eux rester si n'est pour la necessité pure & proffit de luy. *C. libro secundo Rubrica. Si aduersus creditorem. per duas leges titulum afficientes.*

Exemple de pupille.

Il vse souuent du mot heritage pour heredité.

Il aduint vn tel cas. vne fille pupille fut: si luy escheut l'heritage de son grand pere: pour doute des dettes, elle n'eust pas conseil de soy faire hoir de ces heritages. Or aduint apres que son pere alla de vie à trespas, & luy escheut aussi l'heritage de son pere. Pareillement pource que son pere deuoit tant, elle ne voulut apprehender l'auoir de son pere ne l'hoirie, & pensa laquelle hoirie elle apprehenderoit, celle de son grand pere, ou celle de son pere. elle fut conseillée que l'heritage de son grand pere estoit le moins chargé, & qu'elle le apprehenderoit : faire le voulut, contend s'en saillit pour ce que autresfois l'auoit delaissée. Elle dist qu'elle demandoit le droict du pupille, & le benefice d'iceluy. Il fut dit par l'Empereur que puis que encore en temps deu elle demandoit le droit de restitution, que auoir le deuoit. *C. li. ij. si minor ab hæreditate.* Mais toutefois au cas que le pupille aura ceste restitution, il sera tenu de payer les dettes à celuy à qui il apprehende l'hoirie, comme feroit vn autre qui par minorité n'auroit pas ceste restitution. *C. libro secundo Rubrica dicta.* Et si c'est hoirie qui vienne par predecesseur precedent si comme de ayeul, leur pere partist auec les autres freres & sœurs qu'il eut, s'il est necessité au cas, & que les autres freres ou sœurs le requierent, il doit faire rapport au vaillant, de autant que son pere eut en donation de son pere, qui fust ayeul au mineur dont le cas s'offre, affin que tous soient vn en droict de succession que parti y ont, *l. 1. C. si vt omissam hæredit.*

De temps de restitution.

Du temps a esté cy dessus traicté en plusieurs lieux.

Tu peus & dois sçauoir par la loy escrite que le temps de restitution en tenure pour le pupille en cas d'heritage dure tout le temps de minorité : & toutesfois selon ceste loy qui ensuit, jaçoit ce que la minorité dure, si le mineur par luy ou par son tuteur ou conseil attendoit à demander restitution outre le terme de quatre ans, il semble qu'il n'y viendroit iamais apres à temps, mais le droict de minorité emporte tout, & pour ce l'ay cy mis en ce cas, car par aucunesfois est de necessité de auoir aucune exception *C. libro secundo, Rubrica in quibus casibus.*

De exception de pecune non nombrée.

De ceste exception a esté parlé cy dessus.

Et s'il aduenoit que aucun pupille appartint à demander compte d'argent qui n'eust esté nombré, & qui promis eust esté à payer, & quittance suffisante n'en apperroit, pour lequel cas a exception de pecune non nombrée, qui ne dure entre les aagez que le temps de deux ans, sçachez que entre pupilles dure tousiours tant qu'ils sont en minorité. *C. li. ij. Rub. dicta, in quibus. l. Finali.*

De pupille mis en aucun office.

Et s'il aduenoit [k] que aucun pupille fust mis en office par le gouuernement qu'il seroit trouué en luy, & qu'il se fust contenu si sagement en ses propres besoignes, & qui plus est, ledict office en quoy on l'auroit mis, fust de la chose publicque, pource ne demeure que si en ses causes il estoit deceu en aucune maniere, que il ne peut auoir restitution de tout ce en quoy deceu seroit, & que le benefice de minorité n'eust lieu. *Facit textus in l. j. C. qui & aduersus quos in integ.*

Du pupille qui pourchasseroit au Prince son aage.

Et s'il [l] aduenoit que aucun pupille pour faire sa volonté pourchassast au prince tant qu'il fust tenu pour aagé, & puis fist aucun marché, supposé que en ce marché fust endommagé, pour ce ne recouureroit il pas restitution : car son malice ne luy doit profiter en ce ne en autre maniere. *Cod. de his qui ve. ætat. impe. l. j.*

De pupille faisant entendre auoir son aage, & non auroit.

Si le pupille par barat faisoit entendre qu'il eust aage competent, & non auroit, & sur ce fist marché, dont il voulsist auoir restitution, sçachez que auoir ne deuroit en ce cas. *l. Si is. & leg. seq. C. si minor se maiorem dixerit.* Sçachez que le pupille qui a pourchassé par don de prince aage, si ne peut il pource vendre ne aliener son heritage, sans l'authorité du Iuge dessous qui il est subiect. *C. de his qui ve. ætat. l. Omnes ibi, ita tamen vt prædia sine decreto non alienent.*

Exemple d'vn pupille.

Aduint que vn ieune enfant de l'aage de dixhuit à vingt ans, & encores mineur de vingt cinq ans, alla en la guerre: pendant lequel temps luy escheut quelque heritage, & auant qu'il retournast de ladite guerre, mourut, & par ainsi ne apprehenda pas la possession dudict heritage dedans le temps de droict. son hoir demanda estre restitué. sçachez que telle restitution se doit bailler si ledict decedé seroit mort en ladicte guerre: & est le cas de la loy premiere. *C. de restitutione milit. & eo qui reipubl. &c.*

De dire au pupille diffame.

Item est à sçauoir [m] que si à aucun pupille est imputée quelque chose qu'il semble estre audict pupille diffamatoire, ou qui ayt regard à matiere de reproche à son corps, sçachez que la loy escrite veut & enseigne que pource que si noble chose est d'homme, & que tuteurs ne curateurs n'ont eu aduertence ne doiuēt auoir au corps, car ils ne sont que au gouuernement des biens, & non à l'honneur du corps, toute la matiere ainsi imputée en cas diffamatoire au pupille se doit cesser à la requeste des tuteurs & curateurs, iusques à ce que le mineur vienne en aage accomplie, & que en sa personne il puisse deffendre sa querelle qui luy touche à son honneur, c'est à sçauoir qu'il ayt quinze ans accomplis, & que de soy y puisse respondre. *C. l. ij Rubr. ad legem Corneliam de falsis. l. j. & ibi gloss. & ff. de Carbo. edict.*

Ceste intention de ceste loy dois entendre comme il ensuyt si comme qui mettroit sus au mendre d'ans qu'il fust serf, & il deust estre franc, ou mettroit sus qu'ils fussent illegitimes, & ils fussent legitimes, & autres cas qu'ils peussent auoir regard leurs personnes reprocher.

ANNOTATIONS SVR LE TILTRE NONANTE DEVXIESME.

a IL confond les pupilles auec les autres mineurs que le droict Romain distingue, appellant ceux pupilles qui sont sous la puissance de tuteurs, la tutele durant iusques à quatorze ans aux masles, & douze aux femelles, Inst. de tut. & quibus modis tut. finit. *Et les mineurs tous ceux generallement qui sont mineurs de vingt cinq ans. Ie sçay bien que le droict François appelle indifferemment tous ceux qui sont sous puissance de tuteurs & curateurs iusques à vingt cinq ans, pupilles & mineurs: mais y a plus de consideration par le droict Romain pour le regard des pupilles que des autres mineurs. Car aux pupilles est necessaire l'authorité du tuteur en tous actes, si ce n'est pour leur grand proffit quand ils se font promettre*, Inst. de auth. tut. l. Oblig. §. pupil. D. eod. l. Cont. Iur. in prin. D. de pact. l. Pupil. D. de acqu. rer. dom. *Mais tout ce que font les mineurs, n'est suiect à rescision: & ils n'en peuuent estre releuez*, nisi capti & circunscripti sint. l. Nam posteaquam, 9. §. si min. D. de iureiurando. l. Non omnia. 44. D. de minor. *ce qui s'entend non seulement s'ils ont perdu, ains aussi s'ils ont laissé à gaigner*, d. l. Non omnia. *Et faict bien à ce propos*, l. Quod si minor. §. 1. D. eod. *Tellement que si le contract n'apporte proffit ou perte au mineur, il pourra toutesfois en estre releué, parce qu'il est plus seur & vtile pour luy de n'estre obligé. Pour ceste matiere on peut voir*, l. Ait Prætor, 7. §. non solum. d. l. Quod si minor. 24. l. Verum. D. eod. l. Minoribus, 5. C. de in integ. restit. minor. *Mais pour le regard de l'alienation des heritages & biens immeubles des pupilles & mineurs*, tractatur tit. C. de prædiis & al. reb. minor. sine decreto non alien. l. Ait Prætor. in prin. & §. quæsitum est. d. l. Verum. *où y a vne regle generalle que le mineur ne peut aliener ses heritages & biens immeubles, ne son tuteur sans decret: & encores qu'ils ayent esté vendus par decret, le mineur en peut estre releué, s'il y a grand preiudice & dommage*, l. Tutor. 47. D. eod. *suiuant l'arrest de Harsillemont que i'ay recité allieurs.*

b *Ce que l'autheur escrit* ex l. 2. Qui, & aduersus quos, *ne s'obserue en France: parce que les enfans n'y estans si estroictement sous la puissance du pere, comme par le droict Romain, se peuuent librement faire restituer contre leur pere: comme i'ay noté cy-dessus & allieurs.*

c *Si le mineur s'est dict maieur par le contract, & qu'à la verité il fust lors mineur, il faut distinguer s'il auoit apparence de maieur, & que par dol il se soit dict tel, ou s'il n'apparoissoit maieur, & que celuy auec lequel il auroit contracté, l'auroit induict à se dire maieur: car au premier cas il ne pourra estre restitué, mais au second il pourra se faire releuer.* l. 1. 2. & 3. C. si minor se maiorem dixerit. *Et pareillement il pourra estre restitué si par erreur il se seroit dict maieur*, l. Vlt. C. eod. *& l'aage se peut prouuer par le registre du baptesme, ou registre du pere, qu'on appelle* tabulas professionis, &

autres instrumens & tesmoins, & aspection de la personne d. l. 3. l. 2. C. de his qui vend. ætat. l. 2. D. de excus. tutor. Cuiacius in Parat. ad d. titul. si minor se maior. *Dont appert qu'il est ordinairement restitué, s'il n'appert de son dol euidemment, ainsi qu'il a esté iugé par arrests du 14. Iuin, & 6. Septembre 1544. & autres.*

d *I'ay traicté cy-dessus du temps de la restitution du mineur, qui est de dix ans depuis l'aage de maiorité. Mais quant au cas de saisine & nouuelleté, qui se doit intenter dans l'an, le temps court aussi bien contre le mineur que contre le maieur, ainsi que i'ay monstré au 4. liure des Pandectes, & toutesfois la prescription pour la proprieté ne court durant la minorité, comme i'ay noté cy-dessus* ex l. 3. é quibus non obiicitur longi temp. & al.

e *Le mineur n'est restitué pour crime ou delict par luy commis*, l. Auxilium. §. 1. D. eod. Paulus lib. 1. recept. sent. tit. 9. *ce qui a lieu non seulement es crimes atroces & publicz, ains aussi es delicts priuez*, l. Si ex causa. §. nunc videndum. D. eod. *Mais quelques fois la commiseration de l'aage faict moderer la peine : comme nous lisons de* C. Lætorius qui in deprecanda grauiore adulterij pœna ætatem allegauit, authore Suetonio in Augusto. *En quoy faut distinguer les aages, & les circonstances du faict*, l. Si adulterium cum incesto. D. ad leg. Iul. de adulter. l. 1. & 2. C. si aduersus delict. *Car si le mineur est impubere n'approchant de la puberté, il sera reputé auoir plustost commis le delict par legereté & imprudence d'aage, que par dol : & partant il seroit excusable de la rigueur de la peine ordinaire, encores qu'il fust punissable, comme i'ay monstré ailleurs par l'arrest donné contre les escolliers de la ville d'Estampes. Mais s'il est proche de puberté, comme ayant attaint l'aage de treize ans, ainsi qu'escrit* Seruius ad Eglog. 8. Virgil. *il sera moins excusable*, l. Pupillum, 111. D. de diuers. reg. Iuris. *Il conuient donc qu'en telles matieres le Iuge y apporte de la prudence pour considerer & examiner toutes les circonstances, & suiuant icelles ordonner de la peine. Mais le mineur ne peut estre releué de la transaction qu'il auroit faicte pour exces à luy faicts, par arrest du 2. iour de Decembre, 1581. dont mention est faicte en la 110. Respons. du 7. liure.*

f *Le mineur peut estre restitué contre la chose iugee, c'est à dire arrest de Cour souueraine*, l. Minor, & seq. D. de minoribus. l. vlt. D. de in int. resti. & toto tit. C. si aduersus rem iudic. *ce qu'il faut entendre sinon que son tuteur & curateur ayt amplement deffendu sa cause, & qu'il ne puisse alleguer comme on dict, au fons & au principal, autres moyens, que ceux sur lesquels le iugement a esté donné, ainsi qu'il a esté iugé par arrest à la prononciation solennelle de Pentecoste, du 23. iour de May, 1561. aussi ez actes où le mineur, ou son tuteur pour luy*, vsus est iure communi, *& comme eust faict vn maieur, il ne peut estre restitué*, quia non videtur circumscriptus. l. vlt. C. de in integr. restit minor. l. Inter eos. 51. §. cum inter. D. de fideiuss. & d. l. Verum. §. sciendum. *I'ay veu vn semblable arrest aux Memoires de monsieur Chartelier, du 3. Septembre, 1494. recité en la 30. Resp. du 3. liure.*

g *Pour les fideiusseurs du mineur y a distinction, à sçauoir s'il n'y a autre cause que la minorité de celuy pour lequel ils se sont obligez, auquel cas ils ne peu-*

uent estre restituez, ou si le mineur a esté deceu & circonuenu par le dol de celuy auec lequel il a contracté, en ce cas les fideiusseurs peuuent estre restituez, l. 1. & .2 C. de fideiuss. minor. *& le Iurisconsulte en rend raison* in l. 7. D. de except. *où il distingue entre les exceptions coherentes à la personne, & celles coherentes à la chose, lesquelles il dict proffiter au fideiusseur, comme de chose iugée, de dol & de force & crainte; & non les autres qui sont coherentes à la personne. I'ay noté cy dessus que par arrest le faict du dol a esté receu. Il semble aussi que le fideiusseur doit estre restitué qui s'est obligé pour le mineur s'il auroit ignoré qu'il fust mineur* arg. l. Si Titius. 48. D. de fideiuss.

h *I'ay traicté cy dessus en diuers lieux de la restitution des mineurs pour l'alienation de leurs heritages & biens immeubles: mais on a tenu qu'ils n'en peuuent estre restituez, si estans puberes ils ont promis par serment de ne retracter la vendition par eux faicte*, l. 1. & Auth. sacramenta puberum. C. si aduers. vend. *& telle practique a longuement duré, en telle maniere que ceux qui vouloyent en estre releuez, deuoyent estre dispensez du serment par leur Prelat: & on auoit accoustumé aux lettres de restitution d'y mettre clause, pourueu qu'il soit dispensé de son serment. Mais à present telle practique ne s'obserue plus en France, & on n'y a plus d'esgard, comme a esté iugé par arrest du 19. Auril, 1513. auant Pasques: du 27. Mars, 1531. & autres: dont on peut voir Imbert* in Enchiridio, *& aux Instit. forenses*, Rubuff. in præfat. ad Const. Reg. *& autres, mesmement les Docteurs* ad d. Auth. sacramenta. & Fachin. lib. 3. Controuers. cap. 14.

i *Le fils peut estre heritier de son ayeul, encores qu'il ayt renoncé à la succession de son pere*, vt tradit Bartol. in l. qui superstitis. D. de acquir. hær. *& a esté iugé par arrest du dernier iour de Decembre, 1566. mais il doit rapporter les dons & aduancemens faicts à son pere, par son ayeul, auquel il veut succeder, par arrest du 13. Aoust, 1564.*

K *Toutesfois si le mineur estant pourueu d'estat & office public, qui par l'ordonnance & droict François doit estre tenu & exercé par vn maieur, fait quelques contracts, il n'en pourra estre releué pour minorité*, iuxta l. 1. C. qui & aduersus quos, *ainsi qu'il a esté iugé par arrests du 22. de Decembre, 1574. recité en la 30. Respons. du 8. liure, & du 27. Feburier, 1593. allegué par Choppin sur la coustume de Paris*, lib. 2. tit. 7.

l *Le benefice d'aage obtenu du Prince & verifié a tel effect, qu'il faict cesser la tutele: & s'il y a bail faict des biens du mineur, mesmes en iustice, auec la clause, iusques à ce que le mineur soit venu en aage, ou tant que la tutele durera, celuy qui a obtenu ledict benefice, le fera resoudre, & r'entrera en la iouyssance de ses heritages, iugé par arrest du 3. Iuillet, 1574. recité en la 14. Resp. du 3. liure. Aussi il ne sera receuable à faire casser la transaction qu'il auroit faicte depuis ledict benefice obtenu, auec son tuteur sur les debats du compte par luy rendu: parce qu'il n'est question que de meubles, ainsi qu'il a esté iugé par arrest du 20. Ianuier, 1596. recité en la 47. Resp. du 9. liure.*

m In l. 1. C. ad leg. Cornel. de falsis, *il est question de la supposition du part qui est espece de faux, & veut la loy, que telle question qui est capitale contre la mere, ne soit differee au temps de la puberte de l'enfant: parce qu'il est vraysembla-*

semblable que la mere qui en est accusee, deffendra la cause de bonne foy, dautant qu'il y va de sa vie. Le semblable est traicté in l. 1. §. vlt. D. de Carbonia. edicto. *Mais ie trouve l'opinion d'Accursius, & de Ioannes* ad d. l. 1. C. ad leg. Cornel. de falsis. *que la sentence qui seroit donnee en ce cas, ou autre concernant l'estat & condition de l'enfant, soit contre la mere ou son tuteur, ne luy sçauroit preiudicier, non seulement par la reigle vulgaire,* res inter alios acta vel iudicata, alijs non prodest neque nocet. *Ains aussi par ce qu'il y va du faict singulier de l'enfant, lequel paruenu à maiorité, peut plus amplement deffendre sa cause, & iustifier son droict,* non debet igitur partui fieri præiudicium, si contra matrem iudicatum sit. arg. l. 1. §. si ea quæ D. de ventre in possess. mitten. l. 3. §. si mater. & §. si quis De Carbon. edict. *il sera donc meilleur de differer telle accusation* in tempus pubertatis d. ll. & l. Si ventris. D. de ventre in possess. mittend.

DVCHE' DE NORMANDIE.

TILTRE XCIII.

ITem peus [a] & dois sçauoir que en la Duché de Normandie des moindre d'ans le Duc en a le gouuernement, & de leurs biens, terres, & fiefs iusques à ce qu'ils soient venus iusques à l'aage de vingt & vn an. Et c'est fille, elle sera en garde tant qu'elle sera en estat de marier, & lors sera mariée par le conseil de son seigneur, si ses amis n'y vouloyent entendre. Ne deuant ce ne soit femme de la dicte garde qu'elle se marie, ne n'est dicte femme de aage accomplie iusques à ce qu'elle ait vingt ans. Mais s'elle se marie auant, le mariage luy donne aage competent, & pource est hors de garde.

D'homme qui ne tiendroit en fief.

Et s'il aduenoit que homme qui ne tient en fief, & parce ne deust garde, & print femme qui tint en fief, & parce deust garde, sçachez que le seigneur les tiendroit en garde, iusques à l'aage d'homme. Car à la condition de la femme se rapporte ceste coustume, & doiuent les seigneurs qui ce ont en garde, tenir les emolumens de ce qu'ils ont en garde en valeur sans amendrir & sans aliener, ne sans frais desraisonnables.

Des bailles qui en garde ont les pupilles.

APres que [b] dict est des pupilles: il ensuit voir des bailles qu'ils ont, & qui en garde & administration doiuent auoir pupilles qui tiennent en fief. Sçachez que par la coustume locale, en quoy plus a lieu ceste matiere que à droict escrit, bien peuuét estre bail & gouuerneur d'vn pupille & de son fief la mere quant le pere faut, ou l'oncle quand le pere ou la mere defaillent, ou l'ante quand oncle n'y a, ou la sœur quand elle est aisnee du frere. Briefuement à parler au plus prochain appartient la garde & administration du bail qui du costé est dont le fief vient.

De bail comparoir.

Si sçachez que par la coustume localle, qui veut tenir au gouuernement du bail, il se faut comparoir pardeuant le Iuge de qui le fief est tenu, & faire plainte d'auoir le bail, garde & administration du pupille de son fief. Car sçachez que fief est de si noble nature & condition, que quiconque a le bail d'aucun par la raison du fief, aussi bien a-il la garde de toutes autres terres : car ainsi le veut le droict de fief. Et pource faut & appartient que le bail soit mis audit bail par loy, appellez à ce prochains d'vn costé & d'autre, & qu'il y soit mis par loy à l'vsage & coustume du lieu, & en entre en foy & hommage de seigneur. Et par tout son temps le bail durant face seurté & caution especialle qu'il rendra le pupille au chef de son aage sans soing & sans debte, & aussi sans loyen de mariage. Et ceste seurté & caution est generale en tous lieux & en toutes coustumes nonobstant que autres vsages particuliers y ait: si comme il ensuit. Car en aucuns lieux & coustumes le bail à cause du droict de son bail en tous meubles & cateux & emolumens d'heritage, soyent en fief ou en main ferme si comme dit est : car la nature du fief est si noble qu'elle emporte toute administration. Et parmy tant[c] que le bail a ces meubles & cateux si comme dict est, il est tenu de payer toutes les debtes que deuoit le trespassé au iour de son trespas: & en doit liurer le pupille tout quitte au iour de son aage. Et bien[d] se aduise ledit bail à entreprendre ledit bail: car il luy conuiendra ainsi rendre. Et de ce doit il faire caution. Et supposé que les debtes n'ait pas acquittees & payees au iour que ledit pupille viendroit à aage, si n'en seroit-ce nulle charge audit pupille ne à sa terre, mais en demeureroit la charge au bail à ses hoirs & au sien : car telle est la totale nature du bail Et contre ce, si beaucoup plus de biens y auoit appartenans au bail que des debtes, si demeureroit tout ou bail sans rendre compte. Car tout franchement emporte le bail toutes les leuees des terres, & tous autres meubles & cateux par la condition dessusdite. Et peut faire coupper bois, hayes, pescher viuiers, estangs, mais que ce face de raison. Et dure le temps du bail sur l'hoir masle iusques à ce qu'il ait quinze ans, & sur la femelle iusques à ce qu'elle ait vnze ans. Et ceste coustume de bail a lieu en la chastellenie de l'Isle, de Doüay, d'Orchies & de Tournesis.

Coustume d'Artois & de Vermandois.

Item & par la coustume d'Artois & de Vermandois, le bail a tous les proffits & émolumens venans & croissans sur toutes les terres, manoir au pupille comme dessus est dit, mais il n'a nul des meubles ains demeurent au proffit du pupille & de ses freres & sœurs si il les a. Et pour la raison de ce bail n'est tenu de payer nulles debtes: & s'il les paye, si ne les faict-il que prester au pupille: & les peut & doit r'auoir & reprendre en la fin de son bail sur les biens du pupille, ou tant tenir sa terre que refondu soit du tout en tout.

[*La coustume de Paris en garde noble est quasi semblable : car les gardiens doiuent acquitter les dettes que doiuent lesdicts mineurs : & iceux mettre & entretenir, payer & acquitter les charges que doiuent les heritages : & font les fruicts siens & dure ladite garde aux masles vingt ans, aux filles iusque à quinze accomplis : & si ledict pere ou mere, ayeul ou ayeulle suruiuant ausquels est loysible accepter ladicte garde, se remarie, alors ladicte garde est finie.*

Addition qui n'est au liure escrit à la main.

Que le bail peut faire.

Item quiconque tient en bail, il ne peut demander ne auoir par droict de bail chose dont le pere ne mourut saisy ne aduesty. Mais si au pupille pendant le temps dudit bail escheoit quelque escheance, bien la peut demander & poursuyuir, tant à cause de son bail, comme à cause dudict pupille.

Il y a des coustumes cōme d'Aniou, Tours le Maine & autres qui disposent, que ce qui aduient aux mineurs durāt le bail, soit de succession directe ou collateralle, ou par dō, leur appartiēt : & le gardien est tenu de leur en rendre compte.

De demander aucune chose au bail ou au pupille.

Et s'il aduenoit que on demandast au bail ou au pupille, ou à tous deux ensemble, chose dont le pere fust mort en saisine de tout, & le tint il à tort, sçachez que le bail ne le pupille ne aucun d'eux n'y sont tenus de respondre iusques à ce que le pupille sera venu en aage. Car de tout ce dont le pere iouyssoit au iour de son trespas, sans contend de procés doit iouyr le bail durant son temps, car par la raison du droict du bail, il conuient qu'il rēde au pupille luy venu en aage la terre, ne plus liée ne chargée, qu'elle estoit au iour du trespas du pere au pupille.

[*Nota qu'il vse de ce mot bail qui equipolle à garde : combien qu'il y ayt difference entre les coustumes, comme i'ay noté en autre lieu.*]

Addition, qui n'est au liure escrit à la main.

Comment le bail doit prester le relief que le fief doit.

Si sçachez que cil qui a le bail, doit prester les reliefs, que les fiefs doiuent aux seigneurs de qui ils sont tenus à temps, que faute n'y a ne dommage au pupille ; car ce seroit au peril du bail, & non pas dudict pupille.

Du bail qui doit prester les dons que fist le mort au lict mortel.

Item dois sçauoir que le bail doit prester les aumosnes, que le mort a faictes en lict mortel, & le pupille luy venu en aage luy doit rendre : & la sepulture du mort doit le bail bailler & payer sur son bail, & aussi doit ledict bail payer tous les cousts & frais de l'obseque pour cause de son bail & sans les frais au pupille.

De la mort au pupille.

Item s'il aduenoit qu'apres le bail prins par loy & vsage si comme dict est, le pupille allast de vie à trespas, auant le terme du bail faict, & que ledict pupille fust venu en aage, sçachez que pour ce ne demeureroit que le droict hoir des enfans alors n'emporte & n'ait la succession de l'heritage au pupille, nonobstant que en bail fut. & l'aura l'hoir aussi bien sans soin & sans dette, comme le bail le deuoit rendre à l'enfant luy venu en aage. Car la mort au pupille ne faict ne porte preiudice aux hoirs. Et ainsi a il esté iugé par plusieurs fois & pour plusieurs personnes tant à la salle à l'Isle, comme en Artois & Vermandois.

Addition, qui n'est au liure escrit à la main.

[Istud non est modicæ disputationis; quando si stante tali statuto de quo supra, moriantur pupilli antequam finita sit tutela per ætatem eorum, an non obstante tali morte talis balista facere debeat fructus suos, saltem vsque ad ætatem positam in consuetudinem, & vsque ad quam durat administratio: dicerem salua meliori opinione distinguendum esse, aut consuetudo defert illos fructus ad balistam ratione administrationis, & tunc non est dubium quin finiatur morte, vt est text. in lege Titia. ff. de alim. leg. & in l. Stichus §. Titio. ff. de alim. legat. in quibus ll. dicitur quod finito legato tractatum successiuum habente, finitur & onus successiuum sibi iniunctum. Facit tex. in l. Plenè. ff. de oper. libert. vbi finita causa permissionis finitur eius permissio, & cum ista scripsissem inueni Consil. ccccxviij. Ludouici Rom. per quod nonnulla facientia ad hæc ista annotat. Dicit enim quod ex quo aliquis qui custodit castrum pecuniam habet, vel aliquos fructus percipit, si ratio custodiæ castri deficiat, deficere etiam debet perceptio talium fructuum. Faciunt ad hoc quæ dicit Bartholus in l. Diurno. C. de frument. vbi cassato nomine officialium cassantur & officiales. Aut talis balista percipit fructus ratione patriæ potestatis, & statutum viget in patria Iuris scripti, in qua parentes habent suos natos in potestate, & tunc faceret fructus suos. Multa alia hîc adducerem: sed hic mihi labor non est: & aliunde me fortuna vocat, cum tantum emendare librum hunc susceperim.]

Et hoc quidem non fit ratione bally aut gardia, sed propter ius scriptũ, quod bonorũ mortui filij vsum fructũ ad patrem defert l. Cùm oportet. C. de bonis quæ lib.

Comment le bail emporte les emolumens du fief en son temps.

Et s'il aduenoit que durant le temps du bail, le fief dont le bail se faict, fut tel qu'il y eut seigneurie appartenante, par laquelle aucune confiscation vint au droict dudict fief, si comme si au fief appartenoit haute iustice ou Vicomté sçachez que le bail peut & doit apprehender à son profit toute telle confiscation que sur ledict fief en sera trouué, soit en meuble, ou heritage, & si c'estoit en heritage, & le bail se vendoit dedans l'an que confisqué seroit: ce demeureroit à son profit, & sans compte rendre: & si dedans l'an ne l'auoit vendu, ce demeureroit au proffit dudict fief, & retourneroit à l'hoir auec son fief luy venu en aage & discretion.

Comment en terre de main ferme ne chet point de bail.

Sçachez qu'en terre de main ferme ne chet point de bail, mais y appartient garde d'enfant, & garde de biens, ne bail n'appartient sinon à terre noble, & entre nobles personnes, pourquoy quand enfans d'homme de poeste & qui ne tient que en main ferme, demeurent pupilles, il conuient qu'ils soient gardez & maintenus par tuteurs & curateurs qui ayent le soin & garde d'eux & de leurs biens par loy & authorité de tutelle, si comme dessus est dict, tant en la rubriche des tuteurs comme en la rubriche des pupilles. Mais en pupille de noble venuë & de noble tenement n'appartient point de tutelle fors le bail qui est sire de tout durãt son temps, & sans compte rendre Et n'a charge fors de retenir les hostels du pupille, mais conuient il qu'il le face à ses despens.

Comment le Bail doit rendre au pupille sa terre en sa main luy venu en aage.

QVAND le Bail veut rendre au pupille luy venu en aage sa terre en sa main, & yssir hors du Bail, il n'appartient pour sainement yssir que le Bail face adiourner en la Cour du seigneur dont iceluy Bail tient le pupille, & les plus prochains parens & amis audict pupille, tant de par pere comme de par mere, à certain iour sur ce assigné pour rendre le Bail à l'enfant qui à aage accomplie est venu. Et le iour venu en la presence des hommes de la Cour le Bail doit dire: Sire & vous mes seigneurs les hommes cest enfant qui a esté mendre d'ans iusques auiourd'huy, i'ay tenu & gardé en Bail le sien loyaument à mon pouuoir & sans fraude: pourquoy par deuant vous par deuant lesquels ie le prins, ou vos predecesseurs à la Coustume & vsage de certain pays, enuiron dudict Bail garde & administration tant de l'enfant comme de sa terre & manoir, ie m'en descharge & oste, & le liure sans soin, sans debte & sans loyen de mariage, que ie sçache qu'il soit ne puisse sçauoir. Et dudict Bail autant en ay faict comme en appartient à faire à tout vsage & Coustume, si requiers que i'en sois acquitté & deliuré par loy, comme par loy l'ay entreprins, & que de ce aye lettres pour moy & pour mes hoirs. Adont doit ledit seigneur demander à l'enfant si il, ne proisme pour luy veulent rien dire contre le Bail, ou qu'il n'ait faict tout ce que à loyal Bail peut & doit appartenir à faire. Si nul n'y sçait que dire, le Bail doit tout rapporter par rain & par baston le droict dudit Bail, qui par rain & par baston luy fust mis en sa main, en la main du seigneur & par loy. Et ce faict le seigneur le doit remettre par loy, par rain, & par baston en la main de l'enfant, venu en aage comme de sa propre chose & heritage. Et ce faict par enseignement de loy, l'enfant doit faire hommage au seigneur pr, omettre de seruir sa Cour & estre son homme & tenant. mais pour ce faire le seigneur n'a que son chambrelage, ne autre droicture n'y a fors sa iournée, & la iournée des hommes. Ne relief, ny appartiēt, car pour vne mort n'appartient que vn relief & vn seul hommage Et ce fait il doit estre dict par le iugement des hommes que le Bail en a tant faict que bien a accomply la regle à ce seruant. Au surplus il doit estre dict par iugement que iceluy Bail s'est bien & à loy deschargé dudict Bail, & que quitte en doit estre pour luy & pour son hoir. Laquelle Coustume qui est à parfaire au surplus, si est ceste, quil doit estre dict par iugement d'hommes que pour auoir le Bail deliurance d'iceluy Bail pour luy & pour son hoir, il soit faict crier, en trois paroisses des plus prochaines villes dudict fief, dont ledict Bail a esté tenu, par Dimenche ou par iour d'Apostre, ou autre iour solemnel. que s'il est aucun qui aucune chose sçache à dire ou vueille demander à tel N. à cause du bail quil a tenu pour tel N. soit pour cause du pere & mere, ou pour cause du fief, terres & *Ceste forme ne se pratique pl⁹.*

appartenances de tel N. qui a esté moindre d'ans, si s'appare dedans vn an prochain de ceste publication, & on luy fera faire accomplissemen de raison. Et si dedans vn an nul ne vient ne compare, c'est à tel peril, que depuis n'y viendront à temps à faire sur ce demande, à quoy le bail ne l'enfant fut tenu de rendre. Et ainsi doit estre crié & fait sçauoir par sergent & hommes par les trois Eglises dessusdites,& par les trois iours dessusdicts,& par huictaines continuelles. Et ce faict si dedans l'an nul ne compare qui riens sçache que demander au bail: la terre & le fief de l'hoir demeurent quittes à tousiours.

Que le moindre d'ans ne peut faire adiourner son bail, luy venu en aage, si le bail mettoit difficulté de le non vouloir reçeuoir au sien.

S'il aduenoit que l'enfant venu en aage il eust difficulté entre luy & son bail,& que le bail ne le voulust remettre en sa terre, il doit faire adiourner son bail pardeuãt son seigneur à certain iour de Cour,& au iour sur ce assigné doit dire. Sire, en bail ay esté iusques à maintenant, plus n'y doy ne vueil estre, car i'ay mõ aage accomplie, pourquoy ie vous requiers que vous me receuiez en vostre foy,& en vostre hommage,& vous en offre la bouche,& les mains & si iceluy qui a tenu mon bail ou autre veut dire ou opposer au contraire, si sui-je prest de prouuer mon aage, par parains & maraines tant qu'il deuera suffire. Si la loy ne le contredict, l'ẽfant doit estre reçeu, & doit estre le bail contrainct à luy deporter & desister dudict bail,& faire ostentation des manoirs comment ils sont tenus. Et à la requeste de l'enfant il doit estre crié en trois Eglises, que s'il est aucun qui audict manoir & terre sçache ou vueille dire aucune chose comme dessus est dict. &c. Et si le bail se veut opposer ou contredire à ce si peut & doit le seigneur reçeuoir l'enfant en foy & hommage,& ce saue tous droicts puis que son aage est plus apparent que non. Car de nature son homme,& son tenant par le droict dont le mort saisit le vif, & en la forme & maniere que dict est cy dessus, veut le droict escrit. *C. libro quinto Rubrica de testamentari tutela. l. Si tutores testamento. & de hac materia tractatur ff. de tutel. & rationibus distrahen. l. 1. & per totum tit.*

Celuy qui a esté en bail, celuy expiré peu iouir de son fief & en faire la foy & hommage au seigneur sans vser de la forme icy recitée de faire crier & publier.

ANNOTATIONS SVR LE TILTRE.

NONANTETROISIESME.

a ILcommence de traicter du Bail & garde des pupilles, dont a esté parlé cy dessus en autre titre, qui sera cause que i'en escriray icy plus briefuement. Par les Coustumes de France sont introduites trois especes de garde, encores que toutes icelles n'en disposent conformement, comme on peut voir par lesdites Coustumes : à sçauoir garde seigneuriale, noble & bourgeoise. La seigneuriale est de deux especes par la Coustume de Normandie, chap. 10. à sçauoir Royale, & simplement seigneuriale. La garde Royale est quand elle escheoit pour raison du fief noble tenu nuëment & immediatement du Roy: qui est tres-ancienne, comme appert par les patentes de Louys Vnziesme, de l'appanage donné à Charles son frere, du mois d'Octobre, 1465. & le monstre Choppin lib.3 de doman. tit. 19. & autres en ont escrit. Ce droict de bail & garde a esté transferé par Guillaume Duc de Normandie en Angleterre, quand il a conquesté le Royaume, & s'obserue tant en Angleterre, qu'en Escosse, vt Hector Boërius & Buchananus in historia Scotorum testantur. Et autresfois il a eu lieu en Bretaigne: mais depuis il a esté changé en rachat par accord & traicté faict entre Iean Duc de Bretaigne, & les nobles du pays, comme il se cognoist par les lettres faictes à Nantes, le iour de Samedy auant la sainct Hilaire, l'an de l'incarnation, mil deux cens septante & cinq, & est discouru par Argentré en l'histoire de Bretaigne l. 4. chapitre 178. La garde seigneuriale, qui ainsi simplement se nomme, est celle qui appartient à tout autre seigneur feodal. Qui voudra sçauoir les droicts appartenans à chacune desdictes gardes, qu'il lise ladicte Coustume de Normandie.

b L'autre espece de garde est appellee noble, dont il traicte icy, & i'en ay amplement escrit cy dessus, & sur la Coustume de Paris, à laquelle on pourra auoir recours: mesmes pour le regard de la garde bourgeoise. Le bail ou garde noble est ainsi appellé, par ce qu'il a esté premierement introduict entre les nobles, & pour les fiefs & nobles tenemens, qui estoient anciennement tenus par les nobles faisans profession des armes. Bail ou baillie signifie garde & gouuernement, dont vient aussi le mot de baillistre, en quelques liures Latins, ballium, ballius, baiulus, Aimon. libro. 4. cap. 15. & 38. Constit. Sicil. libro. 2. tit. 7. & libro. 3. tit. 26. & 30. & autres semblables autheurs. Le droict de garde noble par la Coustume de Paris & quelques autres, est attribué aux pere, & mere, ayeul ou ayeule nobles, de leurs enfans, apres le trespas de l'vn d'eux, ce qu'il faut entendre par ordre, que s'il n'y a pere ou mere, l'ayeul ou ayeule a ladicte garde, & par lesdites Coustumes tel droict ne vient aux enfans collateraux : mais par autres en defaut de parens en ligne directe, il est deferé aux freres, sœurs, oncles, tantes & autres collateraux. Pour la diuersité qui se trouue esdictes Coustumes, il conuient y auoir recours, quand l'occasion se presente. Toutesfois faut noter que la garde noble non plus que la tutelle ne se peut deferer par lettres patentes contre la Coustume, ainsi qu'il fut iugé par arrest de releuée du 4. Ianuier, 1577. contre le sieur de Gourdan.

c C'est vn ancien prouerbe duquel mention est faicte en quelques Coustumes, qui bail prend, quitte le rend. Du nombre des debtes, dont le gardien ou baillistre est tenu à cause du bail, est reputé le remploy, que la mere ayant accepté ledict bail *pouuoit reprendre de certaine somme pour vne fois sur les biens de son mary, comme a esté iugé par arrest du mois de Septembre, 1594. contre la vefue de feu Monsieur Cuias: à ce propos on peut voir* l. quoties §. 1. D. de adminiſt. tuto. l. Si tutor poſt pubertatem. D. de tutel. & rat. diſtrah. l. 1. C. de bon. mater. l. 6. C. de bon. quæ lib. & al. *Quant à l'aage, auquel la garde noble finit, y a grand' diuersité de Coustumes, selon lesquelles les differens qui en peuuent suruenir, se doiuent regler.*

d *En cet article est faict mention de la forme d'accepter la garde noble: & par la Coustume de Paris, & autres elle se doit accepter en iugement, comme aussi la garde bourgeoise, c'est à dire, pardeuant le Iuge seant en iugement, & l'acceptation faicte au greffe ne suffiroit, comme a esté iugé par arrest du mois de Ianuier, 1587. entre Monsieur de Bourges Conseiller en la Cour, & Commissaire aux Requestes du Palais, & la veufue de feu Huppeau, lequel arrest i'ay recité au liure 7. des Respons. chap. 241. & conuient noter que la garde noble n'est incompatible, non plus que la bourgeoise auec la tutelle, & que le gardien ou baillistre peut aussi estre esleu tuteur & curateur aux mineurs, comme a esté iugé par arrests du 14 Auril, 1579. & du 14. Mars, 1586. & est porté par la coustume de Paris, art. 271. Encores que l'autheur ait escrit que le gardien qui iouyt des fruicts du fief & les faict siens, emporte aussi & applique à son profit les fruicts & emolumens des heritages cateux & roturiers: si est ce que l'ancien droict François que plusieurs Coustumes ont retenu, auroit limité le droict de garde noble à la iouissance & perception des fruicts du fief: en telle maniere qu'encores qu'ils ne fussent suffisans pour nourrir & entretenir les mineurs, toutesfois celuy qui auroit accepté ledict Bail, ne pourroit appliquer à son profit ceux des heritages roturiers, ains comme est escrit en mon vieil practicien, & au Coustumier de Clermont, de Philippes de Beaumanoir, puis qu'il estoit entré en Bail, il deuoit les enfans mainburnir, & rendre quittes, quand ils seroient aagez & faire sauues les despouilles de lors vilenages par bonne seurté. Quant à la caution dont parle l'autheur, le gardien noble par la Coustume de Paris, & quelques autres, n'est tenu d'en bailler: en quoy il differe de celuy qui accepte la garde bourgeoise, article deux cens soixante & neuf de ladicte Coustume. Et qui en voudra sçauoir d'auantage, qu'il lise s'il luy plaist, mon commentaire sur icelle, & le grand Coustumier, liure 2.*

e *Au grand Coustumier, liure deuxiesme, tiltre du rachat des fiefs, est escrit que garde doit rachat & finance pour les fiefs, dont il fait les fruicts siens: mais nostre autheur cy dessus, a esté de contraire opinion, qui est la plus equitable & a esté suiuie par la Coustume de Paris, article quarante sixiesme & autres, qui portent que le gardien noble ou bourgeois n'est tenu de payer droict relief pour les heritages feodaux appartenans aux mineurs, desquels il est gardien, mais il est tenu les en acquiter, s'il en est deu du chef desdicts mineurs: comme si ceux par la succession desquels lesdicts heritages leur seroient aduenus, en deuoient aucun: ou que par la coustume du pays les mineurs mesmes le deussent: ainsi qu'en la coustume de Clermont en Beauuoisis, art. 175. pour le regard des fiefs tenus & mouuans des Chastellenies de Balles,*

les, Conty & Milly, pour les fiefs de la Cour d'Anneul & le fief d'Araines, qui releuent à toutes mutations. Mais le gardien doit demander souffrance pour les mineurs, comme le tuteur: laquelle expirée les mineurs estans en aage pour faire la foy & hommage, seront tenus la faire au seigneur feodal, comme i'ay traicté si amplement sur ladicte coustume de Paris, qu'il n'est besoin d'en discourir icy d'auantage.

DES FILS ADOPTIFS. TILTRE XCIIII.

DEs fils * adoptifs te veux dire & monstrer apres que dict ay des pupilles & de leurs bailles, & il s'ensuit sçauoir comment, quand aucun n'a nuls enfans, il peut attribuer & prendre à luy aucun enfant, & en faire son hoir par adoption, & tels sont appellez fils adoptifs. Si sçachez que ceste matiere chet plus en droict escrit qu'en coustume, & n'en est pas souuent accoustumé à vser, mesmement au pais coustumier, & toutesfois droict le seuffre & enseigne à faire, & pour ce en veux briefuement dire ce que veu & oüy en ay des sages clercs en droict. Si sçachez que selon le droict escrit il sont deux manieres d'adoptions La premiere si est celle qui est par lettres du Prince faictes, ou par commandement des Seigneurs. La seconde si est par l'authorité de l'Empereur, si comme de ceux ou celles qui sont de leur droicture, ou qui sont d'aucune poeste, & ceste maniere d'adoption est appelée selon les clercs *arrogationis*. Si sçachez que de ceste maniere selon le commandement des maistres se peut faire adoption de quelque degré que ce soit, c'est à sçauoir, de trois degrez, dont le premier est si comme fils ou filles. Le second, si comme nepueux ou niepces. Le tiers, si comme fils ou filles à la niepce ou au nepueu. Mais il est ordonné en l'establissement sur ce faict de l'Empereur, que quand le pere naturel donne son fils à vn estrange par adoption de poëste au pere naturel, ne faillent pas pour ce que nulle chose qu'il ait ne vienne au fils adoptif ne il n'est pas en sa poëste, iaçoit ce que par l'Empereur soit concedé la * potestе d'auoir son heritage, si le pere adoptif luy laisse en adoption. *Insti. de adop. à princip. vsque ad §. minorem natu.*

* *Par tout ce tiltre au liure escrit à la main y a poeste, qui signifie puissance autres dient poste, ou pote.*

D'adoption faicte à son prochain.

Et si le pere naturel donne son fils en adoption à l'ayeul du fils de par la mere, ou à son ayeul de par le pere, & en ce cas par droicture naturelle, par celle adoption du pere adoptif, la chose est accomplie par naturel lien. Et ainsi puis qu'adoption se feroit d'entre si prochains, que par naturelle ligné la chose se pourroit par mort eschoir à droite ligne. Si est à sçauoir que quand vn fils qui est dedans aage, est adiourné par la confession de l'Empereur que faire ce peut, est au semblant & equipollent d'adoption, & que ce soit pour cause sans turpitude, & par certaine condition, & * l'aduoüé du pupille donne caution deuë, que si le pupille mouroit auant qu'il fust venu en aage, il laisseroit ses biens à ceux à qui ils doiuent estre ses hoirs naturels, ou autrement aduoüerie en ce cas ne seroit pas deuë. Et est encor' à sçauoir que celuy qui tient l'aduoüé, ne le peut mettre hors de bail deuant ce qu'il soit d'aage accomplie, & lors si faire le vouloit, il seroit tenu de rendre toutes ses choses. Et si le pere veut issir hors de son heritage le fils qui est aduoüé de luy, sera hors de son bail, mais il aura la quarte partie de ses biens outre ceux qu'il apporta à son pere adoptif, & outre ceux que depuis luy a acquis: *vt Insti. eod. titu. & C. de adop. l. vlt.*

** L'aduoüé signifie celuy qui a adopté: & se prēd aussi pour l'adopté, comme l'aduoüerie pour adoption.*

De l'aage que doit auoir celuy qui autre prent en adoption.

Ad hac vide. § minorem natu. inst. eod. tit.

Si dois sçauoir que celuy qui autre veut auoit en adoption, doit auoir au moins quatorze ans plus que celuy qu'il prent en adoption ou en aduoüerie, ou autrement le droict ne le pourroit souffrir, car dure chose seroit que le pere fut plus ieune que le fils. si peuuent estre prins en adoption ou en aduoüerie qui qu'il plaist, par si que ce soit le gré de celuy qui sera fils adoptif ou aduoüé. Car il conuient par le droict escrit qu'il s'y consente, & pour-ce conuient qu'ils soient d'aage & de sentiment tel qu'ils puissent, vueillent ou consentent & gréent ainsi estre, ou autrement ne vault. Et dois sçauoir qu'homme qui seroit chastré, ne peut prendre fils adoptif: mais si homme est de naturelle condition, prendre le peut & toutesfois il n'a nuls enfans, ainsi que bien souuent aduient à plusieurs, pour-ce qu'il ne plaist à Dieu, ou par-ce qu'ils sont refroidez ou debilitez par vieillesse, &c. §. *sed & illud. Inst. eod. tit. & vide ibi Angel. aret. & Christ. por.*

Que femme ne peut prendre fils adoptif.

Item femme ne peut auoir fils adoptif n'aduoüé. Car leurs fils mesmes naturels n'ont elles pas en leurs * poteste, ergo n'en peuuent elles auoir autres. Mais toutesfois par la permission du Prince qui auroit vigueur d'Empereur en ce, se pourroit faire selon aucuns: car l'Empereur est conditeur de loy. Et sçachez que si aucun seigneur faisoit son fils adoptif de son serf il l'affranchiroit. Et s'il aduenoit qu'aucun qui mesmes auroit enfans naturels, fust faict par aucun fils adoptif, pour-ce ne seroit-il enfant en adoption, mais ses enfans sont ainsi faicts comme s'ils fussent nepueux adoptifs. §. *fœminæ & §. finali. Institut. eod. tit.*

** Poeste.*

ANNOTATIONS SVR LE TILTRE NONANTE ET QVATRIESME.

TOVT ce qui est icy traicté, & au droict Romain de l'adoption & enfans adoptifs, n'est receu en France : & ne sont les enfans adoptifs capables de succeder, vt testatur Masuerius tit. de probat. num. 34. & Benedict. in repet. cap. Raynutius. in verb. & vxorem nomine Adelasiam. de testam. *tellement qu'il n'est besoin de s'y arrester. Aucuns ont estimé que par contract on pouuoit faire adoption, qu'autrement on appelle aduoouërie ou affiliation, comme de stipuler par contract de mariage, que le futur espoux succedera au stipulant, portera son nom & ses armes, comme s'il estoit son propre enfant, né de luy & de sa femme legitime. Lesquels termes & autres semblables ont effect d'adoption, par-ce qu'on tient en France que par contract de mariage, on peut faire vn heritier*, vt tradit Masuerius tit. de societate. num. 7. & Bened. in d. cap. Raynutius. in ver. duas habens filias. Aufrer. in. decis. Tholos. qu. 452. *Ce n'est toutesfois proprement vne adoption selon la forme du droict Romain.*

DES ILLEGITIMES. TILTRE XCV.

PVIS que dict est des pupilles & des fils adoptifs, il s'ensuit voir des fils illegitimes. si sçachez que celuy est fils ou fille illegitime qui est procreé ou procreée hors de mariage, ou encore mariage durant lequel ne seroit legitime ne droicturier, ou que puis mariage solennisé seroient diuorsez [par affinité de lignage ou de comparage. Mais si pour autre chose estoient diuorsez] & ils eussent eu enfans pour-ce ne seroient pas les enfans dits illegitimes. Ne ceux ne seroient pas dits illegitimes qui deuant mariage auroient esté nez, puis que depuis le pere espouseroit la mere, iaçoit ce que la mere eust eu encores autre mary entre la natiuité de l'enfant, & l'espousage du pere.

Ceste clause n'est au liure escrit à la main.

Vn exemple sur ce.

Il aduint que Baudet de Pas fut né en mariage. Or furent le pere & la mere diuorsez par l'Eglise, tellement qu'ils se peurent remarier vn chacun d'eux s'il luy plaisoit. Or aduint que quand ledict Baudet fut mort, les gens du seigneur d'Artois saisirent tous ses biens Sa femme s'y opposa, & dist que son mary auoit esté né & procreé durant le mariage, fait & solennisé en saincte Eglise, & par-ce deuoit estre & estoit son mary tenu pour legitime. Et qui plus estoit, les prochains de par luy auoient paloy prins & eu parchon cõtre elle à la coustume du lieu, comme d'homme de liberale condition, & que tel auoit il tousiours esté tenu & reputé, ne oncques n'auoit esté nouuelle ne mẽtion du contraire, pourquoy, &c. Les gens du seigneur disans du contraire, & que si né auoit esté en mariage, si estoit il vray que c'estoit mariage illegitime, si comme il apparut. Car ils furent diuorsez de lict, pourquoy puis que diuorce de lict y auoit, & que perpetuelle auoit esté en tant que chacun se pouuoit à autre remarier, il estoit tenu & reputé pour illegitime. Tout veu, il fut trouué que ledict Baudet fut trouué pour illegitime, & que pour illegitime estoit tenu.

Vn autre exemple.

Encore vn [b] autre exemple de fils nez sans mariage, & puis eurent par mariage l'vn l'autre le pere & la mere autre mariage entre deux. Il aduint qu'vn homme tenoit vn fief en la Chastellenie de l'Isle, & eut vn fils illegitime d'vne Damoiselle à marier, & aussi estoit l'homme, que les clercs appellent *de soluto & soluta*. Aduint que cel homme se maria à vne autre Damoiselle, & en eut vn fils legitime. Ce faict la Damoiselle mere à ce fils legitime alla de vie à trespas, & demeura l'homme vefue à tout les deux fils : le premier non legitime, & l'autre legitime. Le pere de ces deux enfans, voyant que la mere de son fils illegitime estoit bonne Damoiselle, & son fils beau-fils, espousa icelle mere: & par ce fut faict le premier fils legitime. Apres ces choses ainsi aduenuës, le pere alla de vie à mort, ces deux fils, c'est à sçauoir le premier né qui ainsi fut illegitime, & maintenant au iour du trespas de son pere legitime, par-ce que son pere auoit espousé sa mere, & l'autre fils qui auoit esté né legitime, dont la mere estoit morte: se disoit chacun à luy appartenir le fief du pere. Le premier disoit qu'il estoit aisné, & deuoit auoir tout le fief, & à luy appartenir: car son pere auoit depuis sa natiuité espousé sa mere, & ce ne luy nuisoit qu'il ne fust legitime, & aisné. L'autre disoit à luy apartenir ledict fief, car il estoit né & procreé de mariage, auant que ne fust son frere, & que si son frere estoit aisné d'ans de natiuité, ceste natiuité deuoit estre comptée pour nulle, car elle n'estoit pas droicturiere, ne legitime, ne telle qu'elle luy peut donner quelque dignité contre luy, qui estoit né & procreé en mariage, & que sa natiuité quant à natiuité & hoirie receuoir, & à dignité, mesme en si noble matiere que de fief, ne deuoit estre dicte ne entenduë, deuant ce que leur pere eust espousé sa mere, qui fut grand temps apres sa natiuité du né à mariage. L'autre frere disant que puis que son pere auoit espousé sa mere de solut & de solue, il l'auoit affranchy & tellement habillité qu'il estoit & pouuoit estre dict fils legitime & aisné, ne ceste maieur ne le pouuoit destruire par raison, pourquoy, &c. Tout veu, les sages coustumiers de l'Isle n'en oserent determiner à certain : & fut la cause enuoyée au conseil à Paris, duquel conseil fut rapporté que consideré le cas, l'vn frere eust autant de part au fief que l'autre, & fut ledict fief diuisé en deux parties equales, & à chacun autant à l'vn comme à l'autre.

Autre exemple en cas pareil.

Vn [c] homme qui marié estoit, & appellé maistre Simon Larmoyeur, en son viuant demeurant à Tournay, s'en alla hors du païs, & par l'espace de quinze ans demeura, ou plus. Sa femme demeura derriere qui depuis le partement de son mary au chef de vnze mois eust vn enfant. Or aduint que certaines nouuelles vindrent que son mary estoit mort. La sœur du mary s'apparut & voulut auoir la succession de son frere contre la vefue demeuree. Ladite vefue dit du contraire, & qu'elle auoit vn enfant procreé en mariage, pourquoy à elle & à sondit enfant competoit & appartenoit toute la succession de sondit mary. La sœur disant du contraire, & que s'elle auoit vn enfant, si conuenoit-il qu'il fust dit & reputé illegitime, car il n'auoit esté né de tel temps & si loing du partement de son mary qu'il ne deuoit par nulle raison estre dit ne entendu enfant à sondit mary. Car il auoit esté né vnze mois ou plus depuis le partement dudit mary: durant lequel temps le mary qui estoit par delà la mer, n'auoit oncques repassé ne n'auoit esté veu ne sçeu au païs, pourquoy il peut auoir procreé n'engendré ledit enfant: & par consequent conuenoit par raison qu'il fust dit illegitime, pourquoy à luy ne deuoit competer n'appartenir quelque succession. La mere disant du contraire & puis que verité estoit qu'elle estoit femme espousee audit mary, & que verité estoit que l'enfant estoit son enfant, ne que les deux maieurs ne pouuoient estre deniez, & que l'enfant estoit né durant leur mariage, de toute raison elle deuoit estre fille legitime, & par consequent auoir la succession. Car au chef d'vnze mois ou de douze auoit eu l'enfant, si estoit-il possible & naturel: car femme porte bien vnze mois par cours naturels. Et d'autre part supposé qu'il y eust plus d'vnze mois, si estoit-il possible que son mary estoit reuenu en recele parler à elle comme à son espouse: & s'il ne s'estoit apparu, ce auoit esté pour ses debtes, qu'arresté ne fust de ses creanciers: car pour ce seroit-il party: pourquoy, &c. Ceste question saillie & ventilee en Parlement, d'vne partie & d'autre en l'an 1375. lors President Monseigneur Arnoul de Corbie, il fut dict que la fille seroit tenuë pour legitime, & succelleresse de son pere, & que la sœur n'estoit à receuoir à impugner qu'elle ne fust tenuë pour legitime. Et fut la sœur condamnee és despens, la taxation reseruee. A ce faict la loy escrite. *l* 1. *C. de Carboniano edicto.* *Arrest de Parlement, donné l'an 1375.*

Ista lex parum facit ad propositum: & ista determinata hic videntur esse contra dispositionem Authen. de restitu. & ea quæ pario in 11. *mense. vbi partus non potest se extendere vsque ad* 11. *mensem. Sed ad hoc posset responderi quod ista Authen. intelligitur quando vir mortuus est, & mulier post eius mortem parit in* 11. *mense. Hic verò pater non erat mortuus de absens: & potuit secreie reuerti ad vxorem suam: nam præsumitur semper pro matrimonio: vt ff. qui sunt sui vel alieni iuris. l. Filium eum diffinimus. ego tamen dubitarem valde propter text. illius. l. Circa medium & finem. cogita, quia id sæpius accidere non solet quod quæstio interueniat. sed quod filij nascantur præter maritum, tantum dubito, quantum cogito.* Addition.

D'enfant né en adultere.

Item par argument contraire peut estre soustenu que l'enfant né en adultere soit encore le mary demeurant auec sa femme, ou non, doit estre tenu illegitime: & selon la decretale. *C. lib. 4. Rub. qui sunt legitimi, decretali causam, &c.* La loy de *Carboniano edicto* dessus alleguée dict sur ce que l'enfant doit estre tenu pour legitime qui est né durant le mariage: iaçoit ce que le mary ait esté hors du pays par si long temps, que sembler puisse qu'engendré ne le puisse auoir pendant celuy temps que hors a esté. si veut ainsi entendre & declarer, que s'il aduient ainsi que le mary soit expatrié, & durant celuy temps sa femme ait enfans, pour-ce ne doit demeurer, que si le mary va de vie à trespassement, & l'enfant demeure mendre d'ans qui ainsi est né, que pour-ce qu'il est né en mariage, à luy n'appartienne la succession du mary comme de son pere. Et ainsi la doit auoir & estre mis en la succession de son pere: pour-ce que plus prest est d'estre dict fils legitime & en mariage, que non. Et ce doit il auoir parmy faisant de rendre la succession en quoy mis sera, luy venu en aage, si la partie contraire ne peut prouuer que ne soit en adultere, que fort est à prouuer. Et si l'enfant estoit aagé à la mort du mary, où il fust depuis mort, ou la veufue le demandast à cause de l'enfant dont elle seroit hoir, si l'auroit elle parmy baillant la caution dessusdicte.

Exemple d'enfant illegitime.

Encore d te veux monstrer exemple de succession d'enfant d'illegitime marié à femme illegitime, & toutesfois les enfans d'eux venans seroiēt morts sans auoir autres enfans. Il aduint en la Chastellenie de l'Isle qu'vn homme illegitime print à femme & espouse vne femme aussi illegitime, & eurent deux enfans à mariage qui furent legitimes. Or aduint que le pere & la mere allerent de vie à trespassement, leurs enfans succederent pour-ce qu'ils estoient legitimes. Apres que l'vn de ces enfans, car deux estoient, fut allé de vie à trespas, son frere succeda comme raison estoit. Encore aduint que ce second enfant alla de vie à trespas. Les hoirs vouloient succeder. Le seigneur dessous qui c'estoit, disoit auoir & à luy appartenir comme seigneur & comme chose espaue. Car iaçoit ce que les enfans fussent legitimes, toutesfois ils ne pouuoient faire ligne: car leur pere & mere n'auoient point de ligne, & sans ligne succession ne se peut apprehender. Car nul ne se pouuoit dire hoir ne de ligne aux enfans, car ils n'auoient de par pere ne de par mere qu'il leur peust appartenir à ligne legitime. Les prochains disans du contraire, & que puis qu'ils estoient morts legitimes, le seigneur n'y auoit que clamer. Car de raison il n'auoit qu'aux illegitimes, pourquoy, &c. Et si dire veut que ce soit chose espaue: Sauue sa grace ce n'est pas chose espaue, puis qu'on sçait veritablement de qui elle est venuë, pourquoy, &c. Tout veu, il fut dict par iugement d'hommes, la chose bien discutée, que les biens appartenoient au seigneur comme chose espaue, & qu'à nul autre n'auoient regard, par-ce que les enfans, iaçoit ce qu'ils fussent morts legitimes, si n'estoit-il personne qui s'en puisse dire hoir, ny ne pouuoient faire ligne, mais leurs enfans, si aucuns en eussent eus, eussent lors commencé ligne, mais que legitimes fussent, & ainsi apres eux de ligne en ligne.

Autre exemple en cas pareil.

Il aduint que [e] vne femme illegitime espousa homme legitime, & eurent du mariage vne fille, , laquelle fille ils marierent, & luy donnerent grandement du leur : & aussi ceste fille auec son mary acquesta biens & heritages : puis le pere de la fille alla de vie à mort, & demeura la mere veufue, & apres ce la fille alla de vie à trespas sans auoir nul enfant, si fut question de la succession de ceste fille ainsi morte auant sa mere, à sçauoir à qui viendroit ceste succession, ou à sa mere, ou au seigneur. La mere disant que iaçoit ce qu'illegitime soit, toutes fois sa fille estoit legitime, & à son mariage luy auoit grandement donné du sien, pourquoy succeder deuoit, &c. Le seigneur disant du contraire, car à illegitime ne peut quelque succession venir : & supposé que donné luy eust, si pouuoit elle bien transiger à autre, ne pour-ce n'auoit elle droict de succession : & si sa fille estoit legitime, pour-ce ne l'abillitoit pas sa fille à succeder. Tout veu, il fut dict que la mere n'auroit pas la succession ne possession, ains demeureroit au seigneur : & si la fille eust eu frere ou sœur, nepueu ou niepce, à eux fust venu ladicte succession : puis que de ligne fussent venus, & ainsi l'accorde la loy escrite. Si peus & dois sçauoir que loy escrite si deffend à mettre ne accomparager les enfans illegitimes aux pupilles des legitimes. Si comme si vn homme a enfans illegitimes & legitimes, & par la subtilité de la mere aux illegitimes, ou par la bonne volonté aux peres, ils veulent leurs enfans illegitimes accomparager à leurs enfans legitimes, sçachez que ce ne doit estre souffert, ne don qu'en celle maniere face le pere à tels enfans, n'est à tenir apres la mort au pere, ne il ne leur doit laisser que petite partie de sa cheuance, au regard de ses autres enfans, si comme le douziesme de ce qu'il a laissé à vn des legitimes. Encore dist la loy que ne vault qu'en soit laissé riens à eux, mais à leur mere peut estre laissé la quatorziesme partie des biens au pere, par si qu'elle fust de bonne gouuerne pour ses enfans nourrir: & ce pourroit faire le pere, mais non pas la mere ne leur pourroit riens donner. *C. lib. 5. Rub. de naturalibus liberis, l. Matre vel legitimis filiis. Et Authen. nunc soli sunt liberi.* Mais tu peus sçauoir qu'autre chose seroit d'homme qui auroit enfans illegitimes de solut & de soluë, que les clercs appellent *de soluto & soluta*, c'est à dire à marier, & sans loyen de saincte Eglise, & qui pourroit la femme auoir à mariage, dont il a les enfans illegitimes, si qu'aussi la femme soit à marier, sans loyen de saincte Eglise n'autre, & qu'entre eux n'ait affinité de lignage ne de cõparage, pourquoy ils puissẽt auoir l'vn l'autre à mariage, tels sont appellez de solut & de soluë. Et de tels peut le pere auec ses autres enfans legitimes donner & laisser le sien à son paisir. Et les peut promouuoir à dignité Ecclesiastique ou tẽporelle, qu'ils soient legitimez par le sainct Pere, si à dignité Ecclesiastique les veut prommouuoir, combien que pour le present maints en sont promeus à dignité temporelle, si comme à cheualerie, à office de iustice, ou autres quand ils le valent. Et est bien souffert & concedé, car le bon homme ne peut-on trop exaucer. Si sçachez qu'encore en plus forte raison la mere morte de l'enfant illegitime de solut & de soluë, si comme dict est, le pere peut son fils faire hoir & le tenir pour legitime par la permission de l'Empereur, qui le peut legitimer & habilliter comme legitime par ses lettres, & le faire habille de receuoir succession de pere, voire le seigneur subject dessous qui ce seroit, appellé *C. de natura lib. l. Si quis.*

'lition liure main.

[*Talibus spurus nihil potest relinqui, nec per institutionem, nec per legatum, nec per donationem, ut videre est per plura in consilio. 58. domini Calca. & pro hoc vide Iasonem in l. Is qui solidum ff. de vulgar. & pupilla. substitu. Gullelm. Benedic. in cap. Raynutius. in verbo, & uxorem nomine Adelasiam. de testament. ubi dicit spurium non posse capere aliquid à patre ex contractu lucratiuo nec oneroso, per se nec per interpositam personam secundum glos. Cy. Bal. Salice. in libro primo C. de nat. lib. & de his adulterinis vide cap. si gens Anglorum. 56. dist. ibi. Diuulgatum est tales incestuosos nec bello sæculari esse fortes, nec in fide stabiles: nec honorabiles hominibus, nec Deo amabiles. Illud tamen non præteream, ut quos sic destitutos alia prærogatiua Deus aspexerit, ut puta ingenio acutiores ceteris legitimis agnoscas. Scientiæ enim sæculares humanæ seruituti deseruientes fuerunt inuentæ ab illegitimo. Genes. tertio scribitur: Iabel natus ex adulterio facto à Lamech cum Ada fuit pater habitantium in tentoriis, & canentium cithara & organo. Quid de Tubalca in adulterino qui fuit malleator in opera æris & ferri? Quid de Salomone? Quid de Alexandro? Quid de Gratiano decretorum compilatore, quem natum ferunt ex coïtu adulterino? Plura hic nolo adportare, ne videar materiam forte minus utilem componere.*]

D'enfant de solut & de soluë.

En confortant ce que dit est, s'ensuit vne authentique qui dit ainsi, que s'il aduient qu'aucuns ait enfans illegitimes, & il les ait tellement que l'vn & l'autre soit de solut & de soluë tellement qu'ils pourroient auoir l'vn l'autre à mariage legitimement, & la mere voise mourir sans ce qu'ils ayent l'vn l'autre, sçachez que depuis l'Empereur à la requeste du pere, peut legitimer les enfans ainsi nez, & les peut faire & dispenser hoirs au pere. Encore [f] veut dire la loy, que les enfans ainsi nez comme dict est, si le pere ne les vient à l'Empereur ainsi dispenser, comme dict est, il les appelle enfans & filles, sans nommer bastards, & il en ait tesmoins ou lettres, sçachez que selon la loy escrite ce luy vaut. Mais le meilleur est qu'ils soient faicts legitimes par le Prince *C. lib. 5. Rub. de naturalibus liberis. Authen. Si quis liberos habens naturales. & Authen. præterea qui legitimam non habet prolem.* Et encore dit la loy escrite, que s'il aduenoit qu'aucun eust enfans illegitimes d'aucune serue, & puis espousast la mere, ces enfans demeureroient francs & legitimes. *C. lib. 5. Ru. dicta. Authentica supradicta.*

De

De la condition aux illegitimes.

VEVS comment illegitimes peuuent estre legitimez, il s'ensuit voir de la condition aux illegitimes. Et sçachez que si aucun illegitime a aucune chose au iour de son trespas dessous aucun seigneur, à luy est & appartient par son droict seigneurial par la Coustume laye. Et si dessous aucun autre seigneur auoit aucune autre chose, jaçoit ce qu'il n'y fust pas couchant ne leuant, ne qu'il n'y mourust pas, pource ne demeureroit que le seigneur dessous qui ce seroit trouué, ne l'emportast par le droict Coustumier. Car à illegitime ne peut riens eschoir, ne de luy ne peut riens eschoir à autre, fors au seigneur à qui & dessous qui ce est trouué à cause de son droict seigneurial. S'ainsi n'est que le illegitime donnast aucun en son viuant allant champ & voie, & à ce emporter promptement.

Du testament des illegitimes.

Car depuis qu'il seroit couché malade au lict mortel, ne peut-il donner ne legater chose qui tienne ne vaille outre v. sols, ne le sire ne luy est tenu de faire plus grand obseque, combien que du sien eut par droict seigneurial. Mais ce qu'il feroit, vendroit ou transporteroit en son viuant allant champ & voie pour emporter & auoir luy estant en celuy estat, tiendroit & vaudroit: luy couché en lict mortel ce ne vaudroit ne tiendroit, mais par le droict escrit vaudroit son testament, puis que en bonne memoire le feroit. *C. li. v. Ru. qui testamentum facere possunt.* Où il est dit qu'ils ne le peuuent faire, & à tous autres est permis. Et s'il a enfans legitimes, tout tient & vaut quanques ils font comme de vne autre personne de franche condition. S'ils n'ont enfans legitimes & ils soient mariez: adont le seigneur par son droict seigneurial emporte la moitié de tous les meubles, & la femme demeuree vefue l'autre moitié: & s'il y a heritages, la femme en a la moitié durant sa vie, & apres sa mort le seigneur l'emporte, soient fiefs ou terres de main ferme.

Que le seigneur ne payé nulles debtes aux illegitimes.

Item si le seigneur par son droict seigneurial apprehende hoirie & biens de aucun illegitime, sçachez qu'il n'est tenu de payer quelque debte que illegitime doiue: mais l'emporte tout franchement sans debte, ne donne aumosne plus de cinq sols montant, s'il ne plaist au seigneur.

Coustumes de Flandre, Cassel & Ternois.

Si sçachez que à la Coustume de Flandres, de Cassel & de Ternois, nul n'est bastard de par la mere, pour ce qu'ils dient que certaine chose est de la mere, & incertaine chose est du pere, & emportent de par leur mere succession, voire quant la mere n'a nuls enfans viuans de loyal lict au iour de son trespas. Mais selon le droict escrit aux illegitimes ne vient riens de par la mere, car elles doiuent garder chasteté. *C. libro sexto. Rubrica ad Senatusconsultum. Orfit. l. Si qua illustris.*

Ista lex habet locum in illustrib. fœminis non autem in alys vt dicta l. In princip. vsque ad § sin autè & vsque ad finem legis.

ANNOTATIONS SVR LE TILTRE NONANTE ET CINQVIESME.

a Des enfans illegitimes y a plusieurs especes, qui sont tous vulgairement appellez bastards: les vns qu'on nomme naturels nez de deux capables de se marier ensemble, qu'on dict ex soluto & soluta: les autres procreez en adultere, à sçauoir d'homme marié, ou femme mariee de la conionction auec autre personne: les autres incestueux & illegitimes nez d'vne conionction incestueuse & reprouuee par le droict, soit en mariage, & qui depuis auroit esté dissolu, ou hors mariage: & y en a d'autres, qu'on appelle nothi, vulgò concepti, & spurij, quasi sine patre, nez d'vne femme publique, & d'vn pere incertain. Aucuns ont estimé qu'ils sont aussi appellez manzeres: mais ils s'abusent, quia manseres, de quibus Deuteron. 23. dicuntur, qui ex probroso & lege diuina damnato coitu nati sunt, vt ostendit Cuiacius ad cap. per venerabilem. qui fil. sint legit. En France par droict general, les bastards sont reputez comme de la condition des estrangers, neque genus, neque gentem habent, & n'ont auec nous droict de lignage & parenté, tellement qu'il a esté iugé par plusieurs arrests de la Cour des Aydes, qu'encores qu'ils soyent nez d'homme noble, si est-ce qu'ils sont sujects aux tailles & imposts, ausquels les roturiers sont contribuables. Aussi par la loy des Grecs, de laquelle Demosthene contra Aristocrat. Isæus & Plutarque in Themist. font mention: les bastards estoient interdits des sacrifices qui se faisoient pour les familles: & par l'ordonnance de Pericles y auoit loy en Athenes, que les bastards n'estoient tenus pour citoyens, ne de la race des parens. Les enfans illegitimes peuuent estre legitimez en France, ou par lettres du Roy, qui doiuent estre verifiées en la Chambre des Comptes, ou par mariage subsequent: & n'y a que ces deux moyens de legitimation qui soient receuz par le droict François. Quant à la question qui est traictée en l'exemple ensuiuant de la succession du pere, qui auoit eu vn enfant en mariage, lequel depuis auoit esté dissolu par l'Eglise, ie n'aprouuerois du tout le iugement qui en est icy recité: ains me sembleroit plus raisonnable de distinguer, comme faict le Iurisconsulte inter incestum iure gentium prohibitum, & incestum iure ciuili vel canonico prohibitum, & si le mariage a esté publiquement ou clandestinement contracté, l. vlt. D. de ritu nupt. Car en degré de cognation ou affinité collaterale, n'estant proche, si le mariage auoit esté publiquement & solemnellement contracté, ie ne serois d'aduis de priuer l'enfant de la succession de son pere, & l'adiuger au seigneur, ains me voudrois conformer à la raison. l. Qui in prouincia. §. 1. D. eod. pour confirmer l'estat de l'enfant.

b Le iugement donné sur le faict icy proposé, que le premire enfant né d'vne concubine, laquelle le pere auroit espousee apres la mort de sa femme legitime, succederoit auec l'enfant qu'il auoit eu de sadicte femme, se peut confirmer par vn arrest du 10. Iuillet, 1576. recité par Bacquet liure du droict des bastards,

2. part. chap. 9. *Mais ledict arrest n'est que prouisionnel, & fondé sur quelques particulieres circonstances tellement qu'il ne le faut tirer en exemple & consequence. Ie persiste donc en l'opinion que i'ay tousiours tenuë, que le fils que le defunct auroit eu de la femme, qu'il auroit premiere espousee, est son aisné, & doit iouyr du droict d'aisnesse, lequel n'auroit peu luy estre osté par le subsequent mariage du defunct auec sa concubine : de laquelle l'enfant qu'il auroit eu, estoit du commencement bastard, & le mariage qui depuis seroit suruenu auec sa femme legitime, auroit empesché la conionction du commencement auec la fin du second mariage: & ceste opinion est suiuie par plusieurs autres.* Ioan. Andreas ad regul. sine culpa. de regul. iur. in 6. DD. ad l. Gallus. §. & quid si tantum. D. de liber. & post. Le Cirier de primog. lib. 1. qu. 14. Molin. in cons. Paris. tit. 1. §. 8. glos. 1. Tiraquel. de iure primig. qu. 3. in repet. l. Si vnquam. C. de reuocand. donat. l. Boues. §. hoc sermone. D. de verb. signific. & alij : *& ainsi a esté iugé par arrest du Parlement de Bretaigne, la vigile de Toussainct*, 1588.

c *Ie doute grandement de ce iugement, & ne le voudrois ensuiure. Par le droict Romain fondé sur les douze Tables, le temps legitime d'enfanter son part par la femme, estoit de dix mois, qui n'estoient anciennement que lunaires. C'est pourquoy Iustinian Nouel. trente neuf a declaré le part né à vnze mois estre illegitime, ce qu'aucuns interpretent des vnze mois accomplis. Mais en bien computant les neuf mois, que nous obseruons apres la correction que Cesar & Auguste auroient faite de l'an, ils approchent aux dix mois de l'ancienne obseruation des Romains, comme i'ay traicté ailleurs, si à present tel differend se presentoit en quelque Cour de Parlement, i'estime qu'elle voudroit plus exactement examiner les circonstances icy remarquées. Quant à l'enfant né en adultere, il est dutout incapable des biens de son pere, lequel mesmes par le droict Romain n'est tenu de le nourrir, non plus que celuy qui est né d'vn embrassement incestueux* Nouel. 89. cap. vlt. vnde sumpta est Auth. ex complexu. C. de incest. nupt. *toutesfois par l'equité canonique il doit luy donner pour ses alimens*, cap. 5. de eo qui dux. in matr. *& ainsi on en vse à present, encores que* Baldus in d. Auth. ex complexu. *soit d'aduis de suiure plustost la nouelle de Iustinian pour le regard de tels bastards nez* ex adulterio vel incestu.

d *Par le droict Romain comme les enfans naturels succedoient à leur mere, aussi la mere leur succedoit* §. vulgò quæsitos. Inst de success. cognat Nouel. 89 quib. mod. natur. effic. §. si quis. l. Hac parte. D. vnde cognat. §. vlt. Inst. de S C. Tertull. §. nouissimè. Inst. de S. C. Orphit. *Mais par le droict François les bastards ne succedent, & aussi on ne leur succede : tellement que si le pere ou la mere est illegitime, la succession de leur enfant legitime mort intestat ne leur appartiendra, par ce qu'en France* spurius est incapax successionis, vt Eguinarius Baro ad l. vlt. D. de statu homin. alijque tradunt, ixta l. Naturalib. liberis. C. de confir. tuto. ca. lator. qui filij sint legit. ca. 3. § 1. de despons. clandest. ca. per venerabilẽ. qui filij sint legit 2. Benedict. in ca. Raynutius in verb. & vxorem. de testam. Bartol. in l. Hæreditas. C. de his quib. vt indig. *arrest du 7. Septembre*, 1584.

e *Pour le regard de celuy qui doit succeder au bastard, on tient en France que sa succession est deferee au Roy, comme l'aubain & estranger : toutesfois les seigneurs hauts iusticiers se l'attribuent: & par coustume ils en ioüyssent si les trois cas concurrent: à sçauoir que le bastard soit né en leur terre & seigneurie, qu'il y soit demeurant, & y soit decedé, comme recite l'autheur du Grand Coustumier, tiltre des droicts Royaux. Mais mon ancien practicien escrit quand aucun bastard meurt sans hoirs de sa femme, toutes ses choses sont au Seigneur, qui haute iustice a, & à chacun de ce qui sera en sa terre: dont on peut voir Chopin* libro primo de Doman. tit. 10. *& sur la Coustume d'Anjou liure premier: mais si le bastard a vn enfant de legitime mariage, qui decede apres son pere, la mere de l'enfant, qui est de race legitime, luy succedera en ses meubles & acquests, comme a esté iugé par Arrest du vingt-huictiéme iour de May 1576. recité par Chopin* libro secundo de Morib. Paris. tit. 5. *Les bastards nez de pere & mere estans libres de se pouuoir marier ensemble, qu'on dict* ex soluto & soluta, *peuuent estre legitimez par le Pape* super defectu natalium, *pour tenir benefices, que legitimez par le Roy, pour estre capables des droicts, honneurs & dignitez appartenans aux legitimes, des successions dont Chopin & Bacquet ont amplement escrit, & nous aussi aux Pandectes, aux Memorables, & autres lieux.*

f *L'enfant est reputé legitime qui est né en mariage, & comme dit le Iurisconsulte.* l. Filium quem. De his qui sui vel alieni iuris sunt. Iulianus ait, non ferendum eum, qui cum vxore sua assiduè moratus nolit filium adgnoscere, quasi non suum. *Mais qui est né hors mariage, est reputé illegitime, & ne peut estre legitimé, que par l'vne des deux manieres que i'ay cy dessus recitees: tellement que pour appeller par le pere simplement son fils que n'est que naturel, il ne le rendra pas telle nomination legitime,* l. Non epistolis & l. Seq. C. de probat. l. Ait Prætor. §. fin. D. de iureiur. & arg. lib. 5. C. de testament. *Toutesfois si en fraude, comme pour le marier plus honorablement & aduantageusement, il a teu sa condition de fils naturel, & qu'ayant des enfans d'vne femme legitime il soit decedé, comme pareillement ce fils naturel ayant delaissé des enfans de la femme qu'il auoit espousee: encores que les enfans d'iceluy ne succedent à leur ayeul, neantmoins seront les enfans legitimes du defunct pere condamnez ez dommages & interests des enfans dudict fils naturel, estimez & arbitrez à la valeur de la portion que leur pere eust euë ez biens de leur ayeul, s'il eust esté legitimé. Qui est la notable decision de l'Arrest du quatorziesme Aoust, mil cinq cens octante-deux, recité en la Respons. 31. du huictiéme liure*

g *Ce qui est traicté en cét article est contraire à ce que i'ay dit cy dessus de la succession des biens des bastards. Mais encores qu'autresfois les seigneurs hauts iusticiers les ayent pretendus purement & simplement, comme biens vacans & espaues: si est-ce que le droict du Roy ayant depuis esté plus diligemment examiné, a esté arresté pour droict commun qu'au Roy seul appartiennent les biens des bastards, & non aux seigneurs hauts iusticiers, sinon que les trois cas soient concurrens, à sçauoir que le bastard soit né, demeurant & decedé en la terre du seigneur qui pretend ses biens, dont on allegue quelque ordonnance estant en la chambre du Tresor, & iugemens.*

h *Il a esté iugé par plusieurs Arrests que le pere qui n'a enfans legitimes peut don-*

ner & leguer à son bastard & fils naturel, comme à vn estranger, & entre autres du quatorziesme Auril mil cinq cens septante neuf, & autre precedent de l'an mil cinq cens vingt-huict. Et mesmes la donation faicte par vne femme noble de tous ses biens meubles & immeubles à son fils bastard, n'ayant autres enfans, à la condition de porter le nom & les armoiries d'elle, fust declaree bonne & vallable par Arrest prononcé solemnellement aux arrests de Pasques, mil cinq cens quatre vingts qua-quatre, dont on peut voir les Docteurs ad l. vlt. C. de verb. signif. Aussi le bastard peut disposer de ses biens, non seulement par donation entre vifs, ains aussi par testament, estant capable de tester, en quoy il est de meilleure condition que l'aubain & estranger: dont Io. Gallus recite quæst. 81. vn ancien arrest de l'an mil deux cens quatre vingts trois, & y en a eu depuis d'autres donnez pour la validité des testamens des bastards, à sçauoir du seiziesme Auril, mil cinq cens vingt-sept: & sixiesme Iuillet, mil cinq cens quatre vingts cinq, & autres, recitez par Choppin & Bacquet és liures cy dessus alleguez. Ne faut donc pour le regard du commun droict François s'arrester à ce que l'autheur en escrit icy: mesmement pour le regard des debtes du bastard, duquel les biens seroient aduenus au seigneur. Car le seigneur est tenu desdites debtes à raison de ce qu'il amende & profite desdits biens: parce qu'il n'est reputé pour heritier succedant de droict ordinaire, ains pour possesseur des biens à luy acquis par le droict de sa iustice, & comme emolument casuel & extraordinaire: tellement qu'il ne peut estre tenu de toutes les debtes, sed tantum pro modo emolumenti, quia æs alienum respicit bona defuncti, quæ non intelliguntur, nisi eo deducto l. Fideicommissum. §. tractatum. D. de iudic. l. 39. §. bona. de verb. signific. & eo iure vtimur, dont on peut voir Bacquet traicté du droict de desference. Chap. 3.

DES POSTMIS, ALIAS POSTHVMES.

TILTRE XCVI.

POstmis[a] sont les enfans qui sont nez depuis la mort de leur pere. Si sçachez que s'ils sont deux conioincts par mariage, & si l'vn, c'est à sçauoir le mary voise de vie à trespas, & par ce face testament, ou qu'il face ses ordonnances de derraine volonté, lais & aumosnes, soit à ses autres enfans ou à autres quels qu'ils soyent, & il se taise de celuy enfant qui encore est au ventre de sa mere, & ne luy face quelque assenne ne ordonnance du sien, supposé que riens ne sçache que sa femme soit enceinte, & en voise celuy mary de vie à trespas, & le fils ou la fille qui est au ventre de la mere, vienne depuis à baptesme, sçachez que testament du pere par la natiuité à l'enfant est du tout destruit & adnichilé, & n'est à tenir ne à confermer, & reuiendra l'enfant ainsi né à droicte succession naturelle & coustumiere. Et la raison si est qu'il n'est pas à douter que s'il eust sçeu que sa femme fust enceinte, il n'eust iamais ordonné que l'enfant qui estoit au ventre de sa mere, fut debouté de son droict naturel & coustumier. *C. libr. vj. Rub. de posthumis heredibus instituendis. l. Si post factum testamentum.*

Abortus testamentū non rūpit, nec venit ad successionem. text in l. Vxoris abortū. C. eod tit.

Des enfans auortez.

APres s'ensuit des enfans auortez, & qui viennent sans vie sur terre, de tels sçachez qu'ils n'ont nul droict ne autre pour eux de demander hoirie : mais sont tenus comme non enfans, ne hoirie ne leur compete aucunement.

Des abscisez qui sont taillez hors du ventre de leur mere.

DEs abscisez, c'est à dire qui sont taillez hors du ventre de leur mere, & extrais en vie, iaçoit ce que la mere soit morte auant qu'ils en soyent trais au taille. De ce dict la loy escrite[b]. S'il aduenoit que aucune femme enceinte cheist morte auant qu'elle eust enfanté naturellement, & pour sauuer l'enfant on taillast la mere, & tellement que l'enfant peust venir sur terre à tout vie humaine, si que on le puisse voir mouuoir de quelque membre que ce fust, de bouche, de yeulx, de mains ou de pieds, ou de fourcelle qui est la chose qui plustost, & que on voit ventiller la peaucelette sur la fourcelle de la poictrine de l'enfant, sçachez qu'il seroit digne d'auoir baptesme, ou au moins le faict du baptesme, que les sages femmes ont bien accoustumé de faire en cas hastif, & par consequent seroit tenu pour Chrestien & pour droict hoir naturel & successeur. Et supposé encore que il ne fist aucun son de bouche, que les clercs appellent, & par especial les Logiciens, *sonus, vox*, & qu'il soit en forme humaine, sçachez que tels sont tenus & reputez pour hoirs legitimes & naturels & supposé que leur pere fust mort parauant leur abscision, si seroyent ils tenus droicts hoirs, & despeceroyent le testament du pere faict où ils seroyent oubliez, comme il est dict des posthumes. *C. lib. vj. Rubr. de posthumis hæredibus instituendis. l. Quod certatum est. & l. Quidam cum testamentum faciebat.*

ANNOTATIONS SVR LE TILTRE NONANTE SIXIESME.

a *TOute la question de l'institution des posthumes cesse à present en France, & autres pays de la Gaule Belgique, où institution d'heritier n'a lieu: Car tous les enfans succedent à leur pere ou mere legitimement selon les coustumes des lieux soit qu'ils ayent esté nez du viuant, ou apres le decez de leur pere ou mere : & n'est necessaire l'institution d'heritier aux posthumes, non plus qu'aux autres enfans : & pour le regard de la disposition testamentaire que feroit le pere ou la mere, il faut auoir recours aux coustmes, & se regler suiuant icelles : mais par le droict Romain par la preterition de l'enfant posthume, qui estoit né apres la mort du pere qui ne l'auoit institué ou exheredé, le testament se rompoit.* § Posthumi quoq. Inst. de exhæred. lib. l. 1. C. de posth. hæred. instit. *Ce qu'il faut entēdre du posthu-*

me qui seroit né ayant vie, encores qu'il soit decedé incontinent, pourueu qu'il ne soit monstrueux & prodigieux. l.2.& 3.C.eod.tit. *car par la Loy des XII. Tables transferée de celle de Romulus*, monstrosos partus exponi fas erat, tanquam Reipub. exitiosos & vrbe indignos. l. Non sunt. D. de statu homin. l. 135. D. de verb. signific. Halicarnass. lib. 2. Paul. l. 4. sent. tit. 9. *Des parts monstrueux y en a plusieurs exemples en diuers autheurs.* Amm. Marcell. lib. 19. *& autres. Aussi l'enfant auorté, qui est venu sans vie sur terre, n'est reputé pour posthume, & ne faict rompre le testament*, d.l. 2. *l'autheur appelle les posthumes, postmis, selon qu'il se lit au liure imprimé: mais au liure escrit à la main y a postnez, comme aussi les appelle mon vieil practicien.*

[b] *Ce qui est icy traicté des enfans abscisez & tirez hors du ventre de la mere, est à la suitte de ce qu'il a dict des auortez en l'article precedent. Car comme* mulier quæ ante legitimum tempus enixa, immaturum partum edit, dicitur abortum facere, & illo abortu testamentum non soluitur. l. 2. C. de posthum. hæred. instit. *& le Iurisconsulte* in l. 1. §. tamdiu. D. de vent. in possess. mittendo, *distingue* aut mulier pariat, aut abortum faciat, aut certum sit eam non esse prægnantem. *Aussi l'enfant qui est abscisé & osté hors du corps de la mere, pour estre reputé vray posthume, & recogneu pour enfant viuant, doit auoir aage de parfaicte & plaine vie: tellement qu'il auroit esté iugé par arrest du 2. iour de Decembre, 1594. entre Gilbert Prala, & Germaine Maillart, qu'vn fils abscisé du corps de la mere, n'ayant que quatre mois & demy, n'estoit reputé auoir eü vie, ores qu'il eust remué vn bras, vne iambe, menton & leures: à l'effect que comme suruiuant sa mere morte en gesine, il aye transmis sa succession mobiliaire au pere: par ce qu'il doit estre au septiesme mois*, vt perfectus partus censeatur, l. Septimo mense. D. de statu homin. *Du temps du part parfaict plusieurs ont escrit, & mesmes* Plutarchus lib. 5. de placit. philos. cap. 18. Censorinus de die nat. Agell. lib. 3. cap. 16. *qui cite entre autres autheurs Pline* lib. 7. Natur. hist. Macrob. lib. 1. cap. 6. in somn. Scipion. Paul. li. 4. sent. tit. 8. *& autres qu'on peut voir.*

DV DROICT DE DOVAIRE QVE LA FEMME PEVT AVOIR APRES LE TRESPAS DE SON MARY.

TILTRE XCVII.

FEmme qui [a] demeure veufue, s'elle a esté espousée à homme qui tint noblement, c'est à sçauoir qui tint fief, elle doit auoir par droict coustumier droit de doüaire en la moitié de tous les fiefs dont son mary qui est allé de vie à trespas, estoit possessant au iour des nopces que eux espouserent, & dont il iouyssoit au iour de son trespas. Et aussi de tous les fiefs que du lez & costé dudict mary sont venus durant le mariage, & escheus audict mary.

Coustume de Vermandois.

Et si c'estoit en Vermandois, la dame ou damoiselle n'auroit point de droict de vefue auec doüaire.

Coustume d'Amiens, de la Chastellenie de l'Isle & de Tournesis.

Mais si c'estoit en Amiennois en la Chastellenie de l'Isle, ou en Tournesis, la dame auec son doüaire auroit droict de veufue, cõme declaré sera cy apres au chapitre des veufues. Et si en demeurera en foy & en hõmage de seigneur, sans reliefne dette payer audict seigneur, mais que par le seign. se soit fait mettre en son doüaire par loy. Car deuant ce n'a dame ou damoiselle doüaire qu'elle le demãde à loy, & qu'elle s'est fait mettre en sõ doüaire ne arrierages que pour celuy en soyẽt deus pour les années qu'elle a entendu à soy faire mettre en son doüaire. Et doit auoir maison de doüaire, selon la valeur & quantité du fief, c'est à dire le chef lieu, ou telle maison suffisant que la valeur du fief peut souffrir. Et ce selõ la coustume d'Artois, d'Amiens, de l'Isle, de Tournesis, & du pays enuiron.

Coustume de Vermandois.

Et selon la coustume de Vermandois la dame ou damoiselle aura par droict de doüaire [b], le chef lieu & la maison de son fief ou des fiefs qui sont demeurez de son mary, soit chasteau ou non. Ne pour doüaire en toutes coustumes ne perdra pas la vefue le droict de son veufue, & que ne ayt la moitié en toutes les acquestes que faict auroyent ensemble. Et tiendra par vertu de son doüaire toute la moitié dudit fief, aussi franchement & noblement du seigneur de qui le fief est tenu, comme faict le droict hoir l'autre moitié, ou deuroit faire tout le fief si le doüaire n'estoit, & aura sa part des hommages, son Baillif, son sergent & sa cour. Et sera tenu de luy à cause de son doüaire tant qu'elle viura, comme de seigneur, soit qu'elle se remarie, ou non. Et si faute auoit en ce, si s'en peut elle traire, auquel qu'il luy plaira de trois seigneurs, c'est à sçauoir au seigneur de qui le fief est tenu, ou au seigneur souuerain, ou au Roy, si c'est au Royaume. Car auquel que premier s'en trait, celuy luy en doit faire droict. Et si premier s'en trayoit au Roy, ou au souuerain, là doit demeurer la cause, car en ce cas n'a point de r'enuoy.

Comment la Dame peut renoncer aux hommages au profit de l'hoir.

Et s'il aduenoit que la dame ou damoiselle à emprendre le doüaire ne voulsist auoir en son doüaire hommage, & que ils demeurassent tout à l'hoir, auec le corps du fief, bien deporter s'en peut s'il luy plaist & en est en luy, mais pour-ce ne demeurera pas, qu'elle n'ayt tousiours la moitié des emolumens seigneuriaux, qui à la moité du fief & à la seigneurie de celuy fief peuuent & doiuent appartenir: car frauder ne l'en peut on ne doit aucunement que releuée & secouruë n'en soit, si tost que icelle dame ou damoiselle s'en plaint.

Addition, qui n'est au liure escrit à la main.

Par la coustume de Paris & de Chartres les femmes mariées sont & demeurent dames de doüaire coustumier, posé que par expres au traicté de leur mariage ne leur eust esté constitué aucun doüaire. & est ledict doüaire coustumier de la moitié des heritages que le mary tient & possede au iour des espousailles, & de la moitié pareillement des heritages qui depuis la consommation d'iceluy mariage & pendant iceluy escheent & aduiennent en ligne

directe

directe audict mary.]

Comment la Dame peut renoncer aux cateulx de son mary.

Item la [c] dame ou damoiselle qui prend doüaire, s'elle ne veut partir à payer les dettes de son mary, elle peut renoncer aux meubles & aux cateulx, & parmy ce elle demeure quitte de toutes les debtes, & si emporte franchement tout son doüaire sans ce que pour les dettes on la puisse poursuyuir, iaçoit ce qu'elle fust obligée en temps de son mary. Mais si obligée y estoit & elle eust biens ou heritages qui fussent de par elle, à iceux biens se pourroit on traire en tant que obligée y seroit, & non plus.

De l'exception que la dame pourroit auoir sur ce selon aucuns.

Encore [d] veulent tenir aucuns vsages & aucuns sages coustumiers que la femme y auoit exception contre. c'est à dire que tenuë n'y seroit, par ce qu'elle l'auroit faict par la crainte de son mary, & que courroucer ne l'osoit, pourquoy tenuë n'y seroit.

Que dame ne pert son doüaire.

Si ne peut ne doit la dame perdre son doüaire ne le droict qu'elle y a, pour vente ne transport que son mary face de ses fiefs ne possessions, ne perscription au contraire n'y vaut contre la dame ou damoiselle, que si tost qu'elle s'en veut traire à loy, qu'elle n'y soit & doiue estre mise au droict de son doüaire sauf tous droicts. Et supposé que dedans le viuant de son mary, elle eust faict quitãce & en apparussent lettres, si ne vaut ce qu'elle ne fust ouye à l'encontre par l'exception du droict, qui ne souffre que dame ou damoiselle en ceste partie puisse estre fraudée cõment que ce soit, si par trop especiales voyes n'estoit sur ce ordonné, c'est à sçauoir qu'elle y eust renoncé, par ce qu'elle fust recompensée d'autres heritages dont elle ioüist paisiblement, & que ce fust certaine chose, & qu'à ce eust mis consentement, par ce qu'elle auroit esté bien aduisée & cõseillée sur ce par temps de deliberation, & par plusieurs fois, pour ce que coustume de femme est variable, ou autrement la renonciation qu'elle y auroit faite ne tiendroit. *C. lib. iiij. Rub. ad S. C. Vellei. Auth. siue à me, siue ab alio.* *C'este additio n'est au liure escrità la main*

[*Par la coustume de Paris le doüaire est le propre des enfans, adeò que dés l'instant du mariage ne pere ny mere ne le peuuent vendre, aliener, ou hypothecquer au preiudice de leurs enfans. Ita que si lesdicts enfans ne se portent heritiers de leur pere, ledict doüaire leur appartient purement & simplement, sans quelques charges, ladicte coustume cottée au tiltre de doüaire à l'article cxxxvij. & cxxxviij.*]

**Art. 249. & 250 de la nouuelle coustume de Paris.*

De dame quitter son doüaire apres la mort de son mary.

Mais si depuis la mort de son mary l'auoit quitté, donné ou transporté, ce tiendroit & vaudroit, car deslors en peut elle faire sens ou follie, vẽdre ou aliener: si feroit son mary *s'il se remarioit, durant la vie de la dame ou damoiselle, & non plus auant. Et le mary mort elle y reuiendroit si repentir s'en vouloit, car comme dessus est dict, elle pourroit alleguer que comme contrainte l'auroit faict, &c. Et tiendra la dame ou damoiselle celuy doüaire franchement tant qu'elle viura, & demeurera en la maison du fief, sans partir s'il ne luy plaist, tant que l'hoir luy aura faicte mansion suffisant selon la valeur du fief, si comme dict est.

**S'elle se, au liure escrit à la main, & semble qu'ainsi faut lire.*

Ceste addition n'est au liure escrit à la main: & au lieu d'icelley a vn article de la coustume de Tournesis.

Le traicté de la communauté de biens n'appartient à ce tiltre, toutesfois on peut voir les 237 & 238. artic. de la coustume nouuelle de Paris, & ce que i'en ay escrit sur iceux.

[*Par l'article cxviij. au tiltre de communauté des biens, és coustumes de Paris il est loisible à vne femme noble atraicte de noble ligne, & viuant noblement, de renoncer, si bon luy semble, apres le trespas de son mary à la communauté des biens d'entre elle & sondict mary, la chose estant entiere: & en ce faisant, elle demeure quitte des dettes manans deües par sondict mary au iour de son trespas, & si par l'article suiuant il est loisible à l'vn de deux viuans noblement de prendre tous les meubles par le suruiuant, estans iceux meubles hors la ville & fauxbours de Paris: & en ce cas il payera les dettes mobiliaires que deuoit le trespassé, obseques & funerailles, pourueu qu'il n'y ayt enfans dudict trespassé.*

Comment la dame peut partir le doüaire contre l'hoir.

S'il aduenoit [e] que la dame ou damoiselle qui droict de doüaire doit auoir, ne puisse estre d'accord auec l'hoir de partir le doüaire à part, sçachez que la dame ou damoiselle doit faire deux parts de toutes les valuës des fiefs, ou du fief, sur quoy le doüaire se doit asseoir: & mettre en deux rooles. Et ce faict, l'hoir doit choisir des premiers laquelle part il tiendra, & l'autre part demeurera au doüaire durant la vie de la doüagiere.

Comment la dame doit faire caution de payer les dettes, qui prent la motitié des meubles.

Cet art. est hors d'vsage en France & n'a l'apprehension des meubles rien de commũ auec le doüaire

Et si dame ou damoiselle prend moitié ou quelque part aux meubles, elle est tenuë de faire caution de payer la moitié des dettes, auant que nul proffit doiue ne puisse prendre au doüaire.

Coustume de l'Isle & de Tournesis.

Si peus & dois sçauoir que si dame ou damoiselle prent tiercement de doüaire: selon la coustume de l'Isle & de Tournesis, elle le doit auoir frãchement si comme dessus est dict, & faut qu'elle ayt le fief tiercié à l'vn costé, & soit le fief diuisé & party en trois, & lesquelles parts la veufue est tenuë de faire, & ordonner comme bon luy semble. Et celles parts ainsi faictes l'hoir choisira & prendra les deux parts, comme bon luy semblera, & la tierce demeurera à la veufue pour son doüaire, & ainsi fut il fait par les sages coustumiers de l'Isle & de Tournesis, pour madame de Vualaincourt, contre Iean de Vuercin son fils, pour sa tenure de Cysoing.

Comment la dame n'est tenuë de nulle retenuë faire.

Si sçachez [f] que la dame ou damoiselle qui prent doüaire, n'est tenuë de riens faire ne mettre retenuë en la maison de son doüaire s'il ne luy plaist: ne poursuyuir par faute de ce on ne l'en peut. Item n'est aussi riens tenuë de l'obseque & sepulture de son mary payer, mas appartient à l'hoir à payer & à faire, ne riens n'en compete à la dame ou damoiselle s'il ne luy plaist.

Addition, qui n'est au liure escrit à la main.

[*Bald. in l. Quod in vxor. C. de neg. gest. dicit quod sol. matrim. & vxore mortua non tenetur maritus eam sepelire de suo proprio, sed de patrimon. mulieris & de eius dote l. Si pro rata. ff. de religios. & sumpti funer. Vt igitur sit æqualitas inter virum & vxorem: idem facere debet vxor suo viro mortuo. expensæ enim funeris debent extrahi de hæreditate mortui, etiam priusquam soluatur creditoribus & legatariis. l. Scimus. §. in computat. C. de iure deliber.*

De la dame qui auroit doüaire soy mesvser aucunement.

Item si dame [g] ou damoiselle auoit doüaire ou assenne de mariage d'vn autre mary qu'elle eust eu parauant, & elle se mesvsast aucunement, si que le second mary qu'elle auroit, s'en mespayast & qui l'en chassast arriere de luy, sçachez que pour ce ne demeureroit qu'elle n'eust son viure sur son doüaire ou assenne selon elle. Car dure chose seroit, que la dame ou damoiselle allast mendier de ce qui viendroit de par elle.

Comment le seigneur par faute de rente ne peut toucher au doüaire.

Item si dame [h] ou damoiselle a doüaire ou assenne de mariage, & adnienne que par faute de rente ou autre maniere, le seigneur de qui ce sera tenu, traitte à loy l'heritage sur quoy ce doüaire ou assenne sera ordonné, sçachez que le seigneur ne peut riens toucher au droit de douaire ne à l'assenne, puis que ce sera faict par loy: & pource est il tres-expedient à dame ou damoiselle, de luy faire mettre en son doüaire ou assenne par loy, si comme dessus est dict.

[*Aut vult dicere c. istud quod dotalitium hypothecari non potest à marito: & hæc hypotheca dotalitium sequi non debeat: & potest esse verum de consuetudine, etiam de iure, argument. l. Si socer. §. idem Iulianus quærit. ff. de dote prælega. aut quod ipsa vxor non teneatur onera subire quæ debet ipsa res quam habet pro dotalitio. & de iure regulare est qui percipit fructus, subit onus collectarum. l. Si pendente. § si quid ff. de vsufruct. & l. Vsufructu legato. ibi & omnes obuentiones. ff. de vsufruct. legato. vide Guido. Pap. quæst. cccclxviij.* — *Addition, qui n'est au liure escrit à la main.*

Comment la dame a doüaire en tous les fiefs de son mary.

Item s'il aduient que le mary qui va de vie à trespas, tienne plusieurs fiefs d'vn seigneur ou de plusieurs seigneurs, pour ce ne demeure pas que la dame ou damoiselle n'ayt sur tous lesdicts fiefs son doüaire franchement.

[*Hoc non videtur verum esse de iure, cum feudi conditionem deteriorem facere non possit vassallus, nec illud alienare aut seruituti supponere: quare maritus facere dotalitium super feudo non potest. textus in cap. 1. de inuest. de re alien. fact. Sed est dicendum secundum textum istius capitis: quod possit, cum feuda sint redacta ad instar allodalium & patrimoniorum, & possint vendi, sicut & alia: vt dicit Faber in Authent. ingressi. C. de sacrosanct. & §. item Seruiana. Instit. de act. Vide Guidonem Pap. quæstione lix. & in quæst. ccxcviij. & Guil. Benedict. en cap. Raynutius, in verbo duas habens filias. de testam.* — *Addition, qui n'est au liure escrit à la main.*

De asseoir par la dame son doüaire sur l'vn de ses fiefs.

Et si la dame ou damoiselle qui droict de doüaire doit auoir, & si l'hoir estoit d'accord que le douaire soit assis sur l'vn des fiefs à part, faire le peuuent de leur consentemẽt, sans ce que les seigneurs de qui les autres fiefs seront tenus, y puissent riens demander ne clamer droicture ne autre chose, car comme dessus est dict, doüaire n'est tenu de quint, ne deparchon faire, de relief, issuë, ne entrée payer.

Comment le doüaire ne cesse pour le mary estre deux fois marié.

Item peus & dois sçauoir que droict de doüaire ne se cesse, pource si l'homme ou la femme ont esté mariez autresfois vne ou plusieurs, pourtant qu'ils n'ayent nuls enfans viuans, ou que les fiefs qu'ils tiennent, n'ayent esté escheus à aucuns enfans d'eux qui morts soyent: car en ce point sont l'homme & la femme qui ainsi se remarient sans enfans auoir qui soyent viuans, au iour de leur remariage comme damoiseaux, & en condition de Damoisellage.

Cōditiō de damoiselage, cōme s'ils n'auoyent iamais esté mariez: & damoisel en l'ancienne Chronique de Flandres, & en Froissart liu. 1. ch. 26. & 27 & en quelques Romains se prend pour vn ieune gentil-homme non marié.

Par quelle maniere dame ou damoiselle n'a doüaire ne droict de le demander.

SCachez que dame[i] ou damoiselle n'a douaire ne droict de le demander par plusieurs manieres & raisons par coustume de cour laye. Si comme quand dame ou damoiselle prent à mariage homme qui ayt eu parauant autre femme dont enfans soyent demeurez.

Coustume de Vermandois.

Et selon la coustume de Vermandois supposé que l'homme eust esté marié, & eust enfans, si auroit la femme doüaire sur le fiefs venās du costé du mary, & non des fiefs qu'il tiendroit encores de sa premiere femme.

Coustume d'Artois, d'Amiens, de l'Isle, & de Tournesis.

Et selon la coustume d'Artois, d'Amiens, de l'Isle, & de Tournesis, si l'homme auoit esté marié, & eust enfans viuans, la seconde femme n'auroit point de doüaire.

Coustume localle.

Item encores est à sçauoir selon la coustume localle, que peut estre & bien peut aduenir, que sur vn fief à deux doüaires: si comme que la premiere femme au mary emporte son douaire coustumier de la moitié de tous les fiefs, qui à son mary au iour de son trespas estoyent appartenans, icelle morte si femme reprēt, ou la mere, encore tient doüaire de la moitié, si comme dessus est dict: le fils remarié, luy mort la femme a douaire c'est à sçauoir le quart de l'autre moitié du fief.

De fief donné au mary.

Sçachez[k] que dame ou damoiselle n'a droict de douaire en fief qui ayt esté donné à son mary par Roy, par Comte, & par autre seigneur, pour le bon seruice que le mary auroit faict au seigneur ne à ses predecesseurs, comme seigneurs ont aucunesfois donné, iaçoit que le mary ayt hoir de sa chair. & la raison si est, que iaçoit ce que le don reuint apres la mort au mary, ou à celuy à qui il seroit donné à l'hoir de sa chair, se retourneroit arriere au donneur, & pource n'y a dame ne damoiselle droict de douaire, mais le doit l'hoir de sa chair tenir tout franchement tantost apres la mort de sondit pere.

Addition, qui n'estau liure escrit à la main.

Dic hoc debere regulari ex consuetudine & statuto dictantibus tale dotalitium. Vel enim dictat dotalitium consuetudo super hæreditatibus pertinentibus ad maritum ante matrimonium, vel etiam super illis quæ euenient ipsi marito à tempore dicti matrimonij: & in hoc sunt consideranda verba consuetudinis. nam per con-

suetudinem Parisiis etiam super his quæ donata essent marito, siue ante matrimonium siue post habere suum dotalitium mulier secundum verba consuetudinis: sed secundum consuetudinem Burgundiæ, vbi tantum dotalitium habet super hæreditatibus antiquis, ista essent vera.

La Coustume de Paris ne conuient du tout à ce que l'autheur en escrit & faut voir l'annotation.

De fief acquesté.

Item n'a encores Dame ne Damoiselle droict de doüaire en fief que son mary ait acquesté le mariage d'eux durant, & puis l'ait reuendu, iaçoit ce qu'elle ne si soit consentuë: & la raison si est, que de son acquest peut l'homme faire sa volonté par especial ou vendre, car ainsi comme de deniers ou la Dame auoit part, fut acheté le fief, & pour ce sembleroit que à luy en toucheroit, aussi bien en furent les deniers refais, quand il le vendit, & la Dame redintegrée.

[*At istud cap. fait bien à propos la Coustume de Paris en l'article cvij. au tiltre de communauté de biens, où il dit que le mary est seigneur des meubles & conquests immeubles par luy faits durant & constant le mariage de luy & de sa femme, en telle maniere qu'il les peut vendre, aliener, hypotequer, & en faire & disposer par disposition faicte entre vifs à son plaisir & volonté, sans le consentement de sadicte femme.*

Addition Qui n'est au liure escrit à la main, & faut voir le 225. art. de la nouuelle Coustume de Paris.

De auoir assenne par la Dame.

Item peus & dois sçauoir que la Dame ou la Damoiselle n'a droict de doüaire si le mary l'auoit au mariage auãcée d'aucune chose, ou assennée de sur son heritage, car deux doüaires ne peut elle auoir ensemble. Mais il conuient qu'elle se tienne auquel qui mieux luy plaira, ou à l'assenne, ou au doüaire coustumier, & ainsi en est il vsé.

[*Istud cap vult loqui de dotalitio conuentionali*, que les Coustumiers appellent doüaire prefix, qui faict difference à doüaire coustumier, car comme il est dit par l'article cxiiij. au tiltre des doüaires & Coustume de Paris, que la femme ne peut demander doüaire coustumier, quand il luy a esté baillé doüaire prefix s'il ne luy a esté reserué. *& hoc euenire solet de mille parentibus apud Parisiensem, qui suarum filiarum student commodo, vt semper mulier electionem habeat, vel petendi consuetudinarium, vel conuentionale, sed semel vno electo, ad aliud nisi minor restituta reuerti non potest: & adhuc de minore vidi dubitari. dicam alio loco.*]

Addition Qui n'est au liure escrit à la main. Art. 261. de la nouuelle Coustume de Paris.

Exemple sur ce.

Il aduint que Madame de Helly vefue de Monseigneur de Helly au traicté du mariage d'entre eux eut conuent de auancement de mariage, que iaçoit ce que ledit seigneur sõ mary tint en fief plusieurs heritages, toutesfois luy fist auancement, & sur celuy auancement auoit ledict mary au mariage faire donné plege. Quant ledit mary fut mort, la Dame voulut auoir son droict de doüaire & assenne par tout, c'est à sçauoir le droict de doüaire coustumier, & le droict de auancement de mariage qui fut declaré au traicté d'iceluy mariage. Les hoirs y contredirent. La question vint en Parlement Tout veu, il fut dict par arrest que ladicte Dame ne pouuoit auoir droict de doüaire par deux fois, c'est à sçauoir droict de doüaire coustumier, & l'assenne de mariage ensemble : mais conuint qu'elle se tint auquel qui mieux luy plairoit.

Addition Qui n'est au liure escrit à la main.

[*Dicas quod huiusmodi assignatio de qua hîc fit mentio, potest capi (vt dictum est) pro illo dotalitio conuento, vel pro illa sua propria significatione. & de huiusmodi assignatione est consuetudo Burgundiæ in §. xxij. tilt.* des droicts appartenans à gens mariez. *vbi habetur quod fœmina non capit doarium si capiat assignationem, & vide ibi dominum Chassa. de huiusmodi assignatione.*

ANNOTATIONS SVR LE TILTRE

NONANTESEPTIESME.

SONT deux especes de doüaire, à sçauoir coustumier, & prefix ou conuentionnel : du prefix sera parlé cy apres. Quant au coustumier, quelque recherche qu'aucuns en ayent faicte, il ne s'en trouue au droict Romain exemple ne marque aucune. I'ay vn vieil practicien escrit à la main, qui estoit du temps de Philippes I. ou Philippes II. car il est tres-ancien, & porte en la premire page, que Guido en est l'autheur: il y auoit du regne de Philippes I. vn Guido, qui auroit esté Doyen de sainct Quentin en Vermandois, & depuis Euesque de Beauuais. Audict liure tiltre des iugemens, est escrit en ces mots, parlant de la Cour laye, & de celle de Chrestienté, que nous disons Ecclesiastique, où les vefues Dames poursuiuent leur douaire. Mais pourquoy les soustient nostre vsage en che car eles n'ont mie tel doüaire par leur maris, ains ont tel saisine par l'establissement le Roy Philippe : qui tot le plait doit auoir de son establissement. Et de quanques il appartient, aussi bien comme il a le plait de la chartre. Duquel lieu on peut recueillir que le douaire coustumier a esté introduict, suiuant l'ordonnance & establissment qu'en auroit faict le Roy Philippes, & qu'ainsi il seroit venu en vsage : & Philippes de Beaumanoir, en la Coustume de Clermont, l'attribuë à Philippes Auguste, suiuant son Edict de l'an mil deux cens quatorze. Mais y a grand' diuersité de Coustumes, tant pour la portion que la femme doit prendre pour son douaire coustumier sur les biens de son mary, soient feodaux ou roturiers: que pour le regard des enfans, s'il leur est propre ou non: dont on peut veoir la Conference des Coustumes. Par la coustume de Paris & autres, le doüaire coustumier est de la moitié des heritages feodaux & roturiers, que le mary tient & possede aux espousailles, & qui luy sont escheus depuis la consommation du mariage en ligne directe, pour lequel la femme a droict d'hypoteque dés le iour du mariage, qu'on appelle hypotheque legale : en maniere que si le pere est respondant du doüaire promis par son fils à la future espouse, soit prefix ou coustumier, audict doüaire seront obligez non seulement les biens qu'il auoit au temps dudict mariage, ains aussi ceux qu'il auroit depuis acquis : Iugé par Arrest du sixiesme May, mil cinq cens soixante & sept. Et le mary ne peut vendre, obliger, ny hypothequer ses heritages au preiudice du doüaire de sa femme par ce qu'elle y a droict acquis du iour de son mariage.

b *Par plusieurs Coustumes la doüairiere principalement noble a son habitation en l'vne des maisons seigneuriales de son defunct mary: sur quoy y a distinction, que si par contract de mariage la maison est specialement declaree, encores que soit la principale, la vefue la pourra prendre, combien qu'elle soit remariee: iugé pour la vefue du Comte de Brienne, remariee au Sieur de Baufremont, par Arrest du dernier iour de Iuin, mil cinq cens quatre vingts & deux: mais si generalement luy a esté promise par contract de mariage l'habitation de telle maison qu'elle voudra choisir: ou qu'il luy soit permis par la Coustume du lieu, elle ne pourra eslire & prendre la principale maison, ains telle autre qu'elle voudra apres s'il y en a d'autres: iugé par arrest pour les enfans du feu Sieur de Simphale Bailly de Troyes en Champagne, contre sa vefue, du vingtsixiesme iour de Ianuier, mil cinq cens quatre vingts, dont on peut voir ce que i'en ay escrit liure septiesme des Responses. Aussi encores que par contract la vefue ait le choix du principal Chasteau, si est-ce que la Cour l'adiuge quelquesfois pour certaines considerations au fils aisné, en baillant à la vefue autre honneste habitation: comme a esté iugé par ledit Arrest, en l'audience du vingt-sixiesme iour de Ianuier, ce que i'ay voulu repeter, afin d'estre remarqué en telle question.*

c *Toutesfois la vefue qui a renoncé à la communauté, s'estant obligee auec son mary, a recours contre les heritiers d'iceluy, pour l'acquitter de toute la somme: d'autant que telle obligation auroit esté par elle faicte au profit de son mary, qui estoit maistre de la communauté, & puis que ce n'estoit pour son propre fait: tellement que si elle n'auoit expressément renoncé au Senatconsult Vellejan, & autres droicts introduits en la faueur des femmes, elle pourroit faire casser telle obligation, suiuant l'arrest du 14. Aoust 1586. prononcé solemnellement.*

d *I'ay remonstré ailleurs que la crainte reuerentiale de la femme enuers le mary n'estoit suffisante pour faire casser l'obligation, qu'elle maieur auroit faicte auec luy: & qu'il conuiendroit pour l'en faire releuer qu'elle y eust esté contrainte par force d'excez ou violentes menaces,* vt notatur in l. 1. §. quæ onerandæ. D. quar. rerum. & à Barto. ad l. ad inuidiam. & seq. C. de his quæ vi metúsve caus. cap. causam matrimonij. de offic. deleg. & cap. accedens de conuersat. coniug. *arrest du 5. Auril mil cinq cens soixante neuf. & autres. Aussi l'exception icy alleguee ne seroit receuable sans lettres Royaux: encores que la femme eust iuste cause de restitution.*

e *Les heritages suiets à doüaire se peuuent partir entre la vefue & les heritiers du defunct: mais quelquesfois pour la commodité des parties on baille à la vefue quelques fiefs ou heritages pour son doüaire: afin que la communauté n'apporte dissension.* iuxta l. Mæuius, 52. §. arbiter & l. Si familiæ. 55. D. famil. erciscun. l. In communi. D. commu. diuid. l. 3. C. eo. § si familiæ. Instit. de offic. *lequel partage se doit faire à communs frais,* glos. in l. Si irruptione §. ad offic. D. fin. regun. l. Generali. §. Lucius. D. de vsuf. legat. *mais s'il y a heritage induisé cõme vne maisõ, & qu'ailleurs la vefue ne puisse ou ne vueille auoir son doüaire, elle ioüyra de la moitié: mesmes si les creãciers du defũt posterieurs du doüaire faisoiẽt mettre en criees les heritages de-*

laissez par le trespas d'iceluy, ils ne seroient adiugez qu'à la charge du douaire comme Monsieur le President le Maistre au traicté des criees escrit auoir esté iugé par arrest du Mardy vingtsixiesme iour de Septembre, mil cinq cens quarante deux : Le Parlement estant continué.

f Cet article pour le regard des reparations ne s'obserue, ains la vefue douairiere, comme vsufructiere est tenuë d'entretenir les heritages des reparations viageres qui sont toutes reparations d'entretenement, hors les quatre gros murs, poutres & entieres couuertures & voutes, l. Eum ad quem. C. de vsufr. lib. 7. D. eo. dont on peut voir le deux cens soixante deuxiesme article de la Coustume de Paris. Et i'ay veu vn arrest du dixneufiesme Decembre, mil cinq cens soixante deux, par lequel la vefue a esté condamnee enuers les heritiers à faire les reparations aduenuës depuis la iouyssance de son doüaire ez heritages qu'elle auoit laissé tomber en ruine.

g Ce qui est icy traicté de la femme chassee par le mary, est approuuee par plusieurs interpretes du droict Romain, vt tradit Alexander ad l. Si cum dotem. §. sin autem D. solut. matrimo. Baldus in l. Fin. C. de senten. quæ sine cert. quant. & alij. Et encores quand le mary la retiendroit en sa maison, si toutesfois il tomboit en indigence, estant trauaillé par ses creanciers, elle se pourroit faire separer de biens & reprendre son dot, l. Si constante. D. solut. matr. comme a esté iugé par plusieurs arrests de la Cour mesmes des vingtneufiesme May, mil cinq cens soixante deux. vingtsixiesme Feurier, mil cinq cens soixante trois, en l'audience: mais pour le regard du doüaire de la femme sur les biens de son mary, la question est plus grande, & merite plus ample discours.

h Quant aux charges anciennes, ausquelles sont suiets les heritages baillez ou assignez à la vefue pour son doüaire, il est sans doute qu'elle en est tenuë comme vn autre vsufructiere & non des rentes que depuis le mariage le mary auroit constituees sur iceux : ce qu'il faut entendre à cause de son doüaire: car elle en peut estre tenuë pour autre cause, comme de la communauté, ou si elle y est obligee. Mais elle n'est tenuë pour son doüaire faire la foy & hommage, ne payer droict de relief autre au seigneur, ains est tenu l'heritier l'en acquiter, si aucun est deu de son chef, comme est porté par la Coustume de Paris, article quarante, & autres, dont conuient voir du Moulin sur le vingt-cinquiesme article de l'ancienne coustume, & ce que i'en ay escrit sur ledit 40. De l'assene ou assiette i'ay traicté cy dessus.

i La femme mariee auec vn homme, qui de sa premiere femme a des enfans, ne peut auoir plein & entier doüaire coustumier, ains l'aura selon la diuersité des mariages : à sçauoir si elle est seconde femme de la moitié en la moitié, & ainsi des autres, comme il est contenu au deux cens cinquante troisiesme article de la Coustume de Paris, & autres Coustumes. Il y a d'aucunes qui sont differentes. Mais si les doüaires des deux femmes sont prefix, la premiere estant payee de son doüaire, la seconde sur le reste sera payee du sien, s'il y a pour luy fournir, iugé par arrest du dixiesme iour de May, mil cinq cens soixante & cinq. Et conuient noter que s'il y a deux doüairieres, qui n'empeschent l'vne l'autre, comme la mere & la femme du mary, aduenant le decez de la mere premiere doüairiere, le doüaire de la femme croistra, iugé par arrest du vingtsixiesme Mars mil cinq cens nonante & vn. Pour le regard de la caution y a distinction en la coustume de Paris, article

article deux cens soixante quatre, entre la femme qui ne se remarie, laquelle doit auoir le doüaire à sa caution innotoire, & celle qui seroit conuollee en second mariage, qui doit bailler caution: ce qu'il faut entendre selon la forme de droict, c'est à dire, d'en vser comme bonne mere de famille: iugé par arrest du troisiesme iour de Iuin, mil cinq cens quatre vingts cinq. On peut voir à ce propos l. vlt. §. sin autem C. de bon-quæ liber. & quod traditur de vsufructuario qui satisdare debet, l. 1. D. Vsufruct. quemad. cau. l. 1. & 4. C. de vsufr. Paul. lib. 1. sentent. tit. 11.

K *Pour le regard de ce qui est donné par le Roy ou autre seigneur au mary constant le mariage, pour recompense de ses merites & seruices, n'est suiect au doüaire de la femme, & n'entre en communauté,* l. Cùm multa C. de bonis quæ lib. *Pour le doüaire coustumier n'y a nulle doute: par ce que l'acquest faict par le mary n'y est suiect: mais pour le prefix, on allegue vn ancien arrest de l'an mil deux cens soixante & sept. & si le don auoit esté faict auparauant le mariage, i'estimerois que la femme y pourroit auoir douaire prefix ou coustumier: car elle peut aussi l'auoir sur les heritages suiects à fideicommis,* Authent. res quæ. C. commun. de legat. *ainsi qu'il a esté iugé par arrest à la prononciation de Noël, mil cinq cens cinquante six. & autre du dixiesme iour d'Auril, 1582. confirmatif de la sentence du Gouuerneur de Montdidier. Et ce qu'aucuns recitent d'vn vieil practicien, que femme n'a douaire en don faict par le Roy au mary pour le seruice qu'il luy auroit faict, parle en l'espece que le don auroit esté faict constant le mariage, dont on peut voir Choppin* lib. 3. de Doman. tit. 12. *Mais ce qui a esté donné au mary auparauant le mariage*, à quocunque sit in eius patrimonio esse censetur, *& partant suiect a doüaire.*

DV DROICT DE VIVELOTTE. TILTRE XCVIII.

VIVELOTTE [a] si est le droict que les femmes ont en terres tenuës en cotterie apres la mort de leurs maris sur les heritages venans de par eux. Sçachez que en terre tenuë de cotterie que les aucuns appellent terre de main ferme és lieux ou païs, où la coustume localle est telle, que viuelotte a lieu, la femme qui demeure vesue y a tel droict, que son mary mort elle ioüist de tous les heritages venans du costé de son mary qui sont tenus en cotterie, supposé qu'elle ait enfans ou non sa vie durant: mais s'elle auoit enfans & elle se remariast, elle en perdroit la moitié. Et si ses enfans se marioient, si n'y auroient-ils rien la vie de leur mere durant.

Du viure que les filles à marier peuuent demander à leur frere.

IL est à sçauoir que par la coustume localle de plusieurs païs les filles à marier qui demeurent sans pere peuuent demander viure ou soustenement contre l'aisné frere, qui a le gros de la succession de leur pere, au païs où les filles ne succedent point en heritage, laquelle chose le frere leur est tenu de bailler selon la possibilité du fief & de la successiõ. Mais si c'estoient filles du second mariage contre le frere du premier mariage, riens n'y auroient, s'ainsi n'estoit que le pere eust acquis aucuns heritages durant le second mariage, car sur-ce l'auroit la fille, & y doit celle fille estre mise par loy, si elle le requiert, incontinent aussi franchement que Dame ou Damoiselle doit estre mise en son droict de doüaire, iusques à tant que l'hoir parties ouïes aura monstré en iugement, cause pourquoy estre ou demeurer n'y doit.

Exemple sur ce.

Ie veis vne fille à Madame de Séelles, qui eut à mary Baudoüin d'Arras lequel auoit parauant euë vne autre femme. ledict Baudouin mort, contend fut entre ladicte fille & le fils dudict Baudouin demeuré de son premier mariage: si fist icelle fille ledict fils adiourner à Beauquesne deuant le Preuost Royal d'illec: ladicte fille requerant à auoir son viure sur la terre qui fut à son pere, & dont il possessoit au iour de son trespas. Ledict frere y contredist ce qu'il peut: nonobstant chose qui dist du contraire, ladicte fille sur pieds mise au droict de son viure, & soustenement de la terre demeurée de son pere, selon la possibilité d'iceluy, & à compte d'hoirs. Et ainsi le veut raison, car viure n'a nul iour, & pour-ce incontinent y doit estre mise la fille, puis qu'elle le requiert à loy. Et pareillemẽt que Dame ou Damoiselle doit estre mise incontinent en son doüaire, puis qu'elle le requiert, & sur-ce estre ouye en droict, & que sur ce iour soit assigné aux parties. Mais si l'hoir requiert sur ce estre ouy en droict, & que iour soit sur-ce assigné aux parties, le Iuge doit faire pour sur ce faire ausdictes parties icelles ouyes. Et se doit la main de iustice leuer si de l'hoir est requis au iour sur ce assigné, pour & au profit de l'hoir. Et la fille requiert à auoir portion sur l'hoir pour son viure, & le procés maintenir auoir le doit de la tierce partie du viure qu'auoir deueroit quant plainement luy seroit adiugé. Et ainsi doit auoir la Dame ou Damoiselle en faict de doüaire, si contend en fault. Et ainsi fut il dict par iugement à Beauquesne, au cas dessusdict pour ladicte fille. Si fut il en la Cour à Maire en Tournesis en cas de doüaire, pour Madame de Rume veufue demeurée de Monseigneur de Rume, contre Monseigneur Matthieu de Lannais, hoir dudict lieu de Rume, dont il appella en Parlement. Auquel il fut dict bien iugé, & mal appellé, &c.

Pendente quæstione alimenta decerni debent. facit ad hoc l Si instituta §. de inoffic. ff. de inoffic. test. & cap. ex parte. extra de accusat. vbi monachus agens contra Abbatem debet interim alι de bonis monasterij.

Droict de veufue.

DRoict de veufue[b] que toutes femmes veufues peuuent & doiuent auoir par l'vsage & coustume de veufue, si est auec le doüaire qu'elles ont en tous les fiefs demeurez de leurs maris, si comme au chapitre precedent est dict. Si ont elles aussi és terres de main-ferme tel droict qu'au chapitre de viuelotte est precedemment declaré.

Addition, *Qui n'est au liure escrit à la main.*

[*Notandum duxerim quod terminus in iure non inuenitur pro significatione istius verbi* doüaire, *nisi verbum dotalitium: quamuis hoc reprobetur.*

glo. in cap. plerunque de dona. inter virum & uxorem. extra. ibi tamen Panor. se firmat: quod text. in illo cap. loquens de dotalitio intelligat de donatione quæ fit ante nuptias quæ est propriè quod vulgariter dicimus doüaire.]

Item ont-elles aussi la moitié de toutes les acquests qu'ils ont faict ensemble, si n'est en fief dont le mary si ait esté adherité.

Item ont-elles par droict de vefue le meilleur habit à elles appartenant l'anneau de mariage, le fermail, & les ornemens de chef, leur lict estoffé, & courtine si elle y est, & vn lict pour leur Damoiselle seruant, si elles sont Dames ou Damoiselles nobles, de tous hostieux vn & le meilleur que prẽdre voudroit, reserué vaisselle d'or ou d'argent, & beste viue.

Lucas de Penna in l. Fin. de incol. lib. 10. C. tenet quod mulier lucratur talia iocalia, baguas, vestes, allegans ibi plures rationes, vbi etiam tenet quod maritus tenetur ornare vxorem ornamentis, vestibus & baguis. Et aduerte ad hoc quod inueni quendam Romanorum nomine Veturium, impetrasse à Senatusconsulto Romano priuilegia multa mulieribus, & inter illa quod eis liceret vti auro & purpurea veste, aureísque fibulis & armillis: quod quàm bene hodie obseruetur, nemo est qui non videat, nisi cæcus cæcutiendo in istis suis mulieribus: quibus isti fatui viri petentibus dant collaria & vestes multitudinis infinitæ & coloris cuiusque. Et nota quod Parisijs istas vestes & iocalia non lucrantur mulieres: hoc ideo forte quia nihil aut forte parum præter hæc super abundantia ornamenta domibus inest: & ideò mortuo viro nihil penitus relinqueretur hæredibus. Vnde de istis mulieribus quidam cecinit:

Addition qui n'est au liure escrit à la main.

Du luxe des fẽmes, faut voir ce qu'en escrit Senec lib. 7 de benefic. cap 9. & autres.

En brachia, & pannos, aurum circunligat omne.
Desuper est aurum, sed nihil æris habet.

Comment Dame ou Damoiselle peut faire qu'elle n'a nul droict de doüaire.

IAçoit ce que par faict coustumier Dames ou Damoiselles ont ou doiuent auoir droict de doüaire en tous les fiefs dont leurs maris sont possessans au iour de son trespas reserué les cas dessusdicts: & toutesfois peus & dois sçauoir que le droict escrit & coustume labeure & faict grandement pour elles, si comme raison est, si peut la Dame ou Damoiselle bien faire de sa volonté que droict n'a de doüaire par plusieurs manieres. Dont la premiere si est quand le mary vend le fief sur quoy la Dame ou Damoiselle est doüee, & lequel vendage elle consent parmy ce qu'elle en est recompensee d'autre terre qui autant vaut, & qui vient de par son mary où droict de doüaire n'a lieu, de laquelle est adheritee sa vie durãt par seigneur & par hommes. Ce fait, & elle ainsi recompensee, iamais au doüaire ne peut riens clamer ne demander, iaçoit ce qu'elle vendist ou alienast sa recompensation. La seconde maniere pourquoy renoncer y peut, si est quand par moyen de deniers elle y renonce en presence de loy spirituelle, & qu'elle iure par sa foy corporellement fiancee que iamais contre ceste renonciation ne vendra, & sur peine d'excommuniement: car depuis ne doit estre receuë à venir contre. Et nonobstant ce que renoncé y eust esté par elle, si comme dict est, si son mary mort elle se plaindoit au Souuerain, & requist estre

An mulier cõsentiẽte viro possit alienare dotẽ Vide Bal in l 1 & ibi Bart. ff solut mat tenẽtes quod valet alienatio. Cy. in l Prædiũ. C de iure dotiũ licet Bart. videatur tenere contrarium in l Æl' imato ff solu matrimo. quod dicit verum esse Bal. nisi expediat rei dotalitia.

De ceste prestatiõ de serment a esté parlé cy dessus, & monstré que l'authen. sacram. puberum n'a lieu en Frãce.

mise au droict de son doüaire du fief qui fut à son mary, & qu'il luy fust party & donné, & que l'en fist ioüir & vser comme de doüaire il appartient à faire, sçachez que le seigneur luy est tenu de faire. Et s'il est partie qui s'oppose, disant qu'elle en a faict quittance comme dict est, & que renoncé y a: Elle peut dire & respondre que ce qu'elle en fist, elle le fist par paour de son mary, & que refuser ne l'osoit, mais volontiers l'eust laissé, & comme contrainte & par paour le fist, si ne le veut tenir, &c. Le Iuge lay ne se doit arrester à la quittance, ou à la renonciation que faict en a pardeuãt le Iuge Ecclesiastique. Mais si l'opposant la veut à ce contraindre, face la citer & compeller pour sa foy, & mettre en excomuniement par an & par iour. Et lors par bras seculier la pourra contreindre par le seigneur temporel. La tierce maniere si est s'elle a renoncé au droict que on dist Velleian, c'est le droict que l'Empereur Velleiã fist pour le droict des Dames ou Damoiselles qui les relieue en leurs cas & en leurs causes & leur faict auoir droict de doüaire Et parauant celuy droict, le droict des autres Empereurs, estoit qu'ils auoient ordonné que les femmes doüoient aussi bien les hommes que les hommes doüent à present les femmes. Et pour ce y a difference entre dos & doüaire: Car dos est ce que la Dame ou Damoiselle apporte à mariage, surquoy l'homme apres la mort à la Dame ou à la Damoiselle prend aucun voyage, quand enfans n'en demeurent, & doüaire est ce que l'homme y apporte, sur quoy la Dame ou Damoiselle est assennée de doüaire. Et ainsi peus voir des doüaires que coustume en enseigne. Car par le droict escrit petit en est dict, & plus en est dict pour l'homme que pour la femme, mais la coustume localle en donne tout l'enseignement sur ce. Et ce trouuerez *Codice libro quinto Rubrica. Si secundo nupsit mulier, & Rubrica de dotis promissione, & Rubrica de iure dotium, & Rubrica de rei vxoriæ actione, & Rub. de pactis conuentis, & Rub. de dote cauta & non recepta. Et ad hoc facti sunt versus isti. Casibus in senis mulier sponsando tenetur, Pro libertate, pro dote, renunciet, & si Decipiat, prætium capiat, teneatque secundo, &c.*

De l'exception de la craintereuerẽtiale a esté traicté cy dessus.

Il s'abuse de dire l'Empereur Velleian: car le Senat cõsult est apellé Velleian, pour auoir esté faict M. Sillãd & Velleio Tutore Cõsulibus. l.2. D. ad S.C. Vellei.

Additio

Qui n'est au liure escrit la main.

[*Limita mulierem non posse habere dotalitium quando constante matrimonio commisit adulterium. tex. est ad literam in cap. plerúmque extrã de dona. inter virum & vxo. Et intellige dummodo vir eam accusauerit de adulterio, quia hæres non potest retinere dotem opponendo ei exceptionem adulterij. Alexan. in l. Mora. in fi. ff. solu. matrimo. Bal. in l. 1. §. illud. C. de rei vxo. actio. Specula. in titu. de dote post diuortium restituenda. §. fin. ver. quid si mulier. Et dicit Ludouic. consil. 23. quod sicut vxor perdit dotem propter adulterium, ita lucrum sibi proueniens ex l. Municipali. tamen Bœrius in consuetud. Bituricen. titu. de consuetu. mat. §. 3. tenet quod hæres potest eam expellere si maritus in vita ignorauit. Vtrum præterea possit per pactum nubendo fieri quod mulier non habeat illud dotalitium? Videtur quod non, quia pactis priuatorum iuri publico renunciari non potest. l. Si quis in conscribendo. C. de pact. Stat tamen in contrarium, quia cuilibet iuri in fauorem suum introducto permissum est renunciare, & contrahentibus pacta legibus non improbata licet in suis contractibus apponere. l. 1. §. si conueniatur. ff. depositi. Cogita.*].

De doüaire & de sa prouision.

Si peus & dois sçauoir que si Dame ou Damoiselle faisoit demande d'estre mise en droict de son douaire, & si contend luy fut mis sur ce, sçachez qu'elle doit auoir sur le fief prouision de viure de son droict requerir de la tierce partie que vault & peut valoir le doüaire, demandé tout le procés durant, sans ce que la Dame ou Damoiselle en soit tenuë de faire ne donner autre caution que iuratoire.

Pro ista prouisione vltra omnia quæ possēt, hîc de iure adferri, vide in stilo curiæ Parlamenti [illegible]it. de prouisione modóque petēdi & faciendi ipsam.

Exemple sur ce.

Il aduint que Madame Catherine Constans veufue demeurée de feu Monseigneur de Rume en Tournesis, si fist demande en la Cour du Roy à Maire en Tournesis, d'estre mise au droict de doüaire de ladicte terre de Rume. L'hoir dudict lieu de Rume appellé Monseigneur Matthieu de Lannais y contredist & s'opposa, disant plusieurs raisons par lesquelles auoir ne le deuoit, & elle disoit du contraire. Dict fut par le Baillif de Vermandois qui lors tenoit le siege, qu'elle deuoit auoir prouision le procés durant, c'est à sçauoir, de la tierce partie de la moitié de la valeur de tout ledict fief. De laquelle sentēce fut appellé en Parlement par ledict de Lannais. La cause d'appel ventilée audict Parlement, de chacune desdictes parties, il fut dict par arrest de Parlement à Paris, que bien auoit esté iugé par le Baillif, & mal appellé par ledict de Lannais. Et fut condamné ledict de Lannais és despens, & en amende, &c.

Hoc etiā de iure scripto, quód mulieri non restituatur dos, debet ali. Angelus & Cy. en l. Diuortio ff solut. matrimo. Arrest de Parlement.

Des assennes & auancemens de mariages qui se font sur terres non Nobles.

PVis que dict ay des doüaires appartenans aux Dames ou Damoiselles pour cause des fiefs & nobles tenemens, il s'ensuit dire & monstrer des assennes ou auancemens des mariages sur terres non nobles & tenure de main ferme, & quel droict les Dames ou Damoiselles y doiuēt auoir, tant par coustume localle comme par droict escrit. Si sçachez que la Dame ou Damoiselle apres la mort de son mary és terres de main ferme qui de par luy viennent, puis qu'enfans n'en a, peut & droict est, quelle ait droict de viuelotte, & est ainsi appellée par les lais, pour-ce que c'est à dire pour le viure des Dames ou Damoiselles.

Coustume de Vermandois.

Si a la Dame ou Damoiselle pour le droict de veufue en terre tenuē per escheuinage la moitié tant comme elle vit, & si elle en a eu enfans qui ayent eu vie, iaçoit ce qu'ils soient morts auant le pere, elle la à heritage, & és terres tenuës en cens & en cotterie elle n'a riens.

Coustume de sainct Amand.

Item en la terre de sainct Amand en Peule, la coustume est que le mariage doüe la femme, & pour-ce elle tient tous les heritages tant quelle vit. Et si enfans a eus qui ayent eu vie, iaçoit ce que morts soient auant le pere, elle a tout à tousiours.

Coustume de l'Isle & de Tournesis.

Item à la Chastellenie de l'Isle & de Tournesis, la veufue qui demeure sans enfans n'a riens aux heritages qui viennent de par son mary.

mais s'elle a enfans, elle en ioüist tant qu'ils soienten aage, & lors doit partir contre ses enfans, & durant sa vie a la moitié desdicts heritages. Et si elle se remarie, elle doit partir à ses enfans de la moitié tant qu'elle viura, & les enfans de l'autre. & si les enfans meurent, elle pert son voyage, & s'en va franchement aux hoirs dont ce vient. Et és meubles elle emporte auant part des habits de son corps le meilleur par le droict de son veufue & au surplus sont les meubles à partir à la moitié, si tost que sans enfans demeure veufue.

Vide quod supra dixi de iocalibus & vestibus ad mulierem pertinentibus, si eas de iure lucretur, & quid de consuetu. Parisiens.

Coustume de Mortaigne.

Item selon la coustume de Mortaigne sur l'Escault, le derrain viuant de l'homme ou de la femme ioüist du quart des heritages demeurez du trespassé, & luy mort il reua aux hoirs dont il vient, & les meubles se partissent à moitié.

ANNOTATIONS SVR LE TILTRE NONANTE ET HVICTIESME.

a I'AY remarqué en mon vieil practicien que parlant du douaire, il le faict particulier pour les Damoiselles & femmes nobles sur les fiefs du mary, comme si du commencement il eust esté estably par le Roy Philippes pour icelles: & outre il adiouste qu'elles ont viuelotte, comme toutes autres femmes sur heritage cottiers & de main-ferme, que nous disons roturiers. On peut prendre generalement viuelotte pour le doüaire, & ainsi Krantzius lib. 7. Daniæ. cap. 35. Vitalitium, *ce qui est donne & assigné par le mary à la femme, ou que la coustume luy attribuë pour son viure & entretenement apres la mort du mary. Il y a des coustumes, mesmes du Païs bas, estant de la Gaule Belgique, qui en font mention: & ce qu'en traicte icy l'Autheur, se refere ausdictes coustumes. A l'occasion du droict de viuelotte appartenant aux femmes, il traicte aussi de la prouision qui doit estre adiugée aux filles à marier, pendant procés pour leur viure & entretenement. C'est vne reigle generale en France fondée sur l'equité naturelle, que si le douaire demandé par la veufue est rendu litigieux, ou le partage demandé par les filles contre leur frere leur est debatu & contredict, on adiuge certaine prouision pendant proces, & quelquefois de tout le doüaire à la veufue en baillant telle caution qu'elle pourra, ou à sa caution iuratoire, & aux filles de quelque portion hereditaire, ou de certaine somme selon que pour les qualitez des parties, circonstances & raisons qui se presentent, le Iuge en arbitre & ordonne: & les sentences données en telles prouisions sont par les ordonnances royaux executoires, nonobstant l'appel: ainsi qu'il a esté iugé par arrests de la Cour: mesmement pour le regard du doüaire contre vn tiers possessur, des 18. Feurier, 1549. & 18. Nouembre, audict an: recitez par Papon liure 15. tilt. 4. Et quant au partage demandé par les filles, encores que par quelques anciens arrests leur ait esté seulement adiugee prouision de la quarte partie de ce qu'elles demandoient en reuenu,* iuxta l. Antiqui. ibi, quartam partem. D. si pars hæred. pet. & arg. l. Sed & si restituatur. §. fin. D. de iudic. *si est-ce que par arrest du Vendredy vingt-deuxiesme Ianuier, de releuée, mil cinq cens cinquante sept, i'ay veu confermer la sentence du Iuge, qui auoit adiugé prouision de moitié de la portion hereditaire que la sœur demandoit à son frere, à sa caution iuratoire : par ce qu'elle auoit affermé ne pouuoir trouuer caution : & cependant il n'estoit honneste ne raisonnable, qu'elle qui estoit de bonne famille, fust contrainte de mandier, pour la rigueur d'vn frere, qui la vouloit priuer de toute la succession de son pere. La cause du doüaire & des alimens est tres-fauorable.*

b *Le droict de veufue duquel est icy traicté, se r'apporte à la communauté de biens d'entre l'homme & la femme, tant meubles, qu'acquests & conquests : laquelle est de long temps obseruée & vsitée au pais coustumier de la France, & en toute la Gaule Belgique, encores qu'il y ait quelque diuersité aux coustumes : & d'icelle font mention* Ioa. Faber in §. 1. Instit. de acquisit. per arrogat. Cynus in l. 1. C. de summ. Trinit. Ioan. Andr. ad Speculat. §. compendiosè. de instrum. edict. *Mon vieil practicien l'appelle comme l'Autheur, droict de veufue. Et certainement il est bien raisonnable, que la veufue, qui a eu auec son mary vne societé de vie, ait aussi la moitié des biens qu'ils ont acquis & amassez par vn commun mesnage, labeur & industrie. On l'appelle bien* conlaboratio, vt in capitul. Caroli magni lib. 4. cap. 9. *encores qu'il n'en soit attribué à la veufue que le tiers.* vt etiam tit. 29. leg. Ripuar. & apud Marculf. *De ceste communauté on peut voir la coustume de Paris, où i'en ay escrit plus amplement. Quant aux accoustremens, bagues, ioyaux, & autres choses que la veufue peut prendre par preciput, faut auoir recours aux coustumes des lieux : & aux contracts de mariage, s'il y a aucuns.*

c *La femme qui a consenti à l'alienation faicte par son mary d'aucuns heritages suiects à son doüaire, iceluy ayant lieu, en doit estre recompensée sur les autres heritages delaissez par son mary,* l. Iubemus. & Auth. siue à me siue ab alio. C. ad S. C. Velleian, l. Vn. §. & cùm lex. C. de rei vxor. act. *encores qu'iceux fussent d'autre nature, comme de succession collaterale : iugé par arrest du vingtquatriesme iour de Ianuier, mil cinq cens septante & huict. Mais si le mary des deniers de ses heritages par luy vendus en auoit achepté d'autres, desquels la femme par droict de communauté en ait pris moitié, ie serois d'aduis que pour le regard d'iceux elle ne pourroit auoir recompense de son doüaire : d'autant que les heritages de ladicte communauté sont suiects au remplacement des propres du mary vendus constant ledict mariage : autrement seroit vn aduantage indirect à la femme, contre l'indisposition du droict Romain & François. Quant à la priuation du doüaire, pour l'adultere de la femme, estant condamnée pour ledict crime, elle en est priuée par le droict François, fondé sur la Nouel. cent trente quatre de Iustinian, & plusieurs arrests des Cours Souueraines. Mais on demande si l'heritier du mary qui n'a de son viuant accusé sa femme, luy peut obiecter le crime d'adultere, pour l'exclurre de son doüaire. I'ay remarqué ailleurs qu'autresfois par arrest, tel faict a esté receu : toutesfois depuis a esté iugé par arrest donné en l'audience, recité au deuxiesme liure des Responses qu'il n'estoit receuable.*

Car c'estoit au mary d'en faire l'accusation, cuius personam huiusmodi iniuria respiciebat, nec ad hæredes extendi debet, vt constatex Quintiliano declam.330. & Seneca 94. sed cùm vxorem non accusauerit, crimen remisisse censetur, iuxta l. Sine metu. C. ad leg. Iul. de adult. l. Mariti, in prin. D. eod. *& faict à ce propos.* l. 1. C. Theod. de dotibus & quod traditur de iniuria, *auec plusieurs autres raisons de droict, & vn arrest du Ieudy neufiesme iour de May, 1585. I'ay traicté cy dessus ce qui peut appartenir au reste de ce tiltre qu'il n'est besoin de repeter. Quant aux coustumes icy recitées pour les assennes ou assignations, qu'autrement on dit assignats de conuentions matrimonialles, ou droicts des femmes, il ne conuient s'y arrester d'auantage, par-ce que sont coustumes particulieres, pour lesquelles on peut auoir recours à la conference de Guenois.*

DES DONATIONS QVE L'HOMME ET LA FEMME FONT L'VN A L'AVTRE QV'ILS font ensemble par mariage.

TILTRE XCIX.

De donation mutuelle.

CY s'ensuit des [a] donations que l'homme & la femme font ensemble ou veulent faire tant qu'ils soient ensemble par mariage. Si sçachez que la donation que feroit le mary à sa femme durant le mariage, ne vault selon que les sages vsent. Et la raison si est que si le mary donnoit à sa femme, il sembleroit que ce fust par ardante luxure: & si la femme donnoit à son mary, il sembleroit que ce seroit plus par crainte que par autre raison, & pour ce tels dons ne sont à receuoir n'à soustenir, car ils n'ont point de couleur raisonnable ne tollerable. *C. lib. quinto. Ru. de donationibus inter virum & vxorem l. 1. & sequen. & ff. eod. titu. l. 1.* Mais par autre raison se peuuent faire dons & amendemens entre les dessusdicts mary & femme, que layement on appelle reuestissement: & aussi est ainsi appellé pour ce qu'autant en amende l'vn que l'autre, & conuient qu'il soit faict par loy & passé, ou autrement il ne tendroit, si comme dessus est dit & monstré en la rubrirhe des reuestissemens, *Cod. li. 5. Rub. dicta. l. Si maritus tuus. & l. Seq.*

Reuestissemēt se prend icy pour dō mutuel, qui se faict entre deux conioincts par mariage.

Addition. *Qui n'est au liure escrit à la main.*

Aduerte quod ista donatio mutua siue reciproca est permissa etiam de iure. Doct. in l. Si pater puellæ. C. de inofficioso testamento. Et fit hodie diuersimodè: & secundum consuetudinem loci diuersitatem inuenies. est enim valida donatio non existentibus liberis apud Parisios, de omnibus tantum mobilibus & conquestibus, vt videre est artic. 156. consuetud. Paris. titu. de don mutuel. *Apud vero Carnutum cuius origo mihi est natalis, valet & tenet etiam existentibus liberis: & si liberi non fiat, procedit vlterius consuetudo: quia permittit donari illa*

Art. 280. de la nouuelle coustume de Paris.

illa donatione mutua etiam propria heritagia: & quamuis gaudere non faciat superstitem dicta consuetudo Paris. nisi super vsufructu: illa tamen per proprietatem. & ad hoc vide consuetudin. de Chartres au tiltre de don mutuel. *Et miror quomodo Carnutes in tali vsu consuetudinario fuerint propensiores in fœminas quàm Parisienses, cùm eorum natura non patiatur. Sed ad hoc diceret aliquis, quod illa donatio respicit tam masculum quàm fœminam. Plura alia adferrem, nisi forsitan ego affectato animo loqui arbitrarer. prius enim me Carnutem nominaui, non exemplo Socratis respondenti quærenti cuius esset, mundanum esse.*]

La coustume selon qu'elle est à present ne se rapporte du tout à ce qui est annoté au tiltre de donation mutuelle.

De femme destourner & prendre les biens de son mary.

Item & s'il [b] aduenoit que femme estant auec son mary par fol conseil prenoit ou emportoit aucune chose du leur, & le destournast ou vendist, sçachez que pour ce ne pourroit pas le mary poursuiuir la femme de larcin ne d'autre chose que de r'auoir son dommage ou sa chose, où que trouuer la pourroit ou sçauroit: ne pource n'en pourroit sa femme causer ne emprisonner fors que tant de sçauoir où ses choses seroient, ou qui ce conseil luy auroit donné. Et la raison si est, que aussi bien en est la femme Dame comme le mary en est seigneur. Non au mary n'est de sa femme causer ne criminellement ne autrement, s'elle n'auoit traicté de sa mort faire auancer. *C. libro sexto. Rub. rerum amotarum. l. Diuortij gratia rebus vxoris. &c.*

La forme de mettre Dame ou Damoiselle en son doüaire.

LA forme [c] de mettre Dame ou Damoiselle en son doüaire si se peut faire en trois manieres. C'est à sçauoir par lettres & mandement du Roy qui toutes vefues a à garder. La seconde maniere par plainte faite à loy au lieu dont le fief est tenu. La tierce maniere si est par commission de mise de faict, & ceste derniere maniere est plus sommiere, & se peut donner par le Iuge du ressort du fief, ou par le Iuge Royal souuerain du lieu, & par celle commission est la Dame ou Damoiselle de fait mise au droict de son doüaire. Et si opposition s'y assiet, si tient la mise de fait iusques en decision, pour la raison de ce que doüaire est le viure de Dame ou Damoiselle, & en viure n'a nul iour: & pour ce doit estre mise en droict de son doüaire, si tost comme elle le demande, nonobstant opposition. Et n'y appartient nul renuoy sur ce que le souuerain ne en cognoisse sans faire renuoy. Et pource veux monstrer la forme de faire & former vne commission de mise de faict en cas de doüaire.

[*Aduerte quod ex pluribus consuetudinibus maxime Parisijs de dotalitio est saisita mulier morte mariti artic. cxlij. vbi* doüaire coustumier saisist. *quid de conuentionali, ex sequenti articulo,* doüaire prefix n'a point de lieu, iusques à ce qu'il soit demandé en iugement.

Addition. Qui n'est au liure escrit à la main, & faut voir l'annotation.

Commission de mise de faict.

TRistan du Bois Cheualier Seigneur de Fammechon & de Rainsceual Conseiller du Roy nostre Sire & Baillif de Vermandois, au pre-

Ce formulaire de commission ne se practique plus en France, n'estant besoin de mise de faict à la vefue pour son doüaire: Et pour le possessoire, on n'obserue plus la forme de ramener à effect la complaincte, sur le lieu, comme i'ay monstré cy dessus.

mier sergent du Roy nostredit Seigneur audit Bailliage qui surce sera requis salut. De la partie de telle N. vefue demeuree de feu tel. N. nous a esté remonstré en complaignant que cõme par le droict commun à Dame ou Damoiselle demeuree vefue de mary, qui à son trespas fut ioüyssant & possessant de fief, ou plusieurs, & l'eust au iour de leur espousaille, ou depuis acquesté, compete & appartienne la moitié des reuenuës, profits & emolumens d'iceux fiefs tant en droict de seigneurie comme autrement, auec la chef maison dudit fief ou fiefs pour la maison de ladite Dame ou Damoiselle, que selon la valeur dudit fief ou fiefs peut & doit appartenir & appartient à cause & droict dudit doüaire, tout son voyage durant. Et qu'il soit ainsi que ladite complaignante soit de nouuel & depuis an encore non passé demeuree vefue de feu. N. qui en son viuant & au iour de son trespas tenoit plusieurs fiefs & nobles tenemens, & en especial vn certain fief situé en tel lieu N. desquels ou duquel la moitié des reuenuës profits & emolumens, iustice & seigneurie en compete & appartienne à ladite complaignãte, par droict de doüaire coustumier, auec le chef maison, soit chasteau ou autre forteresse, ou maison competante, sentant ou doutant en ce estre perturbee, si comme elle dit, & pource requerant estre pourueuë & gardee en droict. Pour ce est-il que nous qui aux Dames ou Damoiselles vefues au cas dessusdit voulons en iustice pouruoir, vous mandons, & pour ce que ce est en cas de preuention, dont au Roy nostre Sire appartient la cognoissance, commettons que vous vous trãsportez sur le fief ou fiefs dudit defunct demeurez és termes dudit bailliage, & sur iceux appellé à ce le seigneur, ou seigneurs, leurs gens & officiers de qui il est ou sont tenus: mettre de fait ladite complaignante ou son procureur pour elle en la moitié de tous les profits, exploits & emolumens droits, & seigneuries audit fief ou fiefs appartenans auec la chef maison d'iceluy ou ceux fiefs, si aucune en y a pour de tout ce par ladicte vefue ioüir & possesser paisiblement sa vie durant, comme à droict de doüaire peut & doit appartenir à faire: & ce fait, vous transportez pardeuers les hoirs ou ayãs cause dudit defunct, en eux signifiant & intimant ladite mise de fait à la fin, que si opposer se veulent, si leur donnez & assignez sur ce certain & competant iour en la Cour du Roy nostre Sire à S. Quentin pardeuant nous ou nostre Lieutenant, & neantmoins opposant ou non, si les adiournez audit iour & lieu à certain iour: ou si opposez ne sont pour voir tenir & garder ladite complaignante ou son procureur pour elle, ou mis l'auez de fait pour eux à s'opposer ou contredire si bon leur semble, & pour à ladite vefue faire & liurer maison si aucune y en a telle & suffisante que à la possibilité du fief de raison pourra & deuera appartenir proceder sur ce, & en outre circonstances & dependances comme il appartiendra. En rescriuant de ce. &c. de ce faire vous donnons &c. laquelle mise de fait s'approuue par la loy escrite. *C. lib. vj. Rubr. de edicto Diui Adriani tollendo. l. Quamuis qui se filium. & l. Edicto Diui Adriani.* Et ne s'assiet celle mise de fait que sur deux cas, c'est à sçauoir sur cas de doüaires, & sur dons legataires, & sont cas de preuention pour la faueur d'eux, dont qui s'en trait premier au souuerain, par le Iuge suiet n'en doit estre demandé ne luy fait nul renuoy, & que en luy en demeure la cognoissance comme à souuerain, & comme de cas de preuention.

[*Nota que cecy est auiourd'huy pratiqué etiam en complainte prinse en cas de saisine & nouuelleté, pour raison de possessoire de quelque cure ou benefice: car nonobstant quelque exception on adiuge la recreance illi qui potiora iura ostendit: & à ce s'accorde la lex. final. C. de edict. Diui Adrian. tollend.* *Addition, qui n'est au liu escrit à la main.*

ANNOTATIONS SVR CE TILTRE NONANTE NEVFIESME.

a P*Ar la loy Romaine tiree des loix de Solon, est pour plusieurs causes defendus aux mariez de faire donation l'vn à l'autre, mesmes mutuelle,* l. 1. 3. l. Sed si vir §. quod legaturus. l. Cũ hîc status. §. si ambo. D. de donat. inter vir. & vxor. *Toutesfois il leur estoit permis de donner & leguer l'vn à l'autre par testamẽt, & mesmes la donatiõ faicte entre vifs auoit effect, si le donateur y perseueroit iusqu'à la mort.* l. 9. §. vlt. & l. seq. d. l. Cũ hîc status 32. D. eod. *& y a des exemples au droict Romain tant de l'institution d'heritier que l'vn des cõioints auroit fait de l'autre, que des legs qu'ils se seroient faicts l'vn à l'autre. Et ce droict Romain est obserué au pays qu'on appelle de droict escrit: & y a des coustumes qui s'y conforment aucunement. Mais par la Coustume de Paris & autres est prohibé aux conioincts par mariage d'auantager l'vn l'autre par donation entre vifs, testament ou ordonnance de derniere volonté, directement ou indirectement: comme de donner aux enfans l'vn de l'autre, qu'ils ont d'vn autre mariage: ce qui conuient à plusieurs arrests de la Cour, qui ont declaré nulles donations faictes par l'vn des conioincts aux enfans de l'autre, à sçauoir du Mercredy vingt troisiesme Decembre, 1561. 12. Iuillet, 1584. & autres. Toutesfois si le mary n'auoit enfans, il a esté iugé en la Coustume de Paris, qu'il pouuoit leguer aux enfans que sa femme auoit d'vn autre mariage, autant qu'il luy estoit permis de disposer par testament, par arrest du 4. Iuillet, mil cinq cens octante sept, que i'ay allegué sur le 282. article de ladite Coustume. Par laquelle aussi comme par autres est permis aux conioincts estans en santé de faire donation mutuelle l'vn à l'autre, de leurs biens, meubles & conquests faicts constant le mariage, aux charges portées par les Coustumes: pour le regard desquelles parlans des conioincts estans en santé, fait* l. filiæ meæ. D. solut. matr. *& y en a des arrests, par lesquels les donations mutuelles faictes, l'vn des conioincts estant malade, de la maladie de laquelle il seroit decedé, auroient esté infirmées, & entre autres du dixiesme Feurier, mil cinq cens octante deux. & quinziesme Mars 1586. Mais ne sont comprins au don mutuel les acquests faicts par l'vn ou l'autre conioinct auparauant le mariage, ce que monstre le mot de conquest, qui s'entend de l'acquest fait par les conioints constant leur mariage,* vt tradit Io. Faber in l. de fidei cõmiss. C. de trãs. Io. Gallus quę. 87. & Maluer. §. itẽ &

dicuntur. tit. de societat. *Par les ordonnances la donation mutuelle doit estre insinuée, autrement elle est nulle : iugé par arrest du 21. Iuillet, 1584.*

b *Si par la loy Romaine qui permettoit la diuorce, n'auoit lieu l'action de furt contre la femme, qui auoit detourné & pris les biens de son mary, constant le mariage, & ce pour l'honneur & respect d'iceluy, ains le mary apres la diuorce pouuoit seulement intenter l'action* rerum amotarum, l. 1. 2. & al. D. de actio. rer. amot. l. 1. 2. & 3. C. eod. tit. *à meilleure raison le mary ne seroit à present receuable à tenter action de furt contre sa femme, qui demeure sous sa puissance, si autre crime n'y estoit meslé : par ce qu'il peut vindiquer les meubles qu'elle auroit transportez, d'autant qu'il est maistre & seigneur d'iceux : & que par l'office du Iuge il la peut faire reuenir auec luy.*

c *Par l'ancienne Coustume de Paris, comme par plusieurs autres, y auoit difference entre le doüaire coustumier & prefix : Mais pour le coustumier on a tenu sans doute que la femme en estoit saisie du iour du decez du mary : tellement que pour iceluy elle pouuoit intenter le cas de saisine & nouuelleté, mesmes contre les heritiers du mary, dont i'ay obserué vn arrest donné en l'audience du Mardy 14. May, 1555. Le semblable se peut dire pour le doüaire prefix és lieux où la veufue en est saisie. I'ay monstré cy dessus qu'au cas de saisine & nouuelleté, le Iuge Royal a preuention, & n'est tenu faire renuoy de la cause, par arrest du penultiesme iour de Nouembre, 1547. & autres.*

DES EMANCIPEZ.

TILTRE C.

ET puis[a] que dit est des pupilles, des veufues, & des mariez, & comment ils se peuuent auoir selõ ce que veu en ay par les sages aciens, dire veux commẽt i'ay veu emanciper, que les ruraux appellent mettre hors son enfant de son pain & de son pot, c'est à dire que depuis lors l'ẽfant est hors du gouuernement de pere & de mere, & est en son mesme gouuernement, & tient & vaut ce qu'il faict, traicté & marchandé, jaçoit ce qu'il soit à marier. Ne pour ses causes ne doit estre retourné au pere, ne au sien. Si t'en monstreray comment ie l'ay veu faire.

Addition, qui n'estau liure escrit à la main.

[*Emancipare est liberare, vt dicit Cardinal. in clement. de excess. prelat. alias dicit text. in l. Si vnic. C. de bon. mater. quod emancipatio est concessio libertatis. Vide formam emancipationis positam per Speculat. in tit. de nat. ex liber. ven. §. final.*

Exemple de ce.

Il aduint que madame de Raisse voulut mettre hors de son pain & man burnie, Madamoiselle de Vuixte sa fille, qu'elle auoit euë de feu Mõseigneur de Raisse son mari : car jaçoit ce que ladicte Damoiselle eust biẽ 16. ans ou enuirõ, si l'auoit tousiours ladite Dame en son gouuernemẽt. si demanda ladite Dame conseil cõment ce pourtoit deuëment faire. Et en.

eut le cõseil de tous les plus sages coustumiers de la Chastellenie de l'Isle & de Tournesis, où ladicte dame auoit le sien. Conseillé luy fut qu'il conuenoit qu'elle le fist par loy, pardeuant le seigneur de qui elle tenoit, ou tiendroit le plus de ses possessions, & où elle estoit le plus apparent à faire residence, & pardeuant le souuerain: pourquoy elle se traist pardeuant le Baillif de Vermandois où elle auoit grand'partie du sien, & qui estoit Iuge souuerain en Tournesis, & fist plainte à loy, cour aduestie d'hommes de fief tant que pour suffire à loy & à ce faire, à celle fin que dict luy fust par enseignement de loy, comment deüement & par la coustume du lieu elle eust la fille emancipée & mise hors de son pain & de son pot: ceste plainte à loy faicte, le Baillif semont ses hommes de loy dire, pourquoy par les hommes fut dict au Baillif qu'il demandast à ladicte dame, que par son serment elle iurast & dist pourquoy elle faisoit ce. Laqu'elle dist que ce qu'elle en faisoit, elle le faisoit plus pour le proffit de sa fille que pour autre chose quelconque, & que ce faisoit sans fraude, sans deception, & sans nul mal engin, pour sa fille, ne pour autre: & auec ce que par son serment elle dict, si sa fille auoit vnze ans & plus, auec ce s'elle estoit idoine & sensible de soy & le sien garder. Laquelle dame en presence de loy print par son serment que ce faisoit elle sans fraude, sans deception, & sans mal engin pour sa fille, ne pour autre personne quelconque, & qu'elle affermoit que sa fille estoit aagée de plus de vnze ans ou enuiron, & idoine & sensible de soy & le sien garder. Apres fut dict par les hommes audict Baillif, que pareillement il demandast à ladite damoiselle, si ce que ladicte dame sa mere requeroit, & qu'elle auoit affermé en sa presence s'elle le vouloit agréer & accorder de sa bonne volonté, ne sans crainte ne doutte, qui oncques luy en fust faicte ne mõstrée, & s'ainsi le requeroit d'elle & de sa volonté: laquelle damoiselle dist que ainsi le requeroit, & que son gré & volonté estoit, sans ce que oncques ne fust oppressée ne contraincte par ame nulle. Et ce ainsi faict ledict Baillif semont ses hommes que veu que ladicte dame mere & ladicte damoiselle, & aussi Pepin de Raisse, oncle de par le pere, affermoit que ladite Damoiselle auoit aage de vnze ans & plus, & qu'elle estoit habile de soy gouuerner, & que c'estoit sans fraude, si cõme dict est, ils luy voulsissent dire que faire en deuoit par l'vsage & coustume du lieu & de la cour. Lesquels ouye la requeste de ladicte dame, & ce que dict est, & que affermé en auoit, la requeste, gré, & aussi cõsentement de ladicte damoiselle, auec le consentement de sondict oncle, pour la partie du costé de par le pere, & sçeu en outre de quel auancement elle la vouloit auancer pour son mariage commencer, laquelle dame luy donna en auancement de ce vn gobelet d'or couuert, & dedans certaine somme d'or, tant qu'il suffist à ladite damoiselle, & que contente s'en tint. Et puis fut dict par loy que le emancipement que vouloit faire ladite dame, se pouuoit bien faire à l'vsage & coustume du pays, & que bien & suffisamment auoit icelle damoiselle Ieanne sa fille emancipée, & mise hors de son pain & manburnie, si comme à l'vsage & coustume du lieu appartenoit, pour ladicte damoiselle Ieanne de lors en auant estre & demeurer gouuerneresse d'elle & du sien. de laquelle chose ladicte dame demanda lettres, qui accordées luy furent. Et fust en outre conseillé que si ladicte dame vouloit de lors en auant auoir sa fille auec elle, que ce fust par contract de marché faict entre elle & sa fille, & pour certain prix, autrement il sembleroit que l'emancipation qui faicte seroit, fust feintement faicte, & la pourroit on par ce reprocher.

Comment on se emancipe de soy.

Item de soy mesmes se emancipe aucunes fois fils ou fille quand il se marie: car par coustume de cour laye ils sont emancipez, combien que par le droict escrit ils ne soyent pas habiles à vendre leurs heritages s'ils ne sont aagez. c'est à sçauoir l'homme de xv. ans, & la fille de vnze ans.

Addition, qui n'est au liure escrit à la main. [*Imo prædia minorum xxv. annis non possunt alienari sine decreto. l.ij. & sequent. C. de prædiis minor. sine decret. non alienand.*

Item encore s'emancipe le fils quand il deuient prestre ou clerc d'office qui en soy faict & porte seigne.

Addition, qui n'est au liure escrit à la main. [*Ad hoc Bald. in l. Apud hostes vers. extra quæro. C. de suis & legitim.*]

Item encore se emancipe le fils quand il deuient cheualier, & ne fust il marié.

Item encore se emancipe le fils quand il entreprend office de loy ou autre dignité de bourgeoisie. Il est à sçauoir que si celuy qui doit estre emancipé de pere & mere, il conuient que ce soit à leur requeste auec leurs fils ou fille. Et si pere n'y a, il conuient que ce soit faict par la mere, & le plus prochain de par le pere, & ainsi par le pere si mere n'y a, & le plus prochain de par la mere.

Addition, qui n'est au liure escrit à la main. [*Ex iure scripto duodecim dignitates inuenies quæ aliquem curialem à curiali conditione liberant. vt l. Fina. libr. x. de curial. & illæ eædem liberant à patria potest. Auth. constitutio quæ de dignitat. §. j. & §. generaliter.*]

ANNOTATIONS SVR LE TILTRE CENTIESME.

a *I'Ay escrit cy-dessus de la puissance & mamburnie paternelle, & de l'emancipation: laquelle n'est si frequente en France, d'autant que le droict Romain de la puissance paternelle n'y est du tout obserué: toutesfois afin que les enfans ayent plus de pouuoir d'acquerir, & receuoir donations de leurs peres ou meres, ou d'autres, ils ont accoustumé de se faire emanciper, par le vouloir & consentement de leurs peres, pardeuant les Iuges ordinaires. Et la forme que propose icy l'autheur, ne se practique en France. Mais par le droict François homme & femme conioincts par mariages sont reputez aagez vsans de leurs droicts, & comme emancipez sortent de la puissance paternelle, & peuuent administrer leurs biens, & disposer de leurs meubles ans pouuoir toutesfois vendre, engager, ou aliener leurs immeubles pendant leur minorité, comme porte la coustume de Paris, art.239. à laquelle y en a d'autres conformes. Et tel est l'effect de la reputation d'estre vsans de leurs droits, que le mary peut contracter & s'obliger pour marchandises & meubles à luy vendus, comme a esté iugé par arrest du mois de Nouembre, 1532. pris des Memoires de feu M. le President Brulart.*

DE STIPVLATION DE PROMETTRE ET SOY OBLIGER DEVERS AVCVN.
TILTRE CI.

OVE stipulation est, ay monstré au chapitre des differences des actions en la rubriche à ce seruāt, & pour ce m'en passe à present, mais bien veux dire que i'ay veu tenir de stipulation, qui autant vaut à dire que soy obliger à quelque chose rendre ou payer.

De promettre à enfant.

Si peus & dois sçauoir que si aucun auoit promis à vn enfant par stipulation aucune chose à luy donner, sçachez que tant que l'enfant soit en la mamburnie du pere, le pere a ceste action contre le stipulant, & le peut faire conuenir pour ce accomplir. *C. l. vij. Rub. de contrah. & committenda stipul. l. Si filia tua.*

De prester à aucun argent.

Et s'il aduenoit que aucun prestast argent à autre, si comme si aucun prestoit à Iean telle somme N. & fist obliger Iean qui la rendroit à Iacques qui present ne seroit pas, sçachez que l'obligation ne vaut, quant à ce que Iacques le puisse demander ne poursuiuir, car à personne absēt ne vaut stipulation: & pource si Iacques par aucune maniere demandoit à Iean tel argent, pource que ouy dire auroit ainsi que Iean seroit obligé à luy, & il luy baillast, tu as action contre Iacques qui a reçeu cest argent, par action de besoignes faites: car par raison Iean en deuroit estre quitte, puis que ainsi l'auroit baillé à Iacques par celle ordonnance, mais Iacques le doit rendre à toy. Et si Iean ne l'eust legerement baillé à Iacques, & qu'il voulsist estre deffendu, Iacques par celle obligation n'y seroit à receuoir *Ad hoc Instit. de inutilib. stipulat. §. alteri stipulari.*

Additio. Toutes les additiõs icy marquées ne sõt au liure escrit à la main.

De la vertu de stipulation.

Item peus & dois sçauoir que ce qui est promis à faire à autre par stipulation, la vertu de la stipulation est telle & si forte, qu'elle porte & passe iusques à l'hoir apres la mort à celuy qui ainsi a stipulé, & en peut on poursuiuir l'hoir à faire & accomplir la promesse de son predecesseur dont il a cause & la succession. *C. libro octauo, Rub. dicta, l. Veteris Iuris altercationes.*

Comment stipulation n'a lieu.

TV peus & dois sçauoir, que ce que mineurs obligent, soit qu'il soit faict par forme de stipulation, si ne vaut ce qu'ils en font. *C. lib. viij.*

Additio. Rubr. de inutilib. stipul. l. Ex stipulatione.

Pupillus sine tutore obligare se non potest, nisi in quantum sit locupletior. l. Impuberis. ff. de authorit. tut. & l. iij. ff. commo. & vide gloss. in l. ij. C. de inutilib. stipul.

Item stipulation faicte sur mariage, que par saincte Eglise ne se peut confermer, ne n'est à tenir. *C. l. viij. Ru. dicta, l. Libera matrimonia.*

Item ne vaut stipulation qui puisse engendrer friuole obligation, si les stipulans n'y sont presens, ne les deux presens ne peuuent obliger le tiers absent, si n'est en obligeant son hoir pour cas especial. *C. l. viij. Rub. dicta, l. Vt inter absentes.*

Si ce n'est du cõsentemẽt de celuy, de la succeßiõ duquel est questiõ, iuxta l. vlt. C de pact. & i en ay traité cy dessus, & monstré que par contract on peut faire vn heritier.

Item ne vaut stipulation faicte de escheance aduenir, car c'est contre bonnes mœurs, & ce qui contre bonnes mœurs se faict, ne vaut ne n'est à tenir. *C. l. viij. Rub. d. l. Ex eo instrumento.*

Pactum de futura successione non valet, ideo quia captandæ mortis occasionem præberet. Ad hoc vide textum in leg. Fina. l. Pactum quod dotali. & leg. Licet. C. de pact. & de collatio. l. Pactum. & de inofficioso testam. leg. Siquando. §. illud.

Item ne vaut stipulation faicte par paour constant, & qu'elle chose est paour constant, ay dessus dict en la rubriche de ce faisant mention. Ne par barat, fraude, ne deception, que tout ne face à r'appeller. *C. l. viij. Ru. dicta, l. Dolo vel metu adhibito.*

Additio. *Tenet stipulatio extorta dolo vel metu: sed ope exceptionis rescinditur. Vide in illa. l. Dolo. Baldus & doct. & quomodo dolus non facit contractum, ipso iure nullum, sed annullandum, nisi det causam contractui, & quomodo intelligatur dolus incidens in contractum, & dans causam contractui, vide optimam gloss. in verbo, si dolo malo. l. Si ea. Cod. de fideiussor. minor. & vtrum quod diximus contractum esse nullum quando dolus dedit illi causam, sit verum: vide ad sobrietatem. Iason in §. omnium. in v. column. de actionib.*

De plusieurs gens qui ensemble font stipulation.

SCachez que si deux ou plusieurs font ensemble stipulation aucune, & il aduienne que l'vn soit poursuiuy & contrainct de payer, sçachez qu'il doit faire conuenir son compagnon qui est obligé auec luy: & si porter ne luy veut compagnie, luy sur ce deüement sommé à loy, & que payer luy faille, pour-ce ne demeure que celuy qui ainsi a payé, par la stipulation que faicte en a, ne puisse apres poursuyuir son compagnon qui auec luy est obligé, qu'il luy face compagnie de payer & rendre sa partie de la dette, que payée a pour la stipulation en quoy ils estoient obligez. Et le Iuge le doit à ce contraindre. *C. l. viij. Rub. d. de duob. reis stipuland. l. j.* Mais sur ceste loy s'ensuit vne Anthentique qui dict, que voir est que la loy dessus dicte dict & enseigne, s'ainsi est que tous ceux qui ainsi sont obligez ne soyent au pays, ou que l'vn soit si pauure qu'il n'ayt de quoy payer, lors se peut on traire à vn seul. mais si tous sont au pays, & puissans de payer, lors se doit on traire à tous ensemble, & le Iuge les doit contraindre de satisfaire de toute la stipulation. *Cod. lib. viij. Rubrica dicta,*

Authent.

authen. Hoc ita si pactum fuerit speciale.

Aduerte quod quamuis duo in solidum obligati sint, & non fuerit renunciatum beneficio diuisionis aut etiam discussionis: tamen creditor non potest vnum in solidum discutere alio non discusso pro parte, quando est soluendo & presens. ita dicit glo. singul. instit. de duobus reis §. fina. & ita est intelligenda dicta authen. *Addition.*

Item s'ensuit vne autre loy qui conferme la loy dessusdicte en cas de stipulation & dit. Puis que plusieurs sont obligez pour vne dette par si que c'est chacun pour le tout, sans autre exceptiõ, sçachez que le creãcier a en luy l'eslite de luy traire auquel qui luy plaira des obligez: & conuiendra que cil y responde, & face satisfaction de la dette si vaillant l'a, mais bien se pourra recouurer sur iceluy, pourquoy ou pour qui il s'obligea, sçauant qu'il liticonteste en la cause le somme de par la loy de soy acquiter. Car si apres liticontestatiõ le sommoit, à tard y vendroit, ne n'y auroit recours. Et si chacun estoit obligé pour sa partie, autrement ne pourroyent estre poursuyuis. *C. lib. viij. Rub. dicta. l. Exprimere debuera.*

Ista intellige quando est renunciatum beneficio diuidendarum: alias secus. pro hoc glo. in verbo ad solutionem. dic. authen. hoc ita si pactum C. de duob. reis. *Addition.*

Des pleiges.

DEs pleiges que les clercs appellent fideiusseurs, & de l'effect des fideiusseurs que les ruraux appellent pleigerie, veux dire & monstrer ce que veu & ouy en ay. Si peus & dois sçauoir que selon l'opinion d'aucuns, ils sont trois manieres de pleigerie: c'est à sçauoir pleigerie stipulaire, pleigerie accidentelle, pleigerie simple. La stipulaire, si est cõme quand aucun s'oblige par stipulatiõ, & promet à payer dette pour vn autre, & en fait sa dette en luy obligeant par foy & par peine à certain iour à rendre & payer.

Que l'hoir est tenu de la pleigerie.

Celle qui est accidentelle, si naist & descend de la stipulaire, si comme l'hoir de celuy qui ainsi a fait sa dette pour autre, comme dessus est dit, quand il va de vie à trespas, est tenu de celle dette payer, par ce que leur predecesseur sa propre dette en fait, comme dit est. Ou selon aucuns quand succession vient à aucun par la mort d'vn qui estoit chargé de dettes de son predecesseur: & celle va d'hoir en hoir tant que payé soit. *Ad hoc textus in l. fideiussoris C. de fideiuss.*

Que l'hoir est tenu de la pleigerie.

La tierce pleigerie qui est simple, si est si comme quand aucun est pleige, que l'autre payera à la tierce personne telle dette: & ceste pleigerie est appellée simple pource que le pleige ne fait pas sa dette seul & pour le tout: ne pour ceste pleigerie n'est tenu l'hoir du fideiusseur. Car le pleige mort, la pleigerie meurt. Si sçachez que des deux manieres de pleigerie dessusdicte, c'est assauoir de la stipulaire & de l'accidentelle faut respondre par soy qui conuenu est pardeuant Iuge, ne garand, ne compagnie ne s'y assiet, pour ce qu'õ en a fait sa propre dette sans aucunes modificatiõs que à certain cas & droict escrit y met, si comme cy apres sera dit en la rubriche de ce faisant mention. Ne aussi l'accidentelle n'a point d'exception, pource que le successeur represente le predecesseur qui estoit ainsi obligé. Mais en la simple a exception, & peut requerir sur ce à appeller celuy pour quiil pleigea, & que de ce le despeche & garantise: lequel luy doit faire s'il a le vaillant: car tant que le principal a dequoy, on ne se peut ne doit traire au fideiusseur. Mais si le principal estoit pauure, qui n'eust dequoy satisfaire, lors le conuiendroit payer le pleige & le fideiusseur. Ou si le principal estoit hors du pays, si qu'il fut expatrié par temps que l'expatriation le desire, si comme dessus est dict en la rubriche à ce seruant, il conuient respondre & satisfaire. *C. lib. viij Rub. de fideiussoribus & mandatoribus. l. Si fideiussor. & Authent. præsente. eod. titu.*

De prendre gaige pour le pleige.

Aucunesfois [d] aduient que le pleige prend gaige de celuy de qui il faict la pleigerie. Et aussi aduient aucunesfois que crediteur prend gaiges & pleiges pour sa debte. Si sçachez que le fideiusseur qui a gaiges par deuers luy, si poursuiuy est, doit sommer son principal auant que les gaiges puisse vendre ne clamer, car ce n'est que seurté que le principal n'appauurisse. Mais le crediteur qui prend pour sa debte pleiges & gaiges, sçachez que s'il se veut traire aux pleiges, il leur doit mettre en main les gaiges: ou autrement il n'y seroit à receuoir. Car s'il auoit ces gaiges engaigez auant, si suffiroit-il qu'il les ramenast en estre sains & entiers, & les mist en la main des pleiges, ou tenus n'y seroient de respondre, car selon aucuns il semble qu'il y soit tenu aux gaiges, & laisse les pleiges quand il s'en ayde en autre maniere. *Codice lib. octauo. Rubr. de fideiussoribus l. Creditori qui pro eodem.*

De muer sa debte à autre.

Et si aucun [e] qui pleige auroit pour sa debte, se muast d'vn debteur en autre, sçachez que les pleiges qui estoient de premier pleiges & fideiusseurs, sont deliures de ceste pleigerie, & ainsi n'est que seconde fois ils soyent & se rendent derechef pleiges au second crediteur. *C. libro octauo Rubr. dicta l. Nouatione legitimè perfecta.*

D'appeller par le pleige son garand.

Par vne loy en Code escrite, est dit que le crediteur a pouuoir de laisser le principal & luy traire au pleige, s'ainsi n'estoit que autre conuent n'y ait. Mais par vne Authentique qui s'ensuit, ceste loy est modifiee par la nouuelle loy de appeller son garand par le pleige, ce est le principal. Et dit l'Authentique que ambedeux quand ils sont en presence, c'est à sçauoir le principal & le pleige, le crediteur ne peut ne doit riens demander au pleige, iusques à ce que le debteur soit trouué si pauure que satisfaire ne puisse, ou qu'il se seroit absenté ou destourné, car lors conuiendroit il que pleige fut cõtraint à satisfaire. Toutesfois cõuient il que le pleige s'il le requiert ait iour competãt à appeller son garand, & qu'il le cõtumasse, car lors s'il ne vient, le pleige sera contraint Mais le demandeur deuera bailler tous ses erremens au pleige ainsi contraint, afin que en temps & en lieu il puisse recouurir son principal, c'est à dire celuy pour qui il aura ainsi payé. *C. lib. vj. Rubr. dicta. l. Non recte. & Auth. præsente.*

De ceste authẽtique a esté parlé cy dessus.

De pleiger par signe ou autrement.

Le droict escrit ne faict nulle doute s'il est ainsi que aucun se vante de pleige auoir & le demande à auoir, & le pleige venu y respond en autre langage que au commun, que volontiers le fera, ou qu'il le fait par signe, car autant vaut l'vn langage que l'autre, puis qu'il appert que le sentement y est *C. lib. viij. Ru. dicta. l. Blanditus tibi est.*

D'vn crediteur assaillir l'vn pleige, & laisser les autres.

S'il aduenoit que plusieurs ensemble fussent pleiges pour vne dette, & le crediteur assaillist au plaids l'vn auant l'autre, & celuy qui ainsi seroit assailly, n'eust dequoy tout payer, & puis voulsit le creancier retourner sur les autres pleiges, & ils se voulsissent defendre par exception que celuy auroit premier mis en procés vn autre d'eux, & fait la demande de tout le deu, & par ce ne se peut ne doit traire aux autres, sçachez que pour ce ne demeure que pour le residu dont payé ne seroit, ne puisse traire aux autres iusques à tant qu'il soit satisfait: puis qu'il a iuste demande. Mais s'il decheoit contre le premier de iniuste demande, par consequẽt si deuroit il faire contre les autres si tous estoient d'vne mesme conditiõ & pleigerie. *C. lib. viij. Rub. dicta. l. Si liberum fuerit antequam. & l. Reos principales.*

Que femme ne peut pleiger.

Tu peus & dois sçauoir par la loy escrite que femme ne peut estre pleige pour autre, car femme pour autre ne pour elle ne se peut obliger que l'obligation vaille ne tienne. *C. ad senatusconsult. Velleia. l. j. & l. sequen.*

Si elle n'y a renoncé: car si expressement elle n'a renoncé au velleian, elle peust estre releuee cõme a esté iugé par plusieurs arrests de la Cour, & entre autres du 14. Aoust 1586

De bailler souffisans pleiges.

Quiconque promet à autre de bailler souffisans pleiges ou caution: Sçachez qu'il ne baille nuls pleiges souffisans tant riches qu'ils soient ne qu'il ne baille pleige iusticiable à la loy dont & où la question se fait, si ce n'est en argent monnoyé. Car bailler heritage, c'est faire & engẽdrer cause que les droits ne seuffrent pas, car autre pourroit dire qu'il seroit sur ce ypothequé, ou que premiers y auroit main de iustice assise &c. pourquoy ce seroit nouuelle cause & autre procés s'il estoit deffendu *ff. qui satisdare cogan. l. ij.*

Comment le creancier se peut traire auquel qu'il veut des pleiges.

Item selon que dit est en la rubriche precedente des stipulations, si plusieurs sont pleiges pour autre, iaçoit ce qu'il ne soit pas contenu en la fideiussion que ce soit chacun pour le tout, pource ne demeure pas que le creancier ne se puisse traire auquel des pleiges qu'il luy plaira, & si conuient que le pleige y responde. Mais le pleige ainsi poursuiuy à droit, peut demander son garand: mais que ce face auant qu'il ayt faict la litiscontestation en sa cause, car si depuis le faisoit, les autres pleiges ou principal que appeller on peut, n'y seroient tenus de proceder. *Inst. Rub. de fideiussoribus. §. si plures sunt fideiussores vsque ad §. fideiussores.*

De autre maniere de pleigerie.

Avtre [g] pleigerie se fait d'entre parties, si cóme aucun pleige vn autre de le ramener en cour, ou de luy estre en droict, ou de payer le iugé. Car par ces trois manieres chiet souuent pleigerie en ce cas, si peus sçauoir sur ce que s'il est aucũ qui pleige autre de le ramener en cour, ou d'estre à droict, & il aduiẽne que le pleige voise de vie à mort auãt le iour assigné en cour, sçachez que les hoirs du pleige en sont quittes, mais si le pleige ne venoit seruir son iour, & biẽ en allast apres ledit pleige de vie à trespas, pource ne seroyent pas quittes les hoirs: & tout ainsi dois entendre & sçauoir si le pleige alloit de vie à trespas auant le iour.

Ad hoc l. Si decesserit. ff. qui satisdare cogantur.

Item si en ce cas aucun se veut mettre pleige pour autre, s'il n'est couchant & leuant dessous le seigneur deuant qui il veut faire ceste pleigerie, ou au moins tenant de biens iusticiables audit seigneur: Sçachez que la fideiussion ou pleigerie n'est pas suffisante ne n'est à receuoir, iaçoit ce qu'en autres lieux soit riche & puissant & suffisant. Et la raison si est, que ce seroit faire & engendrer de cause en cause nouuelle cause & action. Car par autre seigneur faudroit faire execution de la pleigerie ou il cherroit euocation & opposition, & autre proces nouuel qui n'est pas consonant à tel cas. Et toutesfois raisõ veut que si autres pleiges ne pouuoit auoir le detenu que forains à la iustice, dont il seroit tenu afin qu'ils soyent de la prouince, & que à ce se veulent obliger cõme à chose passée à leur requeste en force de chose iugée, en promettant à la tenir par foy & par peine, & qu'ils s'obligent de l'entreprendre & de estre en droict, que à ce soyent receuz, ou autrement ce ne vaut. Et si encore le debteur ne pouuoit finer de telle pleigerie, ou de tel pleige qui pour luy demourast, & le cas ne desirast la detention de corps, sçachez qu'auant que partie demourast à auoir iustice, on le doit receuoir à caution iuratoire en obligeant, & par sa foy, & peine d'estre en droict en icelle cour, par ce que troué clamé, & cause y est, de comparoir à toutes ses iournées, à peine d'encheoir en proffit du defaillant du iour selon qu'il seruira de payer le iugé, & les despens à la taxation de la cour, voire si c'est en cour souueraine du lieu qui comprent toutes autres, & par especial qui soit cour royalle, car en autres cours non.

Pro isto cap. vide l. Si quis quemquam cum l. seq. ff. si quis cautionibus. Dominus tamen Card. in clemen. 1. de censib. dicit quod si quis promisit reum laicũ sistere coram iudice laico, si reus interim fiat clericus fideiussor non tenetur eum sistere coram iudice laico.

De pleige en cas de delict.

Item si [h] aucun pleige en cas de delict d'estre en droict, sçachez que en autel point que il est, le pleige le doit ramener & liurer: Car si celuy se mettoit en autre habit, & fust clerc, moins que suffisamment le rameneroit: ou s'il impetroit tandis que le iour seruiroit, priuilege de quelque franchise, lors cherroit le pleige en ce cas à la peine à ce mise.

De pleige à payer le iugé.

Item peus & dois sçauoir que celuy qui que soit, qui pleige à payer le iugé, est obligé iusques à decision & n'a nulle exception, car le iugé luy conuient payer, c'est assauoir principal & despens, & encore amende s'elle s'y engendroit.

Ad hoc tex. in l. Iudicatum solui stipulatio ff. iudicatum solui.

Du pleigié non venir, & le pleige si vint.

Itẽ s'il aduenoit que le pleigié de ramener en Cour, ou d'estre en droict ne vint à son iour, & son pleige y vint, & le demandeur requist defaut cõtre le pleigé, & demãde attainte ou autre profit selon le iour & le cas, sçachez que le pleigé ne pourroit pas seruir ne occuper la iournée pour celuy qui pleigé auroit, s'il n'estoit son procureur. Mais auroit le demandeur defaut à tel profit que ordre de droict donneroit, ne pleige ne peut la cause de son pleigé faire pire ne meilleure, car il ne sert que de sa caution quant au principal: mais selon l'opinion d'aucuns, le pleige pour sa pleigerie soustenir, peut bien auoir certaines exceptions & excusations pour la cause soustenir en cas dilatoire & non d'autres.

Du dommage du pleige

Item si le pleige prenoit ou auoit dommage pour la pleigerie, & la coulpe du pleigié, tu peus & dois sçauoir que le pleigié luy est tenu de rendre & refondre tous les dommages que pour ce aura euz & soustenus. *Extra de fideius. capite peruenit. & Inst. eodem tit. §. Si quis autem.*

De estre en droict sur peine.

De estre en droict sur peine sur ce faicte, & par pleigerie sur encoure peine en somme d'argent, qui au iour assigné defaudroit, te veux dire & monstrer ce que par l'Empereur Iustinian en fut ordonné, és dernieres ordonnances qu'il fist par son Concile sur ce faict & tenu. Si sçachez que s'il est aucun qui pleige autre d'estre en droict & reuenir à Cour à certain iour nommé sur encoure en certaine peine enuers le seigneur, & le pleigié ne vient en Cour à ce iour, tu peus & dois sçauoir que s'il n'a loyalle exoine, il est tenu en la peine, & est la somme acquestée au seigneur par le defaut du iour, par la maniere qui s'ensuit. Car le pleige y a relieuement, c'est à sçauoir qu'il doit auoir autant de temps à payer la somme encouruë, qu'il y a eu de temps du iour de la pleigerie iusques au iour de Cour qui fut assigné au pleigié, où il defaillit à comparoir. Et si dedans ce iour le pleige peut tant faire qu'il rameine son pleigié en Cour, il doit estre quitte d'icelle somme ainsi encourë par defaut: & si le iour d'entre deux estoit trop brief, si doit le pleigié auoir iour competent pour ce faire, c'est à tout le moins de quinze iours. La loy en demonstre plus. Mais lors les iours de plaids estoient plus longs. Selon aucuns il y pourroit auoir trois, voire six sepmaines de iour, non plus, car le droict ancien en ce cas en donne six mois au plus. Mais il est à supposer que les iours de plaids ne seruoient pas de quinzaine en quinzaine, comme ils font pour le present. & s'il vouloit defendre l'homme pourquoy il auroit ce pleigié, selon la loy il y est à receuoir, mais que ce encommence à faire dedans le iour que seconde fois il a remené son pleigé, mais puis conuient mener le plaid à fin, & ne seroit pas quitte depuis pour ramener son pleige, qu'il ne payast la peine encouruë sur luy de la defaute de la contumasse dessusdicte. Et encores ne pourra il ramener, ne de faict

Les delais en France sont arbitraires selõ la distãce des lieux qualitez des personnes, & des choses dont y a procez.

entreprẽdre le pleige s'aucune charge n'en auoit eu au commencement de la pleigerie faire. Et si le second terme qui payer doit passoit, c'est à sçauoir la seconde quinzaine, ou le mois, ou les six semaines, si tant y auoit de terme passé, iamais ne pourroit lors faire ne entreprẽdre le plaid pour son pleige, ne estre quitte, qu'il ne payast la peine encouruë. *C. de fideiusso. & mandat. l. Sancimus.*

De demander à autre qu'il face pleigerie pour luy.

Item s'il aduenoit que aucun mandast à vn autre qu'il fut pleige pour luy d'aucune conuenance, marché ou contract, & celuy qui ainsi mandé seroit, le remandast encore vn autre que pleige fust pour luy enuers tel dont il estoit prié & requis d'estre pleige, & celuy ainsi iteratiuement mander le face, & par ce en ayt le dernier mãdé pleige, & par ce que faict y a, en a aucun dommage, il s'en peut retraire à son mandeur qui ainsi comme dict est luy manda : & le mandeur qui du premier fust mandé & requis, derechef se peut retraire à son premier mandeur, lequel puis qu'il apperra des mandemens ainsi faits, sera tenu si contend en vient, de tout faire bon, & desdommager l'vn l'autre, mais se sera sans reconuention. Car chacun a sa seule action de mandement, & sera chacun tenu de respondre pour luy : mais la verité est que le premier mandeur acquittera son mandement, & le second le tiers, *contraria actione mandati.*

Du pleige auoir exoine.

Toutesfois veut la loy escrite que si aucun pleige autre de le ramener en iugement, c'est à dire en Cour, & celuy qui ainsi est pleige, ne peut reuenir par loyalle exoine qu'il a, que le pleige celuy iour soit tenu pour excusé. Or peut estre demandé si le pleige ne l'auoit promis à amener que à celuy iour, & à celuy iour il ait l'exoine dessusdicte, à sçauoir si pour ce le pleige sera quitte de sa pleigerie, sçachez que selon l'opinion de plusieurs sages, nõ : Car il ne rameine pas à iour cõuenablemẽt, car s'il a eu le premier iour loyalle exoine, pour ce n'est pas reuenu à iour pour estre en droict, selon ce que à defendeur il appartient de comparoir & seruir au premier iour ou non. Et tousiours faut il sçauoir que en tel cas est loyalle exoine presupposé auoir lieu, & que ce soit à reuenir à iour de Cour vne fois du moins en tel estat que estoit obligé au iour qu'il le promist, & au iour que par ordre de procez deuoit seruir premierement du iour de la pleigerie. *ff. qui satisda. cogant. l. vlti.*

Vide per glo. in verbo fecerit. C. mandati l. Si pro en casus in quibus fideiussor potest agere antequam soluerit.

Du pleige yssir de la pleigerie.

Item s'il aduenoit que aucun soit pleige pour autre, & apres ce que ainsi seroit demeuré pleige par aucun temps, apres vueille yssir de ceste pleigerie, soit pource qu'il apperçoit que celuy pour qui il fut pleige si gaste le sien, ou autrement, ou se maintient mallement, si que il peut & doit auoir paour, de luy que acquitter ne le puisse sçachez que pour ce n'est il pas qu'il puisse yssir de la pleigerie, s'ainsi n'estoit qu'il y fust entré par telle condition, qu'il en puisse yssir à temps, ou à condition, ou autrement le creancier seroit deceu que pour autre cause que par faute de conuent & de paye n'auroit prins pleige. Ne de pleigerie ne peut nul yssir sans le gré des parties, c'est à sçauoir du creancier & des autres pleiges auec qui on est pleige & fideiusseur. *Ad hoc facit tex. in l. Si pro ea. C. manda.*

De l'action que le pleige a contre le pleigié.

Comme est dict dessus en ceste mesme rubricheen vne loy fondeé sur la decretale, quiconque faict ou paye argent pour cause de pleigerie, sçachez qu'il a action de le recouurer sur celuy pour qui pleigeure a faict: mais que la pleigeure ait faict à sa requeste, & que son maistre face conuenir à loy le pleige pour luy acquitter auant qu'il paye, car autrement n'y auroit recours. & pour ce qui seurement veut proceder, nul ne se doit auancer d'estre pleige pour autre sans requeste, car autrement on n'a point de recours. Si c'est faict au commandement d'autre, c'est à dire à la requeste d'autre, sçachez que le pleige s'il est adommagé, il le peut recouurer sur celuy à qui requeste il a faict. Combien que pour seurement proceder en tel cas on peut & doit requerir que celuy pour qui on pleige, l'en promet acquitter: car lors y a promesse de stipulation, qui est la plus seure voie. Mais selon la loy escrite si autre contend n'y auoit que de la generale maniere de requerir à estre pleige, si y a il action de poursuitte par commandement de luy acquiter. *C. eod. mandat. l. Cum ex causa fideiussionis.*

Vult allegare decre. peruenit. extra de fideiuss.

Ad hoc. §. si quid autem fideiussor. Instit. de fideiusso.

De mander par le pleige à faire procez à son pleigé.

Encores veut la loy escrite, que si le pleige estoit poursuiuy à loy pour sa pleigerie, & il fist ce sçauoir à son pleige, & le pleigé luy * demandast à faire procez & defence contre le demandeur pourquoy a ainsi pleigé, & le pleige sur ce se defend à loy, supposé que le pleigé par aucune negligence par luy commise dechée de l'accessoire, ou en principal, ou en amende, ou en despens, sçachez que ledict pleige qui ainsi luy a commandé à soy defendre, est tenu de refondre le dommage que en ceste poursuitte faire aura eu le pleige, nonobstant que par la defaute dudit pleigé soit aduenuë la sentẽce audit pleige, s'ainsi n'est que le pleigié puisse le pleige ainsi negligent arguer de dol, & que frauduleusement ait faict la negligence par luy pour ce commise, auquel cas lors seroit tenu le pleige desdits despens & amende. *Ad hoc facit cap. peruenit. extra de fideius. l. Et iam. l. Si fideiussor. l. Si pro ea. C. manda.*

** Mandast, au liure escrit à la main.*

ANNOTATIONS SVR LE TILTRE
CENT ET VNIESME.

a I'AY cy dessus escrit de la stipulation, fideiussion, nouation, & des coobligez ou comprometteurs dont est traicté en ce tiltre: & toutesfois ie ne laisseray encores de noter ce qui meritera d'estre obserué. Stipulation encores que soit vn contract special duquel vient l'obligation, qu'on appelle verborum obligatio, si est-ce qu'en toutes conuentions & contracts peut interuenir la stipulation pour les fortifier, & en faire proceder l'action ex stipulatu ayant esté introduitte à ceste fin par le droict Romain, Paulus lib. 5. de senten. tit. 7. Icelle est vne conception de paroles par lesquelles celuy qui est requis, responde & promet de bailler ou faire ce dont il est interrogé, l. 5. §. stipulatio. D. de verb. oblig. Instit. eod. tit. & se faict entre presens, non entre absens, l. 1. D. eod. §. item verborum. Instit. de inutil. stipul. Paulus lib. 5. tit. 7. mais comme il dit, si le contract ou instrument porte aucun auoir promis, il le faut estimer cõme si en l'interrogation precedente il auoit respondu, & §. scriptum Inst. de verb. obligat. Quant à la stipulation de l'enfant de famille mineur, ou pupille, il est sans doute que non seulement le pere ou tuteur peut stipuler à son profit, ains aussi luy-mesme. l. Si filiæ. C. de contrah. & commit. stipul. Instit. de auctor. tuto. Les stipulations, soit pour bailler ou faire, se transferent & passent aux heritiers, encores que d'iceux ne soit faicte mention au contract, & parce que les heritiers peuuent faire par autre accomplir le faict, l. veteris iuris. C. eod. ou payer l'interest, iuxta l. Si quis ab alio. D. re iudic. l. Stipulationes non diuiduntur. §. Celsus. D. de verb. obligat. Des stipulations inutiles a esté si amplement traité cy dessus, que seroit redicte superflue d'en escrire icy dauantage: mesmes pour le regard de la stipulation ou conuention de la future succession, qui est receuë en France contre la diposition du droict Romain, principallement en faueur & par contract de mariage, Masuerius §. item licet. tit. de societate. Aufrer. quæst. 452. Benedict. in cap. Raynutius. in verb. duas habens filias. de testam. Pour le regard des stipulations extorquées par dol ou crainte, comme pour autres semblables contracts, il se faut pouruoir par lettres royaux pour en estre releué, soit que le dol ayt donné cause au contract, ou qu'il y soit interuenu: n'estant telle distinction obseruée par le droict François, comme i'ay monstré au quatriesme liure des Pandectes.

b I'ay assez escrit cy dessus de deux ou plusieurs obligez ensemble solidairement, que mon vieil practicien appelle comprometteurs, nous disons coobligez, duo rei promittendi vel debendi dicuntur, dont on peut voir les tiltres. D. C. & Inst. de duobus reis. & i'ay monstré que l'authentique hoc ita. C. de duobus reis tirée de la Nouel. nonante-neufiesme ne s'obserue en Fance, ains que si deux sont obligez solidairement, c'est à dire l'vn pour l'autre vn seul & pour le tout, l'vn d'iceux peut estre contrainct à payer entierement

toute

toute la dette, encores que son coobligé soit present & soluable, & que la clause sans diuision & discution n'y soit mise, par ce que ces mots, l'vn pour l'autre, l'emportent, iugé par arrest du 19. Iuillet, 1590. suiuant l'ancien droict Romain, l. 2. C. de duob. reis, *sauf son recours contre son coobligé* actione negotiorum gestorum, *comme i'ay monstré cy dessus.*

c *L'autheur fait trois especes de fideiusion ou plegerie: & la fideiusion est l'obligation que faict aucun pour vn autre* §. si quis autem. Inst. de fideiuss. l. Græcè. D. eod. *Mais en diuerses manieres interuient le fideiusseur: car quelquefois il s'oblige auec le principal detteur solidairement, & lors il est tenu pour coobligé*, & correo debendi: *aussi* correi fideiussores inuicem esse videntur, l. Reos. D. de duob. reis. *Et en ce cas il est sans doute qu'il peut estre poursuiuy sans discution du principal detteur*, l. Iure & l. Reos. C. de fideiussor. *& comme nous auons dict cy dessus*, de duobus reis. *quelquefois le fideiusseur s'oblige seulement en ladicte qualité, & si n'y a clause expresse au contract qu'il se soit obligé sans discussion, ou autre de pareil effect, comme qu'il se soit constitué principal detteur, il faudra vser de discution contre le principal obligé auparauant que s'addresser à luy*, iuxta Auth. Præsente tamen. C. de fideiuss. *& arrest de l'an mil cinq cens vingt-huict. recité par Papon liure dixiesme, tit. quatriesme & autres depuis donnez. Mais si l'vne desdictes clauses estoit mise au contract pour rendre le fideiusseur comme principal obligé, ou ayant renoncé à la discution, il pourra estre poursuiui de premiere contrainte, sans exception de discution, comme a esté iugé par arrest du quinziesme Iuin, donné en l'audience, mil cinq cens cinquante sept. sur vn appel de Chasteauthierry. Aussi entre marchands associez au faict & trafficq de quelque marchandise & negociation, n'y a diuision ne discution, comme est traicté par Bacquet, chap. 26. des rentes. L'heritier du fideiusseur est tenu aussi bien que celuy du principal detteur, encores que ne soit que simple fideiusion*, l. Fideiussoris. C. eod. *si toutesfois sont plusieurs heritiers, ils ne seront tenus que chacun pour leur part & portion hereditaire, car la solidité de l'obligation qui estoit entre les deffuncts obligez, ne se transfere & passe contre eux, iugé par arrest du 2. Iuillet, 1591. sinon qu'vn vueille dire que comme biens tenans ils soient tenus hypothequairement pour le tout, suiuant l'arrest de Gallope, recité par Papon.*

d *Le creancier se peut asseurer, & par gage du detteur, & par fideiusseur, & encores qu'il poursuiue le fideiusseur, si est-ce qu'il ne sera tenu de luy quitter & transferer le gage, qu'il ne soit entierement payé*, l. Creditori. C. eod. *ce qui s'obserue à present exactement, mesmes apres l'ordonnance de Moulins, qui permet l'accumulation de toutes contraintes.*

e *Mutation de dette est ce qu'on appelle autrement nouation, dont i'ay escrit cy dessus: & par la nouation d'vne dette à autre, les fideiusseurs du premier contract sont deschargez s'ils ne se sont obligez au second*, l. Nouatione. C. eod. *tellement que si le temps expiré de la ferme pour laquelle le fideiusseur s'estoit obligé, le preneur prend de nouueau la mesme ferme, & le fideiusseur ne s'y oblige de nouueau, il ne sera tenu de la nouuelle ferme*, l. 13. §. qui impleto. D. locati. l. 3. §. cùm quinquennium. D. de iure fisci. l. Si cùm hermes. C. de locato. l. vlt. D. de pactis. *iugé par arrest de la Cour des Aides du dixiesme Feurier, mil cinq cens septante*, vt tradit Choppin. lib. 3. de Doman. tit. 14.

f *Pour obliger le fideiusseur il n'est besoin qu'il vse de solennité de paroles, il suffist qu'il le consente, comme de dire*, quid ni ? *Pourquoy non ? Encores qu'il responde en vne autre langue*, l. Blanditus. C. eod. *comme aussi est traicté de la stipulation*, l. 1. D. de verb. oblig. *où le Iurisconsulte adiouste*, ita tamen, vt vterque alterius linguam intelligat, siue per se, siue per verum interpretem. *I'ay traicté cy dessus de la sommation & recours que le fideiusseur peut auoir contre celuy pour lequel il a respondu : & aussi de la poursuite & contrainte que peut faire le creancier contre chacun des principaux obligez ou fideiusseurs solidairement, si non qu'il les ait prins & poursuiuis chacun diuisément pour son regard & pour sa part & personne : comme i'ay monstré qu'il falloit concilier*, l. Si creditores. C. de pactis. l. Liberum. & l. Reos. C. de fideiussor.

g *Qui est tenu de bailler pleige suffisant & idoine, il le doit bailler tel non seulement selon les biens & facultez, ains aussi selon la facilité de le conuenir, principalement quand c'est pour estre en iugement, qu'on dict estre à droict*, l. 2. D. qui satisd. cog. *Celuy est assez suffisant, qui a des biens assez pour respondre au creancier, selon la qualité de ce qu'il demande, l. deux cens trante quatre.* §. D. de verb. signific. *de ce qui est traicté en l'article ensuiuant, faut voir ce que i'en ay escrit cy dessus. Mais il conuient noter que la fideiussion ou promesse de representer aucun en iugement doit estre par escrit, & signée de celuy qui l'auroit faicte, suiuant les ordonnances, nonobstant* l. Si fideiussor. C. de fideiussor. *qui n'a plus de lieu en France : par-ce qu'encores que celuy qui doit bailler caution, en ait nommé vn, qui l'ait cautionné en iugement, si est-ce que si le fideiusseur ou caution n'auroit signé l'acte, il n'en sera tenu & obligé, comme a esté iugé par arrests du 21. Mars, mil cinq cens nonante cinq. & 27. Ianuier, 1596. fondez sur l'art. 83. de l'ordonnance d'Orleans, recitez par Choppin* lib. 3. de Morib. Parisio. tit. 2.

h *La fideiussion de payer le iugé, ou de representer en iugement celuy du faict duquel est question*, qui reus dicitur, *a lieu tant en matiere criminelle que ciuile. Et pour la bien faire, il faut que le fideiusseur s'il n'est demeurant dans le territoire & iurisdiction du Iuge, pardeuant lequel il se rend pleige, face submission expresse à la iurisdiction dudict Iuge, & eslise domicile dans la ville, où ladicte iurisdiction se tient : & encores qu'il ait priuilege pour ses causes commises aux requestes du Palais, si est-ce qu'il ne laissera d'estre pleige & suiect à la iurisdiction du Iuge, où il se sera rendu caution, iugé par arrest du quatorziesme Octobre, mil cinq trente quatre en la chambre des Vacations, & depuis en l'audience, de releuée, du Mardy seziesme iour de Mars, mil cinq cens cinquante neuf. Le pleige en cause criminelle doit prudemment considerer comme il s'obligera : & serois bien d'aduis qu'il s'obligeast seulement à representer l'accusé en l'estat, ou payer certaine somme. Car s'il s'oblige indefiniment à payer le iugé, il sera tenu & de la reparation ciuile, & de l'amende pecunaire*, videtur enim in omnem causam pecuniariam obligatus. *Il ne pourra toutesfois estre executé sans discussion préallable du condamné, comme a esté iugé en la Tournelle, par arrest* du 26. iour de Feurier, 1546. encores qu'en matiere ciuile il puisse estre executé sans discussion par arrest donné és Grands iours de Tours, l'an 1533. D'auantage si le fideiusseur a representé l'accusé en l'estat qu'il estoit, à sçauoir prisonnier, & il soit mort en prison, il en demeurera deschargé, comme a esté iugé par arrest du Parlement de Tholose, du 6. Auril, 1566. recité par Papon: & conuient remarquer autre difference de la fideiusion qui se faict sur certaine peine entre la cause ciuile & la criminelle. Car en la cause criminelle le pleige est tenu de la peine promise, si la condemnation contre l'accusé n'est moindre: mais en matiere ciuile la peine est souuent moderée à raison des dommages & interests, que peut auoir celuy, auquel la promesse est faicte, iuxta cap. suam de pœnis. par ce que la peine est au lieu de l'interest, & quelquefois elle s'adiuge, quand les Iuges cognoissent qu'elle n'est excessiue & ne surpasse trop le iuste interest, dont Papon discourt liure 12. tilt. 9. art. 4. & le sieur du Faill, en son recueil des arrests de Bretagne, arrests du 7. Aoust, 1565. & du 13. Octobre, 1567.

i Le pleige a action contre celuy pour lequel il a respondu, quæ mandati dicitur, si non qu'il l'eust faict contre la volonté d'iceluy, ou en affection de luy donner, ou que soit pour le faict mesme du fideiusseur, l. 6. §. si passus sim. l. Si verò non remunerandi. D. mandati. Et s'il a respondu non par la charge & mandement de celuy qu'il auroit pleigé, ains d'vn autre, il aura seulement l'action mandati contre celuy qui luy aura donné charge, l. Cùm mandatu. D. eod. & contre celuy pour lequel il a respondu, l'action negotiorum gestorum, l. Ex mandato D. eod. Mais en France on ne s'arreste aux noms & formes des actions. Le pleige peut contraindre celuy pour lequel il a respondu à le faire descharger, principalement en trois cas, encores qu'il ne soit poursuiui par le creancier: le premier, si le detteur dechet de biens, soit par dilapidation & mauuais mesnage, ou pour autre cause qui le face tomber en pauureté: le second s'il voit que le detteur demeure longuement obligé; le tiers s'il est condamné à payer la dette, & ne s'en acquitte, l. Si pro ea contra quam. C. mandati. cap. fin. de fideiuss. & à ce propos on allegue vn arrest du Parlement de Grenoble, en Decembre, 1459. que recite Guid. Pap. quæ 117. qu'il faut voir pour plus ample intelligence de ceste matiere. Quant au second cas le Iuge a accoustumé d'arbitrer & ordonner certain delay au detteur pour faire descharger son plege & respondant, & à faute d'auoir ce faict dans ledict temps, il l'y faict contraindre, mesmes par corps, ainsi que i'ay veu iuger en l'audience, de releuée, du Mardy 18. Feurier 1561.

DES GAGES BAILLEZ EN NAMPT. POVR DEBTE DEVË.

TILTRE CII.

Venditio pignore non tollitur actio personalis sed eo in debitū cōputato quod de pratio reseruari potest, de residuo manet integra petitio. l. aduersus. C. de act. & oblig.

PVis que dict [a] & monstré ay des pleiges & fideiusseurs, il s'ensuit dire & monstrer des gages qui sont baillez en nampt pour la dette deuë. Et de ce dist la loy escrite. Le detteur n'est pour ce deliuré de la dette, qui baille nampt iusques à ce que le nampt est vendu, à sçauoir, si autant vault que la dette monte: car si moins valloit, le deteur doit le surplus, & si plus vault, il a à r'auoir. *C. l. 8. Rub. de pignori. l. Debitor qui pignoribus.*

D'obliger gages en especial & en general.

Hypotheca est solum inuēta ad securitatem obligationis nō autem ad augmentum in quantitate.

Aucunefois aduient que le detteur oblige aucunes choses en especial, auec tous ses biens en general, & sur-ce veut le crediteur tout tenir pour obligé, & que du sien ne se puisse aider par l'hypotheque qu'il dist sur ce par luy à luy estre faicte. Sçachez selon le droict escrit s'il est ainsi que les biens qui sont obligez en especial puissant souffire à ce pourquoy ils sont obligez, pourquoy il ne conuiendra que plus en soit obligé ne empesché, car autre chose n'est bailler gage que mettre le detteur au dessus d'estre bien payé. *C. lib. 8. Ru. de pign. l. Quamuis constet.*

Addition qui n'est au liure escrit à la main.

Iason in §. item seruiana. Instit. de act. assignat differentiam post Docto. inter generalem & specialem hypothecam. vide ibi eum : & aduerte quod habens specialem & generalem debet prius specialem excutere quàm ad generalem deuenire. allegat. l. Si constet. C. de pigno.

De vendre le gage sans loy.

An pignus possit per creditorē propria authoritate occupari conuētione habita, quod si pecunia nō soluatur intra duos mēses possessionem pignoris habeat, Vide gl. in verbo nō videtur. l. Alleg. creditores. C. eod. tit.

Quand aucun [b] baille gage, soit d'heritage ou de biens meubles par si & par condition que si dedans certain iour il n'est r'achepté, que celuy à qui obligé est, s'en puisse mettre en saisine ou de faire vendre: Sçachez que conuenablement ne se peut mettre en possession de la chose, ne faire vendre si par authorité de loy ne le faict : & toutesfois consent la loy escrite, que si sans authorité de loy le faisoit, si n'y cherroit il point de meffaict. *C. lib. 8. Rub. dicta. l. Si creditores qui non.*

D'vsucapion sur gage.

Celuy qui baille en gage aucune chose, & celuy à qui elle fut baillée en gage, la bailla à autre, suppose encore que ce fust à iuste tiltre, & tant la tienne celuy à qui elle est ainsi derrainemēt baillée, qu'il la tienne trois ans, qui est le temps & terme d'vsucapion, & par ce en soit faict comme seigneur : neantmoins pour-ce ne demeure que celuy qui premier la bailla en garde, en ait perdu la droicture, & que recouurer ne la puisse: & bien quiere son retour celuy en qui main elle est derrainement trouuée, à celuy qui la luy bailla. *C. lib. 8. Rub. dicta. l. Vsucapio. pignoris.*

Addition qui n'est au liure escrit à la main.

Ad intelligentiam istius cap. vide magna. glo. in allega. l. Vsucapio. & quomodo pignoris ius non tollitur alienatione legali, nec alienatione hominis. & quomodo tollitur pignus prescriptione, sed non vsucapione, &c. vide ibi, & an persequens pignus creditoris debeat probare debitorem esse dominum.

De prescription en gage.

Sçachez que si aucun met en gage aucune possession d'heritage, & celuy à qui ainsi est baillée, la tienne par long temps, pour ce n'est ny ne se peut acquerre possession ne prescription que celuy qui ainsi la bailla ou ses hoirs, ne la doiuent r'auoir si tost comme ils la demandent parmy comptant les vsufruicts que la possession a valu, les mises à ce deduictes qu'il aura cousté à cultiuer & labourer, & parmy payant le residu de la dette si residu y a. *C. lib. 8. Rub. dicta. l. si dominium.*

Des gaiges mis en autre main.

Item si gages [c] sont mis en autre main d'aucun pour payer autre, à fin de seurté, & il y ait faute de paye, sçachez qu'autant que le crediteur le puisse traire aux gages, il luy conuient sommer & demander sa dette au detteur. Et lors si faute auoit en luy, se pourroit il traire aux gages par loy, & non autrement. *C. lib. 8. Rub. dicta Authen. hoc ita si, &c.* Ou que le gage qui est engagé, soit mis ne transporté par celuy qui le garde ou doit garder, soit par testament ou autrement, sçachez que tousiours le peut reclamer celuy qui l'engagea, ou ses hoirs, & le peuuent poursuiuir par tout où ils le sçauront, parmy payant le deu pourquoy engagé estoit. Et est ceste action appellée action en la chose. *C. lib. 8. Rub. dicta. l. Debitorem neque vendentem: & l. Pignoris vel hypotheca.*

De gage perdu par le gardeur.

Sçachez que celuy qui a en garde les gages d'aucun, s'ils sont perdus par sa coulpe, ou negligence, ou par mauuaise garde, il est tenu de les rendre, ne il n'y a autre excusation, que s'ils luy estoient tollus à force, ou emblez auec autres de ses choses & de ses biens, & qu'il apparust clairement que ce fust sans coulpe, lors y auroit excusation. *C. lib. 8. Rub. dicta l. Sicut vim maiorem.*

Ceste matiere a esté traictée cy dessus.

Des choses obligées tout à vne fois sans estre obligées en especial.

TV peus [d] & dois sçauoir que la chose est aucunesfois obligée tout à vne fois, sans ce qu'elle soit engagée en especial. Et sçachez par ceste rubriche par la loy escrite que tous les biens de celuy qui doit aucune chose, ou treu publique, ou du Seigneur, par celle mesme nature & condition sont obligez, & vallent comme gages où qu'ils soient. *C. lib. 8. Rub. dicta, in quibus casibus vel causis pignus tacité contrahitur. l. Vniuersa bona.*

Quomodo tacitè contrahitur potestate legis obligatio pignoris, vult tractare iste titulus.

Pour les dettes du seigneur.

Item pareillement tous les biens de ceux qui doiuent à la bourse du seigneur, c'est à dire les biens de ceux qui doiuent au seigneur, dessous qui ils sont iusticiables, sont obligez comme gages, & se payent deuant toutes autres dettes, & atteint on celle dette sur les gages des detteurs, où qu'ils soient en la iustice du seigneur, & par nature de loy y sont obligez. Mais aucuns veulent dire qu'en ceste partie ne doit estre entendu fors pour les dettes du souuerain seigneur, & qui a droict fiscal. *C. lib. 8. Rub. dicta. l. Certum est eius.*

De femme veufue non pourchasser tuteurs à ses enfans.

S'il aduenoit qu'aucune femme qui eust enfans meindre d'ans, si remariast : & sur ce à ses enfans ne pourchassoit depuis tuteurs ou curateurs ou que ne leur payast ce qu'il seroit deu à cause de l'administration qu'elle auroit euë de sesdicts enfans, sçachez que les biens au second mary qu'ainsi auroit reprins, seroient obligez au reliqua du compte, de l'administration des biens que sadicte femme auroit euë desdicts enfans, iaçoit ce que le mary ne se fust de riens entremis. *C. l. 8. Rub. dicta. l. Si mater legitima.*

Que biens sont gage pour loüage.

De ceste matiere a esté traicté cy dessus.

Certaine chose est, que tous les biens qui sont apportez en la maison qu'aucun tient à loüage, sont gage de loüage par la nature de la loy escrite, ny ne doiuent estre transportez hors de la maison, puis que le seigneur de la maison l'aura defendu, car autre iustice ne sergent n'y faut que le seigneur mesmes de la maison, & ainsi le tiennent & gardent les coustumiers par tout. *C. lib. 8. Rub. dicta. l. Sancimus.*

Comment la chose d'autre ne peut estre engagee.

ET toutesfois [e] veut la loy escrite que si le procureur d'aucun pour le faict de son maistre & sa cause soustenir, engage aucun meuble pour sondict maistre, & le maistre refuse à ce rendre & payer, que celuy qui ce luy aura presté, puisse estre receu à faire le gage vendre, puis que ce aura esté contourné à son profit par le faict du procureur, ne en ce cas ne pourra son procureur desaduoüer. *C. lib. 8. Rub. si aliena res pignori data sit. l. 1.*

[e] *Addition Qui n'est au liure escrit à la main.*

Dic procuratorem non posse rem domini obligare, nisi specialiter ei mandatum sit, vel nisi habeat generale mandatum cum libera, vel nisi eam rem hypothecauit, quam consuetus dominus erat pignorare, vel vltimo nisi pecunia numerata ex tali obligatione fuerit conuersa in vtilitatem domini. l. Procurator cui libera. ff. de procurat. & l. Vniuersorum. ff. de pig. 10.

D'engager à autruy chose par barat.

Par ceste loy [f] appert clairement que nul ne peut engager chose d'autre, & comme en la presente rubriche est modifié, encore modifie la loy que si aucun souffroit par faintise engager sa chose pour autre deceuoir, & bien le sçauroit auant la main : ou si aucun engageoit à escient autruy chose qui bien sçauroit que sienne ne seroit pas, mais ce fist pour autre deceuoir : Sçachez qu'en ce cas le gage tendroit lieu & vaudroit, ny ne le pourroit-on retraitter comme autre chose : Car la tricherie qui y seroit, ne souffriroit que le gage ne tint lieu & vaulsist pour celuy à qui il est ainsi obligé & engagé. *C. eod. l. Si probaueris.*

Istam tamen fraudem debet is probare qui eã allegat l. In exceptionibus. §. quoties, & §. qui dolo. ff. de probatio.

Que tuteurs peuuent engager.

Si le tuteur & curateur d'aucun engageoit aucune chose de ceux qu'ils ont en garde pour leur droict & querelles soustenir, sçachez que ce se peut bien soustenir. *C. lib. 8. Rub. dicta. l. Curator adulti.*

Intellige tamen hanc obligationem non tenere nisi in quantum pecunia est conuersa in vtilitatem pupilli.

Additio. Ceste addition & autres marquees ne sont au liure escrit à la main.

De choses qui ne se peuuent ne doiuent engager.

AVtrement dist [g] encore la loy escrite qu'il y a choses qui ne peuuent ne doiuent estre engagees. Si comme supposé qu'aucun engage tous ses biens generalement, il ne peut pource obliger sa femme s'il l'a, ne ses enfans s'il en a. Ne selon l'opinion d'aucuns, les vestemens cotidiens de son corps, car il n'iroit pas tout nud, humanité ne raison ne le souffriroit pas. Ne qui plus est, son necessaire viure: car raison ne le pourroit souffrir, & aussi ne seroit-il pas licite pour debte qu'il allast à raige. *Rubr. quæ res pignori obligari non poss. l. Alumnos.*

Additio.

Dicit Bar. l. Illam alumnos, facere in argumentum quod si quis suscipiat in se omne periculum alicuius rei, quod videtur tantum suscepisse periculum contingens ex dolo vel culpa præcedente, non autem periculum casus fortuiti. nota. per glo. & Doct. in l. Sed si quis. §. quosdam ff. si quis cautionibus.

Des cheuaux & harnas de charuë.

Item est defendu aux executeurs d'executer pour debtes les cheuaux, les charuës, les herces, & tous les outils à ce appartenans, dont le labeur de la terre se pourroit cesser. Car ce seroit contre la chose publique, ne tels outils ne doiuent cheoir en gage n'en execution tant qu'on puisse trouuer autres gages. Et veut la loy escrite que le Iuge qui ce commandera à executer, soit condamné à l'amender. Ne tels outils ne doiuent estre entendus en commune obligation quand l'homme oblige generalement tous ses biens. *C. eod. titu. l. Executores à quocumque iudice.* Encore ce conforte ceste loy qui s'ensuit qui dist, qu'il n'est pertinent, ny ne conuient mettre en gage ne en execution quelque outil qui appartienne à cultiuement de la terre. Et la raison si est, pource que c'est au detriment de la chose publique, ne tels outils ne doiuent cheoir en execution tant qu'on puisse trouuer autres, supposé qu'il conuint auant l'homme emprisonner, qui est debteur au cas qu'il mesmes ne menroit ou feroit le cultiuement. *l. Pignoris. C. eod.*

Quãdo fit executio, militi arma, scholari vel aduocato libri relinquẽdi sunt gl. in l. Nepos proculo. ff. de verb. sig. & l. Stipendia. C. de excep. rei iud. & l. Commodis ff. de re iudic.

Additio.

Quærit Barto. in dict. l. Executores. an talia instrumenta fundi ex speciali conuentione pignorari possint. decidit quod non, per d. l. Pignoris. & quod illa lex habeat etiam locum in alijs tributarijs predijs, ne sterilitas fructuum eueniat, argument. l. 1. §. de opere. ff. de aqua pluuia arcend.

D'obliger biens à aduenir.

Et s'il aduient [h] qu'aucun oblige tous ses biens par generales paroles, puis que la stipulation sera deuë, puis que par ceste generale obligation est ainsi faict, sçachez qu'il doit estre entendu qu'aussi bien sont obligez tous ses biens aduenir que s'il les dist par mots expres, & nommast iceux biens. Car obligation puis qu'elle est de bonne foy, est à tenir en toutes fins, & en tous contracts, ne contre ne doit estre venu, ne legere exception n'y doit estre receuë. *C. lib. 8. Rub. dicta. l. Si quis in cuiuscumque contractus.*

Additio. *Omnia bona obligari etiam futura sub generali dispositione: vtrum hæc habeant locum in tacita hypotheca: vide Bald. in l. 3. C. de priuileg. fisc. & glos. in fine. l. Hic allegate in text. Quid si cedo bonis, an de futuris intelligatur? Bald. quod non in l. Penul. C. qui bon. ced. poss.*

De celuy qui a le plus grand droict au gaige.

Qui [i] plus grand droict a au gage, appert par ce qui s'ensuit. A sçauoir est que cil qui premier se trait à loy, ou à qui le gage fut premier mis en main, ou à qui il fut premier obligé, celuy a le plus de droict sur le gage. *C. lib. 8. Rub. qui potiores in pignoribus habeantur. l. Si decreto pratoris.* & premier va sur le gage, iaçoit ce qu'aucun soit tenu en la chose publique, qui est chose moult priuilegiee. Toutesfois si sur celuy qui ainsi est au publicque obligé pour ton deu, premier trait à loy, ou faict main asseoir premier aux gages denommez & consignez par loy: sçachez que nonobstant le cas priuilegié, ou le cas du publicque, si comme dict est, ton gage ainsi consigné & appellé par loy, passera deuant execution, & à ton droict si auant qu'en feras apparoir. *C. lib. 8. Rub. dicta. l. Si fundum pignori.* Si le second creancier veut sa debte retourner, il appartient qu'il face gré au premier creancier de sa debte, & puis au second est le gage seul & pour le tout. *C. lib. 8. Rub. dicta l. Prior quidem creditor.* La loy escrite dist que l'obligation generale comprend en soy l'especiale. *facit l. Si generaliter. C. eodem.*

De materia huius, qui prior est tempore, vide Dinum ad satietatem in cap. qui prior de reg. iur. in vj.

Exemple.

Iean obligea tous ses biens generalement à tel. N. pour certain deu qui luy deuoit. Et apres ledict Iean pour certaine autre cause obligea à Thomas nommeement aucune partie de ses biens, sçachez que Thomas à qui celle partie nommeement est obligee, ne peut obliger ne empescher que l'obligation que ledit tel. N. a, laquelle est generale, ne tienne lieu sur l'obligation nommee especiale, & que la generale ne soit premiere satisfaicte. *dicta l. Si generaliter.*

De vendre les biens par le premier creancier au second.

Et si le premier creancier vent le gage qui est obligé à autre secondement de luy, sçachez que faire le peut sans ce qu'on l'en puisse de rien reprendre. Et si le debteur vendoit ou donnoit le gage au premier creancier, faire le pourroit, ne pour-ce ne perdroyes pas ta debte, non plus que s'il le vendoit ou donnoit à vn autre à qui rien ne seroit engagé: & si tu offres au creancier premier à qui le gage estoit obligé, ce que deu luy est sur le gaige, sçachez que le gage te doit demeurer en nampt de ta debte. *l. 1. C. Si antiquior creditor.*

De vendre gage pour debte.

Combien [k] que par plusieurs vsages de païs est ordonné & tenu que quand aucun gage est vendu pour debte à la requeste du creancier, on luy met & assigne iour de trois iours selon aucuns lieux, & selon aucuns autres de huict iours & sept nuicts. Sçachez que selon la loy escrite, puis que le gage est vendu, si le debteur le vouloit r'auoir pour prix, si n'y est-il à receuoir. Car le contract vne fois faict de la chose tenable ne doit

doit estre despecé. *C. lib. vij. Rub. dicta. l. Obligata pignoris iure.* Ne le second creancier ne peut empescher que le premier ne vende le gaige si tost qu'il voudra, si le second ne paye la dette au premier, par ainsi seroit seigneur du gaige. *C. Rubrica dicta. l. Quo minus creditor.*

De vendre gaiges en nom de dettes.

Non tant seulement peut-on prendre les gaiges mouuables, si comme draps, cheuaux & autres biens à celuy, sur qui le iuge commande que gaiges soient prins & leuez, mais si fait-on les dettes que autre luy doit, & faire leuer & chasser. A ce est modifié par les presens que voirement peut-on bien addresser aux dettes du detteur quand ne treuue nuls autres de ses biens executables, mais ce, non. Et appartient que la rescription de l'executeur en face mention, & que la dette soit cogneuë. *C. de præt. pigno. & Vt in actionib. debit. miss. prætor. pign. proced. l. 1.*

Imo omissis bonis mobilibus & immobilibus potest creditor inchoare suam executionem in nominibus debitoris. & formam arrestandi tale nomen, vide per Masuer. in sua Practic. tit. de execut. circ. finem.

Additio. Et fait à ce propos l'ordōnance de Moulins qui permet au creācier de proceder par toutes contraintes & accumulatiō d'icelles. Et l'ordōnance de l'ā 1539. par laquelle discutiō de meubles n'est necessaire, pour saisir & mettre en criees les immeubles.

D'acheter le gaige par le creancier.

Sçachez que si par le Iuge est ordonné à vendre aucuns gaiges pour faire satisfaction au creancier, & le gaige exposé à vente, il ne soit qu'il le vueille acheter pour la doute de celuy à qui ce est, ou par son barat : sçachez que le creancier le peut trop bien racheter pour le pris, & est à receuoir. *C. si in caus. iudicat. l. Final.*

D'engaiger le gaige à autre par faute de payement.

Item est assauoir, que si i'ay obligé voye, terre, ou autres choses en gaiges, bien si peut celuy à qui engaigees les auray, à vn autre engaiger par faute de ma paye: & aura le second creancier droit au gaige ainsi cōme à droict de gaige appartient. mais si c'estoit terre, & ie n'eusse engaigé que les vsufruicts, celuy en qui main l'auroye ainsi engaigee, ne pourroit engaiger la terre. Et si il l'engageoit, & ie payasse le premier creancier, l'engaigement que fait en auroit, ne tiendroit, & r'auroye ma terre telle que la trouueroye sans frais, ne sans interest refondre au second engaige. *C. si pign. pigno. da. sit. l. 1.*

De vendre le gaige pour la reste.

Et si le creancier qui tient en gaige aucune tenure ou autre meuble, estoit payé de la moitié, ou de la plus grande partie de la terre, pour ce ne demourroit-il pas que le residu de la dette ne doiue estre payé, & que pour ce faire il ne puisse faire vendre le gaige, & que la vente ne tienne. *C. de distractione pigno. l. Quandiu non est.*

An pro modico debito possit vendi res magni valoris, vide in l. A Diuo Pio. §. in venditione. ff. de re iud. Faciunt ad hoc nota. per Bart. in l. ij. C. de nego. gest. Quid de re pupilli, vide not. in apostil. ad Bart. in d. l. quandiu non est. C. de distract. pign.

Additio. Par le droict François il est libre au creācier de faire vendre pour quelque somme qui luy soit deuë: & de ceste matiere on peut voir Masuerius tit. de Execut.

De consigner & sommer de la paye.

Si le creancier à qui le gaige est engaigé, ne veut receuoir ce que deu luy estoit, & le debteur luy offre, neantmoins le debteur doit consigner & sommer de paye deuant gens. Et ce faict, si le creancier vendoit sur ce le gaige, tout seroit à rappeller, & tiendroit lieu la consignation & la sommation sur ce faicte. *C. eodem. tit. l. si priusquàm distraheretur.*

Sinõ que le gage eust esté auparauant vendu, l. si priusquàm.

De femme obliger gaige pour autre.

Si femme [l] oblige gaige pour aucun autre, ou pour elle pardeuant aucun, & le crediteur les vouloit obliger à autre ou pour luy pardeuers aucun, ou vendre, sçachez que ce ne pourroit-il faire sans la femme appeller deuãt le Iuge, & que ce fust fait par auctorité de loy. *C. eod. l. Mulier.*

De vendre les gaiges à la requeste de l'vn des creanciers.

Et s'il aduenoit [m] que aucunes choses fussent obligees en nom de gaige à plusieurs, & l'vn le gardast à qui elles fussent aussi bien obligees en nom de gaige, sçachez que si l'vn des crediteurs quel qu'il fust requeroit au Iuge que les choses fussent venduës pour luy & pour les autres payer, sçachez que venduës doiuent estre à la requeste du creancier quel qu'il soit. Mais sur les deniers de la venduë, les premiers creanciers seront payez premiers, iaçoit ce que ne soit pas à leur requeste, si auant que argent durera, & toutesfois la vente est à receuoir. *C. eod. l. Si in hoc quod iure tibi debetur.*

ANNOTATIONS SVR LE TILTRE CENT ET DEVXIESME.

a E*Ncores que les autheurs du droict Romain s'arrestent peu à la difference* inter pignus & hypothecam, vt constat ex l. 5. D. pignor. & §. item seruiana. Inst. de actio. *Si est-ce qu'au droict François on faict difference entre gage & hypotheque : par lequel gage est entendu ce qui est baillé & liuré au creancier par le debteur pour seureté de la debte, & mesmement du meuble : & hypotheque ce qui est obligé au creancier,* iuxta l. 9. §. propriè. D. de pignor. act. & l. 238. D. de verb. signific. *mais souuent on en vse indifferemment. L'ancien vsage de France, qui est encores gardé en plusieurs Prouinces de de la Gaule Belgique, estoit, que pour auoir droict de gage, ou hypotheque sur heritages & biens immeubles qui demeuroient en la possession du debteur, il falloit que le creancier se fist namptir sur iceux par loy, comme portent les vieilles Coustumes & practiques, c'est à dire par le seigneur en sa iustice, duquel les heritages estoient tenus: lequel namptissement auoit effect de mise de faict legale ou tradition & apprehension de droict, & à faire ledict namptissement le debteur y donnoit consentement par le contract mesme: ce qui est plus amplement declaré par lesdites Coustumes. Le mot de nampt ou namptissement se prend generalement pour tradition & deliurance ou apprehension de la chose, d'où vient le verbe namptir. La diuision de l'hypotheque* ou gage en general & special, est vulgaire : mais quant à la question si le creancier qui a speciale & generale hypotheque, est tenu de s'addresser premierement aux heritages à luy obligez specialement, & les discuter, semble y auoir contrarieté entre l. 2. D qui potior. in pigno. Et l. 2. C. de pignor. Monsieur le President le Maistre au traicté des criées faict vne distinction que pour le regard du detteur le creancier peut indifferemment s'addresser sur tous ses biens tant generalement que specialement hypothequez : mais si la cause est entre creanciers, qu'il conuient que le precedent creancier discute premierement les heritages à luy specialement obligez, comme a esté iugé par arrest du 20. Aoust, 1558. & 16. Decembre, 1560. en la cause des Picots, toutesfois la doute seroit plus grande, si au contract y auoit clause, sans que l'hypotheque generale derogé à la speciale, ne la speciale à la generale, ains que toutes deux sortent leur effect, auquel cas ie serois d'adnis suiuant l'opinion de Paul. Paris. consil. 103. lib. 3. que le precedent creancier ne fut tenu de discuter la speciale hypotheque : & i'ay entendu auoir esté ainsi iugé par arrest.

b C'est vn droict general en France, que soit meuble ou immeuble qui soit engagé, le creancier ne se peut l'attribuer de sa priuée authorité, ains doit faire vendre le meuble par auctorité de Iuge, comme s'il estoit pris par execution, & l'immeuble par saisie, criées, & adiudication par decret : & se trouuent des arrests contre les creanciers, qui autrement y ont procedé, mesmement i'ay veu condamner par arrest du Mardy huictiesme Feurier, de releuée, mil cinq cens cinquante & huict, vn creancier à representer le gage qui luy auoit esté baillé par le detteur, nonobstant qu'il soustint iceluy luy appartenir, par la conuention qu'il auoit faicte auec le detteur, que s'il ne payoit dans certain temps, le gage luy demeureroit. Car telles pactions sont deguisemens d'vsures : à ce propos faut voir l. Creditores. C. de pignor. l. 1. C. Si in cauf. iudicat. l. Sed & si proponatur. D. de in diem addict. l. Cùm plures. D. de bon. auct. iud. possid. & al. qui parlent des denonciations & publications que le creancier deuoit faire, dont aussi Cicero lib. 16. epistol. ad Atticum, Plinius lib. 7. epistol. & autres font mention. Aussi le creancier ne se peut ayder de l'vsucapion de trois ans pour le meuble, l. vsucapio. C. eod. l. Iusto. §. mutat. D. de vsurpat. & vsucap. qu'il faut entendre pour le regard du creancier & du detteur : & non du tiers possesseur, l. 1. & 2. C. si aduers. credit. præscrip. oppon. & ne peut aussi le creancier s'ayder de la prescription pour l'immeuble, par ce qu'il possede pour le detteur, l. Si dominium. C. de pignorib. l. Malè agitur. C. de præscript. 30. vel 40. annor. l. Pignori. D. de vsurpat. & vsucap. sinon que le detteur luy eust baillé l'heritage pour certain prix, & qu'il fut entré en la possession & iouyssance d'iceluy : car lors il pourroit prescrire, l. Titius. D. de pign. act. l. Clauibus. D. de contrah. empt. dont toutesfois on pourroit douter, par ce que tel contract seroit d'espece de pignoratif & engagement : & y a en Papon liure 11. tilt. troisiesme. arrest du 19. May, 1552. par lequel la Cour declara nulle la vente qui auoit esté faicte au creancier de l'heritage à luy obligé par le detteur pour certain prix, si dans le temps conuenu il ne payoit la dette : & ordonna que si dans deux mois le detteur n'auoit payé, iceux passez l'heritage *demeureroit vendu au creancier, au prix qui seroit arbitré par les estimateurs dont les parties conuiendroient*, iuxta l. Si. fundus. §. fin. D. de pigno. l. vlt. D.contrah. empt. & l. vlt. C. de leg. commiss. *Il conuient donc en telles causes considerer la forme des contracts, & s'il n'y a du commencement en iceux quelque vice, qui empesche la prescription*, iuxta l. pen. D. de vsurpat. & & vsucap. §. nouissimè sciendum est. Inst. de vsucap.

c *Pour la discution du principal debteur, auant que s'addresser contre le tiers possesseur des heritages obligez, on distingue selon les coustumes des lieux : car si par la coustume du lieu le detempteur & proprietaire des heritages obligez peut estre poursuiui personnellement & hypothequairement sans discution, le creancier ne sera tenu de faire discution contre la personne & biens du principal obligé, comme a esté souuent iugé en la coustume de Paris, & autres semblables, mesmes par arrest donné au profit de Michel Procureur en Parlement du huictiesme iour de Feurier, mil cinq cens septante & huict. Mais si la coustume ne porte en termes exprés, sans discution, il faudra premierement la faire*. iuxta Auth. hoc si debitor. ex Nouel. 4. *iugé par arrest du trentiesme iour d'Aoust*, 1597. *& autre du vingtsixiesme iour de Feurier*, 1602. *donné en l'audience, en la Coustume de Meaux, dont i'ay traicté ailleurs. De la perte du gage i'ay dessus escrit si amplement qu'il n'est besoin de le repeter.*

d *Icy est traicté des hypotheques tacites qui sont deuës de droict sans autre conuention & promesse, comme pour les tributs, cens, & autres charges deuës au seigneur à cause de sa seigneurie, & pour lesquelles il a droict de preference sur les heritages qui y sont suiects & affectez*, l. 1 C. in quibus caus. pign. vel hypothe. tacit. contrah. l. 1. C. si propt. publ. pensit. vend. fuer. *Aussi tels tributs, cens, & charges seigneuriales suiuent le possesseur*. l. Imperatores. D. de public. l. 3. C. de anno. & trib. & tit. C. sine censu vel reliq. *& le Roy & Prince souuerain a aussi tacite hypotheque sur les biens de la femme qui s'est mariee à vn tenu pour la charge de primipile*, qui primus erat centurio teste Liuio lib. 7. & Veget. lib. 2. cap. 8 & 21. *& receuoit les deniers pour payer la compagnie qu'il menoit*, l. Satis notum. C. in quibus caus. pign. vel hypothe. *Aussi les biens de celuy qui espouse vne femme tutrice de ses enfans, sans leur auoir faict pourueoir de nouueaux tuteurs, & rendu compte, sont tacitement obligez à ladicte tutelle & reddition de compte*, l. Si mater. C. eod. *D'auantage les meubles apportez en vne maison par le locataire, sont tacitement obligez pour le loüage*, l. 4. D. de pact. l. 2.3.4. D. in quib. caus. pign. l. Si non inducta, & l. vlt. C. eod. *dont i'ay plus amplement escrit cy dessus, & sur la Coustume de Paris art.* 161. 162. & 171.

e *La chose d'autruy ne peut estre obligee & hypothequee sans son consentement : & faut pour constituer l'hypotheque, que la chose soit és biens de celuy qui l'oblige*, l. 5. & 6. C. si aliena res pigno. l. Seruus quem, in fi. D. de act. empt. l. Et quæ nondum. §. 1. de pigno. *C'est pourquoy le procureur d'aucun ne peut sans charge d'iceluy obliger & hypothequer son heritage : & toutesfois si les deniers sont tournez au profit du maistre, il sera tenu par exception de rendre ce qui aura esté payé pour luy*, l. 1. C. eod. *Le semblable on dict du tuteur qui auroit engagé la propre chose du mineur*, l. Curator &

l. Si in rem. C. eodem. *Et parce qu'esdictes loix est parlé du meuble, conuient noter qu'elles ne sont à present en vsage, d'autant que par le droict François le tuteur est maistre des meubles du pupille, desquels il peut disposer, à la charge d'en rendre compte : mesmes aprés inuentaire faict d'iceux, les vendre, pour les deniers en procedans employer au proffict du pupille, comme il est porté par les ordonnances.*

f *Si le proprietaire de quelque heritage souffre qu'aucun l'oblige & hypoteque, encores qu'il n'y donné expres consentement, il sera tenu pour sa fraude de l'hypotheque, parce que scachant tel acte se faire, & ne l'empeschant, il est presumé le consentir.* L. 2. C. si aliena res. *& ainsi l'ay veu iuger pour vn nommé des Iardins par arrest du 16. Ianuier 1557. en vn procez par escrit. Aussi a esté iugé que celuy qui est present à vn contract de constitution de rente, qui n'a declaré l'hypotheque qu'il auoit sur les biens de l'obligé, encores qu'il eust receu le contract comme notaire, ou n'y eust assisté que comme parent ou tesmoin, ne se pourra preualoir de son hypotheque precedente, pour preferer celuy auquel ladicte rente auoit esté constituée*, idque propter dolum malum, qui non in eo tantùm est, qui fallendi causa obscuré loquitur, sed etiam qui insidiosé obscurè dissimulat. l. Ea quæ commendandi. §. Fin. D. de contrah. empt. *arrest prononcé en robbes rouges du 21. iour de Mars, 1581. contre Payen notaire, & autres du dernier iour de May, 1582. & du 6. Septembre, 1584. aussi prononcé solennellement.*

g *Des choses qui ne peuuent estre engagees & hypothequées est traicté amplement aux tiltres*, D. & C. quæ res pignori vel hypoth. *& en resulte vne maxime & regle generale, que nul n'est estimé comprendre en vne obligation generale ce qu'il ne voudroit specialement engager, comme sa femme & enfans.* l. j. C. eod. titulo. *Quand aux cheuaux, beufs & instrumens aratoires qui ne peuuent estre engagez & executez par le droict Romain*, l. Executores. & sequent. & Auth. agricultores. C. eod. *il a esté quelque temps hors d'vsage: mais depuis par diuers Edicts il a esté restably pour quelque temps, non toutesfois auec telle rigueur de peine, que celle portée par l'Authentique* Agricultores, *car seulement on declare l'execution d'iceux tortionnaire, & en est faicte main-leuée au laboureur opposant. L'vtilité publique de l'agriculture requiert qu'on maintienne les cheuaux, beufs, & instrumens aratoires en liberté de n'estre pris par execution sur les laboureurs. En quelle recommandation les anciens auroyent eu* boues aratores, quos Varro socios hominum in opere rustico vocat. *Pline en rend tesmoignage.* li. 8. cap. 24. Ælian. var. hist. lib. 5. cap. 14. *& autres. Mais si le laboureur est obligé au corps, on demande s'il pourra estre emprisonné, encores que par l'Edict ses cheuaux, outils, & instrumens aratoires ne puissent estre pris par execution. Il me semble que sa personne est plus priuilegiée, car sans icelle pour labourer, les cheuaux, beufs, & instrumens seroyent inutiles, & ne seruiroyent au labeur.*

h *L'hypotheque generale comprend les biens à venir*, l. vltima C. quæ res pignori. *& à icelle sont subjects les fruicts des heritages obligez pendans par racines, & pour iceux y a ordre entre les creanciers, comme tenans de la na-*

ture d'immeubles, iuxta l. Fructus. D. de rei vindicat. l. Cùm conuenit. D. de pignorib. & M. le President le Maistre au traicté des criées recite ainsi auoir esté iugé par arrest de la Cour, donné contre l'Euesque de Clermont en Auuergne.

i Il traicte icy de ceux qui potiores in pignore habeantur, & confond le gage de meuble, auec l'hypotheque de l'immeuble qu'il faut distinguer. Le meuble n'a suite par hypotheque, c'est à dire qu'vn creancier n'y peut pretendre droict d'hypotheque, quand il est hors la possession du detteur: comme l'interprete l'article 170. de la coustume de Paris. Mais celuy qui premier le faict vallablement saisir & prendre par execution, y a le plusgrand droict & doit estre le premier payé, par le 178 art. de ladicte coustume: il y a des exceptions portées par icelle, où i'en ay amplement escrit. On peut voir à ce propos l. 2. & seq. C. qui potio. in pign. & certainement tel gage pris par execution, qui se faict par vn sergent en vertu de commission de Iuge, dicitur pignus iudiciale, dont est traicté tit. C. si in causa iudic. & l. Si & iure. D. qui potior. in pigno. Pour le regard de l'hypotheque d'immeuble, celuy est preferé qui est premier en datte d'obligation: l. 2. 3. & al. D. eod. l. 4. 6. 8. & al. C. eod. en maniere que si plusieurs auoyent consigné des deniers entre les mains d'vn, duquel les heritages auroyent esté vendus par decret, ils viendront à la distribution selon l'ordre de leurs obligations & hypotheques, iugé par arrest du 2. Septembre, 1581. duquel Choppin faict mention sur les coustumes d'Angers & de Paris. Il y a toutesfois des creanciers qui ont priuilege de preference, encores qu'ils soyent posterieurs, comme les maçons pour les reparations par eux faites, pour auoir conserué la cause de toutes les hypotheques, l. 1. D. in quibus caus. pig. vel hip. tacit. l. Interdum. D. qui potior in pign. arrest du 23. Decembre 1596. que i'ay recité ailleurs. Et n'est besoin de discourir d'auantage de ceste matiere, dont i'ay traicté amplement au 2. liu. des Pandectes.

k Pour vendre les gages pris par execution faut suiure l'vsage de la iurisdiction où la vente se faict. En France apres les ordonnances, le creancier peut indifferemment & par accumulation faire prendre les meubles de son detteur, les vendre & les acheter publiquement au lieu, où la vente s'en doit faire: & aussi faire arrester les dettes qui luy sont deuës, & iceluy constituer prisonnier s'il est obligé au corps, & faire saisir & mettre en criées ses heritages. Si vn ancien creancier transporte sa dette à vn subsequent ou autre, celuy auquel le transport auroit esté faict, entrera en son droict & place. l. 1. & 3. C. de his qui in prior. credit. Mais ne peut le creancier transporter plus de droict qu'il a: comme si celuy qui n'auoit qu'vn vsufruict, qu'il auroit engagé à son creancier, & le creancier auroit transporté l'hypotheque sur la proprieté de l'heritage, il n'auroit peu faire preiudice au proprietaire d'iceluy qui r'entrera en la possession l'vsufruict expiré, sans rien payer. l. 1. C. si pignus pignori.

l Cecy se doit entendre selon les mœurs des Romains, que la femme pouuoit contracter de ses biens particuliers, comme s'entend l. Mulier. C. de distract. pigno. Mais par le droict François la femme mariée ne peut disposer de ses biens, ne les aliener, hypothequer, ny autrement en contracter sans l'authorité de son mary: ny mesmement engager les meubles de la communauté, qui sont seule-

ment en la disposition du mary, comme i'ay traicté sur la coustume de Paris, tiltre de communauté de biens.

m *Soit en saisie & prise de meubles par execution, ou saisie & criees d'immeubles, le droict François veut qu'on y procede par authorité de iustice : & qu'on y establisse gardiens & commissaires, autres que les saisis & executez & les saisissans : ce qui est fondé sur les ordonnances & arrests de la Cour, & entre autres vn du 22. Decembre, 1564. que la Cour ordonna estre leu au siege du Chastelet de Paris. Si vn creancier a faict arrester & prendre par execution des meubles sur son detteur, encores qu'il ayt preference, si autres creanciers s'opposent, ils pourront faire ordonner qu'iceux seront vendus, pour estre payez du reste des deniers, si aucun y a apres le premier saisissant payé, si non qu'on y vienne par desconfiture, auquel cas n'y a lieu de preference pour celuy qui premier auroit fait saisir, comme i'ay escrit cy-dessus, & sur la coustume de Paris, art. 179. où le lecteur peut auoir recours.*

DES TESTAMENS.
TILTRE CIII.

PAR coustume [a] & vsage de Cour laye, testament & ordonnance de derniere volonté au testateur qui ce fait & ordonne, est à tenir & conseruer fauorablement par tous Iuges, si auant qu'il en ayt fait apparoir deuëment. *Codice de testamentis. l. Testandi.*

Quels peuuent faire testament.

Et pource te veux monstrer quels peuuent faire testament, & quels non. Si sçachez que le fils qui est encores en minorité, c'est à dire en mamburnie de pere & de mere, ne peut faire testament qui tienne, ne qui vaille. *C. qui testament. facere possunt. l. Nemo ex lege.*

Item encore vieilles gens ne debilitez de santé n'empesche que tels ne puissent faire testament puis qu'ils ont leur sens naturel. *C. de his qui testament. facere possunt. l. Senium quidem ætatis.* Quant aux mineurs d'ans veut la loy escrite qu'ils puissent tester pour le regard des masles à xiiij. ans accomplis, & la fille ou femme à xij. ans passez & accomplis, ainsi qu'il est porté formellement au texte de la loy, *Si frater patruelis. C. eod. tit. qui testam. facere possunt.*

Quid vero de consuetudine Parisiensi, où il est dict, Toutes personnes aagez & vsans de leurs droicts peuuent tester. *Notanter facio dubium propter hoc verbum*, & vsans de leurs droicts, *secundum notat. in l. Final. & in l. ij. Codice de his qui veni. ætat. impetra. Quid de consuetudine Carnu-*

Addition, qui n'est au liure escrit à la main.

Et faut voir la nouuelle Cou-

stume de Paris, tiltre des Testamens.

tensium : où il est dict, homme & femme conioints par mariage, & autres habiles & idoines à tester, *tantum dubium esse non potest, quia omnes ad testandum habiles sunt nisi prohibiti.* Or, *xiij. annum egressus minor non est prohibitus: quare, &c. Vnde cogitandum esset super his, si in talibus ciuitatibus minor habens xv. annum, & xiiij. egressus, testamentum fecerit, quid iuris de illa consuetudine Parisiensi propter hæc verba,* & vsant de ses droicts.

De testament deuant desespoir.

Et s'il aduenoit que aucun qui eust fait testament, se mist à mort par desespoir, par rage de chef, par maladie, ou par autre maniere accidentalle, sçachez que pour cë ne seroit le testament despecé, qu'il ne tint & vaulsist à loy. Mais s'il se desesperoit par paour de peine ou de iugement, qu'il esperoit à auoir de Iuge par son mesfaict, sçachez que son testament ne tiendroit, ne vaudroit, supposé qu'il l'eust fait parauant en bonne memoire.

Addition, qui n'est au liure escrit à la main.

Pro hoc est elegans admodum textus in l. Si is qui te. C. qui testament. facere possunt. & adde quod si pudore æris alieni sibi mortem consciuit, testamentum eius antea factum non propterea annullatur: nam hæres siue ex testamento, siue ab intestato succedit illi. textus ad litteram in l. In fraudem. vers. quod si is ff. de iure fisci.

De testament au furieux.

Par la loy [b] escrite sçachez que celuy qui est en furiosité, ne peut faire testament qui vaille ne dure tant que sa maladie luy dure, mais si tost que sa maladie luy cesse, & il reuient en memoire raisonnable, sçachez tant que en ce poinct est, faire peut son testament. Et ainsi supposé que souuent soit en bonne memoire, & souuent renchee en sa furiosité, toutesfois s'il est en bonne memoire pour le temps qu'il fera son testament en presence de gens, qui en bonne memoire le puissent tesmoigner, le testament vaut. Et si au temps de sa furiosité aucune chose en faisoit, ce ne tiendroit ne ne vaudroit. *C. eod. tit. l. Furiosum in suis.*

Additio.

De illo qui inducias suæ mentis patitur, intelligit: aliquando enim sana mente, aliquando infirma sui cerebri valetudine existit.

Du testament aux muets.

Item peus encore sçauoir que si aucun est muët par natiuité, de telle raison il est sourd, & pource tels ne peuuent faire testament ne ordonnance de derniere volonté qui tienne ne vaille. Mais si aucun qui eust parlé en aucun temps, deuenoit muet par aucun accident, tels peuuent bien faire testament & ordonnance de derniere volonté, soit par signe ou par escrit, puis qu'il peut apparoir que de saine volonté le veulent ainsi.

Additio.

An mutus & surdus simul, an mutus vel surdus tantum, aut ex accidenti, aut à natura, qui eorum possunt testari, vide bonam distinctionem in l. Discretis. C. qui testament. facere poss. & per Ioannem de Platea, in §. item mutus. Instit. eod. Limita tamen istum text. nostri authoris in milite muto: quia siue à natura, siue ex accidenti, testari tamen potest: vt §. quinimo. Instit. de testament. milit. & ibi gloss.

Du testament aux illegitimes.

Par la coustume locale veulent les coustumiers dire & soustenir que illegitimes ne peuuent faire testament de leurs biens, qui tienne ne vaille, s'ainsi n'est que tous les dons qu'il fera par son testament, il les donne & face emporter à chacun à qui il les aura donnez presentement auant sa mort, car depuis que mort seroit, le seigneur dessous qui les biens seroyent trouuez, les diroit & maintiendroit par ladicte coustume estre siens, puis que illegitime en seroit trouué en possession au iour de son trespas, nonobstant testament que eust faict ledict illegitime. Et ainsi le voit on vser de iour en iour en pays coustumier. Mais sçachez que par le droict escrit, ceste coustume n'est pas approuuée. Car par la loy escrite tous peuuent faire testament à qui la loy escrite ne le deffend, si comme dessus est dict, ausquels il est par loy deffendu, & ausquels non.

I'ay mõstré cy-dessus que l'illegitime peut faire testament, ou par iceluy disposer de ses biẽs & selõ les coustumes des lieux, comme vn legitime. Voyez Baquet traicté des bastards, tilt. 6.

Addition

Contrarium quod bastardus possit testari, vide duo arresta in quaest. Gall. vnum Anno millesimo cccxxviij. & alterum cccclxviij. & rationem bonam hic assignat textus, quia edictum de testamentis est prohibitorium: vt tenet Philipp. Francus in Rubr. de testament. in repetit. cap. si in pater. in vj. vbi. laté disputat materias illorum qui non possunt testari.

Des Prelats & Religieux.

Prelat [c] ne peut faire testament des biens de l'Eglise, mais des biens qu'il auroit de son propre, de ce peut il faire testament à sa volonté. *C. j. extra de testament.*

Item peus & dois sçauoir que religieux ne religeuses proffes ne proffesses ne peuuent faire testament qui tienne ne vaille, *cap. quia. eod. titu.* Encore peus & dois sçauoir que clercs beneficiez de biens acquis de l'Eglise ne peuuent faire testament qui tienne ne vaille, *capite, cum in officio eod.*

Le cõtraire s'obserue à present: parce qu'vn clerc peut disposer par testamẽt ou autremẽt des fruits de son benefice, & en iceux ses heritiers luy succedẽt. Masuer tit de success. § itẽ de cõsuetudine regni Bened. in cap. Raynutius. ver. & vxorem nomine Adelasiã. de testam. & y a des arrest., mesmes l'ordõnãce de Carles VI. de l'ã 1385. du mois d'Octobre

Comment testament vaut & tient.

Sçachez [d] que combien que la loy vueille certaine solemnité estre adioustée deuant que le testament soit vallable, ainsi qu'il est noté par le texte d'vn §. *sed cum paulatim. Institut. de testament.* Toutesfois ladicte solennité n'est besoin estre gardée, ains suffist celle qui est de droict Canon, ainsi que le met la decretale, *cum esses in praesentia. illo tit. de testament.* & faict bien à considerer en ce cas la coustume du lieu: car on voit diuersité de solennitez selon la diuersité des lieux.

Hoc potes agnoscere ex titulo, Des testamens aux coustumes de Paris, en l'article xcvij. & des coustumes de Chartres au mesme tiltre, en l'article, Item tous testamens: où il y a difference quant à ladicte solemnité entre lesdites deux coustumes.

De publier testament à loy.

S'il aduenoit puis que le testament seroit publié par deuant loy, & que autant en fust mis en la ferme de la loy, le testament fust perdu par aucune aduenture, pource ne demeureroit pas qu'il ne tint lieu & vaulsist, & que celuy qui seroit en la ferme de la loy, ne peust estre redoublé par les tesmoins qui au faict auroient esté presens. *C. eod. l. Publicati.*

Cest art. n'est en vsage en Frãce.

Du testament reprocher ou approuuer.

Qui veut le testament approuuer, il ne conuient pas redarguer si les tesmoins sont francs ou non, ne quels ils soient, mais qu'ils ne soient faux tesmoins, car autre reproche n'y doit auoir. *C. eod. l. j.*

De testament en estrange langage.

Encor[d] est il à sçauoir que si le clerc qui escriroit le testament, escriuoit d'autre maniere qu'il ne deuroit à l'entendement du testateur ou des tesmoins, fust que le clerc le fist à escient, ou par non escient, pource ne demeureroit pas que ledit testament ne vaulsist & tint lieu, si auant que les tesmoins seroiēt records qu'il en deuroit estre. Ou encores s'il aduenoit que ledict clerc escriuist vn mot en estrange langage, si comme qu'il deuoit escrire que le testateur donnast vn hanap pesant vn marc, & le clerc obliast à escrire vn hanap d'argent, sçachez que pour la faute de ce mot d'argent, ou d'vn autre tel mot, ne demeureroit que le testament ne fust tenu pour ferme, & seroit suppleé par le Iuge que ne fut ne deut estre vn hanap d'argent. Et ainsi doit estre entendu d'vn autre mot s'il aduenoit. *C. eod. l. Errore, & l. Ambiguitates.*

De donner au clerc aux tesmoins.

La loy [e] escrite souffre & veut bien que le testateur puisse laisser & dōner en son testament aucune chose à celuy qui escrit le testament, & aux tesmoins qui y sont appellez, ne pource ne doiuent estre reprochez. *C. eod. l. Dictantibus.*

De testament faict de long temps.

Si sçachez [f] que le testament qui seroit, ou est faict de x. ans passez ou plus, n'est pas despecé pource, s'ainsi n'est qu'il soit monstré que le testateur ayt depuis eu autre volonté, & faict autre testament par deuant tesmoins idoines. *C. eod. l. Sancimus.*

Ratio dubitationis fuit propter ea qua habētur in tit. de iis qui sibi vel aliis in [f]est. C. eod. l. ij.

Du testateur qui vent ce qu'il a laissé par testament.

Et s'il [g] aduenoit que le legateur depuis qu'il auroit legaté aucune chose, fust heritage ou autre meuble, si le vendist ou consignast, & sur ce allast de vie à trespas sans r'appeller son testament, sçachez que le legaté a cause de demander son lay par action legataire, & conuiendra que l'hoir ou les testamenteurs facent & accomplissent au legaté, nonobstant qu'il fust vendu ou engagé par le legateur, *Codice de lega. l. Qui post testamentum.*

Additio.

Dicas, aut testator pignorat., & non videtur adimere legatum, aut alienat: & tunc distingue, aut ex necessitate rei familiaris, & tum non videtur ademptum, aut ex voluntate, & tunc non debetur legatum. l. Rem legatam. ff. de adimend. legat.

De faire par testament aumosnier & parchonnier.

Il n'est pas deffendu par la loy escrite que aucun ne puisse bien estre aumosnier, & parchonnier d'aucune chose, combien que maintes coustumes sont contraires à ce. *C. eod. de legat. l. Cum responso.*

Aumosnier signif. donataire, & parchonnier ou parconnier heritier qui a part en l'heredité. De cest article i'ay traitté cy dessus, & sur la Coustme de Paris, art. 300.

Hic vult tangere ce qui est mis en plusieurs coustumes que aucun ne peut estre heritier & legataire d'aucun deffunct.

Que testament ne vaut sans payer dettes.

Que testament[h] ne vaut sans payer dettes, ne se peut faire ne aumosner par quelque personne que ce soit, que premier en auant toute œuure elles ne soyent payées. Ce tesmoigne la loy escrite. *C. eod. l. Si vniuersæ.*

Additio. Cecy s'entēd tāt en ligne directe que collaterale, & tant entre heritiers simples, que par benefice d'inuētaire, que nul ne peut estre heritier & legataire d'vn deffunct ensemble, iugé par arrest du 15. Mars, 1564. & autres.

De donner le gage en gage.

S'il aduenoit que le testateur eust engagé aucun de ses ioyaux à aucun sien amy pour dette d'argent qu'il luy eust presté, ou qu'il luy deust par quelque autre maniere que ce fust, & en son testamēt luy donast ce gage sans ce qu'il payast ce pourquoy engagé seroit, & sur ce allast de vie à trespas sans la dette payer, sçachez que les hoirs sont tenus de payer la dette au crediteur, nonobstāt que le gage luy ayt esté dōné. *C. eod. Creditor.*

Du mary donner à sa femme

Sçachez que cōbien que coustume soit au contraire à ce que le mary ne peut amender sa femme, toutesfois veut le droict escrit que le mary en lict mortel puisse à sa femme legater conuenable don, & la femme pareillement. Car lors est la desordonnée faueur outre en celle partie, pourquoy il est ordonné que le mary ne la femme ne puissent amender l'vn l'autre en autres loix, c'est à dire quand ils sont ensemble en santé, pour les causes ailleurs alleguées en la rubriche des donatiōs. Car don de entre vifs ne peuuent faire l'vn à l'autre. *C. eod. l. Non tantum.*

Sinon qu'il apparust auoir fait ledit legs en payement ou recompense de la dette, l. Creditorem. D. de legat. 2.

De legater d'hoir en hoir.

Combien que[i] aucuns soustiennent que on ne peut legater ne faire condition que le tiers hoir puisse tenir s'il ne luy plaist: Sçachez que par droict escrit le testateur qui est franc seigneur de sa chose en peut legater & ordonner à son testament à son plaisir, iaçoit ce que ce soit sur heritage, & conuient que l'ordonnance qu'il y faict tienne & vaille d'hoir en hoir, où ils delaissent la chose ordonnée. *C. eod. l. In annalibus.*

De ceste matiere a esté amplement traicté cy dessus.

De legater à vn seul aucune chose, & à vn autre partie d'icelle.

S'il estoit aucun qui en son testament ordonnast d'aucune chose, ou d'aucun heritage à vn seul, & apres sur celle chose ou sur celuy heritage mesme en ordonnast à autre partie, sçachez que pource ne seroit son testament corrompu ne r'appellé, car de raison ordōnée & de loy il est que chacun tant qu'il est en sens naturel, peut croistre & r'appeller son lays: & pource si legaté & donné auoit le tout parauant, il en peut bien retrancher ce don, & en donner partie à autre, si feroit il tout s'il luy plaisoit. *l. Cum quæstio. C. eod.*

De celer testament.

La loy escrite veut & ordonne pour oster & punir toute fraude en fait de testament, & que les dernieres volontez aux morts puissent estre briefuement accomplis, que s'il est aucun qui recelle le testament d'aucun apres sa mort, & retarde qu'il ne vienne à cognoissance & à effect, sçachez que si tost que le testament peut venir à cognoissance, celuy qui ainsi le recelle, doit perdre tout le preu & benefice que par le testament pouuoit & deuoit auoir, ne riens ne luy en doit estre donné. Et si par aucune mãiere subtile ou aucune voye l'auoit perdu, prins, & leué, s'il le doit il rendre, & à ce doit il estre contrainct, & encore à la discretion du Iuge, qui ainsi par barat a recelé le don & aumosne des pauures, & de l'ame du testateur. *l. Si legatarius. C. eod.*

Vide l. Paulus respondit. D. ad l. Cornel. de falsis.

De tester que la femme ne s'y remarie.

La loy [k] escrite deffend que en testament ne autrement le mary puisse deffendre à sa femme de elle remarier apres sa mort, ne que la femme soit tenuë de iurer sur ce. Et s'elle en iuroit pour complaire à son mary ou par doute, si ne vaudroit ce, ne n'est à tenir. Et supposé que l'homme l'ordonnast ainsi en son testament, & que sa femme se remariast, elle perdroit tout, &c. ou qu'elle fust priuée de telle chose. &c. ou s'elle se tenoit de remarier, elle iouyroit de telle chose: ou s'elle se remarioit, elle la perdroit. Sçachez que tout ce n'y vaut, car si plaist à la femme, elle se pourra remarier, & pource ne perdra elle son droict que par le testamẽt doiue ne puisse auoir par la generale coustume du pays, veu ce que son mary luy auoit laissé si de remarier se tenoit.

Pro istis facit text. in cap. clericus. cum gloss. in verbo redeuntes, cum l. Ambiguitates. de indic. viduitate. C.

De vouloir contredire au testament.

Il est & doit estre en la discretion du Iuge de estimer quelle la volonté du mort estoit par toutes voyes & coniectures deües, & par tout ce que enquerir & apprendre en pourra, & selon ce ordonner & faire que la volonté du mort soit & puisse estre au plus pres accomplie que faire se pourra bonnement, iaçoit ce que aucun pour son singulier proffit y soit contredisant par voye oblique ou par barat, ou pour destruire la derniere volonté du mort. *C. de fideicommiss. l. Voluntatis defuncti. & ibi gloss.*

Ceste loy Voluntatis, qui est briefue, signifie que la question de la volonté du testateur, à sçauoir quand y a doute est en l'estimation & arbitre du Iuge.

De testament non accomply dedans l'an.

Comme il est assez stilé & vsé que quand les executeurs des testamens ont emprins à faire aucun testament, si dedans l'an ne l'ont faict & accomply, ils peuuent estre reprins par l'hoir au testateur, ou par le Iuge de rendre compte dudict testament & ordonnance, & que plus n'en ayent la cure & administration, & doiuent perdre le don & proffit que dedans ce testament deuroyent auoir. Et sera par le Iuge le testament remis en la main de l'hoir ou hoirs par caution faisant à iustice de accomplir le testament deüement. Et si les hoirs ne le faisoyent, si est il au Iuge de le faire à cause d'office & des volontez des morts mettre à execution deüe, & par le Iuge spirituel appartenir à faire encore plus que au Iuge seculier. Cõbien que les Iuges seculiers, par especial le Roy en son royaume le faict ordinairement.

Quod si testator remisit rationis redditionem, vide decis. Capell. Tholosan. quæst. xlvj & decis. Guid. Pap. quæst. ccclj. & istam materiam executorum testamentorum tractat Specul. per c. quæst. tit. de editio instrument. §. nunc vero de vltimarum.

De soy traire à la Chambre des Comptes à Paris, pour don de testament.

Encore peut & doit estre sceu que si lesdits executeurs n'ont le testament accomply, ne rendu compte dedans l'an dudit testament, & qu'il soit aucun qui à cause de don legataire, ou à cause de succession s'en vueille traire en la Chambre des Comptes à Paris, faire le peut par commission des seigneurs de ladite Chambre, & faire là adiourner lesdicts executeurs de rendre compte de tout le testament, en delaissant tous autres Iuges Royaux, ne de là n'en sera faict aucun renuoy: car ladite Chambre en est souueraine, & ainsi a-il esté faict entre plusieurs, & nagueres par Maistre Pierre de Soissons contre les executeurs de Iean Bon-enfant Bourgeois de Tournay, pour don legataire, car la Chambre des Comptes du Roy nostre Sire à Paris est la souueraine Cour, où de tous Comptes on peut & doit rendre final & total compte. Mais bien peut estre que d'vn don legataire qui s'en trairoit à autre Iuge Royal, il en deueroit cognoistre, legaté ou non legaté, mais pour decision de testament & de compte auoir surce, on ne s'en peut plus decisoirement traire qu'en ladicte Chambre. Il aduint par exemple au cas dessusdict, que par testament dudit Iean Bon-enfant Bourgeois de Tournay, fut donné à maistre Pierre de Soissons demeurant à sainct Quentin en Vermandois, vne Bible en François que auoit ledit Bon-enfant. Question en fust entre ledit maistre Pierre & les executeurs qui donner ne luy vouloient ladite Bible. Ledit maistre Pierre les fit conuenir par vn mandement de la Chambre des Comptes, lesquels requirent estre renuoyez deuant les Escheuins de Tournay, comme deuant leur Iuge: renuoyez y furent, pource que la question n'estoit que de don: mais si de Compte rendre eust esté, la cause fust illecques demeuree. Et faut entendre sur cette matiere, que si l'heritier du defunct n'accomplist ce que a ordonné par son testament dedans l'an, qu'il doit selon droict estre priué de la succession hereditaire à luy deferee par ledit testament, ainsi qu'il est noté par le texte de l'Authentique, *Hoc amplius, C. de fideicom.*

Cecy ne s'obserue nullement: car ladite Châbre n'est establie que pour les comptes du domaine & finances du Roy, dont ses Tresoriers & Receueurs sont tenus compter en ladite Châbre: comme aussi quelques autres: mais non pour les biens des particuliers.

Ceste Auth. hoc amplius, & autres semblables de telles peines de priuatiõ ne s'obseruent en France: mais l'heritier peut estre contrainct par le Iuge à accõplir le testament. vide Oldrandum resp. 223.

Nota que par la Coustume de Chartres que combien que les executeurs du testament d'aucun defunct soient saisis de tous les meubles par an & iour, pour l'accomplissement dudict testament, ce neantmoins peuuent les heritiers dudict defunct auoir deliurance desdicts biens meubles, en baillant argent ausdicts executeurs pour accomplir le testament, entant que touche les obits, obseques, funerailles, & autres debtes cogneuës, en baillant aussi caution suffisante de payer les autres debtes dedans ledict an.

De legater debte qui ne soit deuë.

Item si ie laisse à mon testament quarante sols que ie dois à Iean, & apres ma mort il est trouué que ie ne luy doiue rien, sçachez que pource ne demeureroit que ledit Iean ne doiue auoir les quarante sols, par action legataire. *C. de fal. cau. l. Etiam si veritas.*

De vsufruict d'heritage legué.

Quant en [m] testament aucun heritage est legué à aucun qui porter peut vsufruict chacun an, & celuy à qui il est legaté, le laisse à demander iusques à grand temps apres la mort au legateur, & puis en faict demande, sçachez qu'il n'a vsufruict que receu en soit, ou ait esté depuis la mort au legateur, ne aura vsufruict, fors depuis que demandé aura le don. *l. In legatis. C. de vsu & fruct. legat.*

De desheriter son enfant par testament.

Il y a vne loy [n] qu'on appelle Des testamens contre pitié, c'est quand le pere & la mere desheritent leurs enfans sans cause. Et dit la loy escrite que si le pere desherite son enfant sans que l'enfant l'ait desseruy vers le pere, ne qu'il l'ait courroucé moult durement, si comme d'auoir attouché à luy par violence, ou d'auoir traicté à sa mort ou à son deshonneur, touchant infamie, ou de trahyson pourchassée contre luy, sçachez que le fils a cause de venir contre ledit testament, par lequel il est ainsi desherité, & y est à receuoir, & si tost qu'il s'en trait à la loy, & il appert qu'il en est droict hoir, il doit estre mis en possession de la chose verbalement, c'est à dire la chose doit estre mise en sa main par le Iuge, & iour assigné aux parties pour proceder sur ce comme il appartiendra. *l. Quamuis. C. de inofficio. test.*

De ordonner à ses enfans en testament.

Des postumes ou postnez ou postmis a esté amplemēt traicté cy dessus.

S'il aduenoit que homme ou femme fissent leur testament & ordonnassent de leurs acquests qu'ils auroient faict ensemble en leur mariage, chacun à sa portion, & la mere fust enceincte, & à celuy enfant qui seroit au ventre ne seroit rien laissé, & sur ce allast de vie à trespas, lequel que ce fut le pere ou la mere qui le testament auroit faict, sçachez, que ce testament ne tient ne ne vaut, & le despecera du tout l'enfant qui depuis celle mort sera né qui auoit esté oublié au testament faire, ce que ne peut souffrir testament de raison. Mais si l'enfant qui depuis sera né, comme dit est, fust assigné de sa part & portion au testament, ledit testament tiendroit & vaudroit. Et sont tels enfans appellez postmis, pource qu'il sont nez apres la mort de leur pere. *l. Si mater filijs duobus. C. eod. tit.*

De testament contre pitié.

Pour ce [o] qu'en la penultime loy est dit que le testament n'est à tenir qui est si durement contre pitié, que le pere sans cause desherite son fils : Sçachez que par vne authentique depuis apres ensuiuant est dict, que verité est que si le pere du moins ne laisse la quarte partie du sien à ses enfans, en telle maniere que s'il y a quatre enfans ou moins, ils doiuent auoir la tierce partie de l'heritage du pere, au moins que laisser leur en peut: & si ils sont cinq ou plus, leur en doit laisser la moitié ou moins que laisser leur en peut par droict escrit : lesquelles parties, c'est à sçauoir le tiers aux quatre ou moins des enfans à chacun equalement, & au cinq & en dessus la moitié à chacun sa partie equalement. Et ce ne leur peut ne doit tollir, non pas les vsufruicts desdits heritages. *C. eod. Authenti. nouissima lege cautum est.*

De donner à ses enfans à l'vn plus que à l'autre.

Encore veut la loy escrite que si le pere à l'vn de ses enfans donnoit de ses heritages outre mesure enuers les autres, que ceux qui ainsi seroient despointez, le puissent recouurer contre les autres qui outre mesure en seront ainsi ordonnez, à la raison & quantité de loy dessusdicte. Et combien que en moult de Coustumes locaulx on tient le contraire, & que le pere pourra & peut donner à son plaisir à l'vn de ses enfans plus, à l'autre moins : toutesfois il est euident que le droict escrit en parle & dict, à la fin que si mestier en a, que on s'en puisse ayder, & semble que dure chose seroit de donner à l'vn plus, à l'autre moins, si ce n'est à l'aisné. *Authent. vnde si parens. C. eod.*

Faut voir la nouuelle Coustume de Paris, art. 306. & autres semblables.

Par la Coustume de Chartres, de Paris, & autres, le pere & la mere ne peuuent auantager par quelque disposition que ce soit leurs enfans l'vn plus que l'autre.

Addition.

De legater à aucun chose qui à autre seroit.

Si le legateur donnoit en son testament chose qui fust à autre, & que bien le sceust, si comme ie donne telle maison seant en tel lieu, ou autre telle chose que bien sçay que mienne n'est pas, sçachez que les hoirs au testateur sont tenus de accomplir ce don, & tant faire pardeuers le legaté qu'il se tienne à content par autelle prisée. Et si le legateur legatoit chose qui tint estre sienne & si ne fut pas sienne, sçachez que le lais ne tiendroit point en ceste partie. *l. Cum rem alienam. C. de legationem.*

Faut voir §. nō solùm autem. Instit. de legat. où ceste matiere est amplement traictée : Et l. cum seruus. §. constat. & seq. D. de legat. 1.

Res aliena legari potest, & tenet legatum si testator sciuerit rem esse alienam. Ita dicit tex. in §. non solum. Instit. de legat. &. adde quod si testator legauerit rem quæ non est in commercio hominum, non tenet legatum. Idem si esset in commercio, sed cum magna difficultate, vt in fundis patrimonialibus Cæsaris, quorum alienatio dependet à voluntate principis : quod tantùm dicitur difficile, & quasi est impossibile. l. Apud Iulianum. §. fin. ff. de lega. 1. Et ideo non valet onus adiectum legato prædij facto fratribus mendicantibus, vt ibi debeat construi locus vbi morantur fratres : cùm talis mutatio dependeat solum ab vnius iussu Pontificis summi. c. vnico de religi. domib. in. vj. Et nota debere æstimationem fundi relicti fratribus mendicantibus, quem fundum habere non possunt. Bar. l. Sed si hæres. ff. de leg. j. quod plenè examinat in tractatu suo Minoritarum.

Addition.

ANNOTATIONS SVR LE TILTRE CENT ET TROISIESME.

a L'Vn des tesmoignages de l'homme d'auoir esté, & s'estre prouidemment gouuerné, consiste au testament qu'il faict de sa derniere volonté, que les loix des Grecs, Romains, & des autres peuples viuans par police, ont approuué & grandement fauorisé, mesmement celle des douze Tables, qui donnoit libre puissance de leguer & disposer de ses biens par testament. Et vt ait Quintilianus declam. 264. interest supremæ hominis voluntati legem fauere, vt quod de bonis suis constituit in supremis dominus, fecerit iure. Cicero 2. Philip. in publicis actis nihil lege grauius in priuatis firmissimum esse testamentum scribit, & on peut encores voir ce qu'il en escrit, lib. 3. de finib. Nous en auons plusieurs autres auctoritez & exemples en diuers autheurs & aux liures du droict Romain, qu'il n'est besoin repeter. Il conuient premierement sçauoir qui sont ceux qui peuuent faire testament: en quoy les Coustumes ne suiuent du tout le droict Romain: comme pour l'aage. Car le droict Romain repute le masle aagé de quatorze ans, & la femelle de douze accomplis, capables de tester, l. qua ætate D. de testament. §. præterea. Inst. quibus non est permiss fac. test. Mais par la Coustume de Paris & quelques autres sans distinction des sexes, y a difference pour les especes de biens: & y en a qui font distinction entre les masles & femelles: toutesfois de celles qui ont esté reformees de nostre aage ne s'en trouuent qui n'ayent disposé de plus grand aage, que celuy porté par le droict Romain. Mais on demande si la Coustume ne faict mention de l'aage, à quel droict on aura recours. I'ay obserué ailleurs qu'il a esté iugé en la Coustume de Meaux, par arrest du septiesme iour de Ianuier, mil cinq cens quatre vingts vn. Toutesfois te serois plustost d'aduis de suiure la coustume de Paris, qui est comme la Royne de France, iuxta l. de quibus. D. de Legibus. aussi qu'aux masles aagez de quatorze ans, & femelles de douze, n'y a encores iugement ferme & volonté certaine, pour cognoistre que c'est testament, & pouuoir valablement disposer de leurs biens. Et quant aux enfans de famille, ils ne sont tant sous la puissance du pere, que s'ils ont aage competant ils ne puissent disposer de leurs biens soient meubles ou autres, selon la Coustume des lieux, suiuant ce que i'en ay traicté cy dessus, & que i'ay veu quelquesfois iuger pour les legs des meubles faicts par les enfans aagez de vingt ans par testament, contre les peres qui les vouloient debattre. Des autres qui peuuent ou ne peuuent tester, on doit auoir recours au droict. Quant au testament de celuy qui par le desespoir se seroit tué, il faut considerer la cause du desespoir, vt traditur in l. 2. C. qui testament. facere. Et qu'ainsi que i'ay cy deuant escrit. Car en France on n'excuse le desespoir, par ennuy de vie, comme indigne d'vn Chrestien, ains seulement celuy qui aduient par fureur de maladie.

b La distinction pour le testament du furieux, s'il auoit des euidens interualles de sain entendement, a aussi lieu pour l'insensé & troublé d'esprit, comme a esté iugé des testamens de Parent & de Nully, par arrests recitez aux Respon. Dont appert que la question

question est de faict, & depend de la preuue si le testateur auoit des euidens interuales, & durant iceux auoit fait son testament. Vide l. Furiosum. C. qui test. facere poss. *Et pour les aueugles, muets & sourds.* l. hac consultissima. & l. Discretis. C. eod. *Mais parce que par le droict François les testamens se doiuent faire par escrit, suiuant les ordonnances & coustumes des lieux, il est facile pour les aueugles & sourds, de faire leurs testamens, d'autant qu'ils les peuuent nommer & dicter : mais pour le regard des muets y a plus de difficulté.*

c *En France les Euesques & autres Prelats n'estans religieux profez, peuuent disposer tant par donation entre vifs, que par testament de leurs biens, sous lesquels sont compris les fruicts de leurs benefices, & acquests qu'ils auroient fait d'iceux : parce qu'ils sont comme on dict, temporels,* Glos. in cap. fin. de offic. ordin. in 6. quam ibi sequitur Io. Andreas. glos & Bened. in cap. Raynutius verb. & vxorem nomine Adelasiam de testam. Masuer. tit. de success. Faber. in §. is verò. Inst. de rer. diuis. Ian. Gall. quæst. 112. *Encores mesmes que l'Euesque eust esté autresfois Religieux profez de l'Ordre des Mandians, comme a esté iugé pour les heritiers d'vn nommé* Fouré *Euesque de Chalons sur la Saosne, qui auoit esté Iacobin, par arrest prononcé solemnellement le 15. iour d'Auril, 158. Quant aux Religieux ou Moines, le testament par eux fait deuant la profession est valable, & ne se reuocque par icelle : mais depuis la profession ils ne peuuent faire testament* Nouel. 5. de Monachis. Bart. in Auth. si qua mulier. C. de sacros. Eccles. *L'ordonnance des Estats d'Orleans : Et ainsi on en vse par le droict François, sans s'arrester à l'Auth.* Ingressi, *qui ne s'obserue ny aux distinctions des Docteurs, comme i'ay monstré ailleurs.*

d *Les solemnitez du droict Romain, soit pour la confection du testament, pour l'ouuerture d'iceluy, ou autres semblables ne sont plus en vsage en France au pays coustumier, où a des coustumes qui ont estably les formes & solemnitez requises pour faire testamens valables. Et certainement pour euiter aux fraudes, suggestions, & inductions, a esté besoin d'introduire certaines formes pour faire des testamens legitimes,* vt scribit Harmenopul. lib. 5. tit. 1. *C'est pourquoy* testamentum à Quintiliano definitur, declam. 308. Voluntas defuncti consignata iure, legibúsque ciuitatis. *Par les ordonnances d'Orleans, art. 85. & de l'an 1579. art. 165. est porté que les testamens doiuent estre signez par les testateurs & tesmoins, sur peine de nullité : & de ce faire ils soient requis & interpellez par les Notaires, Tabellions, ou Curez ou Vicaires qui les receuront, qui en facent expresse mention, & s'ils n'ont signé, de la cause pour laquelle ils n'auroient peu signer. Il suffit pour la validité du testament, qu'il soit fait selon la solemnité du lieu où le defunct auroit testé, pour auoir force en autres lieux,* iuxta l. Si non speciali. C. de testament. Cynus, Bartol. & alij ad l. 1. C. de summ. trinit. Guid. Pap. quæ. 262. *dont y a plusieurs arrests, & entre autres celuy sur la proposition d'erreur pour la veufue du President de S. André, & du dernier iour de May, 1566. Les solemnitez prescriptes, par la coustume doiuent estre exactement gardees, autrement si d'icelles y auroit eu omission, le testament seroit nul,* etiam *pour les legs* ad pias causas, *iugé par arrest du vingt-vniesme Mars, mil cinq cens quatre-vingts & vn, & autre du premier iour de Feurier, 1586. dont i'ay plus amplement discouru sur la coustume de Paris.*

e *La l.* dictantibus, *parle des Iurisconsultes ou autres, que les testateurs auoient accoustumé d'appeller pour dicter leurs testamens: & quant aux tesmoins encores que par le droict Romain ils eussent peu estre legataires*, vt constat ex d. l. & al. & §. legatarijs. Inst. de testament. *Si est-ce que par la Coustume de Paris, & quelques autres, ils ne peuuent estre legataires: ce qui peut auoir esté introduict pour le petit nombre des tesmoins qui sont requis, & suyuant le Senatconsult Libonian*, l. Si quis legatum. l. Filius emancipatus. l. Diuus. D. ad leg. Cornel. de falsis.

f *Iustinian* in l. Sancimus. *ordonne que pour reuoquer vn testament n'est seulement requis le laps de dix ans, ains aussi la declaration de la contraire volonté du testateur, qu'il peut demonstrer, soit par autre testament parfaict, ou par l'effacement & radiation de son seing, & de ceux des tesmoins mis audict testament, ou par laceration d'iceluy, & des seings de ceux qui l'ont receu. Toutesfois aucuns voulans retenir la constitution des Empereurs, qui est en la l. 6.* C. Theo. de testament. *abrogee par Iustinian* in l. Sancimus. *ont esté d'opinion que le seul laps de dix ans suffist, si le testateur ne declare vouloir son testament auoir effect. Mais il me semble qu'il vaut mieux suiure la decision de Iustinian.*

g L. Qui post legatum. C. de legat. *parle seulement au cas que le testateur auroit obligé & hypothequé la chose par luy leguee. Car au cas d'alienation, soit par vendition, ou donation, il seroit reputé auoir reuoqué le legs.* l. 6. D. de legat. 1. l. Rem legatam. D. de adim. legat. § si rem suam. & §. si quis ancillis. Inst. de legat. *Toutesfois telle question despend de sçauoir si le testateur auroit eu volonté de changer la disposition qu'il auoit faicte par son testament, & reuoquer ledict legs*, l. Fideicommissa. §. si rem suam. D. de legat. 3. *I'en ay plus amplement discouru au troisiesme liure des Pandectes.*

h *Cest article s'entend que le testament ne peut preiudicier aux dettes que deuoit le defunct, lesquelles si elles emportoient & consumoient toutes les facultez du testateur, rendoient son testament, & les legs qu'il auoit faicts, sans effect & valeur*, l. Si vniuersæ. C. de legatis. *Mais on y peut adiouster vne exception, que si le testateur auroit legué des meubles, desquels la deliurance auroit esté faicte aux legataires, auparauant que les creanciers les eussent faict saisir, ils demeureront aux legataires, par ce que meubles n'ont suitte par hypotheque.*

i L. In annalibus *parle* de annuis legatis, *lesquels sont esteints par la mort de ceux ausquels ils sont laissez, & ne passent à leurs heritiers*, l. Si in singulos. D. de annu. legat. *si non que le testateur eust ordonné de les bailler, non seulement aux legataires, ains aussi à leurs heritiers, & heritiers d'iceux comme perpetuels.*

[k] *Encores que ce qui est icy traicté de la viduité enioincte*, ex l. 2. & 3. C. de indict. viduit. *Nonobstant laquelle le legs doit auoir lieu, ait esté abrogé par Iustinian*, Nouel. 22. vnde sumpta est Auth. Cui relictum. *Si est-ce que Bacquet, au traicté de Iustice, chapitre vingt & vniesme, & autres, estiment ladite Authen. n'estre obseruee en France, ains* dd. ll. Quæ tollunt in-

dictæ viduitatis conditionem: *I'ay entendu d'aucuns anciens Aduocats le contraire auoir esté iugé. Mais parce que ie n'en n'ay rien veu de iugé par arrest, ie n'en disputeray d'auantage.*

l *Par plusieurs coustumes, mesmement celle de Paris, tiltre des testamens, est disposé de la charge & deuoir des executeurs de testamens. Et i'en ay faict mention cy dessus. Ils sont saisis durant l'an & iour du trespas du defunct, des biens meubles par luy delaissez, pour accomplir son testament: & apres l'an ils n'en n'ont plus de charge, ains sont tenus de rendre compte: & s'ils n'ont du tout executé le testament, les heritiers le pourront faire. Mais la peine de la priuation du don & legs à eux faict, n'est practiquee en France, sinon qu'il soit faict expressement pour executer le testament, & que l'executeur n'ait voulu en prendre la charge, ou qu'il y ait eu iugement contre luy communicatoire de ladicte priuation s'il n'en faisoit son deuoir, & qu'il n'y eust obey. Car en ce cas telle charge,* habetur tanquam conditio adiecta legato, quæ omnino impleri debet, l. 3. C. de condit. insert. *Et parce que i'en ay escrit amplement sur ladicte coustume de Paris, & ailleurs, ie n'en feray plus long discours.*

m L. In legatis. quæ est vltima tit. C. de vsuris & fructibus legat. *parle des legs & fideicommis en general, & non seulement de l'vsufruict legué: & veut que les fruicts de la chose leguee ne soient deuz, sinon du iour de la contestation de cause, & non du iour de la mort, par ce que le legs doit estre demandé par le legataire,* l. 1. C. eod. tit. l. Quæsitum. §. vlt. D. de legat. 1. *Toutesfois i'ay entendu auoir esté iugé par arrest du mois de Iuin, mil cinq cens soixante trois, lors que ie suiuois le Palais, que d'vne rente leguee les arrerages auroient esté adiugez au legataire du iour de la mort du testateur encores qu'il n'en eust demandé la deliurance plus de quatre ans apres le deceds d'iceluy.*

n *La loy naturelle qui continuë aux enfans la succession des peres & meres, & qui est approuuee de tous peuples, comme vn droict des gens mesmement pour les postumes,* vt constat ex lege Moysis, numer. capite 27. Plutarchus in Solone. Cicero libro tertio de fin. bonor. l. In suis. D. de liber. & postum. l. Cùm ratio. D. de bonis damnat. & al. *Et le confirme Procopius, ne permet que sans cause ils en puissent estre priuez & desheritez. Iustinian en la* Nouel. 115. vt cùm de appellat. *a ordonné les causes d'ingratitude pour lesquelles lesdictes exheredations pouuoient estre faictes. Le droict François les approuue bien, mais si le pere ou la mere n'en auroit faict poursuitte de son viuant, ains seulement ait declaré par son testament aucunes desdites causes, pour lesquelles il desherite son enfant: celuy qui se voudra preualoir de ladicte exheredation, sera tenu d'en prouuer les causes, autrement ou n'y aura esgard: comme i'ay veu iuger par arrest du seiziesme iour de Mars, mil cinq cens cinquante cinq, donné sur vn procés par escrit, que i'auois conduict pour vn nommé le Feure: dont i'ay traicté plus amplement au troisiesme liure des Pandectes & on peut voir à ce propos,* l. Omnimodo. C. de inoffic. testament.

o *Par ce que les peres & meres faisoient quelquesfois des testamens si inofficieux pour consommer leurs biens en dons & legs, & en priuer leurs enfans, qu'ils estoient contraincts de les faire casser & annuller*, vt in Valerio Maximo lib. 5. cap. 5. & aliis auctoribus legimus; *il y a esté pourueu par les Autheurs du droict Romain, par le moyen de la falcidie, qu'ils ont voulu estre laissee aux enfans. Laquelle Iustinian a augmentee* Nouel. 18. de triente & semisse: *pour estre le tiers de la substance & entieres facultez du defunct, s'ils sont quatre enfans, ou moins: & de la moitié s'ils sont d'auantage. On l'appelle legitime, comme ayant esté par les loix introduicte, pour estre legitimement deuë aux enfans. I'en ay amplement discouru sur la coustume de Paris, article 238. & au 3. liure des Pandectes: seulement i'adiousteray que la legitime ou supplement se doit demander premierement aux heritiers, & subsidiairement aux donataires entre vifs, suiuant l'arrest du quatorziesme iour de Mars, mil cinq cens nonante deux, en la maison d'Apchon. Mais quant aux legataires, il semble qu'on se peut directement addresser à eux comme aux heritiers, par ce que les legs sont partie de l'heredité*, d. l. Omnimodo. *Ie sçay bien ce qu'en a escrit* Boërius decis. 145. & Guid. Pap. quæ. 82. *Mais ie ne suis de leur opinion. Et encores que le pere ou la mere puisse aduantager l'vn de ses enfans plus que l'autre, c'est tousiours à la charge de la legitime, comme a esté iugé par arrest du 27. iour de Mars. 1558. & i'en ay escrit sur la coustume de Paris, art. 306.*

DES CODICILLES.

TILTRE CIIII.

Quatuor genera sunt codicillorum. vide Ioa de Platea titu. de Codicil. Iust. & Doc. in rubr. de Codicill. C.

APRES s'ensuit [a] des codicilles. Comme il soit ainsi qu'vn chacun qui est en estat de memoire raisonnable & franche volōté, peut faire testamēt, aussi peus & dois sçauoir que pareillement apres testament fait-on peut iceluy testament croistre & diminuer, & nouueaux dons peut-on faire apres le testament premier fait, par forme de codicille. Et est codicille appellé vne additiō que fait le testateur auec l'ordōnance du testament que parauant a fait, sans ce que pource il vueille que ledit testament soit de rien corrompu en son principal effect. Et pource peus & dois sçauoir que codicile n'est qu'addition à testament : mais toutesfois il est de telle authorité, que par le codicille peut estre vn don en testament augmenté ou diminué, sans corrompre le testament. Ne par codicille ne doit estre le testament corrompu ne destruit, & testament ne peut destruire codicille, car codicille est & doit estre depuis. & pour ce en tous codicilles doit estre contenu, que c'est sans rappeller la vertu & pouuoir du testament principal entre tous autres cas, qu'en iceux qui par ce present codicille sont modifiez & declarez. Et doit le codicille confermer le testament en tous ses autres termes. *l. Cùm proponatis & l. 1. C. de Codicill.*

Comment le demandeur du don doit declarer par quelle maniere il demande, soit vn ou, &c.

Item s'il estoit [b] aucun qui demandast hoirie ou autre don, par don legataire: sçachez qu'il seroit tenu de declarer si par don de testament le demanderoit, ou par autre don, comme de codicille, car plusieurs s'en peuuent faire, mais qu'ils ne soient contradictoires les vns aux autres. Et si par testament le demandoit, & le codicille l'eust r'appellé, frustré seroit du don. *l. vlt. C. eodem.*

ANNOTATIONS SVR LE TILTRE CENT QVATRIESME.

a IVSTINIAN tit. Inst. de Codicil. *declare amplement l'origine des codicilles, qu'on peut definir, l'ordonnance de derniere volonté, n'estant garnie des solennitez de droict, qui sont requises pour la confection du testament: en quoy les codicilles sont differens du testament, & en quelques autres particularitez, comme de l'institution directe de l'heritier*, d. tit. de Codicil. *Les codicilles se peuuent faire aussi bien deuant testament, qu'apres, & non seulement s'il y a testament ains aussi si le defunct decede intestat*, §. 1. & seq. eod. l. 3. & 5. D. eod. *& en est amplement traicté* l. 8. eod. & l. 1. 6. & 7. C. eod. *Et aucuns ont escrit que les testamens qui se font aux pays coustumiers de* France, *ne sont que codicilles, au regard de ceux qui se deuoient faire par les solennitez du droict Romain.*

b *Il s'obserue bien de declarer par le demandeur par quel droict & moyen il pretend la chose qu'il demande: mais non auec telle formalité si c'est par don de testament ou codicille. Car par l'vsage* Francois *on confond le testament auec le codicille, & suffist de dire si c'est par donation entre vifs ou par testament: & on ne s'arreste aux subtilitez traictées* in l. vlt. C. eod.

DES LAIGS, ET DE LA MANIERE DE LEGVER EN TESTAMENT.

TILTRE CV.

S'ENSVIT [a] apres des lais & de la maniere de leguer en son testamẽt. Si est à sçauoir que lais est le don qu'aucun faict à autre en son testament. Et pour ce que plusieurs manieres & differences sont en don de lay, est necessité de declarer en brief ce que veu & ouy en ay. Si dient les lais en ce cas estre trois manieres de dons, c'est à sçauoir don d'entre vifs, don pour cause de mort, & don de lais. Et pour-ce par les deux premieres

La donation à cause de mort est reduicte à la forme du lais, & reuocable iusques à la mort, § 1. Instit de donatiõ. & l. vlt. C. de donat caus. mortis & i'en ay traicté cy dessus.

dons s'oblige le donnant, c'est par le don d'entre vifs, & par le don pour cause de mort. Mais par le don de lais ne s'oblige pas le dõnant que tout son viuant ne le puisse r'appeller s'il luy plaist. Et s'il va de vie à trespas sans r'appeller le don de lay, ses hoirs sont tenus de satisfaire & accomplir le don de lais des biens au mort, premier les dettes payées. Si est à sçauoir que lais vault comme loy escrite, & est à tenir & garder par tous bons Iuges, car riens n'est plus fauorable chose que d'accomplir les dernieres volontez aux morts. *Instit. lib. 2. titu. de lega. §. Nostra autem constitutio.* Et si peut l'homme qui est en estat de faire testament, legater de sa chose à sa pure volonté par son testament deüement faict & approuué. Et conuient que son hoir le tienne & accomplisse si auant que les biens du testateur valent.

Addition, elle est au liure escrit à la main.

Imo donatio causa mortis potest reuocari: vt ff. de donatio. cau. mor. l. Mortis causa donatio. quia est instar vltimæ voluntatis.

De la chose achepter qui est leguée.

Cest article est biẽ differẽt du liure escrit à la main.

Item s'il aduenoit que du viuant du testateur celuy à qui certaine maison estoit leguée par testament, deuienne seigneur & maistre de ladicte maison, & va puis apres ledict testateur de vie à trespas, la question est de sçauoir si on peut demander sondict lais, nonobstant que d'iceluy on en soit seigneur comme dict est, & respond le texte aux institutes, au §. *si res aliena, de legatis*, que si par cause d'emption ou achapt, ladicte maison soit paruenuë audict à qui elle est leguée,[b] que lors & audict cas, *poterit agere ex testamento, & pretium per illam actionem consequi poterit.* Autrement seroit ce si ladicte maison estoit aduenuë par cause lucratiue non onereuse comme par donation: la reigle commune ce empeschant que *duæ causæ lucratiuæ in eundem hominem & eandem rem concurrere non possunt.*

D'vne chose legatée par deux testamenteurs.

Il prend legaté pour legataire.

Item si vne [c] mesme chose est laissée à deux ensemble, ou celle mesme chose fust laissée à deux chacun par soy, sçachez que si contẽd en est, la chose doit estre partie entre eux, puis que la chose estoit au mesme legateur. Et si l'vn des legatez mouroit auant le legateur, lors seroit toute la chose à l'autre legaté: ou si l'vn des legatez ne vouloit accepter le lais. §. *si eadem res duobus. Instit. de legat.*

Addition qui n'est au liure escrit à la main.

Nota quod in aliquibus casibus legatum deficit, & accrescit alteri legatario, quod vide Insti. §. si eadem. alleg. in glo. sub verbo defecerit.

l. Proprias. C. eo. Il y a des exceptions que les interpretes ont remarquees

Item si la chose qui est mienne, m'estoit par vn autre legatée, sçachez que tels lais ne valent, car la chose qui mienne est, ne me peut estre donnée ne legatée. *Insti. eod. §. sed si rem legatarij.*

Du detteur laisser à son creancier ce que deu luy est.

Le detteur qui laisse à son creancier ce qu'il luy doit, le lay ne vault car il ne feroit que payer, s'ainsi n'estoit qu'il luy laissast plus que la dette ne monteroit: Mais s'il luy laissoit plus, si comme dict est, & puis vient le terme qu'il luy doit, ou sous condition, le lay vaudroit pour-ce que la dette est deslors payée. *Instit. eod. §. ex contrario.*

De leguer à l'enfant qui est encores au ventre de sa mere.

L'enfant [d] qui est encore au ventre de sa mere, peut bien estre faict hoir par la legation d'aucun. Mais les sages doutent qu'on ne puisse legater à enfant qui encore est à engendrer, que tel ou telle aura de tel, si comme aucun diroit par testamẽt, ie laisse au premier enfant que tel ou telle aura de tel, tel don, lequel enfant seroit encore à engẽdrer, ne dont la mere n'apperroit point enceincte, *Instit. eod. §. posthumo quoque alieno.*

De legater à sa fille, & puis luy donner le lay à son mariage.

Item le legateur s'il a vne fille à laquelle il laisse aucun don par son testament, & depuis il marie sa fille, & luy donne à mariage ce que parauant legaté luy auoit, & le pere allast de vie à trespas, & la fille voulsist demander son lay, sçachez que faire ne le peut, car double action ne peut elle auoir en celle partie, c'est à sçauoir action de don de lay, & action de don de mariage. *l. Filia legatorum. C. de lega.*

Il faut voir ad d. l. Filia. Ce qu'en traicte Accursius in glosa.

Combien il faut de tesmoins sur la probation d'vn testament.

Item i'ay dict cy deuant la solennité qui conuient garder en testament, estre diuerse & de droict ciuil, & de droict canon: là où tu pourras voir combien sont requis de tesmoins: mais quelque chose que l'en die le droict, regarde tousiours la coustume où tu veux faire testament, *quia illa est sequenda vbi bona sunt sita: vt not. in l. Cunctos populos. C. de summa Trini. & fide catho. Et ibi Bart. facit. l. Ex post facto. ff. de haeredib. instituen.*

De ceste matiere a esté traicté cy dessus, au tiltre des testamens.

De la probation des tesmoins.

Veu des testamens [e], Codicilles & lais faits par iceux, par ce que presentement ay touché des tesmoins qu'ils faut en iceux, suiuant le *cap. relatum, & cap. cum esses. extra de testamen.* Maintenant veux dire de la probation qui se faict par tesmoins. *Cum igitur probatio sit rei dubiae per testes vel instrumenta, aut alias veras & iustas causas notificatio*: tu dois sçauoir qu'ils sont sept manieres de probations.

Tout ce qui est icy traicté des tesmoins est vne additiõ, qui ne se trouue au liure escrit à la main, lequel est grandement differẽt du liure imprimé.

La premiere si est par manifeste presumption de faict, si comme s'il estoit trouué presentement qu'vn homme fust couché nud à nud auec vne femme paisiblemẽt, que la femme ne donnast cry, & il fust question ou contend de leur couchement & amour, il doit estre entendu clairement, & presupposé que le faict charnel y est aduenu, & vault pleine preuue en ce cas.

La seconde maniere, si est par comune renommée qui labeure contre aucun, si comme quand aucun est communément renommé de faire mauuaises œuures, de faire communément aucune chose, & en ses voyes & marches aduient aucun faict qui est en doute, puis qu'on ne peut riens auoir de presumption sur luy, il est à sçauoir qu'on ne peut & doit tenir que ce ait il plus faict que nuls autres. Ou autremẽt si vn homme est demeurãt en estrãge place auec vne femme, & ayent tousiours & par long tẽps mené vie hõneste & cõtinue l'vn auec l'autre cõme mary & espouse, & ainsi soit allé de vie à trespas sans ce qu'il en soit autre demonstrãce au cõtraire, & apres la mort de l'vn ou des deux l'en vueille dire que

Ad hoc ca. de manifesta. 2. q. 1. vbi vide de fama, de manifesto & notorio, in glo.

l'vn de leurs enfans demeurez ou tous soient bastards, quand on ne le diroit que par aduenture & sans en faire faict qui soit à receuoir, sçachez que telle renõmée que comme loyaux en mariage sont maintenus, vault preuue en ceste partie, & en tous semblables cas.

Additio.

Præsumitur aliquem fuisse filium mariti natum ex vxore in domo mariti, & ex eo in patria potestate existente, & è contra præsumitur contra filium si pater vel maritus fuit per decem menses absens. l. Filium. ff. de his qui sui vel alie.

Mina precedẽtes & dericenti ir. ducunt præsũptionem no in l Vnic. C si quis impera. maledi l Fina. ff de hare. insti.

La tierce maniere si est par supposition de fait ou de paroles, si comme ie menasse vn homme de luy porter dommage en corps & en biens, & il aduienne que dedans brief temps apres, & sans ce qu'il appert que ie soye en amour ou en compagnie auec luy, il soit batu ou iniurié, ou mort, ou dommagé du sien par faict si couuert qu'on ne puisse sçauoir clairement qui ce auroit faict, ne autre presumption n'y peut estre sçeuë, que la menasse que faict en ay deuant gens, puis que telle menasse sera prouuée, il est à sçauoir que ce vault preuue sur celuy qui ainsi fist la menasse, que ce a il faict ou faict faire.

Additio.

Multiplex est præsumptio, de qua per glo. in l. fin. ff. quod met. caus. & glo. in cap. is qui. extra de sponsa. & quæ sit differentia inter fictionem, præsumptionem & indicium. vide Cy. in l. Siue possidetis. C. de probatio. & quæ sint vehementes præsumptiones adulterij: not. glo. & Bar. in. l. Capite quinto. ff. de adult: cap. literis. & cap. tertio loco. extra de præsum.

La quarte maniere si est par claire experience de chose seruant au cas, si comme s'il estoit contend de l'aage d'vn homme qui ja fust aucunement barbu, il ne seroit pas à douter qu'il n'eust quinze ans accomplis.

La quinte maniere si est faict par serment, si comme quand aucun se r'apporte du tout au serment d'vn autre, de ce dont question est entre eux, c'est à sçauoir qu'en ce cas aduient souuent que le demandeur s'en r'apporte au serment du defendeur: & si le defendeur n'en vouloit iurer qu'il le vueille remettre au serment dudict demandeur, lors conuient il que le demandeur en iure, ou autrement il pert sa demande, selon la loy qui dist: *Actore non probante reus absoluitur.* Et si le defendeur ne le veut iurer, & aussi ne le veut remettre au serment du demandeur, si qu'il ne vueille faire ne l'vn ne l'autre, lors le Iuge doit admonnester au defendeur, puis qu'au demandeur ne se veut du tout r'apporter sur son sermẽt, tenu est de iurer, & sur ce enquerir par le serment au defendeur, & selon aucuns aussi faire iurer le demandeur qu'il faict à iuste & loyalle cause sa demande, & qu'onques n'en fust payé ne satisfaict, ne autre pour luy. Et sur ce contraindre le defendeur à iurer par defaut de non vouloir iurer en la cause, ne affermer sa deffence par serment, comme il est en droict de procés accustumé à faire, que les clercs appellent *iuramentum litis decisorium: vt C. de rebus credit. & iureiurando. l. In contractibus.*

La sixiesme maniere si est par lettres & instrumens publicques, ou sur seaux authenticques, ou sur séel d'homme qui séel ait & doiue auoir

par

par Coustume du pays, si comme sont les hommes tenans en fief & les nobles, & ceux qui ont les seigneuries & iustices, que on peut appeller seaulx priuez : auquel cas si sur ce on est attraict il conuient auant toute œuure nier son seel ou cognoistre. &c. si comme en la rubriche des lettres & instrumens de destruire ou soustenir sera plus à plain parlé, ceste preuue vaut & tient. *Vt. C. & ff. de fide instrumen. per totum.*

La septiesme maniere si est par lettres faictes & escrites de sa propre main, car ce vaut pleine preuue, comme dit est, du seel qui faut l'homme cognoistre ou nier. S'il cognoist l'escriture de sa main, c'est pleine preuue : & s'il nie l'escriture, & il soit prouué que ce soit de sa main escrit, il est reputé faussaire, & vaut la preuue faite contre luy.

La huictiesme maniere si est par preuue de tesmoings non reprochez de reproches suffisans à loy ou autrement, & par tant de tesmoins qu'il puisse & doiue suffire à loy, c'est par deux tesmoins du moins en petites causes, car par le droict escrit, vn seul tesmoin ne vaut.

La ix. maniere si est par champ de bataille mortel, quãd aucun met sus à vn autre chose qui desire bataille & champ, & l'autre le nie, & le demandeur dict que autrement ne le pourroit prouuer que de son corps contre le sien, par gaige de bataille en champ ferme & entre deux solaux, & en ce cas le conuaincre, il approuue la demande, si comme dessus est dit en sa rubriche du champ de bataille.

Cecy à present en France n'est obserué : ains est estroictement defendu par les Ordonnances Royaux & arrests de la Cour de Parlement comme a esté mõstré au Code Henry.

Des tesmoins particuliers, & lesquels ne peuuent ne doiuent porter tesmoignage.

I'Ay dit & monstré des neuf manieres de probation en general, par lesquelles toute forme de preuue peut estre entenduë, mise & arguee en Cour laye, il s'ẽsuit voir en especial des preuues particulieres qui se font & peuuent faire par deposition de tesmoins attraits sur le cas mis en ny. Si sçachez qu'il est defendu que en sa cause nul ne soit tesmoin, si ainsi n'est que la partie aduerse ne s'en rapporte à son serment & à sa deposition, si comme dessus est dit en la rubriche precedente, sur la v. maniere de la probation des tesmoins.

Item nul Aduocat ne nul Procureur en la cause qu'il traitte & nourrisse, ne peuuent estre tesmoins.

An procurator ad iudicia vel negotia possit esse testis : dic vt de testib. l. Omnibus. C. ibi, & proxeneta. Per Barth. in l. Differre. ff. de vsucap. per Angel. in Authen. de testib. §. quoniam. *Additio.*

Item nuls executeurs, nuls tuteurs ne nuls curateurs en la cause que ils traittent & nourrissent, ne peuuent estre tesmoins.

Item vn enfant dessous quinze ans ne peut porter tesmoignage, ne à tesmoin ne doit estre appellé, reserué que s'il estoit contend & question de faits aduenus en son enfance où il auroit esté, de ce pourroit-il estre ouy en tesmoignage, pour la raison que des faits aduenus on ne peut auoir cognoissance fors par ceux qui y ont esté : mais à faire traitté ne conuient où il faille tesmoins, ne doit estre appellé enfant dessous xv. ans.

Impubes testimonium non dicit nisi in casib. ff. de liberal. caus. l. Final. & hoc inci- *Additio.*

uili, iiij. quæst. iiij cap. j. in criminali vero etiam factus pubes repellitur nisi compleuerit xx. annos. numquam tamen ad plenam sed quantum ad præsumptionem faciendam pupillus quandoque potest recipi, maximè si dominus à familia sit occisus. ff. ad Sylleianum. l. ij. §. impubes.

Item Iuifs mescreans ne peuuent porter preiudice ne tesmoignage contre les Chrestiens.

Additio. *De hoc vide de Pœni. distinct. 1. cap. multiplex. in glos. & l. Quoniam multi. C. de hæretic. & ibi Cynus.*

Item les peres ne peuuent porter tesmoignage en la cause de leurs enfans si ce n'est en trois cas, c'est à sçauoir des cas qui naistroient de ce que leurs fils auroient gaigné en cheualerie ou en estude, que les clercs appellent *de Castrensi peculio.* Le second cas si est, en approuuer affinité de lignage, si contend ou question en estoit. Le tiers cas si est approuuer conuent de mariage fait entre ses enfans & autres personnes. *l. Parentes. C. de testi.*

Item serf contre son seigneur ne peut porter tesmoignage, & selon l'opinion d'aucuns si ne fait il contre autre.

Item forsenné ne peut faire ne porter tesmoignage, c'est à sçauoir tant comme la maladie luy dure.

Item conuaincu de crime si comme quand vn homme est banny de sa contree pour tel crime que s'il fut tenu, il eust perdu la vie: Sçachez que s'il appert par lettres ou qu'il soit notoire, ou qu'il le confesse, ou ait confessé, il ne doit estre ouy en tesmoignage, car il n'est digne de viure, & est conuaincu de mort & de diffame, s'il n'a remissiõ du Prince verifiee, qui le remette en bonne fame & renommee *ext. de testib. cap. testimonium.*

Item ceux qui sont de la famille d'aucun, & selon aucuns de familles & de robes, ne peuuent ne doiuent porter tesmoignage pour leur seigneur & maistre.

Additio. *Vide Specul. tit. de testib. versic. item quod est excommunicatus.*

Item excommunié s'il appert promptemẽt que par l'Eglise soit defendu que auec eux ne soit faite quelque participatiõ, & qu'il ait esté publié à l'Eglise à l'audience de tous, tels ne peuuent ne doiuent estre tesmoins deuant qu'ils soient rassoubs: mais s'il n'en appert promptement par lettres & par vsage de Cour, si n'y doit estre differé, car pour offrir ce à prouuer ne les lairroit-on à ouyr en Cour laye.

Item femme commune de bordeau si ne doit estre tesmoin, sinon des faits aduenus par aduenture qu'elle auroit veuz, & là où presente seroit. Car cõme dit est en celle mesme rubriche de l'enfant dessous quinze ans il faut enquerir des faits aduenus la verité, par eux qui y ont esté. Car à mal faire on n'appelle pas volontiers tesmoins, & pour ce en faut enquerir la verité par tous ceux que l'on peut sçauoir qui l'ont veu & ouy. si en baille le sage ces vers cy,

Conditio, sexus, ætas, discretio, fama,
Et fortuna fides in testibus ista requires.

Additio. *De meretrice habes text. in l. iij. §. lex Iulian. ff. de testi. & l. Quæ adulterium. C. de adult. sed contra est cap. tanta: & cap. licet hely. extr. de simo.*

Sol. hoc permitit ratione immanitatis criminis.

Or te veux monstrer de ce selon le droict escrit. Sçachez que selon le droict escrit tesmoins domestiques sont à refuser. *C. de testibus. l. Etiam iure ciuili.* Encore dist la loy escrite que le tesmoin qui ne rend raison de ce qu'il depose à la deposition, à tel tesmoin ne faut foy adiouster. *C. eod. tit. l. solam testationem.*

Additio.

Testis non valet nisi sui dicti rationem reddiderit. ext. de testi. cap. cum causam. cap. sicut. de re iudicat. & Authen. de testi. § licet dudum. ibi, & causam. hoc tamen verum est, si de sua scientia fuerit requisitus: alias non tenetur dicere causam sui testimonij. prædict. cap. sicut. & arg. ff. de transact. l. Cum hi. §. in causa. de noui ope. nunciatio. l. De pupillo. §. qui nunciat. & de hoc est notat. in dict. l. Solam. C. de testib.

Et s'il aduenoit que aucun suruint deuant Iuge, ou fust trouué en sa iurisdiction, & on eust mestier de sa deposition, & celuy fust d'autre iurisdiction & seigneurie & voulsist differer à deposer, & requist à estre renuoyé à son Iuge, ou que à luy on enuoye querre la grace: Sçachez que puis qu'il seroit trouué en la iurisdiction de celuy qui sa deposition voudroit auoir ou que requis en seroit, il cõuiẽdroit qu'il deposast, ne n'y vaudroit exception qu'il en dist que à ce ne deust estre contrainct par toutes voyes deuës. Mais s'ainsi n'estoit trouué present & qu'il fust en autre iurisdiction, il faudroit auoir par commission* inquisitoire, autrement non, & que son seigneur s'y consentist. *C. eod. l. nullum,* Il appartient que qui de tesmoins se veut aider en preuue de paie sur obligation de dette, ou sur testament voir faire, que les tesmoins soient especialement requis à ce voir faire, & que recors en soient tesmoins si mestier en est, & requis en sont: car tesmoin à tesmoignage faire ne estre ne se doit de luy mesmes ingerer. Et s'il se ingere, il semble qu'il face à contredire. *Authen. rogati. C. eod.*

* Requisitoire. Par l'ordõnance les Iuges de la cause doiuẽt addresser cõmission du Iuge du domicile des tesmoins, qui sont d'autre iurisdiction pour les ouyr, qu'on dit vulgairement commission ad partes iugé par arrest du Vendredy, 23. Nouembre, de releuée 1542 & autres recitez par Papon liure 9. tilt. 1.

Item dict la loy que tesmoins qui pour vne mesme cause, ont esté produis pardeuant vn Iuge, s'il aduient que telle cause, question ou contend soit deuant vn autre Iuge, peuuent bien estre tesmoins aussi pardeuant iceluy autre Iuge. *C. eod. l. Siquis testibus.*

Et pareillement si tesmoins ont esté appellez & ouys pardeuant arbitres, & la cause reuienne pardeuant le Iuge, pour ce ne demeure que les tesmoins ne puissent bien estre ouys pardeuant le Iuge. *C eod. l. penult.*

Item dist la loy que periure qui depose par supposition par doute ne vaut, ne foy ne n'y est à adiouster. *Facit l. Si quis maior. C. de transact. & cap. sicut nobis. de testib.*

Dict encore la decretale que contre la deposition de plusieurs vn seul tesmoin n'est à receuoir ne à ouyr. *de testib. C. eod. l. Iurisiurandi. § final.*

De tesmoins en testament qui vallent, combien que d'iceluy ils raportent gaing & proffit.

Item [1] dois sçauoir que tesmoin appellé comme tesmoin en testament faire par le droict escrit, tels tesmoins peuuent & doiuent porter tesmoignage à l'approbation du testament où ils auront esté appellez cõme tesmoins, nonobstant que en iceluy testament leur soit donné aucun don, ne n'y sont à reprocher par reproche qui vaille. *C. quemadmod. test. ord. l. Dictantibus. Instit. eod. § legatariis.*

Sur cas accidentel.

Voire ce dit l'expositeur si lesdicts tesmoins estoient ouys sur cas accidentel audit testament, car si sur l'adnichilation dudit testament estoiẽt ouys, lors vaudroit la reproche: car ledit testamẽt adnichilé, leur don seroit nul: pourquoy. &c. Mais en cas particulier peuuent ils bien deposer nonobstant que don legataire ayent audict testament.

Vult ibi dicere quod quando de viribus testamenti agitur, tum non est idoneus testis. pro hoc vide glos. & text. in l. Omnibus. C. de testi.

Des hoirs aux testamenturs.

Item doit estre entendu que les hoirs aux testamenteurs sont aussi à reprocher au cas de destruire ou adnichiler le testament. Car le testament destruit, les testamenteurs auroiẽt à refondre ce que par celuy testament deuëment auroient faict.

De hærede scripto intellige secundum §. sed neque hæres. Insti. de testament.

De tesmoins adiournez

Item est à sçauoir que s'aucuns tesmoins sont adiournez pour deposer en cause soit pardeuant Iuges ou cõmissaires, & le sergent qui l'adiournement aura fait, relate que adiourné ou adiournez les a à personne ou à domicile, & les tesmoins ainsi adiournez ne viennent ou enuoyent exoine competant pourquoy à ce iour n'ont peu venir, le Iuge ou les commissaires peuuent aller ou enuoyer à luy oú il demeure pour luy ouyr, & ce sera fait à ses despens & encore deuera il amender la desobeissance que faict a, si c'est en Cour sujette, & si c'est en Cour de Parlement ou royal ordinaire, l'amende sera arbitraire.

ANNOTATIONS SVR LE TILTRE CENT CINQVIESME.

a *IA'Y cy dessus traicté des trois especes de donation, & mesmement du legs qu'il n'est besoin de repeter: seulement i'adiousteray qu'en Frãce au pays coustumier, où institution d'heritier n'a lieu, si aucune est faicte par testament, elle n'aura effect que de legs, pour valoir iusques à la quantité des biens dont le testateur peut valablement disposer par la Coustume du lieu, comme porte le 299 article de la Coustume de Paris: tellement qu'en la Coustume, qui ne reçoit representation en ligne collaterale, si le testateur a rappellé à sa succession ses nepueux, pour succeder auec son frere ou sa sœur, ils n'en auront d'auantage, que le defunct leur pouuoit laisser par forme de legs, suiuant la Coustume, comme a esté iugé par arrest prononcé solemnellement le 24. iour de Mars, 1567. entre les heritiers d'vn nommé Nicolas de Harquembourg.*

b *Tout cest article selon qu'il est imprimé, est bien different du liure escrit à la main, ainsi que i'ay noté en marge, & pour le regard de ce qui est icy imprimé, le liure escrit à la main contient ces mots, A qui elle est legatée, nonobstant les hoirs au legateur en seront tenus, d'autant que la chose sera prisee au iour que legatée fut: car ce qui est ainsi acheté par le legaté, n'est point gain à luy, mais acqueste honnorable. Mais si par autre auoit esté donné, & par ce en fust sire ou deust estre, lors ne vaudroit le lay par la maniere dicte: car deux gains ne peut on, ne doit auoir sur vne mesme chose, ne deux dons ne peuuent estre faicts par loy sur vne mesme chose ensemble. Et bien à propos icy allegue*, §. si res aliena. Instit. de legat.

c *Il exprime par ces mots à deux ensemble, & à deux chacun par soy ce qui est* siue coniunctim, siue disiunctim in §. si eadem res. instit. eod. *qu'on peut voir*, & l. 19. §. vlt. D. de legat. 1. & l. Cùm quæstio. C. de legatis. *& de la matiere* de coniunctis & disiunctis. l. Re coniuncti. D. de legat. 3. l. Triplici, 142. D. de verb. signific. l. vnd. C. de caducis tollend. & al. *& en auons amplement escrit au liure 3. des Pandectes.*

d *Encores que la constitution de Iustinian mentionnée* in §. Postumo. *ne se troune: si est ce que le texte dudict §. demonstre que Iustinian auroit ordonné qu'on pouuoit leguer au postume d'autruy*, qui alienus dicitur, qui etiam hæres institui poterat, eíque per fideïcommissum relinqui. l. Pen. D. de legat. 1.

e *Ce qui est icy adiousté & inseré de la probation des tesmoins, ne se trouue au liure escrit à la main que i'ay, lequel est grandement different de celuy qui a esté cy-deuant imprimé par Galliot du Pre dés l'an 1537. toutesfois ie n'y ay rien voulu changer. Quant à la probation, les Rhetoriciens la dient estre par laquelle on faict foy de la chose estant en controuerse: & en font deux especes, artificielle & inartificielle. L'artificielle, est celle qui consiste en l'art, comme d'alleguer raisons de Philosophie, du droict Romain ou François, ou autres semblables. L'inartificielle, qui vient d'ailleurs que de l'art: & d'icelle on faict plusieurs especes: & sans reciter ce qu'Aristote* lib. 1. Rhetoric. Cicero lib. 2. de Oratore, Quintilian. lib. 5. Instit. orator. cap. 2. *& autres en ont escrit, on les peut reduire à sept especes, selon nostre vsage François, & sans y comprendre la torture & question qu'on tient à present pour peine: à sçauoir tesmoins, presomptions, sous lesquelles ie compren les indices, tiltres & instrumens, iugemens, sentences & preiugemens que ie distingue des tiltres, serment, & iurement, bruicts & renommee, & euidence & notorieté: dont plusieurs ont amplement traicté, & nous au quatriesme liure des Pandectes. Les deux principales preuues consistent aux tesmoins, & aux tiltres & instrumens: & on tient que celle* quæ testibus fit, aliis fit efficacior, cap. cùm Ioannes. de fide instrumentor. *De la preuue par tesmoins, & qui sont ceux qui peuuent estre admis à porter tesmoignage, ou en sont reiectez, en est amplement traicté* titul. D. &c. de testibus, *& plusieurs autheurs, comme Speculator, Masuerius, & autres en ont si diligemment escrit, qu'on peut auoir recours à leurs liures. Seulement ie remarqueray que l'ancienne practique de produire les tesmoins n'a plus de lieu en France, à sçauoir de reprocher les tesmoins & ordonner des reproches auparauant qu'examiner les tes-*

moins. Car à present on obserue de les ouyr, sauf les reproches & saluations : mesmes en causes sommaires esquelles on propose reproches auparauant les depositions des tesmoins : il faut toutesfois les examiner, encores que les reproches soyent admissibles & vallables. Et de ce i'ay entre autres remarqué deux arrests, l'vn du mardy de releuée, douziesme Ianuier 155. & l'autre du vingtdeuxiesme May, en l'audience, 1559. Papon liure neufiéme. tiltre 3. en recite vn du quatorziesme Mars 1532. auec l'ordonnance de Louys XII. article 85.

f Il reuient aux tesmoins testamentaires, pour lesquels à esté faicte la digression ou hors propos cy-dessus. Il conuient distinguer par le droict François, de quels tesmoins & testamens on entend parler. Pour le regard des tesmoins qui ont esté presens à vn testament par escrit, denommez en iceluy qui l'ont signé, selon qu'il est porté par les ordonnances & coustumes des lieux, ils ne peuuent estre legataires, ainsi que i'ay monstré cy-dessus. Mais quant à vn testament par escrit solennellement faict : selon la coustume du lieu, on ne peut estre receu à le debattre que par maintenuë de faux, puis que la voye de nullité n'y a lieu, & seroyent les tesmoins testamentaires grandement suspects qui deposeroient contre le contenu en iceluy, sinon qu'ils deniassent auoir faict les seings y apposez, iuxta l. 1. §. vlt. D. testament. quemadmodum aperiant. *Pour le regard du testament nuncupatif, duquel vsoyent les anciens, il est à present hors d'vsage en France, à cause des ordonnances, & ne seroit la preuue d'iceluy receuë par tesmoins : comme a esté iugé par arrest donné en l'audience le sixiesme Iuin, mil cinq cens nonante quatre. I'en ay escrit plus-amplement sur la coustume de Paris, & au troisiesme liure des Pandectes.*

DE L'APPROBATION DE LETTRES ET QVE PAR CE SE PEVT FAIRE.

TILTRE CVI.

TV peus & a dois sçauoir que l'escriture qui est faicte de aucun par sa main, vaut contre luy, mais pour luy ne vaut, ne n'y faut foy adiouster: si comme ie promets à payer à autre aucun deu, & ie luy en baille lettres escrites de ma main, sçachez que ce luy vaut preuue. Mais si ie escris de ma main mes dettes, & ainsi que tel me doit tant, &c. Sçachez que ceste escriture ne faict pas preuue pourquoy contre ceux sur qui i'ay escrit ce, s'ils mentent. *l. Exemplo perniciosum est. C. de probatio.*

Des fausses lettres luy vanter.

Si aucun se vante en iugement de lettres trouuées fausses, sçachez qu'il doit estre reputé faussaire & faiseur de fausses lettres. *C. ad l. Cornel. de fals. l. Si falsos codicillos.*

De lettres perduës.

Et si aucun estoit obligé à autre par lettres & puis ses lettres fussent perduës par cas d'auenture, pource ne demeureroit que par preuues ne puisse estre prouué la teneur de lettres. *C. de fide instrument. l. Sicut iniquum est.*

D'estre condamné par follement vser d'aucunes lettres.

Et s'il aduient que aucun soit condamné par follement vser d'aucunes lettres comme faussaires, & vn autre vueille vser de ces mesmes lettres, pour ce ne s'ensuit-il pas que le second soit reputé faussaire, si ainsi n'estoit que les lettres mesmes & leur teneur fust condamné à fausse: car pour l'vn pourroit-il estre dict faussaire, que pour l'autre ne seroit pas ainsi dict. *C. eod. l. Si veteris instrumento.*

De lettres contraires les vnes aux autres.

Qui s'ayde en iugement de deux lettres contraires les vnes aux autres sur vne probation, sçachez que l'vne destruit l'autre, ne ne valent preuues pour le produisant. *C. eod. l. Scriptura diuersa.*

De l'vn soy ayder de ses lettres par preuue, & l'autre par tesmoings.

Et s'il aduient [b] que en iugement l'vne partie se vueille ayder de lettres en preuue, & l'autre partie se vueille aider de tesmoings singuliers, sçachez que la viue voix passe vigueur de lettres si les tesmoings sont contraires aux lettres. Et se doit le Iuge plus arrester à la deposition des tesmoings qui de saine memoire deposent & rendent sentence de leur deposition, que à la teneur des lettres qui ne rendent cause. *Cod. eod. l. In exercendis litibus.*

L. In exercendis, allegata per authorem hic non videtur conuenire ad propositum eius, cùm dicat tantum ea lex, eandem vim habere & instrumenta & testium depositiones, quod quomodo sit verum, vide Doctor. Canonist. in cap. cum Ioannes ext. de fide instrument. & in quibus casibus fallit hæc regula, vide per Ioann. And. in cap. 1. de censibus in vj. Addition qui n'est au liure escrit à la main.

De lettres approuuees ou non.

Des lettres [c] qui ne sont faictes pardeuant Iuge qui ayt authorité de ce faire, ou par Notaire, ou par tabellion publique, auec tesmoings sur ce appellez, ou qui ne sont sur le seel de l'obligé, si c'est homme qui ayt seel approuué, comme seigneurs & vassaux qui ont iustice ou terre feodal, ne sont à receuoir en forme de preuue qui vaille pleine preuue si autres tesmoings n'y a auec, ne ne seroit plus comptee que pour memoire de tesmoings recorder sur ce. Et faudroit que les tesmoings deposassent sur la teneur d'icelles.

De essentia publici instrument. tractat Felinus in capite primo ext. de fide instrument. & Panor. in Auth. de probat. vide Speculat. in tit. de instrument. edit. dic tamen secundum Barthol. in l. Si quis §. si initium. ff. de edend. quod est in hoc sequenda consuetudo prouinciæ & locorum. & quod dicatur instru- Addition, qui n'est au liure escrit à la main.

mentum autheaticum, & quid differat à publico, vide optimam gloss. in verbo publicum. cum gloss. seq. in cap. vt circa. de electio. in vj.

De lettres passees dont aucun voudroit auoir veuë.

Addition, qui n'est au liure escrit à la main.

Ad decisionem eorum quæ hic sequuntur, eleganter Barth. in l. j. C. de edendo. & ibi gloss. copiosius per Panorm. in cap. j. de fide instrument. & est materia d.l. j. C. de edendo, & cap. G. perpetuus, de fide instrument. cum dicto cap. j. de probatio. ext.

S'il aduenoit que aucun qui auroit lettres ou chartres de son heritage, ou autre certaine cause à luy appartenant qui vne fois ayent esté passees pour bonnes & valables, & puis grand tẽps apres il soit aucun qui vueille dire auoir droict & cause de voir ces lettres ou celle chartre, disant que à luy compete de les voir, & que cause en a, la partie à qui competeroient lesdites lettres, disant que tenu n'y seroit de les monstrer, & que ses lettres qui de long temps luy sont passees & baillees sur son heritage, n'est-il tenu de mõstrer s'il ne luy plaist. L'autre partie disant du contraire, & qu'icelles doit voir. Car celuy qui les a & qui à son profit les clame, le tient & s'en ayde à tort, car lesdictes lettres ou chartres sont fausses & mauuaises, & telles que valoir ne doiuent au proffit de celuy qui s'en aide, & telles les offre à monstrer : s'il requiert que à ce ait iour à l'encontre de luy, & qu'il soit contre luy sur ce adiourné auec ses lettres: adiourné doit estre à certain iour, & les lettres. Et au iour les parties comparans si tost comme le demandeur a ouuert sa demande, il doit iurer & affermer aux sainctes Euangiles de Dieu, que ce qu'il demande la veuë des letttres ou chartres, n'est par nul barat, ne par mal engin ouuert, ne pour chose en especial qu'il a oüy dire ne presumer qu'aucunement perduës soyent, ne que le deffendeur les ait vers luy, mais c'est pour ce que pour verité dire & maintenir & cause certaine qui à ce le meut & doit mouuoir, il veut ou entend lesdites lettres ou chartres prouuer & monstrer estre fausses & mauuaises, & telles que valoir ne doiuent au proffit d'iceluy qui aider s'en veut. Et ce faict, qu'il fera si Dieu plaist, protestation de requerir sur les biens & possessions dont lesdites lettres & chartres font mention, si qu'il tient à tort & a tenu long temps tel droict que à luy en doit appartenir, & d'iceluy recouurer. Le deffendeur doit deffendre que lesdictes lettres ou chartres ont pour luy vne fois esté passees & iugees bonnes, & que tenu n'est de les monstrer s'il ne luy plaist. Mais si le demandeur veut de rien mõstrer par quelle raison & par quelles lettres il se deffendra en temps & en lieu si mestier luy est, il se aydera de ses lettres si bon luy semble, & de tout ce que valoir luy pourra à son aduis: sçachez que le Iuge cõtraindra ledit deffendeur à monstrer ses lettres ou chartres, supposé encore qu'il les eust autresfois veuës le demandeur. Et ainsi le veut la loy : car tousiours toute suspection de fraude & de mal engin doit estre ostee puis que à cognoissance peut venir: & si le deffendeur ne vouloit monstrer les lettres ou chartres, seroyent toutes reputees pour nulles.

Item & si le deffendeur se vouloit ayder de dire que les dessusdictes lettres

lettres ou chartres n'auroit par deuers luy, ne monstrer ne les pourroit, car il ne sçait où elles sont, ne qui les garde, ne en sa puissance n'est pas de les auoir : Sçachez que lors doit estre contraint à iurer & affermer sur sainctes Euangiles de Dieu, que lesdites lettres ou chartres que declare & demande ledit demandeur à auoir veuë & ostentation, riens ne sçait ne nulles n'en a, ne ne sçait où elles sont, ne qui les a, ne trouuer ne auoir ne les sçauroit par le serment qu'il a fait, & ce dit il peut verité dire & affermer sans guille, barat, deception, fraude, ne quelque mal engin. mais s'il sçauoit où elles sont, il le diroit volontiers, &c. sçachez que par le serment ainsi fait il doit estre tenu pour excusé sur ce. Et si iurer n'en veut, lesdites lettres ou chartres doiuent estre tenuës pour nulles, & comme fausses & mauuaises, & telles estre reputees de lors en auant. *C. cod. tit. de fide instrument. l. Final.*

Que tesmoins par viue voix destruisent lettres.

Encore est à sçauoir que s'il est aucun qui se vante de prouuer son cas par lettres: sçachez que si le defendeur veut dire, toutes ces lettres ie reproche de viue voix, sçachez qu'il est à receuoir, & vaudra la reproche de viue voix contre les lettres. Et si reproche y a suffisant, les lettres seront destruittes, & ne vaudront. *C. libro quarto, Rubrica dicta. & Rubrica de probationibus. l. Cum precibus.* S'il aduient que aucun se vante que ie luy ay donné aucune chose, & de ce me face querelle en iugement, & l'offre à monstrer & prouuer par lettres, sçachez que si ie veus dire & exposer par vifs tesmoins contre ses lettres que ie luy vendis, ie y seray à receuoir. *C. de probationibus. l. Cum precibus.* Si aucun disoit aucune chose estre notoire & manifeste, sçachez que plus est action sur ce viue voix de tesmoins que lettres. *Pro hoc vide Specul. in titul. de noto. crimin. § qui de notorio.*

En quoy lettres valent plus que tesmoins.

IAçoit ce que dessus aye dict & monstré comment viue voix destruict teneur de lettres, sçachez que bien doit gesir en la discretion du Iuge & en son examen, toutesfois peux & dois sçauoir que contre rentes annuelles ne cens qui de an en an se doiuēt payer par lettres, en ce cas sont plus à croire que viue voix de tesmoins. Ne par deposition ne doiuent les anciennes lettres sur ce faictes estre destruittes si inconuenient n'y a, & dés les premiers termes de paye on ne vouloit proposer fausseté sur les lettres. *ff. de probat. l. Census.*

De alibi.

ALibi.[d] Tu peus & dois sçauoir que alibi est vn fait que qui le preuue, il respond & preuue à negation : si comme d'vn faict dont on seroit imposé, dire à estre innocent par alibi de telle distance que nullement on ne puisse auoir esté au lieu où ie imposé auoir faict : ou autrement ne vaut.

De huiusmodi probanda absentia vide Panormitan. in cap. ex tenore. ext. de testi. text. in l. optimam quaestionem. C. de contrah. & committenda stipulation. Additio.

Kkkk

De femme contre son mary.

Encore peux & dois sçauoir que la femme d'aucun iaçoit ce que auec luy soit demeurant. & qu'elle soit son espouse, peut & doit estre ouye en cause contre son mary, nonobstant que ce semble sa mesme cause. si seroit mesmes le deffendeur si le demandeur requeroit selon aucuns; & selon l'opinion de autres non, car c'est leur mesme cause. Et semble que qui ne le met sur leur serment, que autrement n'en doiuent deposer.

Pro hoc vide gloss. in l. ij. Cod. de testam. & in l. 1. §. si vir. & ibi Bart. ff. ad Sylla.

Additio. *Pro hoc articulo vide aliqua recollecta ex Doctor. in quæst. iij. & sequen. Decis. Capell. Tholos.*

De auoir copie de lettres mises en preuue.

Puis que les lettres sont mises en preuue en quelque cause que ce soit pardeuant Iuge lay ou commissaires lays, sçachez que si partie en demãde auoir veuë, lecture & copie pour reprocher si bõ luy semble: sçachez que en presence du Iuge ou des Commissaires en doit auoir veuë & lecture au long & à traict present son conseil, & voir s'il n'y a rasure ne vice aucun reprochable. mais copie n'en doit il auoir autrement, que tant seulement la date quand elles furent faictes. Et la raison pourquoy copie n'en doit auoir, si est pource qu'en cour laye on ne faict ne n'est tenu de faire publication de tesmoins, & aussi ne doit on faire de lettres. S'ainsi n'estoit que ce fussent lettres publiques, si comme lettres données en Cour sur cause dont question ou contend seroit, ou commission & prescription sur ce, dont par coustume laye on doit auoir copie qui la demande. Encore des lettres iudiciaires n'est deu copie, mais en prendre autant à la cour si bon luy semble: car autrement ne les doit on auoir de rigueur. Mais en cour où on vse de droict escrit, si comme en cour spirituelle, sçachez que là de tous tesmoins & de leur deposition, & de toutes les lettres mises en forme de preuue, publication est deuë à partie aduerse, & doit de tout auoir copie à ses despens s'il le demande, pour faire sur ce tels reproches que bon luy semblera.

De toutes lettres & pieces qu'vne partie produict, elle en doit bailler copie à la partie aduerse qui la requiert: & y a en toutes Cours de Frãce, publicatiõ & cõmunication de lettres & enquestes, selon qu'il est porté par les ordonnances estans au Code Henry. Addition, qui n'est au liure escrit à la main & est à present hors d'vsage.

De ista publicatione testium, nota quod in patria consuetudinaria non fit alicuius inquestæ publicatio, excepto quod Parisius in Castelleto fit in ciuilibus tantum causis: & de materia hac practicæ videas in stylo curiæ Parlamenti, tit. quali. commissa. habeant in quest. remitt. & dict. test. debeant publ.

De raisons de droict.

Item dois encores sçauoir que en faicts de raison de droict, c'est à dire de production, soit deuant Commissaires ou autres, on se peut aider en lettres de preuue. Et s'il aduenoit que deuant Commissaires ou autres, production fust encommencée par premiere, seconde, & tierce production, & par quatre si besoin estoit, & solutions baillées, & iusques au procez conclurre pour voir erremens & pieces recognoistre, ou iusques à demander droict, & laquelle des parties que ce fust à ce voulsist bailler raisons de droict en forme de preuue, ou lettres peremptoires, & là où il ne chet aucun faict de preuue fors le peremptoire desdictes lettres, sça-

De ceste matiere a esté traicté cy dessus.

chez que receuës doiuent estre lesdites lettres pour valoir ce que raison donnera droict sur ce faict en especiale declaratiõ. Et sans doute si sont raisons de droict, iusques à sentence rendre.

De faire iurer les tesmoins, & de ceux interroger.

DE faire iurer les tesmoins, & de ceux interroger & examiner, il appartient que les tesmoins facent serment pardeuant le Iuge, & partie, afin que s'il y sçait reproche, qu'il le die auant qu'il depose, car apres n'y viendroit à temps, puis que veu iurer les auroit sans reprocher, s'ainsi n'estoit que les parties fussent d'accord, si c'est en audition par enqueste faire que tesmoins fussent ouys aussi bien en absence que en presence, & adiournez que non adiournez, afin que noms & surnoms soient baillez en fin de audition, & que lors vaillent reproches si faire on les veut.

Ceste contrainte de reprocher auant que les tesmoins deposent ne s'obserue plus, comme i'ay escrit & noté cy dessus.

Addition, qui n'est au liure écrit à la main.

[*Nota quod depositio testium constat ex duobus, scilicet ex dicto testis & ex iuramento: nec vnum valet sine altero. cap. fraternitatis. de testi. & in l. Iurisiurandi. C. eod. licet partes possint renunciare iuramento testium, ita quod eorum simplici verbo creditur, cap. tuis. eod. tit. & gloss. in l. j. ff. de ferijs. & circa hæc omnia vide per Lanfranc. ab Adriano tractat. de testi. in principio. & Barth. in tractatu eod.*]

Testes autem debent iurare quod amore, gratia, vel odio, nec alio modo fauoris perhibent testimonium veritati, nec pro commodo quod habeant nunc vel habituri sint, ad iurandum non sunt conducti, &c.

Et ainsi doiuent iurer & mettre la main sur Messel, en disant par mots expres, Vous iurez sur les saintes Euangiles de Dieu, qui cy dedans sont contenuës, & par la foy que Chrestien doit tenir de Dieu, le sainct Baptesme que vous auez receu, & sur vostre part de la gloire de paradis à perdre, que vous direz verité à vostre loyal escient de ce que nous vous demanderons en la cause sur quoy vous estes produit. Et ce ne lairrez à dire pour amour, ne pour hayne, ne pour proffit, ne pour dommage, ne pour don, ne pour promesse que vous en ayez, ne que promis vous en soit, ne que vous esperez en auoir, ne pour paour, crainte, doute que en ayez ne que faicte vous en soit. Et ce faict, le Iuge doit estre en vn priué & requoy lieu seur & honneste, & doit auoir vn adioinct ou adioincts auec luy, hommes de la cour ou escheuins, pour voir & ouyr la depositiõ de la cause. Et faire escrire toute leur deposition mot à mot comme les deposans le dient, si auant que sur ce sur quoy la deposition s'assiet, le doit comprendre. Et hors des articles ne doit estre interrogé ne escrit. *Et si le deposant en vouloit deposer plus auãt, si ne doit-il à ce estre receu. Car c'est presomption mauuaise quand le tesmoin se ingere à deposer outre les termes de l'article ou de l'interrogation. *Pro hoc not. Barth. in l. Vxori. §. qui se filio. ff. de fals.*

On n'vse plus de mettre la main sur Messel, ains seulemẽt le tesmoin leue la main, ou s'il est Prestre, il la met au piz, admouet pectori, & iure sur les saincts ordres.

De la forme de examiner les tesmoins la pratique est toute vulgaire: seulement le Iuge, ou le Commissaire doit estre admonesté d'interroger diligemmẽt le tesmoin sur les faicts, sur lesquels il est produict, & faire rediger fidellement par escrit sa deposition.

** Le tesmoin depose hors les articles, quand il depose de ce qui ne concerne iceux, ou de ce qui ne tend à la declaration du faict qui y est articulé.*

Additio. *Testis productus super vno articulo non debet super alio interrogari nisi dependeat à primo : vt not. in l. Si quis libertatem. in fine. ff. de petit. hæredit. & pro hoc vide Barth. in l. Diuus. ff. de quæst. & Cy. in l. Momentanea. in fine. & qui legit. per hab. stan. in iudic.*

Item doit le deposant rendre raison pourquoy il depose ce qu'il depose, ou autrement il depose en suspection. *not. in l. Qui testamento ff. Ie testi.*

Additio. *Hoc ex ordinat. Reg. Ludou. xij. articulo xiij. debent tantum x. testes examinari super vno facto : & etiam est similis ordinatio Reg. Caroli septimi, articul. xxxij.*

Item ne doiuent estre ouys plus de x. tesmoins sur vn article ou sur vn propos, par especial quand le cas est intitulé. Et doit estre diligemment interrogé & examiné le tesmoin en sa deposition, du temps, de la saison, du iour, de l'heure, des presens, du voir & de l'ouyr : Si le tesmoin depose par auoir esté present, ou par l'auoir ouy dire : si ce fut de nuit, ou de iour.

Item doit estre par le Iuge aduisé si le tesmoin depose par vraye science, s'il est point cõtraire en soy & en sa deposition par la maniere de son deposement. S'ils sont de riens varians ou discordans en leur deposition, si comme l'appreuue le Sage de droict escrit par ce vers, *De his omnibus per specul. in §. j. tit. de testi.*

Res, persona, gradus, locus hæc sunt, consona tempus.

De la diuersité des tesmoins.

Si est à sçauoir que en deposition de tesmoins s'assiet triple diuersité, c'est à sçauoir diuersité de chose, diuersité de personne, & diuersité de degré. Dont il ensuit que diuersité de chose si est quand vn tesmoin depose de vne chose, & d'vn faict, ou d'vn lieu, & vn autre tesmoin sur ce attraict, depose dessemblable ou du contraire, & lors y a presomption sur telle deposition.

Item diuersité de personne si est quand vn tesmoin depose que Iean ferit. & l'autre tesmoin sur ce attraict dit que ce fut Iacques, & ainsi des autres cas semblables. Car puis que diuersité y a, encore est ce preuue à presomption qui n'est pas suffisant.

Additio. *Dic quod testes non vale. nisi de loco, tempore, & personis conueniant iij. quæst. ix. cap. nihilominus. & cap. cum causam, ext. de test.*

Item l'autre diuersité si est de degré, quand Iean dit en deposition que Robert appartient à Iacques en tiers degré, & l'autre sur ce attraict dit que c'est en quart degré : telle dessemblable deposition n'est à tenir par la presomption qui y est, & sont tels tesmoins à examiner diligemmẽt afin d'attaindre la verité du cas, & de la variation du tesmoin à quelle fin c'est faict : si que le mal engin qui y seroit trouué puisse estre puny. Si doit le tesmoin plus estre examiné en grandes causes qu'en petites. Es grandes si comme de crimes, & és petites si comme és causes personnelles. Car la deposition qui peut & doit emporter iugemẽt, doit estre aussi claire que le soleil luisant à midy. *testes debent esse luce clariores. C. de prob. l. vlt.*

Additio. *Qualiter testes sint examinandi. vide Specular. in tit. de test. §. nunc tractandum.*

La maniere de examiner tesmoins.

Et pour ce sont ordonnées quatre manieres d'examination de tesmoins. La premiere maniere si est par ouyr, par voir, par creance, ou par introduction. La seconde si est de l'an, du mois, du iour, de l'heure. La tierce si est, s'il est meilleur, comment, pourquoy, & à qu'elle cause. La quarte si est de iour, de nuict, de nom, ou de vestement & d'autres examinations, selon que au cas seront seruant appartient à faire & interroger. Et doit le Iuge considerer comment le tesmoin depose & declare, & comment il tient maniere sans variatiõ, sans *bloisir, sans trembler, & sans muer couleur. Car ce sont tous mauuaises presumptions contre deposition faire par vn deposant. Item doit estre monstré au tesmoin si tost que on le verroit varier, la peine & le peril que c'est de deposer faussement. Et s'il ne tenoit vray propos, doit estre mis arriere, afin que la verité de sa pensée puisse estre aperceuë par examination & autrement au plus diligemment que faire se peut selon le cas.

**Bloisir signifie vaciller, & en ceste signification en vse mon vieil practicië.*

De faux tesmoins.

Et s'il s estoit trouué faux tesmoin à escient par argent, il seroit à punir comme faussaire, & autrement non. Car c'il n'est pas tenu ne reputé cõme faux tesmoin qui depose autrement que la verité n'est, mais que ce soit à non escient. Et par especial selon aucuns sages qui ne depose faux à escient, & pour argent, autrement n'est à punir, ne aussi supposé que aucun depose en sa cause, encore en soit sur luy rapportée la cause: supposé que il depose autre chose que la pure verité, pour ce ne demeure que il en doiue estre reprins de faux. Ne tels sermens, ne telles depositions ne sont que sermens calomnieux où faulseté s'assiet, & s'il aduenoit que aucun deposast faux & par son serment tint à deposer verité, assauoir si pour ce seroit tenu pour faux, sçachez que non.

Additio. *Hoc iuri consonum est: quia in causis criminalibus dolus requiritur: vt ff. ad l. Cornel. de fals. l. 1. in princip. & §. 1. & 2. eiusdem legis.*

Additio. *De huiusmodi falsis testibus vide per Barth. in tractat. de publicatio. test. §. falsus testis.*

Exemple sur ce.

Il aduint que vn homme qui estoit seconde fois marié en la ville de Paris, batit sa fẽme tãt qu'elle se absenta, ne on ne sceut qu'elle deuint. Exclamatiõ courut comment batuë l'auoit, & tant que iustice s'esmeut par information sur ce faicte. Le mary fut prins par tesmoins qui deposerent qu'ils l'auoient ouy battre & crier, & depuis ne l'auoient veuë ne sceuë. Par ceste deposition ledit mary fut condamné à mort. Luy condamné il confessa que pour ce ne deuoit mourir: mais bien auoit pour autre cas la mort deseruie, car sa premiere femme auoit meudrie & enfouye en terre. Tout veu, il fut executé à mort. Or fut question si les tesmoins qui auoiẽt deposé que la seconde femme auoit crié, si comme ils disoient par ce que veu & ouy en auoient, seroient tenus pour faux tesmoins: sçachez que nõ. Car à leur escient ils auoient deposé verité, si comme ils tenoient fermement, & pour ce en tel cas n'a point de fausseté, ne de faux serment. fait & iugé en Chastelet de Paris, & confermé par arrest de Parlement.

Sentence & arrest.

De remettre la preuue au serment du defendeur.

Souuētes aduient qu'il cōuient faire preuue de cause par le demandeur ou par le defendeur, si cōme quād le demandeur remet sa preuue au serment du defendeur. Car ce que dire en veut par son serment, vaut vigueur de preuue parfaite au cas que iurer en voudroit. Et s'il aduenoit que il ne le voulsist, mais le remist au sermēt du demādeur. Et est ceste preuue appellée selon les clercs *referre iuramentum*, c'est remettre au defendeur dont il ensuit, que si le demādeur en ce cas n'en veut iurer, il doit dechoir de sa demande. Car selon le droict escrit, *actore non probante absoluitur reus.* Et s'il aduenoit que la preuue remise au serment du defēdeur, que ledit defendeur ne voulsist remettre au serment du demandeur, ne aussi en iurer, le Iuge doit condamner le defendeur comme contumax en la cause, & doit au demandeur adiuger sa demande par le default que le defendeur ne veut accomplir l'ordre de droict. *C. de reb. credit. & iureiuran. l. De lata conditione.*

Des reproches.

Des reproches qui se peuuent faire sur tesmoins produits selon l'vsage de Cour laye, te veux dire & monstrer ce que veu & ouy en ay par les sages mes maistres & autres. si sçachez que sont deux manieres de reproches, c'est à sçauoir reproche de droict, & reproche de faict. Reproche de droict si comme qui se ingere à deposer plus auant que à la cause ne doit appartenir & que interrogé est, qui aupatauant sa deposition par malice oublie, qui au dehors de termes de l'article depose, qui ne rēd cause de sa deposition, ouyr plus de dix tesmoins sur vn article, qui vient deposer sans estre adiourné sur ce, ou sans commandement de son seigneur, si les parties n'auoiēt esté d'accord que aussi bien fussent tesmoins ouys, adiournez que non adiournez, & lesquelles reproches de droict cheent en la discretion du Iuge, iaçoit ce que partie s'en teust. Les reproches de faict si sont d'auoir esté reputé comme faulsaire, comme periure, comme infame publique, comme banny pour crime de son pays par cōtumasses, s'ainsi n'estoit que le Roy, ou l'Empereur és termes de l'Empire, ne l'eust remis en sa bonne fame & renommée: comme excommunié, si promptement en estoit fait apparoir par lettres, autrement n'est ceste reproche cōme excommunié, & en est vsé en la Cour laye: mais l'excommunié seroit ouy. Car dure chose seroit si par l'inconuenient de l'excommunié le produisant failloit à sa preuue, ne qui autres tesmoins n'auroit promptement. Comme estre du conseil du produisant, comme d'auoir part en la cause, comme d'estre du lignage au produisant si prochain, que son hoir ou prochain successeur, comme estre ennemy mortel à celuy contre qui la production se fait, & autrement non. Comme d'auoir dict par menasse qu'on porteroit dommage en corps ou en biens à celuy contre qui la production se faict, comme estre de sa famille & des robes au temps de la deposition parauant ou depuis, par especial au temps de la deposition, lesquelles reproches cheent toutes en faict de la cause, si deniées sont, & les conuient prouuer à l'imposant, ou autrement ne vault la reproche sur faicte.

Il y a ordonnance du Roy Loüys douziesme en l'article xxxvij. par laquelle est ordonné que es sieges de ce Royaume, esquels y a publication d'enqueste, les parties bailleront reproches de tesmoings auant ladicte publication: apres laquelle publication ne seront aucunement receuz.

Addition, qui n'est au liure écrit à la main.

De production sur reproches.

Item dois sçauoir que à production de reproches ne chet que vne seule production que le Iuge y doit assigner de temps competant, selon que les parties oüyes il appartiendra à faire. Et que si dans celuy temps ainsi assigné on ne face production sur reproches, plus n'y doit recouurer, mais en doit décheoir & estre debouté.

[*Ordonnance dudict Roy Loüys douziesme en l'article xxxix. par laquelle il est inhibé & defendu à tous Iuges de ce Royaume de n'appoincter les parties à informer sur les faicts de reproches, sans voir lesdites reproches, & de ne receuoir icelles parties en preuue desdicts faicts, sinon qu'ils fussent concluans. &c.*]

[]Ceste additiō n'est au liure écrit à la main.

De fais sur saluations.

Item peus & dois sçauoir que sur saluations faictes sur reproches, ne chet quelque fait, ne quelque preuue n'y appartient mais chet à la discretion du Iuge.

On peut bailler saluations contre les reproches, & par icelles alleguer faicts cōtraires : tellement qu'on reçoit les parties à faire preuue respectiuement des faicts de reproches & saluations.

De pareille cause.

Item dois sçauoir, que celuy est reprochable qui a pareille cause à traicter & à demener pour soy, selon la decretale qui dist. *A testimonio præstando repellitur simili morbo laborans. cap. personas ext. de testi.*

De tesmoings sur testament.

Item sont à reprocher tesmoins, qui en cas de testament deposeroient, qui y auroient don legataire, ou autre proffit particulier, puis que oüys seroient sur la destruction d'iceluy, ou autrement non, en cas accidentel ils sont à oüyr.

Des hoirs aux testamenteurs.

Item sont aussi à reprocher les hoirs aux testamenteurs en cas de destruire le testament, en cas particulier non, car le testament destruit, il conuiendroit que le testateur refondist ce que par le testament destruit auroit ainsi leué ou faict. Ainsi l'exposent les faiseurs de loix.

Des lettres mises en faict de preuue.

Lettres mises en preuue se peuuent reprocher par rasure en lieu touchant, si comme en nom, en somme & en lettre non Authentique, si comme celles qui sont seel Authentique, si comme apres sera dict.

Pro hoc Specul. tit. de instr. edit. §. restat videre.

Ou quant la lettre contient chose que par viuans tesmoings on peut prouuer le contraire, Car viue voix corrompt lettres.

De ceste questiō de contredire lettres par tesmoings a esté traicté en vne annotation cy dessus.

De oüyr son frere à tesmoing.

Ie veis vne cause où le demandeur auoit faict oüyr son frere en deposition, Le defendeur le reprocha disant que le frere ne deuoit estre oüy pour le frere: car par aucun laps de temps il pourroit estre son successeur. &c. Le produisant sauua que son frere n'estoit pas son hoir, car il auoit enfans legitimes, & supposé qu'il n'eust enfans, si auoit il aisné qui seroit auant son hoir: pourquoy. &c. Il fut deliberé sur ce par clercs de droict & sages coustumiers que la reproche n'auroit lieu, & vaudroit la deposition de frere.

Addition, qui n'est au liure. écrit à la main

Dic fratrem pro fratre testificari posse: vt l. 1. § . 1. & l. Lex Iulia. ff. de testi. & cap. literas ext. de præsumpt. & argumen. l. Si sororem C. qui accus. non poss. & ij quæst. iij. §. parentes. quod limitant doctores, nisi fratres omnia bona sua habeant in communi. tunc enim intelligitur propria causa, & sic testificari vnus pro alio non potest. l. Omnibus. C. eod. tit. de testibus.

De oüyr son pleige à tesmoing.

Ie veis en vne autre cause où le demandeur auoit fait oüyr son pleige en deposition. Le defendeur le reprocha, disant que le pleige n'estoit à oüyr pour iceluy pour qui il estoit obligé, car le pleige en auoit fait sa cause en soy rendant pleige, & de sa cause nul ne doit estre creu. &c. Le produisant sauua contre, & dist que le principal est assez riche, ne ne falloit pour celle cause reprocher: car quelque reproche ne se doit asseoir sur le principal. &c. Il fut dit par clercs de droict, que puis que le principal estoit assez soluable, a bien pouuoit deposer le pleige, & ne auoit lieu ladite reproche.

Addition, qui n'est au liure écrit à la main.

Pro hoc Speculat. titul. de testi. vers. quid de fideiussore. & Barth. in tractat. circa mater. testium. vers. fideiussor.

ANNOTATIONS SVR LE TILTRE CENT ET SIXIESME.

a *LA preuue par instrumens est de grand force & effect; & y a deux especes d'instrumens, les vns publics, & les autres priuez: i'vse de ce mot en general pour toute escriture, dont on se sert, pour l'instruction de la cause. Les publics sont qui se font pardeuant personnes publiques, comme Notaires & Tabellions: les priuez qui se font par personnes priuees. Quant aux instrumens priuez, ils ne font foy que contre celuy qui les a escrits, par ce qu'il ne peut venir contre sa propre confession, recognoissance & declaration, & non au preiudice d'vn autre, qui n'y a donné consentement.* l. Instrumento. l. Rationes. l. Exemplo. C. de probat. l. Plures. C. de fide instrum. Auth. contrà qui propriam. l. Generaliter. C. de non numer. pecun. l. vlt. C. de conueni. fisci debito. *Ie sçay bien qu'on y apporte des exceptions, qu'on peut voir aux liures de ceux qui ont escrit sur la loy.* Admonendi. D. de iureiur. Guid. Pap. qu. 441. *& d'autres Docteurs du droict Ciuil & Canonic. Et nous en auons traicté cy dessus & ailleurs amplement. Quant à ce que l'autheur dit de celuy qui vse de fausses lettres, conuient ce qu'en a escrit* B. Amb. lib. 3. officior. capite primo. Cùm etiam leges publicæ eum, qui sciens falso vtitur, tanquàm reum adstringant. & l. Si falsos. C. ad leg. Cornel. de fals. *En quoy faut distinguer que s'il ne persist à sousten* *à soustenir les lettres maintenuës de faulx, il sera seulement condamné és despens, dommages, & interests; mais s'il y persiste, il sera puny comme faussaire*, l. Pen. C. de probat. *dont on peut voir Rebuff.* ad Constit. Reg. tract. de mat. possess. *& autres. Mais encores qu'aucun vsant d'vn instrument, pour lequel vn autre ait esté condamné de faulx, puisse soustenir son droict, nonobstant la sentence, de laquelle n'auroit esté appellé par le condamné*, l. 2. C. de fide instrum. iuxta l. Sæpè. D. de re iudic. & al. *Si est-ce que telle sentence qui concerne l'instrument mesme, semble faire preiudice à celuy qui s'en veut à present ayder, & partant seroit plus seur d'en appeller. D'auantage celuy qui se veut ayder de quelques escritures, doit bien regarder si elles sont contraires, par ce que si telles sont, elles se destruisent & derogent la foy les vnes aux autres*, l. Scripturæ. C. de fide instrum. cap. imputari. eod. *Quant à la perte de l'instrument dont est traicté*, in l. 1. 4. 5. & seq. C. eod. *Il faut distinguer suyuant le droict François, ou qu'il est question de chose non excedant la valeur de cent liures, dont la preuue est receuë par tesmoins, ou de chose qui se doit verifier par escrit: au premier cas suffit de prouuer par tesmoins la dette ou chose qu'on pretend, encores qu'on ne verifie la perte de l'instrument: au second cas faut verifier la perte de l'instrument, & ce qu'il contenoit*, l. Testium. in fin. C. de testib. *A quoy conuient l'ordonnance de Moulins, article cinquante quatriesme, & ainsi nous en vsons.*

b *Pour l'instruction des procez, la foy des instrumens a autant de force que les depositions des tesmoins, comme dict* l. In exercendis, *qui autrement ne se doit entendre. Mais si l'vne des parties veut produire des tesmoins pour deposer contre ce qui est contenu en l'instrument, il faut qu'elle y vienne par maintenuë de faux: autrement on s'arreste à l'instrument*, l. Cùm precibus. C. de probation. *Et les depositions des tesmoins ne destruisent la foy de l'instrument, si non que par ladicte voye de maintenuë de faux: dont appert que la longue dispute qu'en font les Docteurs, ne sert gueres à la practique de France.*

c *Il declare qui sont les lettres priuees par la comparaison des publiques. Car celles qui n'ont les circonstances requises aux lettres publiques, sont reputees priuees. De la forme de faire lettres publiques est traicté* in l. Contractus. C. de fide instrum. Nouel. 44. 73. 176. *& aux ordonnances royaux. Entre les lettres publiques on comprend les actes faicts pardeuant le Iuge & le Greffier*, iuxta l. 1. C. de apoch. l. Consulta diualia. C. de testam. l. 1. C. de iis qui in Eccles. Manum. & al. *Quant à ce qu'il dict du seel approuué, qu'autrement on appelle authentique, vient de l'ancienne forme de faire actes & instrumens publics, lesquels seulement on seelloit sans les signer: comme on en voit plusieurs aux Archiues & tresors des maisons Ecclesiastiques: & le seel donnoit authorité aux lettres, pourueu que fust seel public*, cap. post cessionem de probat. facit l. Nec arbitris. C. de recept. arbit. *Mais pour la force & authorité du seel les Docteurs requierent plusieurs qualitez, qu'on peut voir*, apud Speculat. tit. de procurat. & tit. de probat. & Abbas. Felin. & al. in d. l. cap. post cessionem. *L'instrument pour faire foy, doit estre produict l'original: car la coppie ne faict foy, encores qu'elle ait esté faicte & collationnee par authorité du*

Iuge, par-ce qu'elle n'a effect de preuue, si non pour le regard de ceux auec lesquels elle a esté collationnee : & vn autre peut demander l'exhibition de l'original, s'il pretend le maintenir de faulx, ou autrement le debatre. Mais si celuy qui a vne fois exhibé l'original, ne peut plus le representer pour estre perdu, & s'en purge par serment, il sera excusé de l'exhiber : & toutesfois la coppie collationnee pardeuant le Iuge & son Greffier, ou par les mesmes Notaires qui auroient faict l'instrument, fera quelque foy & preuue, l. vlt. C. de fide instrument. Doctor. in Authen. si quis in aliquo. C. de edendo. cap. pen. & vlt. eod.

d Alibi *se prend en practique pour le faict iustificatif d'vn accusé, qui propose auoir esté en autre lieu distant de longue distance de chemin, du lieu auquel on pretend le faict auoir esté commis lors de la perpetration d'iceluy, auparauant & depuis, auec tel espace de temps qu'il n'est vray semblable qu'il eust peu se trouuer au lieu, ne commis le faict qui luy est imputé.*

e *Quant à la question si la femme peut estre ouïe en tesmoignage contre son mary, on faict distinction entre la cause ciuile & la criminelle, à sçauoir qu'en la ciuile elle peut estre oüye, & non en la criminelle : Papon recite vn arrest du neufiesme de Ianuier, mil cinq cens trente, pour la cause ciuile, liure neufiesme tiltre premier. Mais sans m'arrester aux raisons & authoritez qu'on peut alleguer, ie suis d'aduis auec Bald.* in l. Etiam. C. de testib. Cynus ad l. 2. C. eod. *& autres, qu'elle ne peut ne doit porter tesmoignage contre son mary, estant sous sa puissance & authorité, pour la reuerence qu'elle luy doit, & au mariage. I'ay bien veu ordonner par arrest du Vendredy 27. May, de releuee, 1558. qu'elle seroit tenuë d'affermer sur vn faict, estant de sa cognoissance, qui concernoit des payemens faits à son mary & à elle.*

f *Pour le regard des tesmoins qui deposent diuersement, il faut distinguer s'ils ont esté produicts par vne mesme partie, & ouys en son enqueste : & si sont les mesmes tesmoins qui auroient esté produicts, examinez és enquestes des deux parties aduerses : esquels deux cas leurs depositions comme trop suspectes ne peuuent faire foy,* iuxta l. Qui falsa. D. de testib. & argument. l. Scripturæ. C. de fide instrument. *Mais si sont diuers tesmoins, qui ayent diuersement deposé és enquestes des parties, le Iuge doit suiure la reigle qui est prescripte* in l. 3. & 21. D. eod. *Pour la diuersité des depositions des tesmoins, le Iuge doit bien considerer s'ils sont diuers, differens & contraires au faict, duquel est principalement question entre les parties, ou aux circonstances, qui ne sont de l'essence du faict : comme pour exemple, s'il est question d'vn prest, si les tesmoins s'accordent & conuiennent au faict du prest, & ne soit question du temps, ils ne seront reputez d'auoir diuersement deposé, pour n'estre concordans au temps. Mais si les circonstances concernent l'essence du faict, comme en l'exemple proposé, si les parties sont en differend du temps, les tesmoins seront tenus pour diuers qui en deposeront diuersement. Et sur tout le Iuge doit bien regarder à conferer les depositions, & les reduire s'il est possible, à conuenance & concorde,* vt tradit Masuerius tit. de testib. §. Item testes. *où il allegue* l. 2. C. de contr. iud. tut. & cap. cùm nobis. de testib. *qu'on peut voir, & autres practiciens qui traictent amplement de ceste matiere. Toutesfois sur la question à laquelle deposition on se doit ar-*

rester du tesmoing, qui a presté diuerses & contraires depositions pour l'vne & l'autre partie, y a diuersité d'opinions. Certainement y a plus grande presumption pour la premiere deposition, d'autant qu'en la derniere y a suspicion de corruption, & ainsi le tient Bartol. in l. Si postulauerit. §. pen. ad legem Iul. de adulter. Guid. Pap. quæ. 546. & autres. Mais il me semble que le Iuge doit considerer laquelle des deux est plus probable & conforme aux depositions des autres tesmoings : car le tesmoing peut aussi vaciller & s'abuser en la premiere qu'en la seconde deposition, comme i'ay plus amplement discouru au quatriesme liure des Pandectes. Les circonstances qui sont icy recitees pour examiner les tesmoings, peuuent seruir d'instruction au Iuge ou commissaire. Nam, vt ait Hilarius Episcopus, circunstantiæ illuminant dicta : & en icelles est requise grande prudence & discretion, principalement és causes criminelles.

g Si les tesmoings oüys par vn Iuge ou Commissaire varient, vacillent, se contredisent, ou autrement demonstrent qu'ils sont faux tesmoings ou grandement suspects, il ne doit laisser de les oüir, & faire rediger par escrit tout ce qu'ils auront deposé & de quelle forme & contenance : & apres les interroger plus exactement : & s'il se trouue qu'ils ayent deposé faux, proceder contre eux extraordinairement. Mais pour le faux on requiert trois choses, à sçauoir que la deposition soit fausse en ce qu'elle contient, en apres qu'il y ait dol de la part du tesmoing, nec enim sine dolo committitur falsum : & que son tesmoignage preiudicie & porte dommage, iuxta l. Quid sit falsum. D. ad leg. Cornel. de fals. Il suffit pour argüer vn tesmoing de faux, de prouuer que sa deposition est fausse, & qu'il auroit deposé faux par icelle, encores qu'on ne maintienne que pour ce faire il ait esté corrompu par argent ou autre moyen, vt tradit glos. in cap. licet causam. de probat. & confirmat Iul. Clarus lib. 5. §. falsum. duquel l'opinion est suiuie en nostre practique.

h Le serment quod iuramentum dicitur, est vne espece de preuue pour decider le procés & differend entre les parties. On faict diuerses especes de serment, à sçauoir de calomnie, duquel i'ay parlé cy deuant, delatoire de partie à partie, iudiciaire procedant de l'office du Iuge, & celuy qu'on appelle in litem, qu'on peut dire en decision de cause : ie laisse celuy qui se faict hors iugement. Il traicte icy du delatoire, que la partie à laquelle il est deferé, doit prester ou referer, l. Iusiurandum & ad pecunias. §. ait Prætor. l. Manifestæ. D. de iureiur. & ceste matiere a esté si amplement traictee par les Autheurs du droict Romain, & les Canonistes, qu'il n'est besoing d'en discourir d'auantage : seulement i'aduiseray pour la practique, que comme celuy auquel est deferé le serment, doit iurer delata conditione, selon qu'il luy a esté deferé l. 3. D. eod aussi son serment doit estre pris entier, comme il l'a presté, sans le diuiser : comme tient Ioan. Faber in §. si quis postulante. Inst. de action.

i Les tesmoins, vt eis fides adhibeatur, debent esse omni exceptione maiores, aut certe idonei ad testimonium ferendum, qui ne peuuent estre iustement reprochez de tesmoigner en la cause, en laquelle ils sont produicts. Car ainsi faut entendre les tesmoins idoines, à sçauoir capables, suffisans, & irreprochables, l.

6. 9. 10. & al. De testibus. *Contre les tesmoings la partie aduerse peut proposer reproches, qu'on dict* præscriptiones, siue reprobationes: in Nouel. de testibus. ἀντιγραφὰς. *Des faicts de reproches aucuns concernent la vie & condition des tesmoings, autres le faict & cause de la partie qui les produict. Mais pour le regard de ce qui regarde la personne & les mœurs des tesmoings qu'on arguë de crime, il ne suffist de les en argüer seulement, ains faut adiouster qu'ils en ont esté condamnez, ou qu'ils en ont accordé & transigé,* iuxta l. 1. De his qui not. infam. *Ce qu'il faut verifier par escrit, suiuant l'ordonnance de Moulins, article cinquante cinq. Quant aux autres reproches, il en est amplement traicté* tit. D. & C. de testibus. & in decret. eod. tit. *Aussi Speculator, Masuerius & infinis autres en ont escrit, & nous en diuers liures: & entre autres reproches on peut alleguer contre les tesmoings, qu'ils sont domestiques de celuy qui les a produicts,* l. Testes, 24. D. testibus. *où le Iurisconsulte interprete* domesticos, qui sunt de domo eius qui eos producit, *comme aussi dict Ciceron* in orat. pro. Roscio: *& Balsamon le declare bien* ad can. 132. Synod. Carthaginien. *interpretant* de domo id est de potestate eius qui eos producit, quibus scilicet imperare potest, vt testes fiant, l. 6. D. eod. *Si donc le frere n'est demeurant sous la puissance de son frere, il ne peut estre reproché* tanquàm domesticus testis, sed propter necessitudinem, nimiámque familiaritatem & amicitiam, atque alias huiusmodi causas. *Quelquesfois les tesmoignages des domestiques sont receus, principalement és choses domestiques qui ne se peuuent prouuer par autres que par eux, comme des faicts de mariage, filiation, aage, & autres semblables,* l. Non solùm 69. §. de vno ritu nupt. l. Quoniam, C. de hæred. cap. in litteris. & ibi Felinus de testib. *Ie passe les autres reproches, seulement ie veux adiouster pour la practique que par les ordonnances de Charles huictiesme de l'an 1490. art. 102. & Louys douziesme 1510. article 39. & François premier chapitre huict, article vingt, le Iuge doit auoir le procés pour ordonner si les parties seront receües à verifier les faicts de reproches & saluations, auant que les parties en puissent faire preuue: & pour ce faire il doit considerer si les faicts sont admissibles & receuables: & si d'ailleurs le proces ne se peut iuger diffinitiuement. Car si outre les tesmoings reprochez, y en a d'autres en nombre suffisant pour la preuue, il sera procedé au iugement du procés, sans appoincter les parties en preuue sur les faicts de reproches, comme n'estant besoin de s'enquerir: ce que le Iuge doit declarer par sa sentence.*

DES LETTRES, CHARTRES, INSTRVMENS ET AVTRES MVNIMENS EN PREVVE.

TILTRE CVII.

PVis que dict est des tesmoins de viue voix & de ceux examiner, & la forme des reproches sur iceux tesmoins, dire veux des lettres, chartres, & instrumens & autres munimens dont on se peut aider en forme de preuue. Si sçachez qu'ils sōt plusieurs formes & manieres de lettres, & qui par plusieurs noms sont nommez selon le commun vsage de parler en Cour laye, si comme lettres dōnées en chartre sur séel de Prince ou d'autre seigneur: & telles lettres se font par vn seul séel: autres y a qui si sont encores appellées chartres, & si y a plusieurs seaux si cōme de seigneurs & d'hommes de fief. Et autres encores sont appellées chartres, si comme sōt lettres sur séel d'Eglise, d'Euesques, de Chapitres ou de Monasteres, generalement on doit appeller telles lettres chartres, soit qu'elles ayent vn séel ou plusieurs, puis qu'elles demeurēt seules lettres sur le cas pourquoy elles sont faictes & ordonnés durer à tousiours, ou encores à vie si le cas le desiroit.

Item autre forme & maniere, si est de faire & ordonner lettres entre parties pour les conuens & contracts, & comme il aduient souuent qu'ils se font, & à fin que preuue seure s'en puisse ensuiuir en temps aduenir si mestier en sont appellées lettres publiques: lesquelles selon le droict escrit sont appellées instrumens publiques.

La premiere maniere si est comme lettre qui est faicte, passée & accordée d'entre les parties & de leur consentement contenant le contract entre icelles parties, & est tout ce faict & passé pardeuant singuliers tesmoins qui à ce sont especialemēt appellez, & de lettres escrites par main priuée, c'est à dire, par clerc qui n'est Notaire ne Tabllion, & ceste lettre faicte, porte foy tant que les tesmoins viuent: mais eux morts, la vigueur de tel instrument & de la lettre est expirée.

Ceste maniere ne peut estre tenuë que pour escriture priuée. I a ordonnance du Roy Loys XII. par laquelle il est defendu qu'vn seul Notaire ne puisse receuoir aucun contract, sans ce qu'il y ait deux tesmoins, nonobstant quelque coustume localle à ce contraire.

La seconde maniere de faire lettres & instrumens publiques si est, si comme lettre qui s'assiet d'entre les parties par lettres faictes pardeuant Notaire ou Tabellion publique qui est appellée main publique, & signée de son seing manuel en presence de tesmoins à ce appellez. Et supposé que les tesmoins denominez en ceste lettre & instrument allassent de vie à trespas, pour ce en demeureroit que la lettre & instrument

Par les nouuelles ordōances les parties & les tesmoins doiuent signer, & estre interpellez de ce faire par le Notaire ou Tabellion, & s'ils ne peuuent signer, en faire mention: toutesfois il conuient qu'il y ait pour le moins vn tesmoin qui signe, és Villes ou gros Bourgs, où on en peut recouurer, Ordonn. de Henry III. de l'an 1579. Estats de Blois, art. 166.

ne vaille & tienne lieu puisque de main publique seroit signée. Car suppose que nul tesmoin n'y eust, fors le signe publique, si doit il valoir.

La tierce maniere, si est que quand la lette ou instrument est faicte & passée sur séel autentique, si comme sur séel royal, sur séel de ville qui ait loy & iustice, sur séel de Prelat ayant iurisdiction, & telle lettre ou tel instrumēt dure à tousiours és termes où perpetuité se peut & doit estendre, si comme si c'estoit en rente heritable, ou en cause d'heritage, ou d'autre conuent à perpetuité, si comme de seureté de paix, de seureté de mariages. Car en seureté de dette pour vne payer tant seulement a restitution d'années, si comme cy apres sera dict.

Item & iaçoit ce que par ladicte decretale ne soient nommées ne dictes que trois manieres de lettres ou instrumens publiques, si comme dict est, toutesfois par l'vsage de Cour laye les Coustumiers en dient estre quatre manieres & non plus, c'est à sçauoir chartre sur séel de Prince, ou de Seigneur ou Seigneurs qui ce peuuent faire séeller.

Item lettres & instrumens sur signe manuel de Notaire ou Tabellion publique.

Item lettres & instrumens faicts & passez par escheuinage qui se faict en deux parties cyrographées, ou en trois parties dont le Iuge garde l'vne des parties, & les parties à qui touche gardent les autres. Et sont telles lettres selon le droict ciuil appellées apotheques, *C. de fide instrum. l. Plures apochis.*

De his speciebus instrumētorum tractat Specula. tit. de instrumen edit. §. nunc dicendum restat.

Item y a lettres & instrumens qui sont apellées lettres priuées: par ce qu'elles sont faictes de main ferme, si comme de lettres qui se font sur aucun contract ou conuent, faictes pardeuant singuliers tesmoins, & escrit de main priueé d'homme qui n'est Notaire ne Tabellion.

Item l'autre forme & maniere de lettres priuées si est, si comme aucun escrit de sa propre main le traicté ou conuent qu'il a à l'autre, ou il s'oblige à payer la main recogneuë premier en iugement.

Item l'autre forme & maniere si est si comme quand aucuns nobles qui tiennent fief tant qu'il appartient qu'ils ayent séel, font aucun conuent ou contract par lettres sur leur séel, ce tient & vault, & sur leur séel le séel recogneu, mais premier il faut adiourner celuy qui ce a séellé, à recognoistre son séellé, & iceluy recogneu est executoire. Et s'il denioit son séel si le faudroit-il prouuer. Et si contre le déniant estoit prouué son séel, il l'amenderoit grandement à iustice selon sa faculté, & seroit condamné à demande & despens de partie.

A amende au liure escrit à la main.

Des priuileges de Villes.

Encores y a autres lettres appellées priuileges, qui souuentesfois sont données de Roy, de Prince, ou autres tels seigneurs à leurs villes & sujects. Et sont appellées priuileges, pour-ce qu'ils priuent la loy, c'est à dire qu'ils donnent aux sujects & Villes qui ce ont, plus de droict & autre loy que le commun droict ne donne & enseigne à auoir, & plus grande franchise & liberté que le commun droict & vsage ne donne & enseigne à auoir. Et pour-ce sont ils appellez priuileges, & sont de droict escrit. Et pour ce sont ils auant à retraindre que à amplier, pour ce qu'ils sont plus larges que le droict commun ne soit. Et quiconque vse de droict priuilegé & de la loy qu'il emporte: il ne peut ne doit vser ne outre plus auant aller que le priuilege enseigne à faire. Et si du priuilege estoit opposé, on le doit demonstrer. Et si en preuue on s'en vouloit aider, on n'en doit estre tenu de bailler par escrit fors l'article qui feroit mention de ce dont contend seroit. Car de preuue on ne doit autre chose bailler. Et la raison si est qu'en priuilege est communément contenu plusieurs choses, touchans les estats des Villes ou Colleges qui les priuileges ont, qui n'est pas necessité de monstrer, fors quand contend en est de chacun cas à par luy, par la decretale, *Contingit. ext. de fi. instrumen.* Ny ne conuient produire quelques tesmoins sur terme de priuilege, ne sur choses dedans contenuës, car au Prince qui le priuilege a donné, est à interpreter quanques de doute auroit, ou seroit difficulté au priuilege, & non à autre n'en appartient quelque interpretation fors au donneur du priuilege, ne preuue n'y faut à receuoir pour argument contraire. Car le Prince en sa noble discretion l'a à distincter & non autre. *l. 1. & 2. C. de legi. & Senat.* Ne aussi ne sont ny ne doiuent estre donnez priuileges pour donner cause d'autre faire tort ne d'autre greuer. *Vt cap. sane ext. de priuileg. & l. 2. §. si quid à principe. ff. ne quid in loco publ. fiat.* Si dois [c] sçauoir que s'il est aucun qui pardeuant Iuge, ou arbitres, ou commissaires, ou en iugement se vueille aider de lettres en forme de preuue ou non: Si la partie contre qui ce est voulu faire, se veut aider de ces lettres en forme de preuue, soit de tout ou en partie, faire le peut & y est à receuoir, iaçoit ce que celuy qui ces lettres administreroit, fust defendeur ou demandeur, & de quelque partie que les lettres soient administrées en preuue, l'autre partie s'en peut aider aussi à sa preuue pour tant qu'aider luy peut & valoir. Ainsi est-il tenu & faict par nos Seigneurs de Parlement, toutesfois que le cas s'y offre.

Des escrits donnez par le Prince ou par committimus ou autrement.

Quand monstré ay [d] des lettres, chartres & instrumens ou autres munimens, & pareillement des priuileges: il s'ensuit voir & monstrer des escrits donnez de par le Prince, soit par committimus ou autrement. Si sçachez que si le Prince mande à aucun de ses Iuges ou Princes d'aucun lieu d'vne cause cognoistre par committimus, laquelle cause soit en la iurisdictiõ du Iuge à qui elle est commise par le rescrit du Prince, pour ce ne demeure que le Iuge en perde la cognoissance, ne son ordinaire, ne que son ordinaire ne iurisdiction en soit amendrie ne diminuée, mais dois sçauoir qu'auec la iurisdictiõ ordinaire que parauãt y auoit esté, elle est creuë par le committimus à luy adressé, & luy peuuent estre requises toutes telles solennitez, induces, & exceptions que nonobstant ledict rescrit peussent auoir esté faictes si celuy escrit ou committimus ne fust. Item si le rescrit ou committimus estoit impetré par personne dont il appartient de celle cognoissance au Iuge qui

Sur ceste presente matiere faict à propos l'ordonnãce du Roy Loys XII. en l'art. 40 par laquelle il est prohibé de n'octroyer lettres pour oster la cognoissance d'vne matiere à vn Iuge pour l'attribuer à vn autre.

ordinairement en deuoit cognoistre : sçachez que tel rescrit ou autrement appellé mandement par committimus, ne doit oster la iurisdiction ne l'ordonnance du Iuge ordinaire, si ainsi n'estoit que faute fust trouuée au Iuge ordinaire ou en remission de droict, ou refuge de raison, ou qu'il eust par port ou par faueur du Iuge ordinaire desordonnée, ou que la partie impetrant ne puisse auoir cõseil deuãt l'ordinaire pour la crainte ou puissance de sa partie aduerse, ou que ce fust cas qui desirast ressort ou information ou autres semblables accidens & cas, pourquoy au Iuge Souuerain ou commis en peust ou deust appartenir la cognoissance, & estre ostée de l'ordinaire par cause iuste & raisonnable, & que le rescrit ou committimus en fust expressément causé, car autrement ne vaudroit, & encores conuiendroit il que ce fust parties appellées, & le Iuge ordinaire qui feroit à ouïr contre le committimus: car au cas que iustement ne seroit causé, & qu'on auroit donné au Prince faulx à entendre, & cas tel que si la verité fut sçeuë, tel committimus n'eust esté donné, sçachez que le cas est à repeter par le Iuge ordinaire, & à luy en doit estre renduë la cognoissance au cas dessusdict. Car par le droict escrit nul ne absorbist le droict d'autre, mais doit donner par mesure, & a droict de partie selon la loy escrite.

Des lettres & obligations qui se font sur séel de Baillie.

DEs lettres obligatoires qui se font sur séel de Baillie: tu peus sçauoir qu'elles doiuent estre saines & entieres de séel & d'escriture, au moins en lieu de faict, si comme en nom, en somme, en iour, en date, & en séel. Et doiuent contenir la cause pourquoy elles sont faictes & accordées entre les parties, quelles contiennent & doiuẽt contenir la somme du contract ou de la vente. Elles doiuent aussi contenir que ce soit du liberal consentement du vendeur à l'obligeant, ou stipuler que les parties soient cogneuës de receuoir & passer la lettre, ou qu'il y ait tesmoins qui les cognoissent, & les tesmoins que le passeur des lettres, c'est à dire, le Notaire les cognoisse. doiuent aussi contenir chose possible, & non impossible, car à impossible ne se peut nul obliger selon la loy escrite.

Addition qui n'est au liure escrit à la main.

Hic de ce qu'il est dict que les parties contrahans soient cogneuës par les Notaires, pour-ce y a ordonnance du Roy Loys XII. en l'article 65. par laquelle il est dict que les Notaires ne receueront aucun contract, s'ils ne cognoissent les parties, &c. ibi posita vide.

Item doiuent aussi contenir que ce soit pour chose conuenable & honneste, car si l'homme s'obligeoit à chose illicite & inhonneste, si cõme de luy obliger à battre ou à tuer homme, ou cõtre son pere & sa mere traicter, faire ou machiner, ou autre chose semblable, ce ne vaudroit, ny ne seroit à soustenir.

Pro hoc. l. Pactáque contra leges. C. de pactis.

Item doiuent encore contenir que ce soit chose qui ne soit contre l'estat de saincte Eglise, ne contre l'vsage & commune obseruance, ou communité de pays notoirement introduicte, ne contre la saincte foy. Car par aucunes de ces causes ne vaudroit ce que promis & stipulé en seroit, ne contre droict escrit. mesmement en chose contre bonnes

mœurs

mœurs. Et de ce peus & dois entendre & sçauoir que ainsi se doit faire en toutes lettres quelles qu'elles soient.

Item si c'est lettre sellée du seel Royal qui face & porte obligation, & l'obligé viẽne contre le cõuent qu'il a fait, sçachez que le crediteur peut sur ce requerir execution. Et si oppositiõ s'y assiet, l'opposant doit garnir la main de iustice, d'autant que la somme de l'obligé vaut en main de l'executeur, ou autremẽt il n'aura iour de son oppositiõ. Et la main garnie, iour competant luy doit estre assigné sur son opposition, comme il appartiendra par raison pour sur ce proceder. Et doit le garnissement estre fait d'argent, ou d'or monnoyé, selon la valeur de la somme contencieuse & non d'autre gaige, car si d'autre estoit fait, ce seroit fait & engendré cause de cause, laquelle chose ne se doit faire és termes de iustice. Et la raison si est, qui nãptiroit de gages autres que d'argent monnoyé, cõme de draps, de vaisselle, en cheuaux, en heritages, ou autres biens, si vendre les conuenoit, ce seroit à frais & à action nouuelle, qui de leger se pourroit naistre & sourdre au vendre & à dénier le gage, ou parce que autre y diroit auoir droict, ou que autre y auroit main de iustice assise, ou qu'il luy seroient obligez & hypothequez, ou qu'ils auroient esté moins que suffisamment vendus, ou moins deuëment: ou par mainte autre maniere qui seroit alongement à l'execution royale, que raison ne veut pas.

* Item & si l'obligé estoit mort auant l'execution, sçachez que lors ne cheroit pas l'obligation & execution: mais que en euocatiõ, & sans garnissement de main de iustice, en cas d'opposition ne autrement, comme de simple obligatiõ est accoustumé à faire, car l'obligé mort, les hoirs ne sont pas pour ce obligez à executiõ, & pour ce n'y chet que euocation & cognoissance de cause, supposé encore que ce ne fust que de main de iustice assoir : si n'y chet il, puis que l'obligé est mort, que euocation. Car main de iustice assoir à quelque chose que ce soit par vertu de lettre obligatoire, n'est que à conseruation de l'obligation, & dont elle ne se peut assoir que sur les biens de l'obligé & durant sa vie, car c'est comme conuent de execution, & par le droict escrit nul ne est à executer auant iugement, si à ce n'est obligé.

Item si femme est obligee par lettres executoires, & elle se remarie, sçachez que par le remariage, le mary est tenu pour seigneur de tous les biens, & par consequent puis que les biens sont faits siens, & il n'est obligé, la terre n'est depuis executoire, mais euocatoire : & est sur ce le mary à adiourner par euocation.

Hoc vult dicere, qu'il faut requerir contre ledit mary lesdites lettres estre declarees executoires. pro hoc vide Masue. tit. de execut.

En quel temps lettre se expire!

Et dois sçauoir que lettre obligatoire en action personnelle selon les sages coustumiers & conseillers, tant en Parlement comme dehors, en Cours locaux & subjectes se expire par l'espace de trente ans, puis que

Ceste ancienne practique de garnir auant qu'estre receu à opposition, cuius meminit Mas. tit. de execu. s'obserue encores en quelques lieux: mais il n'est besoin de faire le garnissemẽt en deniers, sinon que le detteur y soit condãné par prouision. Car comme le sergẽt ne sçauroit prẽdre que des meubles, aussi le garnissement se peut bien faire en iceux. Toutesfois celuy auquel commandement est fait de payer, se peut bien opposer, et est la plus cõmune practique de le receuoir à opposition, sauf au creãcier à faire proceder par execution reelle & actuelle sur les biẽs & corps, s'il y est obligé.

**De huiusmodi executione parata ex instrumento garentigiato vide mala in tractatu de executio. instrum. per Antho. de Can.*

Pro hoc. l. 1. C. de exe rei iudica. & ibi Doct.

De hoc de præscript. Cum notissimi & l sequen. C.

plaid ou contend n'en seroit encommencé pardeuant Iuge competant, & qui cognoistre en deust. Et en action d'hypotheque la lettre s'expireroit par l'espace de quarante ans puis, si cōme dit est que contend & procés n'en seroit encommencé.

Des contredits & reproches que sur lesdites lettres on a.

PVis que dict est & monstré de lettres & instrumens, il s'ensuit voir des contredits & reproches qui sur ce se peuuent dire, ou faire. Et icelles lettres ou instrumens destruire ou annichiler. Si peus & dois sçauoir que comme dit est dessus precedentement, s'il aduenoit que lettres fussent causees contre les termes dessusdits, & qui doiuent auoir lettres que par forme deuë se deuoient faire sont à reprocher.

Item sont à reprocher celles qui sont causees sans terme, ou autre nō aduenir, ou à terme outre 30. ans en action personnelle. Et en dette qui à vne fois se paye, ou quel cas & cause ne est esprouué dedans, si cōme dessus est dit, ou quand la somme du contract, ou de la vendition n'y est declaree, ou si la somme declaree n'est satisfaicte & payee, & que le contracteur s'en tienne à content par la lettre, ou si elle est cancellee ou vicieuse de rasure en lieu notable, si comme en nom, en somme, en date, en Prouince, en ville, ou en seing, ou seel, ou par narration de conuent, si comme de respit, de quittance, d'autre pleige, d'autre nampt, d'autre terme, ou l'obligé mort, ou veufue remariee : ou par la femme le benefice de Diuiadrien, & de Velleien, qui ne souffre que la femme s'oblige pour autre, ne qu'elle soit de riens receuë pour fragilité humaine, ou de personne qui ne se peut obliger, si comme pupille, serf, enfant de mamburnie, furieux, durant le temps de leur furiosité, ou selon aucuns muyel par cours de nature, ou d'obliger par impossible, ou chose qui n'est sienne, ou chose publique, ou chose saincte, ou chose amortie, ou contre la Foy, ou contre le Prince, ou contre les saincts Canons, ou contre droict, & le commandement de droict, ou pour chose illicite, si comme de iurer en faulx, de prester à vsure, de deceuoir autre à escient, de promettre, de autre battre ou tuer, ou espier pour ce faire, de entamer procez sans appeller son garand, ou ses vsufructuaires obliger de proprieté, ou pour lettres contraires à elles mesmes, car l'vne destruit l'autre, ou pour coppie de lettres, si l'original n'auoit esté veu sain & entier, ou collation faicte sur seel Authentique, ou par vne voix reserue en cas de cens & de rentes, car lors passe la lettre en especiale obligation qui destruit la generale simple, & par lettre la faicte & passee à loy, si comme deuant Tabellion publique qui destruit lettre simple, c'est à dire lettre passee pardeuant simples tesmoins.

Des porteurs de lettres.

APres s'ensuit[f] des porteurs de lettres que les clercs appellēt *portitores litterarum*. Si sçachez que porteur de lettres, si est cil à qui par le seigneur principal de la lettre, la lettre est chargee & cōmandee à en faire poursuitte, mais que les lettres soiēt causees que au porteur d'icelles soit aussi bien obligé par la teneur d'icelles lettres que le principal crediteur.

Si dois sçauoir que puis que le porteur d'icelles a encommencé la cause & petition desdites lettres en Cour : il est fait seigneur de la pourtuitte & action d'icelles entierement, & en peut faire comme il luy plaist, perdre ou gaigner en iugement, si comme pure & principale partie : en faire quittance ou don comme bon luy semble : tellement que si le seigneur principal denommé esdites lettres venoit & comparoit en Cour pour estre sur ce ouy cõtre le porteur, il n'y seroit à receuoir si ainsi n'estoit qu'il voulsist proposer que la lettre luy eust esté emblée par le porteur. Encore si tant attẽdoit que iugement fust assis sur le procez fait par le porteur, il n'y viendroit à temps à dire contre le fait que le porteur en auroit faict.

Quels peuuent estre porteurs.

Si peuuent estre porteurs de lettres toutes personnes qui sont à receuoir en Cour si comme dessus est dit. Soit que le principal à qui on est obligé en ladite lettre, soit mort, ou non. Car on ne peut reprocher, si non que on propose auant iugement sur ce rendu, que le porteur ait les lettres emblées, ou de male foy, si comme dict est dessus.

Quels porteurs peuuent poursuiuir par Procureur.

Mais conuient que ce qui est par le porteur encommencé, soit par luy parfaict & decidé ou par son Procureur qu'en la cause auroit institué depuis que la cause auroit encommencé mais que lettre de grace eust. Ne vn autre que son Procureur ne pourroit la cause poursuiuir, car il n'y faut que porteur, ou autrement le defendeur n'auroit pas partie formée ne telle que en iugement doit auoir: car qui cause poursuit, aussi biẽ peut perdre que gaigner: & comme dit est, le seigneur est le porteur, c'est à dire que le porteur est fait seigneur de la cause. Et pour ce appartiẽt au Iuge retenir les lettres si tost que exhibées sõt iusques en diffinitiue. Et est defendu en Cour Royale, que on ne se puisse faire ne porter par porteur de lettres d'autre, & Procureur en ce mesme cas, & pour celuy en qui nõ les lettres parlent tãt par porteur de lettre & Procureur ensẽble ne fait à receuoir, pour ce que le porteur est seigneur de la cause, & le Procureur nõ, & que le maistre & le Procureur procedent ensemble il n'est pas possible, car il faut auoir partie directe & si formée qu'elle n'ait pas deux adnex, mais vn seul qui vaille, car absurde chose seroit que vn homme fust mesmes son Procureur, & le porteur est seigneur de la cause, dont il seroit soy mesmes.

De chose faicte au commandement d'autre.

DE la chose faicte au commandement d'autre, que les clercs appellent *de mandato*, peus & dois sçauoir que s'il est aucun qui ait ordõné à vn autre à faire, maintenir & gouuerner ses besoignes & negoces, & celuy à qui ce est ainsi ordonné, a mis & despendu du sien en ce faisant ou en empruntant argent pour ce faire Sçachez que iaçoit ce que celuy qui ainsi a fait ses negoces, n'ait lettres d'acquit sur ce qu'il en fera, pour ce ne demeure que tout ce qu'en ce faisant a mis & emprunté ne soit ne doiue estre rendu par celuy pour qui les besoignes sont ainsi faictes pour tant que les besoignes & negoces ayent esté faictes & gouuernées deuëment. C'est à sçauoir que le negociateur, c'est le besoigneur, ait faict & gouuerné le faict selon ce que en tel cas il appartient, c'est à dire que les besoignes à ce appartenans soient necessairement faictes si comme de retenir hostels & maisons, de terres labourer & cultiuer, d'eauës & prez retenir & remplir, de droict, de causes, & querelles, obseruer franchises, libertez. &c. Mais de faire nouueaux edifices, nouueaux emparemens, nouueaux procez entreprendre, & nouuelles querelles, nouueaux contends & debats, n'appartient au negociateur sans especial commandement du maistre, & par lettres ou par especial mandement de ce faire. Et l'ay-je veu faire, & iusticier entre plusieurs grands seigneurs, & iuger par loy. Si peus & dois sçauoir que le commandement est finy, si tost que le receueur d'vn commandement est allé de vie à trespas, ne tenus ne sont les hoirs de accomplir le commandement, mais de compte rendre sont tenus du temps de leur predecesseur. *C. mandati. l. Si tibi pupillorum &. l. Mandatum.*

ANNOTATIONS SVR LE TILTRE CENT ET SEPTIESME.

a I*AY monstré cy-dessus qui sont les instrumens publics & priuez : seulement i'adiousteray que l'instrument public est celuy qui a esté receu & passé pardeuant vn Notaire ou Tabellion, soit du Roy ou d'autre seigneur ayant droict du Tabellionage, auec tesmoins :* Nouel. 73. quod etiam forense dicitur, l. Pen. C. de fide instr. *& tout autre qui n'est faict & signé que par parties priuées, encores qu'il soit aydé & signé de tesmoins qui y ayent assisté, est reputé priué. Mais les Chartres sont du nombre des instrumens publics, par ce qu'on appelle ainsi les anciens tiltres des fondations & dotations d'Eglises, des priuileges des villes & autres semblables, qui ont esté octroiez par les Roys, Princes & grãds seigneurs, ayans puissance & auctorité publique, estans en parchemin & seellez, mesmes les Chartres du Roy s'expedient en la Chancellerie de France, en laz de soye & cire verde du grand seau, par le commandement de sa Maiesté,* dicuntur chartæ, *dont est faite mention en* Gregorius Turon. lib. 4. cap. 12. Aimoinus. l. 2. cap. 36. *& autres, mesmement en quelques Coustumes. Quant au seel i'ay remarqué cy dessus les deux especes qu'en fait l'ordonnance de l'an 1539. art. 65. & 66. à sçauoir séel Royal, & autre séel Authentique : car le Royal est aussi Aethentique pour l'authorité & force d'execution, qui donne au contract ou autre act auquel il est apposé : mais celuy des autres seigneurs qui ont droict de séel public, est aussi appellé Authentique, toutesfois il n'a tant de pouuoir que le Royal, comme il est porté par lesdicts articles. Pour le regard du priué, il n'est non plus Authentique que l'escriture priuee.*

b *Il n'est besoing de repeter ce que i'ay escrit cy dessus des priuileges : ou i'ay monstré que priuilege est vn droict priué & singulier octroyé à quelque communauté ou à autre pour particulieres considerations, contre le droict commun : & qui ne doit estre tiré en consequence, pour estre augmenté & amplifié*, iux. l. 14. 15. & 16. D. de Legibus. *Car comme Cicero a escrit apres Plato en plusieurs lieux, Rien n'est plus contraire à vn estat public, que de violer les loix communes & vniuerselles, & fauoriser aucun par dessus icelles : ce que monstre bien* Saluianus libro quarto de Gubern. Dei. *Et l'Empereur Valentinian auroit reuoqué tous priuileges & immunitez les reduisant* ad æquale ius prouincialium cæterorum, l. Priuilegia. C. The. de anno. & trib. *Toutesfois y a des considerations qui meuuent souuent le souuerain à octroyer des nouueaux priuileges, ou confirmer ceux de ses predecesseurs : ce que iustement il peut faire par les raisons qu'allegue* Demosthenes contra Leptinem, *& les exemples des Empereurs Romains, qu'on peut recueillir* ex Suetonio in Tito Vespasiano. Victore in eodem, Dione & Plinio libro 10. Epistolarum, & l. 6. D. de excusat. tutor. quæ est Modestini græca lex. *Et en France conuient au nouuel aduenement de chacun Roy à la couronne, obtenir de luy confirmation de priuileges. Celuy qui allegue vn priuilege, en doit faire apparoir, non qu'il soit tenu d'exhiber & produire tout l'instrument & priuilege, ains seulement l'article qui le concerne, & duquel il se veut ayder*, iuxta leg. 1. §. edenda. D. de edendo capite quarto & 5. de fide instrument. *à quoy conuient l'ordonnance vulgairement appellee de Roussillon.*

c *I'ay monstré ailleurs qu'vn instrument produict par l'vne des parties, l'autre se peut ayder d'iceluy, comme estant commun à la cause, quelque protestation que le produisant ayt faict de ne le produire qu'à son intention, par ce qu'en le produisant il est estimé approuuer tout ce qui est contenu en iceluy, encores qu'il luy soit preiudiciable*, vt tradit Felinus in cap. Cùm venerabilis de except. *& les Docteurs* ad d. l. 1. §. editiones. & l. Edita. C. de edendo. *& ainsi nous en vsons. Mesmes i'ay veu ordonner par arrest interlocutoire de la Cour, que la partie qui auoit produict vne piece & laquelle mesme sa partie aduerse auroit produict à sa fin, en auroit communication pour la contredire à sçauoir pour le regard de la fin, à laquelle sa partie l'auoit produicte & employee : dont on peut veoir ce que i'ay escrit au chapitre cent quatre vingts, liure douziesme des Responses.*

d *L'ordre de la iustice de France fondé sur les ordonnances, est tel que chacun Iuge ordinaire doit cognoistre des causes qui sont de sa iurisdiction sauf à se pouruoir par la partie par les voyes ordinaires de recusation ou d'appel. Et sont reprouuees les voyes extraordinaires d'euocation ou attribution de iurisdiction à autre Iuge. Louys douziesme de l'an mil cinq cens dix, article trente-neuf. François premier, mil cinq cens trente cinq, chapitre huictiesme, article trente : & autres, ainsi qu'il a esté souuent iugé par arrests de la Cour, & entre autres, du dixiesme Decembre, mil cinq cens quinze. I'entends des premiers Iuges, sans toucher aux committimus, & causes des priuilegez, dont i'ay escrit cy dessus. Mais pour le regard des euocations des cours souueraines, y est assez pourueu par les ordonnances.*

e *Pour la force des lettres & obligations passees sous seel Royal & authentique faut voir l'ordonnance de l'an mil cinq cens trente-neuf, article 65. & 66. & ce que i'en ay escrit cy dessus. Et pour le regard des conuentions des parties, des choses qu'elles peuuent ou ne doiuent ny peuuent faire, traicter & stipuler, a esté amplement cy deuant traicté : par les ordonnances de Louys douziesme, mil cinq cens dix, article 65. & François premier, mil cinq cens trente cinq, chapitre 19. article 12. defences sont faictes à tous Notaires de receuoir aucuns contracts vsuraires & illicites, sur peine de priuation de leurs offices, & d'amende arbitraire : auquel propos on peut voir* l. Iubemus. §. œconomus. C. De Sacrosf. Eccles. l. Generali. C. de tabular. Guid. Pap. quæst. 118. & 433. *I'ay veu vn arrest du mois de Iuin, 1562. donné contre vn Notaire par lequel il auroit esté suspendu cinq ans de son office & condamné pour auoir passé vn contract notoirement vsuraire. Quant au surplus de la charge & deuoir des Notaires en est si amplement disposé par les ordonnances, qu'il n'est besoing de s'y arrester icy d'auantage. C'est la practique de France fondee sur les ordonnances d'auoir communication par les parties des productions l'vne de l'autre pour bailler contredicts : & à ceste fin la partie doit produire l'original de la piece, dont elle se veut ayder, si non que la copie en eust esté collationnee auec la partie aduerse presente, ou son procureur, ou icelle suffisamment appellee, selon ce qui est traicté par les Docteurs* in Authentica, si quis in aliquo. D. de edend. Guido Papa quæst. 471. *Car l'inspection de la piece produicte est grandement requise :* Nam vt ait Quintilianus libro quinto Instit. Inspectio ipsa sæpè falsum deprehendit, alioqui deprehendi & coargui quî potest? Et traditur in cap. ex litteris. & cap. seq. de fide instrument. l. 2. §. inspectio. D. quemadmodum testament. aper. *Mais conuient noter que toute rature estant en vn instrument, ne le rend suspect de faux, & ne diminue de sa foy : mesmement quand elle n'est en lieu & endroict essentiel & suspect*, dicto cap. ex litteris, vbi Abbas. & in cap. inter dilectos. de fide instrument. *De ceste matiere des instrumens on peut voir Speculator, Masuerius, & autres qui en ont assez escrit.*

f *Ce qu'il dict icy du porteur de lettres,* mihi probari non potest: *parce qu'encores que le contract porte, ou au porteur des presentes, si est-ce que celuy qui en est porteur, ne peut estre reputé que* pro adiecto, *& non pour principal creancier, & partant* petere suo quidẽ nomine nõ potest, tantúmq; ei solui potest, l. Quod stipulatores. D. de solution. *Et faudroit pour agir en son nom, & en exclurre le principal creancier, qu'il eust cession & transport de luy*, aut mandatas actiones. l. 1. Cod. de obligat. & act l. 1. & 3. C. de nouat. *Et ainsi nous en vsons.*

g *De la maniere de contracter l'obligation de mandement est traicté* D. C. & Inst. de mandato. *& d'icelle naissent deux actions, à sçauoir directe & contraire. La directe compete à celuy qui a faict le mandement, contre celuy auquel il a donné charge, pour cognoistre s'il y a satisfaict, & en respondre :* qui enim suscepit mandatum, non tantum de ijs quæ gessit, sed etiam de ijs quæ gerenda suscepit, tenetur. l Cùm per procuratorem. C. mandati. l. Diligenter. & al. D. eod. Cicero pro Roscio, mandati non minus turpe esse iudicium, quàm furti scribit. *La contraire action compete au procureur ou à celuy qui a pris le mandement & charge des affaires d'vn autre, apres l'auoir executé.* l. Si verò non remunerandi. §. contrario. l. Si mandata. D. eod. *pour estre remboursé desdeniers qu'il auroit baillez & deboursez pour le mandateur, & frais legitimes qu'il auroit faits*. l. 1. 2. & al. C. mandati. l. Idemque. §. Idem labeo. l. Si verò non remunerandi. & al. D. eod. l. Qui proprio. §. litis impendia. D. de procurator. In huiusmodi enim contractibus, vt scribit Iustinianus. §. vlt. Instit. de consens. obligat. alter alteri obligatur in id quod alterum alteri ex bono & æquo præstare oportet. *Et d'autant que nous en auons encore cydeuant escrit, il n'est besoin d'en traicter d'auantage.*

FIN DV PREMIER LIVRE DE LA Somme Rural, ou grand Coustumier.

ENSVIT LE SECOND LIVRE DES DROICTS ROYAVX, ET DE LA COGNOISSANCE QVE LE ROY A SVR plusieurs cas, & aussi des preuentions qui à cause de sa Royalle Majesté luy sont appartenans.

TILTRE I.

PVIS que [a] dict & monstré ay des droicts & constitutions Imperiaux, & comme les coustumes locaux s'y concordent, dire & monstrer veux des droicts Royaux. Si sçachez que le Roy de France, qui est Empereur en son Royaume, peut faire ordonnances qui tiennent, & vaillent loy, ordonner & constituer toutes constitutions: peut aussi remettre, quitter & pardonner tout crime criminel, crime ciuil: donner graces & respit de dettes à cinq ans, à trois ans, & à vn an: legitimer, affranchir & annoblir, releuer de negligences, donner estat en cause, ou causes, & generallement de faire tout, & autant que à droict Imperial appartient.

Addition, qui n'est au liure escrit à la main non plus que les autres icy adioustées.

Bald. in l. Exemplo C. de probat. dicit Regem Franciæ esse Imperatorem in suo regno, qui potest per se iudicare, & scripturam suo sigillo ad probandum roborare, cùm habeat supremam iurisdictionem in suo regno. Ita tenet Franciscus Curtius in consilio xlix. ibi, nono ostenditur. Et hoc maximè cum in temporalibus superiorem non habeat. cap. per Venerabilem. ext. qui filij sunt legit. & maiorem quam habeat Imperator in suo Imperio, potestatem in suo regno habet vt tenet Cardin. Alex. in cap. j. quæ sunt regalia, & quod possit legitimare, faciunt ea quæ dicit Alex. in cons. lxvj. in j. volum.

Des cas de preuention.

Item a le [b] Roy & à luy appartient & à ses Iuges, la cognoissance de tous cas de preuention. C'est à sçauoir de complainte de nouuelleté, puis que premier on s'en trait à ses Iuges & Officiers, & r'enuoy ne s'en doit faire, si n'estoit que ce fust d'entre suiect qui se complaignist de son seigneur, car lors y appartient renuoy, si le seigneur le requiert loy faisant. Et ainsi l'ay veu iuger par arrest de Parlemēt de entre les batelliers de la riuiere de l'Escaut en Tournay, & les Preuost & Iurez de icelle ville Et aussi de entre le seigneur de Ligne, & le seigneur de Mortaigne sur l'Escaut, & de entre les bouchers de Tournay & lesdicts Preuost & Iurez, &

rez,& plusieurs autres: & autrement n'en appartient r'enuoy en ce cas.

Pro hac præuentione vide in stil. curiæ Parlamen. tit. quorum cognitio specialiter pertinet ad Regem. Imo alius præterquam Regius Iudex est competens harum causarum. Vide ibidem. §. item nouitatis. Additiõ.

Des testamens.

Item a le Roy la preuention & cognoissance des testamens, puis que premier on s'en trait à ses Iuges & officiers, ou si testament auoit l'an passé, & à ses Iuges ou Officiers on s'en soit trait, iaçoit ce que premier on ne s'y fust trait. Et l'ay veu iuger en plusieurs Cours Royaux, tant à Amyens comme à S. Quentin, & à Laon, & qui plus est en Parlemẽt par arrest par plusieurs cas entre plusieurs parties.

Des douaires.

Item a le Roy la preuention & cognoissance des doüaires aux dames ou damoiselles veufues appartenans, de les y tenir & garder, & faire mettre ens tant de faict comme de droict, & non en faire r'enuoy, puis que premier on s'en trait à luy. Et ainsi l'ay veu iuger pour madame de Rume en cour laye en Tournesis, & pour plusieurs autres doüaires en plusieurs cours Royaux.

Facit pro hoc text. in l. unica. C quando. Imperator ibi, cogantur eorũ aduersary examini nostro sui copiam facere.

Des ports d'armes.

Item a le Roy la preuention & la cognoissance des ports d'armes, puis qu'ils sont faicts par inuasion, & faict appensé. Ne de ce faict ne appartient la cognoissance à autre que au Roy, à ses Iuges & officiers. Si sçachez que combien que plusieurs sages dient & maintiennent que ports d'armes ne doiuent estre entendus, si ainsi n'est que ce soit faict par tourbe de gens armez à descouuert qui assaillent, & soient dix ou plus: neantmoins est à sçauoir que tous officiers Royaux & mesmes la cour de Parlement, sont d'accord que s'il y a plus de trois armez & embastõnez qui de faict aduisé fassent assaut & inuasion sur autres, puis que ce sera en aguet appensé, ce doit estre entendu & tenu port d'armes, dont au Roy en appartient la cognoissance de tout le delict, & non à autre: iaçoit ce que le faict & delict ait esté faict en terre de haut iusticier ou non, que mesmes le haut iusticier en eust commencé à faire l'exploict de Iustice, si conuient il qu'il cesse du tout, & que le Roy en cognoisse, car à luy en appartient la cognoissance, & non à autre. Et raison ne peut souffrir que vn delict soit puny par deux Iuges, s'ils n'estoient par indiuis. Mais s'il aduenoit que à vn delict prins par chaude colle, & de hastif mouuement eust dix ou vingt, ou trente, ou plus ou moins, ou combien qu'il en y eust, & fussent armez ou embastonnez, comme ils pourroient, puis que ce ne seroit en aguet & faict appensé: Sçachez que ce ne seroit mie tenu port d'armes, ne perdre n'ẽ deuroit le haut iusticier dessous qui ce seroit faict, la cognoissance. Et ainsi l'ay veu iuger & conseiller par le Conseil à Paris, pour le debat que sur ce en tel cas mettoit le conseil de la ville de Tournay, contre les Officiers du Roy en Tournesis, & ainsi fut-il dit & conseillé sans doute. Si sçachez que selon la decretale si assaut ou inuasion se fait par plusieurs, iaçoit ce que armez ne soient, mais que ils soient garnis de pierres, & de cailloux, ou autres bastons ou harnas inuasibles dont ils facent assaut, inuasion & trouble sur aucun, ce est tenu port d'armes. Car port d'armes se faict par tourbe coadunee, que les Clercs appellent *turbam coadunatam*. Laquelle tourbe est du nombre de x. & * de non plus ou de moins.

Pro hoc vide l. Prætor ait. la. ij ff. vt bo. rapt.

** Au liure escrit à la main, & de plus ou de non moins.*

Des assennes de mariage.

Item a le Roy la preuention des dons & assennes de mariages, puis que premier on trait à ses Officiers, sans en faire r'enuoy aucun à quelque Iuge ou Seigneur que ce soit, ne que les assennes soient situez, circonstances & dependances.

Des droicts aux pupilles.

Item a le Roy la preuention des droicts aux pupilles, si par faute de Iuge suject, ou par puissance d'aucun estoient greuez, dommagez ou empeschez, car autrement ne doit estre haut iusticier, ou de Iuge suject, la cognoissance ostee.

Des Veufues.

Item a le Roy la cognoissance des veufues, au cas que faute de Iuge leur faudroit, ou puissance de voisin les oppresseroit, car autrement au Roy appartient la garde & tuition des pupilles & veufues, au cas que contre raison seroient perturbez ou par violence & moleste d'aucun.

De paix, trefues & asseurances.

Item a le [c] Roy la cognoissance de paix, trefues, & par especial des asseurances baillees par ses Iuges & officiers, si ainsi aduenoit que quelque infraction fust sur ce faicte, iaçoit que ce soit fait en terre de haut iusticier, ou autre, ne d'autre suject, ne n'en font les Iuges quelque r'enuoy, ne à autre n'en appartient quelque punition à faire, ne amende à prendre ne à leuer.

Additio.

De huiusmodi saluegardiæ infractione solum Regius Iudex cognoscit etiam in clericos. pro hoc vide in tracta. domini Aufre. de potest. secul. super Ecclesiast. perso. & est text. in l. ij. C. vt nemo priuat. tit. prædiis suis. l. ij. ibi miles vel clericus.

De bailler asseurances.

Item a le Roy la cognoissance par especial sa cour, de faire & ordonner à quelque personne qui le requiere, asseurance, soit qu'il soit present ou soit trouué de faire, conuenir & adiourner partie pour lesdictes asseurances faire & bailler. Et en cas de refus de appeller aux droicts du Roy à cause de ladite asseurance bailler, & pour ce ne demeure qu'il ne soit prononcé par loy.

Pro materia assecuramenti vide styl. cur. Parlament. tit. de assecuramen. & ibi Aufre.

Des bannis du Royaume.

Item [d] a le Roy la cognoissance des bannis du Royaume par ses Iuges & officiers. Et supposé qu'ils soient trouuez en terre de haut iusticier, si cõuient il par le haut iusticier qu'ils soient rẽdus aux gens du Roy. Car à nul autre Iuge n'en appartient la cognoissance ne punition, s'ainsi n'estoit que par le haut iusticier eust parauant le banny esté banny de sa terre criminellement, & puis fust prins sur celle terre. Lors le pourroit le hautiusticier punir criminellement, pource que banny le auroit premier & premier prins. Ainsi fust il dict par arrest de Parlement en l'an mil trois cens septante cinq, au mois de Iuillet, pour vn banny qui auoit faict & perpetré vn homicide, banny par le Baillif de l'Euesque de Tournay en sa terre & ville de Helchin où le cas aduint, & depuis par les gens du Roy fust ledict homicide du Royaume banny. Aduint que ledit banny fust prins en la terre de l'Euesque de Helchin, & mis prisonnier. Si tost que les gens du Roy le sçeurent, ils le voulurent auoir, comme banny du Royaume, & disoient que à eux en appartenoit la cognoissance, pource que banny estoit dudit Royaume. Le Baillif dudict Euesque disant du contraire, & que premier estoit banny de leur terre, & sur ce prins par eux, pourquoy à eux deuoit demeurer, &c. La question fust mise en Parlement: il fut dict que ledict prisonnier deuoit demeurer audict Baillif de l'Euesque. Item en pareil cas fust il dict pour vn qui estoit banny de Vvarcin pour homicide, & depuis banny pour ce cas du Royaume par les gens du Roy à l'Isle: prins fust sur ladicte terre de Vvarcin par les officiers du seigneur dudict lieu, depuis aduint que les gens du Roy le sçeurent, si le voulurent auoir, il y fust debatu. Tout veu, il fust dit par iugement en la salle à l'Isle que audict Baillif deuoit demeurer. *Arrest de Parlement.*

Passim Docto. & Vltramonta. & Citramonta. loquuntur in hæc verba: Quid de bannitis nostri temporis? Vnde valde est necessarium vt intelligas quidnam sunt isti banniti nostri temporis. & scias quod Docto. Vltramonta. habent diuersitatem à Docto. Citrament. propter diuersitatem Prouinciarum: sed quantum ad nos nota secundùm Fab. Docto. Citrament. bannitos dupliciter considerari. Illi enim qui propter contumaciam banniuntur, de illis quæstio, qua quæritur quid de bannitis nostri temporis, non loquitur: illos assimilari nequaquam deportatis: sed eorum bona duntaxat annotari propter contumaciam iuxta naturam de requir. reis. Hoc affirmat dict. Doct. Fabr. Alij sunt qui per sententiam bannum pro pœna pati solent: & de istis loquitur dicta quæstio vtrum æquiparantur deportatis. longum esset hic adducere. *Additio.*

Des appellez aux droicts du Roy.

Item a le Roy la cognoissance des appellez à ses droicts criminellement & de tous delinquans, iaçoit ce que le faict ait esté faict en terre de haut iusticier, ce que le haut iusticier face tout son deuoir de appeller le delinquant à ban, pour ce ne demeure que le Roy ne le face aussi appeller. Car le haut iusticier ne peut bannir que de sa terre, & le Roy bannist de tout son Royaume. Ne de ce ne cessera le haut iusticier à faire pour les appeaux du Roy, ne aussi ne cessera le Roy pour les appeaux du haut iusticier, si ainsi n'est que ledict delinquant se rende prisonnier au haut iusticier sur le cas, & que ce soit signifié au Roy en requerant que il face cesser de ses appeaux. Car le delinquant ou suspect s'est venu rendre prisonnier pour estre à droict & à loy enuers tous & contre tous. Et lors doit le Roy cesser, & non autrement.

Des gardes Royaux.

Item a le Roy la cognoissance de tous & toutes qui enfraignent les gardes par luy donnees sur ceux qui sont preallables de garder, si comme sont tous officiers, tous monnoyers de ses monnoyes & ouuriers sur ce, toutes personnes d'Eglise qui de nature sont en garde, c'est à sçauoir Eglises Cathedrales, & Eglises qui sont de fondation Royale. Car autres Eglises de nature ne sont en garde, ne autres gens que les Officiers du Roy, & ouuriers de monnoye, si comme dict est: mais leurs choses & familles y sont naturellement. Encores sont en garde, & peuuent estre autres personnes, où les lettres du Roy y sont prinses & mises, & par ses officiers enterinees & publiees, car autrement ne valent. Et comme que ce soit d'entre personnes suiectes du Roy à pur & sans moyen. Car entre sujects de haut iusticier ne peuuent ne doiuent tenir ne valoir, si ainsi n'estoit que la garde fust enterinee & signifiee au iusticier & à son suiect sans ce qu'il y fust opposé par le haut iusticier, car lors seroit la signification & enterinement à estre dicts & passez comme en force de chose iugee. Ne de toutes les infractions & gardes ne peut ne doit estre cogneu par autres que Iuges Royaux, amende prinse ne leuee comme que ce soit. Car selon la loy escrite vn delict suffist estre vne fois puny, & non plus: *vt ff. de pœnis. l. Sanctio legum.*

Des Officiers & seruiteurs Royaux.

Item a le Roy la cognoissance de tous ses seruiteurs & Officiers en tous faits en officiant faits, & de tous ceux qui en officiant leur messeroyent, soit que ils soyent suiects de haut iusticier, ou non. Ne à autre Iuge n'en doit appartenir quelque cognoissance ne amende prendre, ne leuer.

Des faux monnoyers.

Item a le Roy la cognoissance de tous faux monnoyers sur ses monnoyes & sur ses coings, & non à autres Iuges, & supposé que dessous haut iusticier fussent prins ou arrestez, ou dessous autres, si les conuient ils rendre & renuoyer aux gens & Iuges du Roy. Et supposé encores que lesdits faux monnoyers ne l'eussent mie faict forger ne monnoyer, puis qu'ils auroient acheté sciemment à ceux qui la forgent & monnoyent. &c.

Au Roy seul & pour le tout ainsi que à luy appartient en son Royaume faire faire mõnoye, aussi à luy seul appartient la correctiõ des crimes, & fautes y aduenans.

De contrefaire le Royal seel.

Item a le Roy la cognoissance sur ceux qui fausseroient & contreferoyent ses seaux, & non autre Iuge n'en peut ne doit cognoistre ne apprehender quelque cognoissance.

De fausser lettre ou seing Royal.

Item a le Roy la cognoissance sur ceux qui fausseroyent ou contrefferoyent quelques lettres Royalles ou quelque seing de ses Notaires, ou que les malfaicteurs soyent couchans ne leuans, ne à quelque autre Iuge n'en appartient la cognoissance.

Des heritages du Roy.

Item a le Roy la cognoissance de tous ses lieux & heritages, iaçoit ce qu'ils touchent au iugement d'autre qui ait haute iustice. Car de son heritage ne cognoist nul fors luy, ne il n'a nul souuerain, ne ne se peut ne doit faire qui vaille sans appeller son Procureur.

Des pescheries.

Item a le Roy la cognoissance des pescheries en toutes riuieres Royales, & à ses officiers & Iuges de eauës en appartient la cognoissance, & nõ à autre, c'est à sçauoir que celles sont tenuës riuieres royales, qui sont chemin Royal, & portent gros nauires d'vn lieu en l'autre, & d'vn pays en autre, si cõme la riuiere de Saine, la riuiere d'Oise, la riuiere de Somme, & la riuiere de l'Escaut, & autres pareilles.

Des bois & forests Royaux.

Item a le Roy la cognoissance de ses bois & forests & des casillec aduenus. Et au maistre des bois & des forests en appartient la cognoissance, & non à autre.

De crime de leze Majesté.

Item a le Roy la cognoissance des cas de crime de leze Majesté, car à luy & à ses Iuges en appartient toute la cognoissance, & nõ à autre. Et selon l'opinion d'aucuns sages, au Roy propre, si ainsi n'est que il y commette, & en peut estre faite execution, ou que le malfaicteur fust trouué, supposé que ce soit en terre de hault iusticier : & ainsi fut il dit par arrest de la Cour de Parlement, d'entre les Preuosts & Iurez de la Ville & Cité de Tournay, & le Gouuerneur de par le Roy nostre Sire, lequel Gouuerneur auoit plusieurs Flamans de Gand, qui estoient suiects du Roy leur Souuerain Seigneur, pour-ce qu'ils s'estoient rendus rebelles à leur seigneur, & au Roy: & pour-ce auoient encouru en crime de leze majesté, si les auoit pour-ce faict conuenir & decapiter dedans la Ville. Lesdicts Preuosts & Iurez disans qu'ils estoient hauts iusticiers en corps & en cõmune, & qu'en terre de haut iusticier ne doit faire quelque execution de iustice, mais la doit faire en terre du Roy tenuë, &c. Ledict Gouuerneur disant du contraire, & que de crime de leze maiesté en tous lieux du Royaume faire le peut, si faict il de tous crimes dont le haut iusticier ne pourroit cognoistre, comme d'vn banny du Royaume, il le pourroit trainer par la terre d'vn haut iusticier, & pendre à son gibet, ou d'vn asseurement Royal enfraint, ou d'vn homicide en enfraignant garde. Brieuement & de tous cas dont le haut iusticier en pourroit cognoistre comme dict est. Sur tels debats la question alla en Parlement en l'an mil ccc. iiij.xx.iiij. Tout veu, il fut dit par la Cour que l'officier Royal par main souueraine que telle execution auoit faicte en la terre du haut iusticier, riens ne preiudicioit au haut iusticier.

Arrest de Parlement donné en l'an 1384.

Itẽ à le Roy la cognoissance de tous ses rescrits, mandemens, & cõmittimus impetrez de partie contre autre, supposé que la partie impetrant, ou cõtre qui ceste impetré, soit sujette de haut iusticier, & que encores soit le cas tel que le haut iusticier en puist & doiue cognoistre. mais si le iusticier & la partie ensemble requierent le r'enuoy de la cause, ce ne peut il faire que premier par le Roy à qui la cause est commise, ne cognoisse du mãdement s'il est surreptif ou non, quãt au cõmittimus. Car s'il est remis

Il y a ordõnãce du Roy Charles 7 par laquelle il est defendu à iuges de non obeir aux lettres emanées de la Chancelerie du Roy.

sinon qu'elles soient ciuiles & raisonnables en l'article 66 & en a esté traicté cy dessus au premier liure: mais conuient noter que ce mot cõmittimus se prẽd icy generalement pour toute cõmission, rescrit & mandemẽt du Roy: par ce qu'ãciennemẽt les lettres estãs expediées en latin cõtenoiẽt ce verbe cõmittimus: toutesfois à presẽt le committimus s'entẽd pour la cõmission qui se leue en la Chancellerie pour ceux qui ont leurs causes cõmises aux requestes du Palais.

sans subreption, lors en demeure la cognoissance du cas au Iuge Royal nonobstant que le Iuge & la partie l'en requierent comme dit est. Car en vain donneroit le Prince son rescrit & cõmitimus addressant au iuge à la requeste de partie, s'il ne sortissoit son effect puis qu'il seroit causé de verité, & le commandement du Prince ne seroit mie accõply comme estre doit, car son commandement vaut loy escrite, qui dist. *Quod principi placuit, legis habet vigorem.* Et si subreption est trouuée audit mandemẽt: de ce premier cogneu, si comme dit est: lors peut estre requise par le Iuge & partie suiette, la cause & cognoissance du cas, puis que tel seroit que cognoistre en pourroit le Iuge qui ce requiert, & que la partie fut suiette de luy: & lors le doit le Iuge Royal r'ẽuoyer: car par la subreptiõ trouuée au committimus, le mandement du Iuge est aboly, & le committimus sur ce donné & commis aussi. Et ainsi est compté comme si neant estoit: pourquoy le Iuge Royal doit la cause r'enuoyer, comme si sans committimus l'auoit faict, & autrement n'y chet r'enuoy.

Lettre sur seel Royal.

Item a le Roy [f] la cognoissance des letres seellées du seel Royal, circonstances & dependances, sans en faire r'enuoy aucun, & toute l'expletation qui s'en ensuit à faire, soit sur heritages, ou sur biens meubles, ou sur dettes deuës, ou sur corps d'homme, si à ce est obligé: si t'en veux monstrer vne exemple qui sur ce cas vint en Parlement en l'an 1385.

Exemple sur ce.

Vne Damoiselle veufue demeurée de Raisse-brumbot Bourgeois de Tournay, qui estoit obligé contre vn autre, sur seel Royal: Celle qui ainsi obligée estoit, en faute de paye se traist au Iuge Royal en Tournesis. Le Iuge donna commission executoire. La partie s'opposa. Au iour de l'opposition partie opposant vint en Cour accompagnée d'vn Procureur de la ville de Tournay, requerant à r'auoir la cause & le r'enuoy d'icelle, cõme de leurs Bourgeois & manans. &c. Le Procureur du Roy disant que nõ, & que de tous seaux, & par special du seel Royal au Roy en appartenoit la cogoissance: partie disant du contraire, & qu'ils n'estoient que 3. seaux, dõt au Roy appartient la cognoissance seulemẽt, si comme du seel de Chastellet de Paris, de Montpellier, & des foires de Chãpagne. Tout veu, il fut dict par le Iuge Royal, que au Roy en appartenoit la cognoissance. il en fust appellé en Parlement. il fust dict par ladicte Cour de Parlement, bien iugé & mal appellé, & fust ladicte ville condamnée en amende.

Des lettres sur seel priué.

De la fortune d'or ou thresor a esté amplemẽt traicté au premier liure.

Item à le Roy la coustume de cognoistre de toutes lettres sellées de seel quel quil soit, puis que par preuention & premier on s'en trait à ses Iuges & officiers sans en faire nul renuoy.

Item a le Roy la cognoissance de cognoistre & appliquer à luy la fortune & troune d'or en son Royaume.

Des cas escheans pardeuant Iuges Royaux.

Item a le Roy la cognoissance, & ses officiers seuls ordinairement de tous les cas escheans pardeuant ses Iuges, puis que ce touche tant seulement à son Procureur, sans autre partie faire.

Exemple sur ce.

En vn Bailliage Royal, si comme en Vermandois ou autre Bailliage où il est accoustumé à iuger par homme de fief, à coniure du Baillif.

Qand il aduient qu'aucuns perpetrent vn delict, dont nul ne se faict partie que le Procureur du Roy par information precedente, car autrement n'en est aucun attraict en Cour, que par adiournement à la requeste du Procureur du Roy: Ce faict, aucunes fois l'adiourné se veut decliner, disant qu'il veut estre traicté & iugé par hommes, ou par plaintes, ou par commissiõ precedente, si c'est en lieu où l'en vse de cõmission. Le Procureur du Roy doit dire du cõtraire, & que le Baillif de soy le doit iuger, & cognoistre du cas puis qu'autre partie n'a que le Roy, & que c'est par informatiõ precedente. Tout veu, il fust dict par arrest de Parlement, en l'an 1377. que le Baillif par luy seul, & par tel conseil que bon luy sembleroit, en pouuoit & deuoit cognoistre, puis que ce ne touchoit que le Roy, & qu'information precedente y auoit. Et ainsi fust il iugé pour vne cause pendant à Peronne en Vermandois, d'entre Monseigneur Drieu de Roye, contre le Procureur du Roy audict lieu: dont il fust appellé en Parlement, par lequel il fust dict bien iugé par ledit Baillif de Vermandois, & mal appellé par les parties contraires.

A present les Iuges Royaux iugẽt des causes ciuiles & criminelles, sãs estre tenus d'appeller les hõmes de fief: si nõ en assises és lieux où les Iuges tiẽnent les assises en certains tẽps auec les hommes de fief.

Arrest de Parlement donné en l'an 1377.

Des Iuges & Officiers du Roy.

Item a le Roy la cognoissance de ses Iuges & Officiers en la Prouince, de bailler remede sur tous Iuges suiects qui sont en faute & en omission de droict faire, & dont partie se complaint, & doit bailler sur ce commission en contraignant le Iuge suiect, qu'il procede à droict faire entre les parties sur le cas, ou si ce non, il par souueraineté y pouruoyera de remede. Et si faute y a sur ce, & que le plaintif se retourne arriere au Iuge Royal, il peut bailler iteratiue commission, que dedans certain temps à ce competãt le Iuge suiect ait determiner à droict: ou si ce non, il y pouruoyera de remede conuenable. Et selon aucuns dés la premiere plainte peut bailler & donner ceste commission. Item & si en ce faicte a faute au Iuge suiect, & qu'il n'ait procedé à sentence selon que la cause sera pardeuant luy. Car selon l'estat d'icelle doit le Iuge Royal bailler prouision, & bailler commission iteratiue contenant que tout le procés en tel estat qu'il est, auoir parties adiournées sur ce, luy soit tout r'enuoyé à certain iour competant, sur ce en ordonner par main souueraine, comme de raison il appartiendra à faire en defaute de Iuge à qui ce competoit & appartenoit à faire, ne par autre forme de defaute, ne doit le Roy entrer sur son suiect, qu'il ne le greuast.

De cas d'appel.

Item a le Roy la cognoissance pas ses Iuges & Officiers, chacun en leur Prouince des cas d'appel, puis que partie greuée en appelle de Iuge suiect: & de toute la cause ou causes dudit appellant en quelque maniere que ce soit, les defendent, & icelles defences tiennent & gardent que faute n'y ait : auquel cas s'ils trouuoient le contraire il apprehenderoient à eux la prinse & l'amende par main souueraine.

Des vsures & cas d'vsure.

In delicto vsurarum locus est praeuentioni etiã inter seculares & Ecclesiasticos iudices: quid sit vsura, & quomodo cõmittatur, vide in cap. 2. 3 per to. de vsur.

Additio.

Item [g] a le Roy la cognoissance de vsures en cas d'vsure, & de cõtracts vsuriers, & y peut mettre & commettre Commissaires & Inquisiteurs, & les condamner à amende pour le fait de l'vsure Et ainsi le fait & a accoustumé de faire, soit en terre de haut iusticier ou autre, soit en ville priuilegiée, ou en terre de Pair de France ou de Baron, car à luy en appartient la cognoissance, & aux Euesques, & non à autres quels qu'ils soient.

Dicit Ange. de Perus. vnum singulare in l. Si nauis. ff. de rei vendic. quod vbicumque dominium alicuius rei transferimus in aliam, & ex illa re aliquem fructum percipimus, certe iniustum percipimus : sed mutuando pecuniam, dominum illius pecuniae in alium transferimus : vt l. 1. §. appellata. ff. de reb. cred. ergo recipiens aliquid emolumenti ex illa pecunia, vsuram committit. Vnde miror valde quomodo isti excusari possunt qui dant pecuniam, & ex illa annuos pecuniales redditus accipiunt. Sed dicas quod hic est venditio, vt volunt, non autem mutuum : sed credo quod eos intentio sua damnat vel saluat, non autem nominis mutatio. Cogita, quia non vellem vti.

De hoc vide tit super acquisiti. per ignob fac in lib stil. cur parla. vbi tractantur multa decisiones tam gentes ordinationes regiae. & tit de financia acquisitionis feud. & retro feud. nobil per ignobil. acquisit. Au premier liure a esté traicté de ceste matiere qu'on apelle des francs fiefs & nouueaux acquests: & on peut voir Bacquet au traicté qu'il en a faict De ista admortisatione vide super dict. lib. tit. de financiis franc. feud. & nouo questa & per ordinatio. nostri serenissimi Franc. regis, de perditis admortisationibus.

Des acquestes des non meubles.

Item appartient au Roy la cognoissance des acquestes faites des terres & possessions tenuës en fief, acquises & acquestées par non nobles, à renouueller de lx. ans en lx. ans Commissaires sur ce, à sçauoir que en dedans celuy temps en est acquis & acquesté par non nobles, & de prendre finance sur ce de la valuë de l'acqueste de six ans, ou selon que l'acqueste le vaut & enseigne à faire.

Et la raison si est, que nul ne se peut anoblir sans l'auctorité du Roy en son Royaume, qui ne vient d'extractiõ noble: & par acquerre nobles tenemens, il semble qu'ils se anobliroient par long temps le tenir, & l'acqueste qui noble seroit par eux enuieillie en leur main.

Des heritages amortir.

Item a le Roy la cognoissance & seigneurie de amortir heritage en son Royaume, & non autre. Car si par autre estoit fait, & confiscation se y appartenoit : il n'en tiendroit rien s'il ne luy plaisoit : ne autrement que par sa grace ne tient ne vaut amortissement par autre faict.

Des regales.

Item [h] a le Roy la cognoissance des regales qui escheent en son Royaume, si tost que quelque Eueque va de vie à mort, car lors peut & doit tout prendre en sa main & à son profit sans compte rendre de tout le temporel de l'Euesque, & de toute la iustice laye faire Baillif & officiers nouueaux si il luy plaist, ou recommettre lors les vieux, & faire les Iuges iurer à luy, & au nom du Roy nostre Sire, faire nouueaux receueurs faire tailler bois, & pescher viuiers & estangs. C'est à sçauoir les bois s'il sont en aage, & les viuiers ou estangs, s'ils sont en temps de peschaige peuuent prendre & emporter gros bois en bois ou chemin.

D

De loüer fermes ou censes aux termes accoustumez, & non deuant. De appliquer à luy tout ce qu'à fons & à realité appartient, & tous hostieux à ce appartenans, doit auoir la garde des maisons, forteresses, & chasteaux si ils sont, & y commettre chastellains & officiers nouueaux si bon luy sẽble. Et si terres y a aduesties au iour du trespas dudit Euesque, qui ne soient à ferme, sçachez que tout compete au Roy si ainsi n'estoit que au iour du trespas fussent les vuarisons & aduestures couppées & abatuës. Car lors appartiendroient aux testamenteurs ou à l'Eglise, si testament n'auoit faict. Car le Roy n'a riens aux meubles mouuables, ne à la iustice spirituelle. Mais au chapitre appartient de tout ce à faire, & nouueaux officiers, comme nouueau séelleur, & nouueau promoteur, &c. & donnent les benefices que donnez eust l'Euesque s'il vesquist encores. Et le Roy donne les prebendes vacans dedans l'an de la mort dudict Euesque en l'Eglise cathedrale de l'Eueschė. Et ainsi fut il dict, conseillé & ordonné par les gens & seigneurs des comptes à Paris, pour l'Eueschė de Tournay apres la mort de Monseigneur Philippe Derbois Euesque dudict lieu de Tournay, en l'an 1377. & lettres sur ce commises au Baillif de Vermandois, comme au Iuge Royal plus prochain alors, & desquelles lettres la teneur s'ensuit. *Sentence en l'ã 1377.*

Lettres de regales en latin.

Carolus Dei gratia Francorum Rex, Balliuis ac receptori Viromandi, aut eorum locumtenentes. Salutem. Cum temporalitas Episcopatus Tornacensis ad nostram regaliam ratione obitus Philippi Derbois nuper defuncti, & vltimò Episcopi Episcopatus pridem à die obitus sui de nouo deuenerit, vobis, & vestrum cuilibet prout ad eum pertinuerit, committimus & mandamus quatenus temporalitatem ac iurisdictionem secularem Episcopatus prædicti ad manum nostram ponentes, omnes fructus, redditus, prouentus, iura & emolumenta quæcunque ipsius Episcopatus dicta durante regalia per vos & a vobis, seu vestrum aliter deputatos, leuetis, recipiatis, explectetis, ac etiam gubernetis prout est hactenus fieri consuetum. Qua de causa, si aliqui fructus, redditus, prouentus, iura & emolumenta ad dictam temporalitatem pertinentia à die obitus huiusmodi vsque ad diem receptionis præsentium literarum alienati fuerint, vel distracti vobis & vestris deputatis vestro nomine, & pro nobis faciatis restitui sine mora distractores & alienatores ad hoc si necesse fuerit viriliter & debitè compellendo. Sic super præmissis vos taliter habituri quod de neglĩgẽtia non possitis aliqualiter reprehẽdi. Datum Parisius, &c. Et apres ceste lettre s'ensuit la lettre des seigneurs de la chambre des Comptes, qui doit estre attachée au marge de la lettre dessusdicte par vn des signets desdicts seigneurs, & signée de plusieurs de leurs signes en la marge de cire rouge, dont la teneur s'ensuit. Les gens des Comptes du Roy nostre Sire à Paris, aux Baillifs & au Receueur de Vermandois ou à leurs Lieutenans salut. Nous vous mandons, & à chacun de vous si comme à luy appartiendra, & commettons, que les lettres a tachées à ces presentes sur l'vn de nos signets, vous accomplissez & enterinez par la forme & maniere que le Roy nostredict seigneur le vous mande. Escrit à Paris, &c. Et est à sçauoir que par le Conte de Flandres fut obey aux lettres du Roy pour tout le temporel, que à ladicte Euesché appartenoit estant en Flandres, sans aucune difficulté.

Des dettes du Roy

Item [i] a le Roy pure execution de toutes ses dettes, & de tout ce que deu luy est: ou que ses detteurs soient trouuez, ou leurs biens, iaçoit ce qu'ils soient en terre de hault iusticier, en ville priuilegiée, ou que autre par loy y ait faict la main asseoir, ou par autre dette, ou que vente par autre en soit ou fust faicte ou encommencée à faire, si auroit le Roy la paye premier, & auant toutes œuures deuant autres dettes, &c. Et ainsi fust-il dict par arrest de Parlement en l'an 1375. d'entre les Doyen de Chapitre de Tournay, & Collectur du Roy sur les biens de Iean Bocquet, lequel Bocquet auoit esté fermier desdicts de Chapitre, & par ce estoit tenu enuers eux en vne grande somme de deniers, pour lequel il estoit obligé enuers iceux de Chapitre par lettres à séel Royal. Et par vertu d'icelles de par le Roy estoit main mise & assise sur ses biens & commencez à executer ledict Bocquet d'vne amende de soixante liures, en quoy iceluy estoit escheu par vn fol appel que fait auoit d'vne cause qui par souueraineté estoit allée en Parlement, & lequel sergent de Chastelet ne trouua autres biens dudict Bocquet, que les biens surquoy lesdicts de Chapitre auoient faict asseoir la main comme dict est. Ledict sergent si arresta ces biens, les mist en vente pour le Roy payer. Lesdicts de Chapitre s'opposerent cõtredisans par les causes dessusdictes, & comment il estoit obligé à eux comme en la main du Roy. Comment iustice y estoit assise, comme execution estoit encommencée par eux. Ledict sergent dict que nonobstant chose quelconque, la dette du Roy seroit premier payée, & ne feroit cesser de son exploict. Iceux de Chapitre en appellerent en Parlement. La cause ventilée, il fust dict que mal auoit appellé, & que la dette du Roy estoit permanable auant toutes autres dettes, & l'amenderent lesdicts de Chapitre.

Arrest de Parlement donné l'an 1375.

Des nobles & leurs delicts.

Item [k] a le Roy la cognoissance selon la coustume de son Royaume, excepté en Picardie, de tous nobles en leurs meffaicts & delicts de luy & de par ses officiers, sans en faire aucun renuoy à seigneur suiect nul excepté en causes réelles. Car de celles en est la cognoissance aux seigneurs de qui les heritages sont tenus. Et sont tenus pour nobles ceux qui sont venus de noble lignée, s'il ont fiefs acquestez en aucuns lieux. Ceux mesmes qui les ont acquestez non nobles, ne sont pas tenus pour nobles, s'ils ne demeurent sur le fief. Item ceux sont tenus pour nobles qui par le Roy sont anoblis, & qui de ce ont lettres passées par la chambre des Comptes.

Aduerte ad text mult. notabilem. l. Nobiliores. C. de merca. & commer. vbi allegantur tria quæ requiruntur ad hoc vt quis sit nobilis. primũ quod sit nobilis natalibus, secundum quod sit bonorum luce conspicuus, & tertium, diues in patrimo. io. ista tria in paucis reperiũtur.

Des appeaux.

Item a le Roy la cognoissance en cas de ressort, de refus, de droict de tous Iuges suiects, des appeaux saillans de leurs iugemens, sentences, ou appoinctemens. Et s'il aduenoit qu'entre deux Iuges eust contend de leur iurisdiction, si peut le Roy mettre & asseoir la main, & prendre à soy le contend par main souueraine, iusques à ce que de raison en soit ordonné. Car de droict le ROY ne despointe nully pour prise ne arrest qu'il face en terre de son subiect qu'il ait. Ny ne faict pour prise qu'il face nul restablissement, car à luy n'appartient pour cause de sa souueraineté. Et pour icelle cause ne peut nully despointer, & ne faict que tenir en droict. Et s'il aduenoit que par ses sergens fust faicte aucune prinse en terre de iusticier subiect, dont au subiect en appartiẽt la cognoissance, mais que par le subiect fust requise à r'auoir, le Iuge ROYAL luy doit rendre sans nul autre restablissemẽt faire, que rendre le prisonnier à tout le cas dont question seroit, & donner lettres que ce que faict en a esté, est sans porter preiudice à la iurisdiction du subiect. Et à tant doit suffire le subiect, car c'est grand chose & vallable au subiect quand le Roy luy recognoist sa iustice par lettres. Et ainsi est il faict, tenu & gardé par tous Iuges ROYAUX au Royaume de France.

D'anoblir vn homme.

Item a le Roy la cognoissance d'anoblir vn homme, & de luy donner grace de porter harnas doré, tant à cheual comme à pied en tous estats comme s'il fust cheualier, & sans ce que pour ce il faille qu'il soit cheualier, s'il ne luy plaist. Et ainsi fust il faict d'vn Bourgeois de Tournay appellé Iacques Mouton, lequel fust anobly par le Roy, & auec ce fust licencié de porter harnas doré en tous ses estats & habits, & ne le doit nul porter s'il n'est cheualier, sans le gré & licence du Roy comme dict est.

De legitimer vn bastard.

Item a le [l] Roy la cognoissance de legitimer vn bastard, mais que ce soit selon aucuns de liberal pere & mere que les clercs appellent *de soluto & de soluta*, c'est à dire, que le pere & la mere au bastard ne soient mariez à autre, ou que l'vn d'eux ne soit marié: & celuy qui est ainsi legitimé peut auoir & apprehender tous honneurs, toutes offices & lais, & toutes Bourgeoisies sans ce que l'en puist ne doiue pour ce debouter ne repocher. Et selon aucuns les peut habiliter à posseser & à receuoir escheance de par pere & de par mere.

Des seruiteurs du Roy.

Item a le Roy [m] la cognoissance par ses maistres d'hostels, où qu'il soit, de tous les seruiteurs de son hostel, ne en quelque iurisdiction qu'il vienne en son Royaume à vnze lieuës de luy pres: Et sont lesdicts Maistres d'hostels, Maistres des Requestes, reformateurs & Iuges de tous cas, & de toutes complaintes, puis qu'on s'en traict à eux, & en peuuent bailler commission au cas de reformation selon qu'au cas appartiendra.

Des finances sur nouueaux acquests.

Item a le ROY finance sur nouueaux acquests qui se font par non nobles aux nobles, sur tous fiefs, aleux & terres qui sont tenuës en cens du ROY, c'est à sçauoir, sur fiefs tenus à pur du ROY la finance de six ans autant que vault le fief pour vn an, & autant que le fief vault par trois ans, des fiefs qui sont tenus par moyen : & des fiefs tenus en quart degré nulle finance ne s'y doit asseoir pour sa longue deffaute. Et si ce estoit en aleux, ou en terre de cens tenuës du Roy, pareille finance s'y assiet. Et ainsi là on veu iuger, tenir & vser par tous commissaires sur ce commis par le Roy nostre Sire, & par leur instruction séellée, mais que ce soit acqueste depuis le terme de quarante ans. Car de plus long temps nulle finance ne se y assiet. Et sur les fiefs ou aleux, ou cens dessusdictes rentes à vie qui est acquestée dedans les quarante ans de non noble, si s'ensuit il finance de quatre ans.

Ceste addition n'est au liure écrit à la main : mais au lieu d'icelle y a plusieurs articles desdits officiers qui sont aussi au premier liure, qu'il n'a esté besoin de repeter.

Icy seroit bien necessaire traicter des droicts des Connestables, de leur puissance & iurisdiction, des Mareschaux de France, Maistres des Requestes, de l'hostel du Roy & autres iurisdictions en descendant *gradatim* : mais par-ce qu'au premier liure en ay parlé, ie m'en deporte à present, & pour voir la iurisdiction desdicts Connestables & Mareschaux, soient veuës les ordonnances royaux, *maximè* celle du Roy Iean en l'article premier, celles du Roy Philippes le Bel és articles 6. & 7. & les ordonnances du Roy à present regnant, serenissime & tres-chrestien François premier de ce nom, sur les ordonnãces faictes pour le faict des guerres & gens d'armes.

ANNOTATIONS SVR LE TILTRE PREMIER.

a POVR *la consideration des cas Royaux dont a esté parlé au premier liure, & est encores traicté en ce second, faut distinguer entre ceux qui sont de la souueraineté, & ceux qui sont de la iurisdiction Royale. I'appelle ceux de souueraineté, qui dependent de l'authorité & puissance souueraine du Roy & que ses Magistrats ne peuuent faire* iure Magistratus, *comme on dict au droict Romain, ains se font sous le nom & authorité de sa Maiesté, & dont mesmes pour aucuns sadicte Majesté doit parler : comme de faire Loix, Edicts, & Ordonnances, créer & establir nouueaux officiers, les supprimer & reuoquer, faire assemblees des Estats & Ordres du Royaume, imposer tailles, aides, subsides, gabelles, & autres imposts sur le peuple, faire forger monnoye, anoblir, naturalizer, legitimer, donner graces, abolitions, remissions & pardons de crimes : rappels de bans, restitutions en entier, lettres d'Estat en cause, amortir, eriger vniuersitez, octroyer foires & marchez publics : & autres dont i'ay parlé au premier liure. Les cas de iurisdiction Royale sont ceux qui appartiennent aux Iuges Royaux, priuatiuement à ceux des autres seigneurs : & y a en iceux difference entre ceux desquels la cognoissance appartient priuatiuement aux Baillifs & Seneschaux, & ceux qui leur sont communs auec les Preuosts Royaux, encores qu'aucuns estiment les cas Royaux estre proprement de la cognoissance des Baillifs & Seneschaux :*

& d'iceux aucuns sont appellez preuostaux, par ce que les Preuosts des Mareschaux, comme aussi concurremment les Baillifs & Senechaux en cognoissent en dernier ressort & sans appel. Et s'il y en a qui sont appellez priuilegez, à la difference des delicts qu'on appelle communs, dont la cognoissance appartient aux Iuges Ecclesiastiques, dont toutesfois les Iuges Royaux doiuent cognoistre & iuger des cas priuilegez qui s'y trouuent. Et encores que i'aye amplement traicté de ceste matiere au liure premier, si est-ce qu'il ne sera superflu d'en discourir briefuement en ce tiltre. Il y a encores des cas de preuention desquels le Iuge Royal peut cognoistre par preuention, sans en faire le renuoy au seigneur iusticier des parties, nonobstant qu'il le demande. Et pour le regard de ladicte preuention, en plusieurs Prouinces elle appartient generalement au Roy & à ses Iuges: mais en autres, & communement elle n'a lieu qu'en certains cas: dont l'Autheur en recite aucuns, & i'en ay cy dessus traicté. Mais il conuient remarquer en ce tiltre l'ancienne practique de France pour les cas royaux & de preuention, & la forme d'y proceder qui s'obseruoit és päis de Vermandois, Picardie, & autres de la Gaule Belgique qu'on dict à present du Pays bas, qui estoient cy deuant de l'obeyssance du Roy.

b I'ay noté au premier liure que le cas de saisine & nouuelleté pour les matieres seculieres & profanes est de preuention entre les Iuges Royaux, & ceux des hauts iusticiers: mais pour le possessoire des benefices & matieres Ecclesiastiques, les Iuges Royaux seuls priuatiuement aux subalternes en peuuent cognoistre, suiuant l'ordonnance de Louys douziesme de l'an mil quatre cens nonante neuf. cap. causam quæ. Qui filij sint legitimi. Guid. Pap. quæst. 1. arrest du vingt-quatriesme iour de Ianuier, mil cinq cens soixante cinq, sur vn appel du Comte d'Eu, Pair de France. Et la preuention pour les causes & matieres temporelles doit auoir plus tost lieu contre le seigneur, si son subiect intente complainte contre luy, tant pour sa qualité, que pour la suspicion qu'on pourroit auoir contre son Iuge. Des testamens & doüaires, i'ay escrit au premier liure: & pour les doüaires, i'ay allegué mon vieil practicien, qui escrit que par l'establissement du Roy Philippes, la cognoissance en est attribuee aux Iuges Royaux. Quant aux ports d'armes qui se font par assemblees illicites, la cognoissance d'iceux est des cas Royaux, comme a esté iugé par plusieurs arrests de la Cour de Parlement, mesmes celuy donne és grands iours de Moulins, du vingtcinquiesme iour d'Octobre mil cinq cens cinquante, entre les Officiers Royaux à Ryon en Auuergne, & ceux de Monsieur le Duc de Mont-Pensier. Le Iuge Royal a la cognoissance du port d'armes, mesmes contre les Clercs & personnes Ecclesiastiques, comme de cas priuilegé, Faber in l. Addictos. C. de Episc. aud. Bened. in cap. Raynutius verb. & vxorem nomine. de testa. & alij. Et par ce que Choppin, Bacquet, Ragueau en son indice & autres en ont amplement escrit, comme aussi i'ay faict sur le grand Coustumier, & ailleurs, ie ne m'y arresteray icy d'auantage, sinon que ie noteray que port d'armes en l'ordonnance s'entend en deux manieres, ou de porter armes prohibees & defenduës par les Edicts & Ordonnances du Roy, ou de porter armes en compagnie & assemblee illicite, c'est à dire, qui se faict pour quelque mauuaise entreprise: & en ceste derniere espece on pourroit prendre pour port d'armes, les bastons & pierres que por-

feroient ceux qui s'assembleroient pour faire des efforts, violences, & autres cas semblables, qu'on appelle de force publique, iuxta §. telum. Institut. de public. iudic. & l. Armatos. D. ad leg. Iul. de vi public.

c *Ie ne veux repeter ce que i'ay traicté cy deuant de la sauue-garde & asseurement, seulement i'adiousteray que les practiciens escriuent qu'au Iuge Royal seul appartient donner sauue-garde, priuatiuement à tous autres : qui signifie mettre en la sauue-garde & protection du Roy*, apud Cassiod. lib. 3. epist. 27. lib. 7. ep. 39. & al. dicitur tuitio & securitas, græcè ἀσφάλεια. & eius formula traditur in d. epist. 39. *Mais que le Iuge non Royal peut donner asseurement, pour faire qu'vne partie soit asseuree de l'autre, pour ne se meffaire ne mesdire. Mais de la sauue-garde enfrainte la cognoissance est des cas Royaux.*

d *Le bannissement comprend la deportation & la relegation, & est quelquesfois ordonné à perpetuité hors du Royaume, ou par confination en certain lieu, ou à quelque temps, le Iuge Royal peut bannir du Royaume : Mais le Iuge d'vn seigneur ne peut bannir que de la terre & seigneurie d'iceluy. Et toutesfois au Roy seul appartient par droict de souueraineté de rappeller les bannis, & les restituer en leurs renommees, honneurs, biens, & droicts*, l. 4. D. de pœnis. l. 5. in fin. D. de re militar. l. 1. & al. C. de sentent. pass. Cassiodorus lib. 3. epist. 46. & lib. 4. epist. 41. *& ne peut le seigneur empescher tel rappel de ban & restitution, encores que ce fust contre vne sentence donnee par son Iuge, comme i'ay veu iuger à la Tournelle par arrest du Samedy 19. Iuin, 9557. On allegue d'autres arrests semblables, que i'ay recitez ailleurs.*

e *Aucuns ont obserué les Gardes gardiennes auoir pris leur origine des exemptions qu'aucunes Eglises, Chapitres, Abbayes & Communautez auroient obtenuës des Roys, quand ils auroient baillé des Prouinces & Villes du Royaume en Apanage, dot, douaire, vsufruict, engagement ou autrement, à fin de ne proceder pardeuant les Iuges de ceux ausquels lesdictes Prouinces & Villes auoient esté baillees, ains seulement pardeuant les Iuges Royaux. Toutesfois les histoires & tiltres anciens font foy que telles Gardes gardiennes auroient esté octroyees à quelques Eglises, Chapitres, Abbayes & Communautez en aucunes Villes qui n'auroient iamais sorti hors de la domination du Roy : & encores en autres, qui auroient esté tousiours en la seigneurie d'autre seigneur, que du Roy, & des Eueſques, & Abbez mesmes. Aussi en l'ordonnance de Moulins est faicte mention des Gardes gardiennes octroyees à tiltre onereux, & moyennant certaine finance. Et les lettres d'icelles doiuent estre verifiees en la Cour de Parlement, suiuant l'arrest donné en l'audience du 6. iour de Feurier, 1564. recité par Bacquet, traicté des droicts de iustice, chap. 8. qu'on peut voir : comme aussi pour les autres cas Royaux icy mentionnez, dont i'ay pareillement traicté au liure premier, & faict mention des Autheurs qui en ont escrit pour y auoir recours.*

f *On tient pour maxime en practique qu'au Iuge Royal appartient la cognoissance des lettres, obligations & contracts passez sous seel Royal, & de l'execution d'iceux : à chacun dans le ressort & estenduë de sa iurisdiction. Car n'y en a que trois attributifs de iurisdiction, à sçauoir Paris, Mont-pellier & des foires de Champagne & Brie. Toutesfois aucuns ont remarqué des arrests, par lesquels a esté iugé que les Iuges des seigneurs haults iusticiers pouuoient* cognoistre des executions, procés & differends pour obligations & contracts passez sous seel Royal, quelque submission que les parties ayent faictes à la Iustice Royale: & me ressouuient d'en auoir veu vn donné en l'audience pour Monsieur de Neuers & ses Officiers de Coulomniers en Brie, desquels les appellations ressortissent directement en la Cour de Parlement, à cause de la pairie. Et certainement la cause des Seigneurs est fondee en apparentes raisons de leurs Iustices patrimonialles, ausquelles leurs suiects ne peuuent par les contracts qu'ils font pardeuant Notaires Royaux deroger ne preiudicier, comme traicte Bacquet audit chapitre huictiesme. Et quant aux promesses & conuentions faictes sous seel priué, ou d'autre seigneur que du Roy, n'y a doute que la cognoissance n'en appartienne aux Iuges subalternes.

g Le crime d'vsure est des cas de preuention, parce que si le Iuge Royal a preuenu d'en cognoistre, il n'en faict renuoy pardeuant le Iuge subalterne. Et de nostre aage pour la frequence d'vn crime si eslongné de l'humanité & charité Chrestienne, & estant espece de larcin, y auroit eu des Commissaires deputez par les Roys, tant des Cours de Parlement que du Grand Conseil, pour en faire la recherche & punition, lesquels selon les circonstances & qualitez, ont condamné ceux qui en estoient conuaincus en diuerses peines, non seulement d'amendes pecuniaires, ains aussi honorables. La commune opinion est que la cognoissance dudit crime pour les Clercs appartient au Iuge Ecclesiastique, & pour les laics au Iuge seculier: Mais les Iuges Royaux & les Commissaires en ont cogneu contre les Ecclesiastiques, pour le cas priuilegé, qui se trouue audit crime: & y en a des arrests de condamnation contre des Prestres, tant du Parlement de Paris, & entre autres du premier iour de Iuillet, mil cinq cens quatre-vingts & vn, contre vn Prestre de Langres, nommé la Corne, que du Grand Conseil: dont i'ay cy dessus au premier liure, & ailleurs traicté plus amplement, & plusieurs en ont escrit. I'adiousteray seulement que le crime d'vsure est grandement detesté par tous bons Autheurs, Plato pluribus in locis, Aristotel. lib. 1. Polit. cap. 1. Demosth. 1. Olynthiaca. Cato lib. 1. de re rustica. Cicero plerisque in locis. Beatus Ambros. lib. de Tobia. & autres: mesmement par les liures sacrez, tant du vieil que nouueau Testament: ce qui a esté remonstré par plusieurs, mais mal obserué.

h Le droict de regale appartient au Roy à cause de sa souueraineté, & comme il est en l'Ordonnance du Roy Philippes, appellee la Philippine, pour la Noblesse de la Couronne de France: duquel droict font mention plusieurs anciens Autheurs, Speculator. §. nunc tractemus. tit. de legat. & §. vlt. ne sede vacan. & autres: & l'excellence dudit droict a faict que le mot de regale qui est generale, ait esté specialement attribué à celuy qu'a le Roy sur les Eglises Cathedrales de son Royaume, pour estre la plus part d'icelles de la fondation ou dotation des Roys, & toutes en sa garde & protection: & desquelles les Prelats, Archeuesques, & Euesques doiuent d'ancienneté le serment de fidelité au Roy, vt testatur Iuo Carnotensis epist. 206. Baldus in Proœmio decret. & ad cap. quanto. de iudic. & des causes concernans ledit droict cognoist en premiere instance le seul Parlement de Paris. Iceluy consiste en deux choses, à sçauoir en la perception des fruicts & reuenuz du temporel de l'Euesché, durant que l'Eglise Cathedrale est vacante, & a lieu en toutes les Eglises Cathedrales du Royaume. Lesquels fruicts & reuenus appartenoient au Roy, mais les Chanoines & Chappellains de la saincte Chappelle de Paris en iouissent, par la donation qu'ils en ont des Roys. Et en la prouision & collation des benefices vaquans durant l'ouuerture de la regale, de droict & de faict, ou de droict seulement, ou de faict seulement. Nostre Autheur semble tenir comme ont fait quelques autres, que ladite regale a lieu pour le spirituel en toutes les Eglises Cathedrales du Royaume: mais M. le President le Maistre, Choppin lib. de Domanio. & de Sacra polit. & autres, ont monstré qu'il y en a des Eglises exemptes, tant deça, que delà Loire: lesquels le lecteur peut voir, & ce que i'en ay escrit au liure premier des Pandectes, aux Memorables, & aux 1. 8. & 10. liures des Responses, qu'il n'est besoin de repeter.

i Du domaine & dettes du Roy cognoissent en premiere instance les Conseillers du Thresor, & les Baillifs & Seneschaux. Mais quant à la preference de l'amende du Roy, on ne suit à present l'opinion de l'Autheur, ains l'amende soit de fol appel, ou adiugee pour delict, elle n'a effect d'obligation ou hypotheque que du iour du iugement, & partant ne peut estre preferee à vne dette precedente: ains on tient que la reparation ciuile adiugee à vne partie doit estre premier paye que l'amende adiugee au Roy, comme i'ay veu noté aux Memoires de Monsieur Chartelier, Conseiller en la Cour de Parlement.

k Au Roy seul appartient d'annoblir, estant la noblesse vne grande marque d'honneur, ornee de plusieurs prerogatiues & priuileges. Aucuns ont extraict l'origine de Noblesse des armes, & faicts valeureux & prouesses memorables de ceux qui auoient longuement combattu pour la defence de la Republique, & seruice de leur Prince Souuerain. Toutesfois il y a aussi des Nobles de togue & robbe longue, anoblis par leurs estats, ou par leurs vertueux merites: comme pareillement des Cheualiers d'armes & de loix: ainsi qu'on peut obseruer de l'Histoire de Froissart, liure premier, & d'autres. L'anobly iouyt de pareils priuileges que le vray & ancien Noble: & ses heritiers mesmes collateraux, en la premiere succession luy succederont noblement, iugé par arrest du septiesme Septembre, 1595. prononcé solemnellement. L'anoblissement du pere, faict par le Roy par patentes deuëment verifiees, s'estend aux enfans nez auparauant, comme a esté iugé par arrest du 13. Septembre, mil cinq cens soixante & dix-sept. suiuant l'opinion de Baro. de benef. lib. 2. cap. 7. & de Tiraquellus tract. de Nobilit. cap. 15. & tract. de iure Primigen. qu. 31.

l I'ay discouru cy dessus des bastards, qui ne sont legitimez en France, que par mariage subsequent, ou par lettres patentes du Roy verifiees en la Chambre des Comptes. De l'effect de la legitimation traicte amplement Bacquet liure du droict des bastards. Mais la question tant agitee entre les Docteurs, si les bastards des nobles peuuent estre reputez nobles, quam tractat Tiraquellus lib. de nobilit. cap. 15. est decidee par l'Edict de nostre Roy, du mois de Mars 1600. article vingt-sixiesme, par lequel est porté qu'il faut qu'ils ayent lettres d'anoblissement verifiees: où i'en ay plus amplement escrit.

m De ce lieu, comme de mon vieil practicien, & des anciennes histoires, i'ay *i'ay obseruè que iadis les causes des seruiteurs du Roy estoient traictees pardeuant les maistres d'hostel, lesquels par ce qu'ils receuoient les requestes & en ordonnoient, estoient aussi appellez maistres des Requestes, dont i'ay traicté au liure des Antiquitez Françoises. Maintenant y a vn Preuost de l'hostel, qu'on appelle aussi grand Preuost, qui en a la cognoissance, auec ses Lieutenans.*

QVELLES PERSONNES APPARTIENNENT A ESTRE IVGES, ET QVELS NON. TILT. II.

Comme il soit[a] ainsi que dict soit de droicts Royaux, il s'ensuit voir & sçauoir quelles personnes peuuent appartenir à estre Iuges, & auoir iurisdiction en garde, & quels non. Si sçachez que ils sont six conditions de gens à qui le droict escrit defend qu'ils ne soient instituez Iuges, ne gardes de Iustice, à sçauoir, sourd, muet, aueugle, forsené, femmes, & pupilles, c'est en moindre aage de quinze ans. Les sourds parce que dure chose seroit, que homme qui n'oyt goutte, fust ne peut estre Iuge, & pareillement du muet, & de l'aueugle, qui ne sçauroient de qui, ne quelle chose on proposeroit deuant eux. Le forsené ne peut ne doit estre Iuge, car la forcenerie luy pourroit à telle heure retourner que grand peril seroit au bien de iustice. La femme aussi ne peut ne ne doit nullement estre Iuge, car au Iuge appartient tres-grande constãce, & discretiõ, & la femme de sa propre nature n'en est garnie, si comme il apparut par Dame Calpurnie qui courut sus au Iuge. Le moindre d'ans aussi ne peut ne doit estre Iuge pour raison de sa ieunesse, ne qui ne souffre sa grand' meureté, qui doit estre & appartenir en Iuge. Mais selon la decretale, qui de ce faict mention, Le mineur de vingt ans d'aage peut bien estre delegué puis que parties le consentent, & que du Prince y est permis *l. Cum Praetor. §. non autem. cum sua gloss. ff. de iudic. & cap. cum vicesimum. extr. de officio delegat.*

[*A ce propos y a ordõnance du Roy Philippes le Bel par laquelle il ordõna que nul ne fust Seneschal, Baillif, ou Preuost du lieu dont il seroit natif, en l'article xvij.*]

[] *Cete additiõ n'est au liure écrit à la main, mais la dite ordonnance de Philippes le Bel, est à present hors d'vsage.*

Item encores veut la loy escrite autres prohibitions en ce cas, c'est à sçauoir que nul ne soit, ne puist estre Iuge en la terre & iurisdiction dont il est natif, si ce n'est par especiale grace du Prince, & que de ce le Prince ait concedé ses lettres. *C. de officio praefecti. l. Vnica.*

* Item ne doit nul homme en la iurisdictiõ dont il est natif, estre Iuge, ne doncques tant qu'il y ait en la terre cause contre autre, pareille à traicter. Ne selon l'opinion d'aucuns sages, ne doit estre Iuge de partie qui luy soit d'affinité, ne de guerre mortelle. Item est ordonné par la loy escrite, que puis que aucun Iuge est deposé d'office de Iuge, il doit depuis demeurer en celle terre & iurisdiction, & en certain lieu notable par l'espace de quarante iours tous continuels, en la fin s'il est aucun qui de luy

* *Cecy ne s'obserue en France, parce que les offices Royaux mesmes de iudicature sont perpetuels, par l'ordõnance de Louys XI. vt testatur Gagui. lib. 10 cap. 2.*

sçache ou vueille douloir: que raison en puist estre faicte & accomplie. Item est defendu par la loy que nul Iuge n'acqueste, n'acquiere rien en sa Prouince par especial heritages, ne par dõ, ne autrement, ne se marie ne ses enfans sur peine de encourre en l'indignation du Prince & perdre l'acqueste. &c. Item s'il aduient qu'aucun Iuge se laisse corrompre par deniers, & par fraude il delaisse à faire iustice, si c'est au cas Ciuil, sçachez qu'il est tenu d'estre, & doit estre condãné en quadruple de ce dont il sera corrõpu, & auec ce priué de toutes offices de iustice: Et si c'est cas criminel, que pour argent il eust fait mourir autre, il doit estre puny capitalement: & si deliuré auoit pour argent celuy qui mort auroit desseruie par iustice, sçachez que pareillemẽt il encourroit en peine capitale, auecques cõfiscation de biẽs. Itẽ selõ l'opiniõ des sages en ceste partie, la punition du cas si doit estre arbitraire au Iuge, puis qu'il n'y auroit que cas Ciuil, & que le Iuge ainsi corrompu n'auroit mie par sa corruption condamné à mort l'innocent, ne deliuré le coulpable. Car lors il y cherroit peine capitale, & au Ciuil amende selon la faculté & possibilité du delinquant.

Des Iuges deleguez.

DEs Iuges [b] deleguez peus & dois sçauoir que delegué ne peut subdeleguer: mais est necessité de ce que le souuerain delegue, car le delegué ne doit ne peut subdeleguer: si comme le Prince ou le Seigneur qui a toute iustice peut deleguer, faire Baillif, & celuy Baillif peut faire Lieutenant par le cõmun stille: mais si aucun est delegué, il ne peut subdeleguer, ne vn Lieutenant ne peut faire autre Lieutenant: mais conuiendroit que le Baillif ou le Seigneur mesmes le fist, car autrement ne vaudroit. Et pour ce peus & dois sçauoir que Iuge delegué si est celuy à qui aucune cause est commise du seigneur à cognoistre en especial, & appartient que de ce ayt lettres du souuerain, qui ainsi le delegue, car le temps expiré de la delegatiõ, le pouuoir expire du delegué, iaçoit ce que la cause encommencee par le delegué ne fust pas decidee durant le temps du pouuoir du delegué. *l. A iudice. C. de iudic.*

Du delegateur mort.

ENcores dois sçauoir que si le Seigneur qui a delegué va de vie à trespas auant que soit expiré, & son pouuoir aussi, dois sçauoir que le delegué, ou le commis est de tel effect & vigueur, que puis que vne cause est deleguee ou commise du seigneur qui deleguer peut à qui ce soit: sçachez que le delegué est commis à cognoistre tout ce que de la cause se despend, sans lesquelles dependances le principal ne pourroit estre attaint, cogneu, ne sçeu, selon la loy escrite.

Addition, qui n'est au liure écrit à la main.

De hac materia vide text. cum glos. in l. Et quia. & ibi Barth. ff. de iurisdictio. omnium iudic. & cap. relatum. & cap. sequenti cum glos. & ibi Panor. extr. de offic. deleg. & vtrum delegatus ad vniuersitatem causarum reuocetur morte delegantis, annotat Fab. in §. Item si adhuc. Instit. mandat. Specul. titu. de delegat. §. restat.

Du temps de la delegation.

Item & si Iuge delegué cõuient sa sentence mettre à execution: sçachez que son pouuoir de delegation est expiré, car plus auant ne peut que sa commission de delegation luy donne de pouuoir.

Ad hoc ff de re iudicat. l. A diuo Pio. & cap. de causis extr. de offic. delega.

De plusieurs deleguez l'vn mort.

Item si plusieurs sont deleguez en vne commission, & l'vn des deleguez voise de vie à trespas, sçachez que le pouuoir sur ce donné est expiré. Et par plus forte raison s'il n'y auoit que vn delegué, & il allast de vie à mort, sçachez que celuy qui viendroit apres luy, ne pourroit parfaire ce que le premier delegué auroit encommencé. Si ainsi n'estoit que la delegation que il auroit, ne contint que comme tel delegué en son viuant eust telle chose encommencee, & il soit ainsi que pendant ce, & auant que accomply ait, soit allé de vie à trespassement, que tel delegué le puist parfaire & mettre en accomplissement deu.

Pro ista materia vide cap. vno delegatorum. & ibi glos. quæ ponit multos casus in quibus hac materia procedit. *Additio.*

Du delegateur rappeler le delegué.

Item dois sçauoir que si le delegateur auoit delegué & commis aucun, & sur ce voulsist le delegateur rappeler la delegation, & resumer en luy la cause : Sçachez que faire ce peut, & lors cesse la delegation, selon la loy escrite. Et ainsi seroit la delegation expirée, si le delegué renuoyoit la cause au delegateur. Item est aussi expiree si tost que le iour se passe de la delegation.

Pro hoc text. in l. Iudicium soluitur ff de iudic et cap. quoniam abbas. ext. de officio delegat.

Du delegué prononcer sa sentence.

Item est aussi expirée la delegatiõ, si tost que le delegué a prononcé sa sentẽce. Item est aussi expiree quand le delegateur y delegue vn autre sur le premier delegaté : car lors cesse le pouuoir du premier delegué. Item cesse aussi quand de luy est appellé: car par la loy escrite lors cesse iurisdiction, & s'en fait l'appellant exempt.

Par cause de suspection.

Item se expire la delegation par cause de suspection contre le delegaté, puis que elle est prouuee selon la decretale. Mais assauoir est que la cause de suspection doit premiere estre cogneué. Item dois sçauoir que le delegué ne peut subdeleguer, si son pouuoir de delegation ne luy donne auctorité du faire: mais conuient que ce vienne proprement du delegateur, qui le face qui subdelegue tel en son absence.

Des Baillifs, Preuosts & autres Officiers en iustice, de ce qu'ils doiuent faire selon la constitution du Roy sainct Louys.

VEu des deleguez & subdeleguez, il ensuit dire & monstrer des Baillifs, Preuosts, Seneschaux, & autres Officiers de iustice. Si sçachez que selon la constitution de S. Louys, & depuis le Roy Philippe de France & de Nauarre faicte en l'an ccc. xv. de laquelle ou en substance tant qu'il en sert en ce propos, la teneur s'ensuit.

PRemier voulons & ordonnons que nul de nos officiers puisse quelque personne detenir prisõnier, ne faire executiõ sur luy, si à ce n'est condãné, mais luy soit droict fait selõ le stile du lieu puis qu'il le requerra. Itẽ que nos Baillifs & officiers ne puissẽt saisir les fiefs de nos hõmes, sans le sceu de ses Pairs, & cognoissance de cause: si ne soit il aussi d'autres biẽs si ainsi n'estoit que ce fut en cas de mouuãt peril, & que les biens se puissent trãsporter par absence certaine, ou moins vraye sẽblable cõiecture.

Ordõnances de mõseigneur S. Louys, & du Roy Philippe le Bel, touchãt les Preuosts & Baillifs, & autres Officiers: qu'õ peut voir au Code Hery, parce que la plus part d'icelles ne sont à present.

Item que nul de nos Officiers ne puisse ne doiue quelque personne appeler à nos droits criminellemẽt, si n'est pour cas qui desire mort par iustice, si le faiseur qui est appellé, ne pouuoit estre tenu, si ainsi n'estoit que aucun fust refusant à bailler asseurément d'entre amis, pour cas dõt mort s'en pourroit ensuiuir, si cõme en cas de guerre mortelle : c'est à sçauoir dõt mort seroit precedentemẽt, & que on s'en voudroit contreuẽger, car lors pourroit estre banny criminellemẽt. Mais si c'estoit requis pour cas de doute, & l'appellé ne vouloit venir à bailler asseurémẽt: lors le peut on contraindre par correctiõ de iustice, à mettre mãgeurs sur ses biẽs, & les doublãs de iours en iours, tant que venu soit à obeissance de iurer l'asseurémẽt, & de tout mettre le siẽ en main de iustice : & pour ce ne demeure que le temps pendant dudit asseurément faire, ledit asseurément ne doit estre prononcé entre les parties, & que il ne tienne & vaille à peine capitale quiconques l'enfraint sur ce, puis que il sera publié par loy. Et toutesfois dois sçauoir que si le seigneur des parties requiert le cas, r'auoir le doit, puis que il a celle iustice que de bailler asseurance.

Item que nos Officiers coniurans nos hommes, puis que semons auront esté de loy dire, ne demeurent auec nos hommes à l'occasiõ de loy, mais se partent, tant que nos hommes soient d'accord de loy dire, & lors peuuent r'appeler nos Baillifs pour faire & dire loy à leur semonce.

Item que nos Officiers receuent nos mandemẽs par grand diligence, & mettent à execution deuë, si ainsi n'estoit que ils y trouuassent cause, pourquoy faire ne le deussent. Auquel cas nous voulons qu'ils escriuent au dos de la lettre du mandement, ou par autres lettres pourquoy ce ne peuuent faire, par le propre porteur dudit mandement, ou si c'estoit que ainsi le fissent, ou qu'il y eust cause en eux par faute ou autre maniere que par voye oblique le faingnissent, nous voulons que ils en soient punis & condãnez és despens de partie & interests.* Itẽ que nos Officiers de iustice n'ayent Lieutenãs, fors en cas de necessité, mais exercent leurs offices par eux mesmes, ne ne prennent aucun salaire de quelconque chose en leur office faisant, soit à gẽs d'Eglise ou autres gens ne ne facent quelque conuent ne marché à nuls Officiers au lieu dont ils sont natifs. Item que ils ne prennent sur les sujets de nos hauts iusticiers, ou vicontiers ne fonsiers nulle cognoissance de cas qui ne soit de cas de ressort, si n'estoit en cas d'appel ou en cas de defaute & refus de droict.* Item que nos souuerains Baillifs tiẽnent leurs assises és lieux accoustumez d'anciẽneté en leurs Bailliages, & non ailleurs de 3 mois en 3. mois, & que en fin de leurs assises ils facẽt sçauoir quãt l'autre sera, afin que chacũ se puisse à ce pouruoir & ordõner. Itẽ que ils ne puissent faire Notaire ou Tabelliõ Royal, car à nous en auons retenu & retenons l'auctorité du faire & non à autre. Et voulõs que ce soit sans preiudice à nos Barons & autres sujets qui ont acoustumé à faire Notaires en leurs terres. Si sçachez que tout autel pouuoir a le Lieutenant cõme son maistre, fors que il ne peut faire autre sub-

Ceste forme de proceder par cõture d'hommes de fief, ne s'obserue plus en France.

Ceste forme de n'enteriner & ne mettre à execution les mandemens & lettres du Roy ne s'obserue à present: ains on y procede ou par remonstrãce à sa Maiesté & Messieurs de son Conseil, ou par voye de iustice, si se presentent parties qui s'y opposent & l'empeschent.

** Tout cecy est contenu és ordõnances Royaux, & en celles du Roy Philippes le Bel : Mais comme a esté noté cy dessus en marge et en l'anaotatiõ la plus part d'icelles sont hors d'vsage.*

** Les assises sõt à presẽt delaissees, & ne se tiennent plus en plusieurs Bailliages & Seneschaucees, mesmes depuis l'erectiõ des Iuges Presidiaux au grand interest des iurisdictions Royales & de leur auctorité, & des vassaux & suiets du Roy.*

ftitut ou Lieutenant. Et si le Lieutenant commis de son maistre represente le pouuoir de son maistre en son absence, que les clers appellent vicem gerens.

Vide tit. C. de offic eius qui vicem alicuius iudicis vel præsidis obtinet.

Des Asseseurs qui sont au conseil du Iuge.

DEs [c] asseseurs qui sont au conseil du Iuge & de la Cour, peus & dois sçauoir que ce sont ceux qui communement sont appellez au conseil du Iuge, & qui demeurent au iugement. Et sçachez que tels sõt tenus pour officiers, & l'oist aussi bien que du propre Iuge & officier, puis que ils se partent de ce conseil que ils doiuent demeurer au lieu par quarante iours, à sçauoir si nul se voudra ou sçaura plaindre d'eux en aucune maniere, car respondre les y cõuiendroit comme officiers, & pour ce en peuuent prendre salaire competant & raisonnable: & si autrement le font ils sont tenus de l'amender au quadruple de tout ce que trouué seroit que meffait auroiẽt, & que salaires n'auroient prins & receu, dont de ce quadruple le seigneur dessous qui ce seroit, auroit la moitié, & la partie blessée, l'autre. Itẽ est deffendu par l'Empereur & par tous faiseurs de loix, que nul asseseur ne soit conseiller de loy en sa cour outre quatre mois, en venant contre les anciens estatuts & establissemens des Empereurs. Et si contre le font, l'Empereur dist, nous voulons que ils perdent tous leurs biens sans remede, si ainsi n'estoit que ils eussent de ce ordonnance ou mandement especial de ce faire. Car si ainsi pouuoit estre fait, les opinions de plusieurs, si destruiroient souuent les constitutions de nos predecesseurs: qui dure chose seroit, que ce qui est faict par consistoire general, & par permissiõ d'Empereur, fust adnichilé par l'opinion des particuliers, & par leur folle pensée ou plaisance. *C. de asseff. per tot.*

Des sergens.

SErgens [d] par l'ordonnãce de raison escrite, & par la constitution des faiseurs de loix, sont commis par le Iuge de executer les exploits & commandemens dudict Iuge, & representent le faict du seigneur en exerçant leur office de sergenterie. Si dois sçauoir que sergent ne peut ne doit outre les commandemens à luy faicts, faire ne exploiter office outre sa commission. Et si c'est sans commission outre les commandemens de bouche à luy faicts. Et pour ce doit tousiours à dez dire aussi auant que par commission le puis & dois faire, ou si auant que de bouche m'a esté commandé à faire, & ainsi rescrire & relater: & si autrement le faict, on a cause d'appeller de luy, & en seroit peril à luy, non pas à son maistre. Et si ainsi le faict, & il en est appelié, c'est au peril du maistre qui luy donna la commission ou le commandement, si bien en estoit appellé.

Addition, qui n'est au liure écrit à la main.

De huiusmodi officiariis quos lex appatitores vocat, facit mentio textus in l. Omnes prouinciarum. C. de officio recto. prouinciæ. Et doiuent estre constituez en tel estat gens de bonne & honneste vie, qui sçachent lire & escrire, ainsi que le veut l'ordonnance du Roy Loys XII. en l'article liiij. ce qui est mal obserué.

Pro hoc vide articu. ũ xviij. ordinatio Regis Philippi Pulchri.

Item n'a aucun sergent commission de cause quelconque: & s'entremettre ne s'en peut ne doit. Item ne peut ne doit entrer en terre de haut iusticier pour faire prise ne nul adiournement, s'il n'a commission contenant le cas pourquoy il y va, si ne faict il en terre de vicontier, pour cas dont le vicontier puist cognoistre, s'il n'a aussi commission contenant le cas, si ainsi n'estoit qu'il trouuast cas de present meffaict, & en ce se peut le sergent auancer à prise & à detention de corps dessous quelque iurisdiction que ce soit, pourtant que ce soit terme de Bailliage dont il est sergent, autrement non.

Itẽ ne peut ou doit vn sergent d'autre bailliage faire ne exercer office en autre bailliage, s'il n'a sur ce committimus du Roy, de ce faire qui cõtienne le cas: & conuient que le sergent qui ce voudroit faire, monstrast au Baillif sur qui il vient executer son mandement, & ausi l'executoire qu'il a de son Baillif d'estre sergent, & s'il ne l'a, il ne faict à obeyr, ne exploitter ne doit: & s'il l'a, lors luy doit le Baillif sur qui il vient pour exploitter, prester à ses despens vn de ses sergẽs, pour aller auec luy, & voir faire son exploict. Et si autrement estoit faict, & il fust desobey au sergent qui ce exploicteroit, il n'y auroit point d'amende au desobeissant, & ce ne vaudroit l'execution ou exploict que auroit faict ledict sergent. Item ne peut le sergent commettre à autre à faire l'exploict à luy commis à faire, car delegué ne peut autre deleguer, si n'est le delegué du Prince souuerain qui luy donne pouuoir de deleguer. Et pource s'il aduient que vn sergent ne puist exercer son office, il peut bien impetrer grace du Prince de mettre son office à ferme, par tant de ans que le Prince luy en donne grace, & non plus. mais bien se garde à qui il le donne à ferme, car si le fermier faisoit chose qui desirast * preuention d'office, tout seroit perdu aussi bien pour le donneur, que pour le preneur. Item n'a quelque sergent comment que ce soit, quelque cognoissance de cause pour quelque cause que ce soit, ne ne doit estre procureur en cour, ne porteur de lettres. Car il est en cas d'office tousiours au Roy nostre Sire, ou à son seigneur. Item doit rescrire de tous ses exploicts, ou relater de bouche, si c'est en lieu où il soit de delater par bouche, & ne peut riẽs exploitter outre les termes de sa commission ou commandement. Et si il le faict, il le doit amender: & ne vaudroit ce que il en feroit en outre. Et si il en estoit appellé, à bonne cause seroit appellé. Et pource ne doit nul sergent sage faire exploict sans commission, si n'est des cas qu'il trouue en present meffaict: car lors n'y faut point de commission. Item ne peut sergent faire quelque eslargissement ne recreance de prisonnier quand prins ou arresté l'a, mais le doit mener prisonnier és prisons de la cour, & dire au geolier le cas pourquoy il l'a pris, si c'est pour crime ou pour dette, & quelle, afin que le geolier le puist & sçache sur ce emprisonner & garder, car s'il brisoit prison, & le geolier l'eust mis en petite prison, & ce fust grand cas dont le sergent ne luy eust riens dict, le geolier s'en excuseroit par le sergent, & seroit la coulpe au sergent, & à son peril. Item doit le sergent remonstrer au geolier aussi l'habit en quoy il l'ameine le prisonnier, & s'il est en habit de clerc ou en habit party, ou s'il a tonsure ou non. Car si l'habit ou tõsure estoit muée ou renouuellée en prison, ce se-

* Priuation.

roit au preiudice du geolier, & non pas du sergent, & remettroit on le prisonnier au premier estat & deu. Sergens sont les executeurs des commandemens, sentences & ordonnances du Iuge, soit par commission sur ce donnée, ou par commandement de bouche, & à faire prinse & arrest de iustice. Et comme qu'ils soyent créez & ordonnez du seigneur à qui la seigneurie & iurisdiction appartient par lettres sur ce données, & par serment sur ce faict audict seigneur ou par son Baillif, ou autrement, ne doit estre à eux obey, ou au moins si obey ne y estoit, il n'y auroit point de meffaict en ce cas: si ne peut ne doit le sergent faire exploit sans commission contenant le cas, si n'est en terre tenuë par moyen: & si c'est en terre tenuë à pur, il ne conuient pas que la commission contienne le cas expressement, mais suffit que le seigneur se face adiourner par son sergēt son suiect à pur, pour respondre à ce que on luy voudra demander. Item & si c'estoit en pays local, où on n'vsast mie de commission, si c'est pour simple plainte de partie, il suffit adiourner par sergēt. Mais si c'estoit actiō reelle, il appartiēdroit que ce fust par sergent, & par hōmes. si peut & doit estre le sergent creu de sa relation, puis que autrement ne luy touche que de l'exploit à luy cōmandé. mais toutesfois il doit auoir tesmoins de son exploit des voisins que il y a appellez: car autremēt ne doit faire exploit quelscōques. si sçachez que le sergent peut estre cōuenu pour son office pardeuāt son souuerain & nō autre, & pour son cas ne peut estre sergēt.

Nota que par l'ordonnance il est prohibé & deffendu à tous sergens qu'ils ne facent aucun exploict sans recors ou attestation de deux tesmoins, ou vn pour le moins, art. l vj. des ordonnances du Roy Louys XII. *Addition, qui n'est au liure écrit à la main.*

Item peut sergent prendre & arrester tous ceux qu'il trouuera en present meffait, sans autre commission ne commandement, & ceux doit il amener prisonniers, car sergent ne peut faire quelque recrance ne nuls eslargissemens. Item ne doit demeurer en terre d'autre seigneur ne iusticier que dessous le seigneur de qui il est sergent: & s'il y demeure, si n'y doit il faire quelque exploit de sergenterie, & ne doiuent estre corrigez ne punis en cas de leurs offices, fors par leurs seigneurs dont ils sont sergens. Et si en autre terre demeuroyent, ils y seroyent punis de tous autres cas, que de leurs offices par le Iuge dessous qui ils demeureroyent: & si sont à conuenir deuant celuy Iuge, aussi bien comme seroyent bourgeois ou manans, & doiuent à tout participer comme les autres.

Pour cecy est vne Ordonnance du Roy Philippes le Bel, par laquelle les sergens ne doiuent demeurer ès terres des Prelats, Barons, ou autres, sinon en deux cas. *Additio.*

Item & ne doit auoir sergent outre le nombre d'ancienneté ordonné & s'ils y estoyent par aucun pourchas importūs, s'il estoit qu'il les requeust, si les doit le seigneur oster ou faire oster. Item ne doiuent prendre que salaires ordōnez,* c'est à sçauoir les sergēs au Roy à cheual que salaires de trois sols parisis: & les sergens de pied que 18. deniers parisis, sup- *Pour ce chapitre soient veuz les xix. et xxij. articles des ordonnances du Roy Philippes le Bel.*

* *Par les ordonnances les salaires des sergens sont grandement augmentez, neantmoins ils ne laissent de prendre & exiger des parties excessiuement, & plus beaucoup qu'il ne leur est permis par les ordonnances.*

posé qu'ils allassent dehors, & que plusieurs exploits fissent en vn iour, & pour plusieurs personnes. Mais ceste regle faut souuent, & pource eurẽt droit les faiseurs de loix que nulle n'en ordonnerent sur les sergens car il n'en est nulle qu'ils tiẽnent: & ne doiuẽt faire exploit en terre tenuë par moyen, sans appeller le seigneur du lieu ou son Baillif ou son Lieutenãt, comme dessus est dict, & sans commission qui contienne le cas.

Coustume de la Chastellenie de l'Isle.

MAis selõ la Chastellenie de l'Isle, il suffit si le sergent expose le cas au seigneur ou au Baillif, & doiuent estre creus de leur relation où l'en vse par commandement quand ils disent & relatent en ce qui gist de leur office.

Additio. *Quid si seruiens dicat person aliter se citasse Titium, & Titius affirmat contrarium cum iuramento, cui magis sit credendum? Vide Ioan. And. in c. cum parati. ext de appellatio. & Salic. in l. Tres denuntiationes. C. quo. & quand. iud. & concluditur per eos locis allegatis, quod hoc est in arbitrio iudicis considerata qualitate facti, & conditione personarum. Barthol. autem aliter tenet in l. Scire oportet. §. sufficit. ff. de excusatio. tuto. & si referat appantor vltra sibi commissa: an sibi creditur? Vide Bal. Ang. in l. Consentaneum. C. quo & quand. iud. & Iaso. §. quadrupli. Instit. de actio.*

Item ne peuuent ne doiuent exceder les termes de leur commission ou commandement, & si ils le font, si ne peuuent ils estre trais en cause, car autrement ne peut on en doit appeller d'vn executeur, & seroit le sergent en ce cas tenu d'amender & rendre les despens de partie dolant sur ce que il auroit ainsi excedé. Et si l'execution du sergent ne faisoit mention pour mettre aucun en tenure & saisine d'aucuns heritages, où il y eust vsufruicts à auoir, sçachez que les vsufruicts seroyent mis en main sequestre iusques en diffinitiue. Mais en cas d'appel celuy qui appelleroit qui seroit trouué en la maniance de l'heritage, demeureroit en sa possession iusques à ce qu'il seroit cogneu dudict appel.

Pour le regard des sergẽs Roy aux ils sont tenus par les ordonnances de bailler cautiõ: mais ceux des autres seigneurs n'ont accoustumé d'en bailler.

Item sçachez que les sergens doiuent faire caution de leur office de sergenterie en la main des receueurs Royaux: & les sergens d'autres seigneurs en la main de leurs seigneurs: car là se en retrait on en ce cas.

Item doiuent auoir faict serment que loyaument feront l'office de sergenterie, en gardant le droict de leur seigneur & de ses suiects, ne ne prendront que salaires ordonnez & competans, ne r'apporteront aussi que iustes & loyaux exploicts & rapports à leur sens & pouuoir. Item ne doit vn haut iusticier auoir en sa iurisdiction que deux sergens & vn vicontier: & les Barons qui ont Baronnie: & ainsi des bonnes villes. &c.

La teneur du pouuoir de sergent par formulaire.

A Tous ceux qui ces presentes lettres verront, salut. Sçachez tous que nous confians & acertenez du bon sens & loyauté auec bonne diligence d'vn tel N. iceluy auons faict, commis & estably, & par la teneur de ces presentes lettres faisons, commettons & establissons nostre sergent en nostre iustice & seigneurie de N. & des appartenãces aux droicts, profits, & emolumens à ce accoustumez: lequel office est à present vasent vacant par la mort de tel N. & duquel office de sergenterie ledict tel a faict le serment accoustumé de loyaument faire iceluy garder & exercer tant que il nous plaira. Si donnons en mandement à nostre Baillif dudi ct lieu ou à son Lieutenant, & tous nos autres iusticiers & officiers & sujects, prions & requerons tous autres que à nostredict sergent obeissent & entendent diligemment, en faisant sondict office de sergentise, en luy baillant & prestant ayde & prison si mestier est & requis en sont. Auquel sergent nous deffendons par ces presentes lettres toute cognoissance de cause. Donné. &c. Si sçachez que le sergent mort l'action de son peché en faict de sergenterie ne descend point sur l'hoir, si non en ce qu'il auroit receu en executant à cause de office.

De l'estat aux Aduocats.

OR sçachez [e] que le fait d'aduocacerie son les anciens faiseurs des loix si est tenu & compté pour cheualerie. Car tout ainsi cõme les cheualiers sont tenus de cõbatre pour le droict à l'espeé, ainsi sont tenus les aduocats de cõbatre & soustenir le droict de leur practique & sciẽce, & pour ce sont ils appellez en droit escrit cheualiers de loix: & peuuẽt & doiuẽt porter d'or comme font les cheualiers. Et doit estre l'aduocat reuerend en habits, en estre, en conuersation, en parler petit & moderemẽt, il dist petit quant à ailleurs en plaidoyant. Itẽ & doiuent maintenir à leur aduis causes iustes & conseiller, & non autres, de prendre salaires attrempez & raisonnables selon le cas, & qui fait au contraire, ou qui marchãde à partie de mener la cause pour en auoir la moitié, ou le tiers, ou partie d'icelle, sçachez que c'est faussonnerie & chose deffenduë par la loy escrite à peine d'estre priué de l'estat de aduocacerie à grãd blasme & confusion. Mais doiuent prendre leur salaire en conuenable somme de pecune, & non pas de la mesme chose, car trop de faussété s'en pourroit ensuyuir par la subtilité des aduocats pleins de practiques.

Pro hoc est aureus tex. in l. j. §. in honoratis. & §. sic. ff. de var. & extraord. cogn. & de isto pacto de quota parte litis facto cum clientulo, vide Bald. in l. Si quis aduocatorum. C. de postuland. potest tamen aduocatus pacisci de re extra litem. Ita dicit Angel. de Perus in l. Sumptus. ff. de pact. quia aduocatus potest vendere suum consilium xj. quæst. iij cap. non licet. *Additio.*

Que Aduocat ne peut estre Iuge.

Item quiconque est aduocat en vne cour, il n'y peut ne doit estre Iuge. Car differẽce est entre Iuge & aduocat: & se doit l'aduocat garder de dire iniure à partie aduerse. Car il est estroittemẽt deffendu au fait d'aduocacerie par la loy escrite: si ainsi n'estoit qu'il seruist à la cause necessairement, & encores de ce faire protestation que dire luy conuient necessairement pour le droict de la cause alleguer & maintenir, car enuys le dict, ne dire ne le voudroit si passer s'en pouuoit sans cause amẽdrir ne doit faire nul marché à celuy pour qui il meine la cause tant que la cause dure.

Cecy se doit entẽdre de la cause, en laquelle il a esté aduocat: car en autres pour l'absence ou recusation des Iuges il peut estre Iuge, suiuant les Ordonnances.

Textus in l. Fin C. de assesso. prohibet aliquem esse aduocatum in aliqua causa in qua Iudex fuerit, ibi, ne cum in vtrumque festinet, neutrum bene peragat. Facit textus in l. Quisquis. C. de postulan. *Additio.*

De faire fausseté par Aduocat.

Vide Speculat. tit. de position. §. 6. Cyn. Salicet. Fulgos. & Paul. Castrēs. in Authent. hodie. C. de iudic qui contra improbos patronos, procuratoresque declamant, eosque perperam cōsulentes omnia damna resarcire debere scribunt.

Et s'il aduenoit qu'vn aduocat qui auroit emprins vne cause d'aucun, fist fausseté contre son maistre, que les clercs appellēt par coustume, preuarication, & que l'aduocat se doublast à l'autre partie par quelque maniere que ce fust, au preiudice de la cause de son maistre, sçachez que l'aduocat le doit amender à la discretion du Iuge selon la faculté, & à partie rendre dōmages & interests: & doit estre à tousiours priué de l'aduocacerie à blasme & à grande confusion.

De dire à l'Aduocat iniure.

Et qui à l'aduocat le mettroit sus sans cause, il l'amenderoit tresgrandement au Iuge & l'aduocat d'amende honnorable & proffitable, à la discretion du Iuge selon le cas & la personne.

Procacibus verbis aduocatus contra alterum aduocatum postulando vti non debet: quod faciunt elingues: quid dico? imo blilingues & indocti aduocati, qui opprobriis aut etiam verbosis assertionibus non legibus certant: de quibus in l. Quisquis. C. de postul. & in l. Fin. §. in refutatoriis. C. de appellatio.

Du gain que faict l'Aduocat.

**Pro hoc l vlt. C. de inof. test. de aduoc. diuerso. iudi. l. Cum aduocatio.*

Sçachez que le gaing que peut faire vn aduocat en fait d'aduocacerie, s'il aduient que son pere ou sa mere voise de vie à trespas, & il y ait autres enfans qui veulent auoir parchon l'vn cōtre l'autre, supposé que l'aduocat y veut auoir sa part, & que autresfois ait eü don ou aslenne de pere & de mere par mariage ou autremēt, ledit gaing fait en aduocacerie ne chet point en parchon, mais demeure franchement à l'aduocat: tant est noble gaing. si ne faict gaing faict en cheualerie: car selon la loy si comme dict est, tous sont comptez d'vne condition en cheualerie & aduocacerie.

Comment l'Aduocat ne doit faire que son office.

Ad istud facit l. Sancimus, cum l. sequent. C. de aduoca. diu. iud.

Encores tient la loy escrite l'aduocacerie si noble, qu'il est deffendu en toutes villes & citez que aux aduocats ne soit enioinct & commandé à faire nul autre seruice que l'aduocacerie, nul autre charge ne office, ne en guet de iour ne de nuict, dont leur aduocacerie soit ne puisse estre perturbée aucunement: si ainsi n'estoit que aucunes fois le Iuge pour les sens d'eux les commist à estre Iuges en la ville és causes qu'ils n'auroyent mie nourries.

Comment le Iuge doit receuoir l'Aduocat à serment.

La loy escrite deffend à tous Iuges que ils ne reçoiuēt aduocat quelque à serment d'aduocacerie, si ainsi n'est que premier ils soyent examinez suffisamment, si à ce est idoine auant toute œuure: afin que le peuple ne soit mie deceu à soy mettre en la main d'vn aduocat que riens ne face à sa cause sous vmbre du serment d'aduocacerie que il a faict en cour, & par ce semble que ils sont suffisans.

Additio. A present les aduocats sont receus és cours souueraines & inferieures, sur leurs lettres de degré en droict ciuil ou canonic sans estre examinez.

Tex. in l. Nemini licere. C. eod. tit. & in l. Petitione. eodem. Faciunt bene ad istam materiam. sed credo hoc male obseruari: quia quando recipiuntur in aduocatos, satis est quod probatos doctorum testificatio depromat: quod qualiter veritati innitatur, non curo.

De Aduocat receu à pension.

Item dict la loy escrite que si l'aduocat retenu à pension à année va de vie à trespas, ou prenne autre estat, pour ce ne demeure que celuy de quiil auroit la pension, ne fust tenu de payer toute l'annee. *Nam vt dicit summarium. l. Post duos. C. de aduocat. diuer. iudi. aduocatus transmittit ad haredem salarium totius anni in quo moritur.*

De l'aduocat d'office.

Sçachez que l'aduocat d'office doit estre le premier aduocat en la cour du seigneur qu'il represente, si comme l'aduocat du Roy és cours Royaux. Et puis que aduocat d'office a esté pour aucun seigneur qui a aduocat en sa cour à cause d'office, sçachez que iamais ne peut estre cõtre iceluy seigneur en cas de aduocacerie, supposé encores qu'il n'eust aucuns gages eus ou pension dudit seigneur : & toutesfois veut bien la loy que l'aduocat d'office par le gré & licence au seigneur, de qui il est ou a esté aduocat, puist estre au conseil d'aucun seigneur puis que ce ne seroit contre le seigneur ne contre la cause, que pour le seigneur eust soustenu autresfois. Et ainsi le peut-on voir en Parlement de l'aduocat du Roy. Si faict il mesmement vne cause d'appel dont il seroit appellé d'vn officier Royal, si le soustient-il contre l'officier au Iuge Royal à dire & soustenir mal iugé, & bien appellé, combien que mal auoit appellé le Roy auroit lx. liures d'amende, pourquoy à merueilles peut sembler comment l'aduocat du Roy peut estre contre. Et font les aduocats du Roy souuent pareillement en Parlement.

De l'office de l'aduocat du Roy, soit en Parlement ou autre iurisdictiõ, faut voir les ordonnances Royaux. Pro hoc vide l. Potes. C de aduoca. fisci.

D'Aduocat faillir à escrire.

Sçachez que si l'aduocat en plaidoyant ou en escriuant par mescheance failloit aucune chose à dire ou à escrire, dont la partie de qui il seroit aduocat, eust dommage ou preiudice à sa cause, & tant que sentence fust donnee contre celuy qui tel aduocat auroit, & par ceste mescheance la partie pour qui ce auroit esté faict voulsist faire pourchas, & estre recouuré par la faute de son aduocat apres sentence donnee à tard le feroit, car puis que la cause auroit esté laissee passer sans appel, ne sans reclamation, à temps n'y viendroit.

Imo aduocatus qui per imperitiam cecidit à sua causa, tenetur ad restitutionem. ita dicit Barth. & Alex. in l. Cum quid. in fi. ff. si cert. peta. pro hoc apertius vide per Fabr. in §. cum autem. Instit. quibus ex caus. manumitt. non licet. in verbo, sed pro Deo.

Cecy ne s'obserue, s'il n'y a du dol, ou tresgrãd' faute de l'aduocat : car pour faute legere & imperitie l'aduocat n'en est tenu: nã consilii non fraudulenti nulla est oblig. l. 47. D. de reg. iur. Cice. l. 16. Attic. Ep. 7. Pro hoc rubric. vt qui desunt aduoca. part. iudex suppleat. C. Vide tit. de post.

D'Aduocat laisser dire par oubliance aucune chose.

ET s'il aduenoit que l'aduocat en plaidoyant laisse aucune chose à dire qui serue au cas pourquoy il plaide, par ignorãce, ou par oubliance, & dont la cause pourroit estre plus aneantie, sçachez que le Iuge sans faire grief à partie le peut & doit arrester à la cause, & dire promptement & ramenteuoir & suppleer à la faute de l'aduocat, puis que c'est chose que ordre de droict requiert en la cause, & non en faict.

De ceux qui peuuent estre aduocats en cour, & quels non.

VEu du faict de l'aduocacerie, il s'ensuit monstrer quels gens peuuent estre aduocats en cour, & quels non. Et premier

Mineurs d'aage.

Si sçachez que du fait d'aduocacerie par le droict escrit sont priuez mineurs de seize ans, pour la raison que trop grand ieunesse & petite constance est encores en eux.

Sourd.

Item en sont priuez sourds pour la raison de leur impotence & defaut.

Aueugle.

Item sont priuez aueugles pour cause de leur impotence, & aussi bien pourroient-ils proposer par derriere le Iuge comme pardeuant, si comme faisoit l'aduocat Brutus souuent qui proposoit le Iuge non assis, ou par derriere, qui est chose impertinente & deffenduë.

Femmes.

Aucuns dient C. Afranie, & ainsi en escrit Valerius lib. 8. cap. 3. qui dict C. Afrania.

Item sont priuees femmes par raison de leur hastiueté, si comme fust Calphurnie qui ne pouuoit souffrir que en nulle maniere sa partie deffendist, ne que le Iuge y donnast appoinctement sans dire hastiueté au Iuge, ou à partie.

Furieux.

Item en sont priuez ceux qui aucunesfois cheent en furiosité pour la raison qu'en plaidoyant n'y retournassent.

Sergens.

Item sont priuez sergens és lieux & terres où ils sont à sergenter, pour la raison de leur office qui desire relation, & souuent aduient à dire & exposer contre.

Infames.

Item en sont priuez infames pour la raison que à si noble industrie & science que comparer à noblesse de cheualerie, ne s'ensuit que l'homme reprochable s'en puisse mesler. Car à aduocat appartient blasmer & reprouuer vices, dont s'ensuit-il que l'aduocat soit sans vice, & tel reproche.

Clercs.

Cecy s'entend de la Cour seculiere: car les clercs peuuent postuler, & estre aduocats en la Cour Ecclesiastique, & encores en la seculiere pour quelques personnes. Vide l. 2. Iuris Orient. constit. Ioã. Xiphilini Patriarch. Cõstantinopolit.

Item en sont priuez clercs en cause de sang, pour raison de l'irregularité.

Satis est Iure decisum, illos qui beneficio Ecclesiastico sustentantur, illos & qui in minoribus constituuntur, ab aduocationibus repelli. Vt xiiij. quæst. v. cap. denique & cap. ij. & iij extra de postulan. C. de testament. l. Consulta. & C. de Episc. & cleri. l. Repetita. Vnde qua ratione tot beneficiatos in minoribus constitutos, passim negociari, passim si possunt postulare, passim inquam verbo communi sollicitatores causarum esse permittatur, non video. Quid inquam de sacerdotibus in palatio sollicitantibus etiam pratio numerato, vt inde, qui nusquam vigilias circa bonas litteras dederunt: sed tantum ex hortulanis aut coquinarijs effecti sacerdotes, ex sacerdotibus volunt effici sollicitatores, & locus operarum non sit illis qui fortè laborem & annos in iure suos exhibuerunt, & patrimonium sperando præmiari consummauerunt: quàm optimum super his legem constitui quàmque decocorum, nemo est qui non consulat.

Religieux.

Item sont priuez religieux pour cause de leur monastere. Car à cloistrier n'appartient que soy tenir en son cloistre & en son ordre, ne mesler ne se doiuent des choses mondaines, car ils en doiuent estre exempts: *quod tamen in vsu non est.*

Clercs de Cour & Notaires.

Item en sont priuez les Clercs & Notaires de la Cour pour la raison du serment secret qu'ils ont à maintenir & garder en Cour.

Iuges & assesseurs.

Item en sont priuez les Iuges & les assesseurs en la Cour qu'ils ont à maintenir & garder. Et s'il aduenoit que l'Aduocat dist chose nuisable à son maistre, ce ne touche au maistre s'il ne l'aduouë. Et pour ce ne doit laisser l'aduocat qu'il ne die, c'est pour mon maistre, sauue la retenuë en tout. Et s'il aduenoit que l'Aduocat ne fust aduoüé de son maistre, & il auroit dict chose contre l'honneur du seigneur: lors il doit estre condamné en l'amende de vingt sols, & ainsi fust il iugé en la Cour du Roy à l'Isle contre Iean des Prez Aduocat, pour raison de ce qu'il ne fust mie aduoüé de son maistre, & il dist contre la Cour. *Ces peines sont arbitraires, & s'adiugent selō la qualité & merite du fait.*

D'Aduocat plaidoyer pour vn autre sans en estre requis.

Item & si Aduocat se faict en iugement auāt parler sans estre requis ne retenu de celuy pour qui il parle, sçachez qu'il doit estre condāné en dix sols d'amende au seigneur. Et si c'est en Cour d'hommes cottiers, il doit estre à deux sols d'amende. Item si faute a à la cause que l'Aduocat maintient de son maistre qui soit par la coulpe, vice ou faute de l'Aduocat: sçachez que amēder le doit l'Aduocat de dommage & interest, ainsi que cy dessus est monstré.

Des commissaires.

COmmissaires [f] sont ceux qui sont donnez, ordonnez, & commis par la Cour à enquerir la verité de la cause du plaid & procés qui est en icelle Cour, par si que parties appellées pardeuant eux sur les faicts d'ētre les parties qui clos & séellé soit enuoyé, ils puissent ouïr tesmoins d'vn costé & d'autre, reçeuoir lettres en forme de preuue, bailler noms & surnoms des tesmoins produicts, reçeuoir reproches & saluations, si les lettres de leur pouuoir le contiennent: & non autrement. Car plus auant n'en peuuent ne doiuent faire que leur pouuoir leur donne la cognoissance & authorité de faire, ne plus auant tenir leur enqueste que leur pouuoir dure, car autrement ne plus auant ne peuuent ne doiuent faire ne emprendre que leur pouuoir leur enseigne faire. Et tout ce que faict en auront ou peu faire durant le temps de leur pouuoir, soit que parfaict ayent ou non, en tel estat que leur enqueste au iour que leur pouuoir faut, doiuent parties appellées tout mettre en vn sac clos & séellé des seaux desdictes parties, tant demādeurs comme deffendeurs, & tout quanques faict en ont & auront, tout en tel estat r'enuoyer en la Cour dont ils sont commis & fondez, parties adiournées & intimées sur ce à comparoir en ladicte Cour à certain & cōpetant iour pour voir reprendre & receuoir le procés, & auecques ce aussi l'enqueste qu'en ont faicte en tel estat qu'elle est pour sur ce proceder & aller auāt comme il appartiendra & sera de raison, Et tout ce que dessus est dict, doit apparoir pour certain par procés verbal, qui par les dessusdicts commissaires appartient & doit estre faict en trois parties: desquelles la premiere & principale

Cecy ne s'obserue de faire séeller le sac des seaux des parties.

Il veut dire que le commissaire deliure deux coppies de son procés verbal aux parties, & qu'il met ledit procés verbal dans le sac.

doit estre enclose au sac dudit procés.

La seconde partie doit auoir partie demanderesse & complaignant. Et la tierce partie doit auoir partie defenderesse. Et toutes icelles parties doiuent estre fermées & seellées des seaux des dessusdits Commissaires, & non d'autres. Et si n'y conuient autre adiournement, pour les parties r'enuoyer en la Cour auecques leur procez, si comme cy dessus a esté dit. Et tout ledit procez verbal auec l'Euãgile, laquelle est attachée sur le sac où sont ainsi enfermées les escritures. Et pour ceste cause sont les Commissaires appellez & nommez referendaires à proprement & legalemẽt parler. Car ils ne peuuent plus auant en la matiere que ce que leur pouuoir leur donne, & que leur mandement & commission contient, & non plus, ne faire ne donner sentence ne iugement, contre ne au proffit d'aucune des parties, mais tout ouyr quanques les parties voudront dire & proposer, soit par toute protestation, ou autrement, & tout doiuent faire mettre par escrit, & clorre dedans le sac. Et ainsi clos & seellé des seaux desdites parties rapporter à la Cour. Et pour ce comme dict est dessus, ne sont ils appellez proprement que referendaires.

Pro tota ista materia vide in stil. cur. Parlamen. tit. de commissa. & eo. potest. & tit. de diligen. facien. erg. commiss. & aliis titulis sequentibus, vsque ad titu. de Feud. ibi enim multa ad vnguem posita sunt quæ hîc transportata esse videntur.

S'ensuit la maniere comment les Commissaires doiuent proceder & aller auant en leur enqueste.

OR peus & dois sçauoir que puis que commissaires sont donnez en cause par pouuoir sur ce à eux commis & dõné de par Cour: iceux Cõmissaires pour entrer en leur dite enqueste si ont tout premieremẽt à faire conuenir les parties pardeuant eux par adiournement & commission de par eux donnée, en laquelle commission leur puissance & pouuoir doit estre tout au long racompté & incorporé, & par certain huyssier ou sergent de la iurisdiction en laquelle ils sont adiournez à certain & competant iour. Laquelle commission & mandement doit tout au long contenir comment par l'auctorité & vertu du pouuoir à eux commis & donné ils adiournent à certain iour illec denommé & assigné par l'huyssier ou sergent, tels & tels à la requeste de vn tel. N. demandeur en ceste partie. Ou par contraire, à la requeste d'vn tel N. deffendeur. Et si ainsi estoit que le demandeur ne faisoit la diligence & deuoir à lencontre d'vn tel ou de tels ainsi nommez. &c. pour voir & entendre les raisons & articles & escritures clos & seellez de la Cour, ouurir, respondre & affermer iceux comme de raison. &c.

Item aux Commissaires aussi appartient voir & ouyr iurer tesmoins en la cause, ou és causes pour lesquelles ils sont pardeuant eux attraits & produits.

Item peuuent encores les commissaires voir lettres & autres munimẽs qui en forme de preuue seront produits & administrez, & auoir les noms & surnoms des personnes si le pouuoir desdits Commissaires le contient, & bailler ſur ce reproches & ſaluations ſi bon & agreable ſemble à partie,& auecques ce pour adiourner partie au iour aſſigné par les deſſuſdits Commiſſaires & iours ſur icelles enqueſtes tenans & enſuiuans auec intimation, que vienne ou non vienne partie adiournee, pour ce ne demeurera que à la verité de ladite enqueſte enquerir ne ſoit procedé comme il appartiendra de raiſon. Et ſçachez que de la datte de la commiſſion iuſques au iour denommé en icelle commiſſion à comparoir les parties deuant les Commiſſaires,doit auoir quinze iours d'eſpace. Et entre le iour d'exploict & le iour aſſigné doit auoir dix iours, ou autrement le iour ſeroit moins que ſuffiſant, & y cherroit oppoſition raiſonnable ſelon le ſtile de Parlement, par eſpecial à la premiere commiſſion.

Le pouuoir des Commiſſaire ne s'eſtend ſi auant à preſent, ains ſeulement d'ouyr les teſmoins & faire compulſoire s'il eſt mandé : & ce fait, les parties ſe doiuent pouruoir en la Cour, ſans nouuelle aſsignation.

Item lequel ſergent ainſi chargé de ladite commiſſion doit reſcrire ſur ce qui ſuit & trouué en aura. Ce faict, au iour aſſigné partie qui ceſt exploict a fait faire,partie aduerſe comparant,doit preſenter ſes articles clos & ſeellez, en requerant iceux eſtre ouuerts, & iceux ouuerts les doit affermer ſur le ſerment ſi partie y eſt preſente, & ſi c'eſt par Procureur en la main de ſon maiſtre, & doit faire le ſerment tel que les raiſons & articles là dedans poſez & eſcrits ainſi comme ils ſont, il les afferme par ſon ſerment, & ſur ſainctes Euangiles de Dieu eſtre veritables, & iuſtement cauſez au plus pres qu'il peut, & ſçait, & ſelon la verité du cas & de la matiere ſujette à ſon loyal ſens & pouuoir, & que de iceux articles ſi aucune choſe y ſçauoit eſtre non veritable ou non plaidoyee, il la retrancheroit & feroit rayer & oſter, afin que la verité fuſt plus pleinemẽt attainte, & que en la cauſe ne adminiſtraſt teſmoins que iuſtes & loyaux à ſon ſens & pouuoir, ne ne deſtournera teſmoins de partie aduerſe, par tremeur ne autrement, à venir depoſer teſmoignage de verité par quelque voye que ce ſoit,& aux articles de partie aduerſe reſpondre, ou croire, ou denier iceux au plus loyaument & plus pres de verité qu'il ſçaura & pourra bonnement, & ainſi entens de l'vn que de l'autre. Ce faict, il doit eſtre leu aux parties en preſence deſdits Commiſſaires tous leſdits articles : & chacun article affermer & retrancher s'il le conuient, en reſpondant en la fin de chacun article ce que afferme a & reſpondu. de laquelle affirmation & reſponſes faites & completes, partie doit auoir coppie par extraict s'il le requiert. Ce faict les Commiſſaires peuuent & doiuent proceder en audition & examination de teſmoins, par quelles parties ſoient d'accord preſens les Commiſſaires que ce ſoit auſſi bien en preſence & en abſence que autrement. Teſmoins adiournez ou non adiournez, à iour denommé en la commiſſion ou non denommé, par ſi que en fin de audition, noms & ſurnoms ſoient baillez pour reproches faire & ſaluations ſi il le conuient, & par ainſi ce accordé, peuuent iceux Commiſſaires ouyr & examiner teſmoins tant d'vne partie comme d'autre, en aſſignant chacune partie iour de production les vns apres les autres le temps durant de leur pouuoir.

Ceſte forme de lire & affermer les faicts pardeuant le Commiſſaire eſt abrogée & hors d'vſage.

De partie non contente que tesmoins fissent serment en son absence.

Item & s'il aduenoit que partie ne se voulsist consentir que les tesmoins fussent ouys & examinez aussi bien en absence que en presence: lors conuiẽdroit qu'ils fussent iurez deuant partie aduerse contre qui ils seroient ouys & attraits, & que incontinent ils fussent reprochez qui reprochez les voudront, ou autrement n'y viendroit iamais à temps à reproche faire. Et pour ce est-il aussi bien cõsenty en absence que en presence. &c. afin que en fin on peust aussi bien reprocher à l'vne fois que à l'autre, si bon semble tout à temps.

Partem citari oportet in iuramento testis. tex. in cap. ij. de testib. & in l. Iudices. C. de fid. instrumen. & in l. Generaliter. §. eisdem. C. de reb. credi. & l. Si quando. C. de testib. & non valet dictum testis si cùm iurauerit, neutra pars interfit. glo. in l. Si quando. C. de testib. & dicit Raph. Fulg. in l. 1. C. quomodo & quando iudex se mille dicta testium irritasse propter hoc.

De ouyr plus de dix tesmoins sur vn article par les Commissaires.

Faut voir les ordonnances estans au Code Henry. & styl. Parlam. cap. 27. de cõmiss. & eor. potest. § 21. & Ioan. Gall qu 107. & 305.

Item ne doiuent les Commissaires ouyr plus de dix tesmoins sur vn article, & si plus en oyent, le surplus seroit compté pour nulle valeur, & par ainsi y perdroient leur peine & leur temps.

Tesmoins dõcques ouys & examinez tant d'vn costé des parties comme de l'autre, & si icelles parties veulent produire ou mettre en auant lettres en forme & maniere de preuue, faire le peuuent si il leur plaist. Mais tout premieremẽt il conuient & est necessaire que parties y soient euoquees & appelees, nonobstant que icelles parties en & d'vn cõmun eussent accordé ouyr aussi bien tesmoins en absence comme en presence. Et en aura vne chacune partie s'il leur plaist lecture en la presence des Commissaires, & copie du commencement, du moyen & de la fin, si ils requierent. Et peuuent à ce reprocher & contredire si bon leur semble, & le pouuoir desdits les Commissaires le contient. Ce faict, & les tesmoins ouys tant d'vn costé cõme de l'autre, lettres aussi produites & apporté au deuant tout ce que en forme & maniere de preuue faict à produire & à mettre auant reproches & saluations receuës, tant de l'vn costé comme de l'autre, si les parties les baillent ou sont contrainctes, & la commission & pouuoir des Commissaires le porte & contient, ou si ce non, iceux Commissaires & lesdites parties se deporteront de ce faire & bailler.

De his omnibus vide amplè in tit de modo conficiendi processus commissario. & superius alio titul. allega stil. cur. Parlam.

Item les Commissaires peuuent & doiuent faire adiourner les parties tant demandeur comme defendeur pardeuant eux, à certain & competant iour, pour voir clorre & fermer le procés ainsi & par la maniere cõme il a esté conduit & demené pardeuant eux, & toutes les escritures & munimens à ce seruans enfermer & enclorre en certain sac, auquel sac tout doit estre mis & enclos en la presence desdites parties, tant demandeur comme defendeur, auec la premiere partie du procés verbal, comme cy dessus a esté dict, & toutes ces besoignes seellees & garnies

nies des seaux d'vne chacune desdites parties: Et ledit sac ainsi fermé & seellé, & auec ce euangeliser par dessus comme il appartient, iour doit estre assigné par lesdits commissaires aux dessusdites parties en la Cour & seigneurie dont le procés & la question descendent, aux premiers & prochains plaids apres ladite closure & ligature dudit sac, pour iceluy voir receuoir, ou le voir iuger & determiner à raisonnable & deuë sentence, si comme de droict & de raison il appartiendra.

S'ensuit vne exception, à sçauoir si l'vne des parties ou toutes deux ne pourroient auoir fait leur enqueste durant le pouuoir des Commissaires.

Item & si par aucune aduenture ou inconuenient il aduenoit que le pouuoir & temps desdits Commissaires durant aucunes des parties contendans, ou toutes pareillement ne peussent ou sceussent auoir fait leur enqueste, parce que leurs tesmoins desquels ayder se vouloient, ne peussent auoir eu à leur volonté, ou que lesdits seigneurs Commissaires pour plus grands leurs affaires n'y peussent vacquer ou entendre: sçachez que pour ceste cause il ne demeureroit qu'iceux Commissaires ne peussent ou deussent clorre, fermer & seeller le sac, si comme dessus a esté dit au debout de leur temps specifié en leur lettre de commission, & ledit procés en tel estat comme il seroit ou fust renuoyé en la Cour aux souuerains Iuges. Mais les deux parties comparans en ladite Cour s'il y auoit aucune d'icelles qui demandast & requist aux Iuges auoir temps prolongué & prolongué pour mieux & plus plainement informer la Cour & le Iuge, auoir le deueroient de droict, depuis que par la relation des seigneurs les Commissaires, ou autrement deuëment il apparoit de l'exoine ou empeschement de la partie qui ce requeroit. Ou aussi se pourroit ce faire, si les parties se consentoient. Et ainsi peut on faire iusques à deux prorogations bonnement, mais le Iuge y peut bailler prefixion de teps, comme il voit que le cas le desire, outre laquelle prefixion iamais ne doit estre pouuoir de Commissaire prolongué ne renouuelé, & ainsi l'enqueste rapportee en Cour, iugement si peut asseoir.

Des delais de faire enqueste, faut voir l'ordonnance de l'an 1539 art. 32 33 & 34. & ce que M. Bourdin y a escrit.

Dic quod Iudex potest præfigere terminum peremptorium, intra quem amplius quis non auditur. l. Si ea. & l. Qui crimen, de ys qui accusare non possunt: & l. Si eod. de remissio. pigno. & l. Diffamari. C. de ingen. manu.

Additio.

Des raisons que peuuent alleguer parties deuant les Commissaires.

Or peuuent venir qu'en ce partie de Commissaires difficulté s'y peut asseoir. Sçachez qu'aucunesfois que les parties alleguent deuant les Commissaires tant de raisons qu'il leur conuient cesser leur audition. Et lors si ce sont raisons à quoy on se doiue arrester, & ce soiët Commissaires au lieu, ils peuuent remettre & r'enuoyer à la Cour, pour-ce que prochains en sont, afin que legerement puist sur ce estre ordonné, & la cause r'enuoyee aux Commissaires pour proceder outre: mais si la cause n'estoit telle qu'on s'y deust arrester il n'en conuient ja les commissaires cesser qu'ils ne puissent proceder en leurdicte audition & enqueste.

Mais bien peuuent faire en leur procés verbal mention des allegations des parties, afin qu'au iuger le procés, raison en aduienne. Et si les Commissaires sont donnez de la Cour de Parlement, & soient en loingtaines parties, lors ne doiuent mie cesser leur enqueste, mais proceder en icelle, ou la difficulté des parties faire escrire, & tout mettre au sac du procés, & que le procés verbal en face mention de r'apporter à la Cour, afin que la Cour face droict sur tout comme il appartiendra. Car dure chose seroit que pour friuole, cautelle, ou quelque raison d'aucune partie, les Commissaires de si loing venus cessassent leur enqueste, quant à tout r'apporter droict se peut faire, & par ordre, &c.

Et toutesfois doit estre par les commissaires fort deliberé, si par raison alleguee ils doiuent cesser ou non, à la fin que chacune partie compare en personne, si le cas est personnel, ou si par Procureur ne sont receus à la Cour, car les commissaires ne doiuent de ce prendre n'adiouster. Et si c'est pour cas desirāt que par Procureur on se puist comparoir, si doiuent les parties, si presentes ne veulent estre, eux presenter par Procureur. Et ne suffist mie auoir eu procuration en Cour, que deuant Commissaires ne conuiēne auoir & mettre outre. Car illecques pourra estre telle chose dicte & arguee, que comment que procuration ait, n'autrement n'y auroit defection, car droict deuera sur ce qu'en sera trouué au sac, sans ailleurs recouurer, & pour ce est-il expedient que procuration y ait, si par autres que les propres parties y estoit procedé ne poursuiuy.

Du Procureur du Roy soy faire partie contre autre.

Item aucunesfois aduient que le Procureur du Roy, ou le Procureur d'Office de la Cour, dont les commissaires sont baillez, se fait seul partie contre autre, que sur ce Commissaires sont baillez en la cause, adonc pour reuerence d'office, supposé que le Procureur ne vint deuant commissaire au iour assigné, si le doiuent-ils attēdre, si defaut ne le comprent deuant que le Procureur est en la cause, ou aucun autre Substitut. Car le Procureur d'office ne peut on contumasser, pource qu'on ne sçait quelle necessité il a à cause de son office.

Nota de stil. cur. Parlamen. quod quandoque Procurator Regis facit partem solus: & tum debet expectari, nec dari debet in eum contumacia: quandoque facit partem cum alio: & tum si est in facto diuisibili, tunc procedetur cum parte iniuriata: si vero factum de se indiuisibile est, tunc debet fieri processus insimul, & expectatur Procurator Regius. pro hoc vltra iura quæ hic possent allegari, vide in tit. de mod. conficiend. process. commiss. stil. cur. Parlamen. versic. item quandoque.

Que defaut ne se donne contre le Procureur du Roy.

Item est à sçauoir que contre le Procureur du Roy ne se donne mie legerement default, comme contre autre partie priuee, pour les exoines qu'il peut auoir pour le faict du Roy: mais toutesfois si le Procureur defaut à son iour, default peut estre donné, & peut auoir lieu sur ce partie aduerse, si ainsi n'est que le Procureur ait eu tresloyal exoine pour le faict du Roy, & encores est tenu de mander & faire sçauoir au iour seruant suffisamment : ou autrement il y chet en defaut aussi bien que feroit sa partie aduerse. Et ainsi fut il conseillé par le conseil du Roy à Paris, c'est à sçauoir Monseigneur des Marez, Maistre Iean Canart Aduocat du Roy nostre Sire en Parlement, pour la Ville de Tournay contre le Procureur du Roy nostredit seigneur en Tournesis. Et pource si tost qu'aucune cause est commise en audition pardeuant commissaires, ne les commissaires ne le Procureur contre qui la cause est pour le Procureur, ne se doiuent partir de celle Cour, que le Procureur d'office n'ait en celle propre cause, & especialle substitué aucun substitut pour luy, pour proceder en ladite cause comme de raison sera. Et lors contre iceluy substitut on prend defaut & profit de defaut pour valoir tant que valoir doit : Car si le Procureur puis que c'est en cas de sauuegarde enfrainte, ou delict tel qu'il est par la Cour, & la cause est par indiuis, lors peut le Procureur dire, tout ce que par ma partie adiournee sera faict, ie l'aduoüe par mon office, & requiers droict entant que toucher me peut.

D'estre l'vne partie diligente, & l'autre non.

Item si c'est en cause de partie contre autre, & l'vne des parties soit diligente, & l'autre non : Sçachez que lors peut estre procedé pour le diligent, & à sa cause, comme le cas le requiert. Et contre le defaillant, pour ce que le pouuoir des commissaires n'est qu'à rapporter comme dict est, & leur commission est d'y proceder auec intimation, que vienne ou non vienne, adez * sera procedé à la requeste du diligent. Mais à toutes les iournees iudiciaires, c'est à sçauoir, à toutes les iournees assignees pardeuant les commissaires, le defaillant doit estre adiourné deuëment & appellé à l'huis de la maison où les commissaires font leur audition, & vienne ou non, les commissaires doiuent tousiours proceder en ladicte audition, & de tout ce faire mention en leur procés verbal. Car sçachez qu'aussi bien le faut-il adiourner à chacune iournee qu'il a faict à la premiere, car toutes seruent au cas de l'audition, & aussi bien l'vne que l'autre : & si autrement estoit fait, la Cour mettroit le procés à neant, & le tiendroit pour inutile.

* *Adez ancien mot François, qui signifie adonc ou lors.*

Qu'on ne peut appeller des commissaires de Parlement.

Item peus & dois sçauoir que des commissaires ordonnez de Parlement ne doit estre appellé. Et qui en appelleroit, si ne doiuent-ils pour ce cesser en leur audition, car on ne peut neant plus appeller d'eux, qu'on peut appeller de Parlement, qui les commet. & ainsi fust il dit par arrest de Parlement. Et que pour les commissaires donnez de la Cour suiecte, peut bien estre appellé. Car lors faut differer les commissaires, & enuoyer la cause à la Cour dont ils sont commis pour doute d'attenter, & est le plus seur.

Item dois sçauoir que les commissaires sont donnez de Parlement seant, si ainsi n'est que leur pouuoir contienne Parlement seant. Si sçachez qu'aucunesfois pourroit estre appellé, & opposé à l'vn des commissaires, ou à tous les deux. Et dont si les commissaires voyent ce, ils doiuent cesser, & retourner à la Cour, & font leur honneur de ce faire, & toutesfois si les raisons estoient friuolles, & l'opposant ne vouloit proceder sur protestation de soustenir son opposition, & son opposition fust trouuee friuole: Sçachez qu'il perdroit sa production, & demeureroit en peril de sa cause. Et pour ce grand peril est d'alleguer contre les commissaires ou leur commission sans moult grand' cause, & qu'on sçache bien obtenir à ses causes d'opposition, & pour ce y doit estre procedé sur protestation, & pour ce grand peril est de faire cesser l'audition pour la doute qui en dechet de perdre le temps à ce ordonné & commis. Car qui oppose friuolement, il se met en peril de perdre son audition, &c. Dont ie vey qu'en cause pendant en Parlement furent donnez deux parties de commissaires, les vns de Parlement, & les autres au pais. C'est à sçauoir l'vn par vne partie, & l'autre par autre partie. Aduint que l'vne partie deboutist l'vn des cõmissaires, disant qu'il auoit esté du conseil de l'autre partie, &c. Le commissaire sentant de certain que non, pour son honneur ne vouloit aller plus auant en l'audition sur ce, deuant qu'il fut conseillé de la Cour. Si luy fust conseillé que si la partie ne vouloit dire que sommairement il pouuoit estre du conseil & collation de partie aduerse, que pour ce il ne laissast à proceder en l'audition sur ce, quand de faict ne le voudroit alleguer: & l'autre partie vouloit qu'il procedast, & si le procedant sur la suspection ne vouloit proceder, à son peril fust, & au peril de son audition, & pour ce peut apparoir que en vne cause peut bien auoir deux paires de commissaires, donnez tous de la Cour, là où le cas & la matiere le requiert, & la cause pẽdant. C'est à sçauoir, les vns commissaires pour vne partie, & les autres pour l'autre partie. Item peuuent bien encores estre donnez deux paires de commissaires, si comme deux d'vn lieu, & deux de l'autre & ainsi fut il faict en la Cour de Parlement en vne cause, pendant entre noble homme Gerard des Pierres, & Guillaume Biholart en cause de delict, lesquelles parties estoient en Tournesis, & furent mis en faicts de commissaires donnez de la Cour. C'est à sçauoir de la partie dudit Biholart demandeur, furent donnez commissaires à sa requeste, au lieu en Tournesis, & par chacun desdits commissaires fust faicte l'enqueste à sa partie appartenant & renuoyee à la Cour, & auec ce donner où de droict il appartient.

Comment commissaires doiuent garder le stille de la Cour.

Item dois sçauoir que commissaires doiuent dez à garder le stille de la Cour dont ils sont donnez. Et la raison si est, car là conuient la decision de cause querre iugement & fin. Et si deuant eux estoit proposé chose qui ne fist debat aller auant en audition, ils ne doiuent leur audition sur ce cesser: mais doiuent proceder, en faisant mention des allegations des parties en leur procés verbal, à fin que tout rapporté en la Cour droict se puist faire. Et si les parties ne se vouloient de ce consentir, si les peuuẽt les commissaires ordonner à escrire leurs raisons, que sur ce veulent maintenir, à rapporter à certain iour, & icelles raisons mettre au sac, à fin que droict s'en puist faire par la Cour, & que l'audition ne cesse mie pour ce, ne pour ſimple acceſſoire, & que la verité n'en ſoit ſçeuë, puis que ce ne ſeroit choſe de tel effect, en la cauſe que les commiſſaires veroient ſur ce qu'ils en feroiēt en l'audition, parfaiſant ne fuſt mis à n'eant par la Cour. Car lors deueroient les commiſſaires remettre le cas à la Cour, & parties ſur ce adiournées à certain iour, pour en eſtre determiné par la Cour, comme par le Iuge. Et pendant ce doiuent ceſſer les commiſſaires en leur audition, iuſques que par la Cour en ſera ordonné, & autrement ne doiuent ceſſer. Et pour ce il eſt tres-expedient de bailler en vne cauſe, ſages & expers commiſſaires, & qui ſçachent voir pourquoy ils doiuent ceſſer, & pourquoy non.

Car autrement vn cauteleux feroit arreſter l'audition par cautelle, ou ſubtiles voyes, & lors à la requeſte de l'autre partie doiuent eſtre ouuert, & procedé en outre, ſi ainſi n'eſtoit que la partie contrariant alleguaſt cauſe euidente que la deffinitiō des commiſſaires ſentiſt que cauſe y euſt eu, ſi que deſſus eſt dict.

Et pour cauſe qui de raiſon n'eſt à receuoir ne doiue eſtre arreſté. Mais s'il alleguoit que le ſac euſt eſté deſſeellé, combien que lié fuſt ou les articles desſéellez, ou ſéellé d'autre ſéel eſtrange, ou tellement deffacé qu'on n'y cogneuſt empraintе en forme, ou autres ſemblables cauſes qui bien ſont à receuoir : lors ont bien les commiſſaires cauſe de ceſſer, tant que pourueu y ſoit de la Cour.

D'affermer outre l'article.

Item ſi l'vne partie ne vouloit iurer d'affermer & reſpondre aux articles, ſi trop euidente cauſe n'y monſtroit, pourquoy les commiſſaires deuſſent ceſſer, ceſſer ne doiuent. Car de ce y chet peu d'excuſation ne de contredit qui face à receuoir. Mais y doit eſtre diligemment procedé au iour qui ſuit à ſon pouuoir, le diligent ſoit à affermer, ou à reſpondre. Et la partie diligente requerra que par ſa negligence & deffaute, il en ſoit forclos & debouté, puis qu'au iour ſur ce aſſigné ne l'a faict, & que ſes raiſons demeurent ſeules, comme non contredictes, & non debatuës. Et de ce reſcrire doit, & l'autre partie y contredire, & vueille monſtrer raiſons au contraire, ſçachez que ſur ces debats, les commiſſaires doiuent remettre le cas à la Cour, & aux parties ſur ce donner & aſſigner iour certain & competant pour auoir determination du cas.

Additio.

De huiuſmodi reſponſione ad articulos aduerſæ partis per verbum credit vel non credit : vide Maſuer. tit. de probatio. & verſicul. coram Iudice : vſque ad verſicul. Item ſi fiſcus. & ſi pars fuerit contumax in reſpondendo, vtrum propter vnam contumaciam tantum articuli habeantur pro confeſſis. videtur dicendum quod non iuxta ea quæ dicit gloſ. final. in cap. final. de confeſſ. in vj. & de iſta reſponſione ad poſitionem fienda per verbum credit vel non, eſt ordinatio vltius regis Ludouici XII. articul. 16.

La practique de reſpondre par credit vel non, eſt abolie par l'ordonnãce de l'an 1539 Mais ſe peuuent les parties faire interroger l'vne d'elles l'autre, ſur faicts & articles pertinens & concernant la cauſe, preallablement communiquez & y doiuent reſpondre pertinemment & cathegoriquement: & à faute de ce faire les faicts ſeront tenus pour confeſſiz & auerez, art. 36. 37. & 38.

Car c'est bien cas de cesser l'audition autant que peut estre tout & que sur ce en pourroit estre en parfaire l'audition pour le negligent, qui pourroit estre dict & compté pour nul. Et pour ce loist bien que telle doute soit remise en Cour : & si à affermer ou à respondre vient, sçachez qu'il n'appartient qu'on laisse les parties respondre fors au cas du propos faict de l'article de croire, ou non croire, sans fausser ne gloser son respons, & autrement ne doit le commissaire laisser faire. Car ce seroit laisser donner trouble à la cause, & faire comme nouuel article, qui ne se doit souffrir.

De partie demander respit pour respondre à vn article.

Item & s'il aduenoit qu'aucune partie ne voulsist respondre à vn article, & en demandast respit pour luy aduiser, on luy doit donner à l'endemain. Et si adonc ne vouloit respondre, les commissaires le doiuent sommer par premiere, seconde & tierce fois, qu'il responde & voye auãt comme il appartient, ou autrement ils y procederont comme de raison sera. Lors ne doiuent point cesser les commissaires, mais doit estre cotté contre l'article ou marge de roolle des articles, la sommation que faicte en a esté, & commẽt il n'y a voulu respondre, & neantmoins sont les commissaires allez auant: au surplus s'y pouruoye la discretion du Iuge, & ce est faict, à fin qu'a visiter le procés il y soit ordonné comme il appartient.

Cecy ne s'obserue plus, ains faut suiure la dicte ordonnãce de l'ã 1539.

Item la forme d'y respondre, est croire ou non croire, en negatif ou suppositif, ou impertinent, ou si de droict estoit l'article, il chet en la discretion du respondant, & en l'adiourné de l'article. Car autrement ne se peut bailler bonnement doctrine, & toutesfois en est traicté au premier liure.

Adde ea quæ habentur in tit. de protestatione quã debet facere. &c. in stil. cur. Parlamen.

Item en ceste partie appartient assez à faire protestations certaines, si comme les sages font. C'est à sçauoir ie fais protestation, que si ie respons à article negatif, ou à article suppositif, ou article de droict, responce impertinente, que ce ne soit compté pour responce, qui nuire ou dommager puist au droict de ma cause, ne porter preiudice, & tous autres protestations pertinentes, & requerant coppie des diffamatoires & responces de partie aduerse, laquelle chose leur doit estre baillée par les commissaires.

Des iours assignez aux parties par les commissaires.

Item les commissaires doiuent assigner certains iours aux parties de productions, & premier au demandeur en la cause, pour voir iurer les tesmoins l'vn de l'autre : ou intimation que vienne ou non, la partie qui aura iour à faire iurer, pour ce ne demeurera qu'on ne le face iurer, & qu'il ne soit ouy en la cause, & si partie y est, on doit le tesmoin ou tesmoins faire iurer en la presence, & puis luy doit estre demandé par les commissaires, si il sçait que dire aux tesmoins, pourquoy ils ne puissent estre ouis pour la partie qui le produit contre luy, & si reproche y sçait dire, qui vaille telle qu'il voudroit ou pourroit dire qu'il appartiendroit que ce fust faict, qui desiroient preuue, s'il n'estoit reproche qui desirast preuue, on le doit faire apporter par escrit, & mettre au procés, & les saluations de partie, aussi que par la Cour soit veu, & pour ce ne demeureroit que ne fust ouy le tesmoin, pour sa deposition valoir, ce que pourroit & deueroit valoir par raison. Mais si le tesmoin confessoit la reproche en presence de commissaires, telle qu'il ne peust estre ouy par droict, lors ne le deueroient ouyr les commissaires, & en deueroient faire mention en leur procés verbal: mais ceste matiere aduient peu souuent. Car par generale reigle de ceste matiere, il est accoustumé que les parties accordent que tesmoins peussent estre ouys, aussi bien en absence qu'en presence, & non adiournez par si qu'en fin d'action chacun ait noms & surnoms de tesmoins produicts d'vn costé & d'autre, & qu'ils puissent bailler reproches & saluations, & tout ce qu'à forme de procés appartient, soit contre personne produicte ou lettres, & ceste forme leur doit estre accordee par les Commissaires, & en doit faire le procés verbal expresse mention. Si sçachez que la forme de faire iurer les tesmoins, d'iceux examiner, trouuerez en la rubriche qui de ce faict mention qui dist, des tesmoins, d'iceux examiner, &c. Mais bien se doiuent prendre garde les commissaires que sur vn article ils ne oyent que dix tesmoins. Car l'ordonnance du Roy le defend. Item se prendent garde les commissaires que la deposition des tesmoins soit mise par escrit en belle forme chacun par luy, & que le tesmoin ait rendu cause comment il sçait ce qu'il depose, & si sçait par auoir esté present, ou par ouyr dire, en quel temps, en quel lieu, & quel iour, pour quoy, & en quoy, si ils sont requis de ce dire, s'ils en ont eu don ou promesse. Car tesmoin qui ne rend cause de sa deposition, à telle deposition ne doit estre arresté. Item si lettres sont produictes en forme de preuue, lors faut partie appeller pour les voir mettre outre, & en doit auoir lecture & coppie du commencement & de la fin tant seulement, afin que si reproche y veut bailler, que faire le puist, & suffist de mettre en preuue coppie: mais que les originaux soient apportez deuant les commissaires à la partie contre qui c'est à faire, & que collation en soit faicte en presence des parties mot apres autre, & qu'ainsi soit registré au dos des parties qu'on met en preuue, & prouue comment les originaux y sont sains & entiers, veu & tenu à tel iour.

Cecy ne s'obserue, comme a esté cy dessus noté: parce que le cõmissaire doit ouyr les tesmoins sans preiudice des reproches & saluations, cõme a esté iugé par arrest du 14. Mars. 1532. & autres.

De la closture du sac.

Item s'ensuit de la closture du sac. Sçachez que les commissaires leur enqueste faicte, doiuent faire les parties conuenir pardeuant eux à certain iour, & là doiuent auoir tout le procés, & toutes les parties chacune à par luy : & doit estre sur chacune partie au dos cottee par le nombre de lettres, a. b. c. &c. sur chacune piece vne lettre doit estre contre-roollé au procés verbal de piece en piece, & aussi tout monstré aux parties, & en leur presence doit estre tout mis au sac, & le sac clos & seellé des seaux des Commissaires en la presence des parties, & ce faict les Commissaires doiuent assigner aux parties, & donner iour en Cour pour voir receuoir l'enqueste,

Cecy est hors d'vsage, car sans appeler les parties le commissaire peut clorre le sac & le r'enuoyer clos & seellé en la Cour.

Le commissaire n'assigne plus iour aux parties en la Cour pour voir receuoir l'enqueste, mais

& icelle iuger à droict, & doit de ce faire mention le procés verbal, & la doit conclurre ; & le procés verbal : & de lors en auant doit estre le pouuoir des cõmissaires finy, ja fust ce que leur temps de ce pouuoir ne fust mie encores expiré. Car pour autre chose n'ont pouuoir, fors pour l'enqueste faire & parfaire : & puis que par closure du sac, & par adiournement qu'ils feront des parties en Cour, pour voir iuger icelle enqueste, dés lors leur commission est finée. Car ja l'ont r'enuoyée en Cour, &c. Et s'il aduenoit qu'aucune des parties ne voulsissent conclure à clorre le sac, & à recognoistre leur piece, sçachez que pour ce ne demeureroit mie que les commissaires ne procedassent à la closure, mais il conuiendroit qu'ils fissent mention en leur procés verbal, & rescriuissent comment à ce l'auroient suffisamment adiourné, & les raisons que partie allegueroit à fin de non clorre, & non conclurre, & tout mettre au sac du procés, si que par la Cour y puist estre pourueu, & pareillement se deueroit il faire en default de non comparoir au iour de clorre. Item doiuent les commissaires prendre & auoir Clerc en leur audition agreable aux parties, auquel ils facēt iurer sur sainctes Euangiles que loyaument il fera le faict de ladicte enqueste sans faueur, ne haine à vn ne à l'autre, & celera les secrets de la cause, & y vacquera par les iournées assignées ; sauf loyalle exoine, qui fera sçauoir de temps & d'heure, à fin que les parties ne fussent dommagées ne perturbées en maniere aucune.

La partie qui a faict faire & r'apporter l'enqueste, apres auoir baillé copie du procés verbal au Procureur de la partie aduerse, en doit demãder la receptiõ : ce qui se faisoit cy deuãt en l'audience mais à present les Procureurs des parties passẽt appoinctemẽt de receptiõ d'enqueste, sans preiudice des moyẽs de nullité & reiect & des reproches, & des responses & saluations au contraire.

La teneur du pouuoir des commissaires.

LE pouuoir des commissaires doit contenir ceste forme. Tristan du Boys seigneur de Famechon & de Raincheual, Cheualier & Conseiller du Roy nostre Sire, & Gouuerneur des Bailliages de Tournesis, & des appartenans.

A nos biens amez tels & tels. N. N. &c. hommes Conseillers de la Cour du Roy nostre Sire en la Ville & Cité de Tournay. Nous par l'accord & consentement des parties, c'est à sçauoir de tel demandant à l'encontre de tel defendeur, lesquels ou contend & procés qu'ils ont en ladicte Cour, sont ordonnez en faicts contraires, & enquestes sur ce faire, si comme par les escritures d'vne partie & d'autre vous appera, lesquelles nous vous enuoyerons closes & séellées sous contre-séel de ladicte Cour. Si vous mandons & commandons que parties appellées pardeuant vous, icelles escritures & raisons ouuertes, vous les faictes affermer & respondre, si comme ordre de droict le requiert à faire, en faisant appeller & conuenir deuant vous tous les tesmoins que lesdictes parties vous feront donner & requerir pour tesmoignage de verité porter en ladicte cause. Item de faire iurer à deposer verité eux examiner & ouir, auec toutes lettres ou munimens qu'administrer & produire voudront, receuoir le procés & saluations si bailler les veulent lesdictes parties, & conclurre en enqueste, clorre & fermer l'enqueste & procés sur ce faict, & aux parties assigner iour, & retourner en Cour pour ladicte enqueste voir receuoir & iuger à fin deuë & raisonnable, & tout ce auoir faict dedans le terme & espace de trois mois inclus, si comme le stile de la Cour

Ce formulaire ne s'obserue plus : & ce n'est pardeuant le commissaire, ains pardeuãt le Iuge de la cause, que les parties doiuent affermer leurs faicts, conclure en enqueste, & bailler reproches & saluatiõs de tesmoins, produire tiltres & lettres, & bailler contredicts & saluations.

de Parlement l'enseigne : C'est à sçauoir, le premier mois pour la premiere production, dedans lequel temps soit affermé & respondu aux dicts articles d'vne part & d'autre. Le second mois pour la deuxiesme production. Et le tiers mois pour la derraine & tierce production. Si lesdictes parties ouyes d'vn costé & d'autre par ladicte Cour, autrement par prorogation & delayement n'y estoit pourueu, de ce faire vous donnons pouuoir, mandons & commandons à tous les iusticiers & officiers dudict Bailliage, prions & requerons tous autres qu'à vous en ce faisant diligemment soit obey & entendu.

La teneur de la commission desdicts commissaires.

Commission des Commissaires doit estre ainsi causee & titulee: Tels, &c. commissaires cõmis & deputez par noble & puissant Monseigneur le Gouuerneur des Bailliages de Tournay & Tournesis, au premier sergent sur ce requis salut. Nous auons receu lettres dudict Monseigneur le gouuerneur en nous donnant pouuoir de commissaires en ceste partie, dont la teneur s'ensuit. Tristan du Boz, &c. Par vertu desquelles lettres vous mandons & commettons que vous à la requeste de tel, &c. Adiournez à tel iour, &c. tel, &c. pardeuant nous aux iours ensuiuans que nous vacquerons à l'auditiõ de l'enqueste pour voir & ouyr les articles à nous sur leur contens & procés enuoyez clos & séellez, iceux voir & affermer & y respondre comme ordre de droict le requiert, voir iurer les tesmoins que produire voudra, lettres ou munimens, voir produire si mestier est. Conclurre en enqueste & audition, voir fermer ladicte enqueste & audition au iour assigné, retourner en Cour quant temps & lieu en sera, en la forme & maniere qu'en tel cas est accoustumé, & par le pouuoir à nous donné & commis le pouuons & deuons faire, auec intimation que vienne ou non, nous procederons en ladicte enqueste & audition, comme il appartiendra de raison à faire, & auec ce adiournez audict iour & iours ensuiuans de nostre dicte enqueste tous les tesmoins qu'il vous demandera & requerra à adiourner pour porter tesmoignage de verité en la cause, si auant qu'ils le sçauront, de ce faire vous donnons pouuoir, &c.

La teneur de la rescription dudict sergent.

La rescription du sergent doit estre telle. A tressages & honnorez mes tres-chers seigneurs & maistres tels, &c. honneur seruice & reuerence auec toute obeyssance. Mes tres chers seigneurs plaise vous sçauoir que i'ay receu vne commission, parmy laquelle ceste mienne rescription est annexee, de laquelle commission ie pour icelle enteriner à la requeste de tel denommé en ladicte commission le troisiesme iour de May me transportay en la ville de sainct Amand en Peule, où il me fust dict que tel, &c estoit demeurant, lequel en la presence de tel sergent à moy presté pour voir faire mon exploict par le Preuost d'icelle ville, i'adiournay tel, &c. à comparoir au iour denommé en madicte commission pardeuant vous à Tournay en l'hostel de tel, &c. où vous auez esleu à tenir & faire vostre audition, à voir faire & accomplir la teneur de ladicte

C'est anciẽ formulaire ne se practique plus.

commission, & tout par la forme & maniere que par icelle appartient à faire. Lequel me respondit que bien auoit ouy ce que dit auoye, & me requist à auoir coppie de ma commission & rescription, laquelle ie luy accorday si auant que de raison le pouuoye & deuoye faire. Item à la requeste dudit tel denommé, si que dit est en madite commission, adiournay aussi tels, &c. audit iour & lieu pardeuāt vous pour deposer tesmoignage de verité en ladite cause. Lesquels me respondirent qu'ils se gardoient de messaire, & jaçoit ce que plusieurs autres tesmoins me fussent denōmez à adiourner pour ledit tel, &c. Toutesfois pour certaines causes que i'auoye touchant mon office de sergenterie, & pour le Roy nostre Sire, n'en peus plus adiourner pour lors, mais bien me requist qu'autres iours les voulsisse adiourner, laquelle chose ie luy accorday. Tout ce vous certifie ie auoir fait par ceste presente rescriptiō seellee de mon seel, lequel i'ay mis à ces presentes lettres en tesmoin de verité, &c.

La maniere de faire son procés verbal.

A present les Commissaires font plus amplement leurs procez verbaux. ausquels sont cōtenus les cōparances des parties, ou defauts contre les non comparās, leurs remonstrāces, allegations & protestations, prestations des sermens des tesmoins, & continuations iusques au iour du delay porté par la commission ou appoinctemēt de faire enqueste: & les procez verbaux se mettēt hors le sac, & se baillent aux parties.

La forme de procés verbal si doit estre telle, l'an de grace 1392. Nous tels commissaires commis & deputez en ceste partie receuës les lettres de noble & puissant seigneur Monseigneur le Gouuerneur de Tournesis, à nous donnans & attribuans pouuoir de cōmissaire, dont la teneur s'ensuit. Tristan du Bois, &c. Lequel pouuoir sera trouué au sac de ce present procés signé au dos par A. par vertu duquel pouuoir, &c. à nous commissaires adressans à certain sergent du Roy pour adiourner ceux qui seroient à adiourner, laquelle commission & rescription sur ce faite seront trouuez au sac signé au dos par A. Et pareillement pour partie aduerse pouuoir de commissaire, cōmission & rescription qui sera trouué audit sac signé au dos par tel signe, &c. Et ainsi de piece en piece, tāt d'vne partie comme d'autre, tout mettre, signer & rescrire toutes iournees tenuës par lesdits commissaires iusques au clorre le sac.

Comme on doit euangeliser le procés.

La forme d'euangeliser le procés, si est l'Euangile appellee vne cedule qui doit estre consignee au dehors du sac qui doit ainsi cōtenir. A noble & puissant seigneur Monseigneur le Gouuerneur des Bailliages de Tournesis, tels & tels commissaires commis & deputez par vous en la cause pendante en la Cour du Roy nostre Sire à Tournay. Et laquelle cause nous vous faisons sçauoir que nous auons procedé, & allé auant pour enquerir la verité de la cause au plus diligemment que nous auons sceu: & que par le pouuoir auons sur ce donné le pouuions & deuions faire, & que le procés que nous auons sur ce fait, lequel nous vous enuoyons clos & seellé de nos seaux auec lesdites parties sur ce adiournees à tel iour, &c. pardeuant vous ou vostre Lieutenant en la Cour du Roy dessusdite pour voir iceluy procés receuoir, & en outre comme il appartiendra. Donné, &c.

ANNOTATIONS SVR LE TILTRE DEVXIESME.

a AV liure escrit à la main que i'ay, y a d'autres tiltres deuant cestuy-cy : mais à la verité y en a d'aucuns semblables au premier liure : toutesfois on pourra adiouster à la fin de l'œuure, ceux qui defaillent au liure imprimé. Quant aux Iuges, en l'ancien droict Romain ils estoient entendus à la comparaison des Magistrats, ceux qui estoient donnez & deputez par le Preteur ou autre Magistrat ayant iurisdiction, pour cognoistre des causes priuées entre les parties & en iuger. Mais depuis tous Magistrats & Officiers ayans authorité de iuger ont esté appellez Iuges, mesmes en France, tant des Cours Souueraines qu'inferieurs, tant Royaux que d'autres seigneurs, tant Ecclesiastiques que seculiers. Toutesfois pour monstrer des qualitez requises aux Iuges, on allegue souuent ce qui en est traité au liure du droict Romain & Canonic outre ce qui en est ordonné par les ordonnances Royaux. Tous ceux sont capables d'estre Iuges, qui n'en sont prohibez, lege Cùm Prætor. D. de iudic. & aucuns sont prohibez par nature, autres par la loy, & autres par les mœurs & coustumes du pays, d. l. Cùm Prætor. par nature le sourd, le muet, le furieux, & le mineur : on entend le sourd de nature, ou auquel tel inconuenient est aduenu qu'il ne peut nullement ou difficilement entendre, pour les raisons notées, in l. Iudices. & seq C. de iudic l. De minore. §. tormenta. D. de quæst. & autres qui se peuuent aussi alleguer pour le muet : d'autant que le Iuge doit entendre les parties, & prononcer sur leur differend. Le furieux n'est aucunement capable d'estre Iuge, pour la perturbation & transport de son esprit, encores qu'il ait des apparens interualles, par-ce qu'il est autant dangereux d'auoir en la Republique des Magistrats insensez, que des meschans, vt scribit Æschines, & que l'experience auroit souuent demonstré. Quant au mineur, i'ay mieux aimé dire ainsi, que de dire impubere auec le Iurisconsulte in d. l. Cùm Prætor. d'autant que par les ordonnances Royaux nul n'est admis à office de iudicature, qui n'ait attaint l'aage de vingt cinq ans. Et par icelles sont prescrits & ordonnez les aages que doit auoir chacun pour estre pourueu de tel office, soit aux Cours Souueraines, ou aux Bailliages, Seneschaucées, Preuostez ou autres iustices. Plato lib 3. de Republica, non iuuenem, sed senem bonum iudicem esse oportere scribit, exemplo boni medici. Nous en auons plusieurs autres authoritez à ce propos, qu'il seroit trop long de reciter : sont prohibez par la loy d'estre Iuges, ceux qui en sont indignes, comme s'ils ont esté condamnez pour crime infamant, ou priuez des offices qu'ils auoient, pour semblable crime, & declarez incapables d'en tenir : qui turpi iudicio damnati sunt, vt ait Cicero pro Cluētio. & ceux aussi qui n'ont la science du droict, qu'on distingue pour le regard des Cours Souueraines, & Iuges Royaux desquels les appellations ressortissent en icelles, qu'ils doiuent estre versez en la Iurisprudence, & y auoir acquis degre & qualité, & en la practique du droict François : & pour le regard des Iuges inferieurs & subalternes, qu'ils doiuent pour le moins *estre entendus en la practique ; à quoy on peut r'apporter* , l. Nemini. C. de Aduocat. diuers. iudic. Nouel. 82. de Iudicibus & 161. de Prouinc. Præsid. *sont prohibez par les mœurs des femmes, qui ne peuuent par le droict Romain ne par le droict François estre Iuges ny Arbitres*, d. l. Cùm Prætor. l. 2. D. de diuers. regul. iuris. lege vltima. Codice de arbitr. *& encores qu'elles comme aussi les impuberes ayent iustice à cause de leurs terres & seigneuries, si ne peuuent les vns ne les autres les exercer eux mesmes: toutesfois on remarque aux Annales de France que la Comtesse de Flandres se seroit trouuée auec les autres Pairs au Iugement de Robert Comte d'Artois, en la presence du Roy, l'an mil trois cens quinze. Mais tels exemples rares ne doiuent estre tirez en consequence. Ie ne veux entrer en dispute de la raison de telle prohibition, seulement ie diray que la pudeur de la femme chaste & modeste, la doit retirer des compagnies & affaires publiques. Il y a encores en quelques pays des coustumes pour la creation & institution des Maires ou Majeurs, qui ont iustice ; mais ceux qui ne sont indigenes & naturels du lieu, & quelques autres du pays mesme, ne peuuent estre admis à tel estat & charge. Quant au surplus de ce qu'il traicte icy selon le droict Romain, & quelques anciennes ordonnances des Iuges qui ne peuuent estre du pays, & ny faire contracts auec les subiects, & d'estre tenus d'attendre quarante iours en la Prouince, apres le temps expiré de l'exercice de leur charge & office, il ne s'obserue plus en France, apres l'ordonnance de Loys XI. qui auroit faict les offices Royaux perpetuels*, vt testatur Gaguinus lib. 10 cap. 2. *& la recite Aufrerius* tit. de excess. offic. cap. 60. § præterea. *I'en ay cy dessus plus amplement escrit au premier liure, qu'il n'est besoin de repeter.*

b *On faict deux especes de Iuges, les vns ordinaires, & les autres deleguez. Les ordinaires sont ceux qui exercent vne iustice ordinaire, dont ils sont pourueus en tiltre d'office, soient Royaux ou des seigneurs ayans droict de iustice en leurs terres & seigneuries: toutesfois y a difference entre iceux, par ce que les Royaux ne se peuuent reuoquer, que par destituation & priuation pour crime: & ceux des seigneurs sont reuoquables & destituables à la volonté d'iceux, sinon qu'ils en eussent esté pourueus pour remuneration & recompense de seruices, comme porte l'Edict de Roussillon de l'an mil cinq cens soixante quatre article. 27. & a esté iugé par plusieurs arrests de la Cour, tant auparauant ledit Edict que depuis, & entre autres du 23. Septembre 1595. les deleguez sont ceux qui sont commis & deputez a certain acte de iurisdiction, soit que le Roy, vne Cour Souueraine, ou autre magistrat les ait commis & deleguez. Au droict Romain souuent est faicte mention des Iuges deleguez par le Prince, comme aussi au canonic de ceux deputez par le Pape* & Iul. Capitolinus Marcum Imperatorem scribit in Senatus honorificentiam, multis & Prætoriis & Consularibus & priuatis decidēda negotia delegasse, quò magis in exercitio iuris eorum cresceret auctoritas. *Mais entre les deleguez du Prince ou d'vne Cour Souueraine, & ceux deleguez par vn Magistrat inferieur y a grande difference : par-ce qu'iceux peuuent estre deleguez auec pouuoir de iuger : mais l'inferieur Magistrat ne peut deleguer sinon pour l'instruction, & non pour le iugement, qui doit demeurer par deuers luy*, iuxta Auth. Apud eloquentissimum. C. de fide instrument. *Car seroit transferer sa iurisdiction, en vn autre : ce qu'il ne peut & ne doit faire. Par ce que i'ay traicté ailleurs de ceste matiere, i'adiousteray seulement qu'à present les Lieutenans des Baillifs, Seneschaux & Preuosts Royaux, ne sont pourueus par eux, ains par le Roy en tiltre d'office, perpetuez, & non destituables, sinon pour crime, & forfaicture, comme i'ay dict cy dessus : dont on peut voir les ordonnances estans au Code Henry.*

c *Ce qui est icy traicté des assesseurs pris des tiltres des* D. & C. de offic. adsesso. & de adsessoribus. *n'est plus en vsage en France : par ce que non seulement és Bailliages, Seneschaucees & sieges Presidiaux, ains aussi és Preuostez outre les Lieutenans generaux, y en a de particuliers & des Conseillers pourueus en tiltre d'office, & qu'on peut appeller perpetuels & ordinaires : & par ce qu'en l'absence ou recusation des Lieutenans, ils tiennent le lieu & place des Iuges, & en pareille authorité. Anciennement les assesseurs n'estoient du nombre des Magistrats & Officiers, ains certains hommes versez en droict ou practique, que le Magistrat appelloit au conseil* : vt ex d. tit. constat. & ex Tertuliano libro ad Scapulam. Iul. Firmic. lib. 2. Mathes. cap. 5. Lampridio in Alexandro Seuero, & al. *Car comme à Rome* Prætores, Proconsules, Præsides aliique Magistratus, *aussi en France iadis les Baillifs & Seneschaux, qui estoient Gentilshommes, n'estoient versez en la iurisprudence ou practique, & neantmoins exerçoient la iustice : & comme dict Ciceron* pro Plancio, de Populo Romano, *aussi lors le Roy* Magistratuum virtute & innocentia contentus erat. quotus enim quisque disertus, quotus quisque iuris peritus erat? *C'est pourquoy ils appelloient des assesseurs qui s'asseoient aupres d'eux, & leurs assistoient au iugement des causes & proces. Mais à present telle forme est bien changee, comme appert par les ordonnances recitees au Code Henry.*

d *De l'office des sergens est amplement traicté aux ordonnances, & cy dessus au premier liure, & autres liures de practique. Plusieurs se trauaillent sur l'etymologie du terme sergent, & aucuns le deriuent du Latin* Cæsariani, qui erant officiales procuratoris Cæsaris, lege nona. C. de pœnis proscript. lege quinta C. de iure fisci. *Mais mal à propos : & ne faut chercher des langues estrangeres les etymologies des mots, qui sont primitifs en la sienne naturelle. Sergent est vn propre terme François signifiant celuy qui sert ayant quelque charge & commandement, & ainsi se prend aux anciens liures d'histoires, & Romans. En Cassiodorus & autres semblables Autheurs, on lit Saio, qu'aucuns prennent pour sergent. En France y a des sergens de diuerses especes & qualitez, tant de cheual que de pied & à verge, & mesmes aucuns qui ont pouuoir d'exploicter par tout le Royaume : dont faut auoir recours ausdictes ordonnances. Par icelles appert que les sergens ne peuuent faire exploicts sans auoir deux records ou tesmoings, les noms desquels, qualitez & demeurances ils doiuent inserer en leurs exploicts, & leur faire signer, s'ils peuuent signer, sinon faire mention de ce qu'ils auroient declaré ne pouuoir signer, sur peine de nullité de leurs exploicts, despens, dommages & interests des parties, ordonnances de l'an mil cinq cens soixante six, article trente deux, mil cinq cens soixante huict, article trois, & de l'an mil cinq cens septante neuf: Estats de Bloys, article cent septante trois: desquels exploicts ils doiuent laisser coppie à la partie, contre laquelle ils exploictent en parlant à la personne ou au domicile: & adiouster au bas de leurs exploicts, ce qu'ils auront pris pour leurs salaires. Ce qui ne s'obserue à present par la negligence des Iuges qui deuroient estre plus seueres enuers les sergens maluersans en leurs offices, & contreuenans aux ordonnances: dont i'ay discouru ailleurs.*

e *L'estat d'Aduocat est honnorable, auquel est requis qu'il soit versé & en l'art oratoire, & en la iurisprudence, ayant eu cognoissance des autres sciences appellees huumaines & ingenuës ou nobles. Anciennement à Rome on faisoit difference*, inter oratorem & patronum qui causas agebat, & Aduocatum qui ius suggerebat, aut præsentiam suam commodabat amico, vt ostendit Cicero pro Cluentio, & Asconius Pedianus. *Mais depuis on a pris l'Aduocat* pro oratore & patrono, *& sa profession* togata siue literata militia dicitur, in Nouel. Valentiniani. de postul. In Panegyrico ad Pisonem.

——licet exercere togatæ
Munera militiæ: licet & sine sanguinis haustu
Mitia legitimo sub iudice bella mouere.

Toutesfois comme à present on entend le tiltre de Cheualier, il ne se peut accommoder aux Aduocats. A Rome & à Constantinople sous les Empereurs, desquels les constitutions sont au Code de Iustinian, tit. de Aduocatis diuers. iudic. *y auoit certain nombre arresté d'Aduocats*, qui statuti dicebantur, & pleráque priuilegia habebant reuerentia studiorum, vt ait l. 5. C. eod. *& y en auoit d'autres*, qui supernumerarij vocabantur, sed ij priuilegiarij non erant, vt scribit Cuiacius in Parat. ad d tit. Aduoc. ti statuti *auoient des gages du public*, quæ solatia dicuntur in l. 11. C. eod. *duquel tiltre & des autres ensuiuans est pris ce qui est icy traicté. Pour les salaires des Aduocats soit pour plaider, escrire ou consulter pour les parties, il n'est besoin de reciter la loy Cincia & autres anciennes loix, ains seulement leur proposer que leur salaire* honorarium & non merces vocatur, *& partant ils doiuent prendre vn moderé & licite honoraire*, vt traditur in l. 1. §. in honorarijs. D. de extraord. cognit. *& non marchander & exiger*, vltra modum legitimum. *Par les ordonnances de Charles VII. de Charles VIII. de l'an 1425. Loys XII. de l'an 1570. & François premier, de l'an 1535. le temps est limité de deux ans aux Aduocats & Procureurs pour demander leurs salaires: Il y en a qui ne parlent que d'vn an, mais la practique est plus receüe de deux ans. I'adiousteray que puis que l'estat d'Aduocat ne faict perdre au noble son tiltre & priuilege de noblesse, il le doit noblement exercer sans imiter ceux que Cuiacius appelle iustement* vulturios togatos. *I'en ay discouru ailleurs plus amplement.*

f *Anciennement n'y auoit des commissaires examinateurs en tiltre d'office, qu'au Chastelet de Paris: mais à present y en a en tous les sieges de Bailliages & Senechaucees, creez & establis par Edicts, qui peuuent faire les enquestes, & interrogatoires des parties. Mais comme autresfois a esté iugé que les enquesteurs ne pouuoient faire descente sur lieux, & sur la figure repeter*

& recoller les tesmoins, par arrest du 8. Iuillet, 1527. & autres : aussi ie serois d'aduis que les commissaires examinateurs ne le pourroient faire : par-ce que c'est acte de iurisdiction contencieuse, & dont le Iuge doit auoir oculaire cognoissance, par ce que souuent la decision & iugement du procés en depend, comme i'ay monstré au liure premier, traictant de la Veuë. Mais le commissaire soit en tiltre d'office, ou seulement delegué ne peut prendre cognoissance de cause des differends qui se proposent pardeuant luy, ny en ordonner, ny mesmes des causes de recusation contre luy proposées, ains en doit r'enuoyer la cognoissance au Iuge de la cause & procés : Iugé par arrest du 12. May, 1545. l'enquesteur ou commissaire ne peut proceder au faict d'vn enqueste, sans adioinct, qui necessairement la doit signer, par arrest du 7. iour d'Aoust, 1546. & cy deuant les parties en conuenoient, ou estoit denommé d'office par le Iuge : mais à present y a des adioincts establis en tiltre d'office. Le commissaire ne peut rien faire d'auantage que ce qui luy est mandé : tellement que ce n'est pardeuant luy que se faict la production des tiltres, ne les autres procedures concernantes l'instruction & conduicte du procés : ains c'est au Iuge d'en reigler les parties. Et la plus grand' part de ce qui est icy traicté des commissaires, est à present hors d'vsage, comme i'ay noté aux marges : & partant faut voir les nouueaux styles de Parlement, & de Chastellet.

g *Le commissaire qui faict vne enqueste, doit suiure le style de la Iurisdiction du Iuge, duquel il est delegué, & non du siege où se faict l'enqueste, comme a esté iugé par arrest donné en l'audience sur l'appel*, ab Auditoribus Rotæ *de Rome du septiesme iour de Mars, mil cinq cens cinquante : recité en la 33. Respons. du quatriesme liure.*

DES ARBITRES.

TILTRE III.

ARBITRES [a] dicts selon l'opinion d'aucuns arbitres, & selon aucuns arbitrateurs, & selon aucus amiables appaiseurs, & selon Iean André sont dicts ceux qui du consentement des deux parties sont esleus, & sur peine obligée & stipulée à tenir ce que faire voudrōt du discord d'entre eux. Ou autrement arbitrage est vne volōté ou puissance donnée à aucun qui entreprendre le veut à determiner & prononcer sur le debat des parties, ce que raison en donne. Si sçachez que comme le Iuge peut determiner à sentence, ainsi donnent arbitres le droict où il appartient. Si dois sçauoir que difference y a entre arbitre & arbitrateur, & entre amiables compositeurs & appaiseurs. Arbitre ne peut & ne doit en la cause à luy submise proceder, ou autrement que par ordre de droict gardé selon qu'il est allegué ou prouué deuant luy : car nul traicte ny peut ne doit faire non plus que feroit le Iuge, ne plus ne doit auoir de faueur à vne partie qu'à l'autre: mais tout laisser aller selon la reigle de droict.

Additio. *De materia arbitrorum vide Bart. in l. Societatem. §. arbitrorum. ff. pro soc. o. arbiter enim est ille qui habet iudicare de iure secundum ordinem iudiciarium: arbitrator autem assumitur super contractu ad litem decidendam. Abb. in cap. ca ussam. de elect. & de materia hac, vide multa recollecta ex docto. per Ioannem Baptist. in suo tractatu de arbitro. quem longum fecit, & in quo multa nequaquam spernenda inuenies.*

Arbitrateur si est celuy qui de la cause est chargé à sa conscience, ordre de droict gardé, ou non gardé, & peut les parties appoincter selon que bon luy semble.

Amiable compositeur ou appaiseur, si est celuy qui du consentement des parties les met en accord. C'est à dire, que chacune partie sçait bien qu'auoir en deueroit auant l'edict de l'amiable composition. Or peus & dois sçauoir qu'arbitrage est emprins, ou compromis, ou * mise. Car par tous ces noms le peuuent appeller, & ne vault s'ainsi n'est qu'il soit fondé sur trois fondations. C'est à sçauoir qu'il y ait foy, iour, & peine: il faut qu'il y ait foy, pour ce qu'à vray compromis il faut que les parties s'obligent par foy à tenir ce que les arbitres sentenci'ront. Encore faut il qu'il y ait iour prefix & denommé, dedans lequel il y deueront auoir leur dict & sentence determinée, & outre lequel iour ne durera l'arbitrage, ains faudra iceluy iour. Encore faut il qu'il y ait peine ordonnée, car qui defaudroit d'entretenir l'arbitrage; il conuient qu'il enchée en la peine compromise & deuisée. Et si l'vn de ces trois cas defailloit en compromis, il seroit moins que suffisant, & ne fait à tenir ne à conseruer l'arbitrage emprins par les arbitres, ils doiuēt faire le compromis escrire, & en doiuent lettres leuer de Iuge, ou de Tabellion: car autrement nuëment precedent les arbitres. Ce faict, ils doiuent assigner iour pardeuant eux certain & competant en sauf lieu & honneste, & du consentement des parties où elles puissent sauuement comparoir, & sans cremeur ne doute aucune: car si autrement estoit, la partie non comparant au iour, auroit iuste exoine: car au iour assigné en arbitrage ils y sont requises trois solennitez: c'est à sçauoir le iour, lieu, & l'heure, ou autrement si faute y auoit que l'vne partie ne comparust, il seroit excusé, & la raison est que s'ils ne declarent les choses dessusdictes, mauuaisement le peuuent sçauoir les parties, pour ce que les arbitres n'ont mie plais ne iours accoustumez comme les Iuges ont en leurs Cours. Si sçachez que on ne peut ne doit nully contraindre à estre arbitre, s'il ne luy plaist: mais puis qu'emprins l'a, le Iuge le peut & doit contraindre à aller auant en l'arbitrage, & proceder auant audict arbitrage durant le temps de leur pouuoir: lequel expiré l'arbitrage est failly & n'ont plus de pouuoir, ne plus contraindre on ne les peut ne doit en outre, & se terminé n'ont à sentence diffinitiue, ou appoinctement entre les parties. Sçachez que tout quanques pardeuant eux a esté faict, est expiré, & ne vaut à iamais retourner

** Deuise, au liure escrit à la main*

De iure ciuili non tenet arbitrū nisi pœna adiecta Auth. decernit. C. de arbi. Authē de iudi §. quia vero & l Litigatores ff de arbit. secus de iure canonico, cap. 2. & ca. per tuas. extra, de arbi.

retourner sus, ja fust qu'ils eussent ouy & examiné grand foison de tesmoins, & encores ouy procez & saluations,& plus auant eussent procedé iusques à droict dire. Si ne vaudroit tout puis que dedans le temps & pouuoir ne seroit en la cause d'arbitrage determiné. Et pour ce que sagement se veut faire, il le doit faire par telle conuenance, forme & maniere, que s'il aduenoit que les arbitres ne fussent d'accord d'auoir determiné de ouyr demandes le temps de leur pouuoir, ou ne peussent, ou pour quelconque chose que ce fust que le procez fait pardeuant l'estat qu'il seroit au iour que leur pouuoir expireroit, fut tenu & vaulsist pour celuy à qui il appartenoit à rapporter deuant le Iuge, & aller auant comme de raison seroit, & qui autrement fait, son cõpromis nuément le fait. Si ainsi n'est que ce soit partie qui vueille differer & fuir à la cause decider. &c. Item sçachez qu'il est au Iuge local & souuerain de contraindre arbitres de quelque estat ou condition qu'ils soient, puis qu'ils ont emprins l'arbitrage, & la maniere de submission soit telle condition & de telle, que si le Iuge en peust auoir cogneu qu'il en fust tant à luy, & que ce soit de sa iurisdiction, & que si l'arbitre ne decide dedans son tẽps, l'arbitrage soit fait & fondé que ce que fait en sera, ne demeure ne vaille pour proceder à droict, sçachez que le Iuge peut apres le pouuoir des arbitres expiré tout euoquer pardeuant luy pour proceder & determiner à droict &c. Encore peus & dois sçauoir que jaçoit ce que les parties se soient abaissees au dict des arbitres, par condition d'accepter leur dict, & qu'il y ait les trois conditions dessusdites, c'est à sçauoir foy, peine, & iour, & promis que iamais n'appelleroẽt : neantmoins en peuuent appeller les parties s'il leur plaist, ne pour quelque lien de non appeller qu'ils ayent fait, ce ne vaut que appeller n'en puissent si tost qu'ils se sentent aggreuez, soit en accessoire, ou en principal. &c. & dois sçauoir que l'appel fait deuant arbitres ou sentences d'arbitres, l'appellant le peut releuer pardeuant quelque Iuge qui luy plaist, soit par Iuge temporel ou spirituel. Car ou qui le relieue n'appartient à faire r'enuoy par la raison de la mise & compromis en quoy les parties se sont submises. Car non plus n'a cause de demander renuoy deuant le Iuge à qui on a releué l'appel des arbitres, que on a cause de demander le r'enuoy deuant les arbitres sur qui les parties se sont submises, & selon la loy escrite d'appel fait de sentence ou appointement d'arbitre ne quiert nulle prescription de temps à appeller ne poursuiuir l'appel fait d'eux. *C. l. ij. de tempo. appella. Authenti. si tamen.*

Pro hoc C. de arbit. l. 1. §. 1.

Pour le regard de ce qu'il dit de releuer l'appel pardeuant quelque Iuge que ce soit, tẽporel ou spirituel, ne s'obserue à present dont faut voir l'annotation.

Nota l'ordonnance du Roy Loys xij. en l'article xxxiiij. par laquelle il est dit nommeement que si aucun ayant fait compromis cum adiectione pœnæ, qui se sente greué par la sentence desdits arbitres qu'il peut appeller pardeuant le Iuge ordinaire : & si la dite sentence est confermee par ledit Iuge ordinaire, en ce cas la partie n'est receuable d'appeller, sinon en payant preallablement la peine apposee audit arbitrage. Et vide Panor. cui tractat ad quem debeat appellari in cap. cum dilectus extra de arbi. vbi concludit esse appellandum ad superiorem illius qui tulit arbitrium. arg. l. j. C. vbi & apud quem & hæc firmat Barth. in l. ij. C. de arbit. Et nota quod ego pro hac opinione obti-

Ceste addition n'est au liure escrit à la main, non plus que les autres.

nui arrestum aux generaux de la iustice des Aydes, vbi cessat ordinatio superius allegata: & ideo recurrendum est ad ius scriptum.

Quelles gens peuuent estre arbitres.

Item ne doiuent estre comprins en mise ne en cõpromis d'arbitrage serf, ne sur eux ne doit estre quelque mise faite, si ne fait-il sur femme, sur pupille, ne sur mineur qui soit en la mamburnie du pere pour la cause touchant au pere: car de sentence qui par tels arbitres fust renduë, ne se doit-on arrester ne fait à tenir: supposé que en aucun arbitrage fussent deux, & que l'vn fust de ceste condition, si ne vaudroit rien la sentence. Si ainsi n'estoit que depuis la sentẽce renduë aucune des conditions dessusdites vint premier à cognoissance, & que parauant l'homme eust esté tenu & reputé pour franc homme: car lors tiendroit la sentence & tout autre de quelque condition qu'il soit, peut estre arbitre, puis que on se veut mettre sur eux. *C. de arbit. l. vlt.*

Pro his vide. l. Sed & filius familias. & l. Seq. & l. In seruo. & l. Pedius. & l. Sed in seruum. §. sed neque. & l. Cum homo. & redde singulis. ff. de arbit. & quod hic dicit fœminam non posse esse arbitricem: vide cap. cum dilecti. extra eodem. & Cy. & Ange. in l. Fina. C. de arbi. Specula. §. ij. eod. titu. scribentes in cap. quintauallis. extra de iureiurando.

Comment on se deporte d'arbitrage.

Et jaçoit ce que aucun ait emprins à estre arbitre d'aucune cause, si peut-il s'en deporter & oster par plusieurs manieres. C'est à sçauoir, que si tost que l'vne des parties pourquoy arbitre est: luy dit ou imposé infamie: car lors se peut oster & demettre de l'arbitrage, ne Iuge depuis que ce sera trouué en verité, ne l'en peut contraindre à plus faire venir.

Item si l'vne des parties deuient de guerre mortelle à * l'arbitrage depuis l'arbitrage empris, l'arbitre s'en peut demettre & oster, ne depuis ne le peut le Iuge contraindre.

L'arbitre.

Itẽ si l'arbitrage empris par aucuns arbitres, les parties iceux delaissez alloient à autres arbitres, & puis voulsissent les parties arriere retourner aux premiers, iceux premiers s'en peuuent deporter & demettre, ne depuis ne les peut le Iuge contraindre, combiẽ que parties allassent deuant le Iuge pour le cas dont ils seroient submis, & puis voulsissent aux arbitres remettre la cause: si ne les pourroit le Iuge contraindre à ce, car c'est despiter son Iuge, que raison ne souffre, & arbitre est Iuge en son arbitrage. *ergo. &c.*

Item s'en peut oster l'arbitre par maladie quand elle suruient.

Item s'en peut deporter quand il est corrigé de son seigneur d'office pourquoy il n'y pourroit entendre.

Item quand il a emprins à faire voyage qui luy touche, ou qui luy est commandé de son seigneur, ou par pelerinage que promis a à faire.

Item s'en peut oster quand il a à faire pour luy si grand besongne euidente que plus luy touche la siẽne que l'autruy, que nullement ne pourroit faire l'vne & l'autre, que faute n'y eust. Sçachez que jaçoit ce que mise soit emprise par aucuns arbitres, toutesfois peut elle estre nulle, jaçoit que fussent les trois principales raisons dessusdictes, foy, peine, & iour.

Pro omnibus contentis à principio huiusce cap. hucusque: vide l. Sed si in seruum §. sunt & aly. vsque ad finem legis. & l. Litigatores. & l. Pomponius. & l. Licet. l. Non distinguemus. ff. de arbi.

Encores par autre maniere, c'est à sçauoir, si estoit faicte par telle condition, qu'il fust contenu ou compromis.

Nous promettons sur tel par telle maniere qu'il sentenciera telle chose qui n'est point au cõpromis, telle mise ne vaut: car tout arbitrage doit estre de franche liberalité, comme Iuge, ou autrement il ne vaut.

Item ne vaut mise qui est cõpromise sur deux, par telle condition que s'ils ne peuuent estre d'accord, qu'ils ne prendrõt le tiers, s'ainsi n'est qu'à leur compromettre, & à la mise faicte cils tiers y soient nommez & declarez, & la raison si est que l'arbitrage doit estre tenu certain & sur ce que dict est, & si les deux arbitres n'estoient d'accord de prendre le troisiesme nommé à l'eslire, la mise ne seroit mie certaine, mais incertaine.

Item & est encore mise nulle de quand de trois arbitres prins le tiers n'y est, ou s'il y est, si n'est il d'accord, car il conuient que tous les arbitres soient d'accord, ou autrement ce ne vaut, s'ainsi n'estoit que le cõpromis le contint, que de trois, les deux d'accord pourront sentencier & determiner la cause: & la raison si est que si le tiers eust esté present, peut estre eust il dict tant de bonnes raisons que ladicte sentence fust autre, ou peut estre si fust accordé, & si n'ont accordé, dont n'y pouuoit il auoir sentence. *ergo, &c.*

Item & s'il est compromis de plusieurs querelles sur article, lesquelles querelles s'entresemblent, & la sentence d'arbitres ne declare de toutes ces querelles, la sẽtence de soy est nulle: mais si c'est de plusieurs querelles qui ne s'entre-resemble, & la sentence ne declare ne determine toutes, pour ce ne sera mie en ce cas la sentence nulle, mais pourra & deuera en outre proceder sur les autres querelles.

Ceste addition est au liure escrit à la main. Ad intelligẽtiã eorum quæ hic ponuntur, vide tex. in l. Arbiter de § si duos. vsque ad finem legis. & l. Si in tres & l. Sicuti. ff eodem.

Cecy est traicté in l. itẽ si vnus. D de recep qui arbit. in § vlt, & in l. Seq est traicté que si trois arbitres sõt cõuenus & denõmez, & estãs tous trois preses, deux cõuiennẽt & cõsintẽt en vne sentẽce, il suffist cõme si trois Iuges estoient dõnez: & le tiers doit passer par leur aduis: & ainsi nous en vsons.

Item selon la loy escrite, si l'arbitrage est faict par cautelle en forme de dol, sçachez que les arbitres ne peuuent mie en vn autre aller ne assigner iour aux parties s'il ne leur plaist, car par le droict escrit où les procés sõt encommencez, là se doiuent finer, & par ceste raison le peus & dois entẽdre en mise & arbitrage: Car là où il est empris, là doit estre decidé. Si sçachez qu'ils sont plusieurs cas qui ne chéent en arbitrage de nul, mais en conuient estre decidé par le Iuge qui en peut & doit cognoistre, si cõme d'adultere, de cas de seruage de personne, de cas de mariage, & de tous cas spirituels.

Addition qui n'est au liure escrit à la main.

Nota in causa restitutionis in integrum non posse assumi arbitros: quia est mixti imperij & de officio iudicis nobili expeditur. l. Et si minor. in fin. ff. de mino. arbiter autem nec simplicem iurisdictionem, nec ea quæ sunt mixti imperij retinet ad quandam notitiam. lege. 1. Codice. de arbi. & l. Ait Prætor. ff. de re iudi. cap. per tuas. extra de arbit. Item arbiter nec in causa matrimoniali: quia solus Episcopus. in cap. accedentibus. extra de excess. Prælato. Item not. in causa liberali. lege. Non distinguemus. §. liberali. ff. de arbi.

& multis alus, de quibus vide per sequentia.

Itẽ nul cas criminel ne chet en arbitrage, par especial de rapt, de meurdre, de trayson, de pillerie: car supposé que les parties ne fussent d'accord ou non, si ne le souffriroit mie le seigneur: car l'action ne compete mie à partie: mais au seigneur: & pour ce le deffend estroittement iustice & ne peut estre cõpromis du cas qui desire la souueraineté du seigneur tãt que en crime. Item en * peut estre compromis de cas qui desire feu. Item & supposé que aucuns se compromettent de larcin afin de r'auoir la chose emblée, & aussi de homicide de beau faict, afin de l'amende & satisfactiõ de partie, pour ce ne demeure que iustice ne si doiue arrester, & qu'elle ne prenne ou face punition selon le cas: mais à partie ne peut estre defendu que de ces deux cas, de larcin, & d'homicide ne soient bien d'accord s'il leur plaist. Mais des cas dessusdits ne se peut ne doit on compromettre: & si fait estoit, si le defferoit & defendroit le Iuge, & y chet peine. Itẽ ne peut & ne doit estre compromis de cause qui pende en Parlement: ne en Cour Royale sans licence de la Cour: car si faict estoit ce ne tiendroit ne vaudroit, mais l'amenderoient les faiseurs. Item ne peut ne doit estre compromis des cas qui desirent infame: mais conuient que la verité en soit sceuë par le Iuge: car quoy que faict en soit par arbitre, ne demeureroit il qu'il ne conuient que ce vint à la cognoissance du Iuge. &c.

On tiẽt en Frãce que chacun peut accorder, & par cõsequẽt compromettre pour sõ interest ciuil: sans que tel accord puisse preiudicier à l'interest public du Roy ou du seigneur.

** Ne au liure escrit à la main C'est l'ãcienne ordonnance qu'on ne peut transiger ne cõpromettre des causes pẽdãtes en Parlement, sãs la permissiõ de la Cour, ce qui n'auroit en lieu pour les autres iustices Royales: & maintenãt: ne s'obserue Cum istis concordat. tex. in l. nõ distinguimus. in §. Iulianus in distracte. vsque ad §. fi. seruus ff. de arbi*

Du pouuoir aux arbitres.

Apres s'ensuit de voir du pouuoir aux arbitres. Si sçachez que l'arbitre n'a pouuoir de riens faire ne sentencier en la mise depuis que le temps de son pouuoir est expiré, si que dit est dessus.

Lapso termino qui fuit præfixus arbitris, amplius sententiandum non est, finitum est enim arbitrium. l. Si cum dies. & l. arbiter. ff. de arbit.

Item dist la loy que quelconque partie qui compromis ayt, deffaut de iour assigné par arbitre, il chet en peine compromise &c. Mais selon l'opinion des sages coustumiers qui ne sont mie d'accord que pour vn defaut la peine coure contre le defaillant, mais il y appartient trois defauts, & le quart à voir iuger les profits des defaux obtenir tout ainsi que en ordre de iugement en Cour se peut & doit faire, car quand auroit promise ou compromise, arbitre plus grande auctorité que Iuge ordinaire n'ayt. Mais par defaut peut la partie diligente acquerir sa cause & la peine ou tel profit que celle iournée enseignera selon l'estat de la cause.

Il se practique qu'il faut que l'arbitre procede cõtre le defaillãt selõ la forme des ordõnãces & ainsi que feroit le Iuge ordinaire.

Quidam dicunt arbitros non posse punire contumaciam litigantium. l. Non ex omnibus. ff. de arbit. sed tantum hoc permissum est iudicibus l. ij. §. fi. ff. de iudi. nisi hoc sit actum expresse in compromisso. arg. l non distinguemus. §. nunc de officio. & §. fi. ff. eodem. de arbi.

C'est à dire qu'il faut que le cõpromis cõtiẽne le nõbre certain des arbitres

Item selon la loy escrite dois sçauoir que les arbitres doiuẽt estre prins & esleus en la mise par nombre, ou en nombre, non par si comme iij. v. &c. Item dois sçauoir que en cause compromise recompensation ne se peut ne doit assoir, car deuant n'a lieu ne ne faict à receuoir, si n'est que expressement en soit compromis.

Item peus & dois sçauoir que si deux ont compromis, & l'vn va de vie à trespas, sçachez que l'arbitrage est finy, ne les hoirs du mort n'y sont tenus de y proceder s'il ne leur plaist. Et si proceder y vouloyent, si conuiendroit-il que ce fust par auctorité de Iuge, ou autrement n'y pourroyent proceder, ne feroient à receuoir, *extr. de arbit. cap. ex parte tua. & cap. vlt.*

La teneur de la lettre du compromis.

LA forme & maniere de faire & causer la lettre du compromis de la mise d'entre les parties si est telle,& ainsi se doit escrire: A tous ceux qui ces presentes lettres verront & oyront: S. Sçachent tous que pardeuant nous,&c sont venus & comparus en leurs personnes tels & tels N. &c. Lesquels de leur bonne & liberale volonté sans aucune contrainte, pour bien de paix, de concorde,& d'amour nourrir entr'eux,& pour euiter aux mises & despens qui en ce se pourroient faire & engendrer, de tous les despens,procez,riots,ou debats, contracts, marchandise, &c. qu'ils pourroient auoir & ont ensemble du temps passé iusques au iour present & par especial tel,&c. se sont submis & submettent du tout plainement & entierement audit sentence & arbitrage par forme & maniere iuste & loyale de compromis de honnorez les sages tels. &c. C'est à sçauoir tel par sa partie de tel demandeur en ceste partie, d'vne partie,& & de tel pour l'autre partie deffendeur d'autre part. Lesquels veulent & consentent qu'à enquerir la verité sur le contend & debat desdites parties,& y proceder en forme deuë iusques en diffinitiue lesdicts arbitres y puissent faire & proceder cõme arbitres,arbitrateurs,ou amiables compositeurs,en eux donnant pouuoir & auctorité de chacune desdites parties de ce faire & arbitrer. Et promirent par leur foy sur ce iuree en nostre main, & sur vingts sols de peine à tenir ferme & stable tout ce que par lesdicts arbitres,arbitrateurs ou amiables compositeurs sera dict,ordonné,prononcé & sentencié ou par les trois d'accord.&c.en ladite mise,& à comparoir à toutes les iournees par eux assignees,sur peine d'encourre à tel defaut que ordre de droict requiert & coustume local de la cour souueraine du lieu: lesquels arbitres qui presens estoient, pour amour & contemplation desdites parties l'emprierent à faire dedans tel iour.&c Par maniere & condition que si dedans iceluy iour n'estoit determiné à sentence diffinitiue,ils puissent proroguer iusques à tel iour. &c. En tesmoin.&c. Item selon aucuns tres-loysible est de compromettre par telle forme & maniere que si lesdits arbitres n'auoient determiné dedans le iour assignéafin que tout ce que par eux sera faict audict arbitrage,ne soit perdu & adnichilé comme il seroit, si sans ceste condition estoit faict: qu'il soit cause que si les arbitres n'estoient d'accord de prononcer sa sentence ou auoyent faict dedans le iour du compromis, par quelque voye que ce fust,que tout ce que par eux seroit faict labouré & enquis en l'audition dudict compromis,fust en tesmoins oüyr,fust sur reproches ou saluations, tout que tint & vausist au profit du droict pour rapporter deuant le Iuge du lieu au cas que les arbitres dedans

Ce formulaire ne sert que de memoire: mais pour bien faire vn compromis, ne faut par iceluy declarer de quelle part chacun arbitre est denommé: ains que le cõpromis porte que les arbitres ont esté denommez, conuenus & accordez par les parties cõpromettãs d'vn commũ accord & cõsentemẽt.

leur tẽps n'en auroient determiné pour iceluy iuger, decider & determiner en outre la cause pour celuy à qui le droict le deuroit. Car autremẽt quãques faict seroit deuant les arbitres, seroit nul & perdu auec les frais, & ainsi fust il dit par arrest de Parlement en l'ã 1380. pour vne cause que plaidoit M. Iean Canart, pour certaine personne du bailliage de Vermandois, President Monseigneur Renaut de Corbie, &c. Soit encores mis audict compromis que si de la sentence des arbitres estoit appellé, que l'appellant l'ait releué dedans trois mois deuant le Iuge du lieu, ou il en soit debouté comme d'appellation de sentence & la sentence mise à execution au proffit de partie non appellant. Car autrement frustré seroit pour ce qu'il n'y a quelque temps à leuer appel des arbitres.

ANNOTATIONS SVR LE TILTRE TROISIESME.

a NOus pouuons faire poursuite de quelque chose qui soit en controuerse ciuile, ou pardeuant les Iuges ou les arbitres, vt ostendit Iustin. tit. de act. in princ. *Les Iuges sont ceux qui sont establis en pouuoir public & ordinaire de iuger,* l. vlt. §. iudicandi. D. de muner. & hon. *Les arbitres sont bien appellez Iuges,* l. pen. D. de iudic. *mais ils ne sont que Iuges volontaires, c'est à dire qui estans pris, denommez & conuenus par les parties acceptent la charge de iuger de leur procez & differens.* l. Pompon. §. recepisse. D. de recept. arb. *On peut obseruer des mœurs de Rome diuerses especes d'arbitre à sçauoir aucuns qui estoient donnez par le Preteur, lesquels auoyent plus libre puissance d'arbitrer & ordonner, que les Iuges aussi donnez par le Preteur,* vt ostendit Cic. in orat. pro Comæd. *& souuent est faicte mention aux liures du droict Romain des arbitres donnez,* l. A diuo. D. de re iud. l. Lex Iul. D. de leg. Iul. repetun. *à quoy on peut aussi rapporter* l. Vt fund. D. com. diuid. l. Ad officium C. eo. l. Arbitr. D. famil. ercisc. l. Pro socio D. pro soc. *Autres arbitres estoient ceux desquels nous traittons, desquels encores on faict deux especes: à sçauoir ceux appellez simplement arbitres: & les autres nommez arbitrateurs & amiables compositeurs: laquelle distinction est tiree* ex l. Societatem mecũ. 77. §. arbitror. D. pro soc. *Les arbitres doiuẽt suiure l'ordre iudiciaire, c'est pourquoy le Iurisconf. dit* compromissum ad similitudinem iudiciorum redigi. l. 1. D. de recept. arbit. *En Athenes y auoit de deux especes d'arbitres, à sçauoir d'ordinaires,* electi publicè, & sorte per singulas tribus ad iudicandum vocati, *& ceux qui estoient pris & conuenus par les parties,* vt constat ex Demost. in Midian, & Vlpian. Sophista in com. & in Aphobum. *De la diuersité des arbitres on peut aussi voir* l. vlt. C. vbi & apud quem. & l. pen. C. de recept. arb. *Mais pour venir au droict François, ceste distinction d'arbitres, arbitrateurs & amiables compositeurs est approuuee par iceluy, comme appert par l'ordonnance de Loys* XII. *de l'an* 1510. *art.* 34. *& de François* I. 1535. *chap.* 16. *art.* 30. *& François* II. *à Fontainebleau, au mois d'Aoust* 1560. *art.* 1. *& se peuuent faire les arbitrages & compromis, tant auec adiection de peine, que* *sans peine, suiuant le droict canonic, que nous suiuons*, cap. 2. cap. per tuas. de arbit. *Les arbitres ayans prononcé leur arbitrage & iugement, les parties ont accoustumé de le faire emologuer par le Iuge ordinaire, soit qu'il y ayt peine apposée ou non : ce qui semble estre pris* ex l. Diem proferre. §. vlt. D eod. *afin de le faire executer en vertu de la sentence du Iuge*, l. Cùm anteà. C. de arbitris. *Mais si l'vn des parties contredict au iugement arbitral, ne pourront les arbitres la condamner en la peine, tant par ce que leur pouuoir est expiré par le moyen du iugement qu'ils ont donné, que d'autant que l'adiudication de la peine ne depend du pouuoir des arbitres, ains de la conuention des compromettans. Par l'ordonnance de Loys XII. on pouuoit appeller des sentences des arbitres au Iuge ordinaire : mais par celle de François II. il en faut appeller directement aux cours souueraines, si non pardeuant les Iuges, Presidiaux, s'il est question de chose, dont ils peuuent iuger en dernier ressort. Mais s'il y a peine, ne sera l'appellant receuable en son appel, que premierement il ne l'ayt payée. Et l'appel interiecté par l'vne des parties a esté tellement tenu pour contrauention aux compromis, qu'encores que depuis elle acquiesce ou renonce, elle ne laissera d'estre condamnée en la peine, comme a esté iugé par arrests de Septembre, 1566. & en robbes rouges du 23. Decembre 1566. & du 5. Nouembre, 1568. Autre solennel du ieudy auant Noel, 1582. & du 23. Decembre, 1584. du 23. Mars, 1596. & autres que i'ay recitez ailleurs.* Cùm enim pœna semel commissa est, purgari non potest, nec est locus pœnitentiæ, l. Celsus. & l. Cum pœna. D. de recept. arb. l. Traiectitiæ. D. de obligat. & action. *Tellement qu'on peut dire auec Quintilian.* declam. 249. non exitu iudicij constare hanc actionem ad pœnam, sed introitu. *Qui voudra voir plus amplement des arbitres, de leur pouuoir, & comme on doit proceder par deuant eux, & quel ordre ils y doiuent obseruer, qui peuuent ou ne peuuent compromettre, & qui peuuent ou ne peuuent estre arbitres, & autres questions appartenans à ceste matiere, qu'il lise* tit. D. & C. de recep. arbitr. *& ce que les Docteurs & practiciens en ont escrit: seulemét i'adiousteray qu'õ ne peut recuser les arbitres cõuenus par les parties par arrest du 7. May 1571. ce qu'il faut entendre sinon que depuis le compromis soyent suruenuës causes de legitime recusation.* iuxta l. Non distinguemus. §. cùm quidam. D. eod. tit.

DES TABELLIONS ET NOTAIRES.
TILTRE IIII.

VEu des Iuges, commissaires, & arbitres, qui tous peuuent iuger & determiner des causes, il s'ẽsuit voir des tabellions. Si sçachez que par les ordonnances & constitutions Royaux il est deffendu à tous Seneschaux, Baillifs, Preuosts, Iuges & officiers du Roy, de cõstituer ne faire tabellion ne Notaire par quelque voye ne maniere que ce soit. Car ce pouuoir n'est ne appartient à nul, fors au Roy. Reserué que si aucuns Barons ont accoustumé de faire aucũ Notaire ou Greffier en sa cour qui vse de signe

Cecy est l'ordõnance du Roy Philippe le Bel en l'art. xx. de sesdictes ordonnances.

Pro hoc vide Bald. in ca. quoniam. de probat & dicit idem in c. cum P. tabell officiū tabellionis esse fundatum super hoc verbo In ore duorum vel trium test. &c.

mannuel, bien se peut faire pour causes seruans en sa cour tant seulement, & est deffendu par l'ordonnance Royale que nul tabellion ou Notaire Royal ne face autrement en ses lettres & instrumens où il aura dō, seruice, quin, ou peine qu'il soit premier donné & seruy au Roy nostre Sire especialement: mais generalement à toutes iustices & au premier que on s'en voudra traire: & par ladicte ordonnance Royale est expressement deffendu aux gardes des seaux Royaux que autrement ne seellent les lettres qui sur ce seruent, & si ils les scelloyent, ce ne demeureroit mie pource que les parties que telles obligations auroyent ne se puissent traire à quelque Iuge qu'ils voudront sans messaire, & que on s'en puist traire à quelque seigneur que on voudra puis que haute iustice auroit & les biēs y seroyent trouuez, & qu'il n'en peust faire l'executiō, ne par les officiers du Roy n'en doit estre perturbé si faute n'auoit en luy ou refus de droit, & si premier on s'en trait à l'officier du Roy, là en demeure la cognoissance sans r'enuoy nul. Item nous deffendons que tous tabelliōs, Notaires ou clercs des offices de nostre iustice (dict ladite ordonnance & constitution Royale) ne prennent que salaires attrempez. C'est à sçauoir de trois lignes vn denier, & de trois lignes à six lignes deux deniers de monnoye courant, & si plus auoit de lignes, de surplus de six lignes en six lignes deux deniers: & doit estre la ligne d'vn espain * de long, & contenir lx. & dix lettres au moins, & si plus comprenoit, plus en prendroit, & pourroit auoir selon la quātité que dict est: & autre tel dois sçauoir & entendre des instrumens publiques desdicts tabelliōs ou Notaires ou communs escriuans, que ceste forme de taxation y soit gardée si contend en est. Item est dict que par ladite ordonnāce Royale nul tabellion ne reçoiue quelque contract deuant luy s'il ne cognoist les parties, ou qu'il y ait auec luy aucune personne creable qui les cognoisse, si le tabellion ne les cognoist, & que l'instrument face de ce mention. Item que les tabellions ne reçoiuent instrument des choses contre bonnes mœurs, ne contre l'Eglise, ne contre la foy Catholique, contre le Prince de impossible, ne contre les vrays termes de iustice. &c.

**Espā*, *au liure escrit à la main: & aux ordonnances imprimées, d'vn pan. Cecy est l'ordōnance du Roy Louys XII. en l'article lxvj.*

Additio.

Adde Paul. de Castro in l. Neque milites. C. de probatio. dicentem notarium non posse facere instrumentum de his quæ ab hominum dispositione nequaquam eueniunt, vt nascentia alicuius, aquarum impetuositas, bellorum insurrectio.

ANNOTATIONS SVR LE TILTRE QVATRISEME.

a *CY dessus a esté traicté de l'office des tabellions & Notaires. Les tabellions au droict Romain sont appellez ceux qui dressent, font & escriuent les instrumens,* l 9 § & nonnunquā. D de pœn. l. 14 §. his tabellionibus. C. de sacros. Eccl l 29. l. 31. §. l 49 C. de Episc. & cle. Nouel 73. Suidas, & vetus Glossariū. *Les Notaires ainsi nommez des notes ou abbreuiation uiations, sont proprement entendus ceux qui reçoiuent promptement par notes ou lettres singulieres & mots abregez les paroles de ceux qui parlent*, vt constat ex Festo, B. Aug. lib. 2. de Doct. Christ. Isido. lib. 1. c. 21. Ori. li. 41. D. de milit. testam. l. 41. §. seio. §. tutoris. D. de fideicomm. libert. & al. *Et parce qu'anciennement les Tabellions vsoient quelquesfois d'abbreuiations en receuant & escriuant les instrumens, ils ont esté aussi appelez Notaires: & souuent on vse indifferemment de ces mots, Notaires & Tabellions, encores qu'on y puisse obseruer difference par les ordonnances mesmes, qui auroient estably des Tabellions pour grossoyer les actes, contracts & instrumens receus par les Notaires: & entre autres de François I. de l'an 1542. & 1543. Aussi on tient que les Notaires s'entendent seulement des Royaux; parce qu'au Roy seul appartient d'en creer, instituer & establir: Et quant aux seigneurs qui ont droict de tabellionnage, qu'ils n'en peuuent instituer, ains seulement auoir des Tabellions: & est le droict de tabellionnage domanial qu'on auroit accoustumé de bailler à ferme aux profits du Roy, ou des hauts iusticiers, ausquels il appartient. Il y a encores des Notaires appelez Apostoliques, parce qu'ils sont instituez par le S. Pere Apostolique, pour les expeditions qui se font des benefices, principalement à Rome, & sont receus en France par l'authorité du Roy, selon qu'il est contenu aux Edicts de l'an 1547. & de l'an 1550. Si les Notaires Royaux peuuent demeurer & instrumenter aux terres des seigneurs qui ont droict de tabellionnage, y en a des arrests diuers fondez sur diuerses considerations: toutesfois y auroit plus d'apparence qu'il ne leur fust loisible d'y demeurer & exercer leurs estats, pour le preiudice qu'ils feroient au droict de tabellionnage des seigneurs, comme tient* Io. Fab. ad tit. Instit. de Attil. tut. *& ainsi a esté iugé par arrest du pen. Iuillet 1543. pour le Vidame de Chartres, & autres, & mesmes pour monsieur le Connestable, seigneur, Baron & Chastellain de Mello, de l'an 1578. recité par Bacquet traicté des droicts de Iustice, chap. 25. qu'on peut voir, où il resout qu'on tient pour certain que le Roy ne peut establir Notaires au dedans des terres des seigneurs, qui ont droict de tabellionnage: ne les Notaires y peuuent instrumenter, sinon en deux cas. Le premier, si le Roy a faculté & pouuoir d'y mettre & establir Notaires, comme en erigeant la terre & seigneurie de quelque seigneur en tiltre de Baronnie, Chastellenie, ou autre plus grand, il se l'est par expres reserué. Le second, si le Roy a tel droict par ancienne coustume, vsance & commune obseruance, & les Notaires Royaux en soient en longue & immemoriale possession, comme a esté iugé pour les Notaires de Concursaut, contre le sieur d'Aubigny: ainsi que recite Guenois en la Conference des Ordonnances liure 12. tilt. 14. Quant aux salaires des Tabellions & Notaires, ils ont esté reglez à la raison de ce que les greffiers doiuent prendre, à sçauoir de seize sols parisis pour peau, & deux sols t. pour fueillet de papier. Mais ils en prennent à present sans taxe, à volonté.*

DES SERMENS CALOMNIEVX QVE CHACVN EST TENV FAIRE EN SA CAVSE.

TILTRE V.

Non mireris autherem nouum suas materias haud continuātem.

SCAVOIR est[1] des sermens calomnieux. Si est le serment que doit faire chacun en sa cause qu'il a deuant le Iuge puis que requis en est. C'est à sçauoir qu'il tient auoir iuste & loyale cause de faire la demande qu'il fait, & que ainsi le croit en bonne foy, & le deffendeur qu'il tient auoir iuste & loyale cause de faire deffence telle que l'en fait, & que ainsi le tient en bonne foy, & sur sainctes Euangiles de Dieu.

Item si c'est à respondre aux articles ce doit estre le serment qu'il tient & croit & afferme les articles par luy mis & baillez en cause estre iustes & raisonnables, au plus vray entendemēt qu'il sçait & tient, & si aucune chose y sçauoit qui ne fust veritable, si l'en feroit oster & retrācher à son vray propos en escient. Et de la partie au deffendeur doit estre iuré qu'il respondra aux articles du demandeur le plus veritablement qu'il pourra selon son pouuoir vray propos & esciēt. Creant tout ce que sa conscience luy en donne à croire, estre verité, & n'en dira chose qu'il ne sçache, tiēne & croye estre iuste, loyale, veritable : & ne mettra peine, contredit ne empeschemens aux tesmoins que partie aduerse voudra produire, ne pour luy ne administrera tesmoins qu'il ne sçache, tienne & croye estre iustes, loyaux & veritables en son loyal sens & pouuoir: & ainsi doit estre iuré de la partie au demandeur, qu'il ne administrera ne produira tesmoins qu'il ne sçache estre vrais loyaux sans fabricatiō quelconque : ne mettra dilation ne empeschemēt au droict de la cause par friuole cautelle ou cauillation quelconque: & dont doit iurer l'vne partie & l'autre, & sur ce donnent les sages des loix certains vers qui ainsi contiennent.

Illud iuretur quod lis sibi iusta videtur:
Sic inquiretur quod verum testificetur,
Nec procurabit vt falsa probatio detur,
Vt lis tardetur, dilatio nulla petetur.

Item en tout ce que dit est, peut estre iuré par procureur selon la regle & fait de procuration : & n'est tenu le Procureur de affermer & faire les sermens dessus dits fors en l'ame de son maistre : mais bien sçachez qu'il doit sçauoir & enquerre à son maistre le plus de la verité qu'il pourra, afin que plus seurement iure. Car selon l'instruction de son maistre le doit faire & à son peril : & si autrement le fait, il le fait à son peril & aduenture de ame & de corps.

De his l. j. & C de iuramen. calum.

Item de iurer en la cause & de rapporter le serment au deffendeur, que les Clercs appellent, *referre iuramentum*, peus & dois sçauoir que tout

Iuge doit faire iurer en la cause par le demandeur, & le deffendeur en la forme & maniere que dessus est dict, toutesfois souuent aduient que les parties comparans deuant le Iuge, le demandeur met sa demande au serment du deffendeur, & dict qu'il s'en croira du tout. Sçachez que lors le deffendeur en doit iurer, & de tout ce que par son sermẽt en doit & veut affermer, il doit estre creu sans iamais autre preuue, ne reproche faire, & si doit sur ce iugement asseoir pro ou contra. Mais si le deffendeur ne vouloit iurer sur ce, & le voulsist remettre au serment du demandeur: Sçachez que lors le demandeur en est tenu de iurer, & ne le peut ne doit refuser: & s'il ne le faisoit, il doit decheoir de sa demande, & rendre despens: & si iurer en veut puis que le serment luy est remis, il doit estre creu du tout sans autre reproche faire. S'il aduenoit que le deffendeur ne voulsist iurer ne aussi le serment remettre au demandant, lors doit estre conuaincu de la demande par contumace de serment pour verité, & en ce doit estre condamné, & és despens. A sçauoir est qu'il y a certains cas, esquels le sermẽt de iurer en la cause ne se peut ne doit remettre. Si comme si le mary faict querelle contre sa femme que elle luy ait osté du sien, en ce cas le serment ne faict à rapporter à son mary. *Rerum amotarum.* Car la preuue en appartient à l'homme. Item encore en autre cas si le crediteur a aucun gage en nampt, & il le vende par faute de paye sans appeller le detteur, & puis le detteur vueille sçauoir, pourquoy ne pour quel prix son gage est vendu: Sçachez que le crediteur est tenu de iurer pour quel prix vendu l'a, sans remettre le serment au demandant. *Co. de iureiur. l. In actione. & ff. eod. l. Iusiurandum.*

Tu dois sçauoir que on doit iurer par la loy escrite, ou on demande despens.

Item si le clerc a iour ou procez pardeuant Iuge lay: si c'est en demandant, il conuient qu'il iure & face le serment calomnieux, comme la loy enseigne. Si faict il si c'est en deffendant puis que sortir veut iurisdiction, nonobstant quelque stile ou coustume à ce contraire, ou autrement defaut seroit baillé contre luy comme contre vn lay. &c. S'il aduenoit que aucun eust iuré à payer vsure: Sçachez que tel serment se peut faire par dispensation, & toutesfois s'il aduenoit sans dispensation que on en fust approché: sçachez que pource que c'est si estroitte chose que de sermẽt, qui faut le tenir, & payer par protestation de repeter le sermẽt acquitter quant à la paye de ce dont est. Mais la chose payée, & le serment acquitté, & que ainsi payé est, si peut de raison acquitter, repeter par loy, & a iuste cause de ce faire selon la loy escrite. *ext. de iureiurand. cap. j. & cap. debitores.*

Item dois sçauoir que quiconques faict serment d'aucune chose faire, & apres luy viẽne en cas que ceste chose ainsi iurée valoit encores mieux à faire en autre maniere. Sçachez que pour muer & amender la chose en mieux on ne se pariure mie: mais est amendement au serment sur le cas. Item s'il aduient que aucun par force ou par contrainte ou par paour constant, faict serment d'aucune chose, ou promet à faire : sçachez que tel serment ne faict à tenir, puis qu'il est contre raison & bonnes mœurs, & en tel serment chet legere dispensation. Item dict encore la loy escrite que cheualier doit bien estre dispẽsé de faux sermẽs, qui vient à essient contre son serment loisiblement faict, sans ce qu'il ait cause de venir contre autre que de sa propre volonté.

Item se i'ay iuré à faire ce que vn autre me commandera, & il me commande à faire ce que i'ay autresfois iuré de non faire, ou il me commande chose inloisible, si comme contre l'Eglise, ou contre iustice, ou contre bonnes mœurs, ie n'y suis tenu de y obeyr, ne pource ne viens cõtre serment de raison. *Rubrica sup. alleg. cap. venient.* Encore dict la loy escrite que s'il aduenoit que aucun face serment à autre, de luy faire, ou tenir conuẽt par si qu'il face telle chose, que cil à qui sera faict tel serment faille ce que l'y iurant entendoit qu'il deuoit faire, & par celuy faille l'y iurant du serment que promis luy auoit: sçachez qu'il ne doit mie estre tenu pour periure ne de faux serment.

Item enseigne encore la loy escrite que clercs qui viuent clergemmẽt, qui ne tiennent quelque temporalité, ne sont tenus de iurer ne de faire quelque serment auec les lays faicts, ne à ce ne les peuuent les lays contraindre par quelque maniere. S'il aduenoit que aucun eust iuré & faict serment que contre aucun autre en especial il ne feroit iamais ne ne viẽdroit ne procureroit; Sçachez que pource ne demeure que s'il aduenoit que cil qui ainsi a iuré, ait à faire en sa personne contre celuy à qui il a ainsi iuré, que point ne le peut faire sans venir contre son serment. Si ne feroit il si ce venoit à faire pour l'Eglise, voire homme qui soit de l'Eglise, si comme homme de monastere ou de college, ne aussi contre son droicturier seigneur. Sçachez que le mary contre sa femme ne doit estre receu à serment, ou croire ne l'en doit le Iuge.

Additio. De la question qui est icy traictée a esté parlé cy-dessus.

Dicas vxorem contra maritum non debere testificari. Cyn. in l. ij. C. de testib. & hoc tenet Specul. in tit. de testi. §. opponitur. versic. quid si aduersarius. nisi in defectum probationis. tunc enim est vxor cogenda : vt dicit Anton. in cap. j. de test. cogen.

Item si aucun faict poursuitte de lettres voir ou r'auoir, lesquelles lettres sont en garde ou en depost par deuers aucun, & celuy à qui on les demande, die que nulle n'en a. Sçachez qu'il est tenu de iurer & affermer que nulle n'en a, ne ne sçait où elles sont: & s'il le sçauoit, qu'il le diroit & feroit à sçauoir, ne que par engin les a baillées ne transportées, pour oster que ne les ayt le demandeur cõment que ce soit, ne destournez ne les a, & pour tant s'en peut & doit passer.

Item peus & dois sçauoir que le Iuge par raison ordonnée ne peut ne doit contraindre aucune partie à iurer en cause, reseruez le cas de droict escrit ordonnez : si comme de contraindre de iurer en cas de possession, & en ce cas faict à contraindre le tesmoin amené & produict par detention de prison, si deposer ne le veut par toutes autres voyes deuës. Item peut & doit contraindre à iurer en cas de serment calomnieux, soit le demãdeur au cas que le deffendeur le rapporteroit sur iceluy. Car lors en doit iurer ou perdre sa demande, & autrement doit-on estre contrainct à iurer. Item ne doit aucun estre contraint à iurer de chose qui appaire notoire au Iuge du contraire, ne contre lettres approuuees que le demandeur s'en rapportast au serment du defendeur. Item ne peut nul obliger son hoir ou successeur à iurer apres sa mort. & ainsi fust il dict par arrest de Parlement, pour le Chapitre de Tournay contre les Preuosts & Iurez d'icelle ville, lesquels Preuost & Iurez disoient que lesdits de Chapitre estoient obligez à eux par leurs predecesseurs de iurer les vins qu'ils auoient en leurs prouisions, que nuls n'en vendroient à personne qu'il ne fust tenu de iurer combien en auroit, afin d'auoir pour la ville pour chacun lot l'assise accoustumee à payer en ladicte ville. Lesdicts de Chapitre disoient que tenus n'estoient de iurer pour le faict de la composition des Chanoines predecesseurs: si à ce estoient liez & ordonnez, ne deuoient comprendre ne obliger les presens à iurer qui est chose spirituelle. Il fut dit que à iurer ne les deuoit contraindre pour l'obligation de leurs predecesseurs, si il ne leur plaisoit Selon la loy ils sont trois manieres de sermens, selon le decret qu'on faict & peut faire en quelque cause. La premiere si est, comme aucun iure d'vne chose estre vraye, & toutesfois n'est pas vray. La deuxiesme si est quād aucun iure d'vne cause estre vraye & il sçait bien que non est. La troisiéme si est quand aucun iure en cause dont il sçait bien qu'il est faux, & il iure estre vray. Si sçachez que tous trois faillent à porter tesmoignage, si comme du Procureur qui iure estre vray ce qui est faux. Car iaçoit qu'il tienne à bien iure, toutesfois est le contraire vray. Et pource nul ne peut iurer sur incertain le faict d'autruy. La seconde est faux tesmoings purement & faict à condamner. Le tiers est aussi faux tesmoing, & si faict à punir. Item & encore tiennent les plusieurs des sages que sermens obligez à faire au temps aduenir à succession vaut & doit tenir, puis que c'est chose publique ou le bien de iustice tenir, & confesser, & que ce soit par le souuerain seigneur: si comme quiconques sera Preuost ou Baillif, il iurera doresnauant telle chose.

ANNOTATIONS SVR LE TILTRE CINQVIESME.

1 *I'AY monstré cy dessus que du serment iudiciaire on faict plusieurs especes, qui se peuuent reduire à deux: à sçauoir le serment procedant de la partie, & celuy procedant de l'office du Iuge: Du sermēt procedant de la partie on peut faire deux especes, à sçauoir pour la decision ou pour l'instruction du Procez: Pour la decision est celuy qu'on appelle dilatoire, qu'vne partie defere à l'autre, qui le doit prester ou deferer,* l. Manifestæ. D. de iureiur. & l.

Generaliter. C. eod. *Pour l'instruction est celuy que prestent les tesmoings produicts d'vne part & d'autre. Le serment procedant du Iuge est celuy de la calomnie, ou pour le suppleement de preuue. Le serment de calomnie precede tout autre, & se doit prester tant par le demandeur que par le defendeur dés le commencement de la cause, encores que l'vne ou l'autre partie ayt deferé le serment qu'on appelle decisoire:* l. Si non fuerit. D. de iureiur. l. Delata. C. eod. *Par l'ordonnance de Charles neufiesme de l'an mil cinq cens soixante, aux Estats d'Orleans, article cinquante-huict en matieres personnelles les parties doiuent comparoir en personne à la premiere assignation, si elles n'ont legitime excuse d'absence ou maladie, & se purger iudiciairement du serment de calomnie, à sçauoir le demandeur de n'auoir intenté l'action par calomnie, mais estimant auoir bonne & iuste cause, & le defendeur que ce n'est par calomnie qu'il defend, ains pour la defence de sa cause qu'il estime bonne & iuste. Iustinian adiouste que les parties iureront qu'elles ne feront preuue & production en toute la cause qu'elles n'estiment veritable & seruir à la cause,* l. 1. & 2. C. de iureiur. propter calum. & Nouel. 49. vnde sumpta est Auth. In isto. C. eo. §. 1. Inst. de pœna temerè litig. *Ce qui est encores icy traicté du serment iudiciaire, soit des parties ou des tesmoins n'est la plus part que redite & repetition de ce que l'autheur en a cy dessus escrit.*

A la verité vt ait Cic. l. 3. offic. Nullum vinculum ad obstringendam vitã, iureiurando maiores arctius esse voluerũt, id indicãt leges in 12. tabulis, indicant sacra, indicant fœdera. Demost. orat. in Boëtium, & aduersus Aristocratem, maximã esse vim iuramẽti ostẽdit, *si les hommes estoient bien touchez d'vne iuste conscience, ils videroient promptement leurs differends & procez par le sermẽt, que Cicerõ appelle* affirmationẽ religiosã. Illud est enim maximũ expediendarũ litium remediũ, l. 1. D. de iureiur. *dont on peut voir* Plato. lib. 12. de Leg. *Toutes personnes ne sont capables de iurer, ne deferer le serment au moins à leur preiudice, ains seulement celles qui peuuent legitimement estre en iugement & contre lesquelles se peut donner sentence, qui procede de la delation du serment,* l. 3. 4. 9. 17. & al. D. de iureiur. & in decretal. & in 6. eod. tit. *L'autheur parle icy encores du serment promissoire qui se fait extraiudiciairement par promesse iuree duquel les Docteurs traictent amplemẽt en plusieurs liures, & en monstrent diuerses forces & effects. Mais s'il est adiousté à vne conuention reprouuee, ou faicte de chose estant hors le commerce des hommes, il ne pourra la confirmer & valider* l. 7. §. & generaliter. D. de pactis. Barth. in l. Si quis pro eo. D. de fideiussor. *Il ne pourra donc donner force & auctorité au contract vsuraire, que par les ordonnances mesmes de Louys XII. de l'an 1512 art. 65. il est prohibé aux Notaires de receuoir, sur peine d'amende arbitraire & priuation de leurs offices. Car si l'acte ou le contract est reprouué par le droict, le serment qui n'est qu'accessoire, ne peut valoir, par les vulgaires reigles de droict,* l. Cũ principalis. D. de diuers regul iuris. cap. accessoriũ eo. in 6. *Anciennement on obseruoit d'obtenir dispence de son prelat, pour estre absous & dispensé du serment: & les lettres Royaux qu'on impetroit pour estre releué de quelque contract, où y auoit promesse par son serment, portoiẽt clause, pourueu que l'exposant soit dispensé du serment par son prelat, suiuant la deposition canonique, dont les Canonistes traictent amplement. Mais à present on ne s'arreste plus à la dispense, & au defaut de l'auoir obtenuë: par ce que si le contract est nul & reprouué & par consequent aussi le serment, il n'est besoin de dispence,* vt tradit Panormitan. in cap. quamuis. de pactis. in 6. & cap. cùm contingat de iureiur. *& y en a plusieurs arrests à ce propos, qu'autres ont recitez, & en peut voir ce qu'en a escrit Imbert* in Enchiridio.

DV SERMENT QVE DOIVENT FAIRE LES IVGES, ADVOCATS, PROCVREVRS, SERGENS, Geoliers & autres : & premier des Iuges. TILT. VI.

LEs Iuges & * officiers de iustice doiuent iurer sur sainctes Euangiles de Dieu que à leur loyal sens & pouuoir ils garderont iustice aussi bien au grand que au petit, sans faueur de port, ne dissimulation aucune: ne laisseront à faire pour amour, pour hayne, pour crainte, pour gaing, pour perte, ne pour chose que aduenir en puist, & garderont le droict du Roy, si au Roy sont, ou le droict de leur seigneur, ou d'autre seigneur si à eux sont, le droict des orphelins, le droict des veufues, le droict des expatriez, & le droict de l'Eglise: ne prendront ne procureront prendre ne auoir aucun bien fait, pour cause de iustice faire de personne quelconque, & que de leur propre seigneur ne prendront que iuste & loyal salaire ordonné à prendre, ne courtoisie en ce lieu.

Additio.

Le serment desdits Baillifs & Seneschauls du Roy doit estre fait en la Cour de Parlement, ainsi que le veut l'ordonnance du Roy Charles VII. en l'art. 91. & vide formam iurisiurandi iudicum in Authent*. iusiuran. quod præstatur ab his qui administra. recip.*

Du serment aux Aduocats.

Les Aduocats[b] doiuẽt iurer sur les sainctes Euãgiles de Dieu que loyaumẽt exercerõt le fait d'aduocacerie: ne soustiẽdront que iustes & loyales causes à leur loyal sens & pouuoir, & ne prendrõt ne demanderõt que salaires cõpetens & moderez. Ne doit vn Aduocat de Parlemẽt prendre de salaire cõme grãde que la cause soit, plus de trẽte liures en pecune, ne en autre valeur, & non plus, mais encores en doiuẽt prẽdre selon que le cas sera, ne ne feront que iustes & loyaux escritures, expediront les causes au plus qu'ils pourrõt, ne ne querront declinatoire ne exceptiõ au cõtraire du droict, ne n'empescheront l'audience de partie aduerse par cautelle ne subtile voye. Itẽ garderõt & aiderõt à garder les droits du Roy, les droits de leur seigneur, & stille de la Cour, les coustumes du pays à leur escient.

O heureux siecle quand les Aduocats faisoient tel serment & le gardoient

Les Aduocats ne doiuent en leurs escritures proposer cas impertinents.

Item qu'ils ne proposeront en leur escient faits impertinẽs, mais iustes, receuables & veritables seruans à leur cas, sans lesquels ils ne se sçauroient passer pour le droict de leur maistre garder, & non autrement.

** Cet anciẽ & tres equitable reglement ne se garde plus, au grãd desordre & cõfusion de la iustice, & à la ruine des miserables plaideurs.*

Du serment aux Procureurs.

Les Procureurs doiuent iurer sur sainctes Euãgiles de Dieu que loyaument l'office de Procureur garderont & exerceront à leur loyal sens & pouuoir, & tout le surplus que aux Aduocats est, dict reserué qu'il faut reseruer le fait de Procureur cõtre l'Aduocat, ne par le stille de Parlemẽt ne peuuent ne doiuent prendre comme grãde cause qu'elle soit, plus de dix liures: mais moins en peuuent & doiuent prendre selon le cas. Ne conseilleront que iuste cause, ne se mettront en peine que de impetrer iuste

& loyale commission & impetration, & ne ne induyront leur maistre à corruption, & frequenteront & entendront les iours assignez à la Cour.

Additio. *Quel salaire doiuent auoir les Procureurs, le demonstre l'ordonnance du Roy Charles septiesme en l'article 44. & en l'article sequent est ordonné que les Procureurs doiuent faire registre de ce qu'ils reçoiuent des parties, afin que leurs heritiers ne demandent deux fois vne chose, & salaire double.*

Du serment aux Clercs, Notaires & Secretaires de la Cour.

Les Clercs & Secretaires de la Cour doiuent iurer sur sainctes Euangiles que l'office de clergie ils deseruiront & garderont à leur loyal sens & pouuoir, que le secret & conseil de la Cour garderont & tiendront en secret, ne prendrõt ne exigeront salaires que raisonnables & competans, ayderont à garder le droict des parties si auant que leur office appartiendra, & par especial le droict du Roy & de leur seigneur, des orphelins, des veufues, & des expatriez, & des Eglises.

Du serment aux sergens.

Les sergens doiuent iurer sur sainctes Euangiles de Dieu que l'office de sergenterie à leur loyal sens & pouuoir, garderont & feront & exerceront comme à bon & loyal sergent appartient à faire, & garderont le droict du Roy, de leur seigneur & le droict du peuple, ne ne feront que iustes & loyales prinses, & rappors & explois que loyaumẽt le plus brief que faire pourrõt, ils exerceront leur cõmission à eux ordõnées & adressans, feront iustes & loyaux rescriptions, ne prendront que salaires competans & ordonnez, qu'ils ne prendront cognoissance en eux de quelque cause. Ne donneront ne feront peine, trauail ne empeschement aux suiets de la terre ne à leurs biens, sans cause iuste & raisonnable à leur escient, celeront, & tiendront en secret quanques il leur sera dict & commandé à faire, & qu'ils seruiront loyaument leur seigneur & la Cour.

Ce que les officiers doiuent iurer.

Sçachez qu'il est defendu par la loy escrite de iurer pour cause illicite, & s'il le iure, si ne fait tel sermẽt à tenir, ne qu'il ne iure de chose impossible, ne d'occire ou mutiler. Ne qui iure d'autruy deceuoir. Ne de non faire paix, & se faulse non. Ne qui iure de l'enfraindre. Ne qui iure de riens faire par force ne par crainte. Tous tels serments ne sont à tenir, & ne enqueurt on point en peine qui l'enfraint ne qui muë son serment en mieux. Ne selon la loy ou decret qui faint à iurer de plus pres de verité, pour vie d'homme sauuer qui n'a mie mort deseruie.

Des gardes des prisons & geoliers.

Les geoliers sont appellez tourriers, cõme gardãs les prisons constituez & enfermez en vne tour. & chepiers à cause des cheps, dont les prisonniers sont quelquels fois detenus & liez. Rei interdum catenis & ippo tenentur vincti, vt scribit Greg. Turonensis *lib. 5 cap. 49.*

Les gardes des prisons sont communement appellez geoliers ou tourriers ou chepiers. Si veux dire d'eux & des prisonniers ce que veu & ouy ay des sages, & que la loy en dist. Si sçachez que par la loy escrite il est defendu à tous, fors aux seigneurs qui ont iustice à tenir & garder, d'auoir ne faire prisons en leurs maisons ne en leurs terres, & doit estre ceste

defence

defence tenuë sur peine capitale. Si dois sçauoir que le seigneur qui a iustice à loy d'auoir prison en sa terre, il l'a doit auoir telle : c'est à sçauoir, prison fermee vne ou plusieurs, selon les cas. Car le grief fait desire plus grieue prison, non pas qu'elle puist ne doiue empirer le corps du prisonnier. Car dure chose seroit que le corps d'aucun fust par prison empiré, & apres le cas enquis s'en allast innocent. Et pour ce dois sçauoir & entendre que prison n'est autre chose que garde de mal-faicteur ou soubpçonné de mal.

Quales possit esse custos carceris, declarat Barth. in tractatu quem fecit de carceribus : in quo tractat multa de huiusmodi carcere. de custodibus eius vide ibi, & quod dixi nunc in tractatu Barth. credo illum esse Bald. Perusini. *Additio.*

Item dois sçauoir qu'à la prison doit auoir garde de par le seigneur qui ait l'administration des prisons & des prisonniers, lesquelles gardes doiuent estre & auoir ceste ordonnance : C'est à sçauoir que les gardes des prisons ne peuuent ne doiuent prendre argent, ne quelque bien fait de ceux qui les prisonniers font tenir. Car dure chose seroit que les prisonniers fussent aggreuez par la corruption de la garde, mais leur doiuẽt administrer viures competans selon leur estat, ou selon l'ordonnance de la Cour, sans haine ne desordonnee faueur. Item ne doit nul estre mis en fosse, ne en chartre sans enseignement de loy, & que le meffaict le desire. Car à nulle garde de prison ne doit estre licite de mettre prisonnier en chartre sans le commandement du Iuge, ne au Iuge sans commandement de loy, ne à la loy sans que le cas le desire, dont il conuient estre suffisamment informé. Et dois sçauoir qu'il veut dire par la loy escrite, chartre, fosse, & toute prisõ sans clarté ou lieux tenebreux : car dure chose seroit à hõme Chrestien d'estre en telle prison si le meffait n'est moult grief & pesant.

Le geolier ne doit confiner en chartre le prisonnier, sans congé du Iuge.

De femme emprisonner.

Item est defendu par la loy escrite que femme ne soit mise en chartre en fers, ne auec homme, mais doit estre mise en conuenable prison comme chambre seure & fermee, & auec elle vne autre femme. Car fresle chose est de femme, & pour ce ne veut la loy qu'elle soit tourmentee de prisõ pour cause ciuile : & si la cause est criminelle, si doit elle estre ẽ seure & sauue garde de prison courtoise, sans tourment de son corps : & si c'est pour ciuil & elle puist auoir pleige ou seureté, par ce doit elle estre eslargie si tost que le Iuge le peut faire bonnement.

Adde quod si mulier sumpserit tutelam filiorum, & renunciauerit Velleiano & omni alteri exceptioni sibi competenti, quod per illam renunciationem potest carcerari. hoc expressè tenet Bar. in l. Si quis sub conditione. ff. de testa. tu. etiam mulier infamis pro debito ciuili potest incarcerari. not. Cy. in Authen. sed nouo iure. C. de custo. re. & an possit pro delicto, vide in illa Authen. *Additio.*

Comment la garde de la prison doit faire caution.

Item dois sçauoir que la garde de prison doit faire suffisante caution selon les gardes de la Cour, afin que si aucun prisonnier eschappoit pour ciuil, qu'il puist respondre à partie. Car pour crime selon la loy escrite deueroit il porter autre peine. Mais les sages l'ont modifié à la discretion du Iuge qui l'interest de partie garde. Car tout l'interest & dommage de partie appartient à recouurer sur la garde, puis que par sa simplesse est eschappé le prisonnier: mais si par force de prison rompre, ou briser, ou par autre violence, non.

Additio. *Qua actione agatur contra custodem qui dimisit effugere carceratum pro debito ciuili dicit Dulius de Galbano in l. Quoties. C. de exac. tri. li. 10. quod agitur conditione ex illa lege.*

Que les gardes doiuent faire.

Item doiuent les gardes de prison annoncer au Iuge de mois en mois, ou plus brief selon l'ordõnance de la Cour, tous les prisonniers & les cas pourquoy ils seroient emprisonnez, afin qu'expedition briefue se puist sur eux faire, qu'ils ne soient trauaillez de prison outre mesure par oubliance, qu'ils n'ayent fin ou deliurance, pro ou contra. Et si les gardes defaillent de ce faire, ils doiuent estre escheus en amende de vingt liures: & afin que faute n'ait en ce, si les Iuges ne font commandement aux gardes, & qu'ainsi leur soit ramentu, lesdits Iuges mesmes doiuent encheoir en la peine dessusdite.

Pro hoc vide optimum text. in l. De his C. de custo. re. qui obseruari à iudicibus quantum desideretur ab ipsis incarceratis, nemo nescit nisi qui fuerit eorum aliquando conditionis & fortunæ. & pro hoc est ordinatio Regis Caroli septimi, articul. 27.

De prisonnier mourir en la prison.

Item si prisonnier est mort en prison, si c'est par crime qu'il estoit prisonnier: Sçachez que celuy qui est garde, est deliuré de l'accusation, ne riens ne luy en doit estre demandé ne de partie ne de iustice, & tout est à la mort à l'accusé: & si c'est pour ciuil, & il ne soit obligé par lettres, l'action s'estaint qui encommencee estoit, &c. Encore veut la loy dire que si le prisonnier de crime mouroit en prison auant qu'il fust attaint & condamné de crime, pour-ce ne sont ses biens à prendre, confisquer ne arrester si ainsi n'estoit qu'il se tuast en prison pour paour de iustice, & de son meffaict.

Additio. *An bona morientis in carcere antequam feratur sententia contra eum, sint confiscata: Bal. in l. 1. C. ne ex delict. defunct. & Specul. tit. de accusa. §. 1. vers. quid si. & decis. Thol. videntur tenere quod sic: & pro hoc vide. l. Si is quem homicidij. & melius in l. Final. C. si reus vel accusa. mor. fuer.*

De briser prison pour cas ciuil.

Item selon encore les vsages & selon les coustumiers, si aucun prisonnier est pour cas ciuil en prison, & il se part, & brise prison, il se rend encheu en la demande pourquoy il estoit emprisonné: & si c'estoit pour cas de crime, il seroit coulpable du cas: & à ceste fin peut estre banny de la terre, comme de crime de causes, & sur ce contumaces par prison priser. Mais selon l'opiniõ d'aucuns sages, s'il aduient qu'aucun soit prisonnier, & il brise prison auant que demande luy ait esté faicte ne imposée,

Nota illũ qui effugit de carceribus, videri facere delictũ. l. Ad commentariensem. C. de cust. re.

du cas pourquoy il estoit prisonnier, sçachez que pour ce ne doit estre conuaincu ne en ciuil ne en crime, & la raison si est qu'encore ne sçauoit il que demãder on luy vouloit. Et pour ce le plus seur est quand on met vn prisonnier en prison, qu'on le charge de telle demande que on luy veut faire, & soit declaré deuant le geolier, à fin que s'il rompoit prison, que ce soit au peril & à la charge de la demande contre luy faicte, & que par-ce puist estre contumassé par deffaulx: & si c'est en crime, qu'il soit banny de la terre criminellement, toutesfois s'il venoit aux appeaux, vn ou deux ou trois des appeaux selon l'estat, si doit estre debouté declinatoires, dilatoires, & tous autres exceptions, mais* que la peremptoire.

Quãd le sergẽt met & cõstitue vn prisõnier en prisõ, il doit declarer la cause, si c'est pour crime, & en vertu de sentence ou decret de Iuge, ou si c'est pour dette, & à la requeste de quelle partie, & en charger le registre ou escroue du geolier: à ce propos faut voir les ordõnances de Loys XII. de l'an 1498. François I. de l'an 1535. & Henry II. de l'an 1549.

**Mais, terme anciẽ & vulgaire François, qui signifie reserué comme on dict fors.*

ANNOTATIONS SVR LE TILTRE SIXIESME.

a *LES formes de prester le serment par les Iuges, tant Baillifs, Seneschaux, & leurs Lieutenans, qu'autres Iuges, qui le doiuent faire en la Cour de Parlement, & pareillement les Preuosts & Iuges inferieurs, & autres officiers, & encores les Aduocats, Procureurs, Sergens, & autres exerçans functions & charges publiques, sont amplement declarées par les ordonnances Royaux, recitées au Code Henry & en la Conference, ausquelles on peut auoir recours. Ce que le Roy Loy XII. par l'ordonnance de l'an mil quatre cens quatre vingt & dix-huict, & François premier, par celle de l'an mil cinq cens trente cinq, & autres, auroient adiousté à l'ancienne forme du serment des Iuges, qu'ils feront serment solennel à leur institution, n'auoir baillé aucune chose directement ou indirectement pour leurs offices, & auroit esté longuement gardé en ce Royaume, est maintenant abrogé, estans tous les offices de iudicature venaux, au grand mespris & des-honneur de la iustice, ce qui auroit tousiours esté blasmé & redargué en tout estat de Republique. Iustinian prescrit la forme du serment que les Magistrats & Iuges doiuent faire,* Nouel. 8. vt iudic. sine quoquo suffr. *& le deuoir qu'il leur conuient garder en l'administration de leurs estats & charges*, Nouel. 17. de mandatis princip. & Nouel. 25. de Prætore Lycaoniæ. Demosthene orat. contra Timocratem, *recite le serment* Heliastarum iudicum Athenis, *qui contenoit entre autres choses*, Iudicii causa neque dona muneràue vlla accipiam, neque in rem meam alius, sed neque vllum arte fraude ve aliqua, quicquam accipere patiar. *Pareil serment faisoient les Arcontes Magistrats d'Athenes. Ie passe ce que les Iurisconsultes en ont escrit, & les Empereurs Romains ordonné.*

b *Les Aduocats estoient anciennement appellez Amperliers, qui parloient pour les parties, soustenoient & defendoient leurs droicts,*

& causes : & lors comme i'ay obserué en mon vieil practicien, les parties ne plaidoient par Procureurs, ains parloient & plaidoient leurs causes par Amperliers ; & parlant des Procureurs, il dict que sont ceux qui font les besongnes d'autruy par son adueu, vt etiam definitur Procurator in l. 1. D. de Procur. *Mais depuis l'ancienne practique a esté bien changée pour les Aduocats & les Procureurs, toutesfois y auroit eu des reiglemens establis par les ordonnances, & encores d'autres ordonnez par les arrests des Cours de Parlement, tant pour le deuoir de leurs estats & charges, que pour les salaires qu'ils doiuent prendre. Anciennement à Rome les Aduocats,* qui etiam Patroni dicuntur, *faisoient serment en toutes causes, incontinent apres la contestation, qui est prescrit & ordonné par Iustinian,* in l. Rem non nouam. §. Patroni. C. de iudic. *comme aussi faisoient les Iuges donnez par le Preteur & Magistrat,* d. l. Rem non nouam, in princ. *Mais à present les Aduocats & Procureurs font iudiciairement le serment au iour de leur reception, soit en la Cour de Parlement, ou aux sieges de Bailliages & Seneschaucées, où ils veulent postuler & exercer lesdicts estats : lequel serment ils renouuellent tous les ans, aux iours de l'ouuerture du Parlement, ou des plaids ordinaires desdicts sieges de Bailliages & Seneschaucées, selon l'vsage & coustume d'iceux. Et par ce qu'il est assez traicté de ceste matiere, tant aux ordonnances, qu'au style de Parlement & autres liures de practique, il n'est besoin d'en discourir icy d'auantage, seulement i'adiousteray que les Aduocats auoient seance, preeminence & prerogatiue de seoir l'vn deuant l'autre du iour de leur reception, soit en la Cour, ou siege de Bailliage & Seneschaucée : & mesmes ceux receus en la Cour, encores qu'ils ne soient immatriculez aux autres sieges, par arrest du Mardy neufiesme Feurier, 1555. & 22. iour de Iuin, 1587. pour le Bailliage de Senlis.*

c *La prison a esté premierement introduicte non pour peine, ains pour garder & retenir ceux qui estoient accusez de quelques crimes,* l. Aut damnum, §. solent. D. de pœnis. Carcer, inquit Imperator, pœnalium, carcer hominum noxiorum est, l. 2. C. de exact. tribut. vnde carcer à coërcendo dicitur, teste Varrone lib. 4. de ling. latin. & Seruius in lib. 1. & 5. Æneidos, carcerem ait esse custodiam noxiorum, siue locum in quo seruantur noxij. *En la prison de Rome y auoit vn lieu sous terre qu'on appelloit* Tullianum, *inuenté par Tullius Roy des Romains, qu'on peut bien appeller fosse. Des diuerses formes de garder les prisonniers qui estoient à Rome, on peut voir* Lipsius ad lib. 6. Annal. Taciti, & de carcere ad lib. 3. vbi ex interprete Iuuenalis triplicem facit carcerem, Vrbanum, Rusticum, Castrensem. *Par l'ancien droict Romain, les detteurs ne pouuoient estre emprisonnez pour dettes, mesmement fiscales, ains seulement arrestez pour leur contumace, & crainte de fuite* l. Ait Prætor. §. si debitorem. D. quæ in fraud. cred. & d. l. 2. *ce qui conuenoit au droict des Atheniens,* cuius meminit Plutarchus in vit. decem orato. *Aussi les femmes ne pouuoient estre emprisonnées, sinon pour crime, & lors elles deuoient estre mises en lieu separé des hommes,* l. 3. C. de custod. reor. Nouel. 134. *Mais à present ceux qui sont obligez au corps pour dettes, peuuent estre emprisonnez, mesmement les femmes, contre lesquelles toutesfois estans mariées la rigueur des quatre mois n'a lieu, iugé par arrest du dixneufieme. Mars, 1588. & autres. Mais vn sergent ne peut emprisonner aucun, si c'est pour crime, sans decret & ordonnane de Iuge, sinon qu'il trouue le delinquant en manifeste forfaict & flagrant delict: & si c'est pour dette, sans obligation ou commission,* Græca constitutione Iustiniani. C. de custod. reor. *ne peut aussi emprisonner en maison priuée, comme mesmes porte l'Edict de Henry III. de l'an 1581.* & l. Vn. C. de priuat. carcerib. *qui deffend de faire prisons priuées. Et me resouuient d'auoir veu condamner vn sergent en l'amende auec suspension de son office, pour auoir tenu en sa maison des prisonniers, par arrest donné à la Tournelle, du 13. Feurier, mil cinq cens cinquante sept. Les seigneurs qui ont iustice & prisons, les doiuent auoir seures & à rez de chaussée, par l'ordonnance de Charles IX. 1560. Estats de Blois, art. 55. & arrest du 15. Ianuier, 1563 & autres. Qui voudra voir d'auantage de ceste matiere, qu'il lise les ordonnances au Code Henry, & en la Conference: desquelles on peut recueillir la grand' fidelité requise en vn Geolier, & le deuoir, auquel il est tenu.*

DES CLERCS, ET DE LEVR ESTAT.

TILTRE VII.

DE duabus potestatibus scilicet temporali & spirituali, vide elegantem tractatum domini Petri Bertrandi Cardinalis, & vide duos nequaquam spernendos tractatus Aufrerij Tholo. glosatoris stil. curiæ Parlement. quos fecit de potestate sæcularium super Ecclesiis: & de Ecclesia super laicis. *Additio.*

VEu du droict ciuil selon la constitution de l'Empereur & de sa loy, & aussi des coustumes, apres s'ensuit [a] des Clers, comment ils douent estre traictez: tu peus & dois sçauoir que clercs a voulu la loy escrire, à fin qu'ils soient autrement traictez que ne sont les lais par le priuilege de leur tonsure, qui les exempte de Iuge lay, & veut qu'ils ne soient traictez que par l'Euesque dessous qui y sont demeurans, & qui en a à cognoistre seul & pour le tout, soit pour cas ciuil, soit pour cas criminel, ne* doiuent estre traictez & menez par reigle de droict Canon, c'est par les reigles des decretales qui sont faictes par les Papes, & saincts Concilles, qui ne seruent riens de criminel à peine mortelle fors à peine de douleur, c'est à sçauoir chartre perpetuelle. Et la loy pourquoy que les lais sont reiglez & traictez par les Empereurs & leurs Concilles, est la difference qui est entre le droict canõ & ciuil. Si dois sçauoir quelle difference la loy met entre les clercs & les lais. Sçachez que la reigle & le faict des clercs si est telle & doit estre, à Dieu aourer, honnestement viure & conuerser en faicts, en dicts, & en habits, estre hors de reigle &

** Ne, pour en.*

Differentias iuris ciuilis à iure canonico colligit Barth. in suo tractatu nominato, de differẽtiis inter ius ciuile & canonicum.

forme de lais,mais clergement soy reigler & viure. Car tels & non autres doiuent estre appellez clercs. Et est si noble nō d'estre appelé clerc: que c'est à dire Roy: pour ce que les Rois se doiuent si noblement regir & gouuerner: & aussi doiuent faire clercs. Et pour-ce portent ils tonsure sur le chef en lieu de couronne,& signifie la couronne de bon gouuernement & regime qu'il doit auoir & conduire sur son peuple,& la terre sous soy.

Additio. *Pro hoc vide optimum textum in cap. duo sunt. 12. quæst. 1. vbi verba hæc latino sermone conscripta sunt: & pro tota ista materia vide tit. de honest. & vit. cleric. maxime cap. his igitur 23. distinct. cum cap. clerici coman. cap. 1. distinct. 42. 43. & 44. per tot. & quomodo clerici laicos præcellere debeant, & illis deferatur in sedibus. vide text. in cap. sacerdotum. de consecratio. dist. 2.*

Item les lais doiuent auoir autre office & reigle, car à eux appartient autre gouuernement & regime,comme du faict de labeur,de marchandise, d'estre en l'ordre de mariage, de terres labourer & cultiuer. Et sont tels appellez lais pour ce que layement & mondainemēt se doiuent gouuerner. En confortant le propos precedent est dict que non seulement les Prelats, les Prestres & autres gens d'Eglise doiuent preallet, & estre les plus souuerains en noble & reuerend gouuernement, mais aussi tous clercs de quelque estat qu'ils soient, puis que de tonsure se veulent aider, ou autrement, ils ne doiuent mie estre reputez clercs, ne iouyr de priuilege de clerc: & si autrement le font, ils ne sont differens aux lais:& aux clercs appartient le regime & gouuernement de l'Eglise,& des choses d'icelles,ne autre ne s'en doit entremettre. les lais ne doiuent assister ne seoir, n'approcher l'autel, n'estre au cœur de l'Eglise tant qu'on faict l'office diuin: Car aux clercs appartient, & non à autres. Encore dist la decretale que clercs ne doiuent porter armures, ne à eux n'appartient,ne à office de clerc:& s'ils le font ils en doiuent estre punis par les lais.

De la preeminēce & authorité des clercs tonsurez.

Item ne doiuent estre vsuriers,ne nul chrestien, car c'est office aux Iuifs qui vsent de la vieille loy, en laquelle vsure estoit permise: & si les clercs font outre ce que dict est,ils sont excommuniez, & doiuent estre punis par le Iuge lay.

Les clercs vsuriers doiuēt estre punis par les Iuges lais.

Item est defendu par la decretale aux clercs de porter habit deshonneste,& qui ne soit en forme & ordonnāce de clerc: & ne doiuent laisser leurs cheueux pendans sur leurs espaules, ne laisser barbe qu'elle ne soit tonduë & rese à guise de clerc,car à clerc n'appartient point telle ordonnance,mais aux lais qui l'aiment doiuent viure: & s'ils font ce, ils sont excommuniez & doiuent perdre benefice de clergie.

De l'habit des clercs.

Item dois sçauoir que si clercs sont frequentans nonnains,& il leur soit ammonesté par leurs Prelats que de ce cessent,s'il sōt beneficiez, ils doiuent perdre les fruicts de leur benefice tant qu'à la discretion soit ordonné,& si ils ne sont que simples clercs, ils doiuent perdre le priuilege de tonsure:& si sont lais,si sont ils excommuniez.

Item si clerc se vist comme goliard, ribaud, coquin, houlier, bordelier, ioüeur aux dez, menestrels de bouche, ou autres instrumens par tauernes & cabarets, il n'est digne de ioüir de priuilege de tonsure, par especial si sommez en sont, & ne s'en cessent : mais se doiuent maintenir en estat de clergie ainsi que dit est, & en habit & conuersation: & autrement ils ne doiuent estre reputez clercs.

Prestres ne doiuët practiquer deuät Iuge lay.

Item si clerc s'entremet de choses & besognes seculieres, comme d'estre Procureur deuãt Iuge lay, ou Iuges lays ou lais officiers: sçachez que si de leur prelat ils en sõt admonestez par trois, fois & par 3. monitions, & ils ne s'en cessent, ils doiuent perdre priuilege de tonsure. Generalemẽt dois sçauoir que par droicte loy de canon il est defendu à tout clerc d'estre iougleur, cappuleur, gouliard, ioüeur de dez, yurogne, bordelier, houlier, tauernier, cabareteur, macquerel, boucher, foulon, barbier, ribaut en chemise, ioüeur en place commune, enchanteur, sorcier, vuideur d'aisemens, putier, diffameur de diffamations publiques, toutes telles gens ne doiuent ioüir de priuilege de clerc ne de tõsure, mesmement tauerniers puis qu'ils en sont admonestez si moins d'vn an l'auoient esté. Mais si par plus d'vn an l'auoiẽt esté, lors n'y faut point introduction autre que seulemẽt l'execution sommaire, ou le debattre en cas present.

Iougleur, c'est vn menestrier: cappuleur qui faict du badin pour plaisãter: gouliard qui faict du bouffõ par les maisõs: ribaut est vn coureur, ribleur & debauché: dõt on peut voir mon dictionaire des anciens mots François.

Des clercs mariez.

Des clercs [b] mariez peus & dois entendre que selon la decretale si clerc marié veut ioüir de priuilege de clergie il conuient qu'il soit en habit & tonsure ensemble, ou autrement s'il estoit prins pour aucun meffaict sans les deux, il ne doit ioüir du priuilege, mais comme lay faict à punir, & ainsi en a esté iugé, tant en Parlement comme ailleurs en plusieurs Cours du Roy. C'est à sçauoir d'vn clerc marié vne fois à vne non corrompuë, & en ceste partie & non autre doit ioüir de priuilege.

Priuilege des clercs lays.

Item en outre dit la decretale que clerc marié ja fust ce qu'il eust habit & tonsure, s'il s'entremettoit de choses layes comme de marchandises layes, d'office lay, si ne deueroit il en ce cas ne és pourchas qui pour ce se font ioüir de priuilege de clergie, mais doiuent estre par le Iuge lay à ce contrains & menez comme lays, taillez à taille & à execution & tous subsides comme pur lay : & ainsi a il esté trouué au conseil de Paris & autre part, puis qu'vn clerc est marié viuant layement que pour quelque contract ou marchandise qu'il face, il en doit respondre au Iuge lay, & non au Prelat. Et si le Prelat admoneste le Iuge Royal d'excommuniement pour ce faire, le Iuge Royal ou autre apres coppie prinse de l'amonition doit bailler commission annexee auec ladicte coppie, & enuoyer à l'Euesque ou son officier & luy faire commandement qu'il reuocque sa monition, & le laisse conuenir de sa noble iurisdiction sans l'empescher: ou si ce non, il y sera pourueu de remede: & ce fait, si l'Euesque ou son officier n'obeissent de rescription de sergent sur ce euë à la requeste du Procureur du Roy nostre sire, iteratiue cõmission sera donnee comme ledit Euesque se cesse, &c. Et si non, le temporel dudit Euesque doit estre mis en la main du Roy, & par sa main gouuerné iusques à

Telle forme de proceder par l'Euesque, ou Iuge Ecclesiastique contre le Iuge Royal & seculier est abolie en Frãce: & si l'Euesque ou sõ Official la vouloit practiquer on appelleroit de luy cõme d'abus, & seroit l'appel bõ: par ce que seroit entreprise sur la iustice Royale & seculiere, comme i'ay mõstré ailleurs.

ce qu'obey ait: & si de ce naist quelque doute au cõtraire, & s'il est clerc non marié, & ait habit & tonsure & non autrement, il doit estre rendu incontinent. Mais s'il aduenoit qu'il fust sans habit & tonsure, ou par especial sans tonsure, ja fust ce qu'il fut à marier, si doit il estre rendu de prime face, & appartient au Iuge lay le possessoire & la detention iusques à ce que par son propre Prelat soit cogneu le Iuge lay appellé & ceux qui faudroient à appeller, si il doit iouir de clergie ou non. & si iouir n'en doit, il doit demeurer au Iuge lay, & à luy en appartient la cognoissance & detention. Mais s'il aduenoit que le prisonnier fust prins en habit & tonsure, par especial en tonsure, & il fust à marier, ou en habit & tonsure ensemble les deux, si marié estoit & il fust requis de son Prelat, puis qu'il seroit trouué en habit & possessoire de clerc, il doit estre rendu au Prelat incontinent par protestation de le repeter & r'auoir au cas qu'il ne deueroit iouir de priuilege: laquelle chose cogneuë par le Iuge spirituel, il doit estre rendu au Iuge lay & à sa iurisdiction, & ainsi en est-il, & a esté vsé en Parlement & par tout ailleurs, & mesmement en la Ville & Cité de Tournay, contre l'Euesque de Tournay, pour vn appellé Vuantier au Patin, & vn appellé Hanequin Gourdin, & plusieurs autres. Si dois sçauoir que si sur ce nos sergens de Parlement font aucune audition, & dient qu'vn clerc prins par le Iuge lay estoit, & le clerc se die estre non marié, & il n'a tonsure especiallement & soit viuãt layement & ne sçache lire quant * amministré en sera, ne promptement ne faict apparoir de son priuilege, ne portez ne sçait par auant que prins fust comme clerc viuant clergemment, il doit demeurer au Iuge lay du tout. Car par le decret nul ne doit ioüir de priuilege de clergie s'il ne vit comme clerc doit faire, & comme sa tonsure qui est couronne à Roy qui se doit royaument gouuerner. Car nul clerc ne se peut ne doit entremettre, que de faits de clergie qui de benefice & priuilege de clergie veut ioüir & ainsi fust-il dit & conseillé par nosseigneurs de Parlement à plusieurs cas, que la ville de Tournay auoit à faire, contre l'Euesque en l'an 1387.

An habitus sit clericalis vel ne & consequẽter cognitio huius pertinet ad iudicem secularem vel Ecclesiasticum, & vtrum facieñda sit remissio: de his vide quæst. 138. Guido. Pa. vbi multa ad hac facienda adducit.

** Ammonesté, au liure escrit à la main.*

Des clercs qui sont Cheualiers.

Item dois sçauoir que iaçoit ce que dessusdict est que clerc marié doit auoir habit & tonsure s'il veut ioüir, &c. Toutesfois est à sçauoir, qu'à Cheualiers ne faut ja pour ce qu'ils sont mariez, auoir habit ne tonsure, car il peut porter par honneur de Cheualerie tel habit qu'il luy plaist, & estre sans tonsure: & pour ce ne perdroit-il mie le priuilege de clergie. Toutesfois quand le cas seroit criminel, aucuns conseillent pour toutes doutes que seure chose est auoir habit & tonsure. Combien que la decretale dist expressement que necessité n'en est.

Si clericus coniugatus in crimine deprehensus fuerit, non tamen cum habitu & tonsura, vtrum debeat gaudere priuilegio clericali, & ad quem pertineat eius cognitio & quid si non fuerit coniugatus, vide eleganter in consil. 8. Alex. & in consilio Alexand. 58.

Addition, qui n'est au liure escrit à la main.

Item dois sçauoir que iaçoit-ce qu'homme soit marié & ait habit & tonsure

tonsure, toutesfois s'il est requis au Iuge lay d'auoir paix ou asseurances le Iuge lay le peut contraindre à ce faire pour le bien de paix: & s'il aduenoit que le clerc marié qui ainsi auroit esté contraint à bailler paix ou asseurement, l'enfraignist, pour ce ne seroit mie à contraindre à Iuge lay, & la raison pourquoy ce appartiendroit au Iuge spirituel, est pour ce que le cas de paix enfrainte ou asseurance est tel qu'il prent preuention au Iuge de qui il est requis afin de seureté & que mal n'en aduienne, & ainsi fust il dit par Parlement, pour Iean Bocquet bourgeois de Valencienne, contre Monseigneur Enguerran Dourdin, President de Monseigneur Arnoul de Corbie.

Le contraire s'obserue aujourd'huy: & la cognoissance de sauuegarde enfrainte appartient au Iuge Royal, mesmes contre le clerc, parce que c'est cas priuilegé, cõme i'ay mõtré cy dessus.

Dixi supra tit. de cas qui touchent le Roy, quod infractio saluegardiæ pertinet ad iudicem Regium, tum ex iure, tum etiam ex consuetudine immemoriali; quod eidem facultas cognoscendi ciuiliter & criminaliter puniendi per iudicem sæcularem in clericos sit quæsibilis consuetudine immemoriali & priuilegio. Vide quæ dicit Sicul. in ca. causam. de præscript. Vbi priuilegio Papæ concedi potest laico capacitas spiritualis. glo. in cap. imperium. x. distinct. & xxv. quæst. vij. Ioann. Andr. in cap. nobis. de iure patro. & idem addit ad Sicul. in tit. de legat. §. nunc tractemus. ver. sed nunquid legatus. Innocen. in cap. quod sicut in glo. Episcoporum de elect. glos. in cap. laicis. xvj. quæst. vij. Bald. in lib. Rescripto. C. de precib. imperat. offerend. Petr. de Ancha. in Clement. per litteras. de præbend. Anto. in cap. mæssand. de elect. cap. quanto. de iudic. & cap. præterea. le. j. de iure patro. Imol. in cap. quod de dubijs. in renunciat. & in cap. ad supplicationem. eod. tit.

Addition, qui n'est au liure escrit à la main.

De Clerc qui seroit prins, & changer ou muer habit en prison.

Item dois sçauoir que s'il aduient que aucun Clerc soit prins par Iuge lay, & durant icelle prison par cautelle il change ou mue son habit ou tonsure, & de ce se vouloit ayder, le Iuge lay que sans habit l'a prins & mis en sa prison, si tost qu'il apperçoit telle cautelle: le peut & doit faire mettre hors tel habit & tonsure, & en tel ou semblable habit qu'il le prinst & trouua, & selon ce vser & ordonner de luy comme lay & comme non habile de jouyr de priuilege de tonsure. & ainsi fut il dit par arrest de Parlemẽt, contre Iean de Reuaux qui auoit esté prins sans habit, & auoit son habit mué en prison de Preuost & Iurez de la ville & cité de Tournay. Item dois sçauoir que s'il aduenoit que aucun Clerc fust prins pour aucun delict, & luy estant layement prisonnier, il estoit requis de son Prelat comme Clerc, s'il estoit tenu non marié ayant habit ou tonsure, ou seulement tonsure, il doit estre rendu à son Prelat incontinent que requis en est.

Arrest de Parlement.

Des bigames qui ont espousé deux femmes.

SCachez que bigamie est vne irregularité qui viẽt & descend par faute de reigle, ou autrement bigamie est vne defaute qui vient de diuision de chair. Et est dit celuy bigame qui par diuers temps a eu deux femmes par mariage legitime: & selon les Grammeriens bigame est dit *quasi bis gamus*, c'est à dire deux fois marié, ou autrement de deux mariages. Si sçachez que celuy est dit & tenu pour bigame qui espouse femme qui ait esté autresfois mariee, ou qui autresfois a esté mary, & tels perdent tout priuilege de clergie en toutes manieres, ne iamais ne s'en peuuent ayder ne porter tonsure, ne habit clerical sur peine de excommuniement, mais sont tous donnez aux lays & à leur cognoissance, nonobstant quelque coustume au contraire. *de bigamis. in vj. cap. altercationis.*

Item dois sçauoir que si aucunes concubines a auec luy, & en plusieurs lieux ou temps, pour ce n'est mie tenu pour bigame, ne perdre ne doit le priuilege de clergie, car bigamie se fait par mariage legitime à deux femmes, ou à vne femme veufue, ou pour l'homme auoir espousé deux femmes l'vne apres l'autre. *cap. quia circa. de big.* Encore peus & dois sçauoir que s'il aduenoit que aucun print par mariage veufue, & il fust troué que icelle fust encore pucelle, & ne fust point corrompuë, & ainsi fust trouué par les sages femmes: pour ce ne seroit celuy qui l'auroit prise, bigame, mais seroit tenu comme simple marié. *Rub. dict. cap. debitum.*

Des clercs veufues, & femmes veufues.

SCachez que veufue homme qui est clerc si tost qu'il est veufue, il retourne à la franchise de clerc, & pour ce pourroit estre Prestre puis que vne fois & à vne vierge auroit esté marié tant seulement, mais qu'il tienne habit. Et si c'est Dame ou Damoiselle qui seroit tenuë en veufueté, elle doit estre tenuë & gardee en sa veufueté par le Prince, & par tous Iuges d'Eglise & autres, & doiuent sommairement estre ouyes en leurs querelles: & si en ce auoit defaute au Iuge lay, elle se peut traire au Iuge spirituel, qui en ce cas la doit soustenir & ouyr en son droict, & autrement ne s'y doit traire si elle a affaire à loy, si defaute n'a au Iuge: mais si elle estoit despoüillee d'aucun sien droict, fust encore en temporalité, sçachez encore que si elle s'en traict premierement au Iuge de l'Eglise, là doit demeurer la cause, car c'est cas de preuention, & doit estre rendue là où elle premierement se traict par le benefice de sa veufueté: & de ses autres ordinaires cas, comme de demander ou de defendre, elle doit sortir sous le Iuge où il est demeurant, & il fait à contraindre.

Ceste practique de se retirer pardeuers le Iuge Ecclesiastique, est hors d'vsage, ains si le Iuge seculier ne fait iustice, y a moyen d'appeller de luy suiuant les ordõnances.

Du priuilege aux femmes veufues.

Istа debent intelligi quando iudex laicus esset negligens in iustitia administranda viduis: tunc iudex Ecclesiasticus potest causam ad se trahere petente parte: vt ext. de foro competen. cap. ex tenore litterarum. nam protectio viduarum pertinet ad Ecclesiam: vt eod. tit. cap. ex parte. vbi Papa committit causam super violentia facta Regina Anglorum vidua.

Additio. Ceste addition ne ce qui est traicté en l'article, de la preuentiõ du Iuge Ecclesiastique, ne s'obserue plus en France, par l'ordõnance de l'ã 1539. art. 1 & 2. Fait voir l'ãnotation sous la lettre a.

Des priuileges aux Clercs.

TV peus & dois sçauoir que clercs qui de priuilege de clergie veulent vser, ne doiuent estre cognus pour cause qu'ils ayent, fors deuant leur Iuge & Prelat, soit la cause criminelle ou ciuile, sinon en cause reelle ou en complainte de nouuelleté, en sauuegarde enfrainte, en port d'armes. Car de ces trois cas conuient qu'ils respondent au Iuge lay, suposé qu'ils fussent Prestres, Euesques ou d'autre dignité.

Item s'il aduenoit que le Iuge lay contraignist le clerc respondre à luy puis qu'il sçauroit qu'il seroit clerc, il est excõmunié par ce mesme droict que les clercs appellent *ipso facto*. mais c'est à sçauoir que si le clerc en l'Eglise vent ou marchande d'aucune chose à vn lay, & contend en vienne, pour ce ne demeure mie la cognoissance au Iuge du clerc, mais doit demeurer au Iuge lay, car par loy escrite chacun doit estre tenu & traicté pardeuant son Iuge, & non ailleurs, & dont la chose litigieuse est subiecte & tenuë, & si autrement est faict, si en doit estre la cognoissance r'enuoyée au Iuge de qui le deffendeur est subject, ou la chose * cõtencieuse. Encore dist la loy escrite que homme lay ne doit faire homme lay conuenir deuant Iuge d'Eglise si non par defaute de Iuge lay : & s'il le faict, si en doit la cause estre r'enuoyée au Iuge lay, car le droict ne souffre que nul soit conuenu que deuant son Iuge ordinaire, si ce n'est par defaute de Iuge. Sçachez que si clerc de sa volonté se vouloit submettre au Iuge lay, & iurast & promist tenir son iugement, si ne peut-il submettre ne ordonner que ce tienne & vaille, posé encore que partie aduerse s'y consentist: car le droict ne peut souffrir que nul soit trait pardeuant autre Iuge que son Iuge ordinaire: & encore est la loy si estroitte pour le clerc que se faute auoit au Iuge Ecclesiastique pour le clerc, ou que suspicion fut au Iuge, le Iuge Ecclesiastique doit commettre autre Iuge pour le clerc, & Iuge Ecclesiastique, car le clerc ne peut estre conuenu deuant Iuge lay, si non pour les quatre cas dessusdicts, s'ils ne sont clercs demeurans & residens dessous aucuns priuileges, comme chappellains, moynes, ou autres prelats qui ont Eglises en ce priuilegiées de cognoistre de leurs gens, & de leurs sujects.

Telle excommunication contre le Iuge seculier pour auoir conuenu le clerc pardeuāt le Iuge Ecclesiastique, n'a plus de lieu en Frāce, & il y a long tēps qu'elle est hors d'vsage. Voyez l'article 4. de l'ordōnāce de l'an 1539.

** En quelques liures, contagieuse.*

Hîc quod dicit de submissione, quid si iurisdictio Ecclesiæ prorogetur à laïcis : an possit ibi conueniri : vide per Io. Fab. & Bal. in l. Qui ex consensu. de Episc. audient. C. & per Sicul. & Feli. in cap. significasti. de foro competent. glos. in cap. iurata. xj. quæst. j. latè per Iaso. in l. j. §. post operis. ff. de no. ope. nunciat. Quicquid tamen sit de iure, consuetudo præsentis regni habet quod laïci non possunt prorogare, vbi dominus contradicit. ita dicit Ioan. Fab. in loco sup. allega. quod facere dicit cap. ex transmissa. de foro competen.

Item qui fiert clerc par felon courage iusques au sang, il est excõmunié par ce mesmes droict que clercs appellent *ipso iure*. Et si clerc fiert lay iusques au sang: amender le doit à son prelat & ordinaire, ou il doit estre deposé de benefice, & si le lay blesse le clerc, iaçoit qu'il soit lay, il sera pour ce puny par le prelat pour ce qu'il est exõmunié : car nul autre que le prelat n'ẽ doit cognoistre. mais s'il aduenoit que vn autre frapast aucũ prelat qui ne fust pas en habit de prelat, & qui n'apparut point estre clerc, il n'est mie excõmunié, ne par Iuge d'Eglise ne doit estre cõdãné. Toutefois

Cecy n'est obserue en France, ains le Iuge lay cognoist contre le lay, encores qu'il soit question d'outrage faict à vn Prestre ou autre Ecclesiastique.

auroit le Iuge d'Eglise la cognoissance s'il sçauoit qu'il fut clerc ou non. *cap. ij. & iij. de for. cōpeten.* & de ce doit aller à loy & absous par son sermēt qu'il en doit faire pardeuant le prelat: ne autrement ne s'en doit purger: & si iurer n'en veut, il est tenu pour excommunié: *vt xvij. quæst. iiij. cap. si quis suadente.*

Item s'il aduenoit que en ieu aucun frapast vn clerc, il n'est pas excommunié, mais si autrement estoit fait, il faudroit que absolution vint du Pape. *allegat. cap. si quis suadente.*

Addition qui n'est au liure escrit à la main.

Casus in quibus iudex sæcularis potest manus in personas laïcorum, siue metu excommunicationis imponere, prosequitur in suo tractatu Do. Bernar. Laurent. quem specialiter super hac re & huius nominis intitulatum edidit: & in quibus Iudex Ecclesiasticus in laïcos habeat coërtionem & iurisdictionem, vide amplè per Do. Steph. Aufrer. in tractatu de potestate Ecclesiæ super laïcis: in quo per. cxlv. casus materiam diffusé pertractat.

ANNOTATIONS SVR LE TILTRE SEPTIESME.

a *LES Chrestiens sont deux especes de personnes, à sçauoir les lais ou laics, & les clercs.* C. duo sunt, 12. q. 1. *Les lais sont ainsi appellez du mot Grec λαὸς qui signifie troupe ou multitude de peuple: & les clercs du mot Grec κλῆρος, c'est à dire sort, comme* Demosthenes in oratione περὶ ἀγνῶ πατρῴου. *& autres Grecs en vsent: comme si les clercs estoient sortis pour seruir specialement au ministere de l'Eglise.* Clericos interpretantur imperatores, qui diuino cultui ministeria religionis impendunt, l. 2. C. Th. de Episcop. *Des clercs y a diuers degrez & ordres, à sçauoir Prestres, Diacres, sous-Diacres, Acolites, Exorcistes, Lecteurs & Portiers: mais pour estre cogneus clercs, & iouyr des priuileges qui leur sont attribuez, faut qu'ils ayent ce premier charactere, qu'on appelle tonsure ou couronnes, qui est l'entrée de tous les autres,* vt aiunt Canonistæ in cap. cùm cōtingat. de æta. & qualit. & in Clem. 2. de vita & hōnest. cler. *De l'ordre des clercs les Prestres estoient eleuz,* qui superiorē inter clericos locū obtinent, l. 8. C. de Episco. & cler. *Mais anciēnement en chacune Eglise y auoit certain nombre de clercs,* vt cōstat ex historiis Ecclesiast. l. In Ecclesiis. C. eo. Nouel. 3. vt determinatus sit numer. Clerico. *La courōne qui se faict en la tonsure des clercs, est la marque & symbole d'vne obeissance qu'on rend à l'Eglise, & de l'espoir qu'on a d'acquerir la couronne eternelle par la submission qu'on faict à Dieu en l'Eglise Chrestienne. Ie sçay bien que les Canonistes en alleguent d'autres raisons, mais de celle cy seule ie me contente, sans interpreter des histoires les tonsures & razemens de cheueux, qui se faisoient entre quelques peuples. Toutesfois pour l'antiquité de la tonsure aux ieunes enfans entrans en l'ordre de clericature, & de celles des Prestres, on peut voir* Cyrillus in vita S. Euthym. Euagrius Schol. hist. l. 3. ca. 26. Ammian. Marcell. l. 12. Isid. de diui. offic. *& autres, qui en rendent assez de tesmoignage. Plusieurs priuileges, franchises & immunitez sont attribuez aux clercs tant par* les constitutions Pontificiales & Imperiales, que par les ordonnances des Roys de France, dont on peut voir les tiltres du droict canonic, & tit. de Episc. & cler. C. Th. & Iust. Et entre autres qu'ils ne peuuent estre conuenus en causes ciuiles & criminelles pardeuant autre Iuge, que l'Ecclesiastique : dont procede la diuision de la iustice en Ecclesiastique & seculiere. L'Ecclesiastique est tant des choses spirituelles & Ecclesiastiques, priuatiuement aux Iuges seculiers, comme des matieres de sacremens & autres pures spirituelles, ainsi que porte l'ordonnance de l'an 1539. art. 4. que des personnes Ecclesiastiques pour causes personnelles, soyent ciuiles ou criminelles. Auquel priuilege les clercs ne peuuent renoncer, cap. si diligenti. de foro compet. auquel tiltre & celuy de iudic. apud Gregorium, est amplement traicté de ceste matiere. Toutesfois si les clercs sont demandeurs, ils doiuent faire conuenir les lais pardeuant leurs Iuges seculiers, suiuant la vulgaire reigle de droict, actor forum rei sequitur. Aussi s'il est question du petitoire & droict reel des choses temporelles, ou du cas de saisine & nouuelleté, mesmement des benefices & droicts spirituels, le Iuge Royal & seculier en cognoist, & non l'Ecclesiastique, comme i'ay monstré au premier liure, & ailleurs. Et pour le regard des crimes, si c'est le clerc qui se plaint de l'offense & outrage à luy faict par vn lay, il se doit pouruoir pardeuant le Iuge seculier, iuxta l. Si quis. C. de Episcop. & cler. Mais si le crime a esté commis par le clerc, c'est au Iuge Ecclesiastique de luy faire son procez, Nouel. 83. Sulpic. Seuerus lib. 2. sacr. histor. Cassiodorus libro 1. var. epist. 9. & lib. 8. epist. 24. & inter Capit. Caroli Magni lib. 1. cap. 38. lib. 5. cap. 237. & lib. 6. cap. 115. & al. Et pour ceste cause si le Iuge Royal ou autre seculier en a pris cognoissance, il en doit faire le r'enuoy pardeuant le Iuge Ecclesiastique. Mais y a des capitaux & priuilegez desquels le Iuge Royal peut cognoistre & faire le procez, mesmes à vn prestre, par mesme moien que le Iuge Ecclesiastique pour le delict & cas commun, parce que le Iuge d'Eglise ne peut condamner à la mort, cap. cleric. cap. sententiam sanguinis. de cleric. vel monachi sæcul. negot. cap. si aliquis de homic. Toutesfois en crimes incidens, esquels on n'adiuge peine de mort, comme en vn crime de faux pour piece produite par vn homme d'Eglise, le Iuge lay peut donner sentence contre luy pour le cas priuilegé, mesmement d'amende honorable, comme a esté iugé par arrests du 29. Aoust 1545. 15. Iuin, 1559. & autres. Mais tous clercs ne iouyssent dudict priuilege, soit à cause de la chose dont est question, ou de leurs personnes. S'il faict negotiation & trafique seculiere, il sera tenu à raison d'icelle de respondre pardeuant le Iuge seculier, parce qu'il deroge à sa profession & qualité. Nouel. 123. cap. 6. Pour les personnes, il est porté par l'ordonnance de Charles 9. de l'an 1563. art. 21. de l'an 1566. art. 40. & 1. declaration, & de l'an 1571. art. 14. que nul ne pourra iouyr du priuilege clerical, soit pour estre delaissé & rendu au Iuge d'Eglise : ou pour autre cause, s'il n'est constitué és ordre sacrez, & pour le moins sou-diacre, ou clerc beneficié, ou actuellement resident & seruant aux offices & ministeres qu'il tient en l'Eglise, ou escholier actuellement estudiant. Il y a encores d'autres causes qui rendent les clercs incapables dudict priuilege, comme s'ils sont officiers Royaux ou d'autres seigneurs, ayans charge de criminalité. S'ils sont officiers des monnoyes, ou y ont quelque charge, suiuant les ordonnances de François

I. de l'an 1540. art. 38. & de Henry 2. de l'an 1549. article 20. Aussi les clers qui suiuent la guerre, faisans profession des armes à la soulde du Roy, ou d'autre seigneur, sont estimez perdre ledict priuilege : ce qui reçoit toutesfois des exceptions, dont i'ay escrit ailleurs. Et encores si les clercs sont apprehendez sans la petite couronne de tonsure, & en habits deshonnestes & non conuenables à leur qualité & profession, & s'ils se gouuernent indignement, comme de hanter & frequenter les tauernes, bordeaux, brelans, & lieux mal renommez où ils seroyent trouuez faire des basteleurs, farseurs, mommeurs, & tels autres actes reprouuez par les Constitutions canoniques, ils ne iouyront dudict priuilege, duquel ils se seroient rendus indignes Clem. I. & II. de vita & honestat. clericor. *dont on peut voir* Guid. Pap: quæst. 138. & cap. ex parte de priuileg. cap. perpendimus. de sentent. excommun. cap. si Iudex laicus. de sentent. excommunic. in 6. & Choppin. de Sacra Politia, *qui en escrit tresdoctement. Et tels qu'ils sont trouuez, ils sont presumez estre.* l. Item apud. §. si quis virgines. D de iniur.

b *Ie ne veux entrer en la dispute du mariage des gens d'Eglise, & principalement des prestres. Car nous auons les Constitutions de l'Eglise Catholique Romaine, ausquelles il se faut arrester : & suiuant icelles les clercs constituez aux moindres ordres, iusques au sous-diacre, iceluy exclud, peuuent estre mariez,* C. si quis eorum. 32. distinct. cap. clericus. de vita & honestate cler. cap. 1. 2. 5. de cler. coniug. *Et estans mariez s'ils portent la tonsure & robbe clericale ils iouyront du priuilege de clericature* cap, pen. 23. dist. cap. sed quid vero. 31. dist 1. §. fin. de cler. coniug. in 6. vide cap. clerici officia. de vit. & honest. cler. *sinon qu'ils soyent bigames, ayans eu espousé deux femmes ou vne veufue, par ce que tels ne peuuent paruenir aux degrés Ecclesiastiques,* cap. quisquis. 84. distin. cap. 1. de bigam. non ordinand. *Ce qu'aucuns ont obserué proceder du Concile de Nicene. Qant aux exemptions & immunitez attribuées aux clercs par les loix de France & aucunes coustumes, il faut entendre les vrais clercs qui viuẽt clericalement, du nombre desquels ne sont les clercs mariez, & partant ne sont exempts des charges & deuoirs deuz aux seigneurs par les autres habitans. comme a esté iugé en la coustume de Victry, par arrest du 26. Auril, 1586. & auparauant en la coustume de Troyes, du 20. Feurier, 1574. dont on peut voir Masuerius* tit. de talliis. *Et autres practiciens qui ont amplement escrit de ceste matiere.*

DES MARIAGES.
TILTRE VIII.

MARIAGE est [a] vn lien à proprement parler, qui se faict par le consentement de l'homme & de la femme puis que les cœurs d'eux se consentent à auoir l'vn l'autre à mariage: combien que autres solemnitez de bans & de fiançailles n'en fussent faictes. Mais honneste chose est de les faire en l'Eglise. *de sponsalibus & matrim. cap. de francia. & cap. cum inhibitio. de clandest. desponsa.*

Item sçachez que ainsi que mariage se faict par seul consentement: ainsi se deffait-il par diuorce raisonnable. *Le diuorce des personnes par leur seul cõsentement, n'a lieu par les cõstitutions canoniques lesquelles on obserue à present. vide Nouel. 117.*

Multum consideratur honestas in matrimonijs: vt dicit Barba. consil. suo vj. in primo volum. text. in l. Semper. ff. de rit. nupt. & §. si vxor tua. Institu. de nupt. l. Semper in conionctionibus. ff. de reg. Iuris. Inde dixit Bald. in l. Si pater. C. de sponsalibus quod nobilis domina nubens indigno puta suo seruitori vel suo consanguineo vel affini est exhæredanda. Facit quod adnotat Bart. in l. Edicimus. C. de murileg. lib. xj. vbi mulier nobilis non potest nubere monetario. Et istis adde secundum Rofred. Beneuent. in libel. Iur. Can. sub titulo de sponsali quod in sponsalibus dicitur matrimonium initiari: in matrimonio per verba de præsenti compleri: per carnis vero copulam dicitur consummari, ad similitudinem matrimonij spiritualis: quod per electionem post consensum initiatur: in confirmatione ratificatur, in consecratione confirmatur. cap. licet. & cap. inter corporalia. extr. de translat. Episcop. *Ceste addition n'est au liure escrit à la main.*

Sçachez aussi que par l'aage de sept ans & au dessus peut-on traicter enfans en mariage, puis qu'ils seront de tel entendement qu'ils sçauront bien & mal.

Additio.

Hæc debent intelligi de sponsalibus contrahendis: quia in illis est tempus vniforme: sed in matrimonio contrahendo est difforme: quia in muliere duodecim annos, & in masculo quatuordecim oportet: vt not. in l. Minorem ff. de rit. nupt. & in cap. attestationes. & ibi Docto. de desponsf. impu. rationem quare tale tempus est difforme, assignat Faber Instit. ne nupt. §. masculi. Iason post eum.

S'il aduenoit que le mary depuis les fiançailles se partist, & auant qu'il eust couché auec sa femme par copulation charnelle, se absentast hors du pays par long temps, la femme se peut bien à autre allier. *de sponsalib. & matri. cap. de illis extr.*

Item si l'homme & la femme promette l'vn à l'autre mariage par paroles à certain temps declaré entr'eux, ils sont mariez, & iamais ne peuuent aller contre: & doiuent estre contraincts par le Prelat à parfaire le mariage, ou ils sont excommuniez tous deux, ou celuy à qui il tient, par le chap. *ex parte Rubr. sup. alleg.*

De marier malgré la femme.

Item si femme est donnee à mariage malgré elle, & par l'hõme detenuë contre son gré cy n'a nulle respõse autre que tel mariage n'est nul. *ca. de mulier. eod. titu.* Si mariage se faict par paroles obscures ou diuers langages, & puis pour ce en soit contradiction, & l'vn veut qu'il n'entende point l'autre, le Iuge doit considerer l'âge & la forme de proceder qu'ils firent, & selon ce donner la sentence. *cap. ex litt. eod. titu.*

De contracter mariage par force.

Item s'il aduenoit que femme contractast mariage auec vn par force & contrainte, & puis apres se mariast, pource qu'elle oncques ne fust consentant auec celuy de force, le second mariage vaut, & non le premier. *cap. veniens. ext. eod. tit.* Tu dois sçauoir que si mariage se faict par force, comme dict est, & depuis y a couple charnelle du consentement de la femme, tel mariage vaut, & doit estre confermé. *allegat. cap. veniens.*

De femme soy remarier.

Item dois [b] sçauoir que la femme mariee qui a son mary hors du pays, posé que lõguement il demeure sans en oüir nouuelle, elle ne se peut remarier deuant qu'elle ait ouy certaines nouuelles de sa mort, & qu'il soit trespassé. *cap. dominus. ext. de secund. nupt.* Item de mesmes selon la loy ciuile dois sçauoir que si le mary se part par l'espace de 7. ans, ou par tel & si long tẽps que la femme se peut licitement remarier, faire le poura, mais que renommee soit que son mary soit mort, & que de ce soyent suffisans tesmoings deposans sur ce. C'est à sçauoir qu'icelle femme si ait tout le moins vn qui depose qu'il le vid mort en tel lieu, & autres qui afferment qu'ils ont esté sur la fosse où il fut enterré, & autre qui die qu'il fust à son obseque, car par tels tesmoings si autres on ne pouuoit auoir, il suffiroit à renommee de mort, autrement ne se peut remarier, nonobstant longue demeuree. *vt Codice de repud. Authent. hodie quantiscunque.*

Des espousailles de futur.

Tu dois [c] sçauoir que espousailles de present destruisent celles de futur sans auoir charnel delict, lors se feroient valoir espousailles de present. *Extr. de sponsal. & matri. cap. si inter virum. §. verum si inter.* Et si tost qu'enfans viennent à tel âge, qu'ils puissent estre habiles à engendrer, ils sont habiles à marier. Toutesfois dict la decretalle, que enfans ne doiuent estre mariez si n'est pour bien de paix mettre entre les seigneurs qui ont les pays à gouuerner. *vt extr. de desponsal. impu. c. vbi non est consensus.* Le pere peut son enfãt marier qui est encore en minorité, l'ẽfant à ce nõ consentant, mais les autres enfans ne pourroit à ce mener s'ils ne s'y cõsentoiẽt.

Des espousailles clandestines.

Clandestines espousailles sont approuuees par l'Eglise, si les parens s'y consentent.

Additio. *Imo clandestinæ desponsationes sunt prohibitæ: vt ext. de cland. despons. cap. vlt. & a esté donné arrest du xxix. de May 1512. par lequel vne nommee Catherine de Velort, François Rouault & autres, ausquels vne nõmee Marguerite du Bois auoit esté baillee en garde: furent les dessusdicts condamnez en deux cens liures parisis enuers Loys du Boys, pere de ladicte Marguerite, & en cent liures parisis enuers le Roy, & à demander pardon & mercy audict du Boys, le tout pour le mariage clandestin faict entre ledict Rouault & ladicte Marguerite, fille dudict du Boys du consen-*

consentement de ladite Velort de Fleury & autres, ausquels elle auoit esté baillee en garde.

De l'homme auoir espousé deux femmes.

S'il aduenoit que aucun eust espousé deux femmes, dont la premiere fust de present, & la seconde de futur : le mariage tiendroit de la premiere. mais si la seconde estoit de present, & la premiere de futur, le mariage tiendroit à la seconde.

De interdire mariage.

Si tost que litige se fait de mariage, il doit estre interdit à l'vn & à l'autre, qu'ils ne facent mie autre mariage durant le litige, & s'ils le faisoient, ils seroient separez. *cap. j. & ij. extr. de mat. contra interd. Eccles. contract.*

Des donations du mariage.

Les donations qui sont faictes pour cause de mariage, supposé que le mariage cesse, ne doiuent pour ce estre r'appellez, si de ce n'a expresse condition de mariage.

Quod hic dicit, est contra leges. C. de donat. ante nupt. l. Si præsidi. & l. Si à sponso. per quas dicitur quod donatio reuertitur ad donantem si matrimonium non sequatur. & Vide Bal. in l. Si filiæ. & in dict. l. Si præsidi. eod. *Additio. De ceste matiere a esté traicté cy dessus au premier liure.*

De condition de mariage.

Item s'il aduenoit que le mariage eust condition ou cause aucune, sçachez que celle cause ou turpitude seroit comptee pour nulle & aussi que faicte ne conditionnee ne fust, & tout ainsi le dois entendre si condition y a impossible, ne chose qui soit contre la substance de mariage. *cap. j. de conditionibus appositis in desponsatio.*

Des mariages aux meseaux.

Si dois sçauoir qu'il n'est mie defendu aux meseaux, qu'ils ne se mariēt ensemble, ou à autre qui faire le veut, ne ne souffre la loy, que s'il aduenoit que l'homme ou la femme que mariee seroit, quelle qu'elle fust, cheist en mesellerie, pour ce n'est mie le mariage diuorcé, ne deuoient ja pour ce partir l'vn de l'autre: mais doit le sain garder le malade, si chasteté ne vouloit voüer. Toutesfois dit la loy que si fiançailles y auoit de futur, & l'vn deuint mesel, l'espousaille seroit deffaicte, ne ne seroient tenus de proceder au mariage. *de coniugio lepros. cap. j, ij. & iij.* *Meseaux, sont lepreux.*

De mariage de serf.

S'il aduenoit que vn franc homme fist mariage à vne serfue luy ignorant qu'elle fust serfue, sçachez que le mariage ne vaudroit ne tiendroit: s'ainsi n'estoit que l'homme depuis qu'il l'auroit sceu que la femme estoit serfue, auoit depuis couché auec elle en charnelle couple. *cap. j. & ij. de coniugio seruo.* *Ce qu'y ne s'obserue en France, où la condition des serfs qui estoit anciennement à Rome, n'a plus de lieu : mais y en a de seruile cōdition en quelques prouinces desquelles on peut voir les coustumes pour le formariage.*

De mariage d'entre gens de lignage.

* Item dois sçauoir que les cousins du mary se peuuent biē marier auec les cousines de la femme, fors en degrez defendus, si comme vous trouuerez en la table cy deuant mise qui de ce fait mention, & dois cōmencer à cōpter en ceste partie les degrez d'affinité à l'estoc de l'arbre, selon

* *Faut voir ce que i'ay escrit cy dessus au premier liure, sur les arbres de consanguinité & affinité.*

ce qu'il est noté au chapitre, *quod super his. &c. tua nos. extr. de affinit. & consangui.* Le pere qui tient obligée sa fille à mariage faict à contraindre à l'Eglise la fille à l'accomplissement de mariage. Mariage si dissout bien si vn cousin à l'homme en secret maintiẽt qu'il a cogneu la femme charnellement, mais il ne l'ose dire pour crainte de iustice, ou de ses amis. Et pource doit estre contraint par serment à dire verité sur ce. Et s'il l'afferme, le mariage se dissout.

De diuorces & separations de mariage.

APres que [d] dict est des mariages, il s'ensuit des separations & diuorces qui sur ce se peuuent faire. Si sçachez que diuorce se peut faire en mariage, quand entre le mary & la femme a affinité de lignage si prochain qu'ils ne peuuent demeurer en conionction de mariage, si dispensez n'en estoient du sainct Pere. *de diuort. cap. iij.*

Item quand il est trouué que le mary a eu compagnie charnelle à vne cousine de sa femme auant le mariage, si ce aduenoit, pource ne les conuient mie diuorcer.

De comperage.

Item s'entre le mary & la femme estoit trouuée affinité de comperage sçachez que espousailles ne s'en pourroyent iamais ensuyuir, mais si ce aduenoit apres les espousailles, pource ne les faudroit diuorcer, car par dispensation en peuuent bien estre recouurez. Et toutesfois iusques adonc qu'ils en soyent dispensez, ne doiuent point gesir ensemble. Et s'il aduenoit, lequel que ce fust, le mary, ou la femme ne voulsist dispensation, si le pourroit l'autre faire contraindre par le Prelat. *Vt cap. ij. de cognatio. spiritual.*

D'estre froid de nature.

Item si le mary deuenoit tel ou estoit qu'il fust refroidy de nature, & finablement disposé qu'il ne peut auoir auec sa femme compagnie charnelle, tellement qu'il appartient à faire d'entre le mary & la femme, que les clercs appellent * dette de mariage, sçachez que lors y chet diuorce perpetuelle par le Prelat, & se pourra la femme remarier à autre, à son bon plaisir. *cap. j. & ij. de frigid. & malefic.*

Cecy se doit entendre si le refroidissemẽt estoit au parauãt le mariage & nõ s'il seroit aduenu depuis iceluy & la copulation charnelle: dont on peut voir l'Annotation.

** Autres dient deuoir.*

De court membre & debilité.

Encore dict la Decretalle que s'il aduient que le membre de l'homme soit alteré par maladie, ou autrement qu'il soit petit, ou tel qu'il ne puisse faire ne payer la dette de mariage par sa debilité: Sçachez que diuorce si peut asseoir par le Prelat, cogneu de la debilité du membre, au cas que par medecines & remedes ne se pourroit r'asseoir ne auoir lieu.

Item dois sçauoir que l'homme debilité s'il aduient que la femme soit telle & si attrainte qu'elle ne soit habile à tout ce que à nature de femme appartient à auoir, comme on trouue sans aduenture ne ordonnance naturelle, sçachez que l'homme marié à telle femme peut demãder diuorce, & ce cogneu la doit auoir: s'ainsi n'estoit que par miracle & artificielle chose peut à ce estre pourueu. *cap. ex literis.*

Des incredules.

Item chet diuorce quand l'homme ou la femme se trouue à incredulité : & s'il retourne à la foy saincte, lors doit estre diuorce remise : & eux reioincts à mariage, comme parauant estoyent. *de diuort. cap. de illa, & cap. sequent.*

D'estre en adultere.

Item se faict diuorce par cas de adultere, si cõme si le mary sçauoit que sa femme commist adultere, & ce fust trouué en vray, sçachez qu'l n'y chet diuorce perpetuel, car la loy espere tousiours qu'ils se retourneront de peché, car eux retournez en grace l'vn de l'autre, lors retourne la cõionction de mariage ensemble : car si telle diuorce chet en faict, sçachez que lors doit auoir la femme portiõ de viure pour son estat. Mais si femme se deportoit de son mary de sa volonté, sans la contraindre par son mary, ou si le mary la trouuoit en fornication, & pour ce l'en chassoit eñ sus de luy, sçachez que lors n'auroit la femme portion de viure : & si la femme estoit doüée, elle perdroit son doüaire. Toutesfois veulent aucunes loix que les femmes en ce cas ayent aucun viure de ses biens par sustention, afin que elle ne voit mie par pauureté en plus grand desertion : car si la femme en ce tẽps durant si contenoit sagement, & le mary cheist en adultere, si que la fẽme le peut monstrer: lors pourroit la femme requerir au Prelat qu'elle fust remise* en commission de mariage auec son mary, & luy doit estre adiugé ainsi. Et aurement ne fait à ouyr à demander restitution de conionction de mariage, si prouuer ne le peut. Et si vous demandez comme ce pourra estre prouué, pource que semble forte chose à prouuer. sçachez que si la femme peut prouuer que son mary ayt quelque concubine auec luy, demeurante en hostel secret où il repaire, & que renommée en soit, c'est assez prouué pour attaindre la conclusion dessus dicte.

Fẽme adultere doit perdre son doüaire.

** Coniunction au liure escrit à la main.*

Addirio.

Si Vxor constante matrimonio adulterium commiserit, dotem & dotalitium petere non potest. textus ad literam in cap. plerumque. extr. de donationibus inter virum & Vxorem, text. in l. Consensu. C. de repud. Docto. in Auth. Vt liceat matr. & auiæ. §. quia Vero. & Authent. sed nouo iure. C. de adult. Bal. in cap. tuæ. ext. de procurat. ea tamen intellige si Vir eam accusauerit de adulterio: quia hæres non potest retinere dotem opponendo ei exceptionem adultery. Speculat. tit. de dote post diuor. restituend. §. final. Versic. quid si mulier. Alex. in l. Mora in fine. ff. soluto matrimon. Bald. in l. j. §. illud. C. de rei Vxor. actio. & in l. Rei iudicatæ. ff. solut. matrim.

Cõtre l'heritier voulãt accuser la vefue d'adultere, ou luy proposant l'exception, a esté iugé par arrest en l'audience du 9. iour de May, 1585.

De pere & de mere estre compere à l'homme ou à la femme.

Item si faict diuorce quand il est trouué que le mary & la femmme sont issus de deux peres ou meres, qui ont esté comperes ou cõmeres de ses mesmes enfans qui mariez sont. Item s'il aduenoit que le mariage se fist entre les enfans issus de comperage. Mais que ce ne fust d'enfans pour lesquels comperage auoit esté faict, en ce ne chet diuorce, mais tient le mariage. *cap. j. ext. de cognatio. spiritual.*

De enfans leuer ensemble.

Item s'il aduenoit que aucuns leuassent enfans de l'vn d'eux, & puis aduint que lequel des deux que ce fust deuint veufue : ſçachez que depuis tels ne peuuent ja auoir mais l'vn l'autre en mariage, & s'il eſtoit faict, s'il le faudroit il diuorcer. *cap. Veniens. extr. eod. tit.*

De naurer l'homme ſa femme.

Item dient aucuns encore que ſe peut faire diuorce quand le mary s'atourne de tel vonloté que accouſtumer à batre & à naurer ſa femme, car ce ne peut ne doit attendre ne ſouffrir la femme, s'il ne luy plaiſt. mais ceſte diuorce ne ſe faict que du lict. Car enſemble ſe peuuent remettre ſi toſt qu'il leur plaiſt, Et ainſi fuſt il faict & iugé en la cour de l'Eueſque de Tournay d'entre Pierre de la Croix, & Marguerite de Puches ſa femme.

De l'homme diſsiper ſes biens.

Ils'abuſe de dire ſeparatiõ de lict, parce qu'elle ſe faict ſeulement de biẽs, & non du lict. qui s'entend la ſeparation du corps.

Item s'il aduenoit que le mary ſe tournaſt à eſtre diſſipeur de ſes biens, ſçachez que la femme ſelon aucuns a cauſe de demander diuorce quant au lict, ou cauſe de demander diſtribution de biens, & que portion luy en ſoit faicte. Lors ſçachez que à ceſte portion faict à receuoir, & luy doit eſtre faicte portion de tous les biens qu'ils eurent enſemble, & de ceſte portion doit eſtre la femme tenuë & gardée, & doit eſtre publié à breteſque, comment ceſte portion à diuorce des biens eſt faicte par loy. Et que de ce iour en auant pour dette que le mary face, à la portion ordonnée pour la femme ne pourra ne deuera nul retraire. Et par ainſi auſſi ja pour la dette de la femme à la portion du mary ne ſe pourra nul retraire, s'ainſi neſtoit qu'ils ſe remiſſent enſemble en demeure. Et ainſi fuſt il faict & iugé pour damoiſelle Marie de Clermer, contre Eulart de Poncres ſon mary, &c.

De iure ſcripto ſi maritus incipiat malè vti ſubſtantia ſua, vxor poteſt repetere dotem ſuam etiam conſtante matrimonio, vt l. Si conſtante. ff. ſoluto matrimonio. & hoc tangit notabiliter Ioan. Andr. in tit. de donat. inter vir. & vxo. §. final.

De deflorations de vierges.

VEu des diuorces, s'enſuit des deflorations que on faict aux pucelles: de fornication, inceſte & adultere, c'eſt à ſçauoir que en tous cas il y a difference, car defloration que les clercs appellent *de ſtupro*, ſi eſt quand vn homme par amours faict tant deuers vne pucelle, qu'il a l'amour d'elle, & la deſpucelle. Et cela appelle-on defloration, & ſelon le latin ſtupre. & s'enſuit de ceſte maniere de ſtupre ſi la femme ſe veut plaindre au Iuge, & il ſoit trouué que defloré l'ait, que l'homme qui ce a faict, doit la femme doüer ſelon ſa faculté, ou la doit prendre à eſpouſe, & eſt en l'homme de eſlire lequel qui veut, & par l'vn ſe peut ceſſer le debat. dont ſi lequel ces deux que ce ſoit eſtoit marié auãt que demande en fuſt faicte, la franchiſe & chois que l'homme deuoit auoir, ſeroit aboly, car ils ne pourroyent auoir l'vn l'autre à mariage, & par ce perdroit la loy ſa vigueur, & la deflorée ſon intereſt, par tãt auoir attẽdu.

Fornication.

Fornication eſt d'auoir à faire par homme ou femme mariez à autre que marié ne ſeroit, ou à veufue, ou à femme de religion : & en ce chet amende s'il eſt prouué.

Adultere.

Adultere est d'homme ou de femme mariez cognoistre charnellement autres mariez, & en chet aussi amende, s'il est prouué selon faculté. *de his est tex. in cap. lex illa In §. aliud. xxxVj. quæst.* I.

Des enfans d'vn mariage separé.

DEs enfans qui demeurent de l'homme & de la femme qui se diuorcent par la Cour spirituelle, peus & dois sçauoir que s'il aduient que diuorce se face d'entre le mary & la femme : Sçachez que si enfans y a, & la diuorce vienne par la coulpe du mary, ses enfans doiuent estre à la gouuerne de la mere, la despence du mary. S'ainsi n'estoit que la diuorce fust perpetuelle, & la femme se remariast. Et au cas qu'elle se remarieroit, les enfans doiuent estre à la gouuerne des amis d'vn costé & d'autre, aux despens de pere & de mere, & si le diuorce venoit par la coulpe de la femme : lors demeureroient les enfans au gouuernement du pere, aux despens de la mere si riche estoit la portion, ou que faire le puist. Sinon, ce doit demeurer à la discretion du Iuge, par le conseil des amis charnels, à prendre tant sur l'vn costé que sur l'autre, & le plus au plus riche. Toutesfois il faut considerer par quelle coulpe le diuorce vient, car celuy le doit plus supporter & auoir charge. *Pro his est Authenti. si pater. C. diuort. fact. apud quem liberi morari vel educari debeant.*

ANNOTATIONS SVR LE TILTRE HVICTIESME.

a AV *second liure des Pandectes i'ay defini le mariage, vne conionction de l'homme & de la femme, legitimement contractee, contenant vne inseparable societé de vie, & ceste definition qui n'est gueres esloignee de celle traictee au droict Ciuil.* l. 1. D. de ritu nuptiar. & §. 1. Instit. de patr. potest. *demonstre par l'aduerbe legitimement, ce qui est principalement requis au mariage, à sçauoir le consentement de ceux qui contractent mariage, & de ceux außi en la puissance desquels ils sont,* l. 2. D. eodem. *& les solemnitez requises, auec la benediction de l'Eglise : de laquelle Tertullianus faict mention* lib. 2. ad vxorem, Leo Philosophus Nouel. 74. & can. 30. quæst. 1. *Außi l'Eglise Catholique, tant Orientale qu'Occidentale, en la celebration du mariage vse de prieres & benediction,* vt constat ex libro primo iur. Oriental. titu. de Spons. Concil. Arelat. c. 6. can. nostrates. c. nullus fidelis, 30. quæst. 5. *ce que confirme* Concilium 4. Carthaginien. cap. 13. Ignatius Epist. 11. ad Polycarpum. *& autres, & est appellé* Sacramentum à Diuo Paulo Epistola ad Ephesios. Clemente libro tertio Stromat. Beato Augustino lib. de fide & operibus, cap. 7. & al. *Et pour la solemnité l'Eglise requiert la publication de trois bans, selon la coustume ancienne de l'Eglise Gallicane*, cuius fit mentio in cap. cùm in tua, 27. de Sponsal. & matr. *&* *s'y rapporte* cap. vlt. de clandest. Sponsal. & cap. vlt. qui matr. accus. poss. *ce qui a esté sainctement ordonné pour empescher les mariages clandestins, lesquels encores qu'ils ayent esté autresfois tolerez, pour n'estre dissolus: si est ce que depuis quelque temps les choses mieux & plus prudemment considerees, ils ont esté reprouuez, dissolus & annullez, suiuant la determination du Concile de Trente*, cess. 24. Reform. matrimon. cap. 1. *& l'ordonnance de Henry troisiesme du mois de May, mil cinq cens soixante & dixneuf, par arrest du vingt-septiesme de Septembre mil six cens. Et douziesme de Iuillet, mil six cens & vn, recitez en la cent & troisiesme Responce du Vnziesme liure. Ce que l'autheur dict icy que le diuorce du mariage se peut faire par mutuel consentement, se peut bien entendre des fiançailles, qu'on appelle* sponsalia, quæ mutuo dissensu dissolui possunt, si quidem in futurum tempus collata sint, non autem sponsalia præsentis temporis, quæ propiùs ad matrimonium accedunt, cap. 2. de sponsal. & matrimon. *Pour l'aage des nopces on suit le droict Romain, à sçauoir aux masles quatorze ans, & aux femelles douze complets, qui est l'aage de puberté: il est vray que pour les fiançailles on les peut faire entre impuberes, pourueu qu'il ne soient mineurs de sept ans.* l. In sponsalibus. D. de sponsalibus. capite quarto, quinto, & pen. de desponsat. impub. Nouel. 109. Leonis Imperatoris. *Ie sçay bien qu'au droict Oriental y a d'autres constitutions des Empereurs, pour l'aage & celebration des fiançailles, & que Platon, Aristote, & autres, ont diuersement escrit de la capacité de l'aage pour les nopces: mais il n'est besoing de repeter ce que i'en ay discouru au liure second des Pandectes. Puis que le mariage consiste au consentement* & in affectione maritali, vt ait Iurisconsultus in l. Cum hic status. §. si mulier & maritus. D. de donationibus inter virum & vxorem: *il ne se peut ne doit faire par force*: quia libera debent esse matrimonia: *mais on entend vne force de violence.* cap. 15. & 28. de sponsalibus, *& non demy-volontaire, & telle que depeint Ouidius.*

Vim licèt appelles, grata est vis ista puellis.
Quod iuuat inuitæ sæpè dedisse volunt.
Vim passa est Phœbe, vis est illata sorori,
Et gratus raptis raptor vterque fuit.

b *Pour l'absence du mary, encores qu'il soit captif des ennemis, ne se peut la femme remarier, quelque temps qu'il y ayt qu'il soit absent, sinon qu'il y ait preuue de sa mort*, Nouel. 117. vt liceat matri & auiæ. §. quod autem. vnde sumpta est Authentica hodie. C. de repud. Nouel. Leonis. 33. cap. in præsentia de sponsalibus, *& la mort se peut iustifier par tesmoings qui certainement en deposent, ou par grandes & manifestes presumptions*, iuxta cap. vlt. §. si autem. vt lite non contest. *Mais si le mary reuient, encores qu'il y ait vingt ans & plus, sa femme qui se seroit cependant remariee,* *sera tenuë de retourner auec luy, comme a esté iugé par arrest donné sur vn appel comme d'abus, du vingt-sixiesme iour de Ianuier, de releuee, mil cinq cens cinquante & sept, où i'estois present.*

c *I'ay noté cy-dessus y auoir par le droict Canonic deux especes de fiançailles, que l'Autheur appelle espousailles, comme mon vieil Practicien du mot Latin* Sponsalia, *qu'il dict estre la demande & repromesse des futures Nopces, rendant en François par le mot demande, celuy de* mentio, *duquel vse le Iurisconsulte*, in leg. 1. D. de sponsal. *& comme aussi* Plautus in Aulularia, *& autres en vsent. Il y a donc des fiançailles de present, & autres conferez au temps futur. Les fiançailles de present tiennent de la condition du mariage, & partant ne se peuuent reuoquer & dissoudre*, cap. 2. cap. 15. & vlt. de sponsal. *ceux de futur se peuuent dissoudre, & n'empeschent de se marier à vn autre.* l. 1. C. de sponsal. *sinon qu'il y ait promesse faicte par serment: selon la force que le droict Canonic donne aux sermens: auquel cas on peut encores renoncer aux fiançailles, s'il y a cause raisonnable & legitime*, cap. ex litteris, & cap. 17. de sponsal. *Les fiançailles par paroles de present, sont si bien tenus pour mariage, qu'il sera preferé à vn mariage subsequent*, d. cap. 15. & 30. & vlt. eod. *Toutesfois par l'Ordonnance de Henry troisiesme de l'an mil cinq cens soixante & dix-neuf, article quarante quatriesme, est defendu aux Notaires sur peine de punition corporelle, de passer ou receuoir aucunes promesses de mariage par paroles de present. Ce qui suit des personnes qui peuuent, ou ne peuuent contracter ensemble mariage, mesmement des degrez de consanguinité, ou cognation & affinité, est pris du droict Canonic*, libr. 4. Decretal. Gregorij, *que nous suiuons ès causes de mariage, comme i'ay escrit cy-dessus au premier liure, & ailleurs.*

d *L'vsage commun faict distinction entre le diuorce & separation de biens, & la dissolution du mariage. Quant à la dissolution du mariage, dont conuient premierement traicter, elle se faict ou pour cause naturelle, ou par la disposition de la loy prohibitiue de telles nopces, & la cognoissance en appartient au Iuge d'Eglise: ceste dissolution a effect de separer du tout tant de corps que de biens les mariez, & dire l'vn à l'autre selon l'ancienne forme, dont vsoient les Romains aux diuorces*, Res tuas tibi habeto, res tuas tibi agito, *dont* Cicero 2. Philipp. Apuleius libr. 5. Milesiar. & Martialis *font mention.*

Mense nouo Iani veterem Proculeia maritum
Deseris atque iubes res sibi habere suas.

Pour cause naturelle les mariez sont separez, quand ils ne peuuent accomplir & executer l'œuure du mariage, soit par imperfection naturelle, ou pour malefice, qui ne se peut deffaire & guerir: comme si l'homme est trop froid, & tant debilité de nature, qu'il ne se puisse eschauffer au deuoir & plaisir de mariage, ou si la femme est si estroicte, qu'elle ne puisse faire le deuoir de femme. Ou si l'vn deux par malefice de nouage d'esguillette, ou autre sortilege, est rendu impuissant & incapable de copulation charnelle, capit. 1. 2. 3. capit.

fraternitatis, & aliјs. de frigid. & malefic. *Si l'empeschement n'est du tout desesperé, ou qu'en iceluy y ait doute, on attendra le temps de trois ans : mais s'il est du tout euident & hors d'espoir de remede, le mariage sera incontinent dissolu.* cap. laudabilem. cap. 5. & vlt. eodem. Nouel. 22. de nuptiis. cap. distrahuntur. l. In causis. & Auth. sed hodie. C. de repud. *& suffira seulement la visitation, sans attendre les trois ans, iugé par arrest du vingtiesme de Ianuier, mil cinq cens octante & sept. Et entre le cas d'impuissance pour dissoudre le mariage, la Cour a iugé par arrest du mois de Ianuier, mil six cens & vn, si le mary n'a testicules apparens pour auoir force d'engendrer. La dissolution de mariage se fait par la disposition de la loy, entre personnes qui ne peuuent legitimement contracter mariage, soit à cause de cognation ou d'affinité : & en certains degrez la prohibition est si estroicte, qu'il n'y a lieu de dispense : & en autres le Sainct Pere la peut, & a accoustumé donner : dont on peut voir ce qui en est traicté au droict Canonic, & au Concile de Trente* de Reformat. matrimon. *& par les Docteurs & practiciens. Il y a vne cognation qu'on appelle spirituelle*, de qua in tit. Decret. de cognat. spiritual. *& icelle estoit aussi bien cogneuë en l'Eglise Grecque, qu'en la Latine*, vt constat. ex can. 53. sexto Synodi Constantinopolitanæ habitæ in Trullo siue pallatio. *elle se contracte par le Baptesme* inter eum qui aliquem suscipit ex baptismo, & eum qui suscipitur, nempè inter susceptorem, & susceptum; susceptus enim susceptæve patris loco. can. 1. 30. q. 3. l. Si quis alumnam. in fin. C. de nupt. *ceste cognation s'estendoit bien auant par le droict Canonic : Mais elle auroit esté restraincte par le Concile de Trente*, sess. 8. c. 2. reformat. *qui a tresprudemment reformé en plusieurs articles les trop seueres constitutions de l'ancien droict.* Vnus tantùm, inquit, siue vir siue mulier, vel ad summum vnus & vna baptizatum de baptismo suscipiant, inter quos & baptizatum ipsum, & illius patrem ac matrem tantùm spiritalis cognatio contrahatur. &c. *Pour l'adultere, fornication, excez, dissolution de mœurs, dissipation de bien & autres causes semblables receües* in l. Consensu. C. de repud. & Nouel. 117. de nupt. *se faict bien la separation de biens, & quelquefois du lict : mais non la dissolution du mariage, pour se pouuoir par l'vn des mariez se conioindre auec autre par mariage : car mesmes pour l'adultere & fornication ne le permettent les constitutions canoniques*, vt constat ex Concilio Tridentino, sess. 24. can. 7. iuxta sententiam : D. Pauli 1. ad Corinth. 7.

e *Pour la dissipation des biens du mary se peut faire separation de biens, & non du lict, si autres causes n'induisent les Iuges à l'ordonner : comme ie l'ay veu iuger sur vn appel comme d'abus contre vn mary gasté de verolle, par arrest du Mardy dixseptiesme May, de releuee, mil cinq cens cinquante huict. Et quant à la separation de biens, & adiudication du dot de la femme, & quelquesfois du doüaire ou pension du viuant du mary, mesmement pour la seuice, ou longue absence d'iceluy : i'en ay allegué cy dessus & ailleurs des arrests, & entre autres du dixhuictiesme Decembre, 1576. des vingtiesme iour de Mars, & dixseptiesme Decembre, 1593. & vingtiesme iour de Iuin, 1598. i'en ay remarqué de plus anciens au second liure des Pandectes.*

f *Il y a*

¶ *Il y a difference entre le rapt de la fille qui se fait par force, & est punissable de peine capitale*, l. Vn. C. de rapt. Virg. & l. Raptores. C. de Episc. & cleric. *& la defloration qui se fait par amourette, comme on dit: qui toutesfois est griefuement punie par la loy Iulie* de vi publica: & vocatur stuprum. cap. illa lex. 36. q. 1. *par la constitution de Leo Empereur*, 34. *les biens de celuy qui* virginem vitiauit, ipsi virgini addicuntur. *Par le droict Canonic le violateur est tenu ou d'espouser la vierge par luy corrompuë, ou la doter: ce qui est tiré de la loy de Moyse.* Exod. cap. 22. & Deuteron. cap. 22. cap. 1. cap. peruenit. de adult. cap. cùm causam. cap. accedens. de raptor. *Aux declamations de Quintilian est faite mention d'vne loy, qui pouuoit lors estre obseruee en Grece.* Rapta raptoris mortem aut nuptias optet: cuius legis causa fuit, vt de raptore secundum voluntatem raptæ constitueretur, inquit Quintilianus declam. 270. *laquelle loy demonstre combien le rapt a esté odieux aux anciens: & neantmoins combien ils ont eu en recommandation les virginitez des filles.*

DES EGLISES, ET DES CHOSES APPARTENANS A ICELLES.

TILTRE IX.

OR s'ensuit voir des Eglises, & des choses aux Eglises appartenans. Si sçachez que l'Eglise est dicte maison de Dieu, lieu d'oraison, & doit estre franche & separee de toutes autres maisons, & de toutes tailles, & redeuances & dettes. C'est à sçauoir l'Eglise, & ce qu'à l'Eglise est donné. Car l'Eglise est dicte maison de Dieu. Et furent d'ancienneté deux Eglises, l'vne de bonne creance, & l'autre de male creance: dont il fut ordonné que l'Eglise de bonne creance seroit & appartiendroit aux Chrestiens, & l'autre aux incredules. Et fut dés lors defendu que riens ne fust laissé en testament ne autrement à l'Eglise de male creance, mais fust laissé aux Eglises de bonne foy, & pour ce sont les Eglises de bõne creance si multipliees & sont de iour en iour. *C. de sacrosanct. Eccles. l. 1. & per tot. titu.* Ce faict est ordonné des Eglises, si que dit est, il fust que chacun vouloit estre apres son trespas mis & enterré en l'Eglise, l'vn par puissance, l'autre par don de leur richesse. Si sçachez que selon la loy escrite nul ne doit estre enterré en Eglise si il n'est clerc. Car à nul lay n'appartient estre en la cymetiere de l'Eglise, c'est à sçauoir dedans l'Eglise, mais doiuent estre dedans le cymetiere au dehors de l'Eglise. *C. Rub. dict. l. Nemo. ibi, humana corpora non debeat sepeliri in Ecclesiis.* Il semble par la quatriesme loy de Code, que nul clerc ne doyue estre enterré en l'Eglise, sinon les clercs propres de l'Eglise, du lieu qui y sont seruans & repairans, & y met la loy exemple de l'Eglise, de saincte Sophie qui est la plus grande Eglise de Constantinoble, où il y a certain nombre de clercs, ne plus n'en y doit auoir, & pour-ce semble il qu'ainsi deuoit il estre de toutes autres Eglises, à fin que l'Eglise ait son nombre, & qu'autres ne deuroient estre clercs fors ceux qui sont esleus du nombre de l'Eglise, *allegat.l.4.C.eodem titu.*

Item ne en Eglise ne doit estre enterré, homme qui ne soit de saincte vie & clerc, si que dict est: & selon la loy escrite qui en l'Eglise se fait enterrer, & il soit en peché mortel: Sçachez que celuy est auant à damnation qu'à sauuement d'ame. Et toutesfois qui en l'Eglise est enterré, & on y chante & faict le seruice diuin, s'il n'est clerc ce luy est renouuellement de tourment.

La sepulture ne se doit vendre & est symonie. Pro hoc. ff. de religio. & sumptibus funerũ.

Item nulle sepulture ne doit estre venduë, & doiuent les lais estre enterrez au cymetiere de hors l'Eglise, & les clercs dedans sans symonie & sans vendre cymetiere, que ce ne soit trop mal faict. Et pour ce sçachez que cymetiere si doit estre entenduë en quatre manieres, c'est à sçauoir que terre qui n'est point dediée, là se peut vendre & ordonner sepulture propre: comme d'ancienneté les puissans elisoient leurs sepultures où il leur plaisoit, mais la sepulture ne se peut vendre sans symonie. Et és autres terres, c'est à sçauoir de l'Eglise, & la terre qui est ordonnee au droict d'enseuelir, là ne se peut vendre sepulture, mais conuient qu'elle soit à ceux à qui ce appartient, c'est à sçauoir aux clercs d'Eglise, & au lays le cymetiere.

Item & tout ainsi que comme par symonie ne doiuent estre venduës les reliques des saincts corps de l'Eglise, ne les aornemens, ne doiuent estre les terres & possessions de l'Eglise taillees, pour quelque taille ou charge, qui se facent au pays: mais en doiuent estre quittes & exemptes: reserué que s'il faut faire aucun pont ou ouurage de publicque, ou chemin ou voye refaire qui fust chose profitable & necessaire à tous: Sçachez qu'en ce y conuiendroit les biens aux Eglises appartenans contribuer, ne de ce ne se peuuent ne se doiuent exempter. Si ne feroient aussi si le Prince passe par le païs, & il vueille descendre en maison d'Eglise, faire le peut de droict, & prendre les biens de l'Eglise pour eux & pour leur gens: car tout vient des seigneurs.

Pro hoc.l. Placet. & l. Ad instructionem. & l. Neminem ab angariis. C. de sacrosan.. Eccles. & cap.1.extr. de immunita. & cap. clericis. eo. tit. in vj.

De soy rendre à l'Eglise.

L'Auth. Ingressi, ne s'obserue en Frãce, ains les biens de celuy qui se rend religieux appartiennent à ses heritiers legitimes, s'il n'en a auparauant dispose, suiuant les ordonnances mises au Code Henry. Masuer. tit. de success. Bened in cap. Raynutius de testam. Imbert. Rebuff. & alij, & i'en ay escrit cy-dessus.

Item sçachez qu'aussi tost qu'aucun entre en religion, soit homme ou femme ses biens sont & appartiennent à l'Eglise, & parce ne peuuent faire ne ordonner testament au preiudice de l'Eglise. Mais s'ils ont enfans de mariage auant qu'ils soient entrez en l'Eglise: sçachez qu'à ceux ne peut faire preiudice que leurs droicts ne soient gardez, & qu'à eux ne puissent ordonner de leurs biens. *Authen. Ingressi. & Authen sequent. C. eod. tit.*

De donner parroiſſe en monaſtere.

A ſçauoir eſt ſi l'Egliſe parrochiale peut eſtre conuertie en monaſtere, ſçachez qu'ouy par le conſentement du lieu & de ſon chapitre, & que ce ſoit en priuilege de l'Egliſe cathedrale.

De ceux qui ſont pendus.

Item peus ſçauoir que ceux qui ſont pendus au gibet par iuſtice, s'ils ont eſté confeſſez à la mort, & qu'ils ſoient morts vrais catholiques: Sçachez que nonobſtant qu'ils ſoient ainſi morts honteuſement, ce ne empeſche pas s'il plaiſt au ſeigneur de qui la iuſtice eſt tenuë & qui les a faict mourir, qu'ils ne puiſſent eſtre deſpendus & mis en terre ſaincte: *Vt ff. de cadaueribus punitorum.*

De deſrober les ſepultures des morts.

Item eſt expreſſement defendu par la loy eſcrite que nuls ne deſrobent les ſepultures aux morts par quelque voye que ce ſoit. Et quiconques ſera trouué en ceſte maniere en meffaict, il ſoit condamné treſ-grieuement, c'eſt à ſçauoir ſelon la loy ancienne en amende ciuile, ſelon la faculté du delinquant, & au Iuge qui en ce cas en face treſ-grieue punition, & au cas que ce ne feroit, le Iuge meſmes ſoit condamné de treſ-grieue amende. Mais ſelon le temps preſent quiconques faict ce, il doit eſtre puny treſ-criminellement. Car plus dure choſe ſeroit d'embler aux morts qui parler ne peuuent, & à l'Egliſe à qui de droict ce doit eſtre, que ce ne ſoit d'embler à perſonne viuant, & plus grief faict à punir. *Vt C. de ſepulch. viol. per to. tit.*

Que les lays ne doiuent ſeoir au cœur de l'Egliſe tandis qu'on faict l'office.

Item dict la loy eſcrite que les lays durant qu'on faict le ſeruice diuin, ne doiuent aſſeoir ne eſtre au cœur du monſtier ne approcher de l'autel, ne ny doiuent ſeoir autres que les clercs, & par eſpecial viuãs clergement: *Vt cap. 1. de vita & honeſtate cleric. extra.*

Comment l'Egliſe eſt refuge aux delinquans.

Item dois [b] ſçauoir que l'Egliſe qui eſt ordonné eſtre refuge aux delinquans qui y veulent prendre refuge, & retourner pour prendre & auoir l'immunité de l'Egliſe, car dés le vieil teſtament ſi eſtoit il ordonné vn certain lieu des delinquans de delict où il peut choir remiſſion & grace, & par droict & raiſon peuſſent retourner à refuge auant qu'ils fuſſent prins, & que partie fuſt contentée & ſatisfaicte, & puis le Prince y peut eſtendre ſa grace, car mieux vault le pecheur viure, que la rigoureuſe dãnation ſans amender à partie, & ainſi le veut le texte de la Bible. Mais la loy nouuelle eſt que depuis que l'Egliſe fuſt ordonnée, elle fuſt ordõnée à eſtre refuge aux delinquans en cas remiſſible.

De ceux qui doiuent iouyr de l'immunité & frãchiſe de l'Egliſe.

Additio.

Ioſeph in 4. antiq. refert Moyſem conſtituiſſe aſylum ad quod illi tantum confugientes qui dolo non ſic pertinaci, neque ex propoſiti facinoris, conſilio homicidium perpetraſſent, extrahi atque abduci non permittebantur. Seruius in 2. Æneidos refert præterea quod cum Hercules è terris commigraſſet, nepotes eius timentes eos quos auus adflixerat, Athenis Aſylum ἀπὸ τοῦ α καὶ σύρειν *: id eſt non trahere, quaſi aſylum, quod miſericordiæ templum eſt collocarunt. Vnde Statius in 12. Thebaidos.*

Fama eſt defenſos acie poſt buſta paterni

Numinis, Herculeos sedem fundasse nepotes.
Sic sacrasse loco commune animantibus ægris
Confugium.

Romulus idem fecit: vt apud Liuium in 1. ab Vrbe condita. Virgil. in 8. Æneid. de hoc meminit.

Hinc lucum ingentem quem Romulus acer asylum
Retulit.

Et Ouidius in 4. Fastorum.

Romulus vt saxo lucum circundedit alto:
Quilibet huc inquit confuge, tutus eris.

Ad huiusmodi asyli imitationem per pontifices inductum est vt confugiens ad aras, vel ædem sacram, haudquaquam inde extrahi debeat, non secus quàm ad principum statuas. leg. Fideli. & leg. Presente. Cod. de his qui ad Eccles. confug. & leg. Vnica. Cod. de his qui ad statu. princip. confug. cap. inter alia. extra de immuni. Eccles. & cemi. Sunt tamen crimina quibus neque ad aras, neque ad statuas principum suffragia conceduntur, qualia sunt homicidium, adulterium, virginum raptus, tributorum exactio, publicum latrocinium, nocturna depopulatio, & id genus maleficia, de quibus infra Author citato cap. inter alia. extra de immu. Eccle.

De ceux qui ne doiuent iouïr du refuge de l'Eglise.

Mais en cas non remissible, si comme de robeurs de gens en chemin ou voye publique, que les clercs appellent *depredatores populorum*, tels ne doiuent auoir refuge ne prendre immunité: car aussi ne doiuent meurdriers qui pour meurdre par eux faict ne doiuent auoir refuge, puis que le meudre seroit notoire publique ou cogneu, car tels n'y doiuent auoir refuge, ne iouyr d'immunité.

Ceux lesquels ne doiuēt iouyr de l'immunité de l'Eglise.

Item ne doiuent aussi iouyr d'immunité ceux qui s'efforcent de scandalizer l'Eglise, ou que l'Eglise vilipendent à qui ils sont retournez à refuge Si comme de ceux qui se combattent & font debats & meslées aux Eglises où ils se refugent, ou ils font force publique, ou fornication, ou font de l'Eglise chastel, si comme depuis qu'ils seroient venus à refuge, d'en yssir & aller faire aucun conflict, contend, ou debat, & depuis retourner à celle Eglise à garant. *C. de his qui ad Ecclesiam confugiunt. l. Denunciamus.* Et selon aucuns qui encore sur ce se remettroient en autre Eglise. Car selon l'escriture, il n'est qu'vne seule Eglise entenduë pour toutes. *Non est nisi sola Ecclesia sancta Dei.* Car tel que dict est és cas dessusdicts, ne doit iouïr de refuge, ne d'immunité de l'Eglise.

Item & ne doiuent encore iouyr iceux qui sous ombre de refuge de l'Eglise espient & aguettent les ennemis si pres de l'Eglise, & l'a leur font iniure grande ou petite, & puis pour doute de iustice s'en fuient, & tournent incontinent au refuge de l'Eglise. Sçachez que tels n'en doiuent iouyr. Et est à sçauoir que ce doit estre dict & entendu que c'est faict sous ombre du refuge de l'Eglise, puis que le faict qui ainsi sera faict pres de ladicte Eglise, sera faict d'aguet & propos appensé, sans ce que ce soit faict de chaude colle presentement faict: car selon l'escriture: *Ec-*

clesia Dei non debet esse spelunca latronum. Et il fut dit par arrest de Parlement en cas d'inuasion & assaut empres d'vne Eglise, pour maistre Nicolas Bonsolas Procureur en Parlement, contre vn appellé Iean l'Escriuain, lequel en l'an 1382. ou enuiron, auoit aguetté ledit Bonsolas qui deuoit yssir de l'Eglise de nostre Dame de Paris, & l'assaillit empres ladicte Eglise, le naura & iniuria inhumainement: & ce faict s'enfuit à refuge en ladicte Eglise. Le Preuost de Paris informé du cas, le vint querre en ladicte Eglise, & le mena prisonnier au chastellet. Item il fust dict aussi par arrest de Parlement pour vn appellé Blasot, lequel empres l'Eglise sainct Benoist à Paris, occist maistre Estienne Belin, & tantost se traict à refuge en ladicte Eglise. Ce faict, les seigneurs de Parlement informez du cas, le firent prendre en l'Eglise, & le firent iusticier criminellement. Item il fut dit par arrest de Parlement en cas de faire chastel de l'Eglise, & icelle contemner, si que dict est, contre les Coulembeaux de la ville d'Abbeuille, lesquels yssirent d'vne Eglise, où ils se tenoient pour certain cas, & allerent assaillir & naurer vn homme en ladite Ville, & ce faict pour doute de iustice, & doutans que l'Eglise dont ils s'estoient partis, ne leur fust refuge, entrerent en vne Eglise pour estre à refuge: la iustice laye informee du cas, & comment ils estoient yssus d'vne Eglise, r'entrez en l'autre, qui doit estre entenduë tout vne Eglise selon la loy escrite, le Iuge les alla traire hors de la seconde Eglise, comme d'vne mesme Eglise: ils en firent procés en Parlement. Tout veu il fut dict que l'Eglise ne leur deuoit auoir garant, & furent punis selon le cas.

Arrest de Parlement.

Arrest de Parlement.

Arrest de Parlement.

De faire occire vn homme pour argent.

Item dois encore sçauoir que qui par prodition, ou pour argent occist ou faict occire vn homme, il ne doit ioüir d'immunité d'Eglise: & si il se traict, le cas trouué estre vray, extraire l'en peut le Iuge lay qui la cognoissance en doit auoir. Mais bien se prenne garde que de ce ait iuste exoine par bonne information precedente, & que sommé en ait le Iuge Ecclesiastique, & lors le peut extraire: car le Iuge Ecclesiastique iamais ne donneroit congé de faire ce pour irregularité en quoy il pourroit encourre. *Rubr. de homi. volunta. decretali. si quis per industriam. cum glo. illius cap.*

Item fust dict par arrest en cas de contemner l'Eglise d'entre les enfans de Pierre Touppet Bourgeois de Tournay, qui pour certain delict par eux fait se tenoient à refuge en l'Eglise saint Pierre en Tournay, & là venoient armez & embastonnez grandement à l'huis de l'Eglise apparans & monstrans leur faict, le Iuge Royal leur fist oster leurs armures, & les print & emporta. Tout veu, il fust dict que le Iuge Royal le peut & doit faire en tel cas, & non autres: car qui de l'immunité de l'Eglise se veut aider, humblement le doit prendre & soy garder, esperant de faire satisfaction à partie, & gré à Iustice, & autrement ne vaut.

De mettre ses biens en l'Eglise.

Item peus & dois sçauoir que s'il estoit aucun qui pour doute de iustice mettoit ses biens meubles en aucune Eglise, esperant que là fussent à refuge: Sçachez que pour ce ne doit laisser le Iuge si c'est de chose cogneuë, qu'il ne peust bien traire ses biens hors de l'Eglise pour satisfaction à partie, & sans faire preiudice à l'Eglise, mais on le doit faire à ce appellez les gens de l'Euesque. Et selon que dict est, l'Eglise n'est mie faicte pour faire tort à autruy, mais pour raison faire, & aider à faire. Ne n'est mie l'Eglise ordonnee refuge, mais que pour les corps des hommes à fin d'escheuer la rigueur de iustice tant que satisfaction soit faicte à partie, & puis grace de Prince si peut estendre si le cas le desire, & non autrement. Ne autres ne doiuent en autres cas ioüir d'immunité, & ainsi fust il dict par arrest de Parlement contre Iean Brulé de Paris, qui s'estoit mis en l'Eglise, & ses biens.

Pro hoc text in l. Praesenti. lege Decernimus. C. de his qui ad eccle. confug.

D'estre mis en l'Eglise pour cas dont on pense estre adiourné.

Item & s'il aduenoit qu'aucun qui au refuge de l'Eglise se mist pour quelque doute, s'il est poursuiuy par le Iuge lay, & le cas le desire qu'il soit adiourné pour le cas: Sçachez que pour ce qu'il est à l'Eglise ne demeure qu'à l'Eglise mesmes, on ne le peust adiourner ne intenter sans faire preiudice à l'Eglise, & que l'adiournement ne vaille, ou l'intimation qui y seroit faicte: car si que dict est, l'Eglise n'est mie refuge à tel cas, mais pour le corps de l'hôme garantir tant seulement: & ainsi fust il dict par arrest dessusdict. Car par plus forte raison y peut on faire adiournement quand on y peut homme extraire qui de l'immunité ne doit ioüir.

Combien le refuge de l'Eglise doit valoir à homme.

Item à autre cas veut la loy escrite, qui se traict à l'immunité de l'Eglise, par si que deuotement il le demande, elle luy tienne & vaille refuge contre le Iuge. Et si noblement luy doit valoir le refuge de l'Eglise qu'à trente pas pres de l'Eglise ou cymetiere doit valoir l'immunité de l'Eglise au cas que ce seroit pour necessité naturelle faire, ou de cymetiere: car inconuenable chose seroit qu'en l'Eglise ou cymetiere qui est terre saincte, fust faicte laidure ou villenie, il doit estre entendu où il dist villenie, que pour ce faire c'est necessité naturelle, & pour ce y sont & doiuent estre trente pas.

De hoc dicitur in decre. 19. quaest 4. cap. sicut antiquus.

De faire delict à trente pas pres de l'Eglise, sans entrer dedans.

Et si par contraire à trente pas pres de l'Eglise ou cymetiere, aucun faisoit quelque delict, & puis saillist en l'Eglise, l'Eglise ne luy doit estre refuge, comme dessus est dict.

De faire chose contraire à l'Eglise, ne à choses qui y sont à refuge.

Item est expressément defendu par loy escrite, que nul ne face chose contraire à l'immunité de l'Eglise, ne à ceux qui y sont à refuge, autrement qu'és cas dessusdicts, & quiconques le fera, il encherra en telle peine qu'il feroit en commmettant trahison contre son seigneur: car plus grand ne droicturier seigneur ne deuons nous auoir que l'Eglise de Dieu, & qui est la maison d'oraison. Et est defendu par la loy que nul ne face noise, riotte, n'assemblee, ne murmure, sur en courre en peine capitale, qui pour le present se modifie à peine arbitraire à la discretion du Iuge, selon les personnes & le cas. *C. de his qui ad Ecclesiam confugiunt l. Fideli & l. Denunciamus.*

De soy mettre à l'Eglise pour dette en doute de pleigerie.

Qui à refuge de l'Eglise vient pour ses dettes : sçachez qu'à ce ne doit auoir nul garant à l'Eglise, mais en doit estre extraict par la loy, car l'Eglise n'est pas pour autry faire tort : si pleige pour doute de leur pleigerie se mettent à refuge de l'Eglise, qui n'y ait refuge pareillement, que dict est. Mais ce doit estre faict par le conseil du Prelat, &c.

De soy faire enterrer en l'Eglise.

S'il aduient qu'aucun par presumpteueuse volonté se face enterrer apres sa mort en l'Eglise, par especial au cœur, si comme font aucuns par grandeur, & és plus notables places de l'Eglise, sçachez si tels le font, qu'ils aggreuent leur damnatiõ: car toutesfois qu'on celebre en l'Eglise, leur est renouuellée leur peine en enfer. Item sçachez que les trespassez de ce siecle apres qu'ils sont morts, sçauent ce que d'eux en ce siecle est faict de ce qu'ordonné ils ont à faire qui leur touche, & qui faict n'est. Et ce sçauent ils par les bons Anges qui sont & habitent entre les viuans en l'air, qui sçauent & voyent tout ce que faict est, *aut per ipsos quando ad nos venire creduntur: sicut Actuum 9. cap. Paulus dicitur esse raptus in paradisum.*

De Ecclesia nullus debet extrahi pro causa criminali siue ciuili, sed seruatur ordo, l. C. de his qui ad Eccle. confug. l. Praesenti. & Decernimus.

Des autres droicts aux Eglises appartenans.

SCachez que encores y a vn autre droict appartenãt aux Eglises. Car les aucunes sont en la sauue & especiale garde Roy nostre Sire, de droict especial. Les autres de droict general, & les autres n'y sont fors tant seulement que le Roy cõme leur seigneur souuuerain les doit aider à garder & defendre de violence de tort & de puissance d'homme desordonné, si comme de droict general: sçachez que toutes Eglises qui sont de fondation Royalle, c'est qui sont faictes par les Roys, sont de fondation Royalle, & telles sont de leur nature & de droict commun & general en la sauue & especialle garde du Roy. Ne il ne leur en faut nulles lettres s'il ne leur plaist, soient Eglises ou monasteres, & auec toutes les personnes d'icelles Eglises leurs biens, choses, & familles. Item & de droict especial si sont les Eglises & monasteres qui ne sont mie de fondation Royalle, si que dict est. Mais elles ont impetré du Roy lettres de sauuegarde, & especiale & de certain cas dont ils dient auoir cause de ce faire, & conuient qu'icelle sauue-garde soit publiée és lieux & villes où ils s'en veulent aider, & aux personnes contre qu'ils doutent de grief ou de tort ou violence, car autrement ne vaudroit.

Reges enim potissimũ Frãciæ Ecclesias cathedrales tot annuis prouẽtibus locupletarunt, vt inde protectores & defensores earum nõ immeritò appellentur, ita dicit Archidiac. in ca lectis 63. dist. & hac sẽtit Bal. in ca. quanti. ext. de iudi.

Item sont aussi de droict commun & general en ladicte sauue-garde toutes Eglises cathedrales, les personnes des Eglises, leurs corps, biens & familles sans ce qu'il leur en faille lettres, s'il ne leur plaist, & ne le peut ne doit nul ignorer par raison, n'autre publication, ny ne leur en faut lettres mais que la renommée de l'Eglise. Et peuuent & doiuent auoir leur gardien de Sergent Royal pour la conseruation de leur garde, leur choses & biens.

Les Eglises & supposts d'icelles sont en la sauue-garde du Roy.

Item dois sçauoir que nulle quelcõque Eglise n'est à la sauue-garde du Roy. C'est à dire que qui messeroit à eux, leurs gẽs ou biens, que pour-ce ils en courussent en infraction de sauue-garde contre le Roy, ne fist delict dont le iusticier dessous qui ce seroit faict, en deueroit prendre la cognoissance, comme de garde enfraincte, ne qu'aux gens Royaux en appartint principalement la cognoissance pour garde enfrainte, ne par preuention n'autrement pour en oster sa cognoissance au Iuge local. Ce ne peut ne doit estre ainsi entendu, mais bien sont en la garde de bonne iustice du Roy, en tant qu'aucun leur voudroit grief, ou tort, ou aucune moleste. Si c'est contre trop puissant Prince, le Roy les en doit garder, aider & conforter en leurs droicts, si font tous bons Iuges. Mais encore n'est-ce mie cas de preuention, pourquoy le Iuge local en doiue prendre* pour ce la cognoissance, si faute n'auoit en luy, ou si le delinquant n'estoit si puissant, ou tel cas que le Iuge local n'en peust ou sceust faire droict ou n'osoit : & ainsi fust il dict & conseillé par le conseil à Paris, pour aucunes Eglises qui sont à Tournay & empres Tournay, où aucuns delicts auoient esté faicts par aucuns delinquans, si en vouloit le Procureur du Roy de Tournesis faire la cognoissance venir pardeuant le Iuge Royal audict lieu, le Procureur de la ville de Tournay disant du contraire, & que lesdictes Eglises n'estoient mie en la sauue-garde du Roy, &c. Dict fust, puis que lesdictes Eglises n'estoient de fondation Royalle ne cathedrale, ou n'estoient en garde publiée deüement, elles ne deuoient estre tenuës & reputées en garde, pourquoy le Iuge local en deust prendre* la iurisdiction ordinaire ne cognoissance, puis qu'en luy n'auoit aucune faute treuuée. Et ainsi fust il dict par arrest de Parlement en l'an 1382. pour vne Eglise qui est situéeen la terre de Madame du Bar, en laquelle Eglise auoit vn delinquant, qui estoit allé à refuge, pour-ce qu'il auoit tué vn sien homme en icelle terre, & aduint qu'il fust prins & mis hors d'icelle Eglise par la iustice laye, & mené prisonnier par les proësmes & amis dudict prisonnier. Et aussi les gens du Prelat le requeroiēt à estre restitué en l'Eglise, le Iuge disant du contraire, & que le faict auoit esté faict si pres de l'Eglise, & de faict & aduis appensé, que pour le mort occire sur confidence d'incontinent retourner à refuge à l'Eglise, & pour ce nul refuge ne luy deuoit valoir, disoient outre les proësmes & amis qu'ils deuoient auoir le Procureur du Roy adioinct auec eux, pour ce que l'Eglise qui en la sauue-garde du Roy est & doit estre, & comme toutes les Eglises qui sont au Royaume, auoit esté grandement blessée & iniuriée par l'extraction dudict prisonnier, &c. Le Iuge lay disant du contraire, & que ceste Eglise qui n'est Eglise parrochiale, ne peut ne doit estre de soy en sauue garde : car elle n'est mie de fondation Royalle, ne n'est Eglise cathedrale, ne aussi en sauue-garde especiale. Ne il ne s'en vante mie, aussi feroit il du contraire : pourquoy, &c. Tout veu, il fust dict que l'Eglise ne seroit mie en ceste partie cōme en garde Royalle qui se peust ne doiue enfraindre. Mais bien pouuoit le Roy & deuoit garder le droict de l'Eglise comme il vouloit faire de toutes, en tant que foullées & blessées seroient par violence desordonnée.

** Pardre, au liure escrit à la main.*

** perdre, au liure escrit à la main.*

Arrest de Parlement donné en l'an 1382.

Des

Des lieux prophanes.

PRophane si est dit &appellé pource que c'est vn lieu ou place aupres d'icelle Eglise. Et toutesfois ce n'est mie terre benoiste,*ne là où on peust enterrer ne faire sepulture de morts par lieu de cimetiere, ne que ce soit lieu d'immunité où vn delinquant se peust tenir en frāchise d'immunité : mais és lieux appartenans à l'Eglise qui est à celle Eglise donnee & amortie par le Prince, qui iamais ne se peut vendre ne aliener. Et pource si l'Eglise à qui ce est donné & amorty, a iustice & iurisdiction du lieu qui soit amorty aussi par le Prince & gré du seigneur dessous qui ce est, à ladite Eglise en appartient la cognoissance : sinon, au Iuge local en demeure la cognoissance. C'est à sçauoir que si aucun delict y aduenoit, à celuy en appartiendroit cognoissance.

*Beniste.

ANNOTATIONS SVR LE TILTRE NEVFIESME.

a L'*Eglise est la congregation des Chrestiens assemblez & vnis en la foy Catholique : car autre assemblee ne faut recognoistre pour Eglise, que la Catholique, les autres sont sectes & conuenticules des heretiques.* Sola (inquit Lactantius, lib. 4. de vera sap. cap. vlt.) Catholica Ecclesia est, quæ verum cultum retinet. hic est fons veritatis, hoc est domicilium fidei, hoc templum Dei, quod si quis non intrauerit, vel à quo si quis exierit, à spe vitæ, ac salutis æternæ alienus est. Et posteà sciendum est illam esse veram Catholicam Ecclesiam, in qua est confessio, & pœnitentia, quæ peccata & vulnera, quibus subiecta est imbecillitas carnis, salubriter curat. *En deux mots il exprime & represente la vraye Eglise, qui est fondee sur la confession de la foy estant en l'Eglise Romaine par la tradition de sainct Pierre*, vt traditur in l. 1. C. de summa Trinit. & l. 2. C. Theo. de fide Catho. *& dont on peut voir* Tertullian. de præscript. *& autres qui en ont amplement escrit. Il adiouste aussi la penitence, qui est le fondement des Sacremens. Quant aux priuileges, franchises & immunitez des Eglises, les histoires, & les Constitutions des Empereurs, desquelles aucunes sont* C. titut. de Sacros. Eccles. & diuersis titul. C. Th. *& telles pareillement des Roys de France, mesmes de Charles le Grand, & les Conciles & Constitutions des souuerains Papes, les traictent & declarent si amplement, qu'il n'est besoin d'en faire plus ample discours. Pour le regard de ce que l'Autheur escrit des sepultures, il estoit anciennement prohibé d'enterrer dans les Eglises*, vbi Martyrum sunt reliquiæ, l. 2. C. de Sacros. Eccles. & l. 6. C. Th. de sepult violat. *où elle est plus ample.* Concil. Moguntiaco, cap. 52. & Concil. Triburiensi, cap. 17. can. præcipiendum, 13. qu. 2. Gregor. lib. 4. dialog. cap. 53. *C'est pourquoy les cymetieres ont esté ordonnez, & lesquels du commencement auoient esté instituez hors les villes*, vt constat ex d. l. 6. C. Th. & plerique auctores Christiani confirmant,

& maximè B. Chrysost. in Psalm. 5. *qui monstre avoir esté la coustume de les consacrer*, ideò quòd dæmones concurrere ad sepulchra soleant, Hom. 29. & 35. in Matthæum. *Aussi les Payens ne permettoient les corps des morts estre enseuelis ou bruslez dans la ville, ce qu'ils tenoient pour quelque religion*, vt lege 12. Tab. cautum est, & ita Romanorum legibus constitutum fuisse constat ex l. Mortuorum. C. de religios. & sumpt. fun. Paulo lib. 1. recep. sent. Iul. Capitol. in Antonin. & alijs. & Seruius Epistol. ad Ciceronem de morte Marcelli, lib. 4. Epist. scribit non potuisse ab Atheniensibus locum sepulturæ intra vrbem vt darent, impetrare, quòd religione se impediri dicerent. *Toutesfois depuis a esté introduict en l'Eglise Chrestienne de faire les cymetieres pres les Temples & Eglises, afin que les Chrestiens y soient plus honnestement inhumez, & ce gratuitement, sans rien prendre par les Ecclesiastiques des sepultures, comme il est porté par les Conciles*, & ca. vbicun. 13. q. 5. ca. præcipiendum 13. q. 7. c. fraternit. c. abolendæ. de sepult. & al. *Mais à present les inhumations se font indifferemment de toutes personnes dans les Eglises, & dans le chœur mesme, où encores les laiz sont tolerez s'asseoir librement, par la conniuence des Prelats, Curez, & autres Superieurs Ecclesiastiques, qui ont oublié l'exemple de sainct Ambroise.*

b *C'est vn ancien priuilege des asyles & franchises qu'auoient ceux, lesquels se retiroient à refuge aux Temples : & auroient les asyles esté establis tant entre les Hebrieux, par la constitution de Moyse*, Deuteron. cap. 4. *qu'entre autres peuples Payens, & Chrestiens. Quant aux Payens, pour le regard des Grecs*, Xenophon in Agesilao, Æmil. probus, Euripid. in supplicib. Liuius lib. 35. Polib. lib. 4. Tacitus lib. 3. Annal. *& autres en rendent tesmoignage : Pour le regard des Romains Liuius & infinis autres en ont amplement escrit : & mesmement des Chrestiens*, l. Pateant. l. Præsenti. C. de his qui ad Eccles. confug. & C. Th. eod. tit. *& au droict Canonic*. 17. q. 4. in capitular. Caroli Magni. & alijs auctoribus. *Tel estoit le priuilege de l'asyle*, vt inde nefas esset eum extrahere, qui ad illud confugerat : non enim fas erat supplicem in templo violare, vt inquit Parthenius in Erotic. cap. 9. & testatur Virgilius lib. 1. & 6. Æneid. quod etiam confirmat Nicephorus lib. 13. cap. 4. & Harmenopulus lib. 2. cap. 9. *& y en a des Conciles recitez* in d. 17. q. *Mais à cause des abus qui procedoient de tels asyles par l'ordonnance de l'an 1539. art. 166. est porté qu'il n'y aura lieu d'immunité pour dettes, n'autres matieres ciuiles, & pourront toutes personnes prendre en franchise, & sauf à les reintegrer, quand y aura prinse de corps decernee à l'encontre d'eux, & qu'il soit ainsi ordonné par le Iuge. Aussi auparauant ladite ordonnance tous criminels ne joüyssent de la franchise, comme monstre icy l'Autheur*, & confirmari potest Deuteron. 19. Numer. 35. Iosue. 20. Phil. Iud. lib. de special. legib. Nouel. 17. de mand. Princip. §. neque autem homicidas. l. 3. capitul. Caroli Magni. cap. 26. quod etiam à plerísque alijs obseruatum.

c *Les Eglises de France sont toutes en la protection du Roy, comme estant le vray defenseur & protecteur de l'ordre Ecclesiastique : mais y en a qui ont des droicts & priuileges de speciale protection & sauuegarde, comme celles qui sont de fondation Royale, & autres ausquelles ont esté octroyees lettres de garde gardienne, lesquelles doiuent estre verifiees en la Cour de Parlement, comme i'ay traicté cy dessus, qu'il n'est besoin de repeter. Les causes temporelles des Eglises qui ne sont de fondation Royale, ou n'ont lettres de garde gardienne se traictent pardeuant les Iuges ordinaires, comme celles des autres personnes priuees, & par l'Edict du mois de Iuin, l'an 1559. quant à celles de fondation Royale, la cognoissance en appartient aux Baillifs & Seneschaux, & aucunes ont des committimus: & pour le regard des autres qui ont lettres de garde gardienne, par icelles les Iuges sont denommez pardeuant lesquels elles se peuuent pouruoir.*

DES DISMES.
TILTRE X.

TV peus ª & dois sçauoir que par le cõmandement de Dieu dés le commencemẽt du monde, tant par le vieil testament cõme par le nouuel fait & ordonné de Dieu nostre Createur, il fust ordonné & cõmandé estroitemẽt que de toutes choses croissans sur terre tãt par labeur cõme autremẽt, & de tous grains visolemẽt faits, tãt par labeur de corps comme par industrie d'autre moyen fust payee & renduë à Dieu la x. partie des proffits de ce venãs. Et par l'vsage de l'ancien testament estoit ordonné que pour ce que le x. est la part à Dieu, & que à iceluy doit estre renduë & payee, pour ce que mieux ne sçauroient payer ne enuoyer à Dieu, ils ardoient la disme, afin que la flamme & fumee allast au Ciel & au plus pres de Dieu, & disoiẽt que c'estoit son payement, & disoient que tant iustement le faisoient, que le plus loyaument qu'ils pouuoient le payoient ainsi sans faute: & comme plus haut monteroit la fumee, la prendroit & receueroit Dieu mieux en gré. Si sçachez qu'en aucun temps apres fust ordonné qu'aux Prestres de la loy seroient ces dismes payees, au nom de Dieu, pour ce que ce sont les ministres à Dieu, & que de ce viuoient: & auoient vn autel faict à ce où il y auoit vn trou fait au milieu & sur l'autel au nom de Dieu, sacrifioient leurs bestes qu'ils deuoiẽt à Dieu, & le sang de celle beste couroit en ce trou & s'en couroit en terre. L'vne partie donnoiẽt aux Prestres comme à Dieu: & l'autre partie iettoient aux chãps, afin que tout ce que Dieu auoit fait & creé y eut sa partie: *vt extra de deci. cap.* 1. Mais depuis le nouueau testamẽt les saincts Empereurs par la discretion des saincts Conciles & grace de Dieu a esté ordonné que la disme & toute fructification seroit & appartiendroit aux Curez & Vicaires de Dieu, qui ont la Cure & garde des ames des Chrestiens & personnes de Dieu, si que à eux fussent renduës & payees au nõ de Dieu, & cõme son droit, part & portion des biens qu'il nous enuoye. *cap. cum contingat extra eod.* Or est doncques à sçauoir que de tous biens qui croissent sur terre par quelque labeur ou moyen que soit disme en est deuë à Dieu. C'est à sçauoir en herbes, en fruicts d'arbres, en grains labourez, soit en poules, oysons, canards, oyseaux, soit en cochons, pourceaux, soit en laines ou en autres bestes

Premiere institution de payer les dismes au vieil testamẽt.

Institution de paier les dismes au nouueau testament.

Comment les dismes se doiuent payer, & dequoy.

alimentees & nourries dont proffit & vsufruict peut venir, soit en poissons, en garẽnes, en profit de moulins, soit en four, soit en miniere de fer, d'or ou d'argẽt, ou de quelque autre metal, soit en pierre, soit en gaing artificiel: si cõme en gaing de mestier, ou de marchãdise, ou de science, soit en gaing de seruice. Et generalemẽt de toutes choses que Dieu fait croistre & multiplier sur terre, veut Dieu auoir la disme pour sa partie & loüange, mesmement du corps de l'hõme veut Dieu qu'on rende & paye disme à luy: si comme de la ieusne de la saincte quarantaine qu'il ordonna à ieusner, qui est la disme de l'an & dont le corps doit faire disme à Dieu, *vt cap. nuncios cũ sua glos. extra eodem.* Si est à sçauoir qu'il est deux manieres de dismes, persõnaux, & prediaux. Disme persõnal si est disme qui doit estre satisfaite & payee des labeurs que l'hõme fait pour son corps & pour son labeur & science, deduit ses despens au chef de l'an du remanant, dont il doit faire disme à Dieu à la iuste conscience, & ce est disme personnal, pource qu'elle vient par labeur & l'industrie de l'homme.

Il est deux manieres de dismes.

Item disme predial si est celle qui vient & doit venir des profits & émolumens venans des fruicts des bestes & volailles, & des poissons. Car de tout ce est deuë à Dieu disme, sans ce que les despens en soient ne doiuent estre rabatus comme de dismes personnaux, & auant que le fruict soit porté hors du tas où ce aura esté creu. Car premier & auant nul autre, doit estre Dieu payé: ne ne fait le canon quelque difference sur quoy elle creut, soit sur terre, cens ou fief, ou sur alleux. Si est à sçauoir que les dismes qui deuës sont si que dit est, doiuent estre renduës & payees aux Curez & Prestres où on reçoit les sacremens, par especial les dismes personnaux, & les prediaux doiuent estre aussi payees aux Curez: s'ainsi n'est que les terres surquoy croissent les prediaux, soient situees en la parroisse où l'on demeure. Sinon on les doit payer au Curé de la parroisse où les terres sont situees, car là en appartient la cognoissance du disme payer: *vt extra eodem de deci. ad Apostolicæ sedis, & ca. non est. & cap. pastoralis.* Si faict il selon l'opinion de la loy escrite doit estre payee la dime des vsufruicts, où les bestes prennent nourritures & pastures: car de là ont sustentation & alimentation dont elles viuent & fructifient & font fruict, iaçoit ce que elles reuiennent au soir coucher en autre parroisse. Encores font les sages sur tels cas difficulté, & dient s'il aduient qu'vn arbre ayt son tuyau sur vne parroisse, ou vne vigne ou ses racines en soient par dessous terre sus autre parroisse, ainsi que souuent peut aduenir quand ils sont si pres des confins de deux parroisses, sçachez que la disme de tel arbre ou de telle vigne peut appartenir & doit au Curé de la parroisse où la racine sourt: car par là est l'arbre ou la vigne nourrie & alimentee, & ainsi peut & doit estre entendu d'autres cas semblables. Et peut estre demandé puis que dict est par la loy que de toutes choses disme doit estre payee si que dit est: à sçauoir mon si de chose mal acquise disme doit estre payee, si comme de vsures, de rapines, de larcins, &c. Sçachez que non, car ce n'est mie chose permise de Dieu, mais est chose defenduë, & qui doit estre restituee, & par ce n'en doit estre disme payee.

Les dismes se doiuent payer aux Curez des lieux ausquels les fruits croissent.

Quarit hic textus an decimæ solui debeant de illicité acquisitis : vide de hoc articulo per Hostiens. in Summa de deci. §. de quibus rebus. verb. quod dixit. & latè per Ray. in Summ. de deci. circa prim. ver. quæritur vtrum. & per Panorm. in cap. ex transmissa. extra de deci. *Additio.*

Si dois sçauoir [b] que disme est de tel effect qu'elle ne peut ne doit estre venduë ne engagée comment que ce soit à personne laye, ne hors de l'Eglise: & si faict estoit aucunement, si ne seroit il à tenir: car de l'Eglise ne le peut on esloigner, ne doit en chose qui à l'Eglise soit dediée ne laissée. Item ne vaudroit priuilege au contraire. Et s'il estoit aucun qui eust priuilege de ce du sainct Pere, car d'autre ne le peut il auoir qui vaille, que de son labeur ne fust tenu de payer disme. Pour ce ne demeureroit que de tout ce, dont le priuilege ne feroit expresse mention, il ne fust tenu de payer disme: car priuilege de non payer disme, ne peut on auoir ne obtenir de droict, mais on a bien par priuilege ou par possession que on ne paye sur aucune terre, ou lieu que demie disme, ou à quinziesme, ou à seiziesme: car de nulle disme payer ne se peut faire remission ne possession: au contraire ne s'en peut ne doit acquerir : car supposé que aucun laisse à payer disme sur autre terre ou lieu par l'espace de dix, de vingt, ou trente ans ou plus, pource ne vaudroit que si tost que l'Eglise s'en apperceueroit, que il ne fust contraint à payer sa disme. Mais bien pourroit on acquerir possession de non plus payer que demy disme, ou de xv. ou xvj. mais de non disme ne le peut on acquerir. Et la raison si est double, car toute chose spirituelle est tenuë, & a pleine possession par loy. L'autre raison si est que nulle chose fructifiant ne doit estre sans payer disme à Dieu par propre commandement, que nul ne peut ne doit transgresser. Et s'il estoit faict par aucun subtil engin, si ne vaut il, ne ne faict à tenir non plus que contre la saincte foy venir ou aller. *Additio.*

Facit ad hoc capit. nouum genus. extr. de deci. & ex superioribus dictis nota Regem Franciæ habere priuilegium à summo Pontifice quod decimæ infeudatæ ante Lateranense concilium possunt per laïcum laïco vendi non obstantibus notatis in cap. prohibemus. de deci. quod quidem priuilegium est apud Paris. in Camera Comput. & quod possunt vendi, videre est multis in locis : maxime apud Bituricenses. Et pro his vide Boër. in titulo de consuetud. prædio. §. xj. consuetud. Bituricens. & hoc expressè tenet Gull. Benedict. in cap. Raynutius. ext. de testament. in verbo duas habens, & super his vide notat. per Chassan. glos. consuetud. Burgund. in verbo, numquid autem laïcus. tit. Des iustices. *§. vj. & adde quod laïcus habens decimam in feudum ab antiquo, de iure canonico non potest illam alteri laïco infeudare. text. & Doct. in cap. prohibemus. cap. quamuis. & cap. final. de deci. extr. & hoc videtur appertè reprobari in cap. cum Apostolica. de his quæ fi. à Prælat. vbi speciale est in laïco quod possit Ecclesiæ de authoritate Episcopi concedere : cum non multum refert quæ Ecclesia habeat, dummodo extirpetur à laïco. Quæ ratio omnino cessat cum vult concedere alteri laïco : quod posset tendere in magnum preiudicium Ecclesiæ cui debetur : cum post mortem illius morientis forsitan sine filiis ad Ecclesiam deuolueretur. Vt cap. ij. de Feud. sed* *per concessionem alteri laïco factam, qui forte haberet filios, & per hoc impediretur huiusmodi deuolutio. Porro quia loquitur hic textus de præscriptione decimarum: dic per Panorm. in cap. tua nobis. extr. de deci. quod valet præscriptio in Ecclesiis: cum non multum refert quæ Ecclesia habeat, dummodo non exeat de vniuersali dominio Ecclesiæ. Nam vnica est Ecclesia vniuersalis. xxiij. quæst. j. cap. loquitur. & cap. pudenda. Quantum vero ad laïcos dic eos non posse: vt ca. causam. de præscript. & ibi Doctor. & Panor. Sed vtrum quota præscribi possit, tenet vltra omnes Docto. quod si Docto. Io. in Summa de decima. & magnum fuit dubium in iure vtrum valeret talis consuetudo diminuens quotam decimarum. nunc vero indubitatum existit quod consuetudo alterans modum dandi eas valeat secundum Dom. Cardin. cons. cxlvj. & Fel. in cap. cum ex officij. in vers. limita primo. ext. de præscrip. Nolo huc multa alia adoptare, cum quæstio hæc iam plusquam triuialis est.*

Item dois sçauoir que du doüement sur quoy vne Eglise est doüée & fondée, de ce ne doiuent estre payées aucunes dismes. Mais pour ce ne demeure que des autres terres & possessions que l'Eglise auroit, qui ne seroit de leur propre fondation primeraine, & qui donné leur auroit esté ou fondé à constituer l'Eglise, que disme doiuent auoir à l'Eglise parrochialle, & au Curé d'icelle parroisse, si comme des terres & possessions qui depuis leur premiere fondation leur estoyent données, ou qu'ils auoyent acquestées, nonobstant que elles fussent amorties à l'Eglise. Or peus & dois sçauoir que s'aucun estoit en defaute de payer & satisfaire la disme des biens qu'ils fructifient, & qu'il en fust contend, il ne peut ne doit estre cõtraint que par censure Ecclesiastique, car à Iuge lay n'en appartient la cognoissance, iaçoit ce que ce soit en possessoire ou en petitoire, ou en longue demeure de payer la disme, ne s'acquiert possession de non payer ne prescription, puis que demandée sera la disme par le Curé de la parroisse, que payer ne faille pour l'an en quoy la disme est faicte, mais des années passées, puis que passees sont sans demander, de ce n'est tenu le possessant, si conscience ne luy remort en ce.

Pour le possessoire le iuge lay en cognoist, & mesmemẽt du payement des dismes deuës, si le droict n'est rendu contentieux: & pour le regard des infeodées, c'est au Iuge Royal d'en cognoistre & sur la seule allegation que elles sõt infeodées, le Iuge Ecclesiastique luy en doit laisser la cognoissãce, comme escrit M. Bourdin sur l'ordonnãce de l'ã 1539 art. 2.

Inuenio Archid. in ca. maiores. xvj. quæ. vj, referentem quod S. Thomas tenet eos non esse in via damnationis qui decimas non soluerunt curati, quando ab eis non fuerunt petitæ. Tutius tamen esset soluere, vel pro eis componere, & quod eos dies in mora constituat sine alia monitione. Annot. Panor. in c. peruenit. ext. de deci. & vtrum à nouo possessore vel ab antiquo sit petenda decima, vide quæ notantur per eum, in ca. cum homines. & cap. tua nobis. extra eo.

Item s'ensuit monstrer comment aucuns ne son tenus de payer disme & si tenus y sont en quoy & combien. Si sçachez que blanc moine, templier, & selon les aucũs les religieux de Cisteaux, les terres qu'ils font labourer pour eux, & par eux, & qui sont de leur demaine, ne les bestes de leur demaine, qu'ils nourrissent par leur courtieux qu'il tiennent en leur main, si tout se mettoit en autre main par transaction, ne autrement par rente, ou argent r'auoir par vie, ou autrement, si n'estoit en droicte cense à eux appartenans par terme d'ans, de tout ce doiuent ils disme. *cap. ex parte. de deci.* Mais autrement des Chanoines tant reguliers commenon reguliers: car de toutes leurs possessions doiuent ils disme, reserué que à eux reuiendroyent, & des courtils qu'ils tiénent en leurs mains, & des bestes qu'ils font nourrir pour leur despence.

Item est aussi ordonné que nul ne se peut ne doit excuser des dismes payer, par exception de long temps non auoir payé, & que de tous fruits qui croissent, disme en est deüe. Et ainsi fust il dict & conseillé par tout le plus grand conseil qui fust, & que on peut auoir, ne trouuer, en la ville de Paris, à Laon, à Amiens, & ailleurs, pour le chapitre de Tournay, à l'encontre de la ville de Tournay, mesmes pour payer la disme des courtieux qui sont dedãs la ville, où on fait plusieurs labourages de vignes, d'arbroiers, & d'autre semẽce, dõt ceux de la ville disoiẽt nõ deuoir pource que ne leur auoit esté demãdé par quelque persõne, & que c'estoit dedans la forteresse de la ville, neantmoins leur conuint payer, &c.

Des Noualles.

Noualles[c] sont les places & les lieux qui anciennement n'ont esté par coustume labourez ne cultiuez, parquoy semẽce ou vsu fruict peut venir dõt disme peust estre payée ne deüe, si cõme des anciẽs bois & places, en bois où il vient bois, & croist sans ce qu'ils ayẽt esté à ce pourplainte en artigé*, ou si cõme en terre & place qui onques n'auroit esté labourée, & on le mettroit de nouuel à ahã & à semence. Ou si cõme d'vn viuier par seicheresse d'eauë on le mettoit à ahã & à semence: car tãt que telles places & lieux sont & demeurẽt en leur nature, elles ne doiuẽt point de disme. Mais si tost que on les tourne à labeur & ahã, elles doiuent dismes, & ce est appellé nouualle, car telles places de leur nature ne doiuẽt point de disme, puis qu'elles apportẽt leur vesture sãs labeur, mais qui les mettroit en ahã, soit en viuier qui onques n'auroit esté payé disme, ou vne masure où maisõ auroit esté dõt disme n'auroit esté paiée, toute telle place, puis que on la remet en ahã, disme en est deuë, & ce appelle on nouuale. & si place, ou terre qui à ahã auroit esté, & dõt on deuroit disme, on mettroit en bois, ou en viuier, ou en prez, iaçoit ce que telles places ne sont accoustumées de paier disme, toutesfois si tost que on met telles places à viuier, ou à prez, ou à bois, pource ne demeure que on n'ẽ paye disme cõme parauãt faisoit. Et generallemẽt sçachez que toute terre qui d'anciẽneté n'est accoustumée d'estre arable, & puis on la remet à ahan & labeur, telle est accoustumée d'estre noualle appellée, & en est disme deuë, reserué aux freres qui portẽt la croix du Tẽple. Car de noualle ne payẽt ils nulle disme. Encore dois sçauoir que si tost que vne terre auroit esté en friche par 3. ans, ou par plus sans disme payer, sçachez que si tost que on le metroit à ahan & à fruict faire & porter, disme en seroit deuë, comme deuant estoit. Toutesfois seroyent tousiours en auant appellez noualles.

* *Artigie, au liure escrit à la main : c'est à dire, artifice.*

Additio.

Hæc materia noualium tractatur per Canonist. in c. cum contingat. ext. de deci. vbi per glos. & Doct. & quamuis hoc regulare sit vt præscribens decimas, aut priuilegium habens super illis, tale priuilegium aut præscriptio illa non se extendit ad noualia : tamen Ioan. Andr. dicit quod certo casu potest in his noualibus præscriptio allegari : vt puta si aliqua Ecclesia ab illis terris incultis aliquid nomine decimæ perceperit, & aliquas decimas præscripserit : & hec inquit efficiuntur decimales illius Ecclesiæ : & si reducuntur ad culturam , potest hæc Ecclesia petere decimam , arg. cap. cum in tua. extr. eod.

ANNOTATIONS SVR LE TILTRE DIXIESME.

D*E repeter l'origine des dismes , dont on prend l'exemple de la loy de Moyse , qui les auroit ordonnées aux Leuites, comme sacerdots & sacrificateurs de Dieu , auquel les premices & dismes sont deuës*, Genes. 28. Exod. 22. Leuitic. 27. cap. 1. & al. de decimis. *seroit vn discours superflu , pour auoir esté traicté par plusieurs autres autheurs: & encores de rapporter les dismes de Hercules & autres dont on prend les exemples des Payens. Les dismes sont definies certaine portion de tous les biens legitimement acquis , deue à Dieu & à ceux qui sont dediez au ministere de son Eglise. Par plusieurs constitutions Pontificiennes & humaines, mesmement des Roys de France il est ordonné & enioinct à tous de les payer, dont y en a des articles* in Capitularibus Caroli Magni. *Et des ordonnances des autres Roys recitées au Code Henry. Tous sont tenus de payer dismes , s'ils n'en sont exempts par legitime priuilege* , ca. reuertimini. ca. decimæ. 16. quæst. 1. cap. parochianos. cap. tua nobis. cap. grauem. de decim. & al. Concil. Tridentino. in vlt. sessio. da reformat. gener. cap. 12. *On faict deux especes de dismes , les vnes prediales & les autres personnelles : les prediales qui sont deuës des fruicts qui prouiennent de la terre, comme du vin , des grains & autres fruicts : les personnelles, qui sont deuës de la negociation , gain , traffique & artifice de la personne , & se payent à l'Eglise , en laquelle la personne reçoit les sacremens* , cap. ex transmissa. cap. ad Apostolicæ. cap. peruenit. de decim. *On adiouste vne tierce espece des mixtes , comme celles qui prouiennent des bestiaux qu'on nourrit & faict pasturer.* d. ca. ad Apostolicæ. cap. pastoralis. cap. commiss. de decim. *Elles sont principallement deuës aux Curez , qui gouuernent les parroisses , & ont la charge des ames des paroissiens ,pour leur annoncer la parole de Dieu, & administrer les sacremens* , ca. Ecclesias. 13. quæst. 1. ca. decimæ. ca. de decimis. 16. qu. 1. *Toutesfois elles sont quelquesfois attribuées aux autres Eglises & Monasteres , ou par tiltre de fondation , dotation & donation legitimement faicte, ou par treslongue possession.* cap. cùm contingat. cap. cùm in tua. de decim. *Aucuns qui se pretendent Curez primitifs tant des Eglises Cathedrales & Collegiales , que des Monasteres, s'attribuent les dismes grosses & menuës, comme on dict vulgairemet , & toutesfois ils sont tenus de bailler portion congrue & Canonique au Vicaire perpetuel , ou Recteur de la paroisse , d'autant qu'il les acquite de la principale charge d'vn Curé*, d. can. reuertimini. 16. qu. 1. *dont y en a plusieurs arrests recitez par diuers autheurs , & en ont amplement escrit*, Io. Selua. tractat. de benefic. pa. 1. quæst. 5. & Rebuff. tractat. Congruæ portionis. quæst. 12. *Et y en a des Constitutions Canoniques,*

& autr

& entre autres, Concil. Trident. sess. 24. cap. 18. *Et pour le regard des menuës dismes, ie trouue diuersité d'arrests que i'ay obseruez & distinguez ailleurs. L'vsage de ne payer dismes de quelque temps qu'il soit ne peut acquerir prescription de ne les payer a l'aduenir : parce que c'est vn cens imprescriptible deu à Dieu, souuerain Seigneur du monde. Mais la quote & forme de payer la disme se peut prescrire*, glos. & Panorm. in cap. in aliquibus. de decimis. Felin. in cap. causam. de præscrip. *Aussi la coustume de ne payer les menuës dismes est receuë & approuuee* ex sententia B. Thomæ in 2. secundæ. quæst. 87. Boërius in consuetud. Bitur. §. 12. in fin. de consuetud. præd. *Et c'est vne maxime qu'on tient pour la prestation des dismes : qu'il faut suyure la Coustume du pays*, cap. cùm sint homines. d. cap. ad Apostolicæ. cap. aliquibus de decim. *& l'Ordonnance du Roy Philippes le Bel, appellee vulgairement la Philippine de l'an mil trois cens & trois, defend d'exiger dismes insolites : à quoy conuient l'Ordonnance des Estats de Blois, article 50. Il est vray qu'vne Eglise peut prescrire les dismes contre l'autre par possession de quarante ans auec tiltre & bonne foy, ou possession immemoriale.*, cap. ad aures. cap. veniens & al. de præscript. Authent. quas actiones. C. de sacrosancta Ecclesia. *Il y a des Ecclesiastiques qui sont exempts des dismes, comme ceux de l'Ordre de sainct Iean de Hierusalem, & Templiers, ceux de l'Ordre de Cisteaux, & autres qui en ont priuilege.*

b *Par la commune disposition du droict Canonic les lays sont incapables de posseder, acquerir, & prescrire les dismes*, cap. peruenit. 1. q. 3. ca. 1. 16. qu. 7. ca fin. 16. qu. 1. cap. causam quæ de præscript. *Toutesfois pour certaines causes les dismes ont esté en France concedees à quelques seigneurs, du consentement du Clergé, en recompense des peines, despenses & trauaux qu'ils auoient soufferts pour la defense de la Religion Catholique, & expulsion des Sarrasins, & ennemis d'icelle : dont on refere l'origine à Charles Martel*, teste Guaguino in eius vita. cap. cum Apostolica. de his quæ fiunt à Prælatis. *De là viennent les dismes infeodees, qui sont receuës & approuuees, pourueu qu'elles soient infeodees deuant le Concile de Latran, qui a esté tenu sous Alexandre troisiesme, l'an 1159. qui defend pour l'aduenir aux lays d'en tenir & acquerir de l'Eglise. Mais par ce qu'il est tres-difficile & pres qu'impossible de verifier vne infeodation si ancienne, qu'elle precede le temps dudict Concile, il suffist d'en faire apparoir d'vne tres-ancienne, & prouuer la iouyssance immemoriale*, vt notatur in dicto cap. cùm Apostolica. *& a esté iugé par arrest solemnel à la prononciation de Pentecoste, 1566.*

c *Il definit icy diuersement les nouales : Mais les Canonistes* nouale definiunt proscissum nunc primùm agrum, qui antè desertus & incultus erat, cap. 1. cap. quid per nouale. de verb. signific. l. Sylua. § nouals. D. eod. tit. *C'est vne terre nouuellement defrichee pour labourer, & de nouueau reduicte a labeur, & ainsi l'entend la commune practique de France, sur la question à qui les nouales appartiennent, ou au Curé de la parroisse, ou au gros dismeur autre que le Curé, il faut distinguer que si les dismes appartiennent aux lays, ils ne pourront rien pretendre aux nouales, parce qu'il ne faut estendre leur droict plus auant. Mais si sont Ecclesiastiques qui les tiennent y a plus de doute : toutesfois s'ils sont fondez seulement en possession d'auoir les dismes, la plus commune opinion est, que les nouales ne leur appartiennent*, dicto cap. cùm contingat. & cap. cùm in tua. de decim. *Que s'ils ont tiltre du droict des dismes, aucuns estiment qu'ils auront aussi nouales*, cap. ex parte. de decim. *Mais si le tiltre ne fait expresse mention des nouales, il me semble qu'elles doiuent appartenir au Curé*, qui iure communi potiorem causam habet. *Comme a esté iugé par arrest solemnel de l'an 1553. pour le Curé de Serris en Brie, contre les Religieux de sainct Denys en France, Des dismes Choppin* libro de sacra Polit. *& autres en ont amplement escrit.*

DES VSVRES.

TILTRE XI.

POur deux [a] raisons selon la loy escrite est vsure defendue. La premiere raison si est que vsure est defendue pour le peuple qui est enclin de sa nature à oysiueté, & ne voudroit faire autre œuure ne labeur. La seconde raison que elle est expressement defendue par l'Eglise, & à ce doit obeir tout vray Chrestien, & qui ne le fait, il ne doit mie estre tenu fils de nostre mere saincte Eglise.

Additio. *Ponuntur aliquæ rationes per Doctor. maximè per Innocentium in Rubr. de vsur. quare vsura est vtroque testamento prohibita: inter quas assignatur vna, quia hoc est contra charitatem, vt suum proximum adiuuans velit habere lucrum. Vnde peccant nolentes mutuari proximo sine lucro. Sed Dij boni quot hodie in hoc vitium absorbentur? & est contra naturam vt pecunia germinet pecuniam: quæ tamen non est apta germinare, cum sit tantum in mensuram rerum. l. j. ff. de contrahend. empt. & in cap. eijciens. lxxxiij. distinct. & venditur vsus rerum vbi non est.*

Si sçachez que vsure est dicte & faite par trois manieres. La premiere si est quand l'achetant s'oblige pour cause de la creance en plus que de raison ne feroit si luy payoit son argent comptant. La seconde maniere si est de prester vne chose pour r'auoir en certain terme meilleur par expresse conuention : Si comme de prester orge ou la vendre pour r'auoir froment par mots expres. La tierce maniere si est par forme & maniere de mortgaige [b], qui se fait par conuent d'entre autres gens que freres & sœurs, par l'ordonnance de leur pere. &c. La quatriesme maniere si est de prester argent sur gage par conqueste faisant, car telle est manifeste vsure, qui par la loy escrite soit & appare que vsure est de à croire, ou vendre à creance pour plus haut vendre. & cecy est vsure: *vt ca. in ciuitate. extr. de vsur.*

Additio. *Dicas esse vsuram quicquid sorti accedit vt est text. cum glos. in verbo non posit. in fine. in lege Rogasti. §. si tibi ff. si cert. petat. & probatur in lege Si tibi decem millia. in princip. ff. de pact. & hoc tenet B. Ambros. vt habetur xiiij. quæst. iij. cap. plerique. Vbi dicitur quodcumque accedit sorti, vsura est. & ista regula, quicquid sorti accedit, vsura est, procedit non solum in mutuo, sed etiam vbi aliquid excogitatur in fraudem vsurarum. glos. notabil. in cap. conquestus. extr. de vsur. & ideo infert Hostiens. in summa de vsur. §. fin. quod contractus vsurarius detegitur si creditor recipit aliquid vltra sortem.*

Or des ces quatre manieres & autres peut on voir par le tiltre *de vsuris & in vj. decreta. & extr. eod. tit.* & dependent desdictes quatre manieres plusieurs autres : C'est à sçauoir qui remet & compte les fruicts d'vn gage que on tient à nampt, en somme principale, si comme de mettre aucune possession en gage, & les vsufruicts de ce venans ne compter ne rabatre, c'est vsure.

Additio.

Nota hic quod capiens ex re pignorata fructus committit vsuram : vt lege j. Codice de distrac. pigno. & cap. j. & ij. & cap. conquestus. extr. de vsur. & Pano. in dict. cap. conquestus, ponit casus multos in quibus quis non committit vsuram capiendo vltra sortem : quia aliquando id recipitur non tanquam vsura, sed tanquam interesse. ita dicit glos. in dict. ca. conquestus. vide pro hoc Panor. in dict. ca. extr. de vsur.

Si peus & dois sçauoir que l'vsurier à demander le gain d'vsure, ne fait à receuoir. &c. Et s'il estoit aucun qui eust iuré de non repeter l'vsure, si le peut il repeter luy dispensé de serment : ou l'vsure payée, s'il le peut il repeter, & de ce n'en est ne doit estre debouté, car ce cas à tousiours restitution interiner. *Hæc materia tractatur in cap. tuas dudum. ext. de vsur.* [*& vide ibi Panor.*] Item & supposé que vn autre vsurier que celuy qui demande à estre payé de l'vsure, demandast, & le voulsist excuser par ce que ce fust du faict d'autre, supposé que ce fust l'hoir de l'vsurier : Sçachez que les hoirs de l'vsurier sont à contraindre à satisfaire des vsures prinses & leuées par leur predecesseur, iaçoit ce qu'en leur temps ne l'ont faict. *vide pro hoc Panor. & ibi text. in cap. tua nos. extr. eod.* Si sçachez que la loy fait vne question si le Roy ou le Prince a iustice & seigneurie en sa prouince si haute qu'il peut faire loy, edict ne ordonnãce à approuuer vsure. Ne les vsuriers compromettre ne licencier de en leur terre prester. Mais si ils le font, & ils sont clercs, il sont excommuniez par ce mesmes cas & droict. Car si ils sont lays ils sont à excommunier par le S. Pere, ou par l'Archeuesque ou Euesque du lieu.

[ ] Au liure escrit à la main ne sont ces mots, & vide ibi Panorm.

Item dict outre la loy escrite, que nul seigneur de terre ne doit souffrir vsurier demeurant en sa terre, ne à eux ne doiuẽt estre prestées ne loüées maisons ne conuersation aucune. Mais si par aucune aduenture ils y estoyent trouuez à residence, si les en doiuent ils debouter & mettre hors dedans trois mois apres qu'ils les y sçauront, & ce doiuent ils faire sur peine d'excommuniment, & sur peine de cent marcs d'argẽt à appliquer au Prelat, puis que eux sur ce admonnestez dedans le temps dessusdict, ce n'auroyent fait. Encore veut la loy en la decretalle au sixiesme liure, que les vsuriers sont à debouter de toutes autres cõmunicatiõs

Cecy n'est plus en vsage en France : ains les banquiers prestans argent à interest qui ressent à l'vsure y sont tolerez & bienuenus. On entend cecy des vsuriers manifestes, & condamnez pour vsure.

des Chrestiens, & du cymetiere benoist, ne ny doiuent auoir sepulture, ne auoir quelque sacrement de Chrestien ne faire testament qui vaille, s'aisi n'estoit qu'ils eussent en leur viuant rendu & satisfaict des vsures qu'ils auroyent extorquées & prinses, ou qu'ils n'en fissent restitutiõ, ou ordonnassent à faire, & pour ce faire rapportassent en la main de l'Egise tout leur vaillant, si auant que durer pourroit, afin de restitution enteriner. Ne autrement ne doiuent auoir confession ne absolution quelconque.

Additio. *Nota tres pœnas esse in vsurario manifesto, prima est vt non admittatur ad communionem altaris secundum Innocent. in cap. quia in omnibus. vbi tractatur materia. Abbas tamen exponit aliter in cap. cum tu. eodem titulo de vsur. extr. vt non admittatur ad Ecclesiam quando celebrantur diuina, & de huiusmodi expositione facit mentionem glos. in cap. j. de vsuris in sexto, quam dicit placere Panorm. Secunda pœna vt manifestus vsurarius decedens in hoc peccato carere debeat Christiana sepultura: indéque sepelientes eum hodie sunt excommunicati ipso facto. Clement. eos. de sepult. & ibi bonam glos. videas. Vnde infert Panorm. ex illo text. dict. cap. in omnibus. quod licet hæres velit satisfacere, non tamen debet talis vsurarius admitti ad sepulturam Ecclesiasticam. Oportet enim quod ipsemet restituat vel caueat de restituendo, ita quod non appareat illum decessisse in illo peccato. Et hoc notat in cap. quemquam. in vj. & Clement. dict. eos de vsur. Tertia est pœna vt non admittatur ad oblationem faciendam. Vnde debet clericus respuere dictam oblationem manifesti vsurarij. Et vtrum ipsæ tres pœnæ sint inflictæ ipso iure, an vero requiratur sententia hominis, vide Innocent. locis supra alleg. tenentem quod ipso facto. & Godefre. contra: quæ opinio Godef. placuit Hostiensi: & pro illa Panorm. adducit cap. cum te. tex. eod. de vsur.*

Item sçachez que iaçoit ce que aucun preste à son amy aucune chose sans dire que tant en aura de gain par vsure, mais toutesfois il en prend bien courtoisie enuois & dons lateraux, toutes telles courtoisies sont vsures, & generallement quoy que on en prenne outre le iour le prest faict. &c. il n'y a point de couuerture qui excuser l'en puist. &c. *cap. consuluit. extr. eod.*

Item [c] dois sçauoir que ce n'est mie vsure de rente à vie & rachat, supposé qu'il y ayt cause que ce sera à payer à quantité de temps, que les clercs appellent *pro rata temporis.* Et la raison pourquoy ce n'est mie vsure, si est pour ce que si tost que l'acheteur va de vie à trespassement. la rente est expirée & l'argent demeure au vendeur: & pource qu'il y a fortune, ce n'est mie vsure. Mais s'il estoit à ferme main ce seroit vsure, puis que on le pourroit racheter. Et ainsi fust il dict par arrest de Parlement pour Simon Dauuaing, contre Iean Godefroy en l'an mil trois cens septante six.

ANNOTATIONS SVR LE TILTRE VNZIESME.

a I'AY *traicté au premier liure de l'vsure & des recherches qui en ont esté faictes, & peines introduictes par les ordonnances. Les anciens Payens & Chrestiens ont eu l'vsure en grand' abomination: parce qu'elle viole toute humanité & charité: & Caton reputoit l'vsurer pour tuer : c'est pourquoy, comme il tesmoigne*, apud Romanos legibus maiorũ magis inuisi erant fœneratores ipsis furibus: *& y auroit eu plusieurs loix, par aucunes desquelles les vsures auroient esté du tout deffenduës & prohibées, & par autres reprimées & moderées, comme par celles des* XII. *Tables*, quibus cautum erat ne quis amplius vnciario fœnore fœneraret, vt scribit Tacitus lib. 5. Annal. *Et à ce propos on peut voir ce que Platon, Aristote, Demosthene, Ciceron & autres ont escrit, & encores* Basil. in Psal. 14. D. Ambrosius lib. de Thobia, & alij Christiani auctores, & quod traditur in libris sacris & canonicis. *Vsure se peut definir le profit de la chose prestée par l'vsage d'icelle. Car le prest gratuit est exposé à celuy qui se faict par vsure*, vt constat ex Plauto in Asinaria, Nam si mutuò non potero, sumam fœnore. vsura dicitur ratione vsus, vt ait Varro lib. 4. de ling. Lat. *& l'vsure comme elle se prend à present, s'entend celle qui seulement regarde le gain & profit de celuy qui preste, & non celle qui procede d'vn iuste interest, & de la demeure du debteur, dont est parlé* in l. Cùm quidem. §. si pupillo. D. de vsur. *I'ay dict de la chose prestée, entendant non seulement la pecune, ains toute autre chose consistant en poix, nombre & mesure.* iuxta l. 2. D. de rebus credit. *En plusieurs manieres l'vsure s'exerce tant en prest d'argent, que de grains & autres semblables especes. Il y a vsure de faict & aperte, & autre appellée mentale, si quand on faict des dons & courtoisies à celuy qui a presté pour attendre : dont du Moulin & autres ont amplement escrit, aux liures desquels on peut auoir recours : comme à ceux du droict Romain & Canonic, pour cognoistre la diuersité des vsures, & comment elles ont esté tolerées & reprouuées. En France elles ont esté defenduës par les ordonnances de plusieurs Roys, sinon que pour l'vtilité des commerces auec les estrangers, elles ont esté permises aux foires de Champagne & Brie, & de Lyon, plus hautes qu'à la raison commune du denier douze, ains par foires, & de change & rechange : comme i'ay obserué ailleurs. L'autheur recite icy diuerses peines, principalement du droict Canonic contre les vsuriers. Il y en a aussi d'introductes par les constitutions des Roys de France : & de nostre aage plusieurs ont esté recherchez & punis. Quant à la punition de la communion de la saincte Eucharistie, & de la sepulture Ecclesiastique dont est traicté* in cap. 3. & cap. quia in omnibus. de vsur. & cap. 1. & 2. de vsur. in 6. & lib. 2 iuris Orientalis, in can. Nicephori Confessoris: *il faut entendre ladicte peine estre ordonnée contre les vsuriers manifestes, qui sont notoirement* *diffamez d'vsure ,cap.* cùm tua in diœcesi de vsuris.

b *I'ay monstré au premier liure que mortgage est ce qu'on dict* Antichrisis,*engagement ou contract pignoratif, quand le detteur engage son heritage au creancier pour iouyr des fruicts au lieu de l'vsure ou profit des deniers prestez*, l. Si is qui bona §. 1. D. de pignorib. *En France, on ne le tient pour contract vsuraire, encores qu'il soit reprouué par le droict Canonic*, cap. 1. & 2. cap. conquestus. cap. salubriter. de vsuris. *Par quelques arrests tels contracts pignoratifs ont esté conuertis & reduicts à rentes constituées, & entre autres du 19. de Septembre, 1577. & de la prononciation de Pentecoste, mil cinq cens octante. Par autres a esté iugé que dans certain temps le detteur rendra le deniers, & à faute d'auoir ce faict le temps passé l'heritage demeurera au creancier, du huictiesme de Ianuier mil cinq cens septante & neuf, & dixneufiesme de Decembre, mil cinq cens octante cinq. Mais ie trouue d'autres depuis donnez, l'equité plus grande, par lesquels auroit esté ordonné que le detteur payeroit dans certain temps, & à faute de ce faire seroit l'heritage vendu & adiugé par decret au plus offrant: & entre autres du 10. de Feburier, mil cinq cens nonante & quatre, donné en l'audience. I'ay veu vn arrest du mesme temps, par lequel auoit esté ordonné, que par faute de payement par le detteur dans le temps prefix, l'heritage demeureroit à l'acheteur selon le prix qu'il seroit estimé par les gens dont les parties conuiendroient*, iuxta l. Si fundus §. vlt. D. de pign. *& certainement il y peut auoir en tels contracts, qui se font ordinairement par forme d'emption vendition, des circonstances, qui en font diuersement iuger.*

c *Au lieu des vsures que le droict Romain permettoit, le Canonic a introduict les rentes, desquelles la constitution tient d'espece d'emption vendition* cap. 1. & 2. extrau. de empt. & vendit. *Elles ont esté receuës & approuuées en France, à raison du denier douze & si elles auoient esté constituées en grains, elles ont esté reduittes à prix d'argent à ladite raison, par les ordonnances de Charles IX. de l'an mil cinq cens soixante & sept. conformes à autres precedentes, & arrests: & mesmes a esté iugé que rentes constituées en bled, ensemble les arrerages estans deuz seront reduicts, & se pourront racheter à ladite raison du denier douze, au prix courant à present de la monnoie, nonobstant quelque longue iouyssance & possession, & changement de valeur de la monnoye, par arrest solennel à la prononciation de Pasques, mil cinq cens octante & six. Mais ce que dict icy l'autheur que par la mort de l'acheteur, la rente est expirée, ne s'obserue nullement. Il est vray que telle rente qu'on appelle volante, est perpetuellement rachetable. De la matiere des rentes i'ay ailleurs plus amplement escrit.*

DES EXCOMMVNIEZ. TILTRE XII.

Des excommuniez [a] que les clercs dient anathematisez, si est soy laisser encourre en excommuniment: car quiconques est en excōmuniment, il doit perdre la communication des fils & filles de saincte Eglise, ne nulle compagnie ne participatiō ne luy doit estre faicte, ne ne doit auoir nulle administration des SS. Sacremens de l'Eglise, mais leur est defendu d'estre ne demeurer en l'Eglise tant qu'on fait le seruice diuin. Item ne doiuent auoir compagnie en marchandise auec autre, ne ne leur doit estre loüee maison ne habitation quelconque. Item selon l'opinion d'aucuns sages, perdēt respons en Cour: c'est à sçauoir qu'ils ne peuuent faire autre conuenir en iugement, ne à leur demande on ne fait à respondre, ne contre eux ne doit estre procedé ne respondu tant qu'ils soient en ce point, mais bien les peut faire conuenir à demander sur eux si mestier est, & conuient qu'ils y respondent selon la loy escrite.

Additio.

Tangit text. de excommunicato quomodo agere non possit, sed tantum excipere ita quod illi est permissum sese defendere & appellare. c. cum inter. de except. ext. & ibi Doct. & vtrum reus voluntarius effici possit & quando, vide Panor. in dict. c. cum inter. & Paul. de Cast. in l. Libertus à patrona. ff. de in ius vocand. & per Bart. in l. Si fideiussor. §. si necessaria. ff. qui satisd. cogan. & per Antho. in c. dilecti. eo. tit. de except. extr. qui etiam sentit quod excommun. in casib. in quib. potest esse in iudicio. non solum potest esse in quātum repellit sententiam pro alio ferendā, sed etiā in quantū consequi velit sententiam iustam pro se: contrariū tamen tenet Abbas in c. dict. cū inter. ext. de except. & vide ibi eum & vtrū excōmunicatus maior vel minor possit petere in integrū restitutionē ex clausula si qua iusta causa: videbatur quod nō per c. intelleximus. de iudic. tamen contrarium tenet Hostiensis in c. significarūt. de except. vbi quærit an excomm. possit petere in integrū restitutionē cōtra sent. à qua nō appellauit, & dicit aliquos tenere pro & cōtra: tamen cōcludit quod si petatur restitutio ex clausula generali si qua iusta &c. & causa ea probata dānaretur innocēs vel periret anima. tūc admiraretur: quia tūc nō agitur solū de fauore ipsius excōmu. sed de iniquitate iudicis. hoc sequitur Io. And. in dict. c. significarūt. & Felin. Sycul. & Henri. in dicto. ca. intelleximus. porro vtrū possit opponi cōpensatio per excommunicatum: vide multa adducta ex varijs Doct. per glos. in qu. 1. decisio capel. Tholo.

Or est à sçauoir quel est exōmunié & quel nō. Si sçachez que qui frappe clerc iusqu'à sang il est excōmunié, & n'ē peut auoir absolutiō que par le Prelat c'est par l'Euesque, & si c'estoit vn Prelat, par le S. Pere ou son cōmis: & si vn excōmunié frappoit vn simple clerc, si cōuiendroit-il qu'il fut absous par le S. Pere ou son commis. *pro hoc c. si quis suadente. 17. q. 4.* Item dit encore la decretale que si le clerc par ébatement blessoit vn autre iusqu'à sāg en frappāt l'vn l'autre, pour ce ne sont ils mie excōmuniez, mais si haine si embatoit & couroit, ils le seroient, & lors leur conuiendroit auoir absolution par le S. Pere ou par son commis. *c. 1. extr. de sent. excomm.* Item s'il aduenoit que moines cloistriers ferissēt l'vn l'autre, ils peuuent estre absous par leur Abbé: & si le cas estoit trop grand, par l'Euesquê.

dict. Rub. cap. ij. Item s'il aduenoit qu'aucun frappast vn autre qui ne fust mie en habit de clerc & eust iuste cause d'ignorer, sçachez qu'il ne seroit mie excommunié, pour cause de la iuste ignorance qui de ce l'excuse, & en doit estre le frappant creu par son serment. Item si femme frappe clerc, par l'Euesque se peut absoudre : & aussi fait s'il aduient que vn huissier, ou Clerc d'aucune feste ou assemblee frappe aucun Clerc par inaduertance. *pro hoc cap. si vero aliquis, Rubric. dict. de sentent. excommu.* Item dois sçauoir que le Clerc qui par trois fois a esté admonesté par son Prelat à delaisser à porter armures, & ne les laisse, est excõmunié, & auec ce *ipso facto* pert le priuilege de sa clergie, & aussi clerc qui par trois fois est admonesté par son Prelat reprendre l'habit clerical, & ne le reprend & est contre aucuns qui se mettent & habillent de si diuers habits, & en tels habits ne doiuent ioüir de priuilege de clergie. *pro hoc Rub. de vit. & honest. cleric. cap. clerici arma. cum sua glo.* Item sont excommuniez qui detiennent clerc prisonnier, & par consequent qui en prend iudicature ne correction sur eux autres que leur Prelats.

Vt cap. seculares iudices, de for. compet. in vj. non tamen intelligas eos ipso facto excom. sed inquit text. deb. per iudices Eccle. compelli censura Eccles. vt desistant: & hoc in ciuilibus. in captione vero clericor. & detrusione bene dicit vt cap. vt fam. & cap. nuper à nobis. de sentent. excommunicat.

Additio. I'ay noté cy dessus qu'õ obserue en France detenir le Iuge seculier pour excommunié, qui tiẽt vn clerc prisonnier, encores qu'il soit Prestre.

Item si excommunié se veut dire absous : il n'en fait à croire s'il ne le monstre par lettres, & aussi n'en fait à croire qui veut sur autre dire qu'il est excommunié, si il ne le monstre par lettres, car par nature nul n'est excõmunié, si par accident ne l'est. Item sont excõmuniez qui font contre l'Eglise & qui font statuts preiudiciables cõtre l'Eglise, & qui retiennent le droit de l'Eglise. Item est excommunié clerc par especial, & si est le lay qui à escient accompagne & frequente excommuniez, & ne fait à absoudre que par le S. Pere ou son commis: *vt cap. nulli, de sent. excom. extr.*

Item si excommunié peine à la mort, & ait contrition & requiere mercy à Dieu & absolution, & satisfait de ce pourquoy il est excommunié, & il voise de vie à trespas: apres sa mort peut estre absous par celuy qui en sa vie l'eust peu resoudre: *vt decreta à nobis. ext. de sentent. excommunica.*

Du bras seculier.

LEs clercs appellẽt bras seculier, quand aucũ se laisse excommunier par an & plus: & pour ce est appellé bras seculier, que l'Euesque qui n'a point execution seculiere, requiert sur ce par ses lettres requisitoires au Iuge lay, c'est au bras seculier par le moyen d'vn de ses prestres ou appariteurs qui en aide droit requiert de ramener tel à la foy Catholique, qui par an & plus s'est cõme chien endormy en excõmunication, qu'il soit cõtraint par detẽtion de corps à satisfaire, & soy remettre en obeyssance de sainte Eglise, dont il est priué par sa coulpe, & le Iuge lay à la requeste du Prelat le doit faire par la maniere qui s'ensuit. Le Iuge spirituel doit enuoyer vn libelle qu'on appelle en Cour, *compareant*, qui doit contenir comment l'excommunié luy incité & condamné, en ce s'est laisser excommunier, & endormir comme chien sans crainte de

Dieu

Dieu en sentence d'excommuniment par an & plus, & ainsi se laisseroit & voudroit laisser si qu'il demonstre ou contempt de partie, & de l'Eglise, si remedié n'y estoit: qu'il plaise au Iuge lay dessous qui ledit excommunié est demeurant, qu'il soit prins & detenu prisonnier & enuoyé au Iuge spirituel, tant qu'il soit deuenu à l'obeissance de saincte Eglise, & à partie de qui il est tenu, & si l'excommunié se rend fugitif, si peut le Iuge tant contraindre de ses biens si trouuer les peut, que pour satisfaire à partie du deu, & si l'excommunié se vouloit à ce opposer, le Iuge lay qui de ce est requis, doit l'excõmunié tout prisonnier enuoyer au Iuge spirituel dont le requisitoire viēt, pour dire les causes de son opposition, refus ou contredit, & n'y doit estre r'enuoyé que sur celuy cas, que l'Euesque ne le doit traicter de ce: & si ledit excommunié s'opposoit, & requist auoir iour sur ce, si doit-il estre prisonnier mené à la Cour spirituelle tant qu'il soit sceu s'il a cause d'opposition ou non: & s'il a cause, la partie demanderesse le doit demander. Si sçachez s'il ne plaist au Iuge lay, il n'executeroit mie ceste requisitoire: Car contraindre ne le peut l'Euesque ne ammonester fors par requisitoire, mais selon conscience le Iuge y est tenu. Et pour ce ne le font plusieurs Iuges lays, s'ils n'y ont profit: & si premier on s'en traict au Roy, faire le peuuent les officiers sans en faire renuoy: & la raison si est qu'on dit, cas n'a qu'execution de cause. car par le Prelat en est cogneu: & aussi en appartient au Roy parce qu'il est garde de l'Eglise, & cecy est en ayde de droict, en cas auant detention de corps par le Iuge lay, l'excommunié fait à contraindre, pour l'explectation des biens meubles s'il en a: & si non, par detention de corps: & si opposer se vouloit au comparimini, la main garnie en la main du Iuge lay, par luy doit estre l'opposition renuoyee pardeuant le Prelat dont le comparimini vient. Car à luy en appartient la cognoissance, & ainsi fut il dit & conseillé par le plus grand Conseil de Paris, pour la ville de Tournay.

Pro intelligentia eorum quæ adducit hic text. vide optima verba cap. principes. 23. quæst. 5. vbi principes sæculi nonnunquam intra Ecclesiam potestatis adeptæ culmina tenent, vt per eandem potestatem disciplinam Ecclesiasticam muniant. cæterum intra Ecclesiam potestates necessariæ non essent, nisi vt quod non praualent sacerdotes efficere per doctrinæ sermonem, potestas hoc imperet per disciplinæ terrorem, &c. Et nota iudices sæculares multis casibus habere iurisdictionem in clericos: quandoque in personis ipsis cum sunt incorrigibiles: vt cap. eos qui 22. dist. & cap. de liguribus. 23. quæst. 5. Item quandoque propter ambitionem alicuius. c. si quis pecunia. 79. distin. Item cum fidem volunt subuertere: vt c. quo iure dist. 8. Item cum schisma faciunt clerici, & eum contemnunt excitationem: vt cap. de liguribus. alleg can. 23. quæst. 5. vbi textus ad literam. Quod si forte contempserit & permanserit, per potestates publicas opprimatur. Item cum Ecclesiastica potestas defecerit: vt dicto ca. principes, & sequen. ca. & de his vide as ferè per to. can. 23. quæst. 5. quia hic fit mentio de excommunicatis qui per annum perseuerant in tali excommunicatione. Non esset forte absurdum quærere si talis perseuerans per annum in excommunicatione possit vocatus declarari hæ- Additio.

reticus: & vtrum etiam talis sit priuandus beneficijs, vel priuatus ipso iure: sed quia tales quæstiones passim tractantur per doct. iuris cano. non eas huc refero: sed tamen qui voluerit videre eas recollectas, legat. quæst. 365. decisio capell. Tholosa. & ibi additio. & melius per Do. Ioan. de Selua in suo tract. de beneficio in quæst. 4. tertiæ partis dicti tractatus numero illius. 4. quæst. 26. versic. ex quibus infertur.

Des Iuifs & des Sarrasins.

DEs Iuifs & des Sarrasins dois sçauoir qu'il n'appartient à nul Chrestien de faire auec eux quelque participatiõ ne compagnie, ne substenter contre les Chrestiens, & quiconque le fait, il chet en excommuniment & confiscation de biens, & est reputé comme traistre à Dieu.

Item ne doiuent estre contraints par force à nostre foy, ne à eux retourner à baptesme, ne Iuge Chrestien ne les peut à ce contraindre, mais les doit à ce mener par belles paroles qui peut, & autrement non.

Item quod hic dicit illos inuitos non debere trahi ad fidem, quod aliqui voluerunt intelligi de adultis, non autem de paruis: pro hoc vide Panor. in cap. sicut. extra eod. & glo. in cap. Iudæorum. 28. quæst. 1. & vide Archidia. in cap. qui sincera. 45. dist.

Item peus & dois sçauoir que nul Chrestien ne se doit mettre à seruir Iuifs ne Sarrasins: & s'il est sceu qu'il le face, il fait moult à punir.

Item s'il aduenoit qu'aucun Iuif naurast ou frappast aucun Chrestien clerc, il doit estre puny par son temporel, & doit estre priué de compagnie des Chrestiens, tant qu'amẽde aura fait: & si autre que clerc feroit, si l'amenderoit-il par leur conseruance.

Pro his vide ca. ad hæc & cap. postulasti & ca. in non nullis extra eod. de iud. & sarrace.

Item sçachez que les Iuifs ne doiuent habiter entre les Chrestiens, sans enseigne à ce ordonnee, afin qu'entre les Chrestiens puissent estre recogneus, ny ne doiuent le iour de Pasques yssir hors de leurs maisons, ne ouurir huis ne fenestre, ne faire ne dire chose qui peust tourner à blasme au sainct iour, sur certain amende. S'il aduient que Iuif serf deuienne Chrestien par payant douze sols de la redemption de son seruage, il est osté de ceste seruage.

Des Apostats.

Ad ea faciunt quæ notantur in cap. I & cap. tuæ fraternitatis & cap. à nobis expetiuit. de apostat. & reiterat. baptis.

DEs apostats sçachez [c] que ce sont ceux qui se rendent fugitifs de leur Abbaye, & se mettent en habit seculier, & se rendent à estat mondain & seculier, & de ce dit la loy escrite que ceux qui se mettent à estre apostats, perdent le priuilege de clergie, ne l'Eglise ne leur doit estre garant en quelque cas dont ils soient prins: & quiconques n'obeit au commandement de son Prelat, on le doit tenir pour apostat: & si c'est homme lay il doit estre excommunié: & si c'est homme clerc, il pert le benefice de clergie, & doit estre griefuement puny: & generallement dois sçauoir qu'apostat qui autrement que par raison ne se veut de ce tenir ne chastier, doit estre en chartre si tost que prins & retrouué peut estre.

Des herefes.

HEreſes ſont ceux qui prennent & tiennent doute en noſtre ſaincte foy:& doiuent eſtre punis & deboutez de la compagnie des Chreſtiens,& ſont à reprocher en cauſe de teſmoignage. *Pro materia iſta vide per te. tit. de hæret.*

D'accompagner hereſes.

Item quiconque accompagne & participe auec hereſes à eſſient, ſçachez qu'il eſt excommunié pour ce faire.

Des biens aux hereſes.

Item dois ſçauoir que les biens des hereſes doiuent eſtre confiſquez ſuppoſé qu'ils ayent enfans,ne iamais à eux ne peuuent retourner, ne à perſonne de par eux.

Qu'hereſe ne doit eſtre Aduocat.

Item hereſe ne peut eſtre en quelque eſtat Aduocat ne Notaire, ne exercer office quelconque, ne faire faict de procuration ne autrement, mais ſont du tout à reprocher.

ANNOTATIONS SVR LE TILTRE DOVZIESME.

a L'*EXCOMMVNICATION eſt la plus grieue peine de l'Egliſe; par laquelle l'excommunié eſt banni & chaſſé de la communication des Chreſtiens: on en faict deux eſpeces, la maieur & la mineur. Non ſeulement entre les Hebrieux & Chreſtiens, ains auſsi entre les Payens, les Sacerdots & Preſtres auroient obſerué quelques formes de maudire, de nouer & excommunier ceux, qu'ils reiettoient & repouſsoient de leurs temples & ſacrifices: dont nous en auons des exemples & teſmoignages des ſacerdots Eumolpides en Athenes*, qui à Populo coacti fuerunt, vt Alcibiadem denouerent, Plutarch. in Alcibiade, Æmylius Probus in eius vita, Iuſtinus lib. 5 & eius execrationis morem refert Liuius lib 36. & 50. *& encores des Druides* apud Cæſarem lib. 6. Comment. *L'excommunication s'ordonne ou pour crime & delict, comme peine adiugée, ou pour la contumace de celuy qui eſt condamné par le Iuge Eccleſiaſtique, à payer quelque ſomme. Mais pour dette elle ne ſe doit legerement ordonner, ains apres diſcution faicte des meubles du condamné, & ſaiſie de ſes immeubles: & ſi au parauant le clerc auoit eſté excommunié pour dette, il ſeroit bien receuable d'en appeller comme d'abus: ainſi qu'il a eſté iugé par arreſt du 9. May, 1518. & autre du mois de Ianuier, 1569. Les excõmunications ſont grandement à craindre: car les excommuniez manifeſtes doiuent eſtre reiettez de l'Egliſe, cõme fuſt l'Empereur Theodoſe par S. Ambroiſe*, vt narrat. Th. li. 5. hiſt. c. 18. & hiſt. tripart. li. 9. c. 30. *Par pluſieurs Cõciles a eſté defendu de conuerſer auec les excõmuniez ſur pareille peine d'excõmunication, comme eſt auſsi porté par le 10. Can. des Apoſtres*, Syn. Carth. can 9. Cõcilio 1. Braccarẽſi, c. 33. Toletano 1. cap. 15. & al. Zonaras ad can. 11. Apoſt.

en rend la raison, à sçauoir le mespris & contentement de l'Eglise, & de Dieu. Il faut donc que l'excommunié soit absous, & par penitence reconcilié à l'Eglise, auparauant qu'il puisse estre receu en la compagnie des chrestiens, cap. si quis laicus cap. excellentissimus. 12. q. 3. cap. sanè. 24. q. 2. cap. fin. de cler. excom. minist. & al. Et pour ceste cause anciennement les Euesques aduertissoient les autres Euesques de ceux qui estoient par eux excommuniez, à fin qu'ils ne les receussent en leurs Eglises, & à la communication des Sacremens: dont y a des exemples aux histoires Ecclesiastiques, & le Concile de Nicene en fait mention: & Basilius epist. quadragesima septima. ad Athanasium. Mais en France selon le Concile de Basle, Pragmatique Sanction & Concordat, tit. de excommunic. non vitan. il s'obserue que nous ne sommes tenus de quitter la conuersation des excommuniez, si tels ils ne sont iugez, ou specialement & expressement denoncez: encores qu'ils soient tenus pour excommuniez de droict. Qui voudra voir plus amplement de ceste matiere, qu'il lise le droict canonic, & les interpretes.

b Les histoires principalement Ecclesiastiques tesmoignent que les Euesques auroient souuent imploré l'authorité & la force des Empereurs, des Roys & Magistrats politics, contre ceux qui auoient esté condamnez par eux, soit aux Conciles, Synodes, ou en autre maniere: & que tels condamnez, mesmement iugez heretiques & excommuniez auroient esté enuoyez en exil ou punis d'autres peines, par les Empereurs, les Roys ou Magistrats, pour n'auoir voulu reuenir à resipiscence. Car la discipline & iurisdiction Ecclesiastique est maintenuë par la force & authorité du Prince & des magistrats, qu'on appelle bras seculier. Deuteron. cap. decimo septimo. can. regum officium. 23. quest. 5. can. tributum. 23. quest. 8. can. boni principis. 96. distinct. Il y en a d'autres tesmoignages in lib. 16. Cod. Theodosiani, & Nouel. Iustiniani. Dont on peut tirer la raison de ce que dict Optatus Mileuitanus, Ecclesiam in Republica esse, non autem Rempublicam in Ecclesia: & ce qu'escrit M. le President le Maistre au traicté des appellations, que les Iuges Ecclesiastiques n'ont territoire: & quand ils l'entreprennent, on en peut appeller comme d'abus, ainsi qu'il a esté iugé par plusieurs arrests de la Cour, & entre autres pour vn Iacobin, du 3. Iuin, 1574. recité par Choppin, lib. 2. de sacra Polit. tit. 8. Mais conuient icy noter qu'à present on obserue que s'il y a opposition à la permission, ordonnance ou commission du Iuge seculier, c'est à luy d'en ordonner & iuger, auparauant que r'enuoyer les parties pardeuant le Iuge d'Eglise.

c Ce qui est icy traicté des Sarrazins, Iuifs, Apostats & Heretiques, sert peu à la practique de ce temps. Sarrazins sont les sectateurs de la secte de Mahumet, à present appellez Turcs. Apostats sont proprement ceux qui se departent & desuoyent du tout de la religion chrestienne, & de Chrestiens sont faicts Iuifs, Turcs ou Payens: & sont pires qu'Heretiques, lege. 3. 4. & 5. Cod. de Apostatis, & Cod. Theo. eod. tit. Mais on repute encores pour Apostats, ceux qui abandonnent l'ordre de religion, duquel ils ont faict profession, & prenant vn habit seculier, lesquels sont coustumiers d'estre heretiques, de quibus fit mentio in lege. vlt. C. eod. vnde scribit Tertullianus hæreses apostatas facere. *Les heretiques sont ceux qui defaillent de la doctrine de la religion Catholique & soustiennent obstinément opinions contraires à icelles*, l. 2. C. de hæreticis. *Contre les heretiques y auroit eu des Constitutions & Edicts des Empereurs tres-iustes & seueres pour maintenir la religion Catholique, qu'on peut voir* in C. Iustin. & Theo. *& aux histoires Ecclesiastiques: comme aussi y en a des Roys de France, que le Lecteur peut voir aux liures qui en sont imprimez. I'adiousteray seulement ce que nous auons appris des histoires, qu'il n'y a conspiration plus pernicieuse à vn estat, que l'assemblee des heretiques.*

LA FORME DES PROCES, SENTENCES, ET EXECVTIONS DE IVSTICE.

TILTRE XIII.

VEV des actions tant de droict canon comme de droict ciuil & coustumiers comme dessus est dict: s'ensuit voir de la forme des procés, sentences, & appeaux. Et premierement des procés qui sont en Cour, comment & par quel temps ils se peuuent ordonner & iuger: Si sçachez qu'à tous appartient à decider les causes deuãt soy entamees au plus & au mendre frais qu'il pourra: & ne doit souffrir à partie dire ne demander quelque chose friuolle, ne proposer chose impertinente à la cause, ne delay ne refuge impertinent pour alonguer la cause de decision du droict, & ne doit souffrir de releuer action de chose autresfois passee en force de chose adiugee, ne dont autresfois action ait esté faicte, & demande ouuerte luy present, supposé que par defaut ait le demandeur obtenu sa querelle. Car l'action vne fois attainte doit suffire ne retraicter ne se peut.

Nota authorẽ materiarum continuationẽ non seruare, & est iste liber potius quoddam promptuarium & subitò compillatum. vnde non immerito Summam Ruralem appellauit, vt pote qua ordine non seruato multa in se ostenderet.

Item ne doit laisser le Iuge qu'il ne face les parties apporter leurs raisons par escrit, & qu'il ne les face affermer & respondre sur chacun article à part, àfin que sur les articles non confessez tesmoins puissent estre produicts: car autrement le procés pourroit estre defectif, & si appellé d'icelvy seigneur en estoit à la fin que le Iuge, deuant qui l'appelleroit, peust apperceuoir le deuoir & la diligence du procés, & que faute n'y ait: car si faute y auoit, tout seroit compté pour nul, & appartient en tous procés que le demandeur leue acte de chacun iour qu'il plaide faisant mention de ce qu'il y sera exploicté pour en faire enseignement à l'autre iournee: ou si ainsi n'est faict, le defendeur requeroit à voir sur quoy il auroit iour, & le demandeur n'en faict apparoir, le defendeur auroit congé de Cour & despens, puis que ce seroit en Cour, où on plaide par escrit: mais si c'estoit en Cour autre, il suffiroit faire apparoir

Ceste forme de faire apparoir à toutes iournees des actes & appoinctemens ne se practique plus ainsi si la cause doit estre traictee à l'audiẽce, les Procureurs & quelquefois auec eux les Aduocats la plaidet:

&si les parties ont esté appoinctees à escrire, elles suiuent le reiglement qui aura esté doné, & selon les delais portez par celuy.

par le registre de la Cour: & pour ce faut au demandeur faire grand' diligence au clerc de la Cour que l'escrit du iour soit seurement registré: & aduient souuent qu'au defendeur appartient aussi faire enseignement du iour qui sert selon l'estat de la cause, & si le defendeur y tend auoir profit, & ce approuue vne loy qui veut que les actes & escritures seellez sur l'estat d'vn procés soient creables & vaillent: vt *cap. quoniam contra falsam. de proba. extra.*

Des parties ordonnees à escrire en faicts contraires.

De ceste forme de proceder a esté traicté au premier liure, où le Lecteur peut auoir recours.

Item & s'il aduient que les parties soient en faicts contraires, & elles soient ordonnees à escrire les raisons accordees pour plaider par les parties, ce doit estre registré au dos des raisons, & ce faict doiuent estre accordees ou debatuës comme plaidees ou non plaidees, & puis bailler commissaires pour enquerir la verité du cas d'vn costé & d'autre lesquels doiuent auoir pouuoir de ce faire, comme dit est en la rubriche des commissions, lequel pouuoir doit durer trois mois, ou tant que l'vsage de la Cour veut, & ce temps passé les parties retournent en Cour selon la continuation, & doiuent accorder repro hes des tesmoins si bon leur semble, & sur icelles reproches & saluations produire si mestier est, & conclure en droict, & puis doit le Iuge visiter & sçauoir la verité, & le demőstrer aux parties sur ce appellees ou presentees leur procés pour sçauoir si tout y est, & puis le clorre & faire seeller par les Conseillers des parties, ou autrement selon l'vsage de la Cour & puis le iuger.

Ceste practique est à present changee, comme a esté noté cy dessus.

Item si ledict procés n'estoit parfaict, si le doiuent les commissaires renuoyer en Cour en tel estat qu'il est auec les parties adiournees pour voir iceluy procés receuoir en l'estat qu'il est, & selon ce ordonner par raison. Et si le procés n'estoit parfaict d'vne partie & d'autre & conclud, & le Iuge estoit requis de proroguer le pouuoir des commissaires, prorogué doit estre vne fois à certain iour prefix, dedans quel tout doit estre parfaict & conclud: car le iour qui depuis les trois mois est ainsi prorogué, doit estre par prefixion: & si l'vne des parties requiert auoir prorogation, & l'autre debatant, les commissaires doiuent estre oüis par le Iuge, & par leurs sermens, à sçauoir quelle diligence estoit faicte par le requerant la prorogation: car si negligent auoit esté, ce luy seroit imputé de rigueur: mais faict de proxime * est tousiours fauorable, & seroit le procés receu pour iuger en l'estat qu'il seroit trouué, le procés & saluations auecques productions faire sur les tesmoins oüis. Mais si la partie n'auoit peu auoir ses tesmoins par vray empeschement, ou autre chose qui luy fust suruenuë, & à ce fist bonne loyale exoine, ce luy deueroit valoir, & auroit sa procuration proroguee à la discretion du Iuge. Tout bon Iuge doit entendre à bonne deliurance de cause comme dict est, & ne doit vn procés criminel souffrir durer outre deux ans, ne vn procés ciuil outre trois ans: & si plus le souffre durer, le souuerain Iuge sur ce requis peut euocquer pardeuant soy à la confusion & deshonneur du Iuge qui ainsi a esté en ce negligēt, la cause & le procés. Et par le demandeur on ne peut aller ne proceder auāt audit procés, ou par le defendeur

** Proximité.*

Cecy est pris de la l. Properandum. C de iudicijs: laquelle toutesfois ne s'obserue si exactemēt, ains les proces durent

doit le Iuge à six mois pres de la fin du temps dessusdict, faire conuenir celuy à qu'il tient à dix iours d'entredeux, à fin de parfaire ledict procés. Et si la partie euoquée y est defaillant par trois iours, & par le quart d'abondant, attendu qu'il ait eu dix iours de iour à autre, s'il ne vient au troisiesme iour, ou quart, il doit estre debouté de sa demande, & l'autre partie absous & condamné és despens dudict defendeur.

selō la difficulté & perplexité des causes, & commodité des parties. Ceste practique n'a plus de lieu ains apres que la cause est contestée, & les parties reiglées on procede par forclusion contre celuy qui ne satisfaict de sa part.

Item dois sçauoir [a] qu'ils sont procés ordinaires, & procés extraordinaires. L'ordinaire est celuy que le Iuge faict en cause criminelle qui se faict quand aucun pour souspeçon de crime se vient rendre & mettre à loy, soit de sa volonté ou autrement comme innocent du cas, ou pour le cas cognoistre: mais s'il vient ou veut monstrer corps deffendant que les clercs appellent *vim pro vi*, ou à tout grace & remission du cas: ou si le faiseur estoit encore prins par iustice, & se voulsist mettre en toutes enquestes, en tous ces cas doit estre receu en procés ordinaire, & ne doit estre traict que par accusation de partie ou d'office, & par preuues sans tourment ne question quelconque, ne sans en faire aucune menace, & doit tousiours auoir courtoise prison & competence en toute sa cause.

Des procés ordinaires & extraordinaires.

Item le procés extraordinaire doit estre traicté & faict en tout autre terme, par especial en grans crimes, & enormes, & qui sont deniez, & qui ont esté faicts repostemēt Et ne doit le Iuge sur ce espargner à faire procés extraordinaire, & de sçauoir la verité de iour en iour, sans autre interualle par information ou autrement: & si aucunement trouue le present suspect par vehemēte presumption, il le peut & doit mettre en question selon la personne du prisonnier: car plus forte question desire vn corps que l'autre, car à toutes fins le Iuge doit prēdre qu'il ne tourmente l'homme tellement qu'il perde vie ne membre, ne par tourment ne gesne, car ce seroit le peril du Iuge & des faiseurs: & se garde de question de feu, car il est defendu de par le Roy: & si par question de gesne ne veut riens dire ne confesser à la premiere fois, le Iuge le peut bien mettre au second iour, & puis au troisiesme & quatriesme s'il voit que le cas le requiere, & y ait si grand presumption, & le prisonnier soit de fort courage: toutesfois si par question ne veut riens dire ne confesser, & que par tesmoins ne soit vaincu, si appartient il bien que par souspçon par long temps il soit prisonnier & par exclamasse, à fin de sçauoir si nul plaintif venoit contre luy: & si en grand temps nul ne venoit, la penitēce de prison qu'il aura tolleré & soufferte, luy sera amende de la mauuaise presumption, & puis doit estre eslargy de prison, iusques à renom de Iuge à peine d'estre atteint & conuaincu des cas à luy imposez ou presumez: & autre deliurance n'en doit faire le Iuge: car si absolutement le deliuroit, il sembleroit qu'à mauuaise cause l'eust detenu prisonnier.

Forme de faire procés extraordinaire contre vn criminel.

Item dois sçauoir si procés est pendant entre deux parties, puis que l'adiournement est faict, les parties ne se peuuent depuis compromettre ne pacifier ensemble sur peine d'amende, mais que ce soit à litiscontestation, & pour-ce ne demeureroit mie que ce qui ensemble seroit traicté, ne fust vallable, mais seroit du tout cōpté pour nul quelque promesse

I'ay noté cy dessus que l'vsage de present est au contraire.

Arrest de Parlement donné l'an 1374.

n'obligation sur ce faicte de l'vn à l'autre, & par ainsi a il esté iugé par arrest de Parlement, par plusieurs fois, & mesmement entre Iean de Venderesse, & le seigneur du Fay l'an 1374.

Des sentences.

APres [h] s'ensuit des sentences, si sçachez que le procés r'amené en Cour, il faut aux parties monstrer le procés, sauf le secret des tesmoins: & ce veu, tout soit remis au sac clos & séellé des seaux des parties, & sur ce demandé droict par les lettres, & que de ce soit demandé & faicte vne acte qui soit mise & employée au procés, & puis euangelizez. Et ce faict, la sentence soit faicte & formée par escrit, & qu'à certain iour parties appellées à ouir droict, la sentence soit faicte & formée par escrit, & autrement ne se doit rendre qui sainement le veut rendre par especial quand le procés auroit esté faict par escrit. Et si l'vne partie ne venoit à rendre la sentence, pour ce puis qu'elle auroit esté adiournée & sommée, ne demeureroit mie qu'elle ne fust renduë, & doit le Iuge au rendre la sentence mettre le procés clos & scellé en la main d'aucun qui ne soit mie de la Cour, à fin que s'il estoit appellé, il peust seurement enuoyer au souuerain Iuge à qui l'appellation seroit releuée: & si appellé n'estoit le procés demeurera à la Cour. Et dois sçauoir que sentence se diuise en deux manieres, c'est à sçauoir sentence interlocutoire, & sentence diffinitiue. La interlocutoire si est qui se rend sur certaine accessoire qui se prend sur le procés encommencé entre parties. Et pour ce est appellée interlocutoire, que ce n'est sur le principal, ny ne contient absolution ne condamnation, mais que l'appoinctement de l'accessoire interuenuë: & ne doit en celle sentence interlocutoire auoir quelque condamnation de despens, mais y doiuent estre reseruez iusques en la diffinitiue. Item la sentence diffinitiue si est la sentence qui decide la matiere, & doit ceste sentence estre donnée sur certain cas, car sentence sur incertain ne faict à tenir, & doit contenir absolution d'vn costé, & condamnation de l'autre auec condamnation de despens, la taxation reseruée pardeuers la Cour. Et dois sçauoir que toutes les paroles que le Iuge dist, ne doiuent mie estre entenduës ne tenuës pour sentence, iaçoit ce qu'il les die seant en iugement ou dehors, car à sentence rendre ou donner, il conuient que les parties ayent allegué leurs cas d'vn costé & d'autre, & que sur ce ayent requis au Iuge droict, & que les parties soient presentes à ce rendre, & ayent esté appellées à certain iour, si comme dict est, ou autrement ce n'est mie sentence tenuë ne reputée.

Apres la sentẽce arrestée le dictũ se baill. au Greffier pour le prononcer, & sont les sacs remis en ses mains, selon qu'il s'obserue à present.

Sẽtence interlocutoire, & sẽtẽce diffinitiue.

Ista cõtenta in hoc cap. sunt conformia iuri scripto.

Ces voyes de nullité n'ont plus de lieu en la practique de France, ains cõuient appeller de la sentẽce & par les griefs on peut alleguer les nullitez d'icelle.

Par quatres manieres est la sentence nulle.

Item par quatre manieres est dicte sentence nulle, iaçoit qu'il n'en fust appellé. La premiere est quand le Iuge condamne le Procureur qui a la cause demené, & ne condamne point le maistre, car sur le Procureur ne doit sentence asseoir. La seconde est quand erreur est en la sentence telle qu'icelle cogneuë la sentence faict à reuoquer, ou que la sentence est dõnée en son absence & sans le à ce euoquer. La troisiesme est quand elle est donnée contre droict escrit & ancien vsage des pais. La quatriesme me est quand elle est donnee par non Iuge, & selon la loy escrite, telle sentence ne fait à tenir.

Pro his tex. in l. 1. C. de senten. & interlocuto. omnium iudi. & tex. in l. 1. ff. quæ senten. sine appella. rescind. & l. vlt. C. si à non competen. iud. *Additio.*

Comment on ne peut muer sentence donnee.

Item dois sçauoir quand le Iuge a donné sentence, il n'y peut toucher s'appellé n'en est: s'il le faisoit, si ne vaudroit il riens, & supposé qu'il le muast par mandement de Prince, si ne vaudroit-il riens sans le consentement des parties. Item ne veut la loy que les pupilles sans tuteurs, les expatriez qui ne sont garnis de curateurs, puissent par le Prince estre recouurez par la restitution de la sentence donnee contre eux.

Pro his l. j. C. senten. rescind. non poss. & l. Cum & minores. cum sua glo. C. si aduer. rem iudic. *Additio.*

De bailler raisons de droict.

Et veut la loy que iusques à la sentence prononcer, on peust bailler causes de droict & raisons peremptoires à l'aduancement & aduertissement de la cause.

De chose passee en force de chose iugee.

Item dois sçauoir que la chose passee en force de chose iugee, par sentence deuëment proferee ne peut iamais estre rescindee, mais doit sortir plain effect, puis que appellé n'en seroit.

De plusieurs condamnez par vne sentence.

Si plusieurs sont condamnez par vne sentence sans declaration de chacun pour le tout, par le droict escrit est dit chacun pour tant qu'il luy touche, & pour sa part & portion. *L. 1 & 2 C si plures vna sentent. conde.*

Item s'il aduenoit que plusieurs tuteurs fussent ensemble donnez pour vne tutelle, & chacun faisoit Procureur à par luy, & puis chacun Procureur poursuiuist sentence à part, si sentence est donnee contre aucun de ses Procureurs ou contre l'vn d'eux, elle sera pour tāt que à chacun touche, & non point sur tous ensemble: ne ne sera l'vn à executer pour l'autre en aucune maniere.

Item si sentence estoit prononcee, si comme si aucun estoit condāné par faux erremens que sa partie eust mis auant sans ce qu'il eust esté ouy au bailler ses erremens, & sentence soit sur ce dōnee: telle sentence doit estre restrainte sans appel: mais auant il conuient prouuer les erremens estre faux, premierement & s'il aduient qu'ils soient faux l'execution de la sentence doit surseoir: & si aucune chose estoit payee, si le peut on retracter & demander à r'auoir puis que prouué sera que le Iuge eust esté induit par fausses lettres, & sera celuy qui ce aura fait accusé de faux: *vi C. si ex falsis instrum. l. 1. & l. Falsum.* *Si c'est sentēce il en faut appeller: & si c'est arrest de Cour souueraine, il se faut pouruoir contre iceluy par requeste ciuile.*

De l'execution des sentences.

L'Execution de la sentence donnee doit estre faite par forme executoire iusques au plain accomplissement de la sentence, & n'y chet point d'opposition ne autre delay que l'executeur se doiue pour ce arrester de faire son execution, ne l'executeur ne doit exceder la sentence & commission. Si le condamné sent que on le greue en faisant l'execution, il se peut retourner au Iuge qui la sentẽce a donnee, & exposer son grief & le Iuge la main garnie y doit pouruoir, à sçauoir si le grief est tel que se doiue l'executeur cesser. autre remede n'y a, si la personne n'appelle, car lors doit cesser, combiẽ qu'il n'y chet point d'appel qui peust valoir. *vt C. de execu. rei iud. l. j. & Ru. quorum appella. non recipiat. l. ab executione.*

De conuent fait apres sentence.

En outre dit la loy que s'il y a depuis la sentence autre conuent ou stipulation qui doiue muer la sentence par autre contract: lors est à sçauoir que l'execution de la sentence est innouee, & ne chet que en euocation: *Vt C. de execu. rei iudica. l. Si cum iudicati.*

Sur quels biens l'execution se doit faire.

Item & pareillement si depuis la sentence renduë estoit attendu plus d'vn an à mettre la sentence à execution, car depuis n'y cherroit execution, mais euocation. &c. Item pour mettre sentence à execution, si c'est pour pecune, il faut premier soy traire aux meubles, apres aux heritages, & apres au corps obligé si riens n'auoit: *Vt ff. de iudic. l. A Diuo Pio. §. in venditione.*

Ceste forme de commẽcer par les meubles n'a plus de lieu, ains on peut se pouruoir directement sur les heritages, & immeubles sãs discutiõ prealable de meubles, & par cumulation de contrainte & executiõs, mesmement d'arrest, & saisie des dettes du condamné, suiuant les ordõnances, comme i'ay monstré cy dessus.

Qui fait à executer par sentence.

Item dois sçauoir que execution de sentence nul fait à executer autre que le condamné, & si biens, meubles & heritages n'estoient trouuez ne corps à executer: lors peut on proceder aux dettes du condamné, & y doit-on assoir la main, & faire conuenir les detteurs à payer pour le condamné, & autrement ne doit estre procedé à dette: *Vt ff. l. & §. supradict.*

Des sentences contenans auec rendre despens.

Aucunesfois [c] que la sentence donnee contient que le condamné est auec le principal condãné és despens, dommages & interests, la taxation reseruee deuers la Cour, & souuent aduient que la sentence contient les despens tant seulement: & pour atteindre quand le cas le desire, sont les Aduocats conclufeurs de dommages & interests: car les conclusions des dommages & interests, ou la chose non demandee en iugement ne peut estre iugee, que les clercs appellent, *Non petita non concedentur. &c.* Car combien que la sentence contienne condamnation de despens, dommages & interests: & il n'y eut nuls despens ne interests, fors despens en cause: ce n'empesche point la sentence puis que en plaidant auroit esté demandé. Car tousiours est entẽdu que c'est si auant que trouué y seroit par la raison que la sentence contient, & doit tousiours contenir la taxation reseruee à la Cour, car ce sauue tout.

De non iuger despens aduenir.

Mais bien se doit garder le Iuge qu'il ne iuge despẽs aduenir, ne r'auoir sur ce que les Aduocats demandent despens faits & à faire. Si deuez sçauoir qu'il y a difference entre despens, dommages, & interests. Despens sont les frais de Procureur, d'Aduocat, de sergent, de tesmoins, de lettres, escritures, Commissaires & autres semblables. Dommages sont faute de payement à iour assigné, ou de non accomplir conuenances, dont dommages s'en ensuiuent, que qui auroit promis de ahanner terres, & semer en temps, & on ne le feroit, & par ce y auroit dommage, celuy à qui ce seroit fait, l'interest semble estre d'vn mesme propos: & toutesfois peut on auoir interest à la chose, & si n'y a dommage formé: Si comme ie dois auoir la taille d'vn bois, ie laisse à coupper plus du temps deu à fin d'auoir plus grand bois, & plus grosse taille, le fructuaire qui auroit venduë la taille, pour la demeure d'icelle saison n'y auroit dommage, ne le marchand, mais le fonsier y a interest: car le ieċt & le fons du bois en vaudroit pis.

Exemple en tel cas.

Il aduint en Parlement l'an mil trois cens quatre vingts que vn hôme auoit eu sentence pour luy sur vne lettre obligatoire de vne somme d'argent en quoy vn autre estoit tenu vers luy: si contenoit la sentence, despens, dommages & interests: car ainsi le faut il faire, jaçoit ce que la sentence le contienne, & conuient que par vertu de la sentence, commissiõ soit leuée à voir rapporter dommages & interests qui auoir les veut, en outre les despens. Ce fait, les parties comparans en Cour afin d'auoir les despens à la taxation de la Cour des parties ouyes, disant que à dommages & interests ne faisoit à receuoir, ouye sa demande, & que nuls n'en auoit euz en la cause dont la sentence faisoit mention, nonobstant que en elle fust contenu dommages & interests. L'autre disoit qu'il auoit dommage, car il venoit de loin à son droiċt querre, & auoit esté son messager desrobé sur le chemin, & auoit prins à frais argent pour sa cause maintenir. Tout veu, il fust diċt par arrest de Parlement que en faiċt executoire d'obligation ne de sentence n'estoit dommage ne interest, fors despens.

Arrest de Parlement.

De sentence contenant despens compensez.

Item souuent aduient que sentence contient condamnation de despens: & aucunesfois sont despens compensez pour cause que chacune partie obtient en sa demande, en aucune maniere, & lors sont les despens à compenser: & si ceste cause n'y estoit, sçachez que celuy qui est trouué en tort, doit estre condamné ès despens: ou la sentence ne seroit mie bonne.

Toutesfois à present depuis l'ordonnance des Estats d'Orleans, on adiuge interest de la dette du iour de l'adiournemēt, & faut voir le 60. art. de ladite ordonnance.

De l'execution de despens.

Si sçachez que despens qui sont taxez sont à executer comme fait sentence en principal sans autre difference, & ainsi en a il esté & est vsé notoirement, & par especial en la Cour de Tournesis par le Roy pour Iacque de la Planche contre Iean le Dous, l'an 1378. Item veut la loy escrite que jaçoit ce que aucun ait priuilege parquoy il ne deueroit sortir deuant Iuge, neantmoins si il se rend demandeur deuant cestuy Iuge, dont par la vertu de son priuilege il en fust bien trait à autre Iuge, s'il eust voulu, & il aduiēne qu'il soit condãné en cause & en despēs: par ce mesme Iuge luy conuiēt parsortir droiċt & faire accõplissemēt, nõobstant que de son priuilege se vueille apres sa sentēce ayder & soy aduoüer. Encore dit la loy que supposé qu'il soit defēdeur, & il ne decline le Iuge par son priuilege, mais y a respõdu & litiscõtesté, & tãt procedé qu'il est cõdãné en prin-

Pro hoc l. Properandum. § siue alterutra parte. C. de iudic.

cipal & en despens, il faut & conuient par sortir droict en la sentence, & à ce doit estre contrainct par ce mesme Iuge de son priuilege qu'il a relinqui, & luy doit amender, & aussi bien qu'on doit iurer à l'encommencer de la cause de son droict, auoir à faire & poursuiuir sa demande que les clercs appellent, *iuramentum calumniæ*, aussi doit estre iuré au demandeur les despens qui sont à iuger en la cause quand pour les demander à iuste cause & tels que on les a faits & payez en verité : mais en Cour laye n'en est communement vsé de ce chapitre dernier de iurer en despens.

De illis expensis declarandis per iuramentum loquitur tex. in l. Properandũ. §. & si quidẽ. C. de iudic.

On obserue encores à preset de iurer & affermer les voiages & cõsultations.

La maniere de poursuiuir despens.

PVis que nous auons dict des despens ainsi fais contre aucun, qui auoir les veut, il s'en faut ayder par commission sur ce donnée & leuée du Iuge qui la sentence a donnée pour faire appeller le condamné à voir taxer lesdits despens, qui sur ce procez sont encourus & au iour soient apportez par escrit dont partie aura copie s'il luy plaist, & iour à diminuer si bon luy semble. & si il se laisse contumasser pour le premier defaut les despens doiuent estre tayez comme il appartiendra, & doiuent estre mis & ordonnez par escrit tout de piece en piece par Commissaires, actes & iour gardez, & en Cour deuant Commissaires par escritures salaires de Procureurs, de Aduocats, de Sergens, tesmoins, & ouyr tout par articles signez & cottez par vn, deux, trois, quatre. *Car le Iuge n'en taxera plus que par escrit luy en apperra selon le stille de la Cour, & se doiuẽt executer sur le condamné comme fait la principale sentence. & si escriture y a à tayer par lettres ou rooles, la taxation selon l'ancien & bon vsage de Parlement s'en doit faire par la maniere qui s'ensuit. Si fait il de toutes escritures qui chéent en taxation de Iuge lay, & qui se font par ordinance de Cour laye, soit de Tabellions, Notaires, Clercs, Aduocats, quant à la peine d'escriture, & non de cause. Car illec se assiet la taxation selon le cas, & la peine de la dicte escriture grosser & minuter: & faut garder l'vsage des lieux où se faict ladicte taxe, & est ordonné que chacune roye d'escriture soit enroolée ou lettre doit auoir vn espan de long. C'est à sçauoir en roole : & se c'est en lettre, & plus longue soit la roye si les faut il mesurer tousiours par espans de long, si que dist est, ou à l'estroit compter. lxx. lettres pour l'espan, ou la roye taxer trois royes pour vn parisis, & de quatre royes iusques à six, deux parisis & ainsi de plus en plus selon que l'escriture sera, & doit le roole estre large de vne commune fueille de papier, suppoſé que il fust en parchemin, si doit estre vne lettre commune de ce long. Si ne sont chartres, ou grandes lettres, qui contiennent grandes matieres, toutesfois si doiuent elles ramener au taux dessusdit, & ainsi fust il ordonné par le Roy Louys, Roy de France & de Nauarre, & par son conseil en l'an mil trois cens & quinze au mois de May.

A present on ne faict plus appeller la partie condamnée pour voir taxer despens, ains suffit par l'ordonnance & practique de le signifier au Procureur, si nõ que le procez ait esté iugé par default & contumace sans y auoir eu Procureur par la partie condamnée

** De la taxe des despens.*

De la forme & contenance des escritures & rooles a esté escrit & noté cy dessus.

C'est le Roy Louys Hutin. fils de Philippes le Bel.

ANNOTATIONS SVR LE TILTRE TREZIESME.

a IL n'est besoin de repeter icy ce qui a esté traicté cy-dessus, parce qu'on y peut auoir recours, seulement ie noteray que la difference que fait l'autheur entre le procés ordinaire & extraordinaire, n'est du tout receüe en practique: ains le procés ordinaire est entendu celuy qui est conduict & poursuiuy ciuilement, à sçauoir par la forme ordinaire, selon laquelle les deux parties contestent ensemble & sont ouyes en iugement, & reglées par vn commun appointement, escriuent, font preuues & produisent d'vne part & d'autre. L'extraordinaire est appellé tout procez criminel, qui est poursuiuy criminellement, auquel n'est obserué l'ordre des procez ciuils, ains vne autre forme qui depend plus de l'office du Iuge, que de la contestation des parties: à sçauoir par informations, interrogatoires, recollemens & confrontations. Tellement qu'en tous crimes & delicts, où est procedé criminellement, soit que l'accusé ayt esté contrainct d'ester à droict, ou se soit volontairement rendu prisonnier, & presenté lettres de pardon ou remission. Ceste difference est assez declarée par les ordonnances, quand il est porté par icelles que le procés criminel faict & parfaict, & veu par le Iuge, il peut receuoir les parties en procés ordinaire, si la matiere y est disposée. Quant à ce que l'autheur traicte icy de la question & torture, i'en ay escrit cy-dessus. En France elle est espece de peine: anciennement en Grece & à Rome, elle ne se bailloit qu'aux serfs pour tesmoignage, vt constat ex Aristotele in Rhetoricis, Demosthene. Cicerone in Topic. & Partition. Oratio. pro Cluentio, pro Sylla, & alijs. La question ne se baille que pour tirer la verité du criminel. l. j. D. de quæst. l. Item apud Labeonem. §. quæstionem. D. de iniuriis. Et partant elle ne se doit si cruellement bailler, que le criminel en soit offensé en sa personne, ita enim quæstionem haberi oportet, vt tortus saluus sit, vel innocentia vel supplicio, l. Quæstionis. D. de quæstion. Anciennement y auoit de diuerses manieres de bailler la question, vt eculeus, rota, ignes, plumbatæ, mala mensio, & autres dont i'ay escrit ailleurs, & on peut voir Marsi. in l. 1. D. de quæst. Mais il s'y faut gouuerner suiuant la coustume de la Prouince, sans vser de nouuelles especes de tourmens, à l'exemple de Phalaris ou de Perillus. Quant à repeter la question, ne s'obserue la practique que propose icy l'autheur: ains on suit la disposition du droict Romain, qu'on ne repete la question, s'il ne suruient d'autres nouueaux & plus euidens indices & argumens, l. Repeti l. Vnius. §. reus. D. de quæstion. Apres la question donné si le criminel n'auoit rien confessé, par l'ordonnance de l'an 1539. ar. 164. Les parties doiuent estre receües en procés ordinaire, & cependant le prisonnier eslargi, à la charge de se representer si besoin est: lequel partant ne doit estre plus longuement detenu en prison: parce que les indices sont purgez par la torture, vt ait Albericus in Rubr. de quæstion.

b *Le procez instruict & produict par deuers le Iuge, c'est son office de le voir meurement & diligemment, le iuger & donner sentence aux parties: qu'on dict leur faire ou rendre droict. Et certainement c'est vn grand heur aux parties, quand elles ont trouué vn Iuge*, qui rectè iudicare & velit & possit, vt scribit Iul. Imperator, epist. pro Argiuis, græcè quidem scripta. *Des sentences y a deux especes, definitiue, & interlocutoire. La definitiue, qui proprement s'appelle sentence, est celle qui definit & decide le procez & differend des parties par condamnation ou absolution*, l. 3. II. & pen. C. de sentent. & interlocut. *La sentence interlocutoire*, quæ etiam interlocutio dicitur, *est celle qui ordonne ce qu'il conuient pour la pleine instruction du procez, & pour paruenir à la definition d'iceluy*, l. 9. C. eod. tit *Si au procez y a plusieurs chefs & differens entre les parties, le Iuge en pourra iuger aucuns definitiuement, & pour les autres interloquer, comme a esté ordonné par Iustinian en la Constitution Grecque, de laquelle y a vne epitome prise des Basiliques*. d. tit. C. de sentent. & interlocut. *Le Iuge doit iuger selon les loix, constitutions & coustumes, si aucunes y a: sinon par equité en conscience entiere, comme Demosthene* pr. in Bœtum oratione, *monstre auoir esté le serment des Iuges à Athenes. Et en escrit Platon* de regno & in Apolog. & alij: *De la validité & nullité des sentences est amplement traicté au droict Romain, & Canonic, & par les practiciens: & icelles estans données sur procez par escrit se doiuent prononcer par dictum, qu'on appelle* periculum. C. tit. de sentent. ex periculo recitandis, vt ibi à me notatum est.

c *Le Iuge par sa sentence ne doit seulement faire droict au principal, ains aussi ordonner des despens, esquels le temeraire litigateur, & celuy qui perd sa cause, doit estre cōdamné*, l. Eum quem. D. de iudic l. Properandum. §. siue autem. C. eod. §. hæc autem omnia. Inst. de pœna temerè litigant. *Et quelquefois est aussi condamné ès dommages & interests, qui se prennent pour mesme chose, encores que l'autheur en face quelque distinction: & c'est qu'on dict* interesse, vel id quod interest, *qui consiste & en dommage aduenu, & en profict & gain perdu*. l. Si commissa. D. rem ratam haberi. l. vnd. C. de sentent. quæ pro eo quod interest profer. *Par l'ordonnance de l'an 1539. art. 88. est porté qu'en toutes matieres reelles, personnelles & possessoires, ciuiles & criminelles, y aura adiudication de dommages & interests, qui seront par la mesme sentence taxes & moderez à certaine somme. Et sur ledict article Monsieur Bourdin pour la taxe d'iceux faict distinction entre les dommages & interests procedans de l'instance, qui se doiuent taxer & liquider par la sentence, & ceux qui procedent de la chose litigieuse, qui ne se peuuent si facilement taxer, ains consistent en vne liquidation qu'il conuient faire par cognoissance de cause. Qui voudra voir de ceste matiere de despens, dommages & interests, qu'il lise Imbert, Maranta & autres practiciens.*

DES APPEAVX DE SENTENCE.

TILTRE XIIII.

SCACHEZ qui ſont * quatre manieres d'appeaux qui ſe peuuent faire en la cauſe pendante deuant le Iuge. Le premier eſt appellé appel volage, & de celuy eſt communement vſé en Lannois plus qu'ailleurs, & cecy ſe faict ſi toſt qu'aucun eſt adiourné deuant Iuge à certain iour, il peut venir au Iuge au iour, ou deuant, ou ſoit ce que la cauſe ſoit encommencee, ou non, & dire, Sire Iuge, vous m'auez faict adiourner pardeuant vous à la requeſte de tel, ſi qu'on me dit, ſi ay cauſe d'appeller de vous & de voſtre iuriſdictiõ, & pour ce en appellé-je d'appel volage: & le doit auſſi nõmer à l'appel faire, & pour ſouſtenir déſmaintenãt mõ appel volage, ie vous adiourne pardeuant Monſeigneur le Baillif de Vermandois ou ſon Lieutenãt au premier ſiege à Laon au iour de la prochaine aſſiſe contre moy à voir ſouſtenir mõdit volage appel: & ſi vous cuidez que bon ſoit, ſoyez y. Déſmaintenãt intime ma partie aduerſe qu'elle y ſoit ſi bon luy ſemble, pour voir par moy ſouſtenir mõdit appel volage. & n'y faut adiournement, ne puis auſſi le Iuge appellé n'y oſeroit proceder en outre ſur peine de attempter: & ſi le Iuge ne compare au iour, l'appellant auroit comparu, & commiſſion pour faire adiourner & interiner.

Cet appel volage & forme de le propoſer n'a plus de lieu en la practique de France.

Ils ſont quatre manieres d'appeaux des ſentences.

Et ſi l'appellant auoit lors prouué que le Iuge euſt ainſi appellé & adiourné, lors ſeroit à l'appellant donné defaut en cas d'appel, & eſt ceſte couſtume fort obſeruee audit pays de Lannois & enuiron.

Item l'autre appel de grief aduenir, que les clercs appellent *à futuro grauamine.* Il ſe faict & peut faire par toutes couſtumes, & contre tous Iuges, mais qu'on ait cauſe de le faire, & faut cet appel releuer dedans trois mois ſi c'eſt appellé en Parlement: & ſi c'eſt en Cour Royalle, dedans la prochaine aſſiſe de l'appel faict, & faut releuer par commiſſion obtenuë du Iuge ſouuerain, & adiourner le Iuge de qui on a appellé, & intimer ſa partie aduerſe.

Item le tiers appel eſt appeller de la ſentence dõnee par le Iuge quand on ſe ſent greué, ou de refus de droict, ou de grief appointement, & ceſte forme eſt la droite maniere d'appeller, & eſt ſouſtenable quand eſt bien appellé, & l'appel bien fondé, & le conuient releuer cõme dit eſt: ou autrement faute y auroit: & s'il aduenoit de releuer en Parlement, & les trois mois ne peuſſent eſtre entiers par ce que ce ſeroit appellé trop toſt apres la Sainct Martin qui ſont les premiers iours de l'ordinaire du Parlement, ſi conuient-il releuer en temps competant, ou pluſtoſt apres l'appel fait, & dõner iour au Parlemẽt extraordinaire: & ce tient & vaut.

De ceſte matiere a eſté traicté au premier liure.

Et ainsi en temps d'assise en Cour Royale & sujecte en Parlement. Et ceste forme est la propre ordinaire de Parlement. Et ainsi fust-il dict par arrest de Parlement pour la damoiselle Vvantiere de Tournay, contre Iacques Gambonat en cas d'appel, en l'an 1407.

Arrest de Parlement donné l'an 1407.

Quand on doit appeller.

Item dois sçauoir que quiconques veut appeller d'aucune sentence il se doit faire incontinent que la sentence est rendué, que les clercs appellent *illico*. Ou autrement l'appel ne vaudroit puis que celuy qui appeller voudroit, y seroit present ou son procureur. Mais si ledict procureur, ou celuy qui appeller voudroit, n'estoit present au rendre la sentence: iaçoit ce qu'il y fust appellé, & ne fust venu, pource qu'il ne vient pas oüyr droict qui ne veut, lors doit appeller si tost apres que ce peut venir à sa cognoissance. Et doit le plustost apres qu'il peut venir au Iuge, & faire son appel. Et ce peut il faire ou que le Iuge soit en iugement, ou dehors par si qu'il n'y mette plus de huict iours, & selon la loy dix iours.

Vt C de appell. Authēt. hodie autem.

Additio.

In patria consuetudinaria oportet appellare illico à tempore notitiæ sententiæ datæ, vel illati grauaminis, secus fit in patria quæ iure scripto regitur, & pro hoc vide in stil. curiæ Parlamen. versic. Item si appellatio. & Aufre. ibi, & §. seq. & est ad hoc optime statuta ordinatio per Regem Carolum 7. article xvij. des ordonnances Royaux.

Item dois sçauoir que depuis l'appel faict, soit qu'il soit faict à droict ou non, tout doit estre tenu par ce mesme poinct qu'il estoit au iour & heure de l'appel sans rien muer ne innouer par le Iuge, ne par partie appellee ne appellant. Et qui le feroit, ce seroit attemptas, & l'amenderoit le faiseur au Iuge souuerain de lx liures si c'est à Parlement à releuer. Et si c'estoit en Cour Royale de lx. sols, & si seroit grand preiudice à sa cause d'appel. Et se attemptat y auoit faict, si faut-il que ce soit amendé & reparé auant que plus auant y soit procedé.

Vt l. 1. ff nihil innouari appellatio. pendente.

Item l'appel releué pardeuant le Iuge s'il est ainsi que le procés dont il est appellé soit par escrit, & ainsi renuoyé au Iuge l'appel clos & seellé des seaux des parties & euangelisez à oüyr droict: en confessant que c'est le procés sur quoy les parties ont requis droict: apres ce que les parties auront recogneu les pieces du procés estans enclos au sac, sçachez que lors n'y faut autre procez faire ne dire, fors mal iugé & bien appellé, & condamnation de despens pour la partie de l'appellant. Et de la partie des appellez bien iugé & mal appellé, & condamnation de despens, soit la cause renuoyee au Iuge de qui il est appellé, & soit la sentence mise à execution, soit tenu d'amender son fol appel.

Ce n'est plus le stile que les sacs soyent seellez des seaux des parties, mais le greffier les doit clorre & seeller du seau ordinaire de la iustice dõt est l'appel.

Item si le procés de l'appel est en la cause dõt il est appellé, n'estoit par escrit que la cause fust en bouche d'aduocat, lors ne faut autrement venir deuant le Iuge de l'appel que apporter sa commission & rescription en cas d'appel, & tout de nouuel plaider toute la cause de commencement iusques en la fin auec l'appel & pourquoy appellé en est. Car sçachez qu'en ce cas d'appel puis que le procés n'est par escrit, il faut tout plaider à vne fois principale, & appel, ou autrement il y auroit defection,

& peut

& peut l'aduocat fulcir & cõforter son cas de quãques il pourra & sçaura faire appartenant en sa cause, supposé que en la cause premierement plaidee n'en eust esté faite quelque mention. Et pour ce est trop grand peril au Iuge subiect qu'il ne fait escrire les parties qui procedent pardeuant luy & que ils ne font leur procez par escrit, car souuent les aduocats les mettent en tous nouueaux faits & procez deuant le Iuge de l'appel, qui n'ont esté dits ne plaidez deuant le premier Iuge, dont souuent il est dit par ce, bien appellé & mal iugé.

Item est à sçauoir si commissaires sont dõnez de nos seigneurs de Parlement sur aucune cause d'entre les parties, & lesdits commissaires venus au lieu pour faire leur enqueste, si par aucune partie est appellé d'eux en quoy que ce soit, lesdits commissaires ne cessent point pour ce à faire & à parfaire leur enqueste, & audition pour la partie qui appellé n'a pas, ne chet point d'attemptats pour ce faire sur lesdits commissaires, ne sur la partie qui son enqueste parfait: car de nõ plus que de nos seigneurs de Parlement on ne peut appeller, si ne fait on de commissaire par eux commis. Mais s'il estoit trouué que l'appellant eust fait faux appel, il amenderoit de soixante liures parisis, & des despens de l'instance, & pour ce ne demeure que en outre ne soit procedé en la cause. & enqueste faicte & parfaicte pour le diligent, si feroit-elle pour la partie qui appellé auroit si il le requeroit ordonné de ladite appellation. Et ainsi fut il fait en certaine cause que les Religieux de saint Nicolas des prez pres Tournay, madame de Raisse & madamoiselle de Rume auoient, contre la ville de Tournay à cause d'vn cerquemanage qu'ils demandoient, que faire se deuoit entre lesdites parties dont commissaires furent donnez de Parlement, & iceux venus à Tournay, les Preuosts Iurez ne voulurent administrer tesmoins singuliers, le procureur des dessusdits disant que ce deuoit faire par cerquemanage, & autresfois en ladite cause s'estoit ainsi encommencé. Lesdits commissaires appointerent qu'ils orroient tous tesmoins d'vn costé & d'autre que administrer on voudroit, lesdits de sainct Nicolas, de Raisse & de Rume en appellerent, neantmoins lesdits commissaires procederent tousiours pour lesdits de Tournay. Leur appel releué, & commissaires adiournez en cas d'attemptats il fut dit par arrest mal appellé & n'y auoit point d'attemptats, & l'amenderent les appellans chacun de lx. liures parisis.

Cerquemanage se prẽd pour bornage & mesurage, comme a esté noté cy-dessus, mais il signifie aussi turbe, comme i'ay obserué en mon vieil practicien, où il dit que pource que l'vsage n'estoit biẽ accorde, fut fait enqueste par cerquemanage.

Faut noter en cet endroit qu'il n'est pas prohibé d'appeller des commissaires ordonnez par la Cour à faire enqueste, mais bien est vray que par l'ordõnance du Roy Charles vij. en l'article xcviij des ordonnances Royaux ils peuuent besogner & proceder à faire & parachever l'enqueste, nonobstant que l'vne des parties appellast.

Item & s'il aduenoit que le Procureur de aucun eust appellé comme Procureur, & puis le maistre d'iceluy Procureur voulsist poursuiure l'appel que auroit fait son Procureur, sçachez que faire le peut, & y est à receuoir, supposé que le Procureur n'y fust point present. A celuy qui aproit... fut faite ne dire quelque dureté, ne le detenir prisonnier si c'est

Pro hoc videtur opt. text in l. Dominus litis. C. de appell.

en cause pecunielle : mais si c'estoit en cause criminelle, l'appellant doit estre soigneusement gardé tant qu'il puisse enuoyer au souuerain sur l'appel.

Additio. *Pro ista materia à versiculo* A celuy , *vtrum scilicet appellans debeat relegari à iudice à quo , vide Guid. Pap. quæst. ccxxxv. & ccxxxvj. quæst. Delphinat.*

Le Iuge doit estre griefuement blasmé de qui il est appellé , si il n'enuoye la cause d'appel par escrit certainement pardeuant le Iuge de l'appel , afin de voir toutes les allegations d'vne partie & d'autre, sur quoy il est appellé , afin qu'elles puissent estre veuës par le Iuge de l'appel, & voir s'il est bien ou mal appellé.

Item & selon la loy escrite il appartient auoir releué son appel deuant le Iuge qui cognoistre en doit dedans trente iours. Et si le Iuge de qui l'appel est fait n'a dedans ce temps enuoyé au Iuge de l'appel toutes les actes & autres enseignemens de la cause, amender le doit au souuerain. Et selon les coustumiers il y a quarante iours de l'appel.

Additio. *Pour releuer vn appel en Parlement il est certain qu'on a trois mois , & faut garder la coustume du pays , pour releuer les appellations , car on trouue diuersité de temps pour releuer , quantum vero de iure sit , satis est videre per l. j. ff. de libel. dimisso. & Authen. hodie. de appellat. & per tot. tit. de tempor. appellat. C. & qui non releuauit suam appellationem infra tempus ordinatum , appellatio est ipso iure deserta , nec est opus declinatione : sicut de iure qui non petijt Apostolos infra xx. dies. cap. Abbate. de appellat. libr. vj. & notat. in l. j. ff. de libel. dimisso. & nota , que en matiere des criees faictes par vertu du priuilege aux bourgeois de Paris , & pendantes icelles criees pardeuant le Preuost dudit lieu : s'il y a appel interiecté en ladite instance de criees , il faut releuer dedans quinzaine , aliàs il est desert. Ainsi qu'il a esté iugé par plusieurs arrests , & mesmes en l'an mil cinq cens & treize , le treiziesme de Mars : vn quidam appellant d'vn appoinctement donné en ladite instance des criees , fut son appellation declaree deserte , & condamné és despens , par laquelle n'auoit releué dedans la quinzaine. Nota que toutesfois il y a Ordonnance du Roy Charles septiesme , en l'article douziesme des Ordonnances faites sur le faict de rachats , ou par laquelle il y a quarante iours pour releuer lesdites appellations.*

Ce stile ne s'obserue plus, parce qu'en telles matieres on peut appeller dans les trois mois en Parlement, comme d'autres iugemens donnez par le Preuost de Paris.

De renoncer à son appel.

Et toutesfois la [b] loy escrite veut que supposé que l'appel soit releué, & enuoyé par escrit au Iuge souuerain , qui de l'appel doit cognoistre, & l'appellant se vueille retourner à droict & deporter de son appel, que faire le puisse, car il ne doit mie estre refusé de vn chacun soy laisser r'amener à raison & à droict, & est ce à quoy tout Iuge doit contendre que de appointer à parties, & plus bel ne se peuuent appointer que de leur consentement, ne on ne doit contendre à plaid faire, ne demener.

Additio. *Pour renoncer à son appel dedans huictaine , y a Ordonnance du Roy Charles septiesme , en l'article seiziesme des Ordonnances Royaux : & sçauoir quel amende doit payer celuy qui renonce à sondict appel , dic vt nota-*

tur per Masuer. in tit. de appellationibus. §. j. Item quod ille. & vide Arrestum in quæst. Gall. Vbi non valet consuetudo quod renuntians suæ appellationi soluat sexaginta libras Parisienses. Alia per eum Arresta super huiuscemodi renunciatione, & de iure. vide legem Si quis libellos. Codice de appellation.

e appeller auant sentence renduë.

Tu dois sçauoir que nul appel faict deuant sentence donnée, ou grief, ou refus de droict ne faict à soustenir, car appel faict pour doute de chose aduenir ne vaut. Mais qui a appellé d'vne cause, & renoncer vueille à l'appel, sçachez que dedans le terme de huict iours du iour de la sentence donnée il y faut renoncer selon le stile de plusieurs Cours, & selon le stile de plusieurs autres dedans dix iours, & pource aux stiles s'en faut rapporter, ou autrement la sentence tiendroit comme chose passée en force de chose iugée, & seroit l'appellation deserte, & cherroit l'appellant en amende de fol appel.

Additio

Des amendes du fol appel a este traicte cy-dessus.

Nota quod de iure temerarius appellans variis modis puniri debet. Primò, si sua appellatio non fuerit recepta, efficitur infamis, & amittit causam. vt l. A Proconsulibus. Codice de appellationibus. Punitur etiam appellans pœna contenta in lege Ab executore. Codice quorum appella. non recipiant. scilicet pœna quinquaginta librarum auri, quandoque viginti: vt lege Quyquis. Codice eod. tit. Alio modo punitur appellans temerarius in expensis: vt lege Eos. §. nec temerè. Codice eodem tit. de appellatio. & pro his vide Bart. in dicta. lege A Proconsulibus. & adde quod de Iure Canonico si quis per calumniam euidentem, & non præsumptam appellauerit, vltra expensas est puniendus, vt puta alia pœna arbitrio iudicis. Ita dicunt Sicul. & Præposit. in cap. ij. de appellatio. secundum eos est text. in cap. parati. eodem tit. & est ad hoc ordinatio Caroli VII.

ANNOTATIONS SVR LE TILTRE QVATORZIESME.

a I'*Ay escrit au premier liure des appellations, desquels l'vsage est tres-ancien, comme tesmoignent les Histoires des Grecs, & des Romains, & mesmement par la loy faicte par Valerius Poplicola, souuent renouuellée à Rome, & celle forgée par Ciceron* libro 2. de Legibus. *Et l'vsage en est tres-necessaire,* l. 1. D. de appellationibus. *Par l'appellation celuy qui se sent greué de la sentence contre luy donnée, pretend la faire reformer par le Iuge superieur. Ne se faut arrester aux quatre manieres d'appel que recite l'autheur, par ce l'appel volage n'a lieu, comme i'ay noté en marge, & n'est receuable par le droict Françoys L'appel* à futuro grauamine, *introduict par le droict Canonic* cap. vt debitus. cap. cùm sit Romana & al. de appellation. *Par ce qu'il faut que l'appllant ayt vn grief formé, pour iustifier la cause* de son appel. On faict deux especes d'appellation, à sçauoir extraiudiciaire & iudiciare. L'extraiudiciaire est celle qui s'interiecte d'vn acte faict hors iugement, comme d'vne execution, qu'on fait souuent par lettres royaux conuertir en opposition pardeuant le Iuge superieur : d'vne election & autres semblables, dont traictent les Canonistes in cap. bonæ. de appellat. Imbertus lib. 2. Maranta in Speculo. &alij. l'appellation iudiciare est celle qu'on interiecte de la sentence, acte ou appointement donné en iugement, ou par le Iuge sur la cause pendant par deuant luy : d'icelle Masuerius faict trois especes, qu'on peut voir tit. de appellat. L'appel s'interiecte ou par escrit ou de viue voix, ou en iugement ou hors iugement par signification faite à partie, ou de sentence donnée sur procez par escrit, soit definitiue ou interlocutoire, en quoy on suit le droict Canonic., cap. cùm. sit. appellat. ou de iugemens & appointemens verbalement donnez : dont procede la distinction des appellations verbales & de procez par escrit. Mais l'appel se doit interiecter modestement, & ne doit le Iuge duquel est appellé, iniurier, & conuicier l'appellant, ne l'appellant le Iuge, & s'il l'iniurie, il peut estre puni par le Iuge mesme, lege Iudici. D. de iniuriis. lege Illud sciendum est. D. de appellat. lege Et in maioribus. Codice eod. & me ressouuient auoir veu condamner vn appellant en grande amende & reparation, pour auoir dict en appellant, que c'estoit vn meschant Iuge, qui auoit donné faux iugement, estant gaigné par sa partie, par arrest du Mardy vingt & vniesme iour de Iuin de releuée mil cinq cens cinquante huict. Le temps d'interiecter l'appel n'est si precis & peremptoire, qu'escrit icy l'autheur : par ce qu'on peut appeller dans trente ans du iour de la sentence donnée portant le relief d'appel par lettres Royaux que l'exposant auroit appellé si tost qu'il en auroit eu cognoissance, & de ce faire auroit esté conseillé, & soit releué de l'illico, & des poursuittes volontaires si aucunes il auroit faictes: comme escrit Rebuffus in proœm. Constitution. Regiarum. Papon liure dixneufiesme, tiltre premier, & autres. Par les ordonnances les Iuges en certaines causes & matieres peuuent passer outre nonobstant l'appel comme és prouisions & autres semblables, & mesmes quand il n'est question que de proceder, & que le iugement se peut reparer en diffinitiue. Autrement on ne doit rien attempter au preiudice de l'appel, lege vn. D. nihil innoua. appell. interpos. Et si on auoit attenté, la partie qui s'en plaindroit en cause d'appel, pourroit demander la reuocation des attentats auec despens, dommages & interests, sur quoy la Cour ou le Iuge d'appel feroit droict par mesme moyen, que sur l'appel. De ceste matiere les Canonistes & autres traictent amplement, & mesmement Octauian. Vestrius lib. 8. in Aulæ Rom. action. cap. 4. & Grauatius in annotat.

b On faict difference entre renoncer à l'appel, & acquiescer. La renonciation à l'appel se fait deuant l'appel releué, ou en iugement ou au greffe dans la huictaine, qu'il n'est besoin de faire signifier, ou apres la huictaine auant qu'estre anticipé, ou hors iugement, & en ces deux cas faut faire signifier la renonciation à la partie aduerse, pour euiter la desertion. L'acquiescement se faict en la Cour, ou par deuant le Iuge de l'appel apres iceluy releué ou anticipé, quand l'appellant ne voulant conclure à l'appel acquiesce à la sentence, qui est vn terme de droict. l. 3. & 6. D.

de appellat.l.37.D.de excus.tutor.l.6.C.eod.l 29.D.de minorib.l.65.D. de re iudic.l.5.C.eod.l. Vn. D. nihil noua. appel. interpos. *Si l'appellation n'est releuée dans le temps prefix par les ordonnances, ou introduit par les coustumes des lieux, elle sera deserte, & pourra le Iuge, duquel auroit esté appellé, passer outre, si la partie qui a obtenu le requiert, & laquelle aussi pourra faire adiourner en desertion l'appellant en la Cour, ou pardeuant le Iuge de l'appel, par les ordonnances de Philippes V I. de l'an 1332. & de Charles V I I. de l'an 1453. & autres.* l. Si contra maiorem. l. Quoniam. C. de appellat.l.vlt.§ illud C.de tempo.& repar appel.cap.sæpè contingit.de appell. *Mais l'adiourné en desertion obtient quelquefois lettres royaux pour s'en faire releuer, à fin d'euiter l'amende. Mais conuient noter que le iour de l'appel interiecté n'est compté au terme du temps de releuer*, iuxta l. Eum qui Calendis.D.de verbo. oblig.l.vbi lex. D. de diuers.regul.Iuris.cap. frequens. De restit.spoliato. in 6. c.pia.de excep. in 6. *C'est qu'on dit* dies termini non computatur in termino: *& ainsi la Cour l'a iugé en matiere de retrait lignager, par arrest solennel à la prononciation de Pasques, mil cinq cens septante & quatre. Et le tient Tiraquel.* de retr. lineá. §. 1. glos. 11. *Qui voudra voir plus amplement de ceste matiere des appellations, qu'il lise les tiltres du droict Romain & Canonic, & les interpretes, Speculator, Masuerius, Imbertus Maranta & autres practiciens, & les ordonnances au Code Henry, & Rebuffus en son commentaire sur icelles.*

DE FISC SELON DROICT ESCRIT.

TILTRE. XV.

APRES auoir parlé [a] des appellations, il est necessaire que nous parlions d'autre matiere, & par-ce que les appellatiõs friuoles doiuent certaine amende au Roy, ou fisque, nous disons succinctemẽt que c'est de fisque. Fisque selon droict escrit, est proprement à dire *saccus Regius, in quem recunduntur, vel cui applicantur bona bannitorum, vel proscriptorum, vt accipitur in l. Sed ædes. §. fiscus. ff. locat. vel est Regy vel imperalis thesauri congregatio, vel Imperialium bonorum electio, vel priuilegium, quia multa priuilegia habet fiscus, vt nota. per Azonem in sua Summa. Codice de priuileg. fisc.* & est & appartient audict fisque le demaine confisqué d'aucuns seigneurs, à luy aussi appartiennent les deniers prouenans des passages, vignages, & amendes seigneuriaux, comme profits de ventes, reliefs de fiefs, mortemains en seruages, en coruées, en anciennes dettes, & en rentes, & generalement tout ce que à la recepte du seigneur fonssier & proprietaire peut

& doit appartenir, & a loüer ou quitter ne pourroit sans son heritage ou demaine cesser ou amendrir. à conseruer & garder doit auoir le seigneur vn Procureur qui ce face & puisse conseruer, que on appelle Procureur du fisc, c'est de garder l'heritage & demaine du seigneur : comme le Roy a Procureur en la Chambre des Comptes à Paris, qui à proprement parler est appellée la Chambre du Fisc. Car là est comptée & rapportée toute la demaine du Roy, ne de son heritage ne demaine ne peut estre touché sans ledict Procureur. Combien que pour le present on se passe tout par vn Procureur, tant pour le fisc comme pour les querelles, car deux Procureurs y doit auoir l'vn du fisc, & l'autre Procureur des causes & à litige. &c. *C. Rub. de iure fisci. l. j. & l. ij. C. Rub. de iure fisci. l. iiij. per totum, & libro quarto Rubrica. quando fiscus. per totum tit.*

De fisco qui dicitur bursa publica, habes glos. optimam in. l. In prouinciis. C. de muner. & act. quæ exponit apprimè hoc verbum fiscus: & si vis videre de duplici procuratore, scilicet domini, & fiscali, lege in Rub. des confiscations. consuet. Burg. Domi. Chassan.

Du droict de confiscation.

TV peus [b] & dois sçauoir que aux seigneurs qui tiennent iustice, par leur droict seigneurial compete & appartient droict de confiscation sur les biens de ceux qui perdent vie pour leur meffaict, & dont iustice si elle tenoit les corps, feroit punition corporelle. Ou autrement ils ont encore droict de confiscation sur les biens qu'ils trouuent, ou qui sont trouuez en leur iustice sans calenge de aucun qui y puisse ou sçache demander par raison, ou sur les biens qui en leur iustice sont demeurez sans succession de ligne naturelle & legitime, si comme des biens d'vn bastard qui va de vie à trespas sans hoir legitime Si dois sçauoir que quiconque par son mefaict pert le corps par iustice, sçachez que il doit perdre les biens, & demeurent au seigneur confisquez. Et si le corps ne perdoit par iustice par ce que il ne fust tenu, mais par defaux & contumasses fust banny de la terre au seigneur sur la hart, sçachez que pour ce ne demeure que il ne doiue perdre ses biens, & que au seigneur dessous qui ils sont assis ne soient confisquez, aussi bien que se il perdoit la vie par iustice. Et chet ceste confisquation à tous les seigneurs dessous qui les biens sont trouuez au iour de la sentence, soit que le faict ne soit aduenu dessous eux, ne condamnation du crime par eux renduë, mais que le seigneur dessous qui tels biens seront trouuez ayt telle seigneurie que il ayt droict de confiscation, Car en aucuns lieux par coustume ancienne les seigneurs ne confisquent point, si comme au pays de Haynault, si comme en la terre de sainct Amand en Peule, si comme en la terre de Mortaigne sur l'Escault, si comme selon aucuns en la Chastellenie de l'Isle & de Tournesis. & en plusieurs autres lieux ausquels ie me r'apporte, & ce sont coustumes notoires aux pays qui de ce vsent, si n'en faut mie faire beaucoup de memoire. Si faut à vn chacun seigneur si tost que le cas de confiscation est aduenu, il appartient que incontinent facent mettre la main aux biens dessous eux trouuez par loy & par plainte, à fin de confiscation si c'est en lieu où par plainte on plaide. Et si c'est en lieu où on vse ordinairement, il conuient que ce soit faict par commission, & dés lors les doit le seigneur tenir en sa main par inuentaire, & puis faire apparoir deuëment de la mort de celuy à qui les biens estoient, & comment il est executé par iustice. Et lors les Iuges du seigneur peuuent & doiuent adiuger au seigneur les biens comme confisquez. Et ainsi le dois tu entendre si banny estoit criminellement, faire apparoir du ban, & appartient ainsi estre faict & par iugement : pource qu'il aduient souuentesfois que le Roy remet & pardonne le crime, & les biens non confisquez. Et si ce que dessus est dict n'estoit faict par loy comme dict est, la remission du Roy impetree sur la cause, si tost que celle remission seroit apportee vers le Iuge Royal pour icelle interiner, & que le Iuge Royal l'auroit à ce receu, iamais apres on n'y pourroit confisquer les biens ainsi trouuez comme dict est appliquer à luy : car le Roy communement leur rend le pays, & leur biens non confisquez: & pourquoy se auant ils estoient confisquez, iamais la remission ne viendroit à temps puis que confisquez seroient. Et à ce sert le mot en la remission mis, & en leurs biens non confisquez. &c. Car puis que confisquez seroient, ce mot est expiré & passé. Et ce s'appreuue par la loy escrite. *C. lib. ix. Rub. de bonis proscriptorum damnatorum l. Si quis intra prouinciam.*

Item y a vne autre confiscation qui appartient au seigneur sous qui les biens seroient trouuez comme espaues, & sans qu'il y ait aucun qui y clame aucun droict, si comme de biens trouuez par aduenture, ou de biens que nul ne calenge, ne n'ose calenger à droict, tous tels biens sont & appartiennent au seigneur sous qui ils seroient trouuez, & les peut le seigneur prendre & appliquer à luy par son droict seigneurial.

De confiscatione quæ tantum est quantum ad fiscum applicatio. de annotatione, de descriptione, publicatione, & interpretatione, & multa ad ipsum ius confiscandi attingentia, vide per Doct. in l. 1. & fin. per Bart. ff. de requirend. re. & per Ange. in l. 1. C. eod. per Doct. Chassa. Rub. des confiscations. in consuet. Burgund. *Additio.*

Item y a encore vne autre confiscation appartenant au seigneur par son droict seigneurial, c'est à sçauoir quand bastard ou bastarde va de vie à trespas sans hoir legitime de luy procreé : car lors si tost qu'il est mort tous ses biens appartiennent au seigneur dessous qu'ils seroient trouuez soient meubles ou heritages: car au seigneur sous qui les biens sont, à celuy doiuent ils demeurer comme chose acquise & confisquee. Plus si vn clerc perpetre cas pourquoy il soit condamné en chartre par son Prelat: tout son tẽporel doit estre confisqué au seigneur haut iusticier de qui il est tenu. Et si estoit condãné pour larcin & pour cas dont vicontier deust cognoistre: lors l'auroit le vicõtier, & les meubles appartiẽdroient à l'Euesque par ce que les meubles suiuẽt le corps. Encores sont aucũs d'opinion que si vn clerc estoit banny d'vn Eueschẽ sur chartre, que confiscation y cherroit, car il vaut comme condamné : & ainsi fust il conseillé par tout le conseil du Roy à Paris, pour Iean du Brulle, qui fut condamné en chartre par l'Euesque de Tournay, ou par son Official pour la mort de Iean Dorques. &c.

Bona seipsum interficientis desperatione criminis perpetrati fisco confiscantur quod quomodo intelligatur est recurrendum ad Doct. in l. y. C. qui testamen. fac. pos. maximè per Bal. Salice. & Iaso & per eũdem Salic. in l. j. C. de bonis eorũ qui mor. sibi consci. De l'homicide a esté amplement traicté au premier liure.

Item y a encore vne autre confiscation appartenante au seigneur pour son droict seigneurial, c'est à sçauoir des biens de ceux qui commettent homicide en eux mesmes, car selon les coustumiers leurs biens par ce mesme meffait doiuent estre confisquez au seigneur sous qu'ils sont trouuez. Et selon aucuns, le corps doit estre mis à iustice pour rendre à iustice son droict, c'est que tous homicides sont dignes d'estre mis à execution de iustice, dont celuy qui faict homicide de soy mesme, son corps doit estre mis à execution de iustice : mais selon la loy escrite, il en doit estre autrement, car il y a difference d'homicide de soy-mesme : car l'vn est par forme de desespoir, par cause criminelle, & l'autre par cause de maladie par furiosité. Celle de desespoir par cause criminelle si est quand aucun est poursuiuy de cas criminel, à iustice, ou quand il en est enchassé, ou quand il en est tenu prisonnier : car lors si ainsi se met homicide de soy-mesme, adonc doiuent ses biens demeurer confisquez au seigneur sous qui ils sont trouuez, & doit estre mis le corps à execution de iustice.

L'autre maniere d'homicide si est quand l'homme par maladie de furiosité, de rage de chef deuient forsené, & en ce se met homicide, qui par autre n'estoit suspectionné de crime, nul ne pour ce n'est apparent que il l'ait faict fors que par sa maladie qu'il auoit parauant, ou qui prinse luy est soudainement dont nul ne s'appensoit. Si cõme aucuns qui par mauuaise maladie & pensee sur vne heure se mettent en homicide d'eux-mesmes : sçachez que tels homicides selon la loy ne sont pas à mettre à execution de iustice, & sur leurs biens ne chet point de confiscation, mais doiuent aller à leurs hoirs naturels : *Vt l. j. C. de bo. eorum. &c.*

Pro materia istius versi. vide multa per Guid. Pap. in quæst. 41 quæst. delphi. na.

Item y a encore vne autre maniere de confiscation appartenante au Roy tãt seulement, si cõme de choir en crime de leze Maiesté : car lors sont les biens de celuy qui ce faict au Roy confisquez, ou que les biens soient trouuez, ne dessous quelque seigneur que se soit : car en ce cas nul ne confisque fors le Roy propre. & tout seul.

Or est à sçauoir [c] que si les delinquans dont confiscation s'assiet sur leurs biens, sont mariez, sçachez qu'ils ne peuuent meffaire que la moitié de leurs biens & l'autre demeure à la femme tout franchement.

Item luy demeure son assene de mariage & ce qu'elle a auant le meffaict de son mary qui donné luy a esté, & tout ce qu'elle deuoit auoir par le traicté du mariage, car l'homme ne peut meffaire ce que à sa femme peut & doit appartenir.

Item doit sçauoir que pareillement si l'homme qui est condamné par son meffait [illegible], sçachez que la moitié de ses biens demeure à ses enfans, [illegible] que au seigneur. Dist encore la loy, que [illegible] [illegible] autour de la confiscation ou [illegible]

[illegible]

damnatiõ, si auroient les enfans de ses enfans celle moitié: mais si le condamné estoit homme de l'hostel du Prince, & il n'auoit propres enfans viuans, ses biens seroient tous confisquez.

Item dois encore sçauoir que puis que le seigneur confisque, il le prent si franchement, que supposé que le condamné deust aucunes dettes en son viuant, pourquoy que ce soit, si n'en payeroit riens le seigneur qui confisque, mais emportera le seigneur sa confiscation tout franchement sans dette ne autre don rẽdre, ne payer que deust ne eust fait le condamné en son viuant. Et ainsi le peus & dois entendre des biens qui viennent au seigneur par la mort du bastard ou bastarde.

I'ay monstré cy dessus au premier liure que les seigneurs, ausquels les biens d'vn cõdãné sont confisquez, doiuent payer ses dettes, iusques à la concurrãce de ce qu'ils en amendent

Vide Paul. de Cast. in consil. 210. vbi ponit quod per confiscationem omnium bonorum confiscatus eximitur ab omni obligatione qua tenebatur suis creditoribus, per l. Si debitoris deportatio. ff. de fideiusso. hinc dicunt Angelus & Bal. & post eos Alexan. in l. Si marito. ff. soluto matrimo. quod si bona alicuius fuerint confiscata, eo quia condemnatus ad mortem, si habuerit gratiam à principe de vita, & non recuperauerit bona, non tenetur ad antiqua debita. multa autem facientia ad hunc casum, vide per Ioan. de Imo. in consil. suo. 35.

Additio.

Comment en la Comté de Hainault n'a point de confiscation.

Tu peus & dois aussi sçauoir qu'en la Comté de Hainault n'a point de confiscation pour quelque meffaict, supposé que ce fust contre le seigneur propre, reserué les majeurs en ladite Comté, lesquels si ils perdent le corps, ils perdent leurs biens. Et la raison si est qu'à eux se font toutes sommations.

Comment en la Comté de Flandres n'a point de confiscation.

Item dois sçauoir qu'en la Comté de Flandres n'a point de confiscation, reserué en cinq cas: c'est à sçauoir pour son seigneur liege trahir, pour soy enfuir de la bataille contre les mescreans, pour faire commotion en bonne ville, pour delaisser la loy de Dieu, & pour homicide de soy mesmes, esquels cas confiscation s'assiet, mais pour ce ne demeureroit que la femme & les enfans si ils y sont, n'eussent soustenance sur les biens leur vie durant, & seroient les dettes payees, & ainsi apres tout remettre au seigneur. Encore peus & dois sçauoir que iaçoit ce qu'en la terre de Mortaigne sur l'Escault, il soit tenu par ancienne coustume que confiscation n'y a, c'est à sçauoir que si n'a-il quand homme meurt par iustice de quelque meffaict que ce soit: car par ladite coustume, qui pert la vie, il ne pert mie le sien, & souffit à perdre la vie, & les biens voisent à l'hoir. Et si le mal-faicteur ne pert la vie, c'est à sçauoir qu'il soit banny du pais: sçachez que lors pert il le sien, & qu'en ce cas y chet confiscation si c'est dessous haut iusticier, & que le meffaict soit tel que cognoistre en doiue. Et si c'est dessous Vicontier, il ne peut ne doit confisquer si ce n'est de cas dont il pourroit cognoistre, car lors peut-il confisquer, mais puis que le meffaict monte plus haut que cognoistre en puisse, lors ne doit apprehender confiscation.

De la confiscation que le bail d'aucun peut apprehender.

Et s'il aduenoit qu'aucun tint en bail ou vsufructuairement terre ou seigneurie qui de son droict eust confiscation, & durant son temps aucune confiscation escheoit, jaçoit ce que ce fust d'heritage : sçachez que apprehender le pourroit le bail ou vsufructuaire à son profit, & le vendre, mais que dedans l'an que ce confisqué seroit le vẽ list. Et si par an & par iour le tenoit sans le vendre, ce seroit reconsolidé à la table & demaine du gros de la seigneurie dont le bail ou vsufructuaire seroit tenu. Et si vendu estoit dedans l'an, si comme dit est, si seroit-ce tousiours tenu du gros du fief & seigneurie dont ledit bail ou ledit vsufructuaire seroit tenu, & non mie du bail ou de l'vsufructuaire qui le vendroit.

Vtrum confiscatio pertineat ad proprietarium vel vsufructuarium, vide per Ioannem Sanxo. in consuetu. Turon. titu. des droicts de peage, *artic.* 1. *& titu.* de rachapts. *artic.* 5. *per Boërium in consuetudi. Bituricen. in titu. de feud.* §. 9. *per Alberic. de Rosat. in Rub. C. de vsufructu. & per Guido. Pap. quæst. Delphina. quæst.* 313. *&* 477.

ANNOTATIONS SVR LE TILTRE QVINZIESME.

S*ANS repeter ce qu'aucuns ont obserué de la difference* inter ærarium populi Romani, & fiscum principis, ex Tacito lib. 5. Plinio Panegyrico, Spartiano in Hadriano, & alijs : *& d'où vient le mot* fiscus, *qu'on peut apprendre* ex Asconio in diuinatione : *ie diray selon la signification en laquelle nous vsons de ce mot, qu'on le peut bien appeller* cum beato Augustino in Psalm. 146. & Isidoro lib. 20. origin. cap. 9. saccum publicum. *Car tous les droicts publics qu'auoit le peuple, ont esté transferez au Prince souuerain par la loy Royale,* quæ de eius imperio lata est, l. 1. D. de constit. Princip. *dont est le tiltre adiousté aux feudes,* Quæ sunt regalia. *& depuis les Empereurs en l'Empire Romain, & les Roys de France en ce Royaume auroient concedé & octroyé à plusieurs seigneurs, Villes, Eglises & Communautez des droicts fiscaux & publics : qui auroit esté cause de leur faire instituer des Procureurs fiscaux, à l'exemple de ceux que les Roys ou Empereurs auoient : aussi tous lesdits droicts publics sont appellez Fiscaux, estans en France du domaine du Roy, comme pareillement ceux qui en ont, les font de leur domaine. Car le domaine, ou demaine comme parle nostre Autheur, consiste tant en vn patrimoine perpetuel, comme pour le regard du Roy, celuy qui est consacré, vny & incorporé à la Couronne, qu'en droicts casuels & extraordinaires, comme sont les Aubeines, desherances, biens de bastards & autres vacans, confiscations & autres semblables, qui appartiennent au fisc.* Vnde fisco caduca bona addicuntur, l. 9. D. de S. C. Syllanian. ad fiscum deuoluta bona dicuntur, l. 30. D. de iure fisci. bona vacantia ad fiscum pertinent, l. 96. D. de legat. 1. & cætera. *Tous ces droicts Fiscaux appartiennent au Roy, comme on dict de droict com-*

mun, à cause de sa couronne, priuatiuement à tous autres, s'ils n'en n'ont tiltres : dont M. Choppin en a escrit amplement au liure de Domanio. *Mais à present ils sont comme communs aux autres seigneurs auec le Roy, par ce qu'ils en iouyssent à cause de la iustice qu'ils ont en leurs terres & seigneuries : ainsi que i'ay traicté ailleurs, à sçauoir au premier liure des Pandectes, de nouueau reueu & augmenté.*

b *Confiscation est vne redaction & attribution de biens au fisc*, vnde Suetonius ad August. habuisse confiscatam repositamque pecuniam. *L'Autheur prend ce mot pour toute vacance de biens : mais il s'entend proprement, de ce qu'autrement on dict publication, quand les biens d'aucun condamné pour crime sont confisquez. La peine de publication & confiscation de biens, est tres-ancienne, comme tesmoignent les histoires Grecques & Romaines, sans parler des autres :* damnatione, inquit Callistr. bona publicantur cum aut vita adimitur, aut ciuitas, aut seruilis conditio irrogatur; *toutesfois aucuns bons Empereurs auroient donné aux enfans la moictié ou autre portion des biens de leur pere condamné*, l. 1. & l. Cùm ratio. D. de bonis damnat. l. vlt. C. de bonis proscrip. *Enfin Iustinian* Nouel. 134. vnde sumpta est Auth. bona damnat. *a osté la confiscation de biens, & ordonné qu'ils appartiendront aux heritiers ascendans & descendans, & aux collateraux, iusques au troisiesme degré, s'il y en a. Mais en France la confiscation de biens a lieu, & on dit vulgairement qui confisque le corps, confisque les biens.* Boërius decis. 264, *excepté qu'en quelques Prouinces, comme en Guyenne, Aniou, Berry & autres, elle n'a lieu qu'au crime de leze Majesté. Et on a demandé si aucun est condamné pour crime par luy commis en vn pais, où confiscation a lieu, & par sentence ses biens confisquez, à sçauoir si en la confiscation seront compris les biens qu'il auroit laissez en vne autre Prouince, où les biens ne peuuent estre confisquez : & par arrest du Samedy treiziesme Feurier, mil cinq cens quatre vingts & huict, donné à la Tournelle en l'audience, a esté iugé que confiscation de biens n'auoit lieu, attendu la coustume du pais d'Anjou, où ils estoient situez, pour le regaad des seigneurs, seulement celuy qui a haute iustice peut confisquer, aussi les biens confisquez appartiennent au seigneur haut iusticier, & non au seigneur feodal, parce que confiscation est emolument de iustice. Mais les immeubles s'il sont situez en diuers lieux, appartiendront à chacun des seigneurs, en la iustice desquels ils seront assis : Et quant aux meubles y en a diuersité d'opinions, toutesfois la plus commune les attribuë au seigneur haut iusticier du domicile du condamné*, Baldus in lege Mercatores. Codice de commer. & mercat. glos. & Bart. in lege Mouentium. D. de verb. signif. Alexander de Imola consil. 31. vol. 1 *Et pareillement les meubles du clerc, duquel les biens ont esté confisquez, appartiennent par le droict François, non à l'Euesque qui ne peut confisquer, ains au seigneur, en la iustice duquel la confiscation a esté adiugée contre celuy qui y auoit domicile. De la desherance, biens des bastards & vacans, a esté amplement traicté au premier liure, qu'il n'est besoin de repeter.*

c *De cest article on peut obseruer l'ancien droict François, que la confiscation des biens du mary ne peut preiudicier aux droicts de la femme, comme porte l'ordonnance de Philippes IIII. de l'an 1303. recitée par Aufrerius* in stilo Parlam. part. 3. tit. 20. §. vlt. *& partant la femme reprendra son dot & conuentions matrimoniales, aura son douaire en ordre auec les autres creanciers, s'il y en a de precedens : & pourra prendre la communauté des meubles & acquests si elle veut. Par-ce que la mort ciuile ne peut auoir plus de force & d'effect que la naturelle, aussi la peine du crime n'outrepasse la personne qui l'a commis, & la femme n'est tenuë, ne ses biens, du crime & meffaict de son mary. & pour iceluy n'en doit estre inquietée & molestée*, l. Crimen. D. de pœnis. l. Sanc. mus. C. eod. l. 2. C. ne vxor pro marito. l. Si marito. & l. In his reb. D. solut. matr. l. Res vxoris. C. de donat. inter vir. & vxor. *& y en a des coustumes, qui ainsi expressement en disposent : & des arrests de la Cour, par lesquels a esté ainsi iugé pour les femmes, & entre autres de l'an 1532. allegué par du Moulin, & de l'an 1549. le Roy Henry II. seant en son Parlement, encores qu'ils y ait eu dispute pour le regard de la communauté, dont i'ay amplement discouru, & des autres questions de confiscation, au quatriesme liure des Pandectes.*

DES MARCHANS, ET DES MARCHANDISES.

TILTRE XVI.

DEs marchans [a] & des marchandises veux dire & monstrer ce que veu en ay, iaçoit ce qu'au premier liure en son lieu soit monstré de la compagnie de marchandise. Et pour ce veux dire des marchans & des marchandises. Si dois sçauoir que marchandise si est liberale volonté de marché faict entre marchant à autre. Et doit estre marchandise * loisible, ou autremẽt elle ne sortiroit loy, & seroit à reprocher, & le profit qui s'en ensuiueroit. Et faut à vn chacun marchander de marchandise loisible, & faire & prendre gaing au mieux qu'il peut & sçait, c'est à sçauoir, en payant les anciennes coustumes & vsages ordonnées sur les passages, & sur les païs par le Prince au droict & conseruation de la chose publique & du Prince, reserué és cas defendus par la loy du Prince, si comme que nuls ne portent or ne monnoye estrãge hors du païs, sur l'auoir perdre, & le corps en la volonté du Prince. Et s'il estoit aucun des Iuges du païs qui ce sçeust, & n'en fist punition, il souffriroit autelle punition comme dict est.

** Loisible pour licite ou loyale.*

Encore defend la loy que nuls des hauts & riches bourgeois des villes & citez ne s'auancent premiers d'aechpter quelque marchandise qui descende en la cité, mais en laisse premier auoir le commun peuple, & y doit estre mise vne ordonnance que dedans tel iour, &c. nul ne achepte en gros sur certaine peine, à fin que le petit peuple en soit garny par raison. Et dois sçauoir que si franche & noble chose est & doit estre

pro hoc tex. in l. 1. 2. & 3. C. de cõmercijs & mercat. & vide qua annotaui.

de marchandise & de son faict, que sur ce ne doit estre nuls nouueaux peages assis ne accoustumez sans le gré du Prince, & de ce faire supplication au Prince, & auoir sa grace & ses lettres: car autrement ne se peut ne doit faire sans meffaire grandement & sur encourre en grosses peines, & sur encourre aussi à la volonté du Prince.

Item & ne vaut coustume au contraire, supposé qu'il soit trespasé de cinq ans ou de plus, combien que plaid n'en soit pas entamé parauant, car tout ce doit estre tenu & gardé sans enfraindre, reserué sur les cheualiers pour leur despense pourtant qu'ils se rendroient marchans coustumierement, & ce n'est pas pertinent à noble ne à cheualier : Car lors les nobles cheualiers & les nobles viuans noblement pour leurs viures ou pour vendre reuenuës qui les enuoyent vendre par le païs, ne sont tenus de payer les tributs des marchans communs & des marchandises. Et s'ils trespassoient aucun peage sans payer le tribut du peage, si n'encherroient ils pour ce en aucune peine. La loy veut aussi & enseigne que nul puis qu'il est marchant, ne puisse estre, ny ne soit quitte des peages communs & anciens, supposé qu'ils eussent chartres au contraire, mais en soient tous tenus, car le peage est ordonné pour le bien publique, & pour ce exception n'y a lieu puis qu'ils sont marchans. Et dois sçauoir que les peages & tributs qui sont és citez doiuent estre tenus & gardez & conseruez enuers & contre tous pour la conseruation de la chose publique, reserué comme dit est aux cheualiers & aux messagers qui sont pour le Prince. Encore est il ordonné par la loy qu'au Prince soit payé tribut du sel qui se vend en sa Prouince, si qu'il ne soit nul qui vende ne qui achepte sel fors par le maistre des greniers du sel, sur encourre en l'indignation du Prince. Et pour tous les droicts des peages accoustumez & ordonnez sur les marchãdises estre tenus & gardez irreuocablement: Nous auons voulu & ordonné (dist l'Empereur en faisant sa loy) que pour quelconque mandement ou lettres que nous faisons à la priere d'aucun que nous ne faisons que par importunité de prieres, que nul n'y obeïsse, mais y doit estre nostre droict gardé & tenu s'ainsi n'estoit que ce fust par commandement especial faict & pasé par tout nostre sainct conseil. *C. lib. 3. Rub. superius dicta. l. Quicquid contra vectigales.*

ANNOTATIONS SVR LE TILTRE

SEIZIESME.

a *I'Ay cy dessus au liure premier escrit assez amplement & des marchans & des tributs & peages, qu'il n'est besoing de repeter icy: seulement i'aduiusteray que celuy est proprement reputé marchant, qui faict traffique ordinaire de quelque marchandise,* l. 1. iuncta glos. in verb. omnes. D. de tribus actio. l. Legatis seruis, vbi Bartol. & alij interpret. de legat. 3. *Mais faut entendre marchandise licite: car la negociation de l'illicite est reprouuee*, vt constat ex l. 1. D. de his quæ indig. & l. 11. §. illicitarum. D. de publicanis. *Des marchans & marchandises, l'vsage est grandement necessaire pour les commoditez de la vie humaine*, vt Plato dialog. 2. de Republica, Cicero lib. 1. officio. & alii testantur: *& pour ceste cause les foyres ont esté inuentees & establies en plusieurs villes & prouinces, auec grands priuileges, franchises & immunitez*, l. Vn. C. de nundin. *comme en France les foyres de Champagne & Brie, & de Lyon. Mais les marchans traffiquans ordinairement doiuent droict de peage aux ponts, ports ou passages, où le Roy ou autre seigneur a tel droict, par lesquels ils menent & cherient leurs marchandises*; quod vectigal vel portorium dicitur, cuius meminit Cicero pro lege Manilia: & Iurisconsultus in l. Si quis pro vxore. D. de donat. inter vir. & vxor. *Vulgairement on l'appelle* pedagium, vt in stylo Parlamenti, cap 14. & 18. & Teloneum lib. 3. leg. Franc. cap. 12. & 54. lib. 4. cap. 24. lib. 5. cap. 18. Constit. Caroli magni. *Au peage ne sont subiects les Ecclesiastiques, les Nobles, les Escolliers, & autres mentionnez en cet article*, & tit. C. de vectigal. & commiss. Constitutione Friderici habita. *& aux ordonnances: pourueu qu'ils ne facent traffique des marchandises qu'ils font mener & conduire, comme i'ay traicté ailleurs, & en sont aussi exempts les pouruoyeurs du Roy, des Princes & des Princesses du sang, & ceux qui en menent à l'armee du Roy, & encores ceux qui sont du corps du Parlement, & quelques autres officiers, dont trop long seroit d'en discourir d'auantage apres plusieurs qui en ont escrit.*

DES OEVVRES QVI SONT FAICTES EN LA CHOSE PVBLIQVE. TILTRE XVII.

Ad hoc l. Intra vrbem C. de oper. pub.

APRES s'ensuit[a] des œuures qui sont faictes en la chose publique & commune, de ce dist l'Empereur en sa loy. Nous defendons à tous de faire nouuelle œuure en nos citez & villes sans nostre sceu & licence, mais nous plaist & voulons que si anciennes œuures vont à ruine, qu'elles soient refaictes & retenuës.

D'auoir acquis franchise.

Ad hoc l. Præscriptio & l. Ad portus. C. de oper. publ.

Item & s'il estoit aucun qui d'ancienneté eust acquis franchise de non contribuer aux œuures communes, dist l'Empereur en sa loy escrite. Si voulons nous que d'oresnauant nuls ne s'en peussent excuser que tenu n'y soit à sa quantité, &c. ergo s'ensuit que quand tous y doiuent contribuer que nul de quelque priuilege qu'il vse ne se peut excuser de contribuer aux mises de la ville où il demeure, & qui sont pour la necessité & emparement d'icelle ville retenuës & refectionnees. Et si s'en vouloit excuser, si faict-il à la contraindre à ce, &c.

D'auoir edifie au preiudice de la ville.

Et s'il aduient qu'en vne ville ou cité, anciennes œuures soient faictes par la puissance d'aucun, lesquelles œuures soient en effaçant la mõstre, beauté, & veuë de la ville & cité ou au preiudice & dommage d'icelle: sçachez que ce faict à destruire & abatre sans deport. Ne contre ce ne vaut possession de long temps, ne lettre du Prince, ne grace qui en temps passé en soit faicte. *Ad hoc l Nemo iudex .C eod. tit supradic.*

De rendre compte de l'œuure commune.

Tu peus & dois sçauoir que si noble chose est de la chose commune, que s'il est aucun à qui l'œuure du commun soit commise à faire, distribuer & ordonner, duquel faict & œuure, il appartient à rendre compte: sçachez que le droict escrit dist qui ce aura maintenu & gouuerné, ou ses hoirs si mort estoit, en seroient tenus de rendre compte iusques à quinze ans apres l'œuure faicte, supposé que compte en fust rendu plu-stost, si en demeure celuy ou son remanant chargé iusqu'à tẽps de quinze ans apres l'œuure faicte & parfaicte. Et la raison si est pour-ce que l'œuure du publique doit estre si notablement faicte, qu'elle soit durable à tousiours: & pour ce y sont les quinze ans d'esgard que l'ouurage n'ait point esté faicte ou fondée indeüement, car dedans quinze ans se peut il & doit demonstrer, par especial en massonnerie. *Supradicta Ru l. Omnes quibus.*

De mettre son nom en l'œuure publique.

Item est expressement defendu en l'œuure publique par la loy escrite que nul sur peine de desloyauté & sur toutes peines qu'encourre peut enuers le Prince, de mettre ne faire mettre son nom, son image, ne son enseigne en l'œuure publique de la ville, ne de la cité, ne nulle, fors de Dieu, du Prince & seigneur, ou du sainct de la ville. *Vt l Si qui iudices .cod titu.*

D'vne ville ou cité tournee à ruyne.

Dist & commande l'Empereur en sa loy escrite, que s'il aduient que aucune ville ou cité tourne à ruyne, nous voulons que les habitans soiẽt contraincts à la reparer, car c'est leur refuge & maison, & que la tierce partie des rentes & possessions du cõmun y soit conuertie & employée, tant que ceste reparation soit faicte, ne nuls ne soient ouys au contraire, &c. & par especial à la fortification de la forteresse y doit chacun mettre selon sa faculté sans excusation aucune, & à ce peuuent estre contraincts les corps & les biens par le Iuge sans delay. *Facit pro hoc tex. l Omnes Prouinciarum superius dicta Ru.*

D'empescher la forteresse de la ville.

Item dist encore la loy que si empres de la forteresse auoit maison ou autre empeschement, qui puisse faire ne donner occasion de dommage de feu ou autre de la forteresse, ou que la largeur & les voyes des portes en fussent empeschées, nous voulons & commandons que tout ce soit osté & abbatu & mis à la voye, pour l'aisement & empatement de ladite forteresse. *Vt l Ædificia. C cod. tit. & pro sequenti versic fact etiam tex. in l Basilicam. C eod tit.*

De mettre son seing en l'Eglise.

Encore dist la loy escrite que les Eglises demeurent franches & gardées, & soient retenuës par les parroissiens, & que nul n'y face mettre ne peindre son image sans licence, sur encourre en peines à ce introduictes, ne nul n'y mette bestes ne cheuaux, ne n'y face assemblée de feste de nopces, sur l'amende aussi à ce introduicte.

ANNOTATIONS SVR LE TILTRE DIXSEPTIESME.

LEs anciens ont esté tres-soigneux d'enrichir les villes d'œuures & edifices publics, magnifiquement bastis, à fin de monstrer la grandeur d'icelles, comme tesmoignent plusieurs histoires: & entre autres edifices, les temples, palais, les maisons de ville, forteresse, murailles, ports & autres semblables: ce que discourt elegamment Demosthenes in orat. de Republ. ordinanda, & aduersus Aristocrat. *Mais ce que l'Autheur en traicte icy est pris* ex tit. de operib. publ. C. *Les œuures publiques profitent à tous les habitans, & partant chacun doit estre soigneux de leur conseruation, ornement & entretenement. C'est pourquoy les loix veulent que les anciens ouurages & bastimens soient reparez & parfaicts, au parauant que d'en commencer des nouueaux, sans la permission & commandement du Prince,* l. Intra vrbem l. Nemo. & l. vlt. C. de operib. publ. *& que tous les Citoyens soient tenus de contribuer aux impenses qu'il conuiendra faire, encores que soient Ecclesiastiques & autres priuilegez,* l. 1. Ad portus. l. Omnes Prouinciarum. C. eod. l. 26. C. de Episcopal. aud. quæ est Græca constitutio Iustiniani, quam d. tit. de operib. publ. quidam adijciunt, l. Restaurationi. C. de diuers. præd. vrb. & rust. lib. 11. *Les Empereurs,* in l. Omnes, 7. C. de oper. publ. *veulent que ceux qui ont faict les ouurages publics, & leurs heritiers en respondent iusques à quinze ans, du temps qu'ils ont esté parfaicts. Mais telle constitution ne s'obserue en France, ains apres que les ouurages sont parfaicts, les entrepreneurs les font receuoir pardeuant ceux qui en ont le pouuoir, & la reception faicte ils demeurent deschargez. Ceux qui sont deputez pour faire les ouurages, & ont à ceste fin receu deniers du public, ou du peuple estant cottizé pour ce faire, sont tenus d'en rendre cõpte,* l. 2. C. eod. l. Vn. C. de ratioc. oper. publ. *si toutesfois aucun a faict de ses propres deniers & impenses quelque œuure ou bastiment public, il ne sera tenu d'en rendre compte, & pour la memoire de sa liberalité & bien-faict, il y pourra faire mettre & grauer son nom,* l. 2. & 7. D. de oper. public. *Ce fut la dispute entre Æschines & Demosthenes, pour le decret que Ctesiphon auoit faict en l'honneur de Demosthenes. Mais aux ouurages publics faicts du public, il n'est permis à aucun d'y mettre & grauer son nom, image, pourtraict ou armoirie, ains seulement du Prince, ou de la ville, qui les a faict faire: pour tesmoigner à la posterité que sont ouurages publics,* lege Si qui iudices. Cod. eod. *Les palais, pretoires & autres lieux publics peuuent estre perpetuellement vindiquez, & retirez de ceux qui les vsurpent & occupent sans iuste tiltre, & remis au droict & vsage public,* lege Prætoria. Codice. eod. *& encores que les detempteurs ayent tiltre, ilz ne peuuent estre depossedez en les indemnisant. Car mesme on peut prendre les bastimens & heritages priuez, pour l'vtilité & necessité du public,* vt tradunt dunc. Doctores ad l. Conuentionum. D. de pactis. l. Gallus. § & quid si tantum. D. de liber. & postum. l. Lucius. D. de euict. l. vlt. C. si contra ius vel vtilit. public. & al. *Qui voudra voir plus amplement de ceste matiere des œuures publiques, qu'il lise* tit. D. & C. Inst. & Theod. de operib publ.

b *Cecy est pris* ex l. Basilicam. C. eod. *mais l'Autheur prend mal* Basilicam *pour Eglise: car c'est vn mot Grec, qui signifie Royale,* & d. l. Basilicam. *S'entend d'vn Palais Royal: comme aussi ce mot est pris quelquesfois pour vn Palais ou lieu magnifique destiné au public,* vt in l. 83. §. sacram. & l. 137. §. cum quis. D. de verbo. obligat. §. vlt. Instit. de contrah. empt.

DES OEVVRES QVI SONT FAICTES EN LA CHOSE PRIVEE.

TILTRE XVIII.

APres s'ensuit [a] des choses qui sont faites en la chose priuee, c'est à sçauoir que chacun fait ou peut faire en sa chose és villes ou citez. De ce dit la loy escrite, il est defendu estroictement que nul ne soit si hardy qu'il desface la maison pour vendre la pierre, ne porter hors de la ville ou cité. Et la raison si est que les villes & citez ne soient desemparees ne demolies, mais soient retenuës & demeurans en estat tousiours au mieux que faire peut. Mais bien peus faire en ta maison si comme œuure nouuelle ou closure, mais que ce soit sans empirer l'emparement de la ville ou cité. *Ad hoc l ij C. de ædificiis priuatis, & prosequenti materia per tot. tit.*

De faire de sa maison place vuide.

Encore est defendu que nul ne face iardin ne place vuide de sa maison, sans l'auctorité du Iuge & qui ce fera, il encourra és peines à ce introuuictes, & sera contraint à ce reparer à ses despens.

De faire maison des murs de la ville.

Et s'il estoit aucun qui s'aduançast faire & ordõner sa maison des choses du commun de la ville, ou des pierres des vieux murs de la ville, ou parfaict sans l'auctorité du Iuge: sçachez que par la loy escrite il doit perdre la possession & heritage que de ce a edifié.

Comment le Iuge doit contraindre à refaire maisons cheutes.

Le Iuge de la ville ou cité doit cõtraindre à refaire les maisons qui sont cheutes à ceux à qui les heritages sont: & à ce les doit contraindre par explectation de leurs biens tant qu'il peut: & s'ils n'ont dequoy, si soit auant contraint l'heritage à sa quantité par toutes voyes deuës, car l'emparement de la cité doit estre sur toutes riens obserué, gardé, & retenu.

Que nul ne doit edifier à quinze pieds prés de l'Eglise.

Item est defendu par la loy que nul ne edifie à quinze pieds prés de l'Eglise, ne de maisons cõmunes pour les perils qui venir en peuuẽt: & si fait estoit, qu'ils soient contraints à le remettre à deu estat à leurs despens.

De faire iardin pres l'vn de l'autre.

Ne nul ne face iardin si prés l'vn de l'autre qu'il n'y ait dix pieds entredeux, à celle fin que nul ne face destourbier à l'autre, ne aux arbres, ne à l'air de l'autre.

De faire solier ou montee pres des iardins du Prince.

Ne nul ne soit tant osé qu'il face solier ou montee si prés du iardin, ne des esbatemens du Prince, que du moins il n'y ait d'espace quinze pieds sur peine de perdre l'ouurage & l'heritage sur quoy il auroit fait le solier ou montee.

ANNOTATIONS SVR LE TILTRE DIXHVICTIESME.

CE tiltre est pris ex tit. C. de ædific. priuatis. *Encores qu'il soit loisible à chacun de disposer à sa volonté de sa chose propre, si est-ce que telle liberté est quelquefois restrainte & moderee pour quelque cause publique, comme pour empescher qu'on ne nuise aux œuures & bastimens publics, & entreprenne sur iceux : ou qu'on ne difforme la ville par ruyne & demolition des maisons : Ce qui auroit esté prohibé tant par l'Edict de l'Empereur Vespasian, que par le Senatconsult fait sous Hadrian.* l. 2. C. de ædif. priuat. l. 41. D. de legat. 1. *combien les anciens ont esté curieux & principalement les Romains de l'ornement & decoration des villes,* Vitruuius & alij plerique auctores ostendunt. *Vespasian voyant la ville de Rome difformee par les anciennes ruynes & incendies, conceda les maisons ruynees & demolies & places vuides à chacun qui les occuperoit, & voudroit reparer si les proprietaires & Seigneurs d'icelles ne les vouloient reparer & rebastir :* Satius priuari paucos re sua dicens, quàm in vrbe vrbem quærere, vt scribit Suetonius. *Pour ceste mesme raison si aucun auoit basty en vn lieu public sans empeschement, il ne seroit contraint de demolir,* ne ruinis vrbs deformetur. *Mais le public pourroit auoir action contre luy.* l. vlt. D. ne quid in loco publ. Ad curatoris reipublicæ officium, inquit Paulus, spectat vt dirutæ domus à dominis extruantur : Domum sumptu publico extructam, si dominus ad tempus pecuniam impensam cum vsuris restituere noluerit, iure eam Respublica distrahit, l. 46. D. de damn. infect. *On peut interpreter ce temps de quatre mois,* ex constitutione Marci Imperatoris, l. Cum duobus. §. Idem respondit. D. pro socio. *Si par cas fortuit, ou antiquité le bastiment estoit tombé en ruyne, & le proprietaire, qui parauanture n'a moyen de le rebastir, se contente de la place vuide, pour la mettre en iardin, chantier ou autre vsage, il ne pourra estre contraint de rebastir, selon le commun droict François, qu'il faut suyure en telles matieres* iuxta l. 3. C. de ædific. priuat. *Car on n'obserue la rigueur du droict Romain, de priuer le proprietaire de son heritage, soit par faute d'y bastir, ou pour y auoir basty des pierres & materiaux des vieux murs de la ville, parce qu'on n'a accoustumé que de le condamner en quelque amende, auec restitution de la valeur de ce qu'il a pris. Pour le regard des marbres, statuës & autres embellissemens qui sont aux maisons, encores qu'il semble y auoir quelque contrarieté* inter l.6 & 7.C.eod. *si est-ce qu'il n'est prohibé en France de les transporter d'vne maison en l'autre, ne de la ville aux champs. Pour le regard de la distance qui doit estre entre les palais & lieux publics, & les maisons priuees & saillies, dont est traicte* in l.9. & 11.C. eo. *il seroit facile d'en discourir amplement, reciter la loy des* XII. *Tables & les auctoritez de plusieurs qui en ont escrit, & representer l'estat des bastimens de Rome consistans en maisons & Isles, qui estoient edifices distincts & non ioignans ensemble : mais il suffira de remonstrer qu'en France où les maisons sont contiguës & ioignans ne se peuuent faire aucuns bastimens pres le Palais du Roy, sans permission & auctorité, & pres les maisons de ville, sans le consentement du peuple, & permission du magistrat commandant. Quant aux saillies par les ordonnances Royaux, elles sont defenduës dans les villes, & doiuent estre abatuës: comme aussi* priscis legibus Meniana in vrbe fabricari prohibitum erat, teste Marcellino, qui scribit sub Valentiniano Prætextatum præfectum vrbi sustulisse omnia. *I'adiousteray pour la practique qu'on ne peut demolir vne maison chargee de cens & rente enuers vn seigneur sans son consentement, encores que le fonds de l'heritage soit suffisant pour les redeuances a luy deues, iugé par arrest recité en la Resp. 119. du 11. liu.*

DE LA FRANCHISE DES BOVRGEOIS, ET BOVRGEOISIES DES VILLES. TILTRE XIX.

VEV des ouurages qui se font és villes & sur la chose commune & priuee, il s'ensuit oüyr des [a] Bourgeois & bourgeoisies des villes : Si sçachez que quiconques veut entrer en franchise de bourgeoisie de ville ou de cité requerre le doit si ainsi est que oncques luy ne ses peres ne l'eust esté, & ce requis au Iuge ou au seigneur du lieu, si ainsi est qu'il soit receuable à franchise de bourgeoisie: c'est à sçauoir qu'il ne soit serf, ne bastard ne banny de sa iurisdiction pour cas de crime dont il deust auoir perdu la vie, ou qu'il fust infame de foy mentie, d'auoir esté contre la foy Catholique, & que de ce il soit attaint & conuaincu par loy, ou contraire à son droicturier seigneur, ou auoir esté esmouueur de commun, & de ce fust banny de la ville & iurisdiction, ne qu'il fust banny pour larcin, & en autre cas qui ne sont à reprocher de droict en vsage en franchise de ville, tels peuuent estre Bourgeois, & non autres, & peuuent tels acquerir bourgeoisie. Et supposé que par inaduertance gens de telle condition (comme dit est) l'eussent acquis si n'en doiuent ils ioüir s'il est qui les en reproche & poursuiue.

Item & ce presupposé, le Bourgeois doit iurer de loyaument garder le droict du Prince, le droict de son Seign. & estre enuers eux loyal & vray suiet, le droit de la bourgeoisie, & les franchises de la ville & bourgeoisie. Ne qu'à autre loy qu'à leur loy ne se traira, si n'estoit en faute & remissiō de droict & de loy qu'il trouuast en eux, & de cōtribuer aux charges & mises ordōnees en la ville & bourgeoisie, & qu'il tiēdra l'estat de bourgeoisie:aura & acquerra heritage de maisō, s'il ne l'a dedans la ville & bourgeoisie à luy appartenant dedans an & iour, & fera domicile, & iceluy continuera sur & à perdre le droict & franchise de bourgeoisie. Et selon les constitutions Royaux la maison au moins rendant par an la somme de soixante sols parisis. Et doit la bourgeoisie estre contenuë en ceste forme c'est à sçauoir que si marié est il doit faire la residence par domicile la plus grand' partie de l'an, & est appellé domicile que la femme y soit demeurante, & par especial à la feste sainct Iean Baptiste, & à la nuict de Toussaincts, & ainsi la plus grande partie de l'an, si ainsi n'estoit qu'il eust loyale exoine. Et l'homme qui n'a femme, ou la femme, qui n'a mary qui vueille tenir & garder bourgeoisie, doit auoir maison & hostel continuellement en la ville où il ayt varlet ou chambriere gardant la maison. Et doit contribuer aux communes charges de la ville, & par especial estre aux villes és nuicts dessusdictes, s'il n'y auoit loyal exoine.

Pro his vide tit. de incolis lib. C.

De yssir d'aucune bourgeoisie.

Et s'il aduenoit [b] que aucun Bourgeois yssit d'aucune bourgeoisie pour entrer en autre, il seroit tenu de payer à portion les charges appartenans de la bourgeoisie dont il seroit party iusques à ce qu'il auroit faict sçauoir que icelle bourgeoisie dont il seroit yssi, par le Iuge de l'autre ou il sera entré, comment il est receu à bourgeois de telville. N. & en a fait le serment, & fist à tel iour, & presens tels, & qui d'autre bourgeoisie ne se veut reclamer ne ayder, & déslors en auant ne seroit plus ne doit estre iusticiable par la premiere bourgeoisie, ains par la nouuelle: mais des cas & des causes de parauant il demeureroit à la iurisdiction de la premiere bourgeoisie.

Du temps que le seigneur a à cognoistre sur le Bourgeois de luy party.

Item & veut la constitution Royale sur ce faicte que le seigneur dessous qui tel Bourgeois sera party pour entrer en autre bourgeoisie, ayt la cognoissance des cas perpetrez par le Bourgeois dessous luy trois mois parauant son partement, supposé que en autre bourgeoisie soit entré, & le pourra le seigneur premier poursuiuir trois mois apres qu'il sera entré en autre bourgeoisie, nonobstant la nouuelle bourgeoisie. Et par ce semble que si dedans trois mois apres ce nouuel adieu de bourgeoisie nouuelle querelle n'en estoit faicte qu'apres on n'y viendroit à temps.

Des terres du Bourgeois en plusieurs lieux.

Item est à sçauoir que nonobstant bourgeoisie, si aucun Bourgeois a terres & possessions hors de la iurisdiction de bourgeoisie où il est entré, que il en tant qu'il a toutes ses terres & possessions situees & assises en plusieurs lieux, si est il tenu de respondre sur ce deuant le Iuge ou Iuges, sous qui ce sera tenu: & aussi s'il estoit prins en present meffaict, ou lié par responce, & en autre cas, les doiuent rauoir les bourgeoisies.

Des bourgeoisies priuilegiees.

Item il y a plusieurs bourgeoisies priuilegiees de rauoir leurs Bourgeois de tout cas, mais il conuient que ce soit par priuilege de ce faisant expresse mention donné du prince qui ce peut faire.

Que pour cas criminel on ne doit faire enqueste, ne verité tenir sur bourgeois.

Item selon la constitution Royalle on ne doit faire enqueste ne verité tenir sur bourgeois en cas de bourgeoisie pour cas criminel, tant que on le tienne prisonnier pour ce mesme cas, mais doit estre poursuiuy par partie formée, autrement non, puis que en present meffaict n'auroit esté prins ne trouué.

De la forme de proceder en matiere criminelle a esté traicté au premier liure.

Des manans és villes & citez.

DEs manans és villes & citez que les clercs appellent *de municipibus* veux dire & monstrer ce que veu & ouy en ay : Si sçachez que manãs sont ceux qui demeurent és villes & citez qui n'ont prins la franchise de la bourgeoisie, desquels qui bourgeois ne sont, pource ne demeure que ils ne soyent tenus de contribuer & participer aux frais, missiõs, & despens, & aux aydes de la ville où ils sont demeurans selon ce que leurs facultez sont, peuuent & doiuent souffrir. Et supposé qu'ils ayent leurs biens & maisons en plusieurs lieux, esquels on les veut faire cõtribuer és missions suruenans à chacun lieu : & ils s'en veulent oster disans que ils ne sont demeurans que en vn lieu, & par ce ne sont tenus de contribuer ailleurs, sçachez que selon la loy escrite tels sõt tenus de contribuer à chacun lieu selon que ils ont de facultez & de richesses & par especial au lieu, où ils ont domicille, c'est à sçauoir que domicile si est entendu au lieu où l'hõme si marié est, a sa femme demeurant : & si marié n'est, comme la loy & le cas present le declare, car selon la loy seule mansion & auoir ailleurs tous ses biens ne faict mie le manant, si comme si vn homme a en vne ville là où il est manant, vne maison tant seulement que il loüe à aucun, & n'y a autres biens, ne faict à retenir pour residence, ce n'est ne ne doit estre entendu comme mananderie selon la loy qui dict. *Sola comparatio domus in aliena ciuitate non facit residentiam : vt l. Nesennius. C. lib. x. de incolis.* Mais autre chose seroit & est quand vn homme a en plusieurs villes, maisons, & reuenuës, ou encores mansion, & en chacune face residence & tienne domicile, sçachez que en chacun lieu sera tenu pour manant, & par ce sera tenu de contribuer illec selon la faculté de vn chacun domicile, selon la loy qui dict. *Si aliquis habet duo domicilia in diuersis ciuitatibus, & æqualiter in eis habitet, dicitur municeps vtriusque, vt ff. ad municipalem. l. Liber.*

Comment se faict la plus saine & grande partie d'vne communauté d'vne Ville ou Cité : ou comment ils se peuuent assembler.

PVis que dict est des bourgeois & manãs, il s'ensuit de sçauoir comment se faict la plus grande & saine partie de la communauté d'vne ville ou cité, & comment se peut assembler. Si sçachez que assemblée de commun de ville si est de conuoquer par la licence du seigneur à certain iour & heure & pour certaine cause touchant le commun, & chose publique, tous les habitans de la ville : & pour autre cause ne autrement ne se doit faire. Et supose que à celle assemblée ne viennent tous, puis que publiquement aura esté criée & faict à sçauoir, pour ce ne demeure que si les deux parts passent & accordent le cas, que ce ne vaille & doiue estre tenu selon la loy escrite qui dict, *quod duæ partes vniuersitatis faciunt à tota vniuersitate factum esse videtur. vt. l. Nulli. & l. sequen. ff. quod cuiusque vniuers.* Ne n'y chet excusation pour dire, ie ne sçeus riens du cas. Car selon la loy qui dict, que cil est assez present qui est és courtils: Aussi bien est à dire que nul puis qu'il est au lieu, ne peut ne doit ignorer ce qui se faict au lieu publique c'est breteque. *Ad hoc l. præsens habetur. ff. de procuratio.*

*Pour faire ou auoir * tourble.*

** Turbe ou assemblée, & ce qui est icy traité vient de la coustume du pays, qui estoit au temps que l'autheur a escrit.*

Foucq anciẽ mot Francois, signifie troupe, assemblée ou cõpagnie: d'où viẽt effouquer, qui signifie rõpre par force vne troupe de gẽs assemblez. Ad hoc ff quod cuius. vniuers. l. Sicut municipij. §. in decurionib us.

Item par plus forte chose peus & dois sçauoir que pour auoir tourble de peuple ne faut assemblée que vingt & six ou de plus: car pour le nombre de vingt & six se faict tourble & multitude. & pour auoir * foucq ne faut auoir que assemblée de dix, ou par le nombre de dix se faict foucq d'assemblée, & pour auoir college ne faut auoir que assemblée de trois, & non de moins. Car selon la loy iaçoit ce que souuent par vn seul peut estre & est l'honneur d'vn college: par vn seul est aboly selon la loy. Or s'ensuit dire & monstrer quel nombre faict à comprehẽdre la plus grande & saine partie d'vne communauté. Si sçachez que là où il y a la plus grande partie des personnes, là est apparant la plus grande partie. mais à ce ne s'en faut mie arrester, si ainsi n'estoit que à celle partie fussent les plus notables de la ville. Et si de l'vn des costez estoit assemblée vne partie des petits & pauures du peuple qui fussent le plus de testes, & dautre part eust contrassemblée qui fust vne autre partie des plus notables de la ville qui fussent moins de testes sçachez que pour ce ne demeureroit que la volonté du plus grand nombre de petits, iacoit ce que ils fussent le plus, deussent passer deseure la sens des riches & notables qui seroient les moins en nombre: mais ils seroyent la plus saine partie de la communauté ; car en faict de la cõmunauté se faut plus prẽdre à la saine partie que à la greigneur, pour ce que verité est que plus poisent les riches & les notables le faict de la chose publique, que ne font les petits qui ne desirent que leur prõpre volonté. Et si de l'vn costé & d'autre auoit autant de nombre à l'vn costé que l'autre, si que on ne sçeust duquel costé y eust le plus tant de petits comme de notables, tant fussent egaux en nombres de personnes, sçachez que lors seroit tenuë la plus saine partie qui diroit & conseilleroit la plus sage & saine voye & la plus loisible. Et ainsi doit il estre peséen assemblée de cõmunauté, au cas que par tout vne voye ne seroyent d'vn accord & d'vn conseil. *C. qui bonis cedere poss. l. Cum solito more.*

ANNOTATIONS SVR LE TILTRE DIXNEVFIESME.

a IL appelle bourgeois ceux, qui ciues dicuntur, & encores à Lyon on dict citoyens : lesquels il distingue des autres habitans, qu'il dict estre appellez municipes, autrement vocantur incolæ. Les bourgeois ou citoyens son ceux qui vsent du droict de bourgeoisie & cité. Encores que les citoyens ayent plus-grands droicts, priuileges, libertez & prerogatiues en vne Republique & seigneurie democratique, qu'en la monarchie : si est-ce qu'ils ne laissent d'en auoir sous vn Roy & Prince souuerain, ou par la continuation de leurs anciens droicts, ou concession de nouueaux : desquels ceux participent seulement qui sont vrays citoyens, comme il est mesmes porté par quelques coustumes de la France & Gaule Belgique, Ciues origo, manumissio, allectio, vel adoptio facit, l. 7. C. de incolis. Quant à la manumision & adoption, ne l'vne ne l'autre ne se practique en France, si non pour le regard de ceux qui sont en quelques pays de seruile condition, que le seigneur peut affranchir, comme a esté iugé par arrest en la coustume de Chaumont en Bassigny, du 11. Iuillet, 1556. pour vn habitant de Vvassi, pour lequel i'auois escrit en la cause d'appel. L'origine est le premier & plus-certain moien de la bourgeoisie ou droict de cité, qu'on appelle aussi naissance ou natiuité, l. 1. D. ad municip. L'allection est la reception d'aucun en quelque ville au droict de la cité & bourgeoisie d'icelle. L'auteur en propose quelque forme, selon la coustume qui s'obseruoit au pays, lors qu'il a escrit : & encores qu'icelle ne s'obserue à present en tous lieux, si est ce que par quelques coustumes y a des formes & solennitez introductes pour rendre aucun bourgeois & citoyen : & on tient communement que celuy qui par dix ans a participé aux charges de la ville, en laquelle il a tousiours eu son domicile, est reputé auoir acquis ledict droict, iuxta l. 2. C. de incolis. Mon vieil practicien faict quatre especes d'hommes, à sçauoir serfs, vilains qui sont ceux qu'on appelle paysans, bourgeois & hommes de ville, & gentils-hommes : & dit que bourgeois sont francs au Roy, & par an luy paient droict de turée ou franchise : dont aussi y a des coustumes & anciens arrests qui en font mention, que M. Ragueau a doctement recueillis en son Indice.

b Encores qu'il ne fust libre par le droict Romain à chacũ de laisser la ville de sa naissance pour s'exempter des charges d'icelle, & se transporter en vne autre, mesmement priuilegée, ou en autre lieu pour y habiter & les Latins associez des Romains ayent faict ordonner par le Senat, que les naturels de leurs pays qui s'estoient retirez à Rome, retournero-ẽt à leurs premieres demeures, comme escrit Tite Liue, l. Si quis. C. de munic. & orig. l. 50. C de decurion. & l. 50. C. Th. cod. tit. l. vn. C. si curial relict. ciuit. Toutesfois ceste rigueur n'auroit tousiours esté obseruée : vt constat ex oratione Cicer. pro Corn. Balbo. Nihil est, inquit Iuriscons. impedimento quo minus quis vbi velit, habeat domicilium, quod ei interdictum non sit. l. 31. D. ad *municipal. Et telle a tousiours esté la liberté en France que chacun pouuoit librement transporter son domicile d'vne ville, bourg, ou village en autre. Mais par-ce qu'il auoit esté cogneu que telle mutation se faisoit en fraude des assietes & cottizations des tailles & autres charges qui se leuent sur ceux du tiers estat, il y a esté pourueu par les Edicts du Roy de l'an 1599. en Ianuier, & en Mars 1600. art. 22. où i'en ay amplement escrit, qu'il n'est besoin de repeter icy. Et quant à la iustice du seigneur sur ses suiects, & forme de proceder en matieres criminelles, i'en ay assez traicté au premier liure.*

c *Le mot de* municipes & municipales *vient de* municipijs, de quibus A. gellius lib. 16 cap. 3. & alij scribunt, & ij dicuntur propriè municipes, qui recepti in ciuitatem, sunt munerum participes, vt nobiscum munera faciant: sed nunc generaliter, & vt ait Iurisconsultus abusiuè, municipes dicimus cuiúsque ciuitatis ciues. l. 1. D ad municipal. l. 18. D. de verbo. signific. *sont tous manans. Les vns originaires, les autres volontaires,* l. Ciues. C. de incolis. l. Filij § municipes. D. ad municipal. *Et sont proprement entendus manans,* siue incolæ, *qui ont leur domicile arresté en quelque ville bourg ou village, encores qu'ils n'en soient natifs,* d. § municipes. l. 1. 3 4. c. 6. & 7. C. de incolis. *Et sont quelquefois suiects aux charges tant du lieu de leur naissance, que de leur domicile,* l 1. & vlt. C. de municip. & origin. l. Incola. D. ad municip. *& comme le domicile de chacun doit estre entendu, est bien declaré* in d. l. Ciues. 7. C. de incolis. & l. 239. § incola. D. de verb. significat. *dont i'ay escrit suffisamment sur ledict Edict de l'an 1600. Et faut noter que la seule possession de la maison, qui est achetée en vne autre ville, ne faict le domicile, ains l'habitation de la personne auec sa famille, & le principal de ses biens & facultez, y ayant faict arrest & establissement de sa demeure.* d. § incola. l. Libertus. § sola. D. ad municap. l. 203 D. de verb. signific.

d *La communauté qui a pouuoir de s'assembler: peut aussi faire des deliberations pour les affaires communes, qu'on appelle* decreta: *& à ceste fin conuient conuoquer le peuple selon la coustume du lieu. Encores qu'aucuns aient estimé estre requis par le droict Romain que les deux parts des habitans y assistent* l. 3. D. de decret. ab ordin. faciend. *Si est ce que pour vne assemblée generale du peuple: il suffist que suiuant la conuocation qui en auroit esté faicte, quelque nombre d'habitans s'y trouue. Aussi* d. l. 3. loquitur de ordine decurionum, *comme sont les Preuosts des marchands, Maires, Maieurs, Consuls, Gouuerneurs, Escheuins & autres semblables officiers de ville. Lesquels aussi ne font college s'ils ne sont trois.* l. Neratius, 85. D. de verb. signif. *Encores que par vn le droict puisse estre retenu & conserué,* l. 7. D quod cuiúsque vniuers. *combien qu'aux assemblées du peuple les voix se comptent, sans les peser, si est-ce qu'on regarde quelquefois aux opinions des plus apparens & à leurs raisons, pour y faire reduire la commune: ce qui depend de la prudence de celuy qui preside.*

COMMENT

COMMENT ON FAIT CESSION DE SES BIENS, ET COMMENT ON NE PEVT RENONCER aux meubles, cateulx & dettes.

TILTRE XX.

FAire cession à ses [a] biens, si est renoncer aux meubles & aux dettes, dont peus sçauoir que la loy escrite en parle si plainement comme cy apres sera dit. Aussi fait la coustume & vsage de court laye & de la cour spirituelle, & le droict commun en ce c'est à sçauoir le droict escrit & la coustume si comme dit est que jaçoit ce que aucun soit obligé enuers vn autre en certaine somme d'argent, suppose que la lettre soit pure executoire & estroicte comme lien sur seel royal, & que l'obligé ait renoncé à tous respis, à toutes graces & à toutes exceptions, &c. & que detenu soit prisonnier pour la dette par voye d'execution encommencee, ou que respondu eust en la cause ou liticontesté, si il aduient que il se vueille ayder du benefice de cession, il faut qu'il y soit receu par si que il recognoisse la dette ou dettes à luy demandees, dont il seroit poursuiuy au cas que vrayes seroient. Et à ce se peut deffendre iusques à ce que la dette soit verifiee: & la dette cogneuë ou approuuee, il faut que il promette à payer au plustost que il viendra en prosperité de biens, reserué son viure necessairement Et pour ce faire & accomplir il abandonne tous ses biens quelconques, où ils pourroient estre trouuez pour payer si auant que durer pourront. Et parmy ceste cession il doit yssir de prison si il luy plaist, & il y est pour faire sa cheuance au mieux que il pourra pour son viure necessaire tant seulement & le surplus tourner à payer à ses creanciers au marc la liure, que les clercs appellent *prorata*.

Ad hoc text. in l. j & sequent. C. qui bon. ced. pos.

Du detteur auoir vn mantel affublé.

Item & selon l'vsage coustumier si à ce faire il auoit mantel affublé, il le doit rapporter auec tous ses autres biens en la main de iustice, & le laisser en l'ordonnance de ses creanciers: car sans leur consentement ne le r'auroit. Et la raison si est que sans mantel bien se peut viure sans necessaire viure, & ja a promis que outre son viure necessaire que ce soit en paye à ses creanciers. Et peus & dois sçauoir que s'il estoit sceu que outre ce en retint ou recelast aucune chose, on le tiendroit à larcin, & ainsi en vse on en Cour laye.

Additio.

Vtrum cædenti bonis omnia debeant auferri, ita quod vestis etiam sit auferenda, & debeat nudus remanere, glos. in l. penult ff. de ceß. bonorum. vult quod nihil sibi relinquatur, nec etiam vnus minimus denarius. Alibi est glos. in l. Final. §. fin. ff. de his qui in fraudem credit. quæ dicit quod illi est auferendum vsque ad sacculum

& peram. tamen dic secundum Doctor. Ioan. Fabr. de Plate. & Angel. de Aret. in §. eum quoque. Instit. de actio. quod est illi relinquenda vna vestis vilis & pannicularia quæ nuditatem cooperiat, sicut relinquitur damnatis ad mortem. vt l. Diuus. ff. de bon. damnat. & ad hoc vide Din. & Barth. & Cyn. in dict. l. penult. de cess. bon.

Quelles gens peuuent estre receus à cession.

Si doit estre receu à cession tout hôme de quelque estat qu'il soit, puis que il le requiert, & que en cour est attraict pour sa dette. Mais si attrait n'y estoit, & il voulsist faire cession pour doutte de ses crediteurs, il ne le deuroit faire fors en la Cour souueraine de son lieu. Et ce qui fait est en Cour souueraine, s'estend par toute la prouince que ceste souueraine cour comprehend, mais que à ce soient appellez ceux qui font appeller, ou au moins la plus grande partie de ses creanciers: & ainsi se tiēt & vaut en Cour laye. Or vueil dire ce que ouy dire en ay aux sages clercs de droict qui ainsi dient, & à ce s'accorde la coustume dessusdite.

Additio. *Pro huiusmodi materia vide amplè per Iason. in §. eum quoque. Instit. de act. vbi tractat multa ad cessionum materiam attinentia.*

Ceux qui abandonnent leurs biens par le benefice de cession ne sont mie quittes de la dette, mais ils sont tant seulement quittes & deliures de la peine de prison, car apres cession mais qu'elle soit faicte à telle solemnité comme dit est: ne doiuent estre prisonniers pour la dette. Et ne peut-on detenir les biens de celuy qui abandonne ses biens par cession, iaçoit ce que il doiue à celuy qui les retient, mais les conuiēt vendre par r'enchere: & l'argent doit estre distribué aux creanciers au marc la liure en acquit du detteur. Et si aucun en detenoit sans denoncer à loy, & il fust sceu: il seroit vendu & les deniers conuertis aux autres creāciers que à celuy qui ainsi les auroit retenus, & encore l'amenderoit-il à iustice si ainsi n'estoit que auant l'abandonnement le detteur luy eust baillé en paye de sa dette. *l. legis Iuliæ. C. qui bon. ced. possunt.*

De abandonner pour escheuer aucun office en la ville.

Sçachez que celuy ne faict à receuoir à abandonner qui ce veut faire pour escheuer aucun office que on luy veut faire emprendre en la ville ou cité dont il est resident, car de ce ne se peut nul esconoire par droict en toutes causes, ne pour querelles que l'abandonneur de ses biens vueille faire cession, puis que il le demande & requiert à faire à loy, sçachez que on n'y doit demander autre cause à faire autre enqueste que sa parole, ne autre procez n'y faut faire que receu n'y soit à l'abandonnement faire sans y faire autre delay, quelque raison que die partie aduerse au contraire; puis qu'il offre l'abandonnement, ne depuis ne doit estre prisonnier tenu pour dette qu'il ait.

Additio. *Pro hoc text. est in l. Propter honorem. Rubr. dict. qui bon. ced. poss. C. & in l. Si pater tuus. eod. tit. per illam legem subdit Bald. quod volentes cedere bonis vt euitent collectas, non possunt hoc facere.*

De cheualier ou clerc faire cession.

La loy met vne autre altercation, à sçauoir s'il est aucun qui ait enfans clercs ou cheualliers, lesquels ayent acquis par leur clergie ou par leur cheuallerie aucune cheuance que les clercs appellent *peculium* : si de celle cheuance pour ce qu'elle ne vient pas de leur pere ne de succession, ils doiuent estre receus à cession de cela tant seulement, sans comprẽdre ce que de leurs pere ou mere ou autre succession leur appartient, sçachez que à ceste cessiõ sont à receuoir pour euiter la miserable peine de prison.

Vult author allegare casum. l. Cum & filij familias. C. eod. tit. Additio.

Comment en delict ne chet point de cession.

Item dois sçauoir que en cas de delict ne chet poit de cession à faire car supposé que aucun pour delict par luy fait soit condamné à amender de pecune, & pour celle amẽde vueille faire cession pour escheuer la prison: sçachez que à cession ne doit estre receu en cas de delict, mais le doit amender par penitence de corps & detention de prison selon la loy qui dict. *Qui non habet in ære, luat in corpore.* car trop seroit donné cause de mal faire si le pauure alloit quitte de sõ meffait pour la pauureté. Et ainsi fust il faict & iugé en vne cause d'appel du Preuost de Paris, qui auoit iugé cession auoir lieu en cas de delict. La cause d'appel venue en Parlement il fust dict mal iugé, & bien appellé, & qu'en matiere de delict ne chet cession. Faict en l'an 1274. & lors President monseigneur Arnoul de Corbie. Additio.

Hic fit mentio de cessione quæ non admittitur quando quis tenetur ex delicto vel quasi : quia pœna pecuniaria debet resolui in corporalem per dictum allegatum hic, qui non habet in ære, luat in corpore : vt lege Qualiter de pœn. & lege penult. de in ius vocan d. ff. Vnde infert Ioan. Fabr. & post eum de Plate. in dicto §. eum quoque. Instit. de actio. quod si quis egerit actione iniuriarum, & concludat ad pecuniam, & tandem condemnatus voluerit cedere bonis, non liberatur, sed pœna pecuniaria debet resolui in corporalem. pro his prædictis facit lex Si ex parte. §. quenquam. ff. quod cum eo. not. Doct. in cap. Odoardus. extra. de solut.

ANNOTATIONS SVR LE TILTRE VINGTIESME.

a LE dernier remede aux miserables detteurs, pour euiter la misere de prison, est de faire cession : ce benefice a esté introduict à Rome par la loy Iulie, & estendu aux prouinces par les Constitutions des Empereurs, l. 4. C. qui bon. ced. poss. Autresfois à Rome à l'exemple de la loy des 12. Tables, on auoit vsé de proscription & vente des biens du detteur sous la haste, qu'on appelloit section, qui la causoit infame, par ce que sous son nom elle se faisoit lege Action. §. 1. D. pro socio. dont i'ay amplement discouru au liure quatriesme des Pandectes. Mais la cession des biens que faict le detteur a esté trouuee plus humaine, par ce qu'en abandonnant ses biens à ses creanciers, il se deliure seulement de la prison, & non des dettes qu'il doit, lege 1. C. qui bonis ced. poss. *Et sont les creanciers qui font vendre sous leurs noms les biens abandonnez par le detteur, & partant la cession ne luy apporte infamie.* lege Debitores. C. quib. caus. infam. irrog. *Autresfois on auroit vsé de quelques solennitez à faire la cession, mais depuis a esté obserué qu'elle se pouuoit faire par la seule volonté du detteur.* l. In omni. C. qui bonis ced. possunt. l. vlt. D. de cess. bon. *En France on vse de quelque solennité, & se doit icelle faire en iugement par le detteur mesme en personne, & non par procureur, La solennité est de ietter sa ceincture, ce qui procede d'vn ancien vsage de porter son argent en sa ceinture, qu'il faut entendre ou que la ceincture fust de largeur & de façon pour y serrer de l'argent, comme i'en ay veu aucunes, ou à cause de la bourse ou gibesiere qu'on y pendoit, où l'argent se mettoit.* Caius Gracchus, inquit Agellius, lib. 15 cap. 12. Zonas quas plenas argenti extuli, eas ex prouincia inanes retuli. Horat. lib. 2, Epist. 2.

Ibit eò quò vis, qui zonam perdidit.

Parquoy le detteur en iettant sa ceincture demonstre qu'il quitte & abandonne ses biens à ses creanciers, pour les faire vendre. Icy l'autheur traitte des habillemens, qui luy doiuent estre laissez: ie sçay bien ce que Baldus ad l. vlt. C. qui bon. ced. poss. Iason in §. vlt. Inst. de act. Petr. Iac. in pract. tit. de cess. bon *& autres en ont escrit: mais il me semble selon l'opinio de Cynus, qui est la plus-commune,* in lege 1. C. eod. *qu'il luy faut laisser les habillemens desquels il estoit vestu lors qu'il a faict cession, & s'il auoit vn manteau, il seroit trop dur & inhumain de luy oster. Quelquesfois on a voulu faire porter vn bonnet verd à ceux qui auoyent faict cession, suiuant l'arrest de Laual du 26. Iuin, 1582. Mais depuis ceste peine & marque, comme faisant note de quelque infamie, a esté reprouuée par arrest du 18. Feburier, 1586. & n'a plus de lieu contre le cessionnaire, qui n'est frauduleux & banqueroutier. Aussi estant venu en meilleure fortune il peut estre contrainct à payer, & ainsi le promet en faisant cession,* lege. 4. & 7. D. de cess. bon. *Toutes personnes peuuent faire cession, & les creanciers ne le peuuent empescher, encores que l'obligation porte renonciation au benefice de cession, iugé par arrest du Parlement de Grenoble de l'an 1459. recité par Papõ liu. 10. tilt. 10. & nonobstant que le detteur eust esté attermoié, contre l'opinion d'Accurse* in d. lege vlt. Codice qui bon. ced. *comme a esté iugé par arrests donnez en l'audience du 18. Mars. 1570. & du mardy 7. May, apres disner 1585. Mais y a des cas, esquels la cession n'est receuë, mesmement par les ordonnances, comme pour dettes contractées és foires de Brie & Champagne, & de Lyon, pour moissons de grains, par arrest du 22. Decembre, 1579. & du 28. Mars 1583.* iuxta leg. Si seruus. §. locaui. D. de furtis. *pour vin vendu en l'estappe, ou en la caue, qu'on appelle en destail, comme a esté iugé pour vn faict aduenu en la ville de Paris, par arrest du ieudy 22. May, 1585. Aussi les banqueroutiers nonobstant la cession & banqueroute sont punis extraordinairement & exemplairement, suyuant les ordonnances de François I. de l'an 1536. article quatre. Charles IX. de l'an 1560. Aux Estats d'Orleans, article 142. & Henry III. de l'an 1579. Aux Estats de Blois, article 205 le tuteur pour reliqua de compte qu'il doit, ne sera receu à faire cession, par arrest du 3. Septembre, 1566. Quant à la question si le detteur peut estre receu* *à faire cession contre son pleige & fideiusseur gratuit, il faut voir ce que i'en ay escrit en la Responce 63. du liure 5.*

b *La question a esté grande si pour amende & reparation en matiere criminelle on est receu à faire cession. Aucuns estiment qu'on y peut estre receu,* per l. vlt. C. de custod. reor. & l. vlt. C. qui bonis ced. poss. *& alleguent quelque ancien arrest.* Faber in §. vlt. Inst. de actio. *& autres sont de contraire opinion, & y en a arrest de l'an mil cinq cens cinquante. Et sur ce on dispute de la conuersion de la peine pecuniaire en corporelle. Mais i'ay obserué que la Cour ne l'ordonne indifferemment en toutes matieres criminelles, ains sa prudence accoustumee considere les circonstances qui se presentent. Par quelques arrests & entre autres du Samedy douziéme iour de Iuin, mil cinq cens nonante trois, a esté ordonné que si le condamné ne payoit la peine & reparation pecuniaire dans le temps à luy prefix, elle luy seroit commuee en criminelle, comme du foüet. Par autres arrests le condamné qui auroit demandé telle commutation, en a esté debouté, & i'en ay remarqué vn du Samedy vingt-neufiéme iour d'Auril, mil cinq cens nonante cinq. Nous auons plusieurs auctoritez de ceste reigle vulgaire,* qui non habet in ære, luat in corpore. *Et entre autres de* Cassiodorus lib. 9. variar. Epist. 2. & lib. 10. Epist. 28. *où il dict.* triginta librarum auri mulcta feriatur : quod si ad hoc damnum idoneus non potuerit inueniri, corporali supplicio pœnam luat, qui non potuerit in supradicta percussione sufficere. Et vt ait in d. Epist. 2. Reddat debitum pœnis, quod non potuit compensare pecuniis. *De ceste matiere tous les docteurs practiciens ont amplement traicté desquels on peut voir les liures: & ce qu'en a escrit Thalæus interprete Grec,* ad l. Quicumque. C. de seruis fugit. & quod traditur in l. vlt. D. de in ius vocando. & l. 1. §. vlt. D. de pœnis. & al. similib.

COMMENT DAME OV DAMOISELLE PEVT RENONCER AVX MEVBLES ET AVX debtes de son mary.

TILTRE XXI.

DE renõciation [a] que Dame ou Damoiselle peut faire aux meubles & aux debtes de son mary: peus & dois sçauoir que par la coustume de Courlaye, s'il aduient que Dame ou Damoiselle chée vefue, & elle prent doute de apprehender aucune chose des biens demeurez apres le trespas de son mary, & pour ce on luy vueille faire payer les debtes que son mary auroit faictes, sçachez qu'elle peut renoncer à la fosse, c'est à entendre à l'obseque, à tous les meubles demeurez de son mary, & à tout ce qui de par luy vient, & peut venir, & faire ceste solemnité à la Messe & au Iuge du lieu dont les choses sont à iusticier, c'est à entendre que si seulement il y a biens à ce appartenans sous vn seul seigneur, il suffit à faire deuant iceluy seigneur. Mais si c'est à faire dessous plusieurs seigneurs, il appartient qui bien le veut faire, que ce soit fait deuëment en ce appellé le seigneur souuerain du Bailliage où ce sera faict, à fin qu'il vaille par tout, & en especial pardeuant le Iuge Royal du lieu, & aussi deuant le seigneur Ecclesiastique pour ce que citation qui faite s'en pourroit, soit sopis Et ne doit auoir que habit quotidien, & qui à son propre corps appartient, c'est l'habit de veufue qui auoir doit au iour de l'obseque selon son estat. Et parmy ceste renonciation qui se peut faire en Cour temporelle & en Cour spirituelle, elle doit demeurer paisible de toutes les debtes faictes par sondit mary, esquelles ne seroit trouuee obligee de l'auctorité de son mary. Et pour ce ne demeure que la Dame ou Damoiselle doiié perdre le droict de son doüaire ne de son assenne de mariage, ne des acquestes qu'auroient fait ensemble durãt leur mariage, car à elle cõpette la moitié desdites acquestes. Ne ne doit pour ce la Dame ou Damoiselle estre esloignee d'iceluy heritage. Mais si aucuns immeubles auoit sus, comme sont arbres montans, granges, marets chauchees, ils cherroient à vendre pour les debtes du mary, & les auroit la Dame ou Damoiselle pour le prix qu'ils seroiẽt prisez à porter hors. Et si c'estoit sur son heritage venant de son costé, tous les immeubles luy demeureroient, ne ny pourroit on toucher si obligee n'y estoit auec son mary & ce eust esté de son bon gré.

Additio. *De huiusmodi renunciatione & materia ista in iure non habemus: quia etiam pro debito viri mulier non tenetur de iure, sed tantum de consuetudine, & quantum ad huiusmodi renunciationes serua consuetudines locorum: & pro hac materia vide dominum Chassa. in consuetud. Burgun. titul. Des droicts & appartenances &c. §. xix. & xx. vbi videbitis multa seruientia ad huiusmodi materiam, quæ magis est consuetudinaria, quam iuridica.*

La maniere de renoncer

Et la maniere de renoncer si est ceste: La Dame ou Damoiselle si doit estre à la Messe de son obseque en son habit de vefue. Et apres icelle Messe sur la fin d'icelle doit venir en personne, & doit estre dict pour elle & à son adueu, veez cy telle Dame ou Damoiselle. N. ainsi nommee demeuree vefue de tel N. ainsi nommee: laquelle voyant & sentant la charge des debtes faites par ledit feu son mary, pour estre deliüree & déchargee d'icelles debtes, renonce & se depotte de tous les biens meubles restans & demeurez de sondit mary, ne droict n'y demande à iamais auoir, en faisant d'iceux biẽs expresse generale & especiale renonciation: offrant à faire toutes les solemnitez en tels cas accoustumees, de faire le serment à ce accoustumé: ce fait, & à l'adueu de ladite Dame ou Damoiselle vefue, l'Official ou le Doyen rural en diocese doit estre present, & vn Notaire de la Cour spirituelle auquel lettres en doiuẽt estre demãdees & données. Item & pareillemẽt y doit estre le Iuge temporel par especial le Iuge souuerain du lieu. Et doit la Dame iurer sur le Messel que ceste renonciation faict sans fraude & que nuls biens meubles n'en a, mais les offre à denoncer à son pouuoir aux hoirs du crediteur dudict deffunct, son droict douaire sauf. Et de ce doiuent estre leuées lettres & les signifier par commission de Iuge par tout où il appartient.

ANNOTATIONS SVR LE TILTRE VINGT ET VNIESME.

a LES anciennes Coustumes & anciens Practiciens tesmoignent auoir esté l'ancien priuilege des vefues nobles de renoncer aux meubles delaissez par leurs maris, pour estre deschargées des dettes par eux deuës, duquel priuilege on rend la raison, à l'ocasion des guerres, & longs voyages d'outre-mer que faisoient les hommes nobles. La solennité de faire telle renonciation par la Dame ou Damoiselle, estoit, quand le corps estoit mis en terre, de ietter sa bourse sur la fosse, & ne retourner à l'hostel mortuaire, ains aller gesir autre part, comme on lit au grand Coustumier. Mon viel practicien adiouste, de ietter les clefs sur la fosse : qui est vne remarque de separation d'auec le mary, pour ne rien prendre à ses meubles, qui procede de l'antiquité Romaine, comme plusieurs ont obserué de la loy des XII. Tables. & de la Philipp. deuxiesme de Cicero. Monstrelet au premier volume, chapitre 17. parlant de Marguerite vefue de Philippes Duc de Bourgogne, & chapitre cens trente quatre, parlant de Bonne vefue de Valeran Comte de Sainct Paul, monstre que les Dames pour renoncer aux dettes & meubles de leurs maris, auoient accoustumé de mettre sur la representation du deffunct leur ceinture ou courroies, bourses & clefs, & en demander acte aux Notaires ou Tabellions : Et ainsi pareillement l'escrit mon vieil practicien, sans y adiouster d'auantage de solennitez, que met icy l'autheur. Mais à present toutes vefues, tant non nobles ou roturieres, que nobles, peuuent renoncer à la communauté des biens d'entre elles & leurs maris, sans vser des anciennes solennitez & ceremonies: toutesfois y a des coustumes qui en retiennent encores aucunes, & qui prescriuent certain temps pour faire la renonciation : laquelle ne s'entend seulement des meubles, ains aussi des acquests & conquests, & par le moyen de la renonciation les vefues sont quittes & deschargées des dettes contractées durant la communauté, si à icelles elles ne se sont obligées auec leurs maris, & par l'auctorité d'iceux: & encores qu'elles s'y soient obligées elles auront leurs recours audict cas de renonciation contre les heritiers de leurs maris: mais pour rendre vne renonciation vallable deux choses sont requises, à sçauoir que la vefue qui veut renoncer, n'ait apprehendé des biens de la communauté, qu'on dit, la chose estant entiere, & qu'elle ayt faict faire bon & loyal inuentaire, comme i'ay plus amplement traicté sur le 237. art. de la Coustume de Paris, où le lecteur s'il luy plaist aura recours, & remarquera que non sans cause ladicte Coustume & autres vsent de ces mots, bon & loyal inuentaire, par ce que si la vefue a latité & recelle des biens de la communauté, son dol sera cause que la renonciation qu'elle fera, ne la deschargera enuers les creanciers, comme i'ay monstré auoir esté iugé par arrests de la Cour.

DE LETTRES DE RESPITS.

TILTRE. XXII.

DEs lettres [a] de respits de dettes de cinq ans, ou à trois ans, ou à vn an, peus & dois sçauoir que au Prince est & appartiẽt à faire ceste grace, pour trois raisons. L'vne si est pour cause de guerre du propre Prince, pour cause de tempeste d'orage, & pour cause de larcin ou de desrobement, car pour toutes ses causes & raisons le peut le Prince faire pour sa noblesse & seigneurie, mais à l'enterinemẽt du mandemẽt sur ce impetré, faut que tous les crediteurs de l'impetrãt soient appellez, & que la plus grande & saine partie s'y cõsente, c'est à sçauoir la plus grande partie en nõbre de personnes & en nõbre de dettes ou autrement le mandement sur ce impetré ne se doit interiner. Si te mõstreray cõment i'ay ouy dire & tenir aux sages clercs de droict comment la plus saine partie des creãciers doit estre tenuë. Si sçachez que eslite se doit faire ou selon le nombre des creanciers, ou selon la quãtité de la dette. Et s'il aduenoit que aucun des creanciers eust grigneur quantité de dettes que tous les autres, si que sa dette fust plus grande en somme que toutes les autres dettes des creanciers ensemble, sçachez que celuy qui a telle dette, fait en estimation la grigneur partie, & tient & tiendra sentence, c'est à dire l'eslite que il prendra ou de la lettre enteriner & consentir la grace de cinq ans, de trois ans, d'vn an, ou de non. Car supposé que tous les creanciers voulsissent cõsentir la grace, & il ne la voulsist consentir, si ne vaudroit: mais s'il aduenoit que les autres creãciers ensemble eussent autãt de dettes tous en somme comme celuy qui seul seroit, l'eslite seroit au plus grand nombre. & la raison si est, que ils sont autant de somme de dette, & si sont le plus en nombre de personnes: pourquoy en leur eslite faut arrester, soit de la grace comme dit est, consentir, ou non.

Additio. *De materia huiusmodi literarum per quas moratoria dilatio conceditur, vide leg. Quoties. & ibi quæ scribit Odofre. Cy. Bal. & Azo in summa. C. de precib. imperat. off. & quæ hic scribuntur, posita sunt per totam. leg. fin. Cod. qui bo. cede. poss. & nota omnes creditores debere esse vocatos ad huiusmodi literarum interinationem: vt per arrestum curiæ Parlamenti Parisius anno millesimo quingen. xxix. quarta Ianuarij, vbi appellans à Balliuo Turon. eo. quod fuerat à suarum litterarum quinquennalium interinatione repulsus, quamuis probasset maiorem partem creditorum etiam in debiti quantitate consensisse illi dictarum literarum interinationi coram Præposito Aurelianensi, curia tamen auditis pro vtraque parte aduocatis remisit eas ad iudicem Blesensem coram quo dictus appellans teneretur vocare omnes creditores suos.*

Vide l.7 § Fi. & l. seq. D. de pactis. Pro materia ista vide Guido Pap. in quæst. 109. & quest. 97.

Quelle

Quelle solennité appartient à grace faicte pour vn an.

Item quant à la grace d'vn an que peut faire le Prince de sa Noblesse, là ne conuient pas telle solennité, car la grace du Prince le peut faire purement puis que ce ne seroit qu'à vn an. Et ainsi fut-il dit par arrest de Parlement, pour la cause de Colart le Boistelier de Tournay en l'an 1385. contre ses crediteurs.

Facit ad hoc text. in l. Quoties C. de prec. impe. offe.

ANNOTATIONS SVR LE TILTRE VINGTDEVXIESME.

a *LEs lettres de respit à vn an, à deux, trois, ou cinq ans estoient cydeuant obtenuës en la Chancelerie, comme mesmes il est porté par l'Ordonnance de François I. de l'an 1535. chap. 8. art. 32. Mais par l'Ordonnance de Charles IX. de l'an 1560. aux Estats d'Orleans, art. 61. la forme d'impetrer telles lettres en Chancelerie est abrogee, & est ordonné que les detteurs se pouruoiront par requestes pardeuant les Iuges ordinaires, lesquels s'informeront sommairement du contenu en icelles, & en ordonneront appellez les creanciers. Dont appert que le respit ou atermoyement despend de la cognoissance des Iuges ordinaires, lesquels sans s'arrester au nombre ou qualité des creanciers, en doiuent ordonner selon qu'ils cognoistront par information & preuue estre requis & conuenable. Toutesfois on ne laisse encores de se pouruoir en la Chancelerie, mesmement en la grande, & en obtenir lettres pour exciter l'office des Iuges.*

QVELLE CHOSE DOIT FAIRE LE MARY TOVCHANT LES CHOSES QVI sont à sa femme.

TILTRE XXIII.

IL est à sçauoir que le mary és causes touchans sa femme, & de ce qui par elle vient, doit auoir procuration de sa femme, & lettres de grace si c'est en demandant. Ie te puis dire & monstrer ce que veu en ay & ouy des sages, tant en Parlement cõme dehors. Si sçachez que le mary puis qu'il poursuit cause ou querelle, qui vienne de par sa femme, ce ne peut-il faire qui vaille sans auoir lettres de procuration & sans lettres de grace si c'est en demandant, qu'il ne face à impugner, & non à receuoir. Si t'en monstreray ce que par exemple il en aduint.

Cecy est hors d'vsage, parce que le mary est le maistre & administrateur des biens de sa femme, & peut d'icelle poursuiure les droicts de sa pleine authorité ne luy estant interdict que l'alienation ou obligation de ses propres heritages, sans le consentement d'elle: aussi qu'il ne faut plus de grace pour plaider par Procureur: & y a long temps que telle practique est abrogee.

Pro ista materia vide l. Maritus. & ibi Barth. & Doct. C. de procurat. & glos. in l. Aut qui aliter. §. sed & seruius. ff. quod vi aut clam.

Vn exemple.

Il aduint en l'an mil trois cens & quatre vingts, en la Cour de Parlement sur certain procés, qu'en icelle Cour auoit lors Iean de Venderesse Baillif de Senlis, contre monseigneur Roche du Fay, sur ce que ledit du Fay s'estoit opposé à certaine execution que faisoit faire ledit Iean de Venderesse, sur aucuns biens dudit du Fay à cause de sa femme. Et sur icelle opposition iour seruant audit Parlement pour plusieurs raisons. Entre lesquelles pource que les heritages ainsi executez venoient de par la femme dudit du Fay, si ne faisoit à receuoir sans procuration de par icelle femme, &c. pourquoy &c. Ledit du Fay disant du contraire, & que necessité ne luy estoit de ce, car il estoit seigneur de sa femme & de ses biens, car mary en estoit, & pourtant ne luy falloit quelque procuratiõ, car vendre & aliener les pouuoit, &c. Ledit de Venderesse disant & repliquant que sauue la grace du proposant, pour ce si espousee l'a, & que seigneur en soit comme mary, pour ce ne peut il traicter de ses heritages sans procuration d'elle, ne vendre ne les pourroit sans elle: pourquoy, &c. Tout veu, il fut dit par arrest de Parlement que ledit du Fay sans procuration de sa femme ne faisoit à receuoir. Et en tel cas doit estre prins tel default & exploict que le iour requiert, auec despens. Et ainsi l'ay veu iuger par plusieurs fois, & en plusieurs Cours, & default bailler contre la femme qui adiournee estoit.

Arrest de Parlement.

La raisõ de cet arrest estoit, parce qu'en la dite opposition estoit question du propre heritage de la femme, qui estoit saisi, & partãt cõuenoit qu'elle fust partie auec son mary.

Iason in l. Fina. C. de iure emphyteo. tenet quod emphyteota vxoris qui priuaretur iure suo si alienaret sine licentia domini, si denunciet marito, sufficit ac si denunciet vxori. Vnde videtur esse inferendum maritum posse sine vxoris speciali mandato esse procuratorem in re pertinente ad ipsam vxorem: & vtrum maritus sit procurator vel curator vxoris, vide Ioan. Fa. in l. Maritus. C. qui dar. tuto. vel curat. & quid si fecerit expensas litigando pro re mulieris, an recuperare possit, vide per eundem tenentem quod non, in l. Quod in vxorem. C. de nego. gest. & pro materia ista contenta hîc in textu est datum arrestum, Anno millesi. quingent. 16. quarta Iunij, placitantibus Charmolue, Dixhomme, du Viuier, meritissimis de Republica Aduocatis in Curia Parlamenti.

DE DEMANDER A AVCVN DEVX FOIS VNE DETTE.

TILTRE XXIIII.

DE demander deux fois vne dette selon la coustume & vsage de Cour Royalle, qui est Cour Souueraine en païs coustumier. Et par especial selon la Cour de Parlement, & aussi selon droict escrit, peus & dois sçauoir que quiconque en iugement s'efforce de demander deux fois vne dette, il chet en peine de quadruple d'amende, & ainsi l'ay veu iuger en Parlement, & en plusieurs Cours par plusieurs fois : si t'en puis monstrer vn exemple.

Ceste peine du quadruple, cōme autres semblables peines pecuniaires introduites par le droict Romain n'ont plus de lieu en France ains seulement celuy qui perd sa cause, est condamné és despens, dommages & interests.

Exemple.

En la Cour du Roy nostre Sire à sainct Quentin aduint, que Gilles Courtois fist conuenir Iean de Carrelier pour certaine somme de deniers qu'il disoit que presté luy auoit, ledict Carrelier disant du contraire par plusieurs raisons, & tant qu'enqueste sur ce faicte & parfaicte, il fut dict que ledict de Carrelier auoit autrefois payé la dette demandée, & par ce en deuoit estre quitte. Ce faict le Procureur du Roy appercenant la demande faicte de la partie du demandeur qu'autrefois auoit esté payé, & par ainsi la demandoit deux fois : se dressa & requist qu'alencontre de luy ledict Courtois fust mis en iour pour amender la folle demande que faict auoit de demander deux fois vne dette, qui est espece de larcin, & que faict ne pouuoit auoir ce sans encourre en peine à ce introduicte par la loy, c'est à sçauoir au quadruple de la somme de luy demandée : auec ce si leua partie, c'est à sçauoir ledict Carrelier, pour le scandale que faict luy auoit sans cause de luy faire emprisonner, dommager & à blasmer & qu'amende luy fust. Les parties mises en iour & comparans chacun contendant à ses fins : Tout veu il fust iugé par le Baillif de Vermandois qui pour lors estoit, que ledit Courtois l'amenderoit au Roy du quadruple de la somme par luy demādée, & si l'amēderoit à partie en vingt liures d'amende pour la prison que faicte luy auoit porter & sans cause, & és despens de partie à ceste instance : de laquelle sentence ledict Courtois appella de trop grande amende, & ledict procureur du Roy appella de trop petite amende. La cause d'appel ventilée audict Parlement d'vn costé & d'autre, il fust dict bien iugé & mal appellé par ledict Courtois, & fut condamné és despens & en l'amende de fol appel, c'est à sçauoir de soixāte liures. Et en outre fust dict que le Procureur du Roy si auoit mal appellé, & que ledict Baillif auoit bien iugé, taxé, & ordonné, &c.

Arrest de Parlement.

Item pareillement aduint par arrest de Parlement, contre vn appellé Allemant de Carnin demeurant en la Chastellenie de l'Isle, luy conuenu pour cause d'auoir demandé deux fois vne dette, si comme il estoit apparu par iugement, ledict Allemant fut condamné à la requeste du procureur en quadruple de la somme par luy demandée par le Gouuerneur du Baillif de l'Isle, ledict Allemant en appella en Parlemēt. La cause fut ventilée d'vn costé & d'autre, & tout veu il fut dict par arrest bien auoir esté iugé par ledict Gou[illegible] & mal [illegible] par ledict appellant,

& fust condamné en amende de fol appel, c'est à sçauoir en soixante liures d'amẽde. Et ainsi l'ay veu iuger entre plusieurs, & sans r'amener en doute.

De illis qui non solum temerariè sed & calumniosè litibus aut etiam actionibus homines pulsant, dic quod de iure antiquo non solum tales actores condemnabantur in expensis, sed ad decimam partem litis: & pro hoc erat introducta actio, sed per ius Institutionum ciuilium Iustinianus remouit eam partem decimam litis: & voluit vt temerè & calumniosè litigantes in expensis solum & damnis condemnarentur: vt Instit. de pœna temere litigan. §. hæc autem. sed de nouo iure Authenti. est pœna illa antiqua decimæ partis litis renouata: vt §. ad excludendas. Authent de litigios. & hæc sunt pro intelligentia materiæ contentæ hic. quid tamen hodie obseruetur, vide per Doct. maxime de Plate. & Angel. de Aret. in dict. §. hæc autem.

De nier argent à luy payé.

Ceste peine est hors d'vsage, mais on condãne bien le detteur à payer la somme auec l'interest, suiuant l'ordonnance, & és despens. Additio.

La loy escrite veut & enseigne que celuy qui nie l'argent qui vne fois luy auroit esté baillé, & depuis par partie aduerse est prouué que baillé luy a esté, soit condamné à rẽdre l'argent ainsi prouué à luy ainsi auoir esté baillé, & auec ce qu'il soit condamné enuers iustice au double. Et la difference au quadruple en ce qu'il deueroit estre condamné au quadruple, si aucun seconde fois se rend demandeur à ce dont autresfois il auroit esté payé, car lors y chet quadruple.

Pro ista materia rerum inficientium & qua pœna eos plecti oporteat, vide §. at aduersus. & §. sequente. & §. ecce enim. Insti. de pœna teme. litigan. & text. in Authen. contra qui propriam. C. de non numera. pecu.

D'argent mis en main d'autre.

Mais qui demande à r'auoir argent mis en main d'autre, soit par depost, soit par consignation, soit par garde, soit par prest, & celuy le nie, il chet en amende de quadruple.

De nier dette escrite de sa main.

Par l'ordonnãce de Charles neufiesme de l'an mil cinq cens soixante trois, article 8. est porté que ceux qui nierõt leur seing apposé en leurs cedules ou leurs promesses par escrit seront cõdamnez apres verification faicte, au double de la somme porteé par icelles.

Aussi faict il qui nie la dette qu'on luy demande dont il auroit escrit cedulle de sa main, à fin de la rendre, & de recognoissance.

De executer pour dette payée.

* Item & qui de faict prend gage d'vn pour autre, c'est qui de faict execute pour dette dont il aura autresfois esté satisfaict & payé, il chet en amende de quadruple. Toutesfois veut la loy escrite que deuant la litiscontestation, ou encores auant preuue faicte s'il le confesse auoir esté payé il ne chet en l'amende de quadruple.

D'autre contraindre à vendre sa tenure par force ou par paour.

** A present telle amende ne s'adiuge, ains les dommages & interests procedans à cause de l'execution auec les despens de la cause.*

La loy escrite dit que s'il est aucun qui par force ou par paour de mort contraigne vne autre à vendre sa tenure ou sa chose, & le vendeur dedans l'an se plaint au Iuge qui cognoistre en peut & doit, si le Iuge fait commandement à l'acheteur qu'il rende la chose ainsi achetee, & cil ne le faict au commandement du Iuge, & qu'il conuienne le vendeur soy retourner au Iuge, l'acheteur chet en amende de quadruple, d'autant que la chose vaut.

Ad hoc text. in l. Si per vim. C. de his quæ vi metúsve caus. fiunt.

Cecy vient de l'action, quod vi metúsve causa, quæ arbitraria est, l. 14. D. quod metus causa. Mais la peine du quadruple n'a plus de lieu en la practique de France. Additio.

De nier aucun meffaict.

Encore veut la loy escrite que qui nie aucun meffait par luy perpetré, & le Procureur d'office le preuue contre le niant, que le niant l'amende au double.

Vt C. de lege Aquili. l. Contra negantem. & prosequenti. §. est text. in l. De Prætoribus. C. eod. tit.

Pour delict & meffait l'amende est arbitraire, en France iuxta l. Hodie. D. de pœnis. Additio.

D'enclorre autres bestes.

Ou qui enclost autres bestes, c'est à dire, les bestes d'autre si qu'il les laisse mourir de fain, que celuy qui se fait, l'amende à celuy à qui les bestes sont, au double que les bestes valoient.

COMMENT NVL NE SE DOIT METTRE EN SVCCESSION D'AVTRE SANS benefice d'inuentaire faicte par loy.

TILTRE XXV.

IL aduint vn tel cas pardeuant le Baillif de Vermandois sur le droict d'entrer en la succession d'autre sans benefice d'inuentaire faite par loy, en laquelle nul ne se doit mettre ne bouter, par vertu de testament ne autre charge dont il appartiẽne à compte rendre, par nul temps que ce ne soit en peril d'amende de rendre en fin autelle valuë de biens que grace & renommee courroit entre les presens, que le mort auoit vaillant au iour de son trespas, & de ce en est creüe commune renommee. Si t'en veux monstrer vne exemple que i'ay veu iuger en Cour Royalle, & confermer par arrest de Parlement.

Ceste preuue par cōmune renommee est receuë, par ce que par la faute de l'executeur testamẽtaire, qui est tenu de faire inuẽtaire & rendre compte, pour n'auoir fait inuẽtaire, la valeur des biens ne se peut autrement verifier, que par la commune renommee, dont partant la preuue est bien receuable, tant en ceste espece, qu'autres semblables à l'exemple du tuteur. Des executeurs du testament on peut voir ce que i'en ay escrit sur la coustume de Paris, tiltre Des Testamens & execution d'iceux, & ailleurs.

Additio. *Hic vult tractare de inuentario, de quo in l. Scimus §. sin autem dubius C. de iure deliberand. & aduerte quod in regno Franciæ qui se vult gerere hæredem per beneficium inuentarij, oportet illud obtinere à principe, & de huiusmodi materia vide per dominum Chassa. in consuetu. Burg. tit.* des successions. *§.13. vel dic hic loqui de inuentario quod debent facere executores vltimarum voluntatum: de quibus per doct. Bal. Salic. Cy. in l. Id quod pauperibus: & in l. Nulla C. de Epi. & Cleric. Barthol. in l. Alio. l. A filio. ff. de alimen. & cibar. leg. & plenissime per Specul. & Ioan. Andre. tit. de instrument. editio. §. nunc vero aliqua.*

Vn exemple sur tel cas.

Vne Damoiselle vefue demeuree, si demanda auoir compte des biens demeurez de son mary qui mort estoit en Angleterre. Et fist ceste querelle pardeuant le Baillif de Vermandois contre les executeurs que sondit mary auoit faicts en Angleterre, qui retournez estoient pardeça comme sont marchans, car son mary estoit marchant en la compagnie des executeurs qui auecques luy estoient allez. Lesdits executeurs comparans en Cour contre ladite vefue apres demande faicte des biens dudit defunct qu'elle estimoit à grand' somme, disant que tant valloit la marchandise que son mary auoit emportee au iour que party s'estoit. Et par le testament dont elle auoit & administroit coppie, il leur auoit mis tous ses biens en main. &c. Lesdits executeurs disoient qui cognoissoient s'estre testamenteurs à la requeste & priere du trespassé, & auoient faict à leur loyal sens & pouuoir le testament au mieux que peu & sceu auoient, & par amour de ce que trouué auoient en luy, mais autre compte n'en sçauroient rendre, car ils n'estoient point en lieu dont ils sceussent l'vsage ny ne cognoissoient quelque personne au pays pour faire telles solennitez. Ladicte veufue disoit puis que testamenteurs se rendoient & confessoient, & auoient iceluy emprins, mesmes prins, & apprehendez les biens dudit defunct, ils estoient tenus de compte rendre à l'estimation des biens, dont couroit renommee que valoient les denrees qu'auoit emportees son mary au iour qu'il chargea pour aller en Angleterre: dont elle offroit à faire information par les presens qui à ce auoient esté, lesquelles marchandises à iceluy iour elle estimoit à la valuë de trois cens liures, ou enuiron, disant qu'à ce faisoit à receuoir, & que de tant ou plus en offroit à faire enseignement, &c. Tout veu, il fut dit par la sentence dudit Baillif que ladite vefue faisoit à receuoir à son propos, & luy fust iour assigné à monstrer le vaillant tant par renommee comme autrement, ce que pouuoit auoir son mary au iour de son trespas, de laquelle sentence fut appellé par lesdits executeurs en la Cour de Parlement. La cause deuëment releuee, & le procés veu par ladite Cour & oüy tout ce que vouloient dire & proposer les parties: il fut dit par arrest que bien auoit esté iugé par ledit Baillif, & mal appellé par lesdits executeurs: & furent condamnez iceux executeurs en amende de fol appel, & és despens, la taxation reseruee.

Arrest de Parlement.

Item pareillement le vis dire & iuger en la Cour de Parlement pour l'Euesque de Chartres contre vn sien suiect qui estoit entré és biens d'vn sien autre suiect, de qui la succession appartenoit audict Euesque à cause de sa seigneurie temporelle, & pour ce disoit & maintenoit que celuy qui sans benefice d'inuentaire & de loy estoit entré & auoit apprehendé les biens du defunct qu'il deuoit estre receu à monstrer la renommée du vaillant qu'auoit ledit defunct au iour de son trespas, & que d'autant luy deuoit faire & rendre bon compte celuy qui ainsi l'auoit apprehédé. L'apprehendeur disant du contraire, & que comme hoir & successeur l'auoit faict, sans ce qu'il luy conuint faire inuentaire s'il ne luy plaisoit: raison pourquoy il est droict hoir à luy comme à droict hoir par la raison dont le mort saisist le vif, appartient l'hoirie & succession dudit defunct, pourquoy de sa chose ne faut faire inuentaire. Ledict Euesque disant du contraire, & que supposé qu'à hoir legitime & naturel comme à fils ou fille, frere ou sœur, dont contend ne pourroit ne deueroit saillir & qui sans s'appeller en doute deueroient estre hoirs, & appartint encores à faire ce que si, &c. toutesfois à hoir lateral, & qui viẽt incogneu en doute de debat & contẽd d'autres hoirs ou ayans cause, appartient à faire inuentaire, car si autrement le faisoient, ce leur redonderoit à preiudice, & doit redonder de moins que suffisamment estre entré en succession: & puis qu'à iceux n'appartiendroit le vray hoir à successeur ou ayans cause faict à receuoir à informer du vaillant au mort. Tout veu il fut dict par arrest de Parlement que ledit Euesque seroit receu à monstrer le vaillant du trespassé au iour de son trespas, & que benefice d'inuentaire y appartenoit, & tout ainsi le peus & dois sçauoir & entendre en toute successiõ, car puis que contredit y peut auoir, perilleuse chose est d'entrer en la succession d'autre, soit par hoirie d'aucun, soit par vertu de testament sans benefice de loy & d'inuentaire, comme dict est cy dessus, &c.

Not. hic de la iurisdiction de mõseigneur l'Euesque de Chartres à qui appartient toute haute iustice, moyenne & basse, & a iurisdiction temporelle.

Arrest de Parlement.

DES INIVRES QVI SE FONT ET DIENT L'VN A L'AVTRE.

TILTRE XXVI.

OR veux dire[a] & monstrer ce que veu ay des iniures qui se font & dient l'vn à l'autre. Si sçachez qu'iniure si est dire & proposer infame & diffame en corps & renommée à aucune personne, & dont de sa bonne grace en renommée en corps & en biens y puisse estre amendrie. Car selon la loy escrite nul ne doit estre, où on face ny ne doit faire ne dire à autre iniure non plus qu'à son frere. Si peus & dois sçauoir que si à ton familier ou à ton serf, ou à tes enfans ou à ta femme est faicte ou dicte aucune iniure, tu as double action d'iniure, c'est à sçauoir à toy entant que c'estoit vn des dessusdicts,

Ad hoc tex. in l. 2. C. de iniurys, & l. 3.

& à toy appartenans en tant que c'estoit & est ton familier, ou ton serf, ou ton enfant, ou ta femme, &c. & tant pour toy comme pour l'vn des dessusdicts peus faire & intenter demāde selon les cas, & les personnes. S'il aduenoit qu'aucun appellast vn autre iongleur ou bourdeur, ou ribault, lequel ainsi appellé fust homme de bonne vie & honneste, & ne fust pas renommé de tels estats, ny ne fust ribault, iongleur, bourdeur, ne menestreur de bouche, ne autremēt, sçachez qu'il auroit cause & action d'iniure, & peut requerre à estre amendé & redintegré de ceste iniure par honnorable amende, & que celuy qui l'a dict, & prouuer ne le veut, s'en desdie en presence d'hommes de Cour & publique: & si à prouuer l'offroit-il, & en decheoit, tant chet il en plus grāde amēde & despens. S'il le preuue, & il n'a cause d'auoir ce dict, si est il à blasmer: car nul n'est tenu d'autre diffamer sans cause ou interest. Si cause y a, il en va deliure puis que prouué l'auroit.

& prosequētibus. §. §. l. Atrocem. & l. Si non cōuitij & redde singula singulis.

De dire iniure au Iuge.

La loy escrite ne souffre qu'on die vilennie au Iuge, ne à ses officiers par especial en officiant, ou qui plus est tant qu'ils ayent vestu les draps d'office: car ce ne peut ne doit nul ignorer ou les verges, ou les enseignes d'office.

D'iniure par chaude colle.

Encore veut la loy escrite qu'iniure dicte par hastiue & chaude colle ou courroux, mesmement puis que l'an seroit passé que ce auroit esté dict, ne seroit tourné au preiudice du diseur, & repentir s'en veut, & dire que par chaude colle & courroux le dict. Car de ce faire excusation doit cesser l'action au contraire, & pour ce les aucuns maintiennent que l'an passé de l'iniure dicte doit cesser l'action si soustenir on ne le veut, c'est à sçauoir l'iniure dicte, car en soustenant se renouuelle l'iniure dicte, & par consequent l'action.

Qu'action d'iniure est arbitraire.

Item dois sçauoir que l'action d'iniure est arbitraire, & non pas ordinaire, car selon les personnes soient nobles ou non nobles, s'en faut reigler, & selon les cas, & selon ce ordonner. Et se peut ceste action demener tant en personne comme par Procureur. Qu'ainsi soit faict & tenu en Cour laye, t'en puis monstrer vn exemple.

Cecy est pris de l'ācië vsage de France, que les officiers de iustice auoiēt accoustumé de porter certains vestemens ou enseignes, pour estre distinguez des autres hōmes priuez, cōme aussi estoit obserué à Rome. L'action d'iniure n'a lieu, s'il y a plus d'vn an qu'elle ait esté dicte, & n'en ait esté faicte poursuite, l. Si non conuicy. C. de iniur. & y en a des arrests.

Exemple.

Il aduint qu'en l'an 1374. fust plaidé en Parlement par maistre Iean Daillois Aduocat du Roy nostre Sire, sur plusieurs bourgeois de Tournay, ausquels le Procureur du Roy imposoit auoir dict aucunes paroles iniurieuses d'aucuns de nos seigneurs du conseil du Roy, & pour ce fist grandes conclusions. Lesdicts bourgeois disans du contraire, & que supposé sans preiudice qu'aucune chose en eust esté, ce que non, si auoient ils depuis ce beu & mangé ensemble sans reproche ne remembrance de ce, ne sans mention nulle comme non faicte ne aduenuë, & si aucune en auoit esté, ce que non, est & seroit comme passée & expirée: & qui plus estoit, si estoit l'an perscript & passé qu'ils disoient auoir ce dict, sans ce

que

que oncques ne fust ne eust esté contend ne nouuelle aucune : pourquoy par droict escrit ce deuoit demeurer sans cause & sans action auoir ne faire sur ce qui fist à receuoir. &c. mesmement si aucune chose en auoit esté, ce que non, si auroit-ce esté par chaude colle & par courroux, ce que ne veulent maintenir lesdits Bourgeois iniure faire ne dire ne auoir fait : pourquoy. &c. La partie disant du contraire. &c. Tout veu il fut dit par arrest que lesdits Bourgeois demeureroient quittes & absous de l'impetition & demande dudit Procureur. *Arrest de Parlement.*

De atroce iniure.

Pource que au chapitre precedent n'ay touché ne parlé de atroce iniure, te veux monstrer quelle chose c'est. Si sçachez que atroce iniure est quand on dit blasme ou iniure à son pere, ou à sa mere, ou à son seigneur, ou à ses gens & officiers & qui ses robes ont vestues, ou à ceux de la loy ou de la ville où on demeure, à son Prelat, ou à son Curé, & selon aucuns à son maistre. Et en ceste forme est atroce iniure appellee, & fait trop griefuement à punir plus que à autres personnes si dicte leur estoit. &c. Encore veut assez la loy escrite, que si iniure diffamatoire est dicte ou faicte à son sergent, selon aucuns c'est atroce iniure. C. *de iniuriis. l. Omnium.*

Vn exemple d'iniure.

Par exemple te veus monstrer où amende s'assiet sur iniure dicte à autre. Il aduint en l'an mil trois cens soixante & seize, que vn Cheualier print hostel de nuict à vne hostellerie, à la Chappelle emprés sainct Denys en France. Et au partir le lendemain le Cheualier dit que à iceluy hostel on l'auoit desrobé, & en fit grande exclamasse. L'hoste dudit hostel pour soy nettoyer de cet exclamasse se mit à loy à sainct Denys, & fit adiourner ledit Cheualier : lequel se laissa contumasser par quatre defaux, & tant que veuz lesdits defaux & la bonne grace & renommee dudit hoste & hostellerie, ledit Cheualier fut condamné enuers ledit hoste en quatre vingts liures d'amende & és despens. Le Cheualier en ouyt nouuelles, si enuoya appeller de ceste sentence par Procureur : & releua son appel en Parlement. La cause plaidee il fut dit bien iugé & mal appellé, & fut ledit Cheualier condamné en amende de fol appel, c'est à sçauoir de soixante liures. *Arrest de Parlement.*

ANNOTATIONS SVR LE TILTRE VINGTSIXIESME.

I'Ay traicté au premier liure des iniures de la difference d'icelles, & de la forme de proceder soit ciuilement ou criminellement pour en auoir la reparation: & monstré qu'il a esté iugé par plusieurs arrests que legeres iniures verbales se doiuent traicter & iuger sommairement par vne declaration que baillera à ses despens celuy qui a iniurié. Certainement l'action d'iniures a esté bien introduicte pour contenir les hommes en societé, & empescher que des paroles ils viennent aux mains, & de legeres rixes & contentions à grandes haines & inimitiez. Car l'homme doit estre soigneux de sa reputation, qui luy doit estre aussi chere que sa vie: autrement il est tenu pour sot, perdu & dissolu: & d'endurer vne iniure c'est diminuer de sa reputation en parlant politiquement. Nemo enim (inquit Seneca lib 2. ad Serenum quom. in sap. non cadit iniur.) iniuriam potest accipere sine aliquo detrimento, vel dignitatis, vel corporis, vel rerum extra nos positarum. *Et dit bien* Plautus in Mostellar.

Ego si bonam famam mihi seruasso, sat ero diues.

Et la raison s'en peut prendre de ce que dit Cicero pro Cluentio, vt opinio est de cuiusque moribus, ita quid ab eo factum & non factum sit, existimari potest. *Nous auons à ce propos plusieurs autres belles sentences de Ciceron en diuers lieux, de Demosthenes* in Leptinem, Isocrates de Regno, *& autres.* Plato in Memnone, siue de virtute, Athenis graue & periculosum fuisse scribit quemquam iniuria afficere, & hominum famæ detrahere. *Mais pour entretenir la concorde entre les citoyens toutes paroles legerement proferees, & souuent par cholere, ne doiuent estre releuees si aigrement qu'on les tienne pour iniures, mesmement quand celuy qui les a dictes, ne les veut soustenir, ains offre bailler declaration qu'il ne sçait que bien & honneur en la partie qui se plaint, ains la tient pour homme & femme de bien & d'honneur. C'est pourquoy le Iurisconsulte* in l. Non solum. §. 1. D. de iniur. *dit que ceste action est* ex bono & æquo. *Parce que le Iuge en doit ordonner & arbitrer par equité selon les circonstances: Mais y a des iniures atroces, qui se poursuiuent criminellement pour la grauité & exemple qui s'en peut ensuiure.* Atrocem autem iniuriam aut persona, aut tempore, aut re ipsa fieri, Labeo ait, l. Prætor edixit. D. eo. *Iustinian dit,* §. Atrox. Inst. eod. *Que l'iniure est estimee atroce ou par le faict, qui est par la chose mesme, comme si aucun a esté excedé & nauré, ou par le lieu, comme si en public, ou en iugement en la presence du Iuge, à quoy on peut rapporter le temps; ou par la personne, comme si l'iniure est faicte au Magistrat, ou à vn Officier faisant son office & charge, ou à quelque autre personne d'honnorable qualité, ou à femme honneste & de bon lieu, à pere, à mere ou autres proches parens. Mais quant aux peines, elles sont arbitraires, & s'adiugent selon les circonstances & qualitez des iniures, des personnes, des lieux & de la maniere qu'elles ont esté dictes, faictes ou escrites: comme i'ay monstré au premier liure, & ailleurs. I'ay aussi noté qu'il n'estoit loisible d'iniurier aucun de crime dont on voulust l'arguer, & que* l. Eum qui nocentē. D. eod. *n'estoit* *gueres en vsage. Toutesfois si la personne estoit notoirement diffamee du blasme qu'on luy reproche elle ne pourroit le prendre à iniure, côme si c'estoit vne putain publique qu'on eust telle appellée, & ainsi ie l'ay veu iuger par arrest à la Tournelle le Samedy 23. Ianuier, 1557. Aussi si vn cas de consequence qui merite punition exemplaire, ou que les parties entrent en contention pour la reparation des paroles profe rées, & que celuy qui les a dictes, se rende denonciateur pour l'accusation des cas imposez par icelles : on ordonne de les verifier & nommer tesmoins au Procureur du Roy : comme nous auons veu auoir esté practiqué & iugé en la Cour de Parlement contre quelques Iuges & officiers, qu'il ne conuient remarquer d'auantage.*

COMMENT DOIVENT LES SEIGNEVRS TRAITTER LEVRS SVIECTS PAR FAVTE DE rente non payée. TILT. XXVII.

IL aduient[a] souuent que plusieurs sont en faute & demeure de payer la rẽte, que doiuent les heritages que ils tiennent dont ils demeurent souuent en plusieurs arrierages enuers leurs creanciers. Et s'il aduient que question en saille sur ce, sçachez qu'elle doit estre traittée & demenée comme action reelle, & comme feroit la propre rente puis que comptes ne conuens particuliers n'en auroient esté faicts. Et ce se approuue tant par la loy escrite comme par la reigle de droict escrite qui dist.

Accessorium sui principalis naturam sequitur.

Vn exemple de ce.

Il aduint en Parlemẽt en l'an mil quatre cens dix sept, que Monseigneur d'Orgemont lors cheualier de France si fist conuenir en Parlement le Prieur de Priotet, & disoit que celle Prioré auoit acheté certaine rente annuelle, que auoit tenuë en temps passé vn appellé Gilles de Cocherel: de laquelle rente on luy estoit en faute & demeure de plusieurs termes & ans de satisfaire & paier, & tant que iusques à la somme de trois cẽs liures ou enuiron par demeure de paye de plusieurs termes & ans. pourquoy il faisoit conclusiôn que veu les lettres d'achat & les tiltres dudit d'Orgemõt il fut cõtraint à paier lesdites arrierages, termes, & ans en faisant demãde de despens. &c. Et de la partie dudit Prieur fut cõtendu à fin declinatoire, & fist faire inhibition de par son ordinaire comme clerc, disant que la cause & demande que faisoit ledit d'Orgemont, estoit pure personnelle, & par especial pecuniaire & somme appreciée à certaine somme d'argent qu'en sa demande il auoit appreciée à somme d'argent, & pourtant ne deuoit la sortir ne demeurer, mais deuoit estre remis & r'enuoié deuãt son ordinaire. Ledict d'Orgemont disant du contraire, & que là demeureroit la cause & cognoissance du cas. Attendu que s'il auoit faict demande appreciée à somme de pecune, pour ce ne demeureroit que la cause ne fust pure reelle, car celle somme venoit &

descendoit des arrierages de rente fonsiere & heritable, sans ce que fussent oncques lesdicts arrierages aterminez ne passionnez par contract de compte ne autrement, fors que ainsi de terme en terme sont escheuz & defaillis à payer, pourquoy de raison ils sont & doiuent estre traictez & demenez comme feroit & pourroit faire le propre terme de la rente nõ paiée à chacune fois, ne la souffrance que faicte a esté des termes l'vn sur l'autre, ne luy peut preiudicier que pour les termes passez ne puissent ou doiuent estre poursuiuy reallement & de faict, dont il s'ensuyt que la cause doit demeurer en Cour laye, & non en Cour spirituelle. Ledict Prieur disant du contraire comme dessus, & puis que c'estoit terme & an passé par especial, ce deuoit estre pure action personnelle, & non reelle. Car les termes appreciez faisoient cõpte d'eux mesmes, ne n'y failloit autre compte ne autre contract. &c. Tout veu il fust dict par arrest de Parlement que la cause comme reelle demeureroit en Parlement, & procederoit ledict Prieur en cause sur peremptoire comme à la realite appartenoit. Et furent despens cõpensez iusques en diffinitiue.

Arrest de Parlement.

Additio. *De huiusmodi persecutione arreragiorum, quæ est realis, vtrum talis obligatio deducta in pactum possit coram Iudice Ecclesiastico exerceri, vide hanc quæst. disputatam ad longum per Ioannem Gall. in quæstio. Iuis, per arrest. cur. decis. quæst. quinquagesima.*

Coustume de la Chastellenie de l'Isle.

Item selon la Coustume de la Chastellenie de l'Isle, sçachez que si aucun seigneur suyt son rentier par faute de rente non payée, & pour ce le vueille mettre en amende pour cause de rente non payée: sçachez que le rentier pourra & deuera estre creu en son viuant d'vne rente seule, & non plus qu'il affermera par son serment auoir payée. Et des autres luy conuient monstrer paie si contend ou question en estoit: & le peut poursuiuir de sa rente auoir par plainte & par iours garder, cõme dict & monstré est en autre pareille rubriche, au premier liure, où il dit. Comment le seigneur peut attraire à sa table & demaine l'heritage de son suiect: & pour tant m'en passe en ce present chapitre pour briefueté, auec les coustumes locaulx qui en ce doiuent estre gardées, car par plusieurs coustumes locaulx si le rentier attent & croit sa rente plus de trois ans, si la rente est à vn terme, & s'elle est à plusieurs termes, & il y ayt plus de trois rentes non payées, il n'en peut intenter ne faire demande plus que de trois, & plus n'y cheent de loix. Si comme dient les coustumiers que le detteur est quitte pour payer les trois rentes & trois loix, ne de plus n'en doit estre tenu, & pour ce folie est de plus souffrir ne attendre. Et encore selon aucuns de ces trois rentes en sera creu de l'vne par son serment vne fois en son viuant & non plus par especial selon la Coustume de la Salle à l'Isle. &c.

Additio. *Il y a ordonnance du Roy Louys.* XII. *en l'article lxxj. des ordonnances dudit Roy faictes en l'an mil cinq cens & douze, par laquelle on n'est receuable à demãder plus de cinq années darrierages de rentes constituées à prix d'argent tant seulement, & non des rentes foncieres portans directe ou censiue..*

ANNOTATIONS SVR LE TILTRE VINGT ET SEPTIESME.

a *LEs arrerages du cens ou rente fonciere sont de pareille nature que le cens mesme ou la rente, & affectent tellement le fonds, que pour iceux le seigneur le peut faire saisir: & partant l'action qui compete pour iceux estre reputee plustost reelle que personnelle*, iuxta l. Imperatores. D. de publ. & vectig. l. 2. & 3. C. sine censu vel reliq. Masuerius in §. Item dominus directus. tit. de locato. *Parquoy la cognoissance de telles matieres appartient au Iuge seculier, & sont tenus les clercs d'y respondre. Mais comme le seigneur pour les arrerages du cens ou rente fonciere peut faire saisir & vendre les fruicts des heritages qui y sont subiects: aussi pour les arrerages du cens ou rente fonciere ou surcens à luy deu sur quelque maison, il peut faire saisir & prendre par execution les meubles estans en icelle, & sera preferé aux autres creanciers, comme a esté iugé par arrest du 25. iour de Iuin, 1592. en la coustume de Paris, lequel me semble deuoir estre tiré en consequence pour les autres villes s'il n'y a coustume au contraire: par ce que le seigneur direct ne doit auoir moins de prerogatiue de tacite hypotheque sur les meubles du locataire, iusques à la concurrence du loyer qu'il doit, que le poprietaire appellé seigneur vtile.*

DE CEVX QVI NAVRENT OV INIVRIENT APRES CE QVE PAIX AVROIT ESTÉ FAICTE.

TILTRE XXVIII.

DE naurer a ou iniurier aucun apres ce que paix precedente auroit esté faicte, te veux monstrer vn exemple. Il aduint qu'en Vermandois guerre si estoit entre vn cheualier & vn escuyer, & tant que le cheualier fut par guerre iniurié de par l'escuyer, & depuis se garda l'escuyer si sagement, que le cheualier ne se peut onques contreuenger sur luy, & pour ce s'aduisa qu'il feroit paix à l'escuyer esperant que la paix faicte l'escuyer ne se garderoit de rien, & qu'il prendroit nouueau fait à luy & se contreuengeroit. Et ainsi fust faicte la paix, & beut le cheualier auec l'escuyer. Vne espace de temps apres le cheualier rencontra l'escuyer, & luy courut sus & tant que pour mort le laissa. L'escuyer retourné en santé il feit pourchas contre ledit cheualier, & le feit adiourner en Parlement, tant à l'encontre du Procureur du Roy à toutes fins, comme à l'encontre de luy à fin ciuile & par information precedente au iour qui seruit en Parlement: sur ce l'escuyer proposa son fait, & comment pour contreuéger son ire le cheualier auoit fait paix, beu & mangé auec luy feintemẽt comme il apparut depuis : car assez tost apres ledit cheualier sans cause l'auoit aguetté & tellement nauré & couru sus, que pour mort le tenoit, & que par la naureure l'escuyer en estoit demeuré mutile des deux yeux: laquelle chose valoit pis que sur paix enfrainte & plus que frainte: requerant que consideré le cas tel, & si enorme comme il estoit, que la verité en fust sçeuë par procez extraordinaire, & comme la matiere le desiroit de iustice & de raison. La verité sçeuë fust par ordinaire ou extraordinaire qu'il fust puny & condamné comme de paix enfrainte, ou tellement, &c. & pour partie à fin ciuile au cas que crime n'y seroit trouué, qu'il fust condamné en amendes profitables & honnorables à l'esgard de la Cour. &c. Ledit cheualier disant du contraire, & que si paix y auoit eu, si estoit-il vray que c'estoit pour guerre d'amis, comme gentilhomme qui estoit chose faite & passee de pieça, & sans ce que ce fust pour cause nulle, ayant regard à ce dõt paix estoit faite. Mais bien pouuoit estre que pour certains contends qu'auoit ledit cheualier audit escuyer, de nouuel par chaude colle comme gentil-homme il l'auoit iniurié sans ce que ce fust en paix, trefues, ne asseurances enfraingnant, mais qu'en simple delict & en cas ciuil, quoy veu que son seigneur le requeroit que cognoissance du cas pouuoit auoir, rauoir le deuoit: sinon si ne faisoit le procureur à receuoir criminellement, & n'y pouuoit escheoir qu'amende ciuile & coustumiere. Tout veu il fut ordonné que le procez seroit extraordinaire: & que la verité sçeuë la Cour feroit droict. Surquoy la verité sçeuë il fust dit par arrest que le procureur du Roy faisoit à receuoir: & que tant en estoit sçeu & trouué que la Cour auoit condamné & condamnoit ledit cheualier à mort telle que d'estre traisné & pendu tant que mort fust & estranglé, & auec ce tous ses biens confisquez estans au Royaume au Roy nostre Sire, reseruez deux cens liures parisis d'amende qui audit escuyer en seroient ordonnez pour son amende.

Additio. *Pro hoc vide text. in lib. Feud. tit. de pace tenenda & eius violato. & tit. de pace tenen. inter. subdi. & iuramen. firman.*

ANNOTATIONS SVR LE TILTRE VINGT ET HVICTIESME.

13 *Autresfois en France ont esté souffertes & permises les querelles entre les seigneurs & nobles, qu'ils poursuiuoient par armes en compagnie de leurs parens & amis, & estoient appellez guerres: & faisoient iceux quelquesfois de paix & accords, & quelquesfois trefues & surceances d'armes: dont seroit procedee l'ordonnance de sainct Louys appellee la quarantaine: de laquelle a esté parlé au premier liure. Et des trefues qui lors*

se donnoyent, en attendant que leurs differens se peussent decider par iustice, est faicte mention en quelques anciens arrests de la Cour de Parlement, & aux histoires : comme aussi des guerres entre les nobles & seigneurs particuliers. Il y auoit des villes & prouinces, comme de Paris, Orleans, & Chartres, esquelles estoit defendu aux nobles & autres suiects de se poursuiure n'y se venger par guerre, ains de poursuiure leurs differens en iustice : & pour ce estoyent appellées villes ou pays de paix : & y en a des memoires aux registres de la Cour de Parlement, que i'ay rapporté au liure des antiquitez Françoises. Mais depuis que telles voyes de faict & d'armes ont esté interdictes & prohibées par les ordonnances, les mots de paix & trefues entre les particuliers ont esté abolis. Quant au faict icy recité, l'acte du cheualier estoit vn vray assassinat, qui a esté iustement puny de mort, & du supplice qu'il meritoit, pour ne s'y estre gouuerné en gentil-homme, & partant il a esté pendu & estranglé. De la peine de l'assassinat faut voir Iul. Clarus lib. 5. §. assassinium. *& autres qui ont escrit des practiques criminelles.*

DE FEMME OBLIGEE.

TILTRE XXIX.

TV peus & dois [a] sçauoir que la femme qui par simplesse s'oblige pour autre, que la loy escrite veut qu'elle y puisse estre remediée & secouruë par plusieurs manieres. Si comme s'il aduenoit que femme s'oblige pour autre par simplesse, c'est que de riens ne luy touche que par singuliere amour ou voisinage, sçachez que ce faict, si elle s'en veut repentir & requerir d'estre hors de ceste pleigerie, pardeuant le Iuge sous qui c'est à faire, elle y doit estre receüe, & demise de ladicte pleigerie selon la loy escrite: *vt C. ad S. C. Vellei an. l. j.* Mais s'il estoit sçeu que ce fust pour elle mesmes, & qu'il luy touchast: si comme si vne femme achetoit aucune chose, & s'obligeoit à la payer, lors tiendroit & vaudroit l'obligation : & aussi si elle se obligeoit pour son crediteur, generalement pour cause qu'il luy touchast, lors tiẽdroit: car autremẽt il sembleroit qu'elle le feroit en fraude, laquelle chose ne feroit à soustenir. *vt l. ij. C. eod. tit.*

Du mary engager les choses de sa femme.

Et s'il aduenoit que le mary mit en gage les choses à sa femme appartenans, & seruans à elle & à son corps, sans le consentement d'elle, & puis la femme les vueille retraire : sçachez qu'elle y faict à receuoir si fraude n'y estoit trouuée, & que ce fust faict par malice, car la loy secourt à la debilité des femmes, & non pas à leur malice. Et pource est il necessité en tel cas pour la seurté aux presteurs que la femme s'y consente. Sçauoir dois que iaçoit ce que la loy escrite si contienne le cas comprins en icelle, toutesfois sont tous les coustumiers de Cour laye au contraire, que le mary peut tous les biens meubles de sa femme vendre & engager.

Additio. *Dic secundum Ioannem Fabr. & Porcum in §. prædium. Instit. quib. alien. licet vel non. & in l. j. C. de ser. pigno. dat. manu. quod maritus potest disponere de omnibus mobilibus suæ vxoris, imo baguas & vestes & iocalia vendere: vt tenet Angel. consi. cxxxix. & dicit Pet. de Anc. in consil. suo cij. quod etiam stante statuto in contrarium posset maritus alienare: & vtrum valeret tale statutum, vide Bald. in consilio suo cij.*

D'engager la tenure de sa femme.

Et s'il aduenoit que le mary engageast la tenure de sa femme & qui vient de par elle, supposé encore que ce soit du consentement d'elle, & qui plus est que celuy à qui la tenure seroit obligé, l'eust venduë à autre, sçachez que le mary mort si la femme veut retraire sa tenure, elle y faict à receuoir, & r'auoir le doit, car pour chose que consentie si seroit durant la vie de son mary, ne demeure pour la crainte qu'elle pourroit auoir de luy, & de sa paix garder. Et si la femme estoit morte, si le r'auroyent les hoirs, & retraire le pourroyent franchement. Et bien s'en garde qui reçoit en gage, voire ce dict la loy escrite, si celuy à qui ce est obligé, ne sçauoit que celle tenure ne fust à la femme, & qu'elle ne fust de son lez & costé, lors y chet remede de recouurer le prix: mais s'il sçauoit que ce fust à la femme, lors n'y chet nul remede, &c. Mais en aucuns lieux coustume est au contraire.

Pro hoc vide tex. & Doct. in l. Si sine voluntate. C. ad Vellei.

De pleigerie que femme faict pour autre par simplesse.

Item encore veut la loy escrite pour secourir à la debilité des femmes, qu'il soit faict en la maniere qui s'ensuit, car si comme dict est, que la femme peut retraire la pleigerie que faict auroit à autre, encore par plus forte raison sçachez que par pleigerie pour autre sans cause comme dict est, si elle auoit aucune chose payé non sçachant comment la loy les peut secourre à ce, elle pourroit repeter ce que payé ainsi en auroit par sa simplesse, & de ce seroit releuée & secouruë.

Que femme ne se peut obliger pour autre qui vaille.

Generalemēt peus & dois sçauoir que femme ne se peut obliger pour autre qui tienne si defendre se veut, si contre elle n'estoit prouué qu'elle y eust proffit, ou que ce fust faict par marché, ou par subtil engin pour autre deceuoir, ou que argēt en print pour ce faire: car si ce y estoit, lors ne seroit secouruë, ne ne luy vaudroit la loy de Velleien qui en ce cas les secourut.

Ad hoc tex. in l. Fœminæ. C. eod. ad Vellei.

De femme payer pour autre sans pleigeure.

Encore dit la loy que si femme payoit pour autre aucune somme d'argent de sa franche volonté sans pleigeure, sçachez qu'en ce cas ne seroit secouruë par la loy de Velleien.

De soy obliger à la priere d'aucune femme.

Par plus forte raison veut encore la loy secourir au faict de la femme: car s'il aduenoit que la femme prie à aucun qu'il se oblige pour elle, & celuy le face non sçachāt comment la femme est secouruë en pleigeure, & puis

& puis se vueille oster de ceste pleigeure par le droict de la femme pour qui il a ce fait, sçachez que aussi comme à la femme, il peut & doit estre secouru, estre osté & quitte de sa pleigeure comme pourroit estre la femme. *C. ad Velleian. l. Mulierem.*

Comment femmes ne peuuent estre emplaydees pour leurs maris.

VEu comment la femme est secouruë par le droict de Veleian, il s'ensuit voir cõment elles ne doiuent estre r'emplaydees pour leurs maris, ne les maris pour leurs femmes, ne les peres pour leurs enfans. De ce dit la loy que la femme n'est tenuë du marché que son mary aura fait en son temps, si ainsi n'est que la femme s'y soit obligee & accordee presentement, ne de respondre à ce ne doit estre contrainte par nul Iuge. *Rubr. ne maritus pro vxore. & Rubr. ne filius pro patre. C.*

Que le mary ne peut forfaire chose qui de par sa femme vienne.

Item dit par plus forte raison la loy escrite, que supposé que le mary par son meffaict fust condamné en amende, ou en confiscation de biens neantmoins ne peut-il forfaire ce que de par sa femme luy vient, ou au moins selon aucuns fors durant la vie du mary, & selon aucuns de riens ne le peut forfaire, si conuiendroit-il que la femme y eust son aliment à sa soustenance selon l'estat & la possibilité des biens venans de par elle. Et supposé que le Procureur du Seigneur eust leué & apprehendé iceux biens par confiscation, ou autrement si la femme requiert en estre remediee, si les doit elle r'auoir. *Ad hoc facit text. in l. Ob maritorũ culpam & ibi vide fallentias in gl. C. ne vxor pro marito.*

Que les biens du mary ne sont comprins pour meffaict de femme.

Et encore peus & dois sçauoir que les biens de par le mary ne peuuẽt estre comprins pour le meffaict de la femme.

Que le pere ne doit estre pour les faicts de son fils emplaidé.

Par la loy peus & dois sçauoir que le pere pour le faict de son fils ne peut ne doit estre emplaidoyé, iaçoit ce qu'il soit encore en mamburnie au pere, si ainsi n'estoit que le pere l'ait ratifié, car pour autruy delict n'y est nul tenu. Et par plus forte raison peus & dois sçauoir & entendre que encore y est le pere moins tenu quand son fils est hors de sa mamburnie, s'ainsi n'estoit que le pere tint en soy aucune pecune au fils appartenant. *C. ne filius pro patre. l. j.*

De fils meffaire ayant dignité.

Item s'il aduenoit que le fils obtint aucune dignité par son pourchas, & en ce fist aucune chose qui fust damnable, sçachez que le pere n'y est tenu. C. *eod. l. Si filiusfamilias.*

Intellige prædicta secundum contenta in dicta lege Si filiusfamilias. & in glos. nam si sciuerit pater, aut eum prosequutus decurionem facere fuerit: tunc tenetur. l. Quoties. ad municipa. & vide dict. l. Si filiusfam. *Additio.*

Du pere meffaire ayant dignité.

Item & par pareille raison le fils ne peut ne doit estre emplaidoyé pour les offices ou dignitez du pere. C. *eod. tit. l. Patris.*

ANNOTATIONS SVR LE TILTRE VINGTNEVFIESME.

a I'Ay noté cy-dessus au premier liure ce qui appartenoit à l'intelligence du Senatconsult Velleian, introduict pour secourir les femmes, lesquelles legerement & par infirmité du sexe s'obligent pour autruy : auquel si elles se veulent obliger & interceder pour & auec vn autre, conuient qu'elles renoncent expressement, & leur soit iceluy declaré & donné à entendre, & en soit faicte mention tant en la minute qu'en la grosse du contract, iugé par arrests du 9. Mars, 1585. 29. Iuillet, 1595. & 3. Iuin, 1600. recitez en la Response 128. du 11. liure. Ce qui a lieu tant pour les contracts qu'elles font auec leurs maris, qu'auec autres n'estans mariees : & mesmes pour le regard de celles qui sont mariees, qu'elles renoncent aussi à l'Authentique, Si qua mulier, & qu'elle leur soit donnee à entendre. Pour leur propre faict elles se peuuent obliger, sinon qu'elles soient mariees : car estans sous la puissance du mary elles ne se peuuent obliger sans son authorité : encores que soit au pays de droict escrit, ainsi qu'il a esté iugé par arrest, sur vn appel du Baillif de Forests à Montbrison du 23. Auril, 1583. Ce qui se dit icy des meubles de la femme, dont elle peut disposer seule, & non son mary, est pris du droict Romain, auquel la communauté de biens d'entre le mary & la femme estoit incogneuë : & toutesfois on tient que ce qu'elle acquiert constant le mariage, est presumé proceder des deniers du mary, si elle ne fait apparoir que d'ailleurs elle auroit peu en auoir, vt scribit Salic. ad l. Si mater. C. de contr. empt. argum. l. Quintus. D. l. Si spons. §. circa. D. de donat. inter virum & vxor. l. Si non verum. C. eod. & eleg. Mur. apud Plaut. in Casina.

Nam peculi probam nihil habere addecet
Clam viro : & quod habet partum, ei haud commodi est,
Quin viro aut subtrahat, aut stupro inuenerit.
Hoc viri censeo esse omne, quicquid tuum est.

Par le droict François le mary est maistre & seigneur de tous les biens de la communauté, & mesmement des habillemens, bagues & ioyaux de sa femme, & en peut disposer sans le consentement d'elle. I'ay aussi noté cy-dessus que la femme qui se veut faire releuer du contract d'intercession par elle fait entre le Senatconsult Velleian, doit à ceste fin obtenir lettres Royaux.

b I'ay monstré cy-dessus & ailleurs que la femme ne peut estre releuee du contract par elle fait auec son mary, pour la seule crainte reuerentiale, & allegué des arrests à ce propos qu'il n'est besoin de repeter.

c Pour le regard des obligations & contracts faicts par le mary constant le mariage, la femme en renonçant à la communauté des biens d'entre eux, n'en sera tenuë, si elle ne s'y est obligee, comme i'ay monstré cy-deuant en ce second liure. Mais si apres la mort de son mary elle apprehende la communauté, elle en sera tenuë de la moitié : comme mesmes a esté iugé qu'en acceptant la communauté, elle sera tenuë de la fideiussion faicte par iceluy, comme estant *dette de la communauté, par arrests du 23. Decembre, 1593. & 12. Iuillet, 1575. Quant aux crimes & delicts le mary & la femme ne sont tenus du fait l'vn de l'autre, & pour l'amende & reparation en laquelle la femme seroit condamnée, les biens de la communauté desquels le mary est le maistre, ne pourront estre saisis & executez : mais pour le regard du mary, ils pourront bien estre pris, mesmement les fruicts & reuenus des propres heritages de sa femme, d'autant qu'ils sont en la disposition du mary : si la femme n'est separée de biens d'auec luy. Quant à la confiscation i'en ay cy-dessus escrit, & monstré que la condemnation de l'vn ne preiudicie à la personne, ny aux biens de l'autre,* quod etiam traditur in l. 2. C. ne vxor pro marito. l. 1. C. ad l. Iul. de vi publ. l. In his rebus. D. solut. matrimon. & al. *Et encores que le mary ne soit mort naturellement, ains seulement ciuilement, par galeres ou bannissement perpetuel, la femme aura son dot & conuentions matrimoniales & son doüaire, iugé par arrest pour Damoiselle Anne Spifame, femme de M. Iean Musnier, du quatorziesme iour d'Aoust 1567. Mais encores qu'elle prenne la communauté, elle ne sera tenuë des reparations adiugées aux parties & amendes enuers le Roy, contre son mary condamné à mort auec confiscation de biens, dont conuient voir ce qu'en traicte Chassaneus sur la Coustume de Bourgongne, Tiltre des droicts appartenans à gens mariez. Ce qui suit en ce tiltre du faict du pere & fils, est pris* ex tit. Cod. ne filius pro patre. *qu'on peut voir, n'estant besoing de plus longues annotations.*

COMMENT ON SE PEVT TRAIRE AVX DETTES DE SON DETTEVR.

TILTRE XXX

APRES s'ensuit voir comment on se peut traire aux dettes de son detteur: si sçachez que si aucun est tuteur ou administrateur d'aucun puis qu'il ne reçoit rien de son maistre : Sçachez que à luy ne par especial à son detteur ne se peut on traire pour les dettes de l'orphelin, ou de son autre maistre qui en garde les a: *vel. l. Propter. C. si fiscus vel priuatus.*

Al. quando fiscus vel priuatus.

D'estre obligé au condamné.

Et peus & dois sçauoir que s'il aduient que aucun doiue à autre par obligation, ou par condamnation sur luy assise, & il n'ayt dequoy payer, mais on luy doit aucunes dettes: sçachez que la maniere de soy retraire à son detteur, si est ceste tant par droict escrit, cõme par raison & coustume

Cydessus a esté monstré que ceste discussiõ n'a plus de lieu, ains que le creancier peut directemẽt se pouruoir par execution de meubles, saisie l'heritages arrest de dettes dues à sõ detteur & emprisonnement de personne, s'il est obligé au corps, & par cumulation de toutes contrainctes, par l'ordonnance de Moulins.

Mmmmm ij

me raisonnable. Premier est à sçauoir que si le detteur a aucuns meubles où on se puisse traire, tout premier à ses meubles se faut traire si aucuns en a. sinon, aux heritages si aucuns en a, & les vendre & exploitter, sinon aux dettes qui luy sont deües, & les detteurs faire conuenir en cour, & les contraindre à payer : lesquels par contrainte le peuuent & doiuent payer & prendre lettres de ce, parmy sommant leur creancier. Et si le detteur principal n'a meubles, ne heritages, ne dettes qui luy soiét deües, lors se peut on prendre au corps par detention de prison, & non autrement, ne deuant ce, si l'obligé principal n'estoit obligé à detention de corps, car lors y chet detention de corps *Rubr. dicta. l. Si in causa.*

Pour dettes du fisc, c'est au seigneur.

Par ceste loy peus & dois sçauoir que pour le dettes du fisc, c'est pour les dettes du seigneur dessous qui on seroit couchant & leuant, peuuent estre prinses & executées les dettes deües du detteur, si ainsi n'est que le second detteur nie la dette, car lors le conuiendroit prouuer: & la raison si est que le detteur au detteur n'est pas obligé au fisc. encore y a vne autre loy qui dict que auant qu'on puisse le detteur au detteur contraindre il conuient que ce soit en cas que le detteur n'auroit aucuns biens qu'on sçeust trouuer. *C. Rub. dicta. l. Si debitum non inficiatur. & lege Non prius ad eorum.*

En Frãce pour les dettes du fisc on n'obserue la discution des biens que possede le detteur, ains on peut directement s'adresser à ses detteurs.

COMMENT LES HOIRS SONT TENVS OV NE SONT TENVS DES MEFFAICTS DE LEVR PREDECESSEVR.

TILTRE XXXI.

TV peus [a] & dois sçauoir que l'hoir n'est tenu du meffaict faict par son predecesseur, s'ainsi n'est que le predecesseur fust en son viuant pource attraict en cour, & que litiscontestation en fust faicte auant sa mort, ne les hoirs ne leur remanant depuis la mort n'y sont tenus, ne à eux ne s'en doit on traire, ne iamais rien demander : mais si plaid en estoit encommencé, & litiscontestation faicte du viuant du delinquant : sçachez que les hoirs sont tenus de respondre & proceder en la cause comme leur predecesseur, & de payer le Iuge puis que les hoirs se seroyent de riens faicts ne portez, voire eux sur ce appellez à emprendre ou delaisser les erremens. *C. ex delict. defunct. l. Vnica.*

De crime de leze Majesté.

Toutesfois veulent dire les sages, & la loy escrite le veut & enseigne, que qui peche contre crime de leze majesté, supposé que le delinquant soit mort, au sien en est à retourner tousiours & à ses hoirs, supposé que du viuant au delinquant n'en fust encore procez encommencé.

Pro hoc est tex. in l. Fin. ff. ad legem Iul. maiesta. ibi : nam nisi hoc crimen à successoribus purgetur, hæreditas fisco vendicatur. & vide alios casus quos ponit glo. dict. l. Vnica. C. ex delict. defunct. Additio.

ANNOTATIONS SVR LE TILTRE TRENTE ET VNIESME.

C*omment les heritiers sont tenus du meffait & delict de celuy, auquel ils ont succedé, est traicté* in l. vn. C. ex delictis defúctor. *qui est aussi* in C. Hermogen. *& s'entend icelle* de priuatis delictis, ex quibus ciuiles actiones dabantur, vt furti, iniuriarum, vi bonorum raptorum damni iniuria dati, *& autres semblables. Mais en France par ce qu'on s'arreste peu à la distinction des crimes publics, & delicts priuez, i'ay veu obseruer que si pour quelque meffaict y a action ciuile intentee contre le deffunct, ses heritiers seront tenus apres sa mort de la reprendre, & payeront ce qui sera adiugé pour le delict & meffaict du defunct : & si n'y a eu aucune action intentee contre le defunct viuant, ses heritiers ne seront tenus de son delict, sinon d'autant qu'ils en auroient profité,* & in quantum ad eos peruenerit, vt est in d. l. vn. ne ex alieno damno, alienóque scelere locupletiores fiant, l. In heredem l. Sabinus. D. de dolo. *Mais si on auroit procedé extraordinairement contre le defunct, les heritiers ne seront tenus d'entrer en la poursuite criminelle, ains faudra les poursuiure ciuilement pour l'interest ciuil, qu'on auroit peu pretendre contre le defunct : car le crime est esteinct par la mort, & d'iceluy on ne peut plus faire poursuite apres le decez de l'accusé, toutesfois la poursuitte ciuile pour l'interest n'est esteinte, comme i'ay veu iuger par arrest donné à la Tournelle sur vn appel du Preuost de Crecy en Brie, pour raison d'vn homicide, le treziesme iour de Mars, mil cinq cens soixante trois. Mais le crime de leze Maiesté pour son atrocité, ne s'esteint par mort, ains le procez peut estre faict à celuy qui en est trouué coulpable apres sa mort, pour condamner sa memoire & confisquer ses biens,* vlt. D. ad leg. Iul. maiestat. l. pen. & vlt. C. eod.

DE NONCIATION DE NOVVELLE OEVVRE ET DE L'INTERDIT OV TROVBLE QVI SVR CE se peut faire. TILTRE XXXII.

DE denonciation [a] de nouuelle œuure, & de l'interdit ou trouble qui sur ce se fait, te puis monstrer par ce qui s'ensuit. Si sçachez que denonciation de nouuelle œuure si a lieu, si tost qu'aucun fait ou fait faire nouuelle œuure au preiudice d'œuure d'autre : celuy qui sent que c'est en son preiudice, le peut defendre & denoncer à non faire de soy mesmes sans autre auctorité de soy mesmes, ne n'y conuient grace de Iuge ne commission, ne sergent pour ce faire. Si sçachez que denonciation de nouuelle œuure si se peut faire par trois voyes & manieres, c'est à sçauoir. La premiere maniere par cause & raison naturelle, si comme si aucun fait & commet aucune nouuelle œuure sur ce que ie maintiens estre sur mon heritage, ie luy puis denoncer à cesser par cause & raison de droict foussier.

Item la seconde maniere si est par cause & raison du publique: si comme quand le seigneur d'vn lieu ou d'vne ville ait defendu à faire aucune chose sur le regret de la ville, & aucun sur ceste defence fait aucune nouuelle œuure sur celuy regret qui m'est preiudiciable, & où i'ay interest, ie luy puis defendre & denoncer à cesser ceste nouuelle œuure par cause & raison du publique.

Item la tierce maniere si est par cause & raison intepofite, si comme quand aucun a seruage acquis sur l'heritage d'autre, & celuy qui le seruage doit veut faire nouuelle œuure au preiudice de celuy qui a le seruage. Ie te le monstreray cy par exemple. *Vn exemple de ce.*

I'ay maison ioignant à autre, laquelle ainsi ioignant est de condition qu'elle ne peut estre leuee plus haut pour moy oster mon air & ma veuë: si leuer on la veut, ie le puis defendre par denonciation de nouuelle œuure par cause & raison interposite: si sçachez que ceste denonciation est de tel effect, si tost que celuy qui s'en sent, si comme dit est, troublé s'en apperçoit, il peut venir sur le lieu où on faict & commence ceste nouuelle œuure, & dire à ceux que là trouuerra, soit qu'ils soient de gens de celuy qui ce faict faire ou non, soit que celuy y soit qui l'ouurage fait ou nõ, & doit ainsi dire aux ouuriers & assistans qui là seront trouuez: Vous faictes cy nouuelle œuure en mon preiudice, ie vous denonce que vous vous cessez de faire, & desistez entierement, & de ce que fait auez, ie fais protestation que tout soit demolly & reparé, & que amendé soit si auant que Iuge esgardera qu'il appartiendra. Et doit le denonceant auoir vne pierre en sa main, & ietter parmy la nouuelle œuure en tesmoin de la denonciation ainsi faite, & à tel iour si soit souuenance des assistans. Et ne le conuient ia autrement faire denoncer à celuy qui la nouuelle œuure fait faire, si present n'y est trouué, mais bien luy facent les ouuriers sçauoir si bon leur semble, car si depuis il y estoit ouuré, ce seroit attempté, & cherroit en peine & amende d'attemptas, & de fait conuient que l'ouurage soit cessé du tout, iusques à ce que celuy qui l'ouurage fait faire, fait conuenir & denoncer pardeuant le Iuge à sçauoir pour quoy il à fait ceste nouuelle denonciation. Et sera le faiseur de l'ouurage demandeur en ce cas, & le denonceur possessionnaire, ou possesseur de sa denonciation, qui est grande dignité en procez. Et lors le denonceur comme defendeur & possesseur soustiendra la denonciation & les causes qu'il a de ce faire. Mais selon aucuns il est de necessité que ceste denonciation soit faite dedans l'an que ceste nouuelle œuure est commencee. Et la cause mise en Cour, le procez si doit estre fait dedans trois mois à la fin que l'œuure soit faite & parfaite si estre doit. Si non, & que le procez ne puisse estre fait ne parfait dedans les trois mois, si le faiseur de la nouuelle œuure requiert, disant que le procez est apparant de durer longuement, & par ainsi l'œuure qui est necessaire & proffitable, pourroit aller à perdition, & tout ce que commencé est, que par caution suffisante il puisse parfaire son œuure: sçachez que le Iuge d'office peut & doit pouruoir à ce que l'ouurage se parface, parmy baillant suffisante caution au cas que tort auroit, de tout oster & demollir quanques faict en auroit, & tout remettre au premier & deu estat, rendre, & refondre au denonceur les despens dommages & interests, auec l'amende de nouuelle œuure par luy encommencée & faicte, & autrement ne se peut ne ne doit faire. Si sçachez que celle denonciation est de telle vertu, que en tous nouueaux ouurages se peut assoir, fors [b] en seruage de chemin & voyrie qui est & vient par seruage, car lors s'en conuient retraire aux droicts de voyries, ou par complaincte de nouuelleté qui descend de droict de denonciation de nouuelle œuure, & ne faut ne cesse, supposé que de nouuelle œuure qui ainsi se feroit fust à pupille, ou à furieux, ou à expatrié, qu'il conuint que l'œuure se cessast, & que le pupille, ou le furieux, ou l'expatrié ne se rendist demandeur & fist, ou qu'ils fussent fondez pour estre demandeurs contre le denonceur, Car comme dict est, le denonceur est defendeur & possesseur en la cause selon la loy escrite. *C. de no. ope. denonciatio. l. Vnica. & ff. eo. per tot. titu.*

Il y a certain stile au Chastelet de Paris touchant ceste matiere, lequel est *Additio.* *mis au liure des ordonnances Royaux vers la fin, sous le tiltre qu'on dict estre l'extraict du stille de Chastellet, touchant la massonnerie; & le tiltre seruant à ceste denonciation de nouuel œuure.*

ANNOTATIONS SVR LE TILTRE TRENTE ET DEVXIESME.

a N*onciation ou denonciation de nouuelle œuure, de laquelle i'ay aussi traicté au premier liure, est vne prohibition de ne bastir & edifier nouuelle œuure: elle se faisoit ou pour conseruer nostre droict, ou pour empescher le dommage, ou pour maintenir le droict public: & ce ou par parole du nonciateur, ou par iect de pierre, ou par mise de faict, ou auctorité du Preteur*, l. 1. §. nonciation. l. De pupillo. §. meminisse. *Mais en France pour le droict public la nonciation n'est practiquée, par ce que les particuliers ne sont parties capables pour poursuiure vn droict ou interest public, ains c'est de l'office d'vn Procureur du Roy ou Fiscal. Et les trois premieres manieres de faire nonciation, qui se faisoient par le nonciateur de sa priuée auctorité sont hors d'vsage, d'autant qu'elles resentent de voyes de faict: aussi le iect de pierre se doit entendre non de ietter vne pierre dans le bastiment, comme mal on l'interprete vulgairement, ains de tirer & arracher vne pierre du bastiment pour l'abbatre* d. §. meminisse. l. Et si fortè. §. 1. D. si seruit. vindic. *on ne practique en France que la derniere maniere par auctorité du Iuge: & les parties estans* ouyës par deuant luy il ordonne si la denonciation tiendra, ou si celuy qui a commencé de bastir, continuera l'œuure en baillant caution : encores qu'on allegue vn arrest du mois de Nouembre mil cinq cens treize. ou mil cinq cens quatorze. par lequel auroit esté infirmée la sentence du Iuge, qui auoit permis de bastir nonobstant la denonciation, en baillant caution de demolir s'il estoit ordonné en definitiue. Toutesfois Lucius de Placitis curiæ, recite autre arrest par lequel auroit esté permis de paracheuer l'œuure : dont appert que telle cause est arbitraire, dependant des diuerses raisons & circonstances qui se presentent. Quant aux peines contre celuy qui ne laisse de bastir, nonobstant la denonciation, ou celuy qui a iniustement & à tort denoncé, elles ne sont en France plus grandes, que des dommages & interests : sinon pour le regard du public, ou quelquefois on adiuge des amendes.

b Il fut l'opinion de Hostiensis in summa de operis noui nuntiat. §. quis possit facere, qui est receuë en practique, que la denonciation de nouuelle œuure n'a lieu és seruitudes rustiques, & heritages des champs, en faueur de l'agriculture, qui concerne le bien public, & quæ nec momento suspendi debet : laquelle on fonde sur leg. Si eo loco. D. si seruit. vindic. & leg. Qui viam. D. de operis nou. nunciat. suyuant lesquelles on se doit pouruoir par vindication, ou autre semblable action. Mais par ce quon allegue d'autres loix au contraire, ie remettray ceste question à ce que i'en ay escrit au quatriesme liure des Pandectes.

LA MANIERE DE FAIRE VNE CHASSE A VEVE D'OEIL QVI DONNE CAVSE de poursuyuir le prisonnier.

TILTRE XXXIII.

a IL est assez de coustume selon l'vsage de Cour laye de faire vne forme & maniere de chasse à veuë d'œil qui donne cause de poursuiuir vn prisonnier ou malfaicteur puis que accueilly seroit dessous la iustice dont on le poursuiueroit, & s'enfuist dessous autre seigneurie ou iustice : sçachez que si tousiours est chassé & poursuiuy promptement par les officiers du seigneur, dont & dessous qui il auroit esté accueilly, poursuyuir le peuuent iceux officiers par bon exploict si auant que troué l'auront & prendre & arrester dessous autre iustice ou seigneurie, & le r'auoir par le consentement du seigneur ou Iuge dessous qui il seroit trouué. Et s'il aduenoit que par les sergens & officiers du seigneur dessous qui il seroit trouué, fust premierement arresté : puis que ce seroit en chasse telle comme dict est, que les coustumiers

stumiers appellent chaude chasse, si le doiuent r'auoir les poursuiuans: & leur doit estre le prisonnier rẽdu s'ils le requierent, supposé que les poursuiuans en le chassant en eussent perdu la veuë aucunesfois on non, ou que mis ne assis la main n'y eussent, car il est entendu que bien y est la main assise, quand pour present meffaict on le poursuit à chaude chasse.

Item ainsi dois sçauoir & entendre d'vn prisonnier eschappé de prison qui poursuiuy seroit par les officiers dessous qui il seroit eschappé.

Item ainsi dois encore sçauoir & entendre d'vn banny qui seroit veu depuis le ban sur la terre de son seigneur sous qui il seroit banny, si poursuiuy estoit par les officiers du seigneur, & accueilly de la terre dont il seroit banny: car tous ces cas dessusdits sont entendus cas de present meffaict, ou cas dessusdit.

De ceste chaude chasse est faicte mention en mon vieil practicien, qu'autrement est appellé pour suitte de prisonnier, lequel en quelque autre iustice qu'il seroit arresté, doit estre rendu à la iustice, dõt les officiers le poursuiuent si pour autre plus grand cas il n'y auoit esté preuenu, comme i'ay noté cy dessus.

Vn exemple de ce.

Il aduint qu'vn appellé Loyset le Museur en l'an 1380. estoit banny de la ville & cité de Tournay, & luy ainsi banny qu'il estoit s'embatit sur la banlieuë de ladite ville, & fut veu des sergens, lesquels sergens se prindrent à chasser pour le prendre, & tant le chasserent à celle veuë, qu'ils le suyuirent jus de la banlieuë sur la terre du Roy, à pur & sans moyen qui est du Bailliage de Tournesis, & là le r'ateindrent & prindrent. & arresterent, & le ramenerent en la prison de ladite ville de Tournay. Or s'ensuit que le Baillif de Tournesis qui est Baillif Royal, pour la prinse qui auoit esté faicte sur son Bailliage, requist aux Preuost & Iurez d'icelle ville à estre reparé pour le Roy de la prinse que faite auoit esté en son Bailliage & dont il auoit esté despouillé contre raison. Lesdits Preuosts & Iurez disans du contraire, & que despouillé n'auoit esté en aucune maniere, car par leurs sergens ledit Loyset auoit esté chassé à veuë d'œil, & à chaude chasse de leur banlieuë, iusques là où il auoit esté prins par leurs sergens, & comme de present meffaict chassé de leur iurisdiction dont il estoit & est bãny par ses demerites, pourquoy puis que c'estoit en chaude chasse, il n'y appartenoit quelque restablissemẽt ne reparation. Ledit Baillif disant du contraire, & que supposé que chassé l'eussent de la banlieuë, puis que prins & arresté l'auoient hors de leurs termes & en autre iurisdiction, d'illecques ne le deuoient extraire sans le sceu & licence du iusticier dessous qui ils l'auoiẽt trouué, & sans le requerir estre ainsi fait. Lesdits Preuost & Iurez replicans, & disans au contraire, & que sauue la grace du proposant, car supposé que par les propres gens & sergens dudit Bailliage eust esté prins & trouué, puis que ce auroit esté en chasse & poursuitte de sergens de ladite ville de Tournay & à veuë d'œil, si conuiendroit il de raison que rendu leur fust, pourquoy. &c. Sur ces debats il fut accordé entre les parties que la matiere seroit requise sur le conseil à Paris. Le cas exposé au conseil, c'est à sçauoir monseigneur des Marez, maistre Pierre l'Orfeure, maistre Iean Põpaincourt, & maistre Eustache de la Pierre, fust conseillé qu'en tant que les sergens de la ville poursuiuoient le malfaicteur à chaude chasse, il est appartenu puis que trouué l'eussent dessous autre iurisdiction, que l'eussent tenu tousiours & gardé, iusques à ce que par le seigneur dessous qui c'estoit faict & trouué & par son sceu l'eussent r'amené, car ainsi pourroit-on despoüiller tous seigneurs pour dire nous l'auons fait à chaude chasse: ergo, &c. & seroit de prime face le seigneur ainsi despoüillé sans cognoissance de cause, qui dure chose seroit au Iusticier : & pour ce fut deliberé par le conseil que les sergens le pouuoient bien auoir prins sur la terre du Roy, mais extraire ne l'en deuoient sans la licence du Baillif Royal qui rendre leur deuoit, &c.

Vne autre exemple pareille.

Item ie veis vn autre exemple en la Cour du Roy en Maire en Tournesis, lors Gouuerneur de Monseigneur Tristan du Bois. Il aduint que vn marchant vint barquigner draps de soye & mercerie d'vn mercier de Tournay, & en ce barquignant embla vn drap de soye, & le mit dessous son manteau, & à tout ce le larrõ se partit & s'en alla à Orchies vne ville à quatre lieuës de Tournay. Si tost que le mercier s'apperceut du larcin, il le fit poursuiuir par les sergens du Roy, qui tousiours en chaude chasse le suiuirẽt, tant qu'on le chassa. Et le larron allant encore sa voye, le trouuerent en ladite ville d'Orchies, & illec pour ce que c'estoit sous Flandres, le firent prendre & arrester à tout le larcin sur luy, requerans que consideré qu'à chaude chasse l'auoient poursuiuy, qu'il fust rendu & deliuré pour r'amener au lieu où il auoit prins le larcin, & dõt il estoit poursuiuy à chaude chasse. Les officiers dudit lieu d'Orchies furent refusans de le rendre, disans que premier y auoient mise la main, & que combien que les sergens disoient ce, si n'auoient-ils oncques mis ne assis main à luy, & peut estre en auoient perdu plusieurs fois la veuë dedans la voye de Tournay, iusqu'audit lieu d'Orchie, pourquoy ce n'estoit mie chasse si chaude à veuë d'œil continuee en poursuiuant à cry & à hu, si ne le doiuent pas rendre. Le Procureur du Roy disant que si, & que ce suffisoit & valloit main mise, & assise ce que poursuiui estoit à chaude chasse, & que si la veuë en auoit esté perdue, si estoit-ce par les hayes & buissons, non par arrester de le poursuiuir, & auoit le larcin esté fait sous le Roy en la iurisdiction de Tournesis dont il estoit poursuiuy, &c. pourquoy rendu deuoit estre. Le cas venu au conseil à l'Isle, qui est ressort dudit lieu d'Orchies, il fut dit que le prisonnier deuoit estre rendu, & fut ramené és prisons du Roy à Tournay, & par le Baillif du Roy fut iugé à pendre pour ledit larcin, & executé à la iustice, à Maire.

Du mot hu qui signifie grande clameur, vient le verbe huer.

Autre exemple en tel cas.

Vn larron fut chassé de Ioloing à chaude colle & à veuë d'œil, il saillit en l'Escault, & passa outre au nouer, iusques sur la terre de Blangue qui est au seigneur de Ligne qu'il tient en haute iustice de Mortaigne, & par ses sergẽs fut prins & arresté, combien que les gens du Roy le poursuiuissent à chaude chasse, & à veue d'œil, & à cry, disant à tous, tenez le larron. Et ainsi arresté ledit larron, le sergent & ceux qui le chassoient, vindrent incontinent mettre la main au prisonnier. Les gens & officiers de Ligne à cause dudit lieu de Blangue disans du contraire, & que premier l'auoient veu : Il fust dict par deliberation de conseil à Paris, que puis que les gens du Roy ou du seigneur dessous qui il auoit esté leue à chaude chasse, & à veuë d'œil, & tousiours poursuiui à cry & hu. en entretenant leur chasse, qu'à eux deueroit demeurer le prisonnier, & la cognoissance du cas.

Additio.

De hac materia quando quis est repertus in flagranti delicto, & tunc familia illius iudicis sub quo deliquit, poterit eum prosequi quocunque vadat, ex quo incepit eum sequi in suo territorio, quod est licitum iudicibus per l. Quod ait lex. ff. de adult. & ibi Bal. qui tamen dicit in l. Sicuti. §. aristo. ff. si seruitus vendi. quod capiens aliquem malefactorem in alieno territorio, tenetur actione iniuriarum ei cuius territorium offendit, per tex. ad hæc notabi. in cap. ex parte. extr. de verb. signi.

L'opinion de Balde de actione iniuriarum n'est rec ue : quod enim iure fit, non potest dic' iniuria factum.

De ceux qui prestent confort & aide en cas de delict à vn malfaicteur.

Des complices, fauteurs & adherens des crimes a esté traicté au premier liure.

TV peus & dois sçauoir qu'en cas de delict faire ou prester confort au malfaicteur & delinquant, vaut autant comme faiseur, *qui agentes & consentientes, &c.* Si en vis aduenir vn cas sur ceste matiere. Il aduint qu'vn bourgeois de Tournay, si eust contend & question contre vne autre personne de la ville de sainct Amand en Peule, qui est à quatre lieuës de Tournay Et tant que ledit de Tournay se print par luy & par ses amis complices en ceste partie à aller querir en ladicte ville de sainct Amand, le bourgeois d'illec qui estoit son ennemy, dont il aduint que pour aller celuy de Tournay plus fort, il emprunta à aucuns de ses amis aux vns varlets, & aux autres cheuaux. Et luy venu en la ville de sainct Amand, il fist inuasion & assault sur son ennemy, & assaillit sa maison en demandant le ferir, & en y eust de nauez d'vne partie & d'autre. Ce faict le procureur du Roy s'en informa sur les parties d'vn costé & d'autre. Et tant que pour-ce qu'il trouua que par aucuns auoit esté audit de Tournay faicte commutation entant que presté luy auoient cheuaux & varlets, les varlets furent adiournez, & aussi furent les maistres qui ce auoiēt presté à l'encontre du procureur du Roy nostre Sire, & à l'encontre de partie, iaçoit ce que les maistres n'y eussent esté, mais que pour le cōfort & prest que faict y auoient. Les adiournez sur ce proposerent alibi, & que varlets & cheuaux n'y auoient prestez par maniere nulle, ne qu'ils sceussent qu'auoit empensé à faire celuy à qui presté l'auoit, & à ce faire furēt receus. Et pour-ce qu'il fust trouué que prestez n'y auoient cheuaux ne varlets, ils furent absous de l'impetition & demande du procureur du Roy & de partie. Mais selon que les sages disoient, que si prouué n'eussent leur alibi : ils eussent esté condamnables comme complices & faiseurs par les prests qu'on leur imposoit auoir faicts audict delinquant, &c.

QVEL CHOSE S'ENSVIT A FAIRE A DEMANDER RENVOY EN COVR.

TILTRE XXXIIII.

Du renuoy des causes tât ciuiles que criminelle, & des persônnes a esté amplemêt traicté au premier liure, où faut auoir recours.

A Renvoy de Cour demander peus & dois sçauoir qu'il faict trois choses : c'est à sçauoir Iuge à qui le renuoy soit demandé, & qui le puisse faire, Iuge ou seigneur ou personnne pour luy, qui son suject demande à r'auoir ; lequel ait telle iustice que pour cognoistre du cas dont le suject est occupé si c'est deuant le souuerain du Iuge qui demande le renuoy, & si c'est deuant Iuge ou Seigneur voisin, lors le peut demander à toutes fins. Et si y faut le tiers point que le seigneur suiect requiere à son seigneur le renuoy, car selon les coustumiers les deffaillãs en l'vn de ces trois points renuoy ne s'y appartient, car si le suiect qui est occupé, n'auoit son seigneur qui le requist, iamais à la requeste du suiect, le renuoy ne se feroit. Car il seroit sans Iuge, que raison ne peut souffrir que querelle soit sans Iuge. Ne aussi le seigneur n'a cause de demander renuoy si son suiect ne l'en requiert. Ne le Iuge deuant qui la cause est, n'a cause de renuoyer la querelle si requis n'en est. Dont il s'ensuit qu'il y conuient tous les trois points dessusdicts : ou autrement deüement ne se faict. Toutesfois veulent dire les clercz que renuoy demander se peut bien faire par le seigneur du suiect sans ce que le suiect le requiere, car dure chose seroit si le suiect se requerre ne se vouloit, peust faire à son seigneur preiudice que de luy oster sa cognoissance sans sa coulpe, ne luy oster ainsi sa iurisdiction. Si t'en monstreray vn exemple.

Il a esté noté cy dessusque le seigneur veut demander le renuoy, encoresque son suiect ne le requiere, & ce pour la conseruatiõ de sa iustice, dont on peut voir Imbert lib 1 Inst. cap. 22. & autres practiciens qui en ont amplement escrit. Additio.

Istud est de iure, vt criminosus remittatur puniendus corporaliter ad suum dominum habentem iustitiam : tex. est in §. si quis vero comprehensorum in Authen. vt nulli iudic. & vide Bart. in lege Requirendi C. de seruis fugit. & Salicet. in lege 1. C. vbi de crimi. agi opor. & ad hoc vt fiant tales remissiones, oportet iudicem esse debitè requisitum, vt not. Cyn. in Authent. qua in Prouincia C. eodem tit. vbi de crimi. agi. opor. & vide casus qui requirantur ad faciendas huiusmodi remissiones per Guido. Pap. in quæst. 202. vbi multa conferentia ad hanc materiam adducit. Et quid de consuetudine sit dicendum maxime quid obseruetur Parisius, annotaui sup. 1. lib. sub. tit. de la punition des crimes & delicts, *fo. 53. Co.* 4.

Vn exemple sur ce.

Il aduint en l'an 1385. que le Procureur de l'hospital de nostre Dame de Tournay, si demanda certain lay faict audit hospital par feu Philippe Vuiart en son viuant, & en fist conuenir pardeuant le gouuerneur de ladicte ville de Tournay, la veufue du fils dudit Philippe, à fin d'auoir le lay. Le Procureur de la ville sentant que ceste veufue estoit suiecte des Preuost & Iurez d'icelle ville, si requist auoir le renuoy pardeuãt lesdicts Preuost & Iurez. Le Procureur dudit hospital disant du contraire, & que c'estoit cas priuilegié, dont au Roy qui a la preuention des testamens, doit appartenir la cognoissance, & d'autre part ladicte veufue ne le requeroit point que necessairement il appartenoit faire & auoir. Le procureur de la ville disant que testamens auoir cognoissance sont en possession les Preuost & Iurez, & d'autre part ce n'est pas cogneu d'vn testament, de cognoistre d'vn lay, car ce n'est point que contend soit des forces du testament, que les clercs appellent *de viribus testamenti*: dont peut estre le Roy auroit la cognoissance, si premier on s'en trayoit à luy, mais ceste querelle n'est fors que de don de lay qu'õ veut prouuer par le testament, pourquoy, &c. Et si ladicte veufue qui est suiecte ausdicts Preuost & Iurez, par sa simplesse ne se requiert estre rẽuoyée, ce ne doit preiudicier ausdicts Preuost & Iurez, que pour-ce leur iustice en soit follée, esquels n'est trouué faute de droict faire, &c. Tout veu il fust dit par le Gouuerneur que renuoy ne s'en feroit. De la partie du procureur de la ville en fust appellé en Parlement. La cause venuë & ventilée audit Parlement, il fust dit par arrest que mal auoit esté appellé par lesdits Preuost & Iurez, & bien iugé par ledit Gouuerneur. Mais ce fust il dit mal appellé pour ce que des testamens on se trairoit premier au Roy.

Arrest de Parlemẽt, fondé sur la preuẽtiõ qu'a le Roy pour la cognoissãce des testamens, quorum factio publici iuris est, l. 3. D. Qui test. facere poss.

Item que souuerain seigneur peut demander le renuoy de son subiect, sans ce que le seigneur de qui le suiet tient par moyen, le demande. si t'en monstreray vn exemple.

Exemple sur ce.

Il aduint en l'an 1379. qu'vn Bourgeois de Tournay si fist conuenir vn autre pardeuers le Baillif de Vermandois pour cause de rente de blé, dont l'hypotheque seoit en Vermandois, dessous l'Euesque de Tournay à Vuez. Le bourgeois cõuenu si tenoit ceste hypotheque d'vn seigneur suiect par moyen en souueraineté de l'Euesque comme par souuerain, & aussi requeroit audit Euesque qu'il le requist. Ce renuoy demandé en iugement, le demãdeur primerain se defendit à ce disant que la solennité qui à renuoy appartenoit, n'estoit point gardée en ceste partie, car le seigneur de qui la chose contencieuse estoit tenuë, ne s'apparoit, ny ne demandoit le renuoy: pourquoy, &c. La partie disant du contraire, & que seigneur auoit bien quand il auoit son souuerain seigneur, & que si le seigneur moyẽ ne s'en vouloit mouuoir, pour ce ne demeureroit pas que puis que seigneur auoit, & suiect qui demandoit le renuoy, que bien y estoit gardé l'ordre de renuoy demander. Tout veu, il fust iugé par ledict Baillif que ledit Euesque si deuoit auoir le renuoy de la cause. De la partie du demãdeur en fust appellé en Parlement. La cause d'appel ouye audit Parlemẽt il fust dit mal appellé, & bien iugé, & fust ledit demandeur condamné és despens, & en amende de fol appel.

Arrest de Parlement,

Que renuoy n'appartient en trois cas.

Et est à sçauoir que par trois manieres n'appartient renuoy en cause, supposé que seigneur & suiect le requissent, c'est à sçauoir que le suiect estoit prins en present meffaict dont n'y appartient renuoy. Ou si le suiect estoit lié par responce en confessant ou niant, ou promettant à respondre, ou en acceptant le Iuge par peremptoire, car sur declinatoire non, & dont n'y appartiendroit renuoy. Ou si le cas estoit tel qui desirast cas de ressort, ou cas dont le Iuge qui requeroit le renuoy, ne peut cognoistre, lors n'y appartiendroit renuoy.

De soy lier par response en Cour laye, veu vne telle exemple en cas aduenir.

Exemple.

Il aduint qu'vn appellé d'Ardompert fist conuenir pardeuant le Gouuerneur de Tournay vn bourgeois appellé Nicole de Hornut, pour certaine demande pecuniele qu'il luy demandoit. Les parties comparans en Cour, de partie du demandeur fust la demande ouuerte & faicte en iugement, & conclud à fin de paye. De la partie dudict Hornut fust requis que comme il ne sçeust quelle demãde cil luy entendoit à faire, qu'il eust iour à retourner sur ce, & conseil. De la partie dudit demandeur luy fust accordé iour à la quinzaine pour respõdre & aller auant comme de raison seroit. Ledit de Hornut l'accorda simplement & legerement: à la quinzaine ledict de Hornut vint accompagné du procureur de la ville de Tournay, dont ledit de Hornut estoit suiect, & requist le renuoy, &c. Ledit Dardompert y contredist en disant que renuoy ne s'y appartenoit, car ja estoit lié ledit de Hornut par response, car il auoit iour accepté à respõdre pour luy. &c. Ledit procureur disant que si iour auoit accepté à respondre, ce n'estoit mie lien ne litiscontestation en cause, mais n'estoit que de respondre comme de raison seroit, & raison estoit d'auoir le renuoy & la cognoissance de la cause, & que telle responce n'estoit point lié qui le deboutast de sa declinatoire, qui de raison luy estoit deuë, & que dure & estrange chose seroit d'estre ainsi prins & lié par parole legere, pourquoy, &c. Sur ces registres il fust dist & sentencié par ledict Gouuerneur que renuoy ne s'en feroit, mais demeureroit le cas à luy & à sa cognoissance, entendu que ledit de Hornut auoit iour à respondre par son consentement. De la partie dudit procureur de la ville en fust appellé en Parlement. La cause ventilée d'vne partie & d'autre, il fust dict par arrest de Parlement, que bien auoit esté iugé par ledit Gouuerneur, & mal appellé par ledit procureur, & fust la ville condamnée en l'amende, & en despens la taxation reseruée. Et ceste querelle prend sans doute où cas là, où la demãde auroit esté ouuerte par le demandeur, & le defendeur auroit sur ce accepté iour à respondre à autre iour subsequent.

Arrest de Parlement

Cest arrest ne seroit à present suiui, tãt par ce que iour de venir defendre, n'ẽporte cõtestatiõ que d'autãt qu'on tiẽt que la contestation d'ũ suiect pardeuãt vn Iuge où il est appellé, ne peut faire preiudice à la iustice du seigneur, qui luy est domaniale, comme a doctement noté Guenois sur le 22 ch. du liure I d'Imbert, alleguant Guid. Pap. q. 275. & vn arrest donné aux Grands Iours de Poictiers, le 17. Octobre, 1531.

DE RESTITVTION INTERINER. TILTRE XXXV.

De restitution interiner dois sçauoir qu'elle se fait par quatre manieres de cas, & ce selon les coustumiers, c'est à sçauoir en cas de pupilles où il seroit trouué qu'ils seroient deceus, si comme dit est en la rubriche des pupilles au premier liure en son lieu. La seconde maniere si est en cas des expatriez, où il est trouué que par leur expatriation ils seroient deceus, si comme dict est en la rubriche des expatriez au premier liure en son lieu. La tierce maniere si est en tous cas & en toutes ventes d'entre quelconques personnes que ce soit, puis que la deception y seroit trouuee, si comme en la rubriche des ventes & des achapts est plus à plain faite mention cy dessus au premier liure. Et atant pour cause de brieueté m'en passe, car és rubriches dessusdites en est assez traicté selon qu'en Cour laye en est de necessité.

DE COMMANDEMENT. TILTRE XXXVI.

Item de chose faite au commandement d'autre, qui est specifiee audit premier liure en son lieu, en veux parler plus pleinement que ie n'ay fait. Et de rechef sçachez que si tu payes aucuns deniers par coustume de pleigerie, où tu estois obligé à la requeste d'autre pour qui tu auois fait ceste pleigerie, sçachez que tu as action de recouurer ce que payé en as, sur celuy pour qui tu as ce payé, par action de commandement qui est fait par ce qui t'en requist à la pleigerie faire. *C. mandat. l. Cum ex causa fideiussionis.*

Ceste action s'appelle autrement mādati, de mādement, de laquelle a esté traicté cy dessus.

De procureur d'autre faire aucuns frais.

Tu peus & dois sçauoir que si le procureur d'aucun faict aucuns frais qui preste du sien en exerçant le fait de sa procuration pour son maistre, sçachez qu'il a action de commandement de recouurer les despens qu'en ce aura faits, sur le maistre de qui il est procureur, supposé qu'encore perde la querelle pour son maistre, si ainsi n'est qu'il appere clairement que le procureur si ait commis tel vice, ou telle negligence, ou telle mauuaistié, ou telle corruption, que par trop grande nicheté, ou par trop grande simplesse, ou ignorance, le procureur ait laissé le bon droict de son maistre perdre, car lors n'y auroit le procureur nul recouurer, mais l'amenderoit à son maistre, & si seroit tenu des despens. *C. Rubr. dict. l. Etiam si contrariam.*

D'estre pleige pour autre sans requeste.

Encore de commandement de pleigerie, peus & dois sçauoir que s'il aduenoit qu'aucun fust present, où on demandast à vn autre sien amy aucun argent, & que cil à qui on le demanderoit, ne fust pas aisé de le payer presentement, & celuy qui ainsi seroit là present, le promist à rendre pour le debteur, & en demeurast par courtoisie pour oster celuy de dommage & de blasme, & apres iceluy qui auroit ainsi payé l'argent par plegeure gracieuse, vousist r'auoir ce que payé en auroit, de celuy pour qui ce auroit esté ainsi faict, & celuy ne luy vousist rendre, & dist que de sa volonté l'auroit payé sans ce qu'il l'en requeust oncques, ny ne promist à rendre: l'autre luy diroit & respondroit, ie le fis par amour, par courtoisie, & pour vous oster de dommage & de blasme, & si vous ne le promistes à rendre, toutesfois si le payay-ie pour vous oster de dommage, & en demeuray vous present, & pour vous, & en vostre nom sans ce que vous en dictes du contraire, mais taisiblemẽt l'eustes pour agreable comme se fust pour vous: sçachez que le plegeur qui ainsi faict a action de commandement de recouurer ce que payé en a, sur celuy pour qui ce a faict, nonobstant qu'il ne l'en requist. *C. si fideiussor pro reo.*

Pro hoc dicas quod si fideiussisti pro aliquo, & soluisti, tamen repetere potes id, licet non sit tibi mandatum ut fideiuberes, nisi is contradixerit, vel animo donandi fideiussum esset, vel in rem suam, vel in turpem rem, vel contra bonos mores, ut ff. mandat. l. Si remunerandi. §. si passus. & l. Si vero non re. §. si adolescens. & l. Si per te.

La raison l. Si fideiussor. pro reo. est parce que la promesse auroit esté faicte en la presence du debteur, qui n'y auroit contredict & partant est reputé y auoir dõné consentement, & tacitè mandasse iuxta l. 60. D. de diuers. regul. iur. l. 18. mandat. & al.

De prester ou payer pour autre par lettres à luy enuoyées.

Et s'il aduient qu'aucun preste argent ou paye par le commandement qu'vn autre luy en faict, par lettres qu'il luy enuoye en disant, ie vous prie que vous me prestez à vn tel cent liures qui ie luy dois: sçachez que celuy qui ainsi preste & paye l'argent par la lettre à luy enuoyée, a double action, de cõmandement contre celuy qui les lettres luy enuoya, de r'auoir ce que presté luy a à son commandement: & contre celuy à qui il paya & bailla l'argent, & il a action d'emprunt qui est appellé commandement d'emprunt *C. Rubr. dict. l. Si literas eius.*

D'emprunt faict pour pupilles.

Par action de commandement dois sçauoir que qui en faisant les besongnes d'aucuns pupilles met conuenablement du sien, ou pour ce emprunte, r'auoir le doit sur les biens aux pupilles. *C. Rubr. dict. l. Si tibi pupillorum.*

D'vn procureur laisser la cause de son maistre dommager.

Par la loy escrite peus & dois sçauoir que si ton procureur a laissé ta cause adommager & perir par soy & par sa simplesse, ou à escient, sçachez que tu as action de commandement contre luy de recouurer contre luy le dommage que tu y as. *C. Rubr. dict. l. Cum per procuratorem.*

Ceste question a esté amplemẽt traictee au premier liure.

D'issir du commandement de pleigerie.

Tu peus & dois sçauoir que pleige qui a pleigé pour autre, ne peut yssir de commandement de la pleigerie, ne s'en oster, ne deporter tant que le creancier soit satisfaict, si ainsi n'estoit qu'ainsi entrast en celle pleigerie

gerie que hors & deporté en fust à temps ou à condition, si ce n'est la condition du creancier. Et ainsi le veut la loy. C. *Rub. dict. l. Si pro ea.*

Hic tractatur quando fideiussor agere possit, & regulariter non potest agere antequam soluerit, nisi in casibus notatis in dict. l. Si pro ea. & adde alium casum quando diu stat debitor in obligatione. & pro hoc & alios casus vide per glos. in dict. l. Si pro ea. C. eodem mandat. *Additio.*

De commandement en faict de marchandise.

Et s'il estoit aucun qui baillast argent à autre pour acheter aucune marchandise, & il soit ainsi que celuy qui recent le commandement & le accepta, ne accomplist sur ce le commandement à luy faict, sçachez qu'il est tenu de redintegrer le dommage que a eu celuy qui l'argent bailla, par la faute de non auoir accomply celuy commandement si cause n'a d'excusation tres-iuste & tresraisonnable. C. *Rub. dict. l. Ad comparandas merces.*

Tenetur quāti interest mādatoris, il est tenu aux dommages & interests de celuy qui luy a donné le mandement.

De peril qui est au command d'autres besoignes faire.

Tu dois sçauoir que en chose commandée à deux perils, c'est à sçauoir peril de perdre les deniers. L'autre si est de honte & blasme, qu'on y peut auoir qui tourne à grand preiudice selon le cas. Car autruy besoignes emprendre à faire, & non faire, ou mauuaisement faire, chet en preiudice de celuy qui le commandement en a, mais les siennes besoignes peut on faire à son propre peril, pour ce que on n'en a à nully rendre compte C. *Rub. dict. l. In re mandata.*

Cicero pro Sext. Roscio, mandati non minus turpe esse iudicium, quàm furti tradit.

Hic bene, honte & blasme. condemnatus enim mandati directa, est infamis, ut l. 1. §. qui pro socio, & l. Furti. §. mandati. ff. de his qui notant. infam. hoc tamen est verum quando damnatur propter suum dolum: secus vero si propter suam culpam, ut dicit glos. in dict. §. qui pro socio. *Additio.*

DE STIPVLATION.

TILTRE XXXVII.

ITEM nonobstant que stipulation est notée au premier liure & en plusieurs lieux où i'ay traicté des Stipulations: encore en veux plus plainement parler que ie n'ay fait. Et si est à sçauoir que ainsi veut estre entendu le cas de ceste loy. C'est que l'obligation sans stipulation est paction nue, & dont vraye action ne s'engendre qui puisse porter execution. Mais quand à l'obligation que veut faire à vn autre, à Stipulation, c'est à dire que si celuy qui s'oblige est present, & aussi celuy à qui on se veut obliger pardeuant Iuge, Tabellion ou Notaire, ou autres commis à receuoir contracts, promesses, & conuenances, dont on se veut obliger, & lettres sur ce auoir, sçachez que selon la loy escrite, il faut qui deuëment le veut faire, que les parties soient presentes à ce, deuāt celuy qui l'obligation peut & doit receuoir, & que l'obligeant promette ce dont il l'oblige à le rendre & payer à la voulenté de celuy à qui volontaire obligation se fait ou dedans certain iour, & soit contenuë & declaree la cause, pourquoy l'obligation se fait, & que ce soit promis à satisfaire & payer par foy, & par quind, ou peine, & que celuy à qui on s'oblige soit aussi present, ou Procureur fondé pour luy qui ceste obligation reçoyue & aggree en disant ainsi, qu'en ce qui cy est ainsi dit & escrit, vous vous obligez à moy & le promets à tenir. Et le Tabellion ou Notaire, ou celuy deuant qui on s'oblige, le doit ainsi faire auoir en conuent à l'obligeant, & demander à celuy à qui on s'oblige, si ainsi luy agree, lequel doit respondre que ouy? Et de ce doit demander lettres & requerir, ou autrement auoir ne les doit. Car par droicture de stipulation il faut que l'vn die, tu me promets à ce payer? & l'autre die ouy, ou autrement stipulation est moins que suffisante. *C. de contrah. & commit. stipula. l. Si cum pecun.*

Additio. *Hic inter alia quæ requirantur ad firmandam obligationem, dicit eam oportere esse causitam causa specifica, quia stipulationes sine causa non valent: vt est text. in l. y. §. circa. ff. de dol. except. sed quid si instrumentum siue scriptura loquatur in his verbis, ego Titius confiteor tibi Sempronio debere centum aureos? an per hoc videatur sufficiens causa agendi, cùm ibi non reponatur causa? & est dicendum communiter secundum. l. Cum de indebito. §. fi. ff. de probatio. & cap. si cautio. ex. de fid. instrument. vbi ista abundè per Docto. tractantur. Quid ergo dices de istis vacuis chartis, sigillatis tamen per debitores, in quibus tantum inuenitur scriptum pro tot libris, nunquid probata hac scriptura venit condemnandus is qui scripsit, si nullam exceptionem opponat, nisi quod priuata est scriptura, & obligatio sine causa? an pro actore stet sua petitio fundata? & videtur dicendum quod non, per iura superius allegata. Dic quod quotidie feruntur condemnationes in tali casu. bene verum est quantum ad prouisionem talis charta sigillata sine expreßione causæ non sufficeret. & ad cap. si cautio ext. de fid. instrument. & alia iura, responde quod loquitur quando ad probandam veterem obligationem interponitur cautio sine causæ expressione, quæ exprimi debebat, secus alias. ff. si quis cautio. l. Sed & si. §. quæsitum. In eo autem qui simpliciter spondet non dicens se ex præcedenti causa debere, sed de nouo constituitur, obligatio valet sine specificatione causæ. & est hæc responsio Mart. & Ioan. ad dict. ca. si cautio. & l. Cum de indebito. §. fi. & alia iura. vt annotat. in Specu. ti. de Feud. §. quarto quæritur. Aliter respondet Hostiens. de quo vide Panor. in d. ca. si cautio. Videtur mihi dicendum quod quando quis tantum scripsit in charta vacua sigillum cum appositione numerationis pecuniæ quod per hoc nulla alia causa scripta videtur satis obligatus, maximè quando stetit diu in tali cautione adstrictus, quia taciturnitas illa multum operatur, sicut alias consensum & fidem contractui dat. l. Sub specie. C. de postuland. & tamen dicit text. creditorem debere probare debitum si cautio sine tali expreßione interponatur. cogita super his.*

D'obligation sans stipulation.

SElon l'entendement de la loy obligation sans stipulatiō est trop nuë chose, ne ne chet point en action ferme. Et pour ce si l'obligation est ferme que il n'y ait stipulation, & que l'obligeāt y promettre à rendre par foy ou sur peine le deu, auec les cousts, frais, & mises que faire en conuiendroit par faute de faire l'accomplissement de la promesse, & que il y ayt forme de stipulation, comme dit est au chapitre precedent, sçachez que lors cesse stipulation, & l'obligation ferme. Et si elle contient tous ces membres, ceste obligation est dite nulle, & ne chet en execution, car l'obligé s'en peut repentir, & retourner de voulenté: mais puis que stipulation y a, c'est chose ferme, & qui engendre action certaine. L'autre simple obligation n'est que nuë & parole simple que l'obligeant peut rappeller. *C. Rub. dict. l. Nuda.* Aussi peus & dois sçauoir que toutes stipulatiōs par quelles paroles que elles soient faictes, puis que elles sont faictes par consentement enteriné des parties à ces presentes, sans deception sans paour constant, & entre parties qui obliger se peuuent, font à tenir & n'a nulle difference des langages, car soit que l'vn parle Flamand, & l'autre Alemand puis que les consentemens y sont, ce vaut sans r'appeller. *C. Rub. dict. l. Omnes stipulationes.*

ANNOTATIONS SVR LE TILTRE TRENTE SEPTIESME.

a I'*Ay traicté au premier liure de la stipulation, & monstré que c'est vne espece de contract, dont procede l'obligation de paroles qui se contracte par la demande du stipulant, & response du promettant* l. 1. D. de verb. obligat. *& y en a exemples* in Pseudolo Plauti, & al. *& toutesfois la stipulation interuient souuent aux autres contracts, ayant esté inuentée pour fortifier & confirmer les obligations: ce que dict* Paulus lib. 5. sentent. tit. 7. obligationum firmandarum gratia stipulationes inductæ sunt, quadam quæ verborum solennitate concipiuntur. *Toutesfois les obligations qui procedent des autres contracts, ne laissent sans stipulation d'engendrer actions, comme sont celles de prest, de commodat, de post, societé, emption, vendition, location, conduction, & autres. En quoy appert que l'autheur se seroit abusé: & que pour obligation faut dire paction. Car la paction nue faicte sans cause n'engendre obligatiō, ny action* l. 7. §. sed cū nulla. D. de pactis. *Mais si à la paction interuient & est adioustée stipulation, icelle produira action,* quæ ex stipulatu dicitur, d. l. 7. §. quod ferè. *Et parce qu'il est icy traicté si la stipulation faicte sans cause est valable ou nō,* propter l. 2. §. circa. D. de doli mali & met. except. *Ie diray, comme i'ay monstré plus amplement au quatriesme liure des Pandectes, qu'en bien r'apportant* d. §. sed cūm nulla. & §. quod ferè. *Et considerant tout ce qui est traicté* tit. D. de verb. oblig. & tit. Cod. de contrah. & committ. stipulatione, *on ne trouuera que pour la validité de la stipulation soit requis y auoir cause pour laquelle elle soit faicte. Et partant la faut reputer* valable, pour l'auctorité que le droict Ciuil luy auroit attribuée, iuxta §. Item vobis. Instit. per quas personas cuique adquir. si non qu'il y ait du dol de la part du stipulant, comme s'il se seroit fait par stipulation, sous pretexte de ce qu'il auroit promis de prester argent à celuy auec lequel il auoit stipulé. Et ita intelligi debet d. §. circa. Et eius opinionis fuit Fulgosius acutissimus iuris interpres in l. Generaliter. D. de non numer. pecun.

CY APRES S'ENSVYVENT LES REIGLES DE DROICT, PREMIEREMENT EN LATIN, ET puis en François.

TILTRE XXXVIII.

PVis que dict [a] & compté ay ma Somme rural, dire veux ce que i'ay ouy dire à nos seigneurs & maistres des reigles de droict, que les clercs appellent, *de reg. iuris*, & sont cóme cas briefs lesquels ie mettray, ainsi cóme le docteur les mist en Latin, & apres en Frãçois, ce que autresfois le lisant sur ce a veu & ouy, & pour ce si tost qu'il orra le cas, sa sapience conçoit l'exposition sur ce.

Beneficium [b] Ecclesiasticum non potest sine institutione canonica obtineri. *Ceste reigle dist, que benefice Ecclesiastique ne se peut obtenir sans institution canonique.*

Possessor malæ fidei nullo vnquam tempore præscribit. *La reigle dist, que le possesseur de male foy par nul temps ne acquiert prescription.*

Sine possessione, prescriptio non procedit. *Sans possession, prescription ne se doit acquerir.*

Peccatum [d] non remittitur nisi restituatur ablatum. *Ceste reigle dist que le peché ne se doit pardonner, iusques a ce que satisfait soit à partie de la chose ostée.*

Nemo ad impossibile obligatur. *Nul ne se peut obliger à chose impossible au moins que l'obligation vaille.*

Priuilegium personale sequitur personam, extinguitur cum persona. *Ceste reigle dist que le priuilege acquis par personne, ensuit la personne, & s'esteint & expire icelle personne expirée.*

Semel malus semper præsumitur malus. *La reigle dist, vne fois estre trouué mauuais, est presumé de l'estre tousiours.*

Ratum quis habere non potest, quod ipsius nomine non est gestum. *Dist la reigle * que nul ne doit auoir le conuent pour agreable, lequel n'est faict ou traicté en son nom.*

*L. 185 D eo tit l. 35. D. de verb. oblig §. si impossibilis. Inst. de inut. stip. L. 13 D solut. matr. l. 24 & 25. D de re iud. & al simil. En vne mesme espece de mal. vide l 7 §. 1. D de accusat. l. 5. §. à barbaris. D de re milit. * Nul ne peut auoir pour agreable, ce qui n'est faict en son nom.*

Ratihabitionem retrotrahi,& mandato non est dubium comparari. *Ceste regle dict que ce que en mon nom est faict moy absent, doit valoir quand apres l'ay ratifié.*

L. 6. §. item quaritur. l. 9. & 24. D. de negos. gest. l. 152. § 2. D. de diuers. reg. Iuris

Cum iura partium [e] sunt obscura, reo potius fauendum est quàm actori. *Dict la regle que quand les droicts des parties litigeans sont obscurs, il faut estre plus fauorable au deffendeur que au demandeur.*

In iudicio non est personarum acceptio habenda. *Dict la regle * qu'il n'appartient au Iuge auoir aucune acception ou faueur des personnes.*

** Qu'en iugement ne faut auoir acceptation de personnes. Nouel 8. cap. 1. Ce qui s'étend de iuger par faueur ou hayne des personnes. Demosthen orat. in Midiam. & 2. in Aristocrat. & alij pleriqque.*

Ignorantia [f] facti non iuris excusat. *La regle dict que ignorance n'excuse pas le peché.*

Cum quis in ius alterius succedit, iustam ignorantiæ causam censetur. *Dict la regle * que quand aucun entre en succession & droict d'autruy, il est dict auoir iuste cause d'ignorance.*

** Quand aucun succede au droict d'autruy il est reputé auoir iuste cause d'ignorance à sçauoir de ses dettes, & dont il pouuoit estre tenu. l. 42. D. eod.*

Odia [g] restringi, fauores debent ampliare. *Ceste regle dict, il faut au Iuge restraindre toutes haines, & amplier faueurs.*

Decet concessum à Principe beneficium esse mansurum. *La regle dict qu'il appartient demeurer ferme le benefice du Prince octroyé à aucun.*

Nouel. 10.

Indultum à Iure beneficium non est alicui auferendum. *Ceste regle dict que * ce qui est par droict vne fois faict, ne doit par nul estre deffaict.*

** Que le benefice octroyé de droict, ne doit estre osté à aucun. Nouel. 22 l. 2. & 4. § 5. D. de re iudic. Comme est le benefice de cession*

Non [h] confirmatur tractu temporis quod de iure ab initio non subsistit. *La regle dict que * par long temps ne doit droict estre acquis, qui des le commencement par droict n'est bien fondé.*

** Ce qui ne subsiste de droict des le commencement, ne peut estre confirmé par tract & cours de temps.*

Non est sine culpa, qui rei quæ ad se non pertinet, se immiscet. *Dict ceste regle que celuy n'est pas sans coulpe, qui s'entremet de chose qui ne luy appartient.*

L. 36 D eod. que les interpretes confirment par plusieurs exemples.

Nullus pluribus defensionibus vti prohibetur. *La regle dict, il ne doit estre defendu à aucun de soy ayder de plusieurs defenses & exceptions pertinentes au cas.*

L. 43. D. eod. l. 5. & 8. D. de excep.

Quod semel placuit, amplius displicere non potest. *Ceste regle dict que ce que vne fois aura pleu à aucun, il ne luy pourra cy apres desplaire, ne le r'appeller.*

A ceste regle on peut rapporter celle qui est cy apres, Mutare consiliũ & l. 75. D. eod Pour monstrer qu'on ne peut reuoquer au preiudice d'autruy ce qui a esté vne fois accordé.

Non debet a'iquis alterius odio prægrauari. *Ceste regle dict que nul ne doit estre pour autruy hayne aggreué.*

Sine culpa, nisi subsistat causa, nõ est aliquis puniendus. *Ceste regle dit que sans coulpe, * ne sans apparente cause, ne doit aucun estre puny.*

** S'il n'y a apparente cause, quia pœna sine fraude esse non potest. vide l. 131. D. eod.*

Si quis mandato Iudicis aliquid facit, dolo facere non videtur, cum habeat parere necesse. *La regle dict, celuy qui au commandement du Iuge faict aucune chose, pas ne semble qu'il le face par fraude, veu qu'il * a à comparoir deuant le Iuge, & parce n'y doit prendre dommage.*

** Veu qu'il doit necessairement obeyr. l. 167. D eod. Iussus enim Iudicis excusat à dolo & delicto. l. 7 §. 4. D. de iurisd. l. 7 §. 2. in fin D. de min. & al.*

Mora sua[k] cuilibet est nociua. *Dict la regle, la demeure que aucun fait en sa chose le non faire en temps, luy tourne à preiudice.*

Vide l. 11. D. de seruit rust. præd l. vlt D. com. præd. Et peut on icy rapporter ce qui a esté traicté cy dessus de ce qui appartient à vne communauté.

Quod omnes tangit, ab omnibus debet approbari *Ceste regle dict que ce qui touche à tous, doit estre par vn chacun approuué.*

In obscuris minimum est * subsequendum. *La regle † dict, que és choses obscures doit estre prinse la moyenne voye.*

** Sequendum.*

** Ez choses obscures faut suiure ce qui est le moindre, l. 9 l. 34 in fin D. eod v. de l. 39. §. 6. D. de legat. 1. l. 43. in fin. D. de legat 2. l 2). §. 1. l. 75 D. de legat 3. l. 12 83. § 3. & 109 D. de verb. oblig. & al.*

Cum quis certus est, vlterius certiorari nõ debet. *Ceste regle dict, que qui d'vne chose vne fois est acertené, il * n'est necessité de soy plus acertener.*

**Il ne doit estre acertené d'auãtage, l. 43 § 1. D. de contrah. emp l. 1. in fin D de act. empt.*

Ea quæ fiunt à Iudice si ad eius officiũ non spectant, viribus non subsistunt. *La regle dit, les choses qui se font par vn Iuge * non ayant regard à son office, ne sont de nulle force, & ne sont à tenir.*

** Qui n'appartiennent à son office, vide l. vlt. D. de offic Præf vrb. l. vlt. D. de iurisd. l. 1. C. si à non compet. & al. simil.*

Scienti & consentienti non fit iniuria neque dolus. *Ceste regle dict, * que la chose n'est tenuë à iniure, qui se fait par le consentement de l'vne & de l'autre partie.*

** A celuy qui scait & consent n'est faict iniure ne dol l 145 D. eod. In Ecloga Basil. 4. 1. Qui scit & consentit, non fraudatur.*

Quæ à iure communi exorbitant, nequaquam ad consequentiã sunt trahẽda. *Ceste regle veut dire * que s'il plaist au Prince faire à aucun quelque grace, que faire le peut de sa noblesse & hautesse: mais pour ce ne le doiuent autres treire en consequence.*

** Les choses exorbitantes & eslongnées du droict commun, ne doiuent estre tirées en cõsequence, l. 141. D. eod l. 14 & 15. D de legibus. In Ecloga 138. quæ contra Iuris regulas recepta sunt, ad similia non trahũtur.*

Peccati venia * non datur nisi correcto. *La regle dict que le peché ne se doit pardonner, fors au corrigé & amendé.*

** Vide reg. peccatum. s.*

Non licet actori quod reo licitum non extitit. *La regle * dict, si le demandeur demande quelque delay, autant & plus en compete au defendeur.*

** Il n'est licite & permis au demandeur, qui n'est licite au defendeur. l. 41. D. eod imo reo magis fauetur quam actori, l. 125. eod.*

Mutare consilium siue sententiam quis non potest in alterius detrimentum. *Ceste regle dict, ce qui est passé par sentence au veu & sceu de partie, ne doit estre mué au detriment d'icelle.*

Regul. Quod semel s *Nul ne peut changer son conseil ou sentence au preiudice & detriment d'autruy. l. 75. de eod.*

Generi l per speciem derogatur. * *La regle dict que le droict commun & general qu'a chacun par le droict des gens, & par le droict de franchise naturelle, ou acquise, se derogue souuent par le lien d'obligation, en quoy aucun se met par sa volonté, ou par son meffaict.*

* *Au genre est derogé par l'espece.*

Dolus siue fraus nemini debet patrocinari. *Dict la regle * que par dol ne par barat ne doit nul acquerir proffit*

* *A nul ne doit le dol ou fraude proffiter & ayder.*

Plus semper in se continet quod est minus. *La regle dict * que la mayeur partie comprend la mineur.*

* *Le plus tousiours contient en soy ce qui est le moins l. 110. D. eod.*

Pro possessore habetur, qui dolo desijt possidere. *Dict la regle *. que celuy doit estre tenu pour possesseur de la chose demandee, qui autresfois l'a euë, iaçoit ce que par dol depuis l'ait mis hors de sa main.*

* *Celuy est reputé pour possesseur, qui par dol a delaissé de posseder. l. 131 150. 157. § 1. D. eo. & d. l. 131. adiouste, quia pro possessione dolus est.*

Vtile per inutile non debet vitiari. *Dict ceste regle * que le proffit par non proffit ne doit estre vicié ou souillé.*

* *Ce qui est vtile ne doit estre vicié par l'inutile, l. 1. §. sed si mihi, vbi tractant Doctor. D. de verbor. obligat.*

Ex eo non debet fructum quis consequi quod nisus extitit impugnare. * *Ceste regle dict que celuy ne doit auoir le proffit de la chose qu'il reprouue & contredict.*

* *L. 6 in fin. D. de hared. petit. l. 8. C. de his quibus vt iudic.*

Cum quid prohibetur, omnia prohibentur quæ sequuntur ex illo. *La regle dict, qui defend aucune chose à faire, il defend tout ce qui d'icelle s'ensuit & depend.*

* *Vide l. 16. D. de sponsal. l. 7. in fin. C. de natural. liber. & reg. quod vna via. 3.*

Pluralis loquutio numero duorum est contenta. * *Ceste regle dict que pluralité de paroles doit estre contente du nombre de deux.*

* *C'est à dire la disposition qui parle de plusieurs est contente du nombre de deux. vide l. 12. in fin. de testib. l. 17. § 3 D. de manum. testam.*

Imputari non debet ei per quem non stat, si non faciat quod per eum faciendum fuerat. *Dict la regle *, qu'à celuy ne doit estre imputé qui faict ce que bien faire pourroit s'il vouloit, puis que faire ne le deuoit s'il ne luy plaisoit.*

* *Ne doit estre imputé à celuy, auquel ne tient s'il ne faict, ce qu'il deuoit faire, vt traditur de conditione, l. 8. §. 7. D. de condit. Instit. & al.*

Accessorium sequitur principale. *Ceste regle † dict que l'accessoire doit ensuyuir le principal.*

† *l. 129. & 178. D. eod.*

Qui tacet m consentire videtur. *Celuy qui se taist, il semble qu'il consente.*

Is qui tacet non confitetur, sed nec vtique negare videtur. *Ceste regle dict, que celuy qui se taist rien ne confesse. Mais aussi il semble qu'il ne nie pas du tout.*

Inspicimus in obscuris quod verisimilius vel quod plerumque fieri consueuit. *La regle dict que si nous gardons en choses obscures & douteuses, on doit prendre le plus vray semblable, & qui a accoustumé estre faict.*

Si quis succedit in ius alterius, illo iure quo ille vti debebit. *Dict la regle que celuy qui succede au droict d'autruy* *, *ne peut plus que celuy pouuoit quand il viuoit.*

* *Il doit vser du mesme droict que luy. l. 143. 175. & 177. D. eod.*

Præsumitur ignorantia vbi scientia non probatur. *La regle* * *dict que celuy est tenu à simple & ignorant, qui n'est de sens aorné.*

* *L'ignorance est presumee, où la science n'est prouuee, ce qu'il faut entendre du faict d'autruy, & de chose qu'aucun peut iustement ignorer.* *Additio.*

Imo debet sic exponi. Il est à presumer qu'on aye ignorance d'vne chose, s'il n'est prouué qu'on la sçache, comme si auois frappé vn clerc qui estoit en habit d'vn homme lay, il est à presumer que i'ay ignorance qu'il estoit clerc, s'il n'est prouué que ie sçauois qu'il estoit clerc, & *sic de similibus. Vel forsitan sic melius*, celuy qui est tenu faire aucune chose, s'il ne tient en luy qui ne la face : il n'est point à imputer à luy.

Locupletari non debet quis ex alterius iactura. *Ceste regle dict que nul ne se doit enrichir du dommage d'autruy.*

L. 206. D. eod. l. 14. D. de cond. indebit. & al. Cicer. lib. 3. Offic.

In pœnis benignior est interpretatio facienda. *Ez peines* * *iuger, la plus benigne voye est à eslire.*

* *Ez peines faut faire la plus benigne interpretation l. 55. 155. & 192. D. eod. vide l. Si praces. & l. en D. de pœnis.*

Actus legitimi * non recipiunt conditionem neque diem. *Ceste loy veut dire que ce que par droict commun ou escrit se doit legitimement faire, ne peut estre par particulier accident mis en condition impertinente, ou en delay de iour, ou d'exception frustree.*

Semel Deo dedicatum non est ad vsus humanos transferendum. *Ceste regle dict que ce qui vne fois est dedié à l'Eglise, ne doit iamais estre transferé ès humains vsages.*

§. 8 in fine Instit. de rer. diuis. l. 6. §. 3. D. eod. l. 73. D. contrah. empt. & al.

Non præstat impedimentum quod de iure non sortitur effectum. *La loy dict que la chose ne donne point d'empeschement laquelle de droict ne peut sortir effect.*

Vide l. 7. §. 7. D. de pactis. l. 5. C. de legibus.

Cui licet quod est plus, licet quod est minus. *La regle dict, que celuy qui se peut & doit ayder.*

*der du plus, c'est à dire du maieur, se peut & doit ayder * du mineur.*

* *Ou du moins. l. 21. D. eod.*

Qui prior est tempore, potior est in iure. *Dit ceste regle que celuy qui est le plus ancien en temps, il a le plus grand droict en l'action.*

Ceste regle est souuent alleguee pour les hypotheques, l. 3. C. qui potior in pign.

Qui sentit onus, sentire debet commodum, & contra. *Celuy * qui partist au faix, doit partir au proffit. Et außi par le contraire.*

* *Qui sent & porte la charge, doit sentir le profit. l. 10 D. eod.*

In * iure melior est conditio prohibentis quā possidentis. *La regle dit que en la chose qui est commune entre aucuns, la condition du * defendeur est meilleure que celle du possesseur.*

* *Al. in re communi.*

* *Qui prohibe, & n'y a, quàm posßidentis, vide l. 11 D. de seruit. rust. prad. l. 28 de comū. diuid.*

Contra illum qui legem dicere potuit apertius est interpretatio facienda. *Dit la regle *, à celuy est l'interpretation à faire qui peut dire contre la loy.*

* *Contre celuy l'interpretation se doit faire, qui pouuoit plus apertement dire la loy: c'est à dire la consention & condition, l 39 D. de pactis. l 21. & 33 D. de contrah. empt.*

Non est obligatorium contra bonos mores præstitum iuramentum. *Ceste regle * dit que l'obligation faicte contre droict & contre bonnes mœurs iaçoit ce que iuré en soit, ne fait à tenir.*

* *Le serment presté contre les bonnes mœurs n'est obligatoire, l. 7. § 16. D. de pactis, & al.*

Dolo facit qui petit quod restituere oportet. *Dit la reigle *, en vain laboure qui demande ce que s'il auoit, il luy conuiendroit rendre.*

* *Celuy fait par dol qui demande, ce qu'il luy conuiendroit rendre l. 173. in fi. D. eod.*

Non est in mora qui exceptione legitima potest se tueri. *La regle dit que celuy * ne doit estre en demeure ne contumax qui se peut defendre par exception legitime.*

* *N'est en demeure, l 88. D eod l 40. in fi. D. de reb. cred. l. 127. D. de verb. oblig.*

Quod ob gratiam alicuius conceditur, non est in eius dispendium retorquendum. *Ceste regle * dit que le benefice ou priuilege que aucun a, ne luy doit retourner en preiudice.*

* *Ce qui est concedé en la faueur d'aucun, ne luy doit retourner en preiudice & dommage. l. 6 C de leg. l 5. in. pr. C. de secund. nupt.*

Nullus ex consilio tenetur, dùm tamen fraudulentum non fuerit. *Ceste regle dit, pour autruy conseiller n'est tenu le conseillant, si à escient frauduleux ne le fait.*

L. 47. D. eod. Cicero lib. 16 ep. ad Attic ep. 7.

Exceptionem obiiciens non videtur de intentione aduersarij confiteri. *La regle dit que soy deffendre par exception, n'est pas confesser * petition.*

* *L'intention de la partie aduerse. l. 9. D. de except.*

Quæ contra ius facta sunt, debent pro infectis haberi. *Dit la regle que la chose qui contre droict faicte seroit, doit estre reputee comme non faicte.*

In pari causa vel delicto melior est conditio possidentis. * *La reigle dit qu'en pareille cause ou*

* *A quo scilicet petitur, l 154. D. eo. l. 36. D de dolo. l 4. D. de dol & met excep. & al simil.*

delict, la condition du possesseur est à supposer estre meilleure de l'autre.

Cùm non stat per eum ad quem pertinet, quominus impleatur conditio, habeti debet perinde ac si impleta fuisset. *La regle dit que la chose faicte ou donnee sur condition, doit valoir & tenir à condition, puis que par luy ne demeure que la condition n'est accomplie.*

L. 161. D. eo tit.

Quod alicui suo nomine non licet, nec alieno licebit. *Dit la regle que ce que par moy de droict ne puis ne dois faire, par autre * ne le puis, ne n'en doy faire faire.*

* *Ceci s'entend si c'est personne interposee, vide l. 46. D. de contrah. empt. l. 5. § 3. D. de auct. tutor. & al. simil.*

In malè promissis fidem non expedit obseruari. *La regle dit que és promesses de male foy, ne faut à tenir le conuent.*

Vide regul. non est obligatorium. s. l. 26. 27. & 61. D. de verb. obligat. & al.

In alternatiuis debitoris est electio, & sufficit alterum adimplere. *Dit la regle, si * par aucun sont deux choses alternatiuement promises, il suffit de l'vne accomplir au proffit du detteur.*

* *Es alternatiues c'est le choix du detteur, & suffit d'en accomplir l'vn. l. 110 § 3. D eo l. 5 D. de cond. Instit. l. 10 in fin. D. de iure dot. l. 78. in fi. D. de condit. & demonst. l. 129. D. de verbor. oblig.*

Qui † ad agendum admittitur, ad excipiendum multo magis est admittendus. *La regle dit, que celuy qui à demander fait à receuoir, par plus forte raison le doit estre * en defendant.*

† *l. 156. §. 1. D. eod.*

* *A defendre.*

Qui per alium facit, per seipsum facere videtur. *Celuy * qui par autruy fait aucune chose faire, il semble que par soy mesmes soit faicte.*

* *Celuy qui fait par autruy, semble faire luy mesme, vide l. 152. §. 1. & l 169. D eod.*

Factum legitime ° retractari non debet, licet præterea + casus eueniat, à quo non poterat inchoari. *La reigle + dit que vne chose vne fois deuëment faicte, s'il aduient depuis chose par quoy si à faire estoit, ne se feroit, ne demeure pource qu'elle ne soit tenable.*

* *Postea.*

* *Ce qui est legitimement fait ne doit estre retracté, encores que depuis le cas aduienne, duquel il ne pouuoit estre commencé.*

Quod alicui gratiosè conceditur, trahi non debet ab aliis in exemplum. *Dit la regle * s'il plaist au Prince à l'vn faire grace, pour ce ne s'ensuit il pas que vn autre le puisse tourner à consequence à son proffit.*

* *Ce qui est par grace concedé à aucun, ne doit estre par autres tiré à exemple & consequence. l. 14. & 15. D. de legib. l. 1. in fi D. de constit. prin § 6. Instit de iure natur*

Frustra quis sibi fidem seruari quærit, qui fidem à se præstitam seruare recusat. *La regle dit, celuy demande en vain que foy luy soit gardee, qui ne veut la sienne garder.*

Vid. l. 27. D. de inoff testam l. 54 § 1 D. locati. l 21. in fin. C de pactis. & al simil.

Delictum * custodis Ecclesiæ personæ non debet in Ecclesiæ detrimentum redundare. *Ceste regle dit, que le delict d'vne personne Ecclesiastique ne doit estre ou redonder au detriment de l'Eglise.*

* *Al delictum personæ non debet, &c. & s'entend du beneficier ou œconome, qui ne peut riẽ faire au dommage de l'Eglise, parce qu'il n'est qu'administrateur, vt etiam de tutore traditur. l. 198 D. eod.*

Rationi cõgruit vt succedat in onere, qui substituitur in honore. *Dit ceste* * *regle, il est chose consonant à raison que celuy qui est constitué en honneur, porte les faicts à cest honneur appartenans.*

** Il est raisonnable que celuy succede à la charge qui est substitué à l'honneur, voyez la regle cy dessus. Qui sentit onus. & l. 10. D eod.*

In argumẽtum ꝑ trahi nequeunt, quæ propter necessitatem aliquando sunt concessa. *Ceste regle dict, * ce que par coustume de necessité se faict, ne doit estre ramené en exemple ne en argument de semblable.*

** Les choses quelquesfois concedées pour la necessité, ne peuuent estre tirées en argument & exemple.*

Nemo potest plus iuris transferre in alium, quàm sibi competere dignoscitur. *La regle dict, que nul ne peut à autre transporter plus grand droit en la chose qu'il y a.*

L. 54 D. eod vide l 67 de contrah empt. l 20. D. de adquir. rer. dom. & al.

In toto nõ est dubium partem contineri. *La regle dict * qu'il n'est aucune doute que le maieur ne contienne le mineur.*

** Il n'est doute au tout la partie estre cõtenuë. l. 113 D. eod. vide l. 21 & 147. eod. l 7. D. de except. rei iudic*

In generali concessione non conceditur quod verissimiliter non esset in specie concessum. *La regle dict, * ce que par aucun est donnné ou concedé en general, ne doit comprendre ce que especiallement le donneur ne tendoit mie à donner, ou ne pourroit donner.*

** En concession general e n'est comprins ce qui ne ser. it vraysemblablement concedé en espece. vide l. 46 D. de pecul. l. 22. vers. Bragidas. D ad S. C. Tertul. l. 7. D. de donat.*

Qui contra iura mercatur, bonam fidem presumitur non habere. *La regle dict que * celuy qui contre le droict fait aucun contract, donne presumption non auoir bonne foy.*

** Celuy qui faict marchandise cõtre les droicts est presumé n'auoir bonne foy l. 27. D. de contr. empt.*

Bona fides non patitur, vt semel exacta iterũ exigantur. *Ceste regle * dict que bonne foy ou raison ne souffre que la chose vne fois faicte & accomplie soit depuis demandée ne retirée.*

** La bonne foy ne souffre que les choses vne fois demandées, soyent encores demandées. l 57 D. eod.*

Quod vna via prohibetur alicui, ad id alia nõ debet admitti. *La regle dict, * si à aucun est aucune chose defenduë, toutes les choses qui d'icelle dependent, luy sont defenduës.*

** Ce qui est prohibé à aucũ par vne voie, il n'y doit estre admis par autre voye, voyez la regle, cum quid prohibetur, cy dessus.*

Contractus ex conuentione ꝗ legem accipere dignoscuntur. *Dict la regle *, tous contracts faicts de bonne foy doiuent emporter vigueur de loy. Et les conuens qui ès contracts sont deuisez, valent comme loy escrite.*

** Les contracts sont cogneus prendre la loy de la conuention.*

Damnum quod quis sua culpa sentit, sibi debet non alij imputare. *Le dommage que aucun par sa coulpe sent, soit à luy seul sans à aucun autre estre imputé.*

Infamibus portæ non pateant dignitatum. *Ceste regle veut que aux infames * ne soyent*

** Aux infames ne soyent ouuertes les portes des dignitez, c'est à dire n'y soyent receus & admis, l vn. C. de infam. les infames sot ceux qui ont esté condamnez pour cause infamante.*

ouuertes les portes d'honneur, ains soyent reprochez.

Certum est quod is committit in legem qui verba legis complectens, contra legis nititur voluntatem. *Ceste regle dict* que c'est hose certaine que ce qui est faict par aucun moyen contre la loy escrite, ne vaut, car par autruy ne puis faire faire ce que de moy mesmes ne puis faire.*

** Il est certain que celuy faict cõtre la loy, qui s'arrestãt aux paroles de la loy s'efforce cõtre l'intentiõ & volonté de la loy, voyez l. 5. D. de legibus.*

Cy finissent les Regles de Droict.

ANNOTATIONS SVR LE TILTRE TRENTEHVICTIESME.

C*E tiltre est pris du 6. liure des Decretales, intitulé* de Regulis Iuris, *que Dynus a interpreté amplement. Certainement l'vtilité est grande des regles de droict, & ont icelles esté bien recueillies aux Digestes, & aux Basiliques, par ce qu'elles sont sentences generales composées par brief recueil de diuerses decisions de droict, comme aphorismes & generales definitions, qui remettent en memoire ce qui est traicté au droict. Et pource* rectè dicitur per regulam breuem rerum narrationem tradi, & eam esse vt ait Sabin, quasi causæ coniectionem, *qui est vne metaphore prise des Orateurs* vt à Duareno & aliis ex Asconio obseruatum est, l. 1. D. de diuers. reg. Iuris. *Elle declare briefuement la chose qui est, c'est à dire, selon que la chose se presente, elle en monstre briefuement la decision de droict. I'en ay escrit d'auantage à la fin du quatriesme liure des Pandectes, que i'espere en brief mettre en lumiere.*

b *Le nom de benefice s'estend generalement, mais il se met icy pour vne charge ou dignité Ecclesiastique gratuitement concedée au prestre, ou clerc à cause du sacré ministere auec le reuenu annexé, pour en iouyr perpetuellement : par ce que deux choses sont le benefice, à sçauoir le seruice diuin ou ministere Ecclesiastique, & le reuenu.* can. si quis obiecerit. 1. q. 3. *Ie sçay bien qu'il y a d'autres definitions de benefice, qu'on peut voir aux liures de Ioann. de Selua, Duarenus & autres : Mais i'ay expliqué & confirmé la presente au liure second des Pandectes, traittant des choses Ecclesiastiques. Ceste regle qui parle de l'institution Canonique, se doit entendre selon la qualité du benefice, s'il est electif ou collatif, dont on peut voir* Nouel, 123. *Et ce qui en est traitté au droict Canonic,* cap. cùm in illis. cap. 16. § illis verò. de præb. in 6. & al. *Aux concordats, & liures de ceux qui ont escrit des matieres beneficiales. L'institution est canonique qui se faict legitimement selon les saincts Canons. Et pour en sçauoir d'auantage, on peut lire* Ancharanus ad hanc regulam, *& ce qu'en a escrit* Panor. consil. 47. quod incipit, Illud quæritur.

c *Prescription signifie proprement exception* tit. D de diu. & temp. præsc. *Mais puis qu'à present la prescription tient lieu d'vsucapion, fondée sur la possession de plus-long temps que ne requeroit l'vsucapion, elle peut bien estre definie, L'acquisition de droict ou domaine par continuation de possession du temps defini par la loy : elle ne peut donc estre acquise sans possession* lege 3. &

25. D. de vsurpat. & vsucap. *Pour la prescription de dix & vingt ans est requise la bonne foy auec le tiltre : & est reputée la bonne foy, si celuy qui possede ignore la chose appartenir à vn autre, ou estime que celuy, duquel il l'auroit acquise, auoit droict d'en disposer*, l. Qui à quolibet. D. de contrah. empt. l. Bonæfidei. D. de verb. signif. §. 1. Instit. de vsucap. *Mais pour la prescription de tres-long temps de 30. & 40. ans, la bonne foy n'est requise par le droict ciuil*, l. 4. & 8. C. de præscript. 30. vel 40. annor. *& ne faut suiure les Canonistes, qui estiment icelle deuoir estre supplée tant au droict ciuil, qu'aux coustumes, ne faisans mention de la bonne foy*: & eorum opinionem refellit Baldus, cap. cùm non liceat. de præscript & cap. debitores. de iureiuran. & §. si quis per 30. tit. si de Feud. fuer. controuers.

d *Cecy se doit entendre de la remission & pardon Ecclesiastique du peché : car pour la peine ciuile, elle n'est remise, encores que la restitution ayt esté faicte*, leg. 54. §. cùm furti. leg. 65. D. de furtis. leg. 5. D. de vi bonor. rap. & al.

e *Ceste regle s'estend generalement & aux causes ciuiles & aux criminelles*, quia fauorabiliores rei potiùs quàm actores habentur, l. 125. D. de diuers. reg. iuris. *Laquelle regle Petrus Faber a illustrée d'exemples & auctoritez. Quant aux causes ciuiles*, leg. Inter pares. D. de re iudic. *porte que si les sentences des Iuges en pareil nombre sont contraires & differentes*, pro reo statuendum est : *dont aussi on peut prendre exemple* ex leg. 33. & leg. 228. D. de diuers. regul. iur. *Pour les causes criminelles, Aristote* in problemat. *en rend la raison*, quia proniores sumus ad reum absoluendum, quod etiam Seneca confirmat Epist. lib. 11. & controuers. lib. 2. & clarissimus Præses atque Iurisconsultus Faber ostendit non tantùm apud Græcos & Romanos, sed etiam in Gallia obseruatum fuisse, vt paribus numero sententiis ea obtineret, quæ pro reo faceret: vnde *seroit procedé ce qu'on dit vulgairement, en matiere criminelle n'y auoir partage*.

f *Ce que dit la loy que l'ignorance de fait, & non de droict excuse*, l. 9. D. de iuris & facti ignor. *ne s'entend des crimes & pechez, ains des conuentions & actes ciuils*, vt constat ex d. tit. & C. eo.

g *Ceste regle signifie qu'il faut restraindre, c'est à dire, estroictement interpreter les dispositions odieuses, & amplifier les fauorables, qu'on peut entendre celles qui sont plus humaines, equitables & conformes au droict commun, dont on peut voir* l 19. in fin. D. de liber. & post. l. 47. D. de obligat. l. 32. in fin. D. de pœnis. & l. vlt. D. de const. princip. l. 43. D. de vulgari. l. 2. C. de bon. vacan. & al. simil.

h *Ceste regle contient à la* l. 29. D. eod. *où est dit*, quod initio vitiosum est, non potest tractu temporis conualescere. *Et s'y rapportent* l. 201. & 210. D. eod. *qui seruent d'exemples a ladite regle, pour le regard des dispositions testamentaires, lesquelles ne sortent effet, si du commencement elles sont vicieuses & inutiles les interpretes en apportent plusieurs autres exemples*, vt de regula Catoniana, leg. 1. D. de regul. Catonia. de stipulatione, l. Inter stipulantem, 83. §. sacram. D. de verb. oblig de sententia, l. 19. D. de appellat. & al. *qu'on peut voir en leurs commentaires, on peut aussi apporter l'exemple du contract vsuraire.*

i *La reigle veut dire que nul ne doit estre chargé pour la hayne d'autruy, comme si aucun estoit accusé & preuenu de quelque crime, pour la hayne d'iceluy ne conuient charger & accuser ceux qui luy estoient amis, & n'estoient toutesfois complices du crime : dont on peut rapporter pour exemple, sans en reciter infinis autres, ce que dict* M. Terentius ob Seiani amicitiam reus, Tacitus lib. 6. Annal.

k *A chacun sa demeure est dommageable & preiudiciable*, leg. 173. §. 2. D. eod. *c'est a dire, que si pour sa demeure il reçoit quelque perte & dommage, il se le doit imputer, sans le reietter sur vn autre*, leg. 88. D. de verb. obligat. *dont on peut tirer exemple pour ladite reigle, outre plusieurs autres que les interpretes y recitent.*

l *Ceste regle s'estend generalement en plusieurs especes du droict, & pour-ce la regle du droict Romain dit*, leg. 80. D. eod. In toto iure generi per speciem derogatur: & illud potissimum habetur, quod ad speciem directum est. *En toutes les parties de droict ceste regle alieu*, vt in sanctione legum l. sanctio legum. D. de pœnis. Cicero lib. 2. de Inuent. in constitutionibus atque rescriptis, cap. 1. cap. pastoralis. §. vlt. de rescript. in contractibus, l. 2. D. qui potior in pign. l. 119. D. de verb. obligat. in testamentis, l. Coheredi §. qui partem. D. de vulgar. l. 41. §. 3. & l. 99. §. fin. de legat. 3. l. 10. D. de manum. testam. & al. *Et a esté souuent iugé qu'vn legs particulier de certains meubles ou heritages deroge du legs general des meubles & acquests, dont i'en ay obserué quelques arrests, & entre autres vn du 9. Iuillet, 1558.*

m *Ces deux regles semblent aucunement contraires, mais il les conuient distinguer. Car quelquesfois celuy qui se taist, ayant pouuoir de contredire, est reputer consentir*, vt in mandato, l. 18. D. mandati. in sponsalibus, l. 12. D. de sponsal & al. nam sæpè taciturnitas confessionis indiciũ atque argumẽtũ est, vt ostendit lib. 1. de Inuentio. & Donatus in Terentium. *Mais à proprement iuger, qui se taist, apertement ne confesse, aussi il ne nie*, l. 142. D. eod. vt traditur de eod. qui exceptione vtitur, l. 9. D. de exception. *Et partant ne le faut tenir* pro confesso & iudicato, *qui est le vray exemple* d. l. 142.

n *Ceste regle est couppée* ex l. 77. eod. *où il est dit que les actes legitimes ne reçoiuent iour ou condition : ains sont viciez & rendus inutiles par adiection de temps ou condition : toutesfois ces actes en reçoiuent quelquesfois tacitement. La loy recite quelques actes legitimes, & demonstre qu'elle entend certains actes introduicts par le droict Romain, qui se faisoient par quelques solennitez de paroles, dont on peut voir P. Faber & autres interpretes qui ont escrit sur ladicte loy.*

o *Ceste regle qui est briefuement exprimée* in Ecloga, Basil. 84. *selon l'interpretation Latine*, Quæ ab initio rata sunt, ex post factis non vitiantur, *a esté grandement disputée entre les Iurisconsultes*, vt constat ex l. 98. l. pen. & vlt. D. de verbor. obligat. & ex l. 83 §. sacram. D. eod *C'est pourquoy celle qui est* in D. l. 85. de diuers. regul. iur. his verbis cõcepta est, non est nouũ vt quæ semel constituta sunt, durent: licet ille casus extiterit, à quo initiũ capere non potuerunt. *Tellement qu'aucuns l'ont tenuë plustost pour l'exception de la regle contraire, que pour regle, dont on peut voir Faber & autres*, ad d. l. 85.

p *Outre les exemples qu'on peut tirer* ex l. 22. C. de sacrosan. Ecclesʃ. l. 1. & 2. C. de patribus qui filiosʃ. *on pourroit discourir des Edicts qui se font quelquefois par la necessité du temps & des affaires qui se presentent, tant en la faueur d'aucuns particuliers, qu'à la charge & disgrace de plusieurs, & repeter de Tite Liue, ce qui recite* de lege Oppia lib. 34. de Legibus perpetuis & temporalibus: *mais mon intention n'est de m'y arrester d'auantage.*

q *Le mot* lex *ou* loy *signifie icy la forme, la paction & condition*, vt etiam in l. 1. §. 6. D. depositi. l. 52. D. de verb. oblig. & in l. Contractus, 23. D. de diuersʃ. regul. iuris & aliis. *Certainement ces regles de droict meriteroient vn ample commentaire, tant pour l'interpretation d'icelles, que pour les exceptions qu'on y pourroit apporter: lesquelles font faillir l'office des regles, c'est à dire font qu'elles n'ont lieu és cas qui en sont exceptez*, l. 1. D. eod. *Mais seroit exceder les bornes d'annotations, & on peut voir ce que Dynus, Decius, P. Faber & autres ont escrit en leurs commentaires.*

C'EST LA NATVRE ET CONDITION DE NOSSEIGNEVRS DE PARLEMENT ET comment ils se doiuent ordonner.

TILTRE XXXIX.

SELON le noble stile de Parlement est à sçauoir que si Commissaires sont donnez par Parlement la commission donnee, nosseigneurs doiuent partir pour aller au lieu incõtinent auec vn clerc qu'ils doiuent prendre & auoir non suspects aux parties, & qu'il ait fait serment solemnel en la presence des parties de loyaument vacquer en l'audition, & de celer le secret.

Il y a lõg temps que ce vieil stile est hors d'vsage: & pour ce faut auoir recours aux ordonnances au Code Hëry, & pour les salaires dire auec Ouide, laudamus veteres, sed nostris vtimur annis.

Item doiuent lesdits Commissaires prendre salaire moderé, c'est à sçauoir, ne doiuent les deux Commissaires de Parlement cheuaucher parmy leur famille & leur clerc que à six cheuaux, & chacun cheual & cheuaucheur pour x. sols parisis pour iour. sont ainsi soixante sols pour iour. Et venus à l'hostel parmy le clerc dessusdit, doiuent vacquer en l'audition, reserué que le clerc pour sa peine d'escrire & de liurer parchemin doit auoir outre ce que dit est, 5. sols pour iour, qu'en l'audition vacqueroient lesdits Commissaires: & hors des iours des vacations en ladite enqueste, si comme en Dimanches & autres iours qu'ils ne vaqueroient en la besoigne, ne doiuent auoir que les soixante sols dessusdits.

Item & pour ce ne demeure que le clerc d'enqueste de grossier le procez ne doiue auoir son salaire par la taxation desdits Commissaires.

Item de la taxation des Commissaires des Cours suiectes à l'ordonnance des lieux s'en faut rapporter, & par especial selon la Cour de Parlement, car puis que Commissaires iroyent à cheual pour demeurer plus d'vn iour, il semble que auoir puissent pour cheual & pour maistre dix sols parisis pour iour comme dessus est dit de Parlement. Mais à tant de cheuaux ne doiuent mie aller. Car il suffit aux cours suiectes d'vn cheual à vn Commissaire, & pour le clerc de cour suiecte comme du clerc des Commissaires, car moins ne peut.

C'est le nombre des seigneurs de Parlement & des enquestes.

Le nombre de nos seigneurs de Parlement est grandement augmenté auec les Chambres: & y est à present, vne autre forme obseruee: tellement que ce qui est icy traicté, ne peut seruir que de memoire de l'antiquité.

LE nombre de nos seigneurs de Parlement si doit estre selon l'ancien vsage, de trente, c'est à sçauoir de quinze clercs, & quinze lays sans les quatre Presidens, dont l'vn est appellé le premier President, & a par coustume mil liures de gaiges par an, & les autres trois chacun cinq cens liures par an. Et tous les autres seigneurs dudit Parlement ont chacun cinq sols parisis pour iour, c'est à sçauoir les iours qui sieent, & les autres non.

Item y a vne Chambre qui est appellee la Chambre des enquestes de Parlement, en laquelle a quarante seigneurs du nombre d'icelle Chambre, c'est à sçauoir vingt & quatre clercs, & seize lays, par lesquels seigneurs sont visitez les procez qui cheent en droict audit Parlement, & que des cours suiectes y sont portez pour auoir droict. Et sied ceste Chambre des enquestes en vne Chambre qui est outre Parlement & sieent lesdits seigneurs de ces enquestes tous les iours de vacations au conseil pour visiter les procez & faire les arrests sur ce. Et ce fait renuoyent le procez & l'arrest par eux sur ce fait en l'autre Chambre de Parlemēt, pour rendre l'arrest par eux sur ce fait, & plus auant ne s'ē entremettent ne sçauent pour qui ils iugent ne doiuent arrester. Et si tu veux sçauoir par vn arrest donné de Parlement, par qui il est fait, ou par Chambre des enquestes, ou par la Chambre de Parlement. Sçachez que sçauoir le pourras, par ce que quand l'arrest dit, *per arrestum curiæ*, que le procez a esté visité par la Chambre des enquestes: & quand l'arrest dit, *per iudicium curiæ*, donc a esté visité le procez par la Chambre de Parlement, sans estre porté en la Chambre des enquestes, & par ce que dit est en est sceüe la maniere. Aucunesfois aduient qu'vn arrest vient *per ordinationem curiæ*, Adonc est il à sçauoir que c'est quād aucun arrest ou appoinctement de la Cour de Parlement vient par l'ordonnance des seigneurs dudit Parlement qui se fait sur piez, c'est à sçauoir tantost que la cause est plaidee, & les seigneurs en ordonnent presentement.

Item est à sçauoir qu'encore y a vne autre Chambre qui est appellee les Requestes du Palais & tiennent siege & auditoire des causes des officiers du Roy, & sieent à l'vn costé du Palais, & doiuent estre huict en nombre, c'est à sçauoir cinq clercs, & trois lays, & de leur iugement peut estre appellé en Parlement.

DES

DES AMENDES TELLES QVE SELON L'VSAGE DE COVR ROYALLE SONT ACCOVSTVMEES de receuoir, prendre, & leuer pour le Roy.

TILTRE XL.

APRES s'ensuit des amendes telles que selon l'vsage de Cour Royalle sont accoustumees de prendre & leuer pour le Roy. Et premier qui dechet en defaut d'adiournement fait par commission & relation de sergent, soit contre le Procureur du Roy, soit contre partie formee auec l'exploict de partie, quant à l'estat de la iournee, si chet il aussi en amende deuers le Roy de cinq sols parisis. Et suppose qu'aucun se laisse tant contumasser que par defaut soit condamné en amende, pource ne demeure mie qu'il ne paye pour chacun defaut dix sols parisis, comme dit est.

Pour ces mulctes ou amendes iudiciaires faut auoir recours aux coustumes & stiles des lieux Car elles ne sont semblables en toutes iurisdictions: & selon qu'elles sont, on les appelle ordinaires, tant par ce que sans estre adiugees, elles sont deues par le styl eordinaire, que pour la difference des amendes arbitraires, qui s'adiugent & arbitrent par les iuges, & a esté cy dessus traicté des amendes.

De main mise.

Item & si l'adiournement est de main mise, lors est le defaut de soixante sols parisis d'amende, & ainsi dois sçauoir & entendre, reserué des cas qui s'ensuyuent, c'est à sçauoir qu'en adiournement à voir interiner vne remission du Roy, qui y defaut, ne chet en aucune amende.

Item qui est adiourné à cession, ne chet en aucune amende par defaut.

Item qui est adiourné à voir aucun mettre en heritage par decret, ne chet en amende de defaut.

Item qui est adiourné en cas d'asseurement, ne chet en aucune amende de defaut, si ainsi n'estoit que l'adiournement fust lié en aucun conuent ou contract, & que ledit mandement en fist mention, lors cherroit en amende de defaut.

D'opposition sur execution.

Item qui s'oppose à quelque execution s'il en dechet, il doit amende de dix sols parisis, pour tant qu'obligé ou conuenancé soit à ce dont executer on le veut: mais que l'executeur ce face par commission,

De proposer faicts contraires.

Item quiconque propose en Cour Royalle faicts contraires en cause principale: Sçachez que celuy qui de ses faicts dechet, encourt en amende de vingt sols parisis Et si la cause estoit contraire par faits cõtraires de partie aduerse, ce sont aussi vingt sols parisis pour les faits contraires de partie aduerse, & non en autre cas que sur le cas principal, car en declinatoire ne en dilatoire ne chet point d'amende, si par icelle ne finist le cas principal de la matiere, car lors pour dechoir les faits cõtraires sur ce proposez, auroit amende sur ce, comme dessus est dict.

De complainte de nouuelleté.

Item qui dechet de complainte de nouuelleté, sçachez qu'il encourt en soixante sols parisis d'amende, & s'il y a faits contraires proposez, encore encourt le decheant en amende de vingt sols. Et pour l'opposition si l'opposant en dechet dix sols parisis, & si les parties sont d'accord apres les choses dessusdictes proposees, iaçoit ce que soit par la licence de la Cour, si sont lesdictes amendes deuës, mais c'est chacune partie à moitié des amendes dessusdictes, & si auant que litiscontestation soit faicte en complainte de nouuelleté, iaçoit ce qu'opposition n'y ait, si ne chet il point d'amende depuis litiscontestation, les amendes dessusdictes y chéent.

De mise de fait.

Si aucun est mis par mise de faict en don d'aumosne, ou Dame, ou Damoiselle y soit mise de faict, sçachez que qui vient contre, puis que la mise est decretee par le iuge Royal, il chet en amende de soixante sols parisis, & en possession si elle y est, & en faits contraires s'ils sont * deceus. Si le Iuge qui rend la sentence, ne iuge des despens, ou qu'il l'oublie : sçachez qu'il doit du sien propre rendre les despens à iuste taux à celuy qui pour luy a eu sentence.

** Descheus.*

De paix ou treues enfraintes.

Item qui propose en Cour Royalle contre aucun paix enfrainte, ou selon aucuns treues ou asseurances: qui en dechet, il encourt en soixante sols parisis d'amende.

Cecy est hors d'vsage en toutes les Cours Royales de France.

Des appeaux du Roy.

Item qui enchet en appeaux du Roy, doit pour chacune quinzaine dix sols parisis, sont pour tierçaines & quinzaines passees soixante sols parisis, mais la tierçaine ne s'engendre deuant que les trois soient passees & ainsi s'entend de quinzaines. Et qui auant se vient rendre à loy, il n'enchet en aucune d'icelles amẽdes, fors que passé seroit tout hors, & auant que se vint rendre à loy, si comme qui viendroit auant que les tierçaines fussent passees, il n'encherroit en quelque amende, & qui laisseroit passer les trois, & apres vint, il payeroit les soixante sols pour chacune, & ainsi des quinzaines. Et au sergent qui les appeaux auroit faicts, pour chacune quinzaine cinq sols parisis, qui sont sur tout trente sols. Et au clerc de la Cour pour les registres neuf sols, c'est à sçauoir au Baillif cinq sols parisis, & au clerc quatre sols parisis.

De calenger autruy heritage.

Item qui calenge autruy heritage en Cour Royalle, si le calengeur dechet contre celuy qui est trouué en possession, il en chet en soixante sols parisis: & si c'est fief, en dix liures parisis.

I'ay monstré cy dessus que calẽger signifie quereller, debattre & mettre en procés. Mais il ne se practique en toutes iurisdictions Royales de leuer telles amendes.

De decheoir d'vn appel.

Item qui dechet d'appel par luy faict, il enchet en soixante sols parisis d'amende. Soit qu'il renonce, ou soustienne, & puis en dechee ou ne relieue ledit appel dedans temps deu.

De venir contre la sentence.

Item qui vient contre la sentence ou appoinctement ou ordonnance du Iuge, il chet en soixante sols parisis d'amende, & auec ce doit amender à gage ployé en la main du Iuge.

Ceste forme de gagerie en la main du Iuge ne se practique plus.

De plaider sans adueu.

Item si Aduocat plaide sans auoir adueu de celuy pour qui il parle, amender le doit au Iuge à gage ployé, & auec chet en amende de deux chappons au Iuge.

Ceste amende est du tout hors d'vsage, & ne pourroit honnestement se practiquer.

De bailler lettre sans datte.

Item si le clerc de la Cour passe lettre quelconque où il ait oublié à mettre la datte du iour, il chet en l'amende d'vne paire de chappons au Iuge. Si vn sergent rescrit à la Cour, & en sa rescription il delaisse à mettre la datte du iour, il enchet en amende d'vne paire de chappons pardeuers le Iuge.

De nier dette à luy baillee & payee.

Item quiconque denie en iugement argent qui autrefois luy auroit esté baillé & payé ou deliuré, soit par depost, par nampt, ou autrement, si prouué est contre luy: sçachez qu'il enchet en amende du double, c'est à sçauoir pour dix liures vingt.

Item qui denie, il chet en quarante liures.

I'ay monstré cy dessus que ceste peine n'a lieu en France, non plus qu'autres semblables peines legitimes du droit Romain: par ce que par le droit François elles sont toutes arbitraires.

De nier escrit de sa main.

Item qui denie à deuoir chose qui apparust escrite de sa main, & il fust prouué contre luy que ce fust de sa main escrit: si payé n'en pouuoit monstrer, il chet en amende du double, & est pour dix liures vingt liures.

De cest article & autres suiuãs a esté traicté cy dessus.

De demander deux fois vne dette.

Item quiconque s'efforce de demander en iugement contre autre, somme d'argent dont il le vueille faire executer & contraindre, & il puisse estre prouué contre le demandeur qu'autrefois en auroit esté payé luy mesmes & de son fait: sçachez que pour tel gaing le demandeur chet en amende de quadruple, c'est pour dix liures quarante liures.

La peine de cet article nõ plus qu'autres semblables, n'est en vsage en Frãce.

De reuendre autruy chose.

Item qui reuend à autruy chose sans la volonté d'iceluy à qui ce doit estre & dont contend est: sçachez qu'amender le doit, d'autant que la chose vaut auec restituee.

Item & si c'est sa mesme chose puis que contend en seroit, il pert sa seigneurie ou possession.

Ces peines n'õt lieu en France, ains selon la qualité du fait on adiuge ou quelque peine arbitraire, ou ou dommages & interests. Faut auoir recours aux coustumes des lieux.

De retenir chose espaue.

Item qui trouue chose espaue, & le retient à son profit, sans le faire sçauoir au seigneur dessous qui c'est trouué, à qui la chose est espaue &

appartient par son droict seigneurial, sçachez qu'il chet en l'amende de rendre le double que la chose vaut auec la chose restituee.

De soy partir sans licence de la Cour.

Item quiconques se part de Cour apres litiscontestation sans la licence de la Cour pour pacification faire ou faicte, chet en amende de soixante sols parisis, & ne tient ne vaut quelque pacification que faicte en soit.

Cecy ne se practique, aussi seroit trop dur & rigoureux.

De trouuer bestes en son dommage.

Item que les bestes prinses en autruy dommage, dois sçauoir que les amendes sont telles, c'est à sçauoir pour beste à corne trouuer en autruy dommage en temps defendu, trois sols, & pour le veau suiuant la mere, six deniers. Item pour le poutrain, cheual, ou iument, deux sols. Item pour le pourceau, six deniers. Item pour la brebis ou mouton, vn denier. Item pour le fouc d'oyes, six deniers, pourtant qu'il n'y en ait que dix, si plus en y auoit, lors seroit l'amende de trois sols. Et est à sçauoir que tout est de telle monnoye qu'on prent les amendes en la Cour où ce aduient: & si c'estoit de nuict que les bestes fussent trouuees és dommages dessusdits, elles seroient appliquees au droict du seigneur & à sa volonté, mais le seigneur seroit tenu de rendre le dommage: & si c'estoient bestes qui fussent en garde, tout le fouc ne deueroit qu'vne amende.

Pour ces amendes faut suiure les coustumes des lieux, & y en a d'aucunes par escrit: & semble que l'Autheur suiue celles du pays où il auroit practiqué.

De charier deuant ou apres le soleil.

Item qui est trouué chariant deuant soleil leuant, ou depuis soleil couchant hors de son champ durant le mois d'Aoust: chet en amende de soixante sols, & en est le sergent creu par son serment.

De porter gerbes.

Item qui est trouué portant gerbes, soient de blé, ou d'auaine, ou vuaras ou glanes hors du champ, où ce a crû, ou deuant soleil, ou depuis, chet en amende de soixante sols Et ce qui porte, perdu & appliqué au sergent qui le prent: & si c'estoit que iour fust failly, ce seroit sur peine de larcin.

De prendre fruict.

Item qui seroit trouué portant faux ne foüant à autruy iardin, il chet en amende de cinq sols parisis, & le dommage rendre.

De pescher à autruy fosse.

Item qui seroit trouué peschant à autruy fosse, chet en amende de soixante sols, & le dommage rendre, on iuge par Escheuins quatorze sols, & si c'estoit de nuict ce seroit tenu pour larcin.

De mauuais hostel & ieu de dez.

Item qui soustient mauuais hostel, ou tient ribaude de gens mariez, chet en l'amende de soixante sols.

Item qui tient ieu de dez ne de berlan, chet en l'amende de soixante sols.

Il y a des peines aux ordonnances pour tels cas, qui sont seuerement prohibez par icelles: & on les adiuge selon les qualitez des personnes & des cas.

De beste en nouuelle esteule.

Item si bestes sont trouuees en nouuelles esteules de blé, deuant le tiers iour dudit blé couppé : chet en amende de soixante sols, & en est le sergent creu par son serment.

De tendre aux oiseaux.

Item que nul ne tende à oiseaux de riuiere deuant le iour de Tousaincts, sur amende de soixante sols, & le harnas perdu.

A ce propos on peut voir les ordonnances des eauës & forsts.

Item qui est trouué tendant aux perdrix en pais de garenne, il chet en amende de dix liures, & le harnas perdu : c'est à sçauoir qu'en tous les meffaicts trouuez où il y a harnas defendu, le harnas est au seigneur.

De porter armures defenduës.

Item qui est trouué portant armures defenduës, si comme cottes de fer, capeline, & gantelets de fer, chet en amende de soixante sols.

Il faut voir les ordõnances au Code Henry.

Item qui est trouué portant baston defendu, si comme lance de fer, ou de plomb, de hache, couteau à pointe, ou * dollequin, chet en amende de soixante sols.

**Par dollequin il entẽd vne petite doloire ou hachette qui se porte couuertement sous le manteau.*

Item qui est trouué portant arc & sayettes, ou arbalestre tenduë à tout viretons, il chet en amende de dix liures. Et quant on traict pour autruy dommage, c'est amende arbitraire, comme de port d'armes.

De fraper autre par mal.

Item qui frappe autre à sang d'armes esmouluës, chet en amende de soixante sols pour l'armure, & en autre amende pour le sang.

Ces amẽdes sõt à present arbitraires, & s'adiugent selon les qualitez des personnes & des cas & delicts.

Item qui frappe autre d'arme esmouluë sans sang, chet en amende de soixante sols pour l'armure, & en autre amende de cinq sols pour le ferir.

Item qui frappe autre sans armure esmouluë, comme d'vn poing, ou d'vn baston sans fer, chet en amende de cinq sols, si sang n'en sault, ou cuir n'est rompu. Mais si le cuir est rompu, ou le sang en sault, il chet en amende de soixante sols pour le sang.

Item si basture estoit faicte en chemin Royal, iaçoit ce que sang n'y eust ne cuir rompu, ne armure esmouluë, il cherroit en amẽde de soixante sols, & en tous cas dessusdicts.

D'iniure.

Doit estre entendu que l'iniure doit estre amendée & restituée à celuy à qui elle est faicte.

Pour la punitiõ de tels crimes faut auoir recours aux ordonnances : & sont les peines arbitraires : dõt a esté traicté cy dessus Faut auoir recours aux ordonnances des eauës & forests : & pour l'intelligẽce des harnois, à ce que i'ay escrit sur le grand Coustum.

De l'iniure faicte à port d'armes.

Item d'iniure faicte à port d'armes, à assaut de maison, & effroy des païs, à son de cloche, à assemblée illicite, à sauue-garde enfrainte, contre vengement d'aguet apensé, & qui a le ressort de iustice au pais, & selon les amendes tauxer & ordonner à l'arbitrage du Iuge selon les delicts & les facultez des delinquans, pour ce n'y chet nul taux.

Amendes sur pescheries.

Apres s'ensuit des pescheries : si sçachez que qui est trouué peschant en viuier Royal, ou defẽdu depuis Pasques iusques à la S. Remy, de harnas appellé les tez, chet en amende de soixante sols, & en autre temps on peut pescher.

Item qui eſt trouué peſchant au trainnel en quelque temps que ce ſoit, chet en amende de ſoixante ſols.

Item qui eſt trouué peſchant de nuict au pouſſoir, chet en amende de ſoixante ſols, depuis Paſques iuſques à la S. Remy.

Item qui eſt trouué peſchant depuis la S. Iean iuſques à Paſques à harnas qu'on appelle muſche, chet en amende de ſoixante ſols.

Item qui eſt trouué peſchant à cent pieds pres de fourlin, chet en amende de ſoixante ſols.

Item qui eſt trouué ſaquant anguilles en quelques temps que ce ſoit, chet en amende de ſoixante ſols.

Item ſi vn pecheur eſt trouué ayant en la riuiere plus de deux bacquets, chet en amende de ſoixante ſols, & ſes bacquets perdus & confiſquez.

Item qui eſt trouué ayant en la riuiere à chacun de ſes bacquets plus de ſix naſſes qu'on dict naſſes de bars, chet en amende de ſoixante ſols, & pert le ſurplus, mais de petites naſſes peut plus auoir.

Item qui eſt trouué à chacun bacquet qui ait plus de huit barles, & de cinquante vicuins, chet en amende de ſoixante ſols, & pert le ſurplus.

Item qui eſt en quelque temps que ce ſoit trouué peſchant d'autre harnas qu'à maille de bi, c'eſt à ſçauoir qu'à la plus petite maille peut paſſer le tour d'un vieil tournois, & par la haute maille vn gros tournois, chet en amende de ſoixante ſols. Et eſt à ſçauoir que tout harnas dont on eſt trouué peſchãt contre la defence, auec l'amende en quoy on chet, on chet en harnas & bacquet perdu, c'eſt à ſçauoir le harnas qui ſeroit contre le maille le Roy, car celuy doit eſtre ars par iugement, à fin que chacun ne œuure en riuiere.

Ceſte peine eſt arbitraire, & s'adiuge auec le reſtabliſſement, dommages & intereſts, vide l. 1. D. ne quid in flum. publi.

De cours d'eauë.

Item qui eſt trouué auoir deſtourné les anciens cours d'eauës, chet en amende de ſoixante ſols.

De faire chemins.

Item qui eſt trouué non auoir releué frecce*, chemin, & planche redreſſée dedans le temps commandé, chet en amende de ſoixante ſols. Et en pais où on plaide par Eſcheuins, en amende de quatorze ſols.

** Frete, au liure eſcrit à la main.*

Item qui eſt trouué non auoir renclos les lieux qui doiuent cloſin* dedans le temps commandé, chet en amende de ſoixante ſols pariſis.

** Cloiſon, au liure eſcrit à la main: mõ vieil practicien vſe du mot cloſin pour cloſture.*

Item qui eſt trouué faiſant foſſe, ne foüir ſur reget, ou qui fait s'il y a couppure, il chet en l'amende de ſoixante ſols.

D'ahaner ſur chemin*

Item qui eſt trouué ahanant ſur chemin publicque, & à la derniere roye prent du chemin, & trouue ſa charuë ou harnas la terre du chemin ſur ſon champ, chet en amende de ſoixante ſols.

** Ahaner ſignifie labourer & eſt deriué de l'exclamation qu'on faict en labourãt, han.*

De coupper & porter bois.

Item de coupper en bois: ſçachez qui eſt trouué couppant en bois, chet en amẽde de quatorze ſols en tout pais, où on iuge par Eſcheuins, & ſi c'eſt gros bois qui a l'eſtage d'vn hõme, ou de ſept pieds de lõg ou plus greſſe, ou il puiſſe percer d'vn cõmũ tarelet*, chet en amẽde de 60. ſols.

*Cecy ne ſe doit entẽdre du bois qu'on couppe en foreſts du Roy: par ce qu'il y eſt pourueu par les ordõnances, ains qu'on couppe ès bois des particuliers. * Tarelle.*

Item qui seroit trouué portant en la terre d'vn seigneur à qui le bois est, bois couppé de nouueau, sçachez qu'il chet en l'amende dessusdicte, s'ainsi n'est que celuy qui le bois porteroit, & qui à tout seroit trouué, si que dict est, ne voulsist dire qu'en autre bois l'auroit couppé, lors conuiendroit il que pour auoir vraye descharge de ce, qu'il fust mené au bois où il voudroit dire que couppé l'auroit, & que le bois qu'il porteroit ainsi couppé, reuinst à point à la taille du bois où il diroit que couppé l'auroit, sinon, il chet en l'amende dessusdicte, & le dommage rendre.

On peut entendre cest article de ce qu'õ couppe aux bou taillis: car pour les gros arbres les seigneurs se peuuent aider des ordonnãces royaux.

Item & si c'est bois ouuert, c'est à sçauoir qu'il fust couppé à large, seroit en amende criminelle de l'arcin.

Item qui s'auance de coupper herbe en autre pré, chet en amende de cinq sols, & le dommage rendu.

De iurer le villain serment.

Item qui iure le serment que les coustumiers appellent le villain serment, chet en l'amende de*.

** Au liure escrit à la main il est en blanc. Mais au premier liure a esté traicté des peines cõtre les iureurs & blasphemateurs: & y en a des ordõnãces au Code Henry. En ces crimes & delicts & autres les peines sont à present arbitraires, comme souuent a esté noté cy dessus.*

D'enuoyer lettres à sa mere.

Item qui par felon courage enuoye à sa mere lettres par villain propos, chet en amende de dix sols, selon les coustumes anciẽnes. Mais pour ce que le Roy nostre Sire est Empereur en son Royaume, pour ce peut faire loy & Edict à son plaisir, & sur ce a ordonné à estre mis à l'eschelle par trois iours, & puis banny de sa prouince: sçachez qu'à son Edict nous faut reigler, ou auoir de luy remission, car en autre Iuge n'est de le differer ne mettre à mendre amende.

De mettre sus autre reproche.

Item qui à autre met sus & impose reproche diffamatoire, si cõme de l'appeller larron, meurdrier, faux, & desloyal, foy mentie, contraire à son seigneur, herese, bougre, & autre cas dont on seroit diffamé en iugement, chet en l'amende de soixante sols, & faut qu'en iugement & en tous les lieux où diffamé l'a, s'en desdie, & le tienne pour homme de bonne, franche & liberale condition, & que ce que dict en a, au contraire & sans cause l'a dict, & menty en a faussement.

De la forme de proceder en matiere d'iniures, & des peines d'icelles a esté traicté cy dessus amplemẽt.

De tuer la beste d'autruy.

Item qui tuë la beste d'autruy, si c'est en non essient, doit rendre le prix de la beste auec l'interest, & pourtant la beste doit estre à celuy qui le rend, & ny chet point d'amende au seigneur: & si c'estoit par fait & propos appensé, lors y chet amende de dix sols, & le prix de la beste rendre auec l'interest & amende à partie selon le merite du cas.

De la beste du voisin tuer la beste d'vn sien voisin.

Item si la beste d'vn voisin tuë la beste de son voisin ou d'autre, s'il est trouué que la beste tuée ait aggressé & assailly l'autre: sçachez que lors n'y chet quelque restitution: mais si sans aggressiõ l'vne beste ait tué l'autre, celuy qui aduoüera la beste sienne depuis le fait, rendre doit le prix de la beste tuée auec l'interest, ne autre amende ny a loy.

De hoc habetur in l. De pecoribus C de lege Aquilia.

Itẽ si c'estoit beste si resueleuse qu'elle regibast aux autres par resuel ou par felõnie, comme font souuẽt vertoreaux ou poulain, & les voisins le

Pro hoc ff. si quadru paup. f ciss dica l 1. § cum arietes.

doutassent que dommage ne leur fist sur leurs bestes: sçachez que denõcé doit estre au maistre à qui elle est, & qu'à sa beste mette & baille telle garde, qu'à autre ne face dommage, car si depuis ceste denonciation ce faisoit, ce seroit à son peril, & si la beste fait dommage à autre, rendre le doit le maistre de la beste qui ce aura fait, soit qu'il y ait aggressure de beste ou non, si que dessus est dict, ou soit que le maistre le reprenne depuis le cas ou non comme sienne.

Ad hoc tex in l. Quacunque & in l Censemus. C de litigios. cy dessus a esté noté que telle rigueur ne s'obserue en Frãce, & que le tiltre de litigiosis n'y est practiqué: dont on peut voir Imbert en son Enchiridiõ. De ceste peine du quadruple, faut dire cõme dessus a esté noté.

D'achepter chose litigieuse.

Item qui achepte chose litigieuse, c'est à dire chose qui soit en plaid d'vn contre autre, si celuy qui l'a acheptée, sçait qu'elle soit au plaid: sçachez qu'il chet en amende telle que de perdre le prix que l'achat deuoit monter, & le vendeur pert la chose venduë, & demeure au profit du seigneur si à son droict à fin de plaid reuient la chose qui est plaidée: & si par le plaid à son droict ne reuient, lors est droict qu'autant doit perdre que venduë l'auoit.

De prendre autre chose par maniere de faict.

Item qui s'efforce de prendre autre chose par maniere de fait, disant auoir couleur de ce faire, & toutesfois le faict sans iustice iaçoit ce que l'efforceur vousist dire qu'obligées luy fussent les choses qu'ainsi veut emprendre, toutesfois puis que de faict y procede sans benefice de iustice il chet en l'amende de quadruple d'autant que la chose vaut qu'il a ainsi voulu prendre & auoir.

Additio.

Ad hoc. ff. quod met. cau. l. Sed & pactus. §. quari poterit. & facit tex. in l. Extat. eod. titu. fallit tamen hoc, quia in aliquibus casibus licet creditori pignus vel hypothecam inuadere, quando pactum interuenit: vt l. Pignoris. de pigno. actio. & l. 3. de pigno. C. Secundo in debitore fugiente: vt ff. de his qui in frau. credit. l. Ait Prætor. §. debitorem. & pro his vide glo. in dicta. l. Extat. quæ ponit adhuc alium casum in legatario.

Ce crime est appellé Stelliõnat duquel a esté traité cy dessus: mais en France la peine du quadruple n'y est practiquée.

De vendre à plusieurs vne chose.

Item qui à plusieurs personnes vend vne mesme chose à escient, & que bien sçait que liurer ne la peut qu'vne fois à vn seul, il chet en l'amende du quadruple d'autant que monte l'vn des vendages qui ainsi faict estoit.

Additio.

De iure tenetur crimine falsi: vt ff. ad l. Corneliam de fals. l. Qui duobus. si vero alicui pignoratam, aut obligatam, vendiderit, crimine falsi non tenebitur. & vidi his diebus per arrestum pronunciari male iudicatum per Præpositum Parisiensem, in hoc quod tanquam falsum venditorem aliquem condemnauerit, eo quod res ab eo vendita erat alteri hypothecata. condemnatio tamen criminis remansit, & correctum est tantum iudicium in hac dictione falsus venditor: & pro hoc vide glo. in dicta. leg. Qui duobus. quæ tenet quod si rem obligatam vni vendiderim alteri, teneor tamen crimine Stellionatus. & pro hoc est tex. in leg. 3. & in leg. 1. ff. & Cod. de crimine stellionat.

Cecy ne s'obserue à present, ains n'y auroit que

De prendre son detteur de faict.

Item qui s'auance de prendre & arrester de fait son detteur sans authorité de iustice, & se faict iustice de luy mesmes, sçachez qu'il pert la dette

dette, & en demeure le detteur quitte, & si l'amende à iustice d'autant que la dette monte, deux fois.

despens, dõmages & interests si l'arrest estoit declaré tortiõnaire.

De clamer en iugement heritage d'autre.

Item qui s'efforce de demander & clamer en iugement autre heritage, & en chée, il chet en amende de dix liures, si c'est fief, & si c'est main ferme, chet en amende de xl. sols. Et si celuy qui l'heritage tenoit, qui ainsi est clamé, dechet, & soit trouué que à tort l'ait tenu, & contredit à r'auoir au demandeur, sçachez qu'il chet en amende de vingt sols.

Du contenu en cet article a esté noté cy dessus.

D'enclorre bestes d'autruy.

Item qui enclot les bestes d'autruy en quelque lieu tant que les bestes soient mortes de faim, ou perdues par defaut: sçachez que si celuy qui ce a fait, en est trait en cause deuant Iuge, & il nie le fait & il soit prouué: sçachez que par le ny qu'il en a fait auec le dommage & interest de partie, si chet-il en amende d'autant que les bestes vallent deux fois au Iuge: & s'il le cognoist, il est quitte pour le dommage rendre à partie.

Ad hoc l. cõtra negantem & l. de pecoribus. C. de le. aqua. Mais la peine du double ne se practique en France, tant pour cet article qu'autres semblables.

De faire dommage à autruy en escient.

Item qui à autruy fait dõmage à escient, & celuy à qui est fait le dommage se plaint pour auoir restitution, si le faiseur nie le fait, il chet en amende du double que vaut le pris du dommage, & le dommage rendre: & s'il le cognoist, il est quitte pour le dommage rendre.

D'vn Baillif, en sa iurisdiction acheter terre pour crime.

Item s'il est aucun Baillif qui en sa terre ou iurisdiction de Bailliage achete aucune terre ou possession pour crime qu'il en face à cause de son office au vendeur: sçachez que le marché doit estre nul, & doit le vendeur r'auoir la chose, & le pris de l'achat doit estre prins en nom d'amende sur l'acheteur, c'est sur le Baillif qui ainsi à puissance acheté l'a, & auec ce doit estre priué de l'office à la volonté de son souuerain.

Du Iuge qui achete en sa iurisdiction, & de la peine contre luy a esté traicté cy dessus.

D'vn Iuge corrompu.

Item si le Iuge ou la iustice, est trouué corrompu dont il face delay en la cause par plus long temps, que raison ne donne. & que procez est en droict: sçachez que amender le doit en amende arbitraire, & auec doit estre priué de l'office.

Item & si le Iuge est trouué auoir iugé par corruption contre le vray iugement de la cause en cas ciuil: sçachez qu'il chet en amende, c'est à sçauoir ce que perdre ou engager peut par coustume de pays, & auec ce doit estre priué de toutes offices à perpetuité, à rendre le dommage au dommagé par la coulpe dudit Iuge.

De Aduocat corrompu sans adueu.

Item si aucun est trouué corrompu contre la partie pour qui il doit, sçachez qu'il chet en amende arbitraire, & auec ce doit estre priué de tous euocations, & le dommage rendre à partie blessee.

*De la peine du Iuge corrõpu, & qui par corruption auroit mal iugé, a esté traicté cy dessus Et on peut voir les ordõnances de Philippes le Bel, Charles VII. & VIII. & autres au Code Henry. Le iugement de Tybere contre P. Suillius apud Tacitum lib. 4. Annal. Et ce que Lãpridus escrit de Alexandro Seuero. & qu'autres ont aussi escrit de ceste matiere. Adde l. fin. C. de pœn. iud qui mal iud. & la representation de l'image du Iuge, qui estoit à Thebes, sans mains, & les yeux tournez. * Vt per totum tit. de praeuaricato. ff. & Ammianum de malis causidicis.*

La peine est arbitaire, comme en autres cas sẽblables a esté noté cy dessus.

Item si Aduocat en plaidãt n'est aduoüé, il chet en dix sols d'amẽde, ou dit iniure à partie aduerse hors de ses termes, il le doit amender promptement au Iuge à gaige ployé: & auec ce, il chet en xx. sols d'amende à chacun des hommes de la Cour: & si c'est en Cour de Seigneur cottier, il n'y chet riens pour l'homme que vingt sols au seigneur.

De faire conuenir autre deuant autre seigneur que son seigneur.

Les peines cõtenuës en cet article sont hors d'vsage.

Item qui fait autre conuenir ne adiourner deuant vn autre Iuge que ce n'est deuant le defendeur, si ce n'est par priuilege que on ayt de ce faire, ou par committimus sur ce donné du Prince, si c'est en demandant, le demandeur pert sa demãde, & est deserte, & iamais n'y peut reuenir, & chet en amende de autant qu'il demande. & si le defendeur se laissoit sur ce conuenir, & il sortist iurisdiction, perdra autant que la demande monte. & si le Iuge qui ce fait & emprẽt telle iurisdiction sans committimus du souuerain, il chet en amende enuers le souuerain en somme de lx. liures, pour ce que c'est en noble matiere.

De l'Aduocat ou Procureur marchander auec la partie.

Ad hoc tex. in l. litem te redemisse. C. de procurato. & l. si quis aduocato. C. de postu. I'ẽ ay veu vn arrest contre vn Aduocat qui pour tel cas fut interdit de plaider & cõdamné en l'amẽde du Sãmedy 18. Iuin, 1558. le faict estoit de cõsequence & mauuais exẽple.

Item si Aduocat ou procureur marchande auec la partie pour qui il est d'auoir part à la querelle qu'il meine: sçachez qu'il en chet en amende arbitraire à la discretiõ du Iuge selon le cas, & à la faculté de l'Aduocat ou Procureur, & auec ce doit estre priué d'office, & le compenseur en ce le doit amender à la discretion du Iuge.

De l'officier vendre ses biens.

** Cecy se peut biẽ adapter aux receueurs, sans toutesfois la peine de l'amẽde.*

Item s'il est aucun qui soit officier d'aucune ville ou seigneurie, pour doute que à cause de leur office ne soient tenus à la ville, dont ils sont officiers, se destournent & vendent leurs biens à aucun couuertement: sçachez que celuy qui a acheté ses biens, sçait la vente, que cil en fait pour escheuer le droict de la ville, * ou du seigneur dont le vendeur est officier, l'achat est nul & chet en l'amẽde d'autãt que monte l'achat que fait en a.

De nyer lettre escritte de sa main.

** De ceste peine a esté parlé cy dessus au presẽt liure.*

\+ Item sçachez qui nye lettre qui de sa main il a escrite, par laquelle il a promis, & eu conuenance à aucun d'aucune somme d'argent à rendre, ou autre chose, s'il est prouué que cet escrit soit de la main de celuy qui nié l'a, il en chet en amende du double de la promesse.

De herbeler en blé en temps defendu.

Item qui est trouué és bleds vers herbelant en temps defendu, il chet en l'amende de cinq sols.

De fiens verser au chemin.

Item si en chariant aucune charretée de fiens, le fiens au chemin se verse: sçachez que sans la grace du Seigneur on ne doit releuer le fiens sur l'amende de soixante sols parisis.

D'vn noble homme meffaire.

Cecy ne se practique plus en Frãce, & n'y a lieu la loy des XII. Tables, ny autres portans peines certaines pour les delicts.

Item si vn noble homme meffait amende ciuile qui ne soit & doiue estre arbitraire par port d'armes, par garde du Roy enfrainte, ou par assemblee illicite, dont au Roy & à ses officiers en appartient la cognoissance, & non à autre, il ne chet qu'en soixante sols d'amende, & si c'estoit qu'il meffist pour cause de son noble tenement comme de son fief, & de sa iustice s'il l'a, & de tout ce qui de ce se despend, & qui à sa iustice a regard, lors meffait il, soixante liures, si pour villain ne se veut dire & porter en Cour: car lors ne seroit il qu'à soixante sols, jaçoit ce que pour gentil se fust tenu iusques à lors, & ainsi en est il vsé en Cour laye.

Des Vinages & pontenages.

Item est à sçauoir que le droict des commis des vinages, & pontenages anciens se doit tenir & garder sur toutes marchandises, & n'en doit nul estre quitte si il n'en monstre especial priuilege contre, & qui les transgresse auec le payage, il chet en amende de soixante sols.

Ces amendes sont demoniales, & a esté parlé cy dessus.

Du treu sur le sel.

Item est à sçauoir qu'au pays où le treu sur le sel a lieu, nul ne doit acheter sel fors au grenier du seigneur, & qui fait le contraire, il chet en l'amende à ce ordonnee & pert le sel.

Pour le present article & le suiuant faut voir les ordonnances au Code Henry.

De porter billon.

Item qui est trouué portant billon autre voye, qu'à la plus prochaine monnoye du seigneur dessous qui ce est trouué: sçachez que tout le billon ainsi trouué est appliqué au seigneur: & au surplus le corps du porteur ou de celuy à qui ce est trouué appartenir, & ses biens sont en la volonté du seigneur, & à celuy ou ceux qui le tiennent, & qui l'exploit en font, compette & appartient la quarte partie du billon.

De vendre sa terre.

Item doit estre legerement sceu que qui appartient le droict seigneurial c'est le dixiéme denier du prix de la vente si c'est à heritage: & si c'est à viage le dixiéme denier. Et dois sçauoir qu'eschanges d'heritages equipolent à vente, aussi faict don de mariage, si ainsi n'estoit que le pere laissast à son aisné fils en auancement de son mariage son fief, qui par succession au fils deueroit reuenir apres la mort du pere, & que le pere s'en feit prestement mort pardeuant loy, car lors n'y cherroit que le relief au seigneur que deueroit payer le fils. Et s'il aduenoit qu'aucun obligeast ou engageast sa terre à rente, à vie & à rachat, où à volonté de vendeur dedans trois ans: sçachez que lors n'y chet quelque droicture de dix au seigneur au demandeur dedans trois ans dessusdits, par la raison de ce que par coustume local on peut sa terre empescher l'espace de trois ans sans gré du seigneur, mais non plus de trois ans, & pour ce au chief de trois ans si rachat n'est faict par le vendeur, le seigneur a droict de demander son droict seigneurial, laquelle droicture doit estre prinse en l'argent de la vente, & tant moins au vendeur.

De ces droicts seigneuriaux faut voir les coustumes des lieux, suiuant lesquelles se cōuient gouuerner, mais on ne les tient pour amendes, ains par quelques coustume. à faute de les payer y a amēde. Et ce que traite icy l'autheur est suiuāt les coustumes du pays où il estoit.

Item à l'acheteur compete à payer le droict des Iuges, pardeuant qui le vendage se passe selon la coustume du lieu auec le droict du Baillif ou maieur qui les Iuges coniurent de loy.

Mon vieil practicié fait trois especes d'amendes à sçauoir de iustice, de meffaict & crime, & de seigneurie.

De la peine de faux tesmoignage a esté noté cy dessus: & par l'ordõnance de François I. ceux qui auront passé faux cõtracts, ou porté faux tesmoignage sont punis de mort: toutesfois ceste peine ne se practique tousiours.

** Faut voir au Code Henry les ordonnances, & l'arrest contre Nicolas le Mesle du 27. iour de Ianuier, 1599 qui est bien notable.*

† On tient tel cas pour crime de leze Maiesté & est quelquefois puni de mort comme a esté iugé par arrest du premier iour de Decẽbre 1584. contre le Sieur de Belle ville & autre du 22. iour de Nouẽbre, 1586. contre vn nommé le Breton.

" I'ay monstré au premier liure que tel crime se punit de mort, & en ay allegué des arrests.

Autres amendes criminelles, & non capitaux.

VEu des amendes ciuiles, il s'ensuit sçauoir des amendes criminelles non capitaux, & premier des amendes qui se perpetrent par faux sermens faire au preiudice d'autre. Si dois sçauoir que qui iure & depose par faux tesmoignage, par priere, ou par argent, ou pour autruy greuer, sçachez qu'il est tenu d'amende de faux, c'est à sçauoir d'estre mis à l'eschelle par trois iours, & au dernier iour signé en la ioüe du seing de la iustice ou du seigneur, combien que les droicts canons defendent que nul ne soit signé au visage qui est à la semblance & image de nostre seigneur Iesus-Christ, mais selon la coustume local si faict.

De iurer deshonnestement Dieu, ou la Vierge Marie.

* Item qui iure ne parle deshonnestement de nostre Seigneur, ou de la vierge Marie, si comme à la verité dire & iurer & renier Dieu, ou pareillement de la vierge Marie, chet en l'amende d'estre mis par iours à l'eschelle, & pendu à son col des grandes lettres, si que tous le puissent voir & lire qui lire sçauront le cas, pourquoy ainsi est mis & puis banny de la Prouince.

De parler du Roy, ou son seigneur deshonnestement.

† Item qui parle du Roy ou de son Prince deshonnestement par forme de reproche, ou iniure: sçachez qu'il chet en amende d'estre mis à l'eschelle par trois iours, & au dernier signé du seing de la iustice, & banny de la Prouince & ville, & en amende ciuile arbitrairement.

D'estre sorcier ou deuin.

" Item qui est trouué sorcier, ne sorciere, deuin ou deuine, dont à autre en ait fait dommage ou preiudice par son sort, ou denoncement, chet en amende d'estre mis en l'eschelle, pendu de grosses lettres, si que chacun le puisse voir & lire le cas pourquoy ainsi est mis, & en la fin doit estre signé, ou ars ou arse, selon que le cas le desireroit.

D'estre suspect de larcin.

* Item qui est trouué suspect de larcin, doit estre pour ce priué de toutes offices, & de toutes bourgeoisies, de toutes dignitez, & reputez comme infames, & ayans perdu respons en Cour.

Item qui est trouué auoir emblé la valeur de cinq sols, & en dessous iusques à la valeur de douze deniers, chet en l'amende d'auoir couppé l'oreille, & estre banny de la terre, voire pour le premier larcin: mais pour le second est pendable. Qui emble cheual ou iument, ou fer de charuë, ou chose d'Eglise, ou à son seigneur, ou à son maistre, ou à son hoste où il soit hebergé, pour le premier larcin en ce cas, soit le larcin grand ou petit, il est pendable. † Qui emble enfant d'autre, il est tenu par la loy en amende arbitraire à la discretion du Iuge: & si c'est à force, en peine capitale.

Item qui tollit à autruy chose à force, il chet en peine de quadruple du vaillant de la chose, & si c'estoit en chemin, ce seroit tense.

** Les peines de larcin sont arbitraires, & s'adiugent selon les qualitez des cas & des personnes.*

† Ce crime s'appelle plagium, Vide tit. D. & C. ad legem Fabiam, vel Fauiam, de plagiar.

Item qui oblige à escient vne chose à plusieurs, il chet en amende de quadruple, d'autant que la chose vaut.

Autres amendes qui son criminelles & capitaux.

APres s'ensuit des amendes qui sont criminelles & peines capitaux. Si est à sçauoir que qui est trouué auoir emblé la valuë de dix sols. ou en dessous par furt, chet en amende criminelle & capitalle, telle que d'estre pendu tant que mort soit & estranglé. Et si le larcin peut estre restitué à partie, estre le doit: sinon, passer s'en faut le dommage, car le Iuge n'est tenu de restituer, si le furt ne se trouue auec le larron, ou s'il ne le trouue par ressenne en sa terre.

D'occire autre par chaude colle.

Item qui occit autre par chaude colle, selon la coustume local puis que ce seroit de telle heure que de iour, il chet en peine criminelle & capitale, telle que d'estre pendu tant que mort soit & estranglé, & selon aucũs lieux en rouës, & selon aucuns lieux enfoüy tout vif. Et si c'estoit de nuit doit estre trainé & pendu tant que mort soit & estranglé.

Tel homicide est disposé à remission, & peut celuy qui l'a cõmis, en obtenir lettres de remission. De la difference des homicides i'en ay traicté au premier liure & ailleurs.

De prendre l'autruy en chemin.

† Item qui prend l'autruy par roberie en chemin, iaçoit ce que du corps ne luy fist mal, & n'y eust par ceste maniere prins ne tollu que la valleur de six deniers, si chet il en peine capitale telle que d'estre pendu tant que mort soit, & estranglé, & la roberie rendre au dommage, si trouuée est auec le prisonnier, ou la rassenner le pourra en la terre du seigneur où ce sera faict.

**Roberie, signifie volerie, & comme dit mon viel practiciẽ guettement de chemin. contre les voleurs & guetteurs de chemin y a des ordõnances au Code Henry, qu'õ peut voir.*

De faire meurdre.

*Item qui est trouué auoir faict meudre, soit de iour ou de nuict, doit estre trainé & pendu tant que mort soit & estranglé.

** Meurtre, dõt mention est faite au stile de Parlement & en plusieurs chartres & liures signifie homicide fait de guet à pens: cõme ailleurs i'ay escrit & noté cy dessus. Parce qu'ils sont homicides.*

D'occire autre de froid sang.

Item qui occit vn autre de froid sang, si cõme de propos & aguait appensé, il doit estre trainé & pendu tant que mort soit, & estranglé.

De ferir vne femme enceincte.

„ Item qui frappe femme enceincte si que le fruict de son ventre en soit pery, que les sages appellent crime de anchis, tels doiuent estre trainez & pendus tant que morts soyent & estranglez.

De rauir femme à marier.

* Item qui prend & rauit femme à marier sans le gré de pere & mere, ou sans le gré d'amis, si pere & mere n'auoit, si en ce rauissement il la desflorast, doit estre trainé & pendu tant que mort soit & estranglé, & s'il ne la desflore, & la mette en lieu sauf & honneste sans toucher à elle, sçachez qu'il chet en l'amende d'estre banny de la terre, & ses biens mis en la main du seigneur, & par iceluy estre gouuernez iusques à ce qu'il soit reuenu à l'obeissance de iustice, renduë & ramenée la fille sans villenie, &

** Vide l. vnic. Cod. de raptu virgin & ce que i'e ay noté cy dessus, ayãt allegué Concil. Tridentin. sess. 24. de reformat. matrim. Les ordonnances qui sont au Code Henry, & autres authoritez.*

amender le rapt par luy ainsi faict. Et si ce ne faict, il pert le sien, & ne peut ne ne doit iamais auoir autre chose qui de par la fille vienne, ne auoir ne la peut de raison escrite à femme par espousaille qui vaille.

De iure tamen Canonico teneret matrimonium, si eam duceret in vxorem, vt cap. vlt. de rapto. extr.

Additio.

Du prochain consentir rauissement.

Item les prochains de la fille rauie qui au rauissement sont consentans & monstrent ce par ce qu'à la loy ne se trayent, & ne font deuoir de r'auoir leur fille ou cousine, cheent en amende arbitraire pardeuant le Iuge, & se priuent par ce de la succession qui de par la fille rauie leur pourroit venir.

D'assaillir autre sur son lieu.

Les assaillis doiuet obtenir remission, & sont ordinairement condamnez en quelque interest & reparation ciuile.

Item s'il aduient que aucun par luy & par ses complices voise assaillir & aggresser aucuns autres sur le lieu, & les assaillis en eux deffendant nauent ou tuent aucuns des assailleurs, sçachez que par raison escrite amender ne le doiuent les assaillis à iustice, mais les assaillans ou morts ou nauez de leur compagnie, ou de la mort ou affollure ainsi faicte en doiuent demeurer quittes les assaillis, mais encore leur doit on amender que ainsi on les a assaillis, & interessez, ou inuasez sur leur lieu, ou sur leur saisine, ou sur leur maison.

Additio.

Hoc etiam concordat cum iure scripto, vt ff. de Iustitia, & Iure. lege vt vim. Codice ad legem Corneliam de sicar. l. Is qui aggressorem. cum mult. simil.

De la garder laisser aller le prisonnier.

De ceste matiere a esté traicté au premier liure. Et quant au criminel la peine est arbitraire selon la qualité du faict : mais pour le ciuil le geollier en est tenu si le prisonnier s'est euadé, & in eo dolus vel culpa deprehēdatur, l. vlt. D. de custod reor. Cecy pour le crime de leze maiesté, se doit entendre contre le Roy & seigneur souuerain, dont est traicté in l. Quisquis. C. ad l. Iuli. maiest. Mais pour le regard d'un autre seigneur la peine est arbitraire, selon la qualité du faict, & des personnes.

Item dois sçauoir que la garde des prisons qui par sa coulpe laisse aucun eschapper de prison, chet en autelle amende comme deuoit porter le prisonnier ainsi eschappé, si c'est en ciuil : & si c'est en criminel, en l'amende arbitraire du seigneur à qui la prison est, combien que par l'estroit de la loy escrite, c'est à peine de talion.

Qua pœna puniatur custos carceris, dicas quod capite si propter dolum vel culpam incarceratus ex delicto aufugiat. text in lege Miles. in fin. ff. de custod. reor. sed in ciuili teneas quod tenetur ad illam quantitatem creditori, ad quam debitor erat obligatus, secundum Dulium de Galbano in lege Quoties. Codice de exact. tribut. libro decimo, qui dicit quod agitur contra illum custodem condictione ex illa lege

De pourchasser trahison à son seigneur.

Item qui pourchasse trahison contre son seigneur, ou contre son estat, sçachez que iaçoit ce que la trahison ne soit par faicte, toutesfois veut la loy escrite que le traistre chee en autelle peine, comme deuroit faire le propre traistre si tenu estoit à la iustice.

D'empescher le malade à la mort.

* Item qui met empeschement sur aucun qui labeure au mal de la

De hoc tex. in l. ij. C. si quis aliquem testa. prohi.

mort,ou met empeschement qu'il ne face testament par voye de faict, chet en amende arbitraire, & doit estre priué de toute la succession au mort,ou à don que faict luy auroit en testament.

Des desesperez.

Item dois sçauoir que les biens de ceux qui se tuent par desespoir,sont confisquez au seigneur dessous qu'ils sont, mais que le seigneur ait telle iurisdiction qu'il puisse cognoistre du cas,pourquoy estoit tenu prisonnier,celuy qui ainsi se met à mort. mais si aucun par maladie de chief ou de forsennerie qui luy prenne, se desespere, sçachez que pour ce le corps ne doit estre mené à iustice,ne ses biens ne sont forfaicts ne confisquez, combien que les coustumiers en vsent du contraire, & menent le corps à execution de iustice,& confisquent les biens.

De la peine de ceux qui se tuët & de la forme de proceder apres leur mort a esté traicté cy dessus au I. liu. où entr'autres i'ay recité vn arrest de l'an 1586 cötre vn Medecin prisönier en la conciergerie, qui s'estoit estrãglé Tex. in l. j. C. de his qui mortẽ sibi consciue.

D'accuser autre de crime à iustice.

Item selon la loy escrite en iugement quiconque se rend accuseur en cas de crime contre autre,s'il estoit trouué qu'il fust faux accuseur,en fin de querelle si chet en peine de talion, c'est qu'il doit souffrir telle peine comme deust auoir souffert l'accusé si conuaincu fust. Et ainsi deueroit estre gardé en iugement si ce ne fussent les moderations qui se font des procureurs d'office qui font les conclusions criminelles en partie ciuile. Mais selon aucuns coustumiers,qui dechet d'accusation en cas de crime de partie priuée contre autre,soit par faillir à preuue,soit que de son plaisir le poursuiuant se deporte de sa poursuite de sa volonté,le poursuiuant en ce cas doit estre banny de la terre ou de la ville,& doit rendre amende au seigneur à partie,& despens.

I'ay noté cy dessus que la peine du taillon est abolie en Frãce & le calõnieux accusateur est puni de peine arbitraire selõ la qualité des cas imposez & des personnes: dont on peut voir les arrests donnez contre Taboue recitez par Papon liu. 19 tilt. 8.

D'occire son pere ou sa mere.

Item qui occit pere ou mere,doit estre condamné à perdre l'hoirie: tãt est le peché detestable,& par la loy escrite doit estre mis en vn sac de cuir, & auec luy doit estre vn coq chastré, vn chien, vn singe, & vn serpent,& ainsi ietté dedans la mer, si c'est pres de la mer: ou si non, en la plus grande riuiere de la contrée,à la fin que le delinquant perde ciel, air & terre, car il n'est mie digne de demeurer sur terre,ne en l'air.

D'occire son enfant.

Item qui occist son enfant,coulpable est de telle peine comme dessus est dict de celuy qui occist son pere,&c.

De hoc habetur in l. vlt. C. de accu.

De coupper à autre membre.

Item qui oste à autre membre,si comme de luy coupper vn poing, il doit perdre pareil membre,& auec ce pert ses meubles qui sont appliquez au seigneur.

Item qui blesse autre de ses membres, doit perdre tous ses meubles pour le seigneur, reserué la prouision que en doit auoir le blessé selon la faculté & possibilité des biens.

** Vt C. ad leg. Pomp. de parti. l. j La peine de ceste loy ne s'obserue en Frãce: mais on en vse d'autre seuere, selon la qualité du faict, ainsi qu'il fust iugé par arrest contre Tarquet Aduocat à Nyort, au mois d'Auril, mil cinq cens cinquante quatre, & autres.*

** Ceste peine du talion ne se practique, & s'il n'y a confiscation, les meubles ne sont appliquez aux seigneurs, ains seulement on luy adiuge v[illegible] amende.*

Ceste matiere est grandement arbitraire, & depend des circonstãces, comme i'ay mõstré cy dessus. Pro his vide l. 1. C. si aduers. de l.

De messaict du Pupille.

Item s'il aduient qu'vn pupille de tel aage qu'il puisse sçauoir qu'il fait perpetre cas pourquoy peine capitalle s'en deust ensuyuir si pupille n'estoit, sçachez que pour sa pupillarité ne doit demeurer qu'il ne porte la peine capitalle, pour la raison de ce que malice y aura suppleé à l'aage, mais s'il estoit si ieune & innocent qu'il ne cogneut si faisoit mal ou bien lors y gist remede de bastures, ou autre punition selon l'aage.

Exemple.

Il aduint que vn fils de l'aage de vnze ans se ioüoit auec vne fillette de quatre ans ou enuiron; la fille en ioüant luy osta son chapperon, & cil estoit tigneux, si en fut honteux & courroucé, & y supplea malice: depuis il trouua la fillette aux champs arriere de gens, & la frappa d'vn caillel en la teste tellement qu'il la tua & occist: si tost qu'il la vit morte, il la mussa au mieux qu'il peust, neantmoins il fust sçeu que ainsi auoit faict: il fut prins. Et pource que le cas estoit grand & douteux à aucuns pour sa minorité, il fust amené en Parlement. Tout veu, & que la malice y auoit suppleé, il fut iugé à trainer & à pendre. Et à ce s'accorde la loy escrite. *C. Ru. si ad delictum.*

Ce iugement semble rigoureux veu qu'il n'auoit encores attaint l'aage de puberté, cõme i'ay noté cy dessus.

Item est à sçauoir que si ieune homme qui soit de tel aage, que sçauoir doiue s'il faict bien ou mal par raison d'aage, si comme de douze ans & en dessus, perpetre cas ou crime capital, par la loy escrite est à punir selon le cas, & à la discretion du Iuge. Et quant à l'ancien, sçachez que si de tel aage est qu'il puisse par vertu & prouesse de son corps auoir commis crime capital pour son aage ne doit demeurer que capitalement ne soy puny, car l'aage n'excuse pas le peché puis que en puissance est de ce faire.

Le crime de sodomie est tres-detestable, & doit estre dés la premiere fois puni de mort, dont on peut voir tit. de stupratoribus in collat. legum Moysis. Et y en a plusieurs arrests recitez par Papon & autres.

D'estre Sodomite.

Item qui est prouué sodomite, doit perdre les coüilles pour la premiere fois, & pour la seconde fois doit perdre le membre, & pour la tierce fois doit estre ars.

De his est tex. in l. Cum vir nubit in fœminam. Codice ad legem Iuli. de adulter.

De oster borne assise.

* Item qui oste ou faict fausse borne assise par loy, pert tous ses biens, & sont confisquez au Roy ou à son seigneur haut iusticier, & doit estre banny de la terre sur la hart, & en aucuns lieux perd la vie.

D'occire autre par cas d'aduenture.

* Item qui occist autre par cas d'aduenture, par la raison escrite n'en doit pource choir en peine, mais que ce soit ainsi sçeu certainement, cõbien que les coustumiers dient que crime n'a point d'aduenture qu'il ne chée en peine de mort, ou remission de Prince.

+ La peine en est arbitraire par l'vsage du droit Frãçois.

„ *De illo homicidio casuali siue fortuito vide Doctor. in l. j. C. ad l. Cornel. de sicar. & per tot. tit. de homicid. casual. ext. in antiquis. & vtrum re-*

+ Vide l. 1. D. de legib. l. Lege Cornelia § 1 ad leg. Cornel. D. de sicar. & ce que i'en ay traicté au premier liure.

„ *De hac quæstione vide l. In lege Cornelia. D. ad leg. Cornel. de sicar.*

quiratur

quiratur dolus ad hoc vt homicida capite puniatur, vide Iaso. in l. Si per errorem. ff. de iurisdictio. om. Iud. & idem in l. Non dubium. C. de legib. vbi dicit text. esse de iure meliorem pro hoc i. l. Non autem §. excipitur. ff. de adilit. edict. & idem Iason multa accumulat ad hanc materiam in l. In actionibus. ff. de in lit. iurand. & quod ibidem requiratur dolus, tenet Salice. in l. Si seruum. C. de noxalib. actio. & Alexand. in l. Et si seuerior. C. de iis qui notant. infami. & Felin. in ca. sedes. ext. de rescript. tamen Angel. in l. penult. C. de sicar. videtur sensisse contrarium vbi dicit, quod si statutum dicat quod occidens hominem morte puniatur, quod non requirit statutum dolum. vide locis supradict. & cogita: quia idem videtur tenuisse Iason in dict. l. In actionibus.

D'occire larron en emblant.

Item qui occit larron en emblant, ou qui vient de nuict pour embler, ou qui vient de nuict pour tuer l'homme, selon la loy escrite il n'en chet en nulle peine. *C. Rub. de sicariis. l. Vt si allegas.*

Du contenu en cet article i'ay noté au 1 liure, & allegué la loy des XII. tables, où on peut auoir recours

De cas qui desire estre signé.

Item selon la loy escrite qui delinque en cas pourquoy il doiue estre enseigné au visage, si comme de flastrir par la coustume localle: sçachez que selon ladicte loy il n'est mie concedé de deffacer la face faicte à la semblance de la propre image de nostre seigneur: mais doit auoir punition equipollée, & selon les coustumiers & au pays où on vse par coustume localle, qui en tel cas delinque, il est à mettre à l'eschelle, & estre flastry du seing de la ville aussi chaud que rouge, en la ioue, & ainsi en vse l'en par coustume laye. *C. Rub. dicta. l. Si quis.*

On n'vse gueres de la peine de flastrir ou marquer au visage, ains sur l'espaule, & mettre au carcan, de telle peine nous en auons plusieurs tesmoignages vt de lege Remnia, apud Sen. li. 4. de Benef. cap. 37. & 38 in l. Si quis in metallu. C. de pœnis. l. Quæsitum. D. de t. st. Cuiac. li 7. Obseruat. cap 13.

De femme qui meffaict.

Tu peus [a] & dois sçauoir que si femme meffaict, & il y chet peine capitalle, elle le doit porter comme feroit l'homme selon le cas.* Mais en amende ciuile elle ne chet point qu'en demie amende, où l'homme cherroit en pleine amende, si cõme si l'homme meffaict amende de lx. sols, la femme n'en meffaict que xxx. & ainsi des autres amendes doit estre entendu.

† Item doit la femme estre emprisonnée ne en fers ne en busche ne de prison qui son corps puisse affoler ne blesser ne memoire perdre, car fresles sont de nature, mais bien peuuent & doiuẽt estre en large prison saulue & seure selon le cas, & auec compagnie qui les garde, car par la loy escrite femme ne doit auoir prison que par forme d'estre bien gardée par iustice, &c.

**Les peines cõtre la femme sõt arbitraires, aussi bien que contre les hommes, & quant à la peine du crime d'adultere faut voir l'ãnotatiõ.*

† De la prison des femmes a esté traité cy dessus.

Dixi superius in quibus casibus mulier incarcerari possit quid de Doctore gloss. est singular. in l. Medicos. C. de profess. & medic. lib. 2 j. quod non potest, intelligo pro debito ciuili. & plura alia in materia incarcerationis, vide in tractatu Bald. de carcera. quæ huc transportare nolui. sufficit enim mihi allegationes nostri authoris tã in iure Ciuili quàm Canonico huic libro insertas in suum verum statum restituisse, quæ antea vsque ad hæc tempora incorruptæ permanserant, nonnulla ad materiam addens pro vt quisque suus locus patiebatur, aliquando consuetudines, aliquando Regias traditiones, aliquando quæstiones iuris Ciuilis paßim per Doctores pertractatas, vel retractatas, vel remißiuè vel decisiuè innectens, & secundum quod mihi tempus suppetijt otium, ad hæc ista animum admoui, existimans mihi non fore absurdum, imo nec fortasse nimis pœnitendum, si potius dolium Diogenis versatile agerem quàm meis temporibus oscitari videar, quod fortasse onus nonnulli (scio) parui facient: scio inquam alij obloquentur: sed susurrantibus iurgium relinquam, & dolium Diogenis versatile potius agant quàm obloquuturi solum solicitantes quotidie inueniantur. Satis est mihi dummodo labori & ingenio satisfaciam, Deo gratias pro omnibus agens, sine quo fieri nihil arbitramur.

ANNOTATIONS SVR LE TILTRE QVARANTIESME.

a DE la peine d'adultere contre les femmes, y a des diuerses loix ordonnees par diuers peuples: & aucuns auroient fait icelle capitalle, comme les Hebrieux, Exod. 20. Deuteron. cap. 5. & 21. & Lysias in oration. de Eratosthe. cæde, fait mention d'vne loy des Atheniens. A Rome les femmes adulteres ont esté punies de diuerses peines, & quelquesfois de mort, mesmes par leurs maris, par l'aduis de leurs parens, comme tesmoignent Dyonis. Halicarnass. lib. 2. Sueton. in Tiberio, cap. 35. Tacitus lib. 2. & 13. Annal. Mais par la loy Iulie la peine n'estoit de mort, ains seulement de relegation, vt ostendit Cuiacius libro 6. Obseruat. cap. 11. lib. 20. cap. 18. & 19. & libro 21. cap. 17. Mais par autres constitutions des Empereurs, les adulteres sont punis de mort, l. Quamuis. C. ad leg. Iul. de adulter. l. 4. C. quor. appellation. non recipiunt, l. Qui sententiam. C. de pœnis. & l'Empereur Constantin compare le crime d'adultere, auec l'homicide & malefice, & fait mention de peine capitale: & à ce propos fait l. 2. & 3. Cod. Theodos. de indulgent. crimin. De ladite peine on peut prendre les authoritez & exemples d'Ammian Marcellin libro 28. Apul. libro 9. de Asino aureo. Arnob. libro 4. aduersus gentes. Saluianus libro 7. de gubernat. Dei, & autres. Mais depuis Iustinian par sa nouuelle Constitution 134. vnde sumpta est Authent. sed hodie. Cod. ad legem Iul. de adult. a esté plus gracieux enuers les femmes, & a ordonné vne peine plus douce & humaine, de les confiner en vn Monastere, si apres deux ans les maris ne les veulent reprendre. Laquelle a esté receuë en France: & ne s'y practique gueres que pour vn simple adultere la femme ou l'homme soit puny de mort: si toutesfois y auoit autre crime meslé, ou des circonstances qui rendissent le crime plus atroce, la peine de mort y seroit iustement ordonnee: comme a esté iugé contre vn nommé de Sains, qui fut par arrest du 10. Iuillet, 1565. pendu & executé à mort: & contre la veufue d'vn nommé le sieur Anthoine, qu'auoit fait assasiner & tuer l'adultere d'icelle, qui fut rompu *sur la rouë, & elle penduë & estranglee. Ie diray pour conclusion que si la fidelité de mariage n'est religieusement gardee, si les violateurs du mariage ne sont seuerement punis, il faut craindre que la societé ciuile ne se dissippe & ruine, & Dieu ne face tomber son ire sur ceux qui violent vn si sainct & honnorable sacrement par luy institué dés le commencement du monde. Plusieurs ont amplement escrit de ceste matiere, & recité les diuerses peines qui ont esté ordonnees & practiquees contre les adulteres, desquels on peut voir les liures. Mais c'est chose dure, que les hommes se donnent trop de licence d'adulterer,* sed vxori non licet virum vel digito tangere adulterantem, *comme estoit la loy des Romains, delaquelle Agellius faict mention* lib. 10. ca. 23. *dont se plaint Syra* apud Plautum in Mercatore, *où elle dict,*

Vtinam lex esset eadem vxori quæ est viro:
Nam vxor contenta est, quæ bona est, vno viro.
Qui minus vir vna vxore contentus siet?

I'en ay discouru cy-dessus & ailleurs d'auantage, qui me fera mettre fin à ces annotations.

COPIE DV TESTAMENT DV COMPILATEVR DE CE PRESENT LIVRE.

I*N nomine Domini*, Amen. Sçachent tous que ie Iean Boutillier Conseiller du Roy nostre Sire, acertainé que toute humaine creature viuante, faut finer & terminer vie par mort, & non sçachãt, quand, ne cõment, pour obuier à ce que surpris ne soie intestat, ne incõfez de celle mort, & non pourueu de testament & ordonnance de derniere volõté, est il qu'en ma pleine memoire, sens & entendement, faits & ordonne mon testament, lays & ordonnance de derniere volonté par la maniere qui s'ensuit.

Premier ie rends à Dieu mon Createur graces & loüanges de ma natiuité, vie, corps & membres, dont il m'a creé, des cinq sens qu'il m'a prestez, & de tous les biens dont il m'a replet & gouuerné durant ma vie.

Apres ie me confesse à luy & à la glorieuse vierge Marie & tous saincts & saintes de tous les pechez & meffaits en quoy durant madite vie ie suis encheu, & desquels ie n'aurois autre fois esté confés & par penitence remis, suppliant Dieu deuotement que pardonnez me soient en recognoissant & rendant pource la vraye cõtrition ma coulpe, vne fois, autre fois & tierce fois. Et pour satisfaction faire veux que si rien est sceu que de l'autruy aye qu'il soit rendu des biens qui de moy demeureront, & si à aucun ay meffaict ie supplie deuotement qu'il me soit pardonné, & si par aucun m'a esté meffaict, benignement ie luy pardonne, priant à

Dieu que par sa saincte misericorde ainsi luy plaise faire, & moy tenir en sa grace & visitation iusques à la mort, si que en l'extreme de celle mort l'ennemy d'enfer ne puisse auoir pouuoir de moy tenter ne faire varier de mercy & misericorde auoir & requerre, & à saincte foy finer, & l'ame auoir en sa saincte gloire.

Item moy mort & expiré ie supplie que de moy enseuelir, soit attendu par l'espace de douze heures ou enuirõ, afin que apperceu soit tout expiré, & lors mis en vn plat luysel couuert d'vn linceul tant seulement, sur lequel soit incontinent mis & faicte vne croix de vvasons verds du long dudict luysel, en memoire que de terre & cendre suis venu, & en cendre m'en reuois, & ainsi porté iusques à la fosse par 8. pauures qui aient pieds nuds en memoire que nud vins sur terre, & nud m'ẽ renuois. Et au venir querre mondit corps pour enterrer soit le Curé, 2. Cappellains, le grand clerc & le petit reuestus de surplis ou de chappes selon la saison, lesquels auant que mon corps soit leué pour porter à ladicte fosse, psalmiront en haut seant au tour dudict corps les sept Pseaumes penitentiales auec l'antienne & collecte à ce seruans, & apres letanie en disant où il y a *ora pro nobis, ora pro eo*. Et ce faict soit le corps leué par lesdicts pauures en ladicte fosse, lesdicts Curé, Chappelains & clercs tousiours allans auec, chantans l'office à ce appartenant. Et derriere ledict corps soient les pauures bourgeois pour conuier ledit corps iusques à ladite fosse, car autres n'y veux trauailler fors mes executeurs qui ce feront faire. Et ainsi porté iusques au cymetiere de Dieu & monseigneur Sainct Brice, où ie deuray estre enterré en l'anglet au dehors du clocher d'icelle Eglise, où Perronne ma fille fut enterrée, où i'ay esleu ma sepulture, priãt & requerãt aux administrateurs d'icelle Eglise que ainsi le me vueillent accorder par grace. Sur laquelle fosse & sepulture le corps ainsi apporté lesdits Curé, Chappellains & clercs psalmiront ce Pseaume du psaultier. *Quemadmodum desiderat ceruus ad fontes aquarum*. l'antienne & collecte à ce seruans pour les morts, auec l'office accoustumé à enterrement faire. Et ledit corps enterré prie ausdicts Curé, Chappellains, clercs & pauures bourgeois & autres qui ledict corps porteront, qu'ils entrent en ladicte Eglise auecques les torches, & deuant le crucifix vueillent prier Dieu pour l'ame de moy, & que par sa saincte grace, pardon me face, & là faire congé s'en retourner à l'hostel. Auquel corps porter & enterrer si comme dict est n'ait que deux torches en l'honneur de sa sainte Croix qui portée y sera, non mie que mon putrifiant corps le vaille. Si prie que ledict enterrement soit à heure de Vespres chantées en memoire que à icelle heure nostre sire Dieu qui pour nostre redemption voulut mourir, à celle heure fust mis en son sainct sepulchre.

Item & moy enterré si comme dict est, ie veux & ordonne que mon obseque soit faite en ladite Eglise, au 8. iour que ie seray trespassé, par ledit Curé, deux Chappelains, Diacre & Soubsdiacre, le grand clerc & le petit clerc, deux Cordeliers, & deux Augustins, qui ledict obseque ayderont à chanter. Et soient iceluy matin chantées Vigiles, & incontinent la Messe apres. Et soit faicte vne couche ou litiere d'estrain deuant ledict Crucifix, & sur icelle litiere soit faicte vne haulce d'aisselles, comme seroit vn large plat luisel couuert d'vn blanc linceul tant seulement, & au chef d'icelle haulce ait vne croix de bois large & competante de hauteur sur laquelle croix ait trois chãdelles, sur chacun bras vne, & chacune pesante 3. liures, & sur ladite hauce ait couché vne image de cire en forme d'homme mort & nud, du poids de vingt liures, & autour d'icelle couche ait trente deux pauures seans prians Dieu pour moy, en faisant memoire qu'en l'aage de trente deux ans viendrons au iugement de Dieu, & que lors par sa saincte grace me mette à sa dextre auec les sauuez. Et lesquels pauures soient prins gens prenans leurs aumosnes en memoire que riens n'auons de propre, & que en peine nous faut viure & finer, lesquels pauures yront à l'offrande à ladicte messe chacun portant vne chandelle de 12. en la liure, vn pain & vn denier, & aussi feront cinq pauures beguines audict obseque seront ordonnées en memoire de la vierge Marie, & priant qu'elle soit intercesseresse à Dieu pour moy. Et ce faict soit donné aux pauures communs trois rasieres de bled en pain à l'issuë de ladicte Messe, & ne soit sonné pour enterrement ne pour obseque, que des deux des plus petites cloches de l'Eglise consideré ma petite fragilité Auquel obseque ne veux prier ne trauailler plus de gens que dit est, lesquels seront salairiez tant d'enterrement comme d'obseque par la discretion de mes executeurs. Veux & ordonne que moy trespassé soit au plus tost qu'on pourra commencé à dire & à celebrer Messes pour l'ame de moy par vn seigneur de Prestre, le plus deuost que à conscience on pourra trouuer, lequel dira & celebrera autant de Messes de requiem, & chacun iour vne comme ie auray vescu d'ans, en memoire & grace à Dieu des ans qui me aura donnez à viure. Ausquelles Messes soit par vn pauure offert à chacun vn pain, vn denier, & vne chandelle telle que dessus est dict. & lesquelles Messes seront dictes & celebrées en ladite Eglise sainct Brice, où mondict corps sera enterré, comme dict est.

Item pour ordonner en lais testamentaires ie donne au Curé de sainct Brice vingt sols tournois, au chef de l'an que ie seray trespassé, & partant sera tenu de faire memoire par mon nom tous les Dimanches d'iceluy an quand il fera ses commandemens à la grand Messe, auec les Cõmendasses des morts Et si le Curé s'en partoit dedans celuy an, qu'il en soit payé à quantité du temps.

Item ie laisse au grand Clerc dix sols tournois, par condition dicte du Curé. Au petit Clerc trois sols tournois, au fosseur dix huict deniers. Au luminaire d'icelle Eglise dix sols tournois. Et au surplus des lays & aumosnes que ie veux estre faictes en particulier ou en vniuersel, i'en ay ordonné & declaré mon intention à mes executeurs pour en faire selon ce que dict leur en ay.

Item pour en outre disposer & ordonner des biens qui de moy demeureront, ie veux que mondict testament accompli, tout le residu de mesdits biens soient & demeurent à ma chere compaigne & espouse, tout son viuant tant meubles comme heritages par si que vendre & engaiger ne les puisse. Mais en sera tenuë de nourrir, apprendre & gouuerner deuëment les enfans qui de moy & d'elle demeureront, si comme à bonne mere peut & doit appartenir, & que mesdits enfans la voudront croire, & iusques que par le conseil d'icelle leur mere & de leurs oncles antes, & amis plus prochains & de mes executeurs seront aucunement alliez. Et s'il aduenoit que madite compaigne se remariast, ie veux & ordonne auant qu'elle face ses nopces, que mesdicts enfans, celuy d'eux qui lors seroit viuant puisse ou puissent auoir & demander parchon contre leurdicte mere en tous biens par la maniere qui s'ensuit, c'est à sçauoir que deuant part Iacquet mon fils ait toutes mes armes, & xx. liures parisis pour vn cheual, comme à noble homme doit appartenir.

Item ait encore deuant par toute l'artillerie, & harnas de defense qui est en ma porte au ploich, & icelle porte auec l'estable des cheuaux empres icelle pour y tous ses allers & venirs faire à son plaisir: & du residu de tous lesdits biens tant meubles comme heritages, soient fais trois mons par iuste inuentaire, & par le serment de ladite mere desquels trois mons mesdits enfans auront les deux parts, & leurdicte mere la tierce part, à l'esgard desdits oncles & autres amis: ce entendu que s'il n'y auoit que vn seul de mesdits enfans viuant au temps que ledict mariage se feroit, que cil ait à par luy lesdits deux parts.

Item & s'il estoit ainsi que madicte chere compaigne ne se remariast, auquel cas elle iouyroit de tout durant sa vie comme dit est, ie veux & ordonne qu'elle trespassée, tous les heritages demeuranstant de son costé comme du mien viennent & eschéent à Iacquet mon fils seul & pour le tout, au cas qu'il viuroit lors: & si marié est lors ou auoit esté, & il eut fils legitime, si veux ie qu'il reschée audict fils dudict Iacquet lors allé de vie à trespas, & l'autre tierce part aux filles dudict Iacquet. Par conditiõ que ledict Iacquet de tous lesdits heritages à luy venus, si comme dict est n'en puisse aucuns vendre ne engaiger: & au cas que ce voudroit faire, que Belotte sa sœur puisse & l'en donne cause & action de prendre auoir & resumer en elle tous lesdits heritages, comme successeresse de moy & de sadicte mere seule & pour le tout.

Item & pour le parchon que ie veux & entens faire à ladite Belotte, ie ordonne que tantost que sadicte mere sera trespassée, Iacquet sondit frere luy sera tenu de faire & bailler chacun an cent & dix rassiers de blé, tel que mon Moulin de Froitmont le gaigne.

Item luy ordonne. lxvi. liures tournois à prendre sur ce qu'il m'est deu tant de cense comme de rente en la ville de Froitmont. Et pour ce fournir & payer chacun an à ladicte Belotte ie oblige ledict Moulin & cense auecques: au cas que ledict Iacquet ne voudroit ou seroit refusant de ce payer chacun an ie le priue de tous les dons dessusdits. Toutes lesquelles choses dessusdites ie veux testater & ordonner comme par vigueur de testament & ordonnance de derniere volonté le puis & veux faire, qu'il vaut & equipolle loy escrite au propos du faiseur, qui absorbist vsage &

couſtume locale. Icelles ordonnances ſoient tenuës, gardees, & obſeruees par mes ayans cauſe, ſur peine de perdre tout ce qui de moy luy pourroit & deueroit venir & eſcheoir : prie & requiers à tous Iuges qu'en aide de droict & accompliſſement de derniere volonté à ma treschere compagne & eſpouſe, à nobles oncles, les oncles, parens & amis de meſdits enfans qu'ainſi vueillent & facent garder & obſeruer enuers tous à qui il appartient. Si retiens en moy plain pouuoir de ceſtuy mien preſent teſtament ſoit en tout, ou en partie rappeller, changer, muer, croiſtre & amender, ſoit par codicille, ou par cedulle de moy faite, ou par annexe en ce preſent teſtament annexee. Laquelle choſe ſi changee, muee creuë ou amendrie l'auoys, dont il apparuſt, ie veux qui tienne & vaille cõme la vigueur deſſuſdite. Pour lequel mien preſent teſtament & ordonnance de derniere volonté deſſuſdite interiner & mettre à execution deuë, ie prens, nomme, & eslis mes executeurs, de ma chere compaigne & eſpouſe, & mes grands & feables amis: Iean Deſpery, & Alard Tiebegos, auſquels ie donne plain pouuoir & auctorité de faire & accomplir ceſt mien preſent teſtament, au pluſtoſt qu'il pourront des biens de moy demeurez, & deſquels biens pour ce faire ie leur cede, & mets en main ſans ce qu'autre ſur meſdits biens face priſerie ne inuentaire d'eſcheuinage, ne autrement. Veux auſſi que meſdits executeurs ſoient & demeurent ſans couſts ou frais pour cet mien teſtament enteriner, & mettre à execution deuë, par ſi que des trois les deux ſoient touſiours preſens dont madite chere cõpaigne ſoit l'vn. Si rappelle & mets à neant tous autres teſtamens que parauant ceſtuy i'aurois faicts & teſtatez, lequel mien preſent teſtament tienne & vaille. Et en approbation de ce, l'ay approuué & roboré, approuue & robore en la preſence des teſmoings qui s'enſuiuent, c'eſt à ſçauoir : Iean Villain dict Becquet Clerc du Roy noſtre Sire, Oſte Vuicart, Iehan Aguerchin, Iacques du Hamel ſergent du Roy, & Iean de Creuecœur ſubſtitut du Procureur du Roy.

Faict, teſtaté & ordonné le 16. iour de Septembre l'an 1402.

FIN.

ARTICLES ADIOVSTEZ QVI ESTOIENT AV MANVSCRIT DE LA SOMME RVRAL, DESQVELS EST

faict mention aux Commentaires & Annotations de M. Charondas, sur le tiltre 30. p. 188. tiltre 45. p. 328. & tiltre 70. p. 418. de la premiere partie. Et sur le tiltre 2. p. 689. de la seconde partie.

Demande en cas de champ de bataille.

CONTENDANT de poursuiuir tousiours ma matiere de ladicte practique par moy commencee, puisque monstré ay & mis en memoire cõme on peut & doit faire forme & articuler sa demande, soit par bouche ou par escrit, tãt en cas de delict, en cas criminel, comme aussi en cas de contract de saisine & de proprieté, mõstrer veus la maniere de plaider vn cas estrãge entre les autres & diuers, qui souuent ne chet pas en cause, & pour ce veus exemplifier tant en demandant comme en defendant par la maniere qui s'ensuit. Sire Iuge, &c. i'ay à proposer pardeuant vous pour tel N. contre tel N. que ie voy là aucunes causes & raisons grandement touchant contre son honneur, & pour ce il me poise & desplaist forment que dire les me conuient, mais en verité & par le serment que ie doy auoir & tenir à loy à l'aduocacerie faire, conseil lire & maintenir, & dont à ce vous m'auez contraint sans le dire & toucher en la cause de mon maistre, ne m'en pourroy passer, parce qu'expressément seruent à la matiere, & pour ce supplie treshumblemẽt à partie aduerse & à ses amis que de ce me vueillent tenir & auoir pour excusé, car en verité ce n'est point pour iniurier sa personne ne ses amis, en tant qu'en autre matiere seruiroit, ne à moy qui suis expressément chargé de dire Car tãt qu'à moy ie le voudroy seruir & ses amis de tout mon petit pouuoir, & ainsi me fait dire mon maistre qui baillé m'a par memoire, & de ce m'a promis & aduoüé par ses lettres seellees de seel authentique. Cy appert-il cõme en tel cas on ne doit pas plaider sans auoir par memoire leur present celuy qui le fait faire, & promist aduoüer en presence de gens, pource que la matiere est trop grande & touche honneur de nobles & d'amis irreparable s'il eschet. Et pource en doit auoir l'Aduocat acquit, garant, & adueu seurement, &c. Car il est

Hic ce qui est promis à la fin de l'annotatiõ fol. 188.

à sçauoir certainement que de moy ne le voudroye faire, n'en dire ne maintenir se requis de ma partie ie n'en estoye, & de vous sire Iuge commandé & enjoinct, & pource supplie audit tel. N. & à ses amis qu'il ne leur desplaise : & à vous sire Iuge que de vostre licence puisse dire & arguer ce que chargé m'est à dire pour la cause de mon maistre, & qu'en ce ne puisse meffaire. A ce doit respondre le Iuge : proposez vostre cas selon que vous pensez loyaument que la matiere de vostre maistre le desire, & bien vous gardez de dire iniure à ame qui ne serue en vostre matiere, & ne se face sentir en la cause de vostre maistre. Car la Cour le vous deffend, enioinct & encharge sur encourre à toutes peines à ce introduictes, & que meffaire vous pouuez. Et à ce doit respondre l'Aduocat, Monseigneur ie ne diray chose se Dieu plaist, qui ne me soit baillé par memoire, & qui ne me semble en verité qu'elle face & serue au fait de mon maistre, & dont ie seray de par luy aduoüé, & me garderay à mon pouuoir de mesprendre. Ce fait l'Aduocat doit dire & proposer son cas selon ce que la matiere le desire, en soustenãt le fait le plus grandement qu'il peut, & puis descendre à sa conclusion par la maniere qui s'ensuit. Parquoy tout veu ie puis contendre à ceste fin, & conclurre que ledit tel. N. confesse les choses par moy proposées estre vrayes, il confessera verité & en deschargera sa conscience qui blecée & chargée en est, & par vous sera condamné à auoir forfait vie & corps auec confiscation de biens, là où elle appartiendra, & ferez executer à mort telle que la coustume en tel cas desire & requiert, &c. Et s'il le die ie dy pour mon maistre, & pour atteindre les conclusiõs dessusdictes ou telles que la coustume enseigne & desire que mondit maistre. N. qui par tesmoins ne lettres ne les pourroit prouuer : mais par luy par son aduoüé il les prouuera & offrira tant à prouuer, se Dieu plaist. que son bon droit contre ledit tel. N. que voy là en champ clos comme gentilhomme peut, & doit faire retenuë de cheual, d'armes & de toutes autres choses necessaires seruantes & pertinentes ou profitables à gage de bataille en tel cas que gentillesse desire, & en liure son gant en gage, en protestant de si auant & tant faire au surplus que la Cour dira que faire doiue pour son honneur garder & sa conclusion atteindre.

Deffence de gage.

A Deffence de gage de champ de bataille, peus & dois sçauoir que par les droicts Canons est defendu & interdit qu'en bataille faire nul ne soit aucunemẽt receu. Mais soit prouué ou tesmoigné par tel tesmoins ou lettres de demande ou autrement par ordonnance de procés extraordinaire: se au Iuge appert que necessité en soit, & le cas soit criminel, & que iustice & raisonnable presumption ait de ce faire encores, autrement non.

Que nul ne doit estre receu en champ que pour trois cas.

ET apres les drois des saints canõs qui sont tels comme dessus est dit, dois sçauoir qu'il est ordõné sur ce par les nobles Roys de Frãce Empereurs en leurs Royaumes, & faiseurs, & cõduiteurs de loy, que nul ne soit receu en gage que pour trois cas, c'est à sçauoir pour meurtre, pour rapt & pour arsin de maisõ, qui sont les cas qui desirẽt trainer par iustice & encores que le cas soit aduenu, &non pas esperé à faire & non fait, & & que renommée en soit, ou par presumption que doiue & puisse mouuoir, autremẽt nõ: mais puis que le fait y a esté si meurtrier & si malicieux & fait reposemẽt, nonobstãt la presumptiõ si ne pourroit il formeement prouuer par tesmoins, & pour ce fait le gage à receuoir pour atteindre la verité obscure. Et cõuient que se qui se requiert ait cause de ce faire & demander, si cõme par la mort ou trayson de son pere, ou de sa mere, de son frere, ou de sa sœur, de son fils ou de sa fille, de son oncle, de sa tante, de son nepueu ou de sa niepce, de son germain ou de sa germaine, & pour son droicturier seigneur, se le cas chet en action populaire, c'est à dire, ce c'est de cas qui à luy appartiẽnent à cause, si cõme se vn homme noble, ou qui n'est de la famille du Roy causoit de trahison contre le Roy, il ne seroit à receuoir gage de bataille: car ce n'est par actiõ de populaire ne qui appartienne à soustenir à cõmun homme, &c. ne aussi ne se peut ne doit combattre en champ clerc s'il ne luy plaist, & se reclamer s'en fait ne hõme impotent de membre par especial de membre principal, si comme de ouie, de veuë, de bras, de main, ou de pied: ou de maladie caduce, ou selon aucun homme qui auroit esté furieux, & qui occasion n'en seroit.

La maniere de presenter le champion au champ armé à cheual.

MOnseigneur le Cõnestable ou à celuy sur ce deputé, voicy tel. N. qui par deuãt vo⁹ est cõme par deuãt seigneur à qui ce doit estre, faict &c. se presente à tout cheual & armes en estat & habit tel qu'à Gentil-hõme comme il peut & doit appartenir, si que pour entrer en chãp pour combattre & faire son deuoir contre tel. N. au nõ de Dieu & de madame saincte Marie sa douce mere, & de S. George le bõ cheualier, & de tous saints & sainctes en voulenté & appareillé de faire son deuoir pour son aduoüé sur ce qu'il a faict dire & proposer en iugement contre ledit tel. N. & par lesquels gage de bataille a esté iugé entre eux parties, tout par la forme & maniere que la Cour a d'entendemẽt que faire le doiue pour son droit & honneur garder, & que coustume en tel cas desire. En vous requerant instamment que pour son droit & honneur garder à l'aide de Dieu, par luy ou par son aduoüé se mestier est, vous le tenez en chãp ferme & clos, & en iceluy luy faictes auoir & liurer son aduersaire de telle heure & si à temps qu'en telle heure appartient sans aduantage ne chose autre que par raisõ auoir ne doiue soit en armes ou autremẽt. En protestation, tant pour luy comme pour son aduoüé d'iceluy aduoüé auoir de changer cheual & armes, soit pour luy ou pour son aduoüé & pour son cheual, ou pour cheual de son aduoüé de descendre & de remonter, de restraindre, lascher ou eslargir, ou de combattre à pied & à cheual, soit apres remõter ou deuãt: de ou de sõ aduoüé aider de toutes ses armes & de chacune de laisser celles qui l'auroit prinses ou deuroit prẽdre, & de prẽdre autres d'icelles, autres ainsi prises laisser & reprẽdre les premiers & autres se mestier est, & en aisement luy viẽt & de soy aider de toutes & de chacune d'icelles armes en cõmẽcemẽt, en moyẽ, & en fin duãt toute la iournée ou autres iournées qui luy seroient dõnées à tous ses points & aisemẽs que Dieu & S.George luy voudra en tout ce faisant son droit & hõneur gardant, laisser auoir & donner, soit encores protestatiõ de parler de requerir droit & loy s'il le conuient de soy reprẽdre & aduiser, & de supporter luy ou son aduoüé de ressaillir, ingresser ou inuaser toutes & quantesfois que Dieu & S. George luy en donnera aisément, & de tout ce tant faire qu'à vray & loyal Gẽtil homme pour son bon droit & honneur garder peut & doit appartenir à faire. Fait encores protestation que s'il estoit ainsi que descõfire ne peust son aduersaire de iour cõpetant, ce que si se Dieu plaist & S. George, qu'il puisse cõtinuer sa bataille du iour à lendemain, ou à tel iour ou iours que la Cour ordonnera, & fait encores protestatiõ de dire & faire & auoir par luy ou par son aduoüé toutes choses generalement & especialemẽt qu'en tel cas peuuent & doiuent estre faites selon leur coustume & stille à ce introduite, & que necessaires & profitables luy peuuent & doiuent estre à luy ou son aduoüé, & que sõ aduersaire ne soit garny ne armé d'autres armes ne harnois que par la coustume de la Cour peut & doit auoir, & s'il apportoit bastõs fust d'espée ou espées, dague, lance, escu, ne autres quelcõques plus pesant, ne autremẽt faict qu'est: e ne doit qu'il luy soit osté & qu'en ce lieu ne puisse auoir autre: mais en soit & demeure desgarny entieremẽt, requerant instammẽt que toutes les protestations dessusdictes & toutes autres pertinentes en tel cas vous les receuez, & les requestes par luy requises luy vueillez octroyer. *Protestation de defendeur.*

Item doit faire partie aduerse ses protestations semblables selon ce qui peut & doit seruir au defendeur soy tousiours gardant que riens ne doye fors en deffendant, & qu'ainsi se presente & cõtinuë tout son propos sans riens plus auant dire ne alleguer. *Dicunt quidam esse de consuetudine quod prouocatus antequam aduocatus ad aliquem finem aliqua proponat debet dicere quæ sequuntur saluis & retentis nostris rationibus & deffensionibus per me vel per aduocatum meum proponendis contra proposita & contra me allegata, ad finem quod ibi non cadat duellum prout dictum est.*

La forme des presentations & protestastions de champ à pied.

VEuës les presentations du champ à cheual, il s'ensuiuent les presentations voir à faire pour le champion de pied. *Primò* que supposé tout plaidoyé iusques au droit de champ rendre & iuger & toutes les exceptions qui y appartiennent à fin de chãp pour le demandeur & à fin de non chãp pour le defendeur, puis que chãp s'y afferroit, il s'ensuit dire & monstrer les protestations qui appartiẽnent au champ de pied que telles sont, c'est à sçauoir le chãp s'y affie. Ie fais protestation d'auoir tẽps & iour competant, & iour denommé pendãt lequel temps ie puisse estre instruit à tout ce qu'appartient & compete à tout fait de chãp de bataille, d'auoir maistre & instruicteur à ce appartenant lieu, place & maison, viures & ordonnances à ce propices à chacun ordõné & fermé de tel long & tels lez qu'en ce peut & doit appartenir, selon l'vsage & le stille de la Cour, se c'est pour le demãdeur. Et pour le defendeur en telle maniere reserue champ ferme, car il voudroit que le champ contenist tous les champs, &c.

D'auoir ledit champ & le soleil party que se dedans heure ne venoit le deffendeur qu'il fust reputé pour contumax & le deffendeur pour attaint & condamné du cas d'auoir chaiere & place de chaiere d'auoir aduoüé pour luy qui autant puisse faire le deuoir s'il estoit mestier, d'auoir son corps ordonné & appointé comme en tel cas appartient de cuirie enioincte le meilleur & le mieux qu'il pourra bien restraindre & relascher se mestier est, d'escu conuenable nerué & lié selon l'vsage accoustumé le mieux qu'il pourra d'iceluy mettre & ietter ius, s'il luy plaist de le reprendre ou laisser comme bon luy semblera, de baston conuenable selon l'vsage & coustume du meilleur bois qu'il pourra, de tel lez & de tel gros: ainsi aguisé, ainsi emmanché de telle ordonnance à tenir ou prendre au bras ou à la main cõme il est accoustumé & le mieux qu'il pourra d'iceluy mettre ius & se cheu estoit releuer & reprendre toutesfois que bon luy semblera, de soy mettre à vn genoüil ou deux à terre, & soy releuer cõme il luy plaira, de parler à sõ maistre si mestier est, d'estre oüy se parler veut au Iuge ou au cõseil, de soy escalcer, de demãder & auoir à boire se mestier est, de proposer & requerir de l'œuure de soy partir apres l'œuure à droict ou à loy de combatre par aduoüé se maladie suruenoit que iamais n'aduienne de prolõgation de iour se le cas s'y offroit & generalement de toutes les protestations qu'à ordre de gage & champ de bataille se requerent & appartiennent à faire, sans nulle delaisser ne renoncer iamais instamment demandees & requises en temps & en lieu comme se par mots expres & declarez toutes estoiẽt dites & requises & aussi nommees, & comme il peut & doit appartenir en tel cas de sermens à iurer au champ comme dict sera cy apres, car autant & autel est-il vn en champ comme en l'autre: c'est à sçauoir en champ de pied comme de cheual.

Response de la partie aduerse.

De la partie aduerse doit estre proposé au contraire se ainsi n'est que rien ne puisse estre arguees par misses, afin de non receuoir, & afin que bataille ne s'en doiue asseoir. Et à toutes autres declinatoires, dilatoires, & exceptions, &c. Et apres ce se faut deffendre par faits contraires & especialement tendans à fin que bataille ne s'y doiue asseoir, & se sans bataille ne s'en peut passer, lors faut dire. Et au cas que vous sire Iuge verrez que veuës les raisons arguees de partie, gage de bataille y cherroit & qu'autrement ne se pourroit passer ce que si, si comme il nous semble droict eu sur ce & par ordre le deffendeur n'y est à tous argumens passé comme dit est, doit dire auant que gage rendre, Monseigneur le Iuge en ceste cause ie dis que de tout ce entierement que tel N. qui par delà est, a faict par aduocat dire & proposer contre moy, & laquelle chose il a aduoüé & trait son gage contre moy, ie dis & respons contre luy qu'il en a menty en ce vouloir dire & maintenir comme faux & mauuais qu'il est, & luy mets en ny tout ce que dit & proposé en a, soit par luy ou par autre pour luy, en disant au cas que vous iugerez que gage de bataille y deuoit auoir ie m'en deffenderay cõme gentil-homme bon & loyal que ie suis, comme celuy en defendant contre luy ay iuste & loyale cause. Si se doit bien aduiser qu'il ne die pas que mort le rendra ou vaincu fors de ſoy deffendre tant ſeulement. Car ſe plus auant & autrement concluoit il s'obligeroit comme le demandeur que dure choſe ſeroit, car comme le deffendeur doit toutes ſes concluſions & deffenſes faire: car il ſouffiroit qu'autre choſe ne fiſt au champ pour cauſe eſtaindre en deffendant que ſon aduerſaire ne le mataſt. Item ne doit pas eſtre oublié que tout ainſi qu'au premiſe du demandeur eſt dit que l'aduocat ſe doit excuſer & les ſolennitez qui à ce ſeruent, autelles les doit faire l'aduocat au deffendeur & auſſi diligemment.

Comme on doit eſtre en champ.

Puis que les deux champions ſont entrez au champ par preſentation ordonnee, doiuent eſtre apportees les ſainctes Euangiles de Dieu & le Meſſel. Et lors doit prendre l'appellant l'appellé par la main ſeneſtre & le tenir ſur les ſainctes Euangiles en diſant les paroles qui s'enſuiuent. Homme que ie tien par la main, par Dieu le createur & par ſes ſaincts, ie t'ay appellé à bonne cauſe & à bonne querelle que i'ay contre toy, & que tu fis telle choſe, &c. Dont ie t'appelle que ie n'ay pierre ne herbe ſur moy parquoy ie puiſſe auoir aide contre toy fors à l'aide de Dieu, & de Sainct George, & de mes armes, & de mon bon droict. Et le deffendeur en tendant la main aux ſaincts, doit dire en ceſte maniere, par Dieu & par ſes ſaincts i'ay bonne cauſe contre toy, & m'as appellé mauuaiſement & fauſſement & as mauuaiſe querelle contre moy, & n'ay brief pierre, herbe, ne autre choſe parquoy te doiue vaincre ſe ce n'eſt à l'aide de Dieu, & de Sainct George, de mes armes & de mon bon droict que i'ay contre toy. *Sciendum eſt quod actor licet proteſtatus fuerit & deſuper præmiſsis prout ſuperius dictum eſt: tamen velit deſcendere vel mutare equum vel alias facere poſsit ſecundum conſuetudinem Gallicanam: tamen aduerſarius ſi velit poterit eum interficere in deſcendendo, vel cum licitè contrariè prout melius poterit, non obſtantibus proteſtationibus ſuis quibus non tenetur deferre ſecundæ, vel ſecundæ oportet in contrarium proteſtari defenſorem, &c.* Si peus & dois ſçauoir que qui appelle par aduoüé de quelque cas que ce ſoit il conuient ſoit noble ou non noble qui ſe appare & ſoit auecques ſon aduoüé, armé, & appareillé en la maniere comme ſon aduoüé. Et ſe le gentil-homme allegue de faux ſerment le villain, bataille en ſoit iugee: le gentil-homme n'yra pas armé comme le villain, mais ira comme noble auec ſon champion: car ainſi appartient-il en pays couſtumier. Et fut ainſi iugé par le Conneſtable de Boulenois que leua vn faux teſmoin contre luy & contre le ſeigneur d'Vvendin.

Item dois ſçauoir qu'appel ſe fait pour cauſe de faux ſerment entre gentils hommes, ſe la cauſe eſt de chaſtel faire ſe peut par champion, ſi cõme dit eſt: mais depuis le iour d'appel à toutes les iournees les champions doiuent venir tous armez & montez auecques leurs champions, comme pour combattre, & la raiſon ſi eſt, car couent de bataille le requiert, & cõuient que la bataille ſoit iugee en quelle maniere ils doiuent cõbattre, mais tout auſſi toſt qu'il ſera dit par ſes hommes que la bataill deura estre à cheual les champions ne s'y apperront plus à cheual, doit estre iugé à faire pour l'honneur des nobles, tout ce soit pour chastel, car ainsi fut il dit par le seigneur dudict Vvendin.

ANNOTATIONS SVR LEDICT TILTRE.

ANciennement les duels & combats singuliers estoient frequens en France, comme en plusieurs autres pays, non seulement hors iugement par querelle d'armes, ou par enteprise de plaisir & espreuue de proüesse & valeur: ains aussi en iugement par action & deffi ou pour preuue: De la premiere espece les Annales, *histoires & Romans en font ample foy: & tesmoignent que celuy qui appelloit vn autre de champ, iettoit son gage, vsant de ces mots ou semblables: Et si vous voulez parler du contraire qu'il ne soit ainsi, ie leueray vostre gage: & l'assailly respondoit de mesme. Il y en a entre autres vn exemple en Froissart au liure. 2. De la seconde espece font mention les anciens Arrests, & liures de Practique, & aussi Froissart liure 3. parlant de l'arrest donné en Parlement entre Iacques le Gris & Iean de Carouge cheualiers. Toutesfois par arrests de Pentecoste, 1279. & 14. Aoust, 1364. auoit esté iugé que duel n'estoit reçeu en fait notoire, qui deuoit estre puny par iustice. Mais mon vieil practicien faict mention de fausser iugement par champ de bataille ou duel, par celuy qui a esté condamné contre l'vn des hommes iugeans, qui ont donné sentence contre luy: & qu'il doit pource faire porter son gage. Il n'est besoin de rapporter ce qu'autres ont escrit des duels, parce qu'ils sont prohibez & par les conciles & constitutions canoniques,* ca. 22. 2. q. 5. cap. 9. ne cler. vel mon. con. Later. sub Alex. 3. cap. 20. Concil. Trid. sess. 25. de reform. c. 19. c. 1. de cler. pugn. in duello: *& par les ordonnances de France, du Roy S. Loys, de Charles 5. dont fait mention Io. Gallus* qu. 76. 77. & 85. *& de nostre Roy Henry 4. Et par arrest du 26. iour de Iuin, 1599. recité au Code Henry, où i'en ay plus amplement traité. On peut voir à ce propos l'Edict du Roy Philippes de Valois, de l'an* 1306. *& ce qu'en a escrit Gui. Pap.* qu. 617. 618. 619. 620. & seq. vsque ad 624. & Pet. Iacobi tit. de duello.

DES DONS ET REVESTISSEMENS QVI SE FONT ENTRE MARY ET FEMME.

REuestissement est vne maniere d'action qui est concedée par droict que femme & homme durant leur mariage peuuent amẽder l'vn l'autre par pareil & equal, & euidẽmẽt, car autremẽt n'auroit lieu & ne soustiẽdroit ce que entre eux deux auroit esté faict & amendé, & à ce s'accorde coustume locale qui veut que si sont deux qui soyent conioincts par mariage qui n'ayent nuls enfans legitimes, sçachez que bien peuuent faire don & amendement par pareille maniere, c'est à sçauoir que bien peuuent faire & amender *Hic ce qui est promis 328.*

l'vn à l'autre comme de laisser au dernier viuāt à tāt qu'il viura ou qu'elle viura, tous les biens meubles qu'ils ont ioüyssans ensemble, & tous les heritages à tenir toute la vie du dernier viuant, & iceluy trespassé les heritages reuiendroient à droict de la ligne où ils doiuent retourner & reuenir par droict, & des meubles peut faire le dernier viuant à sa volonté. Si est à sçauoir qu'en ceste donation & amendement de reuestissement doit auoir estimation de combien chacun peut & pourra faire de testament autant l'vn cōme l'autre, car tout doit estre egal. Et à ce droict s'accorde la loy escrite. *C. lib. 5. Rubr. de donationibus inter virum & vxorem. l. Si maritus tuus.* Toutesfois dit la loy escrite que ce ne vaut, & que ainsi est il confermé par le testament du premier mourant, *Authentica sed iam necesse si alia pars. Authent. præmissu.* Et aussi fait coustume locale, mais que ce soit faict & passé pardeuant loy à telle solennité que le lieu le desire & que lettres en soient faictes par ce que soit deuāt le iuge dont les heritages sont tenus dequoy le reuestissement se feroit. Et supposé que heritages fussent depuis acquis au territoire & dessous le seigneur deuāt qui ce auroit esté faict si sçauroit il au reuestissement comprins tout ce que depuis par l'homme & par la femme en seront acquestez durant le temps qu'ils viuent ensemble.

La teneur des lettres du reuestissement.

A Tous ceux qui ces presentes lettres verront ou orrōt, les Escheuins de Tournay salut, Sçachent tous que comparans au iour de la datte de ces presentes en nostre siege & halle à Tournay pardeuant nous en leurs propres personnes tel N. & damoiselle N. sa femme & espouse, lesquels conioincts de leurs bonnes & franches volontez, & par vray entēdement de bonne memoire, considerans qu'ils n'auoient nuls enfans nez ne procreéz d'eux viuans, par vray amour & æqual amendement qu'ils veulent faire l'vn à l'autre, ont reuesty en nostre presence, comme en fait & en presence de loy reuestirent l'vn l'autre bien & à tout solennité de loy, de tous les meubles & cateux qu'ils ont & auoir pourront ensēble par tout où que ils soyent, ne en quelque lieu qu'ils soient acquestez ou à acquester. Et auec ce de tous les heritages qu'ils ont ne auront ensemble & acquerre pourrōt és termes limitez & tenures dudict escheuinage par telle maniere que lequel que ce soit desdicts conioincts qui premier ira de vie à trespas peut & pourra donner, aumosner & faire sa pleine volōté de la somme N. liures, & non plus, à prendre en leurs plus apparens biens meubles demeurez d'entre eux auec les dettes & sepultures payez d'iceux biens, & parmy tout se faict & accōply tout le remanāt de leursdicts biens sera, demeurera & appartiendra au dernier viuant sans nulle parcon faire à quelque autre personne qui droict de succession & demande & auoir y puisse se fust ne le reuestissement fait de present, & cil ou celle desdits conioints qui premier trespassera ne donnoit ou aumosnoit la somme dite ou si grand ou neant, si demeureroit tout ce au dernier viuant sans parcon faire à autre comme dit est. Et de leurs heritages cil ou celle qui suruiura l'autre les tiendra & possedera & iouyra paisiblement

ment toute sa vie, rente payant à loyalle retenuë. Et apres le decés du dernier viuant tout ledit heritage ainsi tenu si retournera où il deuera retourner par loy & vsage du lieu, se entendu que lesdits conioints tant qu'ils viuront ensemble, peuuent & pourront lesdits heritages tous, ou en partie vendre, ou arrenter, guerpir, donner ou aumosner, & en faire leur volonté, par si que se soit du pur & liberal consentement de l'vn & de l'autre ensemble d'accord. Et se l'vn desdicts conioincts de l'heritage de son costé venant, vouloit aucunement donner, vendre, ou alloüer, faire le pourroit, par si que c'estoit en reseruant le viage de l'autre, & le droict de cestuy present reuestissement. Et le premier qui allé sera à mort si pourra & peut le suruiuant de la partie de l'heritage ou heritages venans de son costé, faire aussi sa pure volonté sans empescher ne charger aucunement les heritages du premier mort. Lequel reuestissement ainsi fait & par loy comme dit est, lesdits conioints ont voulu & veulent iceluy estre ferme & vallable enuers tous & contre tous se ainsi n'estoit que de leur consentement & accord fust pardeuant nos Escheuins presens & aduenir, appellé, changé ou mué, en nous requerant que en nom de seureté, & de chose faicte & passee à loy, nous leur vueillions donner & accorder lettres. A la requeste desquels conioincts nous auons tout ledit reuestissement receu, fait, baillé & passé à loy, & de ce accordé à leur requeste lettres de cyrographe, afin que ce soit & puisse estre ferme & perpetuelle memoire, faictes en deux parties, dont l'vne auons mis & consigné en nostre ferme & arche d'Escheuinage, & l'autre partie auons rendu & liuré ausdits conioincts. Et tout ce faict par assens d'Escheuins dont les noms sont tels, N. N. l'an de l'incarnation de nostre Seigneur Iesus-Christ 1370. le 12. iour du mois de Ianuier.

ANNOTATIONS SVR LEDIT TILTRE.

Reuestissement signifie don mutuel & egal qui se fait entre deux conioincts par mariage, & anciennement au pays ou il se faisoit, deuoit estre faict & passé par loy & en iustice : comme encores il se practique en quelques pays, & en est faicte mention és Coustumes de Cambray, Valenciennes, L'isle & autres, esquelles se lict Rauestissement, & vient du verbe reuestir ou rauestir, qui signifie reinuester, ressaisir, rebailler, ou bailler l'vn pour l'autre. Mon vieil practicien parlant de l'establissement du Roy Philippes, qui peut auoir esté Philippes Auguste, pour le doüaire, dit qu'il permit encores aux mariez de se rauestir des meubles & biens cottiers par mutuelle equalité : sont les termes dont il vse sans en adiouster d'auantage. Qui en voudra voir plus amplement qu'il lise lesdites Coustumes.

COVSTVME DE TOVRNAY.

Hic ce qui est marqué fol. 418 deuoit estre mis à la fin du liure.

SI est à sçauoir que selon la Coustume locale du pays de Tournesis, le temps de proximité de demander en terre tenuë en fief, si est, que demander luy conuient dedans que l'heritage a esté vuerpy par la loy à l'acheteur. Et si c'est en terre tenuë en main ferme, qu'on appelle terre renteuse, demander luy conuient dedans les criees & souhaittons qui le fons de l'heritage & autrement n'y viendroit à temps. Et la raison si est pource que les fiefs en Tournesis au vendre ne sont point criees ne subhatatier, & pour ce y est l'an. Car dedans l'an nul ne se doit par raison ignorer, & en la terre de main ferme, il conuient venir dedans les criees, car tel heritage ne se peut vendre, ne adheriter autre qui ne conuienne qu'il soit crié & subhasté par trois Dimanches aux Eglises à heure de la grand' Messe, & la proximité offerte aux hoirs se auoir le veulent, & pource que dedans icelles criees ne le demande, à tard y vient.

Coustume de Cysoing.

De ces coustumes faut voir ce que en est escrit aux liures imprimez, & mesmes ez la Conference des Coustumes de M. Guenois.

Item par la coustume de la Baronnie de Cysoing, sçachez que fief a terme d'vn an & la terre de main ferme d'vn an, & en terre d'Escheuinage a xl. iours.

Coustume de Cand.

Item & à la coustume des villes qui sont ressortissans à Gand, c'est au chef lieu de Terremonde, en fief a temps de trois criees, qui se font par trois quinzaines & non plus, & en terre de main ferme autres trois criees qui se font par trois Dimanches continuels & non plus.

Coustume de Haynaut.

Item à la coustume de la Comté de Haynaut en fief n'a point de terme de proximité, & en terre de main ferme a vn an.

Coustume de Leuse.

Mais selon la coustume de Leuse & d'enuiron Valenciennes, n'a point de termes de proximitez, fors pour le seigneur, se demander le veut pour retraire à sa table.

Coustume de l'Isle.

Item sçachez que à la coustume de la salle à l'Isle en terme de main ferme a vn an. Si a il en fief reseruees les terres & lieux tenus de la Comté de S. Paul, que iaçoit ce que ressortissans soient de la salle de l'Isle, toutesfois és termes tenus de main ferme n'a que xl. iours, & és fiefs vn an.

Coustume de Tournay.

Item en la ville de Tournay n'a point de proximité n'en toutes les villes qui vsent de la loy d'icelle, & qui au sens y viennent. Mais és fiefs a terme de an & de iour.

Coustume de sainct Amand.

Item sçachez que à la coustume de la terre de S. Amand, és fiefs a terme d'vn an, & és terres de main ferme a terme de xl. iours tãt seulement.

Coustume de Mortaigne.

Item à la coustume de la terre de Mortaigne en fief a vn an, & en terre de main ferme apres l'adheritement faict à l'acheteur, faut que le vendeur le nonce à son plus prochain dedans le mecredy premier iour de marhé, qui sera audit lieu de Mortaigne apres le heritement fait & celuy face noncer si deüemẽt au prochain, qu'il le puisse ignorer. Et se dedans iceluy iour de marché le prochain ne prend la proximité aux autres plus prochains, iamais n'y vient, ne peut venir à temps. Et se noncé n'est, les prochains ont iour de demander icelle proximité par tãt de temps qu'il leur plaira, iusques à tant que noncé leur aura esté, si comme dessus est dit soit par vn an, deux ans, dix ans ou plus, dedans lesquels ans auoir le doiuent se demandez en sont à loy, ne autrement ne sont forclus deuãt que sommé leur en aura esté le vendage. Et lors se dedans le premier iour de marché ne le demandoient, ils en seroient forclus.

Coustumes de Douay & Orchies.

Item à la coustume de la Chastellenie de Douay en fief a vn an, & és terres de main ferme autant, & d'Orchies pareillement. Mais biẽ y a en ces deux lieux tant de Douay comme d'Orchies aucuns lieux où on vse d'eschange, esquelles terres qui ainsi sont tenus d'eschange, a proximité de xl. iours. Et en aucuns lieux, tant à l'Isle comme en autres chastellenies cy dessus dictes est accoustumé, que se aucune rente est assise sur terre de main ferme: ou maison qui soit sous rente, & celuy à qui ceste sous rente est la vẽte. Sçachez que celuy à qui terre ou la maison est, le peut reprendre comme par proximité, par la raison que le principal sens est siẽ & est pour descharger & affranchir son heritage, & supposé que celle rẽte fust vendue à vn prochain cousin du vendeur, si le r'auroit auant celuy à qui la terre ou la maison est, pour la raison dessus dicte de affranchir son heritage.

Item & se en la Comté de Haynaut est vendu acun fief, il n'y a point de proximité comme dessus est dit. Mais le Comte de Haynaut y a telle seigneurie, que si il luy plaist à retenir le fief pour luy, faire le peut, pour autel prix que vendu sera, & en fera iurer le vendeur & l'acheteur du prix, sera rabbatu du prix que vendu sera son droict seigneurial, qui est tel, que pour autant de xx. sols du prix que le vendage montera le comte de son droict, y a xix. sols six deniers, & n'en aura le vendeur que autãt de fois six deniers qu'il y aura de xx. sols audict vendage, & se plus grand grace en veut faire, en luy en est, & non point autrement, mais du plus il ne prent que le quint denier, & toutesfois est il en luy du surplus, si cõme dict est.

Item & s'il aduenoit que dame ou damoiselle qui mariée fust voulsist reprẽdre aucũ fief, ou aucune par proximité qui vint de sõ lez & costé, sçachez que faire se peut de soy mesmes, sãs ce que de sõ mary pour ce faire soit autorisée, & en peut faire plainte à loy, offiãt mailles & denier, pour retraire, & auoir ladite proximité, & tout ce faire & ordõner de soy mesmes iusques à tant que contredict ou opposition y aura de partie, & qu'il sera apparent que despens & procés en faille sourdre, car si tost que contredit y a en cour, & que procés s'en faict, lors conuient que la dame ou damoiselle soit authorisee de son mary, ou autrement le procés seroit inutile.

La teneur d'vne commission executoire.

Faire & former vne commission executoire la maniere si est ceste, pource que c'est le commencement de vente, te veux monstrer par formulaire comment elle peut estre formée. Tristan du Boys cheualier, seigneur de Famechon, & de Raincheual, Conseiller du Roy nostre Sire, & Baillif de Vermandois : Au premier sergent dudict Bailliage à qui ceste commission s'addressera, salut. Veu auons vnes lettres obligatoires seellées du séel Royal, ordonné & commis de par le Roy nostre sire en la ville & cité de Tournay, & au pays de Tournesis, par lesquelles nous est apparu Iean du Mont estre tenu & obligé enuers Iean du Val denõmé en icelle obligation, en la somme de x. muis de bled tel que à six deniers pres du meilleur chacune rasiere à rendre & payer ledit bled par ledit du Mõt audit du Val par certaine forme & maniere contenuë esdites lettres obligatoires, & de laquelle somme de bled satisfaire & payer ledit du Mõt est remis & defaillant, luy sur ce sommé & requis instamment au grand grief preiudice & dommage dudit du Val, requerãt sur ce par nous estre pourueu de iustice, en nous seruant pour le Roy nostre sire de la peine commise en ladite lettre obligatoire de xl sols tournois, en quoy ledit du Mõt, est encouru par sa faute. Et afin que ceste obligation luy facent enteriner & accomplir cõme de raison se pourra. Pource est il que nous vous mandons & cõmettons que ledit du Mõt denõmé en ladite obligatiõ, au cas que à vostre sommation promptement satisfaire & payer ne voudra, & ladite obligation accomplir, vous iceluy executer & contraigniez rigoureusement & sans delay à satisfaire par ledit du Mont audit du Val, la sõme contenuë en l'obligation, de laquelle par ledit du Val vous sera faict apparoir en celle enterinãt selon la teneur, auec la peine donnée au Roy nostre sire, par vertu d'icelle, en ce faisant par prisée & vendition de ses meubles & heritages, & à detention de corps, attẽdu que obligé y est. En ce cas d'opposition la main garnie auant toute œuure de la valuë de l'obligation assignés iour audict opposant en la cour du Roy à Vournay, pardeuant nous à l'encontre dudict du Val, pour dire les causes de opposition, sur ce proceder & en outre respondre audict du Val comme de raison appartiendra, en escriuant audict iour de tout ce que faict en sera. De ce faire vous donnons pouuoir, mandons & commandons à tous les subiects dudict Bailliage, prions & requerons tous autres, que à vous en ce faisant obeissent diligemment. Donné. &c.

La teneur de la rescription faicte par le sergent.

Apres s'ensuit la forme de la rescription sur ce, par maniere de formulaire. A tres-haut noble & puissant, Monseigneur le Baillif de

Vermandois,ou à ſon Lieutenant, en Tourneſis,Monſeigneur & Maiſtre Iean de Renty Sergent du Roy en Tourneſis, & le voſtre, honneur, ſeruice & reuerence auec toute obeyſſance. Cher ſeigneur & Maiſtre plaiſe vous ſçauoir que par vertu de voſtre commiſſion à moy addreſſee parmy laquelle ceſte mienne relation eſt annexee, i'ay pour icelle interiner à la requeſte de Iean du Val,en ma commiſſiõ le ſeizieſme iour du mois de Iuin,l'an mil trois cens quatre vingt & trois,me tranſportay de la ville de Tournay, & pour voir faire mon exploict requis au Preuoſt appellé Pierre de Muſy, qu'il me baillaſt Sergent pour voir faire l'exploict que par voſtre commiſſion entendois à faire, lequel me preſta Iean Cardonnier Sergent baſtonnier de la ville de Tournay, en luy commandant qu'obeyſſançe me feit auoir par tous les ſuiets de la ville audit exploict faiſant,en preſence duquel m'approchay de la maiſon de Iean du Mont, & à ſa perſonne que ie trouuay & ſommay,& dis comment à moy comme à Sergent Royal eſtoit telle commiſſion addreſſee auec les lettres obligatoires, leſquelles ie luy feis lire, & que ſe payer vouloit l'obligation,ie luy en ferois auoir quittance ſuffiſante,& pour ce ie le trouuay delayant de ce faire en preſence du Sergent & d'autres aſſiſtans,pris & mis en la main du Roy par iuſte inuentaire & priſee tous les biens meubles qu'en ſa maiſon on a trouué ailleurs,où ils me furent enſeignez à luy appartenans. Et pour ce que par conſeil à ce appellé,& cognoiſſanten cem'apparu que les biens meubles ne pourroiẽt pas accomplir le contenu de l'obligation,en preſence du Sergent mis en la main du Roy vne maiſon ſituee & aſſiſe en la ville de Tournay, en la ruë des Maruis,d'vn coſté ioignant à la maiſon de Iean du Pré,laquelle maiſon eſtoit audit du Mõt,tout ainſi que l'heritage le contient les quatre corps & le moillon, ie mis en la main du Roy pour tout inuentorier ſi auãt que iuſques à accompliſſement de l'obligation, & tout ce ſignifiay ce meſme iour aux Eſcheuins de la ville de Tournay ſous que Iuriſdiction la maiſon eſtoit ſi tuee en leur ioingnant de par le Roy que d'oreſnauant ne fuſſent à charge ne à vendition que ledit du Mont ſi vouſiſt faire de ſes biens & heritages, iuſques à ce que mon exploit ia encommencé fuſt interiné&parfaict,leſquels Eſcheuins me reſpondirent qu'ils ſe garderoient d'en meſfaire,& pour par interiner ma commiſſion, attendu que ledit du Mont eſtoit en pure demeure & faute de paye en preſence dudit Sergentà moy preſté le douzieſme iour dudit moys, en plain marché & publiquement expoſay &mis à vente par encherre les biens meubles dudit du Mont ſi auant qu'enſeignez me furent & que trouuer les ſçeuz & chacun meuble à par luy,& par trois criees ſur chacun. Et tant que par toutes rencheries faictes & paſſees à telle couſtume qu'au lieu appartient à faire,la venduë ne monta que vingt liures tournois,ſi comme par la vente de ce que i'ay par eſcrit cyrographé contre ledit Sergent plus plainement peuſt apparoir, & ce fait ſignifiay audit du Mont ladite venduë,& quelle choſe, & pour quel prix,& que ſe dedans le tiers iour ne l'auoit racheté pour le prix vendu ſi demeuroit aux acheteurs,lequel tiers iour paſsé, pour ce que ledit du Mont n'en fiſt aucun rachat, ie deliuray auſdits acheteurs les choſes par eux achetees parmy payant les deniers des ventes. Deſquels deniers i'ay prins & m'en tiens pour nanty au profit de madite execution.

Item & pour par entretenir madite execution, à la faute qu'il failloit encores à ladite obligation, i'ay en la preſence dudit Sergent a preſte le Dimanche 16. iour dudit mois en l'Egliſe S. Brice en laquelle paroiſſe ladite maiſon eſtoit ſituee, expoſay icelle maiſon à vente, ſignifiant à tous que ſ'il eſtoit aucun qu'icelle maiſon vouſiſt racheter, ſi ſe trait pai deuers moy & par rencherie ie luy vendrois à douze ſols tournois de rente qui me fuſt qu'elle deuoit, le diſpoſay à la priſee des hommes à ce ſermentez en ladite ville, à deux cens francs d'or, du coing & forge du Roy noſtre Sire, pour le premier denier à Dieu qui mis y ſeroit de renchere de vingt ſols, dont les quinze demeureront au profit du rencheriſſeur, ce fait s'approcha de moy Iean des Champs, lequel par marché au mieux & plus qu'il peuſt par le conſeil des couletiers ſermentez d'icelle ville de Tournay, acheta de moy ladite maiſon pour le prix & ſomme de ſept vingts francs & ſix deniers à Dieu de rencherie qu'il y miſt. Laquelle vente ie ſignifiay audit du Mont, & ſe racheter la vouloit par promptement payant, ſi le fiſt. Lequel me reſpondit que bien auoit oüy ce que ie diſois. Sur laquelle reſponce qu'elle n'eſtoit mie ſuffiſante au cas en procedant ſur madite execution, i'ay le Dimanche enſuiuant le vingtieſme iour dudit mois fis crier & ſouhaiter en ladite Egliſe de S. Brice à heure à ce accouſtumee ladite vente, & par cedule contenant ce qui apres ſ'enſuit.

La forme de la cedule.

On vous faict à ſçauoir de par le Roy noſtre Sire que Iean de Renty ſergent d'iceluy ſeigneur, par vertu de certaine commiſſion à luy addreſſee par Monſeigneur le Baillif de Vermãdois, ou ſon Lieutenãt en Tourneſis pour l'interinement de certaine obligation, en quoy Iean du Mont eſtoit tenu enuers Iean du Val ſergent, a vendu vne maiſon appartenant audit du Mont: ſituee & aſſiſe en la ville de Tournay en la ruë de Maruis ioignant d'vn coſté à la maiſon Gille Garbitte, & d'autre coſté à la maiſon Iean du Pré, tout ainſi que l'heritage de ladite maiſon ſe comprent deuant & deriere les quatre corps & le milieu à douze ſols de rente heritable à deux payemens payer en l'an, c'eſt à ſçauoir la moitié à Noël: & l'autre moitié à la S. Iean, par condition que ſi plus eſtoit troué en ladite maiſon deuroit de rente, ce ſeroit tant moins d'argent à la vente & ſi moins deuoit de rente, ce ſeroit tant plus d'argent à ladite vente, à l'eſgard & priſerie des priſeurs ſermentez de ladite ville, ſi y a pour le premier denier à Dieu ſept vingt francs d'or, de la forge & enſeigne du Roy noſtre Sire, à ſix deniers à Dieu de renchere ſur ce ferus & haucies, & eſt aiourd'huy la premiere criee, & d'huy en huict iours à heure de grand' Meſſe la ſeconde criee, & d'huy en quinze iours qui feront trois ſepmaines la tierce criee à heure de grand'Meſſe, toutes & dernieres criees ſ'il eſt aucun qui ſon profit y ſçache & qui plus en vueille donner vienne par deuers ledit sergent, & volontiers le receuera cõme de raison sera. Cher seigneur & maistre tout ce que dessus est dict vous certifie estre vray par ceste mienne rescription séellée de mon séel faicte & escrite le iour & an dessusdit.

La teneur d'vne commission iteratiue pour vente d'heritage.

LA forme de faire & formuler vne commission iteratiue en cas de vendition d'heritage, si est ceste; Tristan du Bois, Cheualier Seigneur de Famechon & de Raincheual, Conseiller du Roy nostre Sire & Baillif de Vermandois. A Iean de Renty Sergent du Roy audit Bailliage salut. Comme par vertu de commissiõ par nous donnée, & à vous adressée à la requeste de Iean du Val pour interiner & mettre à execution l'obligation en quoy estoit tenu & obligé en certaine somme de bled Iean du Mont enuers ledit Iean du Val, ayes mis & exposé en vente par faute de biens meubles dudit du Mont qu'accomplir ne peuuent la somme, vne maison & heritage audit du Mont appartiennent & comme au plus offrant & dernier encherissant, soit la maison demeurée à Iean du Pré, pour le prix & somme de deux cens francs d'or. Si comme plus plainement nous est de tout ce apparu par vostre rescription sur ce faicte & escrite, par laquelle aussi nous peut apparoir que tout le vẽdage est faict & passé sans contredit ou oppositiõ aucune, pourquoy audit acheteur doit demeurer la maison comme son bon heritage, vous mandons & iteratiuement commandons que vous vous transportez par deuers ledit acheteur, & luy faictes commandement qu'il vuide sa main en la vostre ou à certain change sur vostre nom des deniers qu'a monté la venduë, & à ce le contraignez par toutes voyes deuës & raisonnables, se souffisant en est, & ce fait l'adiournez pardeuant nous ou nostre Lieutenant à certain iour competant pour le decreter de son dessusdit achat, en intimãt audit obligé, & de qui vendu est qu'il soit audit lieu se bon luy semble pour voir faire racheter, ou alleguer ce que de raison sera auec intimatiõ que vienne ou non, il y sera procedé comme raison appartiendra, de ce faire vous donnons pouuoir. Mandons & commandons à tous à qui appartient, prions & requerons à tous autres qu'à vous en ce faisant obeissent diligemment, Donné à Tournay le troisiesme iour de Iuillet l'an mil trois cens vingt trois.

La teneur de la rescription sur ce faicte par le Sergent executeur.

A Tres haut noble & puissant Seigneur Monseigneur le Baillif de Vermandois ou son Lieutenant en Tournesis. Iean de Renty Sergent du Roy audit Bailliage, & le vostre en tout honneur, seruice & reuerence auec toute obeyssance. Mon tres-cher Seigneur & Maistre plaise vous sçauoir que par vertu de vostre commission iteratiue à moy addressée parmy laquelle ceste mienne rescription est annexée, & pour icelle interiner, ie à la requeste de Iean du Val denommé en la commission, le quatorziesme iour du mois de Iuillet, l'an mil trois cens quatre vingt & trois, me transportay en la Ville de Tournay, & pour voir faire mon exploit requis au Preuost Sire

Pierre de Musi, qu'il me baillast Sergent pour voir faire l'exploit que par vostre commission entendoye à faire, lequel preuost me presta Iean Cardonnier Sergent bastonnier d'icelle ville, en luy commandant qu'obeyssance me fist auoir par tous les suiects de la ville audit exploit faisant. En la presence duquel Cardonnier m'approchay de Iean du Pré acheteur d'vne maison & heritage que par vostre commission luy auoye vendue à la requeste dudit du Val, appartenant à Iean du Mont, à cause de certaine somme de bled en quoy estoit tenu ledit du Mont enuers ledict du Val. Auquel ie feis commandement de par le Roy qu'il vuidast sa main en la moyenne, ou à certaine change sur mon nom, de la somme de deux cens francs d'or, à quoy auoit monté la vendue d'icelle maison & heritage, lequel du prestemēt deliura & mist en ma main la somme pour icelle vēte, dont ie me tiens pour content & bien nampty, & ce faict en la presence dudit Sergent, ledit iour intimay audit du Mont qu'il fust pardeuant vous, ou vostre Lieutenant audit lieu de Tournay, se bon luy sembloit, & du Mardy prochain ensuyuant ledit iour en huit iours à l'encontre dudit du Val, pour voir faire le decret de la maison, & r'acheter ou alleguer ce que raison sera auec intimation qui vienne ou non, il sera procedé comme de raison sera & appartiendra, & qu'audit iour luy fera bon compte & reliqua de ce que i'auoye vendu de ses heritages & biens, lequel ie disoye. Mon tres-cher Seigneur & maistre de tout ce que dessus est dit, vous certifiay je estre vray par ceste mienne rescription séellée de mon séel faicte & escrite le iour & mois & an dessusdit.

Forme de faire obligation.

La forme de faire & former vne obligation sur certain marché ou contract si est ceste par la maniere que trouuerez formulée en la Ru. des obligations declarée & cottée par le nombre de. Et pour-ce me passe en brief d'icelle formuler que ie ne face reditte.

La teneur d'vn decret sur la vendition d'aucun heritage.

LA forme & maniere de faire & former vn decret sur aucune vendition d'heritage faicte par exception de iustice si est ceste. Tristan du Bois Cheualier Seigneur de Famechon & de Raincheual Conseiller du Roy nostre Sire, & Baillif de Vermandois, A tous ceux qui ces presentes lettres verront ou orront salut. Sçachent tous comme Iean du Pré ait nagueres acheté par execution Royalle vne certaine maison & heritage située & assise, &c. que vendoit Iean de Renty Sergent du Roy nostre sire, par vertu de certaine commissiō executoire à luy de nous donnée, ou de nostre Lieutenant, pour interiner & mettre à execution deuë certaine somme de deniers en quoy estoit tenu & obligé Iean du Mont enuers Iean du Val par certaines lettres obligatoires séellées du séel Royal de la Baillie de Vermandois, & soit ladicte maison demeurée audit du Pré, comme au dernier encherissant, requerant par nous estre de ce decret & confermé comme de raison & stille du lieu le desire & enseigne Veu le r'apport des lettres & enseignemens sur ce faits, & escrits, dont les teneurs s'ensuiuent, & premierement lesdictes lettres contenans la forme

qui

qui cy apres s'ensuit. A tous ceux,&c. pour lesquelles lettres mettre à execution deuë commission executoire a sur ce esté donnee, dont la teneur s'ensuit. Tristan du Bois,&c. Pour laquelle execution accomplir, & pour mettre ladite commission à execution deuë,ledit du Val le ait fait addresser à Iean de Renty, sergent du Roy nostre Sire, lequel de l'exploict sur ce fait nous ait rescrit par la maniere qui s'ensuit. A treshaut, noble & puissant, &c. laquelle rescription deuë, & pour en outre proceder & faire ladite vente à l'accomplissement desdites lettres obligatoires,& à la requeste dudit du Pré acheteur,nous sur icelle rescriptiõ eussions baillé nostre commission iteratiue,dont la teneur s'ensuit, Tristan du Bois,&c.Apres laquelle commission iteratiue,& icelle enterinee selon la forme & teneur accoustumee & vsage du lieu, & selon la coustume illecques gardee & obseruee sans debat ou contradiction, selon ce que par la rescription iteratiue sur ce à nous addressee peut appatoir, dont la teneur s'ensuit. A tres hault,noble & puissant,&c. Sur lesquels exploicts faits & parfaits à nous comme au Iuge souuerain, rescrits & renuoyez comme en tel cas il appartient, iceux veuz & diligemment examinez,& entendu que sans opposition, refus ou contredit, tout a esté fait & demené,les coustumes,soltice & droicture des lieux gardees & tenuës, l'argent de ladite vendition mis en nostre main,tourné & conuerty en l'acquit,paye & solution de ladite obligation,& consideré tout ce qui nous peut & doit mouuoir apres sommation faicte audit du Mont, qu'auiourd'huy baillerions sur ce decret & accomplissement des exploicts dessusdits, & que ce vint voir faire se bon luy sembloit auec intimation, lequel n'est venu ne comparu, & pour ce audit du Pré acheteur, ledit achapt & les exploicts sur ce faits par nostre sentence & pour droict louons,greons,ratifions & approuuons,en accordant & donnant audit acheteur la possession de la maison pour luy & pour ses hoirs, & ayans cause comme son heritage, & sauue tous droicts. Si donnons en mandement au seigneur du lieu,dont la maison est tenuë que ledit acheteur moyennant nostre decret & commission executoire, sur ce ils baillent l'aduest de l'heritage parmy satisfaction de leurs droicts, & en bailles escrits & cyrographes tels comme ils ont accoustumé par leur loy, aux despens de l'acheteur se requis en sont,lesquels ils mettent en leur ferme, comme des achapts ainsi faits, il appartient à faire. En tesmoin, &c.

DES DROICTS AV CONNESTABLE DE FRANCE.

Ce qui est icy traicté des droicts & Iurisdiction du Connestable, Mareschaux de Frãce, Maistre des Arbalestriers, & autres Officiers, ne s'obserue du tout à present, ains est grandemẽt changé, dont toutesfois on peut voir du Tillet en ses memoires, & autres, qui ont escrit des Magistrats & Officiers de la France, & ce qu'en auons traicté ailleurs

APres s'ensuit du droict au Connestable de France, qui est le plus grand Officier que le Roy ait, & qui represente sa noble persõne. Si sçachez qu'au Cõnestable à cause de son noble office cõpetent, & appartiẽnent toute la cognoissance de tous les sergẽs d'armes du Roy, & à luy ou à son Lieutenãt en doit estre retourné, ventilé & demené en tous cas qu'en defendant ils auroient à faire, & dont ils seroiẽt poursuiuis & apprehendez de quelque autre Iuge ou partie aux autres du Royaume, ne deuant autre Iuge ne doiuent ne ne sont tenus de proceder s'il ne leur plaist, car par la nature de leur office de sergenterie, ils en sont exẽpts & francs, ne n'ay point veu que se quelque sergent ait esté apprehendé pardeuant autre Iuge, soit que ce ait esté en cas de delict ou autremẽt qui n'ait conuenu que la cause soit retournee pardeuãt ledit Connestable ou son Lieutenãt à la table de marbre à Paris, reserué és causes & actions reelles: car d'icelles conuient estre demené pardeuant les Iuges, dont les heritages contẽcieux sont tenus. Et ainsi a-il esté fait par tant de cas d'exẽples que sans nombre, & tellemẽt qu'il ne faut ramener en doutte n'en difficulté aucune, puis que ce a regard en riens à leur office de seigneurie.

Item a encores le Connestable la cognoissance de tous les officiers de son domicile & de son hostel.

Item à cause de son office fait serment au Roy, & homme represente le Roy, & est Lieutenãt du Roy, puis que Roy n'y seroit present, ou qu'il fust commis ou enuoyé, fust en cheuauchee d'ost, ou frontiere, & donner lettres, estats & respits comme Lieutenant du Roy.

Item si le Roy trespassoit, si gouuerneroit il le Royaume iusques à ce qu'il y auroit Roy ou Regent à cause de son office. Item par le droict de son office a regard de souuerain sur les gens-d'armes du Roy, sur les gẽs ordonnez en frontieres. Et a la premiere iournee des gages de tous ceux qui sont à receuz en fait d'armes à mõstrer les thresoriers, la seconde, les clercs des thresoriers, la tierce pour leurs peines & salaires, & au faict du gaing du pillage d'ost, le Connestable à cause de son office, a, soit à ville prise par guerre ou autrement, tout l'or & l'argent & autres biens, & aornemens, reserué vaisselle d'estaing & cheuaux qui appartiennent aux Mareschaux de France,

Item a le gouuernement des batailles de l'ost du Roy, supposé mesme que le Roy soit en l'ost.

Itẽ a la charge de demander au Roy toutes les nuicts le cry de la nuict, & de la faire sçauoir aux Mareschaux, les Mareschaux de la faire sçauoir aux Capitaines des gens-d'armes.

Item doit seruir deuant les mets de la table du Roy en tout temps le chappellet de fleurs sur le chef, la blanche verge en la main, & accompagné de sa Cheualerie. Et se le Roy est à conseil, si doit il demander de la question iusques à la personne du Roy.

Du droict aux Mareschaux de France.

VEu du droict au Connestable, il s'ensuit à voir du droict aux Mareschaux de France, & de ce dont ils peuuent & doiuent cognoistre par leur droict & noble office. Si peus & dois sçauoir qu'au faire le serment de la Mareschallerie, ils font hommage à cause dudit office, & ont leur droict, toutesfois que le Roy va en ost ou cheuauchée à loger toute la compagnie du Roy, & ne doit auoir nul droict de loger s'il n'est logé par les Mareschaux, & que leurs signes y fussent mis. Item à cause de leur office, ils ont la cure & cognoissance de tous les faits, crimes & malefices quels qu'ils soient qui aduiennent, & peuuent aduenir en l'ost & cheuauchée du Roy, soit en bonne ville ou dehors, & de tous les poursuyuans de l'ost & cheuauchée, puis qu'ils sont yssus de leurs maisons pour venir en l'ost & cheuauchée iusques à tant qu'ils soient retournez. Item ont la cognoissance de tous les gaings & pillages faict en l'ost ou cheuauchée, puis que contend ou question en seroit. Item ont à asseoir l'ost droict de donner places & ruës, & n'y peut nul vendre quelque marchãdise sans leur licence, ne nuls vẽdre vin ne afforer sans leur seing, & ont le droict d'afforage de la queuë quatre pots, & du tonnel huict; de chacũ estat de denrée deux sols: de chacũ char deux sols: d'vn cheual à somme cinq deniers, d'vne bouëtte deux deniers, d'vn celier vn denier. des bouchers le pied & l'espaule de porcel deux sols, de lestat.

Item doiuent sauf conduit à tous ceux qui amenent viures en l'ost & par tout doiuent auoir aux despens du Roy certaine quantité de gens-d'armes pour les viures conduire.

Item ont toutes les monstres des gens-darmes, & les retenuës, & les doiuent auoir par escrit & ont de chacune mõstre de gens-darmes six sols & n'y doit auoir à la monstre que dix hommes, & se plus y en auoit ce seroit à leur profit tousiours pour dix hommes vne monstre.

Item doiuent lettre d'estat de saufconduit, & ont de chacun sept sols: & qui de fait ne vient contre ou à tempte il est à soixante d'amende.

Item & se cheuauchée ou en ost les cheuaux qui sont prisez pour r'auoir le prix desdits cheuaux sont au Roy, & pour le prix que prisez seront le Roy doit rendre le prix & les cheuaulx sont aux Mareschaux.

Item ont de leur droict puis que le Roy seroit sur terre d'ennemis, où il seroit conquesté, ou quelque pillage toutes les bestes vrayes, soiẽt cheuaux ou bestes à corne, & les autres sont aux gaigneurs, & ont toutes chaudieres, vaiselle de cuyure & d'estaing faicte au marteau & non plus & l'autre gaing est gages

Item ont de propre cause de leur office trente muis d'auoine: chacun quinze à prendre sur le bac du port de Nully pres de Paris, lesquels Mareschaux peuuent faire & constituer vn Preuost que peut & doit auoir pouuoir d'eux, ou soient emprainctes les armes desdits Mareschaux, &

premier du premier Mareſchal que deuant lequel Preuoſt doiuent eſtre vétillées toutes les cauſes qui au droit deſdits Mareſchaux appartiēnēt,& en l'adiudicature,& doit auoir de chacune commiſſiō deux ſols. De chacune amende de ſoixante ſols, en quoy il fuſt condamné, il doit auoir dixſept, & pareillement ſe l'amende eſtoit de ſoixante liures, en quoy encourt toute perſonne qui faict ou vient contre les eſtatus deſdits Mareſchaux, il a auſſi dixſept liures.

Item a ledict Preuoſt le iugement de tous les cas aduenus en l'oſt ou cheuauchée du Roy, & le Roy des ribaulx en a l'execution. Et s'il aduenoit qu'aucun forfaire qui ſoit mis à execution criminelle, le Preuoſt de ſon droict, a l'or & l'argent de la ceinture au mal-faicteur,& les Mareſchaux ont le cheual & harnois, & tous autres oſtils s'ils y ſont, reſerué les draps & les habits quels qu'ils ſoient,& dont ils ſoient veſtus qui ſont au Roy des ribaulx, qui en fait l'execution. Le Roy des ribaulx, ſi ſe faict toutes fois que le Roy va d'oſt en oſt ou en cheuauchée appeller l'executeur des ſentences & commandemens des Mareſchaux & de leurs Preuoſts. Le Roy des ribaulx a de ſon droict à cauſe de ſon office, cognoiſſance ſur tous ieux de dez, de brelens, & d'autres qui ſe font en oſt & cheuauchée du Roy. Item ſur tous les logis de bordeaulx des femmes bordelieres doit auoir deux ſur la ſepmaine. Item a l'execution des crimes de ſon droict lez, les veſtemens des executez par iuſtice criminellement.

A preſent c'eſt le grand Maiſtre de l'artillerie.

Du droict au Maiſtre des Arbaleſtriers.

APres s'enſuit du droict au Maiſtre des Arbaleſtriers, qui de ſon droict a toute la cure, garde & adminiſtration auec cognoiſſance des gens eſtans à pied en l'oſt, ou cheuauchée du Roy de tous Arbaleſtriers, Archers, des Maiſtres d'engins, de canonniers, de charpētiers, de foſſiers & de toute l'artillerie de l'oſt à toutes les monſtres, à l'ordonnance ſur ce, à la bataille premier aſſiet les eſcoutes & enuoye querre le cry de la nuict. Et ſe Ville, fortereſſe ou Chaſteau eſt prins, à luy appartient toute l'artillerie quelle qu'elle ſoit qui trouuée eſt. Et ſe de l'artillerie du Roy eſt commencé à traire ſur les ennemis, le remanant de l'artillerie eſt à luy. Item a de ſon droict les oyes & cheures qui ſont prinſes en fait de pillage ſur les ennemis du Roy.

Du droict aux Officiers Generaux du Roy.

COmme dict eſt aux Officiers du Roy noſtre Sire, en eſpecial il s'enſuit dire d'iceux Officiers en general. Si eſt à ſçauoir que tout Officier general du Roy, ſi comme Baillif ou Lieutenant, Procureur du Roy, ou ſubſtitué, Aduocat du Roy, Sergent du Roy, à pied ou à cheual, Clercs de cas Royaux, garde de priſon Royalle ou quelques autres Officiers Royaux demeurāt ſous quelque hault iuſticier que ce ſoit, ſont tenus de reſpondre & ſortir à celuy iuſticier de toutes actions Royalles & perſonnelles, reſerué de celles tant ſeulement qui touchent & ont regard à leur office Royalle, car de ce ſont tenus de reſſortir deuant le Iuge Royal en cas de crimes.

Du droict des sergens d'armes.

LEs sergens d'armes sont les maciers que le Roy a en son office, qui portent maces deuant le Roy, sont appellez sergens d'armes, pour ce que ce sont sergens pour le corps du Roy, & doiuent & peuuent à des procés leurs armures porter iusqu'à la chambre des Comptes du Roy, & peuuent faire office de sergenterie par tout le Royaume, & doiuent auoir gages du Roy. Item ils doiuent estre quittes de toutes tailles, aydes & subsides courans au pays, ne doiuent auoir Iuge que le Roy, & son Connestable, mesmement en deffendant, ne autre Iuge que le Connestable n'en doit auoir la cognoissance, ne deuant autre Iuge ne doiuent estre conuenus, & s'il leur plaist, ils peuuent là faire autres conuenir de leurs causes & querelles: puis qu'elles seroient personnelles. Et est leur office de voyager, car supposé que le Roy si allast de vie à trespas, iaçoit ce que tous autres officiers soient démis de leur office par la mort du Roy: toutesfois ne le sont mie sergens d'armes, mais demeurent tant qu'ils viuẽt s'ils ne forfont, si sçachez que dit soit que iaçoit ce qu'ailleurs que deuant leur Connestable ne doiuent sortir, neantmoins si fut il que Iacques Dore, qui fut sergẽt d'armes, fut nauré par vn bourgeois de la ville de Tournay. Ledit Dore le fit conuenir à la table de marbre à Paris pardeuant le Connestable de France en cas de delict & de sauuegarde enfrainte. Les Preuosts & Iurez de ladicte ville de Tournay requirent que la cause fust renuoyee en Parlement, attendu que là doiuent ressortir par priuilege. Et adonc fust la cause requise par vn huissier en ladicte Cour de Parlement, & là mise au iour que seruit. Monseigneur le Connestable de France vint en propre personne à Paris, en la Cour de Parlement, requerant la cognoissance de son sergent d'armes, &c. Lesdits Preuosts & Iurez disoient du contraire, & que le faict de l'iniure ne auoit mie esté faict en officiant, & que par ce n'y auoit droict le Connestable. Tout veu, il fut dict que ladicte cause demeureroit audit Parlement, mais bien peut que ce eust esté deuant Iuge sujet, ou Iuge non Royal que la cause eust esté renuoyee audit Connestable, & ainsi fut il dit en la cause d'vn autre sergent d'armes appellé Iacques Dendin, qui auoit esté nauré par vn bourgeois de Tournay & prins par la loy d'icelle ville, pour ce qu'il auoit mis vn homme en peril de mort: il se fist requerre par le Connestable: mais il fut enuoyé tout prisonnier. Il fut requis arriere de r'auoir: consideré que ce n'auoit mie esté faict en officiant, & que la ville l'auoit pris, & en fait son deuoir, ne deffaute n'y estoit trouuee pourquoy en deussent perdre la cognoissance. Tout veu, il fut dit par le Lieutenant du Connestable à la table de marbre, que ladite ville n'en auroit point de r'enuoy: mais demeureroit à la cognoissance du Connestable, & n'osa le conseil que ladite ville de Tournay auoit à Paris, conseiller d'appeller d'icelle sentence.

Du droict au Baron ou Auber.

EN outre s'ensuit du droict au Baron ou Auber, si sçachez que le Ber, si a toute iustice haute, moyenne, & basse en sa terre & seigneurie, ne depart ne deuise pour frerage, ne autremēt, s'ainsi n'est que le pere leur ait fait part & diuision en son viuant, mais l'aisné frere doit faire aduenant parcon à ses moindres freres des choses partables. Et se filles y a, l'aisné frere les doit marier par l'aduis des amis. Item a le Ber ou Baron en sa terre telle & si haute iustice qu'il a le meurtre, & le rapt, & toute autre iustice ensuiuante, & a le plait de ses hommes couchans, & la cognoissance : & ce par autre seigneur par present meffait ou autrement en estoient aucuns attaints, ou par cas qui desirast confiscation, si en appartient ce à luy si auant que sous luy est troué.

Item peut le Ber appeller pour ce cas, & pour autre cas criminels se le delinquant ne tient prisonnier a ses droicts de trois iours en trois iours ou autres tels iours que la coustume locale desire : à fin de bannissement & confiscation. &c. Et sçachez que nul ne tient en Baronnie, se ainsi n'est qu'il tiēne part de partement de Baronnie ou de frerage: ou s'il ne l'a par don du Roy sans rien retenir fors le ressort qu'il ayt en sa terre, marché public à iour expres : & selon aucuns Chastellenie est parage. Et à cause de leur Baronnie ils doiuent estre adiournez pardeuant le Roy qui est leur souuerain, si doit ce estre comber & par la forme que à la Baronnie appartient : ne tenu n'est de plaidoyer de Baronnie, fors qu'en souueraine Cour: car deuant Preuost qu'il ait n'est-il tenu de respondre s'il ne luy plaist. Item a le Ber en sa terre toute la cognoissance de tous dains, de dōs quais, peines, seruices: en quoy on se peut obliger par lettres soiēt cyrographes ou lettres seellees. Et de tous cas qui à iustice & seigneurie de Baronnie appartiennent & peuuent appartenir: si comme ardoir pour cas qui le desire : de trainer & de pendre pour meurtre, & pour rapt : & selon aucuns de boüillir pour fausse monnoye autre que du Roy : car pour celle du Roy au Roy en appartient la cognoissance & non à autre de pendre pour larcin ou pour fausse marchandise de monnoye, de flatrir pour cas qui le desire, de coupper l'oreille à celuy qui a forfait, bannir criminellement ou ciuilement selon que la coustume & le cas l'enseigne, de cōplaintes ciuiles personnelles & reelles, de testamens de complainte de nouuelleté, de proprieté & simple saisine. Et generalement de tous les cas qu'à iustice peuuent & doiuent appartenir. Mais le cas de ressort, & semblablement de leze maiesté en sont reseruez, car ceux là au Roy appartiennent & non à autre. Item a la paraprehension de biens de bastards qui par dessous luy sont trouuez, cōme le treuf de la chose espaue. Item a la fortune d'argent. Item a le Ber la prinse de banny en la terre son suiet, & prendre le peut sans rien blesser à son suiet. Item a le Ber le ressort de son suiet, & y peut pouruoir en cas de refus de droict. De faire loy en cas d'appel en de retour à son souuerain & de chef lieu. Et cas de diuiser ou esclicher fiefs ou nobles tenemens qui sans le gré & licence de son souuerain ne se peut ne doit faire. Item il a la chasse & poursuitte, & prinse de beste sauuage, ou qu'elle voise, puis qu'esleuee l'a. Item peut auoir gibet à quatre pieds s'il luy plaist. Et s'il aduenoit qu'il bannist aucun pour cas de crime, & depuis pour celuy cas fust depuis banny du

Royaume, & depuis estoit le banny prins par le haut iusticier, si luy doit il demeurer nonobstant le ban du Royaume. Et ainsi fut il dict par arrest de Parlement pour vn qui fut pris à Helchin en la terre de l'Euesque de Tournay dont il estoit banny. Combien que ledict Euesque ne soit mie Ber, mais que haut iusticier.

ANNOTATIONS SVR LEDICT TILTRE.

a *SAns reciter comme autrefois le mot Baro auroit esté prins, ainsi qu'on auroit obserué de l'Interprete ancien de Persius, des loix Ripuaires* titul. de Tabularijs, art. 14. *& autres: il est sans doute que Baron ou Ber auroit signifié entre les François, Seigneur: & en telle signification on le lict ordinairement és histoires & Romans, & en quelques anciennes coustumes, practiques & autres liures:* vt ab aliis diligenter obseruatum, *dont vient qu'on lict souuent les grands ou hauts Barons, pour grands seigneurs, & en vient le mot de Baronie, qui signifie vne seigneurie auec iustice & dignité feudale plus grande que celle du seigneur Chastellain, & qu'on faict moindre que celle du Comte, comme si le Baron estoit apres le Comte deuant le Chastellain. Mais mon viel practicien que i'ay escrit à la main, en escrit en ces mots,* S'il nert *tex sires qui tenist en Baronnie, si comme quens ou dus, ou autres grans sires: & le bas sires si comme Vaaseurs prennoit de la iournée pour la defaute. Sont les propres termes dont il vse au tiltre des iugemens. Ce qui suit des droicts & iustices des vassaux ou vauasseurs, des vicomtiers & bas iusticiers requereroit vn plus ample commentaire, dont on peut voir M. Choppin sur la coustume d'Angers & autres: toutesfois conuient noter, que tous vassaux n'ont iustice, ains la doiuent par leur inuestiture, adueu & denombrement. Aussi y a des Vicomtes qui ont toute iustice, haute, moyenne & basse, comme estans au lieu des Comtes,* & tanquam eorum vicem gerentes*: dont i'ay ailleurs plus amplement traicté.*

DV DROICT AV VAVASSEVR.

DV droit au Vauasseur à vsage de Cour laye tu peus & dois sçauoir que le Gentilhomme qui tient seigneurie de haute iustice tant seulement, si est appellé Vauasseur, car il n'a marché, ne tient autre droict que ladicte haute iustice & ce qui en depéd non mie ce qui est en dessus, car ce en appartenant au Baron si comme dessus est dict en la rubriche precedente: Si sçachez que le Vauasseur ne peut affranchir de corps sans le gré au Baron de qui il tient.

Item ne peut, ne doit cognoistre de cas de ressort qui au Baron de qui il tienne appartient.

Item a la cognoissance du meurtre & l'homicide fait en sa terre, & aussi du larrecin; & peut trainer pendre, ardoir & bannir en sa terre, & auoir gibet à trois pieds si luy plaist. Itẽ peut cognoistre des causes reelles & personnelles de receuoir quints & peines d'ẽtre les suiets par plaintes ou sur lettres cirographes, seel estrange, non si ainsi n'estoit que ce fut sur seel d'hommes, qu'il tint de luy en fief, pource que bien le pourroit contraindre à cognoistre ou à nier son seel. mais ce ne pourroit il faire d'autre que luy ne tiendroit, ne de seel Royal ne se doit entremettre.

Item n'a chasse ne poursuite de beste sauuage hors de sa terre, ne son banny ne peut prendre ne demander. Item ne doit fief tenu de luy esclichir ne amendrir combiẽ que aucuns coustumiers diẽt que si, pource que ce faire est ainçois proffit pour le seigneur souuerain, que non par la raisõ de ce que plus y a d'hõmes plus y a d'auentures & de proffit au seigneur. Item selon aucũs ne doit auoir four ne moulin à ban. Et selõ aucuns lieux si a: & pource aux coustumiers des lieux s'en faut rapporter Item ne doit consentir ne faire amortissement: car ce ne vaudroit au preiudice de son chef. Dont le vies en la Cõté d'Artois fut fait par le Baron, c'est à sçauoir par les officiers d'Artois en certaine enqueste toute la Cõté sur tous ceux qui auoiẽt fait & passé amortissement sans le chef seigneur. Et sur tous ceux qui ce auoiẽt fait, & fussent gẽs d'Eglise ou autres, sçachez qu'ils furent condamnez à la valuë des tennemens & fiefs ainsi amortis & amendris par trois années. Item il a la confiscation des biens dessous luy trouuez La chose espaue, le treuf & le bastard, c'est à dire, l'escheance du bastard. Item ne doit auoir le vauasseur haute iustice que deux sergens & vn Baillif, & lieutenant de Baillif, ne plus grandes amẽdes que lx. sols au plus haut sur le nõ noble. Item a la cognoissance de son banny pour crime, se depuis le reprend sur sa terre, nonobstant que depuis pour iceluy & encores eust esté banny du Royaume, se par les gens du Roy n'estoit propremẽt prins sur ladicte terre du haut iusticier, car lors demeureroit aux gens du Roy.

Des Vicontiers.

DEs Vicomtes, que les coustumiers appellent en aucuns lieux moyenne iustice, c'est à sçauoir tenir dessous haut iusticier, & n'a iustice que de cognoistre du sang en soixante sols d'amende à la plus grande amende que leuer en peut, & le larron peut pendre aux fourches de deux lez tant seulement. Item ne doit cognoistre de claim donné de peine, mais que plainte faicte entre ses couchans & leuans. Item peut cognoistre de simple delit faict dessous luy iusques à la calenge de lx. sols en dessous, & non en dessus. Item peut faire & tenir verité pour ses loix attaindre & non pour plus, car se plus haut cas y escheoit ce appartiendroit au souuerain Item la trouue, l'espaue & l'escheance du bastard en sa terre. Et ainsi fut il iugé en la salle à l'Isle l'an mil trois cens septante neuf, d'entre le seigneur de Ligne, lors seigneur de Mortaigne sur l'Escaut, & le seigneur de Forest, du chasteau de Mortaigne en vicõté. Or auint que vne

vne gourle d'argent fut trouuee en la terre de Forest. Le seigneur de Forest n'auoit que Viconté, si la leua cõme seigneur: le seigneur de Ligne la voulut auoir comme souuerain, disant que à luy appartenoit comme à haut iusticier, & que le seigneur de Forest n'auoit que viconté & que par ce à luy appartenir ne deuoit, le seigneur de Forest, disant du contraire, & que à luy à cause de sa iustice de Viconté deuoit appartenir. &c. La cause & question venuë en la salle à l'Isle, bien debatu d'vn costé & d'autre, il fut dit par sentence que audit de Forest appartenoit, fait en l'an & iours dessusdits. Et ainsi a-il esté iugé en plusieurs autres Cours, tant à l'Isle comme ailleurs.

Item selon l'opinion d'aucuns coustumiers, Vicontiers si ne peuuent ny ne doiuent leuer fourches de iusticier se le cas ne luy aduient, & que de cas larrecin eschee en la terre iugé presentement. Et doiuent estre les fourches attachees en terre & sans pochars dehors œuure, & se elles cheoient par aucune aduenture si ne les pourroit-il faire releuer se ainsi n'estoit que il eust nouueau larron à faire prendre, mais selon la coustume de Vermandois il peut faire si forte iustice que il luy plaira, & quand il luy plaist.

Item ne peut ne doit affranchir homme de serue condition au preiudice de son souuerain seigneur.

Item ne peut remettre ne relaxer cas de larrecin. Mais conuient que il rende par iugement le larron absous ou condamné.

Item ne peut receuoir, fournir, contraindre fournir ne à faire bannissement de crime que il n'abuse de sa iustice.

Item ne peut amortir ne fief esclicher, ne amoindrir sans le sceu & cõsentement de son seigneur souuerain, ne aussi il ne peut oster le fief pour mettre à rente se du gré & consentement de sondit seigneur ne vient, & que il ait par point de chartre ou de priuilege.

Item ne peut en sa terre auoir ne en sa iustice que vn sergent & maieur d'Escheuins se escheuinage y a ou hommes cottiers.

Item peut faire Vicontier dedans sa terre les bans d'Aoust & autres accoustumez deffendre. &c. & en tenir verité vne fois l'an & non plus.

Du droict au bas iusticier.

QV'est à tenir en basse iustice vueil dire apres i'ay dit des Barons qui tiennent en baronnie des hauts iusticiers des Vicontiers que en aucuns lieux on appelle moyenne iustice, maintenant vueil dire de basse iustice. Si sçachez que les iusticiers qui tiennẽt en basse iustice si auoit tant seulemẽt iustice de luy faire payer de ses rentes, & sur ce faire plainte ou iugement de ses hostes ou tenans d'auoir amende de trois sols, & en dessous d'auoir vn sergent & messier & garde de champs, sur l'amẽde de trois sols, ne autre amẽde ne peut calenger, ne demander. Et est ceste iustice nommee & appellee fonserie par les coustumiers.

Du droit aux bannieres.

DV droit de bannieres te vueil dire & monstrer ce que veu & ouy en ay par les sages coustumiers car ce chet plus en faux coustumiers

Droict de banniere s'appelle autrement de bannalité, dont M. Choppin en diuers lieux & Ragueau en son Indice ont amplement escrit.

qu'en droict escrit. Sçachez que selō l'vsage de Cour laye & des coustumiers, soit en iustice moyenne ou basse, bien peut & doit auoir droict de bāniere, c'est à dire, qu'il y a en icelle terre & iustice droict seigneurial que nul des sujects ne peut ne doit aller cuire pain fors au four du Seigneur dessous lequel ce droict de banniere est & appartient. Ne aussi ne peut ne doit aller moudre son blé, sinon au moulin d'iceluy seigneur. Si sçachez que le suject seigneur qui a droict de banniere, ne peut ne doit aller cuire ne mouldre à autre four ne moulin que de son propre seigneur, dont il est bannier. Et se par aucune aduenture le suiet alloit moudre à autre moulin qu'au moulin de son seigneur, sçachez que ledit seigneur ou son commis se la farine se peut trouuer, ils la peuuent prendre & appliquer à son seigneur comme forfaicte. Et se le meusnier estrange à qui ce seroit auoit fait dommage à celuy qui ainsi à son moulin seroit venu, il n'en auroit nul ressort, iusques à ce qu'à son seigneur l'auroit amendé. Et semblablement se le suiect alloit cuire son pain à autre four, & les gens du seigneur de qui il seroit bannier le trouuoient, ledit suiet perdroit ledict pain, & seroit appliqué au seigneur qui le droict de banniere auroit. Ne comme dit est du moulage, se dommage estoit par le fournier riens n'en seroit rendu à celuy qu'ainsi y seroit venu cuire deuant ce que son seigneur l'auroit amendé le suiect bannier. Et sçachez qu'autrement n'y appartient amende que prēdre le pain ou paste ou la farine ainsi trouuee. Et encores selon aucuns que ce soit trouué en rapportant du four ou moulin, & non autrement.

Item & se les suiects du seigneur, lequel a droict de banniere, vont au four ou moulin de leur seigneur, & il aduienne que le fournier ou le meusnier leur fait aucun dommage de leur blé ou de leur pain, sçachez que le suiect n'est doresnauant plus tenu d'aller cuire à son four, ne moudre à son moulin iusques à ce que le seigneur leur aura fait amender par son fournier, ou son meusnier le dommage qui sera trouué que par leur mauuais cuisage ou mauuais moulage auront eu.

Item & selon l'opinion d'aucuns coustumiers nuls ayans droict de banniere ne deuoient auoir four ne moulin en banniere, s'ainsi n'est qu'il y ait bourc ou partie de bour ou anchiserie.

FIN.

TABLE DES DICTIONS ET MATIERES NOTABLES CONTENVES TANT EN LA SOMME Rural, qu'és Commentaires & Annotations, selon l'ordre Alphabetique.

A.

Aage de celuy qui adopte vn autre. 536
Abādonner pour escheuer aucun office en la ville. 800
Abcisez qui sont taillez hors du ventre de leurs meres. 548.549
Absoudre de l'instance & de l'action different. 33
Acceptilation. 347.349
Accommodation ou prest par courtoisie. 375
Accompagner heresés. 761
par Accoustumance delinquer. 182.185
Accusation. 174
Accusation en crime. 221.222
Accusations de crime. 285.294
Accusé où se peut purger. 225.226
Accusé en quel cas n'est receu à se purger. 227
Accusé qui par desespoir se tüe. 273
Accusé qui se purge doit tenir prison. 226.227
Accusement du criminel. 224
Achapt fait par engin ou male foy. 335.339
Achapts faits en nom d'autre. 397.403.404
Achapts qui se font par argent. 391.401
Acheter aucune chose ensemble en heritage. 460
Acheter champ d'autruy de celuy qui n'en est seigneur. 254.261
Acheter chose legatee. 612.618
Acheter en son nom d'autruy deniers. 398
Acheter le gage par le creancier. 591
Acheter par soy ou par sa femme. 398
Acheter tenure, & en estre mis en saisine. 398
Acquestes. 432
Acquestes de non nobles. 654
Acquest d'heritage faict par le mary. 445
Acquests noueaux. 657
Action que c'est, ou sa definition. 161
Action à la chose. 155
Action aux enfans moindres d'ans. 93.101
Action d'acceptilation. 159.167
Action d'adoption. 159.168
Action contraire mandati. 153.162
Action contre tuteurs. 356
Action copulaire. 159.168
Action criminelle. 170.174
Action de bail, 157.166

Action de besoigne faicte seu negotiorum gestorum. 157
Action de besoignes faictes. 356
Action de chose furtiue. 158. 166
Action de chose vendüe ou achetee. 157
Action de commandement. 153
Action de compensation. 154. 163
Action de condition incertaine. 158. 167
Action de contribution. 154. 164
Action de curation, 157. 166
Action de depost. 156
Action de dol. 88. 98
Action de dol. 154. 163
Action de donation. 154. 163
Action de dot. 155. 164
Action de doüaire. 155. 164
Action d'emancipation. 159. 168
Action de fideiussion. 154. 165
Action de location. 156. 165
Action de mise de faict. 158. 167
Action de nouation. 159. 167
Action de nouuelleté. 160. 169
Action de nouuelleté, Quorum bonorum. 160. 169
Action de nouuelleté, Quorum legatorum. 160. 169
Action de nouuelleté si per vim vel alio modo. &c. 161. 169
Action de nouuelleté vnde vi. 161. 169
Action de nouuelleté vti possidetis. 161 170
Action de paroles iniurieuses. 88. 98
Action de postumes ou de postremes 158. 167
Action de prescription. 155. 164
Action de promesse. 153
Action de quanti minoris. 88. 98
Action de reiuendication. 154. 164
Action de restitution à celuy qui est deceu d'outre moitié de iuste prix. 156. 165.
Action de restitution en entier. 155. 164
Action de retraict. 155. 164
Action de seruitude de possession. 168
Action de seruitude de prestation. 168
Action de simple saisine. 161
Action de societé 157
Action de transaction. 155. 164
Action de tutelle. 157. 166
Action de vendition. 155. 156. 165
Action de vice de litige. 154. 163
Action d'ingratitude. 159. 168
Action d'iniures. 153. 162
que Action d'iniures est arbitraire. 814
Action d'œuure publique. 89. 99
Action d'vsucapion. 154. 164
Action Edilitienne. 165
Action en faict de compte. 89. 99
Action en la chose. 155
Action exercitoire. 153. 162
Action exercitoire & institoire. 387
Action finium regundorum. 156. 166
Action institoire. 153. 162
Action mixte. 160. 168
Action mutuelle ou reconuention. 157. 163
Action nice. 157. 166
Action noxale. 153. 162
Action petitoire pour seruitude. 210
Action populaire. 158. 166
Action proprietaire. 160. 168. 169
Action quanti minoris. 153. 163
Action quanti plurimi. 153. 163
Action redhibitoire. 88. 98
Action redhibitoire. 153 162
Action reelle. 160. 168
Action reelle, & action personnelle. 152
Action Seruiane. 153. 162
Action stipulaire. 153. 162
Action suffragante. 156. 166
Action vectigale. 156. 165
Action qu'a le pleige contre le pleigé. 581. 585
Actions au double, triple & quadruple. 360
Actions ciuiles & criminelles. 107
Actions de dol. 301
Actions, & de la diuersité d'icelles. 152
Actions procedans des ventes & achapts. 397. 403
Adez pour adonc ou lors. 681

Adiournemens en diuers cas. 16. 17.
Adiournez en cas d'appel. 13 16
Adiournement en cas de pecune deuë nouuelleté, & simple saisine. 10.
Adiournement en cour. 10
Adiournement signifié au Seigneur. 79
que l'Adiournement soit faict deuëment. 78. 81
Adiourner chapitres, monasteres, & villes. 12. 13. 19.
Adiourner des Prelats. 12. 19.
Adiourner en cas d'asseurement. 15. 20.
Adiourner en cas de delict. 11.
Adiourner en cas de simple saisine. 11.
Adiourner en Chasteau ou ville. 12.
Adiourner en complainte de nouuelleté. 11.
Adiourner en parlement. 10.
Adiourner en terre d'aucun iusticier. 15.
Adiourner habitans de pays en ville estrange. 12.
Adiourner le seigneur propre. 15. 16.
Adiourner les heritiers en reprise. 40.
Adiourner les Pairs de France. 12.
Adiourner les vagabons. 20.
Adiourner mineurs, furieux, & expatriez. 15.
Adiourner vne communauté. 13.
Adiourner vn qui est hors du Royaume. 11.
de n'adiourner sans mandement. 11.
Admortir heritages. 654.
Aduertissement. 491. 496.
Adoption faicte à son prochain. 535.
Adueu & denombrement. 516.
Aduis qu'on faict à ses enfans. 437. 442 443.
Adultere. 731.
Aduocats appellez Conseillers de Parlement. 321.
Aduocat faillir à escrire, 673.
Aduocat plaider vn autre sans en estre requis. 675.
Aduocats. 971. 662.
Aduocat d'office. 673.
Aduocat receu à pension. 672.
Aduocat ne peut estre iuge. 671.
Aduouez ou amparliers. 38.
Affermer outre article. 683.
Affinitez entre les amys du mary & de la femme. 475.
Affirmatiõ & response des articles 186.
Ahaner pour labourer. 860.
Alibi. 623. 632.
Alienatiõ des choses Ecclesiastiques. 256. 257.
Alimens baillez aux enfans. 357.
Aller en guerre contre son seigneur. 266.
Alleux acquis par l'homme & la femme. 459
Amassemens en forteresse 430.
Amassemens en plate maison. 431.
Amende d'acheter chose litigieuse. 862.
Amende d'aduocat corrompu sans adueu. 863.
Amende d'ahaner sur chemin. 860
Amende de bailler lettres sans date. 857.
Amende de bestes en nouuelles esteules. 858.
Amende de calenger autruy heritage 856.
Amende de charier deuant ou apres soleil. 858.
Amende de clamer en iugement heritage d'autre. 863
Amende de complainte de nouuelleté. 856.
Amende de coupper & porter bois. 860.
Amende de demander deux fois vne dette. 857
Amende de decheoir d'vn appel. 857.
Amende d'enclorre beste d'autruy. 863.
Amende d'enuoyer lettres à sa mere. 861
Amende d'estre sorcier ou deuin. 866.
Amende d'estre suspect de larcin. 866
Amende de faire chemins. 860.
Amende de faire conuenir autre deuant autre Seigneur que son seigneur. 864.
Amende de faire dommage à autruy en escient. 863.

Amende de fiens verser au chemin. 864.
Amende de frapper autre par mal. 859.
Amende de herbeler en temps deffendu. 864.
Amende de iurer deshonnestement Dieu, ou la Vierge Marie. 866.
Amende de iurer le vilain serment. 861.
Amende de la beste d'vn voisin, tuer la beste d'vn sien voisin. 861.
Amende de l'Aduocat ou Procureur qui marchande auec la partie. 864.
Amende de l'iniure faite à port d'armes. 859.
Amende de l'officier vendant ses biens. 864.
Amende de main mise. 855.
Amende de mauuais hostel, & de ieu de dez. 858.
Amende de mettre sus à autre reproche. 861.
Amende de mise de faict. 856.
Amende de nier debte payee. 857.
Amende de nier escrit de sa main. 857.
Amende de denier lettre escrite de sa main. 864.
Amende d'opposition sur execution. 855
Amende de paix ou tresues enfraintes. 856.
Amende de parler du Roy, ou de son seigneur des-honnestement. 866.
Amende de partir sans licence de la Cour. 858.
Amende de pescher en autruy fossé. 858.
Amende de plaider sans adueu. 857.
Amende de porter armures deffendues. 859.
Amende de porter billon. 865.
Amende de porter gerbes. 858.
Amende de prendre autre chose par maniere de faict. 862.
Amende de prendre fruict. 858.
Amende de prendre son debteur de faict. 862.
Amende de proposer faicts contraires 855.
Amende de retenir chose espaue. 857.
Amēde de reuendre chose d'autruy. 857.
Amende de trouuer beste en son dommage. 868
Amende des appeaux du Roy. 856.
Amende des cours d'eauës. 860.
Amende des vinages & pontenages. 865.
Amende de tendre aux oiseaux. 859
Amende de tuer la beste d'autruy. 861.
Amende de vendre à plusieurs vne chose. 862.
Amende de vendre sa terre. 865.
Amende de venir contre la sentence. 857
Amende d'vn baillif en sa iurisdictiō, achetant terre pour crime. 863.
Amende d'vn iuge corrompu. 863.
Amende d'vn noble homme meffaire, 864.
Amende du treu sur le sel. 865
Amendes deuës en Cour Royale, qu'on a accoustumé de leuer pour le Roy. 855.
Amende sur pescheries. 859.
Autres amendes criminelles, & non capitaux. 865.
Autres amendes qui sont criminelles, & peines capitaux, 867.
Amparliers ou aduoüez. 38.
Annoblir vn homme. 657
Antichrese. 586.
Appel releuer, & dans quel temps. 91. 101.
Appellations releuer. 14.
Appeller auant sentence renduë. 777.
Appeller comme de deny de droict & iustice. 82.
Appeller en temps competant. 14.
Appeller, & dans quel temps. 91. 101.
Appeller par le pleige son garand. 576.
Appeller par le tuteur. 59.
qu'on ne peut Appeller des Commissaires de Parlement. 681.
Appeaux. 656.
Appeaux de sentences. 773. 777.
Appellations diuerses. 773.
Applegér que c'est. 198.
Applegement & contraplegement. 198.

Appoincter & regler les parties. 122
Apostats. 760.762
Approbation des tesmoins, & quels gens peuuent porter tesmoignage, & quels non. 613. 614.615.619
Arbitres. 693.700
Arbre d'affinité, & declaration d'icelle. 475. 476.
Arbre de consanguinité, & declaration d'icelle. 464.470
Arbre cheant sur terre d'autruy. 255. 262
Arbres portans fruict. 429.435
Argent mis en main d'autre. 810
Argent ou or monnoyé. 432.436
Argent presté au gourmet. 387
Argent presté au pupille. 521
de s'ayder de l'Argent deposé. 372.373
Arnoul de Corbie President de la Cour, 377. 411.
Arpenter terres. 367.369
Arrerages de cens ou rente fonciere. 819
Arrests anciens sur matieres de defauts. 25.26. 28.31
Arrests anciens touchant les presentations. 34.38
Arrests anciens touchant la reprise & absence de conseil. 41
Arrest ancien touchant procuration passée en Cour d'Eglise. 45
Arrest ancien qu'vn Procureur d'office se peut ioindre à toutes les deux parties. 50.
Arrest ancien que defaut ne se donne en cas de sauuegarde enfrainte contre le procureur d'office. 50.51.54
Arrests touchants le transport d'actions. 85.
Arrest ancien touchant la renonciation à l'appel. 93
Arrest, & pourquoy est ainsi appellé. 93
Arrests anciens touchant le r'enuoy sur complainte. 190.191
Arrests anciens en matiere de complainte. 191.192.193
Arrest ancien sur garandie en cas de nouuelleté. 195
Arrest ancien sur defaut en complainte. 195.
Arrest ancien touchant vne veuë. 208
Arrests anciens touchant ses garands, 214 215. 216.
Arrest ancien qu'en crime on n'est à receuoir par procureur. 223 224
Arrest ancien de la Chambre des monnoyes. 282
Arrest ancien sur vendication de meuble engagé. 320
Arrest ancien touchant la contribution. 333
Arrests anciens en matiere de tresues. 233
Arrest ancien en cas d'asseurement. 351
Arrest ancien touchant debat de compte. 353
Arrest ancien de vente & donation ensemble. 392
Arrest ancien touchant chose venduë pour dette fiscale. 393
Arrests anciens de vente faicte par homme estant en son lict mortel. 400
Arrest ancien touchant l'opposition aux criées. 411.
Arrest ancien touchant l'opposition du saisi. 411.412
Arrest ancien sur retraict de viage. 415
Arrest ancien sur la vente d'vne maison qui se ruine durant la vente. 421
Arrest ancien sur vn decret de chose non partable. 422
Arrests anciens sur amassemens en forteresse. 430.
Arrest ancien touchant rentes à vie. 433
Arrest ancien touchant le vassal receu à hommage. 484
Arrest ancien de fief tenu par moyen. 485.
Arrest ancien sur meffaict de pupille. 519. 870
Arrest ancien touchant vne fille née à vnze mois. 539

Arrest ancien pour douaire. 555.

Arrest ancien sur prouision de viure. 560.

Arrest ancien sur prouision de douaire. 563.

Arrest ancien touchant faux tesmoignage. 627.

Arrest ancien sur crime de leze maiesté. 651.

Arrest ancien touchant le seel Royal. 652.

Arrest ancien touchant la cognoissance de cause où il n'y a partie que le Procureur du Roy. 653.

Arrest ancien des comptes touchant vne regale. 655.

Arrest ancien touchant Commissaires de la Cour. 682.

Arrest ancien touchant l'obligation de iurer. 707.

Arrests anciens touchant les clercs tonsurez. 718.

Arrest ancien touchant vn clerc changeant d'habit. 719.

Arrest ancien touchant paix ou tresues enfraintes. 719.

Arrests anciens touchant le refuge & asyle des delinquans. 739. 740.

Arrest ancien touchant vne Eglise, n'estant de fondation royale ny cathedrale. 742.

Arrest ancien sur condamnation de despens, dommage & interests. 769.

Arrest ancien touchant le relief d'appel. 774.

Arrest ancien touchant appel interietté des Commissaires venus sur les lieux. 775.

Arrest ancien touchant le pouuoir du mary sur les biens de sa femme. 808.

Arrests anciens touchant demande faicte d'vne dette acquitée. 889.

Arrests anciens touchant la preuue du vaillant d'vn deffunct par commune renommée. 812. 813

Arrests anciens en matiere d'iniures. 814. 815.

Arrest ancien touchant action pour rente non payee. 817. 818.

Arrest ancien pour iniure apres paix faicte. 819 820.

Arrests anciens touchant renuoy de cause en Cour. 835. 836.

Articles & cinq conditions d'iceux. 186.

Articuler sa demande par faicts contraires. 119.

Articuler sa demande par forme d'intendit. 120.

Articuler sa demande par maniere de memoire. 120.

Artige ou artigie, pour artifice. 749.

Artillerie. 432. 436.

Assence ou aduis qu'on faict à ses enfans. 437. 442.

Assennes de mariage. 648.

Assennes & aduancemens de mariage qui se font sur terres non nobles. 563.

Assoir par la dame son douaire sur l'vn des fiefs. 553.

Assesseurs estans au conseil de Iuge. 667. 691.

Asseurances & preuues. 648. 660.

Assise, & que c'est. 9. 18.

Assises doiuent estre publiees. 9.

Assise où doit estre tenuë. 10.

D'vn des associez deuenu sourd ou furieux. 371.

Attraire à soy la iustice de son seigneur. 509.

Aueugle. 674.

Aumosnier ou parchonnier. 600.

Auoir plus grand don ou part l'vn que l'autre. 460. 463.

Auoir assenné par la dame. 555.

B

Bail comparoir. 528. 531. 535.

Bail des bestes à moitié. 384.

Bail

Bail & garde de mineur, & quand il cesse. 90.100.
Bail que peut faire. 529.
Bailler pleiges suffisants. 577.584.
Bailler raison de droict. 767.
Bails & gardes des pupilles. 529.531.533.
Bail qui doit prester les dons que fist le mort au lict mortel. 529.
Baillifs, Preuosts, & autres officiers de iustice. 665.
Baillifs & officiers adiournez en Cour pour leurs offices. 64.
Baillif peut demander r'enuoy de son subiect. 64 66.
Bannis du Royaume. 648.660.
Bannis par le Prince. 42.43.
Bans & deffences d'Aoust. 505 508.
Baronnerie, & tenir en baronnerie. 446.
Barroyemens que c'est. 231.
Barroyer que c'est. 206.
Bastard legitimer. 657.662.
Bastards. 537.538.539.544.546.547.
Benefice. 850.
Benefire d'inuentaire. 451.452 453.
Benefice d'inuentaire. 811.812.
s'ayder du Benefice de la loy. 395.
Besongnes au pupille. 355.
Besongnes d'autruy faictes sans commandement. 354.
Bestails & volailles. 431.
Beste aggresser autre beste. 264.
Bestes d'autruy enclorre. 811.
Beste occire serfs. 267.
Beste qui a rompu son lien. 263.
Beste tuer homme. 267 271.
Bestes venduës. 410.
Biens aux hereses. 761.
Biens baillez à plusieurs creanciers. 385.
Biens estans en la maison louee. 379.380.381.
Biens obligez pour les dettes du seigneur. 587.
Biens sont gage pour louage. 588.
Bigames. 719.
Bleds, auoines & autres tremois. 430.
Bourgeois de bourgeoisie priuilegiez. 74.77.
Bourgeosie, & que c'est. 77.
Bourgeoisies priuilegiees. 794.
Bourgeoisies de villes. 793.697.
d'issir d'aucune Bourgeoisie. 794.797.
Bournes & cerquemanemens. 366.368.
estre d'accord de mettre Bournes. 366.
Bois estant en couppe. 30.
Bois & forests Royaux. 651.
Bras seculier. 758.
Brebis, moutons & autres bestes faisans dommage. 263.264.
Breteschе, que c'est. 18.

C

Calenge & calenger que c'est. 133.
Calenger pour debattre & mettre en procez. 856.
Cappuleur que c'est. 717.
Carriere. 497.498.
Cas d'aduenture sur gage. 385.386.
Cas d'appel. 663.
Cas de preuention. 645 659.
Cas de proximité. 414 417.
Cas fortuit ou d'aduenture. 182 185.
Que pour cas criminel on ne doit faire enqueste, ne verité tenir sur bourgeois. 795.
Cas escheans pardeuant Iuges Royaux. 653.
Cas dont le Roy a cognoissance. 646.658.659.
Cas Royaux 350.351.352.
Cateulx. 429.435.
Causes mises en enqueste. 89.
Cautions. 575.
Celer testament. 601.
Celuy qui a le plus grand droict au gage. 590.596.
cendre de monnoye. 282.
Cerquemanage pour bornage, & pour turbe. 775.

Cerquemanement, & que c'est. 211.
Cerquemanemens & bournes. 366.268.
Cession de biens. 799. & suiuans. 801. 802.
Cession de dette. 151.
faire Cession à ses biens. 799.801.802.
Ceux qui prestent confort & ayde à vn malfaicteur. 833.
de soy traire à la Chambre des Comptes à Paris par don de testament. 603.
Chambre des monnoyes à Paris. 282.
Chambre trouuee par larrons. 374.
Champart ou terrage, que c'est. 109
Chapperon, que c'est. 478.
des Chartres, lettres & instruments. 633 642.
Chasser proye sur terre d'autruy. 251.257. 259.
Chasse. 257.258.
Chaude chasse d'vn prisonnier. 831.
Chemin Royal. 497.499.
Chepiers ou couriers. 710.
Cheualerie que les seigneurs demandent quãd ils marient leur fils aisné, ou qu'il deuient Cheualier. 499.500.502.
Cheualier ou clerc faire cession. 800.
Cheualier ne doit estre procureur. 45. 52.
Cheuaux & harnois de charruë. 589.
Chose accreüe à autre terre. 252.259.
Chose donnée. 340.341.
Chose faicte par force ou par peur. 357. 360.
Chose faicte par le mandement d'vn autre. qu'on appelle de mandato. 641. 644.
Chose mobile. 419.
Chose passée en force de chose iugee. 767.
Chose venduë par execution. 419.
Chose venduë par le pupille. 250.526.
Choses communes à tous. 249.256.
Choses de l'Eglise. 250.256.
Choses naturelles. 250.
Choses obligées tout à vne fois sans estre obligées en especial. 587.594.
Choses qui ne se peuuent & ne doiuent engager. 589.595.
Choses venduës perduës. 397.
Choses venduës qui vont à ruine auant qu'elles soyent liurees. 418.423.
Circonstance d'intention. 182.185.
Circonstance de lieu. 181.184.
Circonstance du temps. 181.184.
Circonstance de personne. 181.184.
Circonstance de qualité. 181.184.
Circonstance de quantité. 181.185.
Circonstances qui aggrauent ou diminuënt les crimes. 180.181.182.183.
Claire experience. 614.
de Clerc qui seroit pris, & changer d'habit en prison. 719.
Clercs. 674.
Clercs de Cour & Notaires. 675.
Clercs & de leur estat. 715.722.723. 724.
Clercs mariez. 717.724.
Clercs qui sont cheualiers. 718.
Clercs veufues & femmes veufues. 720.
Closture du sac. 685.
Codicilles. 610.611.
Combonneurs & receleurs. 244.
Commandement. 837.
Commandement en faict de marchandise. 839.
d'issir de Commandement de pleigerie. 838.
Comme l'Aduocat ne doit faire que son office. 672.
Comme le bail emporte les emolumens du fief en son temps. 528.529.530.
Comme vne communauté se peut assembler. 795.798.
Comme le creancier se peut addresser à celuy des pleiges qu'il veut. 577.
Comme la dame peut renoncer aux cateux de son mary. 551.557.
Comme la dame peut renoncer aux hommages au profit de l'hoir. 550.
Comme les expatriez sont restablis en leurs biens. 510.511.513.

Comme l'homme est franc à son segneur, puis qu'il est receu à hommage. 483. 486.
Comme on ne peut auoir quint que à compte d'hoire. 473.
Comme vn fief se peut esclicher à estrangers. 471. 473.
Comment Commissaires doiuent garder le stile de la Cour. 682. 693.
Comment Dame ou Damoiselle peut faire, qu'elle n'a nul droict de doüaire. 561. 565.
Comment en terre de main ferme ne chet point de bail. 528. 529. 530.
Comment l'acheteur a toutes les actions à son achat. 393. 402.
Comment la chose d'autre ne peut estre engagée. 588. 594.
Comment la dame a doüaire en tous les fiefs de son mary. 553.
Comment la Dame doit faire caution de payer les dettes, qui prend la moitié des meubles. 552.
Comment la Dame n'est tenuë de nulle retenuë faire. 552. 558.
Comment la Dame peut partir le doüaire contre l'hoir. 552. 557.
Comment le bail doit prester le relief que le fief doit. 529. 531. 532. 533. 534.
Comment le bail doit rendre au pupille sa terre en sa main luy venu en aage. 529. 530. 531.
Comment le doüaire ne cesse pour le mary estre deux fois marié. 554.
Comment le seigneur par faute de rente, ne peut toucher à doüaire. 553. 558.
Comment on doit demander le quint en temps & lieu. 469.
Comment on se deporte d'arbitrage. 696.
Comment on s'emancipe de soy. 572.
Comment se fait la plus saine partie d'vne communauté. 795.
Comment stipulation n'a lieu. 573.
Commissaires. 675. 692. 693.
Commission de mise de faict. 567.
Commission en cas de petitoire & de proprieté. 201. 202. 209.
Commission en cas de paix ou d'asseurance. 234.
Commission generalle en cas de proprieté. 203.
Commission pour faire adiourner garand. 216.
Commission pour adiourner. 79.
Commune renommée. 613.
Compagnie de marchandise. 370.
Compensation en chose prestee. 376.
Compensation en depost. 373.
Compensation, & que c'est. 322. 323. 324.
Comperage. 728.
en Complainte chacun est reputé demandeur & defendeur. 191. 200.
Complainte de non declarer le tiltre. 193.
Complainte de nouuelleté. 87. 97
Complainte de nouuelleté. 188. 189. 199
Complainte en cas de proprieté. 201.
Complainte en cas spirituel. 192.
Complainte sur don legataire. 192.
Complainte sur mandement Royal. 193.
Complainte sur nouuel trouble de iustice 191.
Comptables sont tenus rendre compte & monstrer quittance. 68
Compte rendre par le tuteur. 60. 63.
Compte rendre de l'œuure commune. 789.
Concierges & gardes des hostels. 57.
Concussion. 179.
d'estre Condamné par follement vser d'aucunes lettres. 621.
Condiction de chose indeüe. 159. 168.
Condiction de chose non deüe. 377. 378.
Condiction par laide cause. 377. 378. 379.
Condiction sine causa. 159.
Condition de mariage. 727.

Condition des illegitimes. 543. 545.
Confiscation n'a lieu au Comté de Flandres. 783.
n'y a Confiscation en la Comté de Haynaut. 783
Confiscation des biens du mary. 785. 786.
Confiscation que le bail d'aucun peut apprehender. 783. 784
Coniure que c'est. 19.
des Connins des bois. 434.
Consentir rauissement par les parens. 276.
Consentans au larrecin. 245. 248.
Consentans, ou conseillans aux traistres 279.
Consigner & sommer de la paye. 592.
Consigner sa dette. 346. 348.
Conspiration. 172. 17[illegible].
Constitution de sainct Louys dite la quarantaine. 235 243.
Consultation d'anciens aduocats recitee par l'autheur. 55.
Consultation ancienne touchant vn renuoy en Cour. 65.
Consultation ancienne touchant chose venduë par execution. 419.
Consultation ancienne sur droiture composée au seigneur, de chose qui n'a sorty effect 427.
Consultation ancienne touchant vn illegitime. 538.
Consultation ancienne touchant les dixmes. 749.
Consultation ancienne touchant la chaude chasse. 831.
Contend lourdant sur le quint demandé. 447. 4[illegible]0.
Contend sur bournage. 367. 369.
Contestation en cause. 124. 125.
Continuation de cause de Parlement à autre. 14.
Contracter mariage par force 726.
Contracts vsuraires. 644.
Cõtraindre à refaire maisons cheutes. 791.
Contraindre autruy de vendre sa tenure par force ou par peur. 818.
Contredicts & reproches de lettres. 640
Contrefaire le seel Royal. 650.
Contrefaire monnoye d'autre seign. 380.
Contremand & exoine different 24.
Contremandement ou exoine. 21.
Contribution. 332.
Contumaces & defauts. 25. 31.
Contumax en diuerses manieres. 26. 32.
Conuent faict apres sentence. 768.
auoir Coppie de lettres mises en preuue. 624.
Corbie President de la Cour. 366. 333.
Corps de ceux qui se sont tuez. 286
Corruption. 173. 178.
d'vn Couchant sous le Roy à pur. 226.
Couloms & coulombier. 431.
Couloms & paons. 251. 259.
Cour d'Eglise. 5. 7.
Courlaye. 5. 7.
Coustume d'Amiens, de l'Isle & de Tournesis. 550
Coustume d'Amiens d'Artois, de l'Isle & de Tournesis. 554.
Coustume d'Artois. 224.
Coustume d'Artois, & de Vermandois. 528.
Coustumes d'Artois, Amiens, Vermandois & de Tournesis. 457.
Coustume de Chartres & d'autres lieux. 416.
Coustume de Flandres. 469
Coustume de Flandres, Cassel & Ternois. 543.
Coustume de Haynaut touchant ses obligations. 151.
Coustume de Haynaut. 430.
Coustume de Haynaut. 458.
Coustume de Haynaut 469
Coustume de l'Isle. 432.
Coustume de l'Isle. 448
Coustume de la Chastellenie de l'Isle. 468.
Coustume de l'Isle, & de Tournesis. 552.

Coustume de l'Isle & de Tournesis. 563
Coustume de l'Isle. 670
Coustume de l'Isle. 818
Coustume de Mortaigne. 455
Coustume de Mortaigne. 493
Coustume de Mortaigne. 564
Coustume de Normandie. 455
Coustume de Normandie. 456
Coustume de Normandie. 489
Coustume de Normandie. 527.531.533
Coustume d'Orleans. 489
Coustume de Paris, d'Orleans, d'Anjou, & de Touraine. 326
Coustume de Paris. 328
Coustume de Paris. 416
Coustume de Paris. 460
Coustume de Picardie. 267
Coustume de sainct Amand. 563
Coustume de Tournay. 448
Coustume de Vermandois. 469
Coustume de Vermandois. 549.557
Coustume de Vermandois. 550
Coustume de Vermandois. 554
Coustume de Vermandois. 563
Coustume locale touchant deux doüaires sur vn fief. 554
Coustume locale. 5.7
Coustume locale. 87.96
Coustume notoire. 6
Crainte maritale ou reuerentiale. 557
Creancier faire retenuë sur les choses à luy baillées en gage. 385
d'vn Crediteur qui se prend à vn pleige, & laisse les autres. 577
Criées & subhastations. 413.414
Crime d'aucis ou d'encis. 171.176
en Crime de fausse monnoye n'y a renuoy. 281
Crime de faux. 179.180
Crime faict sous haut iusticier, & s'enfuir en la terre d'vn autre iusticier. 225.
Crime où doit estre puny. 224
Crime d'heresie. 172.177
Crime de leze Maiesté. 170.174
Crime de leze Maiesté. 651
Crime de leze Maiesté. 826
Crime de meurdre. 171.175
Crime non capital. 173.179
Crime notoire. 223
Crime de rapt. 171.175
Crime de sicaire. 176
Crime de trahison. 170.174.175
Curateurs & tuteurs aux pupilles. 58.62

D

Dame ou Damoiselle comment peut renoncer aux meubles, & aux dettes de son mary. 803.85
Dame quitter son doüaire apres la mort de son mary. 551
Dame qui auroit douaire, soy mesurer aucunement. 553.558
Dame ne pert son doüaire. 551
Dettes de fisc. 826
Dettes du Roy. 656.662.
comme on se peut traire aux Dettes de son detteur. 825
Detteur auoir vn mantel affublé. 799
Du detteur laisser à son creancier ce que deu luy est. 612
le Detteur venir au decret bailler. 411
sa Dette muer. 147
sa Dette vendre. 147.151
Dedier Eglise ou place. 250.257
Default ne se donne contre le Procureur du Roy. 30
Defaut ne se donne contre le Procureur du Roy. 680
Defaut à ouyr droict. 28
Default apres demande faicte. 30
Default apres iour de veuë. 27
Default à voir iuger tesmoins. 30
Defaut en cas d'opposition. 29
Default en matiere d'execution. 32
Defaut en Parlement. 29
Default obtenu contre l'homme mort. 31
Default sur demande d'asseurance ou de trêues. 30.33

Default de l'adiourné en complainčte. 194
Defauts & contumaces. 25.31
Defauts en cas d'appel. 26.31
Default en commune querelle. 25
Defense à demande en cas de proprieté. 206
Defense au prisonnier pour cas de crime. 230.242
Defenses à demande de meubles. 132.133
Defence en cas de garandie. 217
Defenses diuerses contre plusieurs sortes de demandes. 125.126.127.128
Defences en causes. 125
Defenses en complainčte de nouuelleté. 198
comment on Deffaičt la vente qui est faičte. 395.403
Deflorations de vierges. 730.735
Degrez de gendre. 475
Delay pour absence de conseil. 41
Delais d'aduis, de conseil, & d'appensement. 38.39.40
Delais de garand. 215
la Delegation expire par cause de suspečtion. 665
Delegation, cession & vente de dette. 151
Delegateur mort. 664
Delegateur r'appeller le delegué. 665
Delegué prononcer sa sentence. 665
Deličt commis par accoustumance? 182.185
comment en Deličt cession n'a lieu. 801.803
faire Deličt à trente pieds prés de l'Eglise sans entrer dedans. 740
De non deliurer la marchandise faičte. 397
Demande de l'accusateur contre celuy qui s'est mis à purge. 230.242
Demande de pere contre son fils mineur. 518.524
Demande sur infračtion de iustice. 103.108
Demande sur nouuelleté. 105
Demande sur trouble de iustice. 103.108
Demande sur trouble de proprieté 105. 109.110
Demande sur trouble de seruage. 104. 108.&109
Demande sur trouble de simple saisine. 104. 109
Demander à aucun deux fois vne dette. 808 809
Demander aucune chose au bail ou au pupille. 520
Demander compte contre vn qui ne seroit habile. 371
Demander respit pour respondre à vn article. 684
comment le Demandeur du don doit declarer par quelle maniere il demande. 611
Demeurer en vne cense outre le terme 380
Deniers non nombrez en vente d'heritage. 361
Deniers prestez ou chose en garde. 337
Denonciation de nouuel œuure. 827.828. 829.830
Denonciateur. 237
Depost qu'on appelle mettre en garde. 372. 374
Derober les sepultures des morts. 737
Desconfiture. 154.164.332
Descontenger l'heritage. 455
De ceux qui se desesperent. 272.273.286
Desespoir faičt en Cour laye. 274
Des-heriter son enfant par testament. 604 609
De non iuger despens aduenir. 768
Difference des meubles, cateuls, & heritages. 429
Difference entre meubles & non meubles. 433
Differences des fiefs. 479.483
Diminution des fermes & loüages. 381
Dire à l'Aduocat iniure. 972
Dire au pupille diffame. 523.526
Dismes. 745.750.751
Dismes sont inalienables. 747
Diuersité des tesmoins. 626.632
Diuision de Iurisdičtion. 8.18
Diuision des choses. 249.255
Diuorce volontaire. 725
Diuorces & separations de mariage. 728. 733.734

Diuorce entre mariez. 316
Dol ou mal engin. 359. 360
Dollequin pour petite doloüere ou hachette. 859
Dommage aduenu aux faiseurs d'autruy besongnes. 355
Dommage du pleige. 579
Dommage que beste peut commettre. 263. 265. 270
Don d'Empereur ou de Prince. 336
Don deuant fiancer & espouser. 327
Don de pupille. 521
Don faict en faueur de mariage. 525. 329
Donation entre vifs. 325. 329
Donation & vente ensemble. 392. 401. 402
Donation mutuelle. 566. 569
Donation pour cause de mort. 525. 329
Donation selon droict escrit. 327
Donner à femme en fiançailles. 327. 330. 331.
Donner à ses enfans à l'vn plus qu'à l'autre. 665.
Donner au Clerc ou tesmoins. 600. 608.
Donner en testament chose litigieuse. 390.
Donner le gage en gage. 601.
Donner l'vsufruict à aucun. 363. 365.
Donner plus à l'vn des enfans qu'aux autres. 438.
Donner parroisse en monastere. 737.
Donner terre à autre. 367.
Donations. 325.
Donations de mariage. 727.
Donations mutuelles. 328.
Donations que mariez se font constant leur mariage. 566. 569.
Dons donnez à plusieurs enfans. 439.
Doüaire & de sa prouision. 563.
Doüaire que la femme vefue peut auoir. 549. 556.
Doüaires. 647.
Droict diuisé en sept sortes. 3
Droict à la chose. 3. 5
Droict commun. 3. 5
Droict en la chose. 4. 5
Droict escrit. 3
Droict & de ses preceptes. 2
Droict haineux. 3
Droict naturel. 3. 4. & 5
Droict non escrit. 3
Droicts aux Eglises appartenans. 741. 744
Droicts aux pupilles. 648
Droicts des chemins & voiries. 497. 498
Droicts Royaux. 646. 658
Droict de confiscation. 780. 785
Droict de vefue. 560. 565
Droict de viuelotte. 559. 564
Droicture composee au Seigneur, & puis non faire le vuerp. 426
Duel. 288

E.

Economie. 1
Edifier au preiudice de la ville. 788
Edifier sur autruy. 318. 321
nul ne doit edifier à quinze pieds pres de l'Eglise. 791
Des Eeps ou mouches à miel. 251. 258
Eglises & des choses qui leur appartiennent. 735. 743
de soy rendre à l'Eglise. 736
l'Eglise est refuge aux delinquans. 737. 744
de soy mettre à l'Eglise pour dette ou doute de pleigerie. 741
mettre son seing en l'Eglise. 789. 791
Emancipez. 570. 572
Emancipez auant partage. 440. 444
Empescher la forteresse de la ville. 789
Emphytheose. 383. 384
Emprunt faict pour pupilles. 838
Enchanteurs & inuoqueurs de diables. 282. 292
Enfant de solut & de soluë. 542
Enfant illegitime. 540. 541. 544. 545
Enfans adulterins. 540
Enfans de poëste auoir. 460

Enfans auortez. 548
Enfans au trahistre. 279
Enfans d'hommes de poëste. 458
Enfans d'vn mariage separé. 731
Enfans d'vn gentil-homme. 458. 462
Enfans leuer ensemble. 729
Enfans mariez. 460
Enforceurs de femmes. 276. 289
Engager aucune chose. 384. 385. 386
Engager autruy chose par barat. 588
595
Engager le gage à autre par faute de payement. 591
Engager la tenure de sa femme .822 824
Enqueste & dans quel temps on la faicte. 80
Enqueste faicte à l'Isle. 455
de soy faire enterrer en l'Eglise. 741
Erreur de compte. 353. 354
Escheances de ligne. 455
comme Escheance par aduenture se diuise en trois parties. 456
Escherpelerie ou violence. 171.176
Esclichement de fief. 446
Escolliers de Paris 74. 75. 77
Escrire d'autruy par chemin, ou peindre sur autruy toile. 254. 261
Escrire la paye au dos de sa lettre. 346. 248
Escrire par faicts contraires. 113
Escrire par interdit. 113
Escrire par memoires. 112
Escritures des Aduocats. 122. 123
Escrits donnez par le Prince ou par Committimus ou autrement. 637. 643
Espousailles clandestines. 726
Espousailles de futur. 726. 733
Espouseescomme estoient vestües. 471
Estrayere pour confisquee. 454
Estre banny de la terre. 512
Estre en adultere. 729
Estre en droict sur peine. 579
Estre mis en l'Eglise pour cas dont on ne pense à estre adiourné. 740
Estre outre la mer. 512
Estre prins par les ennemis. 512
Ethique. 1
Exception declinatoire. 74. 76
Exception de pecune non nombree. 522
Exception de plus demander. 85
Exemption dilatoire. 78. 80
Exception peremptoire. 82. 83. 84
Exception de plus demander. 341. 344
Exception de prendre par aucun autre hoirie. 450. 452
Exception de priuilege de Tonsure. 74
Exception que la Dame peut auoir sur la renonciation aux cateux de son mary. 551
Exceptions des adiournez & defendeurs. 73. 75. 76
Exceptions de trois sortes, & comme on les doit proposer d'ordre. 73. 76
Exceptions declinatoires diuerses. 75
Executer pour dette payee. 810
Executeurs testamentaires. 71. 72
Executeurs testamentaires. 609
Execution testamentaire. 90. 100
Execution de despens. 769
Execution des sentences. 767
Execution sur quels biens se doit faire. 768
Excommuniez. 42. 43
Excommuniez. 756. 767. 761. 762
Exemples de diuerses pactions. 295. 296. 297. 298. 299
Exerciteurs & instituteurs. 56. 57
Exoine & contremand different. 24
Exoine de guerre. 24
Exoine ou contremandement. 21
Exoine du pleige. 580
Exoines à receuoir. 21. 24
Exoines non receuables. 22. 24
Exoines que peuuent auoir les adiournez en la verité. 268
Expatrié estre banny luy estant hors. 512

F

FAicts sur saluations. 529
Faire chose contraire à l'Eglise, ne à chose

chose qui y soit à refuge. 740
Faons. 254. 262
Faussaires. 283. 292
Fausse monnoye. 180
Fausser lettre ou sing Royal. 650
Fausses lettres soy vanter. 620
auoir Fausses mesures. 269
Fairé faussetè par l'Aduocat. 672
Faux libelles & lettres diffamatoires. 284. 293
Faux monnoyeurs & porteurs de billon. 280. 291
Faux monnoyeurs. 650
Faux tesmoins. 627 633
Felonnie du seigneur vers son subiect. 269. 271. 722
Felonnie du suiet enuers son seigneur. 269. 271. 272
Femme ne peut prendre fils adoptif. 539
Femme n'est receuë à exercer la charge de procureur. 43
Femme contre son mary. 624. 632
Femme destourner & prendre les biens de son mary. 567. 570
Femme emprisonner. 711.
Femme mariee. 42. 43
Femme obliger. 821. 824.
Femme obliger gage pour autre. 592. 596
Femme payer pour autre sans plejure. 822
Femme qui oste & destourne ses biens. 246. 248
Femme soy remarier. 726. 732
Femme veufue qui se remarie, & ne pourchasse tuteur à ses enfans. 587
Femme qui meurt auant l'homme ayant alleux. 459.
Femme qui se tient contente parmy son mariage. 440. 444.
Femmes. 674
Femme n'a que son doüaire en fief, ou en terre d'alleux. 459. 462
Femme ne peut pleiger. 577
Femme ne se peut obliger pour autre valablement. 822
Femmes ne peuuent estre emplaidees pour leurs maris. 823. 824. 825
d'ouyr son Frere à tesmoin. 629
Fief esbranché & desseuré. 422
Fief acquesté. 555
Fief de moindre d'ans. 493. 496
Fief de Sergenterie. 493
Fief donné au mary. 554. 559
Fief tenir par moyen. 484. 487
Fiefs acquestez par mariez. 459. 463
Fiefs estans à plusieurs enfans. 446. 450
Fiefs, & de leur origine. 480.
Fiefs qui doyuent auoir herbergages sur les lieux. 501. 503
Fiefs ne se partissent. 458
celuy qui achete Fief doit faire rapport. 515
Fief ne peut remonter. 447
Fief en quel temps peut & doit estre quinté. 446
Fideiusseur de mineur. 525
Fils adoptifs. 535 537
Fils messaire ayant dignité. 823
Fils non emancipé. 442
Fille mariee ayant eu don, qui demande quint de fief. 447
ieune Fille en garde de tuteurs. 276. 289
Fils n'accuse son pere, ny le frere son frere. 285. 294
le Fils represente son pere en succeßion. 455
Finances sur acquests nouueaux. 657
Fins de non receuoir. 132
Fisc selon droict escrit. 779. 784. 785
Flastrir ou marquer au visage. 871
Fleuues. 252
Foires de Champagne & de Brie. 75. 77
Foires de Champagne. 137. 141
d'vn Fol entre autres enfans. 460
Forclusions apres contestation. 32
Forme de la cedule de la vente. 410
Forme de la lettre pour estre receu à se purger. 227
Forme de faire rapport. 515

Forme de mesurer terres. 367.369
Forme de mettre Dame ou Damoiselle en son douaire. 567.570
Forme des procez, sentences & executions de iustice. 763.764.765.771.772
Former sa demande en Cour. 101
Formulaire d'articuler raison de droict. 187
Formulaire de commission de simple saisine. 111
Formulaire de complainte de nouuelleté par escrit. 196
Formulaire de defences par escrit. 128
Formulaire de demande. 102
Formulaire de demande responsiue aux conclusions contraires. 114
Formulaire des lettres de Baillifs. 65
Formulaire des lettres des Marguilliers. 71
Formulaire de lettres de tutelle. 61.64
Formulaire des lettres du pouuoir des Receueurs. 68
Formulaire de libelle en cas de proprieté. 204
Formulaire d'obligation. 145.150
Formulaire de procuration bien ample. 46 53
Formulaire du pouuoir des Sergens. 69.70
Formulaire du pouuoir des Sergens. 670
Fornication. 730
Fortune d'or. 652
Fortunes aduenuës sur la chose de l'emphyteuse. 383.384
Four d'vne maison. 431
Fournissement de complaincte. 122
Foucq pour delict, dommage & interest. 506
Foucq pour troupe, assemblee ou compagnie. 796
Fraus faits par Procureur. 837
Franc homme. 486
Franches veritez tenuës pour cas especial. 269
Franchise des bourgeois. 793 797
d'auoir acquis Franchise. 788
Frere germain, & demy-frere. 446 449
Frere qui donne à sa sœur aucun don sans quitter son quint. 447
Fruicts. 432
Fruicts de la chose venduë. 419.420.423 424
Fruicts de la chose venduë à qui appartiennent. 419.420.423.424
Furieux. 674
Furieux & pupilles. 42
Furt, ou larrecin. 173.178

G.

GAge & hypotheque. 386
Gage mis en autre main. 587.594
Gage perdu par le gardeur. 587
Gages baillez en nampt pour dette deuë. 585 592
Gage n'a prescription. 385
qu'on ne doit empirer Gages. 385.386
Gain de l'Aduocat. 672
Gain des emancipez. 440
Garand contumacer. 212
Garand en cas personnel. 214
Garand en chose prescrite. 217.221
Garand en nouuelleté. 195
Garand formel & Garand simple. 220
Garand non comparant. 213
Garand non promis à faire. 218.221
Garand ou non garand. 213
Garand sommer en iugement. 212.213.214. 217
son Garand nommer par nom. 215
Garand n'a lieu en chose confisquee qui se véd. 214.220
Garandie promise à faire. 213
Garandie sur chose venduë. 212.213.219
Garde de ieune fille. 276.289
Gardes des hostes & concierges. 57
Gardes des prisons. 710.714
Gardes Royaux. 650.660
Gardes de prison ce que doiuent faire. 712
Garde de la prison & de sa caution. 711
Gehenne, & pour quels cas on y peut mettre l'accusé. 228.229.240.241.242
Gelines, coqs & chappons. 252.259

Geoliers, touriers, ou chepiers. 710
Messire Gilles le Bescot President de la Cour. 373 195
Goultard que c'est. 717
Grace faicte à vn an. 807
Graduation de consanguinité selon Iustinian & droict ciuil. 467
Grain vendu à iour. 420

H.

HAppee que c'est. 133
Herbergage ou herbergement. 503
Heritage de mineur. 409.413
Heritage de mineur vendu par luy auec plege. 519.525
Heritage que le seigneur peut retraire par faute de seruice ou de rente non payee. 501 503
Heritages. 429.435
Heritages amortir. 654
Heritages du Roy. 650
Heritages escheans à plusieurs enfans, & partage sur ce. 445.449
Hereses. 761.763
Herese ne doit estre Aduocat. 761
Heritiers par benefice d'inuentaire. 90.100
estre en Hierusalem. 512
apprehender Hoirie par benefice d'inuentaire. 451.452
muer Hoirie par condition. 306.310
venir à Hoir de hoirs. 459
Hoirie d'autre comme on peut apprehender sans peril de dettes. 451.412
Hoirs aux testateurs. 618
Hoirs aux testateurs. 629
Hoirs comme sont tenus, ou non, des meffaicts de leur predecesseur. 826.817
Homicide en champ de bataille. 375 288
Homicide par aduenture. 275.287
Homicide par commandement de iustice. 275
Homicide sur larrons. 275
Homicide sur fornication. 275
Homicides. 274 287
Homme de loy que c'est. 28
Homme auoir espousé deux femmes. 727
Homme de serue condition. 42.43
Homme faire dommage à autre. 266
Homme non feodal ferir son Seigneur. 270
Homme qui auroit fief & enfans. 459 463
d'Homme qui ne tiendroit en fief. 527
Homme dissiper ses biens. 730.734
Homme comme ne peut mettre ses aleux en autre main. 460
Homme en son lict mortel ne peut vendre valablement. 399
Hoste logé qui a pris les clefs, & puis les a rendues. 374
choses que l'Hoste baille à l'hostel quand il se loge. 373.375
Hourteur, ou houlier. 506

I.

IArdin faire pres l'vn de l'autre. 792
M. Iean Canart Aduocat du Roy en Parlement. 681
Iean Canart Chancelier de Bourgongne. 419
M. Iean Daillous Aduocat du Roy au Parlement. 374.814
Illegitimes. 537.538.539.544
Incredule ou Iuif. 42.43
Incredules. 728
Infames. 674
Iniure atroce. 815
Iniure dire au Iuge. 814
Iniure dire à autre. 266.271
Iniure par chaude colle. 814
Iniures qui se font & dient l'vn à l'autre. 813.816.817
Iniurier sa lettre. 147
Inquisition de verité des delicts. 271
Institeurs & exerciteurs. 56.57
Instruction des procez criminels. 221 223 224.225 226. & suiuans. 237.238
Instrumens & autres munimens en preuue. 633.642.

Intendit ou article accorder. 186
Interdire mariage. 727
Interdit ou trouble sur nouuel œuure. 827. 828.829
Interdits & diuerses sortes d'iceux. 169
L'interest que doit auoir celuy qui sa chose a perduë. 373
Interruption de procès. 89.99
Ioindre son cheuron à autre. 254.260
Iongleur que c'est. 717
se Iouer à la beste. 263
soy Ioüer à beste qui fiert. 264
Ioiyr par souffrance. 315
Iours asignez aux parties par les Commissaires. 684
Iuge comme doit receuoir l'Aduocat à serment. 672
Isnelleté pour egalité. 442
Iuge Royal. 14
Iuges & assesseurs. 675
Iuges deleguez. 664.690
Iuges & Officiers du Roy. 653
Iuges, & quelles personnes le peuuent estre ou non. 663.689
Iuges iugeans à semonce du Seigneur. 13
Le Iuif baille caution du iugé comme estranger. 43
Iuifs & des Sarrasins. 760.762
faire Iurer les tesmoins, & de les interroger. 625
Iurisdiction commise & deleguée. 9
Iurisdiction naturelle. 9
Iurisdiction, & que c'est. 8.18
Iurisdiction ordinaire. 8
Iustice, definition d'icelle. 4
Iustice, vertu Politique. 4
Iustice fonciere. 514

L

Laics ne doiuent seoir au cœur de l'Eglise durant l'office. 737
Lais, & de la maniere de legater en testament. 611 618
Langoureux & sur-aagez. 510.513
Laps de temps n'a lieu en erreur. 353
Laps de temps n'a lieu en besongnes faictes. 356
Larrecin. 244.247
Larrecin ou furt. 173 178
Larrecin faict par la maisgnie ou famille. 374
Larrecin par pauureté. 246.249
Larrecin particulier. 245
Legataire qui vse du benefice de mise de faict. 91.100
Legater à aucun chose qui à autre seroit. 605
Legater à l'enfant qui est encores au ventre de sa mere. 613.619
Legater à sa fille, & puis luy donner le lais à son mariage. 613
Legater à vn seul aucune chose, & à vn autre partie d'icelle. 601
Legater dette qui ne soit deuë. 603
Legater d'hoir en hoir. 601.608
Legateur vendre son don. 600.608
Chose legatée par deux testateurs. 612. 619
Legs ou don faict au pupille. 60
Legitime. 610
Legitimer vn bastard. 657.662
Lettres approuuées ou non. 621.631
Lettres contraires les vnes aux autres. 621
Lettres de regales en latin. 655
Lettres de respit. 806.807
Lettres & instrumens publiques. 614
Lettres obligatoires. 86.94 95
Lettres mises en faict de preuue. 629
Lettres parlans sous le nom d'autre que de l'acheteur. 420.424.
Lettres passées dont aucun voudroit auoir veuë. 622
Lettres perduës. 621
Lettres sur séel priué. 652
Lettres sur séel Royal. 652.660.661
Lettres sous sing priué. 615
Lettres, chartres, instrumens, & autres munimens en preuue. 633.642

Lettres & obligations qui se font sur le seel de baillie. 638. 643.
faire double entendre contre vne Lettre. 388.
l'vn, soy aider de Lettres par preuue, & l'autre par tesmoins. 621. 621.
en quel temps Lettre s'expire. 639
en quoy lettres valent plus que tesmoins. 623.
Liberation des dettes. 345. 348.
Lieux profanes. 743.
Lignage direct ou collateral. 455.
Litige. 389. 390.
Litiscontestation, & que c'est. 123. 124
Litiscontestation par escrit. 124.
Location de maison & autres choses. 379. 381.
Loüer aucune chose de celuy qui la tient à vie seulement. 381. 383.
Loüer à vn, & puis à vn autre. 380.
Loüer son vsufruict à autre. 363.
Loüer terre à autre. 380.
Lotz & ventes. 427.

M

Main-leuée de biens ou de corps. 80. 82.
Maintenuë en complainte. 199.
Maisgnie, ou famille faire larcin 374.
Maison loüer. 579.
Maisonner d'autruy matiere. 253. 260.
Maison qui durant la vente va à ruine. 421. 424.
faire maison des murs de la ville. 791
faire de sa maison place vuide. 791.
Mal parler du Prince. 180.
Mamburnie, que c'est. 440.
Manans és villes & citez. 795. 798.
Mandement impetré. 85 94.
de Mander à autre qu'il face pleigerie pour luy. 580
Mander par le pleige à faire procez à son son plege. 581.
Maniere d'examiner tesmoins. 627.
Maniere de faire chasse à veuë d'œil, qui donne cause de poursuiure le prisonnier. 830. 831. 832
Maniere de faire hommage. 478
Maniere de faire son procez verbal. 688.
Maniere de mettre l'heritage à vente. 409. 413. 414.
Maniere de muer obligation. 343. 345
Maniere de poursuiuir despens. 770.
Maniere de renoncer aux meubles. 804
Maniere de desespoir. 274.
deux Manieres de possessions. 334. 339.
autre Maniere de pleigerie. 577.
Trois manieres escheans en succession. 455.
par quelles Manieres dame ou damoiselle n'a doüaire, ne droict de le demander. 554. 558.
plusieurs Marchands achetans denrées. 370.
Marchands & des marchandises. 786 787. 788.
Marescauchées ou mareschaussées pour estables. 431.
Marguilliers, & que c'est. 70. 72.
Mariage de serf. 727.
Mariage entre gens de lignage. 727.
Mariages. 724. 731. 732
Mariages des meseaux ou ladres. 727.
Marier malgré la femme. 725.
Mariez ne se peuuent rien donner. 328.
Mary donner à sa femme. 601.
Mary engager les choses de sa femme. 821.
ce qu'il faut faire au Mary touchant les choses de sa femme. 807. 808.
le Mary ne peut forfaire chose qui vienne de par sa femme. 823.
Mary est administrateur des biens de sa femme. 807.
le Mary ne peut estre tuteur de sa femme 58. 63.
les biens du Mary ne sont compris pour meffaict de sa femme. 823.
de Matiere d'autruy faire œuure aucune. 253. 260

faire partie de sa Matiere & partie d'autre. 253. 260.
Mauuais engin, ou dol. 359. 360.
Membre court ou debilité. 728.
Mengeurs, que c'est. 234.
Mere qui demanderoit la nourriture de ses enfans. 357.
Meseaux sont ladres ou lepreux. 727.
Mettre à rente à aucun vne partie de son fief. 479.
Mettre le nom de la femme és lettres d'achat. 398.
Mettre ses biens à l'Eglise. 739.
Meuble. 429 434.
Meurdres. 277.
Mineur. 673.
Mineur, dans quel temps doit demander restitution. 518..525.
le Moindre d'ans peut faire adiourner son bail luy venu en aage pour r'auoir le sien. 530. 532.
Moine ne peut estre procureur. 45.
Monnoyeurs du Roy. 74 77.
Monopole. 172. 178.
Mont, que c'est. 439.
Montes, que c'est. 320.
Mort au pupille. 529.
Mort d'vn d'entre plusieurs deleguez. 665.
se faire Mort pour son fils. 438.
Mort-gage. 458. 462.
Mortgage laissé à l'Eglise. 458
Mouches à miel, ou eeps. 251. 258.
Moulins à eau. 431.
Moulins à vent. 431.
Mourir deuant meurison. 254. 261.
Muer sa dette à autre. 576. 583.
Muer sa dette sans partie 342. 345.

N

NAurer l'homme sa femme. 730.
ceux qui Naurent ou iniurient apres que paix auroit esté faicte. 819. 824
Neueus, ou nepins pour petits fils. 441.
Nier argent à luy payé. 810.
Nier aucun meffaict. 811.
Nier dette escrite de sa main. 810.
Nobles, & leurs delicts. 656. 662.
mettre son Nom en l'œuure publique. 709.
Nombre des seigneurs de Parlement & des Enquestes. 854.
Nonciation de nouuel œuure. 87. 97.
Notaires & clercs de Cour. 675.
Notaires & Tabellions. 701. 702. 703.
Nouales. 749 751.
Nouation de dette. 146. 151.
Nouation des dettes. 342. 344. 345.
Nouation ou mutation de dette. 576. 583.
Nouueau peage. 406. 408.
Nouuelleté, & de six manieres d'icelle. 190. 199.

O

OBiects contre tesmoins. 615. 616 617.
Obligation contre bonnes mœurs. 135.
Obligation contre pitié naturelle. 135.
Obligation de chose impossible. 135.
Obligation d'hypotheque. 137. 141.
Obligation de mortgage, & que c'est. 138. 139. 142.
Obligation en especial. 136.
Obligation ex quasi maleficio. 135.
Obligation par malefice. 135. 140.
Obligation pitoyable. 143. 149.
Obligation par prest, nampt ou garde. 145. 150.
Obligation sans stipulation. 840.
Obligation solidaire. 142. 148.
Obligation sur biens meubles. 136. 140.
Obligation sur heritages. 136.
Obligations de diuerses sortes. 143. 144 149.
Obligations. 134. 139.
Obligations par contract. 134. 139.
Obligations en particulier. 142. 148
Obligations ex quasi contractu. 134.

Obligations sous seel de baillie. 638. 643
Obliger biens aduenir. 589. 595
Obliger gages en especial & en general. 586
Obligation rauoir ou la letre. 346
s'obliger à la peine d'aucune femme. 822
estre obligé ou condamné. 825
plusieurs obligez ensemble solidairement. 314. 317
Obseruance commune. 7
Occire le larron emblant. 246. 248
faire Occire vn homme pour argent. 739
Oeuures faictes en la chose publique. 788. 790
Oeuures faictes en la chose priuee. 791. 792. 793
l'Office du tuteur à l'entree de la tutelle. 60 63
Officiers acheter robes ou ioyaux. 396
Officiers de iustice. 665
Officiers du Roy. 74
Officiers & seruiteurs Royaux. 650
Officiers Royaux. 225
Officiers vendre les choses absconsement. 395
Officiers que doiuent iurer. 710
Oppositions. 41
Ordonner à ses enfans en testament. 604
M. d'Orgemont Chancelier de France. 147. 817
Orphanes & pupilles different. 61. 63
Ouurage faict au preiudice d'autre. 197
Oyes & canards sauuages. 252. 259

P.

Paction. 295. 301
Paction nuë. 841
Paction sur escheance à venir. 297. 303
Paction sur participation de marchandise. 370
Pactions qui ne sont à tenir. 300. 304. 305
Pairs de France. 12. 9
Paix, refues & asseurances. 648. 660
Paons & coulons. 251. 258
Parchounier & aumosnier. 600
Parchons & rapports. 439. 444
de Nosseigneurs de Parlement. 853
Parlement quand commence. 10
Par simple parole on ne müe point la lettre. 342. 343
Parricide. 171. 176
Partie non contente que tesmoins fissent serment en son absence. 678
vne partie diligente & l'autre non. 681
Parties ordonnées à escrire en faicts contraires. 764
Payer ce qu'autre doit. 345. 346
Payer ce qu'on pensoit deuoir 377
Payer mal engin. 377. 379
Payer pour autre. 346
Payer vne dette & non toute par oubliance. 347
Peages comme furent mis sus. 405. 407
Pecune non nombree. 87. 88. 98
Peine d'accuser autruy de crime à Iustice. 869.
Peine d'adultere contre les femmes. 872. 873.
Peine d'assaillir autruy sur son lieu. 868
Peine d'assasinat. 821
Peine de celuy qui est enseigné ou marqué. 871
Peine de coupper à autre vn membre. 869
Peine des desesperez. 869
Peine d'empescher le malade à la mort. 868
Peine d'estre Sodomite. 870
Peine de faire meurdre. 867
Peine de femme qui meffaict. 871. 872. 873
Peine de frapper vne femme enceincte. 867
Peine d'homme ou femme occire son enfant. 869
Peine de la garde laisser aller le prisonnier. 868

Peine du meffait du pupille. 870
Peine d'occire autre de sang froid. 867
Peine d'occire autre par cas d'aduenture. 870
Peine d'occire autre par chaude colle. 867
Peine d'occire larron en emblant. 871
Peine d'occire son pere ou sa mere. 869
Peine d'oster borne assise.. 870.
Peine de periure est arbitraire. 43
Peine de pourchasser trahison à son seigneur. 868
Peine de prendre l'autruy en chemin. 867
Peine du prochain consentir le rauissement. 368.
Peine de rauir fille à marier. 867
Peine de talion. 54
Peine de talion. 238
Peines de delicts & crimes. 180
ceux qui sont pendus. 737
Perdre les gages. 385
Pere & mere estre compere à l'homme ou à la femme. 729
Pere meffaire ayant dignité. 823
Pere ne doit estre emplaidé pour les faicts de son fils. 823
Peremption d'instance. 89.90.99
Peril de la chose venduë. 423
Peril ou profit de la chose venduë. 396
Peril qui est au command d'autres besongnes faire. 839
Periure. 43
Perpetres, que c'est. 250
Pescherie. 256
Pescheries. 651
Petillages que marchans tiennent en marchandise. 404. 407
Petitoire & possessoire. 198. 196
de Piedsente. 497.498
Pierres precieuses. 252. 259
Planter autruy arbre sur sa terre. 254. 260
Pleige de garand. 213.217.220
Pleige auoir exoine. 580
Pleige issir de la pleigerie. 580.585
Pleigé non venir & le pleige vint. 579
Pleiger par signe ou autrement. 577.584
Pleigerie en cas de delict. 578
Prest que faict le tuteur. 59
Prest à aucun argent. 573
Prester chose pour engager. 376
Prester maison ou heritage. 380.382
Prester ou payer pour auttre par lettres à luy enuoyées. 838
Preu se prend pour profit. 363
Preu du pupille à restitution. 518
Preuentions appartenans au Roy. 646. 658. 659
Preuosts & Baillifs. 665
Preuost des Mareschaux de France. 75
Preuue par champ de bataille mortel. 615
Preuue par serment. 614
Preuue par tesmoins n'est receuë outre le contenu au contract, n'y en chose qui excede cent liures. 389
Preuue par tesmoins non reprochez. 615
Preuues & diuerses sortes d'icelles. 613. 614.615.619
Prison briser pour cas ciuil. 712
Prisonnier mourir en prison. 712
Priuileges aux clercs. 720
Priuileges de ville. 636.642.643
Prix de bleds, auoines, chappons, gelines, & autres choses. 504.505
Probation de lettres, & que par ce se peut faire. 620.630.631
Procedure des Commissaires faisans Enquestes. 676
Procedures criminelles. 122
Procez ordinaire & extraordinaire. 771
Procez verbal faire. 688
Procez sur erreur. 353
Procez comment on le doit euangelizer. 688
Plus prochain en degré comme doit succeder en hoirie, en montant ou descendant. 453 461

plus

Plus prochain à la proximité. 414
Procuration sous seel non authentique. 45 52
Procuration cesse par la mort du constituant. 49
Procuration, & de ce qui est requis en icelle. 49.53
Procuration passee en Cour d'Eglise. 45
Procureur du Roy, & que defaut ne se donne contre luy. 30
Procureur du Roy se faire partie. 680
Procureur est maistre de la cause. 49
Procureurs de trois sortes. 44.52
Procureur à litige, vel ad lites. 44.52
Procureur aux pupilles. 48.53
Procureur d'office. 50.54
Procureur in rem suam. 49.53
Procureur laissant endommager la cause. 838
Procureur qui faict dommage à sa partie. 49
Procureur sans procuration. 49.54
Procureur vendre aucune chose pour dette fiscal. 393.402
Procureurs. 44.52
Production sur reproches. 629
Proismes, ou Proesmes, que c'est. 62
Promettre à autre en son nom ce qu'on ne doit. 377
de Promettre à vn enfant. 573
Promettre aucune somme par celuy auquel on auroit tollu le sien. 378
Proposition d'erreur contre vn Arrest. 93
Proprieté & possession different. 209
Pleigerie à payer le iugé. 578.584
Pleigerie que femme faict pour autre par simplesse. 822
estre Pleige pour autre sans requeste. 837
Prendre gage pour le pleige. 576.583
ouyr son Pleige à tesmoin. 650
Pleiges. 575.582.583
Plet de bonnes. 166
Plus demander par tricherie. 341.342
Plusieurs cas desquels le Iuge Royal doit auoir la cognoissance, sans en faire r'enuoy. 350
Plusieurs condamnez par vne sentence. 767
Plusieurs coulpables d'vn crime ou delict. 182.185
Plusieurs enfans maisnez. 470
Plusieurs fiefs tenus tout d'vn seigneur. 472
Plusieurs gens qui ensemble font stipulation. 574.582
Pœur constant. 357
quelle Pœur ne vaut. 359
Poissons. 430.435
Poisson en quel temps est tenu pour meuble ou pour heritage. 430
Politique. 2.4
Porter billon. 406
Porteur de lettres. 54.55.56
Porteurs de lettres. 640.644
quels peuuent estre Porteurs de lettres. 641
Porteurs de lettres peuuent poursuiure par procureur ce qu'ils ont commencé. 641
Ports d'armes. 647
Possession acquerre contre le Roy. 194
Possession acquise contre pupilles & expatriez. 194
Possession baillée en aucune paye. 346.347.348
Possession clandestine, par force, ou par priere. 194
Possession & proprieté different. 209
Possession perdre par non posseder. 194
Possessoire & petitoire. 198.199
Postmis, alias, Postumes. 547.548
Postumes, ou Postmis 547.548
Poursuite à cry & à hu. 832.833
Pouuoir aux arbitres. 698
Practique. 1.& 4
Practique est diuisée en quatre. 1.
Prelats & Religieux. 599.607
Prescription. 85.94
Prescription 333.338

Prescription. 850
Prescription acquerir. 131
Prescription de 20. ans. 336
Prescription de seruitude. 90.99
Prescription en gage. 586
Prescription en l'vsufructuaire. 363
Prescription par tenuë de long temps. 86
95
Prescription contre quelles personnes n'a lieu.
337.339
Prescription ne vsucapion ne s'acquiert contre
mineur. 521
Presens sont reputez qui demeurent en mesme
Prouince. 335
Presentation en cas d'appel. 33
Presentation en cas d'appel. 37
Presentations, & que c'est. 33.37
Presomption manifeste de faict. 613
Prest par courtoisie. 376
Proprieté de l'vsufructuaire. 454
Proroger le delay de faire Enqueste. 676
comme on doit demander Proximité.
414
Publier testament à loy. 599
Pupilles & orphanes en quoy sont differens.
61.63.
Pupille, auquel don ou legs a esté faict.
60
Pupille estant au gouuernement de pere ou de
mere. 520
Pupille mis en aucun office. 523
526
Pupille qui n'a tuteur. 58
Pupille qui pourchasseroit au Prince son aage.
523.526
Pupille par semblant auoir son aage, & point
ne l'auroit. 518.524
Pupille se disant majeur, & qui ne l'est.
523
Pupilles & furieux. 42
Pupilles. 517.524
Pupilles en minorité. 86.95
Pupilles, & de leurs tuteurs. 58.62

Q.

QVand on doit appeller. 774
Quants hommages sont. 478.481.
482
la Quarantaine du Roy Sainct Louys. 235
243
Quatre sortes de plus petitions. 341.
344
Quel hoir est tenu de la pleigerie. 575
Quel hoir n'est tenu de sa pleigerie. 575
Quelles choses doiuent peage. 405.
407
Quelles choses ne peuuent estre venduës. 394.
402
Quelles gens payent peage. 405
Quelles gens payent peage. 408
Quelles gens peuuent estre arbitres.
696
Quelles gens peuuent estre receuz à cession.
800
Quelles personnes peuuent prescrire.
333
Quels peuuent faire testament. 597
Quels sont tenus pour expatriez. 512.
513
Question ou gehenne. 228.229.240.241.
242
Qui peuuent aduocater, & quels non
673
Quinter ou quintier le fief. 446
Quint auoir releué du Seigneur de qui le fief
est tenu. 472
Quint auoir releué auant sa mort. 472
Quints des fiefs qui sont esclichez aux freres &
sœurs. 469
Quittance à bonne foy. 347
Quittance à non escient. 347
Quittance baillee par le tuteur. 59

R.

Rain & baston. 474.
Raisons de droict. 187.
Raisons de droict. 624.
Raisons qu'on peut alleguer deuant Commissaires. 679
Rapports & parchons. 439. 444.
Rapports que le Seigneur peut demander quand premier est venu à terre. 514. 516.
Rapt d'vne fille. 735.
Rapt & punition d'iceluy. 278.
Rauir femme, & puis auoir le gré d'icelle. 277. 289.
Rauoir son couchant & leuant. 225.
Receueurs, & de leur pouuoir. 67. 69
Reconuention n'a lieu en Cour laye. 53.
Reconuention ou action mutuelle. 157. 163.
Recreance sur complainte en monstrant tiltre. 193.
Recusation des Iuges. 78
estre Refroidy de nature. 728. 733. 734.
ceux qui ne doiuent iouyr du Refuge de l'Eglise. 738.
Refuge de l'Eglise combien doit valoir à l'homme. 740.
Regales. 654. 661.
Regles de droict. 842. & suyuantes iusques à 853.
Reiuendication. 318.
Reiuendication faicte sur sa terre venduë par autruy. 318.
Relief d'illico. 91.
Reliefs deuz aux Seigneurs. 492. 495.
Religieux. 674.
Religieux & Prelats. 599.
Religieux & Prelats. 607.
Releuer à autre sa cense durant. 380
Remettre la preuue au serment du defendeur. 628. 633.
Renoncer à l'appel. 92. 93.
Renoncer à meubles, cateulx & dettes. 799.
Renoncer à son appel. 776. 778. 779.
Renoncer aux meubles & dettes du mary. 803. 805.
Rentes à vie. 433. 436. 437.
Renuoy de Cour demandé. 65.
Renuoy, & de ce qui est requis en iceluy 65. 66.
Renuoy sur complainte de nouuelleté. 190. 200.
Renuoy n'appartient en trois cas. 835.
Renuois en matiere criminelle. 239. 240.
qu'elle chose s'ensuit à demander renuoy en Cour. 834. 835.
Reproches contre tesmoins. 615. 616 617.
Reproches 628. 634.
Requeste ciuile. 93.
de non Recourre son Seigneur. 269.
se lier par Response en Cour laye. 836.
Respondre en Cour en cas criminel. 278.
Restitution à cause de paour de mort. 88 98.
Restitution en participation entre compagnons. 371.
Restitution entheriner. 856
Restitution sur chose iugée. 519. 525.
Restitution & punition du meffaict du pupille. 518. 525.
Retraict lignager receu en France & ailleurs. 5.
Retraict lignager. 414.
Retraict lignager. 417.
Retraire heritage par faute de rente non payée. 349.
Reuestissement pour don mutuel entre mariez. 566.
Rhetorique. 2. 4.
que les Riches n'achetent rien. 406. 408.
Rit. 7. 8.

Riuieres courans parmy la terre d'aucun Seigneur. 428. 429.
faire Robbe de salaine. 253. 260.
Roberie pour volerie. 867
le Roy de France est Empereur en son royaume. 646.
appellez aux droicts du Roy. 649.

S.

SAcrilege. 171. 177
Saisine contre expatriez. 336.
Saisine entre freres & sœurs. 336. 339.
Saisine simple & saisine vuide. 110. 121.
retenir Saisine par courage. 334. 338.
Sarrasins & Iuifs. 760 762.
Sauuegarde enfrainte. 30. 33.
Sedition. 172. 178.
Seel du Chastelet de Paris. 75. 77.
Seigneur prisonnier des ennemis de la foy 137. 141.
Seigneur qui iuge sans coniure. 13.
Seigneur rauoir son suiet en cas de crime. 225.
Seigneur rauir la fille ou femme de son homme. 276. 277.
Seigneur ne paye nulle dette aux illegitimes. 543.
Seigneurs qui veulent auoir les droicts seigneuriaux des heritages vendus non vuerpis. 425. 427.
Seigneurs comme doiuent traicter leurs suiets par faute de rente non payée. 817. 819.
Semer ou planter en autruy champ. 319. 321. 322.
Sentence contenant despens compensez. 769.
comment on ne peut muer Sentence donnée. 767
Sentences. 766. 772.
Sentences contenans condemnation de dommages & interests auec despens. 768. 772.
Sentences nulles. 766
Sentier. 497. 498.
Sepulchre violé 247.
Sepultures. 736.
Sergent habile & idoine. 79.
Sergent doit demander assistance. 15 20.
Sergens. 667. 691.
Sergens. 674.
Sergens d'armes. 74. 77.
Serment aux pupilles. 520.
Serment des Aduocats. 709. 713. 714.
Serment des Clercs, Notaires & Secretaires de la Cour. 710.
Serment des Iuges. 709. 713.
Serment de l'exoine. 22.
Serment des Procureurs. 709.
Serment des Sergens. 710.
Sermens calomnieux en cause. 764. 707. 708.
Seruice en faict de guerre. 485. 488
Seruiteurs du Roy. 657. 662.
Seruiteurs menans marchandise. 56.
Societé que c'est. 370.
Sodomite. 173. 178.
faire Solier ou montee pres des Iardins du Prince. 792.
Solution & liberation de dettes. 345. 348.
de Sommer le Seigneur de la beste qui a faict dommage. 264.
Songes. 283.
Sortes de nouation. 148.
Sortilege. 172. 177. 180.
Soupçon de fausse monnoye. 280
Sourd. 674.
Soustenance pour legitime. 462.
Stater vn procés pour surseoir & arrester. 324.
Stellionat. 812.
Stellionat ou Vespertilion. 173. 178. 179.
Stile. 7. 8.
Stipulation. 839.
Stipulation à autre non present. 312. 315.

Stipulation à bonne foy. 312
Stipulation à personne non present. 313
Stipulation de qui encores seroit à escheoir. 313
Stipulation de promettre & soy obliger devers aucun. 573 582
Stipulation en traictant mariage. 313. 317
Stipulation, & que c'est. 312.315
Stipulation par paour. 312.315
Stipulations qui ne sont à tenir. 313
Stipuler plus qu'on doit. 314
Succesion apprehender. 91.100.101
Succesion d'autruy apprehender par benefice d'inventaire. 811.812
Succesion de condition. 456
Succesion d'homme occis ou meurdry. 454. 462
Succesion de quint. 454
Succesion hors droicte ligne. 456.462
Succesion par establissement. 456
de Supposition de faict, ou de paroles. 614
des Sur-aagez & langoureux. 510.513

T

Tabellions & Notaires. 701.702.703
Tailles du Seigneur sur ses suiects. 502
Talion. 172.178
Temps de la legation. 664
Temps de prescription. 130
Temps de releuer les appellations. 14
Temps de restitution. 522
Temps que le Seigneur a à cognoistre sur bourgeois de luy party. 794
Teneur de la rescription du Sergent. 687
Teneur de la commission des commissaires. 687
Teneur de la terre du compromis. 699
Teneur du pouuoir des commissaires. 686
Tenir autruy tenure, dont on fust debouté par iugement. 319
Tenir en ariere fief. 485.487
Tenir en bourgage. 489.495
Tenir en cens. 489.495
Tenir en cotterie. 489.495
Tenir en fief & hommage d'aucun Seigneur & de faire hommage. 477.480
Tenir en franc alleu. 490.495
Tenir en parage. 488.494
Tenir fiefs de plusieurs Seigneurs. 469
Tenir par aumosne. 490.495
Tenir par dignité. 491.495
Tenir par indiuis. 336
Tenir par volonté. 491.496
Tenure à cause de cense. 336
Tenure achetée sans estre mis en possesion deuë. 334.338
Tenure de bourne ne vaut. 367
Terme de l'exception de pecune non nombrée. 362
Terrage ou champart, & que c'est. 109
Terre de main-ferme. 445
Terres du bourgeois en plusieurs lieux. 794
Tesmoin contre lettres. 388.389
Tesmoins reprochables. 615.616.617
Tesmoins qui ont pareille cause. 629
Tesmoins sur cas accidentel. 618
Tesmoins sur testament. 629
Tesmoins adiournez. 618
Tesmoins en testament qui valent, combien que d'iceluy ils rapportent gain & profit. 617.620
Tesmoins particuliers. 615.616
d'ouïr plus de dix Tesmoins sur vn article. 678
combien de Tesmoins il faut en preuue de recreance. 195
combien il faut de Tesmoins sur l'approbation d'vn testament. 613
Tesmoins par viue voix destruisent lettres. 623
Testament aux furieux. 598.606
Testament aux illegitimes. 599
Testament aux muets. 598
Testament contre pitié. 604.610
Testament des illegitimes. 543.545.546
Testament deuant desespoir. 598

Testament en estrange langage. 600
Testament faict de long temps. 600.608
Testament inofficieux. 610
Testament non accomply dedans l'an. 602. 609
Testament reprocher ou approuuer. 600
Testament, comment vault & tient. 599. 607
faire par Testament aumosnier & parchonnier. 600
Testament ne vaut sans payer dettes. 601. 608
Testamens. 597.606
Testamens. 647
Testater que sa femme ne se remarie. 602. 608
Coppie du testament de l'autheur de ce liure. 873
Trahistres. 278 290
Transaction faicte hors heure. 307.310
Transaction par feintise. 307.310
Transaction par stipulation Aquilienne. 308 309.311
Translaction sans stipulation. 309.311
Transactions. 305.309
Transport de droicts & actions, in potentiorem. 85
Trauers. 497
Treues ou asseurances entre parties qui sont en Cour. 232.243
Treues. 648.660
Tresor trouué. 255.262
Treu du sel. 405.408
Treuf ou trief pour estrif. 496
Treuz, peages & assis comment furent mis sus. 405
Tonsurez. 74
pour faire ou auoir Tourbe. 796
Touriers ou chepiers. 710
pour faire Turbe faut dix hommes. 6
Tuteur ou curateur souffrant son mineur estre deçeu. 520
Tuteur qui appelle en cause de son pupille. 59
Tuteur qui baille quittance. 59
Tuteur qui preste & aduance pour son pupille. 59
Tuteur sans bailler caution. 61.63
Tuteur doit rendre compte. 60.63
Tuteur ne se peut excuser. 60.63
Tuteurs & curateurs aux pupilles. 58.62
Tuteurs, & qui sont capables de l'estre. 59. 63
Tuteurs peuuent engager. 588
Tuteurs où n'ont accoustumé d'estre donnez. 60

V

Varlet commis par la femme. 388
Varlet de change. 388
ce que mieux vault, & est à tenir à loy quād il est consenty. 388
Veufue ayant enfans qui se remarie. 445. 449
Veufues. 648
Vendication de chose furtiue, ou emblée. 320. 322
Vendication de meubles baillez en gage, par celuy à qui ils n'appartiennent. 319 322
ne Vendre ny engager dismes. 747
Vendre aux ennemis du Prince. 394
Vendre chose d'autruy sous vmbre d'vsucapion. 340.344
Vendre chose engagée. 340
Vendre gages en nom de dettes. 591
Vendre gages pour dettes. 590.596
Vendre le gage pour reste. 591
Vendre le gage sans loy. 586.593
Vendre heritage par force. 358
Vendre les gages à la requeste de l'vn des creanciers. 592.597
Vendre l'heritage d'aucun par executiõ. 409
Vendre l'heritage obligé. 136.137
Vendre la tenure, & retenir la saisine. 397
Vendre les biens par le premier creancier au second. 590

Vendre maison qui est loüee. 380. 382
Vendre par iustice pour plus d'argent que ne monte la somme contenüe en l'obligation. 421. 424
Vendre partie de la chose commune. 399. 404
Vendre pour cause de crime. 358.360
Vendre sa dette. 393. 402
Vendre sa tenure. 359
Vendre son enfant. 394
l'Vn vendre sur la part de l'autre 399
ce qu'uon ne peut Vendre ne donner. 399. 404
comme on peut Vendre son patrimoine. 401
Venir contre son escrit. 361
Ventes de bestes blanches. 397
Vente d'homme forsené. 392
Vente & donation ensemble. 392. 401. 402
Vente faicte d'aucune chose. 396
Vente faicte par prix. 392
Vente faicte sur barat. 395
Vente mise en volonté d'autre. 393
Vente pure ou sous condition. 392
Vente sans escrit. 396
Vente sans estre payé 392
Vente sans lettres faire ne garantie. 392
Vente comment se faict. 391 .401
Ventes & achats qui se font par moyen d'argent. 391. 401
Vente de stipulation. 573
Vespertilion ou stellionat. 173.178. 179
Veuë & ostentation de lieu. 207. 210. 211
Veuë & des trois manieres d'icelle. . 211
Veuë selon la Cour de Parlement. 208
Ville ou cité tourner à ruine. 789
Violence ou escherpelerie. 171. 176
Viuelotte. 559. 564
Viure que filles à marier peuuent demander à leur frere. 559. 560
Vollerie. 257. 258
Volonté si est punie en crime. 274
Vouloir contredire au testament. 602
Voye ou pied sente. 497. 498
de Vs. 6. 8.
Vsucapion. 87. 96
Vsucapion. 340. 344
Vsucapion sur gage. 586
Vsufruict aboly. 364. 365
Vsufruict d'eaües. 364
Vsufruict d'heritage legaté. 604. 609
Vsufruictiers. 363. 365
Vsures. 752. 753. 754. 755. 756
Vsures & cas d'vsure. 654. 661
Vtensiles de maison. 434

FIN.

www.ingramcontent.com/pod-product-compliance
Lightning Source LLC
LaVergne TN
LVHW020953300926
849160LV00007B/137
* 9 7 8 2 0 1 2 6 8 6 8 6 1 *